铁路用地管理法规汇编

（1993～2006）

（上　册）

铁道部运输局土地管理部
（铁道部土地管理局）

中国铁道出版社
2008年·北　京

图书在版编目(CIP)数据

铁路用地管理法规汇编/铁道部运输局土地管理部编.
北京:中国铁道出版社,2008.6
ISBN 978-7-113-08894-1

Ⅰ.铁… Ⅱ.铁… Ⅲ.铁路工程-土地管理法-汇编-
中国 Ⅳ.D922.369

中国版本图书馆CIP数据核字(2008)第071543号

书　　名:铁路用地管理法规汇编(1993~2006)
作　　者:铁道部运输局土地管理部(铁道部土地管理局)

策划编辑:田京芬
责任编辑:陈若伟　吴　军　**电话**:010-51873094
封面设计:崔丽芳
责任校对:张玉华
责任印制:金洪泽　陆　宁

出版发行:中国铁道出版社(北京市宣武区右安门西街8号,100054)
印　　刷:河北省三河市华业印装厂
开　　本:787 mm×1 092 mm　1/16　印张:88.5　字数:2 168 千
版　　次:2008年6月第1版　2008年6月第1次印刷
书　　号:ISBN 978-7-113-08894-1/U·2211
定　　价:128.00元(共上、下两册)

《铁路用地管理法规汇编》
编　委　会

说　明

为适应和谐铁路建设需要，切实提高铁路用地管理水平，经过两年多的时间，在全体参编人员的共同努力下，《铁路用地管理法规汇编》现在印发了。这套汇编收录了1993年1月1日至2006年12月31日期间的土地管理有关文件，是继1994年《铁路用地管理文件汇集》的续编，采纳了原来的部分编撰风格，如收录了部分已经明令废止的法规和规章。同时，又在以前基础上进行了调整，如在法规和法规性文件、部分规章和其他规范性文件中进一步细化分类，以便于查找。

《铁路用地管理法规汇编》的内容分为三个部分，即国家有关土地的法律、行政法规及法规性文件、部门规章及其他规范性文件。其中，收编法律文件27件；行政法规及法规性文件38件；部门规章及其他规范性文件279件。共计344件，215万字。

《铁路用地管理法规汇编》收集的文件按照法律、行政法规及法规性文件、部门规章及其他规范性文件的不同效力等级依次分类编排，同一层次的，则按其发布时间的先后顺序排列。

《铁路用地管理法规汇编》在编辑出版过程中，得到有关部门和各方面以及有关人员的大力支持和协助，在此谨致谢意。

编　者

二〇〇七年十二月

目　录

（上　册）

第一部分　法　律

（下 册）

第一部分 法 律

中华人民共和国宪法

（1982年12月4日第五届全国人民代表大会第五次会议通过　1982年12月4日全国人民代表大会公告公布施行　根据1988年4月12日第七届全国人民代表大会第一次会议通过的《中华人民共和国宪法修正案》、1993年3月29日第八届全国人民代表大会第一次会议通过的《中华人民共和国宪法修正案》、1999年3月15日第九届全国人民代表大会第二次会议通过的《中华人民共和国宪法修正案》和2004年3月14日第十届全国人民代表大会第二次会议通过的《中华人民共和国宪法修正案》修正）

序　言

中国是世界历史上最悠久的国家之一。中国各族人民共同创造了光辉灿烂的文化，具有光荣的革命传统。

1840年以后，封建的中国逐渐变成半殖民地、半封建的国家。中国人民为国家独立、民族解放和民主自由进行了前仆后继的英勇奋斗。

20世纪，中国发生了翻天覆地的伟大历史变革。

1911年孙中山先生领导的辛亥革命，废除了封建帝制，创立了中华民国。但是，中国人民反对帝国主义和封建主义的历史任务还没有完成。

1949年，以毛泽东主席为领袖的中国共产党领导中国各族人民，在经历了长期的艰难曲折的武装斗争和其他形式的斗争以后，终于推翻了帝国主义、封建主义和官僚资本主义的统治，取得了新民主主义革命的伟大胜利，建立了中华人民共和国。从此，中国人民掌握了国家的权力，成为国家的主人。

中华人民共和国成立以后，我国社会逐步实现了由新民主主义到社会主义的过渡。生产资料私有制的社会主义改造已经完成，人剥削人的制度已经消灭，社会主义制度已经确立。工人阶级领导的、以工农联盟为基础的人民民主专政，实质上即无产阶级专政，得到巩固和发展。中国人民和中国人民解放军战胜了帝国主义、霸权主义的侵略、破坏和武装挑衅，维护了国家的独立和安全，增强了国防。经济建设取得了重大的成就，独立的、比较完整的社会主义工业体系已经基本形成，农业生产显著提高。教育、科学、文化等事业有了很大的发展，社会主义思想教育取得了明显的成效。广大人民的生活有了较大的改善。

中国新民主主义革命的胜利和社会主义事业的成就，是中国共产党领导中国各族人民，在马克思列宁主义、毛泽东思想的指引下，坚持真理，修正错误，战胜许多艰难险阻而取得的。我国将长期处于社会主义初级阶段。国家的根本任务是，沿着中国特色社会主义道路，集中力量进行社会主义现代化建设。中国各族人民将继续在中国共产党领导下，在马克思列宁主义、毛泽东思想、邓小平理论和“三个代表”重要思想指引下，坚持人民民主专政，坚持社会主义道路，坚持改革开放，不断完善社会主义的各项制度，发展社会主义市场经济，发展社会主义民主，健全社会主义法制，自力更生，艰苦奋斗，逐步实现工业、农业、国防和科学技术的现代化，推动物质文明、政治文明和精神文明协调发展,把我国建设成为富强、民主、文明的社会主义国家。

在我国,剥削阶级作为阶级已经消灭,但是阶级斗争还将在一定范围内长期存在。中国人民对敌视和破坏我国社会主义制度的国内外的敌对势力和敌对分子,必须进行斗争。

台湾是中华人民共和国的神圣领土的一部分。完成统一祖国的大业是包括台湾同胞在内的全中国人民的神圣职责。

社会主义的建设事业必须依靠工人、农民和知识分子,团结一切可以团结的力量。在长期的革命和建设过程中,已经结成由中国共产党领导的,有各民主党派和各人民团体参加的,包括全体社会主义劳动者、社会主义事业的建设者、拥护社会主义的爱国者和拥护祖国统一的爱国者的广泛的爱国统一战线,这个统一战线将继续巩固和发展。中国人民政治协商会议是有广泛代表性的统一战线组织,过去发挥了重要的历史作用,今后在国家政治生活、社会生活和对外友好活动中,在进行社会主义现代化建设、维护国家的统一和团结的斗争中,将进一步发挥它的重要作用。中国共产党领导的多党合作和政治协商制度将长期存在和发展。

中华人民共和国是全国各族人民共同缔造的统一的多民族国家。平等、团结、互助的社会主义民族关系已经确立,并将继续加强。在维护民族团结的斗争中,要反对大民族主义,主要是大汉族主义,也要反对地方民族主义。国家尽一切努力,促进全国各民族的共同繁荣。

中国革命和建设的成就是同世界人民的支持分不开的。中国的前途是同世界的前途紧密地联系在一起的。中国坚持独立自主的对外政策,坚持互相尊重主权和领土完整、互不侵犯、互不干涉内政、平等互利、和平共处的五项原则,发展同各国的外交关系和经济、文化的交流;坚持反对帝国主义、霸权主义、殖民主义,加强同世界各国人民的团结,支持被压迫民族和发展中国家争取和维护民族独立、发展民族经济的正义斗争,为维护世界和平和促进人类进步事业而努力。

本宪法以法律的形式确认了中国各族人民奋斗的成果,规定了国家的根本制度和根本任务,是国家的根本法,具有最高的法律效力。全国各族人民、一切国家机关和武装力量、各政党和各社会团体、各企业事业组织,都必须以宪法为根本的活动准则,并且负有维护宪法尊严、保证宪法实施的职责。

第一章 总 纲

第一条 中华人民共和国是工人阶级领导的、以工农联盟为基础的人民民主专政的社会主义国家。社会主义制度是中华人民共和国的根本制度。禁止任何组织或者个人破坏社会主义制度。

第二条 中华人民共和国的一切权力属于人民。

人民行使国家权力的机关是全国人民代表大会和地方各级人民代表大会。

人民依照法律规定,通过各种途径和形式,管理国家事务,管理经济和文化事业,管理社会事务。

第三条 中华人民共和国的国家机构实行民主集中制的原则。

全国人民代表大会和地方各级人民代表大会都由民主选举产生,对人民负责,受人民监督。

国家行政机关、审判机关、检察机关都由人民代表大会产生,对它负责,受它监督。

中央和地方的国家机构职权的划分,遵循在中央的统一领导下,充分发挥地方的主动性、积极性的原则。

第四条　中华人民共和国各民族一律平等。国家保障各少数民族的合法的权利和利益,维护和发展各民族的平等、团结、互助关系。禁止对任何民族的歧视和压迫,禁止破坏民族团结和制造民族分裂的行为。

国家根据各少数民族的特点和需要,帮助各少数民族地区加速经济和文化的发展。

各少数民族聚居的地方实行区域自治,设立自治机关,行使自治权。各民族自治地方都是中华人民共和国不可分离的部分。

各民族都有使用和发展自己的语言文字的自由,都有保持或者改革自己的风俗习惯的自由。

第五条　中华人民共和国实行依法治国,建设社会主义法治国家。

国家维护社会主义法制的统一和尊严。

一切法律、行政法规和地方性法规都不得同宪法相抵触。

一切国家机关和武装力量、各政党和各社会团体、各企业事业组织都必须遵守宪法和法律。一切违反宪法和法律的行为,必须予以追究。

任何组织或者个人都不得有超越宪法和法律的特权。

第六条　中华人民共和国的社会主义经济制度的基础是生产资料的社会主义公有制,即全民所有制和劳动群众集体所有制。社会主义公有制消灭人剥削人的制度,实行各尽所能、按劳分配的原则。

国家在社会主义初级阶段,坚持公有制为主体、多种所有制经济共同发展的基本经济制度,坚持按劳分配为主体、多种分配方式并存的分配制度。

第七条　国有经济,即社会主义全民所有制经济,是国民经济中的主导力量。国家保障国有经济的巩固和发展。

第八条　农村集体经济组织实行家庭承包经营为基础、统分结合的双层经营体制。农村中的生产、供销、信用、消费等各种形式的合作经济,是社会主义劳动群众集体所有制经济。参加农村集体经济组织的劳动者,有权在法律规定的范围内经营自留地、自留山、家庭副业和饲养自留畜。

城镇中的手工业、工业、建筑业、运输业、商业、服务业等行业的各种形式的合作经济,都是社会主义劳动群众集体所有制经济。

国家保护城乡集体经济组织的合法的权利和利益,鼓励、指导和帮助集体经济的发展。

第九条　矿藏、水流、森林、山岭、草原、荒地、滩涂等自然资源,都属于国家所有,即全民所有;由法律规定属于集体所有的森林和山岭、草原、荒地、滩涂除外。

国家保障自然资源的合理利用,保护珍贵的动物和植物。禁止任何组织或者个人用任何手段侵占或者破坏自然资源。

第十条　城市的土地属于国家所有。

农村和城市郊区的土地,除由法律规定属于国家所有的以外,属于集体所有;宅基地和自留地、自留山,也属于集体所有。

国家为了公共利益的需要,可以依照法律规定对土地实行征收或者征用并给予补偿。

任何组织或者个人不得侵占、买卖或者以其他形式非法转让土地。土地的使用权可以依照法律的规定转让。

一切使用土地的组织和个人必须合理地利用土地。

第十一条 在法律规定范围内的个体经济、私营经济等非公有制经济，是社会主义市场经济的重要组成部分。

国家保护个体经济、私营经济等非公有制经济的合法的权利和利益。国家鼓励、支持和引导非公有制经济的发展，并对非公有制经济依法实行监督和管理。

第十二条 社会主义的公共财产神圣不可侵犯。

国家保护社会主义的公共财产。禁止任何组织或者个人用任何手段侵占或者破坏国家的和集体的财产。

第十三条 公民的合法的私有财产不受侵犯。

国家依照法律规定保护公民的私有财产权和继承权。

国家为了公共利益的需要，可以依照法律规定对公民的私有财产实行征收或者征用并给予补偿。

第十四条 国家通过提高劳动者的积极性和技术水平，推广先进的科学技术，完善经济管理体制和企业经营管理制度，实行各种形式的社会主义责任制，改进劳动组织，以不断提高劳动生产率和经济效益，发展社会生产力。

国家厉行节约，反对浪费。

国家合理安排积累和消费，兼顾国家、集体和个人的利益，在发展生产的基础上，逐步改善人民的物质生活和文化生活。

国家建立健全同经济发展水平相适应的社会保障制度。

第十五条 国家实行社会主义市场经济。

国家加强经济立法，完善宏观调控。

国家依法禁止任何组织或者个人扰乱社会经济秩序。

第十六条 国有企业在法律规定的范围内有权自主经营。

国有企业依照法律规定，通过职工代表大会和其他形式，实行民主管理。

第十七条 集体经济组织在遵守有关法律的前提下，有独立进行经济活动的自主权。

集体经济组织实行民主管理，依照法律规定选举和罢免管理人员，决定经营管理的重大问题。

第十八条 中华人民共和国允许外国的企业和其他经济组织或者个人依照中华人民共和国法律的规定在中国投资，同中国的企业或者其他经济组织进行各种形式的经济合作。

在中国境内的外国企业和其他外国经济组织以及中外合资经营的企业，都必须遵守中华人民共和国的法律。它们的合法的权利和利益受中华人民共和国法律的保护。

第十九条 国家发展社会主义的教育事业，提高全国人民的科学文化水平。

国家举办各种学校，普及初等义务教育，发展中等教育、职业教育和高等教育，并且发展学前教育。

国家发展各种教育设施，扫除文盲，对工人、农民、国家工作人员和其他劳动者进行政治、文化、科学、技术、业务的教育，鼓励自学成才。

国家鼓励集体经济组织、国家企业事业组织和其他社会力量依照法律规定举办各种教育事业。

国家推广全国通用的普通话。

第二十条　国家发展自然科学和社会科学事业,普及科学和技术知识,奖励科学研究成果和技术发明创造。

第二十一条　国家发展医疗卫生事业,发展现代医药和我国传统医药,鼓励和支持农村集体经济组织、国家企业事业组织和街道组织举办各种医疗卫生设施,开展群众性的卫生活动,保护人民健康。

国家发展体育事业,开展群众性的体育活动,增强人民体质。

第二十二条　国家发展为人民服务、为社会主义服务的文学艺术事业、新闻广播电视事业、出版发行事业、图书馆博物馆文化馆和其他文化事业,开展群众性的文化活动。

国家保护名胜古迹、珍贵文物和其他重要历史文化遗产。

第二十三条　国家培养为社会主义服务的各种专业人才,扩大知识分子的队伍,创造条件,充分发挥他们在社会主义现代化建设中的作用。

第二十四条　国家通过普及理想教育、道德教育、文化教育、纪律和法制教育,通过在城乡不同范围的群众中制定和执行各种守则、公约,加强社会主义精神文明的建设。

国家提倡爱祖国、爱人民、爱劳动、爱科学、爱社会主义的公德,在人民中进行爱国主义、集体主义和国际主义、共产主义的教育,进行辩证唯物主义和历史唯物主义的教育,反对资本主义的、封建主义的和其他的腐朽思想。

第二十五条　国家推行计划生育,使人口的增长同经济和社会发展计划相适应。

第二十六条　国家保护和改善生活环境和生态环境,防治污染和其他公害。

国家组织和鼓励植树造林,保护林木。

第二十七条　一切国家机关实行精简的原则,实行工作责任制,实行工作人员的培训和考核制度,不断提高工作质量和工作效率,反对官僚主义。

一切国家机关和国家工作人员必须依靠人民的支持,经常保持同人民的密切联系,倾听人民的意见和建议,接受人民的监督,努力为人民服务。

第二十八条　国家维护社会秩序,镇压叛国和其他危害国家安全的犯罪活动,制裁危害社会治安、破坏社会主义经济和其他犯罪的活动,惩办和改造犯罪分子。

第二十九条　中华人民共和国的武装力量属于人民。它的任务是巩固国防,抵抗侵略,保卫祖国,保卫人民的和平劳动,参加国家建设事业,努力为人民服务。

国家加强武装力量的革命化、现代化、正规化的建设,增强国防力量。

第三十条　中华人民共和国的行政区域划分如下:

(一)全国分为省、自治区、直辖市;

(二)省、自治区分为自治州、县、自治县、市;

(三)县、自治县分为乡、民族乡、镇。

直辖市和较大的市分为区、县。自治州分为县、自治县、市。

自治区、自治州、自治县都是民族自治地方。

第三十一条　国家在必要时得设立特别行政区。在特别行政区内实行的制度按照具体情况由全国人民代表大会以法律规定。

第三十二条　中华人民共和国保护在中国境内的外国人的合法权利和利益,在中国境内的外国人必须遵守中华人民共和国的法律。

中华人民共和国对于因为政治原因要求避难的外国人,可以给予受庇护的权利。

第二章 公民的基本权利和义务

第三十三条 凡具有中华人民共和国国籍的人都是中华人民共和国公民。

中华人民共和国公民在法律面前一律平等。

国家尊重和保障人权。

任何公民享有宪法和法律规定的权利，同时必须履行宪法和法律规定的义务。

第三十四条 中华人民共和国年满十八周岁的公民，不分民族、种族、性别、职业、家庭出身、宗教信仰、教育程度、财产状况、居住期限，都有选举权和被选举权；但是依照法律被剥夺政治权利的人除外。

第三十五条 中华人民共和国公民有言论、出版、集会、结社、游行、示威的自由。

第三十六条 中华人民共和国公民有宗教信仰自由。

任何国家机关、社会团体和个人不得强制公民信仰宗教或者不信仰宗教，不得歧视信仰宗教的公民和不信仰宗教的公民。

国家保护正常的宗教活动。任何人不得利用宗教进行破坏社会秩序、损害公民身体健康、妨碍国家教育制度的活动。

宗教团体和宗教事务不受外国势力的支配。

第三十七条 中华人民共和国公民的人身自由不受侵犯。

任何公民，非经人民检察院批准或者决定或者人民法院决定，并由公安机关执行，不受逮捕。

禁止非法拘禁和以其他方法非法剥夺或者限制公民的人身自由，禁止非法搜查公民的身体。

第三十八条 中华人民共和国公民的人格尊严不受侵犯。禁止用任何方法对公民进行侮辱、诽谤和诬告陷害。

第三十九条 中华人民共和国公民的住宅不受侵犯。禁止非法搜查或者非法侵入公民的住宅。

第四十条 中华人民共和国公民的通信自由和通信秘密受法律的保护。除因国家安全或者追查刑事犯罪的需要，由公安机关或者检察机关依照法律规定的程序对通信进行检查外，任何组织或者个人不得以任何理由侵犯公民的通信自由和通信秘密。

第四十一条 中华人民共和国公民对于任何国家机关和国家工作人员，有提出批评和建议的权利；对于任何国家机关和国家工作人员的违法失职行为，有向有关国家机关提出申诉、控告或者检举的权利，但是不得捏造或者歪曲事实进行诬告陷害。

对于公民的申诉、控告或者检举，有关国家机关必须查清事实，负责处理。任何人不得压制和打击报复。

由于国家机关和国家工作人员侵犯公民权利而受到损失的人，有依照法律规定取得赔偿的权利。

第四十二条 中华人民共和国公民有劳动的权利和义务。

国家通过各种途径，创造劳动就业条件，加强劳动保护，改善劳动条件，并在发展生产的基础上，提高劳动报酬和福利待遇。

劳动是一切有劳动能力的公民的光荣职责。国有企业和城乡集体经济组织的劳动者都应当以国家主人翁的态度对待自己的劳动。国家提倡社会主义劳动竞赛，奖励劳动模范和先进工作者。国家提倡公民从事义务劳动。

国家对就业前的公民进行必要的劳动就业训练。

第四十三条　中华人民共和国劳动者有休息的权利。

国家发展劳动者休息和休养的设施,规定职工的工作时间和休假制度。

第四十四条　国家依照法律规定实行企业事业组织的职工和国家机关工作人员的退休制度。退休人员的生活受到国家和社会的保障。

第四十五条　中华人民共和国公民在年老、疾病或者丧失劳动能力的情况下,有从国家和社会获得物质帮助的权利。国家发展为公民享受这些权利所需要的社会保险、社会救济和医疗卫生事业。

国家和社会保障残废军人的生活,抚恤烈士家属,优待军人家属。

国家和社会帮助安排盲、聋、哑和其他有残疾的公民的劳动、生活和教育。

第四十六条　中华人民共和国公民有受教育的权利和义务。

国家培养青年、少年、儿童在品德、智力、体质等方面全面发展。

第四十七条　中华人民共和国公民有进行科学研究、文学艺术创作和其他文化活动的自由。国家对于从事教育、科学、技术、文学、艺术和其他文化事业的公民的有益于人民的创造性工作,给以鼓励和帮助。

第四十八条　中华人民共和国妇女在政治的、经济的、文化的、社会的和家庭的生活等各方面享有同男子平等的权利。

国家保护妇女的权利和利益,实行男女同工同酬,培养和选拔妇女干部。

第四十九条　婚姻、家庭、母亲和儿童受国家的保护。

夫妻双方有实行计划生育的义务。

父母有抚养教育未成年子女的义务,成年子女有赡养扶助父母的义务。

禁止破坏婚姻自由,禁止虐待老人、妇女和儿童。

第五十条　中华人民共和国保护华侨的正当的权利和利益,保护归侨和侨眷的合法的权利和利益。

第五十一条　中华人民共和国公民在行使自由和权利的时候,不得损害国家的、社会的、集体的利益和其他公民的合法的自由和权利。

第五十二条　中华人民共和国公民有维护国家统一和全国各民族团结的义务。

第五十三条　中华人民共和国公民必须遵守宪法和法律,保守国家秘密,爱护公共财产,遵守劳动纪律,遵守公共秩序,尊重社会公德。

第五十四条　中华人民共和国公民有维护祖国的安全、荣誉和利益的义务,不得有危害祖国的安全、荣誉和利益的行为。

第五十五条　保卫祖国、抵抗侵略是中华人民共和国每一个公民的神圣职责。

依照法律服兵役和参加民兵组织是中华人民共和国公民的光荣义务。

第五十六条　中华人民共和国公民有依照法律纳税的义务。

第三章　国家机构

第一节　全国人民代表大会

第五十七条　中华人民共和国全国人民代表大会是最高国家权力机关。它的常设机关是全国人民代表大会常务委员会。

第五十八条 全国人民代表大会和全国人民代表大会常务委员会行使国家立法权。

第五十九条 全国人民代表大会由省、自治区、直辖市、特别行政区和军队选出的代表组成。各少数民族都应当有适当名额的代表。

全国人民代表大会代表的选举由全国人民代表大会常务委员会主持。

全国人民代表大会代表名额和代表产生办法由法律规定。

第六十条 全国人民代表大会每届任期五年。

全国人民代表大会任期届满的两个月以前，全国人民代表大会常务委员会必须完成下届全国人民代表大会代表的选举。如果遇到不能进行选举的非常情况，由全国人民代表大会常务委员会以全体组成人员的三分之二以上的多数通过，可以推迟选举，延长本届全国人民代表大会的任期。在非常情况结束后一年内，必须完成下届全国人民代表大会代表的选举。

第六十一条 全国人民代表大会会议每年举行一次，由全国人民代表大会常务委员会召集。如果全国人民代表大会常务委员会认为必要，或者有五分之一以上的全国人民代表大会代表提议，可以临时召集全国人民代表大会会议。

全国人民代表大会举行会议的时候，选举主席团主持会议。

第六十二条 全国人民代表大会行使下列职权：

（一）修改宪法；

（二）监督宪法的实施；

（三）制定和修改刑事、民事、国家机构的和其他的基本法律；

（四）选举中华人民共和国主席、副主席；

（五）根据中华人民共和国主席的提名，决定国务院总理的人选；根据国务院总理的提名，决定国务院副总理、国务委员、各部部长、各委员会主任、审计长、秘书长的人选；

（六）选举中央军事委员会主席；根据中央军事委员会主席的提名，决定中央军事委员会其他组成人员的人选；

（七）选举最高人民法院院长；

（八）选举最高人民检察院检察长；

（九）审查和批准国民经济和社会发展计划和计划执行情况的报告；

（十）审查和批准国家的预算和预算执行情况的报告；

（十一）改变或者撤销全国人民代表大会常务委员会不适当的决定；

（十二）批准省、自治区和直辖市的建置；

（十三）决定特别行政区的设立及其制度；

（十四）决定战争和和平的问题；

（十五）应当由最高国家权力机关行使的其他职权。

第六十三条 全国人民代表大会有权罢免下列人员：

（一）中华人民共和国主席、副主席；

（二）国务院总理、副总理、国务委员、各部部长、各委员会主任、审计长、秘书长；

（三）中央军事委员会主席和中央军事委员会其他组成人员；

（四）最高人民法院院长；

（五）最高人民检察院检察长。

第六十四条 宪法的修改，由全国人民代表大会常务委员会或者五分之一以上的全国人民代表大会代表提议,并由全国人民代表大会以全体代表的三分之二以上的多数通过。

法律和其他议案由全国人民代表大会以全体代表的过半数通过。

第六十五条　全国人民代表大会常务委员会由下列人员组成:

委员长;

副委员长若干人;

秘书长;

委员若干人;

全国人民代表大会常务委员会组成人员中,应当有适当名额的少数民族代表;

全国人民代表大会选举并有权罢免全国人民代表大会常务委员会的组成人员;

全国人民代表大会常务委员会的组成人员不得担任国家行政机关、审判机关和检察机关的职务。

第六十六条　全国人民代表大会常务委员会每届任期同全国人民代表大会每届任期相同,它行使职权到下届全国人民代表大会选出新的常务委员会为止。

委员长、副委员长连续任职不得超过两届。

第六十七条　全国人民代表大会常务委员会行使下列职权:

(一)解释宪法,监督宪法的实施;

(二)制定和修改除应当由全国人民代表大会制定的法律以外的其他法律;

(三)在全国人民代表大会闭会期间,对全国人民代表大会制定的法律进行部分补充和修改,但是不得同该法律的基本原则相抵触;

(四)解释法律;

(五)在全国人民代表大会闭会期间,审查和批准国民经济和社会发展计划、国家预算在执行过程中所必须作的部分调整方案;

(六)监督国务院、中央军事委员会、最高人民法院和最高人民检察院的工作;

(七)撤销国务院制定的同宪法、法律相抵触的行政法规、决定和命令;

(九)在全国人民代表大会闭会期间,根据国务院总理的提名,决定部长、委员会主任、审计长、秘书长的人选;

(十)在全国人民代表大会闭会期间,根据中央军事委员会主席的提名,决定中央军事委员会其他组成人员的人选;

(十一)根据最高人民法院院长的提请,任免最高人民法院副院长、审判员、审判委员会委员和军事法院院长;

(十二)根据最高人民检察院检察长的提请,任免最高人民检察院副检察长、检察员、检察委员会委员和军事检察院检察长,并且批准省、自治区、直辖市的人民检察院检察长的任免;

(十三)决定驻外全权代表的任免;

(十四)决定同外国缔结的条约和重要协定的批准和废除;

(十五)规定军人和外交人员的衔级制度和其他专门衔级制度;

(十六)规定和决定授予国家的勋章和荣誉称号;

(十七)决定特赦;

(十八)在全国人民代表大会闭会期间,如果遇到国家遭受武装侵犯或者必须履行国际间共同防止侵略的条约的情况,决定战争状态的宣布;

(十九)决定全国总动员或者局部动员;

(二十)决定全国或者个别省、自治区、直辖市进入紧急状态;

(二十一)全国人民代表大会授予的其他职权。

第六十八条 全国人民代表大会常务委员会委员长主持全国人民代表大会常务委员会的工作,召集全国人民代表大会常务委员会会议。副委员长、秘书长协助委员长工作。

委员长、副委员长、秘书长组成委员长会议,处理全国人民代表大会常务委员会的重要日常工作。

第六十九条 全国人民代表大会常务委员会对全国人民代表大会负责并报告工作。

第七十条 全国人民代表大会设立民族委员会、法律委员会、财政经济委员会、教育科学文化卫生委员会、外事委员会、华侨委员会和其他需要设立的专门委员会。在全国人民代表大会闭会期间,各专门委员会受全国人民代表大会常务委员会的领导。

各专门委员会在全国人民代表大会和全国人民代表大会常务委员会领导下,研究、审议和拟订有关议案。

第七十一条 全国人民代表大会和全国人民代表大会常务委员会认为必要的时候,可以组织关于特定问题的调查委员会,并且根据调查委员会的报告,作出相应的决议。

调查委员会进行调查的时候,一切有关的国家机关、社会团体和公民都有义务向它提供必要的材料。

第七十二条 全国人民代表大会代表和全国人民代表大会常务委员会组成人员,有权依照法律规定的程序分别提出属于全国人民代表大会和全国人民代表大会常务委员会职权范围内的议案。

第七十三条 全国人民代表大会代表在全国人民代表大会开会期间,全国人民代表大会常务委员会组成人员在常务委员会开会期间,有权依照法律规定的程序提出对国务院或者国务院各部、各委员会的质询案。受质询的机关必须负责答复。

第七十四条 全国人民代表大会代表,非经全国人民代表大会会议主席团许可,在全国人民代表大会闭会期间非经全国人民代表大会常务委员会许可,不受逮捕或者刑事审判。

第七十五条 全国人民代表大会代表在全国人民代表大会各种会议上的发言和表决,不受法律追究。

第七十六条 全国人民代表大会代表必须模范地遵守宪法和法律,保守国家秘密,并且在自己参加的生产、工作和社会活动中,协助宪法和法律的实施。

全国人民代表大会代表应当同原选举单位和人民保持密切的联系,听取和反映人民的意见和要求,努力为人民服务。

第七十七条 全国人民代表大会代表受原选举单位的监督。原选举单位有权依照法律规定的程序罢免本单位选出的代表。

第七十八条 全国人民代表大会和全国人民代表大会常务委员会的组织和工作程序由法律规定。

第二节 中华人民共和国主席

第七十九条 中华人民共和国主席、副主席由全国人民代表大会选举。

有选举权和被选举权的年满四十五周岁的中华人民共和国公民可以被选为中华人民共和国主席、副主席。

中华人民共和国主席、副主席每届任期同全国人民代表大会每届任期相同,连续任职不得超过两届。

第八十条　中华人民共和国主席根据全国人民代表大会的决定和全国人民代表大会常务委员会的决定,公布法律,任免国务院总理、副总理、国务委员、各部部长、各委员会主任、审计长、秘书长,授予国家的勋章和荣誉称号,发布特赦令,宣布进入紧急状态,宣布战争状态,发布动员令。

第八十一条　中华人民共和国主席代表中华人民共和国,进行国事活动,接受外国使节;根据全国人民代表大会常务委员会的决定,派遣和召回驻外全权代表,批准和废除同外国缔结的条约和重要协定。

第八十二条　中华人民共和国副主席协助主席工作。

中华人民共和国副主席受主席的委托,可以代行主席的部分职权。

第八十三条　中华人民共和国主席、副主席行使职权到下届全国人民代表大会选出的主席、副主席就职为止。

第八十四条　中华人民共和国主席缺位的时候,由副主席继任主席的职位。

中华人民共和国副主席缺位的时候,由全国人民代表大会补选。

中华人民共和国主席、副主席都缺位的时候,由全国人民代表大会补选;在补选以前,由全国人民代表大会常务委员会委员长暂时代理主席职位。

第三节　国　务　院

第八十五条　中华人民共和国国务院,即中央人民政府,是最高国家权力机关的执行机关,是最高国家行政机关。

第八十六条　国务院由下列人员组成:

总理,

副总理若干人,

国务委员若干人,

各部部长,

各委员会主任,

审计长,

秘书长。

国务院实行总理负责制。各部、各委员会实行部长、主任负责制。

国务院的组织由法律规定。

第八十七条　国务院每届任期同全国人民代表大会每届任期相同。

总理、副总理、国务委员连续任职不得超过两届。

第八十八条　总理领导国务院的工作。副总理、国务委员协助总理工作。

总理、副总理、国务委员、秘书长组成国务院常务会议。

总理召集和主持国务院常务会议和国务院全体会议。

第八十九条　国务院行使下列职权:

(一)根据宪法和法律,规定行政措施,制定行政法规,发布决定和命令;

(二)向全国人民代表大会或者全国人民代表大会常务委员会提出议案;

(三)规定各部和各委员会的任务和职责,统一领导各部和各委员会的工作,并且领导不属于各部和各委员会的全国性的行政工作;

（四）统一领导全国地方各级国家行政机关的工作，规定中央和省、自治区、直辖市的国家行政机关的职权的具体划分；

（五）编制和执行国民经济和社会发展计划和国家预算；

（六）领导和管理经济工作和城乡建设；

（七）领导和管理教育、科学、文化、卫生、体育和计划生育工作；

（八）领导和管理民政、公安、司法行政和监察等工作；

（九）管理对外事务，同外国缔结条约和协定；

（十）领导和管理国防建设事业；

（十一）领导和管理民族事务，保障少数民族的平等权利和民族自治地方的自治权利；

（十二）保护华侨的正当的权利和利益，保护归侨和侨眷的合法的权利和利益；

（十三）改变或者撤销各部、各委员会发布的不适当的命令、指示和规章；

（十四）改变或者撤销地方各级国家行政机关的不适当的决定和命令；

（十五）批准省、自治区、直辖市的区域划分，批准自治州、县、自治县、市的建置和区域划分；

（十六）依照法律规定决定省、自治区、直辖市的范围内部分地区进入紧急状态；

（十七）审定行政机构的编制，依照法律规定任免、培训、考核和奖惩行政人员；

（十八）全国人民代表大会和全国人民代表大会常务委员会授予的其他职权。

第九十条 国务院各部部长、各委员会主任负责本部门的工作；召集和主持部务会议或者委员会会议、委务会议，讨论决定本部门工作的重大问题。

各部、各委员会根据法律和国务院的行政法规、决定、命令，在本部门的权限内，发布命令、指示和规章。

第九十一条 国务院设立审计机关，对国务院各部门和地方各级政府的财政收支，对国家的财政金融机构和企业事业组织的财务收支，进行审计监督。

审计机关在国务院总理领导下，依照法律规定独立行使审计监督权，不受其他行政机关、社会团体和个人的干涉。

第九十二条 国务院对全国人民代表大会负责并报告工作；在全国人民代表大会闭会期间，对全国人民代表大会常务委员会负责并报告工作。

第四节 中央军事委员会

第九十三条 中华人民共和国中央军事委员会领导全国武装力量。

中央军事委员会由下列人员组成：

主席，

副主席若干人，

委员若干人。

中央军事委员会实行主席负责制。

中央军事委员会每届任期同全国人民代表大会每届任期相同。

第九十四条 中央军事委员会主席对全国人民代表大会和全国人民代表大会常务委员会负责。

第五节　地方各级人民代表大会和地方各级人民政府

第九十五条　省、直辖市、县、市、市辖区、乡、民族乡、镇设立人民代表大会和人民政府。

地方各级人民代表大会和地方各级人民政府的组织由法律规定。

自治区、自治州、自治县设立自治机关。自治机关的组织和工作根据宪法第三章第五节、第六节规定的基本原则由法律规定。

第九十六条　地方各级人民代表大会是地方国家权力机关。

县级以上的地方各级人民代表大会设立常务委员会。

第九十七条　省、直辖市、设区的市的人民代表大会代表由下一级的人民代表大会选举;县、不设区的市、市辖区、乡、民族乡、镇的人民代表大会代表由选民直接选举。

地方各级人民代表大会代表名额和代表产生办法由法律规定。

第九十八条　地方各级人民代表大会每届任期五年。

第九十九条　地方各级人民代表大会在本行政区域内,保证宪法、法律、行政法规的遵守和执行;依照法律规定的权限,通过和发布决议,审查和决定地方的经济建设、文化建设和公共事业建设的计划。

县级以上的地方各级人民代表大会审查和批准本行政区域内的国民经济和社会发展计划、预算以及它们的执行情况的报告;有权改变或者撤销本级人民代表大会常务委员会不适当的决定。

民族乡的人民代表大会可以依照法律规定的权限采取适合民族特点的具体措施。

第一百条　省、直辖市的人民代表大会和它们的常务委员会,在不同宪法、法律、行政法规相抵触的前提下,可以制定地方性法规,报全国人民代表大会常务委员会备案。

第一百零一条　地方各级人民代表大会分别选举并且有权罢免本级人民政府的省长和副省长、市长和副市长、县长和副县长、区长和副区长、乡长和副乡长、镇长和副镇长。

县级以上的地方各级人民代表大会选举并且有权罢免本级人民法院院长和本级人民检察院检察长。选出或者罢免人民检察院检察长,须报上级人民检察院检察长提请该级人民代表大会常务委员会批准。

第一百零二条　省、直辖市、设区的市的人民代表大会代表受原选举单位的监督;县、不设区的市、市辖区、乡、民族乡、镇的人民代表大会代表受选民的监督。

地方各级人民代表大会代表的选举单位和选民有权依照法律规定的程序罢免由他们选出的代表。

第一百零三条　县级以上的地方各级人民代表大会常务委员会由主任、副主任若干人和委员若干人组成,对本级人民代表大会负责并报告工作。

县级以上的地方各级人民代表大会选举并有权罢免本级人民代表大会常务委员会的组成人员。

县级以上的地方各级人民代表大会常务委员会的组成人员不得担任国家行政机关、审判机关和检察机关的职务。

第一百零四条　县级以上的地方各级人民代表大会常务委员会讨论、决定本行政区域内各方面工作的重大事项;监督本级人民政府、人民法院和人民检察院的工作;撤销本级人民政府的不适当的决定和命令;撤销下一级人民代表大会的不适当的决议;依照法律规定的权限决定国家机关工作人员的任免;在本级人民代表大会闭会期间,罢免和补选上一级人民代表大会的个别代表。

第一百零五条 地方各级人民政府是地方各级国家权力机关的执行机关，是地方各级国家行政机关。

地方各级人民政府实行省长、市长、县长、区长、乡长、镇长负责制。

第一百零六条 地方各级人民政府每届任期同本级人民代表大会每届任期相同。

第一百零七条 县级以上地方各级人民政府依照法律规定的权限，管理本行政区域内的经济、教育、科学、文化、卫生、体育事业、城乡建设事业和财政、民政、公安、民族事务、司法行政、监察、计划生育等行政工作，发布决定和命令，任免、培训、考核和奖惩行政工作人员。

乡、民族乡、镇的人民政府执行本级人民代表大会的决议和上级国家行政机关的决定和命令，管理本行政区域内的行政工作。

省、直辖市的人民政府决定乡、民族乡、镇的建置和区域划分。

第一百零八条 县级以上的地方各级人民政府领导所属各工作部门和下级人民政府的工作，有权改变或者撤销所属各工作部门和下级人民政府的不适当的决定。

第一百零九条 县级以上的地方各级人民政府设立审计机关。地方各级审计机关依照法律规定独立行使审计监督权，对本级人民政府和上一级审计机关负责。

第一百一十条 地方各级人民政府对本级人民代表大会负责并报告工作。县级以上的地方各级人民政府在本级人民代表大会闭会期间，对本级人民代表大会常务委员会负责并报告工作。

地方各级人民政府对上一级国家行政机关负责并报告工作。全国地方各级人民政府都是国务院统一领导下的国家行政机关，都服从国务院。

第一百一十一条 城市和农村按居民居住地区设立的居民委员会或者村民委员会是基层群众性自治组织。居民委员会、村民委员会的主任、副主任和委员由居民选举。居民委员会、村民委员会同基层政权的相互关系由法律规定。

居民委员会、村民委员会设人民调解、治安保卫、公共卫生等委员会，办理本居住地区的公共事务和公益事业，调解民间纠纷，协助维护社会治安，并且向人民政府反映群众的意见、要求和提出建议。

第六节 民族自治地方的自治机关

第一百一十二条 民族自治地方的自治机关是自治区、自治州、自治县的人民代表大会和人民政府。

第一百一十三条 自治区、自治州、自治县的人民代表大会中，除实行区域自治的民族的代表外，其他居住在本行政区域内的民族也应当有适当名额的代表。

自治区、自治州、自治县的人民代表大会常务委员会中应当有实行区域自治的民族的公民担任主任或者副主任。

第一百一十四条 自治区主席、自治州州长、自治县县长由实行区域自治的民族的公民担任。

第一百一十五条 自治区、自治州、自治县的自治机关行使宪法第三章第五节规定的地方国家机关的职权，同时依照宪法、民族区域自治法和其他法律规定的权限行使自治权，根据本地方实际情况贯彻执行国家的法律、政策。

第一百一十六条 民族自治地方的人民代表大会有权依照当地民族的政治、经济和文化的特点,制定自治条例和单行条例。自治区的自治条例和单行条例,报全国人民代表大会常务委员会批准后生效。自治州、自治县的自治条例和单行条例,报省或者自治区的人民代表大会常务委员会批准后生效,并报全国人民代表大会常务委员会备案。

第一百一十七条　民族自治地方的自治机关有管理地方财政的自治权。凡是依照国家财政体制属于民族自治地方的财政收入,都应当由民族自治地方的自治机关自主地安排使用。

第一百一十八条　民族自治地方的自治机关在国家计划的指导下,自主地安排和管理地方性的经济建设事业。

国家在民族自治地方开发资源、建设企业的时候,应当照顾民族自治地方的利益。

第一百一十九条　民族自治地方的自治机关自主地管理本地方的教育、科学、文化、卫生、体育事业,保护和整理民族的文化遗产,发展和繁荣民族文化。

第一百二十条　民族自治地方的自治机关依照国家的军事制度和当地的实际需要,经国务院批准,可以组织本地方维护社会治安的公安部队。

第一百二十一条　民族自治地方的自治机关在执行职务的时候,依照本民族自治地方自治条例的规定,使用当地通用的一种或者几种语言文字。

第一百二十二条　国家从财政、物资、技术等方面帮助各少数民族加速发展经济建设和文化建设事业。

国家帮助民族自治地方从当地民族中大量培养各级干部、各种专业人才和技术工人。

第七节　人民法院和人民检察院

第一百二十三条　中华人民共和国人民法院是国家的审判机关。

第一百二十四条　中华人民共和国设立最高人民法院、地方各级人民法院和军事法院等专门人民法院。

最高人民法院院长每届任期同全国人民代表大会每届任期相同,连续任职不得超过两届。

人民法院的组织由法律规定。

第一百二十五条　人民法院审理案件,除法律规定的特别情况外,一律公开进行。被告人有权获得辩护。

第一百二十六条　人民法院依照法律规定独立行使审判权,不受行政机关、社会团体和个人的干涉。

第一百二十七条　最高人民法院是最高审判机关。

最高人民法院监督地方各级人民法院和专门人民法院的审判工作,上级人民法院监督下级人民法院的审判工作。

第一百二十八条　最高人民法院对全国人民代表大会和全国人民代表大会常务委员会负责。地方各级人民法院对产生它的国家权力机关负责。

第一百二十九条　中华人民共和国人民检察院是国家的法律监督机关。

第一百三十条　中华人民共和国设立最高人民检察院、地方各级人民检察院和军事检察院等专门人民检察院。

最高人民检察院检察长每届任期同全国人民代表大会每届任期相同,连续任职不得超过两届。

人民检察院的组织由法律规定。

第一百三十一条　人民检察院依照法律规定独立行使检察权,不受行政机关、社会团体和个人的干涉。

第一百三十二条 最高人民检察院是最高检察机关。

最高人民检察院领导地方各级人民检察院和专门人民检察院的工作，上级人民检察院领导下级人民检察院的工作。

第一百三十三条 最高人民检察院对全国人民代表大会和全国人民代表大会常务委员会负责。地方各级人民检察院对产生它的国家权力机关和上级人民检察院负责。

第一百三十四条 各民族公民都有用本民族语言文字进行诉讼的权利。人民法院和人民检察院对于不通晓当地通用的语言文字的诉讼参与人，应当为他们翻译。

在少数民族聚居或者多民族共同居住的地区，应当用当地通用的语言进行审理；起诉书、判决书、布告和其他文书应当根据实际需要使用当地通用的一种或者几种文字。

第一百三十五条 人民法院、人民检察院和公安机关办理刑事案件，应当分工负责，互相配合，互相制约，以保证准确有效地执行法律。

第四章 国旗、国歌、国徽、首都

第一百三十六条 中华人民共和国国旗是五星红旗。

中华人民共和国国歌是《义勇军进行曲》。

第一百三十七条 中华人民共和国国徽，中间是五星照耀下的天安门，周围是谷穗和齿轮。

第一百三十八条 中华人民共和国首都是北京。

中华人民共和国主席令

（第23号）

《中华人民共和国国家赔偿法》已由中华人民共和国第八届全国人民代表大会常务委员会第七次会议于1994年5月12日通过,现予公布,自1995年1月1日起施行。

中华人民共和国主席　江泽民

1994年5月12日

中华人民共和国国家赔偿法

（1994年5月12日第八届全国人民代表大会常务委员会第七次会议通过）

第一章　总　则

第一条　为保障公民、法人和其他组织享有依法取得国家赔偿的权利,促进国家机关依法行使职权,根据宪法,制定本法。

第二条　国家机关和国家机关工作人员违法行使职权侵犯公民、法人和其他组织的合法权益造成损害的,受害人有依照本法取得国家赔偿的权利。

国家赔偿由本法规定的赔偿义务机关履行赔偿义务。

第二章　行政赔偿

第一节　赔偿范围

第三条　行政机关及其工作人员在行使行政职权时有下列侵犯人身权情形之一的,受害人有取得赔偿的权利:

（一）违法拘留或者违法采取限制公民人身自由的行政强制措施的;

（二）非法拘禁或者以其他方法非法剥夺公民人身自由的;

（三）以殴打等暴力行为或者唆使他人以殴打等暴力行为造成公民身体伤害或者死亡的;

（四）违法使用武器、警械造成公民身体伤害或者死亡的;

（五）造成公民身体伤害或者死亡的其他违法行为。

第四条　行政机关及其工作人员在行使行政职权时有下列侵犯财产权情形之一的,受害人有取得赔偿的权利:

（一）违法实施罚款、吊销许可证和执照、责令停产停业、没收财物等行政处罚的;

（二）违法对财产采取查封、扣押、冻结等行政强制措施的;

(三)违反国家规定征收财物、摊派费用的;

(四)造成财产损害的其他违法行为。

第五条 属于下列情形之一的,国家不承担赔偿责任:

(一)行政机关工作人员与行使职权无关的个人行为;

(二)因公民、法人和其他组织自己的行为致使损害发生的;

(三)法律规定的其他情形。

第二节 赔偿请求人和赔偿义务机关

第六条 受害的公民、法人和其他组织有权要求赔偿。

受害的公民死亡,其继承人和其他有扶养关系的亲属有权要求赔偿。

受害的法人或者其他组织终止,承受其权利的法人或者其他组织有权要求赔偿。

第七条 行政机关及其工作人员行使行政职权侵犯公民、法人和其他组织的合法权益造成损害的,该行政机关为赔偿义务机关。

两个以上行政机关共同行使行政职权时侵犯公民、法人和其他组织的合法权益造成损害的,共同行使行政职权的行政机关为共同赔偿义务机关。

法律、法规授权的组织在行使授予的行政权力时侵犯公民、法人和其他组织的合法权益造成损害的,被授权的组织为赔偿义务机关。

受行政机关委托的组织或者个人在行使受委托的行政权力时侵犯公民、法人和其他组织的合法权益造成损害的,委托的行政机关为赔偿义务机关。

赔偿义务机关被撤销的,继续行使其职权的行政机关为赔偿义务机关;没有继续行使其职权的行政机关的,撤销该赔偿义务机关的行政机关为赔偿义务机关。

第八条 经复议机关复议的,最初造成侵权行为的行政机关为赔偿义务机关,但复议机关的复议决定加重损害的,复议机关对加重的部分履行赔偿义务。

第三节 赔 偿 程 序

第九条 赔偿义务机关对依法确认有本法第三条、第四条规定的情形之一的,应当给予赔偿。

赔偿请求人要求赔偿应当先向赔偿义务机关提出,也可以在申请行政复议和提起行政诉讼时一并提出。

第十条 赔偿请求人可以向共同赔偿义务机关中的任何一个赔偿义务机关要求赔偿,该赔偿义务机关应当先予赔偿。

第十一条 赔偿请求人根据受到的不同损害,可以同时提出数项赔偿要求。

第十二条 要求赔偿应当递交申请书,申请书应当载明下列事项:

(一)受害人的姓名、性别、年龄、工作单位和住所,法人或者其他组织的名称、住所和法定代表人或者主要负责人的姓名、职务;

(二)具体的要求、事实根据和理由;

(三)申请的年、月、日。

赔偿请求人书写申请书确有困难的,可以委托他人代书;也可以口头申请,由赔偿义务机关记入笔录。

第十三条 赔偿义务机关应当自收到申请之日起两个月内依照本法第四章的规定给予赔

偿；逾期不予赔偿或者赔偿请求人对赔偿数额有异议的，赔偿请求人可以自期间届满之日起三个月内向人民法院提起诉讼。

第十四条　赔偿义务机关赔偿损失后，应当责令有故意或者重大过失的工作人员或者受委托的组织或者个人承担部分或者全部赔偿费用。

对有故意或者重大过失的责任人员，有关机关应当依法给予行政处分；构成犯罪的，应当依法追究刑事责任。

第三章　刑事赔偿

第一节　赔偿范围

第十五条　行使侦查、检察、审判、监狱管理职权的机关及其工作人员在行使职权时有下列侵犯人身权情形之一的，受害人有取得赔偿的权利：

（一）对没有犯罪事实或者没有事实证明有犯罪重大嫌疑的人错误拘留的；

（二）对没有犯罪事实的人错误逮捕的；

（三）依照审判监督程序再审改判无罪，原判刑罚已经执行的；

（四）刑讯逼供或者以殴打等暴力行为或者唆使他人以殴打等暴力行为造成公民身体伤害或者死亡的；

（五）违法使用武器、警械造成公民身体伤害或者死亡的。

第十六条　行使侦查、检察、审判、监狱管理职权的机关及其工作人员在行使职权时有下列侵犯财产权情形之一的，受害人有取得赔偿的权利：

（一）违法对财产采取查封、扣押、冻结、追缴等措施的；

（二）依照审判监督程序再审改判无罪，原判罚金、没收财产已经执行的。

第十七条　属于下列情形之一的，国家不承担赔偿责任：

（一）因公民自己故意作虚伪供述，或者伪造其他有罪证据被羁押或者被判处刑罚的；

（二）依照刑法第十四条、第十五条规定不负刑事责任的人被羁押的；

（三）依照刑事诉讼法第十一条规定不追究刑事责任的人被羁押的；

（四）行使国家侦查、检察、审判、监狱管理职权的机关的工作人员与行使职权无关的个人行为；

（五）因公民自伤、自残故意行为致使损害发生的；

（六）法律规定的其他情形。

第二节　赔偿请求人和赔偿义务机关

第十八条　赔偿请求人的确定依照本法第六条的规定。

第十九条　行使国家侦查、检察、审判、监狱管理职权的机关及其工作人员在行使职权时侵犯公民、法人和其他组织的合法权益造成损害的，该机关为赔偿义务机关。

对没有犯罪事实或者没有事实证明有犯罪重大嫌疑的人错误拘留的，作出拘留决定的机关为赔偿义务机关。

对没有犯罪事实的人错误逮捕的，作出逮捕决定的机关为赔偿义务机关。

再审改判无罪的，作出原生效判决的人民法院为赔偿义务机关。二审改判无罪的，作出一审判决的人民法院和作出逮捕决定的机关为共同赔偿义务机关。

第三节 赔偿程序

第二十条 赔偿义务机关对依法确认有本法第十五条、第十六条规定的情形之一的，应当给予赔偿。

赔偿请求人要求确认有本法第十五条、第十六条规定情形之一的，被要求的机关不予确认的，赔偿请求人有权申诉。

赔偿请求人要求赔偿，应当先向赔偿义务机关提出。

赔偿程序适用本法第十条、第十一条、第十二条的规定。

第二十一条 赔偿义务机关应当自收到申请之日起两个月内依照本法第四章的规定给予赔偿；逾期不予赔偿或者赔偿请求人对赔偿数额有异议的，赔偿请求人可以自期间届满之日起三十日内向其上一级机关申请复议。

赔偿义务机关是人民法院的，赔偿请求人可以依照前款规定向其上一级人民法院赔偿委员会申请作出赔偿决定。

第二十二条 复议机关应当自收到申请之日起两个月内作出决定。

赔偿请求人不服复议决定的，可以在收到复议决定之日起三十日内向复议机关所在地的同级人民法院赔偿委员会申请作出赔偿决定；复议机关逾期不作决定的，赔偿请求人可以自期间届满之日起三十日内向复议机关所在地的同级人民法院赔偿委员会申请作出赔偿决定。

第二十三条 中级以上的人民法院设立赔偿委员会，由人民法院三名至七名审判员组成。

赔偿委员会作赔偿决定，实行少数服从多数的原则。

赔偿委员会作出的赔偿决定，是发生法律效力的决定，必须执行。

第二十四条 赔偿义务机关赔偿损失后，应当向有下列情形之一的工作人员追偿部分或者全部赔偿费用：

（一）有本法第十五条第（四）、（五）项规定情形的；

（二）在处理案件中有贪污受贿，徇私舞弊，枉法裁判行为的。

对有前款（一）、（二）项规定情形的责任人员，有关机关应当依法给予行政处分；构成犯罪的，应当依法追究刑事责任。

第四章 赔偿方式和计算标准

第二十五条 国家赔偿以支付赔偿金为主要方式。

能够返还财产或者恢复原状的，予以返还财产或者恢复原状。

第二十六条 侵犯公民人身自由的，每日的赔偿金按照国家上年度职工日平均工资计算。

第二十七条 侵犯公民生命健康权的，赔偿金按照下列规定计算：

（一）造成身体伤害的，应当支付医疗费，以及赔偿因误工减少的收入。减少的收入每日的赔偿金按照国家上年度职工日平均工资计算，最高额为国家上年度职工年平均工资的五倍；

（二）造成部分或者全部丧失劳动能力的，应当支付医疗费，以及残疾赔偿金，残疾赔偿金根据丧失劳动能力的程度确定，部分丧失劳动能力的最高额为国家上年度职工年平均工资的十倍，全部丧失劳动能力的为国家上年度职工年平均工资的二十倍。造成全部丧失劳动能力的，对其扶养的无劳动能力的人，还应当支付生活费；

（三）造成死亡的，应当支付死亡赔偿金、丧葬费，总额为国家上年度职工年平均工资的二十倍。对死者生前扶养的无劳动能力的人，还应当支付生活费。

前款第（二）、（三）项规定的生活费的发放标准参照当地民政部门有关生活救济的规定办理。被扶养的人是未成年人的，生活费给付至十八周岁止；其他无劳动能力的人，生活费给付至死亡时止。

第二十八条　侵犯公民、法人和其他组织的财产权造成损害的，按照下列规定处理：

（一）处罚款、罚金、追缴、没收财产或者违反国家规定征收财物、摊派费用的，返还财产；

（二）查封、扣押、冻结财产的，解除对财产的查封、扣押、冻结，造成财产损坏或者灭失的，依照本条第（三）、（四）项的规定赔偿；

（三）应当返还的财产损坏的，能够恢复原状的恢复原状，不能恢复原状的，按照损害程度给付相应的赔偿金；

（四）应当返还的财产灭失的，给付相应的赔偿金；

（五）财产已经拍卖的，给付拍卖所得的价款；

（六）吊销许可证和执照、责令停产停业的，赔偿停产停业期间必要的经常性费用开支；

（七）对财产权造成其他损害的，按照直接损失给予赔偿。

第二十九条　赔偿费用，列入各级财政预算，具体办法由国务院规定。

第五章　其 他 规 定

第三十条　赔偿义务机关对依法确认有本法第三条第（一）、（二）项、第十五条第（一）、（二）、（三）项规定的情形之一，并造成受害人名誉权、荣誉权损害的，应当在侵权行为影响的范围内，为受害人消除影响，恢复名誉，赔礼道歉。

第三十一条　人民法院在民事诉讼、行政诉讼过程中，违法采取对妨害诉讼的强制措施、保全措施或者对判决、裁定及其他生效法律文书执行错误，造成损害的，赔偿请求人要求赔偿的程序，适用本法刑事赔偿程序的规定。

第三十二条　赔偿请求人请求国家赔偿的时效为两年，自国家机关及其工作人员行使职权时的行为被依法确认为违法之日起计算，但被羁押期间不计算在内。

赔偿请求人在赔偿请求时效的最后六个月内，因不可抗力或者其他障碍不能行使请求权的，时效中止。从中止时效的原因消除之日起，赔偿请求时效期间继续计算。

第三十三条　外国人、外国企业和组织在中华人民共和国领域内要求中华人民共和国国家赔偿的，适用本法。

外国人、外国企业和组织的所属国对中华人民共和国公民、法人和其他组织要求该国国家赔偿的权利不予保护或者限制的，中华人民共和国与该外国人、外国企业和组织的所属国实行对等原则。

第六章　附　　则

第三十四条　赔偿请求人要求国家赔偿的，赔偿义务机关、复议机关和人民法院不得向赔偿请求人收取任何费用。

对赔偿请求人取得的赔偿金不予征税。

第三十五条 本法自1995年1月1日起施行。

附：

法律有关条文

一、《刑　　法》

第十四条 已满十六岁的人犯罪,应当负刑事责任。

已满十四岁不满十六岁的人,犯杀人、重伤、抢劫、放火、惯窃罪或者其他严重破坏社会秩序罪,应当负刑事责任。

已满十四岁不满十八岁的人犯罪,应当从轻或者减轻处罚。

因不满十六岁不处罚的,责令他的家长或者监护人加以管教;在必要的时候,也可以由政府收容教养。

第十五条 精神病人在不能辨认或者不能控制自己行为的时候造成危害结果的,不负刑事责任;但是应当责令他的家属或者监护人严加看管和医疗。

间歇性的精神病人在精神正常的时候犯罪,应当负刑事责任。

醉酒的人犯罪,应当负刑事责任。

二、《刑事诉讼法》

第十一条 有下列情形之一的,不追究刑事责任,已经追究的,应当撤销案件,或者不起诉,或者宣告无罪:

(一)情节显著轻微、危害不大,不认为是犯罪的;

(二)犯罪已过追诉时效期限的;

(三)经特赦令免除刑罚的;

(四)依照刑法告诉才处理的犯罪,没有告诉或者撤回告诉的;

(五)被告人死亡的;

(六)其他法律、法令规定免予追究刑事责任的。

中华人民共和国主席令

（第29号）

《中华人民共和国城市房地产管理法》已由中华人民共和国第八届全国人民代表大会常务委员会第八次会议于1994年7月5日通过,现予公布,自1995年1月1日起施行。

中华人民共和国主席　江泽民
1994年7月5日

中华人民共和国城市房地产管理法

（1994年7月5日第八届全国人民代表大会常务委员会第八次会议通过）

第一章　总　则

第一条　为了加强对城市房地产的管理,维护房地产市场秩序,保障房地产权利人的合法权益,促进房地产业的健康发展,制定本法。

第二条　在中华人民共和国城市规划区国有土地(以下简称国有土地)范围内取得房地产开发用地的土地使用权,从事房地产开发、房地产交易,实施房地产管理,应当遵守本法。

本法所称房屋,是指土地上的房屋等建筑物及构筑物。

本法所称房地产开发,是指在依据本法取得国有土地使用权的土地上进行基础设施、房屋建设的行为。

本法所称房地产交易,包括房地产转让、房地产抵押和房屋租赁。

第三条　国家依法实行国有土地有偿、有限期使用制度。但是,国家在本法规定的范围内划拨国有土地使用权的除外。

第四条　国家根据社会、经济发展水平,扶持发展居民住宅建设,逐步改善居民的居住条件。

第五条　房地产权利人应当遵守法律和行政法规,依法纳税。房地产权利人的合法权益受法律保护,任何单位和个人不得侵犯。

第六条　国务院建设行政主管部门、土地管理部门依照国务院规定的职权划分,各司其职,密切配合,管理全国房地产工作。

县级以上地方人民政府房产管理、土地管理部门的机构设置及其职权由省、自治区、直辖市人民政府确定。

第二章　房地产开发用地

第一节　土地使用权出让

第七条　土地使用权出让，是指国家将国有土地使用权（以下简称土地使用权）在一定年限内出让给土地使用者，由土地使用者向国家支付土地使用权出让金的行为。

第八条　城市规划区内的集体所有的土地，经依法征用转为国有土地后，该幅国有土地的使用权方可有偿出让。

第九条　土地使用权出让，必须符合土地利用总体规划、城市规划和年度建设用地计划。

第十条　县级以上地方人民政府出让土地使用权用于房地产开发的，须根据省级以上人民政府下达的控制指标拟订年度出让土地使用权总面积方案，按照国务院规定，报国务院或者省级人民政府批准。

第十一条　土地使用权出让，由市、县人民政府有计划、有步骤地进行。出让的每幅地块、用途、年限和其他条件，由市、县人民政府土地管理部门会同城市规划、建设、房产管理部门共同拟定方案，按照国务院规定，报经有批准权的人民政府批准后，由市、县人民政府土地管理部门实施。

直辖市的县人民政府及其有关部门行使前款规定的权限，由直辖市人民政府规定。

第十二条　土地使用权出让，可以采取拍卖、招标或者双方协议的方式。

商业、旅游、娱乐和豪华住宅用地，有条件的，必须采取拍卖、招标方式；没有条件，不能采取拍卖、招标方式的，可以采取双方协议的方式。

采取双方协议方式出让土地使用权的出让金不得低于按国家规定所确定的最低价。

第十三条　土地使用权出让最高年限由国务院规定。

第十四条　土地使用权出让，应当签订书面出让合同。土地使用权出让合同由市、县人民政府土地管理部门与土地使用者签订。

第十五条　土地使用者必须按照出让合同约定，支付土地使用权出让金；未按照出让合同约定支付土地使用权出让金的，土地管理部门有权解除合同，并可以请求违约赔偿。

第十六条　土地使用者按照出让合同约定支付土地使用权出让金的，市、县人民政府土地管理部门必须按照出让合同约定，提供出让的土地；未按照出让合同约定提供出让的土地的，土地使用者有权解除合同，由土地管理部门返还土地使用权出让金，土地使用者并可以请求违约赔偿。

第十七条　土地使用者需要改变土地使用权出让合同约定的土地用途的，必须取得出让方和市、县人民政府城市规划行政主管部门的同意，签订土地使用权出让合同变更协议或者重新签订土地使用权出让合同，相应调整土地使用权出让金。

第十八条　土地使用权出让金应当全部上缴财政，列入预算，用于城市基础设施建设和土地开发。土地使用权出让金上缴和使用的具体办法由国务院规定。

第十九条　国家对土地使用者依法取得的土地使用权，在出让合同约定的使用年限届满前不收回；在特殊情况下，根据社会公共利益的需要，可以依照法律程序提前收回，并根据土地使用者使用土地的实际年限和开发土地的实际情况给予相应的补偿。

第二十条　土地使用权因土地灭失而终止。

第二十一条　土地使用权出让合同约定的使用年限届满，土地使用者需要继续使用土地的，应当至迟于届满前一年申请续期，除根据社会公共利益需要收回该幅土地的，应当予以批准。经批准准予续期的，应当重新签订土地使用权出让合同，依照规定支付土地使用权出让金。

土地使用权出让合同约定的使用年限届满，土地使用者未申请续期或者虽申请续期但依照前款规定未获批准的，土地使用权由国家无偿收回。

第二节　土地使用权划拨

第二十二条　土地使用权划拨，是指县级以上人民政府依法批准，在土地使用者缴纳补偿、安置等费用后将该幅土地交付其使用，或者将土地使用权无偿交付给土地使用者使用的行为。

依照本法规定以划拨方式取得土地使用权的，除法律、行政法规另有规定外，没有使用期限的限制。

第二十三条　下列建设用地的土地使用权，确属必需的，可以由县级以上人民政府依法批准划拨：

（一）国家机关用地和军事用地；

（二）城市基础设施用地和公益事业用地；

（三）国家重点扶持的能源、交通、水利等项目用地；

（四）法律、行政法规规定的其他用地。

第三章　房地产开发

第二十四条　房地产开发必须严格执行城市规划，按照经济效益、社会效益、环境效益相统一的原则，实行全面规划、合理布局、综合开发、配套建设。

第二十五条　以出让方式取得土地使用权进行房地产开发的，必须按照土地使用权出让合同约定的土地用途、动工开发期限开发土地。超过出让合同约定的动工开发日期满一年未动工开发的，可以征收相当于土地使用权出让金百分之二十以下的土地闲置费；满二年未动工开发的，可以无偿收回土地使用权；但是，因不可抗力或者政府、政府有关部门的行为或者动工开发必需的前期工作造成动工开发迟延的除外。

第二十六条　房地产开发项目的设计、施工，必须符合国家的有关标准和规范。

房地产开发项目竣工，经验收合格后，方可交付使用。

第二十七条　依法取得的土地使用权，可以依照本法和有关法律、行政法规的规定，作价入股，合资、合作开发经营房地产。

第二十八条　国家采取税收等方面的优惠措施鼓励和扶持房地产开发企业开发建设居民住宅。

第二十九条　房地产开发企业是以营利为目的，从事房地产开发和经营的企业。设立房地产开发企业，应当具备下列条件：

（一）有自己的名称和组织机构；

（二）有固定的经营场所；

（三）有符合国务院规定的注册资本；

(四)有足够的专业技术人员;

(五)法律、行政法规规定的其他条件。

设立房地产开发企业,应当向工商行政管理部门申请设立登记。工商行政管理部门对符合本法规定条件的,应当予以登记,发给营业执照;对不符合本法规定条件的,不予登记。

设立有限责任公司、股份有限公司,从事房地产开发经营的,还应当执行公司法的有关规定。

房地产开发企业在领取营业执照后的一个月内,应当到登记机关所在地的县级以上地方人民政府规定的部门备案。

第三十条 房地产开发企业的注册资本与投资总额的比例应当符合国家有关规定。

房地产开发企业分期开发房地产的,分期投资额应当与项目规模相适应,并按照土地使用权出让合同的约定,按期投入资金,用于项目建设。

第四章 房地产交易

第一节 一般规定

第三十一条 房地产转让、抵押时,房屋的所有权和该房屋占用范围内的土地使用权同时转让、抵押。

第三十二条 基准地价、标定地价和各类房屋的重置价格应当定期确定并公布。具体办法由国务院规定。

第三十三条 国家实行房地产价格评估制度。

房地产价格评估,应当遵循公正、公平、公开的原则,按照国家规定的技术标准和评估程序,以基准地价、标定地价和各类房屋的重置价格为基础,参照当地的市场价格进行评估。

第三十四条 国家实行房地产成交价格申报制度。

房地产权利人转让房地产,应当向县级以上地方人民政府规定的部门如实申报成交价,不得瞒报或者作不实的申报。

第三十五条 房地产转让、抵押,当事人应当依照本法第五章的规定办理权属登记。

第二节 房地产转让

第三十六条 房地产转让,是指房地产权利人通过买卖、赠与或者其他合法方式将其房地产转移给他人的行为。

第三十七条 下列房地产,不得转让:

(一)以出让方式取得土地使用权的,不符合本法第三十八条规定的条件的;

(二)司法机关和行政机关依法裁定、决定查封或者以其他形式限制房地产权利的;

(三)依法收回土地使用权的;

(四)共有房地产,未经其他共有人书面同意的;

(五)权属有争议的;

(六)未依法登记领取权属证书的;

(七)法律、行政法规规定禁止转让的其他情形。

第三十八条 以出让方式取得土地使用权的,转让房地产时,应当符合下列条件:

（一）按照出让合同约定已经支付全部土地使用权出让金，并取得土地使用权证书；

（二）按照出让合同约定进行投资开发，属于房屋建设工程的，完成开发投资总额的百分之二十五以上，属于成片开发土地的，形成工业用地或者其他建设用地条件。

转让房地产时房屋已经建成的，还应当持有房屋所有权证书。

第三十九条　以划拨方式取得土地使用权的，转让房地产时，应当按照国务院规定，报有批准权的人民政府审批。有批准权的人民政府准予转让的，应当由受让方办理土地使用权出让手续，并依照国家有关规定缴纳土地使用权出让金。

以划拨方式取得土地使用权的，转让房地产报批时，有批准权的人民政府按照国务院规定决定可以不办理土地使用权出让手续的，转让方应当按照国务院规定将转让房地产所获收益中的土地收益上缴国家或者作其他处理。

第四十条　房地产转让，应当签订书面转让合同，合同中应当载明土地使用权取得的方式。

第四十一条　房地产转让时，土地使用权出让合同载明的权利、义务随之转移。

第四十二条　以出让方式取得土地使用权的，转让房地产后，其土地使用权的使用年限为原土地使用权出让合同约定的使用年限减去原土地使用者已经使用年限后的剩余年限。

第四十三条　以出让方式取得土地使用权的，转让房地产后，受让人改变原土地使用权出让合同约定的土地用途的，必须取得原出让方和市、县人民政府城市规划行政主管部门的同意，签订土地使用权出让合同变更协议或者重新签订土地使用权出让合同，相应调整土地使用权出让金。

第四十四条　商品房预售，应当符合下列条件：

（一）已交付全部土地使用权出让金，取得土地使用权证书；

（二）持有建设工程规划许可证；

（三）按提供预售的商品房计算，投入开发建设的资金达到工程建设总投资的百分之二十五以上，并已经确定施工进度和竣工交付日期；

（四）向县级以上人民政府房产管理部门办理预售登记，取得商品房预售许可证明。

商品房预售人应当按照国家有关规定将预售合同报县级以上人民政府房产管理部门和土地管理部门登记备案。

商品房预售所得款项，必须用于有关的工程建设。

第四十五条　商品房预售的，商品房预购人将购买的未竣工的预售商品房再行转让的问题，由国务院规定。

第三节　房地产抵押

第四十六条　房地产抵押，是指抵押人以其合法的房地产以不转移占有的方式向抵押权人提供债务履行担保的行为。债务人不履行债务时，抵押权人有权依法以抵押的房地产拍卖所得的价款优先受偿。

第四十七条　依法取得的房屋所有权连同该房屋占用范围内的土地使用权，可以设定抵押权。

以出让方式取得的土地使用权，可以设定抵押权。

第四十八条　房地产抵押，应当凭土地使用权证书、房屋所有权证书办理。

第四十九条　房地产抵押，抵押人和抵押权人应当签订书面抵押合同。

第五十条 设定房地产抵押权的土地使用权是以划拨方式取得的，依法拍卖该房地产后，应当从拍卖所得的价款中缴纳相当于应缴纳的土地使用权出让金的款额后，抵押权人方可优先受偿。

第五十一条 房地产抵押合同签订后，土地上新增的房屋不属于抵押财产。需要拍卖该抵押的房地产时，可以依法将土地上新增的房屋与抵押财产一同拍卖，但对拍卖新增房屋所得，抵押权人无权优先受偿。

第四节 房屋租赁

第五十二条 房屋租赁，是指房屋所有权人作为出租人将其房屋出租给承租人使用，由承租人向出租人支付租金的行为。

第五十三条 房屋租赁，出租人和承租人应当签订书面租赁合同，约定租赁期限、租赁用途、租赁价格、修缮责任等条款，以及双方的其他权利和义务，并向房产管理部门登记备案。

第五十四条 住宅用房的租赁，应当执行国家和房屋所在城市人民政府规定的租赁政策。租用房屋从事生产、经营活动的，由租赁双方协商议定租金和其他租赁条款。

第五十五条 以营利为目的，房屋所有权人将以划拨方式取得使用权的国有土地上建成的房屋出租的，应当将租金中所含土地收益上缴国家。具体办法由国务院规定。

第五节 中介服务机构

第五十六条 房地产中介服务机构包括房地产咨询机构、房地产价格评估机构、房地产经纪机构等。

第五十七条 房地产中介服务机构应当具备下列条件：

（一）有自己的名称和组织机构；

（二）有固定的服务场所；

（三）有必要的财产和经费；

（四）有足够数量的专业人员；

（五）法律、行政法规规定的其他条件。

设立房地产中介服务机构，应当向工商行政管理部门申请设立登记，领取营业执照后，方可开业。

第五十八条 国家实行房地产价格评估人员资格认证制度。

第五章 房地产权属登记管理

第五十九条 国家实行土地使用权和房屋所有权登记发证制度。

第六十条 以出让或者划拨方式取得土地使用权，应当向县级以上地方人民政府土地管理部门申请登记，经县级以上地方人民政府土地管理部门核实，由同级人民政府颁发土地使用权证书。

在依法取得的房地产开发用地上建成房屋的，应当凭土地使用权证书向县级以上地方人民政府房产管理部门申请登记，由县级以上地方人民政府房产管理部门核实并颁发房屋所有权证书。

房地产转让或者变更时，应当向县级以上地方人民政府房产管理部门申请房产变更登记，并凭变更后的房屋所有权证书向同级人民政府土地管理部门申请土地使用权变更登记，经同级人民政府土地管理部门核实，由同级人民政府更换或者更改土地使用权证书。

法律另有规定的，依照有关法律的规定办理。

第六十一条　房地产抵押时，应当向县级以上地方人民政府规定的部门办理抵押登记。

因处分抵押房地产而取得土地使用权和房屋所有权的，应当依照本章规定办理过户登记。

第六十二条　经省、自治区、直辖市人民政府确定，县级以上地方人民政府由一个部门统一负责房产管理和土地管理工作的，可以制作、颁发统一的房地产权证书，依照本法第六十条的规定，将房屋的所有权和该房屋占用范围内的土地使用权的确认和变更，分别载入房地产权证书。

第六章　法 律 责 任

第六十三条　违反本法第十条、第十一条的规定，擅自批准出让或者擅自出让土地使用权用于房地产开发的，由上级机关或者所在单位给予有关责任人员行政处分。

第六十四条　违反本法第二十九条的规定，未取得营业执照擅自从事房地产开发业务的，由县级以上人民政府工商行政管理部门责令停止房地产开发业务活动，没收违法所得，可以并处罚款。

第六十五条　违反本法第三十八条第一款的规定转让土地使用权的，由县级以上人民政府土地管理部门没收违法所得，可以并处罚款。

第六十六条　违反本法第三十九条第一款的规定转让房地产的，由县级以上人民政府土地管理部门责令缴纳土地使用权出让金，没收违法所得，可以并处罚款。

第六十七条　违反本法第四十四条第一款的规定预售商品房的，由县级以上人民政府房产管理部门责令停止预售活动，没收违法所得，可以并处罚款。

第六十八条　违反本法第五十七条的规定，未取得营业执照擅自从事房地产中介服务业务的，由县级以上人民政府工商行政管理部门责令停止房地产中介服务业务活动，没收违法所得，可以并处罚款。

第六十九条　没有法律、法规的依据，向房地产开发企业收费的，上级机关应当责令退回所收取的钱款；情节严重的，由上级机关或者所在单位给予直接责任人员行政处分。

第七十条　房产管理部门、土地管理部门工作人员玩忽职守、滥用职权，构成犯罪的，依法追究刑事责任；不构成犯罪的，给予行政处分。

房产管理部门、土地管理部门工作人员利用职务上的便利，索取他人财物，或者非法收受他人财物为他人谋取利益，构成犯罪的，依照惩治贪污罪贿赂罪的补充规定追究刑事责任；不构成犯罪的，给予行政处分。

第七章　附　　则

第七十一条　在城市规划区外的国有土地范围内取得房地产开发用地的土地使用权，从事房地产开发、交易活动以及实施房地产管理，参照本法执行。

第七十二条　本法自 1995 年 1 月 1 日起施行。

中华人民共和国主席令

（第31号）

《中华人民共和国仲裁法》已由中华人民共和国第八届全国人民代表大会常务委员会第九次会议于1994年8月31日通过，现予公布，自1995年9月1日起施行。

中华人民共和国主席　江泽民

1994年8月31日

中华人民共和国仲裁法

（1994年8月31日第八届全国人民代表大会常务委员会第九次会议通过）

第一章　总　　则

第一条　为保证公正、及时地仲裁经济纠纷，保护当事人的合法权益，保障社会主义市场经济健康发展，制定本法。

第二条　平等主体的公民、法人和其他组织之间发生的合同纠纷和其他财产权益纠纷，可以仲裁。

第三条　下列纠纷不能仲裁：

（一）婚姻、收养、监护、扶养、继承纠纷；

（二）依法应当由行政机关处理的行政争议。

第四条　当事人采用仲裁方式解决纠纷，应当双方自愿，达成仲裁协议。没有仲裁协议，一方申请仲裁的，仲裁委员会不予受理。

第五条　当事人达成仲裁协议，一方向人民法院起诉的，人民法院不予受理，但仲裁协议无效的除外。

第六条　仲裁委员会应当由当事人协议选定。

仲裁不实行级别管辖和地域管辖。

第七条　仲裁应当根据事实，符合法律规定，公平合理地解决纠纷。

第八条　仲裁依法独立进行，不受行政机关、社会团体和个人的干涉。

第九条　仲裁实行一裁终局的制度。裁决作出后，当事人就同一纠纷再申请仲裁或者向人民法院起诉的，仲裁委员会或者人民法院不予受理。

裁决被人民法院依法裁定撤销或者不予执行的，当事人就该纠纷可以根据双方重新达成的仲裁协议申请仲裁，也可以向人民法院起诉。

第二章　仲裁委员会和仲裁协会

第十条　仲裁委员会可以在直辖市和省、自治区人民政府所在地的市设立,也可以根据需要在其他设区的市设立,不按行政区划层层设立。

仲裁委员会由前款规定的市的人民政府组织有关部门和商会统一组建。

设立仲裁委员会,应当经省、自治区、直辖市的司法行政部门登记。

第十一条　仲裁委员会应当具备下列条件:

(一)有自己的名称、住所和章程;

(二)有必要的财产;

(三)有该委员会的组成人员;

(四)有聘任的仲裁员。

仲裁委员会的章程应当依照本法制定。

第十二条　仲裁委员会由主任一人、副主任二至四人和委员七至十一人组成。

仲裁委员会的主任、副主任和委员由法律、经济贸易专家和有实际工作经验的人员担任。仲裁委员会的组成人员中,法律、经济贸易专家不得少于三分之二。

第十三条　仲裁委员会应当从公道正派的人员中聘任仲裁员。

仲裁员应当符合下列条件之一:

(一)从事仲裁工作满八年的;

(二)从事律师工作满八年的;

(三)曾任审判员满八年的;

(四)从事法律研究、教学工作并具有高级职称的;

(五)具有法律知识、从事经济贸易等专业工作并具有高级职称或者具有同等专业水平的。

仲裁委员会按照不同专业设仲裁员名册。

第十四条　仲裁委员会独立于行政机关,与行政机关没有隶属关系。仲裁委员会之间也没有隶属关系。

第十五条　中国仲裁协会是社会团体法人。仲裁委员会是中国仲裁协会的会员。中国仲裁协会的章程由全国会员大会制定。

中国仲裁协会是仲裁委员会的自律性组织,根据章程对仲裁委员会及其组成人员、仲裁员的违纪行为进行监督。

中国仲裁协会依照本法和民事诉讼法的有关规定制定仲裁规则。

第三章　仲 裁 协 议

第十六条　仲裁协议包括合同中订立的仲裁条款和以其他书面方式在纠纷发生前或者纠纷发生后达成的请求仲裁的协议。

仲裁协议应当具有下列内容:

(一)请求仲裁的意思表示;

(二)仲裁事项;

(三)选定的仲裁委员会。

第十七条 有下列情形之一的,仲裁协议无效:

(一)约定的仲裁事项超出法律规定的仲裁范围的;

(二)无民事行为能力人或者限制民事行为能力人订立的仲裁协议;

(三)一方采取胁迫手段,迫使对方订立仲裁协议的。

第十八条 仲裁协议对仲裁事项或者仲裁委员会没有约定或者约定不明确的,当事人可以补充协议;达不成补充协议的,仲裁协议无效。

第十九条 仲裁协议独立存在,合同的变更、解除、终止或者无效,不影响仲裁协议的效力。

仲裁庭有权确认合同的效力。

第二十条 当事人对仲裁协议的效力有异议的,可以请求仲裁委员会作出决定或者请求人民法院作出裁定。一方请求仲裁委员会作出决定,另一方请求人民法院作出裁定的,由人民法院裁定。

当事人对仲裁协议的效力有异议,应当在仲裁庭首次开庭前提出。

第四章 仲裁程序

第一节 申请和受理

第二十一条 当事人申请仲裁应当符合下列条件:

(一)有仲裁协议;

(二)有具体的仲裁请求和事实、理由;

(三)属于仲裁委员会的受理范围。

第二十二条 当事人申请仲裁,应当向仲裁委员会递交仲裁协议、仲裁申请书及副本。

第二十三条 仲裁申请书应当载明下列事项:

(一)当事人的姓名、性别、年龄、职业、工作单位和住所,法人或者其他组织的名称、住所和法定代表人或者主要负责人的姓名、职务;

(二)仲裁请求和所根据的事实、理由;

(三)证据和证据来源、证人姓名和住所。

第二十四条 仲裁委员会收到仲裁申请书之日起五日内,认为符合受理条件的,应当受理,并通知当事人;认为不符合受理条件的,应当书面通知当事人不予受理,并说明理由。

第二十五条 仲裁委员会受理仲裁申请后,应当在仲裁规则规定的期限内将仲裁规则和仲裁员名册送达申请人,并将仲裁申请书副本和仲裁规则、仲裁员名册送达被申请人。

被申请人收到仲裁申请书副本后,应当在仲裁规则规定的期限内向仲裁委员会提交答辩书。仲裁委员会收到答辩书后,应当在仲裁规则规定的期限内将答辩书副本送达申请人。被申请人未提交答辩书的,不影响仲裁程序的进行。

第二十六条 当事人达成仲裁协议,一方向人民法院起诉未声明有仲裁协议,人民法院受理后,另一方在首次开庭前提交仲裁协议的,人民法院应当驳回起诉,但仲裁协议无效的除外;另一方在首次开庭前未对人民法院受理该案提出异议的,视为放弃仲裁协议,人民法院应当继续审理。

第二十七条　申请人可以放弃或者变更仲裁请求。被申请人可以承认或者反驳仲裁请求,有权提出反请求。

第二十八条　一方当事人因另一方当事人的行为或者其他原因,可能使裁决不能执行或者难以执行的,可以申请财产保全。

当事人申请财产保全的,仲裁委员会应当将当事人的申请依照民事诉讼法的有关规定提交人民法院。

申请有错误的,申请人应当赔偿被申请人因财产保全所遭受的损失。

第二十九条　当事人、法定代理人可以委托律师和其他代理人进行仲裁活动。委托律师和其他代理人进行仲裁活动的,应当向仲裁委员会提交授权委托书。

第二节　仲裁庭的组成

第三十条　仲裁庭可以由三名仲裁员或者一名仲裁员组成。由三名仲裁员组成的,设首席仲裁员。

第三十一条　当事人约定由三名仲裁员组成仲裁庭的,应当各自选定或者各自委托仲裁委员会主任指定一名仲裁员,第三名仲裁员由当事人共同选定或者共同委托仲裁委员会主任指定。第三名仲裁员是首席仲裁员。

当事人约定由一名仲裁员成立仲裁庭的,应当由当事人共同选定或者共同委托仲裁委员会主任指定仲裁员。

第三十二条　当事人没有在仲裁规则规定的期限内约定仲裁庭的组成方式或者选定仲裁员的,由仲裁委员会主任指定。

第三十三条　仲裁庭组成后,仲裁委员会应当将仲裁庭的组成情况书面通知当事人。

第三十四条　仲裁员有下列情形之一的,必须回避,当事人也有权提出回避申请:

(一)是本案当事人或者当事人、代理人的近亲属;

(二)与本案有利害关系;

(三)与本案当事人、代理人有其他关系,可能影响公正仲裁的;

(四)私自会见当事人、代理人,或者接受当事人、代理人的请客送礼的。

第三十五条　当事人提出回避申请,应当说明理由,在首次开庭前提出。回避事由在首次开庭后知道的,可以在最后一次开庭终结前提出。

第三十六条　仲裁员是否回避,由仲裁委员会主任决定;仲裁委员会主任担任仲裁员时,由仲裁委员会集体决定。

第三十七条　仲裁员因回避或者其他原因不能履行职责的,应当依照本法规定重新选定或者指定仲裁员。

因回避而重新选定或者指定仲裁员后,当事人可以请求已进行的仲裁程序重新进行,是否准许,由仲裁庭决定;仲裁庭也可以自行决定已进行的仲裁程序是否重新进行。

第三十八条　仲裁员有本法第三十四条第四项规定的情形,情节严重的,或者有本法第五十八条第六项规定的情形的,应当依法承担法律责任,仲裁委员会应当将其除名。

第三节　开庭和裁决

第三十九条　仲裁应当开庭进行。当事人协议不开庭的,仲裁庭可以根据仲裁申请书、答辩书以及其他材料作出裁决。

第四十条 仲裁不公开进行。当事人协议公开的，可以公开进行，但涉及国家秘密的除外。

第四十一条 仲裁委员会应当在仲裁规则规定的期限内将开庭日期通知双方当事人。当事人有正当理由的，可以在仲裁规则规定的期限内请求延期开庭。是否延期，由仲裁庭决定。

第四十二条 申请人经书面通知，无正当理由不到庭或者未经仲裁庭许可中途退庭的，可以视为撤回仲裁申请。

被申请人经书面通知，无正当理由不到庭或者未经仲裁庭许可中途退庭的，可以缺席裁决。

第四十三条 当事人应当对自己的主张提供证据。

仲裁庭认为有必要收集的证据，可以自行收集。

第四十四条 仲裁庭对专门性问题认为需要鉴定的，可以交由当事人约定的鉴定部门鉴定，也可以由仲裁庭指定的鉴定部门鉴定。

根据当事人的请求或者仲裁庭的要求，鉴定部门应当派鉴定人参加开庭。当事人经仲裁庭许可，可以向鉴定人提问。

第四十五条 证据应当在开庭时出示，当事人可以质证。

第四十六条 在证据可能灭失或者以后难以取得的情况下，当事人可以申请证据保全。当事人申请证据保全的，仲裁委员会应当将当事人的申请提交证据所在地的基层人民法院。

第四十七条 当事人在仲裁过程中有权进行辩论。辩论终结时，首席仲裁员或者独任仲裁员应当征询当事人的最后意见。

第四十八条 仲裁庭应当将开庭情况记入笔录。当事人和其他仲裁参与人认为对自己陈述的记录有遗漏或者差错的，有权申请补正。如果不予补正，应当记录该申请。

笔录由仲裁员、记录人员、当事人和其他仲裁参与人签名或者盖章。

第四十九条 当事人申请仲裁后，可以自行和解。达成和解协议的，可以请求仲裁庭根据和解协议作出裁决书，也可以撤回仲裁申请。

第五十条 当事人达成和解协议，撤回仲裁申请后反悔的，可以根据仲裁协议申请仲裁。

第五十一条 仲裁庭在作出裁决前，可以先行调解。当事人自愿调解的，仲裁庭应当调解。调解不成的，应当及时作出裁决。

调解达成协议的，仲裁庭应当制作调解书或者根据协议的结果制作裁决书。调解书与裁决书具有同等法律效力。

第五十二条 调解书应当写明仲裁请求和当事人协议的结果。调解书由仲裁员签名，加盖仲裁委员会印章，送达双方当事人。

调解书经双方当事人签收后，即发生法律效力。

在调解书签收前当事人反悔的，仲裁庭应当及时作出裁决。

第五十三条 裁决应当按照多数仲裁员的意见作出，少数仲裁员的不同意见可以记入笔录。仲裁庭不能形成多数意见时，裁决应当按照首席仲裁员的意见作出。

第五十四条 裁决书应当写明仲裁请求、争议事实、裁决理由、裁决结果、仲裁费用的负担和裁决日期。当事人协议不愿写明争议事实和裁决理由的，可以不写。裁决书由仲裁员签名，加盖仲裁委员会印章。对裁决持不同意见的仲裁员，可以签名，也可以不签名。

第五十五条 仲裁庭仲裁纠纷时，其中一部分事实已经清楚，可以就该部分先行裁决。

第五十六条 对裁决书中的文字、计算错误或者仲裁庭已经裁决但在裁决书中遗漏的事项,仲裁庭应当补正;当事人自收到裁决书之日起三十日内,可以请求仲裁庭补正。

第五十七条　裁决书自作出之日起发生法律效力。

第五章　申请撤销裁决

第五十八条　当事人提出证据证明裁决有下列情形之一的,可以向仲裁委员会所在地的中级人民法院申请撤销裁决:

(一)没有仲裁协议的;

(二)裁决的事项不属于仲裁协议的范围或者仲裁委员会无权仲裁的;

(三)仲裁庭的组成或者仲裁的程序违反法定程序的;

(四)裁决所根据的证据是伪造的;

(五)对方当事人隐瞒了足以影响公正裁决的证据的;

(六)仲裁员在仲裁该案时有索贿受贿,徇私舞弊,枉法裁决行为的。

人民法院经组成合议庭审查核实裁决有前款规定情形之一的,应当裁定撤销。

人民法院认定该裁决违背社会公共利益的,应当裁决撤销。

第五十九条　当事人申请撤销裁决的,应当自收到裁决书之日起六个月内提出。

第六十条　人民法院应当在受理撤销裁决申请之日起两个月内作出撤销裁决或者驳回申请的裁定。

第六十一条　人民法院受理撤销裁决的申请后,认为可以由仲裁庭重新仲裁的,通知仲裁庭在一定期限内重新仲裁,并裁定中止撤销程序。仲裁庭拒绝重新仲裁的,人民法院应当裁定恢复撤销程序。

第六章　执　　行

第六十二条　当事人应当履行裁决。一方当事人不履行的,另一方当事人可以依照民事诉讼法的有关规定向人民法院申请执行。受申请的人民法院应当执行。

第六十三条　被申请人提出证据证明裁决有民事诉讼法第二百一十七条第二款规定的情形之一的,经人民法院组成合议庭审查核实,裁定不予执行。

第六十四条　一方当事人申请执行裁决,另一方当事人申请撤销裁决的,人民法院应当裁定中止执行。

人民法院裁定撤销裁决的,应当裁定终结执行。撤销裁决的申请被裁定驳回的,人民法院应当裁定恢复执行。

第七章　涉外仲裁的特别规定

第六十五条　涉外经济贸易、运输和海事中发生的纠纷的仲裁,适用本章规定。本章没有规定的,适用本法其他有关规定。

第六十六条　涉外仲裁委员会可以由中国国际商会组织设立。

涉外仲裁委员会由主任一人、副主任若干人和委员若干人组成。

涉外仲裁委员会的主任、副主任和委员可以由中国国际商会聘任。

第六十七条 涉外仲裁委员会可以从具有法律、经济贸易、科学技术等专门知识的外籍人士中聘任仲裁员。

第六十八条 涉外仲裁的当事人申请证据保全的,涉外仲裁委员会应当将当事人的申请提交证据所在地的中级人民法院。

第六十九条 涉外仲裁的仲裁庭可以将开庭情况记入笔录,或者作出笔录要点,笔录要点可以由当事人和其他仲裁参与人签字或者盖章。

第七十条 当事人提出证据证明涉外仲裁裁决有民事诉讼法第二百六十条第一款规定的情形之一的,经人民法院组成合议庭审查核实,裁定撤销。

第七十一条 被申请人提出证据证明涉外仲裁裁决有民事诉讼法第二百六十条第一款规定的情形之一的,经人民法院组成合议庭审查核实,裁定不予执行。

第七十二条 涉外仲裁委员会作出的发生法律效力的仲裁裁决,当事人请求执行的,如果被执行人或者其财产不在中华人民共和国领域内,应当由当事人直接向有管辖权的外国法院申请承认和执行。

第七十三条 涉外仲裁规则可以由中国国际商会依照本法和民事诉讼法的有关规定制定。

第八章 附 则

第七十四条 法律对仲裁时效有规定的,适用该规定。法律对仲裁时效没有规定的,适用诉讼时效的规定。

第七十五条 中国仲裁协会制定仲裁规则前,仲裁委员会依照本法和民事诉讼法的有关规定可以制定仲裁暂行规则。

第七十六条 当事人应当按照规定交纳仲裁费用。

收取仲裁费用的办法,应当报物价管理部门核准。

第七十七条 劳动争议和农业集体经济组织内部的农业承包合同纠纷的仲裁,另行规定。

第七十八条 本法施行前制定的有关仲裁的规定与本法的规定相抵触的,以本法为准。

第七十九条 本法施行前在直辖市、省、自治区人民政府所在地的市和其他设区的市设立的仲裁机构,应当依照本法的有关规定重新组建;未重新组建的,自本法施行之日起届满一年时终止。

本法施行前设立的不符合本法规定的其他仲裁机构,自本法施行之日起终止。

第八十条 本法自1995年9月1日起施行。

附:

《民事诉讼法》有关条款

第二百一十七条 被申请人提出证据证明仲裁裁决有下列情形之一的,经人民法院组成合议庭审查核实,裁定不予执行:

(一)当事人在合同中没有订有仲裁条款或者事后没有达成书面仲裁协议的;

(二)裁决的事项不属于仲裁协议的范围或者仲裁机构无权仲裁的;

（三）仲裁庭的组成或者仲裁的程序违反法定程序的；

（四）认定事实的主要证据不足的；

（五）适用法律确有错误的；

（六）仲裁员在仲裁该案时有贪污受贿，徇私舞弊，枉法裁决行为的。

第二百六十条　对中华人民共和国涉外仲裁机构作出的裁决，被申请人提出证据证明仲裁裁决有下列情形之一的，经人民法院组成合议庭审查核实，裁定不予执行：

（一）当事人在合同中没有订有仲裁条款或者事后没有达成书面仲裁协议的；

（二）被申请人没有得到指定仲裁员或者进行仲裁程序的通知，或者由于其他不属于被申请人负责的原因未能陈述意见的；

（三）仲裁庭的组成或者仲裁的程序与仲裁规则不符的；

（四）裁决的事项不属于仲裁协议的范围或者仲裁机构无权仲裁的。

中华人民共和国主席令

（第50号）

《中华人民共和国担保法》已由中华人民共和国第八届全国人民代表大会常务委员会第十四次会议于1995年6月30日通过，现予公布，自1995年10月1日起施行。

中华人民共和国主席　江泽民

1995年6月30日

中华人民共和国担保法

（1995年6月30日第八届全国人民代表大会常务委员会第十四次会议通过）

第一章　总　　则

第一条　为促进资金融通和商品流通，保障债权的实现，发展社会主义市场经济，制定本法。

第二条　在借贷、买卖、货物运输、加工承揽等经济活动中，债权人需要以担保方式保障其债权实现的，可以依照本法规定设定担保。

本法规定的担保方式为保证、抵押、质押、留置和定金。

第三条　担保活动应当遵循平等、自愿、公平、诚实信用的原则。

第四条　第三人为债务人向债权人提供担保时，可以要求债务人提供反担保。

反担保适用本法担保的规定。

第五条　担保合同是主合同的从合同，主合同无效，担保合同无效。担保合同另有约定的，按照约定。

担保合格被确认无效后，债务人、担保人、债权人有过错的，应当根据其过错各自承担相应的民事责任。

第二章　保　　证

第一节　保证和保证人

第六条　本法所称保证，是指保证人和债权人约定，当债务人不履行债务时，保证人按照约定履行债务或者承担责任的行为。

第七条　具有代为清偿债务能力的法人、其他组织或者公民，可以作保证人。

第八条　国家机关不得为保证人，但经国务院批准为使用外国政府或者国际经济组织贷款进行转贷的除外。

第九条　学校、幼儿园、医院等以公益为目的的事业单位、社会团体不得为保证人。

第十条　企业法人的分支机构、职能部门不得为保证人。

企业法人的分支机构有法人书面授权的,可以在授权范围内提供保证。

第十一条　任何单位和个人不得强令银行等金融机构或者企业为他人提供保证;银行等金融机构或者企业对强令其为他人提供保证的行为,有权拒绝。

第十二条　同一债务有两个以上保证人的,保证人应当按照保证合同约定的保证份额,承担保证责任。没有约定保证份额的,保证人承担连带责任,债权人可以要求任何一个保证人承担全部保证责任,保证人都负有担保全部债权实现的义务。已经承担保证责任的保证人,有权向债务人追偿,或者要求承担连带责任的其他保证人清偿其应当承担的份额。

第二节　保证合同和保证方式

第十三条　保证人与债权人应当以书面形式订立保证合同。

第十四条　保证人与债权人可以就单个主合同分别订立保证合同,也可以协议在最高债权额限度内就一定期间连续发生的借款合同或者某项商品交易合同订立一个保证合同。

第十五条　保证合同应当包括以下内容:

(一)被保证的主债权种类、数额;

(二)债务人履行债务的期限;

(三)保证的方式;

(四)保证担保的范围;

(五)保证的期间;

(六)双方认为需要约定的其他事项。

保证合同不完全具备前款规定内容的,可以补正。

第十六条　保证的方式有:

(一)一般保证;

(二)连带责任保证。

第十七条　当事人在保证合同中约定,债务人不能履行债务时,由保证人承担保证责任的,为一般保证。

一般保证的保证人在主合同纠纷未经审判或者仲裁,并就债务人财产依法强制执行仍不能履行债务前,对债权人可以拒绝承担保证责任。

有下列情形之一的,保证人不得行使前款规定的权利:

(一)债务人住所变更,致使债权人要求其履行债务发生重大困难的;

(二)人民法院受理债务人破产案件,中止执行程序的;

(三)保证人以书面形式放弃前款规定的权利的。

第十八条　当事人在保证合同中约定保证人与债务人对债务承担连带责任的,为连带责任保证。

连带责任保证的债务人在主合同规定的债务履行期届满没有履行债务的,债权人可以要求债务人履行债务,也可以要求保证人在其保证范围内承担保证责任。

第十九条　当事人对保证方式没有约定或者约定不明确的,按照连带责任保证承担保证责任。

第二十条 一般保证和连带责任保证的保证人享有债务人的抗辩权。债务人放弃对债务的抗辩权的,保证人仍有权抗辩。

抗辩权是指债权人行使债权时,债务人根据法定事由,对抗债权人行使请求权的权利。

第三节 保 证 责 任

第二十一条 保证担保的范围包括主债权及利息、违约金、损害赔偿金和实现债权的费用。保证合同另有约定的,按照约定。

当事人对保证担保的范围没有约定或者约定不明确的,保证人应当对全部债务承担责任。

第二十二条 保证期间,债权人依法将主债权转让给第三人的,保证人在原保证担保的范围内继续承担保证责任。保证合同另有约定的,按照约定。

第二十三条 保证期间,债权人许可债务人转让债务的,应当取得保证人书面同意,保证人对未经其同意转让的债务,不再承担保证责任。

第二十四条 债权人与债务人协议变更主合同的,应当取得保证人书面同意,未经保证人书面同意的,保证人不再承担保证责任。保证合同另有约定的,按照约定。

第二十五条 一般保证的保证人与债权人未约定保证期间的,保证期间为主债务履行期届满之日起六个月。

在合同约定的保证期间和前款规定的保证期间,债权人未对债务人提起诉讼或者申请仲裁的,保证人免除保证责任;债权人已提起诉讼或者申请仲裁的,保证期间适用诉讼时效中断的规定。

第二十六条 连带责任保证的保证人与债权人未约定保证期间的,债权人有权自主债务履行期届满之日起六个月内要求保证人承担保证责任。

在合同约定的保证期间和前款规定的保证期间,债权人未要求保证人承担保证责任的,保证人免除保证责任。

第二十七条 保证人依照本法第十四条规定就连续发生的债权作保证,未约定保证期间的,保证人可以随时书面通知债权人终止保证合同,但保证人对于通知到债权人前所发生的债权,承担保证责任。

第二十八条 同一债权既有保证又有物的担保的,保证人对物的担保以外的债权承担保证责任。

债权人放弃物的担保的,保证人在债权人放弃权利的范围内免除保证责任。

第二十九条 企业法人的分支机构未经法人书面授权或者超出授权范围与债权人订立保证合同的,该合同无效或者超出授权范围的部分无效,债权人和企业法人有过错的,应当根据其过错各自承担相应的民事责任;债权人无过错的,由企业法人承担民事责任。

第三十条 有下列情形之一的,保证人不承担民事责任:

(一)主合同当事人双方串通,骗取保证人提供保证的;

(二)主合同债权人采取欺诈、胁迫等手段,使保证人在违背真实意思的情况下提供保证的。

第三十一条 保证人承担保证责任后,有权向债务人追偿。

第三十二条 人民法院受理债务人破产案件后,债权人未申报债权的,保证人可以参加破产财产分配,预先行使追偿权。

第三章　抵　　押

第一节　抵押和抵押物

第三十三条　本法所称抵押，是指债务人或者第三人不转移对本法第三十四条所列财产的占有，将该财产作为债权的担保。债务人不履行债务时，债权人有权依照本法规定以该财产折价或者以拍卖、变卖该财产的价款优先受偿。

前款规定的债务人或者第三人为抵押人，债权人为抵押权人，提供担保的财产为抵押物。

第三十四条　下列财产可以抵押：

（一）抵押人所有的房屋和其他地上定着物；

（二）抵押人所有的机器、交通运输工具和其他财产；

（三）抵押人依法有权处分的国有的土地使用权、房屋和其他地上定着物；

（四）抵押人依法有权处分的国有的机器、交通运输工具和其他财产；

（五）抵押人依法承包并经发包方同意抵押的荒山、荒沟、荒丘、荒滩等荒地的土地使用权；

（六）依法可以抵押的其他财产。

抵押人可以将前款所列财产一并抵押。

第三十五条　抵押人所担保的债权不得超出其抵押物的价值。

财产抵押后，该财产的价值大于所担保债权的余额部分，可以再次抵押，但不得超出其余额部分。

第三十六条　以依法取得的国有土地上的房屋抵押的，该房屋占用范围内的国有土地使用权同时抵押。

以出让方式取得的国有土地使用权抵押的，应当将抵押时该国有土地上的房屋同时抵押。

乡（镇）、村企业的土地使用权不得单独抵押。以乡（镇）、村企业的厂房等建筑物抵押的，其占用范围内的土地使用权同时抵押。

第三十七条　下列财产不得抵押：

（一）土地所有权；

（二）耕地、宅基地、自留地、自留山等集体所有的土地使用权，但本法第三十四条第（五）项、第三十六条第三款规定的除外；

（三）学校、幼儿园、医院等以公益为目的的事业单位、社会团体的教育设施、医疗卫生设施和其他社会公益设施；

（四）所有权、使用权不明或者有争议的财产；

（五）依法被查封、扣押、监管的财产；

（六）依法不得抵押的其他财产。

第二节　抵押合同和抵押物登记

第三十八条　抵押人和抵押权人应当以书面形式订立抵押合同。

第三十九条　抵押合同应当包括以下内容：

（一）被担保的主债权种类、数额；

（二）债务人履行债务的期限；

（三）抵押物的名称、数量、质量、状况、所在地、所有权权属或者使用权权属；

（四）抵押担保的范围；

（五）当事人认为需要约定的其他事项。

抵押合同不完全具备前款规定内容的，可以补正。

第四十条 订立抵押合同时，抵押权人和抵押人在合同中不得约定在债务履行期届满抵押权人未受清偿时，抵押物的所有权转移为债权人所有。

第四十一条 当事人以本法第四十二条规定的财产抵押的，应当办理抵押物登记，抵押合同自登记之日起生效。

第四十二条 办理抵押物登记的部门如下：

（一）以无地上定着物的土地使用权抵押的，为核发土地使用权证书的土地管理部门；

（二）以城市房地产或者乡（镇）、村企业的厂房等建筑物抵押的，为县级以上地方人民政府规定的部门；

（三）以林木抵押的，为县级以上林木主管部门；

（四）以航空器、船舶、车辆抵押的，为运输工具的登记部门；

（五）以企业的设备和其他动产抵押的，为财产所在地的工商行政管理部门。

第四十三条 当事人以其他财产抵押的，可以自愿办理抵押物登记，抵押合同自签订之日起生效。

当事人未办理抵押物登记的，不得对抗第三人。当事人办理抵押物登记的，登记部门为抵押人所在地的公证部门。

第四十四条 办理抵押物登记，应当向登记部门提供下列文件或者其复印件：

（一）主合同和抵押合同；

（二）抵押物的所有权或者使用权证书。

第四十五条 登记部门登记的资料，应当允许查阅、抄录或者复印。

第三节 抵押的效力

第四十六条 抵押担保的范围包括主债权及利息、违约金、损害赔偿金和实现抵押权的费用。抵押合同另有约定的，按照约定。

第四十七条 债务履行期届满，债务人不履行债务致使抵押物被人民法院依法扣押的，自扣押之日起抵押权人有权收取由抵押物分离的天然孳息以及抵押人就抵押物可以收取的法定孳息。抵押权人未将扣押抵押物的事实通知应当清偿法定孳息的义务人的，抵押权的效力不及于该孳息。

前款孳息应当先充抵收取孳息的费用。

第四十八条 抵押人将已出租的财产抵押的，应当书面告知承租人，原租赁合同继续有效。

第四十九条 抵押期间，抵押人转让已办理登记的抵押物的，应当通知抵押权人并告知受让人转让物已经抵押的情况；抵押人未通知抵押权人或者未告知受让人的，转让行为无效。

转让抵押物的价款明显低于其价值的，抵押权人可以要求抵押人提供相应的担保；抵押人不提供的，不得转让抵押物。

抵押人转让抵押物所得的价款，应当向抵押权人提前清偿所担保的债权或者向与抵押权人约定的第三人提存。超过债权数额的部分,归抵押人所有,不足部分由债务人清偿。

第五十条　抵押权不得与债权分离而单独转让或者作为其他债权的担保。

第五十一条　抵押人的行为足以使抵押物价值减少的,抵押权人有权要求抵押人停止其行为。抵押物价值减少时,抵押权人有权要求抵押人恢复抵押物的价值,或者提供与减少的价值相当的担保。

抵押人对抵押物价值减少无过错的,抵押权人只能在抵押人因损害而得到的赔偿范围内要求提供担保。抵押物价值未减少的部分,仍作为债权的担保。

第五十二条　抵押权与其担保的债权同时存在,债权消灭的,抵押权也消灭。

第四节　抵押权的实现

第五十三条　债务履行期届满抵押权人未受清偿的,可以与抵押人协议以抵押物折价或者以拍卖、变卖该抵押物所得的价款受偿;协议不成的,抵押权人可以向人民法院提起诉讼。

抵押物折价或者拍卖、变卖后,其价款超过债权数额的部分归抵押人所有,不足部分由债务人清偿。

第五十四条　同一财产向两个以上债权人抵押的,拍卖、变卖抵押物所得的价款按照以下规定清偿;

(一)抵押合同以登记生效的,按照抵押物登记的先后顺序清偿;顺序相同的,按照偿权比例清偿;

(二)抵押合同自签订之日起生效的,该抵押物已登记的,按照本条第(一)项规定清偿;未登记的,按照合同生效时间的先后顺序清偿,顺序相同的,按照债权比例清偿。抵押物已登记的先于未登记的受偿。

第五十五条　城市房地产抵押合同签订后,土地上新增的房屋不属于抵押物。需要拍卖该抵押的房地产时,可以依法将该土地上新增的房屋与抵押物一同拍卖,但对拍卖新增房屋所得,抵押权人无权优先受偿。

依照本法规定以承包的荒地的土地使用权抵押的,或者以乡(镇)、村企业的厂房等建筑物占用范围内的土地使用权抵押的,在实现抵押权后,未经法定程序不得改变土地集体所有和土地用途。

第五十六条　拍卖划拨的国有土地使用权所得的价款,在依法缴纳相当于应缴纳的土地使用权出让金的款额后,抵押权人有优先受偿权。

第五十七条　为债务人抵押担保的第三人,在抵押权人实现抵押权后,有权向债务人追偿。

第五十八条　抵押权因抵押物灭失而消灭。因灭失所得的赔偿金,应当作为抵押财产。

第五节　最高额抵押

第五十九条　本法所称最高额抵押,是指抵押人与抵押权人协议,在最高债权额限度内,以抵押物对一定期间内连续发生的债权作担保。

第六十条　借款合同可以附最高额抵押合同。

债权人与债务人就某项商品在一定期间内连续发生交易而签订的合同,可以附最高额抵押合同。

第六十一条　最高额抵押的主合同债权不得转让。

第六十二条 最高额抵押除适用本节规定外，适用本章其他规定。

第四章 质 押

第一节 动 产 质 押

第六十三条 本法所称动产质押，是指债务人或者第三人将其动产移交债权人占有，将该动产作为债权的担保。债务人不履行债务时，债权人有权依照本法规定以该动产折价或者以拍卖、变卖该动产的价款优先受偿。

前款规定的债务人或者第三人为出质人，债权人为质权人，移交的动产为质物。

第六十四条 出质人和质权人应当以书面形式订立质押合同。

质押合同自质物移交于质权人占有时生效。

第六十五条 质押合同应当包括以下内容：

（一）被担保的主债权种类、数额；

（二）债务人履行债务的期限；

（三）质物的名称、数量、质量、状况；

（四）质押担保的范围；

（五）质物移交的时间；

（六）当事人认为需要约定的其他事项。

质押合同不完全具备前款规定内容的，可以补正。

第六十六条 出质人和质权人在合同中不得约定在债务履行期届满质权人未受清偿时，质物的所有权转移为质权人所有。

第六十七条 质押担保的范围包括主债权及利息、违约金、损害赔偿金、质物保管费用和实现质权的费用。质押合同另有约定的，按照约定。

第六十八条 质权人有权收取质物所生的孳息。质押合同另有约定的，按照约定。

前款孳息应当先充抵收取孳息的费用。

第六十九条 质权人负有妥善保管质物的义务。因保管不善致使质物灭失或者毁损的，质权人应当承担民事责任。

质权人不能妥善保管质物可能致使其灭失或者毁损的，出质人可以要求质权人将质物提存，或者要求提前清偿债权而返还质物。

第七十条 质物有损坏或者价值明显减少的可能，足以危害质权人权利的，质权人可以要求出质人提供相应的担保。出质人不提供的，质权人可以拍卖或者变卖质物，并与出质人协议将拍卖或者变卖所得的价款用于提前清偿所担保的债权或者向与出质人约定的第三人提存。

第七十一条 债务履行期届满债务人履行债务的，或者出质人提前清偿所担保的债权的，质权人应当返还质物。

债务履行期届满质权人未受清偿的，可以与出质人协议以质物折价，也可以依法拍卖、变卖质物。

质物折价或者拍卖、变卖后，其价款超过债权数额的部分归出质人所有，不足部分由债务人清偿。

第七十二条 为债务人质押担保的第三人，在质权人实现质权后，有权向债务人追偿。

第七十三条　质权因质物灭失而消灭。因灭失所得的赔偿金，应当作为出质财产。

第七十四条　质权与其担保的债权同时存在，债权消灭的，质权也消灭。

第二节　权利质押

第七十五条　下列权利可以质押：

（一）汇票、支票、本票、债券、存款单、仓单、提单；

（二）依法可以转让的股份、股票；

（三）依法可以转让的商标专用权，专利权、著作权中的财产权；

（四）依法可以质押的其他权利。

第七十六条　以汇票、支票、本票、债券、存款单、仓单、提单出质的，应当在合同约定的期限内将权利凭证交付质权人。质押合同自权利凭证交付之日起生效。

第七十七条　以载明兑现或者提货日期的汇票、支票、本票、债券、存款单、仓单、提单出质的，汇票、支票、本票、债券、存款单、仓单、提单兑现或者提货日期先于债务履行期的，质权人可以在债务履行期届满前兑现或者提货，并与出质人协议将兑现的价款或者提取的货物用于提前清偿所担保的债权或者向与出质人约定的第三人提存。

第七十八条　以依法可以转让的股票出质的，出质人与质权人应当订立书面合同，并向证券登记机构办理出质登记。质押合同自登记之日起生效。

股票出质后，不得转让，但经出质人与质权人协商同意的可以转让。出质人转让股票所得的价款应当向质权人提前清偿所担保的债权或者向与质权人约定的第三人提存。

以有限责任公司的股份出质的，适用公司法股份转让的有关规定。质押合同自股份出质记载于股东名册之日起生效。

第七十九条　以依法可以转让的商标专用权，专利权、著作权中的财产权出质的，出质人与质权人应当订立书面合同，并向其管理部门办理出质登记。质押合同自登记之日起生效。

第八十条　本法第七十九条规定的权利出质后，出质人不得转让或者许可他人使用，但经出质人与质权人协商同意的可以转让或者许可他人使用。出质人所得的转让费、许可费应当向质权人提前清偿所担保的债权或者向与质权人约定的第三人提存。

第八十一条　权利质押除适用本节规定外，适用本章第一节的规定。

第五章　留　　置

第八十二条　本法所称留置，是指依照本法第八十四条的规定，债权人按照合同约定占有债务人的动产，债务人不按照合同约定的期限履行债务的，债权人有权依照本法规定留置该财产，以该财产折价或者以拍卖、变卖该财产的价款优先受偿。

第八十三条　留置担保的范围包括主债权及利息、违约金、损害赔偿金，留置物保管费用和实现留置权的费用。

第八十四条　因保管合同、运输合同、加工承揽合同发生的债权，债务人不履行债务的，债权人有留置权。

法律规定可以留置的其他合同，适用前款规定。

当事人可以在合同中约定不得留置的物。

第八十五条　留置的财产为可分物的，留置物的价值应当相当于债务的金额。

第八十六条 留置权人负有妥善保管留置物的义务。因保管不善致使留置物灭失或者毁损的,留置权人应当承担民事责任。

第八十七条 债权人与债务人应当在合同中约定,债权人留置财产后,债务人应当在不少于两个月的期限内履行债务。债权人与债务人在合同中未约定的,债权人留置债务人财产后,应当确定两个月以上的期限,通知债务人在该期限内履行债务。

债务人逾期仍不履行的,债权人可以与债务人协议以留置物折价,也可以依法拍卖、变卖留置物。

留置物折价或者拍卖、变卖后,其价款超过债权数额的部分归债务人所有,不足部分由债务人清偿。

第八十八条 留置权因下列原因消灭:

(一)债权消灭的;

(二)债务人另行提供担保并被债权人接受的。

第六章 定 金

第八十九条 当事人可以约定一方向对方给付定金作为债权的担保。债务人履行债务后,定金应当抵作价款或者收回。给付定金的一方不履行约定的债务的,无权要求返还定金;收受定金的一方不履行约定的债务的,应当双倍返还定金。

第九十条 定金应当以书面形式约定。当事人在定金合同中应当约定交付定金的期限。定金合同从实际交付定金之日起生效。

第九十一条 定金的数额由当事人约定,但不得超过主合同标的额的百分之二十。

第七章 附 则

第九十二条 本法所称不动产是指土地以及房屋、林木等地上定着物。

本法所称动产是指不动产以外的物。

第九十三条 本法所称保证合同、抵押合同、质押合同、定金合同可以是单独订立的书面合同,包括当事人之间的具有担保性质的信函、传真等,也可以是主合同中的担保条款。

第九十四条 抵押物、质物、留置物折价或者变卖,应当参照市场价格。

第九十五条 海商法等法律对担保有特别规定的,依照其规定。

第九十六条 本法自 1995 年 10 月 1 日起施行。

中华人民共和国主席令

（第63号）

《中华人民共和国行政处罚法》已由中华人民共和国第八届全国人民代表大会第四次会议于1996年3月17日通过，现予公布，自1996年10月1日起施行。

中华人民共和国主席　江泽民

1996年3月17日

中华人民共和国行政处罚法

（1996年3月17日第八届全国人民代表大会第四次会议通过）

第一章　总　则

第一条　为了规范行政处罚的设定和实施，保障和监督行政机关有效实施行政管理，维护公共利益和社会秩序，保护公民、法人或者其他组织的合法权益，根据宪法，制定本法。

第二条　行政处罚的设定和实施，适用本法。

第三条　公民、法人或者其他组织违反行政管理秩序的行为，应当给予行政处罚的，依照本法由法律、法规或者规章规定，并由行政机关依照本法规定的程序实施。

没有法定依据或者不遵守法定程序的，行政处罚无效。

第四条　行政处罚遵循公正、公开的原则。

设定和实施行政处罚必须以事实为依据，与违法行为的事实、性质、情节以及社会危害程度相当。

对违法行为给予行政处罚的规定必须公布；未经公布的，不得作为行政处罚的依据。

第五条　实施行政处罚，纠正违法行为，应当坚持处罚与教育相结合，教育公民、法人或者其他组织自觉守法。

第六条　公民、法人或者其他组织对行政机关所给予的行政处罚，享有陈述权、申辩权；对行政处罚不服的，有权依法申请行政复议或者提起行政诉讼。

公民、法人或者其他组织因行政机关违法给予行政处罚受到损害的，有权依法提出赔偿要求。

第七条　公民、法人或者其他组织因违法受到行政处罚，其违法行为对他人造成损害的，应当依法承担民事责任。

违法行为构成犯罪的，应当依法追究刑事责任，不得以行政处罚代替刑事处罚。

第二章　行政处罚的种类和设定

第八条　行政处罚的种类：

（一）警告；

（二）罚款；

（三）没收违法所得、没收非法财物；

（四）责令停产停业；

（五）暂扣或者吊销许可证、暂扣或者吊销执照；

（六）行政拘留；

（七）法律、行政法规规定的其他行政处罚。

第九条　法律可以设定各种行政处罚。

限制人身自由的行政处罚，只能由法律设定。

第十条　行政法规可以设定除限制人身自由以外的行政处罚。

法律对违法行为已经作出行政处罚规定，行政法规需要作出具体规定的，必须在法律规定的给予行政处罚的行为、种类和幅度的范围内规定。

第十一条　地方性法规可以设定除限制人身自由、吊销企业营业执照以外的行政处罚。

法律、行政法规对违法行为已经作出行政处罚规定，地方性法规需要作出具体规定的，必须在法律、行政法规规定的给予行政处罚的行为、种类和幅度的范围内规定。

第十二条　国务院部、委员会制定的规章可以在法律、行政法规规定的给予行政处罚的行为、种类和幅度的范围内作出具体规定。

尚未制定法律、行政法规的，前款规定的国务院部、委员会制定的规章对违反行政管理秩序的行为，可以设定警告或者一定数量罚款的行政处罚。罚款的限额由国务院规定。

国务院可以授权具有行政处罚权的直属机构依照本条第一款、第二款的规定，规定行政处罚。

第十三条　省、自治区、直辖市人民政府和省、自治区人民政府所在地的市人民政府以及经国务院批准的较大的市人民政府制定的规章可以在法律、法规规定的给予行政处罚的行为、种类和幅度的范围内作出具体规定。

尚未制定法律、法规的，前款规定的人民政府制定的规章对违反行政管理秩序的行为，可以设定警告或者一定数量罚款的行政处罚。罚款的限额由省、自治区、直辖市人民代表大会常务委员会规定。

第十四条　除本法第九条、第十条、第十一条、第十二条以及第十三条的规定外，其他规范性文件不得设定行政处罚。

第三章　行政处罚的实施机关

第十五条　行政处罚由具有行政处罚权的行政机关在法定职权范围内实施。

第十六条　国务院或者经国务院授权的省、自治区、直辖市人民政府可以决定一个行政机关行使有关行政机关的行政处罚权，但限制人身自由的行政处罚权只能由公安机关行使。

第十七条　法律、法规授权的具有管理公共事务职能的组织可以在法定授权范围内实施行政处罚。

第十八条　行政机关依照法律、法规或者规章的规定,可以在其法定权限内委托符合本法第十九条规定条件的组织实施行政处罚。行政机关不得委托其他组织或者个人实施行政处罚。

委托行政机关对受委托的组织实施行政处罚的行为应当负责监督,并对该行为的后果承担法律责任。

受委托组织在委托范围内,以委托行政机关名义实施行政处罚;不得再委托其他任何组织或者个人实施行政处罚。

第十九条　受委托组织必须符合以下条件:

(一)依法成立的管理公共事务的事业组织;

(二)具有熟悉有关法律、法规、规章和业务的工作人员;

(三)对违法行为需要进行技术检查或者技术鉴定的,应当有条件组织进行相应的技术检查或者技术鉴定。

第四章　行政处罚的管辖和适用

第二十条　行政处罚由违法行为发生地的县级以上地方人民政府具有行政处罚权的行政机关管辖。法律、行政法规另有规定的除外。

第二十一条　对管辖发生争议的,报请共同的上一级行政机关指定管辖。

第二十二条　违法行为构成犯罪的,行政机关必须将案件移送司法机关,依法追究刑事责任。

第二十三条　行政机关实施行政处罚时,应当责令当事人改正或者限期改正违法行为。

第二十四条　对当事人的同一个违法行为,不得给予两次以上罚款的行政处罚。

第二十五条　不满十四周岁的人有违法行为的,不予行政处罚,责令监护人加以管教;已满十四周岁不满十八周岁的人有违法行为的,从轻或者减轻行政处罚。

第二十六条　精神病人在不能辨认或者不能控制自己行为时有违法行为的,不予行政处罚,但应当责令其监护人严加看管和治疗。间歇性精神病人在精神正常时有违法行为的,应当给予行政处罚。

第二十七条　当事人有下列情形之一的,应当依法从轻或者减轻行政处罚:

(一)主动消除或者减轻违法行为危害后果的;

(二)受他人胁迫有违法行为的;

(三)配合行政机关查处违法行为有立功表现的;

(四)其他依法从轻或者减轻行政处罚的。

违法行为轻微并及时纠正,没有造成危害后果的,不予行政处罚。

第二十八条　违法行为构成犯罪,人民法院判处拘役或者有期徒刑时,行政机关已经给予当事人行政拘留的,应当依法折抵相应刑期。

违法行为构成犯罪,人民法院判处罚金时,行政机关已经给予当事人罚款的,应当折抵相应罚金。

第二十九条　违法行为在二年内未被发现的,不再给予行政处罚。法律另有规定的除外。

前款规定的期限,从违法行为发生之日起计算;违法行为有连续或者继续状态的,从行为终了之日起计算。

第五章　行政处罚的决定

第三十条　公民、法人或者其他组织违反行政管理秩序的行为，依法应当给予行政处罚的，行政机关必须查明事实；违法事实不清的，不得给予行政处罚。

第三十一条　行政机关在作出行政处罚决定之前，应当告知当事人作出行政处罚决定的事实、理由及依据，并告知当事人依法享有的权利。

第三十二条　当事人有权进行陈述和申辩。行政机关必须充分听取当事人的意见，对当事人提出的事实、理由和证据，应当进行复核；当事人提出的事实、理由或者证据成立的，行政机关应当采纳。

行政机关不得因当事人申辩而加重处罚。

第一节　简 易 程 序

第三十三条　违法事实确凿并有法定依据，对公民处以五十元以下、对法人或者其他组织处以一千元以下罚款或者警告的行政处罚的，可以当场作出行政处罚决定。当事人应当依照本法第四十六条、第四十七条、第四十八条的规定履行行政处罚决定。

第三十四条　执法人员当场作出行政处罚决定的，应当向当事人出示执法身份证件，填写预定格式、编有号码的行政处罚决定书。行政处罚决定书应当当场交付当事人。

前款规定的行政处罚决定书应当载明当事人的违法行为、行政处罚依据、罚款数额、时间、地点以及行政机关名称，并由执法人员签名或者盖章。

执法人员当场作出的行政处罚决定，必须报所属行政机关备案。

第三十五条　当事人对当场作出的行政处罚决定不服的，可以依法申请行政复议或者提起行政诉讼。

第二节　一 般 程 序

第三十六条　除本法第三十三条规定的可以当场作出的行政处罚外，行政机关发现公民、法人或者其他组织有依法应当给予行政处罚的行为的，必须全面、客观、公正地调查，收集有关证据；必要时，依照法律、法规的规定，可以进行检查。

第三十七条　行政机关在调查或者进行检查时，执法人员不得少于两人，并应当向当事人或者有关人员出示证件。当事人或者有关人员应当如实回答询问，并协助调查或者检查，不得阻挠。询问或者检查应当制作笔录。

行政机关在收集证据时，可以采取抽样取证的方法；在证据可能灭失或者以后难以取得的情况下，经行政机关负责人批准，可以先行登记保存，并应当在七日内及时作出处理决定，在此期间，当事人或者有关人员不得销毁或者转移证据。

执法人员与当事人有直接利害关系的，应当回避。

第三十八条　调查终结，行政机关负责人应当对调查结果进行审查，根据不同情况，分别作出如下决定：

（一）确有应受行政处罚的违法行为的，根据情节轻重及具体情况，作出行政处罚决定；

（二）违法行为轻微，依法可以不予行政处罚的，不予行政处罚；

(三)违法事实不能成立的,不得给予行政处罚;

(四)违法行为已构成犯罪的,移送司法机关。

对情节复杂或者重大违法行为给予较重的行政处罚,行政机关的负责人应当集体讨论决定。

第三十九条 行政机关依照本法第三十八条的规定给予行政处罚,应当制作行政处罚决定书。行政处罚决定书应当载明下列事项:

(一)当事人的姓名或者名称、地址;

(二)违反法律、法规或者规章的事实和证据;

(三)行政处罚的种类和依据;

(四)行政处罚的履行方式和期限;

(五)不服行政处罚决定,申请行政复议或者提起行政诉讼的途径和期限;

(六)作出行政处罚决定的行政机关名称和作出决定的日期。

行政处罚决定书必须盖有作出行政处罚决定的行政机关的印章。

第四十条 行政处罚决定书应当在宣告后当场交付当事人;当事人不在场的,行政机关应当在七日内依照民事诉讼法的有关规定,将行政处罚决定书送达当事人。

第四十一条 行政机关及其执法人员在作出行政处罚决定之前,不依照本法第三十一条、第三十二条的规定向当事人告知给予行政处罚的事实、理由和依据,或者拒绝听取当事人的陈述、申辩,行政处罚决定不能成立;当事人放弃陈述或者申辩权利的除外。

第三节 听证程序

第四十二条 行政机关作出责令停产停业、吊销许可证或者执照、较大数额罚款等行政处罚决定之前,应当告知当事人有要求举行听证的权利;当事人要求听证的,行政机关应当组织听证。当事人不承担行政机关组织听证的费用。听证依照以下程序组织:

(一)当事人要求听证的,应当在行政机关告知后三日内提出;

(二)行政机关应当在听证的七日前,通知当事人举行听证的时间、地点;

(三)除涉及国家秘密、商业秘密或者个人隐私外,听证公开举行;

(四)听证由行政机关指定的非本案调查人员主持;当事人认为主持人与本案有直接利害关系的,有权申请回避;

(五)当事人可以亲自参加听证,也可以委托一至二人代理;

(六)举行听证时,调查人员提出当事人违法的事实、证据和行政处罚建议;当事人进行申辩和质证;

(七)听证应当制作笔录;笔录应当交当事人审核无误后签字或者盖章。

当事人对限制人身自由的行政处罚有异议的,依照治安管理处罚条例有关规定执行。

第四十三条 听证结束后,行政机关依照本法第三十八条的规定,作出决定。

第六章 行政处罚的执行

第四十四条 行政处罚决定依法作出后,当事人应当在行政处罚决定的期限内,予以履行。

第四十五条 当事人对行政处罚决定不服申请行政复议或者提起行政诉讼的,行政处罚不停止执行,法律另有规定的除外。

第四十六条 作出罚款决定的行政机关应当与收缴罚款的机构分离。

除依照本法第四十七条、第四十八条的规定当场收缴的罚款外,作出行政处罚决定的行政机关及其执法人员不得自行收缴罚款。

当事人应当自收到行政处罚决定书之日起十五日内,到指定的银行缴纳罚款。银行应当收受罚款,并将罚款直接上缴国库。

第四十七条 依照本法第三十三条的规定当场作出行政处罚决定,有下列情形之一的,执法人员可以当场收缴罚款:

(一)依法给予二十元以下的罚款的;

(二)不当场收缴事后难以执行的。

第四十八条 在边远、水上、交通不便地区,行政机关及其执法人员依照本法第三十三条、第三十八条的规定作出罚款决定后,当事人向指定的银行缴纳罚款确有困难,经当事人提出,行政机关及其执法人员可以当场收缴罚款。

第四十九条 行政机关及其执法人员当场收缴罚款的,必须向当事人出具省、自治区、直辖市财政部门统一制发的罚款收据;不出具财政部门统一制发的罚款收缴的,当事人有权拒绝缴纳罚款。

第五十条 执法人员当场收缴的罚款,应当自收缴罚款之日起二日内,交至行政机关;在水上当场收缴的罚款,应当自抵岸之日起二日内交至行政机关;行政机关应当在二日内将罚款缴付指定的银行。

第五十一条 当事人逾期不履行行政处罚决定的,作出行政处罚决定的行政机关可以采取下列措施:

(一)到期不缴纳罚款的,每日按罚款数额的百分之三加处罚款;

(二)根据法律规定,将查封、扣押的财物拍卖或者将冻结的存款划拨抵缴罚款;

(三)申请人民法院强制执行。

第五十二条 当事人确有经济困难,需要延期或者分期缴纳罚款的,经当事人申请和行政机关批准,可以暂缓或者分期缴纳。

第五十三条 除依法应当予以销毁的物品外,依法没收的非法财物必须按照国家规定公开拍卖或者按照国家有关规定处理。

罚款、没收违法所得或者没收非法财物拍卖的款项,必须全部上缴国库,任何行政机关或者个人不得以任何形式截留、私分或者变相私分;财政部门不得以任何形式向作出行政处罚决定的行政机关返还罚款、没收的违法所得或者返还没收非法财物的拍卖款项。

第五十四条 行政机关应当建立健全对行政处罚的监督制度。县级以上人民政府应当加强对行政处罚的监督检查。

公民、法人或者其他组织对行政机关作出的行政处罚,有权申诉或者检举;行政机关应当认真审查,发现行政处罚有错误的,应当主动改正。

第七章 法律责任

第五十五条 行政机关实施行政处罚,有下列情形之一的,由上级行政机关或者有关部门责令改正,可以对直接负责的主管人员和其他直接责任人员依法给予行政处分:

(一)没有法定的行政处罚依据的;

(二)擅自改变行政处罚种类、幅度的;

(三)违反法定的行政处罚程序的;

(四)违反本法第十八条关于委托处罚的规定的。

第五十六条　行政机关对当事人进行处罚不使用罚款、没收财物单据或者使用非法定部门制发的罚款、没收财物单据的,当事人有权拒绝处罚,并有权予以检举。上级行政机关或者有关部门对使用的非法单据予以收缴销毁,对直接负责的主管人员和其他直接责任人员依法给予行政处分。

第五十七条　行政机关违反本法第四十六条的规定自行收缴罚款的,财政部门违反本法第五十三条的规定向行政机关返还罚款或者拍卖款项的,由上级行政机关或者有关部门责令改正,对直接负责的主管人员和其他直接责任人员依法给予行政处分。

第五十八条　行政机关将罚款、没收的违法所得或者财物截留、私分或者变相私分的,由财政部门或者有关部门予以追缴,对直接负责的主管人员和其他直接责任人员依法给予行政处分;情节严重构成犯罪的,依法追究刑事责任。

执法人员利用职务上的便利,索取或者收受他人财物、收缴罚款据为己有,构成犯罪的,依法追究刑事责任;情节轻微不构成犯罪的,依法给予行政处分。

第五十九条　行政机关使用或者损毁扣押的财物,对当事人造成损失的,应当依法予以赔偿,对直接负责的主管人员和其他直接责任人员依法给予行政处分。

第六十条　行政机关违法实行检查措施或者执行措施,给公民人身或者财产造成损害、给法人或者其他组织造成损失的,应当依法予以赔偿,对直接负责的主管人员和其他直接责任人员依法给予行政处分;情节严重构成犯罪的,依法追究刑事责任。

第六十一条　行政机关为牟取本单位私利,对应当依法移交司法机关追究刑事责任的不移交,以行政处罚代替刑罚,由上级行政机关或者有关部门责令纠正;拒不纠正的,对直接负责的主管人员给予行政处分;徇私舞弊、包庇纵容违法行为的,比照刑法第一百八十八条的规定追究刑事责任。

第六十二条　执法人员玩忽职守,对应当予以制止和处罚的违法行为不予制止、处罚,致使公民、法人或者其他组织的合法权益、公共利益和社会秩序遭受损害的,对直接负责的主管人员和其他直接责任人员依法给予行政处分;情节严重构成犯罪的,依法追究刑事责任。

第八章　附　则

第六十三条　本法第四十六条罚款决定与罚款收缴分离的规定,由国务院制定具体实施办法。

第六十四条　本法自1996年10月1日起施行。

本法公布前制定的法规和规章关于行政处罚的规定与本法不符合的,应当自本法公布之日起,依照本法规定予以修订,在1997年12月31日前修订完毕。

附:刑法有关条文

第一百八十八条　司法工作人员徇私舞弊,对明知是无罪的人而使他受追诉、对明知是有罪的人而故意包庇不使他受追诉,或者故意颠倒黑白做枉法裁判的,处五年以下有期徒刑、拘役或者剥夺政治权利;情节特别严重的,处五年以上有期徒刑。

中华人民共和国主席令

（第 88 号）

《中华人民共和国防洪法》已由中华人民共和国第八届全国人民代表大会常务委员会第二十七次会议于 1997 年 8 月 29 日通过，现予公布，自 1998 年 1 月 1 日起施行。

中华人民共和国主席　江泽民

1997 年 8 月 29 日

中华人民共和国防洪法

（1997 年 8 月 29 日第八届全国人民代表大会常务委员会第二十七次会议通过）

第一章　总　　则

第一条　为了防治洪水，防御、减轻洪涝灾害，维护人民的生命和财产安全，保障社会主义现代化建设顺利进行，制定本法。

第二条　防洪工作实行全面规划、统筹兼顾、预防为主、综合治理、局部利益服从全局利益的原则。

第三条　防洪工程设施建设，应当纳入国民经济和社会发展计划。

防洪费用按照政府投入同受益者合理承担相结合的原则筹集。

第四条　开发利用和保护水资源，应当服从防洪总体安排，实行兴利与除害相结合的原则。

江河、湖泊治理以及防洪工程设施建设，应当符合流域综合规划，与流域水资源的综合开发相结合。

本法所称综合规划是指开发利用水资源和防治水害的综合规划。

第五条　防洪工作按照流域或者区域实行统一规划、分级实施和流域管理与行政区域管理相结合的制度。

第六条　任何单位和个人都有保护防洪工程设施和依法参加防汛抗洪的义务。

第七条　各级人民政府应当加强对防洪工作的统一领导，组织有关部门、单位，动员社会力量，依靠科技进步，有计划地进行江河、湖泊治理，采取措施加强防洪工程设施建设，巩固、提高防洪能力。

各级人民政府应当组织有关部门、单位，动员社会力量，做好防汛抗洪和洪涝灾害后的恢复与救济工作。

各级人民政府应当对蓄滞洪区予以扶持；蓄滞洪后，应当依照国家规定予以补偿或者救助。

第八条 国务院水行政主管部门在国务院的领导下,负责全国防洪的组织、协调、监督、指导等日常工作。国务院水行政主管部门在国家确定的重要江河、湖泊设立的流域管理机构,在所管辖的范围内行使法律、行政法规规定和国务院水行政主管部门授权的防洪协调和监督管理职责。

国务院建设行政主管部门和其他有关部门在国务院的领导下,按照各自的职责,负责有关的防洪工作。

县级以上地方人民政府水行政主管部门在本级人民政府的领导下,负责本行政区域内防洪的组织、协调、监督、指导等日常工作。县级以上地方人民政府建设行政主管部门和其他有关部门在本级人民政府的领导下,按照各自的职责,负责有关的防洪工作。

第二章 防洪规划

第九条 防洪规划是指为防治某一流域、河段或者区域的洪涝灾害而制定的总体部署,包括国家确定的重要江河、湖泊的流域防洪规划,其他江河、河段、湖泊的防洪规划以及区域防洪规划。

防洪规划应当服从所在流域、区域的综合规划;区域防洪规划应当服从所在流域的流域防洪规划。

防洪规划是江河、湖泊治理和防洪工程设施建设的基本依据。

第十条 国家确定的重要江河、湖泊的防洪规划,由国务院水行政主管部门依据该江河、湖泊的流域综合规划,会同有关部门和有关省、自治区、直辖市人民政府编制,报国务院批准。

其他江河、河段、湖泊的防洪规划或者区域防洪规划,由县级以上地方人民政府水行政主管部门分别依据流域综合规划、区域综合规划,会同有关部门和有关地区编制,报本级人民政府批准,并报上一级人民政府水行政主管部门备案;跨省、自治区、直辖市的江河、河段、湖泊的防洪规划由有关流域管理机构会同江河、河段、湖泊所在地的省、自治区、直辖市人民政府水行政主管部门、有关主管部门拟定,分别经有关省、自治区、直辖市人民政府审查提出意见后,报国务院水行政主管部门批准。

城市防洪规划,由城市人民政府组织水行政主管部门、建设行政主管部门和其他有关部门依据流域防洪规划、上一级人民政府区域防洪规划编制,按照国务院规定的审批程序批准后纳入城市总体规划。

修改防洪规划,应当报经原批准机关批准。

第十一条 编制防洪规划,应当遵循确保重点、兼顾一般,以及防汛和抗旱相结合、工程措施和非工程措施相结合的原则,充分考虑洪涝规律和上下游、左右岸的关系以及国民经济对防洪的要求,并与国土规划和土地利用总体规划相协调。

防洪规划应当确定防护对象、治理目标和任务、防洪措施和实施方案,划定洪泛区、蓄滞洪区和防洪保护区的范围,规定蓄滞洪区的使用原则。

第十二条 受风暴潮威胁的沿海地区的县级以上地方人民政府,应当把防御风暴潮纳入本地区的防洪规划,加强海堤(海塘)、挡潮闸和沿海防护林等防御风暴潮工程体系建设,监督建筑物、构筑物的设计和施工符合防御风暴潮的需要。

第十三条 山洪可能诱发山体滑坡、崩塌和泥石流的地区以及其他山洪多发地区的县级以上地方人民政府,应当组织负责地质矿产管理工作的部门、水行政主管部门和其他有关部门对山体滑坡、崩塌和泥石流隐患进行全面调查，划定重点防治区，采取防治措施。

城市、村镇和其他居民点以及工厂、矿山、铁路和公路干线的布局，应当避开山洪威胁；已经建在受山洪威胁的地方的，应当采取防御措施。

第十四条 平原、洼地、水网圩区、山谷、盆地等易涝地区的有关地方人民政府，应当制定除涝治涝规划，组织有关部门、单位采取相应的治理措施，完善排水系统，发展耐涝农作物种类和品种，开展洪涝、干旱、盐碱综合治理。

城市人民政府应当加强对城区排涝管网、泵站的建设和管理。

第十五条 国务院水行政主管部门应当会同有关部门和省、自治区、直辖市人民政府制定长江、黄河、珠江、辽河、淮河、海河入海河口的整治规划。

在前款入海河口围海造地，应当符合河口整治规划。

第十六条 防洪规划确定的河道整治计划用地和规划建设的堤防用地范围内的土地，经土地管理部门和水行政主管部门会同有关地区核定，报经县级以上人民政府按照国务院规定的权限批准后，可以划定为规划保留区；该规划保留区范围内的土地涉及其他项目用地的，有关土地管理部门和水行政主管部门核定时，应当征求有关部门的意见。

规划保留区依照前款规定划定后，应当公告。

前款规划保留区内不得建设与防洪无关的工矿工程设施；在特殊情况下，国家工矿建设项目确需占用前款规划保留区内的土地的，应当按照国家规定的基本建设程序报请批准，并征求有关水行政主管部门的意见。

防洪规划确定的扩大或者开辟的人工排洪道用地范围内的土地，经省级以上人民政府土地管理部门和水行政主管部门会同有关部门、有关地区核定，报省级以上人民政府按照国务院规定的权限批准后，可以划定为规划保留区，适用前款规定。

第十七条 在江河、湖泊上建设防洪工程和其他水工程、水电站等，应当符合防洪规划的要求；水库应当按照防洪规划的要求留足防洪库容。

前款规定的防洪工程和其他水工程、水电站的可行性研究报告按照国家规定的基本建设程序报请批准时，应当附具有关水行政主管部门签署的符合防洪规划要求的规划同意书。

第三章 治理与防护

第十八条 防治江河洪水，应当蓄泄兼施，充分发挥河道行洪能力和水库、洼淀、湖泊调蓄洪水的功能，加强河道防护，因地制宜地采取定期清淤疏浚等措施，保持行洪畅通。

防治江河洪水，应当保护、扩大流域林草植被，涵养水源，加强流域水土保持综合治理。

第十九条 整治河道和修建控制引导河水流向、保护堤岸等工程，应当兼顾上下游、左右岸的关系，按照规划治导线实施，不得任意改变河水流向。

国家确定的重要江河的规划治导线由流域管理机构拟定，报国务院水行政主管部门批准。

其他江河、河段的规划治导线由县级以上地方人民政府水行政主管部门拟定，报本级人民政府批准；跨省、自治区、直辖市的江河、河段和省、自治区、直辖市之间的省界河道的规划治导线由有关流域管理机构组织江河、河段所在地的省、自治区、直辖市人民政府水行政主管部门拟定，经有关省、自治区、直辖市人民政府审查提出意见后，报国务院水行政主管部门批准。

第二十条 整治河道、湖泊，涉及航道的，应当兼顾航运需要，并事先征求交通主管部门的意见。整治航道，应当符合江河、湖泊防洪安全要求，并事先征求水行政主管部门的意见。

在竹木流放的河流和渔业水域整治河道的,应当兼顾竹木水运和渔业发展的需要,并事先征求林业、渔业行政主管部门的意见。在河道中流放竹木,不得影响行洪和防洪工程设施的安全。

第二十一条　河道、湖泊管理实行按水系统一管理和分级管理相结合的原则,加强防护,确保畅通。

国家确定的重要江河、湖泊的主要河段,跨省、自治区、直辖市的重要河段、湖泊,省、自治区、直辖市之间的省界河道、湖泊以及国(边)界河道、湖泊,由流域管理机构和江河、湖泊所在地的省、自治区、直辖市人民政府水行政主管部门按照国务院水行政主管部门的划定依法实施管理。其他河道、湖泊,由县级以上地方人民政府水行政主管部门按照国务院水行政主管部门或者国务院水行政主管部门授权的机构的划定依法实施管理。

有堤防的河道、湖泊,其管理范围为两岸堤防之间的水域、沙洲、滩地、行洪区和堤防及护堤地;无堤防的河道、湖泊,其管理范围为历史最高洪水位或者设计洪水位之间的水域、沙洲、滩地和行洪区。

流域管理机构直接管理的河道、湖泊管理范围,由流域管理机构会同有关县级以上地方人民政府依照前款规定界定;其他河道、湖泊管理范围,由有关县级以上地方人民政府依照前款规定界定。

第二十二条　河道、湖泊管理范围内的土地和岸线的利用,应当符合行洪、输水的要求。

禁止在河道、湖泊管理范围内建设妨碍行洪的建筑物、构筑物,倾倒垃圾、渣土,从事影响河势稳定、危害河岸堤防安全和其他妨碍河道行洪的活动。

禁止在行洪河道内种植阻碍行洪的林木和高秆作物。

在船舶航行可能危及堤岸安全的河段,应当限定航速。限定航速的标志,由交通主管部门与水行政主管部门商定后设置。

第二十三条　禁止围湖造地。已经围垦的,应当按照国家规定的防洪标准进行治理,有计划地退地还湖。

禁止围垦河道。确需围垦的,应当进行科学论证,经水行政主管部门确认不妨碍行洪、输水后,报省级以上人民政府批准。

第二十四条　对居住在行洪河道内的居民,当地人民政府应当有计划地组织外迁。

第二十五条　护堤护岸的林木,由河道、湖泊管理机构组织营造和管理。护堤护岸林木,不得任意砍伐。采伐护堤护岸林木的,须经河道、湖泊管理机构同意后,依法办理采伐许可手续,并完成规定的更新补种任务。

第二十六条　对壅水、阻水严重的桥梁、引道、码头和其他跨河工程设施,根据防洪标准,有关水行政主管部门可以报请县级以上人民政府按照国务院规定的权限责令建设单位限期改建或者拆除。

第二十七条　建设跨河、穿河、穿堤、临河的桥梁、码头、道路、渡口、管道、缆线、取水、排水等工程设施,应当符合防洪标准、岸线规划、航运要求和其他技术要求,不得危害堤防安全,影响河势稳定、妨碍行洪畅通;其可行性研究报告按照国家规定的基本建设程序报请批准前,其中的工程建设方案应当经有关水行政主管部门根据前述防洪要求审查同意。

前款工程设施需要占用河道、湖泊管理范围内土地,跨越河道、湖泊空间或者穿越河床的,建设单位应当经有关水行政主管部门对该工程设施建设的位置和界限审查批准后,方可依法办理开工手续;安排施工时,应当按照水行政主管部门审查批准的位置和界限进行。

第二十八条 对于河道、湖泊管理范围内依照本法规定建设的工程设施，水行政主管部门有权依法检查；水行政主管部门检查时，被检查者应当如实提供有关的情况和资料。

前款规定的工程设施竣工验收时，应当有水行政主管部门参加。

第四章 防洪区和防洪工程设施的管理

第二十九条 防洪区是指洪水泛滥可能淹及的地区，分为洪泛区、蓄滞洪区和防洪保护区。

洪泛区是指尚无工程设施保护的洪水泛滥所及的地区。

蓄滞洪区是指包括分洪口在内的河堤背水面以外临时贮存洪水的低洼地区及湖泊等。

防洪保护区是指在防洪标准内受防洪工程设施保护的地区。

洪泛区、蓄滞洪区和防洪保护区的范围，在防洪规划或者防御洪水方案中划定，并报请省级以上人民政府按照国务院规定的权限批准后予以公告。

第三十条 各级人民政府应当按照防洪规划对防洪区内的土地利用实行分区管理。

第三十一条 地方各级人民政府应当加强对防洪区安全建设工作的领导，组织有关部门、单位对防洪区内的单位和居民进行防洪教育，普及防洪知识，提高水患意识；按照防洪规划和防御洪水方案建立并完善防洪体系和水文、气象、通信、预警以及洪涝灾害监测系统，提高防御洪水能力；组织防洪区内的单位和居民积极参加防洪工作，因地制宜地采取防洪避洪措施。

第三十二条 洪泛区、蓄滞洪区所在地的省、自治区、直辖市人民政府应当组织有关地区和部门，按照防洪规划的要求，制定洪泛区、蓄滞洪区安全建设计划，控制蓄滞洪区人口增长，对居住在经常使用的蓄滞洪区的居民，有计划地组织外迁，并采取其他必要的安全保护措施。

因蓄滞洪区而直接受益的地区和单位，应当对蓄滞洪区承担国家规定的补偿、救助义务。国务院和有关的省、自治区、直辖市人民政府应当建立对蓄滞洪区的扶持和补偿、救助制度。

国务院和有关的省、自治区、直辖市人民政府可以制定洪泛区、蓄滞洪区安全建设管理办法以及对蓄滞洪区的扶持和补偿、救助办法。

第三十三条 在洪泛区、蓄滞洪区内建设非防洪建设项目，应当就洪水对建设项目可能产生的影响和建设项目对防洪可能产生的影响作出评价，编制洪水影响评价报告，提出防御措施。建设项目可行性研究报告按照国家规定的基本建设程序报请批准时，应当附具有关水行政主管部门审查批准的洪水影响评价报告。

在蓄滞洪区内建设的油田、铁路、公路、矿山、电厂、电信设施和管道，其洪水影响评价报告应当包括建设单位自行安排的防洪避洪方案。建设项目投入生产或者使用时，其防洪工程设施应当经水行政主管部门验收。

在蓄滞洪区内建造房屋应当采用平顶式结构。

第三十四条 大中城市，重要的铁路、公路干线，大型骨干企业，应当列为防洪重点，确保安全。

受洪水威胁的城市、经济开发区、工矿区和国家重要的农业生产基地等，应当重点保护，建设必要的防洪工程设施。

城市建设不得擅自填堵原有河道沟叉、贮水湖塘洼淀和废除原有防洪围堤；确需填堵或者废除的，应当经水行政主管部门审查同意，并报城市人民政府批准。

第三十五条 属于国家所有的防洪工程设施，应当按照经批准的设计，在竣工验收前由县级以上人民政府按照国家规定,划定管理和保护范围。

属于集体所有的防洪工程设施,应当按照省、自治区、直辖市人民政府的规定,划定保护范围。

在防洪工程设施保护范围内,禁止进行爆破、打井、采石、取土等危害防洪工程设施安全的活动。

第三十六条　各级人民政府应当组织有关部门加强对水库大坝的定期检查和监督管理。对未达到设计洪水标准、抗震设防要求或者有严重质量缺陷的险坝,大坝主管部门应当组织有关单位采取除险加固措施,限期消除危险或者重建,有关人民政府应当优先安排所需资金。对可能出现垮坝的水库,应当事先制定应急抢险和居民临时撤离方案。

各级人民政府和有关主管部门应当加强对尾矿坝的监督管理,采取措施,避免因洪水导致垮坝。

第三十七条　任何单位和个人不得破坏、侵占、毁损水库大坝、堤防、水闸、护岸、抽水站、排水渠系等防洪工程和水文、通信设施以及防汛备用的器材、物料等。

第五章　防汛抗洪

第三十八条　防汛抗洪工作实行各级人民政府行政首长负责制,统一指挥、分级分部门负责。

第三十九条　国务院设立国家防汛指挥机构,负责领导、组织全国的防汛抗洪工作,其办事机构设在国务院水行政主管部门。

在国家确定的重要江河、湖泊可以设立由有关省、自治区、直辖市人民政府和该江河、湖泊的流域管理机构负责人等组成的防汛指挥机构,指挥所管辖范围内的防汛抗洪工作,其办事机构设在流域管理机构。

有防汛抗洪任务的县级以上地方人民政府设立由有关部门、当地驻军、人民武装部负责人等组成的防汛指挥机构,在上级防汛指挥机构和本级人民政府的领导下,指挥本地区的防汛抗洪工作,其办事机构设在同级水行政主管部门;必要时,经城市人民政府决定,防汛指挥机构也可以在建设行政主管部门设城市市区办事机构,在防汛指挥机构的统一领导下,负责城市市区的防汛抗洪日常工作。

第四十条　有防汛抗洪任务的县级以上地方人民政府根据流域综合规划、防洪工程实际状况和国家规定的防洪标准,制定防御洪水方案(包括对特大洪水的处置措施)。

长江、黄河、淮河、海河的防御洪水方案,由国家防汛指挥机构制定,报国务院批准;跨省、自治区、直辖市的其他江河的防御洪水方案,由有关流域管理机构会同有关省、自治区、直辖市人民政府制定,报国务院或者国务院授权的有关部门批准。防御洪水方案经批准后,有关地方人民政府必须执行。

各级防汛指挥机构和承担防汛抗洪任务的部门和单位,必须根据防御洪水方案做好防汛抗洪准备工作。

第四十一条　省、自治区、直辖市人民政府防汛指挥机构根据当地的洪水规律,规定汛期起止日期。

当江河、湖泊的水情接近保证水位或者安全流量,水库水位接近设计洪水位,或者防洪工程设施发生重大险情时,有关县级以上人民政府防汛指挥机构可以宣布进入紧急防汛期。

第四十二条 对河道、湖泊范围内阻碍行洪的障碍物，按照谁设障、谁清除的原则，由防汛指挥机构责令限期清除；逾期不清除的，由防汛指挥机构组织强行清除，所需费用由设障者承担。

在紧急防汛期，国家防汛指挥机构或者其授权的流域、省、自治区、直辖市防汛指挥机构有权对壅水、阻水严重的桥梁、引道、码头和其他跨河工程设施作出紧急处置。

第四十三条 在汛期，气象、水文、海洋等有关部门应当按照各自的职责，及时向有关防汛指挥机构提供天气、水文等实时信息和风暴潮预报；电信部门应当优先提供防汛抗洪通信的服务；运输、电力、物资材料供应等有关部门应当优先为防汛抗洪服务。

中国人民解放军、中国人民武装警察部队和民兵应当执行国家赋予的抗洪抢险任务。

第四十四条 在汛期，水库、闸坝和其他水工程设施的运用，必须服从有关的防汛指挥机构的调度指挥和监督。

在汛期，水库不得擅自在汛期限制水位以上蓄水，其汛期限制水位以上的防洪库容的运用，必须服从防汛指挥机构的调度指挥和监督。

在凌汛期，有防凌汛任务的江河的上游水库的下泄水量必须征得有关的防汛指挥机构的同意，并接受其监督。

第四十五条 在紧急防汛期，防汛指挥机构根据防汛抗洪的需要，有权在其管辖范围内调用物资、设备、交通运输工具和人力，决定采取取土占地、砍伐林木、清除阻水障碍物和其他必要的紧急措施；必要时，公安、交通等有关部门按照防汛指挥机构的决定，依法实施陆地和水面交通管制。

依照前款规定调用的物资、设备、交通运输工具等，在汛期结束后应当及时归还；造成损坏或者无法归还的，按照国务院有关规定给予适当补偿或者作其他处理。取土占地、砍伐林木的，在汛期结束后依法向有关部门补办手续；有关地方人民政府对取土后的土地组织复垦，对砍伐的林木组织补种。

第四十六条 江河、湖泊水位或者流量达到国家规定的分洪标准，需要启用蓄滞洪区时，国务院，国家防汛指挥机构，流域防汛指挥机构，省、自治区、直辖市人民政府，省、自治区、直辖市防汛指挥机构，按照依法经批准的防御洪水方案中规定的启用条件和批准程序，决定启用蓄滞洪区。依法启用蓄滞洪区，任何单位和个人不得阻拦、拖延；遇到阻拦、拖延时，由有关县级以上地方人民政府强制实施。

第四十七条 发生洪涝灾害后，有关人民政府应当组织有关部门、单位做好灾区的生活供给、卫生防疫、救灾物资供应、治安管理、学校复课、恢复生产和重建家园等救灾工作以及所管辖地区的各项水毁工程设施修复工作。水毁防洪工程设施的修复，应当优先列入有关部门的年度建设计划。

国家鼓励、扶持开展洪水保险。

第六章 保障措施

第四十八条 各级人民政府应当采取措施，提高防洪投入的总体水平。

第四十九条 江河、湖泊的治理和防洪工程设施的建设和维护所需投资，按照事权和财权相统一的原则，分级负责，由中央和地方财政承担。城市防洪工程设施的建设和维护所需投资，由城市人民政府承担。

受洪水威胁地区的油田、管道、铁路、公路、矿山、电力、电信等企业、事业单位应当自筹资金,兴建必要的防洪自保工程。

第五十条　中央财政应当安排资金,用于国家确定的重要江河、湖泊的堤坝遭受特大洪涝灾害时的抗洪抢险和水毁防洪工程修复。省、自治区、直辖市人民政府应当在本级财政预算中安排资金,用于本行政区域内遭受特大洪涝灾害地区的抗洪抢险和水毁防洪工程修复。

第五十一条　国家设立水利建设基金,用于防洪工程和水利工程的维护和建设。具体办法由国务院规定。

受洪水威胁的省、自治区、直辖市为加强本行政区域内防洪工程设施建设,提高防御洪水能力,按照国务院的有关规定,可以规定在防洪保护区范围内征收河道工程修建维护管理费。

第五十二条　有防洪任务的地方各级人民政府应当根据国务院的有关规定,安排一定比例的农村义务工和劳动积累工,用于防洪工程设施的建设、维护。

第五十三条　任何单位和个人不得截留、挪用防洪、救灾资金和物资。

各级人民政府审计机关应当加强对防洪、救灾资金使用情况的审计监督。

第七章　法律责任

第五十四条　违反本法第十七条规定,未经水行政主管部门签署规划同意书,擅自在江河、湖泊上建设防洪工程和其他水工程、水电站的,责令停止违法行为,补办规划同意书手续;违反规划同意书的要求,严重影响防洪的,责令限期拆除;违反规划同意书的要求,影响防洪但尚可采取补救措施的,责令限期采取补救措施,可以处一万元以上十万元以下的罚款。

第五十五条　违反本法第十九条规定,未按照规划治导线整治河道和修建控制引导河水流向、保护堤岸等工程,影响防洪的,责令停止违法行为,恢复原状或者采取其他补救措施,可以处一万元以上十万元以下的罚款。

第五十六条　违反本法第二十二条第二款、第三款规定,有下列行为之一的,责令停止违法行为,排除阻碍或者采取其他补救措施,可以处五万元以下的罚款:

(一)在河道、湖泊管理范围内建设妨碍行洪的建筑物、构筑物的;

(二)在河道、湖泊管理范围内倾倒垃圾、渣土,从事影响河势稳定、危害河岸堤防安全和其他妨碍河道行洪的活动的;

(三)在行洪河道内种植阻碍行洪的林木和高秆作物的。

第五十七条　违反本法第十五条第二款、第二十三条规定,围海造地、围湖造地、围垦河道的,责令停止违法行为,恢复原状或者采取其他补救措施,可以处五万元以下的罚款;既不恢复原状也不采取其他补救措施的,代为恢复原状或者采取其他补救措施,所需费用由违法者承担。

第五十八条　违反本法第二十七条规定,未经水行政主管部门对其工程建设方案审查同意或者未按照有关水行政主管部门审查批准的位置、界限,在河道、湖泊管理范围内从事工程设施建设活动的,责令停止违法行为,补办审查同意或者审查批准手续;工程设施建设严重影响防洪的,责令限期拆除,逾期不拆除的,强行拆除,所需费用由建设单位承担;影响行洪但尚可采取补救措施的,责令限期采取补救措施,可以处一万元以上十万元以下的罚款。

第五十九条　违反本法第三十三条第一款规定,在洪泛区、蓄滞洪区内建设非防洪建设项目,未编制洪水影响评价报告的,责令限期改正;逾期不改正的,处五万元以下的罚款。

违反本法第三十三条第二款规定,防洪工程设施未经验收,即将建设项目投入生产或者使用的,责令停止生产或者使用,限期验收防洪工程设施,可以处五万元以下的罚款。

第六十条 违反本法第三十四条规定,因城市建设擅自填堵原有河道沟叉、贮水湖塘洼淀和废除原有防洪围堤的,城市人民政府应当责令停止违法行为,限期恢复原状或者采取其他补救措施。

第六十一条 违反本法规定,破坏、侵占、毁损堤防、水闸、护岸、抽水站、排水渠系等防洪工程和水文、通信设施以及防汛备用的器材、物料的,责令停止违法行为,采取补救措施,可以处五万元以下的罚款;造成损坏的,依法承担民事责任;应当给予治安管理处罚的,依照治安管理处罚条例的规定处罚;构成犯罪的,依法追究刑事责任。

第六十二条 阻碍、威胁防汛指挥机构、水行政主管部门或者流域管理机构的工作人员依法执行职务,构成犯罪的,依法追究刑事责任;尚不构成犯罪,应当给予治安管理处罚的,依照治安管理处罚条例的规定处罚。

第六十三条 截留、挪用防洪、救灾资金和物资,构成犯罪的,依法追究刑事责任;尚不构成犯罪的,给予行政处分。

第六十四条 除本法第六十条的规定外,本章规定的行政处罚和行政措施,由县级以上人民政府水行政主管部门决定,或者由流域管理机构按照国务院水行政主管部门规定的权限决定。但是,本法第六十一条、第六十二条规定的治安管理处罚的决定机关,按照治安管理处罚条例的规定执行。

第六十五条 国家工作人员,有下列行为之一,构成犯罪的,依法追究刑事责任;尚不构成犯罪的,给予行政处分:

(一)违反本法第十七条、第十九条、第二十二条第二款、第二十二条第三款、第二十七条或者第三十四条规定,严重影响防洪的;

(二)滥用职权,玩忽职守,徇私舞弊,致使防汛抗洪工作遭受重大损失的;

(三)拒不执行防御洪水方案、防汛抢险指令或者蓄滞洪方案、措施、汛期调度运用计划等防汛调度方案的;

(四)违反本法规定,导致或者加重毗邻地区或者其他单位洪灾损失的。

第八章 附 则

第六十六条 本法自 1998 年 1 月 1 日起施行。

中华人民共和国主席令

（第91号）

《中华人民共和国建筑法》已由中华人民共和国第八届全国人民代表大会常务委员会第二十八次会议于1997年11月1日通过,现予公布,自1998年3月1日起施行。

中华人民共和国主席　江泽民

1997年11月1日

中华人民共和国建筑法

（1997年11月1日第八届全国人民代表大会常务委员会第二十八次会议通过）

第一章　总　则

第一条　为了加强对建筑活动的监督管理,维护建筑市场秩序,保证建筑工程的质量和安全,促进建筑业健康发展,制定本法。

第二条　在中华人民共和国境内从事建筑活动,实施对建筑活动的监督管理,应当遵守本法。

本法所称建筑活动,是指各类房屋建筑及其附属设施的建造和与其配套的线路、管道、设备的安装活动。

第三条　建筑活动应当确保建筑工程质量和安全,符合国家的建筑工程安全标准。

第四条　国家扶持建筑业的发展,支持建筑科学技术研究,提高房屋建筑设计水平,鼓励节约能源和保护环境,提倡采用先进技术、先进设备、先进工艺、新型建筑材料和现代管理方式。

第五条　从事建筑活动应当遵守法律、法规,不得损害社会公共利益和他人的合法权益。

任何单位和个人都不得妨碍和阻挠依法进行的建筑活动。

第六条　国务院建设行政主管部门对全国的建筑活动实施统一监督管理。

第二章　建筑许可

第一节　建筑工程施工许可

第七条　建筑工程开工前,建设单位应当按照国家有关规定向工程所在地县级以上人民政府建设行政主管部门申请领取施工许可证;但是,国务院建设行政主管部门确定的限额以下的小型工程除外。

按照国务院规定的权限和程序批准开工报告的建筑工程,不再领取施工许可证。

第八条 申请领取施工许可证,应当具备下列条件:

(一)已经办理该建筑工程用地批准手续;

(二)在城市规划区的建筑工程,已经取得规划许可证;

(三)需要拆迁的,其拆迁进度符合施工要求;

(四)已经确定建筑施工企业;

(五)有满足施工需要的施工图纸及技术资料;

(六)有保证工程质量和安全的具体措施;

(七)建设资金已经落实;

(八)法律、行政法规规定的其他条件。

建设行政主管部门应当自收到申请之日起十五日内,对符合条件的申请颁发施工许可证。

第九条 建设单位应当自领取施工许可证之日起三个月内开工。因故不能按期开工的,应当向发证机关申请延期;延期以两次为限,每次不超过三个月。既不开工又不申请延期或者超过延期时限的,施工许可证自行废止。

第十条 在建的建筑工程因故中止施工的,建设单位应当自中止施工之日起一个月内,向发证机关报告,并按照规定做好建筑工程的维护管理工作。

建筑工程恢复施工时,应当向发证机关报告;中止施工满一年的工程恢复施工前,建设单位应当报发证机关核验施工许可证。

第十一条 按照国务院有关规定批准开工报告的建筑工程,因故不能按期开工或者中止施工的,应当及时向批准机关报告情况。因故不能按期开工超过六个月的,应当重新办理开工报告的批准手续。

第二节 从 业 资 格

第十二条 从事建筑活动的建筑施工企业、勘察单位、设计单位和工程监理单位,应当具备下列条件:

(一)有符合国家规定的注册资本;

(二)有与其从事的建筑活动相适应的具有法定执业资格的专业技术人员;

(三)有从事相关建筑活动所应有的技术装备;

(四)法律、行政法规规定的其他条件。

第十三条 从事建筑活动的建筑施工企业、勘察单位、设计单位和工程监理单位,按照其拥有的注册资本、专业技术人员、技术装备和已完成的建筑工程业绩等资质条件,划分为不同的资质等级,经资质审查合格,取得相应等级的资质证书后,方可在其资质等级许可的范围内从事建筑活动。

第十四条 从事建筑活动的专业技术人员,应当依法取得相应的执业资格证书,并在执业资格证书许可的范围内从事建筑活动。

第三章　建筑工程发包与承包

第一节　一 般 规 定

第十五条　建筑工程的发包单位与承包单位应当依法订立书面合同,明确双方的权利和义务。

发包单位和承包单位应当全面履行合同约定的义务。不按照合同约定履行义务的,依法承担违约责任。

第十六条　建筑工程发包与承包的招标投标活动,应当遵循公开、公正、平等竞争的原则,择优选择承包单位。

建筑工程的招标投标,本法没有规定的,适用有关招标投标法律的规定。

第十七条　发包单位及其工作人员在建筑工程发包中不得收受贿赂、回扣或者索取其他好处。

承包单位及其工作人员不得利用向发包单位及其工作人员行贿、提供回扣或者给予其他好处等不正当手段承揽工程。

第十八条　建筑工程造价应当按照国家有关规定,由发包单位与承包单位在合同中约定。公开招标发包的,其造价的约定,须遵守招标投标法律的规定。

发包单位应当按照合同的约定,及时拨付工程款项。

第二节　发　　包

第十九条　建筑工程依法实行招标发包,对不适于招标发包的可以直接发包。

第二十条　建筑工程实行公开招标的,发包单位应当依照法定程序和方式,发布招标公告,提供载有招标工程的主要技术要求、主要的合同条款、评标的标准和方法以及开标、评标、定标的程序等内容的招标文件。

开标应当在招标文件规定的时间、地点公开进行。开标后应当按照招标文件规定的评标标准和程序对标书进行评价、比较,在具备相应资质条件的投标者中,择优选定中标者。

第二十一条　建筑工程招标的开标、评标、定标由建设单位依法组织实施,并接受有关行政主管部门的监督。

第二十二条　建筑工程实行招标发包的,发包单位应当将建筑工程发包给依法中标的承包单位。建筑工程实行直接发包的,发包单位应当将建筑工程发包给具有相应资质条件的承包单位。

第二十三条　政府及其所属部门不得滥用行政权力,限定发包单位将招标发包的建筑工程发包给指定的承包单位。

第二十四条　提倡对建筑工程实行总承包,禁止将建筑工程肢解发包。

建筑工程的发包单位可以将建筑工程的勘察、设计、施工、设备采购一并发包给一个工程总承包单位,也可以将建筑工程勘察、设计、施工、设备采购的一项或者多项发包给一个工程总承包单位;但是,不得将应当由一个承包单位完成的建筑工程肢解成若干部分发包给几个承包单位。

第二十五条　按照合同约定,建筑材料、建筑构配件和设备由工程承包单位采购的,发包单位不得指定承包单位购入用于工程的建筑材料、建筑构配件和设备或者指定生产厂、供应商。

第三节　承　　包

第二十六条　承包建筑工程的单位应当持有依法取得的资质证书,并在其资质等级许可的业务范围内承揽工程。

禁止建筑施工企业超越本企业资质等级许可的业务范围或者以任何形式用其他建筑施工企业的名义承揽工程。禁止建筑施工企业以任何形式允许其他单位或者个人使用本企业的资质证书、营业执照,以本企业的名义承揽工程。

第二十七条　大型建筑工程或者结构复杂的建筑工程,可以由两个以上的承包单位联合共同承包。共同承包的各方对承包合同的履行承担连带责任。

两个以上不同资质等级的单位实行联合共同承包的,应当按照资质等级低的单位的业务许可范围承揽工程。

第二十八条　禁止承包单位将其承包的全部建筑工程转包给他人,禁止承包单位将其承包的全部建筑工程肢解以后以分包的名义分别转包给他人。

第二十九条　建筑工程总承包单位可以将承包工程中的部分工程发包给具有相应资质条件的分包单位;但是,除总承包合同中约定的分包外,必须经建设单位认可。施工总承包的,建筑工程主体结构的施工必须由总承包单位自行完成。

建筑工程总承包单位按照总承包合同的约定对建设单位负责;分包单位按照分包合同的约定对总承包单位负责。总承包单位和分包单位就分包工程对建设单位承担连带责任。

禁止总承包单位将工程分包给不具备相应资质条件的单位。禁止分包单位将其承包的工程再分包。

第四章　建筑工程监理

第三十条　国家推行建筑工程监理制度。

国务院可以规定实行强制监理的建筑工程的范围。

第三十一条　实行监理的建筑工程,由建设单位委托具有相应资质条件的工程监理单位监理。建设单位与其委托的工程监理单位应当订立书面委托监理合同。

第三十二条　建筑工程监理应当依照法律、行政法规及有关的技术标准、设计文件和建筑工程承包合同,对承包单位在施工质量、建设工期和建设资金使用等方面,代表建设单位实施监督。

工程监理人员认为工程施工不符合工程设计要求、施工技术标准和合同约定的,有权要求建筑施工企业改正。

工程监理人员发现工程设计不符合建筑工程质量标准或者合同约定的质量要求的,应当报告建设单位要求设计单位改正。

第三十三条　实施建筑工程监理前,建设单位应当将委托的工程监理单位、监理的内容及监理权限,书面通知被监理的建筑施工企业。

第三十四条　工程监理单位应当在其资质等级许可的监理范围内,承担工程监理业务。

工程监理单位应当根据建设单位的委托,客观、公正地执行监理任务。

工程监理单位与被监理工程的承包单位以及建筑材料、建筑构配件和设备供应单位不得有隶属关系或者其他利害关系。

工程监理单位不得转让工程监理业务。

第三十五条 工程监理单位不按照委托监理合同的约定履行监理义务,对应当监督检查的项目不检查或者不按照规定检查,给建设单位造成损失的,应当承担相应的赔偿责任。

工程监理单位与承包单位串通,为承包单位谋取非法利益,给建设单位造成损失的,应当与承包单位承担连带赔偿责任。

第五章 建筑安全生产管理

第三十六条 建筑工程安全生产管理必须坚持安全第一、预防为主的方针,建立健全安全生产的责任制度和群防群治制度。

第三十七条 建筑工程设计应当符合按照国家规定制定的建筑安全规程和技术规范,保证工程的安全性能。

第三十八条 建筑施工企业在编制施工组织设计时,应当根据建筑工程的特点制定相应的安全技术措施;对专业性较强的工程项目,应当编制专项安全施工组织设计,并采取安全技术措施。

第三十九条 建筑施工企业应当在施工现场采取维护安全、防范危险、预防火灾等措施;有条件的,应当对施工现场实行封闭管理。

施工现场对毗邻的建筑物、构筑物和特殊作业环境可能造成损害的,建筑施工企业应当采取安全防护措施。

第四十条 建设单位应当向建筑施工企业提供与施工现场相关的地下管线资料,建筑施工企业应当采取措施加以保护。

第四十一条 建筑施工企业应当遵守有关环境保护和安全生产的法律、法规的规定,采取控制和处理施工现场的各种粉尘、废气、废水、固体废物以及噪声、振动对环境的污染和危害的措施。

第四十二条 有下列情形之一的,建设单位应当按照国家有关规定办理申请批准手续:

(一)需要临时占用规划批准范围以外场地的;

(二)可能损坏道路、管线、电力、邮电通讯等公共设施的;

(三)需要临时停水、停电、中断道路交通的;

(四)需要进行爆破作业的;

(五)法律、法规规定需要办理报批手续的其他情形。

第四十三条 建设行政主管部门负责建筑安全生产的管理,并依法接受劳动行政主管部门对建筑安全生产的指导和监督。

第四十四条 建筑施工企业必须依法加强对建筑安全生产的管理,执行安全生产责任制度,采取有效措施,防止伤亡和其他安全生产事故的发生。

建筑施工企业的法定代表人对本企业的安全生产负责。

第四十五条 施工现场安全由建筑施工企业负责。实行施工总承包的,由总承包单位负责。分包单位向总承包单位负责,服从总承包单位对施工现场的安全生产管理。

第四十六条 建筑施工企业应当建立健全劳动安全生产教育培训制度,加强对职工安全生产的教育培训;未经安全生产教育培训的人员,不得上岗作业。

第四十七条 建筑施工企业和作业人员在施工过程中,应当遵守有关安全生产的法律、法规和建筑行业安全规章、规程,不得违章指挥或者违章作业。作业人员有权对影响人身健康的作业程序和作业条件提出改进意见,有权获得安全生产所需的防护用品。作业人员对危及生命安全和人身健康的行为有权提出批评、检举和控告。

第四十八条 建筑施工企业必须为从事危险作业的职工办理意外伤害保险,支付保险费。

第四十九条 涉及建筑主体和承重结构变动的装修工程,建设单位应当在施工前委托原设计单位或者具有相应资质条件的设计单位提出设计方案;没有设计方案的,不得施工。

第五十条 房屋拆除应当由具备保证安全条件的建筑施工单位承担,由建筑施工单位负责人对安全负责。

第五十一条 施工中发生事故时,建筑施工企业应当采取紧急措施减少人员伤亡和事故损失,并按照国家有关规定及时向有关部门报告。

第六章 建筑工程质量管理

第五十二条 建筑工程勘察、设计、施工的质量必须符合国家有关建筑工程安全标准的要求,具体管理办法由国务院规定。

有关建筑工程安全的国家标准不能适应确保建筑安全的要求时,应当及时修订。

第五十三条 国家对从事建筑活动的单位推行质量体系认证制度。从事建筑活动的单位根据自愿原则可以向国务院产品质量监督管理部门或者国务院产品质量监督管理部门授权的部门认可的认证机构申请质量体系认证。经认证合格的,由认证机构颁发质量体系认证证书。

第五十四条 建设单位不得以任何理由,要求建筑设计单位或者建筑施工企业在工程设计或者施工作业中,违反法律、行政法规和建筑工程质量、安全标准,降低工程质量。

建筑设计单位和建筑施工企业对建设单位违反前款规定提出的降低工程质量的要求,应当予以拒绝。

第五十五条 建筑工程实行总承包的,工程质量由工程总承包单位负责,总承包单位将建筑工程分包给其他单位的,应当对分包工程的质量与分包单位承担连带责任。分包单位应当接受总承包单位的质量管理。

第五十六条 建筑工程的勘察、设计单位必须对其勘察、设计的质量负责。勘察、设计文件应当符合有关法律、行政法规的规定和建筑工程质量、安全标准、建筑工程勘察、设计技术规范以及合同的约定。设计文件选用的建筑材料、建筑构配件和设备,应当注明其规格、型号、性能等技术指标,其质量要求必须符合国家规定的标准。

第五十七条 建筑设计单位对设计文件选用的建筑材料、建筑构配件和设备,不得指定生产厂、供应商。

第五十八条 建筑施工企业对工程的施工质量负责。

建筑施工企业必须按照工程设计图纸和施工技术标准施工,不得偷工减料。工程设计的修改由原设计单位负责,建筑施工企业不得擅自修改工程设计。

第五十九条 建筑施工企业必须按照工程设计要求、施工技术标准和合同的约定,对建筑材料、建筑构配件和设备进行检验,不合格的不得使用。

第六十条 建筑物在合理使用寿命内,必须确保地基基础工程和主体结构的质量。

建筑工程竣工时,屋顶、墙面不得留有渗漏、开裂等质量缺陷;对已发现的质量缺陷,建筑施工企业应当修复。

第六十一条 交付竣工验收的建筑工程,必须符合规定的建筑工程质量标准,有完整的工程技术经济资料和经签署的工程保修书,并具备国家规定的其他竣工条件。

建筑工程竣工经验收合格后,方可交付使用;未经验收或者验收不合格的,不得交付使用。

第六十二条 建筑工程实行质量保修制度。

建筑工程的保修范围应当包括地基基础工程、主体结构工程、屋面防水工程和其他土建工程,以及电气管线、上下水管线的安装工程,供热、供冷系统工程等项目;保修的期限应当按照保证建筑物合理寿命年限内正常使用,维护使用者合法权益的原则确定。具体的保修范围和最低保修期限由国务院规定。

第六十三条 任何单位和个人对建筑工程的质量事故、质量缺陷都有权向建设行政主管部门或者其他有关部门进行检举、控告、投诉。

第七章 法律责任

第六十四条 违反本法规定,未取得施工许可证或者开工报告未经批准擅自施工的,责令改正,对不符合开工条件的责令停止施工,可以处以罚款。

第六十五条 发包单位将工程发包给不具有相应资质条件的承包单位的,或者违反本法规定将建筑工程肢解发包的,责令改正,处以罚款。

超越本单位资质等级承揽工程的,责令停止违法行为,处以罚款,可以责令停业整顿,降低资质等级;情节严重的,吊销资质证书;有违法所得的,予以没收。

未取得资质证书承揽工程的,予以取缔,并处罚款;有违法所得的,予以没收。

以欺骗手段取得资质证书的,吊销资质证书,处以罚款;构成犯罪的,依法追究刑事责任。

第六十六条 建筑施工企业转让、出借资质证书或者以其他方式允许他人以本企业的名义承揽工程的,责令改正,没收违法所得,并处罚款,可以责令停业整顿,降低资质等级;情节严重的,吊销资质证书。对因该项承揽工程不符合规定的质量标准造成的损失,建筑施工企业与使用本企业名义的单位或者个人承担连带赔偿责任。

第六十七条 承包单位将承包的工程转包的,或者违反本法规定进行分包的,责令改正,没收违法所得,并处罚款,可以责令停业整顿,降低资质等级;情节严重的,吊销资质证书。

承包单位有前款规定的违法行为的,对因转包工程或者违法分包的工程不符合规定的质量标准造成的损失,与接受转包或者分包的单位承担连带赔偿责任。

第六十八条 在工程发包与承包中索贿、受贿、行贿,构成犯罪的,依法追究刑事责任;不构成犯罪的,分别处以罚款,没收贿赂的财物,对直接负责的主管人员和其他直接责任人员给予处分。

对在工程承包中行贿的承包单位,除依照前款规定处罚外,可以责令停业整顿,降低资质等级或者吊销资质证书。

第六十九条 工程监理单位与建设单位或者建筑施工企业串通,弄虚作假、降低工程质量的,责令改正,处以罚款,降低资质等级或者吊销资质证书;有违法所得的,予以没收;造成损失的,承担连带赔偿责任;构成犯罪的,依法追究刑事责任。

工程监理单位转让监理业务的,责令改正,没收违法所得,可以责令停业整顿,降低资质等级；情节严重的，吊销资质证书。

第七十条 违反本法规定，涉及建筑主体或者承重结构变动的装修工程擅自施工的，责令改正，处以罚款；造成损失的，承担赔偿责任；构成犯罪的，依法追究刑事责任。

第七十一条 建筑施工企业违反本法规定，对建筑安全事故隐患不采取措施予以消除的，责令改正，可以处以罚款；情节严重的，责令停业整顿，降低资质等级或者吊销资质证书；构成犯罪的，依法追究刑事责任。

建筑施工企业的管理人员违章指挥、强令职工冒险作业，因而发生重大伤亡事故或者造成其他严重后果的，依法追究刑事责任。

第七十二条 建设单位违反本法规定，要求建筑设计单位或者建筑施工企业违反建筑工程质量、安全标准，降低工程质量的，责令改正，可以处以罚款；构成犯罪的，依法追究刑事责任。

第七十三条 建筑设计单位不按照建筑工程质量、安全标准进行设计的，责令改正，处以罚款；造成工程质量事故的，责令停业整顿，降低资质等级或者吊销资质证书，没收违法所得，并处罚款；造成损失的，承担赔偿责任；构成犯罪的，依法追究刑事责任。

第七十四条 建筑施工企业在施工中偷工减料的，使用不合格的建筑材料、建筑构配件和设备的，或者有其他不按照工程设计图纸或者施工技术标准施工的行为的，责令改正，处以罚款；情节严重的，责令停业整顿，降低资质等级或者吊销资质证书；造成建筑工程质量不符合规定的质量标准的，负责返工、修理，并赔偿因此造成的损失；构成犯罪的，依法追究刑事责任。

第七十五条 建筑施工企业违反本法规定，不履行保修义务或者拖延履行保修义务的，责令改正，可以处以罚款，并对在保修期内因屋顶、墙面渗漏、开裂等质量缺陷造成的损失，承担赔偿责任。

第七十六条 本法规定的责令停业整顿、降低资质等级和吊销资质证书的行政处罚，由颁发资质证书的机关决定；其他行政处罚，由建设行政主管部门或者有关部门依照法律和国务院规定的职权范围决定。

依照本法规定被吊销资质证书的，由工商行政管理部门吊销其营业执照。

第七十七条 违反本法规定，对不具备相应资质等级条件的单位颁发该等级资质证书的，由其上级机关责令收回所发的资质证书，对直接负责的主管人员和其他直接责任人员给予行政处分；构成犯罪的，依法追究刑事责任。

第七十八条 政府及其所属部门的工作人员违反本法规定，限定发包单位将招标发包的工程发包给指定的承包单位的，由上级机关责令改正；构成犯罪的，依法追究刑事责任。

第七十九条 负责颁发建筑工程施工许可证的部门及其工作人员对不符合施工条件的建筑工程颁发施工许可证的，负责工程质量监督检查或者竣工验收的部门及其工作人员对不合格的建筑工程出具质量合格文件或者按合格工程验收的，由上级机关责令改正，对责任人员给予行政处分；构成犯罪的，依法追究刑事责任；造成损失的，由该部门承担相应的赔偿责任。

第八十条 在建筑物的合理使用寿命内，因建筑工程质量不合格受到损害的，有权向责任者要求赔偿。

第八章 附 则

第八十一条 本法关于施工许可、建筑施工企业资质审查和建筑工程发包、承包、禁止转包,以及建筑工程监理、建筑工程安全和质量管理的规定,适用于其他专业建筑工程的建筑活动,具体办法由国务院规定。

第八十二条　建设行政主管部门和其他有关部门在对建筑活动实施监督管理中,除按照国务院有关规定收取费用外,不得收取其他费用。

第八十三条　省、自治区、直辖市人民政府确定的小型房屋建筑工程的建筑活动,参照本法执行。

依法核定作为文物保护的纪念建筑物和古建筑等的修缮,依照文物保护的有关法律规定执行。

抢险救灾及其他临时性房屋建筑和农民自建低层住宅的建筑活动,不适用本法。

第八十四条　军用房屋建筑工程建筑活动的具体管理办法,由国务院、中央军事委员会依据本法制定。

第八十五条　本法自1998年3月1日起施行。

中华人民共和国森林法

（1984 年 9 月 20 日第六届全国人民代表大会常务委员会第七次会议通过根据
1998 年 4 月 29 日第九届全国人民代表大会常务委员会第二次会议
《关于修改〈中华人民共和国森林法〉的决定》修正）

第一章 总 则

第一条 为了保护、培育和合理利用森林资源，加快国土绿化，发挥森林蓄水保土、调节气候、改善环境和提供林产品的作用，适应社会主义建设和人民生活的需要，特制定本法。

第二条 在中华人民共和国领域内从事森林、林木的培育种植、采伐利用和森林、林木、林地的经营管理活动，都必须遵守本法。

第三条 森林资源属于国家所有，由法律规定属于集体所有的除外。

国家所有的和集体所有的森林、林木和林地，个人所有的林木和使用的林地，由县级以上地方人民政府登记造册，发放证书，确认所有权或者使用权。国务院可以授权国务院林业主管部门，对国务院确定的国家所有的重点林区的森林、林木和林地登记造册，发放证书，并通知有关地方人民政府。

森林、林木、林地的所有者和使用者的合法权益，受法律保护，任何单位和个人不得侵犯。

第四条 森林分为以下五类：

（一）防护林：以防护为主要目的的森林、林木和灌木丛，包括水源涵养林，水土保持林，防风固沙林，农田、牧场防护林，护岸林，护路林；

（二）用材林：以生产木材为主要目的的森林和林木，包括以生产竹材为主要目的的竹林；

（三）经济林：以生产果品，食用油料、饮料、调料，工业原料和药材等为主要目的的林木；

（四）薪炭林：以生产燃料为主要目的的林木；

（五）特种用途林：以国防、环境保护、科学实验等为主要目的的森林和林木，包括国防林、实验林、母树林、环境保护林、风景林，名胜古迹和革命纪念地的林木，自然保护区的森林。

第五条 林业建设实行以营林为基础，普遍护林，大力造林，采育结合，永续利用的方针。

第六条 国家鼓励林业科学研究，推广林业先进技术，提高林业科学技术水平。

第七条 国家保护林农的合法权益，依法减轻林农的负担，禁止向林农违法收费、罚款，禁止向林农进行摊派和强制集资。

国家保护承包造林的集体和个人的合法权益，任何单位和个人不得侵犯承包造林的集体和个人依法享有的林木所有权和其他合法权益。

第八条 国家对森林资源实行以下保护性措施：

（一）对森林实行限额采伐，鼓励植树造林、封山育林，扩大森林覆盖面积；

（二）根据国家和地方人民政府有关规定，对集体和个人造林、育林给予经济扶持或者长期贷款；

（三）提倡木材综合利用和节约使用木材，鼓励开发、利用木材代用品；

（四）征收育林费,专门用于造林育林；

（五）煤炭、造纸等部门,按照煤炭和木浆纸张等产品的产量提取一定数额的资金,专门用于营造坑木、造纸等用材林；

（六）建立林业基金制度。

国家设立森林生态效益补偿基金,用于提供生态效益的防护林和特种用途林的森林资源、林木的营造、抚育、保护和管理。森林生态效益补偿基金必须专款专用,不得挪作他用。具体办法由国务院规定。

第九条　国家和省、自治区人民政府,对民族自治地方的林业生产建设,依照国家对民族自治地方自治权的规定,在森林开发、木材分配和林业基金使用方面,给予比一般地区更多的自主权和经济利益。

第十条　国务院林业主管部门主管全国林业工作。县级以上地方人民政府林业主管部门,主管本地区的林业工作。乡级人民政府设专职或者兼职人员负责林业工作。

第十一条　植树造林、保护森林,是公民应尽的义务。各级人民政府应当组织全民义务植树,开展植树造林活动。

第十二条　在植树造林、保护森林、森林管理以及林业科学研究等方面成绩显著的单位或者个人,由各级人民政府给予奖励。

第二章　森林经营管理

第十三条　各级林业主管部门依照本法规定,对森林资源的保护、利用、更新,实行管理和监督。

第十四条　各级林业主管部门负责组织森林资源清查,建立资源档案制度,掌握资源变化情况。

第十五条　下列森林、林木、林地使用权可以依法转让,也可以依法作价入股或者作为合资、合作造林、经营林木的出资、合作条件,但不得将林地改为非林地:

（一）用材林、经济林、薪炭林；

（二）用材林、经济林、薪炭林的林地使用权；

（三）用材林、经济林、薪炭林的采伐迹地、火烧迹地的林地使用权；

（四）国务院规定的其他森林、林木和其他林地使用权。

依照前款规定转让、作价入股或者作为合资、合作造林、经营林木的出资、合作条件的,已经取得的林木采伐许可证可以同时转让,同时转让双方都必须遵守本法关于森林、林木采伐和更新造林的规定。

除本条第一款规定的情形外,其他森林、林木和其他林地使用权不得转让。

具体办法由国务院规定。

第十六条　各级人民政府应当制定林业长远规划。国有林业企业事业单位和自然保护区,应当根据林业长远规划,编制森林经营方案,报上级主管部门批准后实行。

林业主管部门应当指导农村集体经济组织和国有的农场、牧场、工矿企业等单位编制森林经营方案。

第十七条　单位之间发生的林木、林地所有权和使用权争议,由县级以上人民政府依法处理。

个人之间、个人与单位之间发生的林木所有权和林地使用权争议,由当地县级或者乡级人民政府依法处理。

当事人对人民政府的处理决定不服的,可以在接到通知之日起一个月内,向人民法院起诉。

在林木、林地权属争议解决以前,任何一方不得砍伐有争议的林木。

第十八条 进行勘查、开采矿藏和各项建设工程,应当不占或者少占林地;必须占用或者征用林地的,经县级以上人民政府林业主管部门审核同意后,依照有关土地管理的法律、行政法规办理建设用地审批手续,并由用地单位依照国务院有关规定缴纳森林植被恢复费。森林植被恢复费专款专用,由林业主管部门依照有关规定统一安排植树造林,恢复森林植被,植树造林面积不得少于因占用、征用林地而减少的森林植被面积。上级林业主管部门应当定期督促、检查下级林业主管部门组织植树造林、恢复森林植被的情况。

任何单位和个人不得挪用森林植被恢复费。县级以上人民政府审计机关应当加强对森林植被恢复费使用情况的监督。

第三章 森林保护

第十九条 地方各级人民政府应当组织有关部门建立护林组织,负责护林工作;根据实际需要在大面积林区增加护林设施,加强森林保护;督促有林的和林区的基层单位,订立护林公约,组织群众护林,划定护林责任区,配备专职或者兼职护林员。

护林员可以由县级或者乡级人民政府委任。护林员的主要职责是:巡护森林,制止破坏森林资源的行为。对造成森林资源破坏的,护林员有权要求当地有关部门处理。

第二十条 依照国家有关规定在林区设立的森林公安机关,负责维护辖区社会治安秩序,保护辖区内的森林资源,并可以依照本法规定,在国务院林业主管部门授权的范围内,代行本法第三十九条、第四十二条、第四十三条、第四十四条规定的行政处罚权。

武装森林警察部队执行国家赋予的预防和扑救森林火灾的任务。

第二十一条 地方各级人民政府应当切实做好森林火灾的预防和扑救工作:

(一)规定森林防火期,在森林防火期内,禁止在林区野外用火;因特殊情况需要用火的,必须经过县级人民政府或者县级人民政府授权的机关批准;

(二)在林区设置防火设施;

(三)发生森林火灾,必须立即组织当地军民和有关部门扑救;

(四)因扑救森林火灾负伤、致残、牺牲的,国家职工由所在单位给予医疗、抚恤;非国家职工由起火单位按照国务院有关主管部门的规定给予医疗、抚恤,起火单位对起火没有责任或者确实无力负担的,由当地人民政府给予医疗、抚恤。

第二十二条 各级林业主管部门负责组织森林病虫害防治工作。

林业主管部门负责规定林木种苗的检疫对象,划定疫区和保护区,对林木种苗进行检疫。

第二十三条 禁止毁林开垦和毁林采石、采砂、采土以及其他毁林行为。

禁止在幼林地和特种用途林内砍柴、放牧。

进入森林和森林边缘地区的人员,不得擅自移动或者损坏为林业服务的标志。

第二十四条 国务院林业主管部门和省、自治区、直辖市人民政府,应当在不同自然地带的典型森林生态地区、珍贵动物和植物生长繁殖的林区、天然热带雨林区和具有特殊保护价值的其他天然林区,划定自然保护区,加强保护管理。

自然保护区的管理办法,由国务院林业主管部门制定,报国务院批准施行。

对自然保护区以外的珍贵树木和林区内具有特殊价值的植物资源,应当认真保护;未经省、自治区、直辖市林业主管部门批准,不得采伐和采集。

第二十五条 林区内列为国家保护的野生动物,禁止猎捕;因特殊需要猎捕的,按照国家有关法规办理。

第四章 植树造林

第二十六条 各级人民政府应当制定植树造林规划,因地制宜地确定本地区提高森林覆盖率的奋斗目标。

各级人民政府应当组织各行各业和城乡居民完成植树造林规划确定的任务。

宜林荒山荒地,属于国家所有的,由林业主管部门和其他主管部门组织造林;属于集体所有的,由集体经济组织组织造林。

铁路公路两旁、江河两侧、湖泊水库周围,由各有关主管单位因地制宜地组织造林;工矿区,机关、学校用地,部队营区以及农场、牧场、渔场经营地区,由各该单位负责造林。

国家所有和集体所有的宜林荒山荒地可以由集体或者个人承包造林。

第二十七条 国有企业事业单位、机关、团体、部队营造的林木,由营造单位经营并按照国家规定支配林木收益。

集体所有制单位营造的林木,归该单位所有。

农村居民在房前屋后、自留地、自留山种植的林木,归个人所有。城镇居民和职工在自有房屋的庭院内种植的林木,归个人所有。

集体或者个人承包国家所有和集体所有的宜林荒山荒地造林的,承包后种植的林木归承包的集体或者个人所有;承包合同另有规定的,按照承包合同的规定执行。

第二十八条 新造幼林地和其他必须封山育林的地方,由当地人民政府组织封山育林。

第五章 森林采伐

第二十九条 国家根据用材林的消耗量低于生长量的原则,严格控制森林年采伐量。国家所有的森林和林木以国有林业企业事业单位、农场、厂矿为单位,集体所有的森林和林木、个人所有的林木以县为单位,制定年采伐限额,由省、自治区、直辖市林业主管部门汇总,经同级人民政府审核后,报国务院批准。

第三十条 国家制定统一的年度木材生产计划。年度木材生产计划不得超过批准的年采伐限额。计划管理的范围由国务院规定。

第三十一条 采伐森林和林木必须遵守下列规定:

(一)成熟的用材林应当根据不同情况,分别采取择伐、皆伐和渐伐方式,皆伐应当严格控制,并在采伐的当年或者次年内完成更新造林;

(二)防护林和特种用途林中的国防林、母树林、环境保护林、风景林,只准进行抚育和更新性质的采伐;

(三)特种用途林中的名胜古迹和革命纪念地的林木、自然保护区的森林,严禁采伐。

第三十二条 采伐林木必须申请采伐许可证，按许可证的规定进行采伐；农村居民采伐自留地和房前屋后个人所有的零星林木除外。

国有林业企业事业单位、机关、团体、部队、学校和其他国有企业事业单位采伐林木，由所在地县级以上林业主管部门依照有关规定审核发放采伐许可证。

铁路、公路的护路林和城镇林木的更新采伐，由有关主管部门依照有关规定审核发放采伐许可证。

农村集体经济组织采伐林木，由县级林业主管部门依照有关规定审核发放采伐许可证。

农村居民采伐自留山和个人承包集体的林木，由县级林业主管部门或者其委托的乡、镇人民政府依照有关规定审核发放采伐许可证。

采伐以生产竹材为主要目的的竹林，适用以上各款规定。

第三十三条 审核发放采伐许可证的部门，不得超过批准的年采伐限额发放采伐许可证。

第三十四条 国有林业企业事业单位申请采伐许可证时，必须提出伐区调查设计文件。其他单位申请采伐许可证时，必须提出有关采伐的目的、地点、林种、林况、面积、蓄积、方式和更新措施等内容的文件。

对伐区作业不符合规定的单位，发放采伐许可证的部门有权收缴采伐许可证，中止其采伐，直到纠正为止。

第三十五条 采伐林木的单位或者个人，必须按照采伐许可证规定的面积、株数、树种、期限完成更新造林任务，更新造林的面积和株数不得少于采伐的面积和株数。

第三十六条 林区木材的经营和监督管理办法，由国务院另行规定。

第三十七条 从林区运出木材，必须持有林业主管部门发给的运输证件，国家统一调拨的木材除外。

依法取得采伐许可证后，按照许可证的规定采伐的木材，从林区运出时，林业主管部门应当发给运输证件。

经省、自治区、直辖市人民政府批准，可以在林区设立木材检查站，负责检查木材运输。对未取得运输证件或者物资主管部门发给的调拨通知书运输木材的，木材检查站有权制止。

第三十八条 国家禁止、限制出口珍贵树木及其制品、衍生物。禁止、限制出口的珍贵树木及其制品、衍生物的名录和年度限制出口总量，由国务院林业主管部门会同国务院有关部门制定，报国务院批准。

出口前款规定限制出口的珍贵树木或者其制品、衍生物的，必须经出口人所在地省、自治区、直辖市人民政府林业主管部门审核，报国务院林业主管部门批准，海关凭国务院林业主管部门的批准文件放行。进出口的树木或者其制品、衍生物属于中国参加的国际公约限制进出口的濒危物种的，并必须向国家濒危物种进出口管理机构申请办理允许进出口证明书，海关并凭允许进出口证明书放行。

第六章 法律责任

第三十九条 盗伐森林或者其他林木的，依法赔偿损失；由林业主管部门责令补种盗伐株数十倍的树木，没收盗伐的林木或者变卖所得，并处盗伐林木价值三倍以上十倍以下的罚款。

滥伐森林或者其他林木，由林业主管部门责令补种滥伐株数五倍的树木，并处滥伐林木价值二倍以上五倍以下的罚款。

拒不补种树木或者补种不符合国家有关规定的,由林业主管部门代为补种,所需费用由违法者支付。

盗伐、滥伐森林或者其他林木,构成犯罪的,依法追究刑事责任。

第四十条　违反本法规定,非法采伐、毁坏珍贵树木的,依法追究刑事责任。

第四十一条　违反本法规定,超过批准的年采伐限额发放林木采伐许可证或者超越职权发放林木采伐许可证、木材运输证件、批准出口文件、允许进出口证明书的,由上一级人民政府林业主管部门责令纠正,对直接负责的主管人员和其他直接责任人员依法给予行政处分;有关人民政府林业主管部门未予纠正的,国务院林业主管部门可以直接处理;构成犯罪的,依法追究刑事责任。

第四十二条　违反本法规定,买卖林木采伐许可证、木材运输证件、批准出口文件、允许进出口证明书的,由林业主管部门没收违法买卖的证件、文件和违法所得,并处违法买卖证件、文件的价款一倍以上三倍以下的罚款;构成犯罪的,依法追究刑事责任。

伪造林木采伐许可证、木材运输证件、批准出口文件、允许进出口证明书的,依法追究刑事责任。

第四十三条　在林区非法收购明知是盗伐、滥伐的林木的,由林业主管部门责令停止违法行为,没收违法收购的盗伐、滥伐的林木或者变卖所得,可以并处违法收购林木的价款一倍以上三倍以下的罚款;构成犯罪的,依法追究刑事责任。

第四十四条　违反本法规定,进行开垦、采石、采砂、采土、采种、采脂和其他活动,致使森林、林木受到毁坏的,依法赔偿损失;由林业主管部门责令停止违法行为,补种毁坏株数一倍以上三倍以下的树木,可以处毁坏林木价值一倍以上五倍以下的罚款。

违反本法规定,在幼林地和特种用途林内砍柴、放牧致使森林、林木受到毁坏的,依法赔偿损失;由林业主管部门责令停止违法行为,补种毁坏株数一倍以上三倍以下的树木。

拒不补种树木或者补种不符合国家有关规定的,由林业主管部门代为补种,所需费用由违法者支付。

第四十五条　采伐林木的单位或者个人没有按照规定完成更新造林任务的,发放采伐许可证的部门有权不再发给采伐许可证,直到完成更新造林任务为止;情节严重的,可以由林业主管部门处以罚款,对直接责任人员由所在单位或者上级主管机关给予行政处分。

第四十六条　从事森林资源保护、林业监督管理工作的林业主管部门的工作人员和其他国家机关的有关工作人员滥用职权、玩忽职守、徇私舞弊,构成犯罪的,依法追究刑事责任;尚不构成犯罪的,依法给予行政处分。

第七章　附　　则

第四十七条　国务院林业主管部门根据本法制定实施办法,报国务院批准施行。

第四十八条　民族自治地方不能全部适用本法规定的,自治机关可以根据本法的原则,结合民族自治地方的特点,制定变通或者补充规定,依照法定程序报省、自治区或者全国人民代表大会常务委员会批准施行。

第四十九条　本法自1985年1月1日起施行。

中华人民共和国主席令

（第9号）

《中华人民共和国村民委员会组织法》已由中华人民共和国第九届全国人民代表大会常务委员会第五次会议于1998年11月4日修订通过，现将修订后的《中华人民共和国村民委员会组织法》公布，自公布之日起施行。

中华人民共和国主席　江泽民

1998年11月4日

中华人民共和国村民委员会组织法

（1998年11月4日第九届全国人民代表大会常务委员会第五次会议通过）

第一条　为了保障农村村民实行自治，由村民群众依法办理自己的事情，发展农村基层民主，促进农村社会主义物质文明和精神文明建设，根据宪法，制定本法。

第二条　村民委员会是村民自我管理、自我教育、自我服务的基层群众性自治组织，实行民主选举、民主决策、民主管理、民主监督。

村民委员会办理本村的公共事务和公益事业，调解民间纠纷，协助维护社会治安，向人民政府反映村民的意见、要求和提出建议。

第三条　中国共产党在农村的基层组织，按照中国共产党章程进行工作，发挥领导核心作用；依照宪法和法律，支持和保障村民开展自治活动、直接行使民主权利。

第四条　乡、民族乡、镇的人民政府对村民委员会的工作给予指导、支持和帮助，但是不得干预依法属于村民自治范围内的事项。

村民委员会协助乡、民族乡、镇的人民政府开展工作。

第五条　村民委员会应当支持和组织村民依法发展各种形式的合作经济和其他经济，承担本村生产的服务和协调工作，促进农村生产建设和社会主义市场经济的发展。

村民委员会应当尊重集体经济组织依法独立进行经济活动的自主权，维护以家庭承包经营为基础、统分结合的双层经营体制，保障集体经济组织和村民、承包经营户、联户或者合伙的合法的财产权和其他合法的权利和利益。

村民委员会依照法律规定，管理本村属于村农民集体所有的土地和其他财产，教育村民合理利用自然资源，保护和改善生态环境。

第六条　村民委员会应当宣传宪法、法律、法规和国家的政策，教育和推动村民履行法律规定的义务，爱护公共财产，维护村民的合法的权利和利益，发展文化教育，普及科技知识，促进村和村之间的团结、互助，开展多种形式的社会主义精神文明建设活动。

第七条　多民族村民居住的村,村民委员会应当教育和引导村民加强民族团结、互相尊重、互相帮助。

第八条　村民委员会根据村民居住状况、人口多少,按照便于群众自治的原则设立。

村民委员会的设立、撤销、范围调整,由乡、民族乡、镇的人民政府提出,经村民会议讨论同意后,报县级人民政府批准。

第九条　村民委员会由主任、副主任和委员共三至七人组成。

村民委员会成员中,妇女应当有适当的名额,多民族村民居住的村应当有人数较少的民族的成员。

村民委员会成员不脱离生产,根据情况,可以给予适当补贴。

第十条　村民委员会可以按照村民居住状况分设若干村民小组,小组长由村民小组会议推选。

第十一条　村民委员会主任、副主任和委员,由村民直接选举产生。任何组织或者个人不得指定、委派或者撤换村民委员会成员。

村民委员会每届任期三年,届满应当及时举行换届选举。村民委员会成员可以连选连任。

第十二条　年满十八周岁的村民,不分民族、种族、性别、职业、家庭出身、宗教信仰、教育程度、财产状况、居住期限,都有选举权和被选举权;但是,依照法律被剥夺政治权利的人除外。

有选举权和被选举权的村民名单,应当在选举日的二十日以前公布。

第十三条　村民委员会的选举,由村民选举委员会主持。村民选举委员会成员由村民会议或者各村民小组推选产生。

第十四条　选举村民委员会,由本村有选举权的村民直接提名候选人。候选人的名额应当多于应选名额。

选举村民委员会,有选举权的村民的过半数投票,选举有效;候选人获得参加投票的村民的过半数的选票,始得当选。

选举实行无记名投票、公开计票的方法,选举结果应当当场公布。选举时,设立秘密写票处。

具体选举办法由省、自治区、直辖市的人民代表大会常务委员会规定。

第十五条　以威胁、贿赂、伪造选票等不正当手段,妨害村民行使选举权、被选举权,破坏村民委员会选举的,村民有权向乡、民族乡、镇的人民代表大会和人民政府或者县级人民代表大会常务委员会和人民政府及其有关主管部门举报,有关机关应当负责调查并依法处理。以威胁、贿赂、伪造选票等不正当手段当选的,其当选无效。

第十六条　本村五分之一以上有选举权的村民联名,可以要求罢免村民委员会成员。罢免要求应当提出罢免理由。被提出罢免的村民委员会成员有权提出申辩意见。村民委员会应当及时召开村民会议,投票表决罢免要求。罢免村民委员会成员须经有选举权的村民过半数通过。

第十七条　村民会议由本村十八周岁以上的村民组成。

召开村民会议,应当有本村十八周岁以上村民的过半数参加,或者有本村三分之二以上的户的代表参加,所作决定应当经到会人员的过半数通过。必要的时候,可以邀请驻在本村的企业、事业单位和群众组织派代表列席村民会议。

第十八条　村民委员会向村民会议负责并报告工作。村民会议每年审议村民委员会的工作报告，并评议村民委员会成员的工作。

村民会议由村民委员会召集。有十分之一以上的村民提议，应当召集村民会议。

第十九条 涉及村民利益的下列事项，村民委员会必须提请村民会议讨论决定，方可办理：

（一）乡统筹的收缴方法，村提留的收缴及使用；

（二）本村享受误工补贴的人数及补贴标准；

（三）从村集体经济所得收益的使用；

（四）村办学校、村建道路等村公益事业的经费筹集方案；

（五）村集体经济项目的立项、承包方案及村公益事业的建设承包方案；

（六）村民的承包经营方案；

（七）宅基地的使用方案；

（八）村民会议认为应当由村民会议讨论决定的涉及村民利益的其他事项。

第二十条 村民会议可以制定和修改村民自治章程、村规民约，并报乡、民族乡、镇的人民政府备案。

村民自治章程、村规民约以及村民会议或者村民代表讨论决定的事项不得与宪法、法律、法规和国家的政策相抵触，不得有侵犯村民的人身权利、民主权利和合法财产权利的内容。

第二十一条 人数较多或者居住分散的村，可以推选产生村民代表，由村民委员会召集村民代表开会，讨论决定村民会议授权的事项。村民代表由村民按每五户至十五户推选一人，或者由各村民小组推选若干人。

第二十二条 村民委员会实行村务公开制度。

村民委员会应当及时公布下列事项，其中涉及财务的事项至少每六个月公布一次，接受村民的监督：

（一）本法第十九条规定的由村民会议讨论决定的事项及其实施情况；

（二）国家计划生育政策的落实方案；

（三）救灾救济款物的发放情况；

（四）水电费的收缴以及涉及本村村民利益、村民普遍关心的其他事项。

村民委员会应当保证公布内容的真实性，并接受村民的查询。

村民委员会不及时公布应当公布的事项或者公布的事项不真实的，村民有权向乡、民族乡、镇人民政府或者县级人民政府及其有关主管部门反映，有关政府机关应当负责调查核实，责令公布；经查证确有违法行为的，有关人员应当依法承担责任。

第二十三条 村民委员会及其成员应当遵守宪法、法律、法规和国家的政策，办事公道，廉洁奉公，热心为村民服务。

第二十四条 村民委员会决定问题，采取少数服从多数的原则。

村民委员会进行工作，应当坚持群众路线，充分发扬民主，认真听取不同意见，坚持说服教育，不得强迫命令，不得打击报复。

第二十五条 村民委员会根据需要设人民调解、治安保卫、公共卫生等委员会。村民委员会成员可以兼任下属委员会的成员。人口少的村的村民委员会可以不设下属委员会，由村民委员会成员分工负责人民调解、治安保卫、公共卫生等工作。

第二十六条 村民委员会应当协助有关部门，对被依法剥夺政治权利的村民进行教育、帮助和监督。

第二十七条　驻在农村的机关、团体、部队、全民所有制企业、事业单位的人员不参加村民委员会组织,不属于村办的集体所有制单位的人员可以不参加村民委员会组织。但是,他们都应当遵守有关村规民约。所在地的村民委员会、村民会议或者村民代表讨论和处理同这些单位有关的问题,应当与他们协商解决。

第二十八条　地方各级人民代表大会和县级以上地方各级人民代表大会常务委员会在本行政区域内保证本法的实施,保障村民依法行使自治权利。

第二十九条　省、自治区、直辖市的人民代表大会常务委员会可以根据本法,结合本行政区域的实际情况,制定实施办法。

第三十条　本法自公布之日起施行。《中华人民共和国村民委员会组织法(试行)》同时废止。

中华人民共和国主席令

（第 15 号）

《中华人民共和国合同法》已由中华人民共和国第九届全国人民代表大会第二次会议于 1999 年 3 月 15 日通过，现予公布，自 1999 年 10 月 1 日起施行。

中华人民共和国主席　江泽民

1999 年 3 月 15 日

中华人民共和国合同法

（1999 年 3 月 15 日第九届全国人民代表大会第二次会议通过）

总　　则

第一章　一 般 规 定

第一条　为了保护合同当事人的合法权益，维护社会经济秩序，促进社会主义现代化建设，制定本法。

第二条　本法所称合同是平等主体的自然人、法人、其他组织之间设立、变更、终止民事权利义务关系的协议。

婚姻、收养、监护等有关身份关系的协议，适用其他法律的规定。

第三条　合同当事人的法律地位平等，一方不得将自己的意志强加给另一方。

第四条　当事人依法享有自愿订立合同的权利，任何单位和个人不得非法干预。

第五条　当事人应当遵循公平原则确定各方的权利和义务。

第六条　当事人行使权利、履行义务应当遵循诚实信用原则。

第七条　当事人订立、履行合同，应当遵守法律、行政法规，尊重社会公德，不得扰乱社会经济秩序，损害社会公共利益。

第八条　依法成立的合同，对当事人具有法律约束力。当事人应当按照约定履行自己的义务，不得擅自变更或者解除合同。

依法成立的合同，受法律保护。

第二章　合同的订立

第九条　当事人订立合同，应当具有相应的民事权利能力和民事行为能力。

当事人依法可以委托代理人订立合同。

第十条　当事人订立合同，有书面形式、口头形式和其他形式。

法律、行政法规规定采用书面形式的,应当采用书面形式。当事人约定采用书面形式的,应当采用书面形式。

第十一条　书面形式是指合同书、信件和数据电文(包括电报、电传、传真、电子数据交换和电子邮件)等可以有形地表现所载内容的形式。

第十二条　合同的内容由当事人约定,一般包括以下条款:

(一)当事人的名称或者姓名和住所;

(二)标的;

(三)数量;

(四)质量;

(五)价款或者报酬;

(六)履行期限、地点和方式;

(七)违约责任;

(八)解决争议的方法。

当事人可以参照各类合同的示范文本订立合同。

第十三条　当事人订立合同,采取要约、承诺方式。

第十四条　要约是希望和他人订立合同的意思表示,该意思表示应当符合下列规定:

(一)内容具体确定;

(二)表明经受要约人承诺,要约人即受该意思表示约束。

第十五条　要约邀请是希望他人向自己发出要约的意思表示。寄送的价目表、拍卖公告、招标公告、招股说明书、商业广告等为要约邀请。

商业广告的内容符合要约规定的,视为要约。

第十六条　要约到达受要约人时生效。

采用数据电文形式订立合同,收件人指定特定系统接收数据电文的,该数据电文进入该特定系统的时间,视为到达时间;未指定特定系统的,该数据电文进入收件人的任何系统的首次时间,视为到达时间。

第十七条　要约可以撤回。撤回要约的通知应当在要约到达受要约人之前或者与要约同时到达受要约人。

第十八条　要约可以撤销。撤销要约的通知应当在受要约人发出承诺通知之前到达受要约人。

第十九条　有下列情形之一的,要约不得撤销:

(一)要约人确定了承诺期限或者以其他形式明示要约不可撤销;

(二)受要约人有理由认为要约是不可撤销的,并已经为履行合同作了准备工作。

第二十条　有下列情形之一的,要约失效:

(一)拒绝要约的通知到达要约人;

(二)要约人依法撤销要约;

(三)承诺期限届满,受要约人未作出承诺;

(四)受要约人对要约的内容作出实质性变更。

第二十一条　承诺是受要约人同意要约的意思表示。

第二十二条　承诺应当以通知的方式作出,但根据交易习惯或者要约表明可以通过行为作出承诺的除外。

第二十三条 承诺应当在要约确定的期限内到达要约人。

要约没有确定承诺期限的,承诺应当依照下列规定到达:

(一)要约以对话方式作出的,应当即时作出承诺,但当事人另有约定的除外;

(二)要约以非对话方式作出的,承诺应当在合理期限内到达。

第二十四条 要约以信件或者电报作出的,承诺期限自信件载明的日期或者电报交发之日开始计算。信件未载明日期的,自投寄该信件的邮戳日期开始计算。要约以电话、传真等快速通讯方式作出的,承诺期限自要约到达受要约人时开始计算。

第二十五条 承诺生效时合同成立。

第二十六条 承诺通知到达要约人时生效。承诺不需要通知的,根据交易习惯或者要约的要求作出承诺的行为时生效。

采用数据电文形式订立合同的,承诺到达的时间适用本法第十六条第二款的规定。

第二十七条 承诺可以撤回。撤回承诺的通知应当在承诺通知到达要约人之前或者与承诺通知同时到达要约人。

第二十八条 受要约人超过承诺期限发出承诺的,除要约人及时通知受要约人该承诺有效的以外,为新要约。

第二十九条 受要约人在承诺期限内发出承诺,按照通常情形能够及时到达要约人,但因其他原因承诺到达要约人时超过承诺期限的,除要约人及时通知受要约人因承诺超过期限不接受该承诺的以外,该承诺有效。

第三十条 承诺的内容应当与要约的内容一致。受要约人对要约的内容作出实质性变更的,为新要约。有关合同标的、数量、质量、价款或者报酬、履行期限、履行地点和方式、违约责任和解决争议方法等的变更,是对要约内容的实质性变更。

第三十一条 承诺对要约的内容作出非实质性变更的,除要约人及时表示反对或者要约表明承诺不得对要约的内容作出任何变更的以外,该承诺有效,合同的内容以承诺的内容为准。

第三十二条 当事人采用合同书形式订立合同的,自双方当事人签字或者盖章时合同成立。

第三十三条 当事人采用信件、数据电文等形式订立合同的,可以在合同成立之前要求签订确认书。签订确认书时合同成立。

第三十四条 承诺生效的地点为合同成立的地点。

采用数据电文形式订立合同的,收件人的主营业地为合同成立的地点;没有主营业地的,其经常居住地为合同成立的地点。当事人另有约定的,按照其约定。

第三十五条 当事人采用合同书形式订立合同的,双方当事人签字或者盖章的地点为合同成立的地点。

第三十六条 法律、行政法规规定或者当事人约定采用书面形式订立合同,当事人未采用书面形式但一方已经履行主要义务,对方接受的,该合同成立。

第三十七条 采用合同书形式订立合同,在签字或者盖章之前,当事人一方已经履行主要义务,对方接受的,该合同成立。

第三十八条 国家根据需要下达指令性任务或者国家订货任务的,有关法人、其他组织之间应当依照有关法律、行政法规规定的权利和义务订立合同。

第三十九条 采用格式条款订立合同的,提供格式条款的一方应当遵循公平原则确定当事人之间的权利和义务,并采取合理的方式提请对方注意免除或者限制其责任的条款,按照对方的要求,对该条款予以说明。

格式条款是当事人为了重复使用而预先拟定,并在订立合同时未与对方协商的条款。

第四十条　格式条款具有本法第五十二条和第五十三条规定情形的,或者提供格式条款一方免除其责任、加重对方责任、排除对方主要权利的,该条款无效。

第四十一条　对格式条款的理解发生争议的,应当按照通常理解予以解释。对格式条款有两种以上解释的,应当作出不利于提供格式条款一方的解释。格式条款和非格式条款不一致的,应当采用非格式条款。

第四十二条　当事人在订立合同过程中有下列情形之一,给对方造成损失的,应当承担损害赔偿责任:

(一)假借订立合同,恶意进行磋商;

(二)故意隐瞒与订立合同有关的重要事实或者提供虚假情况;

(三)有其他违背诚实信用原则的行为。

第四十三条　当事人在订立合同过程中知悉的商业秘密,无论合同是否成立,不得泄露或者不正当地使用。泄露或者不正当地使用该商业秘密给对方造成损失的,应当承担损害赔偿责任。

第三章　合同的效力

第四十四条　依法成立的合同,自成立时生效。

法律、行政法规规定应当办理批准、登记等手续生效的,依照其规定。

第四十五条　当事人对合同的效力可以约定附条件。附生效条件的合同,自条件成就时生效。附解除条件的合同,自条件成就时失效。

当事人为自己的利益不正当地阻止条件成就的,视为条件已成就;不正当地促成条件成就的,视为条件不成就。

第四十六条　当事人对合同的效力可以约定附期限。附生效期限的合同,自期限届至时生效。附终止期限的合同,自期限届满时失效。

第四十七条　限制民事行为能力人订立的合同,经法定代理人追认后,该合同有效,但纯获利益的合同或者与其年龄、智力、精神健康状况相适应而订立的合同,不必经法定代理人追认。

相对人可以催告法定代理人在一个月内予以追认。法定代理人未作表示的,视为拒绝追认。合同被追认之前,善意相对人有撤销的权利。撤销应当以通知的方式作出。

第四十八条　行为人没有代理权、超越代理权或者代理权终止后以被代理人名义订立的合同,未经被代理人追认,对被代理人不发生效力,由行为人承担责任。

相对人可以催告被代理人在一个月内予以追认。被代理人未作表示的,视为拒绝追认。合同被追认之前,善意相对人有撤销的权利。撤销应当以通知的方式作出。

第四十九条　行为人没有代理权、超越代理权或者代理权终止后以被代理人名义订立合同,相对人有理由相信行为人有代理权的,该代理行为有效。

第五十条　法人或者其他组织的法定代表人、负责人超越权限订立的合同,除相对人知道或者应当知道其超越权限的以外,该代表行为有效。

第五十一条 无处分权的人处分他人财产,经权利人追认或者无处分权的人订立合同后取得处分权的,该合同有效。

第五十二条 有下列情形之一的,合同无效:

(一)一方以欺诈、胁迫的手段订立合同,损害国家利益;

(二)恶意串通,损害国家、集体或者第三人利益;

(三)以合法形式掩盖非法目的;

(四)损害社会公共利益;

(五)违反法律、行政法规的强制性规定。

第五十三条 合同中的下列免责条款无效:

(一)造成对方人身伤害的;

(二)因故意或者重大过失造成对方财产损失的。

第五十四条 下列合同,当事人一方有权请求人民法院或者仲裁机构变更或者撤销:

(一)因重大误解订立的;

(二)在订立合同时显失公平的。

一方以欺诈、胁迫的手段或者乘人之危,使对方在违背真实意思的情况下订立的合同,受损害方有权请求人民法院或者仲裁机构变更或者撤销。

当事人请求变更的,人民法院或者仲裁机构不得撤销。

第五十五条 有下列情形之一的,撤销权消灭:

(一)具有撤销权的当事人自知道或者应当知道撤销事由之日起一年内没有行使撤销权;

(二)具有撤销权的当事人知道撤销事由后明确表示或者以自己的行为放弃撤销权。

第五十六条 无效的合同或者被撤销的合同自始没有法律约束力。合同部分无效,不影响其他部分效力的,其他部分仍然有效。

第五十七条 合同无效、被撤销或者终止的,不影响合同中独立存在的有关解决争议方法的条款的效力。

第五十八条 合同无效或者被撤销后,因该合同取得的财产,应当予以返还;不能返还或者没有必要返还的,应当折价补偿。有过错的一方应当赔偿对方因此所受到的损失,双方都有过错的,应当各自承担相应的责任。

第五十九条 当事人恶意串通,损害国家、集体或者第三人利益的,因此取得的财产收归国家所有或者返还集体、第三人。

第四章 合同的履行

第六十条 当事人应当按照约定全面履行自己的义务。

当事人应当遵循诚实信用原则,根据合同的性质、目的和交易习惯履行通知、协助、保密等义务。

第六十一条 合同生效后,当事人就质量、价款或者报酬、履行地点等内容没有约定或者约定不明确的,可以协议补充;不能达成补充协议的,按照合同有关条款或者交易习惯确定。

第六十二条　当事人就有关合同内容约定不明确，依照本法第六十一条的规定仍不能确定的，适用下列规定：

（一）质量要求不明确的，按照国家标准、行业标准履行；没有国家标准、行业标准的，按照通常标准或者符合合同目的的特定标准履行。

（二）价款或者报酬不明确的，按照订立合同时履行地的市场价格履行；依法应当执行政府定价或者政府指导价的，按照规定履行。

（三）履行地点不明确，给付货币的，在接受货币一方所在地履行；交付不动产的，在不动产所在地履行；其他标的，在履行义务一方所在地履行。

（四）履行期限不明确的，债务人可以随时履行，债权人也可以随时要求履行，但应当给对方必要的准备时间。

（五）履行方式不明确的，按照有利于实现合同目的的方式履行。

（六）履行费用的负担不明确的，由履行义务一方负担。

第六十三条　执行政府定价或者政府指导价的，在合同约定的交付期限内政府价格调整时，按照交付时的价格计价。逾期交付标的物的，遇价格上涨时，按照原价格执行；价格下降时，按照新价格执行。逾期提取标的物或者逾期付款的，遇价格上涨时，按照新价格执行；价格下降时，按照原价格执行。

第六十四条　当事人约定由债务人向第三人履行债务的，债务人未向第三人履行债务或者履行债务不符合约定，应当向债权人承担违约责任。

第六十五条　当事人约定由第三人向债权人履行债务，第三人不履行债务或者履行债务不符合约定，债务人应当向债权人承担违约责任。

第六十六条　当事人互负债务，没有先后履行顺序的，应当同时履行。一方在对方履行之前有权拒绝其履行要求。一方在对方履行债务不符合约定时，有权拒绝其相应的履行要求。

第六十七条　当事人互负债务，有先后履行顺序，先履行一方未履行的，后履行一方有权拒绝其履行要求。先履行一方履行债务不符合约定的，后履行一方有权拒绝其相应的履行要求。

第六十八条　应当先履行债务的当事人，有确切证据证明对方有下列情形之一的，可以中止履行：

（一）经营状况严重恶化；

（二）转移财产、抽逃资金，以逃避债务；

（三）丧失商业信誉；

（四）有丧失或者可能丧失履行债务能力的其他情形。

当事人没有确切证据中止履行的，应当承担违约责任。

第六十九条　当事人依照本法第六十八条的规定中止履行的，应当及时通知对方。对方提供适当担保时，应当恢复履行。中止履行后，对方在合理期限内未恢复履行能力并且未提供适当担保的，中止履行的一方可以解除合同。

第七十条　债权人分立、合并或者变更住所没有通知债务人，致使履行债务发生困难的，债务人可以中止履行或者将标的物提存。

第七十一条　债权人可以拒绝债务人提前履行债务，但提前履行不损害债权人利益的除外。

债务人提前履行债务给债权人增加的费用，由债务人负担。

第七十二条 债权人可以拒绝债务人部分履行债务，但部分履行不损害债权人利益的除外。

债务人部分履行债务给债权人增加的费用，由债务人负担。

第七十三条 因债务人怠于行使其到期债权，对债权人造成损害的，债权人可以向人民法院请求以自己的名义代位行使债务人的债权，但该债权专属于债务人自身的除外。

代位权的行使范围以债权人的债权为限。债权人行使代位权的必要费用，由债务人负担。

第七十四条 因债务人放弃其到期债权或者无偿转让财产，对债权人造成损害的，债权人可以请求人民法院撤销债务人的行为。债务人以明显不合理的低价转让财产，对债权人造成损害，并且受让人知道该情形的，债权人也可以请求人民法院撤销债务人的行为。

撤销权的行使范围以债权人的债权为限。债权人行使撤销权的必要费用，由债务人负担。

第七十五条 撤销权自债权人知道或者应当知道撤销事由之日起一年内行使。自债务人的行为发生之日起五年内没有行使撤销权的，该撤销权消灭。

第七十六条 合同生效后，当事人不得因姓名、名称的变更或者法定代表人、负责人、承办人的变动而不履行合同义务。

第五章 合同的变更和转让

第七十七条 当事人协商一致，可以变更合同。

法律、行政法规规定变更合同应当办理批准、登记等手续的，依照其规定。

第七十八条 当事人对合同变更的内容约定不明确的，推定为未变更。

第七十九条 债权人可以将合同的权利全部或者部分转让给第三人，但有下列情形之一的除外：

(一)根据合同性质不得转让；

(二)按照当事人约定不得转让；

(三)依照法律规定不得转让。

第八十条 债权人转让权利的，应当通知债务人。未经通知，该转让对债务人不发生效力。

债权人转让权利的通知不得撤销，但经受让人同意的除外。

第八十一条 债权人转让权利的，受让人取得与债权有关的从权利，但该从权利专属于债权人自身的除外。

第八十二条 债务人接到债权转让通知后，债务人对让与人的抗辩，可以向受让人主张。

第八十三条 债务人接到债权转让通知时，债务人对让与人享有债权，并且债务人的债权先于转让的债权到期或者同时到期的，债务人可以向受让人主张抵销。

第八十四条 债务人将合同的义务全部或者部分转移给第三人的，应当经债权人同意。

第八十五条 债务人转移义务的，新债务人可以主张原债务人对债权人的抗辩。

第八十六条 债务人转移义务的，新债务人应当承担与主债务有关的从债务，但该从债务专属于原债务人自身的除外。

第八十七条 法律、行政法规规定转让权利或者转移义务应当办理批准、登记等手续的，依照其规定。

第八十八条 当事人一方经对方同意，可以将自己在合同中的权利和义务一并转让给第三人。

第八十九条 权利和义务一并转让的,适用本法第七十九条、第八十一条至第八十三条、第八十五条至第八十七条的规定。

第九十条 当事人订立合同后合并的,由合并后的法人或者其他组织行使合同权利,履行合同义务。当事人订立合同后分立的,除债权人和债务人另有约定的以外,由分立的法人或者其他组织对合同的权利和义务享有连带债权,承担连带债务。

第六章 合同的权利义务终止

第九十一条 有下列情形之一的,合同的权利义务终止:

(一)债务已经按照约定履行;

(二)合同解除;

(三)债务相互抵销;

(四)债务人依法将标的物提存;

(五)债权人免除债务;

(六)债权债务同归于一人;

(七)法律规定或者当事人约定终止的其他情形。

第九十二条 合同的权利义务终止后,当事人应当遵循诚实信用原则,根据交易习惯履行通知、协助、保密等义务。

第九十三条 当事人协商一致,可以解除合同。

当事人可以约定一方解除合同的条件。解除合同的条件成就时,解除权人可以解除合同。

第九十四条 有下列情形之一的,当事人可以解除合同:

(一)因不可抗力致使不能实现合同目的;

(二)在履行期限届满之前,当事人一方明确表示或者以自己的行为表明不履行主要债务;

(三)当事人一方迟延履行主要债务,经催告后在合理期限内仍未履行;

(四)当事人一方迟延履行债务或者有其他违约行为致使不能实现合同目的;

(五)法律规定的其他情形。

第九十五条 法律规定或者当事人约定解除权行使期限,期限届满当事人不行使的,该权利消灭。

法律没有规定或者当事人没有约定解除权行使期限,经对方催告后在合理期限内不行使的,该权利消灭。

第九十六条 当事人一方依照本法第九十三条第二款、第九十四条的规定主张解除合同的,应当通知对方。合同自通知到达对方时解除。对方有异议的,可以请求人民法院或者仲裁机构确认解除合同的效力。

法律、行政法规规定解除合同应当办理批准、登记等手续的,依照其规定。

第九十七条 合同解除后,尚未履行的,终止履行;已经履行的,根据履行情况和合同性质,当事人可以要求恢复原状、采取其他补救措施、并有权要求赔偿损失。

第九十八条 合同的权利义务终止,不影响合同中结算和清理条款的效力。

第九十九条 当事人互负到期债务,该债务的标的物种类、品质相同的,任何一方可以将自己的债务与对方的债务抵销,但依照法律规定或者按照合同性质不得抵销的除外。

当事人主张抵销的,应当通知对方。通知自到达对方时生效。抵销不得附条件或者附期限。

第一百条 当事人互负债务,标的物种类、品质不相同的,经双方协商一致,也可以抵销。

第一百零一条 有下列情形之一,难以履行债务的,债务人可以将标的物提存:

(一)债权人无正当理由拒绝受领;

(二)债权人下落不明;

(三)债权人死亡未确定继承人或者丧失民事行为能力未确定监护人;

(四)法律规定的其他情形。

标的物不适于提存或者提存费用过高的,债务人依法可以拍卖或者变卖标的物,提存所得的价款。

第一百零二条 标的物提存后,除债权人下落不明的以外,债务人应当及时通知债权人或者债权人的继承人、监护人。

第一百零三条 标的物提存后,毁损、灭失的风险由债权人承担。提存期间,标的物的孳息归债权人所有。提存费用由债权人负担。

第一百零四条 债权人可以随时领取提存物,但债权人对债务人负有到期债务的,在债权人未履行债务或者提供担保之前,提存部门根据债务人的要求应当拒绝其领取提存物。

债权人领取提存物的权利,自提存之日起五年内不行使而消灭,提存物扣除提存费用后归国家所有。

第一百零五条 债权人免除债务人部分或者全部债务的,合同的权利义务部分或者全部终止。

第一百零六条 债权和债务同归于一人的,合同的权利义务终止,但涉及第三人利益的除外。

第七章 违约责任

第一百零七条 当事人一方不履行合同义务或者履行合同义务不符合约定的,应当承担继续履行、采取补救措施或者赔偿损失等违约责任。

第一百零八条 当事人一方明确表示或者以自己的行为表明不履行合同义务的,对方可以在履行期限届满之前要求其承担违约责任。

第一百零九条 当事人一方未支付价款或者报酬的,对方可以要求其支付价款或者报酬。

第一百一十条 当事人一方不履行非金钱债务或者履行非金钱债务不符合约定的,对方可以要求履行,但有下列情形之一的除外:

(一)法律上或者事实上不能履行;

(二)债务的标的不适于强制履行或者履行费用过高;

(三)债权人在合理期限内未要求履行。

第一百一十一条 质量不符合约定的,应当按照当事人的约定承担违约责任。对违约责任没有约定或者约定不明确,依照本法第六十一条的规定仍不能确定的,受损害方根据标的的性质以及损失的大小,可以合理选择要求对方承担修理、更换、重作、退货、减少价款或者报酬等违约责任。

第一百一十二条　当事人一方不履行合同义务或者履行合同义务不符合约定的,在履行义务或者采取补救措施后,对方还有其他损失的,应当赔偿损失。

第一百一十三条　当事人一方不履行合同义务或者履行合同义务不符合约定,给对方造成损失的,损失赔偿额应当相当于因违约所造成的损失,包括合同履行后可以获得的利益,但不得超过违反合同一方订立合同时预见到或者应当预见到的因违反合同可能造成的损失。

经营者对消费者提供商品或者服务有欺诈行为的,依照《中华人民共和国消费者权益保护法》的规定承担损害赔偿责任。

第一百一十四条　当事人可以约定一方违约时应当根据违约情况向对方支付一定数额的违约金,也可以约定因违约产生的损失赔偿额的计算方法。

约定的违约金低于造成的损失的,当事人可以请求人民法院或者仲裁机构予以增加;约定的违约金过分高于造成的损失的,当事人可以请求人民法院或者仲裁机构予以适当减少。

当事人就迟延履行约定违约金的,违约方支付违约金后,还应当履行债务。

第一百一十五条　当事人可以依照《中华人民共和国担保法》约定一方向对方给付定金作为债权的担保。债务人履行债务后,定金应当抵作价款或者收回。给付定金的一方不履行约定的债务的,无权要求返还定金;收受定金的一方不履行约定的债务的,应当双倍返还定金。

第一百一十六条　当事人既约定违约金,又约定定金的,一方违约时,对方可以选择适用违约金或者定金条款。

第一百一十七条　因不可抗力不能履行合同的,根据不可抗力的影响,部分或者全部免除责任,但法律另有规定的除外。当事人迟延履行后发生不可抗力的,不能免除责任。

本法所称不可抗力,是指不能预见、不能避免并不能克服的客观情况。

第一百一十八条　当事人一方因不可抗力不能履行合同的,应当及时通知对方,以减轻可能给对方造成的损失,并应当在合理期限内提供证明。

第一百一十九条　当事人一方违约后,对方应当采取适当措施防止损失的扩大;没有采取适当措施致使损失扩大的,不得就扩大的损失要求赔偿。

当事人因防止损失扩大而支出的合理费用,由违约方承担。

第一百二十条　当事人双方都违反合同的,应当各自承担相应的责任。

第一百二十一条　当事人一方因第三人的原因造成违约的,应当向对方承担违约责任。当事人一方和第三人之间的纠纷,依照法律规定或者按照约定解决。

第一百二十二条　因当事人一方的违约行为,侵害对方人身、财产权益的,受损害方有权选择依照本法要求其承担违约责任或者依照其他法律要求其承担侵权责任。

第八章　其他规定

第一百二十三条　其他法律对合同另有规定的,依照其规定。

第一百二十四条　本法分则或者其他法律没有明文规定的合同,适用本法总则的规定,并可以参照本法分则或者其他法律最相类似的规定。

第一百二十五条　当事人对合同条款的理解有争议的,应当按照合同所使用的词句、合同的有关条款、合同的目的、交易习惯以及诚实信用原则,确定该条款的真实意思。

合同文本采用两种以上文字订立并约定具有同等效力的,对各文本使用的词句推定具有相同含义。各文本使用的词句不一致的,应当根据合同的目的予以解释。

第一百二十六条 涉外合同的当事人可以选择处理合同争议所适用的法律,但法律另有规定的除外。涉外合同的当事人没有选择的,适用与合同有最密切联系的国家的法律。

在中华人民共和国境内履行的中外合资经营企业合同、中外合作经营企业合同、中外合作勘探开发自然资源合同,适用中华人民共和国法律。

第一百二十七条 工商行政管理部门和其他有关行政主管部门在各自的职权范围内,依照法律、行政法规的规定,对利用合同危害国家利益、社会公共利益的违法行为,负责监督处理;构成犯罪的,依法追究刑事责任。

第一百二十八条 当事人可以通过和解或者调解解决合同争议。

当事人不愿和解、调解或者和解、调解不成的,可以根据仲裁协议向仲裁机构申请仲裁。涉外合同的当事人可以根据仲裁协议向中国仲裁机构或者其他仲裁机构申请仲裁。当事人没有订立仲裁协议或者仲裁协议无效的,可以向人民法院起诉。当事人应当履行发生法律效力的判决、仲裁裁决、调解书;拒不履行的,对方可以请求人民法院执行。

第一百二十九条 因国际货物买卖合同和技术进出口合同争议提起诉讼或者申请仲裁的期限为四年,自当事人知道或者应当知道其权利受到侵害之日起计算。因其他合同争议提起诉讼或者申请仲裁的期限,依照有关法律的规定。

分 则

第九章 买卖合同

第一百三十条 买卖合同是出卖人转移标的物的所有权于买受人,买受人支付价款的合同。

第一百三十一条 买卖合同的内容除依照本法第十二条的规定以外,还可以包括包装方式、检验标准和方法、结算方式、合同使用的文字及其效力等条款。

第一百三十二条 出卖的标的物,应当属于出卖人所有或者出卖人有权处分。

法律、行政法规禁止或者限制转让的标的物,依照其规定。

第一百三十三条 标的物的所有权自标的物交付时起转移,但法律另有规定或者当事人另有约定的除外。

第一百三十四条 当事人可以在买卖合同中约定买受人未履行支付价款或者其他义务的,标的物的所有权属于出卖人。

第一百三十五条 出卖人应当履行向买受人交付标的物或者交付提取标的物的单证,并转移标的物所有权的义务。

第一百三十六条 出卖人应当按照约定或者交易习惯向买受人交付提取标的物单证以外的有关单证和资料。

第一百三十七条 出卖具有知识产权的计算机软件等标的物的,除法律另有规定或者当事人另有约定的以外,该标的物的知识产权不属于买受人。

第一百三十八条 出卖人应当按照约定的期限交付标的物。约定交付期间的,出卖人可以在该交付期间内的任何时间交付。

第一百三十九条 当事人没有约定标的物的交付期限或者约定不明确的,适用本法第六十一条、第六十二条第四项的规定。

第一百四十条 标的物在订立合同之前已为买受人占有的,合同生效的时间为交付时间。

第一百四十一条 出卖人应当按照约定的地点交付标的物。

当事人没有约定交付地点或者约定不明确,依照本法第六十一条的规定仍不能确定的,适用下列规定:

(一)标的物需要运输的,出卖人应当将标的物交付给第一承运人以运交给买受人;

(二)标的物不需要运输,出卖人和买受人订立合同时知道标的物在某一地点的,出卖人应当在该地点交付标的物;不知道标的物在某一地点的,应当在出卖人订立合同时的营业地交付标的物。

第一百四十二条 标的物毁损、灭失的风险,在标的物交付之前由出卖人承担,交付之后由买受人承担,但法律另有规定或者当事人另有约定的除外。

第一百四十三条 因买受人的原因致使标的物不能按照约定的期限交付的,买受人应当自违反约定之日起承担标的物毁损、灭失的风险。

第一百四十四条 出卖人出卖交由承运人运输的在途标的物,除当事人另有约定的以外,毁损、灭失的风险自合同成立时起由买受人承担。

第一百四十五条 当事人没有约定交付地点或者约定不明确,依照本法第一百四十一条第二款第一项的规定标的物需要运输的,出卖人将标的物交付给第一承运人后,标的物毁损、灭失的风险由买受人承担。

第一百四十六条 出卖人按照约定或者依照本法第一百四十一条第二款第二项的规定将标的物置于交付地点,买受人违反约定没有收取的,标的物毁损、灭失的风险自违反约定之日起由买受人承担。

第一百四十七条 出卖人按照约定未交付有关标的物的单证和资料的,不影响标的物毁损、灭失风险的转移。

第一百四十八条 因标的物质量不符合质量要求,致使不能实现合同目的的,买受人可以拒绝接受标的物或者解除合同。买受人拒绝接受标的物或者解除合同的,标的物毁损、灭失的风险由出卖人承担。

第一百四十九条 标的物毁损、灭失的风险由买受人承担的,不影响因出卖人履行债务不符合约定,买受人要求其承担违约责任的权利。

第一百五十条 出卖人就交付的标的物,负有保证第三人不得向买受人主张任何权利的义务,但法律另有规定的除外。

第一百五十一条 买受人订立合同时知道或者应当知道第三人对买卖的标的物享有权利的,出卖人不承担本法第一百五十条规定的义务。

第一百五十二条 买受人有确切证据证明第三人可能就标的物主张权利的,可以中止支付相应的价款,但出卖人提供适当担保的除外。

第一百五十三条 出卖人应当按照约定的质量要求交付标的物。出卖人提供有关标的物质量说明的,交付的标的物应当符合该说明的质量要求。

第一百五十四条 当事人对标的物的质量要求没有约定或者约定不明确,依照本法第六十一条的规定仍不能确定的,适用本法第六十二条第一项的规定。

第一百五十五条 出卖人交付的标的物不符合质量要求的,买受人可以依照本法第一百一十一条的规定要求承担违约责任。

第一百五十六条 出卖人应当按照约定的包装方式交付标的物。对包装方式没有约定或者约定不明确,依照本法第六十一条的规定仍不能确定的,应当按照通用的方式包装,没有通用方式的,应当采取足以保护标的物的包装方式。

第一百五十七条 买受人收到标的物时应当在约定的检验期间内检验。没有约定检验期间的,应当及时检验。

第一百五十八条 当事人约定检验期间的,买受人应当在检验期间内将标的物的数量或者质量不符合约定的情形通知出卖人。买受人怠于通知的,视为标的物的数量或者质量符合约定。

当事人没有约定检验期间的,买受人应当在发现或者应当发现标的物的数量或者质量不符合约定的合理期间内通知出卖人。买受人在合理期间内未通知或者自标的物收到之日起两年内未通知出卖人的,视为标的物的数量或者质量符合约定,但对标的物有质量保证期的,适用质量保证期,不适用该两年的规定。

出卖人知道或者应当知道提供的标的物不符合约定的,买受人不受前两款规定的通知时间的限制。

第一百五十九条 买受人应当按照约定的数额支付价款。对价款没有约定或者约定不明确的,适用本法第六十一条、第六十二条第二项的规定。

第一百六十条 买受人应当按照约定的地点支付价款。对支付地点没有约定或者约定不明确,依照本法第六十一条的规定仍不能确定的,买受人应当在出卖人的营业地支付,但约定支付价款以交付标的物或者交付提取标的物单证为条件的,在交付标的物或者交付提取标的物单证的所在地支付。

第一百六十一条 买受人应当按照约定的时间支付价款。对支付时间没有约定或者约定不明确,依照本法第六十一条的规定仍不能确定的,买受人应当在收到标的物或者提取标的物单证的同时支付。

第一百六十二条 出卖人多交标的物的,买受人可以接收或者拒绝接收多交的部分。买受人接收多交部分的,按照合同的价格支付价款;买受人拒绝接收多交部分的,应当及时通知出卖人。

第一百六十三条 标的物在交付之前产生的孳息,归出卖人所有,交付之后产生的孳息,归买受人所有。

第一百六十四条 因标的物的主物不符合约定而解除合同的,解除合同的效力及于从物。因标的物的从物不符合约定被解除的,解除的效力不及于主物。

第一百六十五条 标的物为数物,其中一物不符合约定的,买受人可以就该物解除,但该物与他物分离使标的物的价值显受损害的,当事人可以就数物解除合同。

第一百六十六条 出卖人分批交付标的物的,出卖人对其中一批标的物不交付或者交付不符合约定,致使该批标的物不能实现合同目的的,买受人可以就该批标的物解除。

出卖人不交付其中一批标的物或者交付不符合约定,致使今后其他各批标的物的交付不能实现合同目的的,买受人可以就该批以及今后其他各批标的物解除。

买受人如果就其中一批标的物解除,该批标的物与其他各批标的物相互依存的,可以就已经交付和未交付的各批标的物解除。

第一百六十七条 分期付款的买受人未支付到期价款的金额达到全部价款的五分之一的,出卖人可以要求买受人支付全部价款或者解除合同。

出卖人解除合同的,可以向买受人要求支付该标的物的使用费。

第一百六十八条 凭样品买卖的当事人应当封存样品,并可以对样品质量予以说明。出卖人交付的标的物应当与样品及其说明的质量相同。

第一百六十九条　凭样品买卖的买受人不知道样品有隐蔽瑕疵的,即使交付的标的物与样品相同,出卖人交付的标的物的质量仍然应当符合同种物的通常标准。

第一百七十条　试用买卖的当事人可以约定标的物的试用期间。对试用期间没有约定或者约定不明确,依照本法第六十一条的规定仍不能确定的,由出卖人确定。

第一百七十一条　试用买卖的买受人在试用期内可以购买标的物,也可以拒绝购买。试用期间届满,买受人对是否购买标的物未作表示的,视为购买。

第一百七十二条　招标投标买卖的当事人的权利和义务以及招标投标程序等,依照有关法律、行政法规的规定。

第一百七十三条　拍卖的当事人的权利和义务以及拍卖程序等,依照有关法律、行政法规的规定。

第一百七十四条　法律对其他有偿合同有规定的,依照其规定;没有规定的,参照买卖合同的有关规定。

第一百七十五条　当事人约定易货交易,转移标的物的所有权的,参照买卖合同的有关规定。

第十章　供用电、水、气、热力合同

第一百七十六条　供用电合同是供电人向用电人供电,用电人支付电费的合同。

第一百七十七条　供用电合同的内容包括供电的方式、质量、时间,用电容量、地址、性质,计量方式,电价、电费的结算方式,供用电设施的维护责任等条款。

第一百七十八条　供用电合同的履行地点,按照当事人约定;当事人没有约定或者约定不明确的,供电设施的产权分界处为履行地点。

第一百七十九条　供电人应当按照国家规定的供电质量标准和约定安全供电。供电人未按照国家规定的供电质量标准和约定安全供电,造成用电人损失的,应当承担损害赔偿责任。

第一百八十条　供电人因供电设施计划检修、临时检修、依法限电或者用电人违法用电等原因,需要中断供电时,应当按照国家有关规定事先通知用电人。未事先通知用电人中断供电,造成用电人损失的,应当承担损害赔偿责任。

第一百八十一条　因自然灾害等原因断电,供电人应当按照国家有关规定及时抢修。未及时抢修,造成用电人损失的,应当承担损害赔偿责任。

第一百八十二条　用电人应当按照国家有关规定和当事人的约定及时交付电费。用电人逾期不交付电费的,应当按照约定支付违约金。经催告用电人在合理期限内仍不交付电费和违约金的,供电人可以按照国家规定的程序中止供电。

第一百八十三条　用电人应当按照国家有关规定和当事人的约定安全用电。用电人未按照国家有关规定和当事人的约定安全用电,造成供电人损失的,应当承担损害赔偿责任。

第一百八十四条　供用水、供用气、供用热力合同,参照供用电合同的有关规定。

第十一章　赠与合同

第一百八十五条　赠与合同是赠与人将自己的财产无偿给予受赠人,受赠人表示接受赠与的合同。

第一百八十六条 赠与人在赠与财产的权利转移之前可以撤销赠与。

具有救灾、扶贫等社会公益、道德义务性质的赠与合同或者经过公证的赠与合同,不适用前款规定。

第一百八十七条 赠与的财产依法需要办理登记等手续的,应当办理有关手续。

第一百八十八条 具有救灾、扶贫等社会公益、道德义务性质的赠与合同或者经过公证的赠与合同,赠与人不交付赠与的财产的,受赠人可以要求交付。

第一百八十九条 因赠与人故意或者重大过失致使赠与的财产毁损、灭失的,赠与人应当承担损害赔偿责任。

第一百九十条 赠与可以附义务。

赠与附义务的,受赠人应当按照约定履行义务。

第一百九十一条 赠与的财产有瑕疵的,赠与人不承担责任。附义务的赠与,赠与的财产有瑕疵的,赠与人在附义务的限度内承担与出卖人相同的责任。

赠与人故意不告知瑕疵或者保证无瑕疵,造成受赠人损失的,应当承担损害赔偿责任。

第一百九十二条 受赠人有下列情形之一的,赠与人可以撤销赠与:

(一)严重侵害赠与人或者赠与人的近亲属;

(二)对赠与人有扶养义务而不履行;

(三)不履行赠与合同约定的义务。

赠与人的撤销权,自知道或者应当知道撤销原因之日起一年内行使。

第一百九十三条 因受赠人的违法行为致使赠与人死亡或者丧失民事行为能力的,赠与人的继承人或者法定代理人可以撤销赠与。

赠与人的继承人或者法定代理人的撤销权,自知道或者应当知道撤销原因之日起六个月内行使。

第一百九十四条 撤销权人撤销赠与的,可以向受赠人要求返还赠与的财产。

第一百九十五条 赠与人的经济状况显著恶化,严重影响其生产经营或者家庭生活的,可以不再履行赠与义务。

第十二章 借款合同

第一百九十六条 借款合同是借款人向贷款人借款,到期返还借款并支付利息的合同。

第一百九十七条 借款合同采用书面形式,但自然人之间借款另有约定的除外。

借款合同的内容包括借款种类、币种、用途、数额、利率、期限和还款方式等条款。

第一百九十八条 订立借款合同,贷款人可以要求借款人提供担保。担保依照《中华人民共和国担保法》的规定。

第一百九十九条 订立借款合同,借款人应当按照贷款人的要求提供与借款有关的业务活动和财务状况的真实情况。

第二百条 借款的利息不得预先在本金中扣除。利息预先在本金中扣除的,应当按照实际借款数额返还借款并计算利息。

第二百零一条 贷款人未按照约定的日期、数额提供借款,造成借款人损失的,应当赔偿损失。

借款人未按照约定的日期、数额收取借款的，应当按照约定的日期、数额支付利息。

第二百零二条　贷款人按照约定可以检查、监督借款的使用情况。借款人应当按照约定向贷款人定期提供有关财务会计报表等资料。

第二百零三条　借款人未按照约定的借款用途使用借款的，贷款人可以停止发放借款、提前收回借款或者解除合同。

第二百零四条　办理贷款业务的金融机构贷款的利率，应当按照中国人民银行规定的贷款利率的上下限确定。

第二百零五条　借款人应当按照约定的期限支付利息。对支付利息的期限没有约定或者约定不明确，依照本法第六十一条的规定仍不能确定，借款期间不满一年的，应当在返还借款时一并支付；借款期间一年以上的，应当在每届满一年时支付，剩余期间不满一年的，应当在返还借款时一并支付。

第二百零六条　借款人应当按照约定的期限返还借款。对借款期限没有约定或者约定不明确，依照本法第六十一条的规定仍不能确定的，借款人可以随时返还；贷款人可以催告借款人在合理期限内返还。

第二百零七条　借款人未按照约定的期限返还借款的，应当按照约定或者国家有关规定支付逾期利息。

第二百零八条　借款人提前偿还借款的，除当事人另有约定的以外，应当按照实际借款的期间计算利息。

第二百零九条　借款人可以在还款期限届满之前向贷款人申请展期。贷款人同意的，可以展期。

第二百一十条　自然人之间的借款合同，自贷款人提供借款时生效。

第二百一十一条　自然人之间的借款合同对支付利息没有约定或者约定不明确的，视为不支付利息。自然人之间的借款合同约定支付利息的，借款的利率不得违反国家有关限制借款利率的规定。

第十三章　租赁合同

第二百一十二条　租赁合同是出租人将租赁物交付承租人使用、收益，承租人支付租金的合同。

第二百一十三条　租赁合同的内容包括租赁物的名称、数量、用途、租赁期限、租金及其支付期限和方式、租赁物维修等条款。

第二百一十四条　租赁期限不得超过二十年。超过二十年的，超过部分无效。

租赁期间届满，当事人可以续订租赁合同，但约定的租赁期限自续订之日起不得超过二十年。

第二百一十五条　租赁期限六个月以上的，应当采用书面形式。当事人未采用书面形式的，视为不定期租赁。

第二百一十六条　出租人应当按照约定将租赁物交付承租人，并在租赁期间保持租赁物符合约定的用途。

第二百一十七条　承租人应当按照约定的方法使用租赁物。对租赁物的使用方法没有约定或者约定不明确，依照本法第六十一条的规定仍不能确定的，应当按照租赁物的性质使用。

第二百一十八条 承租人按照约定的方法或者租赁物的性质使用租赁物，致使租赁物受到损耗的，不承担损害赔偿责任。

第二百一十九条 承租人未按照约定的方法或者租赁物的性质使用租赁物，致使租赁物受到损失的，出租人可以解除合同并要求赔偿损失。

第二百二十条 出租人应当履行租赁物的维修义务，但当事人另有约定的除外。

第二百二十一条 承租人在租赁物需要维修时可以要求出租人在合理期限内维修。出租人未履行维修义务的，承租人可以自行维修，维修费用由出租人负担。因维修租赁物影响承租人使用的，应当相应减少租金或者延长租期。

第二百二十二条 承租人应当妥善保管租赁物，因保管不善造成租赁物毁损、灭失的，应当承担损害赔偿责任。

第二百二十三条 承租人经出租人同意，可以对租赁物进行改善或者增设他物。

承租人未经出租人同意，对租赁物进行改善或者增设他物的，出租人可以要求承租人恢复原状或者赔偿损失。

第二百二十四条 承租人经出租人同意，可以将租赁物转租给第三人。承租人转租的，承租人与出租人之间的租赁合同继续有效，第三人对租赁物造成损失的，承租人应当赔偿损失。

承租人未经出租人同意转租的，出租人可以解除合同。

第二百二十五条 在租赁期间因占有、使用租赁物获得的收益，归承租人所有，但当事人另有约定的除外。

第二百二十六条 承租人应当按照约定的期限支付租金。对支付期限没有约定或者约定不明确，依照本法第六十一条的规定仍不能确定，租赁期间不满一年的，应当在租赁期间届满时支付；租赁期间一年以上的，应当在每届满一年时支付，剩余期间不满一年的，应当在租赁期间届满时支付。

第二百二十七条 承租人无正当理由未支付或者迟延支付租金的，出租人可以要求承租人在合理期限内支付。承租人逾期不支付的，出租人可以解除合同。

第二百二十八条 因第三人主张权利，致使承租人不能对租赁物使用、收益的，承租人可以要求减少租金或者不支付租金。

第三人主张权利的，承租人应当及时通知出租人。

第二百二十九条 租赁物在租赁期间发生所有权变动的，不影响租赁合同的效力。

第二百三十条 出租人出卖租赁房屋的，应当在出卖之前的合理期限内通知承租人，承租人享有以同等条件优先购买的权利。

第二百三十一条 因不可归责于承租人的事由，致使租赁物部分或者全部毁损、灭失的，承租人可以要求减少租金或者不支付租金；因租赁物部分或者全部毁损、灭失，致使不能实现合同目的的，承租人可以解除合同。

第二百三十二条 当事人对租赁期限没有约定或者约定不明确，依照本法第六十一条的规定仍不能确定的，视为不定期租赁。当事人可以随时解除合同，但出租人解除合同应当在合理期限之前通知承租人。

第二百三十三条 租赁物危及承租人的安全或者健康的，即使承租人订立合同时明知该租赁物质量不合格，承租人仍然可以随时解除合同。

第二百三十四条 承租人在房屋租赁期间死亡的，与其生前共同居住的人可以按照原租赁合同租赁该房屋。

第二百三十五条　租赁期间届满,承租人应当返还租赁物。返还的租赁物应当符合按照约定或者租赁物的性质使用后的状态。

第二百三十六条　租赁期间届满,承租人继续使用租赁物,出租人没有提出异议的,原租赁合同继续有效,但租赁期限为不定期。

第十四章　融资租赁合同

第二百三十七条　融资租赁合同是出租人根据承租人对出卖人、租赁物的选择,向出卖人购买租赁物,提供给承租人使用,承租人支付租金的合同。

第二百三十八条　融资租赁合同的内容包括租赁物名称、数量、规格、技术性能、检验方法、租赁期限、租金构成及其支付期限和方式、币种、租赁期间届满租赁物的归属等条款。

融资租赁合同应当采用书面形式。

第二百三十九条　出租人根据承租人对出卖人、租赁物的选择订立的买卖合同,出卖人应当按照约定向承租人交付标的物,承租人享有与受领标的物有关的买受人的权利。

第二百四十条　出租人、出卖人、承租人可以约定,出卖人不履行买卖合同义务的,由承租人行使索赔的权利。承租人行使索赔权利的,出租人应当协助。

第二百四十一条　出租人根据承租人对出卖人、租赁物的选择订立的买卖合同,未经承租人同意,出租人不得变更与承租人有关的合同内容。

第二百四十二条　出租人享有租赁物的所有权。承租人破产的,租赁物不属于破产财产。

第二百四十三条　融资租赁合同的租金,除当事人另有约定的以外,应当根据购买租赁物的大部分或者全部成本以及出租人的合理利润确定。

第二百四十四条　租赁物不符合约定或者不符合使用目的的,出租人不承担责任,但承租人依赖出租人的技能确定租赁物或者出租人干预选择租赁物的除外。

第二百四十五条　出租人应当保证承租人对租赁物的占有和使用。

第二百四十六条　承租人占有租赁物期间,租赁物造成第三人的人身伤害或者财产损害的,出租人不承担责任。

第二百四十七条　承租人应当妥善保管、使用租赁物。

承租人应当履行占有租赁物期间的维修义务。

第二百四十八条　承租人应当按照约定支付租金。承租人经催告后在合理期限内仍不支付租金的,出租人可以要求支付全部租金;也可以解除合同,收回租赁物。

第二百四十九条　当事人约定租赁期间届满租赁物归承租人所有,承租人已经支付大部分租金,但无力支付剩余租金,出租人因此解除合同收回租赁物的,收回的租赁物的价值超过承租人欠付的租金以及其他费用的,承租人可以要求部分返还。

第二百五十条　出租人和承租人可以约定租赁期间届满租赁物的归属。对租赁物的归属没有约定或者约定不明确,依照本法第六十一条的规定仍不能确定的,租赁物的所有权归出租人。

第十五章　承揽合同

第二百五十一条　承揽合同是承揽人按照定作人的要求完成工作,交付工作成果,定作人给付报酬的合同。

承揽包括加工、定作、修理、复制、测试、检验等工作。

第二百五十二条 承揽合同的内容包括承揽的标的、数量、质量、报酬、承揽方式、材料的提供、履行期限、验收标准和方法等条款。

第二百五十三条 承揽人应当以自己的设备、技术和劳力,完成主要工作,但当事人另有约定的除外。

承揽人将其承揽的主要工作交由第三人完成的,应当就该第三人完成的工作成果向定作人负责;未经定作人同意的,定作人也可以解除合同。

第二百五十四条 承揽人可以将其承揽的辅助工作交由第三人完成。承揽人将其承揽的辅助工作交由第三人完成的,应当就该第三人完成的工作成果向定作人负责。

第二百五十五条 承揽人提供材料的,承揽人应当按照约定选用材料,并接受定作人检验。

第二百五十六条 定作人提供材料的,定作人应当按照约定提供材料。承揽人对定作人提供的材料,应当及时检验,发现不符合约定时,应当及时通知定作人更换、补齐或者采取其他补救措施。

承揽人不得擅自更换定作人提供的材料,不得更换不需要修理的零部件。

第二百五十七条 承揽人发现定作人提供的图纸或者技术要求不合理的,应当及时通知定作人。因定作人怠于答复等原因造成承揽人损失的,应当赔偿损失。

第二百五十八条 定作人中途变更承揽工作的要求,造成承揽人损失的,应当赔偿损失。

第二百五十九条 承揽工作需要定作人协助的,定作人有协助的义务。

定作人不履行协助义务致使承揽工作不能完成的,承揽人可以催告定作人在合理期限内履行义务,并可以顺延履行期限;定作人逾期不履行的,承揽人可以解除合同。

第二百六十条 承揽人在工作期间,应当接受定作人必要的监督检验。定作人不得因监督检验妨碍承揽人的正常工作。

第二百六十一条 承揽人完成工作的,应当向定作人交付工作成果,并提交必要的技术资料和有关质量证明。定作人应当验收该工作成果。

第二百六十二条 承揽人交付的工作成果不符合质量要求的,定作人可以要求承揽人承担修理、重作、减少报酬、赔偿损失等违约责任。

第二百六十三条 定作人应当按照约定的期限支付报酬。对支付报酬的期限没有约定或者约定不明确,依照本法第六十一条的规定仍不能确定的,定作人应当在承揽人交付工作成果时支付;工作成果部分交付的,定作人应当相应支付。

第二百六十四条 定作人未向承揽人支付报酬或者材料费等价款的,承揽人对完成的工作成果享有留置权,但当事人另有约定的除外。

第二百六十五条 承揽人应当妥善保管定作人提供的材料以及完成的工作成果,因保管不善造成毁损、灭失的,应当承担损害赔偿责任。

第二百六十六条 承揽人应当按照定作人的要求保守秘密,未经定作人许可,不得留存复制品或者技术资料。

第二百六十七条 共同承揽人对定作人承担连带责任,但当事人另有约定的除外。

第二百六十八条 定作人可以随时解除承揽合同,造成承揽人损失的,应当赔偿损失。

第十六章　建设工程合同

第二百六十九条　建设工程合同是承包人进行工程建设，发包人支付价款的合同。

建设工程合同包括工程勘察、设计、施工合同。

第二百七十条　建设工程合同应当采用书面形式。

第二百七十一条　建设工程的招标投标活动，应当依照有关法律的规定公开、公平、公正进行。

第二百七十二条　发包人可以与总承包人订立建设工程合同，也可以分别与勘察人、设计人、施工人订立勘察、设计、施工承包合同。发包人不得将应当由一个承包人完成的建设工程肢解成若干部分发包给几个承包人。

总承包人或者勘察、设计、施工承包人经发包人同意，可以将自己承包的部分工作交由第三人完成。第三人就其完成的工作成果与总承包人或者勘察、设计、施工承包人向发包人承担连带责任。承包人不得将其承包的全部建设工程转包给第三人或者将其承包的全部建设工程肢解以后以分包的名义分别转包给第三人。

禁止承包人将工程分包给不具备相应资质条件的单位。禁止分包单位将其承包的工程再分包。建设工程主体结构的施工必须由承包人自行完成。

第二百七十三条　国家重大建设工程合同，应当按照国家规定的程序和国家批准的投资计划、可行性研究报告等文件订立。

第二百七十四条　勘察、设计合同的内容包括提交有关基础资料和文件（包括概预算）的期限、质量要求、费用以及其他协作条件等条款。

第二百七十五条　施工合同的内容包括工程范围、建设工期、中间交工工程的开工和竣工时间、工程质量、工程造价、技术资料交付时间、材料和设备供应责任、拨款和结算、竣工验收、质量保修范围和质量保证期、双方相互协作等条款。

第二百七十六条　建设工程实行监理的，发包人应当与监理人采用书面形式订立委托监理合同。发包人与监理人的权利和义务以及法律责任，应当依照本法委托合同以及其他有关法律、行政法规的规定。

第二百七十七条　发包人在不妨碍承包人正常作业的情况下，可以随时对作业进度、质量进行检查。

第二百七十八条　隐蔽工程在隐蔽以前，承包人应当通知发包人检查。发包人没有及时检查的，承包人可以顺延工程日期，并有权要求赔偿停工、窝工等损失。

第二百七十九条　建设工程竣工后，发包人应当根据施工图纸及说明书、国家颁发的施工验收规范和质量检验标准及时进行验收。验收合格的，发包人应当按照约定支付价款，并接收该建设工程。

建设工程竣工经验收合格后，方可交付使用；未经验收或者验收不合格的，不得交付使用。

第二百八十条　勘察、设计的质量不符合要求或者未按照期限提交勘察、设计文件拖延工期，造成发包人损失的，勘察人、设计人应当继续完善勘察、设计，减收或者免收勘察、设计费并赔偿损失。

第二百八十一条　因施工人的原因致使建设工程质量不符合约定的，发包人有权要求施工人在合理期限内无偿修理或者返工、改建。经过修理或者返工、改建后，造成逾期交付的，施工人应当承担违约责任。

第二百八十二条 因承包人的原因致使建设工程在合理使用期限内造成人身和财产损害的，承包人应当承担损害赔偿责任。

第二百八十三条 发包人未按照约定的时间和要求提供原材料、设备、场地、资金、技术资料的，承包人可以顺延工程日期，并有权要求赔偿停工、窝工等损失。

第二百八十四条 因发包人的原因致使工程中途停建、缓建的，发包人应当采取措施弥补或者减少损失，赔偿承包人因此造成的停工、窝工、倒运、机械设备调迁、材料和构件积压等损失和实际费用。

第二百八十五条 因发包人变更计划，提供的资料不准确，或者未按照期限提供必需的勘察、设计工作条件而造成勘察、设计的返工、停工或者修改设计，发包人应当按照勘察人、设计人实际消耗的工作量增付费用。

第二百八十六条 发包人未按照约定支付价款的，承包人可以催告发包人在合理期限内支付价款。发包人逾期不支付的，除按照建设工程的性质不宜折价、拍卖的以外，承包人可以与发包人协议将该工程折价，也可以申请人民法院将该工程依法拍卖。建设工程的价款就该工程折价或者拍卖的价款优先受偿。

第二百八十七条 本章没有规定的，适用承揽合同的有关规定。

第十七章 运输合同

第一节 一般规定

第二百八十八条 运输合同是承运人将旅客或者货物从起运地点运输到约定地点，旅客、托运人或者收货人支付票款或者运输费用的合同。

第二百八十九条 从事公共运输的承运人不得拒绝旅客、托运人通常、合理的运输要求。

第二百九十条 承运人应当在约定期间或者合理期间内将旅客、货物安全运输到约定地点。

第二百九十一条 承运人应当按照约定的或者通常的运输路线将旅客、货物运输到约定地点。

第二百九十二条 旅客、托运人或者收货人应当支付票款或者运输费用。承运人未按照约定路线或者通常路线运输增加票款或者运输费用的，旅客、托运人或者收货人可以拒绝支付增加部分的票款或者运输费用。

第二节 客运合同

第二百九十三条 客运合同自承运人向旅客交付客票时成立，但当事人另有约定或者另有交易习惯的除外。

第二百九十四条 旅客应当持有效客票乘运。旅客无票乘运、超程乘运、越级乘运或者持失效客票乘运的，应当补交票款，承运人可以按照规定加收票款。旅客不交付票款的，承运人可以拒绝运输。

第二百九十五条 旅客因自己的原因不能按照客票记载的时间乘坐的，应当在约定的时间内办理退票或者变更手续。逾期办理的，承运人可以不退票款，并不再承担运输义务。

第二百九十六条　旅客在运输中应当按照约定的限量携带行李。超过限量携带行李的,应当办理托运手续。

第二百九十七条　旅客不得随身携带或者在行李中夹带易燃、易爆、有毒、有腐蚀性、有放射性以及有可能危及运输工具上人身和财产安全的危险物品或者其他违禁物品。

旅客违反前款规定的,承运人可以将违禁物品卸下、销毁或者送交有关部门。旅客坚持携带或者夹带违禁物品的,承运人应当拒绝运输。

第二百九十八条　承运人应当向旅客及时告知有关不能正常运输的重要事由和安全运输应当注意的事项。

第二百九十九条　承运人应当按照客票载明的时间和班次运输旅客。承运人迟延运输的,应当根据旅客的要求安排改乘其他班次或者退票。

第三百条　承运人擅自变更运输工具而降低服务标准的,应当根据旅客的要求退票或者减收票款;提高服务标准的,不应当加收票款。

第三百零一条　承运人在运输过程中,应当尽力救助患有急病、分娩、遇险的旅客。

第三百零二条　承运人应当对运输过程中旅客的伤亡承担损害赔偿责任,但伤亡是旅客自身健康原因造成的或者承运人证明伤亡是旅客故意、重大过失造成的除外。

前款规定适用于按照规定免票、持优待票或者经承运人许可搭乘的无票旅客。

第三百零三条　在运输过程中旅客自带物品毁损、灭失,承运人有过错的,应当承担损害赔偿责任。

旅客托运的行李毁损、灭失的,适用货物运输的有关规定。

第三节　货运合同

第三百零四条　托运人办理货物运输,应当向承运人准确表明收货人的名称或者姓名或者凭指示的收货人,货物的名称、性质、重量、数量,收货地点等有关货物运输的必要情况。

因托运人申报不实或者遗漏重要情况,造成承运人损失的,托运人应当承担损害赔偿责任。

第三百零五条　货物运输需要办理审批、检验等手续的,托运人应当将办理完有关手续的文件提交承运人。

第三百零六条　托运人应当按照约定的方式包装货物。对包装方式没有约定或者约定不明确的,适用本法第一百五十六条的规定。

托运人违反前款规定的,承运人可以拒绝运输。

第三百零七条　托运人托运易燃、易爆、有毒、有腐蚀性、有放射性等危险物品的,应当按照国家有关危险物品运输的规定对危险物品妥善包装,作出危险物标志和标签,并将有关危险物品的名称、性质和防范措施的书面材料提交承运人。

托运人违反前款规定的,承运人可以拒绝运输,也可以采取相应措施以避免损失的发生,因此产生的费用由托运人承担。

第三百零八条　在承运人将货物交付收货人之前,托运人可以要求承运人中止运输、返还货物、变更到达地或者将货物交给其他收货人,但应当赔偿承运人因此受到的损失。

第三百零九条　货物运输到达后,承运人知道收货人的,应当及时通知收货人,收货人应当及时提货。收货人逾期提货的,应当向承运人支付保管费等费用。

第三百一十条　收货人提货时应当按照约定的期限检验货物。对检验货物的期限没有约定或者约定不明确,依照本法第六十一条的规定仍不能确定的,应当在合理期限内检验货物。收货人在约定的期限或者合理期限内对货物的数量、毁损等未提出异议的,视为承运人已经按照运输单证的记载交付的初步证据。

第三百一十一条 承运人对运输过程中货物的毁损、灭失承担损害赔偿责任,但承运人证明货物的毁损、灭失是因不可抗力、货物本身的自然性质或者合理损耗以及托运人、收货人的过错造成的,不承担损害赔偿责任。

第三百一十二条 货物的毁损、灭失的赔偿额,当事人有约定的,按照其约定;没有约定或者约定不明确,依照本法第六十一条的规定仍不能确定的,按照交付或者应当交付时货物到达地的市场价格计算。法律、行政法规对赔偿额的计算方法和赔偿限额另有规定的,依照其规定。

第三百一十三条 两个以上承运人以同一运输方式联运的,与托运人订立合同的承运人应当对全程运输承担责任。损失发生在某一运输区段的,与托运人订立合同的承运人和该区段的承运人承担连带责任。

第三百一十四条 货物在运输过程中因不可抗力灭失,未收取运费的,承运人不得要求支付运费;已收取运费的,托运人可以要求返还。

第三百一十五条 托运人或者收货人不支付运费、保管费以及其他运输费用的,承运人对相应的运输货物享有留置权,但当事人另有约定的除外。

第三百一十六条 收货人不明或者收货人无正当理由拒绝受领货物的,依照本法第一百零一条的规定,承运人可以提存货物。

第四节 多式联运合同

第三百一十七条 多式联运经营人负责履行或者组织履行多式联运合同,对全程运输享有承运人的权利,承担承运人的义务。

第三百一十八条 多式联运经营人可以与参加多式联运的各区段承运人就多式联运合同的各区段运输约定相互之间的责任,但该约定不影响多式联运经营人对全程运输承担的义务。

第三百一十九条 多式联运经营人收到托运人交付的货物时,应当签发多式联运单据。按照托运人的要求,多式联运单据可以是可转让单据,也可以是不可转让单据。

第三百二十条 因托运人托运货物时的过错造成多式联运经营人损失的,即使托运人已经转让多式联运单据,托运人仍然应当承担损害赔偿责任。

第三百二十一条 货物的毁损、灭失发生于多式联运的某一运输区段的,多式联运经营人的赔偿责任和责任限额,适用调整该区段运输方式的有关法律规定。货物毁损、灭失发生的运输区段不能确定的,依照本章规定承担损害赔偿责任。

第十八章 技术合同

第一节 一般规定

第三百二十二条 技术合同是当事人就技术开发、转让、咨询或者服务订立的确立相互之间权利和义务的合同。

第三百二十三条 订立技术合同,应当有利于科学技术的进步,加速科学技术成果的转化、应用和推广。

第三百二十四条　技术合同的内容由当事人约定，一般包括以下条款：

(一)项目名称；

(二)标的的内容、范围和要求；

(三)履行的计划、进度、期限、地点、地域和方式；

(四)技术情报和资料的保密；

(五)风险责任的承担；

(六)技术成果的归属和收益的分成办法；

(七)验收标准和方法；

(八)价款、报酬或者使用费及其支付方式；

(九)违约金或者损失赔偿的计算方法；

(十)解决争议的方法；

(十一)名词和术语的解释。

与履行合同有关的技术背景资料、可行性论证和技术评价报告、项目任务书和计划书、技术标准、技术规范、原始设计和工艺文件，以及其他技术文档，按照当事人的约定可以作为合同的组成部分。

技术合同涉及专利的，应当注明发明创造的名称、专利申请人和专利权人、申请日期、申请号、专利号以及专利权的有效期限。

第三百二十五条　技术合同价款、报酬或者使用费的支付方式由当事人约定，可以采取一次总算、一次总付或者一次总算、分期支付，也可以采取提成支付或者提成支付附加预付入门费的方式。

约定提成支付的，可以按照产品价格、实施专利和使用技术秘密后新增的产值、利润或者产品销售额的一定比例提成，也可以按照约定的其他方式计算。提成支付的比例可以采取固定比例、逐年递增比例或者逐年递减比例。

约定提成支付的，当事人应当在合同中约定查阅有关会计账目的办法。

第三百二十六条　职务技术成果的使用权、转让权属于法人或者其他组织的，法人或者其他组织可以就该项职务技术成果订立技术合同。法人或者其他组织应当从使用和转让该项职务技术成果所取得的收益中提取一定比例，对完成该项职务技术成果的个人给予奖励或者报酬。法人或者其他组织订立技术合同转让职务技术成果时，职务技术成果的完成人享有以同等条件优先受让的权利。

职务技术成果是执行法人或者其他组织的工作任务，或者主要是利用法人或者其他组织的物质技术条件所完成的技术成果。

第三百二十七条　非职务技术成果的使用权、转让权属于完成技术成果的个人，完成技术成果的个人可以就该项非职务技术成果订立技术合同。

第三百二十八条　完成技术成果的个人有在有关技术成果文件上写明自己是技术成果完成者的权利和取得荣誉证书、奖励的权利。

第三百二十九条　非法垄断技术、妨碍技术进步或者侵害他人技术成果的技术合同无效。

第二节　技术开发合同

第三百三十条　技术开发合同是指当事人之间就新技术、新产品、新工艺或者新材料及其系统的研究开发所订立的合同。

技术开发合同包括委托开发合同和合作开发合同。

技术开发合同应当采用书面形式。

当事人之间就具有产业应用价值的科技成果实施转化订立的合同,参照技术开发合同的规定。

第三百三十一条 委托开发合同的委托人应当按照约定支付研究开发经费和报酬;提供技术资料、原始数据;完成协作事项;接受研究开发成果。

第三百三十二条 委托开发合同的研究开发人应当按照约定制定和实施研究开发计划;合理使用研究开发经费;按期完成研究开发工作,交付研究开发成果,提供有关的技术资料和必要的技术指导,帮助委托人掌握研究开发成果。

第三百三十三条 委托人违反约定造成研究开发工作停滞、延误或者失败的,应当承担违约责任。

第三百三十四条 研究开发人违反约定造成研究开发工作停滞、延误或者失败的,应当承担违约责任。

第三百三十五条 合作开发合同的当事人应当按照约定进行投资,包括以技术进行投资;分工参与研究开发工作;协作配合研究开发工作。

第三百三十六条 合作开发合同的当事人违反约定造成研究开发工作停滞、延误或者失败的,应当承担违约责任。

第三百三十七条 因作为技术开发合同标的的技术已经由他人公开,致使技术开发合同的履行没有意义的,当事人可以解除合同。

第三百三十八条 在技术开发合同履行过程中,因出现无法克服的技术困难,致使研究开发失败或者部分失败的,该风险责任由当事人约定。没有约定或者约定不明确,依照本法第六十一条的规定仍不能确定的,风险责任由当事人合理分担。

当事人一方发现前款规定的可能致使研究开发失败或者部分失败的情形时,应当及时通知另一方并采取适当措施减少损失。没有及时通知并采取适当措施,致使损失扩大的,应当就扩大的损失承担责任。

第三百三十九条 委托开发完成的发明创造,除当事人另有约定的以外,申请专利的权利属于研究开发人。研究开发人取得专利权的,委托人可以免费实施该专利。

研究开发人转让专利申请权的,委托人享有以同等条件优先受让的权利。

第三百四十条 合作开发完成的发明创造,除当事人另有约定的以外,申请专利的权利属于合作开发的当事人共有。当事人一方转让其共有的专利申请权的,其他各方享有以同等条件优先受让的权利。

合作开发的当事人一方声明放弃其共有的专利申请权的,可以由另一方单独申请或者由其他各方共同申请。申请人取得专利权的,放弃专利申请权的一方可以免费实施该专利。

合作开发的当事人一方不同意申请专利的,另一方或者其他各方不得申请专利。

第三百四十一条 委托开发或者合作开发完成的技术秘密成果的使用权、转让权以及利益的分配办法,由当事人约定。没有约定或者约定不明确,依照本法第六十一条的规定仍不能确定的,当事人均有使用和转让的权利,但委托开发的研究开发人不得在向委托人交付研究开发成果之前,将研究开发成果转让给第三人。

第三节　技术转让合同

第三百四十二条　技术转让合同包括专利权转让、专利申请权转让、技术秘密转让、专利实施许可合同。

技术转让合同应当采用书面形式。

第三百四十三条　技术转让合同可以约定让与人和受让人实施专利或者使用技术秘密的范围,但不得限制技术竞争和技术发展。

第三百四十四条　专利实施许可合同只在该专利权的存续期间内有效。专利权有效期限届满或者专利权被宣布无效的,专利权人不得就该专利与他人订立专利实施许可合同。

第三百四十五条　专利实施许可合同的让与人应当按照约定许可受让人实施专利,交付实施专利有关的技术资料,提供必要的技术指导。

第三百四十六条　专利实施许可合同的受让人应当按照约定实施专利,不得许可约定以外的第三人实施该专利;并按照约定支付使用费。

第三百四十七条　技术秘密转让合同的让与人应当按照约定提供技术资料,进行技术指导,保证技术的实用性、可靠性,承担保密义务。

第三百四十八条　技术秘密转让合同的受让人应当按照约定使用技术,支付使用费,承担保密义务。

第三百四十九条　技术转让合同的让与人应当保证自己是所提供的技术的合法拥有者,并保证所提供的技术完整、无误、有效,能够达到约定的目标。

第三百五十条　技术转让合同的受让人应当按照约定的范围和期限,对让与人提供的技术中尚未公开的秘密部分,承担保密义务。

第三百五十一条　让与人未按照约定转让技术的,应当返还部分或者全部使用费,并应当承担违约责任;实施专利或者使用技术秘密超越约定的范围的,违反约定擅自许可第三人实施该项专利或者使用该项技术秘密的,应当停止违约行为,承担违约责任;违反约定的保密义务的,应当承担违约责任。

第三百五十二条　受让人未按照约定支付使用费的,应当补交使用费并按照约定支付违约金;不补交使用费或者支付违约金的,应当停止实施专利或者使用技术秘密,交还技术资料,承担违约责任;实施专利或者使用技术秘密超越约定的范围的,未经让与人同意擅自许可第三人实施该专利或者使用该技术秘密的,应当停止违约行为,承担违约责任;违反约定的保密义务的,应当承担违约责任。

第三百五十三条　受让人按照约定实施专利、使用技术秘密侵害他人合法权益的,由让与人承担责任,但当事人另有约定的除外。

第三百五十四条　当事人可以按照互利的原则,在技术转让合同中约定实施专利、使用技术秘密后续改进的技术成果的分享办法。没有约定或者约定不明确,依照本法第六十一条的规定仍不能确定的,一方后续改进的技术成果,其他各方无权分享。

第三百五十五条　法律、行政法规对技术进出口合同或者专利、专利申请合同另有规定的,依照其规定。

第四节　技术咨询合同和技术服务合同

第三百五十六条　技术咨询合同包括就特定技术项目提供可行性论证、技术预测、专题技术调查、分析评价报告等合同。

技术服务合同是指当事人一方以技术知识为另一方解决特定技术问题所订立的合同，不包括建设工程合同和承揽合同。

第三百五十七条 技术咨询合同的委托人应当按照约定阐明咨询的问题，提供技术背景材料及有关技术资料、数据；接受受托人的工作成果，支付报酬。

第三百五十八条 技术咨询合同的受托人应当按照约定的期限完成咨询报告或者解答问题；提出的咨询报告应当达到约定的要求。

第三百五十九条 技术咨询合同的委托人未按照约定提供必要的资料和数据，影响工作进度和质量，不接受或者逾期接受工作成果的，支付的报酬不得追回，未支付的报酬应当支付。

技术咨询合同的受托人未按期提出咨询报告或者提出的咨询报告不符合约定的，应当承担减收或者免收报酬等违约责任。

技术咨询合同的委托人按照受托人符合约定要求的咨询报告和意见作出决策所造成的损失，由委托人承担，但当事人另有约定的除外。

第三百六十条 技术服务合同的委托人应当按照约定提供工作条件，完成配合事项；接受工作成果并支付报酬。

第三百六十一条 技术服务合同的受托人应当按照约定完成服务项目，解决技术问题，保证工作质量，并传授解决技术问题的知识。

第三百六十二条 技术服务合同的委托人不履行合同义务或者履行合同义务不符合约定，影响工作进度和质量，不接受或者逾期接受工作成果的，支付的报酬不得追回，未支付的报酬应当支付。

技术服务合同的受托人未按照合同约定完成服务工作的，应当承担免收报酬等违约责任。

第三百六十三条 在技术咨询合同、技术服务合同履行过程中，受托人利用委托人提供的技术资料和工作条件完成的新的技术成果，属于受托人。委托人利用受托人的工作成果完成的新的技术成果，属于委托人。当事人另有约定的，按照其约定。

第三百六十四条 法律、行政法规对技术中介合同、技术培训合同另有规定的，依照其规定。

第十九章 保管合同

第三百六十五条 保管合同是保管人保管寄存人交付的保管物，并返还该物的合同。

第三百六十六条 寄存人应当按照约定向保管人支付保管费。

当事人对保管费没有约定或者约定不明确，依照本法第六十一条的规定仍不能确定的，保管是无偿的。

第三百六十七条 保管合同自保管物交付时成立，但当事人另有约定的除外。

第三百六十八条 寄存人向保管人交付保管物的，保管人应当给付保管凭证，但另有交易习惯的除外。

第三百六十九条 保管人应当妥善保管保管物。

当事人可以约定保管场所或者方法。除紧急情况或者为了维护寄存人利益的以外，不得擅自改变保管场所或者方法。

第三百七十条 寄存人交付的保管物有瑕疵或者按照保管物的性质需要采取特殊保管措施的，寄存人应当将有关情况告知保管人。寄存人未告知，致使保管物受损失的，保管人不承担损害赔偿责任;保管人因此受损失的,除保管人知道或者应当知道并且未采取补救措施的以外,寄存人应当承担损害赔偿责任。

第三百七十一条　保管人不得将保管物转交第三人保管,但当事人另有约定的除外。

保管人违反前款规定,将保管物转交第三人保管,对保管物造成损失的,应当承担损害赔偿责任。

第三百七十二条　保管人不得使用或者许可第三人使用保管物,但当事人另有约定的除外。

第三百七十三条　第三人对保管物主张权利的,除依法对保管物采取保全或者执行的以外,保管人应当履行向寄存人返还保管物的义务。

第三人对保管人提起诉讼或者对保管物申请扣押的,保管人应当及时通知寄存人。

第三百七十四条　保管期间,因保管人保管不善造成保管物毁损、灭失的,保管人应当承担损害赔偿责任,但保管是无偿的,保管人证明自己没有重大过失的,不承担损害赔偿责任。

第三百七十五条　寄存人寄存货币、有价证券或者其他贵重物品的,应当向保管人声明,由保管人验收或者封存。寄存人未声明的,该物品毁损、灭失后,保管人可以按照一般物品予以赔偿。

第三百七十六条　寄存人可以随时领取保管物。

当事人对保管期间没有约定或者约定不明确的,保管人可以随时要求寄存人领取保管物;约定保管期间的,保管人无特别事由,不得要求寄存人提前领取保管物。

第三百七十七条　保管期间届满或者寄存人提前领取保管物的,保管人应当将原物及其孳息归还寄存人。

第三百七十八条　保管人保管货币的,可以返还相同种类、数量的货币。保管其他可替代物的,可以按照约定返还相同种类、品质、数量的物品。

第三百七十九条　有偿的保管合同,寄存人应当按照约定的期限向保管人支付保管费。

当事人对支付期限没有约定或者约定不明确,依照本法第六十一条的规定仍不能确定的,应当在领取保管物的同时支付。

第三百八十条　寄存人未按照约定支付保管费以及其他费用的,保管人对保管物享有留置权,但当事人另有约定的除外。

第二十章　仓储合同

第三百八十一条　仓储合同是保管人储存存货人交付的仓储物,存货人支付仓储费的合同。

第三百八十二条　仓储合同自成立时生效。

第三百八十三条　储存易燃、易爆、有毒、有腐蚀性、有放射性等危险物品或者易变质物品,存货人应当说明该物品的性质,提供有关资料。

存货人违反前款规定的,保管人可以拒收仓储物,也可以采取相应措施以避免损失的发生,因此产生的费用由存货人承担。

保管人储存易燃、易爆、有毒、有腐蚀性、有放射性等危险物品的,应当具备相应的保管条件。

第三百八十四条　保管人应当按照约定对入库仓储物进行验收。保管人验收时发现入库仓储物与约定不符合的,应当及时通知存货人。保管人验收后,发生仓储物的品种、数量、质量不符合约定的,保管人应当承担损害赔偿责任。

第三百八十五条 存货人交付仓储物的,保管人应当给付仓单。

第三百八十六条 保管人应当在仓单上签字或者盖章。仓单包括下列事项:

(一)存货人的名称或者姓名和住所;

(二)仓储物的品种、数量、质量、包装、件数和标记;

(三)仓储物的损耗标准;

(四)储存场所;

(五)储存期间;

(六)仓储费;

(七)仓储物已经办理保险的,其保险金额、期间以及保险人的名称;

(八)填发人、填发地和填发日期。

第三百八十七条 仓单是提取仓储物的凭证。存货人或者仓单持有人在仓单上背书并经保管人签字或者盖章的,可以转让提取仓储物的权利。

第三百八十八条 保管人根据存货人或者仓单持有人的要求,应当同意其检查仓储物或者提取样品。

第三百八十九条 保管人对入库仓储物发现有变质或者其他损坏的,应当及时通知存货人或者仓单持有人。

第三百九十条 保管人对入库仓储物发现有变质或者其他损坏,危及其他仓储物的安全和正常保管的,应当催告存货人或者仓单持有人作出必要的处置。因情况紧急,保管人可以作出必要的处置,但事后应当将该情况及时通知存货人或者仓单持有人。

第三百九十一条 当事人对储存期间没有约定或者约定不明确的,存货人或者仓单持有人可以随时提取仓储物,保管人也可以随时要求存货人或者仓单持有人提取仓储物,但应当给予必要的准备时间。

第三百九十二条 储存期间届满,存货人或者仓单持有人应当凭仓单提取仓储物。存货人或者仓单持有人逾期提取的,应当加收仓储费;提前提取的,不减收仓储费。

第三百九十三条 储存期间届满,存货人或者仓单持有人不提取仓储物的,保管人可以催告其在合理期限内提取,逾期不提取的,保管人可以提存仓储物。

第三百九十四条 储存期间,因保管人保管不善造成仓储物毁损、灭失的,保管人应当承担损害赔偿责任。

因仓储物的性质、包装不符合约定或者超过有效储存期造成仓储物变质、损坏的,保管人不承担损害赔偿责任。

第三百九十五条 本章没有规定的,适用保管合同的有关规定。

第二十一章 委托合同

第三百九十六条 委托合同是委托人和受托人约定,由受托人处理委托人事务的合同。

第三百九十七条 委托人可以特别委托受托人处理一项或者数项事务,也可以概括委托受托人处理一切事务。

第三百九十八条 委托人应当预付处理委托事务的费用。受托人为处理委托事务垫付的必要费用,委托人应当偿还该费用及其利息。

第三百九十九条　受托人应当按照委托人的指示处理委托事务。需要变更委托人指示的,应当经委托人同意;因情况紧急,难以和委托人取得联系的,受托人应当妥善处理委托事务,但事后应当将该情况及时报告委托人。

第四百条　受托人应当亲自处理委托事务。经委托人同意,受托人可以转委托。转委托经同意的,委托人可以就委托事务直接指示转委托的第三人,受托人仅就第三人的选任及其对第三人的指示承担责任。转委托未经同意的,受托人应当对转委托的第三人的行为承担责任,但在紧急情况下受托人为维护委托人的利益需要转委托的除外。

第四百零一条　受托人应当按照委托人的要求,报告委托事务的处理情况。委托合同终止时,受托人应当报告委托事务的结果。

第四百零二条　受托人以自己的名义,在委托人的授权范围内与第三人订立的合同,第三人在订立合同时知道受托人与委托人之间的代理关系的,该合同直接约束委托人和第三人,但有确切证据证明该合同只约束受托人和第三人的除外。

第四百零三条　受托人以自己的名义与第三人订立合同时,第三人不知道受托人与委托人之间的代理关系的,受托人因第三人的原因对委托人不履行义务,受托人应当向委托人披露第三人,委托人因此可以行使受托人对第三人的权利,但第三人与受托人订立合同时如果知道该委托人就不会订立合同的除外。

受托人因委托人的原因对第三人不履行义务,受托人应当向第三人披露委托人,第三人因此可以选择受托人或者委托人作为相对人主张其权利,但第三人不得变更选定的相对人。

委托人行使受托人对第三人的权利的,第三人可以向委托人主张其对受托人的抗辩。第三人选定委托人作为其相对人的,委托人可以向第三人主张其对受托人的抗辩以及受托人对第三人的抗辩。

第四百零四条　受托人处理委托事务取得的财产,应当转交给委托人。

第四百零五条　受托人完成委托事务的,委托人应当向其支付报酬。因不可归责于受托人的事由,委托合同解除或者委托事务不能完成的,委托人应当向受托人支付相应的报酬。当事人另有约定的,按照其约定。

第四百零六条　有偿的委托合同,因受托人的过错给委托人造成损失的,委托人可以要求赔偿损失。无偿的委托合同,因受托人的故意或者重大过失给委托人造成损失的,委托人可以要求赔偿损失。

受托人超越权限给委托人造成损失的,应当赔偿损失。

第四百零七条　受托人处理委托事务时,因不可归责于自己的事由受到损失的,可以向委托人要求赔偿损失。

第四百零八条　委托人经受托人同意,可以在受托人之外委托第三人处理委托事务。因此给受托人造成损失的,受托人可以向委托人要求赔偿损失。

第四百零九条　两个以上的受托人共同处理委托事务的,对委托人承担连带责任。

第四百一十条　委托人或者受托人可以随时解除委托合同。因解除合同给对方造成损失的,除不可归责于该当事人的事由以外,应当赔偿损失。

第四百一十一条　委托人或者受托人死亡、丧失民事行为能力或者破产的,委托合同终止,但当事人另有约定或者根据委托事务的性质不宜终止的除外。

第四百一十二条　因委托人死亡、丧失民事行为能力或者破产,致使委托合同终止将损害委托人利益的,在委托人的继承人、法定代理人或者清算组织承受委托事务之前,受托人应当继续处理委托事务。

第四百一十三条 因受托人死亡、丧失民事行为能力或者破产,致使委托合同终止的,受托人的继承人、法定代理人或者清算组织应当及时通知委托人。因委托合同终止将损害委托人利益的,在委托人作出善后处理之前,受托人的继承人、法定代理人或者清算组织应当采取必要措施。

第二十二章 行纪合同

第四百一十四条 行纪合同是行纪人以自己的名义为委托人从事贸易活动,委托人支付报酬的合同。

第四百一十五条 行纪人处理委托事务支出的费用,由行纪人负担,但当事人另有约定的除外。

第四百一十六条 行纪人占有委托物的,应当妥善保管委托物。

第四百一十七条 委托物交付给行纪人时有瑕疵或者容易腐烂、变质的,经委托人同意,行纪人可以处分该物;和委托人不能及时取得联系的,行纪人可以合理处分。

第四百一十八条 行纪人低于委托人指定的价格卖出或者高于委托人指定的价格买入的,应当经委托人同意。未经委托人同意,行纪人补偿其差额的,该买卖对委托人发生效力。

行纪人高于委托人指定的价格卖出或者低于委托人指定的价格买入的,可以按照约定增加报酬。没有约定或者约定不明确,依照本法第六十一条 的规定仍不能确定的,该利益属于委托人。

委托人对价格有特别指示的,行纪人不得违背该指示卖出或者买入。

第四百一十九条 行纪人卖出或者买入具有市场定价的商品,除委托人有相反的意思表示的以外,行纪人自己可以作为买受人或者出卖人。

行纪人有前款规定情形的,仍然可以要求委托人支付报酬。

第四百二十条 行纪人按照约定买入委托物,委托人应当及时受领。经行纪人催告,委托人无正当理由拒绝受领的,行纪人依照本法第一百零一条的规定可以提存委托物。

委托物不能卖出或者委托人撤回出卖,经行纪人催告,委托人不取回或者不处分该物的,行纪人依照本法第一百零一条的规定可以提存委托物。

第四百二十一条 行纪人与第三人订立合同的,行纪人对该合同直接享有权利、承担义务。

第三人不履行义务致使委托人受到损害的,行纪人应当承担损害赔偿责任,但行纪人与委托人另有约定的除外。

第四百二十二条 行纪人完成或者部分完成委托事务的,委托人应当向其支付相应的报酬。委托人逾期不支付报酬的,行纪人对委托物享有留置权,但当事人另有约定的除外。

第四百二十三条 本章没有规定的,适用委托合同的有关规定。

第二十三章 居间合同

第四百二十四条 居间合同是居间人向委托人报告订立合同的机会或者提供订立合同的媒介服务,委托人支付报酬的合同。

第四百二十五条　居间人应当就有关订立合同的事项向委托人如实报告。

居间人故意隐瞒与订立合同有关的重要事实或者提供虚假情况,损害委托人利益的,不得要求支付报酬并应当承担损害赔偿责任。

第四百二十六条　居间人促成合同成立后,委托人应当按照约定支付报酬。对居间人的报酬没有约定或者约定不明确,依照本法第六十一条的规定仍不能确定的,根据居间人的劳务合理确定。因居间人提供订立合同的媒介服务而促成合同成立的,由该合同的当事人平均负担居间人的报酬。

居间人促成合同成立的,居间活动的费用,由居间人负担。

第四百二十七条　居间人未促成合同成立的,不得要求支付报酬,但可以要求委托人支付从事居间活动支出的必要费用。

附　　则

第四百二十八条　本法自1999年10月1日起施行,《中华人民共和国经济合同法》、《中华人民共和国涉外经济合同法》、《中华人民共和国技术合同法》同时废止。

中华人民共和国主席令

（第16号）

《中华人民共和国行政复议法》已由中华人民共和国第九届全国人民代表大会常务委员会第九次会议于1999年4月29日通过，现予公布，自1999年10月1日起施行。

中华人民共和国主席　江泽民

1999年4月29日

中华人民共和国行政复议法

（1999年4月29日第九届全国人民代表大会常务委员会第九次会议通过）

第一章　总　　则

第一条　为了防止和纠正违法的或者不当的具体行政行为，保护公民、法人和其他组织的合法权益，保障和监督行政机关依法行使职权，根据宪法，制定本法。

第二条　公民、法人或者其他组织认为具体行政行为侵犯其合法权益，向行政机关提出行政复议申请，行政机关受理行政复议申请、作出行政复议决定，适用本法。

第三条　依照本法履行行政复议职责的行政机关是行政复议机关。行政复议机关负责法制工作的机构具体办理行政复议事项，履行下列职责：

（一）受理行政复议申请；

（二）向有关组织和人员调查取证，查阅文件和资料；

（三）审查申请行政复议的具体行政行为是否合法与适当，拟订行政复议决定；

（四）处理或者转送对本法第七条所列有关规定的审查申请；

（五）对行政机关违反本法规定的行为依照规定的权限和程序提出处理建议；

（六）办理因不服行政复议决定提起行政诉讼的应诉事项；

（七）法律、法规规定的其他职责。

第四条　行政复议机关履行行政复议职责，应当遵循合法、公正、公开、及时、便民的原则，坚持有错必纠，保障法律、法规的正确实施。

第五条　公民、法人或者其他组织对行政复议决定不服的，可以依照行政诉讼法的规定向人民法院提起行政诉讼，但是法律规定行政复议决定为最终裁决的除外。

第二章　行政复议范围

第六条　有下列情形之一的，公民、法人或者其他组织可以依照本法申请行政复议：

(一)对行政机关作出的警告、罚款、没收违法所得、没收非法财物、责令停产停业、暂扣或者吊销许可证、暂扣或者吊销执照、行政拘留等行政处罚决定不服的;

(二)对行政机关作出的限制人身自由或者查封、扣押、冻结财产等行政强制措施决定不服的;

(三)对行政机关作出的有关许可证、执照、资质证、资格证等证书变更、中止、撤销的决定不服的;

(四)对行政机关作出的关于确认土地、矿藏、水流、森林、山岭、草原、荒地、滩涂、海域等自然资源的所有权或者使用权的决定不服的;

(五)认为行政机关侵犯合法的经营自主权的;

(六)认为行政机关变更或者废止农业承包合同,侵犯其合法权益的;

(七)认为行政机关违法集资、征收财物、摊派费用或者违法要求履行其他义务的;

(八)认为符合法定条件,申请行政机关颁发许可证、执照、资质证、资格证等证书,或者申请行政机关审批、登记有关事项,行政机关没有依法办理的;

(九)申请行政机关履行保护人身权利、财产权利、受教育权利的法定职责,行政机关没有依法履行的;

(十)申请行政机关依法发放抚恤金、社会保险金或者最低生活保障费,行政机关没有依法发放的;

(十一)认为行政机关的其他具体行政行为侵犯其合法权益的。

第七条　公民、法人或者其他组织认为行政机关的具体行政行为所依据的下列规定不合法,在对具体行政行为申请行政复议时,可以一并向行政复议机关提出对该规定的审查申请:

(一)国务院部门的规定;

(二)县级以上地方各级人民政府及其工作部门的规定;

(三)乡、镇人民政府的规定。

前款所列规定不含国务院部、委员会规章和地方人民政府规章。规章的审查依照法律、行政法规办理

第八条　不服行政机关作出的行政处分或者其他人事处理决定的,依照有关法律、行政法规的规定提出申诉。

不服行政机关对民事纠纷作出的调解或者其他处理,依法申请仲裁或者向人民法院提起诉讼。

第三章　行政复议申请

第九条　公民、法人或者其他组织认为具体行政行为侵犯其合法权益的,可以自知道该具体行政行为之日起六十日内提出行政复议申请;但是法律规定的申请期限超过六十日的除外。

因不可抗力或者其他正当理由耽误法定申请期限的,申请期限自障碍消除之日起继续计算。

第十条　依照本法申请行政复议的公民、法人或者其他组织是申请人。

有权申请行政复议的公民死亡的,其近亲属可以申请行政复议。有权申请行政复议的公民为无民事行为能力人或者限制民事行为能力人的,其法定代理人可以代为申请行政复议。有权申请行政复议的法人或者其他组织终止的,承受其权利的法人或者其他组织可以申请行

政复议。

同申请行政复议的具体行政行为有利害关系的其他公民、法人或者其他组织，可以作为第三人参加行政复议。

公民、法人或者其他组织对行政机关的具体行政行为不服申请行政复议的，作出具体行政行为的行政机关是被申请人。

申请人、第三人可以委托代理人代为参加行政复议。

第十一条 申请人申请行政复议，可以书面申请，也可以口头申请；口头申请的，行政复议机关应当当场记录申请人的基本情况、行政复议请求、申请行政复议的主要事实、理由和时间。

第十二条 对县级以上地方各级人民政府工作部门的具体行政行为不服的，由申请人选择，可以向该部门的本级人民政府申请行政复议，也可以向上一级主管部门申请行政复议。

对海关、金融、国税、外汇管理等实行垂直领导的行政机关和国家安全机关的具体行政行为不服的，向上一级主管部门申请行政复议。

第十三条 对地方各级人民政府的具体行政行为不服的，向上一级地方人民政府申请行政复议。

对省、自治区人民政府依法设立的派出机关所属的县级地方人民政府的具体行政行为不服的，向该派出机关申请行政复议。

第十四条 对国务院部门或者省、自治区、直辖市人民政府的具体行政行为不服的，向作出该具体行政行为的国务院部门或者省、自治区、直辖市人民政府申请行政复议。对行政复议决定不服的，可以向人民法院提起行政诉讼；也可以向国务院申请裁决，国务院依照本法的规定作出最终裁决。

第十五条 对本法第十二条、第十三条、第十四条规定以外的其他行政机关、组织的具体行政行为不服的，按照下列规定申请行政复议：

（一）对县级以上地方人民政府依法设立的派出机关的具体行政行为不服的，向设立该派出机关的人民政府申请行政复议；

（二）对政府工作部门依法设立的派出机构依照法律、法规或者规章规定，以自己的名义作出的具体行政行为不服的，向设立该派出机构的部门或者该部门的本级地方人民政府申请行政复议；

（三）对法律、法规授权的组织的具体行政行为不服的，分别向直接管理该组织的地方人民政府、地方人民政府工作部门或者国务院部门申请行政复议；

（四）对两个或者两个以上行政机关以共同的名义作出的具体行政行为不服的，向其共同上一级行政机关申请行政复议；

（五）对被撤销的行政机关在撤销前所作出的具体行政行为不服的，向继续行使其职权的行政机关的上一级行政机关申请行政复议。

有前款所列情形之一的，申请人也可以向具体行政行为发生地的县级地方人民政府提出行政复议申请，由接受申请的县级地方人民政府依照本法第十八条的规定办理。

第十六条 公民、法人或者其他组织申请行政复议，行政复议机关已经依法受理的，或者法律、法规规定应当先向行政复议机关申请行政复议、对行政复议决定不服再向人民法院提起行政诉讼的，在法定行政复议期限内不得向人民法院提起行政诉讼。

公民、法人或者其他组织向人民法院提起行政诉讼，人民法院已经依法受理的，不得申请行政复议。

第四章　行政复议受理

第十七条　行政复议机关收到行政复议申请后,应当在五日内进行审查,对不符合本法规定的行政复议申请,决定不予受理,并书面告知申请人;对符合本法规定,但是不属于本机关受理的行政复议申请,应当告知申请人向有关行政复议机关提出。

除前款规定外,行政复议申请自行政复议机关负责法制工作的机构收到之日起即为受理。

第十八条　依照本法第十五条第二款的规定接受行政复议申请的县级地方人民政府,对依照本法第十五条第一款的规定属于其他行政复议机关受理的行政复议申请,应当自接到该行政复议申请之日起七日内,转送有关行政复议机关,并告知申请人。接受转送的行政复议机关应当依照本法第十七条的规定办理。

第十九条　法律、法规规定应当先向行政复议机关申请行政复议、对行政复议决定不服再向人民法院提起行政诉讼的,行政复议机关决定不予受理或者受理后超过行政复议期限不作答复的,公民、法人或者其他组织可以自收到不予受理决定书之日起或者行政复议期满之日起十五日内,依法向人民法院提起行政诉讼。

第二十条　公民、法人或者其他组织依法提出行政复议申请,行政复议机关无正当理由不予受理的,上级行政机关应当责令其受理;必要时,上级行政机关也可以直接受理。

第二十一条　行政复议期间具体行政行为不停止执行;但是,有下列情形之一的,可以停止执行:

(一)被申请人认为需要停止执行的;

(二)行政复议机关认为需要停止执行的;

(三)申请人申请停止执行,行政复议机关认为其要求合理,决定停止执行的;

(四)法律规定停止执行的。

第五章　行政复议决定

第二十二条　行政复议原则上采取书面审查的办法,但是申请人提出要求或者行政复议机关负责法制工作的机构认为有必要时,可以向有关组织和人员调查情况,听取申请人、被申请人和第三人的意见。

第二十三条　行政复议机关负责法制工作的机构应当自行政复议申请受理之日起七日内,将行政复议申请书副本或者行政复议申请笔录复印件发送被申请人。被申请人应当自收到申请书副本或者申请笔录复印件之日起十日内,提出书面答复,并提交当初作出具体行政行为的证据、依据和其他有关材料。

申请人、第三人可以查阅被申请人提出的书面答复、作出具体行政行为的证据、依据和其他有关材料,除涉及国家秘密、商业秘密或者个人隐私外,行政复议机关不得拒绝。

第二十四条　在行政复议过程中,被申请人不得自行向申请人和其他有关组织或者个人收集证据。

第二十五条　行政复议决定作出前,申请人要求撤回行政复议申请的,经说明理由,可以撤回;撤回行政复议申请的,行政复议终止。

第二十六条　申请人在申请行政复议时,一并提出对本法第七条所列有关规定的审查申请的,行政复议机关对该规定有权处理的,应当在三十日内依法处理;无权处理的,应当在七日内按照法定程序转送有权处理的行政机关依法处理,有权处理的行政机关应当在六十日内依法处理。处理期间,中止对具体行政行为的审查。

第二十七条 行政复议机关在对被申请人作出的具体行政行为进行审查时,认为其依据不合法,本机关有权处理的,应当在三十日内依法处理;无权处理的,应当在七日内按照法定程序转送有权处理的国家机关依法处理。处理期间,中止对具体行政行为的审查。

第二十八条 行政复议机关负责法制工作的机构应当对被申请人作出的具体行政行为进行审查,提出意见,经行政复议机关的负责人同意或者集体讨论通过后,按照下列规定作出行政复议决定:

(一)具体行政行为认定事实清楚,证据确凿,适用依据正确,程序合法,内容适当的,决定维持;

(二)被申请人不履行法定职责的,决定其在一定期限内履行;

(三)具体行政行为有下列情形之一的,决定撤销、变更或者确认该具体行政行为违法;决定撤销或者确认该具体行政行为违法的,可以责令被申请人在一定期限内重新作出具体行政行为:

1. 主要事实不清、证据不足的;
2. 适用依据错误的;
3. 违反法定程序的;
4. 超越或者滥用职权的;
5. 具体行政行为明显不当的。

(四)被申请人不按照本法第二十三条的规定提出书面答复、提交当初作出具体行政行为的证据、依据和其他有关材料的,视为该具体行政行为没有证据、依据,决定撤销该具体行政行为。

行政复议机关责令被申请人重新作出具体行政行为的,被申请人不得以同一的事实和理由作出与原具体行政行为相同或者基本相同的具体行政行为。

第二十九条 申请人在申请行政复议时可以一并提出行政赔偿请求,行政复议机关对符合国家赔偿法的有关规定应当给予赔偿的,在决定撤销、变更具体行政行为或者确认具体行政行为违法时,应当同时决定被申请人依法给予赔偿。

申请人在申请行政复议时没有提出行政赔偿请求的,行政复议机关在依法决定撤销或者变更罚款,撤销违法集资、没收财物、征收财物、摊派费用以及对财产的查封、扣押、冻结等具体行政行为时,应当同时责令被申请人返还财产,解除对财产的查封、扣押、冻结措施,或者赔偿相应的价款。

第三十条 公民、法人或者其他组织认为行政机关的具体行政行为侵犯其已经依法取得的土地、矿藏、水流、森林、山岭、草原、荒地、滩涂、海域等自然资源的所有权或者使用权的,应当先申请行政复议;对行政复议决定不服的,可以依法向人民法院提起行政诉讼。

根据国务院或者省、自治区、直辖市人民政府对行政区划的勘定、调整或者征用土地的决定,省、自治区、直辖市人民政府确认土地、矿藏、水流、森林、山岭、草原、荒地、滩涂、海域等自然资源的所有权或者使用权的行政复议决定为最终裁决。

第三十一条 行政复议机关应当自受理申请之日起六十日内作出行政复议决定;但是法律规定的行政复议期限少于六十日的除外。情况复杂,不能在规定期限内作出行政复议决定的,经行政复议机关的负责人批准,可以适当延长,并告知申请人和被申请人;但是延长期限最多不超过三十日。

行政复议机关作出行政复议决定,应当制作行政复议决定书,并加盖印章。

行政复议决定书一经送达,即发生法律效力。

第三十二条　被申请人应当履行行政复议决定。

被申请人不履行或者无正当理由拖延履行行政复议决定的,行政复议机关或者有关上级行政机关应当责令其限期履行。

第三十三条　申请人逾期不起诉又不履行行政复议决定的,或者不履行最终裁决的行政复议决定的,按照下列规定分别处理:

(一)维持具体行政行为的行政复议决定,由作出具体行政行为的行政机关依法强制执行,或者申请人民法院强制执行;

(二)变更具体行政行为的行政复议决定,由行政复议机关依法强制执行,或者申请人民法院强制执行。

第六章　法律责任

第三十四条　行政复议机关违反本法规定,无正当理由不予受理依法提出的行政复议申请或者不按照规定转送行政复议申请的,或者在法定期限内不作出行政复议决定的,对直接负责的主管人员和其他直接责任人员依法给予警告、记过、记大过的行政处分;经责令受理仍不受理或者不按照规定转送行政复议申请,造成严重后果的,依法给予降级、撤职、开除的行政处分。

第三十五条　行政复议机关工作人员在行政复议活动中,徇私舞弊或者有其他渎职、失职行为的,依法给予警告、记过、记大过的行政处分;情节严重的,依法给予降级、撤职、开除的行政处分;构成犯罪的,依法追究刑事责任。

第三十六条　被申请人违反本法规定,不提出书面答复或者不提交作出具体行政行为的证据、依据和其他有关材料,或者阻挠、变相阻挠公民、法人或者其他组织依法申请行政复议的,对直接负责的主管人员和其他直接责任人员依法给予警告、记过、记大过的行政处分;进行报复陷害的,依法给予降级、撤职、开除的行政处分;构成犯罪的,依法追究刑事责任。

第三十七条　被申请人不履行或者无正当理由拖延履行行政复议决定的,对直接负责的主管人员和其他直接责任人员依法给予警告、记过、记大过的行政处分;经责令履行仍拒不履行的,依法给予降级、撤职、开除的行政处分。

第三十八条　行政复议机关负责法制工作的机构发现有无正当理由不予受理行政复议申请、不按照规定期限作出行政复议决定、徇私舞弊、对申请人打击报复或者不履行行政复议决定等情形的,应当向有关行政机关提出建议,有关行政机关应当依照本法和有关法律、行政法规的规定作出处理。

第七章　附　　则

第三十九条　行政复议机关受理行政复议申请,不得向申请人收取任何费用。行政复议活动所需经费,应当列入本机关的行政经费,由本级财政予以保障。

第四十条 行政复议期间的计算和行政复议文书的送达,依照民事诉讼法关于期间、送达的规定执行。

本法关于行政复议期间有关“五日”、“七日”的规定是指工作日,不含节假日。

第四十一条 外国人、无国籍人、外国组织在中华人民共和国境内申请行政复议,适用本法。

第四十二条 本法施行前公布的法律有关行政复议的规定与本法的规定不一致的,以本法的规定为准。

第四十三条 本法自1999年10月1日起施行。1990年12月24日国务院发布、1994年10月9日国务院修订发布的《行政复议条例》同时废止。

中华人民共和国主席令

（第21号）

《中华人民共和国招标投标法》已由中华人民共和国第九届全国人民代表大会常务委员会第十一次会议于1999年8月30日通过，现予公布，自2000年1月1日起施行。

中华人民共和国主席　江泽民

1999年8月30日

中华人民共和国招标投标法

（1999年8月30日第九届全国人民代表大会常务委员会第十一次会议通过）

第一章　总　　则

第一条　为了规范招标投标活动，保护国家利益、社会公共利益和招标投标活动当事人的合法权益，提高经济效益，保证项目质量，制定本法。

第二条　在中华人民共和国境内进行招标投标活动，适用本法。

第三条　在中华人民共和国境内进行下列工程建设项目包括项目的勘察、设计、施工、监理以及与工程建设有关的重要设备、材料等的采购，必须进行招标：

（一）大型基础设施、公用事业等关系社会公共利益、公众安全的项目；

（二）全部或者部分使用国有资金投资或者国家融资的项目；

（三）使用国际组织或者外国政府贷款、援助资金的项目。

前款所列项目的具体范围和规模标准，由国务院发展计划部门会同国务院有关部门制订，报国务院批准。

法律或者国务院对必须进行招标的其他项目的范围有规定的，依照其规定。

第四条　任何单位和个人不得将依法必须进行招标的项目化整为零或者以其他任何方式规避招标。

第五条　招标投标活动应当遵循公开、公平、公正和诚实信用的原则。

第六条　依法必须进行招标的项目，其招标投标活动不受地区或者部门的限制。任何单位和个人不得违法限制或者排斥本地区、本系统以外的法人或者其他组织参加投标，不得以任何方式非法干涉招标投标活动。

第七条　招标投标活动及其当事人应当接受依法实施的监督。

有关行政监督部门依法对招标投标活动实施监督，依法查处招标投标活动中的违法行为。

对招标投标活动的行政监督及有关部门的具体职权划分，由国务院规定。

第二章 招 标

第八条 招标人是依照本法规定提出招标项目、进行招标的法人或者其他组织。

第九条 招标项目按照国家有关规定需要履行项目审批手续的，应当先履行审批手续，取得批准。

招标人应当有进行招标项目的相应资金或者资金来源已经落实，并应当在招标文件中如实载明。

第十条 招标分为公开招标和邀请招标。

公开招标，是指招标人以招标公告的方式邀请不特定的法人或者其他组织投标。

邀请招标，是指招标人以投标邀请书的方式邀请特定的法人或者其他组织投标。

第十一条 国务院发展计划部门确定的国家重点项目和省、自治区、直辖市人民政府确定的地方重点项目不适宜公开招标的，经国务院发展计划部门或者省、自治区、直辖市人民政府批准，可以进行邀请招标。

第十二条 招标人有权自行选择招标代理机构，委托其办理招标事宜。任何单位和个人不得以任何方式为招标人指定招标代理机构。

招标人具有编制招标文件和组织评标能力的，可以自行办理招标事宜。任何单位和个人不得强制其委托招标代理机构办理招标事宜。

依法必须进行招标的项目，招标人自行办理招标事宜的，应当向有关行政监督部门备案。

第十三条 招标代理机构是依法设立、从事招标代理业务并提供相关服务的社会中介组织。

招标代理机构应当具备下列条件：

（一）有从事招标代理业务的营业场所和相应资金；

（二）有能够编制招标文件和组织评标的相应专业力量；

（三）有符合本法第三十七条第三款规定条件、可以作为评标委员会成员人选的技术、经济等方面的专家库。

第十四条 从事工程建设项目招标代理业务的招标代理机构，其资格由国务院或者省、自治区、直辖市人民政府的建设行政主管部门认定。具体办法由国务院建设行政主管部门会同国务院有关部门制定。从事其他招标代理业务的招标代理机构，其资格认定的主管部门由国务院规定。

招标代理机构与行政机关和其他国家机关不得存在隶属关系或者其他利益关系。

第十五条 招标代理机构应当在招标人委托的范围内办理招标事宜，并遵守本法关于招标人的规定。

第十六条 招标人采用公开招标方式的，应当发布招标公告。依法必须进行招标的项目的招标公告，应当通过国家指定的报刊、信息网络或者其他媒介发布。

招标公告应当载明招标人的名称和地址、招标项目的性质、数量、实施地点和时间以及获取招标文件的办法等事项。

第十七条 招标人采用邀请招标方式的，应当向三个以上具备承担招标项目的能力、资信良好的特定的法人或者其他组织发出投标邀请书。

投标邀请书应当载明本法第十六条第二款规定的事项。

第十八条　招标人可以根据招标项目本身的要求,在招标公告或者投标邀请书中,要求潜在投标人提供有关资质证明文件和业绩情况,并对潜在投标人进行资格审查;国家对投标人的资格条件有规定的,依照其规定。

招标人不得以不合理的条件限制或者排斥潜在投标人,不得对潜在投标人实行歧视待遇。

第十九条　招标人应当根据招标项目的特点和需要编制招标文件。招标文件应当包括招标项目的技术要求、对投标人资格审查的标准、投标报价要求和评标标准等所有实质性要求和条件以及拟签订合同的主要条款。

国家对招标项目的技术、标准有规定的,招标人应当按照其规定在招标文件中提出相应要求。

招标项目需要划分标段、确定工期的,招标人应当合理划分标段、确定工期,并在招标文件中载明。

第二十条　招标文件不得要求或者标明特定的生产供应者以及含有倾向或者排斥潜在投标人的其他内容。

第二十一条　招标人根据招标项目的具体情况,可以组织潜在投标人踏勘项目现场。

第二十二条　招标人不得向他人透露已获取招标文件的潜在投标人的名称、数量以及可能影响公平竞争的有关招标投标的其他情况。

招标人设有标底的,标底必须保密。

第二十三条　招标人对已发出的招标文件进行必要的澄清或者修改的,应当在招标文件要求提交投标文件截止时间至少十五日前,以书面形式通知所有招标文件收受人。该澄清或者修改的内容为招标文件的组成部分。

第二十四条　招标人应当确定投标人编制投标文件所需要的合理时间;但是,依法必须进行招标的项目,自招标文件开始发出之日起至投标人提交投标文件截止之日止,最短不得少于二十日。

第三章　投　　标

第二十五条　投标人是响应招标、参加投标竞争的法人或者其他组织。

依法招标的科研项目允许个人参加投标的,投标的个人适用本法有关投标人的规定。

第二十六条　投标人应当具备承担招标项目的能力;国家有关规定对投标人资格条件或者招标文件对投标人资格条件有规定的,投标人应当具备规定的资格条件。

第二十七条　投标人应当按照招标文件的要求编制投标文件。投标文件应当对招标文件提出的实质性要求和条件作出响应。

招标项目属于建设施工的,投标文件的内容应当包括拟派出的项目负责人与主要技术人员的简历、业绩和拟用于完成招标项目的机械设备等。

第二十八条　投标人应当在招标文件要求提交投标文件的截止时间前,将投标文件送达投标地点。招标人收到投标文件后,应当签收保存,不得开启。投标人少于三个的,招标人应当依照本法重新招标。

在招标文件要求提交投标文件的截止时间后送达的投标文件,招标人应当拒收。

第二十九条　投标人在招标文件要求提交投标文件的截止时间前,可以补充、修改或者撤回已提交的投标文件,并书面通知招标人。补充、修改的内容为投标文件的组成部分。

第三十条 投标人根据招标文件载明的项目实际情况，拟在中标后将中标项目的部分非主体、非关键性工作进行分包的，应当在投标文件中载明。

第三十一条 两个以上法人或者其他组织可以组成一个联合体，以一个投标人的身份共同投标。

联合体各方均应当具备承担招标项目的相应能力；国家有关规定或者招标文件对投标人资格条件有规定的，联合体各方均应当具备规定的相应资格条件。由同一专业的单位组成的联合体，按照资质等级较低的单位确定资质等级。

联合体各方应当签订共同投标协议，明确约定各方拟承担的工作和责任，并将共同投标协议连同投标文件一并提交招标人。联合体中标的，联合体各方应当共同与招标人签订合同，就中标项目向招标人承担连带责任。

招标人不得强制投标人组成联合体共同投标，不得限制投标人之间的竞争。

第三十二条 投标人不得相互串通投标报价，不得排挤其他投标人的公平竞争，损害招标人或者其他投标人的合法权益。

投标人不得与招标人串通投标，损害国家利益、社会公共利益或者他人的合法权益。

禁止投标人以向招标人或者评标委员会成员行贿的手段谋取中标。

第三十三条 投标人不得以低于成本的报价竞标，也不得以他人名义投标或者以其他方式弄虚作假，骗取中标。

第四章 开标、评标和中标

第三十四条 开标应当在招标文件确定的提交投标文件截止时间的同一时间公开进行；开标地点应当为招标文件中预先确定的地点。

第三十五条 开标由招标人主持，邀请所有投标人参加。

第三十六条 开标时，由投标人或者其推选的代表检查投标文件的密封情况，也可以由招标人委托的公证机构检查并公证；经确认无误后，由工作人员当众拆封，宣读投标人名称、投标价格和投标文件的其他主要内容。

招标人在招标文件要求提交投标文件的截止时间前收到的所有投标文件，开标时都应当当众予以拆封、宣读。

开标过程应当记录，并存档备查。

第三十七条 评标由招标人依法组建的评标委员会负责。

依法必须进行招标的项目，其评标委员会由招标人的代表和有关技术、经济等方面的专家组成，成员人数为五人以上单数，其中技术、经济等方面的专家不得少于成员总数的三分之二。

前款专家应当从事相关领域工作满八年并具有高级职称或者具有同等专业水平，由招标人从国务院有关部门或者省、自治区、直辖市人民政府有关部门提供的专家名册或者招标代理机构的专家库内的相关专业的专家名单中确定；一般招标项目可以采取随机抽取方式，特殊招标项目可以由招标人直接确定。

与投标人有利害关系的人不得进入相关项目的评标委员会；已经进入的应当更换。

评标委员会成员的名单在中标结果确定前应当保密。

第三十八条 招标人应当采取必要的措施，保证评标在严格保密的情况下进行。

任何单位和个人不得非法干预、影响评标的过程和结果。

第三十九条　评标委员会可以要求投标人对投标文件中含义不明确的内容作必要的澄清或者说明,但是澄清或者说明不得超出投标文件的范围或者改变投标文件的实质性内容。

第四十条　评标委员会应当按照招标文件确定的评标标准和方法,对投标文件进行评审和比较;设有标底的,应当参考标底。评标委员会完成评标后,应当向招标人提出书面评标报告,并推荐合格的中标候选人。

招标人根据评标委员会提出的书面评标报告和推荐的中标候选人确定中标人。招标人也可以授权评标委员会直接确定中标人。

国务院对特定招标项目的评标有特别规定的,从其规定。

第四十一条　中标人的投标应当符合下列条件之一:

(一)能够最大限度地满足招标文件中规定的各项综合评价标准;

(二)能够满足招标文件的实质性要求,并且经评审的投标价格最低;但是投标价格低于成本的除外。

第四十二条　评标委员会经评审,认为所有投标都不符合招标文件要求的,可以否决所有投标。

依法必须进行招标的项目的所有投标被否决的,招标人应当依照本法重新招标。

第四十三条　在确定中标人前,招标人不得与投标人就投标价格、投标方案等实质性内容进行谈判。

第四十四条　评标委员会成员应当客观、公正地履行职务,遵守职业道德,对所提出的评审意见承担个人责任。

评标委员会成员不得私下接触投标人,不得收受投标人的财物或者其他好处。

评标委员会成员和参与评标的有关工作人员不得透露对投标文件的评审和比较、中标候选人的推荐情况以及与评标有关的其他情况。

第四十五条　中标人确定后,招标人应当向中标人发出中标通知书,并同时将中标结果通知所有未中标的投标人。

中标通知书对招标人和中标人具有法律效力。中标通知书发出后,招标人改变中标结果的,或者中标人放弃中标项目的,应当依法承担法律责任。

第四十六条　招标人和中标人应当自中标通知书发出之日起三十日内,按照招标文件和中标人的投标文件订立书面合同。招标人和中标人不得再行订立背离合同实质性内容的其他协议。

招标文件要求中标人提交履约保证金的,中标人应当提交。

第四十七条　依法必须进行招标的项目,招标人应当自确定中标人之日起十五日内,向有关行政监督部门提交招标投标情况的书面报告。

第四十八条　中标人应当按照合同约定履行义务,完成中标项目。中标人不得向他人转让中标项目,也不得将中标项目肢解后分别向他人转让。

中标人按照合同约定或者经招标人同意,可以将中标项目的部分非主体、非关键性工作分包给他人完成。接受分包的人应当具备相应的资格条件,并不得再次分包。

中标人应当就分包项目向招标人负责,接受分包的人就分包项目承担连带责任。

第五章 法律责任

第四十九条 违反本法规定，必须进行招标的项目而不招标的，将必须进行招标的项目化整为零或者以其他任何方式规避招标的，责令限期改正，可以处项目合同金额千分之五以上千分之十以下的罚款；对全部或者部分使用国有资金的项目，可以暂停项目执行或者暂停资金拨付；对单位直接负责的主管人员和其他直接责任人员依法给予处分。

第五十条 招标代理机构违反本法规定，泄露应当保密的与招标投标活动有关的情况和资料的，或者与招标人、投标人串通损害国家利益、社会公共利益或者他人合法权益的，处五万元以上二十五万元以下的罚款，对单位直接负责的主管人员和其他直接责任人员处单位罚款数额百分之五以上百分之十以下的罚款；有违法所得的，并处没收违法所得；情节严重的，暂停直至取消招标代理资格；构成犯罪的，依法追究刑事责任。给他人造成损失的，依法承担赔偿责任。

前款所列行为影响中标结果的，中标无效。

第五十一条 招标人以不合理的条件限制或者排斥潜在投标人的，对潜在投标人实行歧视待遇的，强制要求投标人组成联合体共同投标的，或者限制投标人之间竞争的，责令改正，可以处一万元以上五万元以下的罚款。

第五十二条 依法必须进行招标的项目的招标人向他人透露已获取招标文件的潜在投标人的名称、数量或者可能影响公平竞争的有关招标投标的其他情况的，或者泄露标底的，给予警告，可以并处一万元以上十万元以下的罚款；对单位直接负责的主管人员和其他直接责任人员依法给予处分；构成犯罪的，依法追究刑事责任。

前款所列行为影响中标结果的，中标无效。

第五十三条 投标人相互串通投标或者与招标人串通投标的，投标人以向招标人或者评标委员会成员行贿的手段谋取中标的，中标无效，处中标项目金额千分之五以上千分之十以下的罚款，对单位直接负责的主管人员和其他直接责任人员处单位罚款数额百分之五以上百分之十以下的罚款；有违法所得的，并处没收违法所得；情节严重的，取消其一年至二年内参加依法必须进行招标的项目的投标资格并予以公告，直至由工商行政管理机关吊销营业执照；构成犯罪的，依法追究刑事责任。给他人造成损失的，依法承担赔偿责任。

第五十四条 投标人以他人名义投标或者以其他方式弄虚作假，骗取中标的，中标无效，给招标人造成损失的，依法承担赔偿责任；构成犯罪的，依法追究刑事责任。

依法必须进行招标的项目的投标人有前款所列行为尚未构成犯罪的，处中标项目金额千分之五以上千分之十以下的罚款，对单位直接负责的主管人员和其他直接责任人员处单位罚款数额百分之五以上百分之十以下的罚款；有违法所得的，并处没收违法所得；情节严重的，取消其一年至三年内参加依法必须进行招标的项目的投标资格并予以公告，直至由工商行政管理机关吊销营业执照。

第五十五条 依法必须进行招标的项目，招标人违反本法规定，与投标人就投标价格、投标方案等实质性内容进行谈判的，给予警告，对单位直接负责的主管人员和其他直接责任人员依法给予处分。

前款所列行为影响中标结果的，中标无效。

第五十六条 评标委员会成员收受投标人的财物或者其他好处的，评标委员会成员或者参加评标的有关工作人员向他人透露对投标文件的评审和比较、中标候选人的推荐以及与评标有关的其他情况的,给予警告,没收收受的财物,可以并处三千元以上五万元以下的罚款,对有所列违法行为的评标委员会成员取消担任评标委员会成员的资格,不得再参加任何依法必须进行招标的项目的评标;构成犯罪的,依法追究刑事责任。

第五十七条　招标人在评标委员会依法推荐的中标候选人以外确定中标人的,依法必须进行招标的项目在所有投标被评标委员会否决后自行确定中标人的,中标无效。责令改正,可以处中标项目金额千分之五以上千分之十以下的罚款;对单位直接负责的主管人员和其他直接责任人员依法给予处分。

第五十八条　中标人将中标项目转让给他人的,将中标项目肢解后分别转让给他人的,违反本法规定将中标项目的部分主体、关键性工作分包给他人的,或者分包人再次分包的,转让、分包无效,处转让、分包项目金额千分之五以上千分之十以下的罚款;有违法所得的,并处没收违法所得;可以责令停业整顿;情节严重的,由工商行政管理机关吊销营业执照。

第五十九条　招标人与中标人不按照招标文件和中标人的投标文件订立合同的,或者招标人、中标人订立背离合同实质性内容的协议的,责令改正;可以处中标项目金额千分之五以上千分之十以下的罚款。

第六十条　中标人不履行与招标人订立的合同的,履约保证金不予退还,给招标人造成的损失超过履约保证金数额的,还应当对超过部分予以赔偿;没有提交履约保证金的,应当对招标人的损失承担赔偿责任。

中标人不按照与招标人订立的合同履行义务,情节严重的,取消其二年至五年内参加依法必须进行招标的项目的投标资格并予以公告,直至由工商行政管理机关吊销营业执照。

因不可抗力不能履行合同的,不适用前两款规定。

第六十一条　本章规定的行政处罚,由国务院规定的有关行政监督部门决定。本法已对实施行政处罚的机关作出规定的除外。

第六十二条　任何单位违反本法规定,限制或者排斥本地区、本系统以外的法人或者其他组织参加投标的,为招标人指定招标代理机构的,强制招标人委托招标代理机构办理招标事宜的,或者以其他方式干涉招标投标活动的,责令改正;对单位直接负责的主管人员和其他直接责任人员依法给予警告、记过、记大过的处分,情节较重的,依法给予降级、撤职、开除的处分。

个人利用职权进行前款违法行为的,依照前款规定追究责任。

第六十三条　对招标投标活动依法负有行政监督职责的国家机关工作人员徇私舞弊、滥用职权或者玩忽职守,构成犯罪的,依法追究刑事责任;不构成犯罪的,依法给予行政处分。

第六十四条　依法必须进行招标的项目违反本法规定,中标无效的,应当依照本法规定的中标条件从其余投标人中重新确定中标人或者依照本法重新进行招标。

第六章　附　　则

第六十五条　投标人和其他利害关系人认为招标投标活动不符合本法有关规定的,有权向招标人提出异议或者依法向有关行政监督部门投诉。

第六十六条　涉及国家安全、国家秘密、抢险救灾或者属于利用扶贫资金实行以工代赈、需要使用农民工等特殊情况,不适宜进行招标的项目,按照国家有关规定可以不进行招标。

第六十七条 使用国际组织或者外国政府贷款、援助资金的项目进行招标，贷款方、资金提供方对招标投标的具体条件和程序有不同规定的，可以适用其规定，但违背中华人民共和国的社会公共利益的除外。

第六十八条 本法自2000年1月1日起施行。

中华人民共和国主席令

（第55号）

《中华人民共和国防沙治沙法》已由中华人民共和国第九届全国人民代表大会常务委员会第二十三次会议于2001年8月31日通过,现予公布,自2002年1月1日起施行。

中华人民共和国主席　江泽民

2001年8月31日

中华人民共和国防沙治沙法

（2001年8月31日第九届全国人民代表大会常务委员会第二十三次会议通过）

第一章　总　则

第一条　为预防土地沙化,治理沙化土地,维护生态安全,促进经济和社会的可持续发展,制定本法。

第二条　在中华人民共和国境内,从事土地沙化的预防、沙化土地的治理和开发利用活动,必须遵守本法。

土地沙化是指因气候变化和人类活动所导致的天然沙漠扩张和沙质土壤上植被破坏、沙土裸露的过程。

本法所称土地沙化,是指主要因人类不合理活动所导致的天然沙漠扩张和沙质土壤上植被及覆盖物被破坏,形成流沙及沙土裸露的过程。

本法所称沙化土地,包括已经沙化的土地和具有明显沙化趋势的土地。具体范围,由国务院批准的全国防沙治沙规划确定。

第三条　防沙治沙工作应当遵循以下原则:

(一)统一规划,因地制宜,分步实施,坚持区域防治与重点防治相结合;

(二)预防为主,防治结合,综合治理;

(三)保护和恢复植被与合理利用自然资源相结合;

(四)遵循生态规律,依靠科技进步;

(五)改善生态环境与帮助农牧民脱贫致富相结合;

(六)国家支持与地方自力更生相结合,政府组织与社会各界参与相结合,鼓励单位、个人承包防治;

(七)保障防沙治沙者的合法权益。

第四条　国务院和沙化土地所在地区的县级以上地方人民政府,应当将防沙治沙纳入国民经济和社会发展计划,保障和支持防沙治沙工作的开展。

沙化土地所在地区的地方各级人民政府，应当采取有效措施，预防土地沙化，治理沙化土地，保护和改善本行政区域的生态质量。

国家在沙化土地所在地区，建立政府行政领导防沙治沙任期目标责任考核奖惩制度。沙化土地所在地区的县级以上地方人民政府，应当向同级人民代表大会及其常务委员会报告防沙治沙工作情况。

第五条 在国务院领导下，国务院林业行政主管部门负责组织、协调、指导全国防沙治沙工作。

国务院林业、农业、水利、土地、环境保护等行政主管部门和气象主管机构，按照有关法律规定的职责和国务院确定的职责分工，各负其责，密切配合，共同做好防沙治沙工作。

县级以上地方人民政府组织、领导所属有关部门，按照职责分工，各负其责，密切配合，共同做好本行政区域的防沙治沙工作。

第六条 使用土地的单位和个人，有防止该土地沙化的义务。

使用已经沙化的土地的单位和个人，有治理该沙化土地的义务。

第七条 国家支持防沙治沙的科学研究和技术推广工作，发挥科研部门、机构在防沙治沙工作中的作用，培养防沙治沙专门技术人员，提高防沙治沙的科学技术水平。

国家支持开展防沙治沙的国际合作。

第八条 在防沙治沙工作中作出显著成绩的单位和个人，由人民政府给予表彰和奖励；对保护和改善生态质量作出突出贡献的应当给予重奖。

第九条 沙化土地所在地区的各级人民政府应当组织有关部门开展防沙治沙知识的宣传教育，增强公民的防沙治沙意识，提高公民防沙治沙的能力。

第二章 防沙治沙规划

第十条 防沙治沙实行统一规划。从事防沙治沙活动，以及在沙化土地范围内从事开发利用活动，必须遵循防沙治沙规划。

防沙治沙规划应当对遏制土地沙化扩展趋势，逐步减少沙化土地的时限、步骤、措施等作出明确规定，并将具体实施方案纳入国民经济和社会发展五年计划和年度计划。

第十一条 国务院林业行政主管部门会同国务院农业、水利、土地、环境保护等有关部门编制全国防沙治沙规划，报国务院批准后实施。

省、自治区、直辖市人民政府依据全国防沙治沙规划，编制本行政区域的防沙治沙规划，报国务院或者国务院指定的有关部门批准后实施。

沙化土地所在地区的市、县人民政府，应当依据上一级人民政府的防沙治沙规划，组织编制本行政区域的防沙治沙规划，报上一级人民政府批准后实施。

防沙治沙规划的修改，须经原批准机关批准；未经批准，任何单位和个人不得改变防沙治沙规划。

第十二条 编制防沙治沙规划，应当根据沙化土地所处的地理位置、土地类型、植被状况、气候和水资源状况、土地沙化程度等自然条件及其所发挥的生态、经济功能，对沙化土地实行分类保护、综合治理和合理利用。

在规划期内不具备治理条件的以及因保护生态的需要不宜开发利用的连片沙化土地，应当规划为沙化土地封禁保护区,实行封禁保护。沙化土地封禁保护区的范围,由全国防沙治沙规划以及省、自治区、直辖市防沙治沙规划确定。

第十三条　防沙治沙规划应当与土地利用总体规划相衔接;防沙治沙规划中确定的沙化土地用途,应当符合本级人民政府的土地利用总体规划。

第三章　土地沙化的预防

第十四条　国务院林业行政主管部门组织其他有关行政主管部门对全国土地沙化情况进行监测、统计和分析,并定期公布监测结果。

县级以上地方人民政府林业或者其他有关行政主管部门,应当按照土地沙化监测技术规程,对沙化土地进行监测,并将监测结果向本级人民政府及上一级林业或者其他有关行政主管部门报告。

第十五条　县级以上地方人民政府林业或者其他有关行政主管部门,在土地沙化监测过程中,发现土地发生沙化或者沙化程度加重的,应当及时报告本级人民政府。收到报告的人民政府应当责成有关行政主管部门制止导致土地沙化的行为,并采取有效措施进行治理。

各级气象主管机构应当组织对气象干旱和沙尘暴天气进行监测、预报,发现气象干旱或者沙尘暴天气征兆时,应当及时报告当地人民政府。收到报告的人民政府应当采取预防措施,必要时公布灾情预报,并组织林业、农(牧)业等有关部门采取应急措施,避免或者减轻风沙危害。

第十六条　沙化土地所在地区的县级以上地方人民政府应当按照防沙治沙规划,划出一定比例的土地,因地制宜地营造防风固沙林网、林带,种植多年生灌木和草本植物。由林业行政主管部门负责确定植树造林的成活率、保存率的标准和具体任务,并逐片组织实施,明确责任,确保完成。

除了抚育更新性质的采伐外,不得批准对防风固沙林网、林带进行采伐。在对防风固沙林网、林带进行抚育更新性质的采伐之前,必须在其附近预先形成接替林网和林带。

对林木更新困难地区已有的防风固沙林网、林带,不得批准采伐。

第十七条　禁止在沙化土地上砍挖灌木、药材及其他固沙植物。

沙化土地所在地区的县级人民政府,应当制定植被管护制度,严格保护植被,并根据需要在乡(镇)、村建立植被管护组织,确定管护人员。

在沙化土地范围内,各类土地承包合同应当包括植被保护责任的内容。

第十八条　草原地区的地方各级人民政府,应当加强草原的管理和建设,由农(牧)业行政主管部门负责指导、组织农牧民建设人工草场,控制载畜量,调整牲畜结构,改良牲畜品种,推行牲畜圈养和草场轮牧,消灭草原鼠害、虫害,保护草原植被,防止草原退化和沙化。

草原实行以产草量确定载畜量的制度。由农(牧)业行政主管部门负责制定载畜量的标准和有关规定,并逐级组织实施,明确责任,确保完成。

第十九条　沙化土地所在地区的县级以上地方人民政府水行政主管部门,应当加强流域和区域水资源的统一调配和管理,在编制流域和区域水资源开发利用规划和供水计划时,必须考虑整个流域和区域植被保护的用水需求,防止因地下水和上游水资源的过度开发利用,导致植被破坏和土地沙化。该规划和计划经批准后,必须严格实施。

沙化土地所在地区的地方各级人民政府应当节约用水,发展节水型农牧业和其他产业。

第二十条 沙化土地所在地区的县级以上地方人民政府，不得批准在沙漠边缘地带和林地、草原开垦耕地；已经开垦并对生态产生不良影响的，应当有计划地组织退耕还林还草。

第二十一条 在沙化土地范围内从事开发建设活动的，必须事先就该项目可能对当地及相关地区生态产生的影响进行环境影响评价，依法提交环境影响报告；环境影响报告应当包括有关防沙治沙的内容。

第二十二条 在沙化土地封禁保护区范围内，禁止一切破坏植被的活动。

禁止在沙化土地封禁保护区范围内安置移民。对沙化土地封禁保护区范围内的农牧民，县级以上地方人民政府应当有计划地组织迁出，并妥善安置。沙化土地封禁保护区范围内尚未迁出的农牧民的生产生活，由沙化土地封禁保护区主管部门妥善安排。

未经国务院或者国务院指定的部门同意，不得在沙化土地封禁保护区范围内进行修建铁路、公路等建设活动。

第四章 沙化土地的治理

第二十三条 沙化土地所在地区的地方各级人民政府，应当按照防沙治沙规划，组织有关部门、单位和个人，因地制宜地采取人工造林种草、飞机播种造林种草、封沙育林育草和合理调配生态用水等措施，恢复和增加植被，治理已经沙化的土地。

第二十四条 国家鼓励单位和个人在自愿的前提下，捐资或者以其他形式开展公益性的治沙活动。

县级以上地方人民政府林业或者其他有关行政主管部门，应当为公益性治沙活动提供治理地点和无偿技术指导。

从事公益性治沙的单位和个人，应当按照县级以上地方人民政府林业或者其他有关行政主管部门的技术要求进行治理，并可以将所种植的林、草委托他人管护或者交由当地人民政府有关行政主管部门管护。

第二十五条 使用已经沙化的国有土地的使用权人和农民集体所有土地的承包经营权人，必须采取治理措施，改善土地质量；确实无能力完成治理任务的，可以委托他人治理或者与他人合作治理。委托或者合作治理的，应当签订协议，明确各方的权利和义务。

沙化土地所在地区的地方各级人民政府及其有关行政主管部门、技术推广单位，应当为土地使用权人和承包经营权人的治沙活动提供技术指导。

采取退耕还林还草、植树种草或者封育措施治沙的土地使用权人和承包经营权人，按照国家有关规定，享受人民政府提供的政策优惠。

第二十六条 不具有土地所有权或者使用权的单位和个人从事营利性治沙活动的，应当先与土地所有权人或者使用权人签订协议，依法取得土地使用权。

在治理活动开始之前，从事营利性治沙活动的单位和个人应当向治理项目所在地的县级以上地方人民政府林业行政主管部门或者县级以上地方人民政府指定的其他行政主管部门提出治理申请，并附具下列文件：

（一）被治理土地权属的合法证明文件和治理协议；

（二）符合防沙治沙规划的治理方案；

(三)治理所需的资金证明。

第二十七条 本法第二十六条第二款第二项所称治理方案,应当包括以下内容:

(一)治理范围界限;

(二)分阶段治理目标和治理期限;

(三)主要治理措施;

(四)经当地水行政主管部门同意的用水来源和用水量指标;

(五)治理后的土地用途和植被管护措施;

(六)其他需要载明的事项。

第二十八条 从事营利性治沙活动的单位和个人,必须按照治理方案进行治理。

国家保护沙化土地治理者的合法权益。在治理者取得合法土地权属的治理范围内,未经治理者同意,其他任何单位和个人不得从事治理或者开发利用活动。

第二十九条 治理者完成治理任务后,应当向县级以上地方人民政府受理治理申请的行政主管部门提出验收申请。经验收合格的,受理治理申请的行政主管部门应当发给治理合格证明文件;经验收不合格的,治理者应当继续治理。

第三十条 已经沙化的土地范围内的铁路、公路、河流和水渠两侧,城镇、村庄、厂矿和水库周围,实行单位治理责任制,由县级以上地方人民政府下达治理责任书,由责任单位负责组织造林种草或者采取其他治理措施。

第三十一条 沙化土地所在地区的地方各级人民政府,可以组织当地农村集体经济组织及其成员在自愿的前提下,对已经沙化的土地进行集中治理。农村集体经济组织及其成员投入的资金和劳力,可以折算为治理项目的股份、资本金,也可以采取其他形式给予补偿。

第五章 保障措施

第三十二条 国务院和沙化土地所在地区的地方各级人民政府应当在本级财政预算中按照防沙治沙规划通过项目预算安排资金,用于本级人民政府确定的防沙治沙工程。在安排扶贫、农业、水利、道路、矿产、能源、农业综合开发等项目时,应当根据具体情况,设立若干防沙治沙子项目。

第三十三条 国务院和省、自治区、直辖市人民政府应当制定优惠政策,鼓励和支持单位和个人防沙治沙。

县级以上地方人民政府应当按照国家有关规定,根据防沙治沙的面积和难易程度,给予从事防沙治沙活动的单位和个人资金补助、财政贴息以及税费减免等政策优惠。

单位和个人投资进行防沙治沙的,在投资阶段免征各种税收;取得一定收益后,可以免征或者减征有关税收。

第三十四条 使用已经沙化的国有土地从事治沙活动的,经县级以上人民政府依法批准,可以享有不超过七十年的土地使用权。具体年限和管理办法,由国务院规定。

使用已经沙化的集体所有土地从事治沙活动的,治理者应当与土地所有人签订土地承包合同。具体承包期限和当事人的其他权利、义务由承包合同双方依法在土地承包合同中约定。县级人民政府依法根据土地承包合同向治理者颁发土地使用权证书,保护集体所有沙化土地治理者的土地使用权。

第三十五条 因保护生态的特殊要求,将治理后的土地批准划为自然保护区或者沙化土地封禁保护区的，批准机关应当给予治理者合理的经济补偿。

第三十六条 国家根据防沙治沙的需要，组织设立防沙治沙重点科研项目和示范、推广项目，并对防沙治沙、沙区能源、沙生经济作物、节水灌溉、防止草原退化、沙地旱作农业等方面的科学研究与技术推广给予资金补助、税费减免等政策优惠。

第三十七条 任何单位和个人不得截留、挪用防沙治沙资金。

县级以上人民政府审计机关，应当依法对防沙治沙资金使用情况实施审计监督。

第六章 法律责任

第三十八条 违反本法第二十二条第一款规定，在沙化土地封禁保护区范围内从事破坏植被活动的，由县级以上地方人民政府林业、农（牧）业行政主管部门按照各自的职责，责令停止违法行为；有违法所得的，没收其违法所得；构成犯罪的，依法追究刑事责任。

第三十九条 违反本法第二十五条第一款规定，国有土地使用权人和农民集体所有土地承包经营权人未采取防沙治沙措施，造成土地严重沙化的，由县级以上地方人民政府农（牧）业、林业行政主管部门按照各自的职责，责令限期治理；造成国有土地严重沙化的，县级以上人民政府可以收回国有土地使用权。

第四十条 违反本法规定，进行营利性治沙活动，造成土地沙化加重的，由县级以上地方人民政府负责受理营利性治沙申请的行政主管部门责令停止违法行为，可以并处每公顷五千元以上五万元以下的罚款。

第四十一条 违反本法第二十八条第一款规定，不按照治理方案进行治理的，或者违反本法第二十九条规定，经验收不合格又不按要求继续治理的，由县级以上地方人民政府负责受理营利性治沙申请的行政主管部门责令停止违法行为，限期改正，可以并处相当于治理费用一倍以上三倍以下的罚款。

第四十二条 违反本法第二十八条第二款规定，未经治理者同意，擅自在他人的治理范围内从事治理或者开发利用活动的，由县级以上地方人民政府负责受理营利性治沙申请的行政主管部门责令停止违法行为；给治理者造成损失的，应当赔偿损失。

第四十三条 违反本法规定，有下列情形之一的，对直接负责的主管人员和其他直接责任人员，由所在单位、监察机关或者上级行政主管部门依法给予行政处分：

（一）违反本法第十五条第一款规定，发现土地发生沙化或者沙化程度加重不及时报告的，或者收到报告后不责成有关行政主管部门采取措施的；

（二）违反本法第十六条第二款、第三款规定，批准采伐防风固沙林网、林带的；

（三）违反本法第二十条规定，批准在沙漠边缘地带和林地、草原开垦耕地的；

（四）违反本法第二十二条第二款规定，在沙化土地封禁保护区范围内安置移民的；

（五）违反本法第二十二条第三款规定，未经批准在沙化土地封禁保护区范围内进行修建铁路、公路等建设活动的。

第四十四条 违反本法第三十七条第一款规定，截留、挪用防沙治沙资金的，对直接负责的主管人员和其他直接责任人员，由监察机关或者上级行政主管部门依法给予行政处分；构成犯罪的，依法追究刑事责任。

第四十五条 防沙治沙监督管理人员滥用职权、玩忽职守、徇私舞弊，构成犯罪的，依法追究刑事责任。

第七章　附　　则

第四十六条　本法第五条第二款中所称的有关法律,是指《中华人民共和国森林法》、《中华人民共和国草原法》、《中华人民共和国水土保持法》、《中华人民共和国土地管理法》、《中华人民共和国环境保护法》和《中华人民共和国气象法》。

第四十七条　本法自2002年1月1日起施行。

中华人民共和国主席令

（第75号）

《中华人民共和国测绘法》已由中华人民共和国第九届全国人民代表大会常务委员会第二十九次会议于2002年8月29日修订通过，现将修订后的《中华人民共和国测绘法》公布，自2002年12月1日起施行。

中华人民共和国主席　江泽民

2002年8月29日

中华人民共和国测绘法

（2002年8月29日第九届全国人民代表大会常务委员会第二十九次会议通过）

第一章　总　　则

第一条　为了加强测绘管理，促进测绘事业发展，保障测绘事业为国家经济建设、国防建设和社会发展服务，制定本法。

第二条　在中华人民共和国领域和管辖的其他海域从事测绘活动，应当遵守本法。

本法所称测绘，是指对自然地理要素或者地表人工设施的形状、大小、空间位置及其属性等进行测定、采集、表述以及对获取的数据、信息、成果进行处理和提供的活动。

第三条　测绘事业是经济建设、国防建设、社会发展的基础性事业。各级人民政府应当加强对测绘工作的领导。

第四条　国务院测绘行政主管部门负责全国测绘工作的统一监督管理。国务院其他有关部门按照国务院规定的职责分工，负责本部门有关的测绘工作。

县级以上地方人民政府负责管理测绘工作的行政部门（以下简称测绘行政主管部门）负责本行政区域测绘工作的统一监督管理。县级以上地方人民政府其他有关部门按照本级人民政府规定的职责分工，负责本部门有关的测绘工作。

军队测绘主管部门负责管理军事部门的测绘工作，并按照国务院、中央军事委员会规定的职责分工负责管理海洋基础测绘工作。

第五条　从事测绘活动，应当使用国家规定的测绘基准和测绘系统，执行国家规定的测绘技术规范和标准。

第六条　国家鼓励测绘科学技术的创新和进步，采用先进的技术和设备，提高测绘水平。对在测绘科学技术进步中做出重要贡献的单位和个人，按照国家有关规定给予奖励。

第七条　外国的组织或者个人在中华人民共和国领域和管辖的其他海域从事测绘活动，必须经国务院测绘行政主管部门会同军队测绘主管部门批准，并遵守中华人民共和国的有关法律、行政法规的规定。

外国的组织或者个人在中华人民共和国领域从事测绘活动,必须与中华人民共和国有关部门或者单位依法采取合资、合作的形式进行,并不得涉及国家秘密和危害国家安全。

第二章　测绘基准和测绘系统

第八条　国家设立和采用全国统一的大地基准、高程基准、深度基准和重力基准,其数据由国务院测绘行政主管部门审核,并与国务院其他有关部门、军队测绘主管部门会商后,报国务院批准。

第九条　国家建立全国统一的大地坐标系统、平面坐标系统、高程系统、地心坐标系统和重力测量系统,确定国家大地测量等级和精度以及国家基本比例尺地图的系列和基本精度。具体规范和要求由国务院测绘行政主管部门会同国务院其他有关部门、军队测绘主管部门制定。

在不妨碍国家安全的情况下,确有必要采用国际坐标系统的,必须经国务院测绘行政主管部门会同军队测绘主管部门批准。

第十条　因建设、城市规划和科学研究的需要,大城市和国家重大工程项目确需建立相对独立的平面坐标系统的,由国务院测绘行政主管部门批准;其他确需建立相对独立的平面坐标系统的,由省、自治区、直辖市人民政府测绘行政主管部门批准。

建立相对独立的平面坐标系统,应当与国家坐标系统相联系。

第三章　基础测绘

第十一条　基础测绘是公益性事业。国家对基础测绘实行分级管理。

本法所称基础测绘,是指建立全国统一的测绘基准和测绘系统,进行基础航空摄影,获取基础地理信息的遥感资料,测制和更新国家基本比例尺地图、影像图和数字化产品,建立、更新基础地理信息系统。

第十二条　国务院测绘行政主管部门会同国务院其他有关部门、军队测绘主管部门组织编制全国基础测绘规划,报国务院批准后组织实施。

县级以上地方人民政府测绘行政主管部门会同本级人民政府其他有关部门根据国家和上一级人民政府的基础测绘规划和本行政区域内的实际情况,组织编制本行政区域的基础测绘规划,报本级人民政府批准,并报上一级测绘行政主管部门备案后组织实施。

第十三条　军队测绘主管部门负责编制军事测绘规划,按照国务院、中央军事委员会规定的职责分工负责编制海洋基础测绘规划,并组织实施。

第十四条　县级以上人民政府应当将基础测绘纳入本级国民经济和社会发展年度计划及财政预算。

国务院发展计划主管部门会同国务院测绘行政主管部门,根据全国基础测绘规划,编制全国基础测绘年度计划。

县级以上地方人民政府发展计划主管部门会同同级测绘行政主管部门,根据本行政区域的基础测绘规划,编制本行政区域的基础测绘年度计划,并分别报上一级主管部门备案。

国家对边远地区、少数民族地区的基础测绘给予财政支持。

第十五条 基础测绘成果应当定期进行更新,国民经济、国防建设和社会发展急需的基础测绘成果应当及时更新。

基础测绘成果的更新周期根据不同地区国民经济和社会发展的需要确定。

第四章 界线测绘和其他测绘

第十六条 中华人民共和国国界线的测绘,按照中华人民共和国与相邻国家缔结的边界条约或者协定执行。中华人民共和国地图的国界线标准样图,由外交部和国务院测绘行政主管部门拟订,报国务院批准后公布。

第十七条 行政区域界线的测绘,按照国务院有关规定执行。省、自治区、直辖市和自治州、县、自治县、市行政区域界线的标准画法图,由国务院民政部门和国务院测绘行政主管部门拟订,报国务院批准后公布。

第十八条 国务院测绘行政主管部门会同国务院土地行政主管部门编制全国地籍测绘规划。县级以上地方人民政府测绘行政主管部门会同同级土地行政主管部门编制本行政区域的地籍测绘规划。

县级以上人民政府测绘行政主管部门按照地籍测绘规划,组织管理地籍测绘。

第十九条 测量土地、建筑物、构筑物和地面其他附着物的权属界址线,应当按照县级以上人民政府确定的权属界线的界址点、界址线或者提供的有关登记资料和附图进行。权属界址线发生变化时,有关当事人应当及时进行变更测绘。

第二十条 城市建设领域的工程测量活动,与房屋产权、产籍相关的房屋面积的测量,应当执行由国务院建设行政主管部门、国务院测绘行政主管部门负责组织编制的测量技术规范。

水利、能源、交通、通信、资源开发和其他领域的工程测量活动,应当按照国家有关的工程测量技术规范进行。

第二十一条 建立地理信息系统,必须采用符合国家标准的基础地理信息数据。

第五章 测绘资质资格

第二十二条 国家对从事测绘活动的单位实行测绘资质管理制度。

从事测绘活动的单位应当具备下列条件,并依法取得相应等级的测绘资质证书后,方可从事测绘活动:

(一)有与其从事的测绘活动相适应的专业技术人员;

(二)有与其从事的测绘活动相适应的技术装备和设施;

(三)有健全的技术、质量保证体系和测绘成果及资料档案管理制度;

(四)具备国务院测绘行政主管部门规定的其他条件。

第二十三条 国务院测绘行政主管部门和省、自治区、直辖市人民政府测绘行政主管部门按照各自的职责负责测绘资质审查、发放资质证书,具体办法由国务院测绘行政主管部门商国务院其他有关部门规定。

军队测绘主管部门负责军事测绘单位的测绘资质审查。

第二十四条 测绘单位不得超越其资质等级许可的范围从事测绘活动或者以其他测绘单位的名义从事测绘活动,并不得允许其他单位以本单位的名义从事测绘活动。

测绘项目实行承发包的,测绘项目的发包单位不得向不具有相应测绘资质等级的单位发包或者迫使测绘单位以低于测绘成本承包。

测绘单位不得将承包的测绘项目转包。

第二十五条　从事测绘活动的专业技术人员应当具备相应的执业资格条件,具体办法由国务院测绘行政主管部门会同国务院人事行政主管部门规定。

第二十六条　测绘人员进行测绘活动时,应当持有测绘作业证件。

任何单位和个人不得妨碍、阻挠测绘人员依法进行测绘活动。

第二十七条　测绘单位的资质证书、测绘专业技术人员的执业证书和测绘人员的测绘作业证件的式样,由国务院测绘行政主管部门统一规定。

第六章　测绘成果

第二十八条　国家实行测绘成果汇交制度。

测绘项目完成后,测绘项目出资人或者承担国家投资的测绘项目的单位,应当向国务院测绘行政主管部门或者省、自治区、直辖市人民政府测绘行政主管部门汇交测绘成果资料。属于基础测绘项目的,应当汇交测绘成果副本;属于非基础测绘项目的,应当汇交测绘成果目录。负责接收测绘成果副本和目录的测绘行政主管部门应当出具测绘成果汇交凭证,并及时将测绘成果副本和目录移交给保管单位。测绘成果汇交的具体办法由国务院规定。

国务院测绘行政主管部门和省、自治区、直辖市人民政府测绘行政主管部门应当定期编制测绘成果目录,向社会公布。

第二十九条　测绘成果保管单位应当采取措施保障测绘成果的完整和安全,并按照国家有关规定向社会公开和提供利用。

测绘成果属于国家秘密的,适用国家保密法律、行政法规的规定;需要对外提供的,按照国务院和中央军事委员会规定的审批程序执行。

第三十条　使用财政资金的测绘项目和使用财政资金的建设工程测绘项目,有关部门在批准立项前应当征求本级人民政府测绘行政主管部门的意见,有适宜测绘成果的,应当充分利用已有的测绘成果,避免重复测绘。

第三十一条　基础测绘成果和国家投资完成的其他测绘成果,用于国家机关决策和社会公益性事业的,应当无偿提供。

前款规定之外的,依法实行有偿使用制度;但是,政府及其有关部门和军队因防灾、减灾、国防建设等公共利益的需要,可以无偿使用。

测绘成果使用的具体办法由国务院规定。

第三十二条　中华人民共和国领域和管辖的其他海域的位置、高程、深度、面积、长度等重要地理信息数据,由国务院测绘行政主管部门审核,并与国务院其他有关部门、军队测绘主管部门会商后,报国务院批准,由国务院或者国务院授权的部门公布。

第三十三条　各级人民政府应当加强对编制、印刷、出版、展示、登载地图的管理,保证地图质量,维护国家主权、安全和利益。具体办法由国务院规定。

各级人民政府应当加强对国家版图意识的宣传教育,增强公民的国家版图意识。

第三十四条　测绘单位应当对其完成的测绘成果质量负责。县级以上人民政府测绘行政主管部门应当加强对测绘成果质量的监督管理。

第七章 测量标志保护

第三十五条 任何单位和个人不得损毁或者擅自移动永久性测量标志和正在使用中的临时性测量标志,不得侵占永久性测量标志用地,不得在永久性测量标志安全控制范围内从事危害测量标志安全和使用效能的活动。

本法所称永久性测量标志,是指各等级的三角点、基线点、导线点、军用控制点、重力点、天文点、水准点和卫星定位点的木质觇标、钢质觇标和标石标志,以及用于地形测图、工程测量和形变测量的固定标志和海底大地点设施。

第三十六条 永久性测量标志的建设单位应当对永久性测量标志设立明显标记,并委托当地有关单位指派专人负责保管。

第三十七条 进行工程建设,应当避开永久性测量标志;确实无法避开,需要拆迁永久性测量标志或者使永久性测量标志失去效能的,应当经国务院测绘行政主管部门或者省、自治区、直辖市人民政府测绘行政主管部门批准;涉及军用控制点的,应当征得军队测绘主管部门的同意。所需迁建费用由工程建设单位承担。

第三十八条 测绘人员使用永久性测量标志,必须持有测绘作业证件,并保证测量标志的完好。

保管测量标志的人员应当查验测量标志使用后的完好状况。

第三十九条 县级以上人民政府应当采取有效措施加强测量标志的保护工作。

县级以上人民政府测绘行政主管部门应当按照规定检查、维护永久性测量标志。

乡级人民政府应当做好本行政区域内的测量标志保护工作。

第八章 法律责任

第四十条 违反本法规定,有下列行为之一的,给予警告,责令改正,可以并处十万元以下的罚款;对负有直接责任的主管人员和其他直接责任人员,依法给予行政处分:

(一)未经批准,擅自建立相对独立的平面坐标系统的;

(二)建立地理信息系统,采用不符合国家标准的基础地理信息数据的。

第四十一条 违反本法规定,有下列行为之一的,给予警告,责令改正,可以并处十万元以下的罚款;构成犯罪的,依法追究刑事责任;尚不够刑事处罚的,对负有直接责任的主管人员和其他直接责任人员,依法给予行政处分:

(一)未经批准,在测绘活动中擅自采用国际坐标系统的;

(二)擅自发布中华人民共和国领域和管辖的其他海域的重要地理信息数据的。

第四十二条 违反本法规定,未取得测绘资质证书,擅自从事测绘活动的,责令停止违法行为,没收违法所得和测绘成果,并处测绘约定报酬一倍以上二倍以下的罚款。

以欺骗手段取得测绘资质证书从事测绘活动的,吊销测绘资质证书,没收违法所得和测绘成果,并处测绘约定报酬一倍以上二倍以下的罚款。

第四十三条 违反本法规定,测绘单位有下列行为之一的,责令停止违法行为,没收违法所得和测绘成果,处测绘约定报酬一倍以上二倍以下的罚款,并可以责令停业整顿或者降低资质等级;情节严重的,吊销测绘资质证书:

(一)超越资质等级许可的范围从事测绘活动的;

(二)以其他测绘单位的名义从事测绘活动的;

(三)允许其他单位以本单位的名义从事测绘活动的。

第四十四条　违反本法规定,测绘项目的发包单位将测绘项目发包给不具有相应资质等级的测绘单位或者迫使测绘单位以低于测绘成本承包的,责令改正,可以处测绘约定报酬二倍以下的罚款。发包单位的工作人员利用职务上的便利,索取他人财物或者非法收受他人财物,为他人谋取利益,构成犯罪的,依法追究刑事责任;尚不够刑事处罚的,依法给予行政处分。

第四十五条　违反本法规定,测绘单位将测绘项目转包的,责令改正,没收违法所得,处测绘约定报酬一倍以上二倍以下的罚款,并可以责令停业整顿或者降低资质等级;情节严重的,吊销测绘资质证书。

第四十六条　违反本法规定,未取得测绘执业资格,擅自从事测绘活动的,责令停止违法行为,没收违法所得,可以并处违法所得二倍以下的罚款;造成损失的,依法承担赔偿责任。

第四十七条　违反本法规定,不汇交测绘成果资料的,责令限期汇交;逾期不汇交的,对测绘项目出资人处以重测所需费用一倍以上二倍以下的罚款;对承担国家投资的测绘项目的单位处一万元以上五万元以下的罚款,暂扣测绘资质证书,自暂扣测绘资质证书之日起六个月内仍不汇交测绘成果资料的,吊销测绘资质证书,并对负有直接责任的主管人员和其他直接责任人员依法给予行政处分。

第四十八条　违反本法规定,测绘成果质量不合格的,责令测绘单位补测或者重测;情节严重的,责令停业整顿,降低资质等级直至吊销测绘资质证书;给用户造成损失的,依法承担赔偿责任。

第四十九条　违反本法规定,编制、印刷、出版、展示、登载的地图发生错绘、漏绘、泄密,危害国家主权或者安全,损害国家利益,构成犯罪的,依法追究刑事责任;尚不够刑事处罚的,依法给予行政处罚或者行政处分。

第五十条　违反本法规定,有下列行为之一的,给予警告,责令改正,可以并处五万元以下的罚款;造成损失的,依法承担赔偿责任;构成犯罪的,依法追究刑事责任;尚不够刑事处罚的,对负有直接责任的主管人员和其他直接责任人员,依法给予行政处分:

(一)损毁或者擅自移动永久性测量标志和正在使用中的临时性测量标志的;

(二)侵占永久性测量标志用地的;

(三)在永久性测量标志安全控制范围内从事危害测量标志安全和使用效能的活动的;

(四)在测量标志占地范围内,建设影响测量标志使用效能的建筑物的;

(五)擅自拆除永久性测量标志或者使永久性测量标志失去使用效能,或者拒绝支付迁建费用的;

(六)违反操作规程使用永久性测量标志,造成永久性测量标志毁损的。

第五十一条　违反本法规定,有下列行为之一的,责令停止违法行为,没收测绘成果和测绘工具,并处一万元以上十万元以下的罚款;情节严重的,并处十万元以上五十万元以下的罚款,责令限期离境;所获取的测绘成果属于国家秘密,构成犯罪的,依法追究刑事责任:

(一)外国的组织或者个人未经批准,擅自在中华人民共和国领域和管辖的其他海域从事测绘活动的;

(二)外国的组织或者个人未与中华人民共和国有关部门或者单位合资、合作,擅自在中华人民共和国领域从事测绘活动的。

第五十二条 本法规定的降低资质等级、暂扣测绘资质证书、吊销测绘资质证书的行政处罚，由颁发资质证书的部门决定；其他行政处罚由县级以上人民政府测绘行政主管部门决定。

本法第五十一条规定的责令限期离境由公安机关决定。

第五十三条 违反本法规定，县级以上人民政府测绘行政主管部门工作人员利用职务上的便利收受他人财物、其他好处或者玩忽职守，对不符合法定条件的单位核发测绘资质证书，不依法履行监督管理职责，或者发现违法行为不予查处，造成严重后果，构成犯罪的，依法追究刑事责任；尚不够刑事处罚的，对负有直接责任的主管人员和其他直接责任人员，依法给予行政处分。

第九章 附 则

第五十四条 军事测绘管理办法由中央军事委员会根据本法规定。

第五十五条 本法自 2002 年 12 月 1 日起施行。

中华人民共和国主席令

（第 73 号）

《中华人民共和国农村土地承包法》已由中华人民共和国第九届全国人民代表大会常务委员会第二十九次会议于2002 年 8 月 29 日通过,现予公布,自 2003 年 3 月 1 日起施行。

中华人民共和国主席　江泽民

2002 年 8 月 29 日

中华人民共和国农村土地承包法

（2002 年 8 月 29 日第九届全国人民代表大会常务委员会第二十九次会议通过）

第一章　总　　则

第一条　为稳定和完善以家庭承包经营为基础、统分结合的双层经营体制,赋予农民长期而有保障的土地使用权,维护农村土地承包当事人的合法权益,促进农业、农村经济发展和农村社会稳定,根据宪法,制定本法。

第二条　法所称农村土地,是指农民集体所有和国家所有依法由农民集体使用的耕地、林地、草地,以及其他依法用于农业的土地。

第三条　家实行农村土地承包经营制度。

农村土地承包采取农村集体经济组织内部的家庭承包方式,不宜采取家庭承包方式的荒山、荒沟、荒丘、荒滩等农村土地,可以采取招标、拍卖、公开协商等方式承包。

第四条　国家依法保护农村土地承包关系的长期稳定。

农村土地承包后,土地的所有权性质不变。承包地不得买卖。

第五条　农村集体经济组织成员有权依法承包由本集体经济组织发包的农村土地。

任何组织和个人不得剥夺和非法限制农村集体经济组织成员承包土地的权利。

第六条　农村土地承包,妇女与男子享有平等的权利。承包中应当保护妇女的合法权益,任何组织和个人不得剥夺、侵害妇女应当享有的土地承包经营权。

第七条　农村土地承包应当坚持公开、公平、公正的原则,正确处理国家、集体、个人三者的利益关系。

第八条　农村土地承包应当遵守法律、法规,保护土地资源的合理开发和可持续利用。未经依法批准不得将承包地用于非农建设。

国家鼓励农民和农村集体经济组织增加对土地的投入,培肥地力,提高农业生产能力。

第九条　国家保护集体土地所有者的合法权益,保护承包方的土地承包经营权,任何组织和个人不得侵犯。

第十条 国家保护承包方依法、自愿、有偿地进行土地承包经营权流转。

第十一条 国务院农业、林业行政主管部门分别依照国务院规定的职责负责全国农村土地承包及承包合同管理的指导。县级以上地方人民政府农业、林业等行政主管部门分别依照各自职责,负责本行政区域内农村土地承包及承包合同管理。乡(镇)人民政府负责本行政区域内农村土地承包及承包合同管理。

第二章 家庭承包

第一节 发包方和承包方的权利和义务

第十二条 农民集体所有的土地依法属于村农民集体所有的,由村集体经济组织或者村民委员会发包;已经分别属于村内两个以上农村集体经济组织的农民集体所有的,由村内各该农村集体经济组织或者村民小组发包。村集体经济组织或者村民委员会发包的,不得改变村内各集体经济组织农民集体所有的土地的所有权。

国家所有依法由农民集体使用的农村土地,由使用该土地的农村集体经济组织、村民委员会或者村民小组发包。

第十三条 发包方享有下列权利:

(一)发包本集体所有的或者国家所有依法由本集体使用的农村土地;

(二)监督承包方依照承包合同约定的用途合理利用和保护土地;

(三)制止承包方损害承包地和农业资源的行为;

(四)法律、行政法规规定的其他权利。

第十四条 发包方承担下列义务:

(一)维护承包方的土地承包经营权,不得非法变更、解除承包合同;

(二)尊重承包方的生产经营自主权,不得干涉承包方依法进行正常的生产经营活动;

(三)依照承包合同约定为承包方提供生产、技术、信息等服务;

(四)执行县、乡(镇)土地利用总体规划,组织本集体经济组织内的农业基础设施建设;

(五)法律、行政法规规定的其他义务。

第十五条 家庭承包的承包方是本集体经济组织的农户。

第十六条 承包方享有下列权利:

(一)依法享有承包地使用、收益和土地承包经营权流转的权利,有权自主组织生产经营和处置产品;

(二)承包地被依法征用、占用的,有权依法获得相应的补偿;

(三)法律、行政法规规定的其他权利。

第十七条 承包方承担下列义务:

(一)维持土地的农业用途,不得用于非农建设;

(二)依法保护和合理利用土地,不得给土地造成永久性损害;

(三)法律、行政法规规定的其他义务。

第二节 承包的原则和程序

第十八条 土地承包应当遵循以下原则:

(一)按照规定统一组织承包时,本集体经济组织成员依法平等地行使承包土地的权利,也可以自愿放弃承包土地的权利;

(二)民主协商,公平合理;

(三)承包方案应当按照本法第十二条的规定,依法经本集体经济组织成员的村民会议三分之二以上成员或者三分之二以上村民代表的同意;

(四)承包程序合法。

第十九条　土地承包应当按照以下程序进行:

(一)本集体经济组织成员的村民会议选举产生承包工作小组;

(二)承包工作小组依照法律、法规的规定拟订并公布承包方案;

(三)依法召开本集体经济组织成员的村民会议,讨论通过承包方案;

(四)公开组织实施承包方案;

(五)签订承包合同。

第三节　承包期限和承包合同

第二十条　耕地的承包期为三十年。草地的承包期为三十年至五十年。林地的承包期为三十年至七十年;特殊林木的林地承包期,经国务院林业行政主管部门批准可以延长。

第二十一条　发包方应当与承包方签订书面承包合同。

承包合同一般包括以下条款:

(一)发包方、承包方的名称,发包方负责人和承包方代表的姓名、住所;

(二)承包土地的名称、坐落、面积、质量等级;

(三)承包期限和起止日期;

(四)承包土地的用途;

(五)发包方和承包方的权利和义务;

(六)违约责任。

第二十二条　承包合同自成立之日起生效。承包方自承包合同生效时取得土地承包经营权。

第二十三条　县级以上地方人民政府应当向承包方颁发土地承包经营权证或者林权证等证书,并登记造册,确认土地承包经营权。

颁发土地承包经营权证或者林权证等证书,除按规定收取证书工本费外,不得收取其他费用。

第二十四条　承包合同生效后,发包方不得因承办人或者负责人的变动而变更或者解除,也不得因集体经济组织的分立或者合并而变更或者解除。

第二十五条　国家机关及其工作人员不得利用职权干涉农村土地承包或者变更、解除承包合同。

第四节　土地承包经营权的保护

第二十六条　承包期内,发包方不得收回承包地。

承包期内,承包方全家迁入小城镇落户的,应当按照承包方的意愿,保留其土地承包经营权或者允许其依法进行土地承包经营权流转。

承包期内,承包方全家迁入设区的市,转为非农业户口的,应当将承包的耕地和草地交回发包方。承包方不交回的,发包方可以收回承包的耕地和草地。

承包期内,承包方交回承包地或者发包方依法收回承包地时,承包方对其在承包地上投入而提高土地生产能力的,有权获得相应的补偿。

第二十七条 承包期内,发包方不得调整承包地。

承包期内,因自然灾害严重毁损承包地等特殊情形对个别农户之间承包的耕地和草地需要适当调整的,必须经本集体经济组织成员的村民会议三分之二以上成员或者三分之二以上村民代表的同意,并报乡(镇)人民政府和县级人民政府农业等行政主管部门批准。承包合同中约定不得调整的,按照其约定。

第二十八条 下列土地应当用于调整承包土地或者承包给新增人口:

(一)集体经济组织依法预留的机动地;

(二)通过依法开垦等方式增加的;

(三)承包方依法、自愿交回的。

第二十九条 承包期内,承包方可以自愿将承包地交回发包方。承包方自愿交回承包地的,应当提前半年以书面形式通知发包方。承包方在承包期内交回承包地的,在承包期内不得再要求承包土地。

第三十条 承包期内,妇女结婚,在新居住地未取得承包地的,发包方不得收回其原承包地;妇女离婚或者丧偶,仍在原居住地生活或者不在原居住地生活但在新居住地未取得承包地的,发包方不得收回其原承包地。

第三十一条 承包人应得的承包收益,依照继承法的规定继承。

林地承包的承包人死亡,其继承人可以在承包期内继续承包。

第五节 土地承包经营权的流转

第三十二条 通过家庭承包取得的土地承包经营权可以依法采取转包、出租、互换、转让或者其他方式流转。

第三十三条 土地承包经营权流转应当遵循以下原则:

(一)平等协商、自愿、有偿,任何组织和个人不得强迫或者阻碍承包方进行土地承包经营权流转;

(二)不得改变土地所有权的性质和土地的农业用途;

(三)流转的期限不得超过承包期的剩余期限;

(四)受让方须有农业经营能力;

(五)在同等条件下,本集体经济组织成员享有优先权。

第三十四条 土地承包经营权流转的主体是承包方。承包方有权依法自主决定土地承包经营权是否流转和流转的方式。

第三十五条 承包期内,发包方不得单方面解除承包合同,不得假借少数服从多数强迫承包方放弃或者变更土地承包经营权,不得以划分“口粮田”和“责任田”等为由收回承包地搞招标承包,不得将承包地收回抵顶欠款。

第三十六条 土地承包经营权流转的转包费、租金、转让费等,应当由当事人双方协商确定。流转的收益归承包方所有,任何组织和个人不得擅自截留、扣缴。

第三十七条 土地承包经营权采取转包、出租、互换、转让或者其他方式流转,当事人双方应当签订书面合同。采取转让方式流转的,应当经发包方同意;采取转包、出租、互换或者其他方式流转的,应当报发包方备案。

土地承包经营权流转合同一般包括以下条款:

(一)双方当事人的姓名、住所;

(二)流转土地的名称、坐落、面积、质量等级;

(三)流转的期限和起止日期;

(四)流转土地的用途;

(五)双方当事人的权利和义务;

(六)流转价款及支付方式;

(七)违约责任。

第三十八条　土地承包经营权采取互换、转让方式流转,当事人要求登记的,应当向县级以上地方人民政府申请登记。未经登记,不得对抗善意第三人。

第三十九条　承包方可以在一定期限内将部分或者全部土地承包经营权转包或者出租给第三方,承包方与发包方的承包关系不变。

承包方将土地交由他人代耕不超过一年的,可以不签订书面合同。

第四十条　承包方之间为方便耕种或者各自需要,可以对属于同一集体经济组织的土地的土地承包经营权进行互换。

第四十一条　承包方有稳定的非农职业或者有稳定的收入来源的,经发包方同意,可以将全部或者部分土地承包经营权转让给其他从事农业生产经营的农户,由该农户同发包方确立新的承包关系,原承包方与发包方在该土地上的承包关系即行终止。

第四十二条　承包方之间为发展农业经济,可以自愿联合将土地承包经营权入股,从事农业合作生产。

第四十三条　承包方对其在承包地上投入而提高土地生产能力的,土地承包经营权依法流转时有权获得相应的补偿。

第三章　其他方式的承包

第四十四条　不宜采取家庭承包方式的荒山、荒沟、荒丘、荒滩等农村土地,通过招标、拍卖、公开协商等方式承包的,适用本章规定。

第四十五条　以其他方式承包农村土地的,应当签订承包合同。当事人的权利和义务、承包期限等,由双方协商确定。以招标、拍卖方式承包的,承包费通过公开竞标、竞价确定;以公开协商等方式承包的,承包费由双方议定。

第四十六条　荒山、荒沟、荒丘、荒滩等可以直接通过招标、拍卖、公开协商等方式实行承包经营,也可以将土地承包经营权折股分给本集体经济组织成员后,再实行承包经营或者股份合作经营。

承包荒山、荒沟、荒丘、荒滩的,应当遵守有关法律、行政法规的规定,防止水土流失,保护生态环境。

第四十七条　以其他方式承包农村土地,在同等条件下,本集体经济组织成员享有优先承包权。

第四十八条　发包方将农村土地发包给本集体经济组织以外的单位或者个人承包,应当事先经本集体经济组织成员的村民会议三分之二以上成员或者三分之二以上村民代表的同意,并报乡(镇)人民政府批准。

由本集体经济组织以外的单位或者个人承包的,应当对承包方的资信情况和经营能力进行审查后,再签订承包合同。

第四十九条 通过招标、拍卖、公开协商等方式承包农村土地,经依法登记取得土地承包经营权证或者林权证等证书的,其土地承包经营权可以依法采取转让、出租、入股、抵押或者其他方式流转。

第五十条 土地承包经营权通过招标、拍卖、公开协商等方式取得的,该承包人死亡,其应得的承包收益,依照继承法的规定继承;在承包期内,其继承人可以继续承包。

第四章 争议的解决和法律责任

第五十一条 因土地承包经营发生纠纷的,双方当事人可以通过协商解决,也可以请求村民委员会、乡(镇)人民政府等调解解决。

当事人不愿协商、调解或者协商、调解不成的,可以向农村土地承包仲裁机构申请仲裁,也可以直接向人民法院起诉。

第五十二条 当事人对农村土地承包仲裁机构的仲裁裁决不服的,可以在收到裁决书之日起三十日内向人民法院起诉。逾期不起诉的,裁决书即发生法律效力。

第五十三条 任何组织和个人侵害承包方的土地承包经营权的,应当承担民事责任。

第五十四条 发包方有下列行为之一的,应当承担停止侵害、返还原物、恢复原状、排除妨害、消除危险、赔偿损失等民事责任:

(一)干涉承包方依法享有的生产经营自主权;

(二)违反本法规定收回、调整承包地;

(三)强迫或者阻碍承包方进行土地承包经营权流转;

(四)假借少数服从多数强迫承包方放弃或者变更土地承包经营权而进行土地承包经营权流转;

(五)以划分"口粮田"和"责任田"等为由收回承包地搞招标承包;

(六)将承包地收回抵顶欠款;

(七)剥夺、侵害妇女依法享有的土地承包经营权;

(八)其他侵害土地承包经营权的行为。

第五十五条 承包合同中违背承包方意愿或者违反法律、行政法规有关不得收回、调整承包地等强制性规定的约定无效。

第五十六条 当事人一方不履行合同义务或者履行义务不符合约定的,应当依照《中华人民共和国合同法》的规定承担违约责任。

第五十七条 任何组织和个人强迫承包方进行土地承包经营权流转的,该流转无效。

第五十八条 任何组织和个人擅自截留、扣缴土地承包经营权流转收益的,应当退还。

第五十九条 违反土地管理法规,非法征用、占用土地或者贪污、挪用土地征用补偿费用,构成犯罪的,依法追究刑事责任;造成他人损害的,应当承担损害赔偿等责任。

第六十条 承包方违法将承包地用于非农建设的,由县级以上地方人民政府有关行政主管部门依法予以处罚。

承包方给承包地造成永久性损害的,发包方有权制止,并有权要求承包方赔偿由此造成的损失。

第六十一条　国家机关及其工作人员有利用职权干涉农村土地承包,变更、解除承包合同,干涉承包方依法享有的生产经营自主权,或者强迫、阻碍承包方进行土地承包经营权流转等侵害土地承包经营权的行为,给承包方造成损失的,应当承担损害赔偿等责任;情节严重的,由上级机关或者所在单位给予直接责任人员行政处分;构成犯罪的,依法追究刑事责任。

第五章　附　　则

第六十二条　本法实施前已经按照国家有关农村土地承包的规定承包,包括承包期限长于本法规定的,本法实施后继续有效,不得重新承包土地。未向承包方颁发土地承包经营权证或者林权证等证书的,应当补发证书。

第六十三条　本法实施前已经预留机动地的,机动地面积不得超过本集体经济组织耕地总面积的百分之五。不足百分之五的,不得再增加机动地。

本法实施前未留机动地的,本法实施后不得再留机动地。

第六十四条　各省、自治区、直辖市人民代表大会常务委员会可以根据本法,结合本行政区域的实际情况,制定实施办法。

第六十五条　本法自2003年3月1日起施行。

中华人民共和国主席令

（第 76 号）

《中华人民共和国文物保护法》已由中华人民共和国第九届全国人民代表大会常务委员会第三十次会议于 2002 年 10 月 28 日修订通过，现将修订后的《中华人民共和国文物保护法》公布，自公布之日起施行。

中华人民共和国主席　江泽民

2002 年 10 月 28 日

中华人民共和国文物保护法

（2002 年 10 月 28 日第九届全国人民代表大会常务委员会第三十次会议通过）

第一章　总　　则

第一条　为了加强对文物的保护，继承中华民族优秀的历史文化遗产，促进科学研究工作，进行爱国主义和革命传统教育，建设社会主义精神文明和物质文明，根据宪法，制定本法。

第二条　在中华人民共和国境内，下列文物受国家保护：

（一）具有历史、艺术、科学价值的古文化遗址、古墓葬、古建筑、石窟寺和石刻、壁画；

（二）与重大历史事件、革命运动或者著名人物有关的以及具有重要纪念意义、教育意义或者史料价值的近代现代重要史迹、实物、代表性建筑；

（三）历史上各时代珍贵的艺术品、工艺美术品；

（四）历史上各时代重要的文献资料以及具有历史、艺术、科学价值的手稿和图书资料等；

（五）反映历史上各时代、各民族社会制度、社会生产、社会生活的代表性实物。

文物认定的标准和办法由国务院文物行政部门制定，并报国务院批准。

具有科学价值的古脊椎动物化石和古人类化石同文物一样受国家保护。

第三条　古文化遗址、古墓葬、古建筑、石窟寺、石刻、壁画、近代现代重要史迹和代表性建筑等不可移动文物，根据它们的历史、艺术、科学价值，可以分别确定为全国重点文物保护单位，省级文物保护单位，市、县级文物保护单位。

历史上各时代重要实物、艺术品、文献、手稿、图书资料、代表性实物等可移动文物，分为珍贵文物和一般文物；珍贵文物分为一级文物、二级文物、三级文物。

第四条　文物工作贯彻保护为主、抢救第一、合理利用、加强管理的方针。

第五条　中华人民共和国境内地下、内水和领海中遗存的一切文物，属于国家所有。

古文化遗址、古墓葬、石窟寺属于国家所有。国家指定保护的纪念建筑物、古建筑、石刻、壁画、近代现代代表性建筑等不可移动文物，除国家另有规定的以外，属于国家所有。

国有不可移动文物的所有权不因其所依附的土地所有权或者使用权的改变而改变。

下列可移动文物，属于国家所有：

（一）中国境内出土的文物，国家另有规定的除外；

（二）国有文物收藏单位以及其他国家机关、部队和国有企业、事业组织等收藏、保管的文物；

（三）国家征集、购买的文物；

（四）公民、法人和其他组织捐赠给国家的文物；

（五）法律规定属于国家所有的其他文物。

属于国家所有的可移动文物的所有权不因其保管、收藏单位的终止或者变更而改变。

国有文物所有权受法律保护，不容侵犯。

第六条　属于集体所有和私人所有的纪念建筑物、古建筑和祖传文物以及依法取得的其他文物，其所有权受法律保护。文物的所有者必须遵守国家有关文物保护的法律、法规的规定。

第七条　一切机关、组织和个人都有依法保护文物的义务。

第八条　国务院文物行政部门主管全国文物保护工作。

地方各级人民政府负责本行政区域内的文物保护工作。县级以上地方人民政府承担文物保护工作的部门对本行政区域内的文物保护实施监督管理。

县级以上人民政府有关行政部门在各自的职责范围内，负责有关的文物保护工作。

第九条　各级人民政府应当重视文物保护，正确处理经济建设、社会发展与文物保护的关系，确保文物安全。

基本建设、旅游发展必须遵守文物保护工作的方针，其活动不得对文物造成损害。

公安机关、工商行政管理部门、海关、城乡建设规划部门和其他有关国家机关，应当依法认真履行所承担的保护文物的职责，维护文物管理秩序。

第十条　国家发展文物保护事业。县级以上人民政府应当将文物保护事业纳入本级国民经济和社会发展规划，所需经费列入本级财政预算。

国家用于文物保护的财政拨款随着财政收入增长而增加。

国有博物馆、纪念馆、文物保护单位等的事业性收入，专门用于文物保护，任何单位或者个人不得侵占、挪用。

国家鼓励通过捐赠等方式设立文物保护社会基金，专门用于文物保护，任何单位或者个人不得侵占、挪用。

第十一条　文物是不可再生的文化资源。国家加强文物保护的宣传教育，增强全民文物保护的意识，鼓励文物保护的科学研究，提高文物保护的科学技术水平。

第十二条　有下列事迹的单位或者个人，由国家给予精神鼓励或者物质奖励：

（一）认真执行文物保护法律、法规，保护文物成绩显著的；

（二）为保护文物与违法犯罪行为作坚决斗争的；

（三）将个人收藏的重要文物捐献给国家或者为文物保护事业作出捐赠的；

（四）发现文物及时上报或者上交，使文物得到保护的；

（五）在考古发掘工作中作出重大贡献的；

（六）在文物保护科学技术方面有重要发明创造或者其他重要贡献的；

（七）在文物面临破坏危险时，抢救文物有功的；

（八）长期从事文物工作，作出显著成绩的。

第二章　不可移动文物

第十三条　国务院文物行政部门在省级、市、县级文物保护单位中，选择具有重大历史、艺术、科学价值的确定为全国重点文物保护单位，或者直接确定为全国重点文物保护单位，报国务院核定公布。

省级文物保护单位，由省、自治区、直辖市人民政府核定公布，并报国务院备案。

市级和县级文物保护单位，分别由设区的市、自治州和县级人民政府核定公布，并报省、自治区、直辖市人民政府备案。

尚未核定公布为文物保护单位的不可移动文物，由县级人民政府文物行政部门予以登记并公布。

第十四条　保存文物特别丰富并且具有重大历史价值或者革命纪念意义的城市，由国务院核定公布为历史文化名城。

保存文物特别丰富并且具有重大历史价值或者革命纪念意义的城镇、街道、村庄，由省、自治区、直辖市人民政府核定公布为历史文化街区、村镇，并报国务院备案。

历史文化名城和历史文化街区、村镇所在地的县级以上地方人民政府应当组织编制专门的历史文化名城和历史文化街区、村镇保护规划，并纳入城市总体规划。

历史文化名城和历史文化街区、村镇的保护办法，由国务院制定。

第十五条　各级文物保护单位，分别由省、自治区、直辖市人民政府和市、县级人民政府划定必要的保护范围，作出标志说明，建立记录档案，并区别情况分别设置专门机构或者专人负责管理。全国重点文物保护单位的保护范围和记录档案，由省、自治区、直辖市人民政府文物行政部门报国务院文物行政部门备案。

县级以上地方人民政府文物行政部门应当根据不同文物的保护需要，制定文物保护单位和未核定为文物保护单位的不可移动文物的具体保护措施，并公告施行。

第十六条　各级人民政府制定城乡建设规划，应当根据文物保护的需要，事先由城乡建设规划部门会同文物行政部门商定对本行政区域内各级文物保护单位的保护措施，并纳入规划。

第十七条　文物保护单位的保护范围内不得进行其他建设工程或者爆破、钻探、挖掘等作业。但是，因特殊情况需要在文物保护单位的保护范围内进行其他建设工程或者爆破、钻探、挖掘等作业的，必须保证文物保护单位的安全，并经核定公布该文物保护单位的人民政府批准，在批准前应当征得上一级人民政府文物行政部门同意；在全国重点文物保护单位的保护范围内进行其他建设工程或者爆破、钻探、挖掘等作业的，必须经省、自治区、直辖市人民政府批准，在批准前应当征得国务院文物行政部门同意。

第十八条　根据保护文物的实际需要，经省、自治区、直辖市人民政府批准，可以在文物保护单位的周围划出一定的建设控制地带，并予以公布。

在文物保护单位的建设控制地带内进行建设工程，不得破坏文物保护单位的历史风貌；工程设计方案应当根据文物保护单位的级别，经相应的文物行政部门同意后，报城乡建设规划部门批准。

第十九条　在文物保护单位的保护范围和建设控制地带内，不得建设污染文物保护单位及其环境的设施，不得进行可能影响文物保护单位安全及其环境的活动。对已有的污染文物保护单位及其环境的设施,应当限期治理。

第二十条　建设工程选址,应当尽可能避开不可移动文物;因特殊情况不能避开的,对文物保护单位应当尽可能实施原址保护。

实施原址保护的,建设单位应当事先确定保护措施,根据文物保护单位的级别报相应的文物行政部门批准,并将保护措施列入可行性研究报告或者设计任务书。

无法实施原址保护,必须迁移异地保护或者拆除的,应当报省、自治区、直辖市人民政府批准;迁移或者拆除省级文物保护单位的,批准前须征得国务院文物行政部门同意。全国重点文物保护单位不得拆除;需要迁移的,须由省、自治区、直辖市人民政府报国务院批准。

依照前款规定拆除的国有不可移动文物中具有收藏价值的壁画、雕塑、建筑构件等,由文物行政部门指定的文物收藏单位收藏。

本条规定的原址保护、迁移、拆除所需费用,由建设单位列入建设工程预算。

第二十一条　国有不可移动文物由使用人负责修缮、保养;非国有不可移动文物由所有人负责修缮、保养。非国有不可移动文物有损毁危险,所有人不具备修缮能力的,当地人民政府应当给予帮助;所有人具备修缮能力而拒不依法履行修缮义务的,县级以上人民政府可以给予抢救修缮,所需费用由所有人负担。

对文物保护单位进行修缮,应当根据文物保护单位的级别报相应的文物行政部门批准;对未核定为文物保护单位的不可移动文物进行修缮,应当报登记的县级人民政府文物行政部门批准。

文物保护单位的修缮、迁移、重建,由取得文物保护工程资质证书的单位承担。

对不可移动文物进行修缮、保养、迁移,必须遵守不改变文物原状的原则。

第二十二条　不可移动文物已经全部毁坏的,应当实施遗址保护,不得在原址重建。但是,因特殊情况需要在原址重建的,由省、自治区、直辖市人民政府文物行政部门征得国务院文物行政部门同意后,报省、自治区、直辖市人民政府批准;全国重点文物保护单位需要在原址重建的,由省、自治区、直辖市人民政府报国务院批准。

第二十三条　核定为文物保护单位的属于国家所有的纪念建筑物或者古建筑,除可以建立博物馆、保管所或者辟为参观游览场所外,如果必须作其他用途的,应当经核定公布该文物保护单位的人民政府文物行政部门征得上一级文物行政部门同意后,报核定公布该文物保护单位的人民政府批准;全国重点文物保护单位作其他用途的,应当由省、自治区、直辖市人民政府报国务院批准。国有未核定为文物保护单位的不可移动文物作其他用途的,应当报告县级人民政府文物行政部门。

第二十四条　国有不可移动文物不得转让、抵押。建立博物馆、保管所或者辟为参观游览场所的国有文物保护单位,不得作为企业资产经营。

第二十五条　非国有不可移动文物不得转让、抵押给外国人。

非国有不可移动文物转让、抵押或者改变用途的,应当根据其级别报相应的文物行政部门备案;由当地人民政府出资帮助修缮的,应当报相应的文物行政部门批准。

第二十六条　使用不可移动文物,必须遵守不改变文物原状的原则,负责保护建筑物及其附属文物的安全,不得损毁、改建、添建或者拆除不可移动文物。

对危害文物保护单位安全、破坏文物保护单位历史风貌的建筑物、构筑物,当地人民政府应当及时调查处理,必要时,对该建筑物、构筑物予以拆迁。

第三章　考古发掘

第二十七条　一切考古发掘工作，必须履行报批手续；从事考古发掘的单位，应当经国务院文物行政部门批准。

地下埋藏的文物，任何单位或者个人都不得私自发掘。

第二十八条　从事考古发掘的单位，为了科学研究进行考古发掘，应当提出发掘计划，报国务院文物行政部门批准；对全国重点文物保护单位的考古发掘计划，应当经国务院文物行政部门审核后报国务院批准。国务院文物行政部门在批准或者审核前，应当征求社会科学研究机构及其他科研机构和有关专家的意见。

第二十九条　进行大型基本建设工程，建设单位应当事先报请省、自治区、直辖市人民政府文物行政部门组织从事考古发掘的单位在工程范围内有可能埋藏文物的地方进行考古调查、勘探。

考古调查、勘探中发现文物的，由省、自治区、直辖市人民政府文物行政部门根据文物保护的要求会同建设单位共同商定保护措施；遇有重要发现的，由省、自治区、直辖市人民政府文物行政部门及时报国务院文物行政部门处理。

第三十条　需要配合建设工程进行的考古发掘工作，应当由省、自治区、直辖市文物行政部门在勘探工作的基础上提出发掘计划，报国务院文物行政部门批准。国务院文物行政部门在批准前，应当征求社会科学研究机构及其他科研机构和有关专家的意见。

确因建设工期紧迫或者有自然破坏危险，对古文化遗址、古墓葬急需进行抢救发掘的，由省、自治区、直辖市人民政府文物行政部门组织发掘，并同时补办审批手续。

第三十一条　凡因进行基本建设和生产建设需要的考古调查、勘探、发掘，所需费用由建设单位列入建设工程预算。

第三十二条　在进行建设工程或者在农业生产中，任何单位或者个人发现文物，应当保护现场，立即报告当地文物行政部门，文物行政部门接到报告后，如无特殊情况，应当在二十四小时内赶赴现场，并在七日内提出处理意见。文物行政部门可以报请当地人民政府通知公安机关协助保护现场；发现重要文物的，应当立即上报国务院文物行政部门，国务院文物行政部门应当在接到报告后十五日内提出处理意见。

依照前款规定发现的文物属于国家所有，任何单位或者个人不得哄抢、私分、藏匿。

第三十三条　非经国务院文物行政部门报国务院特别许可，任何外国人或者外国团体不得在中华人民共和国境内进行考古调查、勘探、发掘。

第三十四条　考古调查、勘探、发掘的结果，应当报告国务院文物行政部门和省、自治区、直辖市人民政府文物行政部门。

考古发掘的文物，应当登记造册，妥善保管，按照国家有关规定移交给由省、自治区、直辖市人民政府文物行政部门或者国务院文物行政部门指定的国有博物馆、图书馆或者其他国有收藏文物的单位收藏。经省、自治区、直辖市人民政府文物行政部门或者国务院文物行政部门批准，从事考古发掘的单位可以保留少量出土文物作为科研标本。

考古发掘的文物，任何单位或者个人不得侵占。

第三十五条　根据保证文物安全、进行科学研究和充分发挥文物作用的需要，省、自治区、直辖市人民政府文物行政部门经本级人民政府批准，可以调用本行政区域内的出土文物；国务院文物行政部门经国务院批准,可以调用全国的重要出土文物。

第四章　馆藏文物

第三十六条　博物馆、图书馆和其他文物收藏单位对收藏的文物,必须区分文物等级,设置藏品档案,建立严格的管理制度,并报主管的文物行政部门备案。

县级以上地方人民政府文物行政部门应当分别建立本行政区域内的馆藏文物档案;国务院文物行政部门应当建立国家一级文物藏品档案和其主管的国有文物收藏单位馆藏文物档案。

第三十七条　文物收藏单位可以通过下列方式取得文物:

(一)购买;

(二)接受捐赠;

(三)依法交换;

(四)法律、行政法规规定的其他方式。

国有文物收藏单位还可以通过文物行政部门指定保管或者调拨方式取得文物。

第三十八条　文物收藏单位应当根据馆藏文物的保护需要,按照国家有关规定建立、健全管理制度,并报主管的文物行政部门备案。未经批准,任何单位或者个人不得调取馆藏文物。

文物收藏单位的法定代表人对馆藏文物的安全负责。国有文物收藏单位的法定代表人离任时,应当按照馆藏文物档案办理馆藏文物移交手续。

第三十九条　国务院文物行政部门可以调拨全国的国有馆藏文物。省、自治区、直辖市人民政府文物行政部门可以调拨本行政区域内其主管的国有文物收藏单位馆藏文物;调拨国有馆藏一级文物,应当报国务院文物行政部门备案。

国有文物收藏单位可以申请调拨国有馆藏文物。

第四十条　文物收藏单位应当充分发挥馆藏文物的作用,通过举办展览、科学研究等活动,加强对中华民族优秀的历史文化和革命传统的宣传教育。

国有文物收藏单位之间因举办展览、科学研究等需借用馆藏文物的,应当报主管的文物行政部门备案;借用馆藏一级文物,应当经国务院文物行政部门批准。

非国有文物收藏单位和其他单位举办展览需借用国有馆藏文物的,应当报主管的文物行政部门批准;借用国有馆藏一级文物,应当经国务院文物行政部门批准。

文物收藏单位之间借用文物的最长期限不得超过三年。

第四十一条　已经建立馆藏文物档案的国有文物收藏单位,经省、自治区、直辖市人民政府文物行政部门批准,并报国务院文物行政部门备案,其馆藏文物可以在国有文物收藏单位之间交换;交换馆藏一级文物的,必须经国务院文物行政部门批准。

第四十二条　未建立馆藏文物档案的国有文物收藏单位,不得依照本法第四十条、第四十一条的规定处置其馆藏文物。

第四十三条　依法调拨、交换、借用国有馆藏文物,取得文物的文物收藏单位可以对提供文物的文物收藏单位给予合理补偿,具体管理办法由国务院文物行政部门制定。

国有文物收藏单位调拨、交换、出借文物所得的补偿费用,必须用于改善文物的收藏条件和收集新的文物,不得挪作他用;任何单位或者个人不得侵占。

调拨、交换、借用的文物必须严格保管,不得丢失、损毁。

第四十四条 禁止国有文物收藏单位将馆藏文物赠与、出租或者出售给其他单位、个人。

第四十五条 国有文物收藏单位不再收藏的文物的处置办法,由国务院另行制定。

第四十六条 修复馆藏文物,不得改变馆藏文物的原状;复制、拍摄、拓印馆藏文物,不得对馆藏文物造成损害。具体管理办法由国务院制定。

不可移动文物的单体文物的修复、复制、拍摄、拓印,适用前款规定。

第四十七条 博物馆、图书馆和其他收藏文物的单位应当按照国家有关规定配备防火、防盗、防自然损坏的设施,确保馆藏文物的安全。

第四十八条 馆藏一级文物损毁的,应当报国务院文物行政部门核查处理。其他馆藏文物损毁的,应当报省、自治区、直辖市人民政府文物行政部门核查处理;省、自治区、直辖市人民政府文物行政部门应当将核查处理结果报国务院文物行政部门备案。

馆藏文物被盗、被抢或者丢失的,文物收藏单位应当立即向公安机关报案,并同时向主管的文物行政部门报告。

第四十九条 文物行政部门和国有文物收藏单位的工作人员不得借用国有文物,不得非法侵占国有文物。

第五章 民间收藏文物

第五十条 文物收藏单位以外的公民、法人和其他组织可以收藏通过下列方式取得的文物:

(一)依法继承或者接受赠与;

(二)从文物商店购买;

(三)从经营文物拍卖的拍卖企业购买;

(四)公民个人合法所有的文物相互交换或者依法转让;

(五)国家规定的其他合法方式。

文物收藏单位以外的公民、法人和其他组织收藏的前款文物可以依法流通。

第五十一条 公民、法人和其他组织不得买卖下列文物:

(一)国有文物,但是国家允许的除外;

(二)非国有馆藏珍贵文物;

(三)国有不可移动文物中的壁画、雕塑、建筑构件等,但是依法拆除的国有不可移动文物中的壁画、雕塑、建筑构件等不属于本法第二十条第四款规定的应由文物收藏单位收藏的除外;

(四)来源不符合本法第五十条规定的文物。

第五十二条 国家鼓励文物收藏单位以外的公民、法人和其他组织将其收藏的文物捐赠给国有文物收藏单位或者出借给文物收藏单位展览和研究。

国有文物收藏单位应当尊重并按照捐赠人的意愿,对捐赠的文物妥善收藏、保管和展示。

国家禁止出境的文物,不得转让、出租、质押给外国人。

第五十三条 文物商店应当由国务院文物行政部门或者省、自治区、直辖市人民政府文物行政部门批准设立,依法进行管理。

文物商店不得从事文物拍卖经营活动,不得设立经营文物拍卖的拍卖企业。

第五十四条 依法设立的拍卖企业经营文物拍卖的,应当取得国务院文物行政部门颁发的文物拍卖许可证。

经营文物拍卖的拍卖企业不得从事文物购销经营活动,不得设立文物商店。

第五十五条　文物行政部门的工作人员不得举办或者参与举办文物商店或者经营文物拍卖的拍卖企业。

文物收藏单位不得举办或者参与举办文物商店或者经营文物拍卖的拍卖企业。

禁止设立中外合资、中外合作和外商独资的文物商店或者经营文物拍卖的拍卖企业。

除经批准的文物商店、经营文物拍卖的拍卖企业外,其他单位或者个人不得从事文物的商业经营活动。

第五十六条　文物商店销售的文物,在销售前应当经省、自治区、直辖市人民政府文物行政部门审核;对允许销售的,省、自治区、直辖市人民政府文物行政部门应当作出标识。

拍卖企业拍卖的文物,在拍卖前应当经省、自治区、直辖市人民政府文物行政部门审核,并报国务院文物行政部门备案;省、自治区、直辖市人民政府文物行政部门不能确定是否可以拍卖的,应当报国务院文物行政部门审核。

第五十七条　文物商店购买、销售文物,拍卖企业拍卖文物,应当按照国家有关规定作出记录,并报原审核的文物行政部门备案。

拍卖文物时,委托人、买受人要求对其身份保密的,文物行政部门应当为其保密;但是,法律、行政法规另有规定的除外。

第五十八条　文物行政部门在审核拟拍卖的文物时,可以指定国有文物收藏单位优先购买其中的珍贵文物。购买价格由文物收藏单位的代表与文物的委托人协商确定。

第五十九条　银行、冶炼厂、造纸厂以及废旧物资回收单位,应当与当地文物行政部门共同负责拣选掺杂在金银器和废旧物资中的文物。拣选文物除供银行研究所必需的历史货币可以由人民银行留用外,应当移交当地文物行政部门。移交拣选文物,应当给予合理补偿。

第六章　文物出境进境

第六十条　国有文物、非国有文物中的珍贵文物和国家规定禁止出境的其他文物,不得出境;但是依照本法规定出境展览或者因特殊需要经国务院批准出境的除外。

第六十一条　文物出境,应当经国务院文物行政部门指定的文物进出境审核机构审核。经审核允许出境的文物,由国务院文物行政部门发给文物出境许可证,从国务院文物行政部门指定的口岸出境。

任何单位或者个人运送、邮寄、携带文物出境,应当向海关申报;海关凭文物出境许可证放行。

第六十二条　文物出境展览,应当报国务院文物行政部门批准;一级文物超过国务院规定数量的,应当报国务院批准。

一级文物中的孤品和易损品,禁止出境展览。

出境展览的文物出境,由文物进出境审核机构审核、登记。海关凭国务院文物行政部门或者国务院的批准文件放行。出境展览的文物复进境,由原文物进出境审核机构审核查验。

第六十三条　文物临时进境,应当向海关申报,并报文物进出境审核机构审核、登记。

临时进境的文物复出境,必须经原审核、登记的文物进出境审核机构审核查验;经审核查验无误的,由国务院文物行政部门发给文物出境许可证,海关凭文物出境许可证放行。

第七章 法律责任

第六十四条 违反本法规定，有下列行为之一，构成犯罪的，依法追究刑事责任：

（一）盗掘古文化遗址、古墓葬的；

（二）故意或者过失损毁国家保护的珍贵文物的；

（三）擅自将国有馆藏文物出售或者私自送给非国有单位或者个人的；

（四）将国家禁止出境的珍贵文物私自出售或者送给外国人的；

（五）以牟利为目的倒卖国家禁止经营的文物的；

（六）走私文物的；

（七）盗窃、哄抢、私分或者非法侵占国有文物的；

（八）应当追究刑事责任的其他妨害文物管理行为。

第六十五条 违反本法规定，造成文物灭失、损毁的，依法承担民事责任。

违反本法规定，构成违反治安管理行为的，由公安机关依法给予治安管理处罚。

违反本法规定，构成走私行为，尚不构成犯罪的，由海关依照有关法律、行政法规的规定给予处罚。

第六十六条 有下列行为之一，尚不构成犯罪的，由县级以上人民政府文物主管部门责令改正，造成严重后果的，处五万元以上五十万元以下的罚款；情节严重的，由原发证机关吊销资质证书：

（一）擅自在文物保护单位的保护范围内进行建设工程或者爆破、钻探、挖掘等作业的；

（二）在文物保护单位的建设控制地带内进行建设工程，其工程设计方案未经文物行政部门同意、报城乡建设规划部门批准，对文物保护单位的历史风貌造成破坏的；

（三）擅自迁移、拆除不可移动文物的；

（四）擅自修缮不可移动文物，明显改变文物原状的；

（五）擅自在原址重建已全部毁坏的不可移动文物，造成文物破坏的；

（六）施工单位未取得文物保护工程资质证书，擅自从事文物修缮、迁移、重建的。

刻划、涂污或者损坏文物尚不严重的，或者损毁依照本法第十五条第一款规定设立的文物保护单位标志的，由公安机关或者文物所在单位给予警告，可以并处罚款。

第六十七条 在文物保护单位的保护范围内或者建设控制地带内建设污染文物保护单位及其环境的设施的，或者对已有的污染文物保护单位及其环境的设施未在规定的期限内完成治理的，由环境保护行政部门依照有关法律、法规的规定给予处罚。

第六十八条 有下列行为之一的，由县级以上人民政府文物主管部门责令改正，没收违法所得，违法所得一万元以上的，并处违法所得二倍以上五倍以下的罚款；违法所得不足一万元的，并处五千元以上二万元以下的罚款：

（一）转让或者抵押国有不可移动文物，或者将国有不可移动文物作为企业资产经营的；

（二）将非国有不可移动文物转让或者抵押给外国人的；

（三）擅自改变国有文物保护单位的用途的。

第六十九条 历史文化名城的布局、环境、历史风貌等遭到严重破坏的，由国务院撤销其历史文化名城称号；历史文化城镇、街道、村庄的布局、环境、历史风貌等遭到严重破坏的，由省、自治区、直辖市人民政府撤销其历史文化街区、村镇称号；对负有责任的主管人员和其他直接责任人员依法给予行政处分。

第七十条　有下列行为之一,尚不构成犯罪的,由县级以上人民政府文物主管部门责令改正,可以并处二万元以下的罚款,有违法所得的,没收违法所得:

(一)文物收藏单位未按照国家有关规定配备防火、防盗、防自然损坏的设施的;

(二)国有文物收藏单位法定代表人离任时未按照馆藏文物档案移交馆藏文物,或者所移交的馆藏文物与馆藏文物档案不符的;

(三)将国有馆藏文物赠与、出租或者出售给其他单位、个人的;

(四)违反本法第四十条、第四十一条、第四十五条规定处置国有馆藏文物的;

(五)违反本法第四十三条规定挪用或者侵占依法调拨、交换、出借文物所得补偿费用的。

第七十一条　买卖国家禁止买卖的文物或者将禁止出境的文物转让、出租、质押给外国人,尚不构成犯罪的,由县级以上人民政府文物主管部门责令改正,没收违法所得,违法经营额一万元以上的,并处违法经营额二倍以上五倍以下的罚款;违法经营额不足一万元的,并处五千元以上二万元以下的罚款。

第七十二条　未经许可,擅自设立文物商店、经营文物拍卖的拍卖企业,或者擅自从事文物的商业经营活动,尚不构成犯罪的,由工商行政管理部门依法予以制止,没收违法所得、非法经营的文物,违法经营额五万元以上的,并处违法经营额二倍以上五倍以下的罚款;违法经营额不足五万元的,并处二万元以上十万元以下的罚款。

第七十三条　有下列情形之一的,由工商行政管理部门没收违法所得、非法经营的文物,违法经营额五万元以上的,并处违法经营额一倍以上三倍以下的罚款;违法经营额不足五万元的,并处五千元以上五万元以下的罚款;情节严重的,由原发证机关吊销许可证书:

(一)文物商店从事文物拍卖经营活动的;

(二)经营文物拍卖的拍卖企业从事文物购销经营活动的;

(三)文物商店销售的文物、拍卖企业拍卖的文物,未经审核的;

(四)文物收藏单位从事文物的商业经营活动的。

第七十四条　有下列行为之一,尚不构成犯罪的,由县级以上人民政府文物主管部门会同公安机关追缴文物;情节严重的,处五千元以上五万元以下的罚款:

(一)发现文物隐匿不报或者拒不上交的;

(二)未按照规定移交拣选文物的。

第七十五条　有下列行为之一的,由县级以上人民政府文物主管部门责令改正:

(一)改变国有未核定为文物保护单位的不可移动文物的用途,未依照本法规定报告的;

(二)转让、抵押非国有不可移动文物或者改变其用途,未依照本法规定备案的;

(三)国有不可移动文物的使用人拒不依法履行修缮义务的;

(四)考古发掘单位未经批准擅自进行考古发掘,或者不如实报告考古发掘结果的;

(五)文物收藏单位未按照国家有关规定建立馆藏文物档案、管理制度,或者未将馆藏文物档案、管理制度备案的;

(六)违反本法第三十八条规定,未经批准擅自调取馆藏文物的;

(七)馆藏文物损毁未报文物行政部门核查处理,或者馆藏文物被盗、被抢或者丢失,文物收藏单位未及时向公安机关或者文物行政部门报告的;

(八)文物商店销售文物或者拍卖企业拍卖文物,未按照国家有关规定作出记录或者未将所作记录报文物行政部门备案的。

第七十六条 文物行政部门、文物收藏单位、文物商店、经营文物拍卖的拍卖企业的工作人员，有下列行为之一的，依法给予行政处分，情节严重的，依法开除公职或者吊销其从业资格；构成犯罪的，依法追究刑事责任：

（一）文物行政部门的工作人员违反本法规定，滥用审批权限、不履行职责或者发现违法行为不予查处，造成严重后果的；

（二）文物行政部门和国有文物收藏单位的工作人员借用或者非法侵占国有文物的；

（三）文物行政部门的工作人员举办或者参与举办文物商店或者经营文物拍卖的拍卖企业的；

（四）因不负责任造成文物保护单位、珍贵文物损毁或者流失的；

（五）贪污、挪用文物保护经费的。

前款被开除公职或者被吊销从业资格的人员，自被开除公职或者被吊销从业资格之日起十年内不得担任文物管理人员或者从事文物经营活动。

第七十七条 有本法第六十六条、第六十八条、第七十条、第七十一条、第七十四条、第七十五条规定所列行为之一的，负有责任的主管人员和其他直接责任人员是国家工作人员的，依法给予行政处分。

第七十八条 公安机关、工商行政管理部门、海关、城乡建设规划部门和其他国家机关，违反本法规定滥用职权、玩忽职守、徇私舞弊，造成国家保护的珍贵文物损毁或者流失的，对负有责任的主管人员和其他直接责任人员依法给予行政处分；构成犯罪的，依法追究刑事责任。

第七十九条 人民法院、人民检察院、公安机关、海关和工商行政管理部门依法没收的文物应当登记造册，妥善保管，结案后无偿移交文物行政部门，由文物行政部门指定的国有文物收藏单位收藏。

第八章 附 则

第八十条 本法自公布之日起施行。

中华人民共和国主席令

（第77号）

《中华人民共和国环境影响评价法》已由中华人民共和国第九届全国人民代表大会常务委员会第三十次会议于2002年10月28日通过,现予公布,自2003年9月1日起施行。

中华人民共和国主席　江泽民

2002年10月28日

中华人民共和国环境影响评价法

（2002年10月28日第九届全国人民代表大会常务委员会第三十次会议通过）

第一章　总　则

第一条　为了实施可持续发展战略,预防因规划和建设项目实施后对环境造成不良影响,促进经济、社会和环境的协调发展,制定本法。

第二条　本法所称环境影响评价,是指对规划和建设项目实施后可能造成的环境影响进行分析、预测和评估,提出预防或者减轻不良环境影响的对策和措施,进行跟踪监测的方法与制度。

第三条　编制本法第九条所规定的范围内的规划,在中华人民共和国领域和中华人民共和国管辖的其他海域内建设对环境有影响的项目,应当依照本法进行环境影响评价。

第四条　环境影响评价必须客观、公开、公正,综合考虑规划或者建设项目实施后对各种环境因素及其所构成的生态系统可能造成的影响,为决策提供科学依据。

第五条　国家鼓励有关单位、专家和公众以适当方式参与环境影响评价。

第六条　国家加强环境影响评价的基础数据库和评价指标体系建设,鼓励和支持对环境影响评价的方法、技术规范进行科学研究,建立必要的环境影响评价信息共享制度,提高环境影响评价的科学性。

国务院环境保护行政主管部门应当会同国务院有关部门,组织建立和完善环境影响评价的基础数据库和评价指标体系。

第二章　规划的环境影响评价

第七条　国务院有关部门、设区的市级以上地方人民政府及其有关部门,对其组织编制的土地利用的有关规划,区域、流域、海域的建设、开发利用规划,应当在规划编制过程中组织进行环境影响评价,编写该规划有关环境影响的篇章或者说明。

规划有关环境影响的篇章或者说明，应当对规划实施后可能造成的环境影响作出分析、预测和评估，提出预防或者减轻不良环境影响的对策和措施，作为规划草案的组成部分一并报送规划审批机关。

未编写有关环境影响的篇章或者说明的规划草案，审批机关不予审批。

第八条 国务院有关部门、设区的市级以上地方人民政府及其有关部门，对其组织编制的工业、农业、畜牧业、林业、能源、水利、交通、城市建设、旅游、自然资源开发的有关专项规划（以下简称专项规划），应当在该专项规划草案上报审批前，组织进行环境影响评价，并向审批该专项规划的机关提出环境影响报告书。

前款所列专项规划中的指导性规划，按照本法第七条的规定进行环境影响评价。

第九条 依照本法第七条、第八条的规定进行环境影响评价的规划的具体范围，由国务院环境保护行政主管部门会同国务院有关部门规定，报国务院批准。

第十条 专项规划的环境影响报告书应当包括下列内容：

（一）实施该规划对环境可能造成影响的分析、预测和评估；

（二）预防或者减轻不良环境影响的对策和措施；

（三）环境影响评价的结论。

第十一条 专项规划的编制机关对可能造成不良环境影响并直接涉及公众环境权益的规划，应当在该规划草案报送审批前，举行论证会、听证会，或者采取其他形式，征求有关单位、专家和公众对环境影响报告书草案的意见。但是，国家规定需要保密的情形除外。

编制机关应当认真考虑有关单位、专家和公众对环境影响报告书草案的意见，并应当在报送审查的环境影响报告书中附具对意见采纳或者不采纳的说明。

第十二条 专项规划的编制机关在报批规划草案时，应当将环境影响报告书一并附送审批机关审查；未附送环境影响报告书的，审批机关不予审批。

第十三条 设区的市级以上人民政府在审批专项规划草案，作出决策前，应当先由人民政府指定的环境保护行政主管部门或者其他部门召集有关部门代表和专家组成审查小组，对环境影响报告书进行审查。审查小组应当提出书面审查意见。

参加前款规定的审查小组的专家，应当从按照国务院环境保护行政主管部门的规定设立的专家库内的相关专业的专家名单中，以随机抽取的方式确定。

由省级以上人民政府有关部门负责审批的专项规划，其环境影响报告书的审查办法，由国务院环境保护行政主管部门会同国务院有关部门制定。

第十四条 设区的市级以上人民政府或者省级以上人民政府有关部门在审批专项规划草案时，应当将环境影响报告书结论以及审查意见作为决策的重要依据。

在审批中未采纳环境影响报告书结论以及审查意见的，应当作出说明，并存档备查。

第十五条 对环境有重大影响的规划实施后，编制机关应当及时组织环境影响的跟踪评价，并将评价结果报告审批机关；发现有明显不良环境影响的，应当及时提出改进措施。

第三章 建设项目的环境影响评价

第十六条 国家根据建设项目对环境的影响程度，对建设项目的环境影响评价实行分类管理。

建设单位应当按照下列规定组织编制环境影响报告书、环境影响报告表或者填报环境影响登记表（以下统称环境影响评价文件）：

（一）可能造成重大环境影响的，应当编制环境影响报告书，对产生的环境影响进行全面评价；

（二）可能造成轻度环境影响的，应当编制环境影响报告表，对产生的环境影响进行分析或者专项评价；

（三）对环境影响很小、不需要进行环境影响评价的，应当填报环境影响登记表。

建设项目的环境影响评价分类管理名录，由国务院环境保护行政主管部门制定并公布。

第十七条　建设项目的环境影响报告书应当包括下列内容：

（一）建设项目概况；

（二）建设项目周围环境现状；

（三）建设项目对环境可能造成影响的分析、预测和评估；

（四）建设项目环境保护措施及其技术、经济论证；

（五）建设项目对环境影响的经济损益分析；

（六）对建设项目实施环境监测的建议；

（七）环境影响评价的结论。

涉及水土保持的建设项目，还必须有经水行政主管部门审查同意的水土保持方案。

环境影响报告表和环境影响登记表的内容和格式，由国务院环境保护行政主管部门制定。

第十八条　建设项目的环境影响评价，应当避免与规划的环境影响评价相重复。

作为一项整体建设项目的规划，按照建设项目进行环境影响评价，不进行规划的环境影响评价。

已经进行了环境影响评价的规划所包含的具体建设项目，其环境影响评价内容建设单位可以简化。

第十九条　接受委托为建设项目环境影响评价提供技术服务的机构，应当经国务院环境保护行政主管部门考核审查合格后，颁发资质证书，按照资质证书规定的等级和评价范围，从事环境影响评价服务，并对评价结论负责。为建设项目环境影响评价提供技术服务的机构的资质条件和管理办法，由国务院环境保护行政主管部门制定。

国务院环境保护行政主管部门对已取得资质证书的为建设项目环境影响评价提供技术服务的机构的名单，应当予以公布。

为建设项目环境影响评价提供技术服务的机构，不得与负责审批建设项目环境影响评价文件的环境保护行政主管部门或者其他有关审批部门存在任何利益关系。

第二十条　环境影响评价文件中的环境影响报告书或者环境影响报告表，应当由具有相应环境影响评价资质的机构编制。

任何单位和个人不得为建设单位指定对其建设项目进行环境影响评价的机构。

第二十一条　除国家规定需要保密的情形外，对环境可能造成重大影响、应当编制环境影响报告书的建设项目，建设单位应当在报批建设项目环境影响报告书前，举行论证会、听证会，或者采取其他形式，征求有关单位、专家和公众的意见。

建设单位报批的环境影响报告书应当附具对有关单位、专家和公众的意见采纳或者不采纳的说明。

第二十二条　建设项目的环境影响评价文件，由建设单位按照国务院的规定报有审批权的环境保护行政主管部门审批；建设项目有行业主管部门的，其环境影响报告书或者环境影响报告表应当经行业主管部门预审后,报有审批权的环境保护行政主管部门审批。

海洋工程建设项目的海洋环境影响报告书的审批,依照《中华人民共和国海洋环境保护法》的规定办理。

审批部门应当自收到环境影响报告书之日起六十日内,收到环境影响报告表之日起三十日内,收到环境影响登记表之日起十五日内,分别作出审批决定并书面通知建设单位。

预审、审核、审批建设项目环境影响评价文件,不得收取任何费用。

第二十三条 国务院环境保护行政主管部门负责审批下列建设项目的环境影响评价文件:

(一)核设施、绝密工程等特殊性质的建设项目;

(二)跨省、自治区、直辖市行政区域的建设项目;

(三)由国务院审批的或者由国务院授权有关部门审批的建设项目。

前款规定以外的建设项目的环境影响评价文件的审批权限,由省、自治区、直辖市人民政府规定。

建设项目可能造成跨行政区域的不良环境影响,有关环境保护行政主管部门对该项目的环境影响评价结论有争议的,其环境影响评价文件由共同的上一级环境保护行政主管部门审批。

第二十四条 建设项目的环境影响评价文件经批准后,建设项目的性质、规模、地点、采用的生产工艺或者防治污染、防止生态破坏的措施发生重大变动的,建设单位应当重新报批建设项目的环境影响评价文件。

建设项目的环境影响评价文件自批准之日起超过五年,方决定该项目开工建设的,其环境影响评价文件应当报原审批部门重新审核;原审批部门应当自收到建设项目环境影响评价文件之日起十日内,将审核意见书面通知建设单位。

第二十五条 建设项目的环境影响评价文件未经法律规定的审批部门审查或者审查后未予批准的,该项目审批部门不得批准其建设,建设单位不得开工建设。

第二十六条 建设项目建设过程中,建设单位应当同时实施环境影响报告书、环境影响报告表以及环境影响评价文件审批部门审批意见中提出的环境保护对策措施。

第二十七条 在项目建设、运行过程中产生不符合经审批的环境影响评价文件的情形的,建设单位应当组织环境影响的后评价,采取改进措施,并报原环境影响评价文件审批部门和建设项目审批部门备案;原环境影响评价文件审批部门也可以责成建设单位进行环境影响的后评价,采取改进措施。

第二十八条 环境保护行政主管部门应当对建设项目投入生产或者使用后所产生的环境影响进行跟踪检查,对造成严重环境污染或者生态破坏的,应当查清原因、查明责任。对属于为建设项目环境影响评价提供技术服务的机构编制不实的环境影响评价文件的,依照本法第三十三条的规定追究其法律责任;属于审批部门工作人员失职、渎职,对依法不应批准的建设项目环境影响评价文件予以批准的,依照本法第三十五条的规定追究其法律责任。

第四章 法律责任

第二十九条 规划编制机关违反本法规定,组织环境影响评价时弄虚作假或者有失职行为,造成环境影响评价严重失实的,对直接负责的主管人员和其他直接责任人员,由上级机关或者监察机关依法给予行政处分。

第三十条　规划审批机关对依法应当编写有关环境影响的篇章或者说明而未编写的规划草案,依法应当附送环境影响报告书而未附送的专项规划草案,违法予以批准的,对直接负责的主管人员和其他直接责任人员,由上级机关或者监察机关依法给予行政处分。

第三十一条　建设单位未依法报批建设项目环境影响评价文件,或者未依照本法第二十四条的规定重新报批或者报请重新审核环境影响评价文件,擅自开工建设的,由有权审批该项目环境影响评价文件的环境保护行政主管部门责令停止建设,限期补办手续;逾期不补办手续的,可以处五万元以上二十万元以下的罚款,对建设单位直接负责的主管人员和其他直接责任人员,依法给予行政处分。

建设项目环境影响评价文件未经批准或者未经原审批部门重新审核同意,建设单位擅自开工建设的,由有权审批该项目环境影响评价文件的环境保护行政主管部门责令停止建设,可以处五万元以上二十万元以下的罚款,对建设单位直接负责的主管人员和其他直接责任人员,依法给予行政处分。

海洋工程建设项目的建设单位有前两款所列违法行为的,依照《中华人民共和国海洋环境保护法》的规定处罚。

第三十二条　建设项目依法应当进行环境影响评价而未评价,或者环境影响评价文件未经依法批准,审批部门擅自批准该项目建设的,对直接负责的主管人员和其他直接责任人员,由上级机关或者监察机关依法给予行政处分;构成犯罪的,依法追究刑事责任。

第三十三条　接受委托为建设项目环境影响评价提供技术服务的机构在环境影响评价工作中不负责任或者弄虚作假,致使环境影响评价文件失实的,由授予环境影响评价资质的环境保护行政主管部门降低其资质等级或者吊销其资质证书,并处所收费用一倍以上三倍以下的罚款;构成犯罪的,依法追究刑事责任。

第三十四条　负责预审、审核、审批建设项目环境影响评价文件的部门在审批中收取费用的,由其上级机关或者监察机关责令退还;情节严重的,对直接负责的主管人员和其他直接责任人员依法给予行政处分。

第三十五条　环境保护行政主管部门或者其他部门的工作人员徇私舞弊,滥用职权,玩忽职守,违法批准建设项目环境影响评价文件的,依法给予行政处分;构成犯罪的,依法追究刑事责任。

第五章　附　　则

第三十六条　省、自治区、直辖市人民政府可以根据本地的实际情况,要求对本辖区的县级人民政府编制的规划进行环境影响评价。具体办法由省、自治区、直辖市参照本法第二章的规定制定。

第三十七条　军事设施建设项目的环境影响评价办法,由中央军事委员会依照本法的原则制定。

第三十八条　本法自 2003 年 9 月 1 日起施行。

中华人民共和国主席令

（第 81 号）

《中华人民共和国农业法》已由中华人民共和国第九届全国人民代表大会常务委员会第三十一次会议于 2002 年 12 月 28 日修订通过，现将修订后的《中华人民共和国农业法》公布，自 2003 年 3 月 1 日起施行。

中华人民共和国主席　江泽民

2002 年 12 月 28 日

中华人民共和国农业法

（1993 年 7 月 2 日第八届全国人民代表大会常务委员会第二次会议通过
2002 年 12 月 28 日第九届全国人民代表大会常务委员会第三十一次会议修订）

第一章　总　　则

第一条　为了巩固和加强农业在国民经济中的基础地位，深化农村改革，发展农业生产力，推进农业现代化，维护农民和农业生产经营组织的合法权益，增加农民收入，提高农民科学文化素质，促进农业和农村经济的持续、稳定、健康发展，实现全面建设小康社会的目标，制定本法。

第二条　本法所称农业，是指种植业、林业、畜牧业和渔业等产业，包括与其直接相关的产前、产中、产后服务。

本法所称农业生产经营组织，是指农村集体经济组织、农民专业合作经济组织、农业企业和其他从事农业生产经营的组织。

第三条　国家把农业放在发展国民经济的首位。

农业和农村经济发展的基本目标是：建立适应发展社会主义市场经济要求的农村经济体制，不断解放和发展农村生产力，提高农业的整体素质和效益，确保农产品供应和质量，满足国民经济发展和人口增长、生活改善的需求，提高农民的收入和生活水平，促进农村富余劳动力向非农产业和城镇转移，缩小城乡差别和区域差别，建设富裕、民主、文明的社会主义新农村，逐步实现农业和农村现代化。

第四条　国家采取措施，保障农业更好地发挥在提供食物、工业原料和其他农产品，维护和改善生态环境，促进农村经济社会发展等多方面的作用。

第五条　国家坚持和完善公有制为主体、多种所有制经济共同发展的基本经济制度，振兴农村经济。

国家长期稳定农村以家庭承包经营为基础、统分结合的双层经营体制，发展社会化服务体系,壮大集体经济实力,引导农民走共同富裕的道路。

国家在农村坚持和完善以按劳分配为主体、多种分配方式并存的分配制度。

第六条　国家坚持科教兴农和农业可持续发展的方针。

国家采取措施加强农业和农村基础设施建设,调整、优化农业和农村经济结构,推进农业产业化经营,发展农业科技、教育事业,保护农业生态环境,促进农业机械化和信息化,提高农业综合生产能力。

第七条　国家保护农民和农业生产经营组织的财产及其他合法权益不受侵犯。

各级人民政府及其有关部门应当采取措施增加农民收入,切实减轻农民负担。

第八条　全社会应当高度重视农业,支持农业发展。

国家对发展农业和农村经济有显著成绩的单位和个人,给予奖励。

第九条　各级人民政府对农业和农村经济发展工作统一负责,组织各有关部门和全社会做好发展农业和为发展农业服务的各项工作。

国务院农业行政主管部门主管全国农业和农村经济发展工作,国务院林业行政主管部门和其他有关部门在各自的职责范围内,负责有关的农业和农村经济发展工作。

县级以上地方人民政府各农业行政主管部门负责本行政区域内的种植业、畜牧业、渔业等农业和农村经济发展工作,林业行政主管部门负责本行政区域内的林业工作。县级以上地方人民政府其他有关部门在各自的职责范围内,负责本行政区域内有关的为农业生产经营服务的工作。

第二章　农业生产经营体制

第十条　国家实行农村土地承包经营制度,依法保障农村土地承包关系的长期稳定,保护农民对承包土地的使用权。

农村土地承包经营的方式、期限、发包方和承包方的权利义务、土地承包经营权的保护和流转等,适用《中华人民共和国土地管理法》和《中华人民共和国农村土地承包法》。

农村集体经济组织应当在家庭承包经营的基础上,依法管理集体资产,为其成员提供生产、技术、信息等服务,组织合理开发、利用集体资源,壮大经济实力。

第十一条　国家鼓励农民在家庭承包经营的基础上自愿组成各类专业合作经济组织。

农民专业合作经济组织应当坚持为成员服务的宗旨,按照加入自愿、退出自由、民主管理、盈余返还的原则,依法在其章程规定的范围内开展农业生产经营和服务活动。

农民专业合作经济组织可以有多种形式,依法成立、依法登记。任何组织和个人不得侵犯农民专业合作经济组织的财产和经营自主权。

第十二条　农民和农业生产经营组织可以自愿按照民主管理、按劳分配和按股分红相结合的原则,以资金、技术、实物等入股,依法兴办各类企业。

第十三条　国家采取措施发展多种形式的农业产业化经营,鼓励和支持农民和农业生产经营组织发展生产、加工、销售一体化经营。

国家引导和支持从事农产品生产、加工、流通服务的企业、科研单位和其他组织,通过与农民或者农民专业合作经济组织订立合同或者建立各类企业等形式,形成收益共享、风险共担的利益共同体,推进农业产业化经营,带动农业发展。

第十四条　农民和农业生产经营组织可以按照法律、行政法规成立各种农产品行业协会,为成员提供生产、营销、信息、技术、培训等服务，发挥协调和自律作用，提出农产品贸易救济措施的申请，维护成员和行业的利益。

第三章 农业生产

第十五条 县级以上人民政府根据国民经济和社会发展的中长期规划、农业和农村经济发展的基本目标和农业资源区划，制定农业发展规划。

省级以上人民政府农业行政主管部门根据农业发展规划，采取措施发挥区域优势，促进形成合理的农业生产区域布局，指导和协调农业和农村经济结构调整。

第十六条 国家引导和支持农民和农业生产经营组织结合本地实际按照市场需求，调整和优化农业生产结构，协调发展种植业、林业、畜牧业和渔业，发展优质、高产、高效益的农业，提高农产品国际竞争力。

种植业以优化品种、提高质量、增加效益为中心，调整作物结构、品种结构和品质结构。

加强林业生态建设，实施天然林保护、退耕还林和防沙治沙工程，加强防护林体系建设，加速营造速生丰产林、工业原料林和薪炭林。

加强草原保护和建设，加快发展畜牧业，推广圈养和舍饲，改良畜禽品种，积极发展饲料工业和畜禽产品加工业。

渔业生产应当保护和合理利用渔业资源，调整捕捞结构，积极发展水产养殖业、远洋渔业和水产品加工业。

县级以上人民政府应当制定政策，安排资金，引导和支持农业结构调整。

第十七条 各级人民政府应当采取措施，加强农业综合开发和农田水利、农业生态环境保护、乡村道路、农村能源和电网、农产品仓储和流通、渔港、草原围栏、动植物原种良种基地等农业和农村基础设施建设，改善农业生产条件，保护和提高农业综合生产能力。

第十八条 国家扶持动植物品种的选育、生产、更新和良种的推广使用，鼓励品种选育和生产、经营相结合，实施种子工程和畜禽良种工程。国务院和省、自治区、直辖市人民政府设立专项资金，用于扶持动植物良种的选育和推广工作。

第十九条 各级人民政府和农业生产经营组织应当加强农田水利设施建设，建立健全农田水利设施的管理制度，节约用水，发展节水型农业，严格依法控制非农业建设占用灌溉水源，禁止任何组织和个人非法占用或者毁损农田水利设施。

国家对缺水地区发展节水型农业给予重点扶持。

第二十条 国家鼓励和支持农民和农业生产经营组织使用先进、适用的农业机械，加强农业机械安全管理，提高农业机械化水平。

国家对农民和农业生产经营组织购买先进农业机械给予扶持。

第二十一条 各级人民政府应当支持为农业服务的气象事业的发展，提高对气象灾害的监测和预报水平。

第二十二条 国家采取措施提高农产品的质量，建立健全农产品质量标准体系和质量检验检测监督体系，按照有关技术规范、操作规程和质量卫生安全标准，组织农产品的生产经营，保障农产品质量安全。

第二十三条 国家支持依法建立健全优质农产品认证和标志制度。

国家鼓励和扶持发展优质农产品生产。县级以上地方人民政府应当结合本地情况，按照国家有关规定采取措施,发展优质农产品生产。

符合国家规定标准的优质农产品可以依照法律或者行政法规的规定申请使用有关的标志。符合规定产地及生产规范要求的农产品可以依照有关法律或者行政法规的规定申请使用农产品地理标志。

第二十四条 国家实行动植物防疫、检疫制度,健全动植物防疫、检疫体系,加强对动物疫病和植物病、虫、杂草、鼠害的监测、预警、防治,建立重大动物疫情和植物病虫害的快速扑灭机制,建设动物无规定疫病区,实施植物保护工程。

第二十五条 农药、兽药、饲料和饲料添加剂、肥料、种子、农业机械等可能危害人畜安全的农业生产资料的生产经营,依照相关法律、行政法规的规定实行登记或者许可制度。

各级人民政府应当建立健全农业生产资料的安全使用制度,农民和农业生产经营组织不得使用国家明令淘汰和禁止使用的农药、兽药、饲料添加剂等农业生产资料和其他禁止使用的产品。

农业生产资料的生产者、销售者应当对其生产、销售的产品的质量负责,禁止以次充好、以假充真、以不合格的产品冒充合格的产品;禁止生产和销售国家明令淘汰的农药、兽药、饲料添加剂、农业机械等农业生产资料。

第四章 农产品流通与加工

第二十六条 农产品的购销实行市场调节。国家对关系国计民生的重要农产品的购销活动实行必要的宏观调控,建立中央和地方分级储备调节制度,完善仓储运输体系,做到保证供应,稳定市场。

第二十七条 国家逐步建立统一、开放、竞争、有序的农产品市场体系,制定农产品批发市场发展规划。对农村集体经济组织和农民专业合作经济组织建立农产品批发市场和农产品集贸市场,国家给予扶持。

县级以上人民政府工商行政管理部门和其他有关部门按照各自的职责,依法管理农产品批发市场,规范交易秩序,防止地方保护与不正当竞争。

第二十八条 国家鼓励和支持发展多种形式的农产品流通活动。支持农民和农民专业合作经济组织按照国家有关规定从事农产品收购、批发、贮藏、运输、零售和中介活动。鼓励供销合作社和其他从事农产品购销的农业生产经营组织提供市场信息,开拓农产品流通渠道,为农产品销售服务。

县级以上人民政府应当采取措施,督促有关部门保障农产品运输畅通,降低农产品流通成本。有关行政管理部门应当简化手续,方便鲜活农产品的运输,除法律、行政法规另有规定外,不得扣押鲜活农产品的运输工具。

第二十九条 国家支持发展农产品加工业和食品工业,增加农产品的附加值。县级以上人民政府应当制定农产品加工业和食品工业发展规划,引导农产品加工企业形成合理的区域布局和规模结构,扶持农民专业合作经济组织和乡镇企业从事农产品加工和综合开发利用。

国家建立健全农产品加工制品质量标准,完善检测手段,加强农产品加工过程中的质量安全管理和监督,保障食品安全。

第三十条 国家鼓励发展农产品进出口贸易。

国家采取加强国际市场研究、提供信息和营销服务等措施,促进农产品出口。

为维护农产品产销秩序和公平贸易，建立农产品进口预警制度，当某些进口农产品已经或者可能对国内相关农产品的生产造成重大的不利影响时，国家可以采取必要的措施。

第五章　粮 食 安 全

第三十一条　国家采取措施保护和提高粮食综合生产能力，稳步提高粮食生产水平，保障粮食安全。

国家建立耕地保护制度，对基本农田依法实行特殊保护。

第三十二条　国家在政策、资金、技术等方面对粮食主产区给予重点扶持，建设稳定的商品粮生产基地，改善粮食收贮及加工设施，提高粮食主产区的粮食生产、加工水平和经济效益。

国家支持粮食主产区与主销区建立稳定的购销合作关系。

第三十三条　在粮食的市场价格过低时，国务院可以决定对部分粮食品种实行保护价制度。保护价应当根据有利于保护农民利益、稳定粮食生产的原则确定。

农民按保护价制度出售粮食，国家委托的收购单位不得拒收。

县级以上人民政府应当组织财政、金融等部门以及国家委托的收购单位及时筹足粮食收购资金，任何部门、单位或者个人不得截留或者挪用。

第三十四条　国家建立粮食安全预警制度，采取措施保障粮食供给。国务院应当制定粮食安全保障目标与粮食储备数量指标，并根据需要组织有关主管部门进行耕地、粮食库存情况的核查。

国家对粮食实行中央和地方分级储备调节制度，建设仓储运输体系。承担国家粮食储备任务的企业应当按照国家规定保证储备粮的数量和质量。

第三十五条　国家建立粮食风险基金，用于支持粮食储备、稳定粮食市场和保护农民利益。

第三十六条　国家提倡珍惜和节约粮食，并采取措施改善人民的食物营养结构。

第六章　农业投入与支持保护

第三十七条　国家建立和完善农业支持保护体系，采取财政投入、税收优惠、金融支持等措施，从资金投入、科研与技术推广、教育培训、农业生产资料供应、市场信息、质量标准、检验检疫、社会化服务以及灾害救助等方面扶持农民和农业生产经营组织发展农业生产，提高农民的收入水平。

在不与我国缔结或加入的有关国际条约相抵触的情况下，国家对农民实施收入支持政策，具体办法由国务院制定。

第三十八条　国家逐步提高农业投入的总体水平。中央和县级以上地方财政每年对农业总投入的增长幅度应当高于其财政经常性收入的增长幅度。

各级人民政府在财政预算内安排的各项用于农业的资金应当主要用于：加强农业基础设施建设；支持农业结构调整，促进农业产业化经营；保护粮食综合生产能力，保障国家粮食安全；健全动植物检疫、防疫体系，加强动物疫病和植物病、虫、杂草、鼠害防治；建立健全农产品质量标准和检验检测监督体系、农产品市场及信息服务体系；支持农业科研教育、农业技术推广和农民培训；加强农业生态环境保护建设；扶持贫困地区发展；保障农民收入水平等。

县级以上各级财政用于种植业、林业、畜牧业、渔业、农田水利的农业基本建设投入应当统筹安排,协调增长。

国家为加快西部开发,增加对西部地区农业发展和生态环境保护的投入。

第三十九条　县级以上人民政府每年财政预算内安排的各项用于农业的资金应当及时足额拨付。各级人民政府应当加强对国家各项农业资金分配、使用过程的监督管理,保证资金安全,提高资金的使用效率。

任何单位和个人不得截留、挪用用于农业的财政资金和信贷资金。审计机关应当依法加强对用于农业的财政和信贷等资金的审计监督。

第四十条　国家运用税收、价格、信贷等手段,鼓励和引导农民和农业生产经营组织增加农业生产经营性投入和小型农田水利等基本建设投入。

国家鼓励和支持农民和农业生产经营组织在自愿的基础上依法采取多种形式,筹集农业资金。

第四十一条　国家鼓励社会资金投向农业,鼓励企业事业单位、社会团体和个人捐资设立各种农业建设和农业科技、教育基金。

国家采取措施,促进农业扩大利用外资。

第四十二条　各级人民政府应当鼓励和支持企业事业单位及其他各类经济组织开展农业信息服务。

县级以上人民政府农业行政主管部门及其他有关部门应当建立农业信息搜集、整理和发布制度,及时向农民和农业生产经营组织提供市场信息等服务。

第四十三条　国家鼓励和扶持农用工业的发展。

国家采取税收、信贷等手段鼓励和扶持农业生产资料的生产和贸易,为农业生产稳定增长提供物质保障。

国家采取宏观调控措施,使化肥、农药、农用薄膜、农业机械和农用柴油等主要农业生产资料和农产品之间保持合理的比价。

第四十四条　国家鼓励供销合作社、农村集体经济组织、农民专业合作经济组织、其他组织和个人发展多种形式的农业生产产前、产中、产后的社会化服务事业。县级以上人民政府及其各有关部门应当采取措施对农业社会化服务事业给予支持。

对跨地区从事农业社会化服务的,农业、工商管理、交通运输、公安等有关部门应当采取措施给予支持。

第四十五条　国家建立健全农村金融体系,加强农村信用制度建设,加强农村金融监管。

有关金融机构应当采取措施增加信贷投入,改善农村金融服务,对农民和农业生产经营组织的农业生产经营活动提供信贷支持。

农村信用合作社应当坚持为农业、农民和农村经济发展服务的宗旨,优先为当地农民的生产经营活动提供信贷服务。

国家通过贴息等措施,鼓励金融机构向农民和农业生产经营组织的农业生产经营活动提供贷款。

第四十六条　国家建立和完善农业保险制度。

国家逐步建立和完善政策性农业保险制度。鼓励和扶持农民和农业生产经营组织建立为农业生产经营活动服务的互助合作保险组织,鼓励商业性保险公司开展农业保险业务。

农业保险实行自愿原则。任何组织和个人不得强制农民和农业生产经营组织参加农业保险。

第四十七条 各级人民政府应当采取措施，提高农业防御自然灾害的能力，做好防灾、抗灾和救灾工作，帮助灾民恢复生产，组织生产自救，开展社会互助互济；对没有基本生活保障的灾民给予救济和扶持。

第七章 农业科技与农业教育

第四十八条 国务院和省级人民政府应当制定农业科技、农业教育发展规划，发展农业科技、教育事业。

县级以上人民政府应当按照国家有关规定逐步增加农业科技经费和农业教育经费。

国家鼓励、吸引企业等社会力量增加农业科技投入，鼓励农民、农业生产经营组织、企业事业单位等依法举办农业科技、教育事业。

第四十九条 国家保护植物新品种、农产品地理标志等知识产权，鼓励和引导农业科研、教育单位加强农业科学技术的基础研究和应用研究，传播和普及农业科学技术知识，加速科技成果转化与产业化，促进农业科学技术进步。

国务院有关部门应当组织农业重大关键技术的科技攻关。国家采取措施促进国际农业科技、教育合作与交流，鼓励引进国外先进技术。

第五十条 国家扶持农业技术推广事业，建立政府扶持和市场引导相结合，有偿与无偿服务相结合，国家农业技术推广机构和社会力量相结合的农业技术推广体系，促使先进的农业技术尽快应用于农业生产。

第五十一条 国家设立的农业技术推广机构应当以农业技术试验示范基地为依托，承担公共所需的关键性技术的推广和示范工作，为农民和农业生产经营组织提供公益性农业技术服务。

县级以上人民政府应当根据农业生产发展需要，稳定和加强农业技术推广队伍，保障农业技术推广机构的工作经费。

各级人民政府应当采取措施，按照国家规定保障和改善从事农业技术推广工作的专业科技人员的工作条件、工资待遇和生活条件，鼓励他们为农业服务。

第五十二条 农业科研单位、有关学校、农业技术推广机构以及科技人员，根据农民和农业生产经营组织的需要，可以提供无偿服务，也可以通过技术转让、技术服务、技术承包、技术入股等形式，提供有偿服务，取得合法收益。农业科研单位、有关学校、农业技术推广机构以及科技人员应当提高服务水平，保证服务质量。

对农业科研单位、有关学校、农业技术推广机构举办的为农业服务的企业，国家在税收、信贷等方面给予优惠。

国家鼓励农民、农民专业合作经济组织、供销合作社、企业事业单位等参与农业技术推广工作。

第五十三条 国家建立农业专业技术人员继续教育制度。县级以上人民政府农业行政主管部门会同教育、人事等有关部门制定农业专业技术人员继续教育计划，并组织实施。

第五十四条 国家在农村依法实施义务教育，并保障义务教育经费。国家在农村举办的普通中小学校教职工工资由县级人民政府按照国家规定统一发放，校舍等教学设施的建设和维护经费由县级人民政府按照国家规定统一安排。

第五十五条　国家发展农业职业教育。国务院有关部门按照国家职业资格证书制度的统一规定,开展农业行业的职业分类、职业技能鉴定工作,管理农业行业的职业资格证书。

第五十六条　国家采取措施鼓励农民采用先进的农业技术,支持农民举办各种科技组织,开展农业实用技术培训、农民绿色证书培训和其他就业培训,提高农民的文化技术素质。

第八章　农业资源与农业环境保护

第五十七条　发展农业和农村经济必须合理利用和保护土地、水、森林、草原、野生动植物等自然资源,合理开发和利用水能、沼气、太阳能、风能等可再生能源和清洁能源,发展生态农业,保护和改善生态环境。

县级以上人民政府应当制定农业资源区划或者农业资源合理利用和保护的区划,建立农业资源监测制度。

第五十八条　农民和农业生产经营组织应当保养耕地,合理使用化肥、农药、农用薄膜,增加使用有机肥料,采用先进技术,保护和提高地力,防止农用地的污染、破坏和地力衰退。

县级以上人民政府农业行政主管部门应当采取措施,支持农民和农业生产经营组织加强耕地质量建设,并对耕地质量进行定期监测。

第五十九条　各级人民政府应当采取措施,加强小流域综合治理,预防和治理水土流失。从事可能引起水土流失的生产建设活动的单位和个人,必须采取预防措施,并负责治理因生产建设活动造成的水土流失。

各级人民政府应当采取措施,预防土地沙化,治理沙化土地。国务院和沙化土地所在地区的县级以上地方人民政府应当按照法律规定制定防沙治沙规划,并组织实施。

第六十条　国家实行全民义务植树制度。各级人民政府应当采取措施,组织群众植树造林,保护林地和林木,预防森林火灾,防治森林病虫害,制止滥伐、盗伐林木,提高森林覆盖率。

国家在天然林保护区域实行禁伐或者限伐制度,加强造林护林。

第六十一条　有关地方人民政府,应当加强草原的保护、建设和管理,指导、组织农(牧)民和农(牧)业生产经营组织建设人工草场、饲草饲料基地和改良天然草原,实行以草定畜,控制载畜量,推行划区轮牧、休牧和禁牧制度,保护草原植被,防止草原退化沙化和盐渍化。

第六十二条　禁止毁林毁草开垦、烧山开垦以及开垦国家禁止开垦的陡坡地,已经开垦的应当逐步退耕还林、还草。

禁止围湖造田以及围垦国家禁止围垦的湿地。已经围垦的,应当逐步退耕还湖、还湿地。

对在国务院批准规划范围内实施退耕的农民,应当按照国家规定予以补助。

第六十三条　各级人民政府应当采取措施,依法执行捕捞限额和禁渔、休渔制度,增殖渔业资源,保护渔业水域生态环境。

国家引导、支持从事捕捞业的农(渔)民和农(渔)业生产经营组织从事水产养殖业或者其他职业,对根据当地人民政府统一规划转产转业的农(渔)民,应当按照国家规定予以补助。

第六十四条　国家建立与农业生产有关的生物物种资源保护制度,保护生物多样性,对稀有、濒危、珍贵生物资源及其原生地实行重点保护。从境外引进生物物种资源应当依法进行登记或者审批,并采取相应安全控制措施。

农业转基因生物的研究、试验、生产、加工、经营及其他应用,必须依照国家规定严格实行各项安全控制措施。

第六十五条 各级农业行政主管部门应当引导农民和农业生产经营组织采取生物措施或者使用高效低毒低残留农药、兽药，防治动植物病、虫、杂草、鼠害。

农产品采收后的秸秆及其他剩余物质应当综合利用，妥善处理，防止造成环境污染和生态破坏。

从事畜禽等动物规模养殖的单位和个人应当对粪便、废水及其他废弃物进行无害化处理或者综合利用，从事水产养殖的单位和个人应当合理投饵、施肥、使用药物，防止造成环境污染和生态破坏。

第六十六条 县级以上人民政府应当采取措施，督促有关单位进行治理，防治废水、废气和固体废弃物对农业生态环境的污染。排放废水、废气和固体废弃物造成农业生态环境污染事故的，由环境保护行政主管部门或者农业行政主管部门依法调查处理；给农民和农业生产经营组织造成损失的，有关责任者应当依法赔偿。

第九章 农民权益保护

第六十七条 任何机关或者单位向农民或者农业生产经营组织收取行政、事业性费用必须依据法律、法规的规定。收费的项目、范围和标准应当公布。没有法律、法规依据的收费，农民和农业生产经营组织有权拒绝。

任何机关或者单位对农民或者农业生产经营组织进行罚款处罚必须依据法律、法规、规章的规定。没有法律、法规、规章依据的罚款，农民和农业生产经营组织有权拒绝。

任何机关或者单位不得以任何方式向农民或者农业生产经营组织进行摊派。除法律、法规另有规定外，任何机关或者单位以任何方式要求农民或者农业生产经营组织提供人力、财力、物力的，属于摊派。农民和农业生产经营组织有权拒绝任何方式的摊派。

第六十八条 各级人民政府及其有关部门和所属单位不得以任何方式向农民或者农业生产经营组织集资。

没有法律、法规依据或者未经国务院批准，任何机关或者单位不得在农村进行任何形式的达标、升级、验收活动。

第六十九条 农民和农业生产经营组织依照法律、行政法规的规定承担纳税义务。税务机关及代扣、代收税款的单位应当依法征税，不得违法摊派税款及以其他违法方法征税。

第七十条 农村义务教育除按国务院规定收取的费用外，不得向农民和学生收取其他费用。禁止任何机关或者单位通过农村中小学校向农民收费。

第七十一条 国家依法征用农民集体所有的土地，应当保护农民和农村集体经济组织的合法权益，依法给予农民和农村集体经济组织征地补偿，任何单位和个人不得截留、挪用征地补偿费用。

第七十二条 各级人民政府、农村集体经济组织或者村民委员会在农业和农村经济结构调整、农业产业化经营和土地承包经营权流转等过程中，不得侵犯农民的土地承包经营权，不得干涉农民自主安排的生产经营项目，不得强迫农民购买指定的生产资料或者按指定的渠道销售农产品。

第七十三条 农村集体经济组织或者村民委员会为发展生产或者兴办公益事业，需要向其成员（村民）筹资筹劳的，应当经成员（村民）会议或者成员（村民）代表会议过半数通过后，方可进行。

农村集体经济组织或者村民委员会依照前款规定筹资筹劳的,不得超过省级以上人民政府规定的上限控制标准,禁止强行以资代劳。

农村集体经济组织和村民委员会对涉及农民利益的重要事项,应当向农民公开,并定期公布财务账目,接受农民的监督。

第七十四条　任何单位和个人向农民或者农业生产经营组织提供生产、技术、信息、文化、保险等有偿服务,必须坚持自愿原则,不得强迫农民和农业生产经营组织接受服务。

第七十五条　农产品收购单位在收购农产品时,不得压级压价,不得在支付的价款中扣缴任何费用。法律、行政法规规定代扣、代收税款的,依照法律、行政法规的规定办理。

农产品收购单位与农产品销售者因农产品的质量等级发生争议的,可以委托具有法定资质的农产品质量检验机构检验。

第七十六条　农业生产资料使用者因生产资料质量问题遭受损失的,出售该生产资料的经营者应当予以赔偿,赔偿额包括购货价款、有关费用和可得利益损失。

第七十七条　农民或者农业生产经营组织为维护自身的合法权益,有向各级人民政府及其有关部门反映情况和提出合法要求的权利,人民政府及其有关部门对农民或者农业生产经营组织提出的合理要求,应当按照国家规定及时给予答复。

第七十八条　违反法律规定,侵犯农民权益的,农民或者农业生产经营组织可以依法申请行政复议或者向人民法院提起诉讼,有关人民政府及其有关部门或者人民法院应当依法受理。

人民法院和司法行政主管机关应当依照有关规定为农民提供法律援助。

第十章　农村经济发展

第七十九条　国家坚持城乡协调发展的方针,扶持农村第二、第三产业发展,调整和优化农村经济结构,增加农民收入,促进农村经济全面发展,逐步缩小城乡差别。

第八十条　各级人民政府应当采取措施,发展乡镇企业,支持农业的发展,转移富余的农业劳动力。

国家完善乡镇企业发展的支持措施,引导乡镇企业优化结构,更新技术,提高素质。

第八十一条　县级以上地方人民政府应当根据当地的经济发展水平、区位优势和资源条件,按照合理布局、科学规划、节约用地的原则,有重点地推进农村小城镇建设。

地方各级人民政府应当注重运用市场机制,完善相应政策,吸引农民和社会资金投资小城镇开发建设,发展第二、第三产业,引导乡镇企业相对集中发展。

第八十二条　国家采取措施引导农村富余劳动力在城乡、地区间合理有序流动。地方各级人民政府依法保护进入城镇就业的农村劳动力的合法权益,不得设置不合理限制,已经设置的应当取消。

第八十三条　国家逐步完善农村社会救济制度,保障农村五保户、贫困残疾农民、贫困老年农民和其他丧失劳动能力的农民的基本生活。

第八十四条　国家鼓励、支持农民巩固和发展农村合作医疗和其他医疗保障形式,提高农民健康水平。

第八十五条　国家扶持贫困地区改善经济发展条件,帮助进行经济开发。省级人民政府根据国家关于扶持贫困地区的总体目标和要求,制定扶贫开发规划,并组织实施。

各级人民政府应当坚持开发式扶贫方针,组织贫困地区的农民和农业生产经营组织合理使用扶贫资金,依靠自身力量改变贫穷落后面貌,引导贫困地区的农民调整经济结构、开发当地资源。扶贫开发应当坚持与资源保护、生态建设相结合,促进贫困地区经济、社会的协调发展和全面进步。

第八十六条 中央和省级财政应当把扶贫开发投入列入年度财政预算,并逐年增加,加大对贫困地区的财政转移支付和建设资金投入。

国家鼓励和扶持金融机构、其他企业事业单位和个人投入资金支持贫困地区开发建设。

禁止任何单位和个人截留、挪用扶贫资金。审计机关应当加强扶贫资金的审计监督。

第十一章 执法监督

第八十七条 县级以上人民政府应当采取措施逐步完善适应社会主义市场经济发展要求的农业行政管理体制。

县级以上人民政府农业行政主管部门和有关行政主管部门应当加强规划、指导、管理、协调、监督、服务职责,依法行政,公正执法。

县级以上地方人民政府农业行政主管部门应当在其职责范围内健全行政执法队伍,实行综合执法,提高执法效率和水平。

第八十八条 县级以上人民政府农业行政主管部门及其执法人员履行执法监督检查职责时,有权采取下列措施:

(一)要求被检查单位或者个人说明情况,提供有关文件、证照、资料;

(二)责令被检查单位或者个人停止违反本法的行为,履行法定义务。

农业行政执法人员在履行监督检查职责时,应当向被检查单位或者个人出示行政执法证件,遵守执法程序。有关单位或者个人应当配合农业行政执法人员依法执行职务,不得拒绝和阻碍。

第八十九条 农业行政主管部门与农业生产、经营单位必须在机构、人员、财务上彻底分离。农业行政主管部门及其工作人员不得参与和从事农业生产经营活动。

第十二章 法律责任

第九十条 违反本法规定,侵害农民和农业生产经营组织的土地承包经营权等财产权或者其他合法权益的,应当停止侵害,恢复原状;造成损失、损害的,依法承担赔偿责任。

国家工作人员利用职务便利或者以其他名义侵害农民和农业生产经营组织的合法权益的,应当赔偿损失,并由其所在单位或者上级主管机关给予行政处分。

第九十一条 违反本法第十九条、第二十五条、第六十二条、第七十一条规定的,依照相关法律或者行政法规的规定予以处罚。

第九十二条 有下列行为之一的,由上级主管机关责令限期归还被截留、挪用的资金,没收非法所得,并由上级主管机关或者所在单位给予直接负责的主管人员和其他直接责任人员行政处分;构成犯罪的,依法追究刑事责任:

(一)违反本法第三十三条第三款规定,截留、挪用粮食收购资金的;

(二)违反本法第三十九条第二款规定,截留、挪用用于农业的财政资金和信贷资金的;

(三)违反本法第八十六条第三款规定,截留、挪用扶贫资金的。

第九十三条 违反本法第六十七条规定,向农民或者农业生产经营组织违法收费、罚款、摊派的,上级主管机关应当予以制止,并予公告;已经收取钱款或者已经使用人力、物力的,由上级主管机关责令限期归还已经收取的钱款或者折价偿还已经使用的人力、物力,并由上级主管机关或者所在单位给予直接负责的主管人员和其他直接责任人员行政处分;情节严重,构成犯罪的,依法追究刑事责任。

第九十四条 有下列行为之一的,由上级主管机关责令停止违法行为,并给予直接负责的主管人员和其他直接责任人员行政处分,责令退还违法收取的集资款、税款或者费用:

(一)违反本法第六十八条规定,非法在农村进行集资、达标、升级、验收活动的;

(二)违反本法第六十九条规定,以违法方法向农民征税的;

(三)违反本法第七十条规定,通过农村中小学校向农民超额、超项目收费的。

第九十五条 违反本法第七十三条第二款规定,强迫农民以资代劳的,由乡(镇)人民政府责令改正,并退还违法收取的资金。

第九十六条 违反本法第七十四条规定,强迫农民和农业生产经营组织接受有偿服务的,由有关人民政府责令改正,并返还其违法收取的费用;情节严重的,给予直接负责的主管人员和其他直接责任人员行政处分;造成农民和农业生产经营组织损失的,依法承担赔偿责任。

第九十七条 县级以上人民政府农业行政主管部门的工作人员违反本法规定参与和从事农业生产经营活动的,依法给予行政处分;构成犯罪的,依法追究刑事责任。

第十三章 附 则

第九十八条 本法有关农民的规定,适用于国有农场、牧场、林场、渔场等企业事业单位实行承包经营的职工。

第九十九条 本法自 2003 年 3 月 1 日起施行。

中华人民共和国主席令

（第82号）

《中华人民共和国草原法》已由中华人民共和国第九届全国人民代表大会常务委员会第三十一次会议于2002年12月28日修订通过，现将修订后的《中华人民共和国草原法》公布，自2003年3月1日起施行。

中华人民共和国主席　江泽民

2002年12月28日

中华人民共和国草原法

（1985年6月18日第六届全国人民代表大会常务委员会第十一次会议通过
2002年12月28日第九届全国人民代表大会常务委员会第三十一次会议修订）

第一章　总　　则

第一条　为了保护、建设和合理利用草原，改善生态环境，维护生物多样性，发展现代畜牧业，促进经济和社会的可持续发展，制定本法。

第二条　在中华人民共和国领域内从事草原规划、保护、建设、利用和管理活动，适用本法。

本法所称草原，是指天然草原和人工草地。

第三条　国家对草原实行科学规划、全面保护、重点建设、合理利用的方针，促进草原的可持续利用和生态、经济、社会的协调发展。

第四条　各级人民政府应当加强对草原保护、建设和利用的管理，将草原的保护、建设和利用纳入国民经济和社会发展计划。

各级人民政府应当加强保护、建设和合理利用草原的宣传教育。

第五条　任何单位和个人都有遵守草原法律法规、保护草原的义务，同时享有对违反草原法律法规、破坏草原的行为进行监督、检举和控告的权利。

第六条　国家鼓励与支持开展草原保护、建设、利用和监测方面的科学研究，推广先进技术和先进成果，培养科学技术人才。

第七条　国家对在草原管理、保护、建设、合理利用和科学研究等工作中做出显著成绩的单位和个人，给予奖励。

第八条　国务院草原行政主管部门主管全国草原监督管理工作。

县级以上地方人民政府草原行政主管部门主管本行政区域内草原监督管理工作。

乡（镇）人民政府应当加强对本行政区域内草原保护、建设和利用情况的监督检查，根据需要可以设专职或者兼职人员负责具体监督检查工作。

第二章　草原权属

第九条　草原属于国家所有,由法律规定属于集体所有的除外。国家所有的草原,由国务院代表国家行使所有权。

任何单位或者个人不得侵占、买卖或者以其他形式非法转让草原。

第十条　国家所有的草原,可以依法确定给全民所有制单位、集体经济组织等使用。

使用草原的单位,应当履行保护、建设和合理利用草原的义务。

第十一条　依法确定给全民所有制单位、集体经济组织等使用的国家所有的草原,由县级以上人民政府登记,核发使用权证,确认草原使用权。

未确定使用权的国家所有的草原,由县级以上人民政府登记造册,并负责保护管理。

集体所有的草原,由县级人民政府登记,核发所有权证,确认草原所有权。

依法改变草原权属的,应当办理草原权属变更登记手续。

第十二条　依法登记的草原所有权和使用权受法律保护,任何单位或者个人不得侵犯。

第十三条　集体所有的草原或者依法确定给集体经济组织使用的国家所有的草原,可以由本集体经济组织内的家庭或者联户承包经营。

在草原承包经营期内,不得对承包经营者使用的草原进行调整;个别确需适当调整的,必须经本集体经济组织成员的村(牧)民会议三分之二以上成员或者三分之二以上村(牧)民代表的同意,并报乡(镇)人民政府和县级人民政府草原行政主管部门批准。

集体所有的草原或者依法确定给集体经济组织使用的国家所有的草原由本集体经济组织以外的单位或者个人承包经营的,必须经本集体经济组织成员的村(牧)民会议三分之二以上成员或者三分之二以上村(牧)民代表的同意,并报乡(镇)人民政府批准。

第十四条　承包经营草原,发包方和承包方应当签订书面合同。草原承包合同的内容应当包括双方的权利和义务、承包草原四至界限、面积和等级、承包期和起止日期、承包草原用途和违约责任等。承包期届满,原承包经营者在同等条件下享有优先承包权。

承包经营草原的单位和个人,应当履行保护、建设和按照承包合同约定的用途合理利用草原的义务。

第十五条　草原承包经营权受法律保护,可以按照自愿、有偿的原则依法转让。

草原承包经营权转让的受让方必须具有从事畜牧业生产的能力,并应当履行保护、建设和按照承包合同约定的用途合理利用草原的义务。

草原承包经营权转让应当经发包方同意。承包方与受让方在转让合同中约定的转让期限,不得超过原承包合同剩余的期限。

第十六条　草原所有权、使用权的争议,由当事人协商解决;协商不成的,由有关人民政府处理。

单位之间的争议,由县级以上人民政府处理;个人之间、个人与单位之间的争议,由乡(镇)人民政府或者县级以上人民政府处理。

当事人对有关人民政府的处理决定不服的,可以依法向人民法院起诉。

在草原权属争议解决前,任何一方不得改变草原利用现状,不得破坏草原和草原上的设施。

第三章　规　　划

第十七条　国家对草原保护、建设、利用实行统一规划制度。国务院草原行政主管部门会同国务院有关部门编制全国草原保护、建设、利用规划，报国务院批准后实施。

县级以上地方人民政府草原行政主管部门会同同级有关部门依据上一级草原保护、建设、利用规划编制本行政区域的草原保护、建设、利用规划，报本级人民政府批准后实施。

经批准的草原保护、建设、利用规划确需调整或者修改时，须经原批准机关批准。

第十八条　编制草原保护、建设、利用规划，应当依据国民经济和社会发展规划并遵循下列原则：

（一）改善生态环境，维护生物多样性，促进草原的可持续利用；

（二）以现有草原为基础，因地制宜，统筹规划，分类指导；

（三）保护为主、加强建设、分批改良、合理利用；

（四）生态效益、经济效益、社会效益相结合。

第十九条　草原保护、建设、利用规划应当包括：草原保护、建设、利用的目标和措施，草原功能分区和各项建设的总体部署，各项专业规划等。

第二十条　草原保护、建设、利用规划应当与土地利用总体规划相衔接，与环境保护规划、水土保持规划、防沙治沙规划、水资源规划、林业长远规划、城市总体规划、村庄和集镇规划以及其他有关规划相协调。

第二十一条　草原保护、建设、利用规划一经批准，必须严格执行。

第二十二条　国家建立草原调查制度。

县级以上人民政府草原行政主管部门会同同级有关部门定期进行草原调查；草原所有者或者使用者应当支持、配合调查，并提供有关资料。

第二十三条　国务院草原行政主管部门会同国务院有关部门制定全国草原等级评定标准。

县级以上人民政府草原行政主管部门根据草原调查结果、草原的质量，依据草原等级评定标准，对草原进行评等定级。

第二十四条　国家建立草原统计制度。

县级以上人民政府草原行政主管部门和同级统计部门共同制定草原统计调查办法，依法对草原的面积、等级、产草量、载畜量等进行统计，定期发布草原统计资料。

草原统计资料是各级人民政府编制草原保护、建设、利用规划的依据。

第二十五条　国家建立草原生产、生态监测预警系统。

县级以上人民政府草原行政主管部门对草原的面积、等级、植被构成、生产能力、自然灾害、生物灾害等草原基本状况实行动态监测，及时为本级政府和有关部门提供动态监测和预警信息服务。

第四章　建　　设

第二十六条　县级以上人民政府应当增加草原建设的投入，支持草原建设。

国家鼓励单位和个人投资建设草原，按照谁投资、谁受益的原则保护草原投资建设者的合法权益。

第二十七条　国家鼓励与支持人工草地建设、天然草原改良和饲草饲料基地建设,稳定和提高草原生产能力。

第二十八条　县级以上人民政府应当支持、鼓励和引导农牧民开展草原围栏、饲草饲料储备、牲畜圈舍、牧民定居点等生产生活设施的建设。

县级以上地方人民政府应当支持草原水利设施建设,发展草原节水灌溉,改善人畜饮水条件。

第二十九条　县级以上人民政府应当按照草原保护、建设、利用规划加强草种基地建设,鼓励选育、引进、推广优良草品种。

新草品种必须经全国草品种审定委员会审定,由国务院草原行政主管部门公告后方可推广。从境外引进草种必须依法进行审批。

县级以上人民政府草原行政主管部门应当依法加强对草种生产、加工、检疫、检验的监督管理,保证草种质量。

第三十条　县级以上人民政府应当有计划地进行火情监测、防火物资储备、防火隔离带等草原防火设施的建设,确保防火需要。

第三十一条　对退化、沙化、盐碱化、石漠化和水土流失的草原,地方各级人民政府应当按照草原保护、建设、利用规划,划定治理区,组织专项治理。

大规模的草原综合治理,列入国家国土整治计划。

第三十二条　县级以上人民政府应当根据草原保护、建设、利用规划,在本级国民经济和社会发展计划中安排资金用于草原改良、人工种草和草种生产,任何单位或者个人不得截留、挪用;县级以上人民政府财政部门和审计部门应当加强监督管理。

第五章　利　用

第三十三条　草原承包经营者应当合理利用草原,不得超过草原行政主管部门核定的载畜量;草原承包经营者应当采取种植和储备饲草饲料、增加饲草饲料供应量、调剂处理牲畜、优化畜群结构、提高出栏率等措施,保持草畜平衡。

草原载畜量标准和草畜平衡管理办法由国务院草原行政主管部门规定。

第三十四条　牧区的草原承包经营者应当实行划区轮牧,合理配置畜群,均衡利用草原。

第三十五条　国家提倡在农区、半农半牧区和有条件的牧区实行牲畜圈养。草原承包经营者应当按照饲养牲畜的种类和数量,调剂、储备饲草饲料,采用青贮和饲草饲料加工等新技术,逐步改变依赖天然草地放牧的生产方式。

在草原禁牧、休牧、轮牧区,国家对实行舍饲圈养的给予粮食和资金补助,具体办法由国务院或者国务院授权的有关部门规定。

第三十六条　县级以上地方人民政府草原行政主管部门对割草场和野生草种基地应当规定合理的割草期、采种期以及留茬高度和采割强度,实行轮割轮采。

第三十七条　遇到自然灾害等特殊情况,需要临时调剂使用草原的,按照自愿互利的原则,由双方协商解决;需要跨县临时调剂使用草原的,由有关县级人民政府或者共同的上级人民政府组织协商解决。

第三十八条　进行矿藏开采和工程建设,应当不占或者少占草原;确需征用或者使用草原的，必须经省级以上人民政府草原行政主管部门审核同意后，依照有关土地管理的法律、行政法规办理建设用地审批手续。

第三十九条 因建设征用集体所有的草原的，应当依照《中华人民共和国土地管理法》的规定给予补偿；因建设使用国家所有的草原的，应当依照国务院有关规定对草原承包经营者给予补偿。

因建设征用或者使用草原的，应当交纳草原植被恢复费。草原植被恢复费专款专用，由草原行政主管部门按照规定用于恢复草原植被，任何单位和个人不得截留、挪用。草原植被恢复费的征收、使用和管理办法，由国务院价格主管部门和国务院财政部门会同国务院草原行政主管部门制定。

第四十条 需要临时占用草原的，应当经县级以上地方人民政府草原行政主管部门审核同意。

临时占用草原的期限不得超过二年，并不得在临时占用的草原上修建永久性建筑物、构筑物；占用期满，用地单位必须恢复草原植被并及时退还。

第四十一条 在草原上修建直接为草原保护和畜牧业生产服务的工程设施，需要使用草原的，由县级以上人民政府草原行政主管部门批准；修筑其他工程，需要将草原转为非畜牧业生产用地的，必须依法办理建设用地审批手续。

前款所称直接为草原保护和畜牧业生产服务的工程设施，是指：

（一）生产、贮存草种和饲草饲料的设施；

（二）牲畜圈舍、配种点、剪毛点、药浴池、人畜饮水设施；

（三）科研、试验、示范基地；

（四）草原防火和灌溉设施。

第六章 保 护

第四十二条 国家实行基本草原保护制度。下列草原应当划为基本草原，实施严格管理：

（一）重要放牧场；

（二）割草地；

（三）用于畜牧业生产的人工草地、退耕还草地以及改良草地、草种基地；

（四）对调节气候、涵养水源、保持水土、防风固沙具有特殊作用的草原；

（五）作为国家重点保护野生动植物生存环境的草原；

（六）草原科研、教学试验基地；

（七）国务院规定应当划为基本草原的其他草原。

基本草原的保护管理办法，由国务院制定。

第四十三条 国务院草原行政主管部门或者省、自治区、直辖市人民政府可以按照自然保护区管理的有关规定在下列地区建立草原自然保护区：

（一）具有代表性的草原类型；

（二）珍稀濒危野生动植物分布区；

（三）具有重要生态功能和经济科研价值的草原。

第四十四条 县级以上人民政府应当依法加强对草原珍稀濒危野生植物和种质资源的保护、管理。

第四十五条　国家对草原实行以草定畜、草畜平衡制度。县级以上地方人民政府草原行政主管部门应当按照国务院草原行政主管部门制定的草原载畜量标准,结合当地实际情况,定期核定草原载畜量。各级人民政府应当采取有效措施,防止超载过牧。

第四十六条　禁止开垦草原。对水土流失严重、有沙化趋势、需要改善生态环境的已垦草原,应当有计划、有步骤地退耕还草;已造成沙化、盐碱化、石漠化的,应当限期治理。

第四十七条　对严重退化、沙化、盐碱化、石漠化的草原和生态脆弱区的草原,实行禁牧、休牧制度。

第四十八条　国家支持依法实行退耕还草和禁牧、休牧。具体办法由国务院或者省、自治区、直辖市人民政府制定。

对在国务院批准规划范围内实施退耕还草的农牧民,按照国家规定给予粮食、现金、草种费补助。退耕还草完成后,由县级以上人民政府草原行政主管部门核实登记,依法履行土地用途变更手续,发放草原权属证书。

第四十九条　禁止在荒漠、半荒漠和严重退化、沙化、盐碱化、石漠化、水土流失的草原以及生态脆弱区的草原上采挖植物和从事破坏草原植被的其他活动。

第五十条　在草原上从事采土、采砂、采石等作业活动,应当报县级人民政府草原行政主管部门批准;开采矿产资源的,并应当依法办理有关手续。

经批准在草原上从事本条第一款所列活动的,应当在规定的时间、区域内,按照准许的采挖方式作业,并采取保护草原植被的措施。

在他人使用的草原上从事本条第一款所列活动的,还应当事先征得草原使用者的同意。

第五十一条　在草原上种植牧草或者饲料作物,应当符合草原保护、建设、利用规划;县级以上地方人民政府草原行政主管部门应当加强监督管理,防止草原沙化和水土流失。

第五十二条　在草原上开展经营性旅游活动,应当符合有关草原保护、建设、利用规划,并事先征得县级以上地方人民政府草原行政主管部门的同意,方可办理有关手续。

在草原上开展经营性旅游活动,不得侵犯草原所有者、使用者和承包经营者的合法权益,不得破坏草原植被。

第五十三条　草原防火工作贯彻预防为主、防消结合的方针。

各级人民政府应当建立草原防火责任制,规定草原防火期,制定草原防火扑火预案,切实做好草原火灾的预防和扑救工作。

第五十四条　县级以上地方人民政府应当做好草原鼠害、病虫害和毒害草防治的组织管理工作。县级以上地方人民政府草原行政主管部门应当采取措施,加强草原鼠害、病虫害和毒害草监测预警、调查以及防治工作,组织研究和推广综合防治的办法。

禁止在草原上使用剧毒、高残留以及可能导致二次中毒的农药。

第五十五条　除抢险救灾和牧民搬迁的机动车辆外,禁止机动车辆离开道路在草原上行驶,破坏草原植被;因从事地质勘探、科学考察等活动确需离开道路在草原上行驶的,应当向县级人民政府草原行政主管部门提交行驶区域和行驶路线方案,经确认后执行。

第七章　监 督 检 查

第五十六条　国务院草原行政主管部门和草原面积较大的省、自治区的县级以上地方人民政府草原行政主管部门设立草原监督管理机构,负责草原法律、法规执行情况的监督检查,对违反草原法律、法规的行为进行查处。

草原行政主管部门和草原监督管理机构应当加强执法队伍建设，提高草原监督检查人员的政治、业务素质。草原监督检查人员应当忠于职守，秉公执法。

第五十七条 草原监督检查人员履行监督检查职责时，有权采取下列措施：

（一）要求被检查单位或者个人提供有关草原权属的文件和资料，进行查阅或者复制；

（二）要求被检查单位或者个人对草原权属等问题作出说明；

（三）进入违法现场进行拍照、摄像和勘测；

（四）责令被检查单位或者个人停止违反草原法律、法规的行为，履行法定义务。

第五十八条 国务院草原行政主管部门和省、自治区、直辖市人民政府草原行政主管部门，应当加强对草原监督检查人员的培训和考核。

第五十九条 有关单位和个人对草原监督检查人员的监督检查工作应当给予支持、配合，不得拒绝或者阻碍草原监督检查人员依法执行职务。

草原监督检查人员在履行监督检查职责时，应当向被检查单位和个人出示执法证件。

第六十条 对违反草原法律、法规的行为，应当依法作出行政处理，有关草原行政主管部门不作出行政处理决定的，上级草原行政主管部门有权责令有关草原行政主管部门作出行政处理决定或者直接作出行政处理决定。

第八章 法律责任

第六十一条 草原行政主管部门工作人员及其他国家机关有关工作人员玩忽职守、滥用职权，不依法履行监督管理职责，或者发现违法行为不予查处，造成严重后果，构成犯罪的，依法追究刑事责任；尚不够刑事处罚的，依法给予行政处分。

第六十二条 截留、挪用草原改良、人工种草和草种生产资金或者草原植被恢复费，构成犯罪的，依法追究刑事责任；尚不够刑事处罚的，依法给予行政处分。

第六十三条 无权批准征用、使用草原的单位或者个人非法批准征用、使用草原的，超越批准权限非法批准征用、使用草原的，或者违反法律规定的程序批准征用、使用草原，构成犯罪的，依法追究刑事责任；尚不够刑事处罚的，依法给予行政处分。非法批准征用、使用草原的文件无效。非法批准征用、使用的草原应当收回，当事人拒不归还的，以非法使用草原论处。

非法批准征用、使用草原，给当事人造成损失的，依法承担赔偿责任。

第六十四条 买卖或者以其他形式非法转让草原，构成犯罪的，依法追究刑事责任；尚不够刑事处罚的，由县级以上人民政府草原行政主管部门依据职权责令限期改正，没收违法所得，并处违法所得一倍以上五倍以下的罚款。

第六十五条 未经批准或者采取欺骗手段骗取批准，非法使用草原，构成犯罪的，依法追究刑事责任；尚不够刑事处罚的，由县级以上人民政府草原行政主管部门依据职权责令退还非法使用的草原，对违反草原保护、建设、利用规划擅自将草原改为建设用地的，限期拆除在非法使用的草原上新建的建筑物和其他设施，恢复草原植被，并处草原被非法使用前三年平均产值六倍以上十二倍以下的罚款。

第六十六条 非法开垦草原，构成犯罪的，依法追究刑事责任；尚不够刑事处罚的，由县级以上人民政府草原行政主管部门依据职权责令停止违法行为，限期恢复植被，没收非法财物和违法所得，并处违法所得一倍以上五倍以下的罚款；没有违法所得的，并处五万元以下的罚款；

给草原所有者或者使用者造成损失的,依法承担赔偿责任。

第六十七条　在荒漠、半荒漠和严重退化、沙化、盐碱化、石漠化、水土流失的草原,以及生态脆弱区的草原上采挖植物或者从事破坏草原植被的其他活动的,由县级以上地方人民政府草原行政主管部门依据职权责令停止违法行为,没收非法财物和违法所得,可以并处违法所得一倍以上五倍以下的罚款;没有违法所得的,可以并处五万元以下的罚款;给草原所有者或者使用者造成损失的,依法承担赔偿责任。

第六十八条　未经批准或者未按照规定的时间、区域和采挖方式在草原上进行采土、采砂、采石等活动的,由县级人民政府草原行政主管部门责令停止违法行为,限期恢复植被,没收非法财物和违法所得,可以并处违法所得一倍以上二倍以下的罚款;没有违法所得的,可以并处二万元以下的罚款;给草原所有者或者使用者造成损失的,依法承担赔偿责任。

第六十九条　违反本法第五十二条规定,擅自在草原上开展经营性旅游活动,破坏草原植被的,由县级以上地方人民政府草原行政主管部门依据职权责令停止违法行为,限期恢复植被,没收违法所得,可以并处违法所得一倍以上二倍以下的罚款;没有违法所得的,可以并处草原被破坏前三年平均产值六倍以上十二倍以下的罚款;给草原所有者或者使用者造成损失的,依法承担赔偿责任。

第七十条　非抢险救灾和牧民搬迁的机动车辆离开道路在草原上行驶或者从事地质勘探、科学考察等活动未按照确认的行驶区域和行驶路线在草原上行驶,破坏草原植被的,由县级人民政府草原行政主管部门责令停止违法行为,限期恢复植被,可以并处草原被破坏前三年平均产值三倍以上九倍以下的罚款;给草原所有者或者使用者造成损失的,依法承担赔偿责任。

第七十一条　在临时占用的草原上修建永久性建筑物、构筑物的,由县级以上地方人民政府草原行政主管部门依据职权责令限期拆除;逾期不拆除的,依法强制拆除,所需费用由违法者承担。

临时占用草原,占用期届满,用地单位不予恢复草原植被的,由县级以上地方人民政府草原行政主管部门依据职权责令限期恢复;逾期不恢复的,由县级以上地方人民政府草原行政主管部门代为恢复,所需费用由违法者承担。

第七十二条　未经批准,擅自改变草原保护、建设、利用规划的,由县级以上人民政府责令限期改正;对直接负责的主管人员和其他直接责任人员,依法给予行政处分。

第七十三条　对违反本法有关草畜平衡制度的规定,牲畜饲养量超过县级以上地方人民政府草原行政主管部门核定的草原载畜量标准的纠正或者处罚措施,由省、自治区、直辖市人民代表大会或者其常务委员会规定。

第九章　附　则

第七十四条　本法第二条第二款中所称的天然草原包括草地、草山和草坡,人工草地包括改良草地和退耕还草地,不包括城镇草地。

第七十五条　本法自2003年3月1日起施行。

中华人民共和国主席令

（第 7 号）

《中华人民共和国行政许可法》已由中华人民共和国第十届全国人民代表大会常务委员会第四次会议于 2003 年 8 月 27 通过，现予公布，自 2004 年 7 月 1 日起施行。

中华人民共和国主席　胡锦涛

2003 年 8 月 27 日

中华人民共和国行政许可法

（2003 年 8 月 27 日第十届全国人民代表大会常务委员会第四次会议通过）

第一章　总　　则

第一条　为了规范行政许可的设定和实施，保护公民、法人和其他组织的合法权益，维护公共利益和社会秩序，保障和监督行政机关有效实施行政管理，根据宪法，制定本法。

第二条　本法所称行政许可，是指行政机关根据公民、法人或者其他组织的申请，经依法审查，准予其从事特定活动的行为。

第三条　行政许可的设定和实施，适用本法。

有关行政机关对其他机关或者对其直接管理的事业单位的人事、财务、外事等事项的审批，不适用本法。

第四条　设定和实施行政许可，应当依照法定的权限、范围、条件和程序。

第五条　设定和实施行政许可，应当遵循公开、公平、公正的原则。

有关行政许可的规定应当公布；未经公布的，不得作为实施行政许可的依据。行政许可的实施和结果，除涉及国家秘密、商业秘密或者个人隐私的外，应当公开。

符合法定条件、标准的，申请人有依法取得行政许可的平等权利，行政机关不得歧视。

第六条　实施行政许可，应当遵循便民的原则，提高办事效率，提供优质服务。

第七条　公民、法人或者其他组织对行政机关实施行政许可，享有陈述权、申辩权；有权依法申请行政复议或者提起行政诉讼；其合法权益因行政机关违法实施行政许可受到损害的，有权依法要求赔偿。

第八条　公民、法人或者其他组织依法取得的行政许可受法律保护，行政机关不得擅自改变已经生效的行政许可。

行政许可所依据的法律、法规、规章修改或者废止，或者准予行政许可所依据的客观情况发生重大变化的，为了公共利益的需要，行政机关可以依法变更或者撤回已经生效的行政许可。由此给公民、法人或者其他组织造成财产损失的，行政机关应当依法给予补偿。

第九条　依法取得的行政许可,除法律、法规规定依照法定条件和程序可以转让的外,不得转让。

第十条　县级以上人民政府应当建立健全对行政机关实施行政许可的监督制度,加强对行政机关实施行政许可的监督检查。

行政机关应当对公民、法人或者其他组织从事行政许可事项的活动实施有效监督。

第二章　行政许可的设定

第十一条　设定行政许可,应当遵循经济和社会发展规律,有利于发挥公民、法人或者其他组织的积极性、主动性,维护公共利益和社会秩序,促进经济、社会和生态环境协调发展。

第十二条　下列事项可以设定行政许可:

(一)直接涉及国家安全、公共安全、经济宏观调控、生态环境保护以及直接关系人身健康、生命财产安全等特定活动,需要按照法定条件予以批准的事项;

(二)有限自然资源开发利用、公共资源配置以及直接关系公共利益的特定行业的市场准入等,需要赋予特定权利的事项;

(三)提供公众服务并且直接关系公共利益的职业、行业,需要确定具备特殊信誉、特殊条件或者特殊技能等资格、资质的事项;

(四)直接关系公共安全、人身健康、生命财产安全的重要设备、设施、产品、物品,需要按照技术标准、技术规范,通过检验、检测、检疫等方式进行审定的事项;

(五)企业或者其他组织的设立等,需要确定主体资格的事项;

(六)法律、行政法规规定可以设定行政许可的其他事项。

第十三条　本法第十二条所列事项,通过下列方式能够予以规范的,可以不设行政许可:

(一)公民、法人或者其他组织能够自主决定的;

(二)市场竞争机制能够有效调节的;

(三)行业组织或者中介机构能够自律管理的;

(四)行政机关采用事后监督等其他行政管理方式能够解决的。

第十四条　本法第十二条所列事项,法律可以设定行政许可。尚未制定法律的,行政法规可以设定行政许可。

必要时,国务院可以采用发布决定的方式设定行政许可。实施后,除临时性行政许可事项外,国务院应当及时提请全国人民代表大会及其常务委员会制定法律,或者自行制定行政法规。

第十五条　本法第十二条所列事项,尚未制定法律、行政法规的,地方性法规可以设定行政许可;尚未制定法律、行政法规和地方性法规的,因行政管理的需要,确需立即实施行政许可的,省、自治区、直辖市人民政府规章可以设定临时性的行政许可。临时性的行政许可实施满一年需要继续实施的,应当提请本级人民代表大会及其常务委员会制定地方性法规。

地方性法规和省、自治区、直辖市人民政府规章,不得设定应当由国家统一确定的公民、法人或者其他组织的资格、资质的行政许可;不得设定企业或者其他组织的设立登记及其前置性行政许可。其设定的行政许可,不得限制其他地区的个人或者企业到本地区从事生产经营和提供服务,不得限制其他地区的商品进入本地区市场。

第十六条　行政法规可以在法律设定的行政许可事项范围内,对实施该行政许可作出具体规定。

地方性法规可以在法律、行政法规设定的行政许可事项范围内,对实施该行政许可作出具体规定。

规章可以在上位法设定的行政许可事项范围内,对实施该行政许可作出具体规定。

法规、规章对实施上位法设定的行政许可作出的具体规定,不得增设行政许可;对行政许可条件作出的具体规定,不得增设违反上位法的其他条件。

第十七条 除本法第十四条、第十五条规定的外,其他规范性文件一律不得设定行政许可。

第十八条 设定行政许可,应当规定行政许可的实施机关、条件、程序、期限。

第十九条 起草法律草案、法规草案和省、自治区、直辖市人民政府规章草案,拟设定行政许可的,起草单位应当采取听证会、论证会等形式听取意见,并向制定机关说明设定该行政许可的必要性、对经济和社会可能产生的影响以及听取和采纳意见的情况。

第二十条 行政许可的设定机关应当定期对其设定的行政许可进行评价;对已设定的行政许可,认为通过本法第十三条所列方式能够解决的,应当对设定该行政许可的规定及时予以修改或者废止。

行政许可的实施机关可以对已设定的行政许可的实施情况及存在的必要性适时进行评价,并将意见报告该行政许可的设定机关。

公民、法人或者其他组织可以向行政许可的设定机关和实施机关就行政许可的设定和实施提出意见和建议。

第二十一条 省、自治区、直辖市人民政府对行政法规设定的有关经济事务的行政许可,根据本行政区域经济和社会发展情况,认为通过本法第十三条所列方式能够解决的,报国务院批准后,可以在本行政区域内停止实施该行政许可。

第三章 行政许可的实施机关

第二十二条 行政许可由具有行政许可权的行政机关在其法定职权范围内实施。

第二十三条 法律、法规授权的具有管理公共事务职能的组织,在法定授权范围内,以自己的名义实施行政许可。被授权的组织适用本法有关行政机关的规定。

第二十四条 行政机关在其法定职权范围内,依照法律、法规、规章的规定,可以委托其他行政机关实施行政许可。委托机关应当将受委托行政机关和受委托实施行政许可的内容予以公告。

委托行政机关对受委托行政机关实施行政许可的行为应当负责监督,并对该行为的后果承担法律责任。

受委托行政机关在委托范围内,以委托行政机关名义实施行政许可;不得再委托其他组织或者个人实施行政许可。

第二十五条 经国务院批准,省、自治区、直辖市人民政府根据精简、统一、效能的原则,可以决定一个行政机关行使有关行政机关的行政许可权。

第二十六条 行政许可需要行政机关内设的多个机构办理的,该行政机关应当确定一个机构统一受理行政许可申请,统一送达行政许可决定。

行政许可依法由地方人民政府两个以上部门分别实施的,本级人民政府可以确定一个部门受理行政许可申请并转告有关部门分别提出意见后统一办理,或者组织有关部门联合办理、集中办理。

第二十七条 行政机关实施行政许可,不得向申请人提出购买指定商品、接受有偿服务等不正当要求。

行政机关工作人员办理行政许可,不得索取或者收受申请人的财物,不得谋取其他利益。

第二十八条 对直接关系公共安全、人身健康、生命财产安全的设备、设施、产品、物品的检验、检测、检疫,除法律、行政法规规定由行政机关实施的外,应当逐步由符合法定条件的专业技术组织实施。专业技术组织及其有关人员对所实施的检验、检测、检疫结论承担法律责任。

第四章 行政许可的实施程序

第一节 申请与受理

第二十九条 公民、法人或者其他组织从事特定活动,依法需要取得行政许可的,应当向行政机关提出申请。申请书需要采用格式文本的,行政机关应当向申请人提供行政许可申请书格式文本。申请书格式文本中不得包含与申请行政许可事项没有直接关系的内容。

申请人可以委托代理人提出行政许可申请。但是,依法应当由申请人到行政机关办公场所提出行政许可申请的除外。

行政许可申请可以通过信函、电报、电传、传真、电子数据交换和电子邮件等方式提出。

第三十条 行政机关应当将法律、法规、规章规定的有关行政许可的事项、依据、条件、数量、程序、期限以及需要提交的全部材料的目录和申请书示范文本等在办公场所公示。

申请人要求行政机关对公示内容予以说明、解释的,行政机关应当说明、解释,提供准确、可靠的信息。

第三十一条 申请人申请行政许可,应当如实向行政机关提交有关材料和反映真实情况,并对其申请材料实质内容的真实性负责。行政机关不得要求申请人提交与其申请的行政许可事项无关的技术资料和其他材料。

第三十二条 行政机关对申请人提出的行政许可申请,应当根据下列情况分别作出处理:

(一)申请事项依法不需要取得行政许可的,应当即时告知申请人不受理;

(二)申请事项依法不属于本行政机关职权范围的,应当即时作出不予受理的决定,并告知申请人向有关行政机关申请;

(三)申请材料存在可以当场更正的错误的,应当允许申请人当场更正;

(四)申请材料不齐全或者不符合法定形式的,应当当场或者在五日内一次告知申请人需要补正的全部内容,逾期不告知的,自收到申请材料之日起即为受理;

(五)申请事项属于本行政机关职权范围,申请材料齐全、符合法定形式,或者申请人按照本行政机关的要求提交全部补正申请材料的,应当受理行政许可申请。

行政机关受理或者不予受理行政许可申请,应当出具加盖本行政机关专用印章和注明日期的书面凭证。

第三十三条 行政机关应当建立和完善有关制度,推行电子政务,在行政机关的网站上公布行政许可事项,方便申请人采取数据电文等方式提出行政许可申请;应当与其他行政机关共享有关行政许可信息，提高办事效率。

第二节 审查与决定

第三十四条 行政机关应当对申请人提交的申请材料进行审查。

申请人提交的申请材料齐全、符合法定形式，行政机关能够当场作出决定的，应当当场作出书面的行政许可决定。

根据法定条件和程序，需要对申请材料的实质内容进行核实的，行政机关应当指派两名以上工作人员进行核查。

第三十五条 依法应当先经下级行政机关审查后报上级行政机关决定的行政许可，下级行政机关应当在法定期限内将初步审查意见和全部申请材料直接报送上级行政机关。上级行政机关不得要求申请人重复提供申请材料。

第三十六条 行政机关对行政许可申请进行审查时，发现行政许可事项直接关系他人重大利益的，应当告知该利害关系人。申请人、利害关系人有权进行陈述和申辩。行政机关应当听取申请人、利害关系人的意见。

第三十七条 行政机关对行政许可申请进行审查后，除当场作出行政许可决定的外，应当在法定期限内按照规定程序作出行政许可决定。

第三十八条 申请人的申请符合法定条件、标准的，行政机关应当依法作出准予行政许可的书面决定。

行政机关依法作出不予行政许可的书面决定的，应当说明理由，并告知申请人享有依法申请行政复议或者提起行政诉讼的权利。

第三十九条 行政机关作出准予行政许可的决定，需要颁发行政许可证件的，应当向申请人颁发加盖本行政机关印章的下列行政许可证件：

（一）许可证、执照或者其他许可证书；

（二）资格证、资质证或者其他合格证书；

（三）行政机关的批准文件或者证明文件；

（四）法律、法规规定的其他行政许可证件。

行政机关实施检验、检测、检疫的，可以在检验、检测、检疫合格的设备、设施、产品、物品上加贴标签或者加盖检验、检测、检疫印章。

第四十条 行政机关作出的准予行政许可决定，应当予以公开，公众有权查阅。

第四十一条 法律、行政法规设定的行政许可，其适用范围没有地域限制的，申请人取得的行政许可在全国范围内有效。

第三节 期 限

第四十二条 除可以当场作出行政许可决定的外，行政机关应当自受理行政许可申请之日起二十日内作出行政许可决定。二十日内不能作出决定的，经本行政机关负责人批准，可以延长十日，并应当将延长期限的理由告知申请人。但是，法律、法规另有规定的，依照其规定。

依照本法第二十六条的规定，行政许可采取统一办理或者联合办理、集中办理的，办理的时间不得超过四十五日；四十五日内不能办结的，经本级人民政府负责人批准，可以延长十五日，并应当将延长期限的理由告知申请人。

第四十三条 依法应当先经下级行政机关审查后报上级行政机关决定的行政许可，下级行政机关应当自其受理行政许可申请之日起二十日内审查完毕。但是,法律、法规另有规定的,依照其规定。

第四十四条　行政机关作出准予行政许可的决定,应当自作出决定之日起十日内向申请人颁发、送达行政许可证件,或者加贴标签、加盖检验、检测、检疫印章。

第四十五条　行政机关作出行政许可决定,依法需要听证、招标、拍卖、检验、检测、检疫、鉴定和专家评审的,所需时间不计算在本节规定的期限内。行政机关应当将所需时间书面告知申请人。

第四节　听　　证

第四十六条　法律、法规、规章规定实施行政许可应当听证的事项,或者行政机关认为需要听证的其他涉及公共利益的重大行政许可事项,行政机关应当向社会公告,并举行听证。

第四十七条　行政许可直接涉及申请人与他人之间重大利益关系的,行政机关在作出行政许可决定前,应当告知申请人、利害关系人享有要求听证的权利;申请人、利害关系人在被告知听证权利之日起五日内提出听证申请的,行政机关应当在二十日内组织听证。

申请人、利害关系人不承担行政机关组织听证的费用。

第四十八条　听证按照下列程序进行:

(一)行政机关应当于举行听证的七日前将举行听证的时间、地点通知申请人、利害关系人,必要时予以公告;

(二)听证应当公开举行;

(三)行政机关应当指定审查该行政许可申请的工作人员以外的人员为听证主持人,申请人、利害关系人认为主持人与该行政许可事项有直接利害关系的,有权申请回避;

(四)举行听证时,审查该行政许可申请的工作人员应当提供审查意见的证据、理由,申请人、利害关系人可以提出证据,并进行申辩和质证;

(五)听证应当制作笔录,听证笔录应当交听证参加人确认无误后签字或者盖章。

行政机关应当根据听证笔录,作出行政许可决定。

第五节　变更与延续

第四十九条　被许可人要求变更行政许可事项的,应当向作出行政许可决定的行政机关提出申请;符合法定条件、标准的,行政机关应当依法办理变更手续。

第五十条　被许可人需要延续依法取得的行政许可的有效期的,应当在该行政许可有效期届满三十日前向作出行政许可决定的行政机关提出申请。但是,法律、法规、规章另有规定的,依照其规定。

行政机关应当根据被许可人的申请,在该行政许可有效期届满前作出是否准予延续的决定;逾期未作决定的,视为准予延续。

第六节　特 别 规 定

第五十一条　实施行政许可的程序,本节有规定的,适用本节规定;本节没有规定的,适用本章其他有关规定。

第五十二条　国务院实施行政许可的程序,适用有关法律、行政法规的规定。

第五十三条　实施本法第十二条第二项所列事项的行政许可的,行政机关应当通过招标、拍卖等公平竞争的方式作出决定。但是,法律、行政法规另有规定的,依照其规定。

行政机关通过招标、拍卖等方式作出行政许可决定的具体程序,依照有关法律、行政法规的规定。

行政机关按照招标、拍卖程序确定中标人、买受人后,应当作出准予行政许可的决定,并依法向中标人、买受人颁发行政许可证件。

行政机关违反本条规定,不采用招标、拍卖方式,或者违反招标、拍卖程序,损害申请人合法权益的,申请人可以依法申请行政复议或者提起行政诉讼。

第五十四条 实施本法第十二条第三项所列事项的行政许可,赋予公民特定资格,依法应当举行国家考试的,行政机关根据考试成绩和其他法定条件作出行政许可决定;赋予法人或者其他组织特定的资格、资质的,行政机关根据申请人的专业人员构成、技术条件、经营业绩和管理水平等的考核结果作出行政许可决定。但是,法律、行政法规另有规定的,依照其规定。

公民特定资格的考试依法由行政机关或者行业组织实施,公开举行。行政机关或者行业组织应当事先公布资格考试的报名条件、报考办法、考试科目以及考试大纲。但是,不得组织强制性的资格考试的考前培训,不得指定教材或者其他助考材料。

第五十五条 实施本法第十二条第四项所列事项的行政许可的,应当按照技术标准、技术规范依法进行检验、检测、检疫,行政机关根据检验、检测、检疫的结果作出行政许可决定。

行政机关实施检验、检测、检疫,应当自受理申请之日起五日内指派两名以上工作人员按照技术标准、技术规范进行检验、检测、检疫。不需要对检验、检测、检疫结果作进一步技术分析即可认定设备、设施、产品、物品是否符合技术标准、技术规范的,行政机关应当当场作出行政许可决定。

行政机关根据检验、检测、检疫结果,作出不予行政许可决定的,应当书面说明不予行政许可所依据的技术标准、技术规范。

第五十六条 实施本法第十二条第五项所列事项的行政许可,申请人提交的申请材料齐全、符合法定形式的,行政机关应当当场予以登记。需要对申请材料的实质内容进行核实的,行政机关依照本法第三十四条第三款的规定办理。

第五十七条 有数量限制的行政许可,两个或者两个以上申请人的申请均符合法定条件、标准的,行政机关应当根据受理行政许可申请的先后顺序作出准予行政许可的决定。但是,法律、行政法规另有规定的,依照其规定。

第五章 行政许可的费用

第五十八条 行政机关实施行政许可和对行政许可事项进行监督检查,不得收取任何费用。但是,法律、行政法规另有规定的,依照其规定。

行政机关提供行政许可申请书格式文本,不得收费。

行政机关实施行政许可所需经费应当列入本行政机关的预算,由本级财政予以保障,按照批准的预算予以核拨。

第五十九条 行政机关实施行政许可,依照法律、行政法规收取费用的,应当按照公布的法定项目和标准收费;所收取的费用必须全部上缴国库,任何机关或者个人不得以任何形式截留、挪用、私分或者变相私分。财政部门不得以任何形式向行政机关返还或者变相返还实施行政许可所收取的费用。

第六章 监督检查

第六十条 上级行政机关应当加强对下级行政机关实施行政许可的监督检查,及时纠正行政许可实施中的违法行为。

第六十一条 行政机关应当建立健全监督制度,通过核查反映被许可人从事行政许可事项活动情况的有关材料,履行监督责任。

行政机关依法对被许可人从事行政许可事项的活动进行监督检查时,应当将监督检查的情况和处理结果予以记录,由监督检查人员签字后归档。公众有权查阅行政机关监督检查记录。

行政机关应当创造条件,实现与被许可人、其他有关行政机关的计算机档案系统互联,核查被许可人从事行政许可事项活动情况。

第六十二条 行政机关可以对被许可人生产经营的产品依法进行抽样检查、检验、检测,对其生产经营场所依法进行实地检查。检查时,行政机关可以依法查阅或者要求被许可人报送有关材料;被许可人应当如实提供有关情况和材料。

行政机关根据法律、行政法规的规定,对直接关系公共安全、人身健康、生命财产安全的重要设备、设施进行定期检验。对检验合格的,行政机关应当发给相应的证明文件。

第六十三条 行政机关实施监督检查,不得妨碍被许可人正常的生产经营活动,不得索取或者收受被许可人的财物,不得谋取其他利益。

第六十四条 被许可人在作出行政许可决定的行政机关管辖区域外违法从事行政许可事项活动的,违法行为发生地的行政机关应当依法将被许可人的违法事实、处理结果抄告作出行政许可决定的行政机关。

第六十五条 个人和组织发现违法从事行政许可事项的活动,有权向行政机关举报,行政机关应当及时核实、处理。

第六十六条 被许可人未依法履行开发利用自然资源义务或者未依法履行利用公共资源义务的,行政机关应当责令限期改正;被许可人在规定期限内不改正的,行政机关应当依照有关法律、行政法规的规定予以处理。

第六十七条 取得直接关系公共利益的特定行业的市场准入行政许可的被许可人,应当按照国家规定的服务标准、资费标准和行政机关依法规定的条件,向用户提供安全、方便、稳定和价格合理的服务,并履行普遍服务的义务;未经作出行政许可决定的行政机关批准,不得擅自停业、歇业。

被许可人不履行前款规定的义务的,行政机关应当责令限期改正,或者依法采取有效措施督促其履行义务。

第六十八条 对直接关系公共安全、人身健康、生命财产安全的重要设备、设施,行政机关应当督促设计、建造、安装和使用单位建立相应的自检制度。

行政机关在监督检查时,发现直接关系公共安全、人身健康、生命财产安全的重要设备、设施存在安全隐患的,应当责令停止建造、安装和使用,并责令设计、建造、安装和使用单位立即改正。

第六十九条 有下列情形之一的,作出行政许可决定的行政机关或者其上级行政机关,根据利害关系人的请求或者依据职权,可以撤销行政许可:

(一)行政机关工作人员滥用职权、玩忽职守作出准予行政许可决定的;

(二)超越法定职权作出准予行政许可决定的;

(三)违反法定程序作出准予行政许可决定的;

(四)对不具备申请资格或者不符合法定条件的申请人准予行政许可的;

(五)依法可以撤销行政许可的其他情形。

被许可人以欺骗、贿赂等不正当手段取得行政许可的,应当予以撤销。

依照前两款的规定撤销行政许可,可能对公共利益造成重大损害的,不予撤销。

依照本条第一款的规定撤销行政许可,被许可人的合法权益受到损害的,行政机关应当依法给予赔偿。依照本条第二款的规定撤销行政许可的,被许可人基于行政许可取得的利益不受保护。

第七十条 有下列情形之一的,行政机关应当依法办理有关行政许可的注销手续:

(一)行政许可有效期届满未延续的;

(二)赋予公民特定资格的行政许可,该公民死亡或者丧失行为能力的;

(三)法人或者其他组织依法终止的;

(四)行政许可依法被撤销、撤回,或者行政许可证件依法被吊销的;

(五)因不可抗力导致行政许可事项无法实施的;

(六)法律、法规规定的应当注销行政许可的其他情形。

第七章 法律责任

第七十一条 违反本法第十七条规定设定的行政许可,有关机关应当责令设定该行政许可的机关改正,或者依法予以撤销。

第七十二条 行政机关及其工作人员违反本法的规定,有下列情形之一的,由其上级行政机关或者监察机关责令改正;情节严重的,对直接负责的主管人员和其他直接责任人员依法给予行政处分:

(一)对符合法定条件的行政许可申请不予受理的;

(二)不在办公场所公示依法应当公示的材料的;

(三)在受理、审查、决定行政许可过程中,未向申请人、利害关系人履行法定告知义务的;

(四)申请人提交的申请材料不齐全、不符合法定形式,不一次告知申请人必须补正的全部内容的;

(五)未依法说明不受理行政许可申请或者不予行政许可的理由的;

(六)依法应当举行听证而不举行听证的。

第七十三条 行政机关工作人员办理行政许可、实施监督检查,索取或者收受他人财物或者谋取其他利益,构成犯罪的,依法追究刑事责任;尚不构成犯罪的,依法给予行政处分。

第七十四条 行政机关实施行政许可,有下列情形之一的,由其上级行政机关或者监察机关责令改正,对直接负责的主管人员和其他直接责任人员依法给予行政处分;构成犯罪的,依法追究刑事责任:

(一)对不符合法定条件的申请人准予行政许可或者超越法定职权作出准予行政许可决定的;

(二)对符合法定条件的申请人不予行政许可或者不在法定期限内作出准予行政许可决

定的;

(三)依法应当根据招标、拍卖结果或者考试成绩择优作出准予行政许可决定,未经招标、拍卖或者考试,或者不根据招标、拍卖结果或者考试成绩择优作出准予行政许可决定的。

第七十五条　行政机关实施行政许可,擅自收费或者不按照法定项目和标准收费的,由其上级行政机关或者监察机关责令退还非法收取的费用;对直接负责的主管人员和其他直接责任人员依法给予行政处分。

截留、挪用、私分或者变相私分实施行政许可依法收取的费用的,予以追缴;对直接负责的主管人员和其他直接责任人员依法给予行政处分;构成犯罪的,依法追究刑事责任。

第七十六条　行政机关违法实施行政许可,给当事人的合法权益造成损害的,应当依照国家赔偿法的规定给予赔偿。

第七十七条　行政机关不依法履行监督职责或者监督不力,造成严重后果的,由其上级行政机关或者监察机关责令改正,对直接负责的主管人员和其他直接责任人员依法给予行政处分;构成犯罪的,依法追究刑事责任。

第七十八条　行政许可申请人隐瞒有关情况或者提供虚假材料申请行政许可的,行政机关不予受理或者不予行政许可,并给予警告;行政许可申请属于直接关系公共安全、人身健康、生命财产安全事项的,申请人在一年内不得再次申请该行政许可。

第七十九条　被许可人以欺骗、贿赂等不正当手段取得行政许可的,行政机关应当依法给予行政处罚;取得的行政许可属于直接关系公共安全、人身健康、生命财产安全事项的,申请人在三年内不得再次申请该行政许可;构成犯罪的,依法追究刑事责任。

第八十条　被许可人有下列行为之一的,行政机关应当依法给予行政处罚;构成犯罪的,依法追究刑事责任:

(一)涂改、倒卖、出租、出借行政许可证件,或者以其他形式非法转让行政许可的;

(二)超越行政许可范围进行活动的;

(三)向负责监督检查的行政机关隐瞒有关情况、提供虚假材料或者拒绝提供反映其活动情况的真实材料的;

(四)法律、法规、规章规定的其他违法行为。

第八十一条　公民、法人或者其他组织未经行政许可,擅自从事依法应当取得行政许可的活动的,行政机关应当依法采取措施予以制止,并依法给予行政处罚;构成犯罪的,依法追究刑事责任。

第八章　附　则

第八十二条　本法规定的行政机关实施行政许可的期限以工作日计算,不含法定节假日。

第八十三条　本法自2004年7月1日起施行。

本法施行前有关行政许可的规定,制定机关应当依照本法规定予以清理;不符合本法规定的,自本法施行之日起停止执行。

中华人民共和国土地管理法

（1986年6月25日第六届全国人民代表大会常务委员会第十六次会议通过　根据1988年12月29日第七届全国人民代表大会常务委员会第五次会议《关于修改〈中华人民共和国土地管理法〉的决定》第一次修正　1998年8月29日第九届全国人民代表大会常务委员会第四次会议修订　根据2004年8月28日第十届全国人民代表大会常务委员会第十一次会议《关于修改〈中华人民共和国土地管理法〉的决定》第二次修正）

第一章　总　　则

第一条　为了加强土地管理，维护土地的社会主义公有制，保护、开发土地资源，合理利用土地，切实保护耕地，促进社会经济的可持续发展，根据宪法，制定本法。

第二条　中华人民共和国实行土地的社会主义公有制，即全民所有制和劳动群众集体所有制。

全民所有，即国家所有土地的所有权由国务院代表国家行使。

任何单位和个人不得侵占、买卖或者以其他形式非法转让土地。土地使用权可以依法转让。

国家为了公共利益的需要，可以依法对土地实行征收或者征用并给予补偿。

国家依法实行国有土地有偿使用制度。但是，国家在法律规定的范围内划拨国有土地使用权的除外。

第三条　十分珍惜、合理利用土地和切实保护耕地是我国的基本国策。各级人民政府应当采取措施，全面规划，严格管理，保护、开发土地资源，制止非法占用土地的行为。

第四条　国家实行土地用途管制制度。

国家编制土地利用总体规划，规定土地用途，将土地分为农用地、建设用地和未利用地。严格限制农用地转为建设用地，控制建设用地总量，对耕地实行特殊保护。

前款所称农用地是指直接用于农业生产的土地，包括耕地、林地、草地、农田水利用地、养殖水面等；建设用地是指建造建筑物、构筑物的土地，包括城乡住宅和公共设施用地、工矿用地、交通水利设施用地、旅游用地、军事设施用地等；未利用地是指农用地和建设用地以外的土地。

使用土地的单位和个人必须严格按照土地利用总体规划确定的用途使用土地。

第五条　国务院土地行政主管部门统一负责全国土地的管理和监督工作。

县级以上地方人民政府土地行政主管部门的设置及其职责，由省、自治区、直辖市人民政府根据国务院有关规定确定。

第六条　任何单位和个人都有遵守土地管理法律、法规的义务，并有权对违反土地管理法律、法规的行为提出检举和控告。

第七条　在保护和开发土地资源、合理利用土地以及进行有关的科学研究等方面成绩显著的单位和个人,由人民政府给予奖励。

第二章 土地的所有权和使用权

第八条 城市市区的土地属于国家所有。

农村和城市郊区的土地,除由法律规定属于国家所有的以外,属于农民集体所有;宅基地和自留地、自留山,属于农民集体所有。

第九条 国有土地和农民集体所有的土地,可以依法确定给单位或者个人使用。使用土地的单位和个人,有保护、管理和合理利用土地的义务。

第十条 农民集体所有的土地依法属于村农民集体所有的,由村集体经济组织或者村民委员会经营、管理;已经分别属于村内两个以上农村集体经济组织的农民集体所有的,由村内各该农村集体经济组织或者村民小组经营、管理;已经属于乡(镇)农民集体所有的,由乡(镇)农村集体经济组织经营、管理。

第十一条 农民集体所有的土地,由县级人民政府登记造册,核发证书,确认所有权。

农民集体所有的土地依法用于非农业建设的,由县级人民政府登记造册,核发证书,确认建设用地使用权。

单位和个人依法使用的国有土地,由县级以上人民政府登记造册,核发证书,确认使用权;其中,中央国家机关使用的国有土地的具体登记发证机关,由国务院确定。

确认林地、草原的所有权或者使用权,确认水面、滩涂的养殖使用权,分别依照《中华人民共和国森林法》、《中华人民共和国草原法》和《中华人民共和国渔业法》的有关规定办理。

第十二条 依法改变土地权属和用途的,应当办理土地变更登记手续。

第十三条 依法登记的土地的所有权和使用权受法律保护,任何单位和个人不得侵犯。

第十四条 农民集体所有的土地由本集体经济组织的成员承包经营,从事种植业、林业、畜牧业、渔业生产。土地承包经营期限为三十年。发包方和承包方应当订立承包合同,约定双方的权利和义务。承包经营土地的农民有保护和按照承包合同约定的用途合理利用土地的义务。农民的土地承包经营权受法律保护。

在土地承包经营期限内,对个别承包经营者之间承包的土地进行适当调整的,必须经村民会议三分之二以上成员或者三分之二以上村民代表的同意,并报乡(镇)人民政府和县级人民政府农业行政主管部门批准。

第十五条 国有土地可以由单位或者个人承包经营,从事种植业、林业、畜牧业、渔业生产。农民集体所有的土地,可以由本集体经济组织以外的单位或者个人承包经营,从事种植业、林业、畜牧业、渔业生产。发包方和承包方应当订立承包合同,约定双方的权利和义务。土地承包经营的期限由承包合同约定。承包经营土地的单位和个人,有保护和按照承包合同约定的用途合理利用土地的义务。

农民集体所有的土地由本集体经济组织以外的单位或者个人承包经营的,必须经村民会议三分之二以上成员或者三分之二以上村民代表的同意,并报乡(镇)人民政府批准。

第十六条 土地所有权和使用权争议,由当事人协商解决;协商不成的,由人民政府处理。

单位之间的争议,由县级以上人民政府处理;个人之间、个人与单位之间的争议,由乡级人民政府或者县级以上人民政府处理。

当事人对有关人民政府的处理决定不服的,可以自接到处理决定通知之日起三十日内,向人民法院起诉。

在土地所有权和使用权争议解决前，任何一方不得改变土地利用现状。

第三章 土地利用总体规划

第十七条 各级人民政府应当依据国民经济和社会发展规划、国土整治和资源环境保护的要求、土地供给能力以及各项建设对土地的需求，组织编制土地利用总体规划。

土地利用总体规划的规划期限由国务院规定。

第十八条 下级土地利用总体规划应当依据上一级土地利用总体规划编制。

地方各级人民政府编制的土地利用总体规划中的建设用地总量不得超过上一级土地利用总体规划确定的控制指标，耕地保有量不得低于上一级土地利月总体规划确定的控制指标。

省、自治区、直辖市人民政府编制的土地利用总体规划，应当确保本行政区域内耕地总量不减少。

第十九条 土地利用总体规划按照下列原则编制：

（一）严格保护基本农田，控制非农业建设占用农用地；

（二）提高土地利用率；

（三）统筹安排各类、各区域用地；

（四）保护和改善生态环境，保障土地的可持续利用；

（五）占用耕地与开发复垦耕地相平衡。

第二十条 县级土地利用总体规划应当划分土地利用区，明确土地用途。

乡（镇）土地利用总体规划应当划分土地利用区，根据土地使用条件，确定每一块土地的用途，并予以公告。

第二十一条 土地利用总体规划实行分级审批。

省、自治区、直辖市的土地利用总体规划，报国务院批准。

省、自治区人民政府所在地的市、人口在一百万以上的城市以及国务院指定的城市的土地利用总体规划，经省、自治区人民政府审查同意后，报国务院批准。

本条第二款、第三款规定以外的土地利用总体规划，逐级上报省、自治区、直辖市人民政府批准；其中，乡（镇）土地利用总体规划可以由省级人民政府授权的设区的市、自治州人民政府批准。

土地利用总体规划一经批准，必须严格执行。

第二十二条 城市建设用地规模应当符合国家规定的标准，充分利用现有建设用地，不占或者尽量少占农用地。

城市总体规划、村庄和集镇规划，应当与土地利用总体规划相衔接，城市总体规划、村庄和集镇规划中建设用地规模不得超过土地利用总体规划确定的城市和村庄、集镇建设用地规模。

在城市规划区内、村庄和集镇规划区内，城市和村庄、集镇建设用地应当符合城市规划、村庄和集镇规划。

第二十三条 江河、湖泊综合治理和开发利用规划，应当与土地利用总体规划相衔接。在江河、湖泊、水库的管理和保护范围以及蓄洪滞洪区内，土地利月应当符合江河、湖泊综合治理和开发利用规划，符合河道、湖泊行洪、蓄洪和输水的要求。

第二十四条 各级人民政府应当加强土地利用计划管理，实行建设用地总量控制。

土地利用年度计划,根据国民经济和社会发展计划、国家产业政策、土地利用总体规划以及建设用地和土地利用的实际状况编制。土地利用年度计划的编制审批程序与土地利用总体规划的编制审批程序相同,一经审批下达,必须严格执行。

第二十五条 省、自治区、直辖市人民政府应当将土地利用年度计划的执行情况列为国民经济和社会发展计划执行情况的内容,向同级人民代表大会报告。

第二十六条 经批准的土地利用总体规划的修改,须经原批准机关批准;未经批准,不得改变土地利用总体规划确定的土地用途。

经国务院批准的大型能源、交通、水利等基础设施建设用地,需要改变土地利用总体规划的,根据国务院的批准文件修改土地利用总体规划。

经省、自治区、直辖市人民政府批准的能源、交通、水利等基础设施建设用地,需要改变土地利用总体规划的,属于省级人民政府土地利用总体规划批准权限内的,根据省级人民政府的批准文件修改土地利用总体规划。

第二十七条 国家建立土地调查制度。

县级以上人民政府土地行政主管部门会同同级有关部门进行土地调查。土地所有者或者使用者应当配合调查,并提供有关资料。

第二十八条 县级以上人民政府土地行政主管部门会同同级有关部门根据土地调查成果、规划土地用途和国家制定的统一标准,评定土地等级。

第二十九条 国家建立土地统计制度。

县级以上人民政府土地行政主管部门和同级统计部门共同制定统计调查方案,依法进行土地统计,定期发布土地统计资料。土地所有者或者使用者应当提供有关资料,不得虚报、瞒报、拒报、迟报。

土地行政主管部门和统计部门共同发布的土地面积统计资料是各级人民政府编制土地利用总体规划的依据。

第三十条 国家建立全国土地管理信息系统,对土地利用状况进行动态监测。

第四章 耕地保护

第三十一条 国家保护耕地,严格控制耕地转为非耕地。

国家实行占用耕地补偿制度。非农业建设经批准占用耕地的,按照"占多少,垦多少"的原则,由占用耕地的单位负责开垦与所占用耕地的数量和质量相当的耕地;没有条件开垦或者开垦的耕地不符合要求的,应当按照省、自治区、直辖市的规定缴纳耕地开垦费,专款用于开垦新的耕地。

省、自治区、直辖市人民政府应当制定开垦耕地计划,监督占用耕地的单位按照计划开垦耕地或者按照计划组织开垦耕地,并进行验收。

第三十二条 县级以上地方人民政府可以要求占用耕地的单位将所占用耕地耕作层的土壤用于新开垦耕地、劣质地或者其他耕地的土壤改良。

第三十三条 省、自治区、直辖市人民政府应当严格执行土地利用总体规划和土地利用年度计划,采取措施,确保本行政区域内耕地总量不减少;耕地总量减少的,由国务院责令在规定期限内组织开垦与所减少耕地的数量与质量相当的耕地,并由国务院土地行政主管部门会同农业行政主管部门验收。个别省、直辖市确因土地后备资源匮乏,新增建设用地后,新开垦耕地的数量不足以补偿所占用耕地的数量的，必须报经国务院批准减免本行政区域内开垦耕地的数量，进行易地开垦。

第三十四条 国家实行基本农田保护制度。下列耕地应当根据土地利用总体规划划入基本农田保护区，严格管理：

（一）经国务院有关主管部门或者县级以上地方人民政府批准确定的粮、棉、油生产基地内的耕地；

（二）有良好的水利与水土保持设施的耕地，正在实施改造计划以及可以改造的中、低产田；

（三）蔬菜生产基地；

（四）农业科研、教学试验田；

（五）国务院规定应当划入基本农田保护区的其他耕地。

各省、自治区、直辖市划定的基本农田应当占本行政区域内耕地的百分之八十以上。

基本农田保护区以乡（镇）为单位进行划区定界，由县级人民政府土地行政主管部门会同同级农业行政主管部门组织实施。

第三十五条 各级人民政府应当采取措施，维护排灌工程设施，改良土壤，提高地力，防止土地荒漠化、盐渍化、水土流失和污染土地。

第三十六条 非农业建设必须节约使用土地，可以利用荒地的，不得占用耕地；可以利用劣地的，不得占用好地。

禁止占用耕地建窑、建坟或者擅自在耕地上建房、挖砂、采石、采矿、取土等。

禁止占用基本农田发展林果业和挖塘养鱼。

第三十七条 禁止任何单位和个人闲置、荒芜耕地。已经办理审批手续的非农业建设占用耕地，一年内不用而又可以耕种并收获的，应当由原耕种该幅耕地的集体或者个人恢复耕种，也可以由用地单位组织耕种；一年以上未动工建设的，应当按照省、自治区、直辖市的规定缴纳闲置费；连续二年未使用的，经原批准机关批准，由县级以上人民政府无偿收回用地单位的土地使用权；该幅土地原为农民集体所有的，应当交由原农村集体经济组织恢复耕种。

在城市规划区范围内，以出让方式取得土地使用权进行房地产开发的闲置土地，依照《中华人民共和国城市房地产管理法》的有关规定办理。

承包经营耕地的单位或者个人连续二年弃耕抛荒的，原发包单位应当终止承包合同，收回发包的耕地。

第三十八条 国家鼓励单位和个人按照土地利用总体规划，在保护和改善生态环境、防止水土流失和土地荒漠化的前提下，开发未利用的土地；适宜开发为农用地的，应当优先开发成农用地。

国家依法保护开发者的合法权益。

第三十九条 开垦未利用的土地，必须经过科学论证和评估，在土地利用总体规划划定的可开垦的区域内，经依法批准后进行。禁止毁坏森林、草原开垦耕地，禁止围湖造田和侵占江河滩地。

根据土地利用总体规划，对破坏生态环境开垦、围垦的土地，有计划有步骤地退耕还林、还牧、还湖。

第四十条 开发未确定使用权的国有荒山、荒地、荒滩从事种植业、林业、畜牧业、渔业生产的，经县级以上人民政府依法批准，可以确定给开发单位或者个人长期使用。

第四十一条　国家鼓励土地整理。县、乡(镇)人民政府应当组织农村集体经济组织,按照土地利用总体规划,对田、水、路、林、村综合整治,提高耕地质量,增加有效耕地面积,改善农业生产条件和生态环境。

地方各级人民政府应当采取措施,改造中、低产田,整治闲散地和废弃地。

第四十二条　因挖损、塌陷、压占等造成土地破坏,用地单位和个人应当按照国家有关规定负责复垦;没有条件复垦或者复垦不符合要求的,应当缴纳土地复垦费,专项用于土地复垦。复垦的土地应当优先用于农业。

第五章　建设用地

第四十三条　任何单位和个人进行建设,需要使用土地的,必须依法申请使用国有土地;但是,兴办乡镇企业和村民建设住宅经依法批准使用本集体经济组织农民集体所有的土地的,或者乡(镇)村公共设施和公益事业建设经依法批准使用农民集体所有的土地的除外。

前款所称依法申请使用的国有土地包括国家所有的土地和国家征收的原属于农民集体所有的土地。

第四十四条　建设占用土地,涉及农用地转为建设用地的,应当办理农用地转用审批手续。

省、自治区、直辖市人民政府批准的道路、管线工程和大型基础设施建设项目、国务院批准的建设项目占用土地,涉及农用地转为建设用地的,由国务院批准。

在土地利用总体规划确定的城市和村庄、集镇建设用地规模范围内,为实施该规划而将农用地转为建设用地的,按土地利用年度计划分批次由原批准土地利用总体规划的机关批准。在已批准的农用地转用范围内,具体建设项目用地可以由市、县人民政府批准。

本条第二款、第三款规定以外的建设项目占用土地,涉及农用地转为建设用地的,由省、自治区、直辖市人民政府批准。

第四十五条　征收下列土地的,由国务院批准:

(一)基本农田;

(二)基本农田以外的耕地超过三十五公顷的;

(三)其他土地超过七十公顷的。

征收前款规定以外的土地的,由省、自治区、直辖市人民政府批准,并报国务院备案。

征收农用地的,应当依照本法第四十四条的规定先行办理农用地转用审批。其中,经国务院批准农用地转用的,同时办理征地审批手续,不再另行办理征地审批;经省、自治区、直辖市人民政府在征地批准权限内批准农用地转用的,同时办理征地审批手续,不再另行办理征地审批,超过征地批准权限的,应当依照本条第一款的规定另行办理征地审批。

第四十六条　国家征收土地的,依照法定程序批准后,由县级以上地方人民政府予以公告并组织实施。

被征收土地的所有权人、使用权人应当在公告规定期限内,持土地权属证书到当地人民政府土地行政主管部门办理征地补偿登记。

第四十七条　征收土地的,按照被征收土地的原用途给予补偿。

征收耕地的补偿费用包括土地补偿费、安置补助费以及地上附着物和青苗的补偿费。征收耕地的土地补偿费,为该耕地被征收前三年平均年产值的六至十倍。征收耕地的安置补助费,按照需要安置的农业人口数计算。需要安置的农业人口数,按照被征收的耕地数量除以征地前被征收单位平均每人占有耕地的数量计算。每一个需要安置的农业人口的安置补助费标准,为该耕地被征收前三年平均年产值的四至六倍。但是,每公顷被征收耕地的安置补助费,最高不得超过被征收前三年平均年产值的十五倍。

征收其他土地的土地补偿费和安置补助费标准,由省、自治区、直辖市参照征收耕地的土地补偿费和安置补助费的标准规定。

被征收土地上的附着物和青苗的补偿标准,由省、自治区、直辖市规定。

征收城市郊区的菜地,用地单位应当按照国家有关规定缴纳新菜地开发建设基金。

依照本条第二款的规定支付土地补偿费和安置补助费,尚不能使需要安置的农民保持原有生活水平的,经省、自治区、直辖市人民政府批准,可以增加安置补助费。但是,土地补偿费和安置补助费的总和不得超过土地被征收前三年平均年产值的三十倍。

国务院根据社会、经济发展水平,在特殊情况下,可以提高征收耕地的土地补偿费和安置补助费的标准。

第四十八条 征地补偿安置方案确定后,有关地方人民政府应当公告,并听取被征地的农村集体经济组织和农民的意见。

第四十九条 被征地的农村集体经济组织应当将征收土地的补偿费用的收支状况向本集体经济组织的成员公布,接受监督。

禁止侵占、挪用被征收土地单位的征地补偿费用和其他有关费用。

第五十条 地方各级人民政府应当支持被征地的农村集体经济组织和农民从事开发经营,兴办企业。

第五十一条 大中型水利、水电工程建设征收土地的补偿费标准和移民安置办法,由国务院另行规定。

第五十二条 建设项目可行性研究论证时,土地行政主管部门可以根据土地利用总体规划、土地利用年度计划和建设用地标准,对建设用地有关事项进行审查,并提出意见。

第五十三条 经批准的建设项目需要使用国有建设用地的,建设单位应当持法律、行政法规规定的有关文件,向有批准权的县级以上人民政府土地行政主管部门提出建设用地申请,经土地行政主管部门审查,报本级人民政府批准。

第五十四条 建设单位使用国有土地,应当以出让等有偿使用方式取得;但是,下列建设用地,经县级以上人民政府依法批准,可以以划拨方式取得:

(一)国家机关用地和军事用地;

(二)城市基础设施用地和公益事业用地;

(三)国家重点扶持的能源、交通、水利等基础设施用地;

(四)法律、行政法规规定的其他用地。

第五十五条 以出让等有偿使用方式取得国有土地使用权的建设单位,按照国务院规定的标准和办法,缴纳土地使用权出让金等土地有偿使用费和其他费用后,方可使用土地。

自本法施行之日起,新增建设用地的土地有偿使用费,百分之三十上缴中央财政,百分之七十留给有关地方人民政府,都专项用于耕地开发。

第五十六条 建设单位使用国有土地的,应当按照土地使用权出让等有偿使用合同的约定或者土地使用权划拨批准文件的规定使用土地;确需改变该幅土地建设用途的,应当经有关人民政府土地行政主管部门同意,报原批准用地的人民政府批准。其中,在城市规划区内改变土地用途的,在报批前,应当先经有关城市规划行政主管部门同意。

第五十七条　建设项目施工和地质勘查需要临时使用国有土地或者农民集体所有的土地的,由县级以上人民政府土地行政主管部门批准。其中,在城市规划区内的临时用地,在报批前,应当先经有关城市规划行政主管部门同意。土地使用者应当根据土地权属,与有关土地行政主管部门或者农村集体经济组织、村民委员会签订临时使用土地合同,并按照合同的约定支付临时使用土地补偿费。

临时使用土地的使用者应当按照临时使用土地合同约定的用途使用土地,并不得修建永久性建筑物。

临时使用土地期限一般不超过二年。

第五十八条　有下列情形之一的,由有关人民政府土地行政主管部门报经原批准用地的人民政府或者有批准权的人民政府批准,可以收回国有土地使用权:

(一)为公共利益需要使用土地的;

(二)为实施城市规划进行旧城区改建,需要调整使用土地的;

(三)土地出让等有偿使用合同约定的使用期限届满,土地使用者未申请续期或者申请续期未获批准的;

(四)因单位撤销、迁移等原因,停止使用原划拨的国有土地的;

(五)公路、铁路、机场、矿场等经核准报废的。

依照前款第(一)项、第(二)项的规定收回国有土地使用权的,对土地使用权人应当给予适当补偿。

第五十九条　乡镇企业、乡(镇)村公共设施、公益事业、农村村民住宅等乡(镇)村建设,应当按照村庄和集镇规划,合理布局,综合开发,配套建设;建设用地,应当符合乡(镇)土地利用总体规划和土地利用年度计划,并依照本法第四十四条、第六十条、第六十一条、第六十二条的规定办理审批手续。

第六十条　农村集体经济组织使用乡(镇)土地利用总体规划确定的建设用地兴办企业或者与其他单位、个人以土地使用权入股、联营等形式共同举办企业的,应当持有关批准文件,向县级以上地方人民政府土地行政主管部门提出申请,按照省、自治区、直辖市规定的批准权限,由县级以上地方人民政府批准;其中,涉及占用农用地的,依照本法第四十四条的规定办理审批手续。

按照前款规定兴办企业的建设用地,必须严格控制。省、自治区、直辖市可以按照乡镇企业的不同行业和经营规模,分别规定用地标准。

第六十一条　乡(镇)村公共设施、公益事业建设,需要使用土地的,经乡(镇)人民政府审核,向县级以上地方人民政府土地行政主管部门提出申请,按照省、自治区、直辖市规定的批准权限,由县级以上地方人民政府批准;其中,涉及占用农用地的,依照本法第四十四条的规定办理审批手续。

第六十二条　农村村民一户只能拥有一处宅基地,其宅基地的面积不得超过省、自治区、直辖市规定的标准。

农村村民建住宅,应当符合乡(镇)土地利用总体规划,并尽量使用原有的宅基地和村内空闲地。

农村村民住宅用地,经乡(镇)人民政府审核,由县级人民政府批准;其中,涉及占用农用地的,依照本法第四十四条的规定办理审批手续。

农村村民出卖、出租住房后,再申请宅基地的,不予批准。

第六十三条 农民集体所有的土地的使用权不得出让、转让或者出租用于非农业建设;但是,符合土地利用总体规划并依法取得建设用地的企业,因破产、兼并等情形致使土地使用权依法发生转移的除外。

第六十四条 在土地利用总体规划制定前已建的不符合土地利用总体规划确定的用途的建筑物、构筑物,不得重建、扩建。

第六十五条 有下列情形之一的,农村集体经济组织报经原批准用地的人民政府批准,可以收回土地使用权:

(一)为乡(镇)村公共设施和公益事业建设,需要使用土地的;

(二)不按照批准的用途使用土地的;

(三)因撤销、迁移等原因而停止使用土地的。

依照前款第(一)项规定收回农民集体所有的土地的,对土地使用权人应当给予适当补偿。

第六章 监督检查

第六十六条 县级以上人民政府土地行政主管部门对违反土地管理法律、法规的行为进行监督检查。

土地管理监督检查人员应当熟悉土地管理法律、法规,忠于职守、秉公执法。

第六十七条 县级以上人民政府土地行政主管部门履行监督检查职责时,有权采取下列措施:

(一)要求被检查的单位或者个人提供有关土地权利的文件和资料,进行查阅或者予以复制;

(二)要求被检查的单位或者个人就有关土地权利的问题作出说明;

(三)进入被检查单位或者个人非法占用的土地现场进行勘测;

(四)责令非法占用土地的单位或者个人停止违反土地管理法律、法规的行为。

第六十八条 土地管理监督检查人员履行职责,需要进入现场进行勘测、要求有关单位或者个人提供文件、资料和作出说明的,应当出示土地管理监督检查证件。

第六十九条 有关单位和个人对县级以上人民政府土地行政主管部门就土地违法行为进行的监督检查应当支持与配合,并提供工作方便,不得拒绝与阻碍土地管理监督检查人员依法执行职务。

第七十条 县级以上人民政府土地行政主管部门在监督检查工作中发现国家工作人员的违法行为,依法应当给予行政处分的,应当依法予以处理;自己无权处理的,应当向同级或者上级人民政府的行政监察机关提出行政处分建议书,有关行政监察机关应当依法予以处理。

第七十一条 县级以上人民政府土地行政主管部门在监督检查工作中发现土地违法行为构成犯罪的,应当将案件移送有关机关,依法追究刑事责任;尚不构成犯罪的,应当依法给予行政处罚。

第七十二条 依照本法规定应当给予行政处罚,而有关土地行政主管部门不给予行政处罚的,上级人民政府土地行政主管部门有权责令有关土地行政主管部门作出行政处罚决定或者直接给予行政处罚,并给予有关土地行政主管部门的负责人行政处分。

第七章　法律责任

第七十三条　买卖或者以其他形式非法转让土地的,由县级以上人民政府土地行政主管部门没收违法所得;对违反土地利用总体规划擅自将农用地改为建设用地的,限期拆除在非法转让的土地上新建的建筑物和其他设施,恢复土地原状,对符合土地利用总体规划的,没收在非法转让的土地上新建的建筑物和其他设施;可以并处罚款;对直接负责的主管人员和其他直接责任人员,依法给予行政处分;构成犯罪的,依法追究刑事责任。

第七十四条　违反本法规定,占用耕地建窑、建坟或者擅自在耕地上建房、挖砂、采石、采矿、取土等,破坏种植条件的,或者因开发土地造成土地荒漠化、盐渍化的,由县级以上人民政府土地行政主管部门责令限期改正或者治理,可以并处罚款;构成犯罪的,依法追究刑事责任。

第七十五条　违反本法规定,拒不履行土地复垦义务的,由县级以上人民政府土地行政主管部门责令限期改正;逾期不改正的,责令缴纳复垦费,专项用于土地复垦,可以处以罚款。

第七十六条　未经批准或者采取欺骗手段骗取批准,非法占用土地的,由县级以上人民政府土地行政主管部门责令退还非法占用的土地,对违反土地利用总体规划擅自将农用地改为建设用地的,限期拆除在非法占用的土地上新建的建筑物和其他设施,恢复土地原状,对符合土地利用总体规划的,没收在非法占用的土地上新建的建筑物和其他设施,可以并处罚款;对非法占用土地单位的直接负责的主管人员和其他直接责任人员,依法给予行政处分;构成犯罪的,依法追究刑事责任。

超过批准的数量占用土地,多占的土地以非法占用土地论处。

第七十七条　农村村民未经批准或者采取欺骗手段骗取批准,非法占用土地建住宅的,由县级以上人民政府土地行政主管部门责令退还非法占用的土地,限期拆除在非法占用的土地上新建的房屋。

超过省、自治区、直辖市规定的标准,多占的土地以非法占用土地论处。

第七十八条　无权批准征收、使用土地的单位或者个人非法批准占用土地的,超越批准权限非法批准占用土地的,不按照土地利用总体规划确定的用途批准用地的,或者违反法律规定的程序批准占用、征收土地的,其批准文件无效,对非法批准征收、使用土地的直接负责的主管人员和其他直接责任人员,依法给予行政处分;构成犯罪的,依法追究刑事责任。非法批准、使用的土地应当收回,有关当事人拒不归还的,以非法占用土地论处。

非法批准征收、使用土地,对当事人造成损失的,依法应当承担赔偿责任。

第七十九条　侵占、挪用被征收土地单位的征地补偿费用和其他有关费用,构成犯罪的,依法追究刑事责任;尚不构成犯罪的,依法给予行政处分。

第八十条　依法收回国有土地使用权当事人拒不交出土地的,临时使用土地期满拒不归还的,或者不按照批准的用途使用国有土地的,由县级以上人民政府土地行政主管部门责令交还土地,处以罚款。

第八十一条　擅自将农民集体所有的土地的使用权出让、转让或者出租用于非农业建设的,由县级以上人民政府土地行政主管部门责令限期改正,没收违法所得,并处罚款。

第八十二条　不依照本法规定办理土地变更登记的,由县级以上人民政府土地行政主管部门责令其限期办理。

第八十三条　依照本法规定,责令限期拆除在非法占用的土地上新建的建筑物和其他设施的，建设单位或者个人必须立即停止施工，自行拆除；对继续施工的，作出处罚决定的机关有权制止。建设单位或者个人对责令限期拆除的行政处罚决定不服的，可以在接到责令限期拆除决定之日起十五日内，向人民法院起诉；期满不起诉又不自行拆除的，由作出处罚决定的机关依法申请人民法院强制执行，费用由违法者承担。

第八十四条　土地行政主管部门的工作人员玩忽职守、滥用职权、徇私舞弊，构成犯罪的，依法追究刑事责任；尚不构成犯罪的，依法给予行政处分。

第八章　附　则

第八十五条　中外合资经营企业、中外合作经营企业、外资企业使用土地的，适用本法；法律另有规定的，从其规定。

第八十六条　本法自1999年1月1日起施行。

中华人民共和国拍卖法

(1996年7月5日第八届全国人民代表大会常务委员会第二十次会议通过　根据2004年8月28日第十届全国人民代表大会常务委员会第十一次会议《关于修改〈中华人民共和国拍卖法〉的决定》修正)

第一章　总　则

第一条　为了规范拍卖行为,维护拍卖秩序,保护拍卖活动各方当事人的合法权益,制定本法。

第二条　本法适用于中华人民共和国境内拍卖企业进行的拍卖活动。

第三条　拍卖是指以公开竞价的形式,将特定物品或者财产权利转让给最高应价者的买卖方式。

第四条　拍卖活动应当遵守有关法律、行政法规,遵循公开、公平、公正、诚实信用的原则。

第五条　国务院负责管理拍卖业的部门对全国拍卖业实施监督管理。

省、自治区、直辖市的人民政府和设区的市的人民政府负责管理拍卖业的部门对本行政区域内的拍卖业实施监督管理。

第二章　拍卖标的

第六条　拍卖标的应当是委托人所有或者依法可以处分的物品或者财产权利。

第七条　法律、行政法规禁止买卖的物品或者财产权利,不得作为拍卖标的。

第八条　依照法律或者按照国务院规定需经审批才能转让的物品或者财产权利,在拍卖前,应当依法办理审批手续。

委托拍卖的文物,在拍卖前,应当经拍卖人住所地的文物行政管理部门依法鉴定、许可。

第九条　国家行政机关依法没收的物品,充抵税款、罚款的物品和其他物品,按照国务院规定应当委托拍卖的,由财产所在地的省、自治区、直辖市的人民政府和设区的市的人民政府指定的拍卖人进行拍卖。拍卖由人民法院依法没收的物品,充抵罚金、罚款的物品以及无法返还的追回物品,适用前款规定。

第三章　拍卖当事人

第一节　拍　卖　人

第十条　拍卖人是指依照本法和《中华人民共和国公司法》设立的从事拍卖活动的企业法人。

第十一条 拍卖企业可以在设区的市设立。设立拍卖企业必须经所在地的省、自治区、直辖市人民政府负责管理拍卖业的部门审核许可,并向工商行政管理部门申请登记,领取营业执照。

第十二条 设立拍卖企业,应当具备下列条件:

(一)有一百万元人民币以上的注册资本;

(二)有自己的名称、组织机构、住所和章程;

(三)有与从事拍卖业务相适应的拍卖师和其他工作人员;

(四)有符合本法和其他有关法律规定的拍卖业务规则;

(五)符合国务院有关拍卖业发展的规定;

(六)法律、行政法规规定的其他条件。

第十三条 拍卖企业经营文物拍卖的,应当有一千万元人民币以上的注册资本,有具有文物拍卖专业知识的人员。

第十四条 拍卖活动应当由拍卖师主持。

第十五条 拍卖师应当具备下列条件:

(一)具有高等院校专科以上学历和拍卖专业知识;

(二)在拍卖企业工作两年以上;

(三)品行良好。

被开除公职或者吊销拍卖师资格证书未满五年的,或者因故意犯罪受过刑事处罚的,不得担任拍卖师。

第十六条 拍卖师资格考核,由拍卖行业协会统一组织。经考核合格的,由拍卖行业协会发给拍卖师资格证书。

第十七条 拍卖行业协会是依法成立的社会团体法人,是拍卖业的自律性组织。拍卖行业协会依照本法并根据章程,对拍卖企业和拍卖师进行监督。

第十八条 拍卖人有权要求委托人说明拍卖标的的来源和瑕疵。

拍卖人应当向竞买人说明拍卖标的的瑕疵。

第十九条 拍卖人对委托人交付拍卖的物品负有保管义务。

第二十条 拍卖人接受委托后,未经委托人同意,不得委托其他拍卖人拍卖。

第二十一条 委托人、买受人要求对其身份保密的,拍卖人应当为其保密。

第二十二条 拍卖人及其工作人员不得以竞买人的身份参与自己组织的拍卖活动,并不得委托他人代为竞买。

第二十三条 拍卖人不得在自己组织的拍卖活动中拍卖自己的物品或者财产权利。

第二十四条 拍卖成交后,拍卖人应当按照约定向委托人交付拍卖标的的价款,并按照约定将拍卖标的移交给买受人。

第二节 委 托 人

第二十五条 委托人是指委托拍卖人拍卖物品或者财产权利的公民、法人或者其他组织。

第二十六条 委托人可以自行办理委托拍卖手续,也可以由其代理人代为办理委托拍卖手续。

第二十七条 委托人应当向拍卖人说明拍卖标的的来源和瑕疵。

第二十八条 委托人有权确定拍卖标的的保留价并要求拍卖人保密。

拍卖国有资产,依照法律或者按照国务院规定需要评估的,应当经依法设立的评估机构评估,并根据评估结果确定拍卖标的的保留价。

第二十九条　委托人在拍卖开始前可以撤回拍卖标的。委托人撤回拍卖标的的,应当向拍卖人支付约定的费用;未作约定的,应当向拍卖人支付为拍卖支出的合理费用。

第三十条　委托人不得参与竞买,也不得委托他人代为竞买。

第三十一条　按照约定由委托人移交拍卖标的的,拍卖成交后,委托人应当将拍卖标的移交给买受人。

第三节　竞　买　人

第三十二条　竞买人是指参加竞购拍卖标的的公民、法人或者其他组织。

第三十三条　法律、行政法规对拍卖标的的买卖条件有规定的,竞买人应当具备规定的条件。

第三十四条　竞买人可以自行参加竞买,也可以委托其代理人参加竞买。

第三十五条　竞买人有权了解拍卖标的的瑕疵,有权查验拍卖标的和查阅有关拍卖资料。

第三十六条　竞买人一经应价,不得撤回,当其他竞买人有更高应价时,其应价即丧失约束力。

第三十七条　竞买人之间、竞买人与拍卖人之间不得恶意串通,损害他人利益。

第四节　买　受　人

第三十八条　买受人是指以最高应价购得拍卖标的的竞买人。

第三十九条　买受人应当按照约定支付拍卖标的的价款,未按照约定支付价款的,应当承担违约责任,或者由拍卖人征得委托人的同意,将拍卖标的再行拍卖。拍卖标的再行拍卖的,原买受人应当支付第一次拍卖中本人及委托人应当支付的佣金。再行拍卖的价款低于原拍卖价款的,原买受人应当补足差额。

第四十条　买受人未能按照约定取得拍卖标的的,有权要求拍卖人或者委托人承担违约责任。买受人未按照约定受领拍卖标的的,应当支付由此产生的保管费用。

第四章　拍 卖 程 序

第一节　拍 卖 委 托

第四十一条　委托人委托拍卖物品或者财产权利,应当提供身份证明和拍卖人要求提供的拍卖标的的所有权证明或者依法可以处分拍卖标的的证明及其他资料。

第四十二条　拍卖人应当对委托人提供的有关文件、资料进行核实。拍卖人接受委托的,应当与委托人签订书面委托拍卖合同。

第四十三条　拍卖人认为需要对拍卖标的进行鉴定的,可以进行鉴定。

鉴定结论与委托拍卖合同载明的拍卖标的状况不相符的,拍卖人有权要求变更或者解除合同。

第四十四条　委托拍卖合同应当载明以下事项:

(一)委托人、拍卖人的姓名或者名称、住所;

（二）拍卖标的的名称、规格、数量、质量；

（三）委托人提出的保留价；

（四）拍卖的时间、地点；

（五）拍卖标的交付或者转移的时间、方式；

（六）佣金及其支付的方式、期限；

（七）价款的支付方式、期限；

（八）违约责任；

（九）双方约定的其他事项。

第二节 拍卖公告与展示

第四十五条 拍卖人应当于拍卖日七日前发布拍卖公告。

第四十六条 拍卖公告应当载明下列事项：

（一）拍卖的时间、地点；

（二）拍卖标的；

（三）拍卖标的展示时间、地点；

（四）参与竞买应当办理的手续；

（五）需要公告的其他事项。

第四十七条 拍卖公告应当通过报纸或者其他新闻媒介发布。

第四十八条 拍卖人应当在拍卖前展示拍卖标的，并提供查看拍卖标的的条件及有关资料。拍卖标的的展示时间不得少于两日。

第三节 拍卖的实施

第四十九条 拍卖师应当于拍卖前宣布拍卖规则和注意事项。

第五十条 拍卖标的无保留价的，拍卖师应当在拍卖前予以说明。

拍卖标的有保留价的，竞买人的最高应价未达到保留价时，该应价不发生效力，拍卖师应当停止拍卖标的的拍卖。

第五十一条 竞买人的最高应价经拍卖师落槌或者以其他公开表示买定的方式确认后，拍卖成交。

第五十二条 拍卖成交后，买受人和拍卖人应当签署成交确认书。

第五十三条 拍卖人进行拍卖时，应当制作拍卖笔录。拍卖笔录应当由拍卖师、记录人签名；拍卖成交的，还应当由买受人签名。

第五十四条 拍卖人应当妥善保管有关业务经营活动的完整账簿、拍卖笔录和其他有关资料。前款规定的账簿、拍卖笔录和其他有关资料的保管期限，自委托拍卖合同终止之日起计算，不得少于五年。

第五十五条 拍卖标的需要依法办理证照变更、产权过户手续的，委托人、买受人应当持拍卖人出具的成交证明和有关材料，向有关行政管理机关办理手续。

第四节 佣　　金

第五十六条 委托人、买受人可以与拍卖人约定佣金的比例。

委托人、买受人与拍卖人对佣金比例未作约定，拍卖成交的，拍卖人可以向委托人、买受人各收取不超过拍卖成交价百分之五的佣金。收取佣金的比例按照同拍卖成交价成反比的原则确定。

拍卖未成交的,拍卖人可以向委托人收取约定的费用;未作约定的,可以向委托人收取为拍卖支出的合理费用。

第五十七条　拍卖本法第九条规定的物品成交的,拍卖人可以向买受人收取不超过拍卖成交价百分之五的佣金。收取佣金的比例按照同拍卖成交价成反比的原则确定。拍卖未成交的,适用本法第五十六条第三款的规定。

第五章　法律责任

第五十八条　委托人违反本法第六条的规定,委托拍卖其没有所有权或者依法不得处分的物品或者财产权利的,应当依法承担责任。拍卖人明知委托人对拍卖的物品或者财产权利没有所有权或者依法不得处分的,应当承担连带责任。

第五十九条　国家机关违反本法第九条的规定,将应当委托财产所在地的省、自治区、直辖市的人民政府或者设区的市的人民政府指定的拍卖人拍卖的物品擅自处理的,对负有直接责任的主管人员和其他直接责任人员依法给予行政处分,给国家造成损失的,还应当承担赔偿责任。

第六十条　违反本法第十一条的规定,未经许可登记设立拍卖企业的,由工商行政管理部门予以取缔,没收违法所得,并可以处违法所得一倍以上五倍以下的罚款。

第六十一条　拍卖人、委托人违反本法第十八条第二款、第二十七条的规定,未说明拍卖标的的瑕疵,给买受人造成损害的,买受人有权向拍卖人要求赔偿;属于委托人责任的,拍卖人有权向委托人追偿。拍卖人、委托人在拍卖前声明不能保证拍卖标的的真伪或者品质的,不承担瑕疵担保责任。因拍卖标的存在瑕疵未声明的,请求赔偿的诉讼时效期间为一年,自当事人知道或者应当知道权利受到损害之日起计算。

因拍卖标的存在缺陷造成人身、财产损害请求赔偿的诉讼时效期间,适用《中华人民共和国产品质量法》和其他法律的有关规定。

第六十二条　拍卖人及其工作人员违反本法第二十二条的规定,参与竞买或者委托他人代为竞买的,由工商行政管理部门对拍卖人给予警告,可以处拍卖佣金一倍以上五倍以下的罚款;情节严重的,吊销营业执照。

第六十三条　违反本法第二十三条的规定,拍卖人在自己组织的拍卖活动中拍卖自己的物品或者财产权利的,由工商行政管理部门没收拍卖所得。

第六十四条　违反本法第三十条的规定,委托人参与竞买或者委托他人代为竞买的,工商行政管理部门可以对委托人处拍卖成交价百分之三十以下的罚款。

第六十五条　违反本法第三十七条的规定,竞买人之间、竞买人与拍卖人之间恶意串通,给他人造成损害的,拍卖无效,应当依法承担赔偿责任。由工商行政管理部门对参与恶意串通的竞买人处最高应价百分之十以上百分之三十以下的罚款;对参与恶意串通的拍卖人处最高应价百分之十以上百分之五十以下的罚款。

第六十六条　违反本法第四章第四节关于佣金比例的规定收取佣金的,拍卖人应当将超收部分返还委托人、买受人。物价管理部门可以对拍卖人处拍卖佣金一倍以上五倍以下的罚款。

第六章 附 则

第六十七条 外国人、外国企业和组织在中华人民共和国境内委托拍卖或者参加竞买的，适用本法。

第六十八条 本法施行前设立的拍卖企业，不具备本法规定的条件的，应当在规定的期限内达到本法规定的条件；逾期未达到本法规定的条件的，由工商行政管理部门注销登记，收缴营业执照。具体实施办法由国务院另行规定。

第六十九条 本法自 1997 年 1 月 1 日起施行。

中华人民共和国主席令

（第38号）

《中华人民共和国治安管理处罚法》已由中华人民共和国第十届全国人民代表大会常务委员会第十七次会议于2005年8月28日通过，现予公布，自2006年3月1日起施行。

中华人民共和国主席　胡锦涛

2005年8月28日

中华人民共和国治安管理处罚法

（2005年8月28日第十届全国人民代表大会常务委员会第十七次会议通过）

第一章　总　则

第一条　为维护社会治安秩序，保障公共安全，保护公民、法人和其他组织的合法权益，规范和保障公安机关及其人民警察依法履行治安管理职责，制定本法。

第二条　扰乱公共秩序，妨害公共安全，侵犯人身权利、财产权利，妨害社会管理，具有社会危害性，依照《中华人民共和国刑法》的规定构成犯罪的，依法追究刑事责任；尚不够刑事处罚的，由公安机关依照本法给予治安管理处罚。

第三条　治安管理处罚的程序，适用本法的规定；本法没有规定的，适用《中华人民共和国行政处罚法》的有关规定。

第四条　在中华人民共和国领域内发生的违反治安管理行为，除法律有特别规定的外，适用本法。

在中华人民共和国船舶和航空器内发生的违反治安管理行为，除法律有特别规定的外，适用本法。

第五条　治安管理处罚必须以事实为依据，与违反治安管理行为的性质、情节以及社会危害程度相当。

实施治安管理处罚，应当公开、公正，尊重和保障人权，保护公民的人格尊严。

办理治安案件应当坚持教育与处罚相结合的原则。

第六条　各级人民政府应当加强社会治安综合治理，采取有效措施，化解社会矛盾，增进社会和谐，维护社会稳定。

第七条　国务院公安部门负责全国的治安管理工作。县级以上地方各级人民政府公安机关负责本行政区域内的治安管理工作。

治安案件的管辖由国务院公安部门规定。

第八条　违反治安管理的行为对他人造成损害的，行为人或者其监护人应当依法承担民事责任。

第九条 对于因民间纠纷引起的打架斗殴或者损毁他人财物等违反治安管理行为,情节较轻的,公安机关可以调解处理。经公安机关调解,当事人达成协议的,不予处罚。经调解未达成协议或者达成协议后不履行的,公安机关应当依照本法的规定对违反治安管理行为人给予处罚,并告知当事人可以就民事争议依法向人民法院提起民事诉讼。

第二章 处罚的种类和适用

第十条 治安管理处罚的种类分为:

(一)警告;

(二)罚款;

(三)行政拘留;

(四)吊销公安机关发放的许可证。

对违反治安管理的外国人,可以附加适用限期出境或者驱逐出境。

第十一条 办理治安案件所查获的毒品、淫秽物品等违禁品,赌具、赌资,吸食、注射毒品的用具以及直接用于实施违反治安管理行为的本人所有的工具,应当收缴,按照规定处理。

违反治安管理所得的财物,追缴退还被侵害人;没有被侵害人的,登记造册,公开拍卖或者按照国家有关规定处理,所得款项上缴国库。

第十二条 已满十四周岁不满十八周岁的人违反治安管理的,从轻或者减轻处罚;不满十四周岁的人违反治安管理的,不予处罚,但是应当责令其监护人严加管教。

第十三条 精神病人在不能辨认或者不能控制自己行为的时候违反治安管理的,不予处罚,但是应当责令其监护人严加看管和治疗。间歇性的精神病人在精神正常的时候违反治安管理的,应当给予处罚。

第十四条 盲人或者又聋又哑的人违反治安管理的,可以从轻、减轻或者不予处罚。

第十五条 醉酒的人违反治安管理的,应当给予处罚。

醉酒的人在醉酒状态中,对本人有危险或者对他人的人身、财产或者公共安全有威胁的,应当对其采取保护性措施约束至酒醒。

第十六条 有两种以上违反治安管理行为的,分别决定,合并执行。行政拘留处罚合并执行的,最长不超过二十日。

第十七条 共同违反治安管理的,根据违反治安管理行为人在违反治安管理行为中所起的作用,分别处罚。

教唆、胁迫、诱骗他人违反治安管理的,按照其教唆、胁迫、诱骗的行为处罚。

第十八条 单位违反治安管理的,对其直接负责的主管人员和其他直接责任人员依照本法的规定处罚。其他法律、行政法规对同一行为规定给予单位处罚的,依照其规定处罚。

第十九条 违反治安管理有下列情形之一的,减轻处罚或者不予处罚:

(一)情节特别轻微的;

(二)主动消除或者减轻违法后果,并取得被侵害人谅解的;

(三)出于他人胁迫或者诱骗的;

(四)主动投案,向公安机关如实陈述自己的违法行为的;

(五)有立功表现的。

第二十条　违反治安管理有下列情形之一的,从重处罚:

(一)有较严重后果的;

(二)教唆、胁迫、诱骗他人违反治安管理的;

(三)对报案人、控告人、举报人、证人打击报复的;

(四)六个月内曾受过治安管理处罚的。

第二十一条　违反治安管理行为人有下列情形之一,依照本法应当给予行政拘留处罚的,不执行行政拘留处罚:

(一)已满十四周岁不满十六周岁的;

(二)已满十六周岁不满十八周岁,初次违反治安管理的;

(三)七十周岁以上的;

(四)怀孕或者哺乳自己不满一周岁婴儿的。

第二十二条　违反治安管理行为在六个月内没有被公安机关发现的,不再处罚。

前款规定的期限,从违反治安管理行为发生之日起计算;违反治安管理行为有连续或者继续状态的,从行为终了之日起计算。

第三章　违反治安管理的行为和处罚

第一节　扰乱公共秩序的行为和处罚

第二十三条　有下列行为之一的,处警告或者二百元以下罚款;情节较重的,处五日以上十日以下拘留,可以并处五百元以下罚款:

(一)扰乱机关、团体、企业、事业单位秩序,致使工作、生产、营业、医疗、教学、科研不能正常进行,尚未造成严重损失的;

(二)扰乱车站、港口、码头、机场、商场、公园、展览馆或者其他公共场所秩序的;

(三)扰乱公共汽车、电车、火车、船舶、航空器或者其他公共交通工具上的秩序的;

(四)非法拦截或者强登、扒乘机动车、船舶、航空器以及其他交通工具,影响交通工具正常行驶的;

(五)破坏依法进行的选举秩序的。

聚众实施前款行为的,对首要分子处十日以上十五日以下拘留,可以并处一千元以下罚款。

第二十四条　有下列行为之一,扰乱文化、体育等大型群众性活动秩序的,处警告或者二百元以下罚款;情节严重的,处五日以上十日以下拘留,可以并处五百元以下罚款:

(一)强行进入场内的;

(二)违反规定,在场内燃放烟花爆竹或者其他物品的;

(三)展示侮辱性标语、条幅等物品的;

(四)围攻裁判员、运动员或者其他工作人员的;

(五)向场内投掷杂物,不听制止的;

(六)扰乱大型群众性活动秩序的其他行为。

因扰乱体育比赛秩序被处以拘留处罚的,可以同时责令其十二个月内不得进入体育场馆观看同类比赛;违反规定进入体育场馆的,强行带离现场。

第二十五条　有下列行为之一的,处五日以上十日以下拘留,可以并处五百元以下罚款;

情节较轻的,处五日以下拘留或者五百元以下罚款:

(一)散布谣言,谎报险情、疫情、警情或者以其他方法故意扰乱公共秩序的;

(二)投放虚假的爆炸性、毒害性、放射性、腐蚀性物质或者传染病病原体等危险物质扰乱公共秩序的;

(三)扬言实施放火、爆炸、投放危险物质扰乱公共秩序的。

第二十六条 有下列行为之一的,处五日以上十日以下拘留,可以并处五百元以下罚款;情节较重的,处十日以上十五日以下拘留,可以并处一千元以下罚款:

(一)结伙斗殴的;

(二)追逐、拦截他人的;

(三)强拿硬要或者任意损毁、占用公私财物的;

(四)其他寻衅滋事行为。

第二十七条 有下列行为之一的,处十日以上十五日以下拘留,可以并处一千元以下罚款;情节较轻的,处五日以上十日以下拘留,可以并处五百元以下罚款:

(一)组织、教唆、胁迫、诱骗、煽动他人从事邪教、会道门活动或者利用邪教、会道门、迷信活动,扰乱社会秩序、损害他人身体健康的;

(二)冒用宗教、气功名义进行扰乱社会秩序、损害他人身体健康活动的。

第二十八条 违反国家规定,故意干扰无线电业务正常进行的,或者对正常运行的无线电台(站)产生有害干扰,经有关主管部门指出后,拒不采取有效措施消除的,处五日以上十日以下拘留;情节严重的,处十日以上十五日以下拘留。

第二十九条 有下列行为之一的,处五日以下拘留;情节较重的,处五日以上十日以下拘留:

(一)违反国家规定,侵入计算机信息系统,造成危害的;

(二)违反国家规定,对计算机信息系统功能进行删除、修改、增加、干扰,造成计算机信息系统不能正常运行的;

(三)违反国家规定,对计算机信息系统中存储、处理、传输的数据和应用程序进行删除、修改、增加的;

(四)故意制作、传播计算机病毒等破坏性程序,影响计算机信息系统正常运行的。

第二节 妨害公共安全的行为和处罚

第三十条 违反国家规定,制造、买卖、储存、运输、邮寄、携带、使用、提供、处置爆炸性、毒害性、放射性、腐蚀性物质或者传染病病原体等危险物质的,处十日以上十五日以下拘留;情节较轻的,处五日以上十日以下拘留。

第三十一条 爆炸性、毒害性、放射性、腐蚀性物质或者传染病病原体等危险物质被盗、被抢或者丢失,未按规定报告的,处五日以下拘留;故意隐瞒不报的,处五日以上十日以下拘留。

第三十二条 非法携带枪支、弹药或者弩、匕首等国家规定的管制器具的,处五日以下拘留,可以并处五百元以下罚款;情节较轻的,处警告或者二百元以下罚款。

非法携带枪支、弹药或者弩、匕首等国家规定的管制器具进入公共场所或者公共交通工具的,处五日以上十日以下拘留,可以并处五百元以下罚款。

第三十三条 有下列行为之一的,处十日以上十五日以下拘留:

(一)盗窃、损毁油气管道设施、电力电信设施、广播电视设施、水利防汛工程设施或者水

文监测、测量、气象测报、环境监测、地质监测、地震监测等公共设施的;

(二)移动、损毁国家边境的界碑、界桩以及其他边境标志、边境设施或者领土、领海标志设施的;

(三)非法进行影响国(边)界线走向的活动或者修建有碍国(边)境管理的设施的。

第三十四条 盗窃、损坏、擅自移动使用中的航空设施,或者强行进入航空器驾驶舱的,处十日以上十五日以下拘留。

在使用中的航空器上使用可能影响导航系统正常功能的器具、工具,不听劝阻的,处五日以下拘留或者五百元以下罚款。

第三十五条 有下列行为之一的,处五日以上十日以下拘留,可以并处五百元以下罚款;情节较轻的,处五日以下拘留或者五百元以下罚款:

(一)盗窃、损毁或者擅自移动铁路设施、设备、机车车辆配件或者安全标志的;

(二)在铁路线路上放置障碍物,或者故意向列车投掷物品的;

(三)在铁路线路、桥梁、涵洞处挖掘坑穴、采石取沙的;

(四)在铁路线路上私设道口或者平交过道的。

第三十六条 擅自进入铁路防护网或者火车来临时在铁路线路上行走坐卧、抢越铁路,影响行车安全的,处警告或者二百元以下罚款。

第三十七条 有下列行为之一的,处五日以下拘留或者五百元以下罚款;情节严重的,处五日以上十日以下拘留,可以并处五百元以下罚款:

(一)未经批准,安装、使用电网的,或者安装、使用电网不符合安全规定的;

(二)在车辆、行人通行的地方施工,对沟井坎穴不设覆盖物、防围和警示标志的,或者故意损毁、移动覆盖物、防围和警示标志的;

(三)盗窃、损毁路面井盖、照明等公共设施的。

第三十八条 举办文化、体育等大型群众性活动,违反有关规定,有发生安全事故危险的,责令停止活动,立即疏散。对组织者处五日以上十日以下拘留,并处二百元以上五百元以下罚款;情节较轻的,处五日以下拘留或者五百元以下罚款。

第三十九条 旅馆、饭店、影剧院、娱乐场、运动场、展览馆或者其他供社会公众活动的场所的经营管理人员,违反安全规定,致使该场所有发生安全事故危险,经公安机关责令改正,拒不改正的,处五日以下拘留。

第三节 侵犯人身权利、财产权利的行为和处罚

第四十条 有下列行为之一的,处十日以上十五日以下拘留,并处五百元以上一千元以下罚款;情节较轻的,处五日以上十日以下拘留,并处二百元以上五百元以下罚款:

(一)组织、胁迫、诱骗不满十六周岁的人或者残疾人进行恐怖、残忍表演的;

(二)以暴力、威胁或者其他手段强迫他人劳动的;

(三)非法限制他人人身自由、非法侵入他人住宅或者非法搜查他人身体的。

第四十一条 胁迫、诱骗或者利用他人乞讨的,处十日以上十五日以下拘留,可以并处一千元以下罚款。

反复纠缠、强行讨要或者以其他滋扰他人的方式乞讨的,处五日以下拘留或者警告。

第四十二条 有下列行为之一的,处五日以下拘留或者五百元以下罚款;情节较重的,处五日以上十日以下拘留,可以并处五百元以下罚款:

(一)写恐吓信或者以其他方法威胁他人人身安全的;

(二)公然侮辱他人或者捏造事实诽谤他人的;

(三)捏造事实诬告陷害他人,企图使他人受到刑事追究或者受到治安管理处罚的;

(四)对证人及其近亲属进行威胁、侮辱、殴打或者打击报复的;

(五)多次发送淫秽、侮辱、恐吓或者其他信息,干扰他人正常生活的;

(六)偷窥、偷拍、窃听、散布他人隐私的。

第四十三条 殴打他人的,或者故意伤害他人身体的,处五日以上十日以下拘留,并处二百元以上五百元以下罚款;情节较轻的,处五日以下拘留或者五百元以下罚款。

有下列情形之一的,处十日以上十五日以下拘留,并处五百元以上一千元以下罚款:

(一)结伙殴打、伤害他人的;

(二)殴打、伤害残疾人、孕妇、不满十四周岁的人或者六十周岁以上的人的;

(三)多次殴打、伤害他人或者一次殴打、伤害多人的。

第四十四条 猥亵他人的,或者在公共场所故意裸露身体,情节恶劣的,处五日以上十日以下拘留;猥亵智力残疾人、精神病人、不满十四周岁的人或者有其他严重情节的,处十日以上十五日以下拘留。

第四十五条 有下列行为之一的,处五日以下拘留或者警告:

(一)虐待家庭成员,被虐待人要求处理的;

(二)遗弃没有独立生活能力的被扶养人的。

第四十六条 强买强卖商品,强迫他人提供服务或者强迫他人接受服务的,处五日以上十日以下拘留,并处二百元以上五百元以下罚款;情节较轻的,处五日以下拘留或者五百元以下罚款。

第四十七条 煽动民族仇恨、民族歧视,或者在出版物、计算机信息网络中刊载民族歧视、侮辱内容的,处十日以上十五日以下拘留,可以并处一千元以下罚款。

第四十八条 冒领、隐匿、毁弃、私自开拆或者非法检查他人邮件的,处五日以下拘留或者五百元以下罚款。

第四十九条 盗窃、诈骗、哄抢、抢夺、敲诈勒索或者故意损毁公私财物的,处五日以上十日以下拘留,可以并处五百元以下罚款;情节较重的,处十日以上十五日以下拘留,可以并处一千元以下罚款。

第四节 妨害社会管理的行为和处罚

第五十条 有下列行为之一的,处警告或者二百元以下罚款;情节严重的,处五日以上十日以下拘留,可以并处五百元以下罚款:

(一)拒不执行人民政府在紧急状态情况下依法发布的决定、命令的;

(二)阻碍国家机关工作人员依法执行职务的;

(三)阻碍执行紧急任务的消防车、救护车、工程抢险车、警车等车辆通行的;

(四)强行冲闯公安机关设置的警戒带、警戒区的。

阻碍人民警察依法执行职务的,从重处罚。

第五十一条 冒充国家机关工作人员或者以其他虚假身份招摇撞骗的,处五日以上十日以下拘留,可以并处五百元以下罚款;情节较轻的,处五日以下拘留或者五百元以下罚款。

冒充军警人员招摇撞骗的,从重处罚。

第五十二条 有下列行为之一的,处十日以上十五日以下拘留,可以并处一千元以下罚款;情节较轻的,处五日以上十日以下拘留,可以并处五百元以下罚款:

(一)伪造、变造或者买卖国家机关、人民团体、企业、事业单位或者其他组织的公文、证件、证明文件、印章的;

(二)买卖或者使用伪造、变造的国家机关、人民团体、企业、事业单位或者其他组织的公文、证件、证明文件的;

(三)伪造、变造、倒卖车票、船票、航空客票、文艺演出票、体育比赛入场券或者其他有价票证、凭证的;

(四)伪造、变造船舶户牌,买卖或者使用伪造、变造的船舶户牌,或者涂改船舶发动机号码的。

第五十三条 船舶擅自进入、停靠国家禁止、限制进入的水域或者岛屿的,对船舶负责人及有关责任人员处五百元以上一千元以下罚款;情节严重的,处五日以下拘留,并处五百元以上一千元以下罚款。

第五十四条 有下列行为之一的,处十日以上十五日以下拘留,并处五百元以上一千元以下罚款;情节较轻的,处五日以下拘留或者五百元以下罚款:

(一)违反国家规定,未经注册登记,以社会团体名义进行活动,被取缔后,仍进行活动的;

(二)被依法撤销登记的社会团体,仍以社会团体名义进行活动的;

(三)未经许可,擅自经营按照国家规定需要由公安机关许可的行业的。

有前款第三项行为的,予以取缔。

取得公安机关许可的经营者,违反国家有关管理规定,情节严重的,公安机关可以吊销许可证。

第五十五条 煽动、策划非法集会、游行、示威,不听劝阻的,处十日以上十五日以下拘留。

第五十六条 旅馆业的工作人员对住宿的旅客不按规定登记姓名、身份证件种类和号码的,或者明知住宿的旅客将危险物质带入旅馆,不予制止的,处二百元以上五百元以下罚款。

旅馆业的工作人员明知住宿的旅客是犯罪嫌疑人员或者被公安机关通缉的人员,不向公安机关报告的,处二百元以上五百元以下罚款;情节严重的,处五日以下拘留,可以并处五百元以下罚款。

第五十七条 房屋出租人将房屋出租给无身份证件的人居住的,或者不按规定登记承租人姓名、身份证件种类和号码的,处二百元以上五百元以下罚款。

房屋出租人明知承租人利用出租房屋进行犯罪活动,不向公安机关报告的,处二百元以上五百元以下罚款;情节严重的,处五日以下拘留,可以并处五百元以下罚款。

第五十八条 违反关于社会生活噪声污染防治的法律规定,制造噪声干扰他人正常生活的,处警告;警告后不改正的,处二百元以上五百元以下罚款。

第五十九条 有下列行为之一的,处五百元以上一千元以下罚款;情节严重的,处五日以上十日以下拘留,并处五百元以上一千元以下罚款:

(一)典当业工作人员承接典当的物品,不查验有关证明、不履行登记手续,或者明知是违法犯罪嫌疑人、赃物,不向公安机关报告的;

(二)违反国家规定,收购铁路、油田、供电、电信、矿山、水利、测量和城市公用设施等废旧专用器材的;

(三)收购公安机关通报寻查的赃物或者有赃物嫌疑的物品的;

（四）收购国家禁止收购的其他物品的。

第六十条 有下列行为之一的，处五日以上十日以下拘留，并处二百元以上五百元以下罚款：

（一）隐藏、转移、变卖或者损毁行政执法机关依法扣押、查封、冻结的财物的；

（二）伪造、隐匿、毁灭证据或者提供虚假证言、谎报案情，影响行政执法机关依法办案的；

（三）明知是赃物而窝藏、转移或者代为销售的；

（四）被依法执行管制、剥夺政治权利或者在缓刑、保外就医等监外执行中的罪犯或者被依法采取刑事强制措施的人，有违反法律、行政法规和国务院公安部门有关监督管理规定的行为。

第六十一条 协助组织或者运送他人偷越国（边）境的，处十日以上十五日以下拘留，并处一千元以上五千元以下罚款。

第六十二条 为偷越国（边）境人员提供条件的，处五日以上十日以下拘留，并处五百元以上二千元以下罚款。

偷越国（边）境的，处五日以下拘留或者五百元以下罚款。

第六十三条 有下列行为之一的，处警告或者二百元以下罚款；情节较重的，处五日以上十日以下拘留，并处二百元以上五百元以下罚款：

（一）刻划、涂污或者以其他方式故意损坏国家保护的文物、名胜古迹的；

（二）违反国家规定，在文物保护单位附近进行爆破、挖掘等活动，危及文物安全的。

第六十四条 有下列行为之一的，处五百元以上一千元以下罚款；情节严重的，处十日以上十五日以下拘留，并处五百元以上一千元以下罚款：

（一）偷开他人机动车的；

（二）未取得驾驶证驾驶或者偷开他人航空器、机动船舶的。

第六十五条 有下列行为之一的，处五日以上十日以下拘留；情节严重的，处十日以上十五日以下拘留，可以并处一千元以下罚款：

（一）故意破坏、污损他人坟墓或者毁坏、丢弃他人尸骨、骨灰的；

（二）在公共场所停放尸体或者因停放尸体影响他人正常生活、工作秩序，不听劝阻的。

第六十六条 卖淫、嫖娼的，处十日以上十五日以下拘留，可以并处五千元以下罚款；情节较轻的，处五日以下拘留或者五百元以下罚款。

在公共场所拉客招嫖的，处五日以下拘留或者五百元以下罚款。

第六十七条 引诱、容留、介绍他人卖淫的，处十日以上十五日以下拘留，可以并处五千元以下罚款；情节较轻的，处五日以下拘留或者五百元以下罚款。

第六十八条 制作、运输、复制、出售、出租淫秽的书刊、图片、影片、音像制品等淫秽物品或者利用计算机信息网络、电话以及其他通讯工具传播淫秽信息的，处十日以上十五日以下拘留，可以并处三千元以下罚款；情节较轻的，处五日以下拘留或者五百元以下罚款。

第六十九条 有下列行为之一的，处十日以上十五日以下拘留，并处五百元以上一千元以下罚款：

（一）组织播放淫秽音像的；

（二）组织或者进行淫秽表演的；

（三）参与聚众淫乱活动的。

明知他人从事前款活动，为其提供条件的，依照前款的规定处罚。

第七十条 以营利为目的,为赌博提供条件的,或者参与赌博赌资较大的,处五日以下拘留或者五百元以下罚款;情节严重的,处十日以上十五日以下拘留,并处五百元以上三千元以下罚款。

第七十一条 有下列行为之一的,处十日以上十五日以下拘留,可以并处三千元以下罚款;情节较轻的,处五日以下拘留或者五百元以下罚款:

(一)非法种植罂粟不满五百株或者其他少量毒品原植物的;

(二)非法买卖、运输、携带、持有少量未经灭活的罂粟等毒品原植物种子或者幼苗的;

(三)非法运输、买卖、储存、使用少量罂粟壳的。

有前款第一项行为,在成熟前自行铲除的,不予处罚。

第七十二条 有下列行为之一的,处十日以上十五日以下拘留,可以并处二千元以下罚款;情节较轻的,处五日以下拘留或者五百元以下罚款:

(一)非法持有鸦片不满二百克、海洛因或者甲基苯丙胺不满十克或者其他少量毒品的;

(二)向他人提供毒品的;

(三)吸食、注射毒品的;

(四)胁迫、欺骗医务人员开具麻醉药品、精神药品的。

第七十三条 教唆、引诱、欺骗他人吸食、注射毒品的,处十日以上十五日以下拘留,并处五百元以上二千元以下罚款。

第七十四条 旅馆业、饮食服务业、文化娱乐业、出租汽车业等单位的人员,在公安机关查处吸毒、赌博、卖淫、嫖娼活动时,为违法犯罪行为人通风报信的,处十日以上十五日以下拘留。

第七十五条 饲养动物,干扰他人正常生活的,处警告;警告后不改正的,或者放任动物恐吓他人的,处二百元以上五百元以下罚款。

驱使动物伤害他人的,依照本法第四十三条第一款的规定处罚。

第七十六条 有本法第六十七条、第六十八条、第七十条的行为,屡教不改的,可以按照国家规定采取强制性教育措施。

第四章 处罚程序

第一节 调 查

第七十七条 公安机关对报案、控告、举报或者违反治安管理行为人主动投案,以及其他行政主管部门、司法机关移送的违反治安管理案件,应当及时受理,并进行登记。

第七十八条 公安机关受理报案、控告、举报、投案后,认为属于违反治安管理行为的,应当立即进行调查;认为不属于违反治安管理行为的,应当告知报案人、控告人、举报人、投案人,并说明理由。

第七十九条 公安机关及其人民警察对治安案件的调查,应当依法进行。严禁刑讯逼供或者采用威胁、引诱、欺骗等非法手段收集证据。

以非法手段收集的证据不得作为处罚的根据。

第八十条 公安机关及其人民警察在办理治安案件时,对涉及的国家秘密、商业秘密或者个人隐私,应当予以保密。

第八十一条 人民警察在办理治安案件过程中,遇有下列情形之一的,应当回避;违反治安管理行为人、被侵害人或者其法定代理人也有权要求他们回避：

（一）是本案当事人或者当事人的近亲属的；

（二）本人或者其近亲属与本案有利害关系的；

（三）与本案当事人有其他关系，可能影响案件公正处理的。

人民警察的回避，由其所属的公安机关决定；公安机关负责人的回避，由上一级公安机关决定。

第八十二条 需要传唤违反治安管理行为人接受调查的，经公安机关办案部门负责人批准，使用传唤证传唤。对现场发现的违反治安管理行为人，人民警察经出示工作证件，可以口头传唤，但应当在询问笔录中注明。

公安机关应当将传唤的原因和依据告知被传唤人。对无正当理由不接受传唤或者逃避传唤的人，可以强制传唤。

第八十三条 对违反治安管理行为人，公安机关传唤后应当及时询问查证，询问查证的时间不得超过八小时；情况复杂，依照本法规定可能适用行政拘留处罚的，询问查证的时间不得超过二十四小时。

公安机关应当及时将传唤的原因和处所通知被传唤人家属。

第八十四条 询问笔录应当交被询问人核对；对没有阅读能力的，应当向其宣读。记载有遗漏或者差错的，被询问人可以提出补充或者更正。被询问人确认笔录无误后，应当签名或者盖章，询问的人民警察也应当在笔录上签名。

被询问人要求就被询问事项自行提供书面材料的，应当准许；必要时，人民警察也可以要求被询问人自行书写。

询问不满十六周岁的违反治安管理行为人，应当通知其父母或者其他监护人到场。

第八十五条 人民警察询问被侵害人或者其他证人，可以到其所在单位或者住处进行；必要时，也可以通知其到公安机关提供证言。

人民警察在公安机关以外询问被侵害人或者其他证人，应当出示工作证件。

询问被侵害人或者其他证人，同时适用本法第八十五条的规定。

第八十六条 询问聋哑的违反治安管理行为人、被侵害人或者其他证人，应当有通晓手语的人提供帮助，并在笔录上注明。

询问不通晓当地通用的语言文字的违反治安管理行为人、被侵害人或者其他证人，应当配备翻译人员，并在笔录上注明。

第八十七条 公安机关对与违反治安管理行为有关的场所、物品、人身可以进行检查。检查时，人民警察不得少于二人，并应当出示工作证件和县级以上人民政府公安机关开具的检查证明文件。对确有必要立即进行检查的，人民警察经出示工作证件，可以当场检查，但检查公民住所应当出示县级以上人民政府公安机关开具的检查证明文件。

检查妇女的身体，应当由女性工作人员进行。

第八十八条 检查的情况应当制作检查笔录，由检查人、被检查人和见证人签名或者盖章；被检查人拒绝签名的，人民警察应当在笔录上注明。

第八十九条 公安机关办理治安案件，对与案件有关的需要作为证据的物品，可以扣押；对被侵害人或者善意第三人合法占有的财产，不得扣押，应当予以登记。对与案件无关的物品，不得扣押。

对扣押的物品，应当会同在场见证人和被扣押物品持有人查点清楚，当场开列清单一式二份,由调查人员、见证人和持有人签名或者盖章,一份交给持有人,另一份附卷备查。

对扣押的物品,应当妥善保管,不得挪作他用;对不宜长期保存的物品,按照有关规定处理。经查明与案件无关的,应当及时退还;经核实属于他人合法财产的,应当登记后立即退还;满六个月无人对该财产主张权利或者无法查清权利人的,应当公开拍卖或者按照国家有关规定处理,所得款项上缴国库。

第九十条　为了查明案情,需要解决案件中有争议的专门性问题的,应当指派或者聘请具有专门知识的人员进行鉴定;鉴定人鉴定后,应当写出鉴定意见,并且签名。

第二节　决　　定

第九十一条　治安管理处罚由县级以上人民政府公安机关决定;其中警告、五百元以下的罚款可以由公安派出所决定。

第九十二条　对决定给予行政拘留处罚的人,在处罚前已经采取强制措施限制人身自由的时间,应当折抵。限制人身自由一日,折抵行政拘留一日。

第九十三条　公安机关查处治安案件,对没有本人陈述,但其他证据能够证明案件事实的,可以作出治安管理处罚决定。但是,只有本人陈述,没有其他证据证明的,不能作出治安管理处罚决定。

第九十四条　公安机关作出治安管理处罚决定前,应当告知违反治安管理行为人作出治安管理处罚的事实、理由及依据,并告知违反治安管理行为人依法享有的权利。

违反治安管理行为人有权陈述和申辩。公安机关必须充分听取违反治安管理行为人的意见,对违反治安管理行为人提出的事实、理由和证据,应当进行复核;违反治安管理行为人提出的事实、理由或者证据成立的,公安机关应当采纳。

公安机关不得因违反治安管理行为人的陈述、申辩而加重处罚。

第九十五条　治安案件调查结束后,公安机关应当根据不同情况,分别作出以下处理:

(一)确有依法应当给予治安管理处罚的违法行为的,根据情节轻重及具体情况,作出处罚决定;

(二)依法不予处罚的,或者违法事实不能成立的,作出不予处罚决定;

(三)违法行为已涉嫌犯罪的,移送主管机关依法追究刑事责任;

(四)发现违反治安管理行为人有其他违法行为的,在对违反治安管理行为作出处罚决定的同时,通知有关行政主管部门处理。

第九十六条　公安机关作出治安管理处罚决定的,应当制作治安管理处罚决定书。决定书应当载明下列内容:

(一)被处罚人的姓名、性别、年龄、身份证件的名称和号码、住址;

(二)违法事实和证据;

(三)处罚的种类和依据;

(四)处罚的执行方式和期限;

(五)对处罚决定不服,申请行政复议、提起行政诉讼的途径和期限;

(六)作出处罚决定的公安机关的名称和作出决定的日期。

决定书应当由作出处罚决定的公安机关加盖印章。

第九十七条　公安机关应当向被处罚人宣告治安管理处罚决定书,并当场交付被处罚人;无法当场向被处罚人宣告的,应当在二日内送达被处罚人。决定给予行政拘留处罚的,应当及时通知被处罚人的家属。

有被侵害人的,公安机关应当将决定书副本抄送被侵害人。

第九十八条 公安机关作出吊销许可证以及处二千元以上罚款的治安管理处罚决定前,应当告知违反治安管理行为人有权要求举行听证;违反治安管理行为人要求听证的,公安机关应当及时依法举行听证。

第九十九条 公安机关办理治安案件的期限,自受理之日起不得超过三十日;案情重大、复杂的,经上一级公安机关批准,可以延长三十日。

为了查明案情进行鉴定的期间,不计入办理治安案件的期限。

第一百条 违反治安管理行为事实清楚,证据确凿,处警告或者二百元以下罚款的,可以当场作出治安管理处罚决定。

第一百零一条 当场作出治安管理处罚决定的,人民警察应当向违反治安管理行为人出示工作证件,并填写处罚决定书。处罚决定书应当当场交付被处罚人;有被侵害人的,并将决定书副本抄送被侵害人。

前款规定的处罚决定书,应当载明被处罚人的姓名、违法行为、处罚依据、罚款数额、时间、地点以及公安机关名称,并由经办的人民警察签名或者盖章。

当场作出治安管理处罚决定的,经办的人民警察应当在二十四小时内报所属公安机关备案。

第一百零二条 被处罚人对治安管理处罚决定不服的,可以依法申请行政复议或者提起行政诉讼。

第三节 执　　行

第一百零三条 对被决定给予行政拘留处罚的人,由作出决定的公安机关送达拘留所执行。

第一百零四条 受到罚款处罚的人应当自收到处罚决定书之日起十五日内,到指定的银行缴纳罚款。但是,有下列情形之一的,人民警察可以当场收缴罚款:

(一)被处五十元以下罚款,被处罚人对罚款无异议的;

(二)在边远、水上、交通不便地区,公安机关及其人民警察依照本法的规定作出罚款决定后,被处罚人向指定的银行缴纳罚款确有困难,经被处罚人提出的;

(三)被处罚人在当地没有固定住所,不当场收缴事后难以执行的。

第一百零五条 人民警察当场收缴的罚款,应当自收缴罚款之日起二日内,交至所属的公安机关;在水上、旅客列车上当场收缴的罚款,应当自抵岸或者到站之日起二日内,交至所属的公安机关;公安机关应当自收到罚款之日起二日内将罚款缴付指定的银行。

第一百零六条 人民警察当场收缴罚款的,应当向被处罚人出具省、自治区、直辖市人民政府财政部门统一制发的罚款收据;不出具统一制发的罚款收据的,被处罚人有权拒绝缴纳罚款。

第一百零七条 被处罚人不服行政拘留处罚决定,申请行政复议、提起行政诉讼的,可以向公安机关提出暂缓执行行政拘留的申请。公安机关认为暂缓执行行政拘留不致发生社会危险的,由被处罚人或者其近亲属提出符合本法第一百零八条规定条件的担保人,或者按每日行政拘留二百元的标准交纳保证金,行政拘留的处罚决定暂缓执行。

第一百零八条 担保人应当符合下列条件:

(一)与本案无牵连;

(二)享有政治权利,人身自由未受到限制;

(三)在当地有常住户口和固定住所;

(四)有能力履行担保义务。

第一百零九条 担保人应当保证被担保人不逃避行政拘留处罚的执行。

担保人不履行担保义务,致使被担保人逃避行政拘留处罚的执行的,由公安机关对其处三千元以下罚款。

第一百一十条 被决定给予行政拘留处罚的人交纳保证金,暂缓行政拘留后,逃避行政拘留处罚的执行的,保证金予以没收并上缴国库,已经作出的行政拘留决定仍应执行。

第一百一十一条 行政拘留的处罚决定被撤销,或者行政拘留处罚开始执行的,公安机关收取的保证金应当及时退还交纳人。

第五章 执法监督

第一百一十二条 公安机关及其人民警察应当依法、公正、严格、高效办理治安案件,文明执法,不得徇私舞弊。

第一百一十三条 公安机关及其人民警察办理治安案件,禁止对违反治安管理行为人打骂、虐待或者侮辱。

第一百一十四条 公安机关及其人民警察办理治安案件,应当自觉接受社会和公民的监督。

公安机关及其人民警察办理治安案件,不严格执法或者有违法违纪行为的,任何单位和个人都有权向公安机关或者人民检察院、行政监察机关检举、控告;收到检举、控告的机关,应当依据职责及时处理。

第一百一十五条 公安机关依法实施罚款处罚,应当依照有关法律、行政法规的规定,实行罚款决定与罚款收缴分离;收缴的罚款应当全部上缴国库。

第一百一十六条 人民警察办理治安案件,有下列行为之一的,依法给予行政处分;构成犯罪的,依法追究刑事责任:

(一)刑讯逼供、体罚、虐待、侮辱他人的;

(二)超过询问查证的时间限制人身自由的;

(三)不执行罚款决定与罚款收缴分离制度或者不按规定将罚没的财物上缴国库或者依法处理的;

(四)私分、侵占、挪用、故意损毁收缴、扣押的财物的;

(五)违反规定使用或者不及时返还被侵害人财物的;

(六)违反规定不及时退还保证金的;

(七)利用职务上的便利收受他人财物或者谋取其他利益的;

(八)当场收缴罚款不出具罚款收据或者不如实填写罚款数额的;

(九)接到要求制止违反治安管理行为的报警后,不及时出警的;

(十)在查处违反治安管理活动时,为违法犯罪行为人通风报信的;

(十一)有徇私舞弊、滥用职权,不依法履行法定职责的其他情形的。

办理治安案件的公安机关有前款所列行为的,对直接负责的主管人员和其他直接责任人员给予相应的行政处分。

第一百一十七条 公安机关及其人民警察违法行使职权，侵犯公民、法人和其他组织合法权益的，应当赔礼道歉；造成损害的，应当依法承担赔偿责任。

第六章 附 则

第一百一十八条 本法所称以上、以下、以内，包括本数。

第一百一十九条 本法自2006年3月1日起施行。1986年9月5日公布、1994年5月12日修订公布的《中华人民共和国治安管理处罚条例》同时废止。

中华人民共和国主席令

（第42号）

《中华人民共和国公司法》已由中华人民共和国第十届全国人民代表大会常务委员会第十八次会议于2005年10月27日修订通过,现将修订后的《中华人民共和国公司法》公布,自2006年1月1日起施行。

中华人民共和国主席　胡锦涛

2005年10月27日

中华人民共和国公司法

（1993年12月29日第八届全国人民代表大会常务委员会第五次会议通过　根据1999年12月25日第九届全国人民代表大会常务委员会第十三次会议《关于修改〈中华人民共和国公司法〉的决定》第一次修正　根据2004年8月28日第十届全国人民代表大会常务委员会第十一次会议《关于修改〈中华人民共和国公司法〉的决定》第二次修正　2005年10月27日第十届全国人民代表大会常务委员会第十八次会议修订）

第一章　总　　则

第一条　为了规范公司的组织和行为,保护公司、股东和债权人的合法权益,维护社会经济秩序,促进社会主义市场经济的发展,制定本法。

第二条　本法所称公司是指依照本法在中国境内设立的有限责任公司和股份有限公司。

第三条　公司是企业法人,有独立的法人财产,享有法人财产权。公司以其全部财产对公司的债务承担责任。

有限责任公司的股东以其认缴的出资额为限对公司承担责任;股份有限公司的股东以其认购的股份为限对公司承担责任。

第四条　公司股东依法享有资产收益、参与重大决策和选择管理者等权利。

第五条　公司从事经营活动,必须遵守法律、行政法规,遵守社会公德、商业道德,诚实守信,接受政府和社会公众的监督,承担社会责任。

公司的合法权益受法律保护,不受侵犯。

第六条　设立公司,应当依法向公司登记机关申请设立登记。符合本法规定的设立条件的,由公司登记机关分别登记为有限责任公司或者股份有限公司;不符合本法规定的设立条件的,不得登记为有限责任公司或者股份有限公司。

法律、行政法规规定设立公司必须报经批准的，应当在公司登记前依法办理批准手续。

公众可以向公司登记机关申请查询公司登记事项，公司登记机关应当提供查询服务。

第七条 依法设立的公司，由公司登记机关发给公司营业执照。公司营业执照签发日期为公司成立日期。

公司营业执照应当载明公司的名称、住所、注册资本、实收资本、经营范围、法定代表人姓名等事项。

公司营业执照记载的事项发生变更的，公司应当依法办理变更登记，由公司登记机关换发营业执照。

第八条 依照本法设立的有限责任公司，必须在公司名称中标明有限责任公司或者有限公司字样。

依照本法设立的股份有限公司，必须在公司名称中标明股份有限公司或者股份公司字样。

第九条 有限责任公司变更为股份有限公司，应当符合本法规定的股份有限公司的条件。股份有限公司变更为有限责任公司，应当符合本法规定的有限责任公司的条件。

有限责任公司变更为股份有限公司的，或者股份有限公司变更为有限责任公司的，公司变更前的债权、债务由变更后的公司承继。

第十条 公司以其主要办事机构所在地为住所。

第十一条 设立公司必须依法制定公司章程。公司章程对公司、股东、董事、监事、高级管理人员具有约束力。

第十二条 公司的经营范围由公司章程规定，并依法登记。公司可以修改公司章程，改变经营范围，但是应当办理变更登记。

公司的经营范围中属于法律、行政法规规定须经批准的项目，应当依法经过批准。

第十三条 公司法定代表人依照公司章程的规定，由董事长、执行董事或者经理担任，并依法登记。公司法定代表人变更，应当办理变更登记。

第十四条 公司可以设立分公司。设立分公司，应当向公司登记机关申请登记，领取营业执照。分公司不具有法人资格，其民事责任由公司承担。

公司可以设立子公司，子公司具有法人资格，依法独立承担民事责任。

第十五条 公司可以向其他企业投资；但是，除法律另有规定外，不得成为对所投资企业的债务承担连带责任的出资人。

第十六条 公司向其他企业投资或者为他人提供担保，依照公司章程的规定，由董事会或者股东会、股东大会决议；公司章程对投资或者担保的总额及单项投资或者担保的数额有限额规定的，不得超过规定的限额。

公司为公司股东或者实际控制人提供担保的，必须经股东会或者股东大会决议。

前款规定的股东或者受前款规定的实际控制人支配的股东，不得参加前款规定事项的表决。该项表决由出席会议的其他股东所持表决权的过半数通过。

第十七条 公司必须保护职工的合法权益，依法与职工签订劳动合同，参加社会保险，加强劳动保护，实现安全生产。

公司应当采用多种形式，加强公司职工的职业教育和岗位培训，提高职工素质。

第十八条 公司职工依照《中华人民共和国工会法》组织工会，开展工会活动，维护职工合法权益。公司应当为本公司工会提供必要的活动条件。公司工会代表职工就职工的劳动报酬、工作时间、福利、保险和劳动安全卫生等事项依法与公司签订集体合同。

公司依照宪法和有关法律的规定,通过职工代表大会或者其他形式,实行民主管理。

公司研究决定改制以及经营方面的重大问题、制定重要的规章制度时,应当听取公司工会的意见,并通过职工代表大会或者其他形式听取职工的意见和建议。

第十九条　在公司中,根据中国共产党章程的规定,设立中国共产党的组织,开展党的活动。公司应当为党组织的活动提供必要条件。

第二十条　公司股东应当遵守法律、行政法规和公司章程,依法行使股东权利,不得滥用股东权利损害公司或者其他股东的利益;不得滥用公司法人独立地位和股东有限责任损害公司债权人的利益。

公司股东滥用股东权利给公司或者其他股东造成损失的,应当依法承担赔偿责任。

公司股东滥用公司法人独立地位和股东有限责任,逃避债务,严重损害公司债权人利益的,应当对公司债务承担连带责任。

第二十一条　公司的控股股东、实际控制人、董事、监事、高级管理人员不得利用其关联关系损害公司利益。

违反前款规定,给公司造成损失的,应当承担赔偿责任。

第二十二条　公司股东会或者股东大会、董事会的决议内容违反法律、行政法规的无效。

股东会或者股东大会、董事会的会议召集程序、表决方式违反法律、行政法规或者公司章程,或者决议内容违反公司章程的,股东可以自决议作出之日起六十日内,请求人民法院撤销。

股东依照前款规定提起诉讼的,人民法院可以应公司的请求,要求股东提供相应担保。

公司根据股东会或者股东大会、董事会决议已办理变更登记的,人民法院宣告该决议无效或者撤销该决议后,公司应当向公司登记机关申请撤销变更登记。

第二章　有限责任公司的设立和组织机构

第一节　设　　立

第二十三条　设立有限责任公司,应当具备下列条件:

(一)股东符合法定人数;

(二)股东出资达到法定资本最低限额;

(三)股东共同制定公司章程;

(四)有公司名称,建立符合有限责任公司要求的组织机构;

(五)有公司住所。

第二十四条　有限责任公司由五十个以下股东出资设立。

第二十五条　有限责任公司章程应当载明下列事项:

(一)公司名称和住所;

(二)公司经营范围;

(三)公司注册资本;

(四)股东的姓名或者名称;

(五)股东的出资方式、出资额和出资时间;

(六)公司的机构及其产生办法、职权、议事规则;

(七)公司法定代表人;

（八）股东会会议认为需要规定的其他事项。

股东应当在公司章程上签名、盖章。

第二十六条 有限责任公司的注册资本为在公司登记机关登记的全体股东认缴的出资额。公司全体股东的首次出资额不得低于注册资本的百分之二十，也不得低于法定的注册资本最低限额，其余部分由股东自公司成立之日起两年内缴足；其中，投资公司可以在五年内缴足。

有限责任公司注册资本的最低限额为人民币三万元。法律、行政法规对有限责任公司注册资本的最低限额有较高规定的，从其规定。

第二十七条 股东可以用货币出资，也可以用实物、知识产权、土地使用权等可以用货币估价并可以依法转让的非货币财产作价出资；但是，法律、行政法规规定不得作为出资的财产除外。

对作为出资的非货币财产应当评估作价，核实财产，不得高估或者低估作价。法律、行政法规对评估作价有规定的，从其规定。

全体股东的货币出资金额不得低于有限责任公司注册资本的百分之三十。

第二十八条 股东应当按期足额缴纳公司章程中规定的各自所认缴的出资额。股东以货币出资的，应当将货币出资足额存入有限责任公司在银行开设的账户；以非货币财产出资的，应当依法办理其财产权的转移手续。

股东不按照前款规定缴纳出资的，除应当向公司足额缴纳外，还应当向已按期足额缴纳出资的股东承担违约责任。

第二十九条 股东缴纳出资后，必须经依法设立的验资机构验资并出具证明。

第三十条 股东的首次出资经依法设立的验资机构验资后，由全体股东指定的代表或者共同委托的代理人向公司登记机关报送公司登记申请书、公司章程、验资证明等文件，申请设立登记。

第三十一条 有限责任公司成立后，发现作为设立公司出资的非货币财产的实际价额显著低于公司章程所定价额的，应当由交付该出资的股东补足其差额；公司设立时的其他股东承担连带责任。

第三十二条 有限责任公司成立后，应当向股东签发出资证明书。

出资证明书应当载明下列事项：

（一）公司名称；

（二）公司成立日期；

（三）公司注册资本；

（四）股东的姓名或者名称、缴纳的出资额和出资日期；

（五）出资证明书的编号和核发日期。

出资证明书由公司盖章。

第三十三条 有限责任公司应当置备股东名册，记载下列事项：

（一）股东的姓名或者名称及住所；

（二）股东的出资额；

（三）出资证明书编号。

记载于股东名册的股东，可以依股东名册主张行使股东权利。

公司应当将股东的姓名或者名称及其出资额向公司登记机关登记；登记事项发生变更的，应当办理变更登记。未经登记或者变更登记的，不得对抗第三人。

第三十四条　股东有权查阅、复制公司章程、股东会会议记录、董事会会议决议、监事会会议决议和财务会计报告。

股东可以要求查阅公司会计账簿。股东要求查阅公司会计账簿的,应当向公司提出书面请求,说明目的。公司有合理根据认为股东查阅会计账簿有不正当目的,可能损害公司合法利益的,可以拒绝提供查阅,并应当自股东提出书面请求之日起十五日内书面答复股东并说明理由。公司拒绝提供查阅的,股东可以请求人民法院要求公司提供查阅。

第三十五条　股东按照实缴的出资比例分取红利;公司新增资本时,股东有权优先按照实缴的出资比例认缴出资。但是,全体股东约定不按照出资比例分取红利或者不按照出资比例优先认缴出资的除外。

第三十六条　公司成立后,股东不得抽逃出资。

第二节　组织机构

第三十七条　有限责任公司股东会由全体股东组成。股东会是公司的权力机构,依照本法行使职权。

第三十八条　股东会行使下列职权:

(一)决定公司的经营方针和投资计划;

(二)选举和更换非由职工代表担任的董事、监事,决定有关董事、监事的报酬事项;

(三)审议批准董事会的报告;

(四)审议批准监事会或者监事的报告;

(五)审议批准公司的年度财务预算方案、决算方案;

(六)审议批准公司的利润分配方案和弥补亏损方案;

(七)对公司增加或者减少注册资本作出决议;

(八)对发行公司债券作出决议;

(九)对公司合并、分立、解散、清算或者变更公司形式作出决议;

(十)修改公司章程;

(十一)公司章程规定的其他职权。

对前款所列事项股东以书面形式一致表示同意的,可以不召开股东会会议,直接作出决定,并由全体股东在决定文件上签名、盖章。

第三十九条　首次股东会会议由出资最多的股东召集和主持,依照本法规定行使职权。

第四十条　股东会会议分为定期会议和临时会议。

定期会议应当依照公司章程的规定按时召开。代表十分之一以上表决权的股东,三分之一以上的董事,监事会或者不设监事会的公司的监事提议召开临时会议的,应当召开临时会议。

第四十一条　有限责任公司设立董事会的,股东会会议由董事会召集,董事长主持;董事长不能履行职务或者不履行职务的,由副董事长主持;副董事长不能履行职务或者不履行职务的,由半数以上董事共同推举一名董事主持。

有限责任公司不设董事会的,股东会会议由执行董事召集和主持。

董事会或者执行董事不能履行或者不履行召集股东会会议职责的,由监事会或者不设监事会的公司的监事召集和主持;监事会或者监事不召集和主持的,代表十分之一以上表决权的股东可以自行召集和主持。

第四十二条 召开股东会会议，应当于会议召开十五日前通知全体股东；但是，公司章程另有规定或者全体股东另有约定的除外。

股东会应当对所议事项的决定作成会议记录，出席会议的股东应当在会议记录上签名。

第四十三条 股东会会议由股东按照出资比例行使表决权；但是，公司章程另有规定的除外。

第四十四条 股东会的议事方式和表决程序，除本法有规定的外，由公司章程规定。

股东会会议作出修改公司章程、增加或者减少注册资本的决议，以及公司合并、分立、解散或者变更公司形式的决议，必须经代表三分之二以上表决权的股东通过。

第四十五条 有限责任公司设董事会，其成员为三人至十三人；但是，本法第五十一条另有规定的除外。

两个以上的国有企业或者两个以上的其他国有投资主体投资设立的有限责任公司，其董事会成员中应当有公司职工代表；其他有限责任公司董事会成员中可以有公司职工代表。董事会中的职工代表由公司职工通过职工代表大会、职工大会或者其他形式民主选举产生。

董事会设董事长一人，可以设副董事长。董事长、副董事长的产生办法由公司章程规定。

第四十六条 董事任期由公司章程规定，但每届任期不得超过三年。董事任期届满，连选可以连任。

董事任期届满未及时改选，或者董事在任期内辞职导致董事会成员低于法定人数的，在改选出的董事就任前，原董事仍应当依照法律、行政法规和公司章程的规定，履行董事职务。

第四十七条 董事会对股东会负责，行使下列职权：

（一）召集股东会会议，并向股东会报告工作；

（二）执行股东会的决议；

（三）决定公司的经营计划和投资方案；

（四）制订公司的年度财务预算方案、决算方案；

（五）制订公司的利润分配方案和弥补亏损方案；

（六）制订公司增加或者减少注册资本以及发行公司债券的方案；

（七）制订公司合并、分立、解散或者变更公司形式的方案；

（八）决定公司内部管理机构的设置；

（九）决定聘任或者解聘公司经理及其报酬事项，并根据经理的提名决定聘任或者解聘公司副经理、财务负责人及其报酬事项；

（十）制定公司的基本管理制度；

（十一）公司章程规定的其他职权。

第四十八条 董事会会议由董事长召集和主持；董事长不能履行职务或者不履行职务的，由副董事长召集和主持；副董事长不能履行职务或者不履行职务的，由半数以上董事共同推举一名董事召集和主持。

第四十九条 董事会的议事方式和表决程序，除本法有规定的外，由公司章程规定。

董事会应当对所议事项的决定作成会议记录，出席会议的董事应当在会议记录上签名。

董事会决议的表决，实行一人一票。

第五十条 有限责任公司可以设经理，由董事会决定聘任或者解聘。经理对董事会负责，行使下列职权：

（一）主持公司的生产经营管理工作，组织实施董事会决议；

(二)组织实施公司年度经营计划和投资方案;

(三)拟订公司内部管理机构设置方案;

(四)拟订公司的基本管理制度;

(五)制定公司的具体规章;

(六)提请聘任或者解聘公司副经理、财务负责人;

(七)决定聘任或者解聘除应由董事会决定聘任或者解聘以外的负责管理人员;

(八)董事会授予的其他职权。

公司章程对经理职权另有规定的,从其规定。

经理列席董事会会议。

第五十一条　股东人数较少或者规模较小的有限责任公司,可以设一名执行董事,不设董事会。执行董事可以兼任公司经理。

执行董事的职权由公司章程规定。

第五十二条　有限责任公司设监事会,其成员不得少于三人。股东人数较少或者规模较小的有限责任公司,可以设一至二名监事,不设监事会。

监事会应当包括股东代表和适当比例的公司职工代表,其中职工代表的比例不得低于三分之一,具体比例由公司章程规定。监事会中的职工代表由公司职工通过职工代表大会、职工大会或者其他形式民主选举产生。

监事会设主席一人,由全体监事过半数选举产生。监事会主席召集和主持监事会会议;监事会主席不能履行职务或者不履行职务的,由半数以上监事共同推举一名监事召集和主持监事会会议。

董事、高级管理人员不得兼任监事。

第五十三条　监事的任期每届为三年。监事任期届满,连选可以连任。

监事任期届满未及时改选,或者监事在任期内辞职导致监事会成员低于法定人数的,在改选出的监事就任前,原监事仍应当依照法律、行政法规和公司章程的规定,履行监事职务。

第五十四条　监事会、不设监事会的公司的监事行使下列职权:

(一)检查公司财务;

(二)对董事、高级管理人员执行公司职务的行为进行监督,对违反法律、行政法规、公司章程或者股东会决议的董事、高级管理人员提出罢免的建议;

(三)当董事、高级管理人员的行为损害公司的利益时,要求董事、高级管理人员予以纠正;

(四)提议召开临时股东会会议,在董事会不履行本法规定的召集和主持股东会会议职责时召集和主持股东会会议;

(五)向股东会会议提出提案;

(六)依照本法第一百五十二条的规定,对董事、高级管理人员提起诉讼;

(七)公司章程规定的其他职权。

第五十五条　监事可以列席董事会会议,并对董事会决议事项提出质询或者建议。

监事会、不设监事会的公司的监事发现公司经营情况异常,可以进行调查;必要时,可以聘请会计师事务所等协助其工作,费用由公司承担。

第五十六条　监事会每年度至少召开一次会议,监事可以提议召开临时监事会会议。

监事会的议事方式和表决程序,除本法有规定的外,由公司章程规定。

监事会决议应当经半数以上监事通过。

监事会应当对所议事项的决定作成会议记录，出席会议的监事应当在会议记录上签名。

第五十七条 监事会、不设监事会的公司的监事行使职权所必需的费用，由公司承担。

第三节 一人有限责任公司的特别规定

第五十八条 一人有限责任公司的设立和组织机构，适用本节规定；本节没有规定的，适用本章第一节、第二节的规定。

本法所称一人有限责任公司，是指只有一个自然人股东或者一个法人股东的有限责任公司。

第五十九条 一人有限责任公司的注册资本最低限额为人民币十万元。股东应当一次足额缴纳公司章程规定的出资额。

一个自然人只能投资设立一个一人有限责任公司。该一人有限责任公司不能投资设立新的一人有限责任公司。

第六十条 一人有限责任公司应当在公司登记中注明自然人独资或者法人独资，并在公司营业执照中载明。

第六十一条 一人有限责任公司章程由股东制定。

第六十二条 一人有限责任公司不设股东会。股东作出本法第三十八条第一款所列决定时，应当采用书面形式，并由股东签名后置备于公司。

第六十三条 一人有限责任公司应当在每一会计年度终了时编制财务会计报告，并经会计师事务所审计。

第六十四条 一人有限责任公司的股东不能证明公司财产独立于股东自己的财产的，应当对公司债务承担连带责任。

第四节 国有独资公司的特别规定

第六十五条 国有独资公司的设立和组织机构，适用本节规定；本节没有规定的，适用本章第一节、第二节的规定。

本法所称国有独资公司，是指国家单独出资、由国务院或者地方人民政府授权本级人民政府国有资产监督管理机构履行出资人职责的有限责任公司。

第六十六条 国有独资公司章程由国有资产监督管理机构制定，或者由董事会制订报国有资产监督管理机构批准。

第六十七条 国有独资公司不设股东会，由国有资产监督管理机构行使股东会职权。国有资产监督管理机构可以授权公司董事会行使股东会的部分职权，决定公司的重大事项，但公司的合并、分立、解散、增加或者减少注册资本和发行公司债券，必须由国有资产监督管理机构决定；其中，重要的国有独资公司合并、分立、解散、申请破产的，应当由国有资产监督管理机构审核后，报本级人民政府批准。

前款所称重要的国有独资公司，按照国务院的规定确定。

第六十八条 国有独资公司设董事会，依照本法第四十七条、第六十七条的规定行使职权。董事每届任期不得超过三年。董事会成员中应当有公司职工代表。

董事会成员由国有资产监督管理机构委派；但是，董事会成员中的职工代表由公司职工代表大会选举产生。

董事会设董事长一人,可以设副董事长。董事长、副董事长由国有资产监督管理机构从董事会成员中指定。

第六十九条　国有独资公司设经理,由董事会聘任或者解聘。经理依照本法第五十条规定行使职权。

经国有资产监督管理机构同意,董事会成员可以兼任经理。

第七十条　国有独资公司的董事长、副董事长、董事、高级管理人员,未经国有资产监督管理机构同意,不得在其他有限责任公司、股份有限公司或者其他经济组织兼职。

第七十一条　国有独资公司监事会成员不得少于五人,其中职工代表的比例不得低于三分之一,具体比例由公司章程规定。

监事会成员由国有资产监督管理机构委派;但是,监事会成员中的职工代表由公司职工代表大会选举产生。监事会主席由国有资产监督管理机构从监事会成员中指定。

监事会行使本法第五十四条第(一)项至第(三)项规定的职权和国务院规定的其他职权。

第三章　有限责任公司的股权转让

第七十二条　有限责任公司的股东之间可以相互转让其全部或者部分股权。

股东向股东以外的人转让股权,应当经其他股东过半数同意。股东应就其股权转让事项书面通知其他股东征求同意,其他股东自接到书面通知之日起满三十日未答复的,视为同意转让。其他股东半数以上不同意转让的,不同意的股东应当购买该转让的股权;不购买的,视为同意转让。

经股东同意转让的股权,在同等条件下,其他股东有优先购买权。两个以上股东主张行使优先购买权的,协商确定各自的购买比例;协商不成的,按照转让时各自的出资比例行使优先购买权。

公司章程对股权转让另有规定的,从其规定。

第七十三条　人民法院依照法律规定的强制执行程序转让股东的股权时,应当通知公司及全体股东,其他股东在同等条件下有优先购买权。其他股东自人民法院通知之日起满二十日不行使优先购买权的,视为放弃优先购买权。

第七十四条　依照本法第七十二条、第七十三条转让股权后,公司应当注销原股东的出资证明书,向新股东签发出资证明书,并相应修改公司章程和股东名册中有关股东及其出资额的记载。对公司章程的该项修改不需再由股东会表决。

第七十五条　有下列情形之一的,对股东会该项决议投反对票的股东可以请求公司按照合理的价格收购其股权:

(一)公司连续五年不向股东分配利润,而公司该五年连续盈利,并且符合本法规定的分配利润条件的;

(二)公司合并、分立、转让主要财产的;

(三)公司章程规定的营业期限届满或者章程规定的其他解散事由出现,股东会会议通过决议修改章程使公司存续的。

自股东会会议决议通过之日起六十日内,股东与公司不能达成股权收购协议的,股东可以自股东会会议决议通过之日起九十日内向人民法院提起诉讼。

第七十六条　自然人股东死亡后,其合法继承人可以继承股东资格;但是,公司章程另有规定的除外。

第四章 股份有限公司的设立和组织机构

第一节 设 立

第七十七条 设立股份有限公司，应当具备下列条件：

（一）发起人符合法定人数；

（二）发起人认购和募集的股本达到法定资本最低限额；

（三）股份发行、筹办事项符合法律规定；

（四）发起人制订公司章程，采用募集方式设立的经创立大会通过；

（五）有公司名称，建立符合股份有限公司要求的组织机构；

（六）有公司住所。

第七十八条 股份有限公司的设立，可以采取发起设立或者募集设立的方式。

发起设立，是指由发起人认购公司应发行的全部股份而设立公司。

募集设立，是指由发起人认购公司应发行股份的一部分，其余股份向社会公开募集或者向特定对象募集而设立公司。

第七十九条 设立股份有限公司，应当有二人以上二百人以下为发起人，其中须有半数以上的发起人在中国境内有住所。

第八十条 股份有限公司发起人承担公司筹办事务。

发起人应当签订发起人协议，明确各自在公司设立过程中的权利和义务。

第八十一条 股份有限公司采取发起设立方式设立的，注册资本为在公司登记机关登记的全体发起人认购的股本总额。公司全体发起人的首次出资额不得低于注册资本的百分之二十，其余部分由发起人自公司成立之日起两年内缴足；其中，投资公司可以在五年内缴足。在缴足前，不得向他人募集股份。

股份有限公司采取募集方式设立的，注册资本为在公司登记机关登记的实收股本总额。

股份有限公司注册资本的最低限额为人民币五百万元。法律、行政法规对股份有限公司注册资本的最低限额有较高规定的，从其规定。

第八十二条 股份有限公司章程应当载明下列事项：

（一）公司名称和住所；

（二）公司经营范围；

（三）公司设立方式；

（四）公司股份总数、每股金额和注册资本；

（五）发起人的姓名或者名称、认购的股份数、出资方式和出资时间；

（六）董事会的组成、职权和议事规则；

（七）公司法定代表人；

（八）监事会的组成、职权和议事规则；

（九）公司利润分配办法；

（十）公司的解散事由与清算办法；

（十一）公司的通知和公告办法；

(十二)股东大会会议认为需要规定的其他事项。

第八十三条 发起人的出资方式,适用本法第二十七条的规定。

第八十四条 以发起设立方式设立股份有限公司的,发起人应当书面认足公司章程规定其认购的股份;一次缴纳的,应即缴纳全部出资;分期缴纳的,应即缴纳首期出资。以非货币财产出资的,应当依法办理其财产权的转移手续。

发起人不依照前款规定缴纳出资的,应当按照发起人协议承担违约责任。

发起人首次缴纳出资后,应当选举董事会和监事会,由董事会向公司登记机关报送公司章程、由依法设定的验资机构出具的验资证明以及法律、行政法规规定的其他文件,申请设立登记。

第八十五条 以募集设立方式设立股份有限公司的,发起人认购的股份不得少于公司股份总数的百分之三十五;但是,法律、行政法规另有规定的,从其规定。

第八十六条 发起人向社会公开募集股份,必须公告招股说明书,并制作认股书。认股书应当载明本法第八十七条所列事项,由认股人填写认购股数、金额、住所,并签名、盖章。认股人按照所认购股数缴纳股款。

第八十七条 招股说明书应当附有发起人制订的公司章程,并载明下列事项:

(一)发起人认购的股份数;

(二)每股的票面金额和发行价格;

(三)无记名股票的发行总数;

(四)募集资金的用途;

(五)认股人的权利、义务;

(六)本次募股的起止期限及逾期未募足时认股人可以撤回所认股份的说明。

第八十八条 发起人向社会公开募集股份,应当由依法设立的证券公司承销,签订承销协议。

第八十九条 发起人向社会公开募集股份,应当同银行签订代收股款协议。

代收股款的银行应当按照协议代收和保存股款,向缴纳股款的认股人出具收款单据,并负有向有关部门出具收款证明的义务。

第九十条 发行股份的股款缴足后,必须经依法设立的验资机构验资并出具证明。发起人应当自股款缴足之日起三十日内主持召开公司创立大会。创立大会由发起人、认股人组成。

发行的股份超过招股说明书规定的截止期限尚未募足的,或者发行股份的股款缴足后,发起人在三十日内未召开创立大会的,认股人可以按照所缴股款并加算银行同期存款利息,要求发起人返还。

第九十一条 发起人应当在创立大会召开十五日前将会议日期通知各认股人或者予以公告。创立大会应有代表股份总数过半数的发起人、认股人出席,方可举行。

创立大会行使下列职权:

(一)审议发起人关于公司筹办情况的报告;

(二)通过公司章程;

(三)选举董事会成员;

(四)选举监事会成员;

(五)对公司的设立费用进行审核;

(六)对发起人用于抵作股款的财产的作价进行审核;

（七）发生不可抗力或者经营条件发生重大变化直接影响公司设立的，可以作出不设立公司的决议。

创立大会对前款所列事项作出决议，必须经出席会议的认股人所持表决权过半数通过。

第九十二条 发起人、认股人缴纳股款或者交付抵作股款的出资后，除未按期募足股份、发起人未按期召开创立大会或者创立大会决议不设立公司的情形外，不得抽回其股本。

第九十三条 董事会应于创立大会结束后三十日内，向公司登记机关报送下列文件，申请设立登记：

（一）公司登记申请书；

（二）创立大会的会议记录；

（三）公司章程；

（四）验资证明；

（五）法定代表人、董事、监事的任职文件及其身份证明；

（六）发起人的法人资格证明或者自然人身份证明；

（七）公司住所证明。

以募集方式设立股份有限公司公开发行股票的，还应当向公司登记机关报送国务院证券监督管理机构的核准文件。

第九十四条 股份有限公司成立后，发起人未按照公司章程的规定缴足出资的，应当补缴；其他发起人承担连带责任。

股份有限公司成立后，发现作为设立公司出资的非货币财产的实际价额显著低于公司章程所定价额的，应当由交付该出资的发起人补足其差额；其他发起人承担连带责任。

第九十五条 股份有限公司的发起人应当承担下列责任：

（一）公司不能成立时，对设立行为所产生的债务和费用负连带责任；

（二）公司不能成立时，对认股人已缴纳的股款，负返还股款并加算银行同期存款利息的连带责任；

（三）在公司设立过程中，由于发起人的过失致使公司利益受到损害的，应当对公司承担赔偿责任。

第九十六条 有限责任公司变更为股份有限公司时，折合的实收股本总额不得高于公司净资产额。有限责任公司变更为股份有限公司，为增加资本公开发行股份时，应当依法办理。

第九十七条 股份有限公司应当将公司章程、股东名册、公司债券存根、股东大会会议记录、董事会会议记录、监事会会议记录、财务会计报告置备于本公司。

第九十八条 股东有权查阅公司章程、股东名册、公司债券存根、股东大会会议记录、董事会会议决议、监事会会议决议、财务会计报告，对公司的经营提出建议或者质询。

第二节 股东大会

第九十九条 股份有限公司股东大会由全体股东组成。股东大会是公司的权力机构，依照本法行使职权。

第一百条 本法第三十八条第一款关于有限责任公司股东会职权的规定，适用于股份有限公司股东大会。

第一百零一条 股东大会应当每年召开一次年会。有下列情形之一的，应当在两个月内召开临时股东大会：

(一)董事人数不足本法规定人数或者公司章程所定人数的三分之二时;

(二)公司未弥补的亏损达实收股本总额三分之一时;

(三)单独或者合计持有公司百分之十以上股份的股东请求时;

(四)董事会认为必要时;

(五)监事会提议召开时;

(六)公司章程规定的其他情形。

第一百零二条 股东大会会议由董事会召集,董事长主持;董事长不能履行职务或者不履行职务的,由副董事长主持;副董事长不能履行职务或者不履行职务的,由半数以上董事共同推举一名董事主持。

董事会不能履行或者不履行召集股东大会会议职责的,监事会应当及时召集和主持;监事会不召集和主持的,连续九十日以上单独或者合计持有公司百分之十以上股份的股东可以自行召集和主持。

第一百零三条 召开股东大会会议,应当将会议召开的时间、地点和审议的事项于会议召开二十日前通知各股东;临时股东大会应当于会议召开十五日前通知各股东;发行无记名股票的,应当于会议召开三十日前公告会议召开的时间、地点和审议事项。

单独或者合计持有公司百分之三以上股份的股东,可以在股东大会召开十日前提出临时提案并书面提交董事会;董事会应当在收到提案后二日内通知其他股东,并将该临时提案提交股东大会审议。临时提案的内容应当属于股东大会职权范围,并有明确议题和具体决议事项。

股东大会不得对前两款通知中未列明的事项作出决议。

无记名股票持有人出席股东大会会议的,应当于会议召开五日前至股东大会闭会时将股票交存于公司。

第一百零四条 股东出席股东大会会议,所持每一股份有一表决权。但是,公司持有的本公司股份没有表决权。

股东大会作出决议,必须经出席会议的股东所持表决权过半数通过。但是,股东大会作出修改公司章程、增加或者减少注册资本的决议,以及公司合并、分立、解散或者变更公司形式的决议,必须经出席会议的股东所持表决权的三分之二以上通过。

第一百零五条 本法和公司章程规定公司转让、受让重大资产或者对外提供担保等事项必须经股东大会作出决议的,董事会应当及时召集股东大会会议,由股东大会就上述事项进行表决。

第一百零六条 股东大会选举董事、监事,可以依照公司章程的规定或者股东大会的决议,实行累积投票制。

本法所称累积投票制,是指股东大会选举董事或者监事时,每一股份拥有与应选董事或者监事人数相同的表决权,股东拥有的表决权可以集中使用。

第一百零七条 股东可以委托代理人出席股东大会会议,代理人应当向公司提交股东授权委托书,并在授权范围内行使表决权。

第一百零八条 股东大会应当对所议事项的决定作成会议记录,主持人、出席会议的董事应当在会议记录上签名。会议记录应当与出席股东的签名册及代理出席的委托书一并保存。

第三节 董事会、经理

第一百零九条 股份有限公司设董事会,其成员为五人至十九人。

董事会成员中可以有公司职工代表。董事会中的职工代表由公司职工通过职工代表大会、职工大会或者其他形式民主选举产生。

本法第四十六条关于有限责任公司董事任期的规定，适用于股份有限公司董事。

本法第四十七条关于有限责任公司董事会职权的规定，适用于股份有限公司董事会。

第一百一十条 董事会设董事长一人，可以设副董事长。董事长和副董事长由董事会以全体董事的过半数选举产生。

董事长召集和主持董事会会议，检查董事会决议的实施情况。副董事长协助董事长工作，董事长不能履行职务或者不履行职务的，由副董事长履行职务；副董事长不能履行职务或者不履行职务的，由半数以上董事共同推举一名董事履行职务。

第一百一十一条 董事会每年度至少召开两次会议，每次会议应当于会议召开十日前通知全体董事和监事。

代表十分之一以上表决权的股东、三分之一以上董事或者监事会，可以提议召开董事会临时会议。董事长应当自接到提议后十日内，召集和主持董事会会议。

董事会召开临时会议，可以另定召集董事会的通知方式和通知时限。

第一百一十二条 董事会会议应有过半数的董事出席方可举行。董事会作出决议，必须经全体董事的过半数通过。

董事会决议的表决，实行一人一票。

第一百一十三条 董事会会议，应由董事本人出席；董事因故不能出席，可以书面委托其他董事代为出席，委托书中应载明授权范围。

董事会应当对会议所议事项的决定作成会议记录，出席会议的董事应当在会议记录上签名。

董事应当对董事会的决议承担责任。董事会的决议违反法律、行政法规或者公司章程、股东大会决议，致使公司遭受严重损失的，参与决议的董事对公司负赔偿责任。但经证明在表决时曾表明异议并记载于会议记录的，该董事可以免除责任。

第一百一十四条 股份有限公司设经理，由董事会决定聘任或者解聘。

本法第五十条关于有限责任公司经理职权的规定，适用于股份有限公司经理。

第一百一十五条 公司董事会可以决定由董事会成员兼任经理。

第一百一十六条 公司不得直接或者通过子公司向董事、监事、高级管理人员提供借款。

第一百一十七条 公司应当定期向股东披露董事、监事、高级管理人员从公司获得报酬的情况。

第四节 监 事 会

第一百一十八条 股份有限公司设监事会，其成员不得少于三人。

监事会应当包括股东代表和适当比例的公司职工代表，其中职工代表的比例不得低于三分之一，具体比例由公司章程规定。监事会中的职工代表由公司职工通过职工代表大会、职工大会或者其他形式民主选举产生。

监事会设主席一人，可以设副主席。监事会主席和副主席由全体监事过半数选举产生。监事会主席召集和主持监事会会议；监事会主席不能履行职务或者不履行职务的，由监事会副主席召集和主持监事会会议；监事会副主席不能履行职务或者不履行职务的，由半数以上监事共同推举一名监事召集和主持监事会会议。

董事、高级管理人员不得兼任监事。

本法第五十三条关于有限责任公司监事任期的规定,适用于股份有限公司监事。

第一百一十九条　本法第五十四条、第五十五条关于有限责任公司监事会职权的规定,适用于股份有限公司监事会。

监事会行使职权所必需的费用,由公司承担。

第一百二十条　监事会每六个月至少召开一次会议。监事可以提议召开临时监事会会议。

监事会的议事方式和表决程序,除本法有规定的外,由公司章程规定。

监事会决议应当经半数以上监事通过。

监事会应当对所议事项的决定作成会议记录,出席会议的监事应当在会议记录上签名。

第五节　上市公司组织机构的特别规定

第一百二十一条　本法所称上市公司,是指其股票在证券交易所上市交易的股份有限公司。

第一百二十二条　上市公司在一年内购买、出售重大资产或者担保金额超过公司资产总额百分之三十的,应当由股东大会作出决议,并经出席会议的股东所持表决权的三分之二以上通过。

第一百二十三条　上市公司设立独立董事,具体办法由国务院规定。

第一百二十四条　上市公司设董事会秘书,负责公司股东大会和董事会会议的筹备、文件保管以及公司股东资料的管理,办理信息披露事务等事宜。

第一百二十五条　上市公司董事与董事会会议决议事项所涉及的企业有关联关系的,不得对该决议行使表决权,也不得代理其他董事行使表决权。该董事会会议由过半数的无关联关系董事出席即可举行,董事会会议所作决议须经无关联关系董事过半数通过。出席董事会的无关联关系董事人数不足三人的,应将该事项提交上市公司股东大会审议。

第五章　股份有限公司的股份发行和转让

第一节　股 份 发 行

第一百二十六条　股份有限公司的资本划分为股份,每一股的金额相等。

公司的股份采取股票的形式。股票是公司签发的证明股东所持股份的凭证。

第一百二十七条　股份的发行,实行公平、公正的原则,同种类的每一股份应当具有同等权利。

同次发行的同种类股票,每股的发行条件和价格应当相同;任何单位或者个人所认购的股份,每股应当支付相同价额。

第一百二十八条　股票发行价格可以按票面金额,也可以超过票面金额,但不得低于票面金额。

第一百二十九条　股票采用纸面形式或者国务院证券监督管理机构规定的其他形式。

股票应当载明下列主要事项:

(一)公司名称;

(二)公司成立日期;

（三）股票种类、票面金额及代表的股份数；

（四）股票的编号。

股票由法定代表人签名，公司盖章。

发起人的股票，应当标明发起人股票字样。

第一百三十条 公司发行的股票，可以为记名股票，也可以为无记名股票。

公司向发起人、法人发行的股票，应当为记名股票，并应当记载该发起人、法人的名称或者姓名，不得另立户名或者以代表人姓名记名。

第一百三十一条 公司发行记名股票的，应当置备股东名册，记载下列事项：

（一）股东的姓名或者名称及住所；

（二）各股东所持股份数；

（三）各股东所持股票的编号；

（四）各股东取得股份的日期。

发行无记名股票的，公司应当记载其股票数量、编号及发行日期。

第一百三十二条 国务院可以对公司发行本法规定以外的其他种类的股份，另行作出规定。

第一百三十三条 股份有限公司成立后，即向股东正式交付股票。公司成立前不得向股东交付股票。

第一百三十四条 公司发行新股，股东大会应当对下列事项作出决议：

（一）新股种类及数额；

（二）新股发行价格；

（三）新股发行的起止日期；

（四）向原有股东发行新股的种类及数额。

第一百三十五条 公司经国务院证券监督管理机构核准公开发行新股时，必须公告新股招股说明书和财务会计报告，并制作认股书。

本法第八十八条、第八十九条的规定适用于公司公开发行新股。

第一百三十六条 公司发行新股，可以根据公司经营情况和财务状况，确定其作价方案。

第一百三十七条 公司发行新股募足股款后，必须向公司登记机关办理变更登记，并公告。

第二节 股份转让

第一百三十八条 股东持有的股份可以依法转让。

第一百三十九条 股东转让其股份，应当在依法设立的证券交易场所进行或者按照国务院规定的其他方式进行。

第一百四十条 记名股票，由股东以背书方式或者法律、行政法规规定的其他方式转让；转让后由公司将受让人的姓名或者名称及住所记载于股东名册。

股东大会召开前二十日内或者公司决定分配股利的基准日前五日内，不得进行前款规定的股东名册的变更登记。但是，法律对上市公司股东名册变更登记另有规定的，从其规定。

第一百四十一条 无记名股票的转让，由股东将该股票交付给受让人后即发生转让的效力。

第一百四十二条　发起人持有的本公司股份,自公司成立之日起一年内不得转让。公司公开发行股份前已发行的股份,自公司股票在证券交易所上市交易之日起一年内不得转让。

公司董事、监事、高级管理人员应当向公司申报所持有的本公司的股份及其变动情况,在任职期间每年转让的股份不得超过其所持有本公司股份总数的百分之二十五;所持本公司股份自公司股票上市交易之日起一年内不得转让。上述人员离职后半年内,不得转让其所持有的本公司股份。公司章程可以对公司董事、监事、高级管理人员转让其所持有的本公司股份作出其他限制性规定。

第一百四十三条　公司不得收购本公司股份。但是,有下列情形之一的除外:

(一)减少公司注册资本;

(二)与持有本公司股份的其他公司合并;

(三)将股份奖励给本公司职工;

(四)股东因对股东大会作出的公司合并、分立决议持异议,要求公司收购其股份的。

公司因前款第(一)项至第(三)项的原因收购本公司股份的,应当经股东大会决议。公司依照前款规定收购本公司股份后,属于第(一)项情形的,应当自收购之日起十日内注销;属于第(二)项、第(四)项情形的,应当在六个月内转让或者注销。

公司依照第一款第(三)项规定收购的本公司股份,不得超过本公司已发行股份总额的百分之五;用于收购的资金应当从公司的税后利润中支出;所收购的股份应当在一年内转让给职工。

公司不得接受本公司的股票作为质押权的标的。

第一百四十四条　记名股票被盗、遗失或者灭失,股东可以依照《中华人民共和国民事诉讼法》规定的公示催告程序,请求人民法院宣告该股票失效。人民法院宣告该股票失效后,股东可以向公司申请补发股票。

第一百四十五条　上市公司的股票,依照有关法律、行政法规及证券交易所交易规则上市交易。

第一百四十六条　上市公司必须依照法律、行政法规的规定,公开其财务状况、经营情况及重大诉讼,在每会计年度内半年公布一次财务会计报告。

第六章　公司董事、监事、高级管理人员的资格和义务

第一百四十七条　有下列情形之一的,不得担任公司的董事、监事、高级管理人员:

(一)无民事行为能力或者限制民事行为能力;

(二)因贪污、贿赂、侵占财产、挪用财产或者破坏社会主义市场经济秩序,被判处刑罚,执行期满未逾五年,或者因犯罪被剥夺政治权利,执行期满未逾五年;

(三)担任破产清算的公司、企业的董事或者厂长、经理,对该公司、企业的破产负有个人责任的,自该公司、企业破产清算完结之日起未逾三年;

(四)担任因违法被吊销营业执照、责令关闭的公司、企业的法定代表人,并负有个人责任的,自该公司、企业被吊销营业执照之日起未逾三年;

(五)个人所负数额较大的债务到期未清偿。

公司违反前款规定选举、委派董事、监事或者聘任高级管理人员的,该选举、委派或者聘任无效。

董事、监事、高级管理人员在任职期间出现本条第一款所列情形的，公司应当解除其职务。

第一百四十八条 董事、监事、高级管理人员应当遵守法律、行政法规和公司章程，对公司负有忠实义务和勤勉义务。

董事、监事、高级管理人员不得利用职权收受贿赂或者其他非法收入，不得侵占公司的财产。

第一百四十九条 董事、高级管理人员不得有下列行为：

（一）挪用公司资金；

（二）将公司资金以其个人名义或者以其他个人名义开立账户存储；

（三）违反公司章程的规定，未经股东会、股东大会或者董事会同意，将公司资金借贷给他人或者以公司财产为他人提供担保；

（四）违反公司章程的规定或者未经股东会、股东大会同意，与本公司订立合同或者进行交易；

（五）未经股东会或者股东大会同意，利用职务便利为自己或者他人谋取属于公司的商业机会，自营或者为他人经营与所任职公司同类的业务；

（六）接受他人与公司交易的佣金归为己有；

（七）擅自披露公司秘密；

（八）违反对公司忠实义务的其他行为。

董事、高级管理人员违反前款规定所得的收入应当归公司所有。

第一百五十条 董事、监事、高级管理人员执行公司职务时违反法律、行政法规或者公司章程的规定，给公司造成损失的，应当承担赔偿责任。

第一百五十一条 股东会或者股东大会要求董事、监事、高级管理人员列席会议的，董事、监事、高级管理人员应当列席并接受股东的质询。

董事、高级管理人员应当如实向监事会或者不设监事会的有限责任公司的监事提供有关情况和资料，不得妨碍监事会或者监事行使职权。

第一百五十二条 董事、高级管理人员有本法第一百五十条规定的情形的，有限责任公司的股东、股份有限公司连续一百八十日以上单独或者合计持有公司百分之一以上股份的股东，可以书面请求监事会或者不设监事会的有限责任公司的监事向人民法院提起诉讼；监事有本法第一百五十条规定的情形的，前述股东可以书面请求董事会或者不设董事会的有限责任公司的执行董事向人民法院提起诉讼。

监事会、不设监事会的有限责任公司的监事，或者董事会、执行董事收到前款规定的股东书面请求后拒绝提起诉讼，或者自收到请求之日起三十日内未提起诉讼，或者情况紧急、不立即提起诉讼将会使公司利益受到难以弥补的损害的，前款规定的股东有权为了公司的利益以自己的名义直接向人民法院提起诉讼。

他人侵犯公司合法权益，给公司造成损失的，本条第一款规定的股东可以依照前两款的规定向人民法院提起诉讼。

第一百五十三条 董事、高级管理人员违反法律、行政法规或者公司章程的规定，损害股东利益的，股东可以向人民法院提起诉讼。

第七章　公司债券

第一百五十四条　本法所称公司债券,是指公司依照法定程序发行、约定在一定期限还本付息的有价证券。

公司发行公司债券应当符合《中华人民共和国证券法》规定的发行条件。

第一百五十五条　发行公司债券的申请经国务院授权的部门核准后,应当公告公司债券募集办法。

公司债券募集办法中应当载明下列主要事项:

(一)公司名称;

(二)债券募集资金的用途;

(三)债券总额和债券的票面金额;

(四)债券利率的确定方式;

(五)还本付息的期限和方式;

(六)债券担保情况;

(七)债券的发行价格、发行的起止日期;

(八)公司净资产额;

(九)已发行的尚未到期的公司债券总额;

(十)公司债券的承销机构。

第一百五十六条　公司以实物券方式发行公司债券的,必须在债券上载明公司名称、债券票面金额、利率、偿还期限等事项,并由法定代表人签名,公司盖章。

第一百五十七条　公司债券,可以为记名债券,也可以为无记名债券。

第一百五十八条　公司发行公司债券应当置备公司债券存根簿。

发行记名公司债券的,应当在公司债券存根簿上载明下列事项:

(一)债券持有人的姓名或者名称及住所;

(二)债券持有人取得债券的日期及债券的编号;

(三)债券总额,债券的票面金额、利率、还本付息的期限和方式;

(四)债券的发行日期。

发行无记名公司债券的,应当在公司债券存根簿上载明债券总额、利率、偿还期限和方式、发行日期及债券的编号。

第一百五十九条　记名公司债券的登记结算机构应当建立债券登记、存管、付息、兑付等相关制度。

第一百六十条　公司债券可以转让,转让价格由转让人与受让人约定。

公司债券在证券交易所上市交易的,按照证券交易所的交易规则转让。

第一百六十一条　记名公司债券,由债券持有人以背书方式或者法律、行政法规规定的其他方式转让;转让后由公司将受让人的姓名或者名称及住所记载于公司债券存根簿。

无记名公司债券的转让,由债券持有人将该债券交付给受让人后即发生转让的效力。

第一百六十二条　上市公司经股东大会决议可以发行可转换为股票的公司债券,并在公司债券募集办法中规定具体的转换办法。上市公司发行可转换为股票的公司债券,应当报国务院证券监督管理机构核准。

发行可转换为股票的公司债券,应当在债券上标明可转换公司债券字样,并在公司债券存根簿上载明可转换公司债券的数额。

第一百六十三条 发行可转换为股票的公司债券的,公司应当按照其转换办法向债券持有人换发股票,但债券持有人对转换股票或者不转换股票有选择权。

第八章 公司财务、会计

第一百六十四条 公司应当依照法律、行政法规和国务院财政部门的规定建立本公司的财务、会计制度。

第一百六十五条 公司应当在每一会计年度终了时编制财务会计报告,并依法经会计师事务所审计。

财务会计报告应当依照法律、行政法规和国务院财政部门的规定制作。

第一百六十六条 有限责任公司应当依照公司章程规定的期限将财务会计报告送交各股东。

股份有限公司的财务会计报告应当在召开股东大会年会的二十日前置备于本公司,供股东查阅;公开发行股票的股份有限公司必须公告其财务会计报告。

第一百六十七条 公司分配当年税后利润时,应当提取利润的百分之十列入公司法定公积金。公司法定公积金累计额为公司注册资本的百分之五十以上的,可以不再提取。

公司的法定公积金不足以弥补以前年度亏损的,在依照前款规定提取法定公积金之前,应当先用当年利润弥补亏损。

公司从税后利润中提取法定公积金后,经股东会或者股东大会决议,还可以从税后利润中提取任意公积金。

公司弥补亏损和提取公积金后所余税后利润,有限责任公司依照本法第三十五条的规定分配;股份有限公司按照股东持有的股份比例分配,但股份有限公司章程规定不按持股比例分配的除外。

股东会、股东大会或者董事会违反前款规定,在公司弥补亏损和提取法定公积金之前向股东分配利润的,股东必须将违反规定分配的利润退还公司。

公司持有的本公司股份不得分配利润。

第一百六十八条 股份有限公司以超过股票票面金额的发行价格发行股份所得的溢价款以及国务院财政部门规定列入资本公积金的其他收入,应当列为公司资本公积金。

第一百六十九条 公司的公积金用于弥补公司的亏损、扩大公司生产经营或者转为增加公司资本。但是,资本公积金不得用于弥补公司的亏损。

法定公积金转为资本时,所留存的该项公积金不得少于转增前公司注册资本的百分之二十五。

第一百七十条 公司聘用、解聘承办公司审计业务的会计师事务所,依照公司章程的规定,由股东会、股东大会或者董事会决定。

公司股东会、股东大会或者董事会就解聘会计师事务所进行表决时,应当允许会计师事务所陈述意见。

第一百七十一条 公司应当向聘用的会计师事务所提供真实、完整的会计凭证、会计账簿、财务会计报告及其他会计资料,不得拒绝、隐匿、谎报。

第一百七十二条 公司除法定的会计账簿外,不得另立会计账簿。

对公司资产,不得以任何个人名义开立账户存储。

第九章 公司合并、分立、增资、减资

第一百七十三条 公司合并可以采取吸收合并或者新设合并。

一个公司吸收其他公司为吸收合并,被吸收的公司解散。两个以上公司合并设立一个新的公司为新设合并,合并各方解散。

第一百七十四条 公司合并,应当由合并各方签订合并协议,并编制资产负债表及财产清单。公司应当自作出合并决议之日起十日内通知债权人,并于三十日内在报纸上公告。债权人自接到通知书之日起三十日内,未接到通知书的自公告之日起四十五日内,可以要求公司清偿债务或者提供相应的担保。

第一百七十五条 公司合并时,合并各方的债权、债务,应当由合并后存续的公司或者新设的公司承继。

第一百七十六条 公司分立,其财产作相应的分割。

公司分立,应当编制资产负债表及财产清单。公司应当自作出分立决议之日起十日内通知债权人,并于三十日内在报纸上公告。

第一百七十七条 公司分立前的债务由分立后的公司承担连带责任。但是,公司在分立前与债权人就债务清偿达成的书面协议另有约定的除外。

第一百七十八条 公司需要减少注册资本时,必须编制资产负债表及财产清单。

公司应当自作出减少注册资本决议之日起十日内通知债权人,并于三十日内在报纸上公告。债权人自接到通知书之日起三十日内,未接到通知书的自公告之日起四十五日内,有权要求公司清偿债务或者提供相应的担保。

公司减资后的注册资本不得低于法定的最低限额。

第一百七十九条 有限责任公司增加注册资本时,股东认缴新增资本的出资,依照本法设立有限责任公司缴纳出资的有关规定执行。

股份有限公司为增加注册资本发行新股时,股东认购新股,依照本法设立股份有限公司缴纳股款的有关规定执行。

第一百八十条 公司合并或者分立,登记事项发生变更的,应当依法向公司登记机关办理变更登记;公司解散的,应当依法办理公司注销登记;设立新公司的,应当依法办理公司设立登记。

公司增加或者减少注册资本,应当依法向公司登记机关办理变更登记。

第十章 公司解散和清算

第一百八十一条 公司因下列原因解散:

(一)公司章程规定的营业期限届满或者公司章程规定的其他解散事由出现;

(二)股东会或者股东大会决议解散;

(三)因公司合并或者分立需要解散;

（四）依法被吊销营业执照、责令关闭或者被撤销；

（五）人民法院依照本法第一百八十三条的规定予以解散。

第一百八十二条 公司有本法第一百八十一条第（一）项情形的，可以通过修改公司章程而存续。

依照前款规定修改公司章程，有限责任公司须经持有三分之二以上表决权的股东通过，股份有限公司须经出席股东大会会议的股东所持表决权的三分之二以上通过。

第一百八十三条 公司经营管理发生严重困难，继续存续会使股东利益受到重大损失，通过其他途径不能解决的，持有公司全部股东表决权百分之十以上的股东，可以请求人民法院解散公司。

第一百八十四条 公司因本法第一百八十一条第（一）项、第（二）项、第（四）项、第（五）项规定而解散的，应当在解散事由出现之日起十五日内成立清算组，开始清算。有限责任公司的清算组由股东组成，股份有限公司的清算组由董事或者股东大会确定的人员组成。逾期不成立清算组进行清算的，债权人可以申请人民法院指定有关人员组成清算组进行清算。人民法院应当受理该申请，并及时组织清算组进行清算。

第一百八十五条 清算组在清算期间行使下列职权：

（一）清理公司财产，分别编制资产负债表和财产清单；

（二）通知、公告债权人；

（三）处理与清算有关的公司未了结的业务；

（四）清缴所欠税款以及清算过程中产生的税款；

（五）清理债权、债务；

（六）处理公司清偿债务后的剩余财产；

（七）代表公司参与民事诉讼活动。

第一百八十六条 清算组应当自成立之日起十日内通知债权人，并于六十日内在报纸上公告。债权人应当自接到通知书之日起三十日内，未接到通知书的自公告之日起四十五日内，向清算组申报其债权。

债权人申报债权，应当说明债权的有关事项，并提供证明材料。清算组应当对债权进行登记。

在申报债权期间，清算组不得对债权人进行清偿。

第一百八十七条 清算组在清理公司财产、编制资产负债表和财产清单后，应当制定清算方案，并报股东会、股东大会或者人民法院确认。

公司财产在分别支付清算费用、职工的工资、社会保险费用和法定补偿金，缴纳所欠税款，清偿公司债务后的剩余财产，有限责任公司按照股东的出资比例分配，股份有限公司按照股东持有的股份比例分配。

清算期间，公司存续，但不得开展与清算无关的经营活动。公司财产在未依照前款规定清偿前，不得分配给股东。

第一百八十八条 清算组在清理公司财产、编制资产负债表和财产清单后，发现公司财产不足清偿债务的，应当依法向人民法院申请宣告破产。

公司经人民法院裁定宣告破产后，清算组应当将清算事务移交给人民法院。

第一百八十九条 公司清算结束后，清算组应当制作清算报告，报股东会、股东大会或者人民法院确认，并报送公司登记机关，申请注销公司登记，公告公司终止。

第一百九十条　清算组成员应当忠于职守,依法履行清算义务。

清算组成员不得利用职权收受贿赂或者其他非法收入,不得侵占公司财产。

清算组成员因故意或者重大过失给公司或者债权人造成损失的,应当承担赔偿责任。

第一百九十一条　公司被依法宣告破产的,依照有关企业破产的法律实施破产清算。

第十一章　外国公司的分支机构

第一百九十二条　本法所称外国公司是指依照外国法律在中国境外设立的公司。

第一百九十三条　外国公司在中国境内设立分支机构,必须向中国主管机关提出申请,并提交其公司章程、所属国的公司登记证书等有关文件,经批准后,向公司登记机关依法办理登记,领取营业执照。

外国公司分支机构的审批办法由国务院另行规定。

第一百九十四条　外国公司在中国境内设立分支机构,必须在中国境内指定负责该分支机构的代表人或者代理人,并向该分支机构拨付与其所从事的经营活动相适应的资金。

对外国公司分支机构的经营资金需要规定最低限额的,由国务院另行规定。

第一百九十五条　外国公司的分支机构应当在其名称中标明该外国公司的国籍及责任形式。

外国公司的分支机构应当在本机构中置备该外国公司章程。

第一百九十六条　外国公司在中国境内设立的分支机构不具有中国法人资格。

外国公司对其分支机构在中国境内进行经营活动承担民事责任。

第一百九十七条　经批准设立的外国公司分支机构,在中国境内从事业务活动,必须遵守中国的法律,不得损害中国的社会公共利益,其合法权益受中国法律保护。

第一百九十八条　外国公司撤销其在中国境内的分支机构时,必须依法清偿债务,依照本法有关公司清算程序的规定进行清算。未清偿债务之前,不得将其分支机构的财产移至中国境外。

第十二章　法 律 责 任

第一百九十九条　违反本法规定,虚报注册资本、提交虚假材料或者采取其他欺诈手段隐瞒重要事实取得公司登记的,由公司登记机关责令改正,对虚报注册资本的公司,处以虚报注册资本金额百分之五以上百分之十五以下的罚款;对提交虚假材料或者采取其他欺诈手段隐瞒重要事实的公司,处以五万元以上五十万元以下的罚款;情节严重的,撤销公司登记或者吊销营业执照。

第二百条　公司的发起人、股东虚假出资,未交付或者未按期交付作为出资的货币或者非货币财产的,由公司登记机关责令改正,处以虚假出资金额百分之五以上百分之十五以下的罚款。

第二百零一条　公司的发起人、股东在公司成立后,抽逃其出资的,由公司登记机关责令改正,处以所抽逃出资金额百分之五以上百分之十五以下的罚款。

第二百零二条　公司违反本法规定,在法定的会计账簿以外另立会计账簿的,由县级以上人民政府财政部门责令改正,处以五万元以上五十万元以下的罚款。

第二百零三条 公司在依法向有关主管部门提供的财务会计报告等材料上作虚假记载或者隐瞒重要事实的，由有关主管部门对直接负责的主管人员和其他直接责任人员处以三万元以上三十万元以下的罚款。

第二百零四条 公司不依照本法规定提取法定公积金的，由县级以上人民政府财政部门责令如数补足应当提取的金额，可以对公司处以二十万元以下的罚款。

第二百零五条 公司在合并、分立、减少注册资本或者进行清算时，不依照本法规定通知或者公告债权人的，由公司登记机关责令改正，对公司处以一万元以上十万元以下的罚款。

公司在进行清算时，隐匿财产，对资产负债表或者财产清单作虚假记载或者在未清偿债务前分配公司财产的，由公司登记机关责令改正，对公司处以隐匿财产或者未清偿债务前分配公司财产金额百分之五以上百分之十以下的罚款；对直接负责的主管人员和其他直接责任人员处以一万元以上十万元以下的罚款。

第二百零六条 公司在清算期间开展与清算无关的经营活动的，由公司登记机关予以警告，没收违法所得。

第二百零七条 清算组不依照本法规定向公司登记机关报送清算报告，或者报送清算报告隐瞒重要事实或者有重大遗漏的，由公司登记机关责令改正。

清算组成员利用职权徇私舞弊、谋取非法收入或者侵占公司财产的，由公司登记机关责令退还公司财产，没收违法所得，并可以处以违法所得一倍以上五倍以下的罚款。

第二百零八条 承担资产评估、验资或者验证的机构提供虚假材料的，由公司登记机关没收违法所得，处以违法所得一倍以上五倍以下的罚款，并可以由有关主管部门依法责令该机构停业、吊销直接责任人员的资格证书，吊销营业执照。

承担资产评估、验资或者验证的机构因过失提供有重大遗漏的报告的，由公司登记机关责令改正，情节较重的，处以所得收入一倍以上五倍以下的罚款，并可以由有关主管部门依法责令该机构停业、吊销直接责任人员的资格证书，吊销营业执照。

承担资产评估、验资或者验证的机构因其出具的评估结果、验资或者验证证明不实，给公司债权人造成损失的，除能够证明自己没有过错的外，在其评估或者证明不实的金额范围内承担赔偿责任。

第二百零九条 公司登记机关对不符合本法规定条件的登记申请予以登记，或者对符合本法规定条件的登记申请不予登记的，对直接负责的主管人员和其他直接责任人员，依法给予行政处分。

第二百一十条 公司登记机关的上级部门强令公司登记机关对不符合本法规定条件的登记申请予以登记，或者对符合本法规定条件的登记申请不予登记的，或者对违法登记进行包庇的，对直接负责的主管人员和其他直接责任人员依法给予行政处分。

第二百一十一条 未依法登记为有限责任公司或者股份有限公司，而冒用有限责任公司或者股份有限公司名义的，或者未依法登记为有限责任公司或者股份有限公司的分公司，而冒用有限责任公司或者股份有限公司的分公司名义的，由公司登记机关责令改正或者予以取缔，可以并处十万元以下的罚款。

第二百一十二条 公司成立后无正当理由超过六个月未开业的，或者开业后自行停业连续六个月以上的，可以由公司登记机关吊销营业执照。

公司登记事项发生变更时，未依照本法规定办理有关变更登记的，由公司登记机关责令限期登记；逾期不登记的，处以一万元以上十万元以下的罚款。

第二百一十三条　外国公司违反本法规定,擅自在中国境内设立分支机构的,由公司登记机关责令改正或者关闭,可以并处五万元以上二十万元以下的罚款。

第二百一十四条　利用公司名义从事危害国家安全、社会公共利益的严重违法行为的,吊销营业执照。

第二百一十五条　公司违反本法规定,应当承担民事赔偿责任和缴纳罚款、罚金的,其财产不足以支付时,先承担民事赔偿责任。

第二百一十六条　违反本法规定,构成犯罪的,依法追究刑事责任。

第十三章　附　　则

第二百一十七条　本法下列用语的含义:

(一)高级管理人员,是指公司的经理、副经理、财务负责人,上市公司董事会秘书和公司章程规定的其他人员。

(二)控股股东,是指其出资额占有限责任公司资本总额百分之五十以上或者其持有的股份占股份有限公司股本总额百分之五十以上的股东;出资额或者持有股份的比例虽然不足百分之五十,但依其出资额或者持有的股份所享有的表决权已足以对股东会、股东大会的决议产生重大影响的股东。

(三)实际控制人,是指虽不是公司的股东,但通过投资关系、协议或者其他安排,能够实际支配公司行为的人。

(四)关联关系,是指公司控股股东、实际控制人、董事、监事、高级管理人员与其直接或者间接控制的企业之间的关系,以及可能导致公司利益转移的其他关系。但是,国家控股的企业之间不仅因为同受国家控股而具有关联关系。

第二百一十八条　外商投资的有限责任公司和股份有限公司适用本法;有关外商投资的法律另有规定的,适用其规定。

第二百一十九条　本法自2006年1月1日起施行。

中华人民共和国主席令

（第55号）

《中华人民共和国合伙企业法》已由中华人民共和国第十届全国人民代表大会常务委员会第二十三次会议于2006年8月27日修订通过，现将修订后的《中华人民共和国合伙企业法》公布，自2007年6月1日起施行。

中华人民共和国主席　胡锦涛

2006年8月27日

中华人民共和国合伙企业法

（1997年2月23日第八届全国人民代表大会常务委员会第二十四次会议通过　2006年8月27日第十届全国人民代表大会常务委员会第二十三次会议修订）

第一章　总　　则

第一条　为了规范合伙企业的行为，保护合伙企业及其合伙人、债权人的合法权益，维护社会经济秩序，促进社会主义市场经济的发展，制定本法。

第二条　本法所称合伙企业，是指自然人、法人和其他组织依照本法在中国境内设立的普通合伙企业和有限合伙企业。

普通合伙企业由普通合伙人组成，合伙人对合伙企业债务承担无限连带责任。本法对普通合伙人承担责任的形式有特别规定的，从其规定。

有限合伙企业由普通合伙人和有限合伙人组成，普通合伙人对合伙企业债务承担无限连带责任，有限合伙人以其认缴的出资额为限对合伙企业债务承担责任。

第三条　国有独资公司、国有企业、上市公司以及公益性的事业单位、社会团体不得成为普通合伙人。

第四条　合伙协议依法由全体合伙人协商一致、以书面形式订立。

第五条　订立合伙协议、设立合伙企业，应当遵循自愿、平等、公平、诚实信用原则。

第六条　合伙企业的生产经营所得和其他所得，按照国家有关税收规定，由合伙人分别缴纳所得税。

第七条　合伙企业及其合伙人必须遵守法律、行政法规，遵守社会公德、商业道德，承担社会责任。

第八条　合伙企业及其合伙人的合法财产及其权益受法律保护。

第九条　申请设立合伙企业,应当向企业登记机关提交登记申请书、合伙协议书、合伙人身份证明等文件。

合伙企业的经营范围中有属于法律、行政法规规定在登记前须经批准的项目的,该项经营业务应当依法经过批准,并在登记时提交批准文件。

第十条　申请人提交的登记申请材料齐全、符合法定形式,企业登记机关能够当场登记的,应予当场登记,发给营业执照。

除前款规定情形外,企业登记机关应当自受理申请之日起二十日内,作出是否登记的决定。予以登记的,发给营业执照;不予登记的,应当给予书面答复,并说明理由。

第十一条　合伙企业的营业执照签发日期,为合伙企业成立日期。

合伙企业领取营业执照前,合伙人不得以合伙企业名义从事合伙业务。

第十二条　合伙企业设立分支机构,应当向分支机构所在地的企业登记机关申请登记,领取营业执照。

第十三条　合伙企业登记事项发生变更的,执行合伙事务的合伙人应当自作出变更决定或者发生变更事由之日起十五日内,向企业登记机关申请办理变更登记。

第二章　普通合伙企业

第一节　合伙企业设立

第十四条　设立合伙企业,应当具备下列条件:

(一)有二个以上合伙人。合伙人为自然人的,应当具有完全民事行为能力;

(二)有书面合伙协议;

(三)有合伙人认缴或者实际缴付的出资;

(四)有合伙企业的名称和生产经营场所;

(五)法律、行政法规规定的其他条件。

第十五条　合伙企业名称中应当标明"普通合伙"字样。

第十六条　合伙人可以用货币、实物、知识产权、土地使用权或者其他财产权利出资,也可以用劳务出资。

合伙人以实物、知识产权、土地使用权或者其他财产权利出资,需要评估作价的,可以由全体合伙人协商确定,也可以由全体合伙人委托法定评估机构评估。

合伙人以劳务出资的,其评估办法由全体合伙人协商确定,并在合伙协议中载明。

第十七条　合伙人应当按照合伙协议约定的出资方式、数额和缴付期限,履行出资义务。

以非货币财产出资的,依照法律、行政法规的规定,需要办理财产权转移手续的,应当依法办理。

第十八条　合伙协议应当载明下列事项:

(一)合伙企业的名称和主要经营场所的地点;

(二)合伙目的和合伙经营范围;

(三)合伙人的姓名或者名称、住所;

(四)合伙人的出资方式、数额和缴付期限;

(五)利润分配、亏损分担方式;

（六）合伙事务的执行；

（七）入伙与退伙；

（八）争议解决办法；

（九）合伙企业的解散与清算；

（十）违约责任。

第十九条 合伙协议经全体合伙人签名、盖章后生效。合伙人按照合伙协议享有权利，履行义务。

修改或者补充合伙协议，应当经全体合伙人一致同意；但是，合伙协议另有约定的除外。

合伙协议未约定或者约定不明确的事项，由合伙人协商决定；协商不成的，依照本法和其他有关法律、行政法规的规定处理。

第二节 合伙企业财产

第二十条 合伙人的出资、以合伙企业名义取得的收益和依法取得的其他财产，均为合伙企业的财产。

第二十一条 合伙人在合伙企业清算前，不得请求分割合伙企业的财产；但是，本法另有规定的除外。

合伙人在合伙企业清算前私自转移或者处分合伙企业财产的，合伙企业不得以此对抗善意第三人。

第二十二条 除合伙协议另有约定外，合伙人向合伙人以外的人转让其在合伙企业中的全部或者部分财产份额时，须经其他合伙人一致同意。

合伙人之间转让在合伙企业中的全部或者部分财产份额时，应当通知其他合伙人。

第二十三条 合伙人向合伙人以外的人转让其在合伙企业中的财产份额的，在同等条件下，其他合伙人有优先购买权；但是，合伙协议另有约定的除外。

第二十四条 合伙人以外的人依法受让合伙人在合伙企业中的财产份额的，经修改合伙协议即成为合伙企业的合伙人，依照本法和修改后的合伙协议享有权利，履行义务。

第二十五条 合伙人以其在合伙企业中的财产份额出质的，须经其他合伙人一致同意；未经其他合伙人一致同意，其行为无效，由此给善意第三人造成损失的，由行为人依法承担赔偿责任。

第三节 合伙事务执行

第二十六条 合伙人对执行合伙事务享有同等的权利。

按照合伙协议的约定或者经全体合伙人决定，可以委托一个或者数个合伙人对外代表合伙企业，执行合伙事务。

作为合伙人的法人、其他组织执行合伙事务的，由其委派的代表执行。

第二十七条 依照本法第二十六条第二款规定委托一个或者数个合伙人执行合伙事务的，其他合伙人不再执行合伙事务。

不执行合伙事务的合伙人有权监督执行事务合伙人执行合伙事务的情况。

第二十八条 由一个或者数个合伙人执行合伙事务的，执行事务合伙人应当定期向其他合伙人报告事务执行情况以及合伙企业的经营和财务状况，其执行合伙事务所产生的收益归合伙企业，所产生的费用和亏损由合伙企业承担。

合伙人为了解合伙企业的经营状况和财务状况，有权查阅合伙企业会计账簿等财务资料。

第二十九条　合伙人分别执行合伙事务的,执行事务合伙人可以对其他合伙人执行的事务提出异议。提出异议时,应当暂停该项事务的执行。如果发生争议,依照本法第三十条规定作出决定。

受委托执行合伙事务的合伙人不按照合伙协议或者全体合伙人的决定执行事务的,其他合伙人可以决定撤销该委托。

第三十条　合伙人对合伙企业有关事项作出决议,按照合伙协议约定的表决办法办理。合伙协议未约定或者约定不明确的,实行合伙人一人一票并经全体合伙人过半数通过的表决办法。

本法对合伙企业的表决办法另有规定的,从其规定。

第三十一条　除合伙协议另有约定外,合伙企业的下列事项应当经全体合伙人一致同意:

(一)改变合伙企业的名称;

(二)改变合伙企业的经营范围、主要经营场所的地点;

(三)处分合伙企业的不动产;

(四)转让或者处分合伙企业的知识产权和其他财产权利;

(五)以合伙企业名义为他人提供担保;

(六)聘任合伙人以外的人担任合伙企业的经营管理人员。

第三十二条　合伙人不得自营或者同他人合作经营与本合伙企业相竞争的业务。

除合伙协议另有约定或者经全体合伙人一致同意外,合伙人不得同本合伙企业进行交易。

合伙人不得从事损害本合伙企业利益的活动。

第三十三条　合伙企业的利润分配、亏损分担,按照合伙协议的约定办理;合伙协议未约定或者约定不明确的,由合伙人协商决定;协商不成的,由合伙人按照实缴出资比例分配、分担;无法确定出资比例的,由合伙人平均分配、分担。

合伙协议不得约定将全部利润分配给部分合伙人或者由部分合伙人承担全部亏损。

第三十四条　合伙人按照合伙协议的约定或者经全体合伙人决定,可以增加或者减少对合伙企业的出资。

第三十五条　被聘任的合伙企业的经营管理人员应当在合伙企业授权范围内履行职务。

被聘任的合伙企业的经营管理人员,超越合伙企业授权范围履行职务,或者在履行职务过程中因故意或者重大过失给合伙企业造成损失的,依法承担赔偿责任。

第三十六条　合伙企业应当依照法律、行政法规的规定建立企业财务、会计制度。

第四节　合伙企业与第三人关系

第三十七条　合伙企业对合伙人执行合伙事务以及对外代表合伙企业权利的限制,不得对抗善意第三人。

第三十八条　合伙企业对其债务,应先以其全部财产进行清偿。

第三十九条　合伙企业不能清偿到期债务的,合伙人承担无限连带责任。

第四十条　合伙人由于承担无限连带责任,清偿数额超过本法第三十三条第一款规定的其亏损分担比例的,有权向其他合伙人追偿。

第四十一条　合伙人发生与合伙企业无关的债务,相关债权人不得以其债权抵销其对合伙企业的债务;也不得代位行使合伙人在合伙企业中的权利。

第四十二条　合伙人的自有财产不足清偿其与合伙企业无关的债务的,该合伙人可以以其从合伙企业中分取的收益用于清偿；债权人也可以依法请求人民法院强制执行该合伙人在合伙企业中的财产份额用于清偿。

人民法院强制执行合伙人的财产份额时，应当通知全体合伙人，其他合伙人有优先购买权；其他合伙人未购买，又不同意将该财产份额转让给他人的，依照本法第五十一条的规定为该合伙人办理退伙结算，或者办理削减该合伙人相应财产份额的结算。

第五节 入伙、退伙

第四十三条 新合伙人入伙，除合伙协议另有约定外，应当经全体合伙人一致同意，并依法订立书面入伙协议。

订立入伙协议时，原合伙人应当向新合伙人如实告知原合伙企业的经营状况和财务状况。

第四十四条 入伙的新合伙人与原合伙人享有同等权利，承担同等责任。入伙协议另有约定的，从其约定。

新合伙人对入伙前合伙企业的债务承担无限连带责任。

第四十五条 合伙协议约定合伙期限的，在合伙企业存续期间，有下列情形之一的，合伙人可以退伙：

（一）合伙协议约定的退伙事由出现；

（二）经全体合伙人一致同意；

（三）发生合伙人难以继续参加合伙的事由；

（四）其他合伙人严重违反合伙协议约定的义务。

第四十六条 合伙协议未约定合伙期限的，合伙人在不给合伙企业事务执行造成不利影响的情况下，可以退伙，但应当提前三十日通知其他合伙人。

第四十七条 合伙人违反本法第四十五条、第四十六条的规定退伙的，应当赔偿由此给合伙企业造成的损失。

第四十八条 合伙人有下列情形之一的，当然退伙：

（一）作为合伙人的自然人死亡或者被依法宣告死亡；

（二）个人丧失偿债能力；

（三）作为合伙人的法人或者其他组织依法被吊销营业执照、责令关闭、撤销，或者被宣告破产；

（四）法律规定或者合伙协议约定合伙人必须具有相关资格而丧失该资格；

（五）合伙人在合伙企业中的全部财产份额被人民法院强制执行。

合伙人被依法认定为无民事行为能力人或者限制民事行为能力人的，经其他合伙人一致同意，可以依法转为有限合伙人，普通合伙企业依法转为有限合伙企业。其他合伙人未能一致同意的，该无民事行为能力或者限制民事行为能力的合伙人退伙。

退伙事由实际发生之日为退伙生效日。

第四十九条 合伙人有下列情形之一的，经其他合伙人一致同意，可以决议将其除名：

（一）未履行出资义务；

（二）因故意或者重大过失给合伙企业造成损失；

（三）执行合伙事务时有不正当行为；

（四）发生合伙协议约定的事由。

对合伙人的除名决议应当书面通知被除名人。被除名人接到除名通知之日，除名生效，被除名人退伙。

被除名人对除名决议有异议的，可以自接到除名通知之日起三十日内，向人民法院起诉。

第五十条　合伙人死亡或者被依法宣告死亡的，对该合伙人在合伙企业中的财产份额享有合法继承权的继承人，按照合伙协议的约定或者经全体合伙人一致同意，从继承开始之日起，取得该合伙企业的合伙人资格。

有下列情形之一的，合伙企业应当向合伙人的继承人退还被继承合伙人的财产份额：

（一）继承人不愿意成为合伙人；

（二）法律规定或者合伙协议约定合伙人必须具有相关资格，而该继承人未取得该资格；

（三）合伙协议约定不能成为合伙人的其他情形。

合伙人的继承人为无民事行为能力人或者限制民事行为能力人的，经全体合伙人一致同意，可以依法成为有限合伙人，普通合伙企业依法转为有限合伙企业。全体合伙人未能一致同意的，合伙企业应当将被继承合伙人的财产份额退还该继承人。

第五十一条　合伙人退伙，其他合伙人应当与该退伙人按照退伙时的合伙企业财产状况进行结算，退还退伙人的财产份额。退伙人对给合伙企业造成的损失负有赔偿责任的，相应扣减其应当赔偿的数额。

退伙时有未了结的合伙企业事务的，待该事务了结后进行结算。

第五十二条　退伙人在合伙企业中财产份额的退还办法，由合伙协议约定或者由全体合伙人决定，可以退还货币，也可以退还实物。

第五十三条　退伙人对基于其退伙前的原因发生的合伙企业债务，承担无限连带责任。

第五十四条　合伙人退伙时，合伙企业财产少于合伙企业债务的，退伙人应当依照本法第三十三条第一款的规定分担亏损。

第六节　特殊的普通合伙企业

第五十五条　以专业知识和专门技能为客户提供有偿服务的专业服务机构，可以设立为特殊的普通合伙企业。

特殊的普通合伙企业是指合伙人依照本法第五十七条的规定承担责任的普通合伙企业。

特殊的普通合伙企业适用本节规定；本节未作规定的，适用本章第一节至第五节的规定。

第五十六条　特殊的普通合伙企业名称中应当标明“特殊普通合伙”字样。

第五十七条　一个合伙人或者数个合伙人在执业活动中因故意或者重大过失造成合伙企业债务的，应当承担无限责任或者无限连带责任，其他合伙人以其在合伙企业中的财产份额为限承担责任。

合伙人在执业活动中非因故意或者重大过失造成的合伙企业债务以及合伙企业的其他债务，由全体合伙人承担无限连带责任。

第五十八条　合伙人执业活动中因故意或者重大过失造成的合伙企业债务，以合伙企业财产对外承担责任后，该合伙人应当按照合伙协议的约定对给合伙企业造成的损失承担赔偿责任。

第五十九条　特殊的普通合伙企业应当建立执业风险基金、办理职业保险。

执业风险基金用于偿付合伙人执业活动造成的债务。执业风险基金应当单独立户管理。具体管理办法由国务院规定。

第三章 有限合伙企业

第六十条 有限合伙企业及其合伙人适用本章规定;本章未作规定的,适用本法第二章第一节至第五节关于普通合伙企业及其合伙人的规定。

第六十一条 有限合伙企业由二个以上五十个以下合伙人设立;但是,法律另有规定的除外。

有限合伙企业至少应当有一个普通合伙人。

第六十二条 有限合伙企业名称中应当标明"有限合伙"字样。

第六十三条 合伙协议除符合本法第十八条的规定外,还应当载明下列事项:

(一)普通合伙人和有限合伙人的姓名或者名称、住所;

(二)执行事务合伙人应具备的条件和选择程序;

(三)执行事务合伙人权限与违约处理办法;

(四)执行事务合伙人的除名条件和更换程序;

(五)有限合伙人入伙、退伙的条件、程序以及相关责任;

(六)有限合伙人和普通合伙人相互转变程序。

第六十四条 有限合伙人可以用货币、实物、知识产权、土地使用权或者其他财产权利作价出资。

有限合伙人不得以劳务出资。

第六十五条 有限合伙人应当按照合伙协议的约定按期足额缴纳出资;未按期足额缴纳的,应当承担补缴义务,并对其他合伙人承担违约责任。

第六十六条 有限合伙企业登记事项中应当载明有限合伙人的姓名或者名称及认缴的出资数额。

第六十七条 有限合伙企业由普通合伙人执行合伙事务。执行事务合伙人可以要求在合伙协议中确定执行事务的报酬及报酬提取方式。

第六十八条 有限合伙人不执行合伙事务,不得对外代表有限合伙企业。

有限合伙人的下列行为,不视为执行合伙事务:

(一)参与决定普通合伙人入伙、退伙;

(二)对企业的经营管理提出建议;

(三)参与选择承办有限合伙企业审计业务的会计师事务所;

(四)获取经审计的有限合伙企业财务会计报告;

(五)对涉及自身利益的情况,查阅有限合伙企业财务会计账簿等财务资料;

(六)在有限合伙企业中的利益受到侵害时,向有责任的合伙人主张权利或者提起诉讼;

(七)执行事务合伙人怠于行使权利时,督促其行使权利或者为了本企业的利益以自己的名义提起诉讼;

(八)依法为本企业提供担保。

第六十九条 有限合伙企业不得将全部利润分配给部分合伙人;但是,合伙协议另有约定的除外。

第七十条 有限合伙人可以同本有限合伙企业进行交易;但是,合伙协议另有约定的除外。

第七十一条　有限合伙人可以自营或者同他人合作经营与本有限合伙企业相竞争的业务;但是,合伙协议另有约定的除外。

第七十二条　有限合伙人可以将其在有限合伙企业中的财产份额出质;但是,合伙协议另有约定的除外。

第七十三条　有限合伙人可以按照合伙协议的约定向合伙人以外的人转让其在有限合伙企业中的财产份额,但应当提前三十日通知其他合伙人。

第七十四条　有限合伙人的自有财产不足清偿其与合伙企业无关的债务的,该合伙人可以以其从有限合伙企业中分取的收益用于清偿;债权人也可以依法请求人民法院强制执行该合伙人在有限合伙企业中的财产份额用于清偿。

人民法院强制执行有限合伙人的财产份额时,应当通知全体合伙人。在同等条件下,其他合伙人有优先购买权。

第七十五条　有限合伙企业仅剩有限合伙人的,应当解散;有限合伙企业仅剩普通合伙人的,转为普通合伙企业。

第七十六条　第三人有理由相信有限合伙人为普通合伙人并与其交易的,该有限合伙人对该笔交易承担与普通合伙人同样的责任。

有限合伙人未经授权以有限合伙企业名义与他人进行交易,给有限合伙企业或者其他合伙人造成损失的,该有限合伙人应当承担赔偿责任。

第七十七条　新入伙的有限合伙人对入伙前有限合伙企业的债务,以其认缴的出资额为限承担责任。

第七十八条　有限合伙人有本法第四十八条第一款第一项、第三项至第五项所列情形之一的,当然退伙。

第七十九条　作为有限合伙人的自然人在有限合伙企业存续期间丧失民事行为能力的,其他合伙人不得因此要求其退伙。

第八十条　作业有限合伙人的自然人死亡、被依法宣告死亡或者作业有限合伙人的法人及其他组织终止时,其继承人或者权利承受人可以依法取得该有限合伙人在有限合伙企业中的资格。

第八十一条　有限合伙人退伙后,对基于其退伙前的原因发生的有限合伙企业债务,以其退伙时从有限合伙企业中取回的财产承担责任。

第八十二条　除合伙协议另有约定外,普通合伙人转变为有限合伙人,或者有限合伙人转变为普通合伙人,应当经全体合伙人一致同意。

第八十三条　有限合伙人转变为普通合伙人的,对其作为有限合伙人期间有限合伙企业发生的债务承担无限连带责任。

第八十四条　普通合伙人转变为有限合伙人的,对其作为普通合伙人期间合伙企业发生的债务承担无限连带责任。

第四章　合伙企业解散、清算

第八十五条　合伙企业有下列情形之一的,应当解散:

(一)合伙期限届满,合伙人决定不再经营;

(二)合伙协议约定的解散事由出现;

（三）全体合伙人决定解散；

（四）合伙人已不具备法定人数满三十天；

（五）合伙协议约定的合伙目的已经实现或者无法实现；

（六）依法被吊销营业执照、责令关闭或者被撤销；

（七）法律、行政法规规定的其他原因。

第八十六条 合伙企业解散，应当由清算人进行清算。

清算人由全体合伙人担任；经全体合伙人过半数同意，可以自合伙企业解散事由出现后十五日内指定一个或者数个合伙人，或者委托第三人，担任清算人。

自合伙企业解散事由出现之日起十五日内未确定清算人的，合伙人或者其他利害关系人可以申请人民法院指定清算人。

第八十七条 清算人在清算期间执行下列事务：

（一）清理合伙企业财产，分别编制资产负债表和财产清单；

（二）处理与清算有关的合伙企业未了结事务；

（三）清缴所欠税款；

（四）清理债权、债务；

（五）处理合伙企业清偿债务后的剩余财产；

（六）代表合伙企业参加诉讼或者仲裁活动。

第八十八条 清算人自被确定之日起十日内将合伙企业解散事项通知债权人，并于六十日内在报纸上公告。债权人应当自接到通知书之日起三十日内，未接到通知书的自公告之日起四十五日内，向清算人申报债权。

债权人申报债权，应当说明债权的有关事项，并提供证明材料。清算人应当对债权进行登记。

清算期间，合伙企业存续，但不得开展与清算无关的经营活动。

第八十九条 合伙企业财产在支付清算费用和职工工资、社会保险费用、法定补偿金以及缴纳所欠税款、清偿债务后的剩余财产，依照本法第三十三条第一款的规定进行分配。

第九十条 清算结束，清算人应当编制清算报告，经全体合伙人签名、盖章后，在十五日内向企业登记机关报送清算报告，申请办理合伙企业注销登记。

第九十一条 合伙企业注销后，原普通合伙人对合伙企业存续期间的债务仍应承担无限连带责任。

第九十二条 合伙企业不能清偿到期债务的，债权人可以依法向人民法院提出破产清算申请，也可以要求普通合伙人清偿。

合伙企业依法被宣告破产的，普通合伙人对合伙企业债务仍应承担无限连带责任。

第五章 法律责任

第九十三条 违反本法规定，提交虚假文件或者采取其他欺骗手段，取得合伙企业登记的，由企业登记机关责令改正，处以五千元以上五万元以下的罚款；情节严重的，撤销企业登记，并处以五万元以上二十万元以下的罚款。

第九十四条 违反本法规定，合伙企业未在其名称中标明“普通合伙”、“特殊普通合伙”或者“有限合伙”字样的，由企业登记机关责令限期改正，处以二千元以上一万元以下的罚款。

第九十五条　违反本法规定,未领取营业执照,而以合伙企业或者合伙企业分支机构名义从事合伙业务的,由企业登记机关责令停止,处以五千元以上五万元以下的罚款。

合伙企业登记事项发生变更时,未依照本法规定办理变更登记的,由企业登记机关责令限期登记;逾期不登记的,处以二千元以上二万元以下的罚款。

合伙企业登记事项发生变更,执行合伙事务的合伙人未按期申请办理变更登记的,应当赔偿由此给合伙企业、其他合伙人或者善意第三人造成的损失。

第九十六条　合伙人执行合伙事务,或者合伙企业从业人员利用职务上的便利,将应当归合伙企业的利益据为己有的,或者采取其他手段侵占合伙企业财产的,应当将该利益和财产退还合伙企业;给合伙企业或者其他合伙人造成损失的,依法承担赔偿责任。

第九十七条　合伙人对本法规定或者合伙协议约定必须经全体合伙人一致同意始得执行的事务擅自处理,给合伙企业或者其他合伙人造成损失的,依法承担赔偿责任。

第九十八条　不具有事务执行权的合伙人擅自执行合伙事务,给合伙企业或者其他合伙人造成损失的,依法承担赔偿责任。

第九十九条　合伙人违反本法规定或者合伙协议的约定,从事与本合伙企业相竞争的业务或者与本合伙企业进行交易的,该收益归合伙企业所有;给合伙企业或者其他合伙人造成损失的,依法承担赔偿责任。

第一百条　清算人未依照本法规定向企业登记机关报送清算报告,或者报送清算报告隐瞒重要事实,或者有重大遗漏的,由企业登记机关责令改正。由此产生的费用和损失,由清算人承担和赔偿。

第一百零一条　清算人执行清算事务,牟取非法收入或者侵占合伙企业财产的,应当将该收入和侵占的财产退还合伙企业;给合伙企业或者其他合伙人造成损失的,依法承担赔偿责任。

第一百零二条　清算人违反本法规定,隐匿、转移合伙企业财产,对资产负债表或者财产清单作虚假记载,或者在未清偿债务前分配财产,损害债权人利益的,依法承担赔偿责任。

第一百零三条　合伙人违反合伙协议的,应当依法承担违约责任。

合伙人履行合伙协议发生争议的,合伙人可以通过协商或者调解解决。不愿通过协商、调解解决或者协商、调解不成的,可以按照合伙协议约定的仲裁条款或者事后达成的书面仲裁协议,向仲裁机构申请仲裁。合伙协议中未订立仲裁条款,事后又没有达成书面仲裁协议的,可以向人民法院起诉。

第一百零四条　有关行政管理机关的工作人员违反本法规定,滥用职权、徇私舞弊、收受贿赂、侵害合伙企业合法权益的,依法给予行政处分。

第一百零五条　违反本法规定,构成犯罪的,依法追究刑事责任。

第一百零六条　违反本法规定,应当承担民事赔偿责任和缴纳罚款、罚金,其财产不足以同时支付的,先承担民事赔偿责任。

第六章　附　　则

第一百零七条　非企业专业服务机构依据有关法律采取合伙制的,其合伙人承担责任的形式可以适用本法关于特殊的普通合伙企业合伙人承担责任的规定。

第一百零八条　外国企业或者个人在中国境内设立合伙企业的管理办法由国务院规定。

第一百零九条　本法自2007年6月1日起施行。

中华人民共和国主席令

（第 54 号）

《中华人民共和国企业破产法》已由中华人民共和国第十届全国人民代表大会常务委员会第二十三次会议于 2006 年 8 月 27 日通过，现予公布，自 2007 年 6 月 1 日起施行。

中华人民共和国主席 胡锦涛

2006 年 8 月 27 日

中华人民共和国企业破产法

（2006 年 8 月 27 日第十届全国人民代表大会常务委员会第二十三次会议通过）

第一章 总 则

第一条 为规范企业破产程序，公平清理债权债务，保护债权人和债务人的合法权益，维护社会主义市场经济秩序，制定本法。

第二条 企业法人不能清偿到期债务，并且资产不足以清偿全部债务或者明显缺乏清偿能力的，依照本法规定清理债务。

企业法人有前款规定情形，或者有明显丧失清偿能力可能的，可以依照本法规定进行重整。

第三条 破产案件由债务人住所地人民法院管辖。

第四条 破产案件审理程序，本法没有规定的，适用民事诉讼法的有关规定。

第五条 依照本法开始的破产程序，对债务人在中华人民共和国领域外的财产发生效力。

对外国法院作出的发生法律效力的破产案件的判决、裁定，涉及债务人在中华人民共和国领域内的财产，申请或者请求人民法院承认和执行的，人民法院依照中华人民共和国缔结或者参加的国际条约，或者按照互惠原则进行审查，认为不违反中华人民共和国法律的基本原则，不损害国家主权、安全和社会公共利益，不损害中华人民共和国领域内债权人的合法权益的，裁定承认和执行。

第六条 人民法院审理破产案件，应当依法保障企业职工的合法权益，依法追究破产企业经营管理人员的法律责任。

第二章　申请和受理

第一节　申　　请

第七条　债务人有本法第二条规定的情形，可以向人民法院提出重整、和解或者破产清算申请。

债务人不能清偿到期债务，债权人可以向人民法院提出对债务人进行重整或者破产清算的申请。

企业法人已解散但未清算或者未清算完毕，资产不足以清偿债务的，依法负有清算责任的人应当向人民法院申请破产清算。

第八条　向人民法院提出破产申请，应当提交破产申请书和有关证据。

破产申请书应当载明下列事项：

（一）申请人、被申请人的基本情况；

（二）申请目的；

（三）申请的事实和理由；

（四）人民法院认为应当载明的其他事项。

债务人提出申请的，还应当向人民法院提交财产状况说明、债务清册、债权清册、有关财务会计报告、职工安置预案以及职工工资的支付和社会保险费用的缴纳情况。

第九条　人民法院受理破产申请前，申请人可以请求撤回申请。

第二节　受　　理

第十条　债权人提出破产申请的，人民法院应当自收到申请之日起五日内通知债务人。债务人对申请有异议的，应当自收到人民法院的通知之日起七日内向人民法院提出。人民法院应当自异议期满之日起十日内裁定是否受理。

除前款规定的情形外，人民法院应当自收到破产申请之日起十五日内裁定是否受理。

有特殊情况需要延长前两款规定的裁定受理期限的，经上一级人民法院批准，可以延长十五日。

第十一条　人民法院受理破产申请的，应当自裁定作出之日起五日内送达申请人。

债权人提出申请的，人民法院应当自裁定作出之日起五日内送达债务人。债务人应当自裁定送达之日起十五日内，向人民法院提交财产状况说明、债务清册、债权清册、有关财务会计报告以及职工工资的支付和社会保险费用的缴纳情况。

第十二条　人民法院裁定不受理破产申请的，应当自裁定作出之日起五日内送达申请人并说明理由。申请人对裁定不服的，可以自裁定送达之日起十日内向上一级人民法院提起上诉。

人民法院受理破产申请后至破产宣告前，经审查发现债务人不符合本法第二条规定情形的，可以裁定驳回申请。申请人对裁定不服的，可以自裁定送达之日起十日内向上一级人民法院提起上诉。

第十三条　人民法院裁定受理破产申请的，应当同时指定管理人。

第十四条　人民法院应当自裁定受理破产申请之日起二十五日内通知已知债权人，并予以公告。

通知和公告应当载明下列事项:

(一)申请人、被申请人的名称或者姓名;

(二)人民法院受理破产申请的时间;

(三)申报债权的期限、地点和注意事项;

(四)管理人的名称或者姓名及其处理事务的地址;

(五)债务人的债务人或者财产持有人应当向管理人清偿债务或者交付财产的要求;

(六)第一次债权人会议召开的时间和地点;

(七)人民法院认为应当通知和公告的其他事项。

第十五条 自人民法院受理破产申请的裁定送达债务人之日起至破产程序终结之日,债务人的有关人员承担下列义务:

(一)妥善保管其占有和管理的财产、印章和账簿、文书等资料;

(二)根据人民法院、管理人的要求进行工作,并如实回答询问;

(三)列席债权人会议并如实回答债权人的询问;

(四)未经人民法院许可,不得离开住所地;

(五)不得新任其他企业的董事、监事、高级管理人员。

前款所称有关人员,是指企业的法定代表人;经人民法院决定,可以包括企业的财务管理人员和其他经营管理人员。

第十六条 人民法院受理破产申请后,债务人对个别债权人的债务清偿无效。

第十七条 人民法院受理破产申请后,债务人的债务人或者财产持有人应当向管理人清偿债务或者交付财产。

债务人的债务人或者财产持有人故意违反前款规定向债务人清偿债务或者交付财产,使债权人受到损失的,不免除其清偿债务或者交付财产的义务。

第十八条 人民法院受理破产申请后,管理人对破产申请受理前成立而债务人和对方当事人均未履行完毕的合同有权决定解除或者继续履行,并通知对方当事人。管理人自破产申请受理之日起二个月内未通知对方当事人,或者自收到对方当事人催告之日起三十日内未答复的,视为解除合同。

管理人决定继续履行合同的,对方当事人应当履行;但是,对方当事人有权要求管理人提供担保。管理人不提供担保的,视为解除合同。

第十九条 人民法院受理破产申请后,有关债务人财产的保全措施应当解除,执行程序应当中止。

第二十条 人民法院受理破产申请后,已经开始而尚未终结的有关债务人的民事诉讼或者仲裁应当中止;在管理人接管债务人的财产后,该诉讼或者仲裁继续进行。

第二十一条 人民法院受理破产申请后,有关债务人的民事诉讼,只能向受理破产申请的人民法院提起。

第三章 管 理 人

第二十二条 管理人由人民法院指定。

债权人会议认为管理人不能依法、公正执行职务或者有其他不能胜任职务情形的,可以申请人民法院予以更换。

指定管理人和确定管理人报酬的办法,由最高人民法院规定。

第二十三条　管理人依照本法规定执行职务,向人民法院报告工作,并接受债权人会议和债权人委员会的监督。

管理人应当列席债权人会议,向债权人会议报告职务执行情况,并回答询问。

第二十四条　管理人可以由有关部门、机构的人员组成的清算组或者依法设立的律师事务所、会计师事务所、破产清算事务所等社会中介机构担任。

人民法院根据债务人的实际情况,可以在征询有关社会中介机构的意见后,指定该机构具备相关专业知识并取得执业资格的人员担任管理人。

有下列情形之一的,不得担任管理人:

(一)因故意犯罪受过刑事处罚;

(二)曾被吊销相关专业执业证书;

(三)与本案有利害关系;

(四)人民法院认为不宜担任管理人的其他情形。

个人担任管理人的,应当参加执业责任保险。

第二十五条　管理人履行下列职责:

(一)接管债务人的财产、印章和账簿、文书等资料;

(二)调查债务人财产状况,制作财产状况报告;

(三)决定债务人的内部管理事务;

(四)决定债务人的日常开支和其他必要开支;

(五)在第一次债权人会议召开之前,决定继续或者停止债务人的营业;

(六)管理和处分债务人的财产;

(七)代表债务人参加诉讼、仲裁或者其他法律程序;

(八)提议召开债权人会议;

(九)人民法院认为管理人应当履行的其他职责。

本法对管理人的职责另有规定的,适用其规定。

第二十六条　在第一次债权人会议召开之前,管理人决定继续或者停止债务人的营业或者有本法第六十九条规定行为之一的,应当经人民法院许可。

第二十七条　管理人应当勤勉尽责,忠实执行职务。

第二十八条　管理人经人民法院许可,可以聘用必要的工作人员。

管理人的报酬由人民法院确定。债权人会议对管理人的报酬有异议的,有权向人民法院提出。

第二十九条　管理人没有正当理由不得辞去职务。管理人辞去职务应当经人民法院许可。

第四章　债务人财产

第三十条　破产申请受理时属于债务人的全部财产,以及破产申请受理后至破产程序终结前债务人取得的财产,为债务人财产。

第三十一条　人民法院受理破产申请前一年内,涉及债务人财产的下列行为,管理人有权请求人民法院予以撤销：

（一）无偿转让财产的；

（二）以明显不合理的价格进行交易的；

（三）对没有财产担保的债务提供财产担保的；

（四）对未到期的债务提前清偿的；

（五）放弃债权的。

第三十二条 人民法院受理破产申请前六个月内，债务人有本法第二条第一款规定的情形，仍对个别债权人进行清偿的，管理人有权请求人民法院予以撤销。但是，个别清偿使债务人财产受益的除外。

第三十三条 涉及债务人财产的下列行为无效：

（一）为逃避债务而隐匿、转移财产的；

（二）虚构债务或者承认不真实的债务的。

第三十四条 因本法第三十一条、第三十二条或者第三十三条规定的行为而取得的债务人的财产，管理人有权追回。

第三十五条 人民法院受理破产申请后，债务人的出资人尚未完全履行出资义务的，管理人应当要求该出资人缴纳所认缴的出资，而不受出资期限的限制。

第三十六条 债务人的董事、监事和高级管理人员利用职权从企业获取的非正常收入和侵占的企业财产，管理人应当追回。

第三十七条 人民法院受理破产申请后，管理人可以通过清偿债务或者提供为债权人接受的担保，取回质物、留置物。

前款规定的债务清偿或者替代担保，在质物或者留置物的价值低于被担保的债权额时，以该质物或者留置物当时的市场价值为限。

第三十八条 人民法院受理破产申请后，债务人占有的不属于债务人的财产，该财产的权利人可以通过管理人取回。但是，本法另有规定的除外。

第三十九条 人民法院受理破产申请时，出卖人已将买卖标的物向作为买受人的债务人发运，债务人尚未收到且未付清全部价款的，出卖人可以取回在运途中的标的物。但是，管理人可以支付全部价款，请求出卖人交付标的物。

第四十条 债权人在破产申请受理前对债务人负有债务的，可以向管理人主张抵销。但是，有下列情形之一的，不得抵销：

（一）债务人的债务人在破产申请受理后取得他人对债务人的债权的；

（二）债权人已知债务人有不能清偿到期债务或者破产申请的事实，对债务人负担债务的；但是，债权人因为法律规定或者有破产申请一年前所发生的原因而负担债务的除外；

（三）债务人的债务人已知债务人有不能清偿到期债务或者破产申请的事实，对债务人取得债权的；但是，债务人的债务人因为法律规定或者有破产申请一年前所发生的原因而取得债权的除外。

第五章　破产费用和共益债务

第四十一条 人民法院受理破产申请后发生的下列费用，为破产费用：

（一）破产案件的诉讼费用；

(二)管理、变价和分配债务人财产的费用;

(三)管理人执行职务的费用、报酬和聘用工作人员的费用。

第四十二条　人民法院受理破产申请后发生的下列债务,为共益债务:

(一)因管理人或者债务人请求对方当事人履行双方均未履行完毕的合同所产生的债务;

(二)债务人财产受无因管理所产生的债务;

(三)因债务人不当得利所产生的债务;

(四)为债务人继续营业而应支付的劳动报酬和社会保险费用以及由此产生的其他债务;

(五)管理人或者相关人员执行职务致人损害所产生的债务;

(六)债务人财产致人损害所产生的债务。

第四十三条　破产费用和共益债务由债务人财产随时清偿。

债务人财产不足以清偿所有破产费用和共益债务的,先行清偿破产费用。

债务人财产不足以清偿所有破产费用或者共益债务的,按照比例清偿。

债务人财产不足以清偿破产费用的,管理人应当提请人民法院终结破产程序。人民法院应当自收到请求之日起十五日内裁定终结破产程序,并予以公告。

第六章　债权申报

第四十四条　人民法院受理破产申请时对债务人享有债权的债权人,依照本法规定的程序行使权利。

第四十五条　人民法院受理破产申请后,应当确定债权人申报债权的期限。债权申报期限自人民法院发布受理破产申请公告之日起计算,最短不得少于三十日,最长不得超过三个月。

第四十六条　未到期的债权,在破产申请受理时视为到期。

附利息的债权自破产申请受理时起停止计息。

第四十七条　附条件、附期限的债权和诉讼、仲裁未决的债权,债权人可以申报。

第四十八条　债权人应当在人民法院确定的债权申报期限内向管理人申报债权。

债务人所欠职工的工资和医疗、伤残补助、抚恤费用,所欠的应当划入职工个人账户的基本养老保险、基本医疗保险费用,以及法律、行政法规规定应当支付给职工的补偿金,不必申报,由管理人调查后列出清单并予以公示。职工对清单记载有异议的,可以要求管理人更正;管理人不予更正的,职工可以向人民法院提起诉讼。

第四十九条　债权人申报债权时,应当书面说明债权的数额和有无财产担保,并提交有关证据。申报的债权是连带债权的,应当说明。

第五十条　连带债权人可以由其中一人代表全体连带债权人申报债权,也可以共同申报债权。

第五十一条　债务人的保证人或者其他连带债务人已经代替债务人清偿债务的,以其对债务人的求偿权申报债权。

债务人的保证人或者其他连带债务人尚未代替债务人清偿债务的,以其对债务人的将来求偿权申报债权。但是,债权人已经向管理人申报全部债权的除外。

第五十二条　连带债务人数人被裁定适用本法规定的程序的,其债权人有权就全部债权分别在各破产案件中申报债权。

第五十三条 管理人或者债务人依照本法规定解除合同的，对方当事人以因合同解除所产生的损害赔偿请求权申报债权。

第五十四条 债务人是委托合同的委托人，被裁定适用本法规定的程序，受托人不知该事实，继续处理委托事务的，受托人以由此产生的请求权申报债权。

第五十五条 债务人是票据的出票人，被裁定适用本法规定的程序，该票据的付款人继续付款或者承兑的，付款人以由此产生的请求权申报债权。

第五十六条 在人民法院确定的债权申报期限内，债权人未申报债权的，可以在破产财产最后分配前补充申报；但是，此前已进行的分配，不再对其补充分配。为审查和确认补充申报债权的费用，由补充申报人承担。

债权人未依照本法规定申报债权的，不得依照本法规定的程序行使权利。

第五十七条 管理人收到债权申报材料后，应当登记造册，对申报的债权进行审查，并编制债权表。

债权表和债权申报材料由管理人保存，供利害关系人查阅。

第五十八条 依照本法第五十七条规定编制的债权表，应当提交第一次债权人会议核查。

债务人、债权人对债权表记载的债权无异议的，由人民法院裁定确认。

债务人、债权人对债权表记载的债权有异议的，可以向受理破产申请的人民法院提起诉讼。

第七章 债权人会议

第一节 一般规定

第五十九条 依法申报债权的债权人为债权人会议的成员，有权参加债权人会议，享有表决权。

债权尚未确定的债权人，除人民法院能够为其行使表决权而临时确定债权额的外，不得行使表决权。

对债务人的特定财产享有担保权的债权人，未放弃优先受偿权利的，对于本法第六十一条第一款第七项、第十项规定的事项不享有表决权。

债权人可以委托代理人出席债权人会议，行使表决权。代理人出席债权人会议，应当向人民法院或者债权人会议主席提交债权人的授权委托书。

债权人会议应当有债务人的职工和工会的代表参加，对有关事项发表意见。

第六十条 债权人会议设主席一人，由人民法院从有表决权的债权人中指定。

债权人会议主席主持债权人会议。

第六十一条 债权人会议行使下列职权：

（一）核查债权；

（二）申请人民法院更换管理人，审查管理人的费用和报酬；

（三）监督管理人；

（四）选任和更换债权人委员会成员；

（五）决定继续或者停止债务人的营业；

（六）通过重整计划；

（七）通过和解协议；

（八）通过债务人财产的管理方案；

（九）通过破产财产的变价方案；

（十）通过破产财产的分配方案；

（十一）人民法院认为应当由债权人会议行使的其他职权。

债权人会议应当对所议事项的决议作成会议记录。

第六十二条　第一次债权人会议由人民法院召集，自债权申报期限届满之日起十五日内召开。

以后的债权人会议，在人民法院认为必要时，或者管理人、债权人委员会、占债权总额四分之一以上的债权人向债权人会议主席提议时召开。

第六十三条　召开债权人会议，管理人应当提前十五日通知已知的债权人。

第六十四条　债权人会议的决议，由出席会议的有表决权的债权人过半数通过，并且其所代表的债权额占无财产担保债权总额的二分之一以上。但是，本法另有规定的除外。

债权人认为债权人会议的决议违反法律规定，损害其利益的，可以自债权人会议作出决议之日起十五日内，请求人民法院裁定撤销该决议，责令债权人会议依法重新作出决议。

债权人会议的决议，对于全体债权人均有约束力。

第六十五条　本法第六十一条第一款第八项、第九项所列事项，经债权人会议表决未通过的，由人民法院裁定。

本法第六十一条第一款第十项所列事项，经债权人会议二次表决仍未通过的，由人民法院裁定。

对前两款规定的裁定，人民法院可以在债权人会议上宣布或者另行通知债权人。

第六十六条　债权人对人民法院依照本法第六十五条第一款作出的裁定不服的，债权额占无财产担保债权总额二分之一以上的债权人对人民法院依照本法第六十五条第二款作出的裁定不服的，可以自裁定宣布之日或者收到通知之日起十五日内向该人民法院申请复议。复议期间不停止裁定的执行。

第二节　债权人委员会

第六十七条　债权人会议可以决定设立债权人委员会。债权人委员会由债权人会议选任的债权人代表和一名债务人的职工代表或者工会代表组成。债权人委员会成员不得超过九人。

债权人委员会成员应当经人民法院书面决定认可。

第六十八条　债权人委员会行使下列职权：

（一）监督债务人财产的管理和处分；

（二）监督破产财产分配；

（三）提议召开债权人会议；

（四）债权人会议委托的其他职权。

债权人委员会执行职务时，有权要求管理人、债务人的有关人员对其职权范围内的事务作出说明或者提供有关文件。

管理人、债务人的有关人员违反本法规定拒绝接受监督的，债权人委员会有权就监督事项请求人民法院作出决定；人民法院应当在五日内作出决定。

第六十九条 管理人实施下列行为，应当及时报告债权人委员会：

（一）涉及土地、房屋等不动产权益的转让；

（二）探矿权、采矿权、知识产权等财产权的转让；

（三）全部库存或者营业的转让；

（四）借款；

（五）设定财产担保；

（六）债权和有价证券的转让；

（七）履行债务人和对方当事人均未履行完毕的合同；

（八）放弃权利；

（九）担保物的取回；

（十）对债权人利益有重大影响的其他财产处分行为。

未设立债权人委员会的，管理人实施前款规定的行为应当及时报告人民法院。

第八章 重　整

第一节 重整申请和重整期间

第七十条 债务人或者债权人可以依照本法规定，直接向人民法院申请对债务人进行重整。

债权人申请对债务人进行破产清算的，在人民法院受理破产申请后、宣告债务人破产前，债务人或者出资额占债务人注册资本十分之一以上的出资人，可以向人民法院申请重整。

第七十一条 人民法院经审查认为重整申请符合本法规定的，应当裁定债务人重整，并予以公告。

第七十二条 自人民法院裁定债务人重整之日起至重整程序终止，为重整期间。

第七十三条 在重整期间，经债务人申请，人民法院批准，债务人可以在管理人的监督下自行管理财产和营业事务。

有前款规定情形的，依照本法规定已接管债务人财产和营业事务的管理人应当向债务人移交财产和营业事务，本法规定的管理人的职权由债务人行使。

第七十四条 管理人负责管理财产和营业事务的，可以聘任债务人的经营管理人员负责营业事务。

第七十五条 在重整期间，对债务人的特定财产享有的担保权暂停行使。但是，担保物有损坏或者价值明显减少的可能，足以危害担保权人权利的，担保权人可以向人民法院请求恢复行使担保权。

在重整期间，债务人或者管理人为继续营业而借款的，可以为该借款设定担保。

第七十六条 债务人合法占有的他人财产，该财产的权利人在重整期间要求取回的，应当符合事先约定的条件。

第七十七条 在重整期间，债务人的出资人不得请求投资收益分配。

在重整期间，债务人的董事、监事、高级管理人员不得向第三人转让其持有的债务人的股权。但是，经人民法院同意的除外。

第七十八条 在重整期间，有下列情形之一的，经管理人或者利害关系人请求，人民法院应当裁定终止重整程序，并宣告债务人破产：

（一）债务人的经营状况和财产状况继续恶化，缺乏挽救的可能性；

（二）债务人有欺诈、恶意减少债务人财产或者其他显著不利于债权人的行为；

（三）由于债务人的行为致使管理人无法执行职务。

第二节　重整计划的制定和批准

第七十九条　债务人或者管理人应当自人民法院裁定债务人重整之日起六个月内，同时向人民法院和债权人会议提交重整计划草案。

前款规定的期限届满，经债务人或者管理人请求，有正当理由的，人民法院可以裁定延期三个月。

债务人或者管理人未按期提出重整计划草案的，人民法院应当裁定终止重整程序，并宣告债务人破产。

第八十条　债务人自行管理财产和营业事务的，由债务人制作重整计划草案。

管理人负责管理财产和营业事务的，由管理人制作重整计划草案。

第八十一条　重整计划草案应当包括下列内容：

（一）债务人的经营方案；

（二）债权分类；

（三）债权调整方案；

（四）债权受偿方案；

（五）重整计划的执行期限；

（六）重整计划执行的监督期限；

（七）有利于债务人重整的其他方案。

第八十二条　下列各类债权的债权人参加讨论重整计划草案的债权人会议，依照下列债权分类，分组对重整计划草案进行表决：

（一）对债务人的特定财产享有担保权的债权；

（二）债务人所欠职工的工资和医疗、伤残补助、抚恤费用，所欠的应当划入职工个人账户的基本养老保险、基本医疗保险费用，以及法律、行政法规规定应当支付给职工的补偿金；

（三）债务人所欠税款；

（四）普通债权。

人民法院在必要时可以决定在普通债权组中设小额债权组对重整计划草案进行表决。

第八十三条　重整计划不得规定减免债务人欠缴的本法第八十二条第一款第二项规定以外的社会保险费用；该项费用的债权人不参加重整计划草案的表决。

第八十四条　人民法院应当自收到重整计划草案之日起三十日内召开债权人会议，对重整计划草案进行表决。

出席会议的同一表决组的债权人过半数同意重整计划草案，并且其所代表的债权额占该组债权总额的三分之二以上的，即为该组通过重整计划草案。

债务人或者管理人应当向债权人会议就重整计划草案作出说明，并回答询问。

第八十五条　债务人的出资人代表可以列席讨论重整计划草案的债权人会议。

重整计划草案涉及出资人权益调整事项的，应当设出资人组，对该事项进行表决。

第八十六条　各表决组均通过重整计划草案时，重整计划即为通过。

自重整计划通过之日起十日内，债务人或者管理人应当向人民法院提出批准重整计划的申请。人民法院经审查认为符合本法规定的，应当自收到申请之日起三十日内裁定批准，终止重整程序，并予以公告。

第八十七条 部分表决组未通过重整计划草案的，债务人或者管理人可以同未通过重整计划草案的表决组协商。该表决组可以在协商后再表决一次。双方协商的结果不得损害其他表决组的利益。

未通过重整计划草案的表决组拒绝再次表决或者再次表决仍未通过重整计划草案，但重整计划草案符合下列条件的，债务人或者管理人可以申请人民法院批准重整计划草案：

（一）按照重整计划草案，本法第八十二条第一款第一项所列债权就该特定财产将获得全额清偿，其因延期清偿所受的损失将得到公平补偿，并且其担保权未受到实质性损害，或者该表决组已经通过重整计划草案；

（二）按照重整计划草案，本法第八十二条第一款第二项、第三项所列债权将获得全额清偿，或者相应表决组已经通过重整计划草案；

（三）按照重整计划草案，普通债权所获得的清偿比例，不低于其在重整计划草案被提请批准时依照破产清算程序所能获得的清偿比例，或者该表决组已经通过重整计划草案；

（四）重整计划草案对出资人权益的调整公平、公正，或者出资人组已经通过重整计划草案；

（五）重整计划草案公平对待同一表决组的成员，并且所规定的债权清偿顺序不违反本法第一百一十三条的规定；

（六）债务人的经营方案具有可行性。

人民法院经审查认为重整计划草案符合前款规定的，应当自收到申请之日起三十日内裁定批准，终止重整程序，并予以公告。

第八十八条 重整计划草案未获得通过且未依照本法第八十七条的规定获得批准，或者已通过的重整计划未获得批准的，人民法院应当裁定终止重整程序，并宣告债务人破产。

第三节 重整计划的执行

第八十九条 重整计划由债务人负责执行。

人民法院裁定批准重整计划后，已接管财产和营业事务的管理人应当向债务人移交财产和营业事务。

第九十条 自人民法院裁定批准重整计划之日起，在重整计划规定的监督期内，由管理人监督重整计划的执行。

在监督期内，债务人应当向管理人报告重整计划执行情况和债务人财务状况。

第九十一条 监督期届满时，管理人应当向人民法院提交监督报告。自监督报告提交之日起，管理人的监督职责终止。

管理人向人民法院提交的监督报告，重整计划的利害关系人有权查阅。

经管理人申请，人民法院可以裁定延长重整计划执行的监督期限。

第九十二条 经人民法院裁定批准的重整计划，对债务人和全体债权人均有约束力。

债权人未依照本法规定申报债权的，在重整计划执行期间不得行使权利；在重整计划执行完毕后，可以按照重整计划规定的同类债权的清偿条件行使权利。

债权人对债务人的保证人和其他连带债务人所享有的权利，不受重整计划的影响。

第九十三条 债务人不能执行或者不执行重整计划的,人民法院经管理人或者利害关系人请求,应当裁定终止重整计划的执行,并宣告债务人破产。

人民法院裁定终止重整计划执行的,债权人在重整计划中作出的债权调整的承诺失去效力。债权人因执行重整计划所受的清偿仍然有效,债权未受清偿的部分作为破产债权。

前款规定的债权人,只有在其他同顺位债权人同自己所受的清偿达到同一比例时,才能继续接受分配。

有本条第一款规定情形的,为重整计划的执行提供的担保继续有效。

第九十四条 按照重整计划减免的债务,自重整计划执行完毕时起,债务人不再承担清偿责任。

第九章 和 解

第九十五条 债务人可以依照本法规定,直接向人民法院申请和解;也可以在人民法院受理破产申请后、宣告债务人破产前,向人民法院申请和解。

债务人申请和解,应当提出和解协议草案。

第九十六条 人民法院经审查认为和解申请符合本法规定的,应当裁定和解,予以公告,并召集债权人会议讨论和解协议草案。

对债务人的特定财产享有担保权的权利人,自人民法院裁定和解之日起可以行使权利。

第九十七条 债权人会议通过和解协议的决议,由出席会议的有表决权的债权人过半数同意,并且其所代表的债权额占无财产担保债权总额的三分之二以上。

第九十八条 债权人会议通过和解协议的,由人民法院裁定认可,终止和解程序,并予以公告。管理人应当向债务人移交财产和营业事务,并向人民法院提交执行职务的报告。

第九十九条 和解协议草案经债权人会议表决未获得通过,或者已经债权人会议通过的和解协议未获得人民法院认可的,人民法院应当裁定终止和解程序,并宣告债务人破产。

第一百条 经人民法院裁定认可的和解协议,对债务人和全体和解债权人均有约束力。

和解债权人是指人民法院受理破产申请时对债务人享有无财产担保债权的人。

和解债权人未依照本法规定申报债权的,在和解协议执行期间不得行使权利;在和解协议执行完毕后,可以按照和解协议规定的清偿条件行使权利。

第一百零一条 和解债权人对债务人的保证人和其他连带债务人所享有的权利,不受和解协议的影响。

第一百零二条 债务人应当按照和解协议规定的条件清偿债务。

第一百零三条 因债务人的欺诈或者其他违法行为而成立的和解协议,人民法院应当裁定无效,并宣告债务人破产。

有前款规定情形的,和解债权人因执行和解协议所受的清偿,在其他债权人所受清偿同等比例的范围内,不予返还。

第一百零四条 债务人不能执行或者不执行和解协议的,人民法院经和解债权人请求,应当裁定终止和解协议的执行,并宣告债务人破产。

人民法院裁定终止和解协议执行的,和解债权人在和解协议中作出的债权调整的承诺失去效力。和解债权人因执行和解协议所受的清偿仍然有效,和解债权未受清偿的部分作为破产债权。

前款规定的债权人,只有在其他债权人同自己所受的清偿达到同一比例时,才能继续接受分配。

有本条第一款规定情形的,为和解协议的执行提供的担保继续有效。

第一百零五条 人民法院受理破产申请后,债务人与全体债权人就债权债务的处理自行达成协议的,可以请求人民法院裁定认可,并终结破产程序。

第一百零六条 按照和解协议减免的债务,自和解协议执行完毕时起,债务人不再承担清偿责任。

第十章 破产清算

第一节 破产宣告

第一百零七条 人民法院依照本法规定宣告债务人破产的,应当自裁定作出之日起五日内送达债务人和管理人,自裁定作出之日起十日内通知已知债权人,并予以公告。

债务人被宣告破产后,债务人称为破产人,债务人财产称为破产财产,人民法院受理破产申请时对债务人享有的债权称为破产债权。

第一百零八条 破产宣告前,有下列情形之一的,人民法院应当裁定终结破产程序,并予以公告:

(一)第三人为债务人提供足额担保或者为债务人清偿全部到期债务的;

(二)债务人已清偿全部到期债务的。

第一百零九条 对破产人的特定财产享有担保权的权利人,对该特定财产享有优先受偿的权利。

第一百一十条 享有本法第一百零九条规定权利的债权人行使优先受偿权利未能完全受偿的,其未受偿的债权作为普通债权;放弃优先受偿权利的,其债权作为普通债权。

第二节 变价和分配

第一百一十一条 管理人应当及时拟订破产财产变价方案,提交债权人会议讨论。

管理人应当按照债权人会议通过的或者人民法院依照本法第六十五条第一款规定裁定的破产财产变价方案,适时变价出售破产财产。

第一百一十二条 变价出售破产财产应当通过拍卖进行。但是,债权人会议另有决议的除外。

破产企业可以全部或者部分变价出售。企业变价出售时,可以将其中的无形资产和其他财产单独变价出售。

按照国家规定不能拍卖或者限制转让的财产,应当按照国家规定的方式处理。

第一百一十三条 破产财产在优先清偿破产费用和共益债务后,依照下列顺序清偿:

(一)破产人所欠职工的工资和医疗、伤残补助、抚恤费用,所欠的应当划入职工个人账户的基本养老保险、基本医疗保险费用,以及法律、行政法规规定应当支付给职工的补偿金;

(二)破产人欠缴的除前项规定以外的社会保险费用和破产人所欠税款;

(三)普通破产债权。

破产财产不足以清偿同一顺序的清偿要求的,按照比例分配。

破产企业的董事、监事和高级管理人员的工资按照该企业职工的平均工资计算。

第一百一十四条　破产财产的分配应当以货币分配方式进行。但是,债权人会议另有决议的除外。

第一百一十五条　管理人应当及时拟订破产财产分配方案,提交债权人会议讨论。

破产财产分配方案应当载明下列事项:

(一)参加破产财产分配的债权人名称或者姓名、住所;

(二)参加破产财产分配的债权额;

(三)可供分配的破产财产数额;

(四)破产财产分配的顺序、比例及数额;

(五)实施破产财产分配的方法。

债务人会议通过破产财产分配方案后,由管理人将该方案提请人民法院裁定认可。

第一百一十六条　破产财产分配方案经人民法院裁定认可后,由管理人执行。

管理人按照破产财产分配方案实施多次分配的,应当公告本次分配的财产额和债权额。管理人实施最后分配的,应当在公告中指明,并载明本法第一百一十七条第二款规定的事项。

第一百一十七条　对于附生效条件或者解除条件的债权,管理人应当将其分配额提存。

管理人依照前款规定提存的分配额,在最后分配公告日,生效条件未成就或者解除条件成就的,应当分配给其他债权人;在最后分配公告日,生效条件成就或者解除条件未成就的,应当交付给债权人。

第一百一十八条　债权人未受领的破产财产分配额,管理人应当提存。债权人自最后分配公告之日起满二个月仍不领取的,视为放弃受领分配的权利,管理人或者人民法院应当将提存的分配额分配给其他债权人。

第一百一十九条　破产财产分配时,对于诉讼或者仲裁未决的债权,管理人应当将其分配额提存。自破产程序终结之日起满二年仍不能受领分配的,人民法院应当将提存的分配额分配给其他债权人。

第三节　破产程序的终结

第一百二十条　破产人无财产可供分配的,管理人应当请求人民法院裁定终结破产程序。

管理人在最后分配完结后,应当及时向人民法院提交破产财产分配报告,并提请人民法院裁定终结破产程序。

人民法院应当自收到管理人终结破产程序的请求之日起十五日内作出是否终结破产程序的裁定。裁定终结的,应当予以公告。

第一百二十一条　管理人应当自破产程序终结之日起十日内,持人民法院终结破产程序的裁定,向破产人的原登记机关办理注销登记。

第一百二十二条　管理人于办理注销登记完毕的次日终止执行职务。但是,存在诉讼或者仲裁未决情况的除外。

第一百二十三条　自破产程序依照本法第四十三条第四款或者第一百二十条的规定终结之日起二年内,有下列情形之一的,债权人可以请求人民法院按照破产财产分配方案进行追加分配:

(一)发现有依照本法第三十一条、第三十二条、第三十三条、第三十六条规定应当追回的财产的;

（二）发现破产人有应当供分配的其他财产的。

有前款规定情形，但财产数量不足以支付分配费用的，不再进行追加分配，由人民法院将其上交国库。

第一百二十四条 破产人的保证人和其他连带债务人，在破产程序终结后，对债权人依照破产清算程序未受清偿的债权，依法继续承担清偿责任。

第十一章 法律责任

第一百二十五条 企业董事、监事或者高级管理人员违反忠实义务、勤勉义务，致使所在企业破产的，依法承担民事责任。

有前款规定情形的人员，自破产程序终结之日起三年内不得担任任何企业的董事、监事、高级管理人员。

第一百二十六条 有义务列席债权人会议的债务人的有关人员，经人民法院传唤，无正当理由拒不列席债权人会议的，人民法院可以拘传，并依法处以罚款。债务人的有关人员违反本法规定，拒不陈述、回答，或者作虚假陈述、回答的，人民法院可以依法处以罚款。

第一百二十七条 债务人违反本法规定，拒不向人民法院提交或者提交不真实的财产状况说明、债务清册、债权清册、有关财务会计报告以及职工工资的支付情况和社会保险费用的缴纳情况的，人民法院可以对直接责任人员依法处以罚款。

债务人违反本法规定，拒不向管理人移交财产、印章和账簿、文书等资料的，或者伪造、销毁有关财产证据材料而使财产状况不明的，人民法院可以对直接责任人员依法处以罚款。

第一百二十八条 债务人有本法第三十一条、第三十二条、第三十三条规定的行为，损害债权人利益的，债务人的法定代表人和其他直接责任人员依法承担赔偿责任。

第一百二十九条 债务人的有关人员违反本法规定，擅自离开住所地的，人民法院可以予以训诫、拘留，可以依法并处罚款。

第一百三十条 管理人未依照本法规定勤勉尽责，忠实执行职务的，人民法院可以依法处以罚款；给债权人、债务人或者第三人造成损失的，依法承担赔偿责任。

第一百三十一条 违反本法规定，构成犯罪的，依法追究刑事责任。

第十二章 附 则

第一百三十二条 本法施行后，破产人在本法公布之日前所欠职工的工资和医疗、伤残补助、抚恤费用，所欠的应当划入职工个人账户的基本养老保险、基本医疗保险费用，以及法律、行政法规规定应当支付给职工的补偿金，依照本法第一百一十三条的规定清偿后不足以清偿的部分，以本法第一百零九条规定的特定财产优先于对该特定财产享有担保权的权利人受偿。

第一百三十三条 在本法施行前国务院规定的期限和范围内的国有企业实施破产的特殊事宜，按照国务院有关规定办理。

第一百三十四条 商业银行、证券公司、保险公司等金融机构有本法第二条规定情形的，国务院金融监督管理机构可以向人民法院提出对该金融机构进行重整或者破产清算的申请。国务院金融监督管理机构依法对出现重大经营风险的金融机构采取接管、托管等措施的，可以向人民法院申请中止以该金融机构为被告或者被执行人的民事诉讼程序或者执行程序。

金融机构实施破产的，国务院可以依据本法和其他有关法律的规定制定实施办法。

第一百三十五条　其他法律规定企业法人以外的组织的清算，属于破产清算的，参照适用本法规定的程序。

第一百三十六条　本法自2007年6月1日起施行，《中华人民共和国企业破产法（试行）》同时废止。

第 二 部 分

行政法规及法规性文件

部门规章及其他规范性文件

一、地 籍 管 理

1. 行政法规及法规性文件

国务院关于开展第二次全国土地调查的通知

(国发〔2006〕38 号 2006 年 12 月 7 日)

各省、自治区、直辖市人民政府,国务院各部委、各直属机构:

根据《中华人民共和国土地管理法》和《国务院关于深化改革严格土地管理的决定》(国发〔2004〕28 号)的有关规定,国务院决定自 2007 年 7 月 1 日起开展第二次全国土地调查。现将有关事项通知如下:

一、调查的目的和意义

土地调查是我国法定的一项重要制度,是全面查实查清土地资源的重要手段。第二次全国土地调查作为一项重大的国情国力调查,目的是全面查清目前全国土地利用状况,掌握真实的土地基础数据,建立和完善土地调查、统计和登记制度,实现土地资源信息的社会化服务,满足经济社会发展及国土资源管理的需要。

搞好第二次土地调查,掌握真实准确的土地数据,是全面贯彻落实科学发展观,建设资源节约型、环境友好型社会,促进经济社会全面协调可持续发展的客观要求;是推进城乡统筹发展,保障国家粮食安全和促进社会稳定、保护农民利益等工作的重要内容;是编制国民经济和社会发展规划,加强国民经济宏观调控,实施科学决策的重要依据;是贯彻落实国务院关于深化改革严格土地管理的决定,提高政府依法行政能力和国土资源管理水平的迫切需要;是科学规划、合理利用、有效保护国土资源和实施最严格耕地保护制度的根本手段。

二、调查内容和时间进度

(一)调查内容。第二次全国土地调查的主要内容包括:在全国范围内利用遥感等先进技术,以正摄影像图为基础,逐地块实地调查土地的地类和面积,掌握全国耕地、园地、林地、工业用地、基础设施用地、金融商业服务、开发园区、房地产以及未利用土地等各类用地的分布和利用状况;逐地块调查全国城乡各类土地的所有权和使用权状况,掌握国有土地使用权和农村集体土地所有权状况;调查全国基本农田的数量、分布和保护状况,对每一块基本农田上图、登记、造册;建立互联共享的覆盖国家、省、市(地)、县四级的集影像、图形、地类、面积和权属为一体的土地调查数据库;建立土地资源变化信息的调查统计、及时监测与快速更新机制。

(二)时间进度。第二次全国土地调查由国家统一部署,分步实施,重点和急需地区优先进行。2007 年 1 月至 6 月开展本次调查的有关准备工作,完成调查方案编制、技术规范制订以及试点、培训和宣传等工作,全面部署第二次全国土地调查。2007 年 7 月至 2009 年 6 月,各地组织开展调查和数据库建设。其中,至2008年上半年基本完成东部地区调查;至2008年年底基本完成中部地区及西部重点城市调查;至2009年上半年,完成全国调查工作。2009年下半年,各地对调查成果进行整理,并以2009年10月31日为调查的标准时点,统一进行变更调查数据更新,向国土资源部汇交成果,由国土资源部汇总形成第二次全国土地调查基本数据。调查进程中形成的调查成果,可随时用于宏观调控和严格土地管理。

2010年以后,全国每年进行一次土地变更调查,保持调查成果的现势性。

三、调查的组织实施

(一)加强领导。国务院成立第二次全国土地调查领导小组,负责调查工作的组织和领导,协调解决重大问题。领导小组办公室设在国土资源部,负责调查工作的日常组织和具体协调。对调查工作中遇到的困难和问题,要及时采取措施,切实予以解决。其中,涉及调查业务指导和检查由国土资源部牵头负责;涉及调查经费和物资保障方面的工作,由发展改革委和财政部负责协调;涉及数据统计和分析方面的工作,由国土资源部会同国家统计局负责处理。其他有关部门要各司其职、各负其责、通力协作、密切配合。

地方各级人民政府要成立相应的调查领导小组及其办公室,负责本地区调查工作的组织和实施。要积极吸收有资质的调查机构参与本次调查工作,及时根据调查工作的特点和要求,做好调查人员的培训和组织工作。各级财政部门在调查经费上要给予保证。

(二)明确分工。调查工作按照"国家整体控制、地方细化调查、各级优势互补、分级负责实施"的形式组织实施。国家统一购置航空、航天遥感资料,统一制作调查基础图件;地方政府负责组织专业队伍在国家提供的基础图件基础上,深入实地,细化调查。国家组织开展逐地块全面的内业检查和重点地区、重点地类的外业核查。

(三)制定方案。国土资源部要会同有关部门制定全国土地调查总体方案和技术规程。各地要按照国家统一要求,根据本地区的土地利用特点,编制土地调查实施方案,制订土地调查的实施细则。各省、自治区、直辖市以及计划单列市的土地调查方案须报国土资源部批准。各地应加强对承担调查任务的队伍资质审查和调查人员的培训。通过资质审查的队伍和经培训且考试合格的人员,方可承担调查任务。本次调查要采取招投标方式确定承担单位,以合同方式规范调查行为。

(四)落实经费。土地调查经费由中央财政和地方财政按承担的工作任务共同分担。各地应多方筹措,统筹安排,列入各级财政预算,保证土地调查的顺利进行。

(五)确保质量。地方各级人民政府要对本地区的调查成果质量负责,切实保证调查成果真实、准确,严禁弄虚作假和篡改调查成果。对虚报、瞒报土地调查数据的,一经发现,将按照《中华人民共和国统计法》等有关法律法规的规定追究相关人员的责任。

(六)严格验收。各地要采取切实的保证措施,严格验收制度,确保土地调查的数据、图件与实地三者一致。调查结束后,逐级汇总上报调查成果。省级国土资源主管部门负责组织验收县级调查成果;国土资源部负责对省级汇总成果进行验收。对调查中发现的违法违规用地行为,要依法予以查处和纠正。第二次全国土地调查基本数据,经国务院批准后,向社会公布。

附件:

国务院第二次全国土地调查领导小组人员名单

组　长:曾培炎　国务院副总理

副组长:孙文盛　国土资源部部长

张　平　国务院副秘书长
成　员:杜　鹰　发展改革委副主任
罗平飞　民政部副部长
朱志刚　财政部副部长
贠小苏　国土资源部副部长
陈晓丽　建设部总规划师
矫　勇　水利部副部长
牛　盾　农业部副部长
吴晓青　环保总局副局长
张为民　统计局副局长
雷加富　林业局副局长
张宏声　海洋局副局长
李维森　测绘局副局长

领导小组办公室设在国土资源部,办公室主任由国土资源部副部长贠小苏兼任。

2. 部门规章及其他规范性文件

国家土地管理局
关于对土地权属有关问题请示的答复

（〔1993〕国土函字第 33 号　1993 年 2 月 3 日）

山西省土地管理局：

你局〔1993〕第 3 号专报收悉。经研究，答复如下：

同意你局来文中对《关于确定土地权属问题的若干意见》第 39 条的理解意见。

所谓"土地所有权和使用权证明文件"，就是指依法批准用地文件，"四至界线"也是指批准用地文件规定的用地范围界线。实地界线与批准文件规定的范围一致而面积不一致的，属于测量或计算误差造成的，可以按实地面积更正后确权。超出批准文件规定界线的土地，属于违法超占面积。

国家土地管理局关于变更土地登记的若干规定

(〔1993〕国土(籍)字第33号 1993年2月23日)

为加强土地资源和地产市场的管理,进一步健全土地登记制度,根据有关法律、法规,对变更土地登记作如下规定:

一、变更土地登记的范围和分类

初始土地登记后,土地所有权、使用权及他项权利发生转移、分割、合并、终止,登记的土地用途发生变更,土地所有者、使用者,他项权利者更改名称或通讯地址的,除按规定办理有关手续外,应及时办理变更土地登记。

变更土地登记分为:

1. 土地权属变更登记
2. 他项权利变更登记
3. 更名登记
4. 更址登记
5. 土地用途变更登记
6. 注销登记

二、变更土地登记程序

变更土地登记的程序分为:

1. 变更土地登记申请
2. 变更地籍调查
3. 审核
4. 注册登记
5. 换发或者更改土地证书,核发他项权利证明书

三、变更土地登记申请

1. 因土地征用、划拨引起土地所有权、使用权变更的,土地所有者、使用者在土地征用、划拨批准后三十日内,持土地征用、划拨批准文件共同到土地管理部门申请土地权属变更登记。

新建设项目用地的土地使用者,在土地征用,划拨批准后先办理预登记手续,待建设项目竣工验收后三十日内,再正式申请土地权属变更登记。

2. 以出让方式取得国有土地使用权的,土地使用权受让人在缴付全部土地使用权出让金后十五日内,持土地使用权出让合同、出让金缴付凭证向土地管理部门申请变更土地登记。

3. 因国有土地使用权转让或因地上建筑物、附着物所有权转让引起国有土地使用权转让的,土地使用权转让人和受让人在土地使用权转让合同签订后十五日内,持土地使用权转让合同共同向土地管理部门申请土地权属变更登记。

土地使用权分割转让或因地上建筑物、附着物所有权分割转让涉及土地使用权分割转让的，须经土地管理部门批准后，再申请土地权属变更登记。

4. 因单位合并、分立、企业兼并等原因引起宗地合并或者分割的，有关各方在主管部门批准后三十日内，持批准文件及有关合同、协议共同向土地管理部门申请变更土地登记。

5. 依法继承土地使用权的，继承人在合法继承权确定后三十日内，持有关证明文件向土地管理部门申请土地权属变更登记。

6. 因处分抵押财产而取得国有土地使用权的，抵押人、抵押权人和新的土地使用权受让人，在土地权利变更之日起十五日内，持土地使用权出让或转让合同、抵押合同、处分抵押财产的证明资料共同到土地管理部门申请土地使用权抵押注销登记和土地权属变更登记。

7. 交换、调整土地的，交换、调整土地的双方在交换、调整协议批准后三十日内，持协议和批准文件共同到土地管理部门申请土地权属变更登记。

8. 出租国有土地使用权的，土地使用权出租人和承租人应在土地使用权租赁合同签订后十五日内，持土地使用权出让或转让合同、土地使用权租赁合同共同向土地管理部门申请他项权利登记。

9. 抵押国有土地使用权的，土地使用权抵押人和抵押权人，应在抵押合同签订后十五日内，持土地使用权出让或转让合同、土地使用权抵押合同共同到土地管理部门申请他项权利登记。

一宗地多次抵押的，处分抵押财产时的偿还顺序以申请他项权利登记的时间顺序为序。

10. 因土地权属变更引起他项权利转移的，由土地所有者或土地使用者同他项权利者，在申请土地权属变更的同时申请他项权利登记。

11. 土地所有者、使用者、他项权利者更改名称或通讯地址的，土地所有者、使用者、他项权利者在变更发生后三十日内，持有关证明资料向土地管理部门申请更名或变址登记。

12. 登记的土地用途发生变更的，土地所有者、使用者在变更批准后三十日内，持有关批准文件向土地管理部门申请土地用途变更登记。

13. 有下列情况之一，致使土地所有权、使用权或者他项权利终止的，土地所有者、使用者或他项权利者在土地权利终止后十五日内，持合同或者有关证明资料向土地管理部门申请注销登记：

(1)依法收回土地使用权

(2)土地使用权出让期届满

(3)因自然灾害造成的土地灭失

(4)土地使用权抵押合同终止

(5)土地使用权租赁合同终止

逾期不申请注销登记的，土地管理部门依法直接办理注销登记手续，并将注销登记结果通知当事人及有关部门。

变更土地登记申请人在办理变更土地登记申请时，除以上规定提交的资料外，还须提交下列资料：

1. 变更土地登记申请书

2. 变更土地登记申请人的法人和法人代表证明、个人身份证明或者户籍证明

3. 土地证书或者他项权利证明书

4. 地上建筑物、附着物权属证明

5. 土地管理部门要求提交的其他资料

四、变更地籍调查

变更地籍调查分权属调查和地籍勘丈。各类变更土地登记均须进行权属调查。因土地所有权、使用权分割、合并引起界址点、界址线变更或者国有土地使用权部分出租、抵押的,须在权属调查基础上进行地籍勘丈。

变更地籍调查按《城镇地籍调查规程》、《日常地籍管理办法〈农村部分〉(试行)》和〔1992〕国土〔籍〕字第46号文件的有关规定执行。

五、变更土地登记审核

土地管理部门根据变更土地登记申请人提交的资料和变更地籍调查结果对申请人资格、变更内容、变更依据进行审核。经审核符合规定要求的,由审核人员在变更土地登记审批表内填写准予变更土地登记的依据、结果和审核人员姓名,并加盖审核人员印章和土地管理部门公章。

土地权属变更登记申请经土地管理部门审核,符合规定要求的,报人民政府批准后进行注册登记。

其他类型的变更土地登记申请经土地管理部门审核,符合规定要求的,直接进行注册登记。

六、注册登记

(一)土地权属变更的注册登记

土地权属变更的注册登记须更换土地登记卡,其注册登记按下列程序进行:

1. 注销宗地原土地登记卡

在宗地原土地登记卡上进行注销登记。除严格按规定填写有关栏目外,还应加盖“注销”印章。并在“备注”栏说明土地所有权或使用权走向,土地权属变更涉及宗地分割的,注明分割后各宗地的宗地号。

2. 建立宗地新土地登记卡

在新土地登记卡上按初始土地登记的要求填写各栏目。在“备注”栏注明原土地所有者、使用者。土地权属变更涉及宗地分割的,注明原宗地号。将原土地登记卡附在新土地登记卡后面。宗地分割的,将宗地分割前原土地登记卡附在宗地分割后宗地号最小的宗地土地登记卡后。

国有土地使用权出让、转让的注册登记,除按上述规定登记的内容外,还应在土地登记卡“登记的其他内容、变更事项及依据”栏登记以下内容:

(1)宗地标定价

(2)出让或转让金额

(3)出让或转让期限及起止日期

(4)转让宗土地增值费缴付情况

(5)其他约定条件

(二)其他类型变更的注册登记

土地权属变更以外的其他类型变更的注册登记按《土地登记规则》规定的要求在宗地原

土地登记卡上进行。

国有土地使用权出租、抵押的注册登记,除按上述规定登记的内容外,还应在土地登记卡"登记的其他内容、变更事项及依据"栏登记以下内容:

(1)承租人或抵押权人名称、地址

(2)出租或抵押面积

(3)出租用途、期限及起止日期

(4)租金及交纳方式或抵押贷款金额及偿还日期

(5)宗地标定价

(6)其他约定条件

(三)其他

根据土地登记卡更改土地归户册的相应内容。

七、换发或更改土地证书、核发他项权利证明书

(一)换发土地证书

土地权属变更的,按下列程序更换土地权证书:

1. 注销原土地所有者或使用者土地证书;

2. 根据土地登记卡填写新取得土地所有权、使用权的土地所有者、使用者的土地证书。土地证书按栏目规定的内容填写,国有土地使用证在"备注"栏注明土地使用权的取得方式。

3. 将土地证书发给土地所有者、使用者。

(二)更改土地证书

土地权属变更以外的其他类型变更的,按以下程序更改土地证书:

1. 在发生变更栏目内加盖"变更"印章;

2. 在"变更记事"栏注明变更的内容及日期,并由经办人签名盖章同时加盖土地管理部门公章;

3. 将更改的土地证书发给土地所有者、使用者。

(三)核发他项权利证明书

他项权利登记只核发《土地使用权承租证明书》和《土地使用权抵押证明书》,其他类型的他项权利只办理登记手续不发给他项权利证明书。《土地使用权承租证明书》发给土地使用权承租人,《土地使用权抵押证明书》发给土地使用权抵押权人。他项权利证明书根据土地登记卡填写,证明书格式由各省、自治区、直辖市土地管理部门自行设计。

《土地使用权承租证明书》须载明下列内容:

1. 承租人名称、地址;

2. 出租人名称、地址;

3. 承租宗地的坐落、地号、图号;

4. 承租宗地的面积、用途;

5. 租赁期限及起止日期;

6. 租金;

7. 宗地标定价;

8. 其他约定条件;

9. 承租宗地的宗地图。宗地部分出租的,应在宗地图上标出出租部分的界线;

10. 填发机关及发证日期。

《土地使用权抵押证明书》须载明下列内容:

1. 抵押权人名称、地址;
2. 抵押人名称、地址;
3. 抵押宗地的坐落、地号、图号;
4. 抵押面积;
5. 抵押金额、期限;
6. 宗地标定价;
7. 其他约定条件;
8. 抵押宗地的宗地图。宗地部分抵押的,应在宗地图上标出抵押部分的界线;
9. 填发机关及发证日期。

八、变更土地登记费

变更土地登记申请人按规定交纳变更土地登记费。在国家未作新规定之前,变更土地登记的收费办法比照〔1990〕国土(籍)字第93号文件的有关规定执行。

九、变更土地登记表格

土地登记卡、土地归户卡严格按照《土地登记规则》的规定执行。其他表格由各省、自治区、直辖市土地管理部门参照《土地登记规则》规定的格式自行制定。

国家国有资产管理局、国家土地管理局关于国有资产产权登记中有关土地资产登记工作的通知

（国资发〔1993〕14 号　1993 年 3 月 29 日）

国务院各部委、各直属机构，各省、自治区、直辖市、计划单列市国有资产管理局（办公室、处）、土地（国土）管理局（厅）：

国有土地是国有资产的重要组成部分，土地资产管理的好坏，直接关系到中华民族子孙后代的生存与发展。为加强对土地资产的管理，现对国有资产产权登记中有关土地资产登记问题通知如下：

1. 凡使用国有土地的企业、行政事业单位及社会团体（以下称土地资产使用人）在向国有资产管理部门申办产权登记（行政事业单位和社团为财产登记）之前，必须先到土地管理部门办理土地登记。

土地管理部门代表政府颁发的《国有土地使用证》及有关土地资产的证明是进行国有资产产权登记必要的证明文件。

2. 资产使用人因分立、合并、迁移、撤销及土地使用权转让等原因，引起土地权属、使用面积、用途等变化的，必须及时到土地管理部门办理变更土地登记，并持变更土地登记后的《国有土地使用证》或土地管理部门出具的其他证明文件向国有资产管理部门申办变动产权登记或注销产权登记。

3. 在国有资产产权登记年度检查时，凡土地登记内容或土地资产情况发生变化，尚未办理变更土地登记的，必须先到土地管理部门办理变更土地登记。

4. 资产使用人未按上述规定进行土地资产登记的，国有资产管理部门不予办理国有资产产权登记。

5. 土地管理部门应加快城镇地籍调查、土地估价、登记工作，以适应国有资产产权登记的需要。对少数一时难以完成土地调查、估价、登记任务的，可以暂由土地管理部门向资产使用人出具证明，到国有资产管理部门办理国有资产产权登记时，土地资产部分暂不作正式登记，采取备注方式予以记载，待土地登记、估价完成后，再予以补充登记。

6. 土地登记、定级、估价以及土地使用情况复核所需经费按国家有关规定收取。土地定级、估价规程，由国家土地管理局商有关部门制定。

7. 本通知自发布之日起执行。

国家土地管理局关于进一步加强土地登记工作的通知

(〔1993〕国土(籍)字第186号 1993年6月1日)

各省、自治区、直辖市土地(国土)管理局(厅):

党的十四届三中全会把规范和发展土地市场作为当前培育市场体系的重点之一,并要求"建立正常的土地使用权价格的市场形成机制。"这就要求我们进一步规范和强化管理土地市场,而且要把土地登记作为管理土地市场的关键性措施进一步抓好。邹家华副总理在全国土地管理厅局长会上也强调指出,土地登记工作是依法规范房地产市场秩序至关重要的环节,是确认并保护土地产权的重要措施。要求每一宗土地都要有户头,每发生一次交易,就要办理一次登记。

但是,当前土地登记工作还不能适应土地市场管理的需要,必须进一步深入贯彻邹家华副总理在全国土地管理厅局长会上的讲话精神,切实加强土地登记工作,规范土地市场秩序。现将有关问题通知如下:

一、进一步提高对土地登记工作的认识。土地登记是土地权属管理的核心,是土地管理工作的基础。随着土地市场的建立与发展,土地登记工作的意义已远远超出了这个范围,成为规范管理土地市场的关键措施。邹家华副总理指出,离开了土地登记,土地管理部门对土地使用权出让和转让就很难实施有效管理。这充分说明,土地登记在管理土地市场方面有着举足轻重的地位。它关系到土地管理的职能能否到位,土地管理部门能否对土地市场实施有效管理,从而能否保证土地市场健康、有序地发展。各级土地管理部门一定要把土地登记工作提高到土地管理工作的核心地位和管理土地市场的关键性措施来认识,制定具体的工作计划和实施措施,切实抓好。

二、进一步加快初始土地登记进度。各级土地管理部门要积极采取措施,继续按照我局1990年全国地籍管理研讨会提出的要求,1995年底完成城镇初始土地登记发证工作,为全面规范管理土地市场打好基础,依法管好土地产权。有条件的地方,要尽可能地按《城镇地籍调查规程》规定的解析法,一步到位。暂不能一步到位的地方,要利用现有资料和基础图件,因地制宜地选择《城镇地籍调查规程》提供的其他两种方法,尽快完成初始土地登记工作,并为下一步完成解析地籍做好准备,避免工作重复和造成浪费。

三、要不失时机地开展变更土地登记。在加快初始土地登记步伐的同时,各地要按国务院1990年第55号令的规定,对土地使用权出让、转让、出租、抵押等及时开展变更土地登记,每发生一次交易、变更,就要及时进行一次变更土地登记。在完成初始土地登记的地方,要及时开展变更土地登记工作。初始土地登记尚未完成的,必须按照〔1992〕国土〔籍〕字第46号文件的要求开展登记和变更登记,以充分发挥土地登记在规范管理土地市场中的作用。否则,就会影响土地管理部门履行规范管理土地市场的职责。

四、加快制定土地登记的配套法配。几年来,我局先后制定了《土地登记规则》、《城镇地籍调查规程》、《变更土地登记的若干规定》、《确定土地权属问题的若干意见》。同时,还将研究制定土地市场管理中有关土地登记的配套法规等。各地要结合当地实际,不等不靠,尽快研究制定土地登记方面的地方法规和规定,特别是具体实施办法,以满足当前工作的急需。

五、积极协调好部门之间的关系,保证工作的顺利开展。各级土地管理部门要尽快研究,并采取积极措施,充分发挥地方人民政府土地登记发证领导小组的作用,从维护国家利益的大局出发,主动与有关部门理顺关系。与工商部门协调好工商登记与土地登记的关系;与金融部门研究抵押登记的配合;与城市规划部门在规划用地许可证、开工许可证、土地证之间的相互协调;与税务部门在土地税收与土地登记方面的关系,等等。在建立房地产交易市场的地方,要主动派驻土地登记人员,建立土地登记站,直接为房地产交易提供土地登记服务。在土地管理部门内部也要研究好内部的业务分工、工作配合和相互衔接。

六、坚持土地登记的统一管理是贯彻城乡地政统一管理的核心内容。土地登记的统一管理包括各类土地登记的统一管理和同一登记全过程的统一管理。土地登记是确认土地产权的非常严肃的法律过程,各类土地登记之间的关系密不可分。如,抵押登记是建立在土地使用权登记的基础上;土地使用权出让登记必须与对原有登记的注销登记同时进行,以避免出现重复登记。土地登记的各个环节更是一个整体,从申请、调查、审核、登记注册、颁发证书到资料管理等,要实行统一管理。所以,必须重申土地登记不仅应当由土地管理部门负责,还必须落实到土地管理部门内部的地籍管理(土地登记)处室。

七、强化土地登记机构,提高人员素质,稳定土地登记队伍。各基层土地管理部门应当建立与土地登记任务相适应的土地登记机构。根据各地经验,为便于工作开展,可以考虑负责土地登记的处(科、股)对外挂牌称土地登记处(报、站),受理土地登记申请、调查、审核及登记、发证等业务。土地登记人员要进行专业培训,提高业务素质。人员队伍应相对稳定,尽量避免因人员变动频繁而造成工作的前后脱节。

八、强化土地登记规范化管理。各级土地管理部门要严格按照法律、法规及有关文件规定,抓好土地登记的规范化管理。首先,土地登记的程序要规范,严格按照《土地管理法实施条例》、国务院 1990 年第 55 号令、《土地登记规则》和《变更土地登记的若干规定》的规定的初始土地登记和变更土地登记程序进行;其次,土地登记的表格和登记内容要规范,初始土地登记使用的全部表格、变更土地登记使用的《土地登记卡》、《土地归户卡》应严格按《土地登记规则》执行,其登记内容要依法、规范;第三,土地登记资料的管理要规范,建立规范的土地登记资料保管、使用、变更制度。

九、各级土地管理部门对几年来开展土地登记的情况进行一次全面的检查,查清土地登记的进度、质量以及不同调查方法的登记发证数量,做到心中有数,合理安排下阶段工作。并请各地将检查结果及下一步工作安排于明年第一季度报我局地籍司。

城镇地籍调查规程

(国家土地管理局 TD1001—93 1993 年 6 月 22 日)

1 总 则

1.1 目的和依据

为维护土地的社会主义公有制,保护土地使用者的合法权益,加强土地管理,建立健全地籍管理制度,根据《中华人民共和国土地管理法》有关规定,特制定本规程。

1.2 内 容

地籍调查包括权属调查、地籍勘丈。

地籍调查是土地管理的基础工作,分初始地籍调查和变更地籍调查。初始地籍调查在初始土地登记前进行,变更地籍调查在变更土地登记前进行。

地籍调查要查清每一宗土地的位置、权属、界线、数量和用途等基本情况,满足土地登记的需要。

1.3 调查单元

调查的单元是一宗地。凡被权属界址线所封闭的地块称为一宗地。一个地块内由几个土地使用者共同使用而其间又难以划清权属界线的也称为一宗地。大型企事业单位用地内具有法人资格的独立经济核算单位用地应独立分宗。

1.4 地籍编号

1.4.1 地籍编号以行政区为单位,按街道、宗两级编号,对于较大城市可按街道、街坊、宗三级编号。

1.4.2 地籍号统一自左到右、自上而下,由“1”号开始顺序编号。

1.4.3 同一街道、街坊、宗地被两幅以上基本地籍图分割时,应注记同一地籍号。

1.4.4 界址点应按街坊或图幅统一编号。

1.5 地籍勘丈方法

地籍勘丈在现阶段可根据各地不同情况分别采用:①解析法;②部分解析法;③图解法。

用部分解析法和图解法建立初始地籍后,都要积极创造条件,逐步用解析法进行更新。

1.6 基本地籍图及比例尺

基本地籍图包括分幅铅笔原图、着墨二底图。基本地籍图比例尺一般为1∶500或1∶1 000。城镇宜采用1∶500,独立工矿和村庄也可采用1∶2 000。

1.7 规程适用范围

本规程适用于全国城镇和独立工矿区。原则上也适用于集镇和村庄。

1.8 实施单位

开展初始地籍调查的市(县)要成立以主管市(县)长为首的地籍调查、登记领导小组,负责领导地籍调查、登记工作,处理土地权属和地籍调查、登记中的其他重大问题。

地籍调查、登记的具体工作由市(县)土地(国土)管理局负责组织实施。

1.9 地方补充规定

省级土地管理部门必要时可对本规程某些条款作补充规定,报国家土地管理局批准后实施。

1.10 规程解释权

本规程由国家土地管理局负责解释。

2 土地分类

2.1 分类依据

土地分类以土地用途为主要依据。

2.2 分类体系

根据土地用途的差异,城镇土地分为10个一级类,24个二级类。具体分类的名称及含义见表1。

表1 城镇土地分类及含义

一级类型		二级类型		含义
编号	名称	编号	名称	
10	商业金融业用地			指商业服务业、旅游业、金融保险业等用地。
		11	商业服务业	指各种商店、公司、修理服务部、生产资料供应站、饭店、旅社、对外经营的食堂、文印誊写社、报刊门市部、蔬菜购销转运站等用地。
		12	旅游业	指主要为旅游业服务的宾馆、饭店、大厦、乐园、俱乐部、旅行社、旅游商店、友谊商店等用地。
		13	金融保险业	指银行、储蓄所、信用社、信托公司、证券兑换所、保险公司等用地。
20	工业、仓储用地			指工业、仓储用地。
		21	工业	指独立设置的工厂、车间、手工业作坊、建筑安装的生产场地、排渣(灰)场地等用地。

续上表

一级类型		二级类型		含　义
编号	名　称	编号	名　称	
		22	仓储	指国家、省（自治区、直辖市）及地方的储备、中转、外贸、供应等各种仓库、油库、材料堆场及其附属设备等用地。
30	市政用地			指市政公用设施、绿化用地。
		31	市政公用设施	指自来水厂、泵站、污水处理厂、变电所、煤气站、供热中心、环卫所、公共厕所、火葬场、消防队、邮电局（所）及各种管线工程专用地段等用地。
		32	绿化	指公园、动植物园、陵园、风景名胜、防护林、水源保护林以及其他公共绿地等用地。
40	公共建设用地			指文化、体育、娱乐、机关、科研、设计、教育、医卫等用地。
		41	文、体、娱	指文化馆、博物馆、图书馆、展览馆、纪念馆、体育场馆、俱乐部、影剧院、游乐场、文艺体育团体等用地。
		42	机关、宣传	指行政及事业机关，党、政、工、青、妇、群众组织驻地，广播电台、电视台、出版社、报社、杂志社等用地。
		43	科研、设计	指科研、设计机构用地。如研究院（所）、设计院及其试验室、试验场等用地。
		44	教育	指大专院校、中等专业学校、职业学校、干校、党校，中、小学校，幼儿园、托儿所，业余、进修院校，工读学校等用地。
		45	医卫	指医院、门诊部、保健院（站、所）、疗养院（所），救护、血站、卫生院、防治所、检疫站、防疫站、医学化验、药品检验等用地。
50	住宅用地			指供居住的各类房屋用地。
60	交通用地			指铁路、民用机场、港口码头及其他交通用地。
		61	铁路	指铁路线路及场站、地铁出入口等用地。
		62	民用机场	指民用机场及其附属设施用地。
		63	港口码头	指专供客、货运船舶停靠的场所用地。
		64	其他交通	指车场站、广场、公路、街、巷、小区内的道路等用地。
70	特殊用地			指军事设施、涉外、宗教、监狱等用地。
		71	军事设施	指军事设施用地。包括部队机关、营房、军用工厂、仓库和其他军事设施等用地。
		72	涉外	指外国使领馆、驻华办事处等用地。
		73	宗教	指专门从事宗教活动的庙宇、教堂等宗教自用地。
		74	监狱	指监狱用地。包括监狱、看守所、劳改场（所）等用地。
80	水域用地			指河流、湖泊、水库、坑塘、沟渠、防洪堤防等用地。
90	农用地			指水田、菜地、旱地、园地等用地。
		91	水田	指筑有田埂（坎）可以经常蓄水，用于种植水稻等水生作物的耕地。
		92	菜地	指种植蔬菜为主的耕地。包括温室、塑料大棚等用地。
		93	旱地	指水田、菜地以外的耕地。包括水浇地和一般旱地。
		94	园地	指种植以采集果、叶、根、茎等为主的集约或每单位面积株数大于合理株数 70% 的土地，包括树苗圃等用地。
00	其他用地			指各种未利用土地、空闲地等其他用地。

3 初始地籍调查

3.1 准　　备

3.1.1 制定计划

地籍调查前必须制定周密计划，包括调查的范围、方法、经费、时间、步骤、人员、组织等。

3.1.2 确定范围

在1:2 000～1:10 000（个别地区1:50 000）比例尺的地形图上预先标绘调查范围，其范围应以图上已有的实地地物为界，整个调查范围的标绘要与土地利用现状调查的范围相互衔接，不重不漏。

3.1.3 收集资料

a. 经过初审的土地申报材料，现有的地籍资料；

b. 控制点资料，已有的大比例尺地形图、航摄资料；

c. 土地利用现状调查、非农业建设用地清查资料；

d. 房屋普查及工业普查中有关土地的资料；

e. 其他有关资料。

3.1.4 技术设计

应根据已有资料和实地踏勘的情况进行地籍调查项目技术设计，包括下列内容：

a. 调查区的地理位置和用地特点；

b. 地籍调查工作程序及组织实施方案；

c. 地籍控制网点的布设和施测方法，以及与城镇平面控制总体布局的关系，坐标系统的选择；

d. 地籍图的规格、比例尺和分幅方法；

e. 选用的地籍勘丈方法；

f. 地籍调查成果的质量标准、精度要求和依据。

3.1.5 表册及仪器

准备所需表格及簿册，置备地籍调查所需仪器和用品。

3.1.6 人员培训

地籍调查人员必须熟悉有关地籍的政策法规和技术规程，明确调查任务，掌握调查方法、要求和操作要领，确保调查工作质量。

3.2 权属调查

3.2.1 调查工作图

用已有地籍图或大比例尺地形图复制图作为调查工作图；无上述图件的地区，应按街坊或小区现状绘制宗地关系位置图，作为调查工作图，避免重漏。

3.2.2 划分调查区

根据调查范围，在调查工作图上依行政界或自然界线划分调查区。

3.2.3 编制地籍号

依据1.4条规定，调查前逐宗预编地籍号，通过调查正式确定地籍号。

3.2.4 指界通知

按调查工作计划,分区分片公告通知或邮送通知单,通知土地使用者按时到场指界。

3.2.5 现场调查核实

核实各宗地的土地使用者、地籍号和实际用途等。

3.2.6 界址调查

3.2.6.1 界址的认定必须由本宗地及相邻宗地使用者亲自到现场共同指界。

3.2.6.2 单位使用的土地,须由法人代表出席指界,并出具身份证明和法人代表身份证明书(见附录A);个人使用的土地,须由户主出席指界,并出具身份证明和户籍簿。

法人代表或户主不能亲自出席指界的,由委托代理人指界,并出具身份证明及委托书(见附录B)。

两个以上土地使用者共同使用的宗地,应共同委托代表指界,并出具委托书及身份证明。

3.2.6.3 经双方认定的界址,必须由双方指界人在地籍调查表上签字盖章。

3.2.6.4 有争议的界址,调查现场不能处理时,按《中华人民共和国土地管理法》第十三条的规定处理。

3.2.6.5 所有界址要按规定设置界标(见标录C)。

3.2.6.6 一宗地有两个以上土地使用者时,要查清各自使用部分和共同使用部分的界线。

3.2.6.7 违约缺席指界的,根据不同情况按下述办法处理:

a. 如一方违约缺席,其宗地界线以另一方所指界线确定;

b. 如双方违约缺席,其宗地界线由调查员依现状界址及地方习惯确定;

c. 将确界结果以书面形式送达违约缺席者,如有异议,必须在15日内提出重新划界申请,并负担重新划界的全部费用,逾期不申请,a、b两条确界自动生效。违约缺席定界通知书见附录D。

3.2.6.8 指界人在认界后,不在地籍调查表上签字盖章的,参照3.2.6.7条的规定处理。

3.2.7 记载调查结果

调查结果应在现场记录于地籍调查表上,并绘出宗地草图。

3.2.8 地籍调查表主要内容:

a. 本宗地地籍号及所在图幅号;

b. 土地坐落,权属性质,宗地四至;

c. 土地使用者名称;

d. 单位所有制性质及主管部门;

e. 法人代表或户主姓名、身份证明号码、电话号码;

f. 委托代理人姓名、身份证明号码、电话号码;

g. 批准用途、实际用途及使用期限;

h. 界址调查记录;

i. 宗地草图;

j. 权属调查记事及调查员意见;

k. 地籍勘丈记事;

l. 地籍调查结果审核。

地籍调查表见附录E。

3.2.9 地籍调查表填写要求

3.2.9.1 地籍调查表必须做到图表与实地一致，各项目填写齐全，准确无误，字迹清楚整洁。

3.2.9.2 填写各项内容均不得涂改．同一项内容划改不得超过两次，全表不得超过两处，划改处应加盖划改人员印章。

3.2.9.3 每宗地填写一份。项目栏的内容填写不完的可加附页。

3.2.9.4 地籍调查结果与土地登记申请书填写不一致时，按实际情况填写，并在说明栏内注明原因。

3.2.10 宗地草图

宗地草图是描述宗地位置、界址点、线和相邻宗地关系的实地记录，是处理土地权属的原始资料，应在现场绘制。

3.2.10.1 宗地草图记录下述内容：

a. 本宗地号和门牌号；

b. 宗地使用者名称；

c. 本宗地界址点（包括相邻宗地落在本宗地界址线上的界址点）、界址点号及界址线，相邻宗地的宗地号、门牌号和使用者名称或相邻地物；

d. 在相应位置注记界址边长、界址点与邻近地物的相关距离和条件距离；

e. 确定宗地界址点位置、界址边方位所必须的或者其他需要的建筑物和构筑物；

f. 指北线、丈量者、丈量日期。

3.2.10.2 宗地草图的要求：

a. 应选用质量好、适宜长期保存、使用的图纸绘制宗地草图。草图规格为 32 开、16 开或 8 开。宗地过大的可分幅绘制。

b. 宗地草图按约略比例，用 2H ~ 4H 铅笔绘制，线条字迹要清楚，数字注记字头向北向西书写。

c. 注记过密的部位可移位放大绘出。

d. 宗地草图上应注记界址边长。边长在 200 m 以内的应用钢尺丈量，并注记实丈边长；如实地无法丈量，或 200 m 以上的界址边长，可用坐标反算代替。

e. 宗地草图必须在实地绘制，不得涂改，不得复制。

3.3 地籍平面控制测量

3.3.1 地籍平面控制点的基本精度：

a. 四等网中最弱相邻点的相对点位中误差不得超过 5 cm；

b. 四等以下网最弱点（相对于起算点）的点位中误差不得超过 5 cm。

3.3.2 地籍平面控制测量坐标系统尽量采用国家统一坐标系统，条件不具备的地区可采用地方坐标系或任意坐标系。

3.3.3 城镇地籍平面控制网应尽量利用已有的等级控制网加密建立。

3.3.4 地籍平面控制网的等级依次为二、三、四等三角网、三边网及边角网，一、二级小三角网（锁），一、二级导线网及相应等级的 GPS 网。各等级地籍平面控制网、点，根据城镇规模均可作为首级控制。

3.3.5 各等级三角网的布设，应符合下列要求：

a. 首级网应布设为近似等边三角形的网（锁），三角形内角一般不应小于 30°；

b. 当三角网估算精度偏低时，宜适当加测对角线或增设起始边以提高网的精度；

c. 加密网可采用插网(全插网、附接网和插锁)或插点(交会插点、图形插点)的方法,一、二级小三角网可布设成线形锁、插网或插点的形式;

d. 主要技术要求应符合表2、表3、表4的规定。

表2 三角网的主要技术要求

等　级	平均边长 /km	测角中误差 /(″)	起始边边长相对中误差	最弱边边长相对中误差
二等	9	±1	1/30万	1/12万
三等	5	±1.8	1/20万(首级)	1/8万
四等	2	±2.5	1/12万(首级)	1/4.5万
一级小三角	1	±5	1/4万	1/2万
二级小三角	0.5	±10	1/2万	1/1万

表3 基线与起始边丈量的技术要求

等　级	尺　别	作业尺数	往测和返测的总次数	定线最大偏差 /mm	尺段高差较差 /mm	读定次数	估读 /mm	温度读至/℃	同尺各次或同段各尺的较差 /mm	成果取位/mm	经各项改正后各次或各尺全长较差 /mm
二等基线	因瓦基线尺	4 3 2	4 4~6 6~8	20	2	3	0.1	0.5	0.3	0.1	$3\sqrt{S}$
三等基线	因瓦基线尺	3 2	4 4~6	20	3	3	0.1	0.5	0.3	0.1	$5\sqrt{S}$
四等基线	因瓦基线尺	2	4	25	3	3	0.1	0.5	0.3	0.1	$8\sqrt{S}$
一线小三角基线	因瓦基线尺	1	4	50	5	3	0.1	0.5	0.3	1	$10\sqrt{S}$
一线小三角起始边	普通钢尺	2	4	50	5	3	0.5	0.5	2		
二级小三角起始边	普通钢尺	2 1	2 2~4	50	10	3	0.5	0.5	2		

注:表中S为基线长,以km为单位。

表4 方向观测法的各项限差

项　目	经纬仪型号		
	DJ1(下标)	DJ2(下标)	DJ6(下标)
光学测微器两次重合读数差/(″)	1	3	
半测回归零差/(″)	6	8	18
一测回内2C互差/(″)	9	13	
同一方向值各测回互差/(″)	6	9	24

表5 钢尺量距导线的主要技术要求

等 级	附合导线长度/km	平均边长/m	往返丈量较差相对误差	测角中误差/(″)	测 回 数		方位角闭合差/(″)	导线全长相对闭合差
					DJ2(下标)	DJ6(下标)		
一级	2.5	250	1/20000	±5	2	4	$\pm 10\sqrt{n}$	1/1 000
二级	1.8	180	1/15000	±8	1	3	$\pm 16\sqrt{n}$	1/7 000

注:n 为测站数。

e. 一、二级导线可沿测区外围和主要干道布设。其图形可布设成单线、单结点和多结点网等形式。导线作首级控制时,宜布设成多边形格网。一、二级导线技术规定见表5、表6。

表6 电磁波测距导线的主要技术要求

等 级	附合导线长度/km	平均边长/m	每边测距中误差/m	测角中误差/(″)	测 回 数		方位角闭合差/(″)	导线全长相对闭合差
					DJ2(下标)	DJ6(下标)		
一级	3.6	300	±5	±5	2	4	$\pm 10\sqrt{n}$	1/14 000
二级	2.4	200	±15	±8	1	3	$\pm 16\sqrt{n}$	1/10 000

注:n 为测站数。

3.3.6 地籍图根控制测量可采用以下方法:

a. 图根导线测量

(a)图根导线依据等级控制点,分为两级进行加密。布设形式为附合导线或结点导线。其技术规定见表7。

表7 图根导线的主要技术要求

级 别	导线长度/km	平均边长/m	测 回 数		测回差/(″)	方位角闭合差/(″)	导线全长相对闭合差	坐标闭合差/m
			DJ2(下标)	DJ6(下标)				
一级	1.2	120	1	2	18	$\pm 24\sqrt{n}$	1/5 000	0.22
二级	0.7	70		1		$\pm 40\sqrt{n}$	1/ 3 000	0.22

注:n 为测站数。导线总长度少于 500 m 时,相对闭合差分别降为 1/3 000 和 1/2 000,但坐标闭合差不变。电磁波测距导线可按需要自行设计,但精度不得低于表7的规定。

(b)图根导线边长应以检定过的钢尺进行丈量,或用其他能达到相应精度的仪器和工具进行测量。在下列情况用钢尺丈量时,要进行有关项目改正:

尺长改正数大于尺长 1/1 万时,加尺长改正;

量距时平均尺温与检定时温度相差大于等于 ±10 ℃时,应进行温度改正;

尺面倾斜大于 1.5% 时,应进行倾斜改正。

(c)当导线跨越河流等障碍物无法直接尺量时,可选用辅助点间接求距。辅助边不应短于所求边长的一半,所求边与辅助边构成的三角形内角不应小于 30°。辅助边长测量与测角精度要求应稍高于图根导线的精度。

b. 图根三角测量

(a)在等级控制点较少,地形起伏较大,通视条件较好的地区可采用图根三角锁网,前方、侧方交会进行图根的加密。

(b)图根锁网的平均边长不宜超过 85 m(电磁波测距时可适当放长),传距角一般不应小于 30°(特殊情况下不应小于 20°)。线形锁三角形个数不得超过 12 个。

(c)水平角使用 DJ6(下标)级仪器采用方向法观测一测回。观测方向多于 3 个时应归零。

水平角观测各项限差不应超过表 8 规定。

表 8　图根三角锁(网)水平角观测的各项限差

仪器类型	测回数	测角中误差	半测回归零差	方位角闭合差	三角形闭合差
DJ6(下标)	1	20″	24″	$\pm 40''\sqrt{n}$	±60″

注:n 为测站数。

c. 图根导线和图根三角锁(网)均可采用近似平差。计算时角值取至秒,边长和坐标取至厘米。

3.4　地籍勘丈

3.4.1　地籍勘丈是地籍调查不可分割的组成部分,目的是勘丈每宗土地的权属界址点、线、位置、形状、数量等基本情况。地籍勘丈一般应在地籍平面控制测量基础上进行。

地籍勘丈成果经审核批准依法登记后,具有法律效力。

3.4.2　地籍勘丈内容:

a. 土地权属址点及其他地籍要素平面位置的勘丈;

b. 基本地籍图绘制;

c. 面积量算。

3.4.3　地籍勘丈的基本精度要求:

a. 界址点精度及适用范围见表 9。

表 9　界址点精度指标及适用范围

类别	界址点对邻近图根点点位误差/cm		界址点间距允许误差/cm	界址点与邻近地物点关系距离允许误差/cm	适用范围
	中误差	允许误差			
一	±5	±10	±10	±10	城镇街坊外围界址点及街坊内明显的界址点
二	±7.5	±15	±15	±15	城镇街坊内部隐蔽的界址点及村庄内部界址点

注:界址点地邻近图根点点位误差系指用解析法勘丈界址点应满足的精度要求;界址点间距允许误差及界址点与邻近地物点关系距离允许误差系指各种方法勘丈界址点应满足的精度要求。

b. 地籍铅笔原图的基本精度:

(a)相邻界址点间距、界址点与邻近地物点关系距离的中误差不得大于图上 0.3 mm。依勘丈数据装绘的上述距离的误差不得大于图上 0.3 mm;

(b)宗地内部与界址边不相邻的地物点,不论采用何种方法勘丈,其点位中误差不得大于图上 0.5 mm;邻近地物点间距中误差不得大于图上 0.4 mm。

3.4.4　基本地籍图应选用厚度为 0.07 mm、经过热定型处理变形率小于 0.2‰的聚酯薄膜。图幅规格为 40 cm×50 cm 的矩形图幅或 50 cm×50 cm 的正方形图幅。

3.4.5　基本地籍图分幅编号按图廓西南角坐标(整 10 m)数编码,X 坐标在前,Y 坐标在后,中间短线连接,当勘丈区已有相应比例尺地形图时,基本地籍图的分幅与编号方法亦可沿用地形图的分幅与编号。

3.4.6　在山区或丘陵地区,地籍图上的等级控制点和图根点应注记高程,并适当测设高程注记点。对于大片没有建筑物的空旷地带,可适当绘制等高线。

3.4.7 比例尺为1:500、1:1 000、1:2 000的地籍图每幅图内至少应有埋石点数分别为3个、6个、9个。

3.4.8 地籍勘丈方法:

a. 解析法:

野外勘丈全部界址点,根据实测数据解算出界址点的点位坐标。一般采用解析交会法、极坐标法等方法施测。角度用不低于DJ6(下标)级经纬仪施测,距离用钢尺丈量或用电磁波测距仪施测。

以全部界址点的解析坐标和解析边长为基础,勘丈其他地籍要素的几何图形,并依据宗地草图的有关数据检核后成地籍图。

b. 部分解析法:

采用解析法勘丈街坊外围界址点和街坊内部分明显界址点的坐标,再用图解法勘丈街坊内部的宗地界址点及其他地籍要素的平面位置,以街坊外廓控制内部宗地。

以解析法勘丈的界址点为基础展绘出街坊,再依据图解法测定的宗地位置、形状,经宗地草图的丈量数据校核后装绘街坊内部,成地籍图。

c. 图解法:

(a)利用图解法(包括图解交会法、截距法等)直接勘丈界址点和其他地籍要素平面位置,并根据宗地草图的丈量数据检核后,成地籍图;

(b)利用反映现状的大比例尺地形图,经过纠正图纸变形误差后,实地补充勘丈界址点和其他地籍要素到图上,依据宗地草图丈量数据检核后,成地籍图。这种方法仅在暂不具备经济技术条件的个别地区可以采用,但精度必须满足要求。

3.4.9 基本地籍图绘制

3.4.9.1 铅笔原图绘制精度:

a. 内图廓长度误差不得大于0.2 mm,内图廓对角线误差不得大于0.3 mm;

b. 图廓点、控制点和坐标网的展点误差不得超过0.1 mm。其他解析坐标点的展点误差不得超过0.2 mm。

3.4.9.2 着墨二底图绘制精度:

a. 有解析坐标的界址点及地物点可依据其坐标在图上展绘,也可以进行透绘;

b. 展点精度与铅笔原图相同;

c. 透绘要素不得偏离底线。

3.4.9.3 基本地籍图的主要内容:

a. 铅笔原图内容:

各级行政界线,地籍平面控制点,地籍编号,宗地界址点及界址线,街道名称、门牌号,在宗地内能注记下的单位名称,河流、湖泊及其名称,必要的建筑物、构筑物,地类号,宗地面积。

b. 着墨二底图内容:

除不注宗地面积外,其他与铅笔原图相同。

3.4.10 宗地图

3.4.10.1 宗地图是土地证书和宗地档案的附图,一般用32开、16开、8开纸,从基本地籍图上蒙绘或复制,宗地过大或过小时可调整比例尺绘制。

3.4.10.2 宗地图的内容包括:本宗地号、地类号、宗地面积、界址点及界址点号、界址边长;邻宗地号及邻宗地界址示意线等。

地籍图图式,基本地籍图、宗地图样图见附录 F。

3.4.11 面积量算

3.4.11.1 面积量算根据地籍勘丈三种方法可采用

a. 解析法:

采用下列公式计算 $P = \frac{1}{2}\sum_{1}^{n} X_i(Y_{i+1} - Y_{i-1})$

或 $P = \frac{1}{2}\sum_{1}^{n} Y_i(X_{i-1} - X_{i+1})$

式中 P——宗地面积,m^2;

X_i, Y_i——宗地第 i 个界址点坐标,m;

n——宗地界址点个数。

解析法计算面积必须独立两次计算进行检核。

b. 部分解析法:

采用解析法求出每个街坊面积,用街坊面积数控制本街坊内各宗地面积之和。各宗地面积之和与街坊面积误差小于 1/200 时,将误差按面积比例分配到各宗地,得出平差后的各宗地面积。但边长丈量数据可以不改。完全用实测数据计算规则图形的宗地面积可以不参加平差。

c. 图解法:

要求在聚酯薄膜原图上量算街坊面积(当采用其他材料的图纸时,必须考虑图纸变形的影响并给予改正),图面量算宜采用二级控制,即:

(a)以图幅理论面积为首级控制,图幅内各街坊及其他区块面积之和与图幅理论面积之差小于 ±0.002 5P(P 为图幅理论面积)时,将闭合差按比例配赋给各街坊及其他区块,得出平差后的各街坊及各区块的面积;

(b)用平差后的各街坊面积去控制街坊内丈量的各宗地面积,其相对误差不得大于 1/100,在允许范围内将闭合差按比例分配给各宗地,得出平差后的宗地面积。但边长丈量数据可以不改。完全采用丈量数据计算宗地的面积可以不参加平差。

3.4.11.2 在地籍铅笔原图上量算面积时,两次量算的较差应满足下式:

$$\Delta P \leqslant 0.000\,3M\sqrt{P}$$

式中 P——量算面积,m^2;

M——地籍铅笔原图比例尺分母。

凡地块面积在图上小于 5 平方厘米时,不宜采用求积仪量算。

3.4.11.3 无论采用何种方法量算面积,均应独立进行两次量算。图上量算时,两次量算的较差在限差内的取中数。

3.4.11.4 面积量算单位为平方米,计算取值到小数后一位。

3.4.11.5 共用宗内,各自使用的土地有明显范围的,先划分各自使用界线,并计算其面积,剩余部分按建筑面积分摊。

3.5 地籍调查成果资料

a. 地籍调查技术设计书;

b. 地籍调查表;

c. 地籍平面控制测量的原始记录、控制点网图、平差计算资料及成果表；
d. 地籍勘丈原始记录；
e. 解析界址点成果表；
f. 地籍铅笔原图（计算机辅助成图除外）和着墨二底图、宗地图（土地证附图）；
g. 地籍图分幅接合表；
h. 面积量算表及原始记录：
i. 以街道为单位宗地面积汇总表（见附录 C）；
j. 城镇土地分类面积统计表（见附录 H）；
k. 检查验收报告；
l. 技术报告。

4 变更地籍调查

4.1 调查准备

a. 变更土地登记申请书；
b. 本宗地及相邻宗地的地籍档案；
c. 本宗地附近的地籍平面控制点资料；
d. 本宗地所在的基本地籍图；
e. 变更地籍调查通知书（见附录 1）；
f. 变更地籍调查表（见附录 E）。

4.2 调查内容

无论何种内容变更，都应根据申请变更登记内容到实地进行权属调查和地籍勘丈。

4.3 发送变更地籍调查通知书

根据变更土地登记申请，发送变更地籍调查通知书。有界址变更情况的，应通知申请者预先在实地分割界址点或自然变更的变更界址点上设立界址标记。

4.4 实地调查

4.4.1 实地调查勘丈时，应首先核对申请者、代理人的身份证明及申请原因、项目与申请书是否相符。

4.4.2 界址变更必须由变更宗地申请者及相邻宗地使用者亲自到场共同认定，并在变更地籍调查表上签名或盖章。相邻宗地使用者届时不到场，申请者或相，邻宗地使用者不签名或不盖章时，分别按 3.2.6.7 和 3.2.6.8 条款处理。

4.5 宗地分割或合并编号

无论宗地分割或合并，原宗地号一律不得再用。分割后的各宗地以原编号的支号顺序编列；数宗地合并后的宗地号以原宗地号中的最小宗地号加支号表示。如 18 号宗地分割成三块宗地，分割后的编号分别为 18—1，18—2，18—3；如 18—2 号宗地再分割成 2 宗地，则编号为 18—4，18—5；如 18—4 号宗地与 10 号宗地合并，则编号为 10—1，如 18—5 号宗地与 25 号宗地合并,则编号为18—6。

4.6 变更地籍勘丈方法

变更地籍勘丈(以下简称变更勘丈)的方法一般应采用解析法。暂不具备条件的可采用本规程规定的其他方法。其变更勘丈精度不应低于原精度。

无论采用何种变更勘丈方法,均应以地籍平面控制点或界址点为依据,首先检测本宗地及相邻宗地界址点间距,确认无误后再进行变更勘丈。

4.7 宗地草图

宗地草图应在变更勘丈过程中重新绘制,不得在原有宗地草图上划改或重复使用。

4.8 解析法分割宗地的要求

4.8.1 分割点在原界址线上时,可依申请者埋设的界标勘丈该分割点距两界址点距离后,计算分割点坐标;或用申请者给定的条件计算坐标后,于实地放样埋设界桩。

4.8.2 分割点在宗地内部时,依申请者埋设的分割界桩勘丈分割点的坐标。

4.9 图解法分割宗地的要求

4.9.1 分割点在原界址线上的,经勘丈其分段长度之和应与原界址线长度相符,并按分段长度展绘分割点于图上。

4.9.2 分割点在宗地内部的应按申请者所指点位,根据图上相关地物距离和实地相关地物距离的关系确定实地分割点位后,精确勘丈界址边长及几何关系长度。

4.10 面积量算

一宗地分割成数宗土地,其分割后数宗土地面积之和应与原宗地面积相符,如存在不符值时,其误差在限差范围内,按分割宗地面积比例配赋。

4.11 地籍图、表修正

地籍调查结束后,应对有关地籍图、表进行修正。

4.12 基本地籍图的更新

当在一幅图内或一个街坊内宗地变更面积超过1/2时,应对该图幅或街坊进行基本地籍图的更新勘丈。

附录A 地籍调查法人代表身份证明书

同志,在我单位任　　　　职务,系我单位法人代表,特此证明。

单位全称(盖章)

年　月　日

附注:

①该代表人办公地点:　　联系电话:

②企事业单位，机关、团体的主要负责人为本单位的法定代表人。

附录 B 指界委托书

县（市、区）土地管理局：

今委托 同志（性别： 年龄： 职务：）权代表本人出席 号土地权属界线现场指界。

委 托 人（盖章）

单 位（盖章）

委托代理人（盖章）

委托日期： 年 月 日

附注：

受委托人办公地点：

联系电话：

附录 C 界 标

C1 界标种类和适用范围

种 类	适 用 范 围
混凝土界址标桩 石灰界址标桩	在较为空旷地区的界址点和占地面积较大的机关、团体、企业、事业单位的界址点应埋设或现场浇筑混凝土界址标桩，泥土地面也可埋设石灰界址标桩。
带铝帽的钢钉界址标桩	在坚硬的路面或地面上的界址点应钻孔浇筑或钉设带铝帽的钢钉界址标桩。
带塑料套的钢棍界址标桩喷漆界址标志	在坚固的房墙（角）或围墙（角）等永久性建筑物处的界址点应钻孔浇筑带塑料套的钢棍界址标桩，也可设置喷漆界址标志。

C2 界标式样（标桩规格单位 mm）

C2.1 混凝土界址标桩（在地面上埋设）（略）

C2.2 石灰界址标桩（在地面上埋设）（略）

C2.3 带铝帽的钢钉界址标桩（在坚硬地面上钉设）（略）

C2.4 带塑料套的钢棍界址标桩〔在房、墙、（角）浇筑〕（略）

C2.5 喷漆界址标志（在墙上喷涂）（略）

附录 D 违约缺席定界通知书

现寄去地籍调查表一份（复印件），内有定界结果，如有异议，必须在通知收到后十五日内提出划界申请，并负担重新划界的全部费用，逾期不申请，按地籍调查表上定界结果为准。

____________市（县）土地管理局

一九 年 月 日

附录E 地籍调查表

地籍调查表　　　　　　　　　　　　编号:

＿＿＿＿区(县)＿＿＿＿街道＿＿＿＿号

年　月　日

初始、变更

土地使用者	名　称	
	性　质	
上级主管部门		
土　地　坐　落		

法人代表或户主			代　理　人		
姓　名	身份证号码	电话号码	姓名	身份证号码	电话号码

土地权属性质			
预编地籍号		地籍号	
所在图幅号			
宗地四至			
批准用途	实际用途		使用期限
共用使用权情况			
说　明			

界　址　标　示															
界址点号	界标种类					界址间距 m	界址线类别					界址线位置			备注
	钢钉	水泥桩	石灰桩	喷涂			围墙	墙壁				内	中	外	

界　址　线		邻　宗　地			本　宗　地		日期
起　点　号	终　点　号	地籍号	指界人姓名	签　章	指界人姓名	签　章	
界址调查员姓名							

权属调查记事及调查员意见: 调查员签名日期
地籍勘丈记事: 勘丈员签名日期
地籍调查结果审核意见: 审核人签章审核日期

填 表 说 明

1. 说明：

变更地籍调查时，将原使用人、土地坐落、地籍号及变更之主要原因在此栏内注明。

2. 宗地草图：

对较大的宗地本表幅面不够时，可加附页绘制附在宗地草图栏内。

3. 权属调查记事及调查员意见：

记录在权属调查中遇到的政策、技术上的问题和解决方法；如存在遗留问题，将问题记录下来，并尽可能提出解决意见等；记录土地登记申请书中有关栏目的填写与调查核实的情况是否一致，不一致的要根据调查情况作更正说明。

4. 地籍勘丈记事：

记录勘丈采用的技术方法和使用的仪器；勘丈中遇到的问题和解决办法；遗留问题并提出解决意见等。

5. 地籍调查结果审核意见：

对地籍调查结果是否合格进行评定。

6. 表内其他栏目可参照土地登记申请书中的填写说明填写。

附录 F　图式、图例

F1 符号规格（略）　　F2 图廓整饰（略）

F4 宗地图（略）　　F3 样图示例（略）

附录 G　以街道为单位宗地面积汇总表

__________市__________区__________街道

地项籍目	地类名称 （有二级类的列二级类）	地类代号	面积平方米	备注
2－(2)－1				
－2				
－3				
⋮				
⋮				
或				
2－1				
－2				
－3				
⋮				

注①一宗地内有两个以上土地使用权属单位（或个人），需在备注栏中注明各自建筑占地面积和建筑面积。

②一宗地内有两种以上用途，在表内填写地类名称，地类代号时，按主要用途填写。

附录 H 城镇土地分类面积统计表

填表单位: 面积单位:m^2,hm^2,km^2

行政单位	城镇土地总面积	商业金融业用地				工业仓储用地			市政用地			公共建设用地						住宅用地
		小计	商业服务业	旅游业	金融保险业	小计	工业	仓储	小计	市政公用设施	绿化	小计	文、体、娱	机关宣传	科研设计	教育	医卫	
		10	11	12	13	20	21	22	30	31	32	40	41	42	43	44	44	50

注:①表头单位名称是表内单位名称的高一级单位。

例如:表头是市,表内为区;表头是区,表内是街道;表头是街道,表内为土地使用者名称。

②面积单位可根据面积大小选用同一单位,将不用的单位划去。

行政单位	交通用地					特殊用地					水域用地	农用地					其他用地
	小计	铁路	民用机场	港口码头	其他交通	小计	军事设施	涉外	宗教	监狱		小计	水田	菜地	旱地	园地	
	60	61	62	63	64	70	71	72	73	74	80	90	91	92	93	94	00

附录 I 变更地籍调查通知书

根据你(或单位)提交的变更土地登记申请书,特定于月日时到现场进行变更地籍调查,请你(单位或户主)届时派代表到现场共同确认变更界址。如属申请分割界址或自然变更界址的,请预先在变更的界址点处设立界址标志。

土地管理机关盖章

一九　　年　月　日发出

建设部对《关于确定直管国有房屋土地使用权问题的请示》的答复

（〔93〕建房管字第32号 1993年9月30日）

湖北省建设厅：

接你厅"关于明确直管国有房屋土地使用权问题的请示"（鄂建〔1993〕243号），现答复如下。

我们认为，在当前贯彻中共中央、国务院加强宏观调控的精神，加强房地产市场宏观管理，促进房地产业健康持续发展的新形势下，有必要重申我国房地产管理一贯坚持和遵循的基本原则：

一、房屋所有权和该房屋占用的土地使用权的权利主体应当一致，房屋所有权人对该房屋占用的土地享有使用权。

解放以来，我国对待房屋所有权和该房屋占用的土地使用权的一贯原则是，不经取得土地使用权，不得进行地上建筑；地上建筑所有权转移时，连同所使用的房基地一并转移；合法取得的房屋所有权和土地使用，受国家法律保护。多年来，我国司法、规划和房地产管理机关都是按照这一原则，处理有关房地产权属问题的。

对国家基本法律中关于公民、法人合法民事权益的规定和法律保护，部门规章无权否定和变更。

二、房地产管理部门是直管国有房屋所有权和该房屋占用土地使用权的合法产权代表人。

由各地城市房地产管理部门管理的直管国有房屋，其所有权和该房屋所占用的土地使用权，属于地方人民政府，并由房地产管理部门代表政府进行管理与经营。

根据上述两个原则，1. 直管国有房屋长期出租给企事业单位使用的，土地使用权应当仍然归属房地产管理部门；2. 公共娱乐房屋（如影剧院、文化宫等）产权属于房地产管理部门的，其院落的土地使用权，应归属房地产管理部门；3. 单位与单位之间插花之地，包括直管公房与单位自管房之间的空地，原则上应按原批建时划定用地范围确定土地使用权界线；否则应作为未确定土地使用权的国有土地处理。

建设部关于国有直管公房的土地使用权登记有关问题的通知

(建房字第739号 1993年10月9日)

各省、自治区、直辖市建委(建设厅),计划单列市建委:

最近,河南、湖北、湖南、江西、江苏等地建委(建设厅)及一些城市房地产管理局来人、来函反映,这些地方的土地管理部门依照国家土地管理局(1989)国土籍字第73号《关于确定土地权属问题的若干意见》的规定,把房地产管理部门管理的国有直管公房的土地使用权确认给承租者,造成房地产管理秩序混乱,要求紧急制止这一做法。对此,我部曾多次发文阐述我部意见,现再就有关问题通知如下:

一、经国务院批准的建设部"三定"方案和国务院国发〔1989〕31号文件,都明确规定建设部是房地产业的行政主管部门。因此,其他部门凡与我部主管业务有关的文件,必须与我部协商、会签方属有效。国家土地管理局所发《确定土地权属问题的若干意见》,涉及我部房地产权属管理业务而未与我部协商,且文件内容与有关法规相抵触。因此,地方土地管理部门按此文件精神确认直管公房土地使用权的做法是错误的。

二、解放以来,我国一贯坚持房屋所有权与土地使用权主体一致的原则。即不经取得土地使用权,不得进行地上建筑;地上建筑所有权转移时,连同所使用的房基地一并转移;合法取得的房屋所有权和土地使用权,受国家法律保护。我国司法、法规和房地产管理机关都是按照这一原则处理房地产权属问题的。因此,房地产管理部门代表地方人民政府行使对直管公房的房屋所有权,应同时依法取得房基地的土地使用权。

三、关于土地登记中的有关问题,我部已向国务院报告提出我们的意见,国务院有关部门正在进行协调。请你们按照上述精神向地方政府汇报,及时制止地方土地管理部门将直管公房的土地使用权确认给房屋租用单位的错误做法,妥善处理好房地产产权关系的问题。

国家土地管理局关于对铁路用地登记发证问题的复函

（国土函字第9号 1994年1月19日）

黑龙江省土地管理局：

你局《关于铁路用地进行登记发证中所遇问题的请示》收悉。经研究，答复如下：

一、《铁路用地管理办法》所称铁路运输用地，系指铁路线路及两侧合法留用土地、车站和货场用地；铁路其他用地，系指铁路部门所属工业、商业、医疗、文教、住宅等用地。

二、根据1950年政务院《铁路留用土地办法》及《铁路留用土地办法的几点解释》精神，一般情况下，接收解放前敌伪铁路用地，依照接收文件及合法证明确权；解放后新建铁路用地，按依法征购、征用文件确权。

三、按照1951年政务院《关于铁路房地产纠纷问题处理的规定》精神，凡原铁路用地被其他单位占用，目前发生土地权属争议的，属于铁路运输业务必需的土地及地上留有铁路房产的土地，其使用权确定给铁路单位；已经依法办理有关批准手续或对铁路运输无直接妨碍的，则可将使用权确定给现使用单位。但1982年《国家建设征用土地条例》实施之后，未经政府批准占用或转让的原铁路用地，应依照有关规定予以处理后再确定使用权。

四、铁路运输系统用地可按铁路线路、较大车站和货场分别由铁路分局向当地土地管理部门申报登记，铁路其他用地应由具体用地单位（无法人资格的由铁路分局）按宗分别申报登记。大中型铁路用地单位内部有独立经济核算单位的；可分别划分宗地，单独登记发证。为了便于管理，对于特大宗地内由于用途不同，能够分别划分使用界线的，可适当进行分宗登记。

林业部关于已获得林权证的林地不再办理土地使用证的复函

(1994年4月20日)

吉林省林业厅:

你厅《关于国有林业企业对已取得使用权的林地是否还需到当地土地管理部门申报登记领取土地使用证》的请示(吉林法字〔1994〕第88号)收悉。现函复如下:

《土地管理法》第九条第三款规定:"确认林地、草原的所有权或者使用权,确认水面、滩涂的养殖使用权,分别依照《森林法》、《草原法》和《渔业法》的有关规定办理"《森林法》第三条第二款规定:"全民所有的和集体所有的森林;林木和林地,个人所有的林木和使用的林地,由县级以上地方人民政府登记造册,核发证书,确认所有权或者使用权"。1981年中共中央、国务院发布的《关于保护森林发展林业若干问题的决定》中规定"国家所有、集体所有或个人所有的林木和使用的林地","由县级以上人民政府颁发林权证"。可见,林权证既是关于林木也是关于林地权属的证书。

1989年4月,全国人大常委会法制工作委员会在给四川省重庆市人大常委会的复函中明确指出"对林地所有权或者使用权的登记造册和核发证书,应按森林法的规定执行。县级以上地方人民政府依照森林法的有关规定核发的确认林地所有权或者使用权的证书,也就是关于该土地所有权或者使用权的证书"。

国有林权证是林业部根据国务院国办通〔1989〕36号批复而向国营林业局核发的证书。因此,由林业行政主管部门负责办理、县级以上人民政府颁发的林权证,也就是该林地所有权或者使用权的法律凭证。凡依法取得国有林权证的,无需再到土地管理部门申报领取国有土地使用证,更不应再向土地管理部门缴纳土地详查和申报登记等费用。

铁路用地权属等问题的批复

(铁工务函〔1994〕411 号 1994 年 9 月 14 日)

呼和浩特铁路局:

你局《关于铁路用地权属及出租等问题的请示》(呼铁土〔1994〕435 号文)收悉。经研究批复如下:

一、铁路部门在解放初期依法接受的敌伪铁路房地产,其房产所有权、土地使用权依法属于铁路。

二、根据铁道部铁财〔1994〕4 号文件第二项规定,铁路土地使用权转让必须经铁道部批准,任何铁路单位都无权自行决定转让。

三、根据《中华人民共和国城镇国有土地使用权出让和转让暂行条件》第十九条规定,转让土地使用权包括出售、交换和赠与三种情况,而出租、借用土地不涉及到土地使用权转让问题。

四、你局与呼和浩特市粮食局第二仓库签订的铁路用地和地上建筑物租用协议,权利义务明确,不存在转让土地使用权问题,希你局积极配合人民法院,依法维护铁路的权益。

国家土地管理局、国家体改委制定《股份有限公司土地使用权管理暂行规定》*

(〔1994〕国土(法)字第153号 1994年12月3日)

为了贯彻《中华人民共和国公司法》,规范股份有限公司土地使用权管理,在总结股份制试点企业土地使用权管理经验的基础上,国家土地管理局、国家经济体制改革委员会最近联合制定并向各地下发了《股份有限公司土地使用权管理暂行规定》,要求各地严格遵照执行。《股份有限公司土地使用权管理暂行规定》全文如下:

第一条 为深化企业改革,优化配置土地资源,规范股份有限公司(以下简称公司)设立中的土地使用权管理,根据《中华人民共和国公司法》和国家关于土地法律、法规有关规定,制定本规定。

第二条 办理地价评估,必须依法进行土地使用权登记,取得《国有土地使用证》。尚未登记的,应向土地管理部门申请登记,领取土地使用权证书。

第三条 改建或新设公司使用的国有土地使用权必须评估。地价评估结果经县级或市级人民政府土地管理部门初审后,按本规定第六条规定的审批权限报批确认。

第四条 改建或新设为上市公司的,必须选择具有A级土地估价资格的评估机构进行地价评估;其他的应选择具有A级或B级土地估价资格的评估机构进行地价评估。

第五条 接受委托的评估机构,应与土地使用权持有者订立委托评估协议,按国家土地管理局颁布的《城镇土地估价规程》要求进行地价评估,并向土地使用权持有者和相应的土地管理部门提交土地估价报告。

第六条 由国务院授权部门批准设立的公司,其地价评估结果,向国家土地管理局申请确认;由省级人民政府批准设立的公司,其地价评估结果,向省级人民政府土地管理部门申请确认。

第七条 改建或新设公司应由土地使用权持有者拟订土地使用权处置方案。由国务院授权部门批准设立的公司,其土地使用权的处置方案,报国家土地管理局批准;由省级人民政府批准设立的公司,其土地使用权处置方案报省级人民政府土地管理部门批准。

第八条 企业可依法以出让方式取得土地使用权。在签订土地使用权出让合同、缴纳土地使用权出让金后,企业以出让方式取得的土地使用权,可以转让、出租或作价入股。持有土地使用权的公司,在土地使用权出让期限内,须承担土地使用权出让合同和土地登记文件所载明的权利和义务。

土地使用权转让、出租或入股的最高期限为土地使用权出让年期减去原企业以出让方式获取土地使用权后已使用的年期。

---

* 本篇法规已被《国土资源部关于停止执行部分规范性文件的通知》(发布日期:2003年2月20日 实施日期:2003年2月20日)停止执行。

第九条 国家以租赁方式将土地使用权租给公司的，定期收取租金。公司以租赁方式使用土地，必须签订租赁合同。以租赁方式使用的土地不得转让、转租、抵押。

第十条 国家根据需要，可以一定年期的国有土地使用权作价入股，经评估作价后，界定为国家股，由土地管理部门委托国有股权持股单位统一持有。土地管理部门应与国有股权持股单位签订委托持股合同。

第十一条 国家以国有土地使用权作价入股的，其土地使用权作价折算的股本额不得低于审核确认的土地使用权作价总额除以股票的溢价倍数；土地使用权作价入股占国有资产总股本的比例也不得低于土地使用权作价总额占进入股份制企业的国有资产总额的比例。

土地使用权折股及土地使用权出让金、租金数额的确定，均应以经审查确认的土地评估结果为基础。

第十二条 改建或新设的公司，凭公司审批机关的批准文件、土地使用权变更登记申请、土地使用权处置方案批准文件、土地使用权出让（租赁）合同、土地使用权出让金缴纳凭证及其他有关文件，按国家有关法律规定和《土地登记规则》的要求，向县级以上人民政府土地管理部门申请变更土地登记。

县级以上人民政府土地管理部门根据以上文件，并对用地情况进行复核后，办理变更土地登记，更换国有土地使用证。

第十三条 已经改建为公司的，没有进行土地使用权价格评估、处置方案审批和土地变更登记的，应当按本规定重新补办。

凡未按上述要求补办手续的公司，土地管理部门不予办理变更土地登记。

第十四条 改建或新设公司使用集体所有土地的，必须持公司审批机关的批准文件，向县级以上人民政府土地管理部门提出申请，按国家规定，经批准征为国有土地后，方可按本规定办理土地使用权评估、处置和变更登记手续。

第十五条 改建或新设有限责任公司的土地使用权管理，参照本规定执行。

第十六条 本规定自发布之日起施行。1992 年 7 月 9 日国家土地管理局、国家体改委联合发布的《股份制试点企业土地资产管理暂行规定》、1993 年 10 月 9 日发布的《关于到境外上市的股份制试点企业土地资产管理若干问题的通知》同时废止。

第十七条 本规定由国家土地管理局负责解释。

国家土地管理局关于贯彻《城市房地产管理法》做好土地登记工作的通知

(〔1995〕国土(籍)字第8号 1995年1月1日)

各省、自治区、直辖市及计划单列市土地(国土)管理局(厅)、解放军土地管理局、新疆生产建设兵团土地管理局:

《中华人民共和国城市房地产管理法》(以下称《城市房地产管理法》)已于1995年1月1日起施行,为了切实贯彻该法,加强土地登记工作,现就有关问题通知如下:

一、关于国有土地使用登记和变更登记

依法建立健全土地登记制度。无论以何种方式取得的土地使用权,都必须向县级以上地方人民政府土地管理部门申请登记,不经登记的土地使用权不是依法设定的,不受法律保护,也不能对抗第三者。

在已由土地管理部门登记发证的土地上建成房屋的,房产部门核发房产证后,由土地使用者持房产证书向土地管理部门申请变更土地登记,土地管理部门根据国有土地使用权出让合同或其他的用地批准文件对其进行审核后,进行变更土地登记,更改土地证书。

对土地使用权转让的,必须依照《城市房地产管理法》的有关规定办理转让变更土地登记手续,未按规定办理变更土地登记而擅自转让房地产的,其土地使用权转让为非法转让行为,土地管理部门应依照《土地管理法》第四十七条的规定予以查处。

二、关于国有土地使用权抵押登记

根据《城市房地产管理法》第六十一条和《城镇国有土地使用权出让和转让暂行条例》第三十五、三十八条的规定,土地使用权抵押必须办理抵押登记,在国家有关抵押登记办法出台前,各级土地管理部门可先与金融部门协商,制定具体的抵押登记的操作办法,切实做好土地使用权抵押登记工作,依法保护抵押当事人的合法权益。土地使用权抵押,必须评估地价,抵押金额一般不超过评估地价的80%。以划拨方式取得的国有土地使用权进行抵押的,确定抵押金额时,抵押权人还必须考虑《城市房地产管理法》第五十条规定的内容,抵押登记后发给抵押权人土地使用权抵押证明书,抵押土地使用权的土地证书不能交由抵押权人保管。国有土地使用权抵押未经土地管理部门登记的,其抵押行为不受法律保护,债务人不履行债务时,抵押权人也不能依法享有拍卖抵押房地产取得价款的优先受偿权。

三、关于国有土地使用权出租登记

根据《城镇国有土地使用权出让和转让暂行条例》第三十一条的规定,土地使用权出租,包括出租房屋等地上建筑物涉及土地使用权出租的,必须办理土地使用权出租登记。以划拨方式取得的土地使用权出租的,应按《城市房地产管理法》第五十五条办理,并在土地登记时

注明租金中所含土地收益，土地使用权出租登记后发给承租人土地使用权承租证明书。

四、关于商品房预售的登记备案

根据《城市房地产管理法》第四十四条的规定，商品房预售人应当将预售合同报县级以上地方人民政府房产管理部门和土地管理部门登记备案，商品房预售人必须在预售合同签订之日起三十日内，持预售合同及其他有关文件到土地所在地土地管理部门办理登记备案手续。土地管理部门根据商品房预售人的申请，建立商品房预售登记台账，逐项记录预售人和预购人名称、商品房所占土地位置、预售金额、交付使用日期、预售面积等内容。并在预售人预售商品房所占土地的土地登记卡上和土地证书备注栏内予以登记。同时，向预售人出具已办理登记备案的证明。

五、关于土地登记与房屋登记的关系

土地管理部门与房产管理部门，必须严格执行《城市房地产管理法》第六十条的规定，分别进行登记发证。有条件的地方，可以采取联合办公等形式搞好登记衔接。

在省、自治区、直辖市人民政府确定由一个部门统一负责房产管理和土地管理工作的地方，按《城市房地产管理法》第六十二条的规定，土地、房产证书可实行合一，但登记办法和证书格式及有关土地使用权的内容必须符合土地管理的法律、法规和技术规范的要求。土地、房产合一的证书中有关土地的内容和格式必须报国家土地管理局审批。

在贯彻《城市房地产管理法》过程中，各级土地管理部门要加强对土地登记的宣传，提高用地单位、个人以及社会对土地登记重要性的认识，使土地登记的法律作用得以发挥，以加快土地登记制度的建立，发挥土地登记管理土地市场，维护土地所有者和使用者的合法权益的重要作用。

确定土地所有权和使用权的若干规定

(〔1995〕国土(籍)字第26号 国家土地管理局 1995年4月9日)

第一章 总 则

第一条 为了确定土地所有权和使用权,依法进行土地登记,根据有关的法律、法规和政策,制订本规定。

第二条 土地所有权和使用权由县级以上人民政府确定,土地管理部门具体承办。

土地权属争议,由土地管理部门提出处理意见,报人民政府下达处理决定或报人民政府批准后由土地管理部门下达处理决定。

第二章 国家土地所有权

第三条 城市市区范围内的土地属于国家所有。

第四条 依据一九五零年《中华人民共和国土地改革法》及有关规定,凡当时没有将土地所有权分配给农民的土地属于国家所有;实施一九六二年《农村人民公社工作条例修正草案》(以下简称《六十条》)未划入农民集体范围内的土地属于国家所有。

第五条 国家建设征用的土地,属于国家所有。

第六条 开发利用国有土地,开发利用者依法享有土地使用权,土地所有权仍属国家。

第七条 国有铁路线路、车站、货场用地以及依法留用的其他铁路用地属于国家所有。土改时已分配给农民所有的原铁路用地和新建铁路两侧未经征用的农民集体所有土地属于农民集体所有。

第八条 县级以上(含县级)公路线路用地属于国家所有。公路两侧保护用地和公路其他用地凡未经征用的农民集体所有的土地仍属于农民集体所有。

第九条 国有电力、通讯设施用地属于国家所有。但国有电力通讯杆塔占用农民集体所有的土地,未办理征用手续的,土地仍属于农民集体所有,对电力通讯经营单位可确定为他项权利。

第十条 军队接收的敌伪地产及解放后经人民政府批准征用、划拨的军事用地属于国家所有。

第十一条 河道堤防内的土地和堤防外的护堤地,无堤防河道历史最高洪水位或者设计洪水位以下的土地,除土改时已将所有权分配给农民,国家未征用,且迄今仍归农民集体使用的外,属于国家所有。

第十二条 县级以上(含县级)水利部门直接管理的水库、渠道等水利工程用地属于国家所有。水利工程管理和保护范围内未经征用的农民集体土地仍属于农民集体所有。

第十三条 国家建设对农民集体全部进行移民安置并调剂土地后,迁移农民集体原有土地转为国家所有。但移民后原集体仍继续使用的集体所有土地，国家未进行征用的，其所有权不变。

第十四条 因国家建设征用土地，农民集体建制被撤销或其人口全部转为非农业人口，其未经征用的土地，归国家所有。继续使用原有土地的原农民集体及其成员享有国有土地使用权。

第十五条 全民所有制单位和城镇集体所有制单位兼并农民集体企业的，办理有关手续后，被兼并的原农民集体企业使用的集体所有土地转为国家所有。乡（镇）企业依照国家建设征用土地的审批程序和补偿标准使用的非本乡（镇）村农民集体所有的土地，转为国家所有。

第十六条 一九六二年九月《六十条》公布以前，全民所有制单位，城市集体所有制单位和集体所有制的华侨农场使用的原农民集体所有的土地（含合作化之前的个人土地），迄今没有退给农民集体的，属于国家所有。

《六十条》公布时起至一九八二年五月《国家建设征用土地条例》公布时止，全民所有制单位、城市集体所有制单位使用的原农民集体所有的土地，有下列情形之一的，属于国家所有：

1. 签订过土地转移等有关协议的；
2. 经县级以上人民政府批准使用的；
3. 进行过一定补偿或安置劳动力的；
4. 接受农民集体馈赠的；
5. 已购买原集体所有的建筑物的；
6. 农民集体所有制企事业单位转为全民所有制或者城市集体所有制单位的。

一九八二年五月《国家建设征用土地条例》公布时起至一九八七年《土地管理法》开始施行时止，全民所有制单位、城市集体所有制单位违反规定使用的农民集体土地，依照有关规定进行了清查处理后仍由全民所有制单位、城市集体所有制单位使用的，确定为国家所有。

凡属上述情况以外未办理征地手续使用的农民集体土地，由县级以上地方人民政府根据具体情况，按当时规定补办征地手续，或退还农民集体。一九八七年《土地管理法》施行后违法占用的农民集体土地，必须依法处理后，再确定土地所有权。

第十七条 一九八六年三月中共中央、国务院《关于加强土地管理、制止乱占耕地的通知》发布之前，全民所有制单位、城市集体所有制单位租用农民集体所有的土地，按照有关规定处理后，能够恢复耕种的，退还农民集体耕种，所有权仍属于农民集体；已建成永久性建筑物的，由用地单位按租用时的规定，补办手续，土地归国家所有。凡已经按照有关规定处理了的，可按处理决定确定所有权和使用权。

第十八条 土地所有权有争议，不能依法证明争议土地属于农民集体所有的，属于国家所有。

第三章 集体土地所有权

第十九条 土地改革时分给农民并颁发了土地所有证的土地，属于农民集体所有；实施《六十条》时确定为集体所有的土地，属农民集体所有。依照第二章规定属于国家所有的除外。

第二十条 村农民集体所有的土地，按目前该村农民集体实际使用的本集体土地所有权界线确定所有权。

根据《六十条》确定的农民集体土地所有权，由于下列原因发生变更的，按变更后的现状确定集体土地所有权。

（一）由于村、队、社、场合并或分割等管理体制的变化引起土地所有权变更的；

（二）由于土地开发、国家征地、集体兴办企事业或者自然灾害等原因进行过土地调整的；

（三）由于农田基本建设和行政区划变动等原因重新划定土地所有权界线的。行政区划变动未涉及土地权属变更的，原土地权属不变。

第二十一条 农民集体连续使用其他农民集体所有的土地已满二十年的，应视为现使用者所有；连续使用不满二十年，或者虽满二十年但在二十年期满之前所有者曾向现使用者或有关部门提出归还的，由县级以上人民政府根据具体情况确定土地所有权。

第二十二条 乡（镇）或村在集体所有的土地上修建并管理的道路、水利设施用地，分别属于乡（镇）或村农民集体所有。

第二十三条 乡（镇）或村办企事业单位使用的集体土地，《六十条》公布以前使用的，分别属于该乡（镇）或村农民集体所有；《六十条》公布时起至一九八二年国务院《村镇建房用地管理条例》发布时止使用的，有下列情况之一的，分别属于该乡（镇）或村农民集体所有：

1. 签订过用地协议的（不含租借）；

2. 经县、乡（公社）、村（大队）批准或同意，并进行了适当的土地调整或者经过一定补偿的；

3. 通过购买房屋取得的；

4. 原集体企事业单位体制经批准变更的。

一九八二年国务院《村镇建房用地管理条例》发布时起至一九八七年《土地管理法》开始施行时止，乡（镇）、村办企事业单位违反规定使用的集体土地按照有关规定清查处理后，乡（镇）、村集体单位继续使用的，可确定为该乡（镇）或村集体所有。

乡（镇）、村办企事业单位采用上述以外的方式占用的集体土地，或虽采用上述方式，但目前土地利用不合理的，如荒废、闲置等，应将其全部或部分土地退还原村或乡农民集体，或按有关规定进行处理。一九八七年《土地管理法》施行后违法占用的土地，须依法处理后再确定所有权。

第二十四条 乡（镇）企业使用本乡（镇）、村集体所有的土地，依照有关规定进行补偿和安置的，土地所有权转为乡（镇）农民集体所有。经依法批准的乡（镇）、村公共设施、公益事业使用的农民集体土地，分别属于乡（镇）、村农民集体所有。

第二十五条 农民集体经依法批准以土地使用权作为联营条件与其他单位或个人举办联营企业的，或者农民集体经依法批准以集体所有的土地的使用权作价入股，举办外商投资企业和内联乡镇企业的，集体土地所有权不变。

第四章 国有土地使用权

第二十六条 土地使用权确定给直接使用土地的具有法人资格的单位或个人。但法律、法规、政策和本规定另有规定的除外。

第二十七条 土地使用者经国家依法划拨、出让或解放初期接收、沿用，或通过依法转让、继承、接受地上建筑物等方式使用国有土地的，可确定其国有土地使用权。

第二十八条 土地公有制之前，通过购买房屋或土地及租赁土地方式使用私有的土地，土地转为国有后迄今仍继续使用的，可确定现使用者国有土地使用权。

第二十九条 因原房屋拆除、改建或自然坍塌等原因，已经变更了实际土地使用者的，经依法审核批准，可将土地使用权确定给实际土地使用者；空地及房屋坍塌或拆除后两年以上仍未恢复使用的土地，由当地县级以上人民政府收回土地使用权。

第三十条 原宗教团体、寺观教堂宗教活动用地，被其他单位占用，原使用单位因恢复宗教活动需要退还使用的，应按有关规定予以退还。确属无法退还或土地使用权有争议的，经协商、处理后确定土地使用权。

第三十一条 军事设施用地（含靶场、试验场、训练场）依照解放初土地接收文件和人民政府批准征用或划拨土地的文件确定土地使用权。土地使用权有争议的，按照国务院、中央军委有关文件规定处理后，再确定土地使用权。

国家确定的保留或地方代管的军事设施用地的土地使用权确定给军队，现由其他单位使用的，可依照有关规定确定为他项权利。

经国家批准撤销的军事设施，其土地使用权依照有关规定由当地县级以上人民政府收回并重新确定使用权。

第三十二条 依法接收、征用、划拨的铁路线路用地及其他铁路设施用地，现仍由铁路单位使用的，其使用权确定给铁路单位。铁路线路路基两侧依法取得使用权的保护用地，使用权确定给铁路单位。

第三十三条 国家水利、公路设施用地依照征用、划拨文件和有关法律、法规划定用地界线。

第三十四条 驻机关、企事业单位内的行政管理和服务性单位，经政府批准使用的土地，可以由土地管理部门商被驻单位规定土地的用途和其他限制条件后分别确定实际土地使用者的土地使用权。但租用房屋的除外。

第三十五条 原由铁路、公路、水利、电力、军队及其他单位和个人使用的土地，一九八二年五月《国家建设征用土地条例》公布之前，已经转由其他单位或个人使用的，除按照国家法律和政策应当退还的外，其国有土地使用权可确定给实际土地使用者，但严重影响上述部门的设施安全和正常使用的，暂不确定土地使用权，按照有关规定处理后，再确定土地使用权。一九八二年五月以后非法转让的，经依法处理后再确定使用权。

第三十六条 农民集体使用的国有土地，其使用权按县级以上人民政府主管部门审批、划拨文件确定；没有审批、划拨文件的，依照当时规定补办手续后，按使用现状确定；过去未明确划定使用界线的，由县级以上人民政府参照土地实际使用情况确定。

第三十七条 未按规定用途使用的国有土地，由县级以上人民政府收回重新安排使用，或者按有关规定处理后确定使用权。

第三十八条 一九八七年一月《土地管理法》施行之前重复划拨或重复征用的土地，可按目前实际使用情况或者根据最后一次划拨或征用文件确定使用权。

第三十九条 以土地使用权为条件与其他单位或个人合建房屋的，根据批准文件、合建协议或者投资数额确定土地使用权，但一九八二年《国家建设征用土地条例》公布后合建的，应依法办理土地转让手续后再确定土地使用权。

第四十条 以出让方式取得的土地使用权或以划拨方式取得的土地使用权补办出让手续后作为资产入股的，土地使用权确定给股份制企业。

国家以土地使用权作价入股的，土地使用权确定给股份制企业。

国家将土地使用权租赁给股份制企业的，土地使用权确定给股份制企业。企业以出让方式取得的土地使用权或以划拨方式取得的土地使用权补办出让手续后，出租给股份制企业的，土地使用权不变。

第四十一条 企业以出让方式取得的土地使用权，企业破产后，经依法处置，确定给新的受让人;企业通过划拨方式取得的土地使用权,企业破产时,其土地使用权由县级上人民政府收回后,根据有关规定进行处置。

第四十二条 法人之间合并,依法属于应当以有偿方式取得土地使用权的,原土地使用权应当办理有关手续,有偿取得土地使用权;依法可以以划拨形式取得土地使用权的,可以办理划拨土地权属变更登记,取得土地使用权。

第五章 集体土地建设用地使用权

第四十三条 乡(镇)村办企业事业单位和个人依法使用农民集体土地进行非农业建设的,可依法确定使用者集体土地建设用地使用权。对多占少用、占而不用的,其闲置部分不予确定使用权,并退还农民集体,另行安排使用。

第四十四条 依照本规定第二十五条规定的农民集体土地,集体土地建设用地使用权确定给联营或股份企业。

第四十五条 一九八二年二月国务院发布《村镇建房用地管理条例》之前农村居民建房占用的宅基地,超过当地政府规定的面积,在《村镇建房用地管理条例》施行后未经拆迁、改建、翻建的,可以暂按现有实际使用面积确定集体土地建设用地使用权。

第四十六条 一九八二年二月《村镇建房用地管理条例》发布时起至一九八七年一月《土地管理法》开始施行时止,农村居民建房占用的宅基地,其面积超过当地政府规定标准的,超过部分按一九八六年三月中共中央、国务院《关于加强土地管理、制止乱占耕地的通知》及地方人民政府的有关规定处理后,按处理后实际使用面积确定集体土地建设用地使用权。

第四十七条 符合当地政府分户建房规定而尚未分户的农村居民,其现有的宅基地没有超过分户建房用地合计面积标准的,可按现有宅基地面积确定集体土地建设用地使用权。

第四十八条 非农业户口居民(含华侨)原在农村的宅基地,房屋产权没有变化的,可依法确定其集体土地建设用地使用权。房屋拆除后没有批准重建的,土地使用权由集体收回。

第四十九条 接受转让、购买房屋取得的宅基地,与原有宅基地合计面积超过当地政府规定标准,按照有关规定处理后允许继续使用的,可暂确定其集体土地建设用地使用权。继承房屋取得的宅基地,可确定集体土地建设用地使用权。

第五十条 农村专业户宅基地以外的非农业建设用地与宅基地分别确定集体土地建设用地使用权。

第五十一条 按照本规定第四十五条至第四十九条的规定确定农村居民宅基地集体土地建设用地使用权时,其面积超过当地政府规定标准的,可在土地登记卡和土地证书内注明超过标准面积的数量。以后分户建房或现有房屋拆迁、改建、翻建或政府依法实施规划重新建设时,按当地政府规定的面积标准重新确定使用权,其超过部分退还集体。

第五十二条 空闲或房屋坍塌、拆除两年以上未恢复使用的宅基地,不确定土地使用权。已经确定使用权的,由集体报经县级人民政府批准,注销其土地登记,土地由集体收回。

第六章 附 则

第五十三条 一宗地由两个以上单位或个人共同使用的,可确定为共有土地使用权。共有土地使用权面积可以在共有使用人之间分摊。

第五十四条 地面与空中、地面与地下立体交叉使用土地的(楼房除外),土地使用权确定给地面使用者,空中和地下可确定为他项权利。

平面交叉使用土地的,可以确定为共有土地使用权;也可以将土地使用权确定给主要用途或优先使用单位,次要和服从使用单位可确定为他项权利。

上述两款中的交叉用地,如属合法批准征用、划拨的,可按批准文件确定使用权,其他用地单位确定为他项权利。

第五十五条 依法划定的铁路、公路、河道、水利工程、军事设施、危险品生产和储存地、风景区等区域的管理和保护范围内的土地,其土地的所有权和使用权依照土地管理有关法规确定。但对上述范围内的土地的用途,可以根据有关的规定增加适当的限制条件。

第五十六条 土地所有权或使用权证明文件上的四至界线与实地一致,但实地面积与批准面积不一致的,按实地四至界线计算土地面积,确定土地的所有权或使用权。

第五十七条 他项权利依照法律或当事人约定设定。他项权利可以与土地所有权或使用权同时确定,也可在土地所有权或使用权确定之后增设。

第五十八条 各级人民政府或人民法院已依法处理的土地权属争议,按处理决定确定土地所有权或使用权。

第五十九条 本规定由国家土地管理局负责解释。

第六十条 本规定自一九九五年五月一日起施行。一九八九年七月五日国家土地管理局印发的《关于确定土地权属问题的若干意见》同时停止执行。

国家土地管理局土地登记规则

（〔1995〕国土（法）字第184号 1996年2月1日）

第一章 总 则

第一条 根据《中华人民共和国土地管理法》、《中华人民共和国城市房地产管理法》规定，为建立土地登记制度，维护土地的社会主义公有制，保障土地权利人的合法权益，特制定本规则。

第二条 土地登记是国家依法对国有土地使用权、集体土地所有权、集体土地使用权和土地他项权利的登记。

本规则所称土地他项权利，是指土地使用权和土地所有权以外的土地权利，包括抵押权、承租权以及法律、行政法规规定需要登记的其他土地权利。

土地登记分为初始土地登记和变更土地登记。初始土地登记又称总登记，是指在一定时间内，对辖区全部土地或者特定区域的土地进行的普遍登记；变更土地登记，是指初始土地登记以外的土地登记，包括土地使用权、所有权和土地他项权利设定登记，土地使用权、所有权和土地他项权利变更登记，名称、地址和土地用途变更登记，注销土地登记等。

第三条 国有土地使用者、集体土地所有者、集体土地使用者和土地他项权利者，必须依照本规则规定，申请土地登记。

申请土地登记，申请者可以授权委托代理人办理。授权委托书应当载明委托事项和权限。

依法登记的土地使用权、所有权和土地他项权利受法律保护，任何单位和个人不得侵犯。

第四条 土地登记以县级行政区为单位组织进行。具体工作由县级以上人民政府土地管理部门负责。

第五条 土地登记以宗地为基本单元。

拥有或者使用两宗以上土地的土地使用者或土地所有者，应当分宗申请登记。

两个以上土地使用者共同使用一宗土地的，应当分别申请登记。

跨县级行政区使用土地的，应当分别向土地所在地县级以上地方人民政府土地管理部门申请登记。

第六条 土地登记依照下列程序进行：

（一）土地登记申请；

（二）地籍调查；

（三）权属审核；

（四）注册登记；

（五）颁发或者更换土地证书。

第七条 国家土地管理局主管全国的土地登记工作。

县级以上地方人民政府土地管理部门主管本行政区域内的土地登记工作。

第二章　初始土地登记

第八条　初始土地登记，由县级以上地方人民政府发布通告。通告的主要内容包括：

（一）土地登记区的划分；

（二）土地登记的期限；

（三）土地登记收件地点；

（四）土地登记申请者应当提交的有关证件；

（五）其他事项。

第九条　国有土地使用权由使用国有土地的单位及法定代表人或者使用国有土地的个人申请登记。

集体土地所有权由村民委员会或者农业集体经济组织及法定代表人申请登记。

集体土地使用权由使用集体土地的单位及法定代表人或者使用集体土地的个人申请登记。

土地他项权利需要单独申请的，由有关权利人申请登记。

第十条　土地登记申请者申请土地使用权、所有权和土地他项权利登记，必须向土地管理部门提交下列文件资料：

（一）土地登记申请书；

（二）单位、法定代表人证明，个人身份证明或者户籍证明；

（三）土地权属来源证明；

（四）地上附着物权属证明。

委托代理人申请土地登记的，还应当提交授权委托书和代理人资格身份证明。

第十一条　申请土地登记，申请者须向土地管理部门领取土地登记申请书。

土地登记申请书应当载明下列基本事项，并由申请者签名盖章：

（一）申请者名称、地址；

（二）土地坐落、面积、用途、等级、价格；

（三）土地所有权、使用权和土地他项权利权属来源证明；

（四）其他事项。

第十二条　土地管理部门接受土地登记申请者提交的申请书及权属来源证明，应当在收件簿上载明名称、页数、件数，并给申请者开具收据。

第十三条　土地管理部门负责组织辖区内的地籍调查。地籍调查规程由国家土地管理局制定。

第十四条　土地管理部门应当根据地籍调查和土地定级估价成果，对土地权属面积、用途、等级、价格等逐宗进行全面审核，填写土地登记审批表。

土地登记审批表以宗地为单位填写。两个以上土地使用者共同使用一宗土地的，应当分别填写土地登记审批表。

第十五条　经土地管理部门审核，对认为符合登记要求的宗地予以公告。

公告的主要内容包括：

（一）土地使用者、所有者和土地他项权利者的名称、地址；

（二）准予登记的土地权属性质、面积、坐落；

(三)土地使用者、所有者和土地他项权利者及其他土地权益有关者提出异议的期限、方式和受理机关;

(四)其他事项。

第十六条 土地登记申请者及其他土地权益有关者在公告规定的期限内,可以向土地管理部门申请复查,并按规定缴纳复查费。经复查无误的,复查费不予退还;经复查确有差错的,复查费由造成差错者承担。

第十七条 土地登记过程中的土地权属争议,按照《中华人民共和国土地管理法》第十三条 规定进行处理后,再行登记。

第十八条 公告期满,土地使用者、所有者和土地他项权利者及其他土地权益有关者对土地登记审核结果未提出异议的,由人民政府批准后,按照以下规定办理注册登记:

(一)根据对土地登记申请的调查审核结果,以宗地为单位逐项填写土地登记卡,并由登记人员和土地管理部门主管领导在土地登记卡的经办人、审核人栏签字;

(二)根据土地登记卡的有关内容填写土地归户卡,并由登记人员在土地归户卡的经办人栏签字。土地归户卡以权利人为单位填写,凡在一个县级行政区范围内对两宗以上土地拥有权利的,应当填写在同一土地归户卡上;

(三)根据土地登记卡的相关内容填写土地证书。土地证书以宗地为单位填写。两个以上土地使用者共同使用一宗土地的,应当分别填写土地证书。

第十九条 由县级以上地方人民政府向国有土地使用者、集体土地所有者、集体土地使用者分别颁发《国有土地使用证》、《集体土地所有证》和《集体土地使用证》。

县级以上地方人民政府土地管理部门向土地他项权利者颁发土地他项权利证明书。

第二十条 尚未确定土地使用权、所有权的土地,由土地管理部门进行登记造册,不发土地证书。

第二十一条 本章除有关通告和公告的规定外适用于变更土地登记。

第三章 土地使用权、所有权和土地他项权利设定登记

第二十二条 设定土地使用权、所有权和土地他项权利,必须依照本章规定向土地管理部门申请登记。

第二十三条 以划拨方式取得国有土地使用权的,按照以下规定办理土地登记手续:

(一)新开工的大中型建设项目使用划拨国有土地的,建设单位应当在接到县级以上人民政府发给的建设用地批准书之日起三十日内,持建设用地批准书申请土地预登记。建设项目竣工验收后,建设单位应当在该建设项目竣工验收之日起三十日内,持建设项目竣工验收报告和其他有关文件申请国有土地使用权设定登记;

(二)其他项目使用划拨国有土地的,土地使用单位或者个人应当在接到县级以上人民政府批准用地文件之日起三十日内,持批准用地文件申请国有土地使用权设定登记。

划拨新征用农村集体所有土地的,被征地单位应当依照本规则规定,同时申请集体土地所有权注销登记或者变更登记。

第二十四条 集体土地依法转为国有土地后,原集体土地使用者继续使用该国有土地的,应当在土地所有权性质变更后三十日内,持原《集体土地使用证》和其他有关文件申请国有土地使用权设定登记。

第二十五条 使用本集体土地进行建设或者生产的，集体土地使用单位或者个人应当在接到有批准权的地方人民政府批准用地文件或者农地使用合同签订之日起三十日内，持批准用地文件或者农地使用合同申请集体土地使用权设定登记。

第二十六条 以出让方式取得国有土地使用权的，受让方应当在按出让合同约定支付全部土地使用权出让金后三十日内，持土地使用权出让合同和土地使用权出让金支付凭证申请国有土地使用权设定登记。

成片开发用地采取一次出让、分期付款、分期提供出让国有土地使用权的，受让方应当在每期付款后三十日内，持土地使用权出让合同和土地使用权出让金支付凭证申请国有土地使用权设定登记。

第二十七条 国家将国有土地使用权以作价入股方式让与股份制企业的，该企业应当在签订入股合同之日起三十日内，持土地使用权入股合同和其他有关证明文件申请国有土地使用权设定登记。

第二十八条 依法向政府土地管理部门承租国有土地的，承租人应当在签订租赁合同之日起三十日内持土地租赁合同和其他有关证明文件申请承租国有土地使用权登记。

第二十九条 依法抵押土地使用权的，当事人应当在抵押合同签订后十五日内，持抵押合同以及有关文件申请土地使用权抵押登记。土地管理部门应当在被抵押土地的土地登记卡上登记，并向抵押权人颁发土地他项权利证明书。

同一宗地多次抵押时，以收到抵押登记申请先后为序办理抵押登记和实现抵押权。

第三十条 有出租权的土地使用者依法出租土地使用权的，出租人与承租人应当在租赁合同签订后十五日内，持租赁合同及有关文件申请土地使用权出租登记。土地管理部门应当在出租土地的土地登记卡上进行登记，并向承租人颁发土地他项权利证明书。

第三十一条 设定法律、行政法规规定需要登记的其他土地他项权利的，当事人应当在确定之日起十五日内，申请设定登记。

第四章 土地使用权、所有权和土地他项权利变更登记

第三十二条 依法变更土地使用权、所有权和土地他项权利的，必须依照本章规定向土地管理部门申请登记。

第三十三条 申请土地使用权、所有权变更登记时，申请者应当依照规定申报地价；未申报地价的，按宗地标定地价进行登记。

第三十四条 划拨土地使用权依法办理土地使用权出让手续的，土地使用者应当在缴纳土地使用权出让金后三十日内，持土地使用权出让合同、出让金缴纳凭证及原《国有土地使用证》申请变更登记。

第三十五条 企业将通过出让或者国家入股等形式取得的国有土地使用权，再以入股方式转让的，转让双方当事人应当在入股合同签订之日起三十日内，持以出让或者国家入股等方式取得土地使用权的合法凭证、入股合同和原企业的《国有土地使用证》申请变更登记。

第三十六条 集体土地所有者将集体土地使用权作为联营条件兴办三资企业和内联企业的，双方当事人应当在联营合同签订后三十日内，持县级以上人民政府批准文件和入股合同申请变更登记。

第三十七条 有下列情形之一的，土地使用权转让双方当事人应当在转让合同或者协议

签订后三十日内,涉及房产变更的,在房产变更登记发证后十五日内,持转让合同或者协议、土地税费缴纳证明文件和原土地证书等申请变更登记:

(一)依法转让土地使用权的;

(二)因买卖、转让地上建筑物、附着物等一并转移土地使用权的;

房屋所有权变更而使土地使用权变更的,在申请变更登记时,应当提交变更后的房屋所有权证书。

第三十八条 因单位合并、分立、企业兼并等原因引起土地使用权变更的,有关各方应当在合同签订后三十日内或者在接到上级主管部门的批准文件后三十日内,持合同或者上级主管部门的批准文件和原土地证书申请变更登记。

第三十九条 因交换、调整土地而发生土地使用权、所有权变更的,交换、调整土地的各方应当在接到交换、调整协议批准文件后三十日内,持协议、批准文件和原土地证书共同申请变更登记。

第四十条 因处分抵押财产而取得土地使用权的、取得土地使用权的权利人和原抵押人应当在抵押财产处分后三十日内,持有关证明文件申请变更登记。

第四十一条 商品房预售,预售人应当在预售合同签订后三十日内,将预售合同报县级以上人民政府房产管理部门和土地管理部门登记备案。

县级以上人民政府土地管理部门建立商品房预售合同登记备案簿,记录预售人和预购人名称、商品房所占土地位置、预售金额、交付使用日期、预售面积等内容。

第四十二条 出售公有住房,售房单位与购房职工应当在县级以上地方人民政府房产管理部门登记房屋所有权之日起三十日内,持公房出售批准文件、售房合同、房屋所有权证书和售房单位原土地证书申请变更登记。

第四十三条 土地使用权抵押期间,抵押合同发生变更的,抵押当事人应当在抵押合同发生变更后十五日内,持有关文件申请变更登记。

第四十四条 土地使用权出租期间,租赁合同发生变更的,出租人和承租人应当在租赁合同发生变更后十五日内,持有关文件申请变更登记。

第四十五条 变更法律、行政法规规定需要登记的其他土地他项权利的,当事人应当在变更之日起十五日内,申请变更登记。

第四十六条 依法继承土地使用权和土地他项权利的,继承人应当在办理继承手续后三十日内,持有关证明文件申请变更登记。

第四十七条 其他形式的土地使用权、所有权和土地他项权利变更,当事人应当在发生变更之日起三十日内,持有关证明文件申请变更登记。

第五章 名称、地址和土地用途变更登记

第四十八条 土地使用者、所有者和土地他项权利者更改名称、地址和依法变更土地用途的,必须依照本章规定向土地管理部门申请登记。

第四十九条 土地使用者、所有者和土地他项权利者更改名称、地址的,应当在名称、地址发生变更之日起三十日内,持有关证明文件申请名称、地址变更登记。

第五十条 国有土地的用途发生变更的,土地使用者应当在批准变更之日起三十日内,持有关部门批准文件和原《国有土地使用证》申请土地用途变更登记。以出让方式取得国有土

地使用权的用途发生变更的,土地使用者还应当提交签订的土地使用权出让合同变更协议或者重新签订的土地使用权出让合同。

第五十一条 农村集体所有土地进行农业结构调整涉及已登记地类变化的,集体土地所有者应当在农业结构调整后三十日内,持批准文件、《集体土地所有证》和《集体土地使用证》申请土地用途变更登记。

第五十二条 集体土地建设用地的用途发生变更的,土地使用者应当在接到有批准权的地方人民政府批准文件之日起三十日内,持批准文件和原《集体土地使用证》申请土地变更登记。

第六章 注销土地登记

第五十三条 集体所有的土地依法被全部征用或者农业集体经济组织所属成员依法将建制转为城镇居民的,应当在集体土地被全部征用或者办理农转非的同时,注销集体土地所有权登记。

第五十四条 县级以上人民政府依法收回国有土地使用权的,土地管理部门在收回土地使用权的同时,办理国有土地使用权注销登记,注销土地证书。

第五十五条 国有土地使用权出让或者租赁期满,未申请续期或者续期申请未获批准的,原土地使用者应当在期满之日前十五日内,持原土地证书申请国有土地使用权注销登记。

第五十六条 因自然灾害等造成土地权利灭失的,原土地使用者或者土地所有者应当持原土地证书及有关证明材料,申请土地使用权或者土地所有权注销登记。

第五十七条 土地他项权利终止,当事人应当在该土地他项权利终止之日起十五日内,持有关证明文件申请土地他项权利注销登记。

第五十八条 土地使用者、所有者和土地他项权利者未按照本规则规定申请注销登记的,土地管理部门可以依照规定直接办理注销土地登记,注销土地证书。

第七章 土地登记文件资料

第五十九条 土地登记形成的文件资料主要有以下几种:

(一)土地登记申请书;

(二)土地登记收件单;

(三)土地权属证明文件、资料;

(四)土地登记审批表;

(五)地籍图;

(六)土地登记簿(卡);

(七)土地证书签收簿;

(八)土地归户册(卡);

(九)土地登记复查申请表;

(十)土地登记复查结果表;

(十一)确权过程中形成的协议书、决定书等文件、资料。

土地登记文件资料由土地管理部门指定专人管理、更新、提供应用。

第六十条 土地登记卡以街道(乡、镇)为单位,按街坊(村)及宗地号顺序排列组装土地登记簿。

宗地分割的,在原土地登记卡顺序上按宗地分割后支号的顺序排列。

宗地合并的,以合并后的宗地号顺序排列。

第六十一条 土地归户卡以县级行政区为单位,按土地权利人名称第一个字(或姓氏)笔划排列组装土地归户册。

第六十二条 土地登记文件资料的查阅,按照土地管理部门规定办理。未经允许不得向第三者提供或者公布。

土地使用权转让、抵押和出租应当以土地登记文件资料为准。需要查询土地登记文件资料的,受让人、抵押权人和承租人应当提出书面请求。凡符合查询规定的,土地管理部门应当出具书面查询结果或资料。

第六十三条 任何单位和个人不得伪造、擅自涂改和复制土地证书、土地登记文件资料。

第六十四条 《国有土地使用证》、《集体土地所有证》、《集体土地使用证》和土地他项权利证明书式样由国家土地管理局统一制定,由国家土地管理局或其授权的单位统一印制。

土地登记卡和土地归户卡由国家土地管理局统一格式,由县级以上地方人民政府土地管理部门印制。

土地登记所需的其他表、卡、簿按照国家土地管理局制定的基本格式要求,各省、自治区、直辖市人民政府土地管理部门可进行适当补充规定。

任何单位和个人不得非法印制土地证书。非法印制的土地证书无效。

第六十五条 土地登记卡是土地登记的主件,也是土地使用权、所有权和土地他项权利的法律依据;土地证书是土地登记卡部分内容的副本,是土地使用者、所有者和土地他项权利者持有的法律凭证。

第八章 附 则

第六十六条 有下列情形之一的,土地管理部门不予受理土地登记申请:

(一)申请登记的土地不在本登记区的;

(二)提供的证明材料不齐全的;

(三)不能提供合法证明的;

(四)土地使用权转让、出租、抵押期限超过土地使用权出让年限的;

(五)按规定应当申报地价而未申报的,或者地价应当经土地管理部门确认而未办理确认手续的;

(六)其他依法不予受理的。

第六十七条 有下列情形之一的,土地管理部门可以作出暂缓登记的决定:

(一)土地权属争议尚未解决的;

(二)土地违法行为尚未处理或者正在处理的;

(三)依法限制土地权利或者依法查封地上建筑物、其他附着物而限制土地权利的;

(四)法律、法规规定暂缓登记的其他事项。

第六十八条 土地管理部门应当在受理土地使用权、所有权设定登记,土地使用权、所有权变更登记,名称、地址和土地用途变更登记申请之日起三十日内,对登记申请和地籍调查结果进行审核,并报经批准后进行注册登记,颁发、更换或者更改土地证书。

土地管理部门应当在受理土地他项权利设定登记,土地他项权利变更登记和注销土地登记申请之日起十五日内,对登记申请和地籍调查结果进行审核后办理注册登记或者注销登记,颁发或者更换土地他项权利证明书,或者将注销登记的结果书面通知当事人。

土地管理部门作出不予受理土地登记申请或者暂缓登记决定的,应当自接到申请之日起十五日内将作出决定的理由书面通知当事人。

第六十九条 土地使用者、所有者凡不按规定如期申请初始土地登记的,按照非法占地的处理办法论处;对凡不按规定如期申请变更土地登记的,除按违法占地处理外,视情节轻重报经县级以上人民政府批准,注销土地登记,注销土地证书。

第七十条 土地管理部门工作人员违反本规则,严重失职的,应当根据情节给予政纪处分和经济处罚,直至依法追究刑事责任。

第七十一条 土地登记后,发现错登或者漏登的,土地管理部门应当办理更正登记;利害关系人也可以申请更正登记。

第七十二条 临时用地的登记办法由省、自治区、直辖市人民政府土地管理部门制定,报省、自治区、直辖市人民政府批准后执行。

第七十三条 土地证书实行定期查验制度。土地使用者、所有者和土地他项权利者应当按照土地管理部门规定的期限办理土地证书查验手续。具体办法由省、自治区、直辖市人民政府土地管理部门制定。

第七十四条 土地使用者、所有者和土地他项权利者应当按照国家规定缴纳土地登记费用。

第七十五条 土地管理部门具体负责土地登记的人员及执业土地登记申请代理人员须经考核合格、领取资格证书后,持证上岗。具体办法另行规定。

第七十六条 经省、自治区、直辖市人民政府确定,县级以上地方人民政府由一个部门统一负责房产管理和土地管理工作的,可以制作、颁发统一的房地产权证书,依法将房屋的所有权和该房屋占用范围内的土地使用权的确认和变更,分别载入房地产权证书。房地产权证书中有关土地权利的记载格式和内容应当符合国家土地管理局的有关规定并报经批准。

第七十七条 本规则由国家土地管理局负责解释。

第七十八条 本规则自1996年2月1日起施行。

国家土地管理局对山东省土地管理局有关土地权属问题的函的答复

(国土函字第88号 1996年9月11日)

山东省土地管理局:

你局有关土地权属问题的函(鲁土籍函字〔1996〕12号)收悉。经研究,答复如下:

依据我局《确定土地所有权和使用权的若干规定》第三十五条的规定确定土地使用权时,土地使用者应当提供人民政府及主管部门的批准文件、人民政府或者司法机关处理争议的文件、纪要、当事人之间达成的协议、证人证言以及其他能够证明事实情况的书面权源材料。对于符合三十五条规定的,可直接办理土地登记,不再补办用地手续。

国家土地管理局对安徽省土地管理局有关土地权属问题的批复

（国土批119号　1996年11月28日）

安徽省土地管理局：

你局《关于蚌埠铁路分局宿县车务段与宿东电厂土地权属争议有关问题的请示》（皖土〔籍〕字〔1996〕第121号）收悉。经研究，现批复如下：

原则同意你局意见。铁路线路两侧留用地（双轨铁路按双轨中心线向两侧各留用30米，单轨线按铁路中心线向两侧各留用20米）以外的空地已被其他单位使用的，依法确定现用地单位使用权，非铁路部门的铁路专用线占用铁路两侧留用地的，该留用地土地使用权仍属铁路用地单位，但铁路专用线单位拥有土地他项权利，享有行车权。他项权利人在使用铁路专用线过程中，不得随意改变土地使用性质，因国家铁路建设需要涉及他项权利变更时，应当服从，并依法办理变更手续。

国家土地管理局对浙江省《关于注销土地登记进行公告的请示》的批复

(国土批125号 1996年12月26日)

浙江省土地管理局:

你局《关于注销土地登记进行公告的请示》(浙土〔1996〕70号)收悉。经研究,现批复如下:

按《土地登记规则》规定,注销土地登记应当区别情况由土地权利人申请或由土地登记机关依照有关规定直接办理。注销的土地权利及内容经土地登记机关审核,并报原批准登记机关批准后,进行注销土地登记、注销或更改土地证书,并将注销土地登记结果书面通知当事人。为便于社会公众了解土地登记的有关情况,土地登记机关可根据当地实际情况将注销土地登记结果进行公告。

国家土地管理局关于土地使用权抵押登记有关问题的通知

（〔1997〕国土（籍）字第2号 1997年1月3日）

各省、自治区、直辖市及计划单列市土地（国土）管理局（厅），解放军土地管理局，新疆生产建设兵团土地管理局：

为加强土地使用权抵押登记的管理，规范抵押登记行为，保障抵押当事人的合法权益，根据《城市房地产管理法》、《担保法》和《城镇国有土地使用权出让和转让暂行条例》的规定，现将土地使用权抵押登记的有关问题通知如下：

一、关于土地使用权抵押登记的法律效力

土地使用权抵押权的设立、变更和消灭应依法办理土地登记手续。土地使用权抵押合同经登记后生效，未经登记的土地使用权抵押权不受法律保护。

土地使用权抵押登记必须以土地使用权登记为基础，并遵循登记机关一致的原则，异地抵押的，必须到土地所在地的原土地使用权登记机关办理抵押登记。县级以上地方人民政府土地管理部门负责土地使用权抵押登记工作。

土地使用权抵押权的合法凭证是《土地他项权利证明书》，《国有土地使用证》、《集体土地所有证》和《集体土地使用证》不作为抵押权的法律凭证，抵押权人不得扣押抵押土地的土地证书。抵押权人扣押的土地证书无效，土地使用权人可以申请原土地证书作废，并办理补发新证手续。

二、关于土地使用权抵押的地价评估和合同签订

土地使用权抵押应当进行地价评估，并由抵押人和抵押权人签订抵押合同。地价评估收费标准按国家有关规定执行。

1. 以出让方式取得的国有土地使用权，由抵押权人进行地价评估或由具有土地估价资格的中介机构评估并经抵押权人认可后，由抵押人和抵押权人签订抵押合同。

2. 以划拨方式取得的国有土地使用权，由抵押人委托具有土地估价资格的中介机构进行地价评估，经土地管理部门确认，并批准抵押，核定出让金数额后，由抵押人和抵押权人签订抵押合同。

3. 乡（镇）村企业厂房等建筑物抵押涉及集体土地使用权抵押的，由抵押人委托具有土地估价资格的中介机构进行地价评估，经土地管理部门确认，并明确实现抵押权的方式，需要转为国有的，同时核定土地使用权出让金数额。然后，由抵押人和抵押权人签订抵押合同。

4. 以承包方式取得的荒山、荒沟、荒丘、荒滩等荒地的集体土地使用权，由抵押人委托具有土地估价资格的中介机构进行地价评估，并经土地管理部门确认后，由抵押人和抵押权人签订抵押合同。

抵押出让土地使用权的，抵押权终止期限不得超过土地使用权出让终止期限。

三、关于土地使用权抵押登记申请

土地使用权设立抵押权的，抵押人和抵押权人应在抵押合同签订后十五日内，持被抵押土地的土地使用证、抵押合同、地价评估及确认报告、抵押人和抵押权人的身份证件共同到土地管理部门申请抵押登记。一方到场申请抵押登记的，必须持有对方授权委托文件。

申请抵押登记除提交前款所列材料外还应分别情况，提交下列材料：

1. 以划拨土地使用权抵押的，提交土地管理部门确认的抵押宗地的土地使用权出让金额的证明；
2. 以房屋及其占有范围内的土地使用权抵押的，提交房屋所有权证；
3. 抵押乡（镇）村企业厂房等建筑物涉及集体土地使用权抵押的，提交集体土地所有者同意抵押的证明；
4. 以承包方式取得的荒山、荒地、荒丘、荒滩等荒地的集体土地使用权抵押的，提交该集体土地所有者同意抵押的证明；
5. 抵押人和抵押权人委托他人办理抵押登记的，提交委托书和代理人身份证件；
6. 抵押权人为非金融机构，其抵押借款行为依法应当办理有关批准手续的，应当提交有关批准文件。

同一宗地多次抵押时，以收到抵押登记申请先后为序办理登记。

未按规定提交有关证明文件的土地使用权抵押登记申请，土地管理部门不予受理。

四、关于土地地使用权抵押登记和变更登记

抵押登记申请经审查，符合规定要求的，准予登记，土地管理部门在抵押土地的土地登记卡上进行注册登记，同时在抵押人土地使用证内进行记录，并向抵押权人核发《土地他项权利证明书》，土地使用权抵押权正式生效。

土地使用权分割抵押的，由土地管理部门确定抵押土地的界线和面积。

抵押期间，抵押合同发生变更的，抵押当事人应当在抵押合同变更后十五日内，持有关文件到土地管理部门办理变更抵押登记手续。

因处分抵押财产转移土地使用权的，被处分土地使用权的受让方．抵押人和抵押权人应在抵押财产处分后三十日内，持有关证明文件到土地管理部门办理变更土地登记手续。处分抵押财产涉及集体土地所有权转为国有土地的，按土地管理的有关规定办理。

抵押合同解除或终止，抵押权人应出具解除或终止抵押合同的证明文件，与《土地他项权利证明书》一起交抵押人，抵押人自抵押合同终止或解除之日起十五日内，持有关文件到土地管理部门办理注销抵押登记手续。

五、关于抵押登记收费

办理抵押登记，申请人应向土地管理部门支付登记费用。抵押登记费按国家有关规定执行。

六、其　　他

我局1995年印发的《农村集体土地使用权抵押登记的若干规定》(〔1995〕国土〔籍〕字第134号)中与本通知内容不一致的，以本通知为准。

国家土地管理局对浙江省土地管理局《关于土地登记中有关问题的请示》的批复

（国土批〔1997〕87 号　1997 年 8 月 11 日）

浙江省土地管理局：

你局 1997 年 7 月 30 日传真来的《关于土地登记中有关问题的请示》收悉。经研究，现批复如下：

一、土地权属争议是指土地登记前，土地权利利害关系人因土地所有权和使用权的归属问题而发生的争议。土地所有权、使用权依法登记后第三人对其结果提出异议的，不属于土地权属争议。利害关系人可根据《土地登记规则》的规定向原登记机关申请更正登记，也可向原登记机关的上级主管机关提出行政复议或直接向法院提起行政诉讼。

二、对历史遗留未经依法划拨使用的国有土地，土地管理部门应按国家的法律、法规和政策规定进行处理，处理决定同意原土地使用者继续使用的，应报经人民政府批准后，进行登记发证。

国家土地管理局关于人民法院裁定转移土地使用权问题对最高人民法院经〔1997〕18号函的复函

(〔1997〕国土函字第96号 1997年8月18日)

最高人民法院:

你院法经〔1997〕18号函收悉。经研究,现复函如下:

一、以出让、转让方式取得的国有土地使用权属当事人自有财产,人民法院对土地使用权(包括以土地为载体的各种权利、义务)转移的裁定,应作为土地权属转移的合法依据,土地管理部门应根据法院的裁定,及时进行变更土地登记。但人民法院在裁定中应明确告知当事人三十日内到人民政府土地管理部门申请办理变更土地登记。并将裁定或判决内容以有效法律文书形式及时通知土地管理部门。

二、土地管理部门在对裁定的土地办理变更登记手续时,其权利取得的时间,应以人民法院裁定的权利取得时间为依据。对不申请办理变更登记或逾期申请的,其土地权利不受法律保护,涉及的土地按违法用地处理。

三、为维护人民法院判决裁定和土地登记的严肃性,凡当事人在规定时间内申请办理变更登记手续的,土地管理部门应以法院裁定或判决时间先后为序确认土地权利。

四、对通过划拨方式取得的土地使用权,由于不属于当事人的自有财产,不能作为当事人财产进行裁定。但在裁定转移地上建筑物、附着物涉及有关土地使用权时,在与当地土地管理部门取得一致意见后,可裁定随地上物同时转移。

凡属于裁定中改变土地用途及使用条件的,需征得土地管理部门同意,补交出让金的,应在裁定中明确,经办理出让手续,方可取得土地使用权。

五、对尚未确定土地权属的土地,应先依据《土地管理法》第十三条规定处理后,人民法院再行裁定。

国家土地管理局印发《关于在国有企业改革中加强地籍管理工作的若干意见》的通知

(〔1997〕国土(籍)字第192号 1997年12月30日)

各省、自治区、直辖市及计划单列市土地国土管理局厅,解放军土地管理局,新疆生产建设兵团土地管理局:

为贯彻落实党的十五大报告中关于大力发展多种形式公有制经济的精神,积极配合国有企业改革工作,特制订《关于在国有企业改革中加强地籍管理工作的若干意见》。现印发给你们,请结合当地实际,贯彻执行。

附:

关于在国有企业改革中加强地籍管理工作的若干意见

为贯彻落实党的十五大和《中共中央、国务院关于进一步加强土地管理切实保护耕地的通知》中发〔1997〕11号精神,配合调整和完善所有制结构,加快国有企业改革,明晰企业土地产权,显化土地资产,保护土地权利人的合法权益,现就企业改革中加强地籍管理工作提出如下意见:

一、提高认识,配合国有企业改革,加大地籍管理工作力度

各级人民政府土地管理部门要提高认识,积极参与企业改革工作,与企业改革、企业上市的主管部门建立联系制度,及时了解改革、上市的计划,按照企业改革进展的要求,从有利于搞活国有经济,有利于发展多种形式公有制,有利于形成企业独立法人,有利于显化盘活土地资产,有利于土地权属管理出发,大力加强企业改革中的地籍管理工作,充分发挥地籍管理在核定企业土地权益和确定企业土地权属、土地界址、土地面积、土地价格和土地资产量方面的作用,按照现代企业制度产权明晰的要求,建立起适合企业改革需要,防止土地资产流失的地籍管理制度,使企业所使用的土地达到"权属合法、界址清楚、面积准确、价格合理"的标准,并在土地产权界定、土地评估、地价确认、变更登记等工作环节中,针对不同改革形式明确加强地籍工作的具体要求,规范并完善企业改革中的地籍管理工作。

二、强化服务意识,建立土地产权查询和鉴证制度

为配合企业改革工作,达到明晰企业土地产权的要求,各地应按照土地登记的职责范围,设立专门渠道和窗口,为涉及企业改革的各方提供土地产权查询和鉴证服务,以保障企业改革

各方的土地权益。

企业可凭国家统一制作的土地使用证或经国家土地管理局批准的房地合一证书申请查询和鉴证；涉及企业改革的其他各方可持企业出具的证明或上级主管部门证明申请查询和鉴证。查询和鉴证的内容可包括土地权属性质、土地权利人名称、土地使用权类型、土地界址及面积、土地他项权利状况、批准或登记的土地用途、批准使用年限、剩余使用年限、土地使用限制以及其他土地条件等。

土地管理部门应在收到土地查询和鉴证申请后的10个工作日内出具查询和鉴证结果。对已完成土地初始登记发证的宗地，应结合登记资料、登记卡和土地利用现状，核对土地证书是否符合国家有关规定、已登记的内容是否发生变化。核查无误的，应在土地证书复印件上加盖公章予以鉴证；土地证书内容与土地登记卡不一致的，应以登记卡为准出具证明文件；未经登记或有权属争议的土地应出具情况说明文件。凡为企业改革出具的土地登记状况查询和鉴证结果证明文件，必须符合改革前土地使用的实际情况，土地用途分类应当符合《城镇地籍调查规程》的规定。

三、规范操作，准确界定企业土地界址及面积

在企业改革过程中应严格按《城镇地籍调查规程》的要求，按照依法批准的文件资料，对企业用地进行权属调查和地籍勘丈，确定宗地界址，提供规范的宗地图和准确的面积。

对未进行初始登记的企业用地，各地可按企业改革进度的要求，按宗地进行地籍调查、登记发证。权属界线需经相邻宗地使用者共同指界并签字认可，界址点必须设永久性界标，地籍调查要采用解析法测图。有条件的要尽可能利用国家统一坐标系或地方坐标系，没有条件的可施测自由坐标。

为减轻企业负担，凡已进行了初始地籍调查、确权登记，已发《国有土地使用证》的宗地，改革前可暂不申请土地变更登记，对不符合解析法测量要求完成的宗地图，可在改革中结合宗地分割、合并等重新施测。企业已有符合要求的图件及数据的，土地部门派员确权、验收，并免收测量费用。

企业改革涉及到宗地分割的，要满足企业改革的要求，并符合《城镇地籍调查规程》的规定，符合用地功能分区。分割界线应尽量与道路等线状地物保持一致，不得只以建筑物或地上附着物实际占地面积进行宗地分割。企业改革涉及的共用宗地，要进行土地使用权面积或权益的相应分摊。

有权属纠纷的土地应先行解决，以保证用于企业改革的土地权属一致和完整。对一时无法解决纠纷的宗地，可采用将争议部分单独分割划宗另行处理的办法，使进入改革企业的土地权属无争议。

四、显化土地资产，防止土地无价转移、占用和土地资产隐性流失

各级土地管理部门在配合企业改革工作中，要加强土地估价，显化土地价格，坚持土地有偿使用。要制止以各种借口，将国家土地资产无偿占用、转为企业法人财产的行为，要防止与其他评估价格混淆、淡化地价，使土地资产变相无价转移、隐性流失的倾向。

各地要配合企业改革，加大土地评估力度，除不改变用地条件，经批准仍维持划拨用地性质的土地外，因企业改革涉及土地权属改变、转移和用途变更的，均要进行土地评估。要加强与国资、房产、物价、工商、专利和矿产等部门在评估工作上的协调，认真研究地价与其他资产

价格的衔接及有关技术处理，共同做好评估工作。

五、规范土地估价管理，杜绝行业垄断、重复评估和多头评估

各地在加强土地评估管理过程中，要采取有效措施，防止评估工作中的部门垄断、重复评估和多头评估。

企业改革中除了需出让、划拨及改变出让合同土地使用条件等土地，由土地管理部门确定机构评估外，已成为企业法人财产的土地均应由企业自主委托具有土地估价能力的中介机构评估。要大力推行社会化服务，鼓励竞争。只要具有两名以上的土地估价师、经工商登记准予从事土地评估、已按规定在土地管理部门备案的中介机构，就可按照国家土地管理局《城镇土地估价规程》及有关规定进行评估工作。土地管理部门除对中介机构的资质、信誉等级进行评测，定期公布，供企业需要时选择外，不应以任何方式干预企业选择中介机构。

各地要大力宣传地价管理及土地评估行业管理政策，帮助企业选择具有土地估价能力的机构评估。凡上市公司的土地及1亿元以上的划拨土地或改变出让合同条件的土地价格评估，应委托具有A级资质的机构评估。企业可按有关规定甄别、选择中介机构，防止个别无能力、无资质的中介机构越俎代庖进行无效评估，造成多头评估、收费。

为降低企业改革成本，各地要严格执行“先评估，后处置”的土地管理程序，评估土地价格应同时满足土地处置方案审批和办理土地出让、入股、出租及土地变更登记的要求。为防止不规范操作，上市公司涉及的土地，应在评估确认和处置方案批复后，再按土地使用权处置批复办理出让、出租及变更登记等手续。各评估机构要努力降低地价评估费用，对企业破产、兼并涉及的土地评估，收费标准应降低至土地抵押评估的收费标准。

六、准确界定土地条件，做好估价技术衔接

土地估价的机构和人员，要严格按照《城镇土地估价规程》及有关规定进行评估，并充分考虑不同企业改革的特点和宗地的权利性质、他项权利状况及开发程度、用途等实际情况，合理界定估价对象。

对土地与其他资产分割转让、重组或改变用途和用地条件的，应按改变后的用途、用地条件和实际已达到的开发程度进行地价评估。

对土地与其他资产整体转让、重组，且不改变用途和用地条件的，可按现实土地用途和条件进行土地评估；对土地开发程度的界定，在做好与其他资产衔接的基础上，最少要界定为“宗地外三通和宗地平整”或更高的开发程度；对一些比较特殊的铁路、公路、矿山和堆场用地，可界定为“宗地外一通、两通或达到开工建设条件”。

对评估宗地上的权利不完整，只具有转让、出租、抵押中某些权利，应按国家规定和宗地实际权利进行宗地条件界定和评估。凡评估宗地上设定有他项权利，影响到宗地地价的，应同时对他项权利进行界定评估。

对同一宗地中有多种土地用途，且不能进行宗地分割的，可按各用途分摊的土地权益，进行土地评估。对工业厂区中直接为生产服务的内部办公、科研等非社会化服务的设施用地，可按工业用地进行估价。

七、严格把关，优化服务，搞好地价确认

为保障国家、企业和社会等各方面土地权益，土地管理部门要加强对土地评估结果的审核及确认。除改革为股份有限公司和有限责任公司涉及的土地估价结果按《股份有限公司土地使用权管理暂行规定》由国家或省、自治区、直辖市土地管理部门确认外,凡涉及划拨土地和需改变出让合同条件的土地估价结果,应按企业隶属关系由同级人民政府土地管理部门进行确认(市辖区及县级以下所属的企业由市、县土地管理部门确认);涉及两个以上县、地市或省份的土地评估结果,应由上级土地管理部门确认。其他土地评估结果土地管理部门可不再进行确认,而是结合土地变更登记,对交易地价进行审核,并通过行使土地优先购买权、征收土地增值税等措施进行管理。

各地要健全和规范土地估价结果审查确认制度,面向社会,优化服务,确认工作按"报件、初审、确认"程序执行。凡确认有误,造成国有土地资产流失的,当事人应承担相应的行政和经济责任。

初审工作由土地所在地的市、县级土地管理部门承担,初审意见应在收到初审申请后的10个工作日内出具,同时抄报上级机关和确认机关。凡需要由国家土地管理局确认的,省级土地管理部门审阅下级机关的初审意见后,应及时将有关意见报送国家土地管理局,并抄送初审机关。

确认机关应在土地估价结果确认申请材料齐全、手续完备后的10个工作日内予以确认,或分别情况作出要求补充说明、修改估价报告、重新评估、或不予确认的决定。经确认的土地评估结果,是审批土地使用权处置方案、办理处置手续和土地变更登记的依据。

八、加强变更登记,明晰改革企业产权

在企业改革过程中,各地要进一步增强对土地权利人的服务意识,建立和完善土地登记的窗口服务制度,公布登记的各项政策和规定,明确受理变更土地登记的申请条件、申请和办理时限。凡符合规定的,应及时受理申请。

改革企业应按《土地登记规则》规定的时限,及时办理变更土地登记手续。申请登记时,应提交下列文件:

1. 申请人身份证明及变更土地登记申请书;
2. 符合本意见第二条、第三条要求的土地证书、权属证明或宗地图等产权资料;
3. 土地估价结果确认和土地处置方案批复文件;
4. 按企业改革后不同用地方式,分别提交出让、转让、租赁等合同或划拨用地批准文件。企业改革后改变原出让合同条件的,还须提交修改后的出让合同。

各地在受理登记申请后,应按《土地登记规则》的规定,对申请人资格、地籍调查结果、各类合同、审批文件等必备权源文件、土地使用年限和用途进行审核,达到"权属合法、界址清楚、面积准确、价格合理"的,报经批准、注册登记,颁发或更换土地证书。登记时除在《土地登记卡》内按土地使用权类型详细记录外,还应针对企业改革的特殊情况进行专项登记,记载改革后确定的各项土地权利和义务,必要时还可在土地证书上同时做相应的记载。对企业集团应设立专门归户卡,逐宗记载集团的土地资产状况。对跨行政区域组建的企业集团,登记机关还应将其归户卡复印件报送上一级土地管理部门归户备案。

九、开展专项统计,加强对土地资产的动态监测

各地应加强对土地资产变动、运营、效益的监测与统计,促进土地资产集约化运营、增值、保值。当前,要先开展三个方面的专项统计,一是结合土地评估确认和土地登记,对企业改革中已办理合法用地手续的土地资产变动状况进行专项统计，重点掌握改革前后企业的土地状况；二是结合变更土地登记，对改革后企业土地资产的变动状况进行监测；三是结合企业的业绩报告及土地资产重估报告，对上市企业和获得土地授权经营的企业进行跟踪统计，重点掌握企业经营中的土地收益及土地资产增值状况等。

各地要根据统计数据，及时进行统计分析，定期向上级报告变更结果，并定期或不定期向政府领导及有关部门通报改革企业土地资产流动、增值、流失等信息，逐步建立改革企业土地资产专项统计制度。

十、配合企业改革，清查规范已改革企业的地籍管理工作

各地要按中发〔1997〕11号文件中关于"国有企业改制为有限责任公司或股份有限公司涉及的原划拨土地使用权，必须经过地价评估，依法实行有偿使用。国有企业改组涉及的原划拨土地使用权，按国家有关规定办理。……国有土地使用权转让，必须依法进行土地权属变更登记，未经登记的，属于非法转让，要依法查处"的规定，对已改革企业的土地资产管理工作情况进行一次全面调查，摸清情况和存在的问题。对企业改革中存在的不规范行为，要按照企业改革时的土地管理规定，进行规范和处理，办理变更土地登记。

在规范土地资产管理过程中，凡需重新进行土地评估、价格确认的，要以企业改革时的评估期日作为土地评估的基准期日；当原评估价格和重新规范的评估价格不一致时，土地管理部门只应确认重新评估的价格，并据此办理有关手续。

国家土地管理局关于印发《城镇变更地籍调查实施细则（试行）》的通知

（国土〔籍〕字第36号 1998年3月10日）

各省、自治区、直辖市及计划单列市土地（国土）管理局（厅），解放军土地管理局，新疆生产建设兵团土地管理局，各直属单位：

为适应社会主义市场经济发展的需要，进一步统一城镇变更地籍调查技术标准、规范操作程序，现将《城镇变更地籍调查实施细则》（试行）印发给你们，望认真贯彻执行。执行中遇到的问题，请及时函告国家土地管理局地籍司。

附件：城镇变更地籍调查实施细则（试行）

城镇变更地籍调查实施细则（试行）

1 总 则

1.1 目的和依据

为维护土地的社会主义公有制，保护土地使用者的合法权益，健全地籍管理制度，保持地籍资料的现势性，根据《中华人民共和国土地管理法》、《城镇地籍调查规程》有关规定，特制定本实施细则。

1.2 内 容

变更地籍调查是在初始地籍调查已完成的地区，针对土地所有权和使用权的主体和客体及权利义务发生变化的日常性调查。

村庄变更地籍调查参照本细则实施。

变更地籍调查包括变更权属调查和变更地籍勘丈。

变更地籍调查是查清宗地发生变更的合法性，以及变更后的位置、权属、界址、数量和用途等基本情况，满足变更土地登记的需要。

除本实施细则作特殊规定外，变更地籍调查其他要求按初始地籍调查的标准执行。

1.3 实施单位

变更地籍调查的具体工作由县（市、区）土地（国土）管理部门负责组织实施。

1.4 地方补充规定

省级土地管理部门必要时可对本实施细则某些条款作补充规定，报国家土地管理局批准后实施。

1.5 本实施细则解释权

本实施细则由国家土地管理局负责解释。

2 准 备

2.1 资料的准备

a. 变更土地登记申请书;

b. 本宗地及相邻宗地地籍档案有关部分的复制件;

c. 变更地籍调查通知书(见附录Ⅰ)、法人代表身份证明书(见附录Ⅳ)及指界委托书(见附录Ⅴ);

d. 变更地籍调查记事表(见附录Ⅱ)或地籍调查表(见附录Ⅲ);

e. 本宗地附近测量控制点及界址点成果(坐标、点之记或点位说明、控制点网图);

f. 必要的变更数据的准备(如分割放样元素的计算);

g. 调查工具、文具、仪器等。

2.2 发送变更地籍调查通知书

根据变更土地登记申请,发送变更地籍调查通知书。属界址发生变更的,应通知申请者预先在实地新增的界址点上设立界标。

3 变更地籍调查种类

3.1 界址未发生变化的宗地的变更调查。包括只发生了土地使用者、土地用途等改变、因行政区划变化引起宗地档案变更等。

3.2 界址发生变化的宗地的变更调查。包括宗地合并、分割及边界调整等。

3.3 新增宗地的变更调查。包括在某一街坊内新增加宗地;城镇范围向外延伸新增加的地籍街坊或街道中有关宗地等。

3.4 旧城改造中变化宗地的变更调查。指由原若干宗地拆迁后变成一宗地,建成后又分割为若干宗地等。

4 检查、审核

4.1 检查变更原因是否与变更土地登记申请书上填写的原因相一致。

4.2 审核变更土地登记申请内容的合法性,如宗地分割、合并,改变用途是否符合有关要求等。

4.3 检查原地籍资料中的内容是否与实地一致。

4.4 检查恢复界址点。

对界址点、界址线发生变化的变更调查,在增设新的界址点前,应利用原宗地草图的勘丈数据及界址点坐标,检查原界标是否移动。如原界标丢失,应用原测量数据恢复界标。对没有发生界址点、界址线变化的变更调查,一般不需要检查界址点位,若需重新测量宗地界址点的解析坐标,亦应根据原勘丈资料检查界标是否移动或丢失,如已移动或丢失,应恢复丢失界标。对已丢失,但变更后是废弃的界址点可不恢复。

如果检查界址点与邻近界址点或与邻近地物点间的距离与原记录不符,则应分析原因按不同情况处理。

a. 原勘丈值错误,以新勘丈结果为准;

b. 新勘丈值错误,重新勘丈后再分析判断;

c. 原勘测值精度低造成的,则用红线划去原数据,填写新勘丈数据;如不超限,则保留原数据;

d. 如是标石有所移动,则应使其复位。

界址点检测精度与适用范围见表1。

表1 界址点间距及界址点与邻近地物点间距允许误差

单位:厘米

类别	勘丈检查精度(中误差)	原勘丈值精度	检查距离与原勘测距离较差允许误差	适用范围
一	±5	±5	14	城镇街坊外围界址点及街坊内明显的界址点
二	±5	±7.5	18	城镇街坊内部隐蔽的界址点及村庄内部界址点

5 界址未发生变化的宗地的变更地籍调查

5.1 变更地籍号

界址未发生变化的宗地,除行政界线变化引起宗地档案的变更外,所有地籍号不变更。

行政界线变化引起地籍号变更的程序如下:

a. 利用变更后的街道、街坊编号取代原街道、街坊编号,在原街道、街坊编号上加盖“变更”字样印章,填写新的街道、街坊编号,将宗地档案汇编于新的街道街坊档案,在原街道街坊档案中注明宗地档案去向。

b. 取消原宗地编号,在原宗地编号上加盖“变更”字样印章,在新的街坊宗地最大编号后按顺序编宗地号。

c. 取消原宗地界址点号,按新地籍街坊界址点编号原则,编界址点号。

5.2 变更地籍勘丈

根据实际需要决定是否进行实地调查,不需到实地进行变更调查的,在室内依据变更土地登记申请书进行变更,不重新绘制宗地草图。

5.3 地籍调查表变更

在原地籍调查表的基础上进行变更。

a. 在原地籍调查表内变更部分加盖“变更”字样印章;

b. 将变更内容填写在变更地籍调查记事表内;

c. 需要到实地调查的,若发现原测距离精度低或量算错误,须在宗地草图的复制件上用红线划去错误数据，注记检测距离，并与重新绘制的宗地草图一起归档，注明原因。

6 界址发生变化的宗地的变更地籍调查

6.1 变更宗地号

无论宗地分割或合并，原宗地号一律不得再用。分割后的各宗地，以原编号加支号顺序排列；数宗地合并后的宗地号，以原宗地号中的最小宗地号加支号表示。如 18 号宗地分割成三块宗地，分割后的编号分别为 18—1，18—2，18—3；如 18—2 号宗地再分割成 2 宗地，则编号为 18—4，18—5；如 18—4 号宗地与 10 号宗地合并，则编号为 10—1；如 18—5 号宗地与 25 号宗地合并，则编号为 18—6。

6.2 新界址点设置及编号

宗地分割或边界调整等增设界址点的，按预先准备的放样数据，确定新界址点并设立界标。也可根据申请者要求，直接在实地设置界标。新增界址点按宗地所在街坊界址点编号原则编号，其他界址点编号不变。

对变更后废弃的界址点，在现场销毁。

6.3 变更地籍调查表

对新形成的宗地须按变更情况填写地籍调查表。

a. 在原地籍调查表封面加盖“变更”字样印章，并注明变更原因及新的宗地号；

b. 根据实地调查情况，按《城镇地籍调查规程》有关规定，以新形成的宗地为单位填写地籍调查表；

c. 新增设的界址点、界址线须严格履行指界、签字盖章手续；

d. 对没有发生变化的界址点、界址线，不需重新签字盖章，但在备注栏内须注记原地籍调查表号，并说明原因，同一界址点变更前后的编号如果不一致，还应注明原界址点号；

e. 将原使用人、土地坐落、地籍号及变更主要原因在说明栏内注明。

6.4 宗地草图变更

a. 在原宗地草图上加盖“变更”字样印章；

b. 在原宗地草图复制件上以红色标注变化部分，废弃的界址点、界址线打上“ × ”，变化的数据用单红线划去，废弃的界址线用红色“ × ”标记，新增的界址点用红色界址点符号表示，界址线用红实线表示，注明相应的实测距离；

c. 现场绘制变更后的宗地草图；

d. 原宗地草图复制件归到原宗地档案中，新形成的宗地草图归到相应的宗地档案中。

6.5 变更地籍勘丈

一般采用解析法。暂不具备条件的可以采用《城镇地籍调查规程》中规定的其他方法。属土地出让等对勘丈精度要求较高的，须采用解析法进行变更地籍勘丈。

无论采用何种勘丈方法，均须以地籍平面控制点或原界址点为依据，首先检测控制点及界址点的精度，确认无误后再进行变更地籍勘丈。

a. 宗地分割或边界调整等增设界址点的,在不低于原精度的原则下,测量新增界址点的坐标或图解勘丈。

b. 宗地合并等不重新增设界址点的,除特殊需要外,原则上可不进行变更地籍勘丈,直接应用原勘丈结果。

7 新增宗地的变更地籍调查

新增宗地属初始地籍调查未建立宗地档案的地块。其变更地籍调查应按《城镇地籍调查规程》进行。

7.1 变更地籍号

a. 若新增宗地划归原街道、街坊内,其宗地号须在原街道、街坊内宗地最大宗地号后续编;新增界址点按原街坊编号原则,编号。

b. 若新增宗地属新增街道、街坊,其宗地号、界址点号须按《城镇地籍调查规程》的规定编号,新增街道、街坊编号须在调查区最大街道、街坊号后续编。

7.2 地籍勘丈

采用解析法。若新增宗地已进行建设项目用地勘测定界,经检查验收后,应利用勘测定界成果完成地籍勘丈。

8 旧城改造中变化宗地的变更地籍调查

8.1 变更地籍号

旧城改造后新宗地号的编号按宗地合并分割的编号原则,用原来的宗地号加支号作为新宗地号。界址点号按本街坊编号原则编号。

8.2 地籍勘丈

对改造的区域,按《城镇地籍调查规程》初始地籍调查的要求进行权属调查,填写地籍调查表等工作,用解析法进行地籍勘丈。

8.3 原宗地档案加盖“变更”字样印章。注明变更原因。在新宗地地籍调查表的说明栏中注明来源。

9 宗地面积变更

面积变更采取高精度代替低精度的原则,即用精度较高的面积值取代精度低的面积值。属原面积计算有误的,在确认重新量算的面积值正确时,须以新面积值取代原面积值。

a. 变更前后均为解析法量算的宗地面积变更,如原界址点坐标满足精度要求,利用原界址点坐标计算宗地面积;

b. 变更前为图解法量算面积,变更后为解析法量算面积的宗地面积变更,用解析法量算的宗地面积取代原宗地面积；

c. 变更前后均为图解法量算的宗地面积变更，对宗地形状未变或宗地合并的宗地面积变更，如两次面积量算差值满足规定限差要求，仍以原面积数据为准；如两次面积差值超限，则应查明原因，取正确值。

对宗地分割的宗地面积变更，如变更后宗地面积之和与原宗地面积的差值满足规定限差要求，将差值按分割宗地面积比例配赋到变更后的宗地面积，如差值超限，则应查明原因，并取正确值。面积量算精度指标见表2。

表2 面积量算精度指标

宗地面积	较差限差平方米
0~100	2
100~150	3
500~1 000	5
1 000~2 000	7
>2 000	1/300（相对误差）

10 地籍图变更

a. 地籍铅笔原图作为永久性保存资料，不得改动；

b. 地籍二底图应随宗地变更而随时更改，以保持地籍图的现势性。

发生变更时，先将二底图复制一份（蓝晒或复印），并在二底图复制件上用红色笔标明变更情况，存档备查。也可将一定时间内的变更注记在同一张二底图复制件上，但必须保证一宗地不变更两次。

根据变更勘丈成果或变更宗地草图修改二底图的有关内容，擦去废弃的点位、线条和注记，画上变更后的地籍要素。

当一幅图内或一个街坊宗地变更面积超过1/2时，应对该图幅或街坊进行基本地籍图的更新勘丈。

11 宗地图变更

依据变更后的地籍图或宗地草图，按《城镇地籍调查规程》有关规定重新绘制宗地图。原宗地图不得划改，应加盖“变更”字样印章保存。

12 其他资料变更

12.1 界址点坐标册变更

对界址点坐标册中已废弃的界址点坐标用红色笔划掉，在相应位置加盖“变更”字样印章,新增加的界址点坐标加在坐标册中。

12.2 面积汇总表及统计表变更

在以街道为单位的宗地面积汇总表内,划去发生变更的宗地,并加盖"变更"字样印章,将新增加的宗地面积加在表内。

根据本地实际情况,视一定时间段,依据变更后的街道"宗地面积汇总表",变更城镇土地分类面积统计表。

12.3 相邻宗地变更

由于变化宗地地籍要素的变更引起相邻宗地地籍要素变化的,相邻宗地需进行相应变更(如相邻宗地形状未变,而在原界址边上增减界点、或相邻宗地他项权利变化等)。

由于变化宗地的变更只引起相邻宗地四至变化,而相邻宗地其他地籍要素未变的,相邻宗地四至状况可暂不做变更。

13 对初始地籍调查资料错误的更正

在日常工作中,如发现原地籍资料有错误,应对原调查成果进行更正,并注明更正原因、日期、经手人,归入宗地档案。有关资料的更正参照相应种类变更的要求执行。

13.1 地籍编号错误的更正

对地籍编号重复的,按新增宗地编号方法重新编号;对地籍编号其他错误,查明原因,更正错误。原地籍号编号正确的,不得因其他资料的更正而变更原地籍号。

13.2 界址点、界址线确权错误的更正

如果界址点、界址线确权时有误,应重新进行调查,按《城镇地籍调查规程》要求填写地籍调查表,绘制宗地草图,并更正有关图件。

13.3 界址点坐标测量错误的更正

如发现界址点坐标测量有误,应重新测量界址点坐标,用正确坐标值改正错误坐标值,并更正有关图件、数据。

13.4 宗地面积错误的更正

由于界址点、界址线错误或由于量算错误而引起的宗地面积错误应进行更正,并对原地籍调查有关资料进行更正。

由于本宗地错误而引起邻宗地界址点、界址线或宗地面积错误的,邻宗地的地籍资料也应按以上原则进行更正。

附录Ⅰ 变更地籍调查通知书

根据你(或单位)提交的变更土地登记申请书,特定于______月____日_____时到______________(现场或指定地点)进行变更地籍调查,请你(或单位)届时派代表到场共同确认变更界址。如属申请分割界址或自然变更界址的,请预先在变更的界址点处设立界址标志。

土地管理机关盖章

年 月 日

附录Ⅱ 变更地籍调查记事表

<table>
<tr><td colspan="2" rowspan="4">变更后土地使用者</td><td colspan="2">名称</td><td colspan="2"></td></tr>
<tr><td colspan="2">性质</td><td colspan="2"></td></tr>
<tr><td colspan="2">上级主管部门</td><td colspan="2"></td></tr>
<tr><td colspan="2">土地坐落</td><td colspan="2"></td></tr>
<tr><td colspan="3">变更后法人代表或户主</td><td colspan="3">代理人</td></tr>
<tr><td>姓名</td><td>身份证号码</td><td>电话号码</td><td>姓名</td><td>身份证号码</td><td>电话号码</td></tr>
<tr><td></td><td></td><td></td><td></td><td></td><td></td></tr>
<tr><td>其他变更记事</td><td colspan="5"></td></tr>
<tr><td colspan="3">原土地使用者(法人代表或代理人)签章</td><td colspan="3">现土地使用者(法人代表或代理人)签章</td></tr>
<tr><td colspan="3"></td><td colspan="3"></td></tr>
<tr><td colspan="3">土地管理机关经办人姓名</td><td></td><td></td><td>变更日期</td></tr>
</table>

附录Ⅲ　地籍调查表编号:

__________区(县)__________街道________号

年 月 日

初始、变更

<table>
<tr><td rowspan="2">土地使用者</td><td colspan="2">名　　称</td><td colspan="4"></td></tr>
<tr><td colspan="2">性质</td><td colspan="4"></td></tr>
<tr><td colspan="3">上级别管部门</td><td colspan="4"></td></tr>
<tr><td colspan="3">土地坐落</td><td colspan="4"></td></tr>
<tr><td colspan="3">法人代表或户主</td><td colspan="3">代表人</td></tr>
<tr><td>姓名</td><td>身份证号码</td><td>电话号码</td><td>姓名</td><td>身份证号码</td><td>电话号码</td></tr>
<tr><td></td><td></td><td></td><td></td><td></td><td></td></tr>
<tr><td colspan="3">土地权属性质</td><td colspan="3"></td></tr>
<tr><td colspan="3">预编地籍号</td><td colspan="3">地籍号</td></tr>
<tr><td colspan="3"></td><td colspan="3"></td></tr>
<tr><td colspan="3">所在图幅号</td><td colspan="3"></td></tr>
<tr><td colspan="3">宗地四至</td><td colspan="3"></td></tr>
<tr><td colspan="3">批准用途</td><td colspan="2">实际用途</td><td>使用期限</td></tr>
<tr><td colspan="3"></td><td colspan="2"></td><td></td></tr>
<tr><td colspan="3">共有使用权情况</td><td colspan="3"></td></tr>
<tr><td colspan="3">说明</td><td colspan="3"></td></tr>
</table>

<table>
<tr><td colspan="18">界址标示</td></tr>
<tr><td rowspan="2">界址点号</td><td colspan="6">界 标 种 类</td><td rowspan="2">界址间距(m)</td><td colspan="6">界 址 线类 别</td><td colspan="3">界 址 线 位 置</td><td rowspan="2">备注</td></tr>
<tr><td>钢钉</td><td>水泥桩</td><td>石灰桩</td><td>喷涂</td><td></td><td></td><td>围墙</td><td>墙壁</td><td></td><td></td><td></td><td></td><td>内</td><td>中</td><td>外</td></tr>
<tr><td></td><td></td><td></td><td></td><td></td><td></td><td></td><td></td><td></td><td></td><td></td><td></td><td></td><td></td><td></td><td></td><td></td><td></td></tr>
<tr><td></td><td></td><td></td><td></td><td></td><td></td><td></td><td></td><td></td><td></td><td></td><td></td><td></td><td></td><td></td><td></td><td></td><td></td></tr>
<tr><td></td><td></td><td></td><td></td><td></td><td></td><td></td><td></td><td></td><td></td><td></td><td></td><td></td><td></td><td></td><td></td><td></td><td></td></tr>
<tr><td></td><td></td><td></td><td></td><td></td><td></td><td></td><td></td><td></td><td></td><td></td><td></td><td></td><td></td><td></td><td></td><td></td><td></td></tr>
</table>

<table>
<tr><td colspan="2">界　址　线</td><td colspan="3">邻　宗　地</td><td colspan="2">本　宗　地</td><td rowspan="2">日期</td></tr>
<tr><td>起点号</td><td>终　点　号</td><td>地籍号</td><td>指界人姓名</td><td>签　　章</td><td>指界人姓名</td><td>签章</td></tr>
<tr><td></td><td></td><td></td><td></td><td></td><td></td><td></td><td></td></tr>
<tr><td></td><td></td><td></td><td></td><td></td><td></td><td></td><td></td></tr>
<tr><td></td><td></td><td></td><td></td><td></td><td></td><td></td><td></td></tr>
<tr><td></td><td></td><td></td><td></td><td></td><td></td><td></td><td></td></tr>
<tr><td colspan="3">界址调查员姓名</td><td colspan="5"></td></tr>
<tr><td colspan="8">权属调查记事及调查员意见:
调查员签名　　　　　　　　日期</td></tr>
<tr><td colspan="8">地籍勘丈记事:
勘丈员签名　　　　　　　　日期</td></tr>
<tr><td colspan="8">地籍调查结果审核意见:</td></tr>
</table>

填表说明

1. 说明：

变更地籍调查时，将原使用人、土地坐落、地籍号及变更之主要原因在此栏内注明。

2. 宗地草图：

对较大的宗地本表幅面不够时，可加附页绘制附在宗地草图栏内。

3. 权属调查记事及调查员意见：

记录在权属调查中遇到的政策、技术上的问题和解决方法；如存在遗留问题，将问题记录下来，并尽可能提出解决意见等；记录土地登记申请书中有关栏目的填写与调查核实的情况是否一致，不一致的要根据调查情况作更正说明。

4. 地籍勘丈记事：

记录勘丈采用的技术方法和使用的仪器；勘丈中遇到的问题和解决办法；遗留问题并提出解决意见等。

5. 地籍调查结果审核意见：

对地籍调查结果是否合格进行评定。

6. 表内其他栏目可参照土地登记申请书中的填写说明填写。

附录Ⅳ 地籍调查法人代表身份证明书

同志，在我单位任 职务，系我单位法人代表。

特此证明。

单位全称（盖章）

年 月 日

附注：①该代表人办公地点：联系电话：

②企事业单位、机关、团体的主要负责人为本单位的法定代表人。

附录Ⅴ 指界委托书

县（市、区）土地管理局：

今委托 同志（性别： 年龄： 职务： ）全权代表本人出席区 街 号土地权属界线现场指界。

委托人（盖章）

单位（盖章）

委托代理人（盖章）

委托日期：年 月 日

附注：委托人办公地点：

联系电话：

最高人民法院行政审判庭关于对农民长期使用但未取得合法权属证明的土地应如何确定权属问题的答复

(〔1997〕行他字第17号 1998年8月17日)

广西壮族自治区高级人民法院:

你院《关于北海市铁山港区营盘镇白龙村公所坪底村委第八(三)生产队不服合浦县人民政府土地权属处理纠纷一案适用法律问题的请示》收悉。经研究,答复如下:

根据《宪法》、《土地管理法》关于土地所有权规定的基本精神,对土地所有权有争议,但不能依法证明土地属农民集体所有的土地,应依照《土地管理法实施条例》第三条第(三)项的规定,并参照原国家土地管理局确定土地所有权使用权的有关规定确定土地所有权。

此外,考虑到该案的争议土地系农民长期使用,但未取得合法权属证明的特殊情况,建议你院向政府提出司法建议,即:如果国家使用该争议地,应参照国家征用土地的有关规定给予适当补偿。

国土资源部对收回被司法机关查封国有土地使用权问题的批复

（国土资函403号 1998年12月11日）

海南省国土海洋环境资源厅：

你厅《关于收回被司法机关查封国有土地使用权问题的请示》（琼土海环资〔1998〕33号）收悉。经研究，现答复如下：

司法机关因债权债务纠纷而查封国有土地使用权，应当依法进行，被查封的土地也必须是诉讼当事人拥有合法使用权的土地。对于司法机关依法进行的查封，在查封期限内，人民政府不能收回国有土地使用权；查封期限结束后，则可以依法收回国有土地使用权。

国土资源部关于启用新版土地证书的公告

(国土资源部1998年第3号公告 1998年12月30日)

为保障土地权利人的合法权益,维护土地登记的严肃性,依据《中华人民共和国土地管理法》和《中华人民共和国土地管理法实施条例》,国土资源部对土地证书进行了修改,现将有关事项公告如下:

一、新版土地证书于1999年1月1日起正式启用。启用的新版土地证书共分四种:《国有土地使用证》、《集体土地所有证》、《集体土地使用证》、《土地他项权利证明书》。每种证书分特制精装和普通简装两款。新版土地证书启用后,原土地证书颁发至1999年3月31日,已经颁发给土地权利人的土地证书继续有效。

二、新版土地证书由国土资源部监制并统一编号。未经国土资源部授权,任何单位和个人不得擅自印制土地证书,擅自印制的土地证书一律无效。

三、国家依法实行土地登记发证制度。凡有下列行为的单位和个人都应按照国家规定,依法申请办理土地登记,领取土地证书:

1. 依法拥有国有土地使用权、集体土地所有权和建设用地使用权的;
2. 企业改制涉及土地资产处置的;
3. 依法变更土地所有权、使用权及依法改变土地用途的;
4. 公有住房出售及房改房上市涉及土地使用权转移的;
5. 依法出租、抵押土地使用权的;
6. 其他依法应当申请土地登记的。

依法登记的土地所有权和土地使用权受法律保护,任何单位和个人都不得侵占。

四、土地证书是土地权利人依法拥有土地权利的法律凭证,应由土地权利人妥善保管。任何单位和个人都不得私自涂改、伪造、复制土地证书。私自涂改、伪造、复制的土地证书一律无效。

五、国家依法实行土地证书查验制度。为保证《中华人民共和国土地管理法》和《中华人民共和国土地管理法实施条例》的实施,结合新版土地证书的启用,国土资源部决定,1999年将在全国范围内开展首次土地证书年检,以规范土地登记行为,查处土地违法案件,整顿土地管理秩序。土地权利人应按土地登记机关的要求出示土地证书,不得拒绝。

国土资源部关于土地确权有关问题的复函

（国土资函 217 号　1999 年 6 月 4 日）

河北省土地管理局：

你局《关于对〈确定土地所有权和使用权的若干规定〉第三十五条具体含义进行解释的紧急请示》（冀土函字〔1999〕48 号）收悉。经研究，答复如下：

原国家土地管理局《确定土地所有权和使用权的若干规定》第三十五条规定：“原由铁路、公路、水利、电力、军队及其他单位和个人使用的土地，1982 年 5 月《国家建设征用土地条例》公布之前，已经转由其他单位或个人使用的，除按照国家法律和政策应当退还的外，其国有土地使用权可确定给实际土地使用者”。上述规定，主要是指原土地使用者所使用的土地已经由现土地使用者使用，除按照国家法律和政策应当退还的外，只要不是强占性质，原则上按使用现状确定土地使用权。但租赁、借用的除外。对严重影响上述部门的设施安全和正常使用的，暂不确定土地使用权，按照有关规定处理后，再确定土地使用权。1982 年 5 月以后非法转让的，经依法处理后再确定使用权。

城市房地产权属档案管理办法

(建设部令第101号 2001年8月29日)

第一章 总 则

第一条 为了加强城市房地产权属档案管理,保障房地产权利人的合法权益,有效保护和利用城市房地产权属档案,根据《中华人民共和国城市房地产管理法》、《中华人民共和国档案法》、《中华人民共和国档案法实施办法》等法律法规,制定本办法。

第二条 本办法适用于城市规划区国有土地范围内房地产权属档案的管理。

第三条 房地产权属档案是城市房地产行政主管部门在房地产权属登记、调查、测绘、权属转移、变更等房地产权属管理工作中直接形成的有保存价值的文字、图表、声像等不同形式的历史记录,是城市房地产权属登记管理工作的真实记录和重要依据,是城市建设档案的组成部分。

第四条 国务院建设行政主管部门负责全国城市房地产权属档案管理工作。

省、自治区人民政府建设行政管理部门负责本行政区域内的房地产权属档案的管理工作。

直辖市、市、县人民政府房地产行政主管部门负责本行政区域内的房地产权属档案的管理工作。

房地产权属档案管理业务上受同级城市建设档案管理部门的监督和指导。

第五条 市(县)人民政府房地产行政主管部门应当根据房地产权属档案管理工作的需要,建立房地产权属档案管理机构,配备专职档案管理人员,健全工作制度,配备必要的安全保护设施,确保房地产权属档案的完整、准确、安全和有效利用。

第六条 从事房地产权属档案管理的工作人员经过业务培训后,方可上岗。

第二章 房地产权属档案的收集、整理和归档

第七条 房地产权属登记管理部门应当建立健全房地产权属文件材料的收集、整理、归档制度。

第八条 下列文件材料属于房地产权属档案的归档范围:

一、房地产权利人、房地产权属登记确权、房地产权属转移及变更、设定他项权利等有关的证明和文件。

(一)房地产权利人(自然人或法人)的身份(资格)证明,法人代理人的身份证明、授权委托书等;

(二)建设工程规划许可证、建设用地规划许可证、土地使用权证书或者土地来源证明、房屋拆迁批件及补偿安置协议书、联建或者统建合同、翻改扩建及固定资产投资批准文件,房屋竣工验收有关材料等;

(三)房地产买卖合同书、房产继承书、房产赠与书、房产析产协议书、房产交换协议书、房地产调拨凭证、有关房产转移的上级批件,有关房产的判决、裁决、仲裁文书及公证文书等;

(四)设定房地产他项权利的有关合同、文件等。

二、房屋及其所占用的土地使用权权属界定位置图;房地产分幅平面图、分丘平面图、分层分户平面图等。

三、房地产产权登记工作中形成的各种文件材料,包括房产登记申请书、收件收据存根、权属变更登记表、房地产状况登记表、房地产勘测调查表、墙界表、房屋面积计算表、房地产登记审批表、房屋灭籍申请表、房地产税费收据存根等。

四、反映和记载房地产权属状况的信息资料,包括统计报表、摄影片、照片、录音带、录像带、缩微胶片、计算机软盘、光盘等。

五、其他有关房地产权属的文件材料,包括房地产权属冻结文件、房屋权属代管文件,历史形成的各种房地产权证、契证、账、册、表、卡等。

第九条 每件(宗)房地产权属登记工作完成后,权属登记人员应当及时将整理好的权属文件材料,经权属登记负责人审查后,送交房地产权属档案管理机构立卷归档。任何单位和个人都不得将房地产权属文件材料据为己有或者拒不归档。国家规定不得归档的材料,禁止归档。

第十条 归档的有关房地产权属的资料,应当是原件;原件已存城市建设档案馆或者经房地产管理部门批准决定的,可以是复印、复制件。复印、复制件应当由经办人与原件校对、签章,并注明校对日期及原件的存放处。

第十一条 归档的房地产权属材料,应当做到书写材料合乎标准、字迹工整、内容规范、图形清晰、数据准确、符合档案保护的要求。

第十二条 房地产权属档案管理机构应当按照档案管理的规定对归档的各种房地产权属档案材料进行验收,不符合要求的,不予归档。

第三章 房地产权属档案的管理

第十三条 房地产权属档案管理机构对归档的房地产权属文件材料应当及时进行登记、整理、分类编目、划分密级、编制检索工具。

第十四条 房地产权属档案应当以丘为单元建档。丘号的编定按照国家《房产测量规范》标准执行。

第十五条 房地产权属档案应当以房地产权利人(即权属单元)为宗立卷。卷内文件排列,应当按照房地产权属变化、产权文件形成时间及权属文件主次关系为序。

第十六条 房地产权属档案管理机构应当掌握房地产权属变化情况,及时补充有关权属档案材料,保持房地产权属档案与房地产权属现状的一致。

第十七条 房地产权属档案管理人员应当严格执行权属档案管理的有关规定,不得擅自修改房地产权属档案。确需变更和修改的,应当经房地产权属登记机关批准,按照规定程序进行。

第十八条 房地产权属档案应当妥善保存,定期检查和鉴定。对破损或者变质的档案,应当及时修复;档案毁损或者丢失,应当采取补救措施。未经批准,任何人不得以任何借口擅自销毁房地产权属档案。

第十九条 保管房地产权属档案应当配备符合设计规范的专用库房,并按照国家《档案库房技术管理暂行规定》实施管理。

第二十条 房地产权属档案管理应当逐步采用新技术、新设备,实现管理现代化。

第二十一条 房地产权属档案管理机构应当与城市建设档案管理机构密切联系,加强信息沟通,逐步实现档案信息共享。

第二十二条 房地产权属档案管理机构的隶属关系及档案管理人员发生变动,应当及时办理房地产权属档案的交接手续。

第二十三条 房屋自然灭失或者依法被拆除后,房地产权属档案管理机构应当自档案整理归档完毕之日起15日内书面通知城市建设档案馆。

第四章 房地产权属档案的利用

第二十四条 房地产权属档案管理机构应当充分利用现有的房地产权属档案,及时为房地产权属登记、房地产交易、房地产纠纷仲裁、物业管理、房屋拆迁、住房制度改革、城市规划、城市建设等各项工作提供服务。

第二十五条 房地产权属档案管理机构应当严格执行国家档案管理的保密规定,防止房地产权属档案的散失、泄密;定期对房地产权属档案的密级进行审查,根据有关规定,及时调整密级。

第二十六条 查阅、抄录和复制房地产权属档案材料应当履行审批手续,并登记备案。

涉及军事机密和其他保密的房地产权属档案,以及向境外团体和个人提供的房地产权属档案应当按照国家安全、保密等有关规定保管和利用。

第二十七条 向社会提供利用房地产权属档案,可以按照国家有关规定,实行有偿服务。

第五章 法 律 责 任

第二十八条 有下列行为之一的,由县级以上人民政府房地产行政主管部门对直接负责的主管人员或者其他直接责任人员依法给予行政处分;构成犯罪的,依法追究刑事责任:

(一)损毁、丢失房地产权属档案的;

(二)擅自提供、抄录、公布、销毁房地产权属档案的;

(三)涂改、伪造房地产权属档案的;

(四)擅自出卖或者转让房地产权属档案的;

(五)违反本办法第九条规定,不按照规定归档的;

(六)档案管理工作人员玩忽职守,造成房地产权属档案损失的。

第二十九条 违反《中华人民共和国档案法》、《中华人民共和国档案法实施办法》以及本办法的规定,造成房地产权属档案损失的,由县级以上人民政府房地产行政主管部门根据损失档案的价值,责令赔偿损失。

第三十条 有下列行为之一的,按照有关法律法规的规定处罚:

(一)在利用房地产权属档案的过程中,损毁、丢失、涂改、伪造房地产权属档案或者擅自提供、抄录、公布、销毁房地产权属档案的;

(二)企事业组织或者个人擅自出卖或者转让房地产权属档案的。

第六章 附 则

第三十一条 房地产权属档案管理机构的设置、编制、经费，房地产权属档案管理工作人员的职称、奖惩办法等参照国家档案管理的有关规定执行。

第三十二条 城市规划区集体土地范围内和城市规划区外土地上的房地产权属档案管理可以参照本办法执行。

第三十三条 各省、自治区人民政府建设行政主管部门、直辖市房地产行政主管部门可以根据本办法制定实施细则。

第三十四条 本办法由国务院建设行政主管部门负责解释。

第三十五条 本办法自2001年12月1日起施行。

中华人民共和国国土资源部令

(第101号)

《土地登记资料公开查询办法》,已经2002年11月22日国土资源部第5次部务会议通过,现予发布,自2003年3月1日起施行。

部长 田凤山

2002年12月4日

土地登记资料公开查询办法

第一条 为规范土地登记资料的公开查询活动,保证土地交易安全,保护土地权利人的合法权益,根据《中华人民共和国土地管理法实施条例》,制定本办法。

第二条 本办法所称土地登记资料,是指:

(一)土地登记结果,包括土地登记卡和宗地图;

(二)原始登记资料,包括土地权属来源文件、土地登记申请书、地籍调查表和地籍图。对前款第(一)项规定的土地登记结果,任何单位和个人都可以依照本办法的规定查询。

第三条 本办法第二条第一款第(二)项规定的原始登记资料,依照下列规定查询:

(一)土地权利人、取得土地权利人同意的单位和个人有权查询其土地权利范围内的原始登记资料;

(二)土地登记代理机构有权查询与其代理业务直接相关的原始登记资料;

(三)国家安全机关、公安机关、检察机关、审判机关和纪检监察部门有权查询与调查、处理案件有关的原始登记资料。

第四条 县级以上人民政府国土资源行政主管部门(以下简称查询机关)负责土地登记资料的公开查询工作。查询机关根据工作需要,可以委托有关单位具体承办土地登记资料的公开查询事务。

第五条 查询机关应当逐步建立土地登记资料信息系统。

第六条 单位和个人(以下简称查询人)查询土地登记资料,可以自己查询,也可以委托代理人或者土地登记代理机构查询。委托他人查询的,应当出具授权委托书。境外委托人的授权委托书应当按照有关规定经过公证或者认证。

第七条 查询人查询土地登记资料,应当向查询机关提供本人的身份证明,并填写查询申请表。查询人为法人或者其他组织的,还应当提交单位的证明文件。查询原始登记资料的,除提交前款规定的材料外,还应当按照下列规定提交有关证明文件:

(一)土地权利人应当提交其权利凭证;

(二)取得土地权利人同意的单位和个人应当提交土地权利人同意查询的证明文件、土地权利人的权利凭证和土地权利人的身份证明;

（三）国家安全机关、公安机关、检察机关、审判机关和纪检监察部门应当提交本单位出具的查询证明以及执行查询任务的工作人员的工作证件。

第八条 有下列情形之一的，查询机关可以不提供查询。但应当自收到查询申请之日起3日内将不提供查询的理由告知查询人：

（一）申请查询的土地不在登记区内的；

（二）查询人未能按照本办法第七条的规定提交合法的证明文件或者证明文件不齐全的；

（三）申请查询的内容超出本办法规定的查询范围的；

（四）法律、法规规定不提供查询的。

第九条 对符合本办法规定的查询申请，查询机关应当当场提供查询；因情况特殊，不能当场提供查询的，应当在5日内提供查询。

第十条 查询人查询土地登记资料，应当在查询机关设定的场所进行。任何单位和个人不得擅自将土地登记资料带离设定的场所。查询人在查询时应当保持土地登记资料的完好，不得对土地登记资料进行圈点、划线、注记、涂改或者拆页，也不得损坏查询设备。

第十一条 查询人可以阅读或者自行抄录土地登记资料。应查询人要求，查询机关可以摘录或者复制有关的土地登记资料。查询机关摘录或者复制的土地登记结果，查询人请求出具查询结果证明的，查询机关经审核后可以出具查询结果证明。查询结果证明应当加盖查询机关印章，并注明日期。查询结果证明复制无效。对无土地登记结果的，应查询人请求，查询机关可以出具无土地登记记录的书面证明。

第十二条 涉及国家秘密的土地登记资料的查询，按照保守国家秘密法的有关规定执行。

第十三条 查询土地登记资料所发生的费用由查询人承担。

第十四条 查询人违反本办法第十条规定，擅自将土地登记资料带离设定场所，对登记资料进行圈点、划线、注记、涂改、拆页，或者故意损坏查询设备的，查询机关应当及时制止，并责令其改正；拒不改正的，应当停止提供查询，不予出具查询结果证明；造成损失的，查询人应当依法承担赔偿责任。

第十五条 查询人非法使用查询结果，给当事人造成损失的，应当依法承担赔偿责任；构成犯罪的，依法追究刑事责任。

第十六条 查询机关的工作人员徇私舞弊、滥用职权、玩忽职守，构成犯罪的，依法追究刑事责任；尚不构成犯罪的，依法给予行政处分。

第十七条 本办法自2003年3月1日起施行。

国土资源部关于进一步规范土地登记工作的通知

（国土资发〔2003〕383 号 2003 年 11 月 14 日）

各省、自治区、直辖市国土资源厅（国土环境资源厅、国土资源和房屋管理局、房屋土地资源管理局、规划和国土资源局），新疆生产建设兵团国土资源局：

土地登记作为一项重要的法律制度，对明确土地产权关系，保护土地权利人的利益，保障土地交易安全，维护土地市场秩序具有重要的作用。十多年来，我国土地登记制度取得了长足进展，在国民经济和社会发展以及国土资源管理中发挥了重要作用。但也一定程度上存在着违规登记、不规范登记的问题，影响了土地登记的公信力、土地登记的效力，甚至在一定程度上影响了土地市场健康发展，给土地权利人造成损失。规范土地登记行为，是规范土地市场、加强土地管理的一项重要措施，是把“三个代表”重要思想落到实处，真正保障土地权利人合法权益的具体体现。为进一步规范土地登记行为，保证土地登记的合法性、有效性，现将有关事项通知如下：

一、土地登记的权属必须清楚。土地权属是土地管理的重要内容，是土地登记的核心环节，要把土地权属放在土地登记的首要位置，确保登记的土地权属准确、合法、有效。土地权属的认定，必须严格把握有关法律和政策界限，依据国家有关法律、法规和规章进行，做到依法行政。没有权属来源或权属来源不合法的用地，一律不予登记；权属不清的用地，在权属问题解决前，不得登记。严禁通过登记，使违法用地合法化。经过登记的土地，必须达到“权属合法、界址清楚、面积准确”的要求。登记中遇到的具体权属问题，可根据实际情况，按照原国家土地管理局《确定土地所有权和使用权的若干规定》进行确权；土地权属争议，要在地籍调查和登记过程中及时解决，一时难以解决的，要依照《土地权属争议调查处理办法》依法处理，并以处理结果作为登记的依据；复杂疑难的权属问题，要研究解决办法，妥善处理。

二、土地登记的程序必须合法。土地登记发证要严格依照《土地登记规则》的规定和要求进行，要建立和完善土地登记的工作制度，严格履行土地登记的申请、地籍调查、权属审核、注册登记、核发土地证书的程序，要防止出现在为当事人提供便利时，减少必经的法律程序的作法，确保土地登记的合法性。对不符合登记程序要求的，不能予以登记，不能颁发土地证书；对因指界中相邻一方不签字无法登记发证的，要按照原国家土地管理局《城镇地籍调查规程》有关指界的规定，及时定界，明确相邻方土地权属界线，进行登记发证。不能因一方原因造成土地登记发证久拖不决，影响当事人的合法权益。注册登记的土地所有权、使用权和土地他项权利，在土地权源审批材料中要有事实和法律依据的正确表述，准确记载，以备查验。

三、土地登记的主体必须统一。依照我国有关土地管理的法律规定，土地登记的主体是县级以上人民政府，只有县级以上人民政府才具有土地登记造册，核发证书的权力。人民政府派出性机构，特别是各类开发区，一律不得办理土地登记手续，不得颁发土地证书。已经以开发区名义登记发证的，要坚决予以纠正、换发。土地他项权利如土地抵押权的登记机关，必须与该土地所有权和使用权登记机关一致,不得在另一登记机关分别进行登记。

四、取消"土地权属证明"。土地证书是证明当事人享有土地权属有效的法律凭证。从本文件下发之日起,各类土地权属审核,必须以土地证书作为土地权利的唯一证明材料。取消以前在国企改革等工作中,以出具"土地权属证明",代替土地证书进行权属审查的作法。今后,凡土地征用、土地开发整理项目立项和国企改革等涉及土地权属认定,必须以土地证书为依据,对以其他材料作为土地权属证明的,一律不予承认。

五、不符合规定不得登记。要严把登记关口,对于出让土地没有支付全部土地使用权出让金的,不得登记;对于经营性土地没有按招、拍、挂方式出让的,不得登记;对协议出让地价明显低于出让底价的,不得登记;对违反规划改变土地用途的,不得登记;未办理土地使用权登记而设定抵押的,不得登记。

六、实行登记人员持证上岗,建立责任追究制度。从事土地登记的人员,要取得全国统一的《土地登记上岗资格证》,方可从事土地登记工作。没有取得该资格证书的人员,不得直接从事土地登记工作,不得在有关登记文件中签字。要建立登记人员责任追究制度,对违规操作造成错登、漏登的,要承担相应责任;因违规登记造成权利人重大损失的,要追究有关人员的行政责任。

七、开展土地登记规范化建设。各地要结合土地市场秩序治理整顿,对现有土地登记进行一次清理,纠正不规范行为,进一步规范和完善该项工作,切实加强规范化制度建设。清理结果请于2004年6月底前报部。

国土资源部关于国有划拨土地使用权抵押登记有关问题的通知

（国土资发〔2004〕9号　2004年1月15日）

各省、自治区、直辖市国土资源厅（国土环境资源厅、国土资源和房屋管理局、房屋土地管理局、规划和国土资源局）：

根据国家有关法律法规的规定，现将国有划拨土地使用权抵押登记中的有关问题通知如下：

以国有划拨土地使用权为标的物设定抵押，土地行政管理部门依法办理抵押登记手续，即视同已经具有审批权限的土地行政管理部门批准，不必再另行办理土地使用权抵押的审判手续。

最高人民法院关于转发国土资源部《关于国有划拨土地使用权抵押登记有关问题的通知》的通知

（法发〔2004〕11号 2004年3月23日）

各省、自治区、直辖市高级人民法院，解放军军事法院，新疆维吾尔自治区高级人民法院生产建设兵团分院：

国土资源部于2004年1月15日发布了国土资发〔2004〕9号《关于国有划拨土地使用权抵押登记有关问题的通知》。现将该《通知》转发给你们，在《通知》发布之日起，人民法院尚未审结的涉及国有划拨土地使用权抵押经过有审批权限的土地行政管理部门依法办理抵押登记手续的案件，不以国有划拨土地使用权抵押未经批准而认定抵押无效。已经审结的案件不应依据该《通知》提起再审。

特此通知。

关于划拨国有土地使用权抵押登记有关问题的通知（略）

国土资源部办公厅关于2006年土地变更调查有关问题的补充通知

(国土资电发〔2006〕43号 2006年11月7日)

各省、自治区、直辖市国土资源厅(国土环境资源厅、国土资源局、国土资源和房屋管理局、房屋土地资源管理局),新疆生产建设兵团国土资源局:

为保证今年土地变更调查工作的顺利进行,保证2006年度土地变更数据客观、真实,现将2006年度土地变更调查有关问题通知如下:

一、关于对变更调查数据的要求

各地要按照《关于开展2006年度土地变更调查工作的通知》(国土资发〔2006〕200号)的要求,结合监察部国土资源部《关于开展查处土地违法违规案件专项行动的通知》(监发〔2006〕9号),对本地区的土地利用变化情况进行全面调查,准确区分年度以前变更和本年度的变更流量,严格做到实地变化一块、变更一块、统计一块,达到数据、图件和实地的"三者一致"。各省级国土资源主管部门要对本地区的土地变更调查成果质量负全责。建设用地增加面积超过年度土地利用计划指标的,省级国土资源主管部门应组织有关人员,实地对增加的建设用地逐地块核实,并在变更调查报告中专题分析。

各地要严格执行《关于加强土地利用更新调查有关事项的通知》(国土资发〔2004〕296号)的规定,经部验收,或经省级土地行政各主管部门组织验收并经部确认后的更新调查结果,可纳入年度土地变更调查汇总数据上报。未通过部组织验收和部确认的更新调查成果数据,一律不得纳入今年的土地变更调查流量中。

二、关于耕地和农用地的认定

(一)农业结构调整中耕地植树不满三年的,且树木郁闭度低于规定指标的,仍按照耕地调绘。

(二)农作物与林果套种的,地类仍按照耕地认定。

(三)耕地上种植饲料或用于城市草坪生产的,仍按照耕地调绘。

(四)为农田灌、排水用的沟渠,应调绘为农田水利用地,属农用地;与河流相连的水库水面,可调绘为河流或湖泊水面。

(五)凡属于农民集体、未办理农转用手续的农村道路,不以宽度和路面类型区分,均应属于农村道路。

(六)详查时确定的田坎系数不得随意更改。平地不能按系数扣除田坎面积。确实田坎系数发生变化的,须经省厅论证确认。

三、关于建设用地的认定

(一)未办理征地手续的临时性盐田,不能调绘为建设用地。

(二)实地未动工平整或推平待建的地块,无论有无建设用地手续。仍按照原地类调绘。并注记用地审批情况和违法用地信息。

(三)公路和堤坝两旁的绿化用地,未征用、转用的,不能变更为建设用地,并统计注明原地类和面积。

(四)农村居民点周边的林地、晒谷场、荒草地及坑塘等,不能归并到农村居民点中,要分别按实际用途调绘。

(五)采矿区、森林公园、自然保护区、风景区面积较大时,应该按照实际用地现状调绘。

四、关于未利用土地的认定

(一)废弃的取土坑、采石场等用地,按照未利用地调绘。

(二)工矿企业临时用地,如堆料场、晾晒场,未办农转用手续的,按照原地类调绘。

国务院机关事务管理局关于印发《中央单位在京用地预登记办法》的通知

（国管房地〔2006〕511号 2006年11月22日）

中央国家机关各部门、各单位：

根据《国务院办公厅转发国管局中直管理局关于进一步加强和改进中央单位用地管理工作意见的通知》（国办发〔2006〕84号）的要求，为维护中央单位在京用地合法权益，推动中央单位在京用地登记发证工作的开展，规范中央单位在京用地规划、利用和处置工作，制定了《中央单位在京用地预登记办法》，现印发你们，请按照执行。在预登记工作中有什么问题，请及时反馈我局。

中央单位在京用地预登记办法

第一条 为加强中央单位在京用地权属管理，规范中央单位在京用地规划编制和实施、土地利用和处置，推动中央单位在京用地登记发证工作，维护中央单位在京用地合法权益，根据《关于进一步加强和改进中央单位用地管理工作的意见》和《在京中央国家机关用地土地登记办法》，制定本办法。

第二条 本办法适用于国务院机关事务管理局（以下简称国管局）归口管理的中央单位（以下简称中央单位）使用的北京市范围内的国有土地，具体包括中央国家机关（含国务院各部委、直属机构、办事机构、直属事业单位、部委管理的国家局，最高人民法院，最高人民检察院以及有关人民团体）、中央企事业等单位及其所属单位使用的北京市范围内的国有土地。

第三条 中央单位在京用地预登记以下（简称预登记）是国管局对未领取《国有土地使用证》的中央单位的在京用地来源、土地使用权人、坐落位置、面积、用途及地上物状况等资料进行审核，并核发《中央单位在京用地预登记证》的管理工作。

中央单位在办理国有土地使用权登记，申请与土地有关的规划利用、资产处置和权属纠纷调处时必须提供《中央单位在京用地预登记证》；拒不提供的，不予办理有关手续。已办理《国有土地使用证》的除外。

第四条 国管局是预登记工作的归口管理部门，负责制定相关政策，统一组织实施和检查预登记工作。

各部门、各单位负责组织、监督和指导本部门、本单位及所属单位用地的预登记工作。

各部门、各单位所属单位负责按照本办法规定具体办理本部门、本单位用地预登记手续。

第五条 中央单位根据以下情况，区别办理预登记手续：

（一）已领取《国有土地使用证》的用地，不再进行预登记，须在领取《国有土地使用证》之日起15日内将《国有土地使用证》影印件送国管局备案。

（二）未领取《国有土地使用证》的用地，应先进行预登记，后办理国有土地使用权登记手续。其中，已提出国有土地使用权登记申请，并在法定受理期限内的，可不进行预登记。

（三）已领取《国有土地使用证》的中央单位用地，其状态发生变更的，应先进行预登记，后办理国有土地使用权变更登记手续。

第六条 预登记按下列程序进行：

（一）申请；

（二）审核；

（三）登记发证。

第七条 中央单位向国管局提出预登记申请，并提交以下材料：

（一）预登记申请书；

（二）本单位用地上级管理部门的审核意见；

（三）土地、房屋权源材料；

（四）土地、房屋相关图鉴资料；

（五）其他材料。

第八条 国管局对中央单位提交的材料进行审核，认为符合第七条所列条件的，办理相应土地的预登记。国管局应建立并完善《中央单位在京用地预登记簿》，按照档案管理的有关规定对预登记材料进行管理。

第九条 国管局应在受理预登记申请后30个工作日内完成审核，并向预登记申请单位核发《中央单位在京用地预登记证》。

对于中央单位共同使用的土地，向共用各方核发《中央单位在京用地预登记证（共用）》，标注土地共用原因、分摊比例和面积等；对于中央单位与其他单位共同使用的土地，向中央单位核发《中央单位在京用地预登记证（共用）》，标注土地共用原因，中央单位用地的分摊比例和面积等。

对于中央单位间存有争议的土地，向争议各方核发《中央单位在京用地预登记证（争议）》，注明争议情况和争议原因；对于中央单位与其他单位存有争议的土地，向中央单位核发《中央单位在京用地预登记证（争议）》，注明争议情况和争议原因。

第十条 取得《中央单位在京用地预登记证》后土地状况发生变更的，中央单位应及时提出申请，办理变更预登记手续。

第十一条 各部门、各单位应对本部门、本单位所属单位的预登记工作进行监督检查，对于符合预登记申请条件尚未办理预登记手续的用地，应督促所属单位及时办理预登记。

国管局对各部门、各单位的预登记工作进行定期检查，表彰完成预登记工作较好的中央单位；在对中央单位在京用地的规划编制、开发建设、利用处置等进行审批时，应同时对中央单位在京用地的《国有土地使用证》或《中央单位在京用地预登记证》的办理情况进行审查，对未办理《国有土地使用证》和《中央单位在京用地预登记证》的，不予批准。

第十二条 预登记工作应充分运用现代网络技术，逐步实现信息化管理。

第十三条 本办法由国管局负责解释。

第十四条 本办法自印发之日起施行。

二、建设用地管理

1. 行政法规及法规性文件

中华人民共和国国务院令

《土地复垦规定》已经 1988 年 10 月 21 日国务院第 22 次常务会议通过,现予发布,自 1989 年 1 月 1 日起施行。

总理 李 鹏

1988 年 11 月 8 日

土地复垦规定

第一条 为加强土地复垦工作,合理利用土地,改善生态环境,制定本规定。

第二条 本规定所称土地复垦,是指对在生产建设过程中,因挖损、塌陷、压占等造成破坏的土地,采取整治措施,使其恢复到可供利用状态的活动。

第三条 本规定适用于因从事开采矿产资源、烧制砖瓦、燃煤发电等生产建设活动,造成土地破坏的企业和个人(以下简称企业和个人)。

第四条 土地复垦,实行"谁破坏、谁复垦"的原则。

第五条 土地复垦工作,任何部门、单位和个人不得阻挠。

第六条 各级人民政府土地管理部门负责管理、监督检查本行政区域的土地复垦工作。

各级计划管理部门负责土地复垦的综合协调工作;各有关行业管理部门负责本行业土地复垦规划的制定与实施。

第七条 土地复垦规划应当与土地利用总体规划相协调。

各有关行业管理部门在制定土地复垦规划时,应当根据经济合理的原则和自然条件以及土地破坏状态,确定复垦后的土地用途。在城市规划区内,复垦后的土地利用应当符合城市规划。

第八条 土地复垦应当与生产建设统一规划。有土地复垦任务的企业应当把土地复垦指标纳入生产建设计划,在征求当地土地管理部门的意见、并经行业管理部门批准后实施。

第九条 有土地复垦任务的建设项目,其可行性研究报告和设计任务书应当包括土地复垦的内容;设计文件应当有土地复垦的章节;工艺设计应当兼顾土地复垦的要求。

建设单位违反前款规定的,土地管理部门审批建设用地时不得批准。

第十条 土地复垦应当充分利用邻近企业的废弃物充填挖损区、塌陷区和地下采空区。

对利用废弃物进行土地复垦和在指定的土地复垦区倾倒废弃物的,拥有废弃物的一方和拥有土地复垦区的一方均不得向对方收取费用。

利用废弃物作为土地复垦充填物,应当防止造成新的污染。

第十一条 复垦后的土地达到复垦标准，并经土地管理部门会同有关行业管理部门验收合格后，方可交付使用。

复垦标准由土地管理部门会同有关行业管理部门确定。

第十二条 企业(不含乡村的集体企业和私营企业)在生产建设过程中破坏的集体所有土地，按下列情况分别处理：

(一)不能恢复原用途或者复垦后需要用于国家建设的，由国家征用；

(二)经复垦不能恢复原用途，但原集体经济组织愿意保留的，可以不实行国家征用；

(三)经复垦可以恢复原用途，但国家建设不需要的，不实行国家征用。

第十三条 在生产建设过程中破坏的土地，可以由企业和个人自行复垦，也可以由其他有条件的单位和个人承包复垦。

承包复垦土地，应当以合同形式确定承、发包双方的权利和义务。土地复垦费用，应当根据土地被破坏程度、复垦标准和复垦工程量合理确定。

第十四条 企业和个人对其破坏的其他单位使用的国有土地或者国家不征用的集体所有土地，除负责土地复垦外，还应当向遭受损失的单位支付土地损失补偿费。

土地损失补偿费，分为耕地的损失补偿费、林地的损失补偿费和其他土地的损失补偿费。耕地的损失补偿费，以实际造成减产以前三年平均年产量为计算标准，由企业和个人按照各年造成的实际损失逐年支付相应的损失补偿费；集体经济组织承包复垦其原有的土地，补偿年限应当按照合同规定的合理工期确定。其他土地的损失补偿费，参照上述原则确定。

地面附着物的损失补偿标准，由省、自治区、直辖市规定。

第十五条 土地损失补偿费的具体金额，由破坏土地的企业和个人与遭受损失的单位根据第十四条确定的原则商定；达不成协议的，由当地土地管理部门会同有关行业管理部门作出处理决定。

当事人对土地损失补偿费金额的处理决定不服的，可以在接到处理决定之日起十五日内，向人民法院起诉。

第十六条 基本建设过程中破坏的土地，土地复垦费用和土地损失补偿费从基本建设投资中列支。

生产过程中破坏的土地，土地复垦费用从企业更新改造资金和生产发展基金中列支；经复垦后直接用于基本建设的，土地复垦费用从该项基本建设投资中列支；由国家征用并能够以复垦后的收益形成偿付能力的，土地复垦费用还可以用集资或者向银行贷款的方式筹集。

生产过程中破坏的国家不征用的土地，土地损失补偿费可以列入或者分期列入生产成本。

第十七条 生产过程中破坏的国家征用的土地，企业用自有资金或者货款进行复垦的，复垦后归该企业使用；根据规划设计企业不需要使用的土地或者未经当地土地管理部门同意，复垦后连续二年以上不使用的土地，由当地县级以上人民政府统筹安排使用。

企业采用承包或者集资方式进行复垦的，复垦后的土地使用权和收益分配，依照承包合同或者集资协议约定的期限和条件确定；因国家生产建设需要提前收回的，企业应当对承包合同或者集资协议的另一方当事人支付适当的补偿费。

生产过程中破坏的国家不征用的土地，复垦后仍归原集体经济组织使用。

第十八条 生产建设过程中破坏的国家征用的土地，经复垦后土地使用权依法变更的，必须依照国家有关规定办理过户登记手续。

第十九条 国家鼓励生产建设单位优先使用复垦后的土地。

复垦后的土地用于农、林、牧、渔业生产的,依照国家有关规定减免农业税;用于基本建设的,依照国家有关规定给予优惠。

第二十条 对不履行或者不按照规定要求履行土地复垦义务的企业和个人,由土地管理部门责令限期改正;逾期不改正的,由土地管理部门根据情节,处以每亩每年二百元至一千元的罚款。对逾期不改正的企业和个人,在其提出新的生产建设用地申请时,土地管理部门可以不予受理。

罚款从企业税后留利中支付,依照为家规定上交国库。

第二十一条 当事人对土地管理部门作出的罚款决定不服的,可以在接到罚款通知之日起十五日内,向作出罚款决定的土地管理部门的上一级机关申请复议;对复议决定不服的,可以在接到复议决定之日起十五日内向人民法院起诉。当事人也可以在接到罚款通告之日起十五日内,直接向人民法院起诉。当事人期满不申请复议也不向人民法院起诉又不执行罚款决定的,由作出罚款决定的土地管理部门申请人民法院强制执行。

第二十二条 扰乱、阻碍土地复垦工作或者破坏土地复垦工程设备,违反《中华人民共和国治安管理处罚条例》的,由当地公安机关给予治安管理处罚;构成犯罪的,由司法机关依法追究刑事责任。

第二十三条 负责土地复垦管理工作的国家工作人员玩忽职守、徇私舞弊的,由其所在单位或者上级主管机关给予行政处分;构成犯罪的,由司法机关依法追究刑事责任。

第二十四条 各省、自治区、直辖市人民政府可以根据本规定,结合本地区的实际情况,制定实施办法。

第二十五条 本规定由国家土地管理局负责解释。

第二十六条 本规定自1989年1月1日起施行。

中共中央国务院关于进一步加强土地管理切实保护耕地的通知

（中发〔1997〕11号 1997年5月18日）

土地是十分宝贵的资源和资产。我国耕地人均数量少，总体质量水平低，后备资源也不富裕。保护耕地就是保护我们的生命线。但近年来，一些地方乱占耕地、违法批地、浪费土地的问题没有从根本上解决，耕地面积锐减，土地资产流失，不仅严重影响了粮食生产和农业发展，也影响了整个国民经济的发展和社会的稳定。对于土地管理特别是耕地保护这个事关全国大局和中华民族子孙后代的大问题，党中央、国务院高度重视，经过多次研究认为，从我国国情出发，我国的土地管理特别是耕地保护措施必须是十分严格的，必须认真贯彻"十分珍惜和合理利用每寸土地，切实保护耕地"的基本国策，必须采取治本之策，扭转在人口继续增加情况下耕地大量减少的失衡趋势。为此，特通知如下：

一、加强土地的宏观管理

各省、自治区、直辖市必须严格按照耕地总量动态平衡的要求，做到本地耕地总量只能增加，不能减少，并努力提高耕地质量。各级人民政府要按照提高土地利用率，占用耕地与开发、复垦挂钩的原则，以保护耕地为重点，严格控制占用耕地，统筹安排各业用地的要求，认真做好土地利用总体规划的编制、修订和实施工作。不符合上述原则和要求的土地利用总体规划，都要重新修订。土地利用总体规划的编制和修订要经过科学论证，严密测算，切实可行；土地利用总体规划一经批准，就具有法定效力，并纳入国民经济和社会发展五年计划和年度计划，严格执行。在修订的土地利用总体规划批准前，原则上不得批准新占耕地。

实行占用耕地与开发、复垦挂钩政策。要严格控制各类建设占地，特别要控制占用耕地、林地，少占好地，充分利用现有建设用地和废弃地等。农业内部结构调整也要充分开发利用非耕地。除改善生态环境需要外，不得占用耕地发展林果业和挖塘养鱼。非农业建设确需占用耕地的，必须开发、复垦不少于所占面积且符合质量标准的耕地。开发耕地所需资金作为建设用地成本列入建设项目总投资，耕地复垦所需资金列入生产成本或建设项目总投资。占用耕地进行非农业建设，逐步实行由建设单位按照当地政府的要求，将所占耕地地表的耕作层用于重新造地。在国家统一规划指导下，按照谁开发耕地谁受益的原则，以保护和改善生态环境为前提，鼓励耕地后备资源不足的地区与耕地后备资源较丰富的地区进行开垦荒地、农业综合开发等方面的合作。各地要大力总结和推广节约用地以及挖掘土地潜力的经验。

加强土地利用计划的管理。各级人民政府要根据国民经济与社会发展规划、国家产业政策和土地利用总体规划的要求，按照国民经济和社会发展计划的编报程序，制定包括耕地保护、各类建设用地征用、土地使用权出让、耕地开发复垦等项指标在内的年度土地利用计划，加强土地利用的总量控制。各项建设用地必须符合土地利用总体规划和城市总体规划，并纳入年度土地利用计划。年度土地利用计划实行指令性计划管理,一经下达,必须严格执行,不得突破。

严格贯彻执行《基本农田保护条例》。各地人民政府要以土地利用现状调查的实有耕地面积为基数,按照《基本农田保护条例》规定划定基本农田保护区,建立严格的基本农田保护制度,并落实到地块,明确责任,严格管理。要建立基本农田保护区耕地地力保养和环境保护制度,有效地保护好基本农田。

积极推进土地整理,搞好土地建设。各地要大力总结和推广土地整理的经验,按照土地利用总体规划的要求,通过对田、水、路、林、村进行综合整治,搞好土地建设,提高耕地质量,增加有效耕地面积,改善农业生产条件和环境。

二、进一步严格建设用地的审批管理

对农地和非农地实行严格的用途管制。自本通知下发之日起,冻结非农业建设项目占用耕地一年,确实需要占用耕地的,报国务院审批。解决城镇中低收入家庭住房困难户住房和安居工程以及经国家批准的重点建设项目用地,仍按原规定报批。

各项建设用地都必须严格按照法定权限和程序报批。在建设项目可行性研究报告评审阶段,土地管理部门就要对项目用地进行预审。凡不符合土地利用总体规划的、城市内的建设项目不符合城市总体规划的、未纳入年度土地利用计划的、以及不符合土地管理法规和建设用地有关规定的建设项目,都不得批准用地,项目不得开工建设。

三、严格控制城市建设用地规模

城市规划、建设和管理必须严格执行《中华人民共和国城市规划法》和《国务院关于加强城市规划工作的通知》(国发〔1996〕18 号)等有关法律、法规,严格控制大城市的用地规模,特别要严格控制中等城市和小城市用地。对城市建设规划规模过大的,要坚决压缩到标准控制规模以内。自本通知下发之日起,冻结县改市的审批。

城市建设用地应充分挖掘现有潜力,尽可能利用非耕地和提高土地利用率。城市的建设和发展要严格按照经批准的城市总体规划,从实际出发,量力而行,分步实施。城市建设总体规划要与土地利用总体规划相衔接,用地规模不得突破土地利用总体规划。

对城市总体规划进行局部调整或作重大变动,必须在得到审批机关认可后进行,并按照《国务院关于加强城市规划工作的通知》要求备案或报批。对各类城市的建设用地,要在城市规划中实行规定标准管理,从我国国情出发,统筹安排,确定人均占地标准,具体落实到每个城镇,不得突破。大城市的城市建设用地和人口规模,到 2000 年应控制在经批准的总体规划的近期规划范围内,不得再扩大。要加强对用地的集中统一管理,不得下放规划管理权和用地审批权。

四、加强农村集体土地的管理

要结合划定基本农田保护区,制定好村镇建设规划。村镇建设要集中紧凑、合理布局,尽可能利用荒坡地、废弃地,不占好地。在有条件的地方,要通过村镇改造将适宜耕种的土地调整出来复垦、还耕。

农村居民的住宅建设要符合村镇建设规划。有条件的地方,提倡相对集中建设公寓式楼房。农村居民建住宅要严格按照所在的省、自治区、直辖市规定的标准,依法取得宅基地。农村居民每户只能有一处不超过标准的宅基地,多出的宅基地,要依法收归集体所有。

严禁耕地撂荒。对于不再从事农业生产、不履行土地承包合同而弃耕的土地,要按规定收回承包权。鼓励采取多种形式进行集约化经营。

积极推行殡葬改革,移风易俗,提倡火葬。土葬不得占用耕地。山区农村可集中划定公共墓地。平原地区的农村,提倡建骨灰堂、集中存放骨灰。要在做好深入细致的思想工作、取得当事人支持与配合的前提下,对占用耕地、林地形成的坟地,采取迁移、深葬等办法妥善处理,以不影响耕种或复垦还耕、还林。

发展乡镇企业要尽量不占或少占耕地、节约使用土地。乡镇企业用地,要按照经批准的村镇建设规划的要求,合理布局,适当集中,依法办理用地审批手续。大力推广新型墙体材料,限制黏土砖生产,严禁占用耕地建砖瓦窑。已经占用耕地建砖瓦窑的,要限期调整、复耕。

除国家征用外,集体土地使用权不得出让,不得用于经营性房地产开发,也不得转让、出租用于非农业建设。用于非农业建设的集体土地,因与本集体外的单位和个人以土地入股等形式兴办企业,或向本集体以外的单位和个人转让、出租、抵押附着物,而发生土地使用权交易的,应依法严格审批,要注意保护农民利益。

集体所有的各种荒地,不得以拍卖、租赁使用权等方式进行非农业建设。

五、加强对国有土地资产的管理

严格控制征用耕地出让土地使用权。禁止征用耕地、林地和宜农荒地出让土地使用权用于高尔夫球场、仿古城、游乐宫、高级别墅区等高档房地产开发建设以及兴建各种祠堂、寺庙、教堂。

国有土地使用权有偿出让,主要采取公开招标拍卖的方式,鼓励公平竞争。建立土地基准地价和标定地价评估的公布制度。国有土地使用权拍卖底价须在科学估价的基础上,依照国家产业政策确定。成交价格应向社会公布。

涉及国防安全、军事禁区、国家重点保护区域等的国有土地使用权出让和外商投资进行成片土地开发的项目,一律报国务院审批。禁止对外出让整个岛屿的土地使用权。

国家对原以划拨方式取得国有土地使用权用于非农业经营的,除法律规定可以继续实行划拨外,逐步实行有偿有限期使用办法。国有企业改制为有限责任公司或股份有限公司涉及的原划拨土地使用权,必须经过地价评估,依法实行有偿使用。国有企业改组涉及的原划拨土地使用权,按国家有关规定办理。旧城区改造涉及的原划拨土地使用权,可由政府依法收回,除按法律规定的范围实行划拨外,其余一律依法实行有偿有限期使用。

规范土地使用权转让市场,严禁炒买炒卖"地皮"等非法交易。以出让方式取得的国有土地使用权,未按法律规定的期限和条件开发、利用的,其土地使用权不得转让。非法转让的,应依法处罚,没收其非法所得,直至终止其土地使用权。国有土地使用权转让,必须依法进行土地权属变更登记,未经登记的,属于非法转让,要依法查处。

今后,原有建设用地的土地收益全部留给地方,专款用于城市基础设施建设和土地开发、中低产田改造;农地转为非农建设用地的土地收益,全部上缴中央,原则用于耕地开发,具体办法国务院另行规定。国有土地使用权出让等有关土地收益全部纳入财政预算管理,各级人民政府及其财政、审计部门要加强对土地收益的监督管理,防止资产流失。

六、加强土地管理的执法监督检查

要在总结一些地方进行土地执法监察试点经验的基础上,建立和完善土地执法监察制度,强化土地管理的执法监督工作。

各省、自治区、直辖市人民政府要组织力量,对辖区内1991年以来各类建设(包括各类开发区建设)以及农村宅基地用地情况进行全面的清查,对发现的问题,要依法处理。清查工作要在1997年10月底之前完成,并向党中央、国务院报告清查及查处情况。

清查的主要内容包括:(1)凡未经国务院或省级人民政府批准的各类开发区一律撤除,并立即停止一切非农业建设活动,限期复垦还耕;对已经国务院或省级人民政府批准的各类开发区未按计划进行开发的土地,要依法处理。(2)全面清理整顿经营性房地产开发项目(包括高尔夫球场等)用地。对未按审批权限依法办理审批手续的用地,要逐个依法清理检查。对未按照合同规定期限进行开发的土地,也要依法清理检查,属于农田的,必须限期恢复农业用途。(3)依法全面清查土地使用权转让、出租、抵押等交易行为。对于非法炒买炒卖“地皮”牟取暴利的行为,要依法从严惩处。(4)全面清理整顿乡镇企业、村镇建设、农村宅基地等占用的土地,特别是要全面清理整顿占用的耕地。

国务院责成国家土地管理局、建设部、监察部会同有关部门,组织联合执法检查组,对各地的土地清查工作情况进行执法监察,并提出相应的监察建议。土地执法监察要形成制度,对发现的问题要从严查处。违反土地利用总体规划、破坏耕地的,国家工作人员滥用职权违法批地、严重渎职的,要依法追究刑事责任。

土地管理部门要抓紧建立全国土地管理动态信息系统,采用现代技术手段,加强对全国土地利用状况的动态监测。

七、加强对土地管理工作的组织领导

土地问题涉及全民族的根本利益,必须服从国家的统一管理。国家管理土地的职能只能加强,不能削弱。要进一步改革和完善土地管理体制,加强土地管理的法制建设。

各级党委、人民政府都要高度重视土地管理特别是耕地保护工作,支持土地管理部门依法行政。各级土地管理部门要切实履行职责,严格执法,依法管好土地。要将加强土地管理、切实保护耕地、合理利用土地资源工作情况,作为考核地方各级党委和人民政府及其负责人工作的重要内容,实施监督、监察,并接受社会的监督。

要加强全民的土地国情国策的宣传教育。重点是教育广大干部特别是领导干部增强土地忧患意识,提高保护耕地的自觉性。在干部教育中要增加土地国情国策的内容。发展经济要以保护耕地为前提,办一切事业都要十分珍惜和合理利用每寸土地。

各省、自治区、直辖市党委、人民政府,要认真学习和传达本通知精神,并研究贯彻落实的具体措施,在今年6月底前向党中央、国务院作出报告。国务院责成国家土地管理局会同监察部等有关部门监督检查本通知的贯彻执行情况。

国务院关于国土资源部《报国务院批准的建设用地审查办法》的批复

（国函〔1999〕131号 1999年10月22日）

国土资源部：

国务院批准《报国务院批准的建设用地审查办法》，由你部组织实施。

附：

报国务院批准的建设用地审查办法

为认真贯彻实施《中华人民共和国土地管理法》（以下简称《土地管理法》）和《中华人民共和国土地管理法实施条例》（以下简称《实施条例》），规范需报国务院批准的建设用地审查工作，制定本办法。

一、审查范围

（一）按照建立最严格的土地管理制度的要求和《土地管理法》第四十四条的规定，下列建设占用土地，涉及农用地转为建设用地的，需报国务院批准：

1. 国务院批准的建设项目；

2. 国务院有关部门和国家计划单列企业批准的道路、管线工程和大型基础设施建设项目；

3. 省、自治区、直辖市人民政府批准的道路、管线工程和大型基础设施建设项目；

4. 在土地利用总体规划确定的直辖市、计划单列市和省、自治区人民政府所在地的城市以及人口在50万以上的城市建设用地规模范围内，为实施该规划按土地利用年度计划分批次用地。

（二）《土地管理法》第四十五条规定的征用下列土地的，需报国务院批准：

1. 基本农田；

2. 基本农田以外的耕地超过三十五公顷的；

3. 其他土地超过七十公顷的。

（三）《实施条例》第二十四条规定的下列建设项目需要占用土地利用总体规划确定的国有未利用地作为建设用地的，需报国务院批准：

1. 国家重点建设项目；

2. 军事设施；

3. 跨省、自治区、直辖市行政区域的建设项目；

4. 国务院规定的其他建设项目。

二、审查原则

(一)切实保护耕地资源,保证国家建设用地。

(二)保护和改善生态环境,保障土地资源的可持续利用。

(三)占用耕地与补充耕地相平衡。

(四)依法、科学、集约、规范用地。

(五)严格办事程序,提高工作效率。

三、审查依据

(一)《土地管理法》、《实施条例》等土地法律、法规和有关规定。

(二)国家有关产业政策。

(三)建设项目所在地土地利用总体规划和土地利用年度计划。

(四)建设用地定额指标和技术规范。

(五)建设项目用地预审报告书。

四、审查内容

(一)建设用地是否在需报国务院批准的范围之内。

(二)建设项目前期工作是否执行了国家规定的有关建设程序。

(三)建设用地是否在项目可行性研究阶段经过预审。

(四)建设用地是符合当地土地利用总体规划,是否列入土地利用年度计划。

(五)农用地转用、补充耕地、征用土地和供地方案是否符合国家法律法规的规定和有关政策。

(六)用地面积是否符合国家规定的建设用地定额指标。

(七)补充耕地措施是否已经落实或能够落实。

(八)土地权属、地类、面积是否清楚、准确。

(九)建设项目选址压覆重要矿床的,是否经有权机关批准。

(十)建设用地位于地质灾害易发区的,是否提供了地质灾害危险性评估报告。

(十一)占用林地是否已经林业主管部门审核同意。

(十二)存在违法用地行为的,是否已依法查处。

(十三)其他内容是否符合国家法律、法规的规定和有关政策。

五、审查程序

(一)省、自治区、直辖市人民政府土地行政主管部门按照国家有关规定,拟定建设用地请示,并附对市、县人民政府拟定的农用地转用、补充耕地、征用土地和供地方案的书面审查意见,报省级人民政府同意后,由省级人民政府将建设用地请示呈报国务院,同时抄报国土资源部(抄报时并附资料10套、图件2套)。

(二)国务院将省级人民政府的建设用地请示转国土资源部商有关部门研究办理。省级人民政府的建设用地请示和报批资料、图件经国土资源部初审后,根据有关规定,由国土资源部就有关问题征求国务院有关部门意见。国务院有关部门自收到征求意见函之日起7个工作日内,应将意见书面反馈国土资源部。逾期未反馈意见又未说明情况的,按无意见处理。如国务院有关部门提出不同意见，由国土资源部负责协调。

（三）在综合国务院各有关部门意见的基础上，国土资源部采用部会审会议集体会审的办法，依据国家土地管理法律、法规和有关规定对建设用地进行审查，并提出建议批准或不予批准的意见。对建议批准的，形成审查报告，呈报国务院审批；对不予批准的，由国土资源部行文将建设用地请示退回报文的省级人民政府，并报国务院备案。

（四）建设用地经国务院批准后，由国土资源部负责办理建设用地批复文件，批复有关省、自治区、直辖市人民政府，并抄送国务院各有关部门，批复文件中注明"经国务院批准"字样。其中，按有关规定应缴纳新增建设用地土地有偿使用费的，在缴纳后，方可办理建设用地批复文件。

六、其他事项

（一）国土资源部对省级人民政府上报的建设用地请示和报批资料、图件进行初审，认为资料不齐全或内容不符合要求的，应通知其限期补报，逾期并不能说明原因的，可以将建设用地请示退回报文的省级人民政府。

（二）凡存在未批先用等违法用地行为的建设用地，必须依法查处，在追究有关责任人员行政或法律责任后，方可依法补办建设用地手续。

（三）经国务院批准的建设用地，凡不违反保密规定的，由国土资源部通过报刊向社会公告，接受社会监督。公告工作不收取任何费用。

（四）国土资源部需在每季度末将本季度建设用地审查情况综合汇总报告国务院。

国务院关于进一步推进全国绿色通道建设的通知

(国发〔2000〕31号 2000年10月11日)

各省、自治区、直辖市人民政府,国务院各部委、各直属机构:绿色通道建设是我国国土绿化的重要组成部分,主要任务是对公路、铁路、河渠堤坝沿线进行绿化美化。近年来,绿色通道建设取得了一定成绩。但是,发展很不平衡,绿化的空间和潜力还很大。为进一步推进全国绿色通道建设,现通知如下:

一、绿色通道建设是一项具有战略意义的国土绿化工程

建设绿色通道,是贯彻落实江泽民总书记关于建设秀美山川的重大举措,是我国从总体上构建以重点林业生态工程为骨架,以诚镇、村庄绿化为依托,以公路、铁路、河渠堤坝等沿线绿化为网络的国土绿化战略的需要。实施绿色通道工程,不仅能够保护公路、铁路、河渠、堤坝,改善沿线生态环境,全面推进全国城乡绿化美化向纵深发展,而且能够促进沿线地区的农业结构调整,改善和优化沿线地区社会经济环境,加强社会主义物质文明和精神文明建设。各级政府和部门要深刻认识绿色通道建设对于促进国民经济和社会可持续发展,实现祖国山川秀美的重要意义,广泛宣传和发动,组织好各方面的力量,投入到绿色通道建设工程中去,力求取得新的成效。

二、绿色通道建设的基本思路和目标

绿色通道建设是一项社会公益性事业,应动员全社会和全民参与这项工作,鼓励国家、部门、集体、个人一起上,实行谁绿化谁所有、谁投资谁受益、谁经营谁得利,充分调动各方面建设绿色通道的积极性。绿色通道建设要在保障公路、铁路视野开阔,无安全隐患的前提下进行,要和公路、铁路、水利设施建设统筹规划并与工程建设同步设计、同步施工、同步验收。要实行分级负责,部门密切配合,将建设和管护任务落实到单位和个人。要坚持从实际出发,遵循客观规律,科学规划,合理布局,宜林则林,宜草则草,适地适树(草),乔灌草综合考虑,优化配置,不断提高绿色通道建设的质量。绿色通道建设要和道路、堤坝等防护工程设施以及沿线城镇、乡村的绿化工作结合起来,既要绿化美化环境,又要能够保障安全,护路护堤(坝),提高工程的防护性能。要注意节约耕地。

绿色通道建设任务艰巨,必须突出重点,分步实施。要优先抓好高速公路、铁路、国道、省道、重要堤坝沿线以及重点水库周边地区的绿化。新建、改建、扩建的道路、堤坝等沿线的绿化要和工程项目统筹规划,统一纳入工程概算,同步建设。

绿色通道建设要纳入全国生态环境建设规划、全国造林绿化规划和城市总体规划。绿色通道建设用地规划应当与各级土地利用总体规划相衔接,并纳入年度土地利用计划。全国绿色通道建设的目标是:到2005年,全国的高速公路、60%的现有铁路、国道、省道、河渠、堤坝实

现绿化。到 2010 年，力争全国所有可绿化的公路、铁路、河渠、堤坝全面绿化，形成带、网、片、点相结合，层次多样、结构合理、功能完备的绿色长廊，使绿色通道与生态环境、城乡绿化美化融为一体。

三、科学规划和设计，提高绿色通道建设质量

绿色通道建设要考虑到各方面的实际情况和要求，因地制宜，科学规划，确定合理的建设标准，注重实效，提高质量。

高速公路、铁路、国道、省道绿色通道建设，应以防风固土，美化环境为主要功能。原则上，新建、改建、扩建的道路沿线绿化带宽度每侧严格按 5～10 米进行规划，有条件的地区可加宽到 10 米以上。现有上述道路沿线尚未绿化的，要尽快绿化，可参照上述标准拓宽绿化带。在条件适宜的地区，应合理配置主副林带，主林带树种应以高大乔木为主，副林带树种应选择乔木、亚乔木或灌木。实行针阔混交，形成立体复层的绿化带。在干旱、半干旱地区，应宜灌则灌、宜草则草，有条件的可选择一些耐旱乔木，形成乔、灌、草结合的绿化带。城市规划区内的公路、铁道旁的防护林带宽度每侧按 30～50 米进行规划设计，有条件的地区可加宽到 50 米以上。

县、乡道路沿线绿化，应以防风固土，改善环境为主要功能。原则上，新建、改建、扩建道路沿线绿化带宽度每侧严格按 3～5 米进行规划设计，有条件的地区可加宽到 5 米以上。现有县、乡道路沿线尚未绿化的，也要尽快绿化，可参照上述标准拓宽绿化带。在水热和土壤条件较好的地区，以优质速生乔木为主，针阔混交；在干旱、半干旱地区，应宜灌则灌、宜草则草，有条件的要实行乔、灌、草相结合。

河渠、堤坝、水库沿线绿化应以保持水土、护坡护岸、涵养水源为主要功能。尚未绿化的河渠、堤坝等要尽快绿化，有条件的地区也要提高绿化标准。树种、草种的选择根据护堤（坝）和绿化美化要求确定，有条件的要增加乔木、灌木的比重。

绿色通道建设应造反生态、经济、观赏价值较高的树种，选择根系发达、适应性强、无病虫害、主干通直、抗病性强的良种壮苗。在绿色通道建设中，各地要因地制宜，有条件的地方允许栽植一定比例的经济林、用材林树种。

四、多渠道筹集绿色通道建设的资金

国家和地方各级政府要把绿色通道建设作为生态环境建设的重点工程，列入基本建设计划，增加资金投入。绿色通道建设资金实行分级负责。铁道的绿化由铁道部负责；国道、省道的绿化由国家和省级政府负责；河渠、堤坝、水库按隶属关系划分，属于中央管理的工程由中央负责，属于地方管理的工程由地方负责；县、乡道路由所在地地方政府负责。已经建成的道路、堤坝等尚未进行绿化的，应按原规划做好绿化工作。已规划征用但被占用的绿化用地，要限期退出，搞好绿化。今后，凡新建、改建、扩建的道路、堤坝等，都要把绿化纳入工程规划，列入工程概算并与所建工程同步设计、同步建设，同步验收，验收合格后明确管护责任。

林业、交通、铁道、水利等部门以及沿线地区，要按照各自的责任，安排相应的资金用于绿色通道工程建设。同时，要动员社会各方面的力量，增加对绿色通道建设的投资。要把道路、堤坝等沿线的绿化带作为开展全民义务植树的重点地区。

采取多种方式，解决好绿色通道建设的用地问题。新建、改建、扩建道路和河渠、堤坝、水库沿线的绿化用地和工程用地要统一规划。现有道路在现行设计标准以内的用地，由建设单位负责解决;超出现行技术标准的,由所在地区提供用地。严格控制占用基本农田,确需占用的,按照《中华人民共和国基本农田保护条例》的规定,履行报批程序后,方可占用。地方政府负责的县、乡道路绿化用地可推行农民自愿出地、国家出苗、个体承包造林管护、收益按比例分成的做法,实行谁造林谁收益的政策,调动各方面参与绿色通道建设的积极性。各地可以从实际出发,采取拍卖、承包和合理补偿等方式,安排好绿色通道建设用地。具体由国土资源部商有关部门另行规定。

五、加强领导,抓好落实

绿色通道建设是一项跨部门、跨行业、跨区域的系统工程,必须纳入各级政府的重要议事日程,加强领导,精心组织,确保工程顺利实施。要实行领导目标责任制,层层签订责任状,建立严格的检查奖惩制度。各有关部门要按照职责分工,密切配合,积极主动做好工作。全国绿化委员会办公室要积极配合有关部门制定全国绿色通道工程建设质量标准和检查验收办法,搞好组织协调、督促检查,建立检查通报制度。各级林业、园林、水土保持部门要搞好行业指导,在规划设计、种苗供应、技术咨询等方面搞好服务。各地区、各部门要突出抓好一批示范路段,通过典型示范,全面推进全国绿色通道建设。

中华人民共和国国务院令

（第471号）

《大中型水利水电工程建设征地补偿和移民安置条例》已经2006年3月29日国务院第130次常务会议通过，现予公布，自2006年9月1日起施行。

总理 温家宝

2006年7月7日

大中型水利水电工程建设征地补偿和移民安置条例

第一章 总 则

第一条 为了做好大中型水利水电工程建设征地补偿和移民安置工作，维护移民合法权益，保障工程建设的顺利进行，根据《中华人民共和国土地管理法》和《中华人民共和国水法》，制定本条例。

第二条 大中型水利水电工程的征地补偿和移民安置，适用本条例。

第三条 国家实行开发性移民方针，采取前期补偿、补助与后期扶持相结合的办法，使移民生活达到或者超过原有水平。

第四条 大中型水利水电工程建设征地补偿和移民安置应当遵循下列原则：

（一）以人为本，保障移民的合法权益，满足移民生存与发展的需求；

（二）顾全大局，服从国家整体安排，兼顾国家、集体、个人利益；

（三）节约利用土地，合理规划工程占地，控制移民规模；

（四）可持续发展，与资源综合开发利用、生态环境保护相协调；

（五）因地制宜，统筹规划。

第五条 移民安置工作实行政府领导，分级负责、县为基础、项目法人参与的管理体制。

国务院水利水电工程移民行政管理机构（以下简称国务院移民管理机构）负责全国大中型水利水电工程移民安置工作的管理和监督。

县级以上地方人民政府负责本行政区域内大中型水利水电工程移民安置工作的组织和领导；省、自治区、直辖市人民政府规定的移民管理机构，负责本行政区域内大中型水利水电工程移民安置工作的管理和监督。

第二章 移民安置规划

第六条 已经成立项目法人的大中型水利水电工程,由项目法人编制移民安置规划大纲,按照审批权限报省、自治区、直辖市人民政府或者国务院移民管理机构审批;省、自治区、直辖市人民政府或者国务院移民管理机构在审批前应当征求移民区和移民安置区县级以上地方人民政府的意见。

没有成立项目法人的大中型水利水电工程,项目主管部门应当会同移民区和移民安置区县级以上地方人民政府编制移民安置规划大纲,按照审批权限报省、自治区、直辖市人民政府或者国务院移民管理机构审批。

第七条 移民安置规划大纲应当根据工程占地和淹没区实物调查结果以及移民区、移民安置区经济社会情况和资源环境承载能力编制。

工程占地和淹没区实物调查,由项目主管部门或者项目法人会同工程占地和淹没区所在地的地方人民政府实施;实物调查应当全面准确,调查结果经调查者和被调查者签字认可并公示后,由有关地方人民政府签署意见。实物调查工作开始前,工程占地和淹没区所在地的省级人民政府应当发布通告,禁止在工程占地和淹没区新增建设项目和迁入人口,并对实物调查工作作出安排。

第八条 移民安置规划大纲应当主要包括移民安置的任务、去向、标准和农村移民生产安置方式以及移民生活水平评价和搬迁后生活水平预测、水库移民后期扶持政策、淹没线以上受影响范围的划定原则、移民安置规划编制原则等内容。

第九条 编制移民安置规划大纲应当广泛听取移民和移民安置区居民的意见;必要时,应当采取听证的方式。

经批准的移民安置规划大纲是编制移民安置规划的基本依据,应当严格执行,不得随意调整或者修改;确需调整或者修改的,应当报原批准机关批准。

第十条 已经成立项目法人的,由项目法人根据经批准的移民安置规划大纲编制移民安置规划;没有成立项目法人的,项目主管部门应当会同移民区和移民安置区县级以上地方人民政府,根据经批准的移民安置规划大纲编制移民安置规划。

大中型水利水电工程的移民安置规划,按照审批权限经省、自治区、直辖市人民政府移民管理机构或者国务院移民管理机构审核后,由项目法人或者项目主管部门报项目审批或者核准部门,与可行性研究报告或者项目申请报告一并审批或者核准。

省、自治区、直辖市人民政府移民管理机构或者国务院移民管理机构审核移民安置规划,应当征求本级人民政府有关部门以及移民区和移民安置区县级以上地方人民政府的意见。

第十一条 编制移民安置规划应当以资源环境承载能力为基础,遵循本地安置与异地安置、集中安置与分散安置、政府安置与移民自找门路安置相结合的原则。

编制移民安置规划应当尊重少数民族的生产、生活方式和风俗习惯。

移民安置规划应当与国民经济和社会发展规划以及土地利用总体规划、城市总体规划、村庄和集镇规划相衔接。

第十二条 移民安置规划应当对农村移民安置、城(集)镇迁建、工矿企业迁建、专项设施迁建或者复建、防护工程建设、水库水域开发利用、水库移民后期扶持措施、征地补偿和移民安置资金概(估)算等作出安排。

对淹没线以上受影响范围内因水库蓄水造成的居民生产、生活困难问题，应当纳入移民安置规划，按照经济合理的原则，妥善处理。

第十三条 对农村移民安置进行规划，应当坚持以农业生产安置为主，遵循因地制宜、有利生产、方便生活、保护生态的原则，合理规划农村移民安置点；有条件的地方，可以结合小城镇建设进行。

农村移民安置后，应当使移民拥有与移民安置区居民基本相当的土地等农业生产资料。

第十四条 对城（集）镇移民安置进行规划，应当以城（集）镇现状为基础，节约用地，合理布局。

工矿企业的迁建，应当符合国家的产业政策，结合技术改造和结构调整进行；对技术落后、浪费资源、产品质量低劣、污染严重、不具备安全生产条件的企业，应当依法关闭。

第十五条 编制移民安置规划应当广泛听取移民和移民安置区居民的意见；必要时，应当采取听证的方式。

经批准的移民安置规划是组织实施移民安置工作的基本依据，应当严格执行，不得随意调整或者修改；确需调整或者修改的，应当依照本条例第十条的规定重新报批。

未编制移民安置规划或者移民安置规划未经审核的大中型水利水电工程建设项目，有关部门不得批准或者核准其建设，不得为其办理用地等有关手续。

第十六条 征地补偿和移民安置资金、依法应当缴纳的耕地占用税和耕地开垦费以及依照国务院有关规定缴纳的森林植被恢复费等应当列入大中型水利水电工程概算。

征地补偿和移民安置资金包括土地补偿费、安置补助费，农村居民点迁建、城（集）镇迁建、工矿企业迁建以及专项设施迁建或者复建补偿费（含有关地上附着物补偿费），移民个人财产补偿费（含地上附着物和青苗补偿费）和搬迁费，库底清理费，淹没区文物保护费和国家规定的其他费用。

第十七条 农村移民集中安置的农村居民点、城（集）镇、工矿企业以及专项设施等基础设施的迁建或者复建选址，应当依法做好环境影响评价、水文地质与工程地质勘察、地质灾害防治和地质灾害危险性评估。

第十八条 对淹没区内的居民点、耕地等，具备防护条件的，应当在经济合理的前提下，采取修建防护工程等防护措施，减少淹没损失。

防护工程的建设费用由项目法人承担，运行管理费用由大中型水利水电工程管理单位负责。

第十九条 对工程占地和淹没区内的文物，应当查清分布，确认保护价值，坚持保护为主、抢救第一的方针，实行重点保护、重点发掘。

第三章 征地补偿

第二十条 依法批准的流域规划中确定的大中型水利水电工程建设项目的用地，应当纳入项目所在地的土地利用总体规划。

大中型水利水电工程建设项目核准或者可行性研究报告批准后，项目用地应当列入土地利用年度计划。

属于国家重点扶持的水利、能源基础设施的大中型水利水电工程建设项目，其用地可以以划拨方式取得。

第二十一条 大中型水利水电工程建设项目用地,应当依法申请并办理审批手续,实行一次报批、分期征收,按期支付征地补偿费。

对于应急的防洪、治涝等工程,经有批准权的人民政府决定,可以先行使用土地,事后补办用地手续。

第二十二条 大中型水利水电工程建设征收耕地的,土地补偿费和安置补助费之和为该耕地被征收前三年平均年产值的16倍。土地补偿费和安置补助费不能使需要安置的移民保持原有生活水平、需要提高标准的,由项目法人或者项目主管部门报项目审批或者核准部门批准。

征收其他土地的土地补偿费和安置补助费标准,按照工程所在省、自治区、直辖市规定的标准执行。

被征收土地上的零星树木、青苗等补偿标准,按照工程所在省、自治区、直辖市规定的标准执行。

被征收土地上的附着建筑物按照其原规模、原标准或者恢复原功能的原则补偿;对补偿费用不足以修建基本用房的贫困移民,应当给予适当补助。

使用其他单位或者个人依法使用的国有耕地,参照征收耕地的补偿标准给予补偿;使用未确定给单位或者个人使用的国有未利用地,不予补偿。

移民远迁后,在水库周边淹没线以上属于移民个人所有的零星树木、房屋等应当分别依照本条第三款、第四款规定的标准给予补偿。

第二十三条 大中型水利水电工程建设临时用地,由县级以上人民政府土地主管部门批准。

第二十四条 工矿企业和交通、电力、电信、广播电视等专项设施以及中小学的迁建或者复建,应当按照其原规模、原标准或者恢复原功能的原则补偿。

第二十五条 大中型水利水电工程建设占用耕地的,应当执行占补平衡的规定。为安置移民开垦的耕地、因大中型水利水电工程建设而进行土地整理新增的耕地、工程施工新造的耕地可以抵扣或者折抵建设占用耕地的数量。

大中型水利水电工程建设占用25度以上坡耕地的,不计入需要补充耕地的范围。

第四章 移民安置

第二十六条 移民区和移民安置区县级以上地方人民政府负责移民安置规划的组织实施。

第二十七条 大中型水利水电工程开工前,项目法人应当根据经批准的移民安置规划,与移民区和移民安置区所在的省、自治区、直辖市人民政府或者市、县人民政府签订移民安置协议;签订协议的省、自治区、直辖市人民政府或者市人民政府,可以与下一级有移民或者移民安置任务的人民政府签订移民安置协议。

第二十八条 项目法人应当根据大中型水利水电工程建设的要求和移民安置规划,在每年汛期结束后60日内,向与其签订移民安置协议的地方人民政府提出下年度移民安置计划建议;签订移民安置协议的地方人民政府,应当根据移民安置规划和项目法人的年度移民安置计划建议,在与项目法人充分协调的基础上,组织编制并下达本行政区域的下年度移民安置年度计划。

第二十九条 项目法人应当根据移民安置年度计划，按照移民安置实施进度将征地补偿和移民安置资金支付给与其签订移民安置协议的地方人民政府。

第三十条 农村移民在本县通过新开发土地或者调剂土地集中安置的，县级人民政府应当将土地补偿费、安置补助费和集体财产补偿费直接全额兑付给该村集体经济组织或者村民委员会。

农村移民分散安置到本县内其他村集体经济组织或者村民委员会的，应当由移民安置村集体经济组织或者村民委员会与县级人民政府签订协议，按照协议安排移民的生产和生活。

第三十一条 农村移民在本省行政区域内其他县安置的，与项目法人签订移民安置协议的地方人民政府，应当及时将相应的征地补偿和移民安置资金交给移民安置区县级人民政府，用于安排移民的生产和生活。

农村移民跨省安置的，项目法人应当及时将相应的征地补偿和移民安置资金交给移民安置区省、自治区、直辖市人民政府，用于安排移民的生产和生活。

第三十二条 搬迁费以及移民个人房屋和附属建筑物、个人所有的零星树木、青苗、农副业设施等个人财产补偿费，由移民区县级人民政府直接全额兑付给移民。

第三十三条 移民自愿投亲靠友的，应当由本人向移民区县级人民政府提出申请，并提交接收地县级人民政府出具的接收证明；移民区县级人民政府确认其具有土地等农业生产资料后，应当与接收地县级人民政府和移民共同签订协议，将土地补偿费、安置补助费交给接收地县级人民政府，统筹安排移民的生产和生活，将个人财产补偿费和搬迁费发给移民个人。

第三十四条 城(集)镇迁建、工矿企业迁建、专项设施迁建或者复建补偿费，由移民区县级以上地方人民政府交给当地人民政府或者有关单位。因扩大规模、提高标准增加的费用，由有关地方人民政府或者有关单位自行解决。

第三十五条 农村移民集中安置的农村居民点应当按照经批准的移民安置规划确定的规模和标准迁建。

农村移民集中安置的农村居民点的道路、供水、供电等基础设施，由乡(镇)、村统一组织建设。

农村移民住房，应当由移民自主建造。有关地方人民政府或者村民委员会应当统一规划宅基地，但不得强行规定建房标准。

第三十六条 农村移民安置用地应当依照《中华人民共和国土地管理法》和《中华人民共和国农村土地承包法》办理有关手续。

第三十七条 移民安置达到阶段性目标和移民安置工作完毕后，省、自治区、直辖市人民政府或者国务院移民管理机构应当组织有关单位进行验收；移民安置未经验收或者验收不合格的，不得对大中型水利水电工程进行阶段性验收和竣工验收。

第五章 后期扶持

第三十八条 移民安置区县级以上地方人民政府应当编制水库移民后期扶持规划，报上一级人民政府或者其移民管理机构批准后实施。

编制水库移民后期扶持规划应当广泛听取移民的意见；必要时，应当采取听证的方式。

经批准的水库移民后期扶持规划是水库移民后期扶持工作的基本依据，应当严格执行，不得随意调整或者修改；确需调整或者修改的，应当报原批准机关批准。

未编制水库移民后期扶持规划或者水库移民后期扶持规划未经批准,有关单位不得拨付水库移民后期扶持资金。

第三十九条 水库移民后期扶持规划应当包括后期扶持的范围、期限、具体措施和预期达到的目标等内容。水库移民安置区县级以上地方人民政府应当采取建立责任制等有效措施,做好后期扶持规划的落实工作。

第四十条 水库移民后期扶持资金应当按照水库移民后期扶持规划,主要作为生产生活补助发放给移民个人;必要时可以实行项目扶持,用于解决移民村生产生活中存在的突出问题,或者采取生产生活补助和项目扶持相结合的方式。具体扶持标准、期限和资金的筹集、使用管理依照国务院有关规定执行。

省、自治区、直辖市人民政府根据国家规定的规则,结合本行政区域实际情况,制定水库移民后期扶持具体实施办法,报国务院批准后执行。

第四十一条 各级人民政府应当加强移民安置区的交通、能源、水利、环保、通信、文化、教育、卫生、广播电视等基础设施建设,扶持移民安置区发展。

移民安置区地方人民政府应当将水库移民后期扶持纳入本级人民政府国民经济和社会发展规划。

第四十二条 国家在移民安置区和大中型水利水电工程受益地区兴办的生产建设项目,应当优先吸收符合条件的移民就业。

第四十三条 大中型水利水电工程建成后形成的水面和水库消落区土地属于国家所有,由该工程管理单位负责管理,并可以在服从水库统一调度和保证工程安全、符合水土保持和水质保护要求的前提下,通过当地县级人民政府优先安排给当地农村移民使用。

第四十四条 国家在安排基本农田和水利建设资金时,应当对移民安置区所在县优先予以扶持。

第四十五条 各级人民政府及其有关部门应当加强对移民的科学文化知识和实用技术的培训,加强法制宣传教育,提高移民素质,增强移民就业能力。

第四十六条 大中型水利水电工程受益地区的各级地方人民政府及其有关部门应当按照优势互补、互惠互利、长期合作、共同发展的原则,采取多种形式对移民安置区给予支持。

第六章 监督管理

第四十七条 国家对移民安置和水库移民后期扶持实行全过程监督。省、自治区、直辖市人民政府和国务院移民管理机构应当加强对移民安置和水库移民后期扶持的监督,发现问题应当及时采取措施。

第四十八条 国家对征地补偿和移民安置资金、水库移民后期扶持资金的拨付、使用和管理实行稽察制度,对拨付、使用和管理征地补偿和移民安置资金、水库移民后期扶持资金的有关地方人民政府及其有关部门的负责人依法实行任期经济责任审计。

第四十九条 县级以上人民政府应当加强对下级人民政府及其财政、发展改革、移民等有关部门或者机构拨付、使用和管理征地补偿和移民安置资金、水库移民后期扶持资金的监督。

县级以上地方人民政府或者其移民管理机构应当加强对征地补偿和移民安置资金、水库移民后期扶持资金的管理,定期向上一级人民政府或者其移民管理机构报告并向项目法人通报有关资金拨付、使用和管理情况。

第五十条 各级审计、监察机关应当依法加强对征地补偿和移民安置资金、水库移民后期扶持资金拨付、使用和管理情况的审计和监察。

县级以上人民政府财政部门应当加强对征地补偿和移民安置资金、水库移民后期扶持资金拨付、使用和管理情况的监督。

审计、监察机关和财政部门进行审计、监察和监督时，有关单位和个人应当予以配合，及时提供有关资料。

第五十一条 国家对移民安置实行全过程监督评估。签订移民安置协议的地方人民政府和项目法人应当采取招标的方式，共同委托有移民安置监督评估专业技术能力的单位对移民搬迁进度、移民安置质量、移民资金的拨付和使用情况以及移民生活水平的恢复情况进行监督评估；被委托方应当将监督评估的情况及时向委托方报告。

从事移民安置规划编制和移民安置监督评估的专业技术人员，应当通过国家考试，取得相应的资格。

第五十二条 征地补偿和移民安置资金应当专户存储、专账核算，存储期间的孳息，应当纳入征地补偿和移民安置资金，不得挪作他用。

第五十三条 移民区和移民安置区县级人民政府，应当以村为单位将大中型水利水电工程征收的土地数量、土地种类和实物调查结果、补偿范围、补偿标准和金额以及安置方案等向群众公布。群众提出异议的，县级人民政府应当及时核查，并对统计调查结果不准确的事项进行改正；经核查无误的，应当及时向群众解释。

有移民安置任务的乡（镇）、村应当建立健全征地补偿和移民安置资金的财务管理制度，并将征地补偿和移民安置资金收支情况张榜公布，接受群众监督；土地补偿费和集体财产补偿费的使用方案应当经村民会议或者村民代表会议讨论通过。

移民安置区乡（镇）人民政府、村（居）民委员会应当采取有效措施帮助移民适应当地的生产、生活，及时调处矛盾纠纷。

第五十四条 县级以上地方人民政府或者其移民管理机构以及项目法人应当建立移民工作档案，并按照国家有关规定进行管理。

第五十五条 国家切实维护移民的合法权益。

在征地补偿和移民安置过程中，移民认为其合法权益受到侵害的，可以依法向县级以上人民政府或者其移民管理机构反映，县级以上人民政府或者其移民管理机构应当对移民反映的问题进行核实并妥善解决。移民也可以依法向人民法院提起诉讼。

移民安置后，移民与移民安置区当地居民享有同等的权利，承担同等的义务。

第五十六条 按照移民安置规划必须搬迁的移民，无正当理由不得拖延搬迁或者拒迁。已经安置的移民不得返迁。

第七章 法律责任

第五十七条 违反本条例规定，有关地方人民政府、移民管理机构、项目审批部门及其他有关部门有下列行为之一的，对直接负责的主管人员和其他直接责任人员依法给予行政处分；造成严重后果，有关责任人员构成犯罪的，依法追究刑事责任：

（一）违反规定批准移民安置规划大纲、移民安置规划或者水库移民后期扶持规划的；

（二）违反规定批准或者核准未编制移民安置规划或者移民安置规划未经审核的大中型

水利水电工程建设项目的;

(三)移民安置未经验收或者验收不合格而对大中型水利水电工程进行阶段性验收或者竣工验收的;

(四)未编制水库移民后期扶持规划,有关单位拨付水库移民后期扶持资金的;

(五)移民安置管理、监督和组织实施过程中发现违法行为不予查处的;

(六)在移民安置过程中发现问题不及时处理,造成严重后果以及有其他滥用职权、玩忽职守等违法行为的。

第五十八条 违反本条例规定,项目主管部门或者有关地方人民政府及其有关部门调整或者修改移民安置规划大纲、移民安置规划或者水库移民后期扶持规划的,由批准该规划大纲、规划的有关人民政府或者其有关部门、机构责令改正,对直接负责的主管人员和其他直接责任人员依法给予行政处分;造成重大损失,有关责任人员构成犯罪的,依法追究刑事责任。

违反本条例规定,项目法人调整或者修改移民安置规划大纲、移民安置规划的,由批准该规划大纲、规划的有关人民政府或者其有关部门、机构责令改正,处10万元以上50万元以下的罚款;对直接负责的主管人员和其他直接责任人员处1万元以上5万元以下的罚款;造成重大损失,有关责任人员构成犯罪的,依法追究刑事责任。

第五十九条 违反本条例规定,在编制移民安置规划大纲、移民安置规划、水库移民后期扶持规划,或者进行实物调查、移民安置监督评估中弄虚作假的,由批准该规划大纲、规划的有关人民政府或者其有关部门、机构责令改正,对有关单位处10万元以上50万元以下的罚款;对直接负责的主管人员和其他直接责任人员处1万元以上5万元以下的罚款;给他人造成损失的,贪污承担赔偿责任。

第六十条 违反本条例规定,侵占、截留、挪用征地补偿和移民安置资金、水库移民后期扶持资金的,责令退赔,并处侵占、截留、挪用资金额3倍以下的罚款,对直接负责的主管人员和其他责任人员依法给予行政处分;构成犯罪的,依法追究有关责任人员的刑事责任。

第六十一条 违反本条例规定,拖延搬迁或者拒迁的,当地人民政府或者其移民管理机构可以申请人民法院强制执行;违反治安管理法律、法规的,依法给予治安管理处罚;构成犯罪的,依法追究有关责任人员的刑事责任。

第八章 附 则

第六十二条 长江三峡工程的移民工作,依照《长江三峡工程建设移民条例》执行。

南水北调工程的征地补偿和移民安置工作,依照本条例执行。但是,南水北调工程中线、东线一期工程的移民安置规划的编制审批,依照国务院的规定执行。

第六十三条 本条例自2006年9月1日起施行。1991年2月15日国务院发布的《大中型水利水电工程建设征地补偿和移民安置条例》同时废止。

2. 部门规章及其他规范性文件

国家土地管理局关于正式使用建设用地批准书的通知

（〔1993〕国土（建）字第49号 1993年3月5日）

根据《中华人民共和国土地管理法实施条例》关于："建设用地的申请，依照法定批准权限经县级以上人民政府批准后，由被征用土地所在的县级以上人民政府发给建设用地批准书"的规定，自1993年5月1日起正式使用国家土地管理局统一印制的建设用地批准书，作为工程项目建设期内使用土地和工程竣工验收后换发国有土地使用证的法律凭证。

各省、自治区、直辖市及计划单列市土地管理部门自行印发的建设用地批准书或许可证，自1993年5月1日起停止使用。

最高人民法院关于土地被征用所得的补偿费和安置补助费应归被征地单位所有的复函

(法经〔1995〕13号 1995年1月16日)

江西省高级人民法院:

你院赣高法经〔1994〕22号请示报告收悉。经研究,答复如下:

原则同意你院第二种意见。根据《中华人民共和国土地管理法》和1986年12月27日江西省第六届人民代表大会常务委员会第二十一次会议通过的《江西省实施〈中华人民共和国土地管理法〉的办法》的规定,农村和城市郊区的土地,原以生产队为核算单位的,归村民小组农民集体所有,由村民小组农业集体经济组织或村民小组经营、管理;土地被征用所得的补偿费、安置补助费归被征地单位所有,由被征地单位集中管理,列专户储存,县级或乡级人民政府监督指导使用,由被征地单位用于发展生产和安排因土地被征用而造成的多余劳动力的就业和不能就业人员的生活补助,不得分给个人、移作他用或平调。你省九江市庐山区虞家河乡大桥村第十一组的土地被全部征用后,虞家河乡人民政府将部分土地补偿费和安置补助费由乡、村两级按3:7比例留用,并将该费用于扶助、开办乡属企业的做法与上述规定相悖。且大桥村第十一组在土地被征用后,仍然保留着村民组委会机构,在信用社有开户和存款。土地补偿费和安置补助费应归村民小组农民集体所有,由虞家河乡人民政府负责监督指导村民小组对上述费用的使用。

国家土地管理局关于印发《民航、铁路、交通、水利、电力五行业划拨用地项目目录（试行）》的通知*

（〔1995〕国土（建）字第188号 1995年12月30日）

各省、自治区、直辖市及计划单列市土地（国土）管理局（厅），新疆生产建设兵团土地管理局：

为贯彻国家产业政策，保证国家重点扶持的能源、交通、水利等行业的建设和发展，根据《中华人民共和国城市房地产管理法》的有关规定，制定了《民航、铁路、交通、水利、电力五行业划拨用地项目目录（试行）》（以下简称《目录》）。现印发给你们，并将有关事项通知如下：

一、民航、铁路、交通、水利、电力五行业工程建设需要新增用地的，本《目录》所列项目以划拨方式提供土地使用权，并支付相应费用；本《目录》未列项目，各地应当根据法律法规的有关规定采用出让方式提供土地使用权。

二、凡以划拨方式取得的土地使用权，不得转让、出租和抵押。确需对划拨土地使用权进行转让、出租和抵押的，应按规定补办土地使用权出让手续，补交土地使用权出让金。经批准可以不补办土地使用权出让手续的，转让方也应按规定将土地收益上缴国家或者作其他处理。

三、上述五行业工程建设中涉及的生活住宅用地，属独立工矿区或地处农村的，应当采用划拨方式提供土地使用权；属城市市区、近郊区的，可按当地普通住宅建设供地的方式办理。

涉及医疗卫生、教育和体育等范围的划拨用地，将由我局商卫生、教育、体育等部门后统一制定发布施行。

四、本《目录》不适用于外商投资企业和按国家有关规定改组或新设的股份制企业用地。

五、本《目录》执行中的有关问题，由国家土地管理局负责解释。请各地将执行中的问题和意见及时函告我局。

附件：

民航、铁路、交通、水利、电力五行业划拨用地项目目录（试行）

一、民 航

1. 机场飞行区：包括跑道、滑行道系统、升降带、目视助航系统、各类机坪、机场围界及巡

---

* 本篇法规已被《国土资源部关于停止执行部分规范性文件的通知》（发布日期：2003年2月20日 实施日期：2003年2月20日）停止执行。

场路。

2. 航站楼及停车场(楼)、民航直属客货运营(含售票处、货运库(站)、旅客过夜用房、机上供应等)及通用航空业务设施。

3. 空中交通管理系统:包括通信、导航、雷达、气象设施,航行情报、航务管理、空中交通管制设施。

4. 航材供应,航空器适航、校验及机务维修设施。

5. 地面专用设备、特种车辆保障设施。

6. 供油系统:包括运输、中转、储油及加油设施。

7. 公安、消防、安全检查等安全保卫设施,应急救援设施。

8. 机场公用设施:包括供电、供气、供暖、制冷、供水、排水设施,场内外道路及配套设施。

9. 环保设施:包括污水处理、航空垃圾处理、环保监测、防噪声设施。

10. 边防、海关、武警、卫生检疫、动植物检疫、商检、邮电机构驻机场业务设施。

11. 行政、业务管理设施,民航专业技术培训设施。

12. 民航训练机场及通用航空机场。

二、铁　　路

1. 铁路线路(含专用线)、站、场。

2. 铁路运输生产及维修、养护设施。

3. 给排水、供电、供暖、制冷、节能设施。

4. 通信、信号设施。

5. 轮渡、码头。

6. 铁路专用设备、器材、材料生产设施(含砂石场)及专用票据印刷设施。

7. 海关、边防等联检设施。

8. 铁路防洪、防雪、防风沙设施(含苗圃)。

9. 铁路运输防疫．环保设施。

10. 消防、战备设施。

11. 铁路专用物资(燃料)仓储库(场),废旧料场。

12. 行政、业务管理设施。

13. 铁路专业技术培训设施。

14. 乘务员公寓、边远地区职工生活供应站。

15. 铁路公、检、法设施(含看守所、拘留所)。

三、交　　通

(一)公路

1. 公路线路、桥梁、渡口和隧道。

2. 沿线汽车停靠站,收费、通信、监控设施。

3. 高等级公路临时停车场,应急救援、管理设施。

4. 长途汽车客运站,枢纽货运站(场)。

5. 公路养护道班(工区)及养护设备、材料场、维修设施。

6. 公路环境保护、监测设施(含苗圃)。

(二)水运

1. 码头、栈桥、护岸、防波(沙)堤等水工工程。

2. 人工开挖航道、港池、锚地。

3. 港口生产作业区、仓库、堆场、罐区、客运站。

4. 港口机械设备停放及维修设施。

5. 港口专用铁路、公路、管道、桥涵。

6. 供水、供电设施。

7. 通信、导航、安全监督、交通管理设施。

8. 救助打捞、消防设施。

9. 船舶维修及检验设施。

10. 海关、边防等联检设施。

11. 船舶燃料、物资供应设施。

12. 环保设施。

13. 航道、航标维护及管理设施。

14. 航运枢纽工程、船闸。

15. 行政、业务管理设施。

16. 航运专业技术培训设施。

四、水　　利

(一)水利水电

1. 挡水、泄水建筑物及附属设施(含溢洪、泄洪、通航、过木、过冰、过鱼、鱼苗繁育、灌溉和供水设施)。

2. 引水(尾水)系统(含进水口、引水渠、沉沙池、引水隧洞、调压设施、高压管道及尾水渠、隧洞)。

3. 发电厂(地下、地面),变电站及附属设施。

4. 交通设施(含专用铁路、公路、桥梁、码头、转运站),供电、供风、供热及制冷设施,通信设施。

5. 水文、气象、测报设施,建筑物安全、地震和水环境监测、环保设施。

6. 行政、生产管理设施。

7. 施工导流及其建筑物设施。

8. 水库淹没用地。

9. 城镇、乡村、工矿企业迁建用地,专项设施复建用地(含已建水库移民遗留问题处理)。

(二)河道治理与蓄滞洪区安全建设

1. 河道治理工程:包括扩挖(或新开)河道、堤防、护岸、海堤、控导工程(含帮宽地、护堤地)。

2. 水闸工程(含管护用地),泵站工程。

3. 蓄滞洪区安全建设工程:包括转移、撤退交通设施,避洪安全设施,通信预警设施。

4. 生产管理(含调度、监测、观测)及生活设施。

(三)灌溉、排涝、供水

1. 取水系统(含水闸、堰、泵站、机电井)。

2. 输(排)水设施(含明渠、暗涵、隧道、管道、桥、渡槽、倒虹、调蓄水库、水池),加压(抽、排)泵站、水厂。

3. 道路、桥梁、防护林带等配套设施。

4. 生产管理设施。

(四)电网输变电、配电

(与电力行业相同)

(五)防汛抗旱及水文

1. 防汛抗旱设施:包括专用铁路、公路、转运场、码头、料场、物资仓库、货场、车库、油库、防汛调度管理设施。

2. 水文、气象设施:水文站(包括水位、雨量、水质监测站,地下水观测站和测报设施)及基地。

3. 防汛抗旱通信设施:包括有线塔(杆)、卫星地面站、微波塔、通信楼、光纤管道及附属设施。

(六)水土保持

1. 水土保持工程设施,监测中心(站)。

2. 水土保持管理系统,包括管理站,科研技术推广所(站)及基地。

五、电　　力

(一)火力发电

1. 主厂房设施。
2. 配电装置、通信楼、微波塔。
3. 循环水管(沟)、冷却塔(池)等水工设施。
4. 输煤、贮煤、卸煤设施。
5. 燃油、卸油设施。
6. 化学水处理设施。
7. 除尘、除灰(渣)及灰渣综合利用设施。
8. 脱硫、脱硝设施。
9. 启动锅炉房、空压机室。
10. 乙炔站、制氢(氧)站、贮氢(氧)罐。
11. 修配场、维修间。
12. 集中污水处理场。
13. 净水设施。
14. 环保监测、工业卫生及劳动保护设施。
15. 办公楼、试验室、生产培训楼及仿真机房。
16. 材料库、汽车库、消防设施、推煤机库、机车库。
17. 夜班人员休息室、检修公寓。
18. 进厂公路(含运灰渣公路、运煤公路)。
19. 贮灰(渣)场、除灰(渣)管线及相应设施。
20. 水源地(或专用水库)、补给水管线及相应设施、取水泵房及供排水设施。
21. 铁路专用线及站场、厂外输煤廊道及相应设施、专用码头。

22. 厂区周围山体护坡、防排洪设施。

(二)输变电、配电

1. 输电线路塔(杆)及拉线基础。

2. 线路维护、检修道路。

3. 巡线站、线路工区。

4. 室内、外变(配)电设施,直流输电换流站。

5. 主控制楼(室)、阀厅、通信设施、微波站(塔)。

6. 消防设施。

7. 材料储存、检修、油处理设施。

8. 行政管理设施。

9. 进站(所)道路。

10. 供排水及防排洪设施。

11. 变电、高压工区。

(三)水利水电

(与水利行业相同)

国家计委、国家土地管理局关于印发《建设用地计划管理办法》的通知

(计国地〔1996〕1865号 1996年9月18日)

各省、自治区、直辖市及计划单列市人民政府,新疆生产建设兵团,国务院各部委、各直属机构,解放军总后勤部:

为进一步加强建设用地的计划管理,国务院原则同意国家计委和国家土地管理局制定的《建设用地计划管理办法》,现印发给你们,请认真贯彻执行。1987年10月15日颁布的《建设用地计划管理暂行办法》同时废止。

建设用地计划管理办法

第一章 总 则

第一条 为贯彻"十分珍惜和合理利用每寸土地,切实保护耕地"的基本国策,对各项建设用地实行计划管理,根据《中华人民共和国土地管理法》(以下简称《土地管理法》)和国家有关规定,特制定本办法。

第二条 建设用地计划(以下简称用地计划)是国民经济和社会发展计划中土地利用计划的组成部分,是加强土地资源宏观管理、调控固定资产投资规模和实施产业政策的重要措施,是审核建设项目可行性研究报告评估和初步设计及审批建设用地的重要依据。

第三条 本办法所称建设用地,包括所有非农建设和农业建设用地。

农业建设用地是指农、林、牧、渔场,农村集体经济组织和个人投资修建的直接为农业生产服务的农村道路、农田水利、永久性晒场等常年性工程设施用地。

第四条 国家每年下达的建设用地计划中占用耕地指标,是国家指令性计划指标,并作为考评各级人民政府负责人落实保护耕地目标责任制的主要依据。

第五条 用地计划实行统一计划、分级管理的原则,进行总量控制,分中央和地方两级管理。

第二章 用地计划的编制与下达

第六条 用地计划分为国家、省(自治区、直辖市下同)、省辖市(地区、自治州,下同)、县(县级市、区,下同)四级。县为基层计划单位。

第七条 用地计划的编制按国民经济和社会发展计划的编制程序执行。具体程序是:省及省以下用地计划的编制,先由各级土地管理部门根据同级计划部门的统一部署,按照国家编制年度计划的要求,根据本地的土地利用规划和土地利用的实际情况提出本地的用地计划建

议,报同级计划部门综合平衡后,分别由计划部门和土地管理部门将计划建议报上级计划部门和土地管理部门。

第八条 国务院各部门(含计划单列的大型工业联合企业和企业集团,下同)及军队建设项目的用地计划,报国务院计划部门和土地管理部门,同时抄报建设项目所在地的省级计划部门和土地管理部门。省级计划和土地管理部门在编报用地计划时,应把部门用地计划包括在内。其中,属于国家重点项目的用地指标和占用耕地 66.6 公顷(合 1000 亩)以上、其他土地 133.3 公顷(合 2000 亩)以上的项目的用地指标,应逐项列出上报国务院。

第九条 国务院土地管理部门在各地和有关部门报送用地计划建议的基础上,汇总提出全国用地计划建议,报国务院计划部门综合平衡;国务院计划部门提出全国用地计划草案,作为国民经济和社会发展计划草案的组成部分。

第十条 用地计划经批准后,由各级计划部门负责下达。各级土地管理部门按照用地计划下达执行计划,抄送同级计划部门。土地管理部门下达的执行计划必须与各级计划部门的计划相一致。

第十一条 计划单列市和新疆生产建设兵团的用地计划,实行单列。

第三章 用地计划管理

第十二条 各项建设用地必须纳入用地计划,必须严格按用地计划程序和权限报批。凡未纳入年度用地计划的建设项目,不得批准用地,项目不得开工建设。

第十三条 建设项目在可行性研究报告评估和初步设计审查时,须有土地管理部门参加,并提出对项目用地的意见。土地管理部门对不符合土地管理法规和建设用地有关规定,不同意供应土地的建设项目不得批准。

第十四条 国家建设项目申请年度用地,必须持有国家主管部门批准的初步设计或其他文件。

乡(镇)村集体建设用地项目,必须有计划主管部门批准文件,方可申报用地。

农村个人建房用地,必须符合当地村(镇)总体规划,并经乡(镇)以上人民政府批准,方可申请用地。

第十五条 用地计划中的耕地指标属指令性,不得突破。国家在编制用地计划时,可适当留有机动指标(包括在总指标内)。各省、自治区、直辖市确需调整计划、增加指标时,按计划编报程序报批。

第四章 用地计划的监督检查

第十六条 各级计划部门和土地管理部门要加强对用地计划的管理,特别是加强计划执行过程中的监督检查,坚决杜绝计划外用地。

第十七条 建立用地计划执行情况报告制度。各级土地管理部门每半年必须将用地计划的执行情况向上级土地管理部门作出报告,同时抄报同级人民政府及其计划部门,并附计划执行情况分析报告。省级土地管理部门报告截止日期分别为 7 月 20 日和 1 月 20 日。

国务院土地管理部门综合逐级汇总的土地变更调查结果,于每年 2 月底前将上年的实际建设用地情况报告国务院,抄报计划主管部门。

对超出国家计划用地的地区和单位,由计划部门负责核减其下年度的用地计划指标,由土地管理部门负责注销其土地使用权,并根据情节轻重予以通报批评、追究当地政府和单位主要负责人的责任。

第五章 附 则

第十八条 逐步建立土地利用总体规划、五年用地计划和年度用地计划的规划、计划体系。

土地利用总体规划是体现土地综合利用、保护耕地的纲要,是编制五年用地计划的重要依据;五年用地计划是分阶段落实土地利用总体规划和中间环节,是指导编制年度用地计划的依据;年度用地计划是按照五年用地计划编制的分年度执行计划。

第十九条 五年和年度用地计划的编制时间与国民经济和社会发展计划相同,按照国家计划委员会规定的计划表格编报。

第二十条 各省、自治区、直辖市可根据本办法制定实施细则。

第二十一条 本办法自发布之日起施行。1987 年 10 月 15 日由国家计划委员会、国家土地管理局颁布的《建设用地计划管理暂行办法》同时废止。

国家土地管理局对《基本农田保护条例》第十七条含义的请示的批复

（国土批〔1996〕96 号　1996 年 10 月 4 日）

青岛市土地管理局：

你局《关于对基本农田保护条例第十七条含义的请示》（青土字〔1996〕36 号）收悉。经研究，现批复如下：

《基本农田保护条例》第十七条规定：“基本农田保护区一经划定，任何单位和个人不得擅自改变或者占用。国家能源、交通、水利等重点建设项目选址确实无法避开基本农田保护区，需要占用基本农田保护区内耕地的，必须依照《中华人民共和国土地管理法》规定的审批程序和审批权限向县级以上人民政府土地管理部门提出申请，经同级农业行政主管部门签署意见后，报县级以上人民政府批准。

前款所列建设项目占用一级基本农田 500 亩以下的，必须报省、自治区、直辖市人民政府批准；占用一级基本农田超过 500 亩的，必须报国务院批准。”

根据上述规定，国家能源、交通、水利等重点建设项目占用基本农田保护区内的一级基本农田，必须报省、自治区、直辖市人民政府或者国务院批准，即占用一级基本农田 500 亩以下的，由省、自治区、直辖市人民政府批准；占用一级基本农田 500 亩以上的，必须报国务院批准。省级以下人民政府无权批准占用一级基本农田。

国家土地管理局关于印发《建设项目用地预报和审批备案制度(试行)》的通知

([1996]国土(建)字第186号 1996年10月11日)

各省、自治区、直辖市及计划单列市土地(国土)管理局(厅),解放军土地管理局,新疆生产建设兵团土地管理局:

为严格土地审批制度,加强建设项目用地管理,国家土地管理局制定了《建设项目用地预报和审批备案制度(试行)》,现印发给你们,望认真贯彻执行。执行中的问题和意见,请及时函告我局建设用地管理司,以便进一步修改、完善。

附件一:

建设项目用地预报和审批备案制度(试行)

为及时掌握非农业建设用地供需情况,指导下级土地管理部门做好建设项目用地审查报批工作,有效防止违法批地和计划外用地,切实保护耕地,根据土地管理法律法规的有关规定,建立建设项目用地预报和审批备案制度。

一、建设项目用地预报

(一)凡依照法律规定须报经上级人民政府审批的划拨、出让和使用农村集体土地的乡(镇)村建设等各类建设项目用地,在正式报批前,必须向上级土地管理部门预先报告。

(二)预报程序:按照土地管理法律、法规和国务院规定的土地审批权限,由项目所在地的市、县(市)土地管理部门向有批准权的上级人民政府的土地管理部门预报。其中向省级以上(含省级)土地管理部门预报的项目用地,须同时抄报市(地)和省级土地管理部门。

(三)预报内容:根据拟采取的土地供应方式,按照《建设项目用地预报表》所列内容逐项填报。

(四)预报时间:对划拨用地、协议出让国有土地使用权及使用集体土地的项目用地,市、县(市)土地管理部门接到用地申请后应及时进行初审,对基本具备用地条件的,应在5日内上报。

招标、拍卖国有土地使用权及政府统一开发、统一出让用地,在出让方案或开发规划方案确定后5日内上报。

(五)有批准权的人民政府的土地管理部门接到《建设项目用地预报表》及有关材料后,及时组织现场踏察,审核用地方案,指导下级土地管理部门做好正式报批的准备工作。

---

* 本篇法规已被《国土资源部关于停止执行部分规范性文件的通知》(发布日期:2003年2月20日实施日期:2003年2月20日)停止执行

（六）本规定确定的《建设项目用地预报表》，是审批建设用地的必备材料。

（七）对违反本规定不履行预报的，在正式报批用地时，应写出书面检查，补填《建设项目用地预报表》，并由上级土地管理部门酌情给予通报批评等处理。

二、建设项目用地审批备案

（一）地方各级人民政府审批的各类建设项目用地，在用地正式批准后，必须报上一级土地管理部门备案。

（二）审批备案实行上报一级、按月上报的办法。每月审批的用地，于次月10日前汇总上报。

（三）备案内容：根据建设项目用地供地方式，按照《建设项目用地审批备案表》逐项填报，并同时报送政府批准用地的文件，属于出让用地项目的，还须报送《国有土地使用权出让合同》副本。

（四）填报《建设项目用地审批备案表》时，分别按供地方式和项目用地的批准文号、批准时间顺序汇总。

政府批准用地的文件，要按照《建设项目用地审批备案表》中的序号顺序装订成册。

（五）上级土地管理部门接到《建设项目用地审批备案表》及有关材料后，应在10日内审查完毕，发现违法批地或用地不合理等问题，要按照土地管理法律、法规的规定及时予以查处和纠正。

（六）对不履行审批备案制度，或者弄虚作假的，要通报批评，并责令写出书面检查，限期纠正。

三、本规定由各级土地管理部门的建设用地管理机构负责实施。

本规定实施中发现的违法批地和违法用地等问题，由各级土地管理部门的土地监察机构负责查处。

四、本规定自1997年1月1日起施行。

附件二：

建设项目用地预报表

编号：________年第____号

预报单位：________省(区、市)________市(地)

________县(市、区)土地(国土)管理局

(盖章)

上报日期：________年________月________日

预报表1

划拨用地项目预报表

建设项目名称		用地单位	
批准立项机关		批准文号	
拟用地面积	公顷	是否列入年度用地计划	

续上表

<table>
<tr><td colspan="5">建设项目名称</td><td></td><td>用地单位</td><td></td></tr>
<tr><td colspan="5">外资项目类别</td><td colspan="3"></td></tr>
<tr><td rowspan="6">拟用土地来源</td><td colspan="4">征用集体土地</td><td colspan="3">公顷</td></tr>
<tr><td colspan="4">国有土地</td><td colspan="3">公顷</td></tr>
<tr><td rowspan="4">其中</td><td rowspan="3">新增建设用地</td><td rowspan="2">耕地</td><td>小计</td><td colspan="3">公顷</td></tr>
<tr><td>其中菜地</td><td colspan="3">公顷</td></tr>
<tr><td colspan="2">其他土地</td><td colspan="3">公顷</td></tr>
<tr><td colspan="3">城乡存量建设用地</td><td colspan="3">公顷</td></tr>
<tr><td colspan="2">预报单位意见</td><td colspan="6">（盖章）</td></tr>
<tr><td colspan="2">需要说明的问题</td><td colspan="6"></td></tr>
</table>

注:本表所列"外资项目类别"系指依法交纳场地使用费或土地使用费的中外合作、合资和外商独资项目。

预报表2

国有土地出让项目预报表

<table>
<tr><td colspan="5">拟受让单位</td><td></td><td>建设项目名称</td><td></td></tr>
<tr><td colspan="5">拟用地面积</td><td>公顷</td><td>是否列入年度用地计划</td><td></td></tr>
<tr><td colspan="5">拟出让方式</td><td></td><td>规划用途</td><td></td></tr>
<tr><td colspan="5">外资项目类别</td><td></td><td></td><td></td></tr>
<tr><td rowspan="6">拟用土地来源</td><td colspan="4">征用集体土地</td><td colspan="3">公顷</td></tr>
<tr><td colspan="4">国有土地</td><td colspan="3">公顷</td></tr>
<tr><td rowspan="4">其中</td><td rowspan="3">新增建设用地</td><td rowspan="2">耕地</td><td>小计</td><td colspan="3">公顷</td></tr>
<tr><td>其中菜地</td><td colspan="3">公顷</td></tr>
<tr><td colspan="2">其他土地</td><td colspan="3">公顷</td></tr>
<tr><td colspan="3">城乡存量建设用地</td><td colspan="3">公顷</td></tr>
<tr><td colspan="2">预报单位意见</td><td colspan="6">（盖章）</td></tr>
<tr><td colspan="2">需要说明的问题</td><td colspan="6"></td></tr>
</table>

预报表 3

使用农村集体土地项目预报表

<table>
<tr><td colspan="4">建设项目名称</td><td colspan="2"></td><td>用地单位</td><td></td></tr>
<tr><td colspan="4">批准立项机关</td><td colspan="2"></td><td>批准文号</td><td></td></tr>
<tr><td colspan="4">拟用地面积</td><td colspan="2">公顷</td><td>是否列入年度用地计划</td><td></td></tr>
<tr><td colspan="4">外资项目类别</td><td colspan="4"></td></tr>
<tr><td rowspan="4">拟用土地来源</td><td rowspan="3">新增建设用地</td><td rowspan="2">耕地</td><td>小计</td><td colspan="4">公顷</td></tr>
<tr><td>其中菜地</td><td colspan="4">公顷</td></tr>
<tr><td colspan="2">其他土地</td><td colspan="4">公顷</td></tr>
<tr><td colspan="3">存量建设用地</td><td colspan="4">公顷</td></tr>
<tr><td colspan="2">预报单位意见</td><td colspan="6">（盖章）</td></tr>
<tr><td colspan="2">需要说明的问题</td><td colspan="6"></td></tr>
</table>

注：1. 本表所列“使用农村集体土地项目”，系指乡（镇）村企业，乡（镇）村公共设施、公益事业等乡（镇）村建设使用农村集体土地的建设项目。

2. 本表所列“外资项目类别”，系数农村集体经济组织依法以集体土地使用权与外商兴建的中外合资、中外合作项目。

附件三：

建设项目用地审批备案表

______年___月___号

备案单位：______省（区、市）______市（地）

______县（市、区）土地（国土）管理局

（盖章）

上报日期：______年______月______日

备案表 1

划拨用地项目备案表

<table>
<tr><td rowspan="3">序号</td><td rowspan="3">建设项目名称</td><td rowspan="3">用地单位</td><td rowspan="3">批准用地文号</td><td rowspan="3">批准时间</td><td rowspan="3">批准机关</td><td colspan="3">批准用地面积（公顷）</td><td rowspan="3">核减用地面积（公顷）</td><td rowspan="3">征地补偿标准（元/公顷）</td><td rowspan="3">外资项目场地（土地）使用费标准</td><td rowspan="3">备注</td></tr>
<tr><td rowspan="2">小计</td><td colspan="2">其中：</td></tr>
<tr><td>耕地</td><td>存量土地</td></tr>
<tr><td></td><td></td><td></td><td></td><td></td><td></td><td></td><td></td><td></td><td></td><td></td><td></td><td></td></tr>
<tr><td></td><td></td><td></td><td></td><td></td><td></td><td></td><td></td><td></td><td></td><td></td><td></td><td></td></tr>
<tr><td></td><td></td><td></td><td></td><td></td><td></td><td></td><td></td><td></td><td></td><td></td><td></td><td></td></tr>
<tr><td></td><td></td><td></td><td></td><td></td><td></td><td></td><td></td><td></td><td></td><td></td><td></td><td></td></tr>
</table>

备案表 2

国有土地出让项目备案表

序号	建设项目名称	受让单位	批准用地文号	批准时间	批准机关	规划用途	出让年限	出让方式	出让面积（公顷）			出让金总额（万元）		备注
									小计	其中：耕地	其中：存量土地	小计	其中土地纯收益	

备案表 3

使用农村集体土地项目备案表

序号	建设项目名称	用地单位	批准用地文号	批准时间	批准机关	批准用地面积（公顷）			核减用地面积（公顷）	补偿标准（元/公顷）	外资项目类别	备注
						小计	其中：耕地	其中：存量土地				

国家土地管理局关于印发《国家土地管理局关于冻结非农业建设项目占用耕地的通告》的通知

（〔1997〕国土(法)字第67号 1997年5月5日）

各省、自治区、直辖市及计划单列市土地(国土)管理局(厅)，解放军土地管理局，新疆生产建设兵团土地管理局：

现将《国家土地管理局关于冻结非农业建设项目占用耕地的通告》印发给你们，望认真贯彻执行。

国家土地管理局关于冻结非农业建设项目占用耕地的通告

为了贯彻执行“十分珍惜和合理利用每寸土地，切实保护耕地”的基本国策，根据《中共中央国务院关于进一步加强土地管理切实保护耕地的通知》(中发〔1997〕11号)中关于冻结非农业建设项目占用耕地的决定，特通告如下：

一、自1997年4月15日至1998年4月14日在全国范围内冻结非农业建设项目占用耕地一年。

二、冻结期间，除解决城镇中低收入家庭住房困难户住房、安居工程、经国家批准的重点建设项目和已列入国家或省、自治区、直辖市年度固定资产投资计划且急需建设确需占用耕地的非农业建设项目外，其他各类非农业建设一律不准占用耕地。

三、冻结期间，各地为解决城镇中低收入家庭住房困难户住房、安居工程以及经国家批准的重点建设项目用地，需要占用耕地的，依照现行土地管理法律、法规规定的报批程序和批准权限办理。

四、已列入国家或省、自治区、直辖市年度固定资产投资计划且急需建设的非农业建设项目，确需占用耕地的，用地单位必须向省、自治区、直辖市人民政府土地管理部门提出用地申请，由省、自治区、直辖市人民政府组织审查，报国务院审批。

五、冻结期间，城乡各类非农业建设应当挖掘现有建设用地潜力，充分利用闲置土地、荒地、劣地、废弃地，提高土地利用率，节约使用土地。非农业建设占用非耕地的，依照现行土地管理法律、法规办理。

六、冻结期间，除另有规定的以外，各级人民政府土地管理部门不受理用地单位和个人非农业建设占用耕地的申请，不发放占用耕地的《建设用地批准书》，不办理占用耕地的土地登记手续。

七、以上规定，有关单位和个人均应严格遵守。对冻结期间非法批准、未经批准或骗取批准非法占用耕地的，各级人民政府土地管理部门依法从严查处；构成犯罪的，移送司法机关依法追究刑事责任。

八、冻结期间,任何单位和个人都有权对违反上述规定,非法批准和非法占用耕地的行为进行检举。举报人应受到保护。

各级人民政府土地管理部门均应设立举报信箱,公布举报电话。对于面积较大、情节严重的非法批准和非法占用耕地的行为,知情人可直接向国家土地管理局举报。

国家土地管理局举报信箱通讯地址:北京市海淀区大柳树路 21 号 国家土地管理局政法监察司 邮编:100081

举报电话:(010)62183834 62185794

冻结非农业建设项目占用耕地规定

（国家土地管理局、国家计划委员会第6号令 1997年5月20日）

第一条 根据《中共中央国务院关于进一步加强土地管理切实保护耕地的通知》（中发〔1997〕11号）（以下简称《通知》）中关于冻结非农业建设项目占用耕地一年的决定，制定本规定。

第二条 本规定所称非农业建设项目，不包括解决城镇中低收入家庭住房困难户住房和安居工程以及经国家批准的重点建设项目（以下简称三类建设项目）。其他各类非农业建设在冻结期间都不得占用耕地；确实需要占用耕地的，报国务院审批。

第三条 本规定所称城镇中低收入家庭住房困难户住房，是指由省、自治区、直辖市人民政府房改部门认定的住房解困项目。

本规定所称安居工程，是指由国家批准的专为面向城镇中低收入家庭出售的住房建设项目。

本规定所称经国家批准的重点建设项目，是指列入国务院和省、自治区、直辖市人民政府计划主管部门确定的重点建设项目名单的建设项目。

以上三类建设项目用地仍按原规定报批。

第四条 除三类建设项目以外，已经列入国家和省、自治区、直辖市年度固定资产投资计划且急需建设的非农业建设项目确需占用耕地的，用地单位必须向省、自治区、直辖市人民政府土地管理部门提出用地申请，由省、自治区、直辖市人民政府组织审查，报国务院审批。

前款所指急需建设的非农业建设项目由国务院或省、自治区、直辖市人民政府计划主管部门确认。

第五条 冻结非农业建设项目占用耕地的时限为一年，自《通知》下发之日起计算。冻结具体事宜，由国家土地管理局发布通告。

第六条 冻结期间，除本规定另有规定的以外，国家土地管理局不受理省、自治区、直辖市上报的非农业建设项目占用耕地的报件；地方各级人民政府土地管理部门不得受理用地单位和个人进行非农业建设项目占用耕地的申请；地方各级人民政府土地管理部门负责人不得签发非农业建设项目占用耕地的上报文件。

第七条 冻结期间，依照本规定可以批准占用耕地的非农业建设项目用地报批时，除按照现行的建设用地审批规定提供必需的文件资料和图件外，还应当提供下列文件、资料和图件：

（一）土地利用总体规划有关资料；

（二）地籍图或者土地利用现状图及土地变更调查资料；

（三）耕地占补平衡措施有关资料；

（四）其他有关材料。

国家能源、交通、水利等重点建设项目确需占用基本农田保护区内耕地的，在报批时还需提供说明及有关材料。

本规定第四条规定的非农业建设项目确需占用耕地的，在报批时还需提供国务院或省、自治区、直辖市人民政府计划主管部门确认项目急需建设的证明材料。

第八条 各级人民政府土地管理部门会同有关部门做好冻结期间非农业建设项目占用耕地的监督检查工作。

市、县人民政府土地管理部门对本行政区域内占用耕地情况应当进行经常性的巡回检查;省、自治区、直辖市人民政府土地管理部门应当至少每季度进行一次检查;国家土地管理局可以根据需要对部分省、自治区、直辖市执行本规定的情况进行抽查。

第九条 地方各级人民政府土地管理部门发现政府非法批准占用耕地的,应当及时向上一级人民政府及其土地管理部门报告。隐瞒不报的,追究主要领导的责任。

第十条 各级人民政府土地管理部门应当充分发挥社会监督的作用,利用各种方式、渠道及时了解、掌握本行政区域内耕地占用情况。

任何单位和个人有权对非法批准和非法占用耕地的行为进行检举。

冻结期间,各级人民政府土地管理部门应当设立举报信箱,公布举报电话。

第十一条 冻结期间,各级人民政府土地管理部门对非法批准和非法占用耕地的土地违法案件,应当及时查处,不得拖延。

第十二条 冻结期间,违反本规定,非法批准占用耕地的,批准文件无效,并依照《土地管理法》第四十八条规定处罚;构成犯罪的,依照《刑法》有关规定追究有关责任人员的刑事责任。

第十三条 冻结期间,单位和个人未经批准或者采取欺骗手段骗取批准,非法占用耕地的,分别依照《土地管理法》第四十三条、第四十四条、第四十五条、第四十六条规定处罚;处以罚款的,按照《土地管理法实施条例》第三十条规定的罚款标准的高限执行;构成犯罪的,依照《刑法》有关规定追究刑事责任。

第十四条 冻结期间,各类建设项目用地应当挖掘现有建设用地潜力,充分利用闲置土地、荒地、劣地、废弃地,提高土地利用率,节约使用土地。

第十五条 冻结期间,国家土地管理局和省、自治区、直辖市人民政府土地管理部门对重点地区或者用地集中的地区非农业建设占用土地情况进行动态监测。

第十六条 本规定由国家土地管理局和国家计划委员会负责解释。

第十七条 本规定自发布之日起施行。冻结非农业建设项目占用耕地结束,本规定自行废止。

国家土地管理局关于对《冻结非农业建设项目占用耕地规定》有关问题的批复

（国土批〔1997〕71号　1997年6月26日）

青岛市土地管理局：

你局《关于对〈冻结非农业建设项目占用耕地规定〉有关问题的请示》（青土字〔1997〕26号）收悉。经研究并商国家计委同意，现批复如下：

一、国务院批准的计划单列市的重点建设项目，可比照省确定的重点建设项目，按照《冻结非农业建设项目占用耕地规定》中的有关规定办理用地审批手续。此许可只适用于计划单列市编制并已正式下达的年度计划中的项目。

二、所有重点建设项目都要严格控制占用耕地并依法审批。冻结期间，按规定可由地方人民政府批准建设用地的，地方人民政府土地管理部门应按有关规定将批准用地文件报我局备案。

国家土地管理局关于对执行《土地复垦规定》有关问题请示的批复

(国土批〔1997〕101号 1997年9月26日)

山西省土地管理局:

你局《关于我省乡宁县在执行〈土地复垦规定〉过程中有关问题的请示》〔晋土管(规划)字(1997)第102号〕收悉,现就有关问题批复如下:

单位和个人因采煤导致土地塌陷、裂缝,从而造成地面附着物损失的,责任方应当依法负责土地损失和地面附着物损失的补偿费用。地面附着物损失包括村庄内各类建筑物、构筑物和林木等的损失是由破坏土地引起的,属于土地复垦的范围,地面附着物损失补偿费应与土地损失补偿费一并执行。土地管理部门作为土地复垦工作的主管行政机关,有权根据法律、法规和人民政府规定的补偿标准,确定具体的补偿费用金额。

土地损失补偿费和地面附着物损失补偿费具体金额,可先由破坏土地的单位和个人与遭受损失的单位依法商定,达不成协议的,由当地土地管理部门会同有关行业管理部门作出处理决定;如仍不能确定具体补偿金额,当地土地管理部门报经人民政府批准后,由当地土地管理部门作出处理决定,或者经人民政府授权后,当地土地管理部门直接作出处理决定。

人民政府未规定地面附着物补偿标准的,可以参照征地时对地面附着物补偿的标准执行,或者根据地面附着物遭受的直接损失确定具体补偿费用,既要维护遭受损失单位的合法权益,又要防止补偿单位和个人承担不合理的补偿费用。

国土资源部关于坚决贯彻执行中央继续冻结非农业建设项目占用耕地决策的通知

（国土资发〔1998〕5号　1998年4月8日）

各省、自治区、直辖市土地（国土）管理局（厅）、地矿厅（局）、地勘局，计划单列市土地管理局，国家海洋局、国家测绘局，中国新星石油公司，解放军土地管理局，新疆生产建设兵团土地管理局，部属各单位，部机关各司局：

1998年3月29日，中共中央办公厅、国务院办公厅下发了《关于继续冻结非农业建设项目占用耕地的通知》（中办发电〔1998〕2号，以下简称两办通知），决定继续冻结非农业建设项目占用耕地，直至修改后的《土地管理法》颁布施行。这进一步表明了党中央、国务院严格加强土地管理，切实保护耕地的决心。为深入贯彻中央11号文件和两办通知精神，保证中央政令畅通，切实做好冻结期间的非农业建设用地管理工作，现就有关问题通知如下：

一、提高认识，坚决落实中央继续冻结的决策

党中央、国务院作出继续冻结的重大决策，是针对上地粗放利用、闲置浪费严重等问题，为严格控制非农业建设项目占用耕地而采取的坚决措施，符合国家今年经济工作总体要求。严格执行继续冻结决策不仅有利于控制土地供应总量，优化土地利用结合，切实保护耕地，实现土地管理和利用方式的转变，而且更重要的是有利于经济体制和经济增长方式的根本转变；有利于进一步加强农业基础地位，加大经济结构调整力度；有利于发挥土地的宏观调控作用，促进国民经济持续快速健康发展。各地一定要全面理解中央继续冻结的决策，统一思想，提高认识，大力宣传两办通知精神和继续冻结的意义，大力宣传前一阶段执行冻结措施，促进土地利用方式转变，促进经济健康发展的成效和典型经验，继续深入宣传贯彻中央11号文件，促使全社会增强贯彻执行继续冻结决策的主动性和自觉性。同时，要充分认识继续冻结的艰巨性，工作要深入细致，措施要扎实有力，确保中央继续冻结决策落到实处，见到实效。

二、内涵挖潜，充分利用闲置土地和存量建设用地

两办通知要求“各类建设项目用地要坚持依法。科学、集约、规范用地的原则，走内涵挖潜、盘活存量土地为主的路子”。各地一定要按照这一要求，充分利用继续冻结的有利时机，将1998年作为“闲置土地消化利用年”。冻结范围内的非农业建设项目绝不允许占用耕地、只能用闲置土地、非耕地和利用率低的土地；冻结范围外的非农业建设项目也要坚持统筹规划，合理布局，提高效益的原则，首先立足内涵挖潜，切实做到少占用耕地，尽可能利用存量土地和非耕地。

三、热情服务，保证国家确定的增加投资领域的用地需求

中央为确保实现今年经济增长8%的目标，决定增加对基础设施、农林水利、住房和高新技术产业等建设的投资。各地一定要处理好继续冻结占用耕地与保证国家确定的增加投资领域的用地需求的关系,严格界定增加投资的项目范围,防止借机搭车,私自解冻的现象。坚决切继续冻结这一刀,坚决保增加投资这一块。对增加投资的领域,凡属国家批准的重点建设项目、解决城镇中低收入家庭住房困难户住房项目和安居工程项目(以下简称"三类建设项目"),要按照中央11号文件和有关法律的规定积极提供用地服务;对属于增加投资的领域,需占用耕地,但不是"三类建设项目"的,可列入确需占有耕地的范围,报国务院审批。

四、加强管理,从严控制非农业建设占用耕地

在继续冻结期间,要认真执行原国家土地管理局、国家计划委员会发布的《冻结非农业建设项目占用耕地规定》(以下简称"冻结规定"),严格建设项目用地审批管理。对所有建设用地,都要按照审批权限、程序报批,并严格按"冻结规定"审查报件,重点要审查项目用地是否符合土地利用总体规划,是否确需占用耕地,是否做到耕地占补平衡;对不符合"冻结规定"的其他占用耕地的项目,一律不予受理和批准。要从严控制非农业建设占用耕地计划指标,计划指标由各省、自治区、直辖市直接掌握,不分解下达。按照"冻结规定"逐项审查建设项目,凡属"冻结规定"允许占用耕地的建设项目,计划指标随建设项目走,其他建设项目不得纳入计划盘子。不得以有用地计划指标为由,擅自批准冻结范围的建设项目占用耕地。

五、严格执法,坚决查处顶风违法、违纪行为

严格执法,核心的问题是依法行政,关键是各级领导干部要带头执法。因此,各地要进一步加大非农业建设项目用地执法力度,抓紧处理1997年非农业建设用地清查中查出的违法案件,重点查处政府违法行为,并要追究领导干部违法批地的责任。特别要依法从严查处在冻结期间非法批准、未经批准或弄虚作假骗取批准占用耕地的违法行为,构成犯罪的要坚决移送司法机关依法追究刑事责任。

要充分发挥社会监督和舆论监督的作用,各级土地管理部门都要设立举报箱,公布举报电话。对被举报的非法占用耕地行为,要认真及时处理,对顶风违法、违纪行为要公开曝光,起到处理一件、教育一片的作用。

各类用地报批会审办法

（国土资发145号　1998年9月29日）

根据《土地管理法》和《国土资源部工作规则》，为加强各类用地审查，严格控制非农业建设占用耕地，保证依法、科学、集约、规范用地，特制定本办法。

一、会审组织

会审工作由部领导主持。参与会审单位包括办公厅、政策法规司、规划司、耕地保护司、地籍管理司、土地利用管理司、矿产开发管理司、地质环境司、执法监察局。

凡涉及农地转用、土地征用、农地开发的会审准备工作由耕地保护司牵头组织和协调。凡不涉及农地转用、土地征用、农地开发的会审准备工作由土地利用管理司牵头组织和协调。

二、会审范围

需报国务院批准的各类用地的审查报批工作。

三、审查依据

会审工作依据为：土地管理法律、法规和有关政策、土地利用现状调查、变更调查有关资料、国家产业政策、土地利用总体规划和年度计划及有关技术规范、标准；遵循统一效能、协作配合、各司其职、各负其责的原则进行。

四、审查内容

（一）用地是否在项目立项前经过预审，并有《用地预审报告书》。没有预审的，项目是否符合国家产业政策。

（二）农地转用、土地利用是否符合土地利用总体规划，是否列入土地利用年度计划。

（三）供地方式是否符合国家法律规定和有关政策，用地面积是否符合建设用地定额指标，是否合理和节约。

（四）征地补偿安置方案、耕地占补平衡措施是否可行、是否已经落实或能够落实。

（五）划拨用地方式是否符合《划拨供地目录》，有偿用地方式是否符合国家法律规定的有关政策，出让用地的出让方案是否符合规定。

（六）土地权属、地类面积是否清楚。

（七）适用法律和有关规定是否正确，是否存在违法行为。

（八）是否涉及矿产开发和地质环境问题。

各有关司局按照各自职责负责对上述审查内容提出意见。

五、会审程序与时限

（一）受理与送审

由办公厅统一接收报批用地的资料、图件，转牵头单位进行登记，并对资料是否齐全进行初审。材料齐全的，在2个工作日内分送有关司局；材料不齐全的，在2个工作日内转请办公厅向报批单位及时提出在规定期限内补全；逾期不通知，视为受理。

（二）审查

有关司局在收到牵头单位送审的《××××会审表》及有关资料后，应在8个工作日内按各自的职责提出书面审查意见，送牵头单位汇总。

（三）汇总

牵头单位在汇总各有关司局和有关部委意见的基础上，在10个工作日内起草《××××审查意见》报部会审。审查意见要综合反映有关司局的意见。

（四）会审

部不定期召开会审会议研究《××××审查意见》。会议由部领导主持，由牵头单位负责会议的各项准备工作。各有关司局和办公厅负责人及有关工作人员参加。会前，审查意见要分送到会的有关司（局、厅）负责人。

（五）报批

《××××审查意见》经部会审会议集体会审后，由牵头单位根据部领导决定的意见负责修改，在会审会议后的4个工作日内形成正式审查报告，报部领导签发上报国务院。

对规模小、情况简单的用地，经各有关司局审查，符合报批条件的，也可由牵头单位直接起草审查报告，报部领导签发上报国务院，但上报后要在部会审会议上通报。

（六）发文

用地报批件经国务院正式批准后，由牵头单位负责在2个工作日内办理批复文件并分送有关部门和部内有关司（局、厅）。

六、其他规定

（一）需听取汇报或赴现场踏察的用地，经主管部领导同意，由牵头单位负责组织进行。

（二）需征求国务院有关部门意见的，由牵头单位负责在收件后及时办文送有关部门，要求在规定的期限内反馈意见。如出现意见分歧，牵头单位会同有关司局负责做协调工作。

（三）用地审查报告上报国务院后，由牵头单位负责与国务院办公厅的联系工作。

（四）本办法于1999年1月1日起施行。

国土资源部关于冻结征占用林地期间特批征占用林地程序等有关问题的复函

（国土资函373号 1998年11月30日）

国家林业局：

你局《关于征求对冻结征占用林地期间特批征占用林地程序意见的函》（林函资字〔1998〕205号）收悉。

1998年8月，针对一些地区破坏森林严重的情况，国务院发出了《关于保护森林资源制止毁林开垦和乱占林地的通知》（国发明电〔1998〕8号，以下简称《通知》），对保护我国森林资源，改善生态环境，防止自然灾害将起到积极促进作用。在冻结建设征占用林地期间，我部严格贯彻执行国务院《通知》精神，把保护林地放在与保护耕地同等重要的位置，在审批建设用地中，高度重视林地保护工作。就你局来函，我部进行了认真研究，现提出如下意见：

一、你局《关于冻结征占用林地期间特批征占用林地申请问题的请示》（以下简称《请示》）中有些内容与现行的法律规定不一致。《土地管理法》第五条规定："国务院土地管理部门主管全国土地的统一管理工作；第二十三条规定，各类工程建设需要征用集体所有的土地或者使用国有土地的，建设单位须持有效文件，向县级以上地方人民政府土地管理部门提出申请，经县级以上人民政府审查批准后，由土地管理部门划拨土地。新修订的《土地管理法》有关条款也就这方面内容相应作了规定。你局《请示》提出在冻结征占用林地期间，各类工程建设征占用林地的，必须"向国家林业局提出申请"，"由国家林业局办理批准申请文件"，"不再办理其他批准手续"，与现行法律规定不一致。

二、《请示》中有关林地管理规定超出了你局职责范围。国务院在"三定方案"中明确你局职责是："组织、指导林地、林权管理并对依法应由国务院批准的林地征用、占用进行初审"；明确国土资源部职责是："承担报国务院审批的各类用地的审查、报批工作"。在部门职责划分上，应该严格执行国务院批准的"三定方案"。

三、《请示》中关于冻结征占用林地期间，特批征占用林地的审批权限不符合国务院《通知》规定。国务院《通知》规定，在冻结征占用林地期间，确实需要征占用林地的，必须报国务院审批。《请示》中关于审批权限的划分缺乏依据，界定的数量不合理，按《请示》中划分的审批权限运作，将给实际操作带来困难。

为严格执行、认真落实国务院《通知》精神，对冻结征占用林地期间涉及的建设项目征占用林地的审批，我部建议：

一、在冻结征占用林地期间，征占用林地的审批，参照中共中央、国务院《关于进一步加强土地管理切实保护耕地的通知》（中发〔1997〕11号）和原国家土地管理局、国家计委联合颁布的《冻结非农业建设项目占用耕地规定》中有关冻结占用耕地的规定执行。即在冻结期间，除国家批准的重点建设项目、解决城镇中低收入家庭住房困难户住房项目和安居工程项目（以下简称"三类建设项目"），征占用林地按原规定报批外，其他急需建设确需征占用林地的，一律报国务院审批。

二、在冻结征占用林地期间,凡“三类建设项目”及确需征占用林地的项目,有批准权的一级人民政府土地行政主管部门在审查用地时要征得同级林业部门的同意,并出具有关证明材料,方可办理报批手续。

三、鉴于新修订的《土地管理法》对农地(含林地)转用、征用作出了新的规定,并将于1999年1月1日实施,关于冻结征占用林地期间审批程序等有关问题,建议由我部与你局在共同协商、取得一致意见后,联合拟文向国务院请示,由国务院批转后共同执行。

中华人民共和国国土资源部令

（第3号）

《建设用地审查报批管理办法》，已经1999年2月24日国土资源部第4次部务会议通过，现予发布，自发布之日起施行。

部长　周永康

1999年3月2日

建设用地审查报批管理办法

第一条　为加强土地管理，规范建设用地审查报批工作，根据《中华人民共和国土地管理法》（以下简称《土地管理法》）、《中华人民共和国土地管理法实施条例》（以下简称《土地管理法实施条例》），制定本办法。

第二条　依法应当报国务院和省、自治区、直辖市人民政府批准的建设用地的申请、审查、报批和实施，适用本办法。

第三条　县级以上人民政府土地行政主管部门负责建设用地的申请受理、审查、报批工作。

第四条　建设项目可行性研究论证时，建设单位应当向建设项目批准机关的同级土地行政主管部门提出建设用地预申请。

受理预申请的土地行政主管部门应当依据土地利用总体规划和国家土地供应政策，对建设项目的有关事项进行预审，出具建设项目用地预审报告。

第五条　在土地利用总体规划确定的城市建设用地范围外单独选址的建设项目使用土地的，建设单位应当向土地所在地的市、县人民政府土地行政主管部门提出用地申请。

建设单位提出用地申请时，应当填写《建设用地申请表》，并附具下列材料：

（一）建设单位有关资质证明；

（二）项目可行性研究报告批复或者其他有关批准文件；

（三）土地行政主管部门出具的建设项目用地预审报告；

（四）初步设计或者其他有关批准文件；

（五）建设项目总平面布置图；

（六）占用耕地的，必须提出补充耕地方案；

（七）建设项目位于地质灾害易发区的，应当提供地质灾害危险性评估报告。

第六条　市、县人民政府土地行政主管部门对材料齐全、符合条件的建设用地申请，应当受理，并在收到申请之日起30日内拟订农用地转用方案、补充耕地方案、征用土地方案和供地方案，编制建设项目用地呈报说明书，经同级人民政府审核同意后，报上一级土地行政主管部门审查。

第七条 在土地利用总体规划确定的城市建设用地范围内,为实施城市规划占用土地的,由市、县人民政府土地行政主管部门拟订农用地转用方案、补充耕地方案和征用土地方案,编制建设项目用地呈报说明书,经同级人民政府审核同意后,报上一级土地行政主管部门审查。

在土地利用总体规划确定的村庄和集镇建设用地范围内,为实施村庄和集镇规划占用土地的,由市、县人民政府土地行政主管部门拟订农用地转用方案、补充耕地方案,编制建设项目用地呈报说明书,经同级人民政府审核同意后,报上一级土地行政主管部门审查。

第八条 建设只占用国有农用地的,市、县人民政府土地行政主管部门只需拟订农用地转用方案、补充耕地方案和供地方案。

建设只占用农民集体所有建设用地的,市、县人民政府土地行政主管部门只需拟订征用土地方案和供地方案。

建设只占用国有未利用地,按照《土地管理法实施条例》第二十四条规定应由国务院批准的,市、县人民政府土地行政主管部门只需拟订供地方案;其他建设项目使用国有未利用地的,按照省、自治区、直辖市的规定办理。

第九条 建设项目用地呈报说明书应当包括项目用地安排情况、拟使用土地情况等,并应附具下列材料:

(一)经批准的市、县土地利用总体规划图和分幅土地利用现状图,占用基本农田的,还应当提供乡级土地利用总体规划图;

(二)由建设单位提交的、有资格的单位出具的勘测定界图及勘测定界技术报告书;

(三)地籍资料或者其他土地权属证明材料;

(四)以有偿方式供地的,还应当提供草签的土地有偿使用合同及说明和有关文件;

(五)为实施城市规划和村庄、集镇规划占用土地的,还应当提供城市规划图和村庄、集镇规划图。

第十条 农用地转用方案,应当包括占用农用地的种类、位置、面积、质量等。

补充耕地方案,应当包括补充耕地或者补划基本农田的位置、面积、质量,补充的期限,资金落实情况等,并附具相应的图件。

征用土地方案,应当包括征用土地的范围、种类、面积、权属,土地补偿费和安置补助费标准,需要安置人员的安置途径等。

供地方案,应当包括供地方式、面积、用途,土地有偿使用费的标准、数额等。

第十一条 有关土地行政主管部门收到上报的建设项目呈报说明书和有关方案后,对材料齐全、符合条件的,应当在5日内报经同级人民政府审核。同级人民政府审核同意后,逐级上报有批准权的人民政府,并将审查所需的材料及时送该级土地行政主管部门审查。

对依应由国务院批准的建设项目呈报说明书和有关方案,省、自治区、直辖市人民政府必须提出明确的审查意见,并对报送材料的真实性、合法性负责。

省、自治区、直辖市人民政府批准农用地转用、国务院批准征用土地的,省、自治区、直辖市人民政府批准农用地转用方案后,应当将批准文件和下级土地行政主管部门上报的材料一并上报。

第十二条 有批准权的人民政府土地行政主管部门应当自收到上报的农用地转用方案、补充耕地方案、征用土地方案和供地方案并按规定征求有关方面意见后30日内审查完毕。

建设用地审查应当实行土地行政主管部门内部会审制度。

第十三条 农用地转用方案和补充耕地方案符合下列条件的,土地行政主管部门方可报人民政府批准：

（一）符合土地利用总体规划；

（二）确属必需占用农用地且符合土地利用年度计划确定的控制指标；

（三）占用耕地的，补充耕地方案符合土地整理开发专项规划且面积、质量符合规定要求；

（四）单独办理农用地转用的，必须符合单独选址条件。

第十四条 征用土地方案符合下列条件的，土地行政主管部门方可报人民政府批准：

（一）被征用土地界址、地类、面积清楚，权属无争议的；

（二）被征用土地的补偿标准符合法律、法规规定的；

（三）被征用土地上需要安置人员的安置途径切实可行。

建设项目施工和地质勘查需要临时使用农民集体所有的土地的，依法签订临时使用土地合同并支付临时使用土地补偿费，不得办理土地征用。

第十五条 供地方案符合下列条件的，土地行政主管部门方可报人民政府批准：

（一）符合国家的土地供应政策；

（二）申请用地面积符合建设用地标准和集约用地的要求；

（三）划拨方式供地的，符合法定的划拨用地条件；

（四）以有偿使用方式供地的，供地的方式、年限、有偿使用费的标准、数额符合规定；

（五）只占用国有未利用地的，必须符合规划、界址清楚、面积准确。

第十六条 农用地转用方案、补充耕地方案、征用土地方案和供地方案经有批准权的人民政府批准后，同级土地行政主管部门应当在收到批件后5日内将批复发出。

未按规定缴纳新增建设用地土地有偿使用费的，不予批准建设用地。

第十七条 经批准的农用地转用方案、补充耕地方案、征用土地方案和供地方案，由土地所在地的市、县人民政府组织实施。

第十八条 建设项目补充耕地方案经批准下达后，在土地利用总体规划确定的城市建设用地范围外单独选址的建设项目，由市、县人民政府土地行政主管部门负责监督落实；在土地利用总体规划确定的城市和村庄、集镇建设用地范围内，为实施城市规划和村庄、集镇规划占用土地的，由省、自治区、直辖市人民政府土地行政主管部门负责监督落实。

第十九条 征用土地方案经依法批准后，市、县人民政府应当自收到批准文件之日起10日内，在被征用土地所在地的乡、镇范围内，公告《土地管理法实施条例》第二十五条第一款规定的内容。

公告期满，市、县人民政府土地行政主管部门根据征用土地方案和征地补偿登记情况，拟订征地补偿、安置方案并在被征用土地所在地的乡、镇范围内公告。征地补偿、安置方案的内容，应当符合《土地管理法实施条例》第二十五条第三款的规定。

征地补偿、安置方案确定后，市、县人民政府土地行政主管部门应当依照征地补偿、安置方案向被征用土地的农村集体经济组织和农民支付土地补偿费、地上附着物和青苗补偿费，并落实需要安置农业人口的安置途径。

第二十条 在土地利用总体规划确定的城市建设用地范围内，为实施城市规划占用土地的，经依法批准后，市、县人民政府土地行政主管部门应当公布规划要求，设定使用条件，确定使用方式，并组织实施。

第二十一条 以有偿使用方式提供国有土地使用权的，由市、县人民政府土地行政主管部门与土地使用者签订土地有偿使用合同，并向建设单位颁发《建设用地批准书》。土地使用者缴纳土地有偿使用费后,依照规定办理土地登记。

以划拨方式提供国有土地使用权的,由市、县人民政府土地行政主管部门向建设单位颁发《国有土地划拨决定书》和《建设用地批准书》,依照规定办理土地登记。《国有土地划拨决定书》应当包括划拨土地面积、土地用途、土地使用条件等内容。

建设项目施工期间,建设单位应当将《建设用地批准书》公示于施工现场。

市、县人民政府土地行政主管部门应当将提供国有土地的情况定期予以公布。

第二十二条 各级土地行政主管部门应当对建设项目用地进行跟踪检查。

对违反本办法批准建设用地或者未经批准非法占用土地的,应当依法予以处罚。

第二十三条 本办法自发布之日起施行。1988 年 11 月 22 日原国家土地管理局发布的《关于国家建设用地审批工作的暂行规定》和 1990 年 4 月 29 日原国家土地管理局发布的《出让国有土地使用权审批管理暂行规定》同时废止。

国土资源部关于印发《建设用地申请表》等文书格式的通知

（国土资发〔1999〕90号　1999年4月8日）

各省、自治区、直辖市及计划单列市土地（国土）管理局（厅），解放军土地管理局，新疆生产建设兵团土地管理局：

根据《中华人民共和国土地管理法实施条例》和《建设用地审查报批管理办法》（国土资源部令第3号）的规定，现将《建设用地申请表》、《国有土地划拨决定书》和《建设用地批准书》的文书格式印发给你们，请遵照执行。

建设用地申请表

<table>
<tr><td>建设用地申请单位
（盖章）</td><td colspan="4"></td></tr>
<tr><td>建设项目名称</td><td colspan="4"></td></tr>
<tr><td rowspan="2">建设用地
预审报告</td><td colspan="2">预审机关</td><td colspan="2">预审报告文号</td></tr>
<tr><td colspan="2"></td><td colspan="2"></td></tr>
<tr><td rowspan="2">地质灾害
危险性
评估报告</td><td colspan="2">预审机关</td><td colspan="2">预审报告文号</td></tr>
<tr><td colspan="2"></td><td colspan="2"></td></tr>
<tr><td rowspan="2">可行性
研究报告</td><td>批准机关</td><td>批准时间</td><td>批准文号</td><td>建设规模</td></tr>
<tr><td></td><td></td><td></td><td></td></tr>
<tr><td rowspan="2">工程初步
设　计</td><td>批准机关</td><td>批准时间</td><td>批准文号</td><td>工程概算</td></tr>
<tr><td></td><td></td><td></td><td></td></tr>
<tr><td>建设资金组成</td><td colspan="4"></td></tr>
<tr><td>工程建设工期</td><td colspan="4"></td></tr>
<tr><td>申请用地面积</td><td></td><td>其中：耕地面积</td><td colspan="2"></td></tr>
<tr><td rowspan="5">功能分区</td><td>名　称</td><td>用地面积</td><td colspan="2">容积率</td></tr>
<tr><td></td><td></td><td colspan="2"></td></tr>
<tr><td></td><td></td><td colspan="2"></td></tr>
<tr><td></td><td></td><td colspan="2"></td></tr>
<tr><td></td><td></td><td colspan="2"></td></tr>
<tr><td>补充耕地
方　式</td><td colspan="4"></td></tr>
<tr><td>备　　注</td><td colspan="4"></td></tr>
</table>

中华人民共和国国土资源部监制

中华人民共和国国有土地划拨决定书

国土资源部制

根据《中华人民共和国土地管理法》、《中华人民共和国城市房地产管理法》和《中华人民共和国土地管理法实施条例》的规定,本项建设用地业经依法批准,决定以划拨方式提供使用。

使用本项土地的单位或个人,必须遵守本决定书的规定。

本项土地的划拨土地使用权依法进行登记后,受法律保护。

签发机关:

签发时间: 年 月 日

摘 要

批准机关________________________;

批准文号________________________;

土地使用权人____________________;

建设项目名称____________________;

土地位置________________________;

地块编号________________________;

宗地__________________________;

土地四至:东________、南________、西________、北________(详见附图);

批准土地面积____________平方米(________________________________公顷);

其中公共用地______________平方米(______________________________公顷)。

一般规定

一、本决定书项下的土地属国家所有。土地使用者只拥有划拨土地使用权。本项土地范围内的地下资源、埋藏物和市政公用设施均不属土地使用权划拨范围。

二、划拨土地使用权经依法登记后受法律保护,任何单位和个人不得侵占。

三、土地使用者必须按照本决定书规定的用途开发建设和使用土地。需改变土地用途的,必须持本决定书向当地市、县土地行政主管部门提出申请,报原批准划拨用地的人民政府批准,并按规定办理有关用地手续。

四、本决定书项下的划拨土地使用权未经批准不得擅自转让、出租、抵押。需转让、出租、抵押该土地的全部或部分土地使用权,或者转让、出租、抵押地上建筑物(构筑物)的,土地使用者必须持本决定书向当地市、县土地行政主管部门提出申请,按照有关法律、法规的规定,办理有关手续。

五、土地使用者组建或改组、改制为股份有限公司、有限责任公司和股份合作制、合伙制企业涉及本项划拨土地的,应按国家有关规定重新办理土地有偿使用手续。

六、土地界址和界桩,由市、县土地行政主管部门依据批准的用地范围和宗地图界址点所标示坐标,指定专职机构实地勘测划定和埋设。所需费用,由土地使用者支付。

七、土地使用者应妥善保护好该土地的界桩,不得擅自改动。界桩遭受破坏或移动时,应立即向当地市、县土地行政主管部门提出书面报告，申请复界测量，恢复界桩。

八、政府根据需要，可要求划拨土地使用者承担部分公共道路或公共设施建设。

九、政府有关主管部门的工作人员有权进入划拨土地内进行检查，以确保土地用途和开发利用不违反本决定书的规定。

十、有下列情形之一的，经原批准划拨用地的人民政府批准，市、县人民政府可以收回土地使用权：

1. 为公共利益需要使用土地的；
2. 为实施城市规划进行旧城区改建，需要调整使用土地的；
3. 自批准的动工开发建设日期起，逾期两年未动工开发建设的；
4. 因用地单位撤销、迁移等原因，停止使用土地的。

特别规定

一、本决定书项下的土地只限于作＿＿＿＿＿＿用途，用于建设＿＿＿＿＿＿项目（根据工程项目名称填写）。划拨土地范围内兴建建筑物应符合下列要求：

1. 建筑物性质＿＿＿＿＿＿，建筑占地＿＿＿＿＿＿平方米；
2. 附属建筑物＿＿＿＿＿＿；建筑占地＿＿＿＿＿＿＿＿＿＿平方米；
3. 建筑容积率＿＿＿＿＿＿＿＿＿＿；
4. 建筑密度＿＿＿＿＿＿＿＿＿＿；
5. 建筑限高＿＿＿＿＿＿＿＿＿＿；
6. 绿化比例＿＿＿＿＿＿＿＿＿＿；
7. 其他有关规划参数以批准规划文件或者批准的可行性研究报告和初步设计文件为准。

二、土地使用者应在划拨土地范围内一并建筑下列公共、公益工程，并在建成后交还政府：

1. ＿＿＿＿＿＿＿＿＿＿；
2. ＿＿＿＿＿＿＿＿＿＿；
3. ＿＿＿＿＿＿＿＿＿＿。

三、土地使用者应允许政府规划的下列工程在划拨土地范围内建造或者通过而无需作任何土地补偿：

1. ＿＿＿＿＿＿＿＿＿＿；
2. ＿＿＿＿＿＿＿＿＿＿；
3. ＿＿＿＿＿＿＿＿＿＿。

四、本决定书项下的建设项目应于＿＿年＿＿月之前开工建设，并于＿＿年＿＿月之前竣工；或者自开工之日起＿＿天之内完成项目总投资额（不包括土地取得费用）的＿＿%，或完成地上建筑面积不少于设计总面积＿＿＿＿＿＿＿＿＿＿%的建筑工程量。不能按期开工建设的，应向市、县土地行政主管部门申请延期，但申请延期开工建设的期限最长不得超过一年。

五、划拨土地范围内的建筑物必须按照批准的工程设计图纸要求和本决定书一般规定第三条和特别规定第一、二、三、四条的规定进行建设。土地使用者应在开工前＿＿天内向市、县土地行政主管部门报送一套工程设计图纸备查。

六、本项划拨土地使用权存续期内，土地使用者如对地上建（构）筑物进行改建或重建，需要改变本决定书所规定的土地利用条件的，必须向有关土地行政主管部门提出申请重新调整决定书的相关内容。

七、土地使用者经批准改变土地用途或者转让、出租、抵押土地使用权(包括转让、出租、抵押地上建筑物)时,必须依法办理土地登记。

八、土地使用者应当无条件保证政府为公用事业需要而铺设的各种管道与管线从本项划拨土地范围内进出、通过。

涉及绿化、环境保护、消防安全、紧急救险以及设计、施工等方面,应遵守国家和地方政府的有关法规和规定。

九、土地使用者必须依法合理使用和保护好所划拨土地。土地使用者在本项划拨土地上的一切活动,不得损害或者破坏周围环境或设施,使国家或者他人遭受损失的,土地使用者应负责赔偿。

注:未尽事宜,市、县人民政府土地行政主管部门可依据土地管理法律、法规的有关规定另行规定,作为本决定书的附件。

附图粘贴线	↑北 比例尺 1:

说　　明

一、本决定书为土地使用者使用国有划拨土地和申请土地登记的法律依据。

二、本决定书应当妥善保管,不得擅自涂改,如有遗失或损坏,应立即向签发机关申请补办。

三、本决定书由土地行政主管部门负责签发。

四、本决定书一式两份,土地行政主管部门和土地使用者各持一份。

五、本决定书自签发之日起生效。

中华人民共和国建设用地批准书

国土资源部制

根据《中华人民共和国土地管理法》、《中华人民共和国城市房地产管理法》和《中华人民共和国土地管理法实施条例》规定,本项建设用地业经有权机关批准,现准予使用土地。特发此书。

本批准书在颁发之日起至　　年　　月期间有效。

填发机关

一九九九年　月　日

注 意 事 项

一、本批准书为建设项目单位或个人依法使用土地进行开发建设的法律凭证。

二、本批准书在批准的建筑施工期内有效。建设项目逾期竣工的,用地单位应提前三十天向发证机关申请延期。

三、用地单位必须严格按照土地管理法律、法规的规定使用土地。

四、本批准书必须悬挂于施工现场。土地行政主管部门检查用地情况时,应主动出示本批准书。

五、本批准书不得擅自涂改。如有遗失、损坏,应立即向填发机关申请补办。

六、本批准书由市、县土地行政主管部门负责填发。

建设用地批准书

市 县〔1999〕字第 号

用地单位名称				
建设项目名称				
批准用地机关及批准文号 第				
批准用地面积	平方米公顷		建、构筑物占地面积	平方米
土地所有权性质		土地取得方式	土地用途	
土地座落号				
四 至	东 南			
	西 北			
批准的建设工期	自 年 月至 年 月			
本批准书有效期	自 年 月至 年 月			
备 注				

建设用地批准书(存根)

市 县〔1999〕字第 号

用地单位名称				
建设项目名称				
批准用地机关及批准文号 第				
批准用地面积	平方米公顷		建、构筑物占地面积	平方米
土地所有权性质		土地取得方式	土地用途	
土地座落号				
四 至	东 南			
	西 北			
批准的建设工期	自 年 月至 年 月			
本批准书有效期	自 年 月至 年 月			
备 注				

国家林业局关于对各项建设工程征占用经济林地有关问题的函

(林函资字〔1999〕346号 1999年11月5日)

各省、自治区、直辖市人民政府:

新修订的《森林法》和《土地管理法》颁布实施以来,各省、自治区、直辖市人民政府在审查上报各项建设工程征占用林地时,大多数都能够依法进行,但最近少数省在上报国务院审批建设工程项目征占用地时,将经济林地作为“园地”上报,使我局不能及时依法进行审核。一些地区还发生了利用“园地”名义自行审批经济林地,擅自改变林地用途的行为,严重违反了《森林法》和《土地管理法》的有关规定。为了加强对经济林地的管理和保护,确保各项建设工程征占用林地的审查、审批工作依法进行,现将有关问题函告如下:

一、请各省、自治区、直辖市人民政府在审批或审查各项建设工程征占用地时,依照修订后的《森林法》和《土地管理法》核实地类,不要将经济林地以“园地”名义审批或上报。

二、各项建设工程确需征占用经济林地时,请各省、自治区、直辖市人民政府按照《国务院关于保护森林资源制止毁林开垦和乱占林地的通知》(国发明电〔1998〕8号)和《国务院办公厅关于继续冻结各项建设工程征占用林地的通知》(国办发明电〔1999〕9号)要求向国务院书面请示报批。

三、请各省、自治区、直辖市人民政府严格要求当地林业主管部门认真履行职责,严格执法,从严把关,认真审核各项建设工程征占用林地,依法收缴森林植被恢复费,切实落实确保森林面积不减少的措施。

关于加强征地管理工作的通知

（国土资发〔1999〕480 号　1999 年 12 月 24 日）

各省、自治区、直辖市及计划单列市土地（国土）管理局（厅），解放军土地管理局，新疆生产建设兵团土地管理局：

长期以来，各级土地行政主管部门在政府的统一领导下，认真执行国家土地管理法律、法规和有关规定，在征用集体土地管理方面做了大量工作，妥善安排了被征地单位群众的生产和生活，保障了各类建设用地。但是，一些地方还存在滥用征地权、征地补偿标准不合法、征地补偿安置不落实、侵犯农民权益等问题，群众反映十分强烈。为切实贯彻实施《土地管理法》和《土地管理法实施条例》，加强征地管理工作，现就有关问题通知如下：

一、进一步推行和完善政府统一征地制度，保证征地工作依法进行

征用农村集体所有土地，为经济建设和社会发展提供用地，是政府行为。各地必须依照《土地管理法》确立的征用土地制度，实行由县级以上地方人民政府统一征地。各级土地行政主管部门根据职责及法定的征地批准权限和程序，代表政府负责组织征地的审查报批和具体实施工作，其他任何单位和个人均无权审查报批和组织实施征用土地。

各地应依法规范征地审批和实施行为，确保国家经济建设用地。征用土地必须依法报省级人民政府或国务院批准，严禁越权批准征用土地。征用土地方案经依法批准后，由被征用土地所在地的市、县人民政府组织实施，市、县土地行政主管部门承担实施的具体工作。

二、依法拟定征用土地方案和征地补偿安置方案，确保农村集体经济组织和农民的合法权益

各地应按照《关于印发试行建设用地审批管理文书格式的通知》（国土资厅发〔1999〕41 号）和《关于印发征地批后实施管理文书参考格式的通知》（国土资厅发〔1999〕35 号）的要求拟定征用土地方案和征地补偿安置方案。在征地调查和征地补偿登记时，应深入村组，实地调查。土地权属应以土地登记或土地利用现状调查的土地权属协议书为依据；土地地类、面积应以土地利用现状调查（变更调查）和勘测定界成果为准，附着物状况详实。征地调查应在拟定征用土地方案前完成，并结合征地补偿登记进行复核。

各地应认真执行《土地管理法》第四十七条有关规定，合理确定土地补偿费和安置补助费标准。征用耕地的，要根据《关于贯彻执行〈中华人民共和国土地管理法〉和〈中华人民共和国土地管理法实施条例〉若干问题的意见》（国土资厅发〔1999〕97 号）的有关解释，核定有关费用标准。省级土地行政主管部门可以依据法律规定，结合本地实际，组织市、县土地行政主管部门拟定不同地类的具体征地补偿费用标准，由省级人民政府批准后公布实施。既要防止克扣、压低征地补偿费用，损害农民利益；也要防止被征地单位和群众漫天要价、谎报地类、扩大面积和有关部门借征地之名“搭车收费”，加重用地单位负担。

三、依法管理和使用征地费用,妥善安排好被征地单位群众的生产和生活

根据《土地管理法实施条例》第二十五条规定,征地补偿安置方案经依法批准后,由市、县土地行政主管部门组织实施。各地要深入细致地做好工作,切实保证征地费用依法管理和使用。土地补偿费支付给享有被征用土地所有权的农村集体经济组织,用于发展生产;地上附着物及青苗补偿费根据征地补偿登记,依照征地补偿安置方案确定的标准支付给地上附着物及青苗的所有者;安置补助费根据不同安置途径,依照法律规定支付给负责安置的农村集体经济组织或单位;不需要统一安置的,可发放给被安置人,由其自谋职业。对土地被全部征用,农村集体经济组织被撤销建制,实行“农转非”的,其征地费用应全部用于转为非农业户口人员的生产和生活安置。

各级土地行政主管部门要积极探索货币安置、社会保险方式安置等途径,形成以市场为导向的多种途径安置机制。经济发达地区或城乡结合部,可按照规划用途预留一定比例的国有土地,确定给被征地的农村集体经济组织使用,发展农业生产或从事多种经营。有条件的地区可允许被征地的农村集体经济组织以土地补偿费入股,兴办企业。

四、实行政务公开制度,建立被征地单位群众的监督机制

各地应依照法律规定,公开征地工作程序,提高征地补偿安置工作的透明度。市、县土地行政主管部门应张贴公告或通过新闻媒体搞好依法批准的征用土地方案、征地补偿安置方案公告工作;在做好宣传解释工作同时,要注意听取被征用土地的农村集体经济组织和农民的意见。对补偿标准或安置途径有争议的,按照法律规定做好协调和裁决工作。在争议解决前,不应影响征用土地方案的实施。

征地的各项费用必须依照法律规定按时发放,全额到位,不得拖欠。对遗留的拖欠征地费用问题,各地应采取有效措施进行清理,市、县土地行政主管部门有责任督促有关单位限期解决。对侵占、截留、挪用征地费用的行为,应依法予以查处。

所有支付给农村集体经济组织的土地补偿费和安置补助费,可采用乡管村(组)用的形式设立财务专户进行管理。市、县土地行政主管部门应加强监督,协助农村集体经济组织建立征地费使用公开制度。土地补偿费、安置补助费统一安排使用的,应征得农村集体经济组织三分之二以上成员同意。征地补偿费用的收取、支出、用途等情况均应向本集体经济组织成员公布,以接受监督,防止出现营私舞弊行为。

五、加强对征地工作的组织领导,进一步规范征地行为

各级土地行政主管部门应建立岗位责任制,增强服务意识,提高办事效率。拟定征用土地方案时,填表人、审核人、主管领导应分别签字,各负其责;审核报批过程中应严格依照法定权限履行审查报批程序;征地补偿安置方案经依法批准后,应明确组织实施征地补偿安置方案责任人,保证各项工作具体落实。凡由省级人民政府依法批准的征用土地,每季度第一个月中旬前由省级土地行政主管部门统一汇总报国土资源部备案。

各级土地行政主管部门应按照职能转变、政事分开的原则,把征地调查、勘测定界、整理资料、征地批后实施及组织补充耕地等事务性、技术性工作,委托给有关事业单位承担,以便集中更多精力研究政策,抓好管理。有关事业单位要加强自身建设,不断提高业务水平,进一步做好征地服务工作。

国土资源部、交通部、铁道部关于认真贯彻执行公路铁路建设用地指标的通知

（国土资发〔2000〕186 号　2000 年 6 月 20 日）

各省、自治区、直辖市土地（国土）管理局（厅）、交通厅（局），各铁路局，解放军土地管理局，新疆生产建设兵团土地管理局：

为进一步加强公路、铁路建设用地指标管理，规范公路、铁路建设项目用地申报审查工作，提高审查工作效率，缩短审查报批周期，现就有关问题通知如下：

一、认真学习公路、铁路建设项目用地指标，抓好指标应用工作

《公路建设项目用地指标》和《新建铁路工程建设项目用地指标》是全国统一的用地标准，它既是编制和审批可行性研究报告、确定项目建设用地规模的基本依据，又是编审初步设计文件、核定和审批公路、铁路建设项目用地面积的基本尺度，应严格执行。

省级土地管理部门要认真学习和掌握公路、铁路等各项建设用地指标，并在建设项目用地审查中能够准确运用建设用地指标，核定建设项目用地规模。同时，省级土地管理部门要指导和帮助省以下各级土地管理部门熟悉和了解建设用地指标的内容及适用条件，以规范对建设用地项目呈报说明书和供地方案的拟定和审查工作。

各级交通、铁路主管部门要加强对公路、铁路建设项目用地指标实施的监督管理，督促、指导建设单位严格按照规定的用地指标规定、设计安排用地。各建设单位和勘察设计单位，在进行项目可行性研究和编制初步设计文件时，要按照用地指标规定科学设计、合理布置、集约用地。对一般的公路和铁路建设项目，用地规模要控制在指标规定的范围之内。对确需超出用地指标增加用地面积的，建设单位须附具体说明。交通部、铁道部将把建设项目用地指标在上报项目中的应用情况作为审批初步设计文件的内容和条件。

二、准确运用公路、铁路建设项目用地指标，规范建设项目用地审查报批工作

为进一步提高建设项目用地审查报批质量和审查工作效率，规范审查报批工作，针对报送国务院审批的公路、铁路建设用地项目数量多，面积大，时间要求紧等特点，建设单位在报送建设用地申请材料时，必须按设计建设用地状况据实填报《公路建设项目用地审查表》或《铁路建设项目用地审查表》（以下简称《审查表》，详见附件），并在报送省级土地管理部门的同时，抄送交通部或铁道部。

省级土地管理部门要本着对建设项目用地的真实性、合法性和准确性负责的原则，在审查公路、铁路项目用地时，重点依据公路、铁路建设用地指标对《审查表》的各项内容进行严格审查，并将经审核合格的《审查表》与市县土地管理部门编制的供地方案进行对照。凡《审查表》与供地方案填报不一致，建设项目用地规模不符合用地指标要求的，省级土地管理部门应在审查时对照公路平面总体设计图（含互通式立体交叉平面图、沿线设施平面布置图及典型纵横

断面图)或铁路线路平面图(含区段站以上车站平面布置图和线路纵横断面图)认真核查,并要求建设单位重新填报《审查表》或由市县调整供地方案。凡《审查表》与供地方案填报内容协调一致,建设项目用地规模符合用地指标的,省级土地管理部门在上报的审查意见中对审查情况做出专项说明后,只需上报供地方案,《审查表》及有关图件等资料由省级土地管理部门存档备查。

今后,对经省级土地管理部门审查合格的建设项目用地报批资料,国土资源部只依照上报的供地方案对用地规模进行核定,不再重复对建设项目用地的具体情况和地方审核过程进行审查。对建设项目用地上报审批工作中的问题,国土资源部将通过对各地建设用地指标执行情况和审查情况进行抽查解决。

三、采取有效措施,确保公路、铁路建设项目用地指标贯彻实施

各级土地、交通、铁路行政主管部门要大力宣传建设用地指标在建设用地管理和工程设计中的作用,加强对指标应用的指导和监督管理,从源头上保障公路、铁路建设用地指标应用的落实。

省级土地管理部门要依法行政,规范审查程序,明确审查要件,减轻建设单位负担。对上报国务院审批的公路、铁路建设项目用地的有关文字材料、图件和《审查表》要进行认真检查,并建立存档制度。凡必备报件不齐全,《审查表》或供地方案填报不规范,不能满足依据公路、铁路建设用地指标对照审查建设项目用地要求的,省级土地管理部门可以不办理上报手续。对超指标用地又未说明理由或理由不充分的,要责成建设单位按规定调整压减用地,建设单位拒不压减的,应退回建设用地报件。

各级交通、铁路行政主管部门要进一步采取措施,加大对建设用地指标实施管理的监管力度。今后,凡违背建设用地指标有关规范,批准初步设计超指标用地或者瞒报虚报项目用地数量等原因造成退件等问题的,要追究建设单位和设计单位的责任。

附件:

一、公路建设项目用地审查表(略)

二、铁路建设项目用地审查表(略)

农业部关于进一步加强基本农田保护工作的通知

（农农发〔2000〕10号 2000年6月21日）

各省、自治区、直辖市及计划单列市农业（农牧渔业、农林、农牧）厅（委、办）：

为了认真贯彻执行《中华人民共和国土地管理法》、《基本农田保护条例》，进一步加强基本农田保护工作，现将有关事宜通知如下：

一、认清形势，提高认识

加快农业和农村经济结构战略性调整和实施西部大开发是党中央、国务院的重大决策，也是当前和今后一段时期农业和农村工作的中心任务。在这种新形势下，基本农田保护，特别是对基本农田质量保护和建设比以往任何时候，都显得更加重要和紧迫。耕地质量的建设和提高，是确保农业和农村经济战略性结构调整、国家生态环境建设和西部大开发战略可持续实施的基础；是贯彻落实党中央、国务院关于“退耕还林（草）、封山绿化、以粮代赈、个体承包”方针，巩固退耕和改善生态环境成果的保证。通过提高基本农田质量，建设高标准农田和治理山区丘陵缓坡耕地，有利于增强耕地综合生产能力，保证退耕区农民的粮食安全。基本农田保护区环境好坏，直接影响农副产品质量和人民身心健康，也关系到我国加入世贸组织后农副产品出口。因此，各级农业部门要从全局和战略高度，进一步提高认识，理清思路，切实做好基本农田保护工作。

二、加强领导，增强责任

保护基本农田是农业部门的一项重要职责。为了加强对基本农田保护工作的领导，1995年，我部专门成立了基本农田保护工作领导小组及办公室，指导各级农业部门开展基本农田保护工作。机构改革后，我部对领导小组及办公室组成人员进行了调整和充实（见附件〔略〕）。各级农业部门要结合本地实际，进一步健全和完善相应机构，切实加强对基本农田保护工作的领导。

新修订的《中华人民共和国土地管理法》、《基本农田保护条例》，根据新时期社会和经济发展需要，确定了土地管理的更高目标和任务，对耕地保护的要求更加严格，并赋予了农业部门在耕地使用和农田保护工作中的重要职权。各级农业行政主管部门要增强责任感和紧迫感，按照法律法规规定的责任和义务，把基本农田保护各项工作抓紧抓好。

三、突出重点，分步实施

按照《基本农田保护条例》规定和今年农业和农村工作会议精神，各级农业部门近期要重点抓好以下几项工作：

（一）抓紧基本农田保护区调整划定工作。各地要按照国土资源部、农业部下发的《关于认真贯彻执行〈基本农田保护条例〉进一步做好基本农田保护工作的通知》(国土资发〔1999〕122号)和《关于印发〈基本农田保护区调整划定工作验收办法〉的通知》(国土资发〔2000〕126号)要求,做好自查和验收准备工作。

(二)抓好基本农田保护区地力分等定级工作。目前,全国已有15个省(区、市)基本完成了省级划分工作,没有完成的省份要抓紧省级耕地类型、耕地地力等级划分,争取今明两年完成。有条件的省份,要组织开展地县级分等定级工作,为科学保护耕地、指导农业和农村经济结构调整服务。

(三)做好基本农田保护区耕地监测和土宜调查工作。结合西部大开发、农业和农村经济结构战略性调整,逐步建立基本农田地力与施肥效益监测网体系。包括监测信息采集、基础数据收集与处理、网点设置等。同时,各地要有针对性地组织开展土宜调查工作,提出适宜发展特色农业的布局。

(四)落实好基本农田保护区环境监测和保护工作。各地要按照《基本农田保护条例》和基本农田保护区环境监测规划有关要求,进一步加强基本农田环境质量监测和重点污染源防治工作。同时,加大执法力度,对占用基本农田的国家项目建设,要严格评估项目对基本农田环境影响,并作为建设项目环境影响报告重要内容。对造成基本农田环境污染违法行为,要及时调查处理,并采取有效措施,防止污染扩大和蔓延,减少污染造成损失。

(五)加快配套规章和标准制定工作。各地要抓紧制定和完善《耕地保养办法》、《耕地环境质量管理办法》、《土壤监测工作管理办法》,以及基本农田保护区分等定级标准、基本农田环境监测与评价技术标准等。我部已着手《耕地保养办法》等配套规章的制定工作,各省(市、区)要根据当地实际情况,及早争取将这项工作纳入立法计划。

(六)搞好部门协作和争取地方政府支持工作。基本农田保护工作涉及面广,需要社会各方面的协作和配合。农业部门要与有关部门,特别是土地管理部门密切配合、相互支持,共同做好基本农田保护工作。同时,要充分利用政策法规赋予农业部门的基本职责,争取地方政府支持,并将工作经费纳入地方财政预算。

国土资源部关于报国务院批准的建设用地审查报批工作有关问题的通知

（国土资发〔2000〕201号 2000年7月17日）

依据新修订的《土地管理法》、《土地管理法实施条例》及国务院批准施行的《报国务院批准的建设用地审查办法》，我部陆续制定了有关规定、办法及规范性文本，使建设用地审查报批工作纳入了法制化、规范化管理轨道、但从目前实践情况看，仍存在报批材料不规范、报批内容不明确、报批材料过多过繁等问题。为进一步加强建设用地审批管理，提高建设用地审查报批工作效率和质量，现就报国务院批准的建设用地审查报批工作有关问题通知如下：

一、关于需报国务院批准的建设用地范围问题

（一）《报国务院批准的建设用地审查办法》规定的需报国务院批准农用地转用的单独选址建设项目中，国务院、省级人民政府批准的建设项目是指由国务院、省级人民政府直接行文批复的建设项目，或国务院、省级人民政府有关部门行文批复，但在批复文件中注明经国务院、省级人民政府批准的建设项目。

（二）农用地转用批准权限在省级人民政府的单独选址建设项目用地和城市分批次建设用地，涉及征用基本农田，或征用基本农田以外的一般耕地超过35公顷，或征用一般耕地和非耕地总面积超过70公顷的，报国务院批准。

（三）单独选址建设项目用地是否占用基本农田，按经批准的土地利用总体规划调整划定的基本农田保护区范围认定。确需占用基本农田的，应调整土地利用总体规划，补充数量和质量相当的基本农田，依法办理农用地转用审批手续；被占用基本农田属农村集体土地需要征用的，报国务院批准。

二、关于建设用地申请报批有关问题

（四）未纳入土地选用总体规划的单独选址建设项目，原则上不得提供建设用地。对国务院（包括国务院有关部门和国家计划单列企业）、省级人民政府批准的交通、能源、水利水电等基础设施建设项目，虽未纳入规划，但已经通过建设项目用地预审的，按照建设项目用地预审意见的具体要求及时调整规划。

对在规划文本中已作安排，但由于选址未定，没有落实在规划图上，或规划文本和规划图上已作了安排，但用地位置需作调整的单独选址建设项目，可以按规定对规划作局部调整。

（五）城市人民政府申请城市分批次建设用地，地块选址不得超出土地利用总体规划确定的城市建设用地范围。

因特殊原因，小部分建设用地确需超出土地利用总体规划确定的城市建设用地范围的，经批准可以按规定对规划作局部调整。

（六）需报国务院批准农用地转用、土地征用的单独选址建设项目用地，涉及使用国有建

设用地和未利用地的,一同报批。

(七)水利水电工程坝区、库区及移民安置等配套设施用地原则上应一次报批;对已经通过建设项目用地预审的大型、特大型水利水电工程,一次报批确有困难的,经国土资源部同意,坝区、库区及移民安置等配套设施用地可以分别申请和报批;涉及占用农用地和土地征用的,依法办理农用地转用和土地征用审批手续,其中涉及占用耕地的,由建设单位负责补充耕地。

(八)需报国务院批准农用地转用和土地征用的城市分批次建设用地拟开发地块中,涉及使用国有建设用地、未利用地和农村集体经济组织使用本集体经济组织所有建设用地、未利用地的,一同报批。

城市人民政府应根据建设需要和地方财政缴纳新增建设用地土地有偿使用费能力确定申请新增建设用地面积,并要对新增建设用地土地有偿使用费准备情况作出说明。

每个城市每年度申请分批次建设用地一般不超过3个批次。

(九)跨土地利用总体规划确定的城市建设用地范围(部分在圈内,部分在圈外)的大中型基础预见设施建设项目用地,可按单独选址建设项目用地报批要求办理建设用地审批手续。

(十)采矿(油)工程用地,建设单位依据采矿登记机关审批划定矿区范围的批复或采矿许可证和经批准的开采方案申请建设用地,并作为建设用地报批必备材料。

建设项目用地涉及压覆重要矿床和按规定需做地质灾害危险性评估的,在建设项目可行性研究阶段进行。省级国土资源行政主管部门出具的是否压覆重要矿床证明材料或压覆重要矿床的评估报告和按规定审查认定后的地质灾害危险性评估报告,作为申请建设项目用地预审和建设用地报批的必备材料。

(十一)呈报单独选址建设项目用地和城市分批次建设用地时,凡发现存在未批先用等违法用地行为的,须按有关规定进行处理。报批建设用地时附土地行政处罚决定书;涉及对有关责任人员进行处理的,附行政处分决定文件或行政处分建议书。违法用地行为未按有关规定进行处理的,不得呈报建设用地。

三、关于建设用地报批材料有关问题

(十二)按简化后的文书格式填写建设用地项目呈报说明书、农用地转用方案、补充耕地方案、征用土地方案和供地方案。文书格式及填报说明见附件一。

(十三)按简化后要求组织建设用地报批材料。单独选址建设项目用地报批材料目录见附件二;城市分批次建设用地报批材料目录见附件三。

报批材料份数减少为文字材料两套、图件材料一套。

(十四)组织建设用地项目报批材料的土地行政主管部门应对拟征(占)用土地进行现场勘察,复核土地权属。单独选址建设项目用地,将土地权属复核情况填写在“征用土地方案”的“权属状况”栏中;城市分批次建设用地,除在“征用土地方案”的“权属状况”栏中填写土地权属复核情况外,须填写“建设拟征(占)用土地权属汇总表”,文书格式见附件四。

(十五)建设用地勘测定界技术报告书和勘测定界图须达到原国家土地管理局发布的《建设项目用地勘测定界技术规程(试行)》的技术要求,并按国家和集体两种土地所有性质和农用地、建设用地、未利用地三种地类分别汇总面积。

建设用地报批地类归并标准见附件五。

(十六)建设用地项目涉及土地利用总体规划局部调整的,需填报“土地利用总体规划局部调整方案”与建设用地报批材料一并报批。文书格式见附件六。

（十七）单独选址建设项目用地涉及多个省（自治区、直辖市）或在省（自治区、直辖市）内涉及多个市、县的，由有关省（自治区、直辖市）根据工程年度投资计划，组织相关市、县土地行政主管部门分别准备报批材料，省级土地行政主管部门汇总情况后，以省（自治区、直辖市）为单位报批。

（十八）城市分批次建设用地应由市、县土地行政主管部门组织报批材料。市辖区或开发区组织的建设用地报批材料，须经市、县土地行政主管部门审核同意后上报。

（十九）单独选址建设项目各功能分区的名称和内容须与建设用地指标文件中规定的名称相一致。

（二十）省级人民政府申请单独选址建设项目用地和各城市分批建设用地，均应单独拟文呈报国务院；城市分批次建设用地请示文件中不注明年度和批次编号，有关内容在报批材料中反映。

农用地转用批准权限在省级人民政府的单独选址建设项目用地和城市分批次建设用地，涉及征用土地需报国务院批准的，省人民政府建设用地请示文件中要注明批准农用地转用和补充耕地的有关情况，报批材料不再报送农用地转用方案、补充耕地方案及有关附件。

四、关于地方各级土地行政主管部门审查报批责任有关问题

（二十一）县级土地行政主管部门负责做好土地权属复核、征地调查、补充耕地等前期工作，对建设单位的用地申请材料进行审查；对符合申请用地条件的，及时组织报批材料，在收到用地申请材料后的30个工作日内完成上报工作。

（二十二）市（地、州）级土地行政主管部门对县级土地行政主管部门组织的报批材料进行复核，符合报批条件、报批材料齐全的，在收到报批材料5个工作日内审查完毕，报同级人民政府审核后上报。

（二十三）省级土地行政主管部门须实行内部会审制度，对建设用地报批材料进行全面审查。对符合要求的报批材料，在收到报批材料后的15个工作日内完成内部会审，提出审查意见，报省级人民政府审核。在省级人民政府向国务院呈报建设用地请示文件时，及时将报批材料报送国土资源部，并保证呈报资料的真实性、合法性和准确性。

（二十四）建设用地项目经审查需补充完善报批材料的，省级土地行政主管部门在接到通知后的15个工作日内，组织有关市、县土地行政主管部门和有关单位所所需材料报送国土资源部。

（二十五）未按规定时限完成有关工作的土地行政主管部门，在向上一级土地行政主管部门报送建设用地报批材料时，须对有关情况作出专门说明。

（二十六）各地要严格按本通知要求认真组织报批需国务院批准的建设用地。对不具备报批条件、报批材料不符合要求、在规定时限内未能补充完善报批材料的建设用地项目，发现违法用地行为或违法用地行为未依法予以处理的建设用地项目，我部将按有关规定将建设用地请示文件退回报文的省级人民政府。每年1月我部将对上一年度各省、自治区、直辖市建设用地报的情况进行通报。

国土资源部关于简化和规范用地审批程序的通知

(2000年8月2日)

为进一步简化和规范建设用地审查报批程序,提高建设用地审查报批工作效率和质量,国土资源部近日发出《关于报国务院批准的建设用地审查报批工作有关问题的通知》,进一步明确了需报国务院批准的建设用地范围,同时对建立用地审查报批的有关程序进行了规范,并强调了地方各级行政主管部门在审查报批中的责任。据悉,规范后新的报批文书格式将使用地报批手续得到较大幅度的简化。

《通知》对去年出台的《报国务院批准的建设用地审查办法》的有关规定作了进一步的明确,强调需报国务院批准农用地转用的单独选址建设项目,是指由国务院、省级政府直接行文批复,或由这两级政府有关部门行文批复,但在批复文件中注明经政府批准的建设项目;对农用地转用批准权限与所涉及的地类及其具体数额、是否占用基本农田及经批准占用后的有关程序等问题也作了明确的规定。

《通知》还对建设用地申请报批中的有关问题,如未纳入土地利用总体规划的建设用地报批、水利水电工程及其配套设施的用地报批等若干问题一一作了较为详尽的规定。同时还明文规定:凡发现存在未批先用等违法用地行为的,须按有关规定进行处理。这类项目报建设用地时要附土地行政处罚决定书;涉及对有关责任人员进行处理的,要附行政处分决定文件或行政处分建议书;违法用地行为未按有关规定进行处理的,不得呈报建设用地。

《通知》还推出了简化后的新的用地审查报批文书格式,并对有关申报方式及填报要求作出了新的规定。新的"一书四方案"(建设用地项目呈报说明书、农用地转用方案、补充耕地方案、征用土地方案和供地方案)大大简化了填报内容,报批材料的份数也减少为文字材料两套、图件材料一套。此外,《通知》还强调了地方各级土地行政主管部门在建设用地审查报批中的责任,并明确了县级、市(地、州)级以及省级土地部门对建设用地报批材料的审查、报送时限。同时强调,未按时限完成有关工作的土地行政主管部门,在向上一级土地行政主管部门报送材料时,须对有关情况作出专门说明。

中华人民共和国国家林业局令

（第2号）

《占用征用林地审核审批管理办法》,已于2000年11月2日国家林业局第3次局务会议审议通过,现予发布,自发布之日起施行。

国家林业局局长　周生贤

2001年1月4日

占用征用林地审核审批管理办法

第一条　为了规范占用、征用林地的审核和审批,根据《中华人民共和国森林法》及其实施条例的规定,制定本办法。

第二条　本办法适用于下列情况:

(一)进行勘查、开采矿藏和各项建设工程(以下简称建设工程)需要占用或者征用林地的审核;

(二)建设工程需要临时占用林地的审批;

(三)森林经营单位在所经营的林地范围内修筑直接为林业生产服务的工程设施需要占用林地的审批。

第三条　用地单位需要占用、征用林地或者需要临时占用林地的,应当向县级人民政府林业主管部门提出占用或者征用林地申请;需要占用或者临时占用国务院确定的国家所有的重点林区(以下简称重点林区)的林地,应当向国务院林业主管部门或者其委托的单位提出占用林地申请。

第四条　用地单位申请占用、征用林地或者临时占用林地,应当填写《使用林地申请表》,同时提供下列材料:

(一)项目批准文件;

(二)被占用或者被征用林地的权属证明材料;

(三)有资质的设计单位作出的项目使用林地可行性报告;

(四)与被占用或者被征用林地的单位签订的林地、林木补偿费和安置补助费协议(临时占用林地安置补助费除外)。

森林经营单位申请在所经营的林地范围内修筑直接为林业生产服务的工程设施占用林地的,应当提供前款(一)、(二)项规定的材料。

第五条　建设工程占用或者征用林地的审核权限,按照森林法实施条例第十六条的规定执行。

第六条　建设工程需要临时占用林地的,必须遵守下列规定:

(一)临时占用防护林或者特种用途林林地面积5公顷以上,其他林地面积20公顷以上

的,由国务院林业主管部门审批;

(二)临时占用防护林或者特种用途林林地面积5公顷以下,其他林地面积10公顷以上20公顷以下的,由省、自治区、直辖市人民政府林业主管部门审批;

(三)临时占用除防护林和特种用途林以外的其他林地面积2公顷以上10公顷以下的,由设区的市和自治州人民政府林业主管部门审批;

(四)临时占用除防护林和特种用途林以外的其他林地面积2公顷以下的,由县级人民政府林业主管部门审批。

第七条 森林经营单位在所经营的范围内修筑直接为林业生产服务的工程设施需要占用林地的,应当遵守下列规定:

(一)国有森林经营单位需要占用林地的,由省、自治区、直辖市人民政府林业主管部门批准,其中国务院确定的国家所有的重点林区内国有森林经营单位需要占用林地的,由国务院林业主管部门或其委托的单位批准;

(二)其他森林经营单位需要占用林地的,由县级人民政府林业主管部门批准。

第八条 国务院林业主管部门委托的单位和县级人民政府林业主管部门在受理用地单位提交的用地申请后,应派出有资质的人员(不少于2人),进行用地现场查验,并填写《使用林地现场查验表》。

第九条 国务院林业主管部门委托的单位和县级人民政府林业主管部门对建设项目类型、林地地类、面积、权属、树种、林种和补偿标准进行初步审查同意后,应当在10个工作日内制定植树造林、恢复森林植被的措施。

第十条 按照规定需要报上一级人民政府林业主管部门审核或者审批的征用或者占用林地申请,县级以上地方人民政府林业主管部门或者国务院林业主管部门委托的单位应当逐级在《使用林地申请表》上签署审查意见后,将全部材料报上一级人民政府林业主管部门审核或者审批。

第十一条 县级以上人民政府林业主管部门按照规定审核同意或者批准占用、征用林地申请后,按照规定预收森林植被恢复费,并向用地单位发放《使用林地审核同意书》,同时将签署意见的《使用林地申请表》等材料退被占用、被征用林地所在地的林业主管部门或者国务院林业主管部门委托的单位存档。

第十二条 对用地单位需要临时占用林地的申请,或者对森林经营单位在所经营的林地范围内修筑直接为林业生产服务的工程设施需要占用林地的申请,县级以上人民政府林业主管部门按照规定予以批准的,应当用文件形式批准。

第十三条 国务院林业主管部门委托的单位和县级以上地方人民政府林业主管部门对用地单位提出的申请,应当在收到申请或上报材料后,在15个工作日内提出审核或者审批意见。

第十四条 县级以上人民政府林业主管部门对用地单位提出的申请,经审核不予同意或者不予批准的,应当在《使用林地申请表》中明确记载不同意的理由,并将申请材料退还申请用地单位。

第十五条 县级以上人民政府林业主管部门应当建立占用、征用林地审核和审批管理档案。

第十六条 省、自治区和直辖市人民政府林业主管部门应当在每年的第一季度,将上年度全省(自治区、直辖市)占用、征用林地和临时占用林地,以及修筑直接为林业生产服务的工程设施占用林地的情况报告国务院林业主管部门。

第十七条 农村居民按照规定标准修建自用住宅需要占用林地的，应当以行政村为单位编制规划，落实地块，按照年度向县级人民政府林业主管部门提出申请，经过县级人民政府林业主管部门依法审查，在逐级报省、自治区和直辖市人民政府林业主管部门审核同意后，由行政村依照有关土地管理的法律、法规办理用地审批手续。

第十八条 《使用林地申请表》和《使用林地现场查验表》由国务院林业主管部门统一式样，省、自治区和直辖市人民政府林业主管部门统一印制。《使用林地审核同意书》由国务院林业主管部门统一印制。

第十九条 本办法由国家林业局负责解释。

第二十条 本办法自发布之日起施行。

国土资源部办公厅关于进一步简化报国务院批准的建设用地审批工作程序有关问题的通知

(国土资厅发〔2001〕43号 2001年5月30日)

各省、自治区、直辖市国土资源厅(国土环境资源厅、国土资源和房屋管理局、房屋土地资源管理局、规划和国土资源局),计划单列市土地管理局(城乡规划土地局、规划国土局),解放军土地管理局,新疆生产建设兵团土地管理局:

根据《关于加强耕地保护促进经济发展若干政策措施的通知》(国土资发〔2000〕408号)精神,在《关于报国务院批准的建设用地审查报批工作有关问题的通知》(国土资发〔2000〕201号)基础上,现就进一步简化报国务院批准的建设用地审查报批工作程序和报批材料问题通知如下:

一、依照有关规定受理单独选址建设项目用地预审的土地行政主管部门,在对项目是否符合国家产业政策、项目用地是否符合国家供地政策和地方土地利用总体规划、补充耕地资金是否落实、是否按规定办理压占矿产和地质灾害评估有关手续等问题预审后,提出肯定性意见的,用地正式报批时,附上预审通过意见,部不再对已预审内容进行重复审查。

预审通过但对上述问题提出完善性意见或预审后情况发生变化的,如土地利用总体规划需作局部调整、补充耕地资金需进一步落实、需补充完善压占矿产和地质灾害评估有关手续、项目初步设计发生变更等,省级以下土地行政主管部门要督促落实预审意见,在建设用地正式报批时,对有关情况作出说明。

二、符合土地利用总体规划的水利水电工程移民迁建用地,可以依照有关规定按城市、村庄和集镇建设用地范围内分批次用地报批,由批准土地利用总体规划的人民政府批准农用地转用,可不随同坝区、水库淹没区及专项设施迁建用地报批。

三、石油天然气生产企业按照上级主管部门下达的生产计划,于每年年初,向拟钻井区域所在地市、县级土地行政主管部门通报产能及配套设施拟使用土地的有关情况,先按临时用地申请办理有关手续;每年下半年,再一次性由石油天然气生产企业将产能及配套设施所需建设用地进行汇总,依法申请办理正式用地手续。

四、输变电所、塔基,输油、输气、输水管道的增压站、检查站及导航台、站,粮食储备库等同类、多点工程用地,可由项目所在地市、县级土地行政主管部门分别组织报批材料,根据建设项目的总体设计,以省为单位一次性按规定程序报批;分期建设的项目,可根据可行性研究报告确定的方案以省为单位分期报批。

五、城市道路、管线工程等基础设施建设项目的小部分建设用地确需超出城市建设用地范围的,土地利用规划可作局部调整,规划局部调整方案与建设用地同时报批;道路、管线工程等单独选址项目,确需进入城市建设用地范围的(简称圈内),圈内部分的用地可以随同该工程的圈外用地一同按单独选址项目要求报批。

六、预审通过需报国务院批准的单独选址项目用地和需报国务院批准的城市分批次用地，在用地正式报批前，一些任务重、施工期短的基础设施建设项目以及军事国防等特殊项目的控制工期的单体工程，如公路（包括城市道路）、铁路的桥梁、隧道，水利（电）枢纽的导流（渠）洞、进场道路等，在查清所需使用土地的权属、地类、面积，兑现被用地单位群众的地上附着物和

青苗补偿，妥善处理好先行用地有关问题的前提下，由省级国土资源管理部门会同省级计划主管部门提出先行用地申请，报部审查同意后，可以先行用地。

七、单独选址建设项目用地正式报批时，应附勘测定界技术报告书和勘测定界图。但大型交通、能源、水利、矿山、军事等基础设施建设项目的部分区段，因地形地质情况复杂，确实无法在报批建设用地前完成土地勘测定界工作的，可暂不附该地段的勘测定界有关图件资料，由项目所在地的市、县级土地行政主管部门依据批准的工程初步设计，进行现场踏勘，实地调查用地范围、土地权属、地类、面积等，在1:1万分幅土地利用现状图上标明用地范围。土地勘测定界工作必须抓紧完成。

八、城市分批次建设用地在正式报批时，“建设拟征（占）地土地权属情况汇总表”中“土地总面积”和“其中：耕地”两栏可不再填写。

九、符合已发布建设用地指标规定标准的单独选址建设项目，建设用地正式报批时可不附项目总平面布置图或线形工程平面图。

十、单独选址建设项目用地和城市分批次用地需补充耕地，使用补充耕地储备库内耕地进行“先补后占”的，可以实行台账管理，进行指标划转。省级国土资源管理部门能出具储备库中土地开发整理项目的验收证明，并在已往建设用地报批时上报建设项目的补充耕地位置图的，可在补充耕地方案备注栏中对已上报过的补充耕地位置图的图幅号、土地开发整理项目的名称、规模和指标划转后剩余耕地的数量作出具体说明，在建设用地正式报批时可不再上报该补充耕地位置图。

中华人民共和国国土资源部令*

（第7号）

《建设项目用地预审管理办法》,已经2001年6月28日国土资源部第5次部务会议通过,现予发布,自发布之日起施行。

部长 田凤山

2001年7月25日

国土资源部关于建设项目用地预审管理办法

第一条 为了保证土地利用总体规划的实施,控制建设用地总量,规范建设项目用地预审管理工作,根据《中华人民共和国土地管理法》和《中华人民共和国土地管理法实施条例》,制定本办法。

第二条 本办法所称建设项目用地预审(以下简称"预审"),是指在建设项目可行性研究阶段,有关人民政府土地行政主管部门依法对建设项目涉及土地利用的事项进行的审查。

第三条 预审应当遵循下列原则:

(一)土地用途管制;

(二)切实保护耕地;

(三)合理和集约利用土地;

(四)保障基础设施、国家重点建设项目用地。

第四条 能源、交通、水利、矿山、军事等建设项目依照法律规定确需使用土地利用总体规划确定的城市建设用地范围外的土地,涉及农用地的,建设项目由人民政府批准的,预审工作由该人民政府的土地行政主管部门负责;建设项目由有批准权的人民政府所属部门批准的,预审工作由该部门的同级土地行政主管部门负责。

第五条 建设项目需要占用土地利用总体规划确定的城市建设用地范围内的国有建设用地,预审工作由建设项目所在地的市、县人民政府土地行政主管部门负责。

第六条 建设单位提出预审申请时,应当提交下列材料,由负责预审工作的人民政府土地行政主管部门直接受理:

(一)申请预审的正式文件;

(二)项目建议书批复文件;

(三)建设项目可行性研究报告,其中应当包含土地利用的章节,内容包括规划选址情况、用地总规模和用地类型、补充耕地资金落实情况等;

---

* 本篇法规已被修订,新法规名称为《建设项目用地预审管理办法》(发布日期:2004年11月1日 实施日期:2004年12月1日)

（四）单独选址的建设项目，拟占用地质灾害防治规划确定的地质灾害易发区内土地的，还应当提供地质灾害危险性评估报告。

第七条 负责预审工作的人民政府土地行政主管部门，对符合本办法第六条规定的预审申请，应当受理。对不符合本办法第六条规定的预审申请，应当在两个工作日内通知申请人，逾期不通知申请人的，视为受理。

第八条 有关人民政府土地行政主管部门应当对建设项目的下列内容进行审查：

（一）建设项目用地选址是否符合土地利用总体规划，是否符合土地管理法律法规规定的条件；

（二）建设项目是否符合国家供地政策；

（三）建设项目用地选址是否符合地质灾害防治规划；

（四）占用耕地的，补充耕地资金是否落实，计列费用是否合理。

第九条 受理预审申请的人民政府土地行政主管部门，应当在受理之日起15个工作日内完成审查工作，并出具预审意见。预审意见应当抄送建设项目所在地的人民政府土地行政主管部门。

特大型建设项目的预审，预审时间经批准后可以延长，但最长不超过30个工作日。

第十条 有关人民政府土地行政主管部门进行预审，应当实行内部会审制度。

第十一条 负责预审工作的人民政府土地行政主管部门出具的预审意见应当包括对本办法第八条规定的内容的结论性意见和对建设单位的具体要求。

第十二条 凡应进行预审的建设项目，未申请预审的，市、县人民政府土地行政主管部门不受理建设用地申请，上级人民政府土地行政主管部门不接受下级人民政府土地行政主管部门上报的建设项目呈报说明书和有关方案。

第十三条 本办法自发布之日起施行。

中华人民共和国国土资源部令

（第9号）

《划拨用地目录》,已经2001年10月18日国土资源部第9次部务会议通过,现予发布,自发布之日起施行。

部长　田凤山

2001年10月22日

划拨用地目录

一、根据《中华人民共和国土地管理法》和《中华人民共和国城市房地产管理法》的制定,制定本目录。

二、符合本目录的建设用地项目,由建设单位提出申请,经有批准权的人民政府批准,方可以划拨方式提供土地使用权。

三、对国家重点扶持的能源、交通、水利等基础设施用地项目,可以以划拨方式提供土地使用权。对以营利为目的,非国家重点扶持的能源、交通、水利等基础设施用地项目,应当以有偿方式提供土地使用权。

四、以划拨方式取得的土地使用权,因企业改制、土地使用权转让或者改变土地用途等不再符合本目录的,应当实行有偿使用。

五、本目录施行后,法律、行政法规和国务院的有关政策另有规定的,按有关规定执行。

六、本目录自发布之日起施行。原国家土地管理局颁布的《划拨用地项目目录》同时废止。

国家机关用地和军事用地

(一)党政机关和人民团体用地

1. 办公用地。

2. 安全、保密、通讯等特殊专用设施。

(二)军事用地

1. 指挥机关、地面和地下的指挥工程、作战工程。

2. 营区、训练场、试验场。

3. 军用公路、铁路专用线、机场、港口、码头。

4. 军用洞库、仓库、输电、输油、输气管线。

5. 军用通信、通讯线路、侦察、观测台站和测量、导航标志。

6. 国防军品科研、试验设施。

7. 其他军事设施。

城市基础设施用地和公益事业用地

(三)城市基础设施用地

1. 供水设施:包括水源地、取水工程、净水厂、输配水工程、水质检测中心、调度中心、控制中心。

2. 燃气供应设施:包括人工煤气生产设施、液化石油气气化站、液化石油气储配站、天然气输配气设施。

3. 供热设施:包括热电厂、热力网设施。

4. 公共交通设施:包括城市轻轨、地下铁路线路、公共交通车辆停车场、首末站(总站)、调度中心、整流站、车辆保养场。

5. 环境卫生设施:包括雨水处理设施、污水处理厂、垃圾(粪便)处理设施、其他环卫设施。

6. 道路广场:包括市政道路、市政广场。

7. 绿地:包括公共绿地(住宅小区、工程建设项目的配套绿地除外)、防护绿地。

(四)非营利性邮政设施用地

1. 邮件处理中心、邮政支局(所)。

2. 邮政运输、物流配送中心。

3. 邮件转运站。

4. 国际邮件互换局、交换站。

5. 集装容器(邮袋、报皮)维护调配处理场。

(五)非营利性教育设施用地

1. 学校教学、办公、实验、科研及校内文化体育设施。

2. 高等、中等、职业学校的学生宿舍、食堂、教学实习及训练基地。

3. 托儿所、幼儿园的教学、办公、园内活动场地。

4. 特殊教育学校(盲校、聋哑学校、弱智学校)康复、技能训练设施。

(六)公益性科研机构用地

1. 科学研究、调查、观测、实验、试验(站、场、基地)设施。

2. 科研机构办公设施。

(七)非营利性体育设施用地

1. 各类体育运动项目专业比赛和专业训练场(馆)、配套设施(高尔夫球场除外)。

2. 体育信息、科研、兴奋剂检测设施。

3. 全民健身运动设施(住宅小区、企业单位内配套的除外)。

(八)非营利性公共文化设施用地

1. 图书馆。

2. 博物馆。

3. 文化馆。

4. 青少年宫、青少年科技馆、青少年(儿童)活动中心。

(九)非营利性医疗卫生设施用地

1. 医院、门诊部(所)、急救中心(站)、城乡卫生院。

2. 各级政府所属的卫生防疫站(疾病控制中心)、健康教育所、专科疾病防治所(站)。

3. 各级政府所属的妇幼保健所(院、站)、母婴保健机构、儿童保健机构、血站(血液中心、中心血站)。

(十)非营利性社会福利设施用地

1. 福利性住宅。

2. 综合性社会福利设施。

3. 老年人社会福利设施。

4. 儿童社会福利设施。

5. 残疾人社会福利设施。

6. 收容遣送设施。

7. 殡葬设施。

国家重点扶持的能源、交通、水利等基础设施用地

(十一)石油天然气设施用地

1. 油(气、水)井场及作业配套设施。

2. 油(气、汽、水)计量站、转接站、增压站、热采站、处理厂(站)、联合站、注水(气、汽、化学助剂)站、配气(水)站、原油(气)库、海上油气陆上终端。

3. 防腐、防砂、钻井泥浆、三次采油制剂厂(站)、材料配制站(厂、车间)、预制厂(车间)。

4. 油(气)田机械、设备、仪器、管材加工和维修设施。

5. 油、气(汽)、水集输和长输管道、专用交通运输设施。

6. 油(气)田物资仓库(站)、露天货场、废旧料场、成品油(气)库(站)、液化气站。

7. 供排水设施、供配电设施、通讯设施。

8. 环境保护检测、污染治理、废旧料(物)综合处理设施。

9. 消防、安全、保卫设施。

(十二)煤炭设施用地

1. 矿井、露天矿、煤炭加工设施,共伴生矿物开采与加工场地。

2. 矿井通风、抽放瓦斯、煤层气开采、防火灌浆、井下热害防治设施。

3. 采掘场与疏干设施(含控制站)。

4. 自备发电厂、热电站、输变电设施。

5. 矿区内煤炭机电设备、仪器仪表、配件、器材供应与维修设施。

6. 矿区生产供水、供电、燃气、供气、通讯设施。

7. 矿山救护、消防防护设施。

8. 中心试验站。

9. 专用交通、运输设施。

(十三)电力设施用地

1. 发(变)电主厂房设施及配套库房设施。

2. 发(变)电厂(站)的专用交通设施。

3. 配套环保、安全防护设施。

4. 火力发电工程配电装置、网控楼、通信楼、微波塔。

5. 火力发电工程循环水管(沟)、冷却塔(池)、阀门井水工设施。

6. 火力发电工程燃料供应、供热设施,化学楼、输煤综合楼,启动锅炉房、空压机房。

7. 火力发电工程乙炔站、制氢(氧)站,化学水处理设施。

8. 核能发电工程应急给水储存室、循环水泵房、安全用水泵房、循环水进排水口及管沟、加氯间、配电装置。

9. 核能发电工程燃油储运及油处理设施。

10. 核能发电工程制氢站及相应设施。

11. 核能发电工程淡水水源设施，净水设施，污水、废水处理装置。

12. 新能源发电工程电机，厢变、输电（含专用送出工程）、变电站设施，资源观测设施。

13. 输配电线路塔（杆），巡线站、线路工区，线路维护、检修道路。

14. 变（配）电装置，直流输电换流站及接地极。

15. 输变电、配电工程给排水、水处理等水工设施。

16. 输变电工区、高压工区。

（十四）水利设施用地

1. 水利工程用地：包括挡水、泄水建筑物、引水系统、尾水系统、分洪道及其附属建筑物，附属道路、交通设施，供电、供水、供风、供热及制冷设施。

2. 水库淹没区。

3. 堤防工程。

4. 河道治理工程。

5. 水闸、泵站、涵洞、桥梁、道路工程及其管护设施。

6. 蓄滞洪区、防护林带、滩区安全建设工程。

7. 取水系统：包括水闸、堰、进水口、泵站、机电井及其管护设施。

8. 输（排）水设施（含明渠、暗渠、隧道、管道、桥、渡槽、倒虹、调蓄水库、水池渠系建筑物）、加压（抽、排）泵站、水厂。

9. 防汛抗旱通信设施，水文、气象测报设施。

10. 水土保持管理站、科研技术推广所（站）、试验地设施。

（十五）铁路交通设施用地

1. 铁路线路、车站及站场设施。

2. 铁路运输生产及维修、养护设施。

3. 铁路防洪、防冻、防雪、防风沙设施（含苗圃及植被保护带）、生产防疫、环保、水保设施。

4. 铁路给排水、供电、供暖、制冷、节能、专用通信、信号、信息系统设施。

5. 铁路轮渡、码头及相应的防风、防浪堤、护岸、栈桥、渡船整备设施。

6. 铁路专用物资仓储库（场）。

7. 铁路安全守备、消防、战备设施。

（十六）公路交通设施用地

1. 公路线路、桥梁、交叉工程、隧道和渡口。

2. 公路通信、监控、安全设施。

3. 高速公路服务区（区内经营性用地除外）。

4. 公路养护道班（工区）。

5. 公路线路用地界外设置的公路防护、排水、防洪、防雪、防波、防风沙设施及公路环境保护、监测设施。

（十七）水路交通设施用地

1. 码头、栈桥、防波堤、防沙导流堤、引堤、护岸、围堰水工工程。

2. 人工开挖的航道、港池、锚地及停泊区工程。

3. 港口生产作业区。

4. 港口机械设备停放场地及维修设施。

5. 港口专用铁路、公路、管道设施。

6. 港口给排水、供电、供暖、节能、防洪设施。

7. 水上安全监督(包括沿海和内河)、救助打捞、港航消防设施。

8. 通讯导航设施、环境保护设施。

9. 内河航运管理设施、内河航运枢纽工程、通航建筑物及管理维修区。

(十八)民用机场设施用地

1. 机场飞行区。

2. 公共航空运输客、货业务设施:包括航站楼、机场场区内的货运库(站)、特殊货物(危险品)业务仓库。

3. 空中交通管理系统。

4. 航材供应、航空器维修、适航检查及校验设施。

5. 机场地面专用设备、特种车辆保障设施。

6. 油料运输、中转、储油及加油设施。

7. 消防、应急救援、安全检查、机场公用设施。

8. 环境保护设施:包括污水处理、航空垃圾处理、环保监测、防噪声设施。

9. 训练机场、通用航空机场、公共航运机场中的通用航空业务配套设施。

法律、行政法规规定的其他用地

(十九)特殊用地

1. 监狱。

2. 劳教所。

3. 戒毒所、看守所、治安拘留所、收容教育所。

中华人民共和国国土资源部令

（第10号）

《征用土地公告办法》，已经2001年10月18日国土资源部第9次部务会议通过，现予发布，自2002年1月1日起施行。

部长　田凤山

2001年10月22日

关于征用土地公告办法

第一条　为规范征用土地公告工作，保护农村集体经济组织、农村村民或者其他权利人的合法权益，保障经济建设用地，根据《中华人民共和国土地管理法》和《中华人民共和国土地管理法实施条例》，制定本办法。

第二条　征用土地公告和征地补偿、安置方案公告，适用本办法。

第三条　征用农民集体所有土地的，征用土地方案和征地补偿、安置方案应当在被征用土地所在地的村、组内以书面形式公告。其中，征用乡（镇）农民集体所有土地的，在乡（镇）人民政府所在地进行公告。

第四条　被征用土地所在地的市、县人民政府应当在收到征用土地方案批准文件之日起10个工作日内进行征用土地公告，该市、县人民政府土地行政主管部门负责具体实施。

第五条　征用土地公告应当包括下列内容：

（一）征地批准机关、批准文号、批准时间和批准用途；

（二）被征用土地的所有权人、位置、地类和面积；

（三）征地补偿标准和农业人员安置途径；

（四）办理征地补偿登记的期限、地点。

第六条　被征地农村集体经济组织、农村村民或者其他权利人应当在征用土地公告规定的期限内持土地权属证书到指定地点办理征地补偿登记手续。

被征地农村集体经济组织、农村村民或者其他权利人未如期办理征地补偿登记手续的，其补偿内容以有关市、县土地行政主管部门的调查结果为准。

第七条　有关市、县人民政府土地行政主管部门会同有关部门根据批准的征用土地方案，在征用土地公告之日起45日内以被征用土地的所有权人为单位拟订征地补偿、安置方案并予以公告。

第八条　征地补偿安置、方案公告应当包括下列内容：

（一）本集体经济组织被征用土地的位置、地类、面积，地上附着物和青苗的种类、数量，需要安置的农业人口的数量；

（二）土地补偿费的标准、数额、支付对象和支付方式；

(三)安置补助费的标准、数额、支付对象和支付方式;

(四)地上附着物和青苗的补偿标准和支付方式;

(五)农业人员的具体安置途径;

(六)其他有关征地补偿、安置的具体措施。

第九条 被征地农村集体经济组织、农村村民或者其他权利人对征地补偿、安置方案有不同意见的或者要求举行听证会的,应当在征地补偿、安置方案公告之日起10个工作日内向有关市、县人民政府土地行政主管部门提出。

第十条 有关市、县人民政府土地行政主管部门应当研究被征地农村集体经济组织、农村村民或者其他权利人对征地补偿、安置方案的不同意见。对当事人要求听证的,应当举行听证会。确需修改征地补偿、安置方案的,应当依照有关法律、法规和批准的征用土地方案进行修改。

有关市、县人民政府土地行政主管部门将征地补偿、安置方案报市、县人民政府审批时,应当附具被征地农村集体经济组织、农村村民或者其他权利人的意见及采纳情况,举行听证会的,还应当附具听证笔录。

第十一条 征地补偿、安置方案经批准后,由有关市、县人民政府土地行政主管部门组织实施。

第十二条 有关市、县人民政府土地行政主管部门将征地补偿、安置费用拨付给被征地农村集体经济组织后,有权要求该农村集体经济组织在一定时限内提供支付清单。

市、县人民政府土地行政主管部门有权督促有关农村集体经济组织将征地补偿、安置费用收支状况向本集体经济组织成员予以公布,以便被征地农村集体经济组织、农村村民或者其他权利人查询和监督。

第十三条 市、县人民政府土地行政主管部门应当受理对征用土地公告内容和征地补偿、安置方案公告内容的查询或者实施中问题的举报,接受社会监督。

第十四条 未依法进行征用土地公告的,被征地农村集体经济组织、农村村民或者其他权利人有权依法要求公告,有权拒绝办理征地补偿登记手续。

未依法进行征地补偿、安置方案公告的,被征地农村集体经济组织、农村村民或者其他权利人有权依法要求公告,有权拒绝办理征地补偿、安置手续。

第十五条 因未按照依法批准的征用土地方案和征地补偿、安置方案进行补偿、安置引发争议的,由市、县人民政府协调;协调不成的,由上一级地方人民政府裁决。

征地补偿、安置争议不影响征用土地方案的实施。

第十六条 本办法自2002年1月1日起施行。

国土资源部关于切实做好征地补偿安置工作的通知

（国土资发〔2001〕358号　2001年11月16日）

各省、自治区、直辖市国土资源厅（国土环境资源厅、国土资源和房屋管理局、房屋土地资源管理局、规划和国土资源局），计划单列市土地管理局（城乡规划土地局、规划和国土局），解放军土地管理局，新疆生产建设兵团土地管理局：

征地工作事关国家经济建设，涉及农民的切身利益和社会稳定。近年来，各级政府和国土资源管理部门通过加强征地管理，保证了国家经济建设用地，安置了被征地农民的生产和生活，维护了社会的稳定。但一些地方还不同程度地存在征地不依法补偿、征地费用管理混乱、安置不落实等问题，侵犯了被征地农村集体经济组织和农民的合法权益，导致群众信访大幅度增加，必须引起高度重视。10月22日，《征用土地公告方法》（国土资源部第10号令）正式发布。为切实做好征地补偿安置工作，落实征地公告制度，现就有关问题通知如下：

一、以“三个代表”重要思想为指导，加强征地补偿安置工作的组织领导

加强征地管理，做好补偿安置工作，是保障经济建设用地，切实维护广大农民合法权益的客观要求；是促进农业发展、农民增收、农村稳定的重要方面；是“三个代表”重要思想在国土资源管理工作中的具体体现。各级国土资源管理部门务必按“三个代表”的要求，严格执行法定的征地补偿标准，探索以市场为导向的多种安置途径，妥善安置被征地农民的生产和生活；加快协调解决征地中出现的问题，有效地化解各种矛盾，切实维护社会稳定。

征地补偿安置工作必须妥善处理国家、集体、农民三者利益关系，促进地区经济发展、农村稳定和农民生活水平提高。地方各级国土资源管理部门要积极主动地向当地党委、政府领导汇报有关征地工作，以取得理解和支持；要加强与政府各有关部门联系和合作，共同做好有关工作。已被部确定为征地制度改革试点的城市，应根据统一部署，大胆尝试、积极探索适应社会主义市场经济体制的征地补偿安置方式。

二、依法拟定和严格审查征用土地有关方案，确保征地补偿安置费用合法合理

依法拟定征用土地方案和征地补偿安置方案，是搞好征地补偿安置工作的前提。各地可依照法律规定，从本地区实际出发，以保持被征地农民原有生活水平为原则，制定有关征地补偿安置具体办法，报政府批准后颁布实施。有条件地区在调查测算的基础上，可统一公布本地区不同地类的年亩产值标准，并根据当地经济发展水平、土地区位、农民人均收入、人均耕地面积和城镇居民最低生活保障线等因素确定不同地类的补偿倍数；或合理确定本地区不同区位、地类、用途的征地综合补偿标准。凡采取征地包干的，严格按照国家有关规定确定征地包干费用。严禁以“包干”等名义，巧立名目收取其他费用和违反规定收取征地管理费，挤占征地补偿安置费用，侵犯被征地农民的合法权益。

市、县国土资源管理部门拟定的征用土地方案应真实、可靠、可行。国土资源管理部门对上报的征用土地方案应严格依法审查,不符合有关法律法规的,应退回报送单位,不能上报。省级国土资源管理部门要对报部审查的征用土地方案的真实性、可行性全面负责。

三、认真执行"两公告一登记"制度,搞好征地批后实施管理

征用土地方案经依法批准后,市、县国土资源管理部门应及时会同政府有关部门,以村(组)为单位拟定有关农村集体经济组织的征地补偿安置方案。征用土地方案和征地补偿安置方案应依照法定程序和《征用土地公告办法》的有关规定予以公告,并办理征地补偿登记手续。要认真听取和研究被征地的农村集体经济组织、农民和其他权利人对征地补偿安置方案的不同意见;对要求举行听证会的,应当举行听证会,并依照有关法律法规和批准的征用土地方案修改完善征地补偿安置方案,报市、县人民政府批准后组织实施。

各地对征地补偿安置费用使用和管理应进行严格监管,做到专款专用,严禁侵占、截留或挪作他用。征地补偿安置费用在依照有关规定支付给农村集体经济组织后,市、县国土资源管理部门有权要求该集体经济组织在一定期限内提供征地补偿安置费用分配和支付清单,并配合政府有关部门和乡镇政府及时监督检查各项费用使用情况。由村(组)农村集体经济组织支配的征地补偿安置费用,应建立财务公开制度。定期向本集体经济组织成员公布收支状况。用于被征地农民生活安置的安置补助费,在农民自愿的基础上,可逐步建立安置人员的社会保险个人账户,购买养老、失业、医疗保险等,提供长期的生活保障。

四、建立征地批后检查制度,督促各项工作落实到位

地方各级国土资源管理部门应尽快建立征地批后检查制度。每年年底要对在本行政区域内征地批后实施情况进行全面检查或重点抽查,检查拟定的征地补偿安置方案是否符合有关法律法规及批准的征用土地方案、征地批后实施程序是否合法、征地补偿安置费用是否及时足额到位、被征地的农业人口安置是否落实等。在检查中发现问题的,应及时纠正;对存在违法行为的,应依法追究法律责任。上级国土资源管理部门应对下级国土资源管理部门的自查工作进行检查、指导。各级国土资源管理部门要不断总结经验,研究新情况,解决新问题,进一步落实本行政区域内的征地补偿安置工作。

自2002年起,部建立国务院批准征用土地的征地批后实施情况反馈制度。省级国土资源管理部门要在地方各级国土资源管理部门检查的基础上汇总当年有关情况,包括征地批后实施有关工作到位、征地补偿安置各项费用支付、被征地农业人口安置等情况,于年底向部呈送报告。部根据情况进行抽查,并通报抽查结果。

五、做好被征地单位和群众思想工作,妥善处理信访反映的征地问题

征地工作群众性、政策性很强。地方各级国土资源管理部门要深入基层,加强对《土地管理法》和征地有关法律规定的宣传工作,使被征地单位和群众了解有关法律规定,理解国家经济建设征用土地的必要性,积极支持政府征地工作。同时,要不断改进工作作风和方法,通过扎实细致的工作,树立国土资源管理部门依法行政、深入实行、密切联系群众的形象。

各级国土资源管理部门对被征地农村集体经济组织和农民通过不同渠道反映的征地补偿安置问题应高度重视,认真研究。应通过现场核实、联合办公或公文督办等形式,依照法律规定,实事求是地处理信访反映的问题。对补偿安置费用合法、到位、安置途径基本可行的,要耐心做好宣传、解释和疏导工作,取得群众的理解和支持;对补偿安置费用不合法、没有足额到位、安置不落实的,应责成市、县国土资源管理部门及时纠正;对侵占、截留、挪用征地补偿安置费用等严重违纪违法行为的,应移交有关部门依法严肃查处。各地要建立信访案件跟踪检查和回访制度,及时检查处理落实情况;切实维护被征地农村集体经济组织和农民的合法权益。

铁路建设项目竣工验收交接办法

(铁建设〔2001〕117号 2001年11月27日)

第一章 总 则

第一条 为做好铁路建设项目的竣工验收交接工作,全面考核建设工作成果,根据国家有关规定,制定本办法。

第二条 本办法所称竣工验收交接,是指铁路建设项目按批准的设计文件内容建成,由验收机构对其进行综合评价验收,移交接管使用单位运营或投产,并组成固定资产的整个过程。

第三条 本办法适用于新建、改建等国家铁路、国家与地方或企业合资铁路、地方铁路的新增固定资产项目。

专用铁路和铁路专用线的建设项目可参照执行。

第四条 铁路建设项目按照本办法组织竣工验收交接后,方能正式移交接管使用单位运营或投产使用;未办理验收,或验收不合格的建设项目一律不得交付使用。

第五条 凡经验收合格的建设项目,接管单位应按验收机构确定的时间及时接管并办理有关手续。

第二章 验收的依据、条件

第六条 验收的依据:

(一)国家有关法律、法规以及国家发布的建设标准。

(二)经批准的项目建议书、可行性研究报告(含修改和调整文件)。

(三)经批准的设计文件(含变更设计)。

(四)设计时已颁布执行的规范。

(五)国家和铁道部颁布的工程质量检验评定标准、施工(含设备安装)验收规范。

(六)监理单位总监理工程师对竣工报告的签署意见。

(七)设备技术说明书,从国外引进新技术或成套设备的建设项目以及中外合资的建设项目签订的合同和外方提供的设计文件、标准等资料。

(八)合同文件。

第七条 验收条件

(一)初验应具备的条件:

1. 主体工程及其配套工程(包括外部配套工程及设备)已按设计要求建成,具备临管运营或投产条件。新建Ⅰ级铁路正线和既有Ⅰ级铁路正线改造行车速度达到60公里/小时。

2. 环境保护等设施与其主体工程同步建成实施,并经审批本项目环境保护影响报告书(表)的环境保护行政主管部门验收合格。

劳动安全卫生及消防设施与其主体工程同步建成或实施，并经相关部门验收合格。

3. 建设征地使用核查、报审、发证工作基本完成。

4. 工程质量达到合格或以上标准。

5. 设备安装调试完毕、试运转合格，其中从国外引进的设备按合同约定完成。

6. 竣工文件及资料编制按规定完成，达到档案验收标准。

（二）正式验收应具备的条件：

1. 初验中存在的问题和遗留问题全部得到解决。

2. 财务决算已经编制完成，并经过审计部门审计合格。

3. 建设资金应全部到位，并与建设工程合同各方已结清资金费用。

4. 正式运营投产的各项准备工作已经完成，即运营生产组织管理机构、上岗人员、设备状态、物资准备以及外部配套条件等，能适应正常连续运营生产使用的需要。

5. 具有保修期的工程项目，有施工单位签署的工程保修书。

第三章　竣工验收任务和内容

第八条　铁路建设项目竣工验收的主要任务是：

（一）对建设项目的建设规模、建设内容、建设质量、资金使用等情况进行全面审查。

（二）对建设项目形成的固定资产、无形资产、递延资产等情况进行全面审核。

（三）对建设项目能否合格交付生产或者使用作出评价。

（四）对建设项目执行国家法律、法规情况进行检查。

第九条　铁路建设项目竣工验收内容如下：

（一）检查工程建设内容、建设规模是否按鉴定时依据的铁路技术管理规程、设计规范、批准的设计文件（包括变更设计）与施工技术规范建成；配套辅助项目是否与主体工程同步建成。

（二）检查建设资金的来源和使用是否符合国家有关规定；检查概算、预算执行情况；发生调整概算的，是否经过审批部门批准；材料、设备购置是否合理；工程其他支出是否符合规定。

（三）检查建设过程中发生的一类设计变更，是否按规定办理设计变更审批手续。

（四）检查工程质量是否符合国家和铁道部颁布的工程质量验收评定标准。

（五）检查工程设备配套及设备安装、调试情况；主要设备经过联动试运转及考核情况；生产项目试生产情况；从国外引进设备合同完成情况。

（六）检查环保、劳动安全卫生、消防等设施是否按批准的设计文件建成，经考核是否合格；建筑抗震设防是否符合规定。

（七）检查运营投产或投产使用准备情况，运营生产组织管理机构、岗位人员培训、物资准备、外部协作条件是否已经落实。是否满足国家运输要求和运营行车安全。

（八）检查财务决算情况，竣工财务决算报表和财务决算说明书内容是否真实、准确。

（九）检查工程竣工文件编制完成情况；建设项目批准文件、设计文件、竣工文件、监理文件等资料是否齐全、准确，并按规定归档。

第四章　竣工验收程序

第十条　铁路大中型建设项目竣工验收交接程序主要包括初验、正式验收、组成固定资产。

初验是指由初验委员会组织参建各方与接管使用单位共同对建设项目检查,确认建设项目具备投产使用的条件。

正式验收是指验收委员会组织建设项目有关各方对建设项目进行综合评价,确认符合验收条件的由接管单位正式运营或投产。

组成固定资产是指由建设单位在建设项目正式验收后,向接管使用单位办理固定资产移交手续,由接管使用单位根据竣工决算完成固定资产的组成工作。

第十一条 初验前,承担铁路建设项目工程的施工单位按承包合同要求工程全部竣工,并经自验达到验收条件后,向项目建设单位报送《竣工申报表》(铁验表-1)及竣工决算有关资料。

建设单位收到施工单位竣工申请后,应及时组织设计、施工、监理和接管使用等单位的有关人员对建设项目各专业进行全面检查,确认是否已具备初验条件。同时,对已具备初验条件的,提请工程质量监督机构准备建设工程质量监督报告,并向负责组织初验工作的单位报送《初验申报表》(铁验表-2)。对尚未达到验收条件的工程,要求施工单位限期完成。

第十二条 已竣工的建设项目应及时进行初验,负责初验工作的单位自收到《初验申报表》(铁验表-2)之日起,应在90个工作日内组织完成初验;若在此期间组织初验确有困难,经项目审批单位批准,可适当延长期限。

第十三条 负责组织初验工作的单位收到《初验申报表》(铁验表-2),经审核确认符合工程初验条件后,报请建设项目主管部门(铁道部或铁路局、项目业主)组建初验委员会(或工作组,下同);同时组成线路、桥隧、房建土地、站场设备、机辆、通号、运输信息、给水、电力、财务、档案等现场检查专业小组。

第十四条 初验工作程序:

(一)各专业小组对建设项目分专业全面进行现场检查,重点检查建设项目是否达到验收条件;是否存在质量和影响安全生产隐患;竣工文件是否齐备、是否与工程实物一致;填写《初验专业小组记录表》(铁验表-3)。

(二)初验委员会对各专业小组有争议的问题进行协调处理,对存在的问题明确提出处理意见、整改期限、复检时间和方法,届时再组织复检,不得将问题遗留到正式验收阶段。

(三)初验合格的建设项目及竣工文件(不含竣工决算资料)按初验委员会确定的时间移交接管使用单位,由接管使用单位对固定资产估价入账。接管使用单位自移交之日起,开始临管运营或投产,并负责维修保养。

(四)初验工作结束后,初验委员会应向建设项目主管部门提出初验报告。报告内容包括建设项目建设依据和修建意义,工程概况,修建经过和竣工的主要工程数量,工程造价和概算执行情况,有无工程临管及工程临管运营情况,初验经过、存在问题和工程评价,初验结论。

(五)自初验后移交之日起,建设单位应在6个月内编制完毕竣工决算并经过审计;审计通过后即向建设项目主管部门报送《正式验收申报表》(铁验表-4)。

第十五条 正式验收原则上在初验一年后进行。对初验后经批准实行临管运输或试生产的建设项目,在临管或试生产期满后,应及时组织正式验收。

第十六条 负责组织正式验收的单位收到建设单位的《正式验收申报表》(铁验表-4)后,经审核,确认申报项目符合正式验收条件,报请建设项目审批部门批准,组建正式验收委员会,确定参加验收人员。

第十七条 正式验收工作主要包括:

(一)审查建设项目建设中的各个环节;根据初验报告,对竣工验收工程或初验检查遗留问题进行复验或抽查;查看竣工决算和建设工程质量监督报告;研究解决验收中出现的问题;对建设项目作出全面评价。

(二)对达到正式验收交接条件的建设项目,应在办理正式验收手续后 10 日内交付正式运营或投产,6 个月内办理固定资产移交手续。铁路大中型建设项目的正式验收,填写《竣工验收证书》(样式附后)并签字。小型项目或单项工程的正式验收,填写《竣工验收交接记录表》(铁验表 -5)。

(三)经验收委员会对《竣工验收证书》签字验收的建设项目,接管单位必须按验收委员会确定的时间正式接管、开办正式运营或投产。

第十八条 验收机构对不影响运输安全的剩余工程或设备及其类别、数量、投资、完工日期、验收手续和方式,应在验收文件中予以明确。剩余工程完工后,经验收合格即可办理交接手续。

第十九条 组成固定资产接管单位应在正式验收后 6 个月内根据竣工决算完成固定资产的组成工作;对原为估价入账的固定资产,应按竣工决算调整原估价和已计提折旧。

第二十条 铁路建设单位应当自建设工程竣工验收合格之日起 15 日内,将建设工程竣工验收报告和公安消防、环保、土地、档案等部门出具的认可文件或者准许使用文件报建设行政主管部门或其他有关部门备案。

第二十一条 新建、改建的铁路建设项目,为及时发挥投资效益,满足生产急需,在确保运输安全的前提下,经批准,可分期、分段或单项组织验收。工程全部完工后,再办理整个项目的验收。

分期、分段或单项工程验收由建设单位组织,包括建设、设计、施工、监督、监理和接管使用单位等组成初验委员会进行初验。初验合格的,按初验委员会确定的时间由接管单位接管使用和维修养护,并及时办理固定资产估价入账手续。其开办运营或生产所需的竣工文件应齐全、完整,由施工单位在初验前 7 日向接管单位提供;全部工程竣工后,按本办法规定的权限划分办理整个项目的正式验收手续,已接管的工程在正式验收时不再进行复检。

施工单位对于既有线改造项目中拆铺下来的剩余轨料,亦应分区段、区间、车站在初验前向接管单位办理移交手续。

第二十二条 小型和限额以下铁路建设项目,经建设项目审批单位批准可不进行初验,工程竣工后自验合格的即进行正式验收。

第二十三条 建设行政主管部门或其他有关部门发现建设单位在竣工验收过程中有违反国家有关建设工程质量管理规定行为的,应责令接管使用单位停止使用,并由验收机构重新组织竣工验收。

第五章 验收权限、职责及组织机构

第二十四条 依据谁审批项目谁负责组织验收的原则,按照建设项目审批权限,验收分为三级。

(一)经国家审批的铁路大中型建设项目,由国家组织正式验收。其中属于新建国家铁路建设项目由铁道部组织初验或由铁道部指定建设单位组织初验,属于国家与地方或企业合资的铁路建设项目以及地方铁路建设项目由项目业主单位组织初验。

(二)经铁道部或项目所属省(自治区、直辖市)审批的合资铁路建设项目,由审批单位组织正式验收,由建设单位组织初验。

(三)经企业或公司自行审批的铁路建设项目由审批单位组织验收。

项目审批单位可根据建设项目规模等情况,委托具备相应验收能力的单位组织验收工作。受委托的单位须将验收情况及时报送委托单位。

第二十五条 验收机构职责

铁路建设项目的验收由各级验收委员会负责主持,验收委员会的主要职责是:

(一)认真贯彻执行国家、铁道部的建设方针、政策、法律、法规、验收标准和有关规定。

(二)坚持按建设工程竣工验收交接程序和权限划分,负责铁路建设项目的验收工作。

(三)制定验收交接工作计划和进度安排。

(四)组织审查各种竣工文件验收资料和竣工图。

(五)按竣工验收内容进行工程检查。

(六)按照批准的设计文件和国家、铁道部颁发的竣工验收交接办法和工程质量验收评定标准,负责对验收工程项目设计、施工质量、建设工期、投资控制等综合评定。

(七)初验委员会应提出初验报告,正式验收委员会应负责填制《竣工验收证书》,组织验收委员会委员确认并签字。

《竣工验收证书》应发送审批单位、建设主管部门和投资主管部门。

(八)决定对其验收工程项目的交付运营日期和办理转入固定资产日期。

第二十六条 验收机构组成

初验阶段,由初验委员会主持进行验收。初验委员会由负责组织初验工作单位任主任,由接管单位任副主任,由建设、设计、施工、监督、监理、接管使用单位及建设项目相关部门任委员。

正式验收阶段,组建正式验收委员会主持验收工作。

由国家、铁道部和建设项目所属省(自治区、直辖市)组织验收时,验收委员会设主任委员一人、副主任委员和委员若干人。委员单位包括:国务院有关主管部门(国家计委、国家经贸委、财政、土地、环保、水土保持、劳动安全卫生、消防、档案等部门),金融机构,总后军交部,武警总部,铁道部相关部门,建设项目有关的省(自治区、直辖市)人民政府以及建设、设计、监督、接管单位等。

其他单位组织验收的,可根据建设项目规模情况参照上述情况组建验收委员会。

参加初验和正式验收的人员要精干,名额由验收委员会严格审定。

验收委员会于《竣工验收证书》正式签字后撤销。

第六章 竣工决算及竣工文件的编制

第二十七条 竣工决算编制按铁道部有关规定办理。在建设项目竣工后,建设单位组织汇总整个项目的主要材料及劳力使用情况,认真进行财产、物资及债权债务清理,分析投资的使用情况及效果,在建设项目正式验收前组织编制完成经审计的竣工决算。建设项目正式验收后,竣工决算随同竣工资料一起移交接管使用单位。

第二十八条 竣工文件的编制工作由建设单位负责组织,施工单位负责编制,接管单位档案部门协助指导。竣工文件要如实反映建设项目施工的技术状况和工程竣工的现状。如发现竣工文件与实际不符者,应追究原施工单位和监理人员责任。

建设项目开工后,建设单位应及时组织各参建单位按档案部门提出的要求做好文件材料形成积累工作。各施工单位技术负责人在施工中随时收集整理各种检查证、试验报告、原材料和产品出厂合格证、施工日志等有关原始资料，并及时对图纸进行校验；竣工验收前，将文件图纸按专业和单项工程进行汇总整理完成，由建设单位组织各有关参建单位将竣工文件向有关单位移交。

第二十九条 竣工文件内容及份数见附件《铁路建设项目竣工文件及移交资料目录》。其中铁路大中型建设项目的竣工文件应交总后军交部、军区、武警总队，地方政府的土地管理部门等单位的内容及份数，建设单位应在建设项目开工后及时与上述单位联系确定。凡在大中城市范围内的铁路建设项目，其有关竣工文件还应向省市城建档案馆移交。竣工文件具体编制办法及向城建档案馆移交竣工文件和国家重点工程档案管理的有关要求，应严格执行《铁路建设项目竣工文件编制移交办法》。

第三十条 正式验收前按国家《土地管理法》有关规定，由建设单位牵头，组织施工单位会同接管单位向地方县级以上人民政府统一办理国有土地使用证书。建设项目正式验收后，由建设单位按部有关规定上报竣工统计报告。

第七章 附 则

第三十一条 本办法自发布之日起施行。

铁道部原发布的《铁路基本建设工程竣工验收交接暂行办法》(〔84〕铁鉴字 180 号)、《关于〈铁路基本建设工程竣工验收交接暂行办法〉的补充规定》(铁基函〔1988〕73 号)同时废止。

第三十二条 本办法由铁道部负责解释。

附件 1：

一、竣工验收附表

1. 竣工申报表(铁验表 -1)
2. 初验申报表(铁验表 -2)
3. 初验专业小组记录表(铁验表 -3)
4. 正式验收申报表(铁验表 -4)
5. 竣工验收交接记录表(铁验表 -5)

二、竣工文件附表

1. 概算及决算支出对照表(决算附表一)
2. 主要材料及人工消耗统计表(决算附表二)
3. 设计与竣工主要工程数量及投资对照表(决算附表三)
4. 剩余工程及投资表(决算附表四)
5. 工程技术条件表(建交 -1)
6. 车站表(建交 -2)
7. 路基加固及防护工程数量表(建交 -3)
8. 水准点表(建交 -4 -1)
9. 控制桩表(建交 -4 -2)

10. 统一里程与施工里程对照表(建交-5)
11. 铁路建设用地、青苗及拆迁建筑物补偿清册(建交-6)
12. 铁路用地界桩表(建交-7)
13. 桥梁表(建交-8)
14. 钢梁挠度及振动试验表(建交-9)
15. 旅客天桥、地道表(建交-10)
16. 涵洞表(建交-11)
17. 隧道及明洞表(建交-12)
18. 正线线路上部建筑铺设材料汇总表(建交-13)
19. 站线线路上部建筑铺设材料汇总表(建交-14)
20. 平(立)交道表(建交-15)
21. 通信、信号、电力工程竣工数量表(建交-16)
22. 房屋总清册(建交-17)
23. 机务运转整备设备表(建交-18)
24. 给水排水设备数量汇总表(建交-19)
25. 电气化设备表(建交-20)
26. 接触网主要工程数量表(建交-21)
27. 送电线路数量表(建交-22)
28. 配电线路数量表(建交-23)
29. 燃料设备表(建交-24)
30. 标准、非标准机械设备表(建交-25)
31. 消防、环保、安全、医药卫生、空调设备表(建交-26)
32. 铁路建设项目用地、拆迁及各项补偿全部完结结案表(建交-27)
33. 铁路建设补充耕地及交纳开垦费清册(建交-28)
34. 铁路建设项目竣工文件交接清单

铁验表-1

竣工验收附表

________竣工申报表

建设项目名称			
申请验收范围			
工程承包单位			
施工负责人		技术负责人	
工程完成情况			
工程质量情况			
竣工文件情况			
监理单位意见			
施工单位： （章） 负责人：　　　　年　月　日			

铁验表－2

________初验申报表

项目名称	完 成 情 况
主体工程	
配套工程	
生产设施	
必要的生活设施	
环保、水土保持	
耕地占补措施	
劳动安全卫生设施	
消防设施	
国外新技术、设备	
竣工文件及资料	
其　他	
质量监督机构意见	（章）
建设单位	（章） 负责人：　　年　月　日
监理单位	（章） 负责人：　　年　月　日
质量监督单位	（章） 负责人：　　年　月　日
审批单位意见	（章） 负责人：　　年　月　日
验收范围	
验收工程数量	
质量情况	
存在问题	
小组意见	

续上表

<table>
<tr><td>项目名称</td><td colspan="3">完 成 情 况</td></tr>
<tr><td colspan="4">专业组长：
专业副组长：
接管单位：
建设单位：
设计单位：
施工单位：
监理单位：
年 月 日</td></tr>
<tr><td>主体工程</td><td colspan="3"></td></tr>
<tr><td>配套工程</td><td colspan="3"></td></tr>
<tr><td>生产设施</td><td colspan="3"></td></tr>
<tr><td>必要的生活设施</td><td colspan="3"></td></tr>
<tr><td>环保、水土保持</td><td colspan="3"></td></tr>
<tr><td>耕地占补措施</td><td colspan="3"></td></tr>
<tr><td>劳动安全卫生设施</td><td colspan="3"></td></tr>
<tr><td>消防设施</td><td colspan="3"></td></tr>
<tr><td>国外新技术、设备</td><td colspan="3"></td></tr>
<tr><td>竣工文件及资料</td><td colspan="3"></td></tr>
<tr><td>其 他</td><td colspan="3"></td></tr>
<tr><td>质量监督机构意见</td><td colspan="3"></td></tr>
<tr><td>需要说明的问题</td><td colspan="3"></td></tr>
<tr><td>建设单位</td><td colspan="3">（章）
负责人： 年 月 日</td></tr>
<tr><td>监理单位</td><td colspan="3">（章）
负责人： 年 月 日</td></tr>
<tr><td>质量监督单位</td><td colspan="3">（章）
负责人： 年 月 日</td></tr>
<tr><td>审批单位意见</td><td colspan="3">（章）
负责人： 年 月 日</td></tr>
<tr><td>建设项目名称</td><td></td><td>项目地点</td><td rowspan="3"></td></tr>
<tr><td>设计概算</td><td></td><td>工程决算</td></tr>
<tr><td>开工日期</td><td></td><td>竣工日期</td></tr>
</table>

续上表

项目名称	完 成 情 况
验交范围 及工程数量	
存在问题	
处理意见	
质量等级	
建设单位	（章） 代表： 年 月 日
设计单位	（章） 代表： 年 月 日
施工单位	（章） 代表： 年 月 日
接管单位	（章） 代表： 年 月 日
监理单位	（章） 代表： 年 月 日
监督单位	（章） 代表： 年 月 日

竣工文件附表

建设项目名称＿＿＿＿＿自＿＿＿至＿＿＿

概算及决算支出对照表

决算附表一

单位:万元

章节	工程及费用名称	概算额	决算额	决算与概算比较	附注

填报单位　　　　　　　制表　　复核　　主管　　　　　　　　　　年　月　日

注:该表按铁路基本建设工程设计概算编制规定章节只填写“章”、有关取费及总额。该表由建设单位填报。

建设项目名称＿＿＿＿＿自＿＿＿至＿＿＿

工程主要材料及人工消耗统计表

决算附表二

材料名称	计算单位	消耗指标		平均每公里消耗		实际消耗占概算%	附注
		概算	实际数量	概算	实际数量		
钢材	吨						
木材	立方米						
水泥	吨						
人工	万工天						

填报单位　　　　　　　制表　　复核　　主管　　　　　　　　　　年　月　日

注:该表由建设单位汇总后填报。

建设项目名称＿＿＿＿＿自＿＿＿至＿＿＿

设计与竣工主要工程数量及投资对照表

决算附表三

序号	项目名称	计算单位	设计、竣工主要工程数量情况				备注
			设计	竣工	竣工与设计对比		
					增减	%	
1	运营长度	公里					
2	建筑长度	公里					
3	路基土石方	万立方					
4	路基防护污工	万立方					
5	桥梁	座/公里					
	其中:特大桥	座/公里					
	大桥	座/公里					
	中桥	座/公里					
	小桥	座/公里					
6	涵洞	座/公里					

续上表

序号	项目名称	计算单位	设计、竣工主要工程数量情况				备注
			设计	竣工	竣工与设计对比		
					增减	%	
7	隧道及明洞	座/公里					
	其中:单线	座/公里					
	双线	座/公里					
	三线	座/公里					
8	铺轨	公里					
	其中:正线	公里					
	站线	公里					
9	通信干线线路	公里					
10	通信电缆	公里					
11	通信光缆	公里					
12	微波工程	公里					
13	无线列调	公里					
14	信号	站					
	其中:微机连锁	站					
	电气集中	站					
	色灯信号	站					
	臂板信号	站					
15	自动闭塞	公里					
16	电力线	公里					
	其中:高压	公里					
	低压	公里					
	接触网	公里					
17	变配电所	个					
18	给水所	个					
19	车站	个					
	其中:枢纽	个					
	区段站	个					
	中间站	个					
	会让站	个					
	缓开站	个					
20	房屋	万平方米					
	其中:生产房屋	万平方米					
	生活房屋	万平方米					
21	地亩	市亩					
22	拆迁工作量	万元					

续上表

序号	项目名称	计算单位	设计、竣工主要工程数量情况				备注
			设计	竣工	竣工与设计对比		
					增减	%	
	其中:房屋	平方米					
	树木	株					
	地下管道	公里					
	电线路	公里					
23	其他						
24	投资总额	万元					

填报单位 制表 复核 主管 年 月 日

注:该表由建设单位汇总填报。

建设项目名称________自______至______

铁路建设项目剩余工程数量及投资表 **决算附表四**

投资单位:万元

序号	项目名称	计算单位	剩余工程		备注
			数量	投资	
	投资合计				

填报单位 制表 复核 主管 年 月 日

注:该表由建设单位汇总填报。

建设项目名称________自______至______

工程技术条件表 **建交-1**

一、建设规模及地址	
二、线路技术条件	
1. 铁路等级	2. 最小曲线半径
3. 限制坡度	4. 线路最高最低海拔
5. 股道有效长度	6. 路基宽度(路堑路基土石分写)
7. 正线钢轨类型	8. 站线钢轨类型
9. 道床种类及尺寸	10. 轨枕种类及布置
三、桥隧技术条件	
1. 地震等级	2. 桥涵荷载等级
3. 桥梁净空限界	4. 隧道净空限界
5. 最大设计洪水周期	6. 最低冻结线

续上表

四、运行技术条件

1. 牵引种类
2. 机车类型
3. 牵引定数
4. 最高行车速度
5. 通过能力
6. 最大最小区间
7. 困难区间行车时分
8. 限制速度

五、其他建筑技术条件

1. 天桥限界净空
2. 最短旅客站台长度
3. 房屋最高层数
4. 房屋最大跨度
5. 水塔最大容量

填报单位　　　　　　　　制表　　复核　　主管　　　　　　　　　　　　　　年　月　日

注:该表由建设单位填报。

建设项目名称＿＿＿＿＿自＿＿＿至＿＿＿

车站表

建交-2

中心里程		站名	距离	类别	股道		线路情况		最大通过能力	列车往返时间	附属设备	备注
施工	统一				数目	有效长度	曲线半径	坡度‰				

填报单位　　　　　　　　制表　　复核　　主管　　　　　　　　　　　　　　年　月　日

附注:1. 线路情况如系直线在曲线半径栏内写"直"字。

2. 本表应根据坡度表算出二站间之列车往返时间根据运行图注明最大通过能力。

3. 站台、围墙、栅栏等填在附属设备栏内。

4. 煤台、三角线等设备应在备注栏内注明。

5. 表中计量单位:距离为"公里";有效长度及曲线半径为"米";最大通过能力为"对/日";列车往返时间为"分"。

建设项目名称＿＿＿＿＿自＿＿＿至＿＿＿

路基加固及防护工程数量表

建交-3

起讫里程		位置	长度	最高高度	最大顶宽	最大底宽	体积	基础情况	建筑材料	式样	备注
施工	统一										

填报单位　　　　　　　　制表　　复核　　主管　　　　　　　　　　　　　　年　月　日

附注:1. 位置栏按其在线路的"上"、"下"、"左"、"右"填写。

2. 表中计量单位:长度、最大顶宽、最大底宽为"米";体积为"立方"。

3. 新结构、新材料及试验项目在备注栏内注明。

建设项目名称________自______至______

水准点表

建交-4-1

基点编号		标高(米)	位置				备注
			里程		距离(米)		
旧有	移交		施工	统一	左	右	

填报单位　　　　　　　　制表　　复核　　主管　　　　　　　　　　　　年　月　日

附注:备　注栏内应注明何种基点,基点的构造材料,具体位置。

建设项目名称________自______至______

控制桩表

建交-4-2

编号	基桩种类	位置				构造材料	备注
		里程		距离(米)			
		施工	统一	左	右		

填报单位　　　　　　　　制表　　复核　　主管　　　　　　　　　　　　年　月　日

附注:构造材料栏注明基桩材料种类,临时桩尺寸,永久桩草图或其根据图号等。

设项目名称________自______至______

统一里程与施工里程对照表

建交-5

统一里程	施工里程	断链(米)		断链增减累计(米)		实际长度计(公里)	备注
		增长	减短	增长	减短		

填报单位　　　　　　　　制表　　复核　　主管　　　　　　　　　　　　年　月　日

附注:1. 断链处所其施工里程栏应填入相对应的两个里程,其余者仅填上半栏按统一里程每整公里列入。

2. 统一里程即竣工连续里程。

3. 本表仅限新建铁路填列。

建设项目名称________自______至______

铁路建设用地、青苗及拆迁建筑物补偿费清册

建交-6

省　　县　　乡

村名	里程及位置	类别	单位	数量	单价(元)	金额(元)	领款人签字盖章	备注

土地管理局:　　(章)　　经办单位:　　(章)　负责人:　　　经办人:　　　　　　年　月　日

建设项目名称＿＿＿＿＿自＿＿＿＿至＿＿＿＿

铁路用地界桩表

建交－7

省　　县

原产权单位		起讫里程		宽度（米）				长度（米）	面积（市亩）
				左		右			
乡	村	统一里程	施工里程	外	内	内	外		

土地管理局：　（章）　经办单位：　（章）　负责人：　经办人：　年　月　日

建设项目名称＿＿＿＿＿自＿＿＿＿至＿＿＿＿

桥梁表

建交－8

编号	中心里程		梁名称	孔跨及式样	全长（米）	桥跨控制因素	基础情况	备　注
	施工	统一						

填报单位　　制表　复核　主管　年　月　日

附注：1. 本表特大桥、大桥、中桥、小桥通用，分别在表明前加填“特大”、“大”、“中”、“小”。

2. 桥跨控制因素填写“梁底至最高洪水位（或路面）的高度（米）”等。

3. 基础情况填写墩、台基础结构情况。

4. 调节河流建筑物、通航者、公路立交桥在备注栏内注明。

建设项目名称＿＿＿＿＿自＿＿＿＿至＿＿＿＿

钢梁挠度及振动试验表

建交－9

中心里程或桥名	钢梁式样	试验日期	机车类型及号码	钢梁位置	行车速度	最大挠度	为跨度之（%）	振动情况	制造工厂	备注

填报单位　　制表　复核　主管　年　月　日

附注：表中计量单位：行车速度为“公里/小时”，最大挠度为“毫米”。

建设项目名称＿＿＿＿＿自＿＿＿＿至＿＿＿＿

旅客天桥、地道表

建交－10

站名或地名	式样	中心里程		交叉道（米）		交叉角（度分秒）	长度（米）	备注
		施工	统一	高度	宽度			

填报单位　　制表　复核　主管　年　月　日

附注：1. 交叉道高度系指轨顶至上层交叉道净空。

2. 长度系指横跨轨道上之桥梁净跨。

3. 天桥、地道应分开各自填表，并应表名的其他相应名称删去。

建设项目名称________自______至______

涵洞表 建交-11

编号	中心里程		式样或种类	孔数	数跨度或直径	填土高	涵长	基础情况	备注
	施工	统一							

填报单位 制表 复核 主管 年 月 日

附注:1. 包括泄水洞在备注栏内说明衬砌情况及涵管曲线和坡度情况。

2. 表中计量单位:跨度或直径、填土高及涵长均为“米”。

建设项目名称________自______至______

隧道及明洞表 建交-12

编号	中心里程		隧道或明洞名称	长度(米)	地质情况	线路情况		备 注
	施工	统一				R(米)	i(‰)	

填报单位 制表 复核 主管 年 月 日

附注:线别(单、双、三线)、明洞、辅助导洞及道床类型在备注栏内注明。R为曲线半径,I为线路坡度。

建设项目名称________自______至______

正线线路上部建筑铺设材料汇总表 建交-13

编号	铺设标准	单位	数量	防爬器(个)	防爬支撑(个)		道碴(立方米)		轨距杆(根)	备注
					木	钢筋混凝土	碎石	天然级配		
		公里								

填报单位 制表 复核 主管 年 月 日

附注:铺设标准中按钢轨类型、轨枕类型、每公里轨枕铺设标准分别填写。

建设项目名称________自______至______

站线线路上部建筑铺设材料汇总表 建交-14

序号	铺设标准	单位	数量	防爬器(个)	防爬支撑(根)		轨距杆(根)	道岔种类								型鱼尾板(块)	道碴(立方米)	
					木制	混凝土		P- 1/	P- 1/	P- 1/	P- 1/	P- 1/	P- 1/	P- 1/	P- 1/		碎石	天然级配
附注:																		

填报单位 制表 复核 主管 年 月 日

附注:铺设标准中按钢轨类型、轨枕类型、每公里轨枕铺设标准分别填写。道岔的标准及其类别、型号、左右开在相应栏目中填写清楚。

建设项目名称＿＿＿＿自＿＿＿＿至＿＿＿＿

平(立)交道表　　　　建交-15

中心里程		路基中心高		线路情况		平交道长(米)	道路宽度(米)	交叉角(度分秒)	道口设备	备注
施工	统一	填(米)	挖(米)	R(米)	i‰					

填报单位　　　　　　制表　　复核　　主管　　　　　　年　月　日

附注:1. 路基中心高及线路情况均指铁路。

2. 道口设备栏填写护轮轨道口枕木、栏杆、栅门、警标、看守房、照明、信号等设备名称及有、无人看守。

3. 备注栏注明公路、人行道、立交桥的孔跨等。

建设项目名称＿＿＿＿自＿＿＿＿至＿＿＿＿

通信、信号、电力工程竣工数量表　　　　建交-16

编号	设备项目名称	材料设备类型、规格、型号	单位	竣工数量					
				站	区间	变电所			

填报单位　　　　　　制表　　复核　　主管　　　　　　年　月　日

附注:1. 编号按设计文件工程数量表所列顺序填写。

2. 通信、信号、电力分开各自填表,并将表名中的其他相应名称删去。

建设项目名称＿＿＿＿自＿＿＿＿至＿＿＿＿

房屋总清册　　　　建交-17

序号	部门	房屋名称	里程或地点	建筑面积(m^2)	层数	跨度(m)	吊车吨位(t)	建筑结构特征								备注
								基础类型	结构类型	吊车梁	屋顶结构	屋面构造	围护结构	地面	室内装修	

填报单位　　　　　　制表　　复核　　主管　　　　　　年　月　日

附注:1. 本表按生产、生活房屋分类填写。

2. 备注栏内填写地下室、暖通空调、给排水、消防等情况。

建设项目名称＿＿＿＿自＿＿＿＿至＿＿＿＿

机务运转整备设备表　　　　建交-18

编号	设置地点	设备类别	设备名称	规格型号	单位	数量	备注	

填报单位　　　　　　制表　　复核　　主管　　　　　　年　月　日

附注:1. 本表按设置地点和设备类别顺序排列。

2. 设备类别按上煤、上水、清灰、给沙、转头、给油、机车清刷、灰坑、检查坑等填写。

建设项目名称＿＿＿＿＿自＿＿＿至＿＿＿

给水排水设备数量汇总表 建交－19

填报单位　　　　　　　　　制表　　复核　　主管　　　　　　　　　　　　　　　　　　　年　月　日

附注:1. 水源其他栏对于采用天然水或其他水源时填写取水设备情况。

2. 水鹤位置栏,填写“站内”“机务段内”。

3. 对于没有净软水设备或消毒设备者,可在备注栏内注明。

4. 表中计量单位:口径除水源栏为“米”外,其余均为“厘米”;水源涌水量为“立方米/日”;有效水头及长度为“米”。容量为“立方米”。扬水能力为“立方米/小时”。

建设项目名称＿＿＿＿＿自＿＿＿至＿＿＿

电气化设备表 建交－20

设备名称	规格型号	台数	备　注

填报单位　　　　　　　　　制表　　复核　　主管　　　　　　　　　　　　　　　　　　　年　月　日

附注:先填主要设备,后填附属设备。附属设备及简要记事在备注栏内注明。

建设项目名称＿＿＿＿＿自＿＿＿至＿＿＿

接触网主要工程数量表 建交－21

区间或车站名称						
亘长公里						
钢筋混凝土支柱和铁塔	支柱		铁塔		合计	
拉线						
绝缘子	棒式		悬式		合计	
软横跨、硬横跨	软横跨		硬横跨		合计	
腕臂						
隧道悬挂点						
承力索	类别		锚段		延长公里	
接触导线	类别		锚段		延长公里	
接触网隔离开关						
避雷器						
地线						

续上表

吸流变压器	
馈电线	

填报单位　　　　　　　　　制表　　复核　　主管　　　　　　　　　　　　年　月　日

建设项目名称________自______至______

送电线路数量表　　　　　　　　　　　　　　　　建交-22

序号	干线名称	单位	数　量
	明线亘长公里		
	电缆亘长公里		
	受电点		
	电柱总数量		
	拉线总数量		
	绝缘子总数量		
	横担总数量		
	电线种类及延长公里		
	隔离开关总数量		
	避雷器		

填报单位　　　　　　　　　制表　　复核　　主管　　　　　　　　　　　　年　月　日

建设项目名称________自______至______

配电线路数量表　　　　　　　　　　　　　　　　建交-23

高压电线路长度							公里
亘长	架空		电缆		合计		
延长	架空				合计		
低压电线路长度							公里
亘长	架空		电缆		合计		
延长	架空						
电杆数量合计							
电杆	木杆		钢筋混凝土杆		铁杆		
灯塔	钢筋混凝土塔		铁塔		合计		
横担	高压		低压		合计		
绝缘子	高压		低压		合计		

续上表

开关	高压油开关及复合开关		高压隔离开关		高压熔断器		
	低压开关箱						
避雷器							
变压器容量及台数							
外灯	投光灯		其他		合计		
用户设备	电灯	kW	动力	kW	合计		
电压	高压		低压				
电源							
备注							

填报单位　　　　　　　　制表　　复核　　主管　　　　　　　　　　　　　　　　年　月　日

附注:高压电线路长度中包括与低压线共同架设部分,低压电线路长度中不包括与高压线共同架设部分。

建设项目名称＿＿＿＿＿自＿＿＿至＿＿＿

燃料设备表　　　　　　　　　　　　　　　　　　　　　**建交-24**

设备地点	名　称	说　明	面积(m^2)	备　注

填报单位　　　　　　　　制表　　复核　　主管　　　　　　　　　　　　　　　　年　月　日

附注:本表填写燃料厂、储煤厂、卸煤装置加油站等。

建设项目名称＿＿＿＿＿自＿＿＿至＿＿＿

标准、非标准机械设备表　　　　　　　　　　　　　　　　**建交-25**

序号	机械设备名称	规格型号	单位	数量	主要附属品	使用处所	备注

填报单位　　　　　　　　制表　　复核　　主管　　　　　　　　　　　　　　　　年　月　日

填报单位制表复核主管年月日

附注:1. 本表按配属站段分别填写,本表包括养路及装卸机械。

2. 国家统一分配标准设备和非标准设备分别填表。

建设项目名称＿＿＿＿＿＿自＿＿＿＿至＿＿＿＿

消防、环保、安全、医药卫生、空调设备表

建交－26

序号	设备名称	规格型号	单位	数量	备 注

填报单位　　　　　　制表　　复核　　主管　　　　　　　　年　月　日

附注：消防、环保、安全、医药卫生、空调设备分别填写本表，并将表名中的其他栏应名称删去。

铁路建设项目用地、拆迁及各项补偿

全部完结结案表

建交－27

铁路建设项目名称	
建设项目审批文号	
建设项目设计依据文号	
建设单位	
设计单位	
施工单位	
接管单位	
建设项目位置或里程	
土地原所属县(市)名称	
建设、施工单位意见： （章） 年　月　日	
县(市)土地管理部门意见： （章） 年　月　日	
县(市)人民政府意见： （章） 年　月　日	

建设项目名称＿＿＿＿＿＿自＿＿＿＿至＿＿＿＿

铁路建设补充耕地及交纳开垦费清册

建交－28

省　县　乡

村名	里程及位置	占用耕地类别	面积（平方米）	补充耕地情况		开垦费(元)		备注
				平方米	地点	单价	金额	

土地管理局：　（章）　经办单位：　（章）　负责人：　　经办人：　　　　年　月　日

建设项目名称________自______至______

铁路建设项目竣工文件交接清单

序号	竣工文件名称	交接数量	备 注

移交单位: 经办人: 接收单位: 经办人:

（续1）

附件2：

________铁路建设项目竣工验收证书

________验收委员会

年　　月　　日

________铁路建设项目竣工验收证书

（　　年　月　日________验收委员会通过）

前　　言

（铁路建设项目的地理位置、规模、修建意义）

一、建设依据

（批准的铁路建设项目项目建议书、可行性研究报告、设计任务书、初步设计、计划任务书、开工报告批复等）

二、工程概况

（线路走向、区域，沿线主要地质情况及特点，主要技术标准，主要竣工工程数量，竣工征用土地总量，重点、难点工程主要技术要求等）

三、验收范围

（建设项目线路端点站名称、起止里程、全长，相关工程范围等）

四、建设经过

（参与本建设项目建设活动的建设、设计、施工、监理单位及任务划分，建设组织管理基本情况及特点，勘察设计完成过程，工程开、竣工情况，质量监督、监理情况，建设项目通过初验、开通临管运营时间、临管运营效益等）

五、工程概算及建设投资简况

（批准的概算总额，建设资金渠道和数额，建设资金到位及控制情况等）

六、验收经过

（初验组织单位、过程、时间、结论，对初验提出问题整改情况和复验结论，正式验收组织单位及验收时间等）

七、验收结论

（对建设项目线路走向和总体布局，执行国家和铁道部技术政筼、规程、规范等情况的评价，建设组织管理，工程设计的新颖性、科学性和施工技术和组织管理情况，工程质量监督、监理情况，执行国家环保总局对工程环境影响报告书批复情况，消防安全设施是否符合验收标准，建设用地报批手续完备，占补耕地数量及质量符合要求，工程竣工文件齐全、系统、准确，工程质量水平总体评价。

验收委员会对初验报告的认可评价，提出验收结论。

提出竣工验收后的工作要求和限期完成时间）

______________验收委员会

主 任 委 员：姓名单位职务（称）　　签名
副主任委员：姓名单位职务（称）　　签名
委　　员：姓名单位职务（称）　　签名

建设项目交接单位

建设单位代表：单位名称：　　代表签名
设计单位代表：单位名称：　　代表签名
施工单位代表：单位名称：　　代表签名
监理单位代表：单位名称：　　代表签名

质量监督机构

单 位 代 表：单位名称：　　代表签名
接管单位代表：单位名称：　　代表签名

附件3：

铁路建设项目竣工文件及移交资料目录

1. 全部施工设计文件一套（由建设单位送接管单位）。
2. 全部竣工文件。

竣工文件的图表和清册的编制应按照接管单位的行政区划分，便于接管单位存档和使用。

2.1　工程技术条件表（建交－1）

2.2　线路

2.2.1　表格（除建交表外，竣工图中已有的不另附，以下同）包括：

2.2.1.1　水准点表（建交－4－1）

2.2.1.2　控制桩表（建交－4－2）

2.2.1.3　统一里程与施工里程对照表（建交－5）

2.2.1.4　平（立）交道表（建交－15）

2.2.1.5　曲线表

2.2.1.6　坡度表

2.2.1.7　断链表

2.2.1.8　断高表

2.2.1.9　控制测量成果表
2.2.1.10　双线设计时(增建)第二线左右侧及线间距表
2.2.1.11　预留二线一次施工地段表
2.2.1.12　既有线改线地段表
2.2.1.13　既有线改坡地段表
2.2.2　竣工图
2.2.2.1　线路竣工平面图(含改建既有线、增建第二线、绕行线)
2.2.2.2　线路竣工纵断面图(含改建既有线、增建第二线)
2.2.2.3　线路竣工平面、纵断面缩图
2.2.2.4　详细工程地质图(根据需要全部或重点编制,也可与线路竣工平面图合并编制)
2.2.2.5　详细工程地质纵断面图(可与线路竣工纵断面图合并编制)
2.2.2.6　改移道路及平(立)交道、人行过道竣工图
2.3　轨道
2.3.1　表格
2.3.1.1　加强地段表
2.3.1.2　制动地段表
2.3.1.3　正线线路上部建筑铺设材料汇总表(建交 -13)
2.3.1.4　铺设钢筋混凝土枕、木枕地段表
2.3.1.5　铺设无缝线路地段表
2.3.1.6　铺设整体道床、宽枕及其他新型轨下基础地段表
2.3.1.7　线路标志及信号标志工程数量表
2.4　工务有关设施图表
2.4.1　采石场等设施设备一览表
2.4.2　采石场竣工图
2.4.2.1　采石场总平面布置图
2.4.2.2　采石场岔线平面图
2.4.2.3　采石场岔线纵断面、放大纵断面图
2.4.2.4　采石场开采范围及开采终了图
2.4.2.5　采石场机械设备布置图
2.4.2.6　道碴、片石生产及装运设备布置图
2.4.2.7　各主要车间平面、剖面图
2.4.2.8　室外主要机械设备布置及安装图
2.4.2.9　辅助生产车间平面图
2.4.2.10　生产、办公等房屋平面图
2.4.2.11　室外管道平面、纵断面图
2.4.2.12　各生产车间管道平面、立面图
2.4.2.13　场内管线综合图
2.4.2.14　爆破材料库平面图
2.4.2.15　排水系统图等
2.4.3　工务综合(管理)维修中心(或工务修配所)竣工图

2.4.3.1 工务综合(管理)维修中心(或工务修配所)总平面布置图

2.4.3.2 各生产车间设备平面布置图

2.4.3.3 生产、辅助办公房屋平面示意图

2.4.3.4 专用设备图

2.4.3.5 机械设备基础图等

2.4.4 苗圃及绿化工程竣工图

2.5 路基

2.5.1 表格

2.5.1.1 路基加固及防护工程数量表(建交-3)

2.5.1.2 养路机械设备一览表(建交-25)

2.5.1.3 改河改沟(渠)表

2.5.1.4 路基地面排水工程数量表

2.5.1.5 路基土石方数量总表

2.5.1.6 机械化养路作业平台设置表

2.5.1.7 路基宽度及填挖高度表

2.5.2 竣工图包括:

2.5.2.1 路基竣工横断面图

2.5.2.2 路基个别设计竣工图(平面图、纵断面图、横断面图、建筑物结构详图等)

2.5.2.3 路基排水系统竣工图

2.5.2.4 路基环境保护工程竣工图

2.6 桥涵

2.6.1 表格

2.6.1.1 桥梁表(建交-8)

2.6.1.2 涵洞表(建交-11)

2.6.1.3 钢梁挠度及振动试验表(建交-9)

2.6.1.4 桥涵工程数量汇总表(特大、大、中桥按工点,小桥涵按类型、孔径分别汇总)

2.6.2 竣工图

2.6.2.1 桥址平面图

2.6.2.2 桥址工程地质图(地质复杂的桥附)

2.6.2.3 桥梁墩台及基础竣工图

2.6.2.4 全桥总布置图

2.6.2.5 桥梁特殊结构竣工图

2.6.2.6 桥梁新技术、新结构竣工图

2.6.2.7 导治建筑物及其他附属工程竣工图

2.6.2.8 汇水面积图

2.6.2.9 桥上的照明、通信、信号、电力、电气化等有关竣工图

2.6.2.10 道路桥涵竣工图

2.7 隧道

2.7.1 表格

2.7.1.1 隧道及明洞表(建交-12)

2. 7. 1. 2　隧道工程数量汇总表
2. 7. 1. 3　通风机械设备一览表
2. 7. 2　竣工图
2. 7. 2. 1　隧道（含明洞）平面图
2. 7. 2. 2　隧道纵断面图
2. 7. 2. 3　隧道洞身横断面图
2. 7. 2. 4　隧道洞口平面及纵、横断面图
2. 7. 2. 5　运营通风设施竣工图
2. 7. 2. 5. 1　通风机房、通风机组平面布置图
2. 7. 2. 5. 2　通风机组安装图
2. 7. 2. 5. 3　通风机组及其他设备基础图
2. 7. 2. 5. 4　隧道通风门安装图等
2. 7. 2. 6　特殊设计隧道（如洞门、衬砌、支护、防水、排水和新技术、新结构等）竣工图
2. 7. 2. 7　改沟、防护等竣工图
2. 7. 2. 8　既有隧道改建或加固竣工图
2. 8　站场
2. 8. 1　表格
2. 8. 1. 1　车站表（基交 -2）
2. 8. 1. 2　旅客天桥、地道表（建交 -10）
2. 8. 1. 3　站线线路上部建筑铺设材料汇总表（建交 -14）
2. 8. 1. 4　平（立）交道表（建交 -15）
2. 8. 1. 5　装卸机械设备表（建交 -25）
2. 8. 1. 6　站场设备表（包括客运、货运、调车及安全设备等）
2. 8. 1. 7　轨道工程数量表
2. 8. 1. 8　工程数量汇总表
2. 8. 2　竣工图
2. 8. 2. 1　站场平面布置图
2. 8. 2. 21　站场纵、横断面图
2. 8. 2. 3　站场管线综合布置图
2. 8. 2. 4　站场排水系统竣工图
2. 8. 2. 5　进出站场线路布置和疏解平面布置及纵断面图
2. 8. 2. 6　较长联络线纵断面图
2. 8. 2. 7　驼峰线路竣工图
2. 8. 2. 7. 1　驼峰线路平面图
2. 8. 2. 7. 2　驼峰线路纵断面与能高线图
2. 8. 2. 7. 3　驼峰线路车辆溜放间隔检查图
2. 8. 2. 7. 4　减速顶布置图
2. 8. 2. 7. 5　驼峰管线综合布置图等
2. 8. 2. 8　大站车场综合布置图
2. 8. 2. 9　避难线竣工图

2.8.2.10　站区绿化竣工图
2.8.2.11　维修设施总平面布置图
2.8.2.12　各生产车间设备平面布置图
2.8.2.13　室内、外生产管路布置图
2.8.2.13.1　平面图
2.8.2.13.2　剖面图
2.8.2.13.3　复杂管系的原理图及立体图
2.8.2.13.4　设备基础图
2.9　机务
2.9.1　表格
2.9.1.1　机务设备数量表(建交-18)
2.9.1.2　燃料设备表(建交-24)
2.9.2　竣工图
2.9.2.1　机务段(所)总平面布置图
2.9.2.2　整备各车间设备平面布置图
2.9.2.3　车库及其他车间设备平面布置图
2.9.2.4　室内、外生产管路竣工图
2.9.2.5　室外管线综合布置图
2.9.2.6　专用设备图
2.9.2.7　机械设备基础竣工图
2.10　车辆
2.10.1　表格
2.10.1.1　车辆机械设备数量表
2.10.2　竣工图
2.10.2.1　车辆设备总平面布置图
2.10.2.2　主要检修生产车间及各生产分车间设备平面布置图
2.10.2.3　其他生产辅助房屋及办公室平面布置图
2.10.2.4　列检所位置及室外列检设备平面布置图
2.10.2.5　列检所房屋及室内设备平面布置图
2.10.2.6　室内、外生产管路布置图
2.10.2.7　室外管线综合布置图
2.10.2.8　机械设备基础图
2.10.2.9　红外线轴温探测系统探测网网络传输示意图
2.10.2.10　红外线轴温探测站位置图
2.10.2.11　红外线监测中心、复示站室内设备平面布置图
2.11　给水排水
2.11.1　表格
2.11.1.1　给水排水设备数量汇总表(建交-19)
2.11.1.2　水源水质化验单
2.11.1.3　既有污水水质化验单

2.11.1.4 给水排水工程数量汇总表

2.11.2 竣工图

2.11.2.1 给水站给水、排水总平面图

2.11.2.2 给水站给水、排水管网系统图

2.11.2.3 扬水、导水、排水管道的平面图、纵断面图

2.11.2.4 水源地平面布置图

2.11.2.5 地表水取水设备纵断面图

2.11.2.6 管井结构图

2.11.2.7 山上给水池平面图、剖面图

2.11.2.8 给水所、给水处理、污水处理、污水抽升泵站、油库、消防等平、剖面图及机械、设备安装图

2.11.2.9 沿线生活供水站、点给水排水竣工图

2.12 通信

2.12.1 表格

2.12.1.1 通信工程竣工数量表(建交 -16)

2.12.1.2 通信设备、仪器、仪表配备表

2.12.1.3 利用原有设备、器材一览表

2.12.1.4 各种电话装设一览表

2.12.2 竣工图

2.12.2.1 通信网图

2.12.2.2 电话交换网图

2.12.2.3 铁路专用通信系统图

2.12.2.4 数据通信网图

2.12.2.5 各种管理信息系统图

2.12.2.6 同步网图

2.12.2.7 电信管理网图

2.12.2.8 SIM 系统 2Mb/Sj 以上通道分配图

2.12.2.9 时隙分配图

2.12.2.10 干线通信线路竣工图

2.12.2.10.1 电缆回线运用图

2.12.2.10.2 光、电缆线路竣工图

2.12.2.10.3 光、电缆基本型式及分歧接续图

2.12.2.10.4 光再生中继段划分、充气维护及监测系统图

2.12.2.11 通信站竣工图

2.12.2.11.1 通信设备运用图、平面布置图

2.12.2.11.2 沟、槽、管、洞平面布置图

2.12.2.11.3 走线架、槽道平面布置图

2.12.2.11.4 引入架塞孔、试验架塞孔分配图

2.12.2.11.5 中间配线柜(架)端子板分配图

2.12.2.11.6 音频配线架端子分配图

2. 12. 2. 11. 7　通信、各种管理信息回线径路图
2. 12. 2. 11. 8　备用话路径路图
2. 12. 2. 11. 9　传输室配线图
2. 12. 2. 11. 10　数字配线架端子板分配图
2. 12. 2. 11. 11　电话交换机中继方式图
2. 12. 2. 11. 12　总配线架端子板分配图
2. 12. 2. 11. 13　电话交换室配线竣工图
2. 12. 2. 11. 14　光、电缆引入室引入装置结构安装图
2. 12. 2. 11. 15　光、电缆成端及气路分配图
2. 12. 2. 11. 16　电源系统图
2. 12. 2. 11. 17　电源配线竣工图
2. 12. 2. 11. 18　接地装置总布置图
2. 12. 2. 11. 19　接地系统及配线竣工图
2. 12. 2. 11. 20　备用发电机房设备平面布置及沟、槽、管、洞竣工图等
2. 12. 2. 12　地区及站场(区段站及以上大站)通信竣工图
2. 12. 2. 12. 1　通信网图
2. 12. 2. 12. 2　通信线路径路图
2. 12. 2. 12. 3　电缆芯线分配图
2. 12. 2. 12. 4　光、电缆系统图
2. 12. 2. 12. 5　光、电缆管道平纵断面图
2. 12. 2. 12. 6　电缆充气维护系统图
2. 12. 2. 12. 7　重要房屋(调度所、通信及会议机械室、站调楼、信号楼、运转室等)通信竣工图
2. 12. 2. 12. 7. 1　平面布置图
2. 12. 2. 12. 7. 2　回线径路图
2. 12. 2. 12. 7. 3　引入架、试验架塞孔分配图
2. 12. 2. 12. 7. 4　中间配线柜(架)端子板分配图
2. 12. 2. 12. 7. 5　配线(含电源)图
2. 12. 2. 12. 8　电话集中机盘面布置图
2. 12. 2. 12. 9　扩音设备系统图
2. 12. 2. 12. 10　共用天线电视、闭路电视监视系统图
2. 12. 2. 12. 11　大型房屋室内通信系统图
2. 12. 2. 12. 12　大型房屋室内通信设备布置、配线及沟、槽、管、洞图
2. 12. 2. 12. 13　各种管理信息系统设备平面布置及配线图
2. 12. 2. 12. 14　铁路专用通信回线径路图
2. 12. 2. 12. 15　光、电数字系统回线径路图
2. 12. 2. 12. 16　音频配线架端子板分配图
2. 12. 2. 13　无线通信竣工图
2. 12. 2. 13. 1　无线列调组织系统图
2. 12. 2. 13. 2　无线列调车站设备平面布置图
2. 12. 2. 13. 3　无线列调车站设备配线图

2.12.2.13.4　无线列调车站设备安装图
2.12.2.13.5　无线列调机车设备平面布置图
2.12.2.13.6　无线列调机车设备配线图
2.12.2.13.7　无线列调机车设备安装图
2.12.2.13.8　无线列调中继器、区间设备平面布置图
2.12.2.13.9　无线列调车站电台场强覆盖示意图
2.12.2.13.10　漏泄电缆、中继器、功分器接续及安装图
2.12.2.13.11　站场无线通信组织系统图
2.12.2.13.12　站场无线通信设备平面布置及安装图
2.12.2.13.13　站场无线通信固定天线安装图
2.12.2.13.14　无线检修所设备平面布置及沟、槽、管、洞图
2.12.2.13.15　重要房屋、无线设备安装及配线图
2.12.2.13.16　集群通信组织系统图
2.12.2.13.17　集群通信设备平面布置及配线图
2.12.2.13.18　微波传输系统图
2.12.2.13.19　微波传输径路平、纵断面图
2.12.2.13.20　微波通信设备平面布置及配线图
2.12.2.13.21　微波铁塔位置图
2.12.2.13.22　卫星通信系统图
2.12.2.13.23　卫星通信设备平面布置及配线图
2.12.2.13.24　各天线布置、安装、防雷及接地装置图
2.12.2.14　车站客运管理信息系统竣工图
2.12.2.14.1　列车到发通告系统图
2.12.2.14.2　客运广播系统图
2.12.2.14.3　旅客引导显示系统图
2.12.2.14.4　旅客闻讯系统图
2.12.2.14.5　综合显示屏系统图
2.12.2.14.6　电视监测系统图
2.12.2.14.7　电子客票(软票)售票及预订系统图
2.12.2.14.8　自动识别检票系统图
2.12.2.14.9　发送行包检斤、制票系统图
2.12.2.14.10　到达行包查询管理系统图
2.12.2.14.11　中转行包管理系统图
2.12.2.14.12　计划、统计信息系统图
2.12.2.14.13　人事、劳资信息系统图
2.12.2.14.14　财务管理信息系统图
2.12.2.14.15　车站综合管理信息系统图
2.12.2.14.16　其他业务管理信息系统图
2.12.2.14.17　N 区 N 层客运管理信息系统沟、槽、管、洞图
2.12.2.14.18　N 区 N 层客运管理信息系统平面布置图

2.12.2.14.19 N区N层通信管线图
2.12.2.14.20 N区N层火灾自动报警监视系统
2.12.2.14.21 通信设备管线图
2.12.2.14.22 高架候车厅客运管理信息沟、槽、管、洞图
2.12.2.14.23 高架候车厅客运管理信息系统平面布置图
2.12.2.14.24 高架候车通信管线图
2.12.2.14.25 高架火灾自动报警监视系统及通信设备管线图
2.12.2.14.26 车站配合工程通信管线图
2.12.2.14.27 各系统配线图
2.13 信号
2.13.1 表格
2.13.1.1 信号工程竣工数量表(建交-16)
2.13.1.2 信号设备数量表
2.13.1.3 联锁表
2.13.1.4 继电集中联锁组合排列表和零散组合类型表
2.13.1.5 计算机联锁接口电路组合排列表及零散组合类型表
2.13.2 竣工图
2.13.2.1 电锁器联锁竣工图
2.13.2.1.1 信号设备平面布置图及联锁图
2.13.2.1.2 信号室内设备布置示意图
2.13.2.1.3 控制台盘面示意图
2.13.2.1.4 电路图
2.13.2.1.5 室内配线图
2.13.2.1.6 室外配线图
2.13.2.1.7 非标准设备安装图
2.13.2.2 电气集中联锁竣工图
2.13.2.2.1 信号设备平面布置图
2.13.2.2.2 室内信号设备布置示意图
2.13.2.2.3 双线轨道电路图
2.13.2.2.4 电缆网络图
2.13.2.2.5 室外电缆布置及防护示意图
2.13.2.2.6 室内配线图
2.13.2.2.7 室外配线图
2.13.2.2.8 信号显示关系图
2.13.2.2.9 非标准设备安装图
2.13.2.2.10 继电集中联锁还应附加:
2.13.2.2.10.1 控制台、表示盘及其他盘面布置图
2.13.2.2.10.2 组合连结图
2.13.2.2.10.3 电路图
2.13.2.2.10.4 继电集中与各种设备结合电路图

2.13.2.2.11 计算机联锁竣工图还应附加：
2.13.2.2.11.1 控制台、表示盘(或CRT)及其他盘面布置图
2.13.2.2.11.2 计算机联锁系统结构图
2.13.2.2.11.3 计算机联锁系统设备配置示意图
2.13.2.2.11.4 输入、输出接口电路图
2.13.2.2.11.5 计算机联锁系统防雷设备示意图
2.13.2.2.11.6 计算机联锁电源系统配置示意图
2.13.2.3 驼峰信号竣工图
2.13.2.3.1 驼峰信号设备(含调速设备)平面布置图
2.13.2.3.2 室内信号设备布置示意图
2.13.2.3.3 驼峰控制台盘面布置示意图
2.13.2.3.4 进路控制、溜放速度控制等系统结构图
2.13.2.3.5 动力设备、风(油)管路等设备布置示意图
2.13.2.3.6 接口电路及联系电路图
2.13.2.3.7 电缆网络图
2.13.2.3.8 室外电缆布置及防护示意图
2.13.2.3.9 室内、室外配线图
2.13.2.3.10 非标准设备安装图
2.13.2.3.11 驼峰信号电源系统配置示意图
2.13.2.4 区间信号竣工图
2.13.2.4.1 区间信号平面布置图(含道口信号)
2.13.2.4.2 区间电缆径路及防护示意图
2.13.2.4.3 电路图
2.13.2.4.4 配线图
2.13.2.4.5 非标准设备安装图
2.13.2.5 调度集中或调度监督竣工图
2.13.2.5.1 调度集中或调度监督系统结构图
2.13.2.5.2 调度所室内设备布置示意图
2.13.2.5.3 调度区段按序列排列站形图
2.13.2.5.4 调度所表示盘面与操纵箱盘面布置图
2.13.2.5.5 编码图
2.13.2.5.6 分机与电气集中(或计算机联锁)结合电路图
2.13.2.5.7 自动闭塞检测系统图
2.13.2.5.8 非标准电路图
2.13.2.5.9 配线图
2.13.2.5.10 非标准设备安装图
2.13.2.6 其他信号设备竣工图
2.13.2.6.1 道口信号设备布置图
2.13.2.6.2 隧道防护信号设备布置图
2.13.2.6.3 信号检修、测试设备室内布置示意图

2.13.2.6.4 机车信号检修、测试设备室内布置示意图
2.13.2.6.5 电路图
2.13.2.6.6 配线图
2.13.2.6.7 非标准设备安装图
2.14 电力
2.14.1 表格
2.14.1.1 电力工程竣工数量表(建交-16)
2.14.1.2 送电线路数量表(建交-22)
2.14.1.3 配电线路数量表(建交-23)
2.14.1.4 电力设备数量表
2.14.1.5 导线安装曲线或安装表
2.14.2 竣工图
2.14.2.1 发、变、配电所竣工图
2.14.2.1.1 总平面布置图
2.14.2.1.2 电气主接线图
2.14.2.1.3 室内设备平面布置图
2.14.2.1.4 室内设备布置断面图
2.14.2.1.5 室外变、配电设备平面布置图
2.14.2.1.6 室外变、配电设备布置断面图
2.14.2.1.7 设备基础平面布置图
2.14.2.1.8 架构组装图及零部件图
2.14.2.1.9 二次接线图
2.14.2.1.10 端子排接线图
2.14.2.1.11 屏面布置图
2.14.2.1.12 自动化装置配置图
2.14.2.1.13 所用电交直流系统图
2.14.2.1.14 电缆布置及电缆清册图
2.14.2.1.15 照明及动力配线图
2.14.2.1.16 防雷保护、接地图
2.14.2.1.17 电力调度中心平面布置图
2.14.2.1.18 远动系统图
2.14.2.1.19 远动装置外部接线图
2.14.2.1.20 远动装置端子排接线图
2.14.2.1.21 远动装置接地图
2.14.2.1.22 电力调度中心用电系统图
2.14.2.2 站内电力线路竣工图
2.14.2.2.1 线路平面图
2.14.2.2.2 线路供电系统图
2.14.2.2.3 复杂地段电缆敷设图
2.14.2.2.4 非标准杆塔、灯塔、灯桥图

2.14.2.2.5　室外开关箱图
2.14.2.2.6　站场照明控制系统图
2.14.2.3　供电线路(电源、贯通线路及区间其他高压电力线路)
2.14.2.3.1　线路平面图
2.14.2.3.2　复杂地段断面图
2.14.2.3.3　复杂地段电缆敷设图
2.14.2.3.4　非标准杆塔图
2.14.2.3.5　设备安装图
2.14.2.3.6　防雷保护、接地图
2.14.2.4　动力配线竣工图
2.14.2.4.1　平面布置图
2.14.2.4.2　配电系统图
2.14.2.4.3　复杂动力设备电气主接线及控制接线图
2.14.2.4.4　设备安装图
2.14.2.4.5　防雷保护、接地图
2.14.2.5　室内、外照明(不含超高层建筑)
2.14.2.5.1　平面布置图
2.14.2.5.2　配电系统图及控制接线图
2.14.2.5.3　防雷保护、接地图
2.14.2.6　自动控制竣工图
2.14.2.6.1　控制室平面布置图
2.14.2.6.2　配电系统图
2.14.2.6.3　控制系统图或框图
2.14.2.6.4　控制设备外部接线图
2.14.2.6.5　控制系统接地图
2.15　电气化
2.15.1　表格
2.15.1.1　电气化设备表(建交-20)
2.15.1.2　接触网工程数量表(建交-21)
2.15.1.3　送电线路数量表(建交-22)
2.15.1.4　配电线路数量表(建交-23)
2.15.1.5　电缆清册
2.15.2　竣工图
2.15.2.1　牵引变电所、开闭所、分区亭、电力调度所竣工图
2.15.2.1.1　主接线图
2.15.2.1.2　总平面布置图(含绿化)
2.15.2.1.3　生产房屋平面布置图
2.15.2.1.4　生产房屋设备及网栅布置图
2.15.2.1.5　生产房屋母线布置图
2.15.2.1.6　间隔断面图

2.15.2.1.7 设备安装图
2.15.2.1.8 防雷与接地平面布置图
2.15.2.1.9 生产房屋预埋件位置图
2.15.2.1.10 交直流自用电系统图
2.15.2.1.11 二次回路接线图
2.15.2.1.12 盘面布置图及控制盘盘面布置图
2.15.2.1.13 主控制室配电盘布置及小母线配置图
2.15.2.1.14 端子排接线图
2.15.2.1.15 断路器机构箱安装接线图
2.15.2.1.16 动力照明图
2.15.2.1.17 电力敷设图
2.15.2.1.18 基础平面布置图
2.15.2.1.19 架构组装图及零部件图
2.15.2.1.20 调度所平面布置及远动装置接地系统图
2.15.2.1.21 远动范围图
2.15.2.1.22 调度所所用电系统图
2.15.2.1.23 远动装置系统图
2.15.2.1.24 远动装置外部接线图
2.15.2.1.25 调度盘、台面布置图
2.15.2.1.26 电源盘盘面布置图
2.15.2.1.27 远动装置安装图及房屋预埋件位置图
2.15.2.1.28 远动装置、调度盘、台端子排接线图
2.15.2.2 接触网竣工图
2.15.2.2.1 站场接触网平面布置图
2.15.2.2.2 区间接触网平面布置图
2.15.2.2.3 隧道内悬挂平面布置图
2.15.2.2.4 供电线、回流线、捷接线、正馈线、保护线平面布置图
2.15.2.2.5 导线安装曲线
2.15.2.2.6 设备安装图
2.15.2.2.7 各类支柱安装图
2.15.2.2.8 隧道内及下承式桁梁桥内悬挂安装图
2.15.2.2.9 桥梁等大型建筑物上支柱安装图
2.15.2.2.10 大型建筑物防护网栅图
2.15.2.2.11 供电分段示意图
2.15.2.2.12 非标准零件及基础图
2.15.2.2.13 其他个别设计的竣工图
2.15.2.3 供电段竣工图
2.15.2.3.1 供电段平面布置图(含绿化)
2.15.2.3.2 生产房屋设备平面布置图
2.15.2.3.3 办公及辅助房屋平面布置图

2.15.2.3.4 设备基础图
2.15.2.3.5 房屋预埋件位置图
2.15.2.3.6 段内管线综合图
2.15.2.3.7 设备安装图
2.15.2.3.8 专用设备图
2.15.2.4 电力线路影响电气化铁路处理有关竣工图
2.16 房屋建筑
2.16.1 表格
2.16.1.1 房屋总清册(建交-17)
2.16.1.2 站场暖通空调卫生消防设备表(建交-26)
2.16.1.3 房屋工点表
2.16.1.4 站场设备构筑物表
2.16.1.5 站场设备数量表
2.16.1.6 站场暖通空调卫生消防设备工点表
2.16.2 竣工图
2.16.2.1 房屋总平面布置图
2.16.2.1.1 各站房屋布置图
2.16.2.1.2 生活区房屋布置图
2.16.2.1.3 管线综合图(范围较大、房屋数量较多的生活区附)
2.16.2.2 房屋、站场设备构筑物竣工图
2.16.2.2.1 建筑平面图
2.16.2.2.2 建筑立面图、剖面图
2.16.2.2.3 建筑详图
2.16.2.2.4 结构布置图
2.16.2.2.5 构件详图,节点构造详图,基础详图
2.16.2.3 暖通空调卫生消防设备竣工图
2.16.2.3.1 室外热网布置图
2.16.2.3.2 采暖锅炉房竣工图
2.16.2.3.3 室内采暖、通风、空调、制冷、给水、排水、热水供应、消防、燃气等竣工图
2.17 环境保护与水土保持
2.17.1 环境保护与水土保持工程明细表
2.17.2 环境保护与水土保持工程竣工图(分别编入各专业工程竣工图册内)
2.18 铁路用地
2.18.1 表格
2.18.1.1 铁路用地(含征用、划拨、回收等)、青苗补偿和拆除建筑物、构筑物补偿清册(建交-6)
2.18.1.2 铁路用地界桩表(应与用地平面图上的地界、数量一致,建交-7)
2.18.1.3 铁路用地、拆迁及各项补偿结案表(建交-27)
2.18.1.4 铁路建设补充耕地及交纳开垦费清册(建交-28)及有关协议证件。
2.18.1.5 铁路用地的耕地占用税证明或免税通知单

2.18.1.6 收(付)款凭证

2.18.1.7 铁路用地申请报告和各级地方政府历年批准征用土地文件,装订成册,并编印清单

2.18.2 铁路用地总平面图(包括线路、住宅、站场房屋、给排水管道、水塔、工厂、采石厂等用地范围及地界标桩位置)及底图,竣工图上必须盖有地方政府图章。

3. 开工、竣工报告及批复文件

4. 各项施工原始记录(一份)

包括:施工日志、工程质量保证有关资料表格(含各种试验报告、测试记录等),经监理单位签认的工程质量验评表、隐蔽工程检查证、变更设计单、质量事故处理文件等。

5. 主要机械设备技术证书、使用说明书

6. 工程技术总结

7. 工程质量等级核验意见或结论

8. 竣工决算资料

8.1 财务决算表

8.2 铁路建设项目概算及决算支出对照表(决算附表一)

8.3 主要材料及人工消耗统计表(决算附表二)

8.4 设计与竣工主要工程数量及投资对照表(决算附表三)

8.5 剩余工程数量及投资表(决算附表四)。

9. 验收证书或竣工验收交接记录表(验收委员会成员签字的证书各成员单位一份,交接单位及作为竣工文件者可用复印件)

10. 与建设项目有关的协议、纪要及公文

11. 竣工文件交接清单(样式附后)

注:上述竣工文件及资料移交份数,除已有注明者外,铁道部一份,有分局的路局三份(路局、分局、站段各一份),无分局的路局两份(路局、站段各一份),有关铁路用地及拆迁资料地方各级政府各一份,总后军交部、军区、武警总队需要的竣工文件名称及份数在验收前由建设单位与其商定。

进铁道部档案馆一份竣工文件的具体内容及要求如下:

11.1 验收证书、建交表和工程技术总结。

11.2 竣工图

11.2.1 铁路干线、支线的平面图,纵断面图,平、纵断面缩图,铁路用地总平面图。

11.2.2 特大桥、大桥的平、立面图,桥址平面图,梁部和墩台结构图(梁图采用标准图时,只在目录中注明标准图号和编制单位,不必附图)。

11.2.3 长隧道(3公里及以上)的横、纵断面图和主要结构图。

11.2.4 枢纽、编组站、口岸站、特、一、二等站的平面布置图,通信、信号、电力、电气化、给水排水、机务、车辆、站房等平面布置图。

11.2.5 新型通信信号(我国以前没有的)竣工图。

11.2.6 电气化铁路接触网和变配电所平面布置图。

11.2.7 特等客站站房及大型工厂的平面布置图,各种管线布置图,主要车间设备布置及安装图

11.3 进省市城建档案馆的竣工文件内容主要有:

11.3.1 在城市规划范围内区段站以上的车站(包括客、货运站、编组站及工厂厂址总平

面布置图，地下管线径路图和竣工验收证书。）

11.3.2 城市规划区范围内的铁路线路、桥梁、隧道总平面布置图，桥梁平面、立面竣工图，线路、隧道的纵、横断面图及有关说明。

国土资源部关于切实维护被征地农民合法权益的通知

（国土资发〔2002〕225号 2002年7月12日）

各省、自治区、直辖市国土资源厅(国土环境资源厅、国土资源和房屋管理局、房屋土地资源管理局、规划和国土资源局),计划单列市土地管理局(城乡规划土地局、规划国土局),解放军土地管理局,新疆生产建设兵团土地管理局:

当前,一些地方征地工作存在补偿低、费用不到位、安置不落实等问题,损害了被征地农民的利益。由此引发群众上访、集体访的情况时有发生,影响了社会稳定。为切实解决上述问题,维护社会稳定,根据国务院领导同志的批示精神,经研究,现就征地补偿安置工作有关问题通知如下:

一、充分认识做好征地工作的重要性

征地工作事关国家经济建设,涉及被征地农民的切身利益和长远生计。保障各类建设必需用地,切实维护农民的合法权益是征地工作必须长期坚持的基本原则。当前在新的形势下,做好征地补偿安置工作尤为重要。农民失去土地之后,如果生产和生活没有保障,将会成为影响社会稳定的一大隐患。各级国土资源管理部门要高度重视征地管理,通过扎实有效的工作,将落实失地农民的补偿安置作为实践“三个代表”重要思想的具体体现,妥善处理保障经济建设用地与保护农民合法权益的关系,促进经济发展和社会稳定。

二、依法把好征地补偿安置审查关

征地首先要考虑农民的补偿安置。各地要严格按照《土地管理法》、《土地管理法实施条例》有关征地管理的规定和部发《关于加强征地管理工作的通知》(国土资发〔1999〕480号)、《关于切实做好征地补偿安置工作的通知》(国土资发〔2001〕358号)的要求,认真做好征地调查、确定补偿标准、拟定方案、审查报批及批后实施、跟踪检查等征地过程中各环节的工作。国土资源管理部门要切实行使审查、监督、指导的职责,确保征地补偿安置措施真实、合法,为政府把好关。对征地补偿标准不符合法律规定、安置措施不能真正落实的,不得报批用地;对征地已依法批准,而没有妥善安置被征地农民生产和生活的,将停止受理该地区的建设用地申报。

三、大力加强征地批后跟踪检查工作

征用土地经依法批准后,省级国土资源管理部门要跟踪检查征地补偿安置方案的实施情况,督促市、县人民政府和有关部门、单位兑现补偿费用,落实安置措施。地方各级国土资源管理部门要对本行政区域内征地批后实施情况进行全面检查。2002年国务院已批准征用土地的批后实施情况，按部建立的反馈制度的要求，由省级国土资源管理部门汇总后，于 12 月底前报部。根据反馈情况，部将组织对重点地区和重点项目进行抽查，并通报抽查结果。

四、积极探索解决征地问题的有效途径

对征地补偿安置工作中出现的问题，要及时分析，查找原因，研究解决问题的对策。群众反映的意见和问题，要按照国家法律法规和有关规定，结合本地实际情况，妥善解决；一时不能解决的，要耐心做好宣传、解释和疏导工作，化解矛盾。对征地补偿标准偏低、安置措施不到位、失地农民生活无出路的，要及时向当地人民政府汇报，采取补救措施。要推广各地做好征地工作的成功作法，采取多种途径，妥善安置被征地农民的生产和生活。要积极开展征地制度改革研究和试点工作，探讨适应社会主义市场经济体制的新型征地制度。

五、严厉查处征地中的违法违纪行为

对群众信访反映和检查发现的土地未批先用、越权批地和侵占、截留、挪用征地补偿安置费用等严重违法违纪行为，要依法严肃查处；对涉嫌犯罪的，有关国土资源管理部门必须将案件移送司法机关；对有关地方未按规定进行处理的，上级主管部门要责令限期纠正；对不依法处理并严重失职的，要依法追究有关主管部门负责人的法律责任。各地要进一步加大对征用土地的执法力度，强化国土资源管理部门的执法职能，调动农民保护自身权益的积极性，做到事前防范、事中监督与事后查处相结合，确保《土地管理法》确定的各项征地制度落到实处。

国土资源部关于进一步规范建设用地审查报批工作有关问题的通知

（国土资发〔2002〕233号　2002年8月1日）

各省、自治区、直辖市国土资源厅(国土环境资源厅、国土资源和房屋管理局、房屋土地资源管理局、规划和国土资源管理局),计划单列市国土资源行政主管部门,解放军土地管理局,新疆生产建设兵团国土资源局:

新《土地管理法》实施以来,建设用地审查报批工作依法逐步得到规范,但在征地补偿安置、耕地占补平衡等方面仍存在一些问题。为进一步规范建设用地审查报批工作,体现实行最严格的土地管理制度,同时为经济建设必需用地提供保障,根据国务院领导同志的批示精神,现就有关问题通知如下:

一、关于征地补偿安置问题

(一)市、县国土资源管理部门拟定征用土地方案,应直接听取被征地农村集体和农民的意见。被征地农村集体和农民对征地补偿标准和安置途径有不同意见的,由市、县国土资源管理部门据实汇总,并填写在征用土地方案的备注栏中或附页。

(二)依法报批的征用土地方案须附市、县人民政府关于补偿费用标准合法性、安置途径可行性及妥善安置被征地农民生产、生活保障措施的说明材料。

(三)报国务院批准征用土地的建设用地项目,省级国土资源管理部门在审查意见中应对征地补偿标准是否合法,安置途径是否可行,市、县政府的保障措施是否能真正落实等提出结论性意见;报省级人民政府批准征用土地的建设用地项目,市级国土资源管理部门也应对征地补偿安置问题提出结论性审查意见。

二、关于耕地占补平衡问题

(一)补充耕地方案确定由建设单位自行补充耕地的,要在当地国土资源管理部门的安排指导下,按照项目管理要求,实施土地开发整理项目;建设单位没有条件自行补充耕地的,应根据当地标准足额缴纳耕地开垦费,委托市、县国土资源管理部门确定和组织实施土地开发整理项目。

(二)依法报批的建设用地项目补充耕地为边占边补的,在报批用地时,应附补充耕地责任单位与地方国土资源管理部门签订的补充耕地协议。单独选址建设项目补充耕地时限最长不得超过3年。

(三)依法报批的建设用地项目补充耕地为先补后占的,须按照土地开发整理项目管理有关规定由国土资源管理部门组织对已补充耕地进行验收,报批用地时补充耕地方案须附已补充耕地的验收文件。

三、关于集约合理用地问题

（一）各级国土资源管理部门在审查申报的建设用地时要依据有关工程项目建设用地指标核实用地面积，超出规定标准的，应予以核减。

（二）单独选址建设项目工程设计范围内的绿化用地，随同工程用地一并依法报批；绿色通道用地按农业生产结构调整要求进行管理。

（三）依法报批的城市分批次建设用地，市、县国土资源管理部门应就该批次建设用地土地用途及拟供地情况作出说明；下半年报批城市分批次建设用地时，须对上半年已批分批次建设用地利用情况及当年农用地转用计划指标使用情况作出说明，作为建设用地项目呈报材料附件一并上报。

四、关于提高质量效率问题

（一）建设用地报批材料中土地利用现状图与勘测定界图确定的地类不一致的，市、县国土资源管理部门要以集体土地所有权登记册内容为依据，对地类情况作出专门说明。

（二）报批的建设用地项目，凡发现征地补偿标准不符合法律规定，安置措施不能真正落实，补充耕地责任、资金、地块没有落实的，不予上报，按规定将建设用地请示件退回报文的人民政府。

（三）各级国土资源管理部门在建设用地审查报批时，要严格执行部发《关于报国务院批准的建设用地审查报批工作有关问题的通知》（国土资发〔2000〕201 号）中关于办理时限的要求，提高各个环节的工作效率。凡延误时间的，报批时要作出说明。

五、关于用地其他问题

（一）各级国土资源管理部门要严格执行《建设项目用地预审管理办法》有关规定，在建设项目可行性研究阶段进行用地预审。凡不按规定要求进行预审的建设项目用地，不得办理先行用地，不予受理建设用地报件。

（二）土地利用总体规划确定的城市建设用地范围内的村主拆迁安置、乡镇企业工业小区、纳入城市规划的乡村基础设施和公益事业等需占用的集体土地，报批时原则上依法予以征用，按城市土地进行管理。

（三）城市（含建制镇）分批次建设用地报批时，由农用地、未利用地转成的新增建设用地，无论征用和使用，均须按有关规定，由市、县人民政府足额缴纳新增建设用地土地有偿使用费；超出规定时间仍未缴纳新增建设用地土地有偿使用费的，将暂缓受理该市（县）申报的城市分批次建设用地。

（四）各级国土资源管理部门要建立依法批准的建设用地跟踪检查制度。部将对国务院批准的建设用地和备案的省级人民政府批准的建设用地，按照批复要求进行实地抽查。抽查结果予以通报。

国务院法制办公室对《关于如何适用〈国家建设征用土地办法〉第10条第2款的请示函》的答复

(国法秘函〔2003〕86号 2003年5月13日)

新疆维吾尔自治区人民政府法制办公室:

你办《关于如何适用〈国家建设征用土地办法〉第10条第2款的请示函》(新政法函〔2003〕12号)收悉。经研究,答复如下:

1958年1月6日经全国人民代表大会常务委员会批准由国务院发布的《国家建设征用土地办法》第10条第2款中的"市区内没有收益的空地",应为市区内未利用的土地,包括公共用地和空闲地。

附:

新疆维吾尔自治区人民政府法制办公室关于如何适用《国家建设征用土地办法》第10条第2款的请示函

(新政法函〔2003〕12号 2003年2月19日)

国务院法制办:

近日,我办受理了一起关于土地确权的行政复议案件。在法律的适用上涉及到1958年1月6日经全国人民代表大会常务委员会批准由国务院发布的《国家建设征用土地办法》第10条第2款,内容为:市区内没有收益的空地,可以无偿征用。请问,对该条如何理解,是否可理解"没有收益的空地"即为荒地。

国家林业局关于印发《占用征用林地审核审批管理规定》的通知

（林资发〔2003〕139号 2003年8月14日）

各省、自治区、直辖市林业（农林）厅（局），内蒙古、吉林、黑龙江、大兴安岭森工（林业）集团公司，新疆生产建设兵团林业局，国家林业局派驻各森林资源监督机构，国家林业局各调查规划设计院：

为保护林地资源，加强占用征用林地审核审批管理，规范审核审批程序，明确审核审批内容和职责，根据《中华人民共和国森林法》、《中华人民共和国森林法实施条例》和《占用征用林地审核审批管理办法》等法律、法规的有关规定，我局制定了《占用征用林地审核审批管理规范》，现予印发，请遵照执行。

占用征用林地审核审批管理规范

一、建设项目确需占用征用林地的条件和范围

（一）国务院批准或同意的建设项目，国家和省级重点建设项目，国务院有关部门、国家计划单列企业、省级人民政府批准的国防、交通、能源、水利、农业、林业、矿山、科技、教育、通讯、广播电视、公检法、城镇等基础设施（以下简称基础设施）建设项目，原则上可以占用征用（含临时占用，下同）各类林地。

（二）国务院有关部门、国家计划单列企业、省级人民政府批准的非基础设施建设项目，省级人民政府有关部门批准的基础设施建设项目，原则上可以占用征用除国家级自然保护区核心区和缓冲区、国家级森林公园和风景名胜区范围以外的林地。

（三）省级人民政府有关部门批准的非基础设施建设项目，省级以下（不含省级，下同）、县级以上（含县级，下同）人民政府及其有关部门批准的基础设施建设项目，原则上可以占用征用除国家级自然保护区、省级自然保护区核心区和缓冲区、国家和省级森林公园和风景名胜区范围以外的林地。

（四）省级以下、县级以上人民政府及其有关部门批准的非基础设施建设项目，原则上可以占用征用除国家和省级自然保护区、森林公园、风景名胜区（以下简称保护区）范围以外的用材林林地、经济林林地、薪炭林林地和农田防护林、护路林林地，以及县级以上人民政府规划的宜林地。

（五）经批准的乡镇企业、乡（镇）村公共设施、公益事业、农村村民住宅等乡（镇）村建设，原则上可以使用除保护区范围以外的农民集体所有的用材林林地、经济林林地、薪炭林林地和农田防护林、护路林林地，以及县级以上人民政府规划的宜林地。

（六）地方人民政府及其有关部门批准的采石、采沙、取土、基本农田建设等，原则上可以

占用征用县级以上人民政府规划的宜林地;因对石质、沙质、土质有特殊要求的,原则上可以占用征用除保护区范围以外的用材林林地、经济林林地、薪炭林林地和农田防护林、护路林林地,以及县级以上人民政府规划的宜林地。

(七)其他特殊项目确需占用征用林地的,应将具体情况报国家林业局审查同意后,按规定权限办理占用征用林地审核审批手续。

二、占用征用林地的申报材料

(一)占用征用林地的建设单位法人证明。

建设单位或其法人代表变更的,要有变更证明。

(二)建设项目批件。

1. 大中型建设项目,要有可行性研究报告批复和初步设计批复。水电建设项目,按有关规定将可行性研究报告和初步设计两阶段合并的,要有可行性研究报告批复。

2. 小型建设项目,要有选址和用地规模的批准文件。

3. 勘查、开采矿藏项目,要有勘查许可证、采矿许可证和其他相关批准文件。

4. 因建设项目勘测设计需要临时占用林地的,要有建设项目可行性研究报告的批复。

5. 森林经营单位在所经营的林地范围内修筑直接为林业生产服务的工程设施占用林地的,要有县级以上林业(森工)主管部门的批准文件。

(三)其他证明材料。

1. 占用征用保护区范围内林地的,要提交有关保护区行政主管部门同意项目建设的证明材料。其中,占用征用国家级自然保护区、森林公园、风景名胜区林地的,要提交国务院有关行政主管部门同意的意见;占用征用省级自然保护区、森林公园、风景名胜区林地的,要提交省级有关行政主管部门同意的意见。

2. 西部地区除关系国民经济全局和长远发展、对国家安全有重要影响的重大项目或有特殊规定的项目外,企业利用自有资金或国内银行贷款投资于国家非限制类产业的项目,需要政府平衡建设、经营条件的,要有项目建议书批复和符合本条对项目规定的证明材料。

(四)林地权属证明。

申请占用征用的林地,已发放林权证的,要提交林权证复印件;未发放林权证的,要提交县级以上人民政府出具的权属清楚的证明;有林权争议的,要提交县级以上人民政府依法处理的决定。

(五)补偿协议。

建设单位与被占用征用林地单位或个人签订的林地、林木补偿和安置补助协议。由县级以上地方人民政府统一制定补偿、补助方案的,要有该人民政府制定的方案。

(六)项目使用林地可行性报告。

符合国家林业局林资发〔2002〕237 号文规定资质的设计单位作出的项目使用林地可行性报告。

(七)占用征用林地申请表。

建设单位申请占用征用林地时,填写的《占用征用林地申请表》。

占用国务院确定的国家所有的重点林区(以下简称重点林区)林地的,建设单位向被占用林地所在地的国有林业局申请;跨国有林业局经营区的,分别向各国有林业局申请。占用征用非重点林区林地的,建设单位向被占用征用林地所在地的县级林业主管部门申请;跨县级行政区的,分别向各县级林业主管部门申请。

三、占用征用林地审核审批的受理

(一)建设单位向县级林业主管部门或重点林区国有林业局申请后,县级林业主管部门或重点林区国有林业局应当严格核对申请材料的复印件与原件,凡二者一致的,在复印件上加盖县级林业主管部门或重点林区国有林业局印章后退回原件;不一致的,将申请材料退回;申请材料不齐全的,告知建设单位重新申请。

(二)县级林业主管部门或重点林区国有林业局确认申请材料齐全、合格的,应当组织制定在当年或次年内恢复不少于被占用征用林地面积的森林植被措施。被占用征用林地所在地的林业主管部门或重点林区国有林业局不能按时按量恢复森林植被的,必须将不能按时按量恢复森林植被的说明材料与申请材料一同上报上级林业主管部门,由上级林业主管部门组织落实。恢复森林植被措施包括造林地点、面积、树种、林种和作业设计,以及森林资源保护管理措施等。

(三)占用征用非重点林区林地的,地方林业主管部门要组织力量对申请占用征用的林地进行现场查验,其中,占用征用林地面积2公顷以下的,由县级林业主管部门组织不少于2名有资质的工作人员进行现场查验;占用征用林地面积2公顷以上70公顷以下且未跨县级行政区的,由县级林业主管部门组织具有丙级以上资质的林业调查规划设计单位进行现场查验;占用征用林地跨行政区的,由所在地共同的林业主管部门组织乙级以上资质的林业调查规划设计单位进行现场查验。占用重点林区林地,在一个国有林业局经营区内的,由所在地国有林业局组织具有丙级以上资质的林业调查规划设计单位进行现场查验;在两个以上国有林业局经营区的,由所在地共同的林业(森工)主管部门组织具有乙级以上资质的林业调查规划设计单位到现场查验。占用征用林地面积70公顷以上的,由省级林业主管部门组织乙级以上资质的林业调查规划设计单位到现场查验。

(四)承担现场查验的人员或单位,查验后要按照规定向有关林业主管部门提交现场查验报告。报告要说明占用征用林地的面积、位置、地貌等基本情况,地类、权属、林分起源、林种、林木蓄积或竹林株数等森林资源现状,是否在保护区范围内,是否在实施森林生态效益补偿的防护林林地、特种用途林林地和实施天然林保护工程的范围内,是否有国家重点保护的野生动、植物资源和古树名木,是否存在先占地后办手续或擅自改变林地用途、采伐林木的行为。查验人员或单位要对报告的真实性负责,凡提交虚假现场查验报告的,要追究有关人员和领导的行政责任。

(五)林业主管部门应从受理占用征用林地的申请之日起15个工作日内提出具体明确的审查意见,留存一套申请材料后,报上一级林业主管部门。需组织制定恢复森林植被措施或现场查验的,林业主管部门应在25个工作日内将具体明确的审查意见与恢复森林植被措施和现场查验报告一并报上一级林业主管部门。

(六)占用征用林地应由国家林业局审核审批的,省级林业主管部门的审查意见要用正式文件上报,并附具一套申请材料和恢复森林植被措施、现场查验报告。

四、审核审批的管理

(一)根据建设项目批件,一个项目的全部占用征用林地,建设单位应当一次申请,不得分为若干段或若干个子项目进行申请;林业主管部门也不得分级、分次进行审核审批。临时占用林地的,按照审批权限分别办理临时占用林地审批手续。

(二)国务院批准或同意的建设项目,国家和省级重点建设项目,国务院有关部门、国家计划单列企业、省级人民政府及其有关部门批准的基础设施建设项目中控制工期的单体工程,如公路、铁路的桥梁、隧道,水利(电)枢纽的导流(渠)洞、进场道路和输电设施等,其占用征用林地申请材料齐全的,省级林业主管部门或国家林业局依据规定权限可以先行审核审批单体工程。整体项目申请时,附单体工程的批件,一次办理审核审批手续。

(三)对审核同意或批准的占用征用林地项目,建设单位依照国家有关规定缴纳森林植被恢复费后,负责审核审批的林业主管部门才能核发使用林地审核同意书或批准文件。县级以上林业主管部门或其主管负责人和其他直接责任人员,违规多收、减收、免收、缓收,或者隐瞒、截留、挪用、坐收坐支森林植被恢复费的,依照有关法律、行政法规的规定处罚;构成犯罪的,依法追究刑事责任。

(四)依照有关规定批准建设用地并兑现补偿、补助费后,林业主管部门才能依法办理林地移交、变更林权登记;同时有永久占用征用和临时占用林地的项目,批准永久用地并兑现补偿、补助费后,才能依法办理临时占地移交手续;需要采伐林木的,依法办理采伐林木手续。

县级以上林业主管部门违反规定审核审批林地的,要依法追究有关人员和领导的行政责任;构成犯罪的,依法追究刑事责任。县级以上地方林业主管部门对未被批准的建设用地,发放林木采伐许可证的,要追究发证人员和领导的行政责任;情节严重,致使森林资源遭受严重破坏,构成犯罪的,依法追究刑事责任。

(五)占用征用实施森林生态效益补偿的防护林林地、特种用途林林地和实施天然林保护工程的天然林林地的,有审核或审批权的林业主管部门应将审核同意书或批准文件抄送相关部门。

国家林业局审核同意或批准的占用征用林地项目,应将使用林地审核同意书或批准文件送省级林业主管部门,抄送国家林业局派驻的森林资源监督机构。县级以上林业主管部门和国家林业局派驻的森林资源监督机构要对占用征用林地实施情况进行监督检查。可以公开的占用征用林地项目,通过国家林业局网站向社会公布。

(六)林业主管部门对擅自改变林地用途的,依照《森林法实施条例》第四十三条的规定进行处理。对未经批准采伐林木的,依照《森林法实施条例》第三十八条、第三十九条的规定进行处理。经查处后,对确需占用征用林地的,依照有关规定和本通知的要求补办占用征用林地手续并附查处报告。

国土资源部关于加强城市建设用地审查报批工作有关问题的通知

（国土资发〔2003〕345号 2003年9月4日）

各省、自治区、直辖市国土资源厅（国土环境资源厅、国土资源和房屋管理局、房屋土地资源管理局、规划和国土资源管理局），计划单列市国土资源行政主管部门，解放军土地管理局，新疆生产建设兵团国土资源局：

新修订的《土地管理法》实施以来，以土地用途管制为核心的城市建设用地审批制度基本建立，有关工作逐步纳入法制化和规范化轨道。但是随着一些城市发展中出现违规设立各类园区、非法圈占土地、盲目扩大建设用地规模等现象，城市建设月地审批工作出现一些新情况和新问题。为了认真贯彻落实国务院领导关于加强土地审批管理，杜绝乱批滥占耕地现象；对城市建设用地，特别是房地产开发，要从严控制，严格审批等重要批示精神和国务院办公厅《关于清理整顿各类开发区加强建设用地管理的通知》（国办发〔2003〕70号）要求，现就加强城市建设用地审查报批工作有关问题通知如下：

一、加强规划和计划管理，控制城市建设用地规模

土地利用总体规划和土地利用年度计划（以下简称规划和计划）是城市建设用地的基本依据。报批城市建设用地必须符合规划、计划。修改规划必须严格按照法定的程序进行，依法报原批准机关批准。省级国土资源部门要严把规划修改审查关，防止通过修改或调整规划变相扩大城市建设用地规模。为防止城市建设用地结构不合理，出现低水平的重复建设，上报国务院批准的城市建设用地须说明拟转用征用土地的利用结构或按城市规划确定的用途分类（已确定建设项目的说明项目类型），必要时还需提供有关资料。

合理确定城市年度建设用地总量。年度计划指标已使用完的，应立足利用已依法批准的新增建设用地或对存量土地内部挖潜。省级国土资源部门应严格控制省会城市、计划单列市等建设用地量较大城市的计划指标，原则上不得追加，确需追加的，须报部备案。对于城市周边县（市）改区并划入城市市区范围的，在城市土地利用总体规划未修编前，仍按现行规划执行，要在扩大后的城市范围内统筹安排年度计划，严格控制城市建设用地总量。

二、加强对开发区用地的审查，杜绝违规非法用地

各类开发区（含园区，下同）用地必须符合土地利用总体规划和城市规划，不得借设立各类开发区擅自修改或调整规划，不得随意扩区突破规划用地，确需修改或调整规划的，须报原批准机关批准。

报批城市建设用地涉及各类开发区用地的，须提供开发区经有批准权人民政府批准的有关文件，并对已批准开发区用地的利用情况以及新报开发区用地中具体建设项目或规划用途作出书面说明。地方各级国土资源部门审查城市建设用地时须对开发区用地是否符合规划严

格把关。凡属不符合规划、违规设立的开发区用地申请,不予受理;超出规划的开发区用地,一律予以核减。

三、加强对房地产用地的审查,优化用地结构

地方各级国土资源部门要依据当地房地产市场的供需状况,合理确定所报城市建设用地中的各类房地产用地量和比例。对于普通商品住房供不应求的,可适度报批房地产开发用地;对于房地产市场明显供过于求的,要暂缓报批房地产开发用地。要通过土地供应优化房地产结构,报批的房地产开发用地应主要用于普通商品住房、经济适用住房、危旧房改造和城市基础设施建设中拆迁安置用房等建设;严格控制高档商品住房用地,停止申请报批别墅用地。

自本通知下发之日起,报国务院批准的城市建设用地,凡涉及房地产开发用地的,须对已批准房地产开发用地的利用情况以及该城市房地产市场供需、房地产价格、房屋空置率等情况作出书面说明。

四、加强对补充耕地和征地的审查,切实保护农民利益

地方各级国土资源部门在城市建设用地审查报批中,要加强对耕地占补平衡和征地补偿安置的审查。报国务院批准的城市建设用地,补充耕地必须按照《关于加强耕地占补平衡工作的通知》(国土资发〔1999〕39 号文件)的要求实行先补后占,并要及时对挂钩的土地开发整理项目进行验收,确保补充耕地的数量和质量,报批时必须提供正式的验收文件。属于省域内易地占补平衡的,要对是否由省级国土资源部门统一组织和易地补充耕地费用标准作出说明。

征用农村集体土地必须按法律规定的标准进行补偿,并保证被征地农民原有生活水平不降低。在经济较发达地区,地方政府或建设单位可酌情提高补偿费用标准,拟定征用土地方案时应据实填报。安置被征地农民不能只采用货币安置一种方式,要千方百计开辟多种途径,在扩大就业、职业培训、留地安置和社会保障等方面积极探索,妥善安置被征地单位群众的生产和生活,解决好他们的长远生计。

五、加强备案和批后核查工作,确保依法合理用地

各地要严格按照《关于建设用地备案制度有关问题的通知》(国土资厅〔2000〕30 号)的要求做好省级政府批准农用地转用和土地征用备案工作。各地用地备案情况将作为编制下一年度土地利用计划时调整农用地转用计划指标的考虑因素。对于未按要求及时备案的省(区、市),部将暂缓受理上报国务院的城市建设用地。经国务院批准的城市建设用地供地,有关城市国土资源部门应将供地的具体建设项目情况汇总,经省级国土资源部门报部备案。部将有重点地进行审查,工业项目符合国家产业政策、商品住宅确属必需,方可用地。由省级人民政府批准的城市建设用地供地情况,省级国土资源部门要参照上述要求组织备案并做好审查工作。

省级国土资源部门要切实抓好新增建设用地的批后核查工作,对依法批准的新增建设用地的土地利用、补充耕地和征地补偿安置落实等情况进行认真调查核实。部将每年对国务院批准的新增建设用地进行重点抽查,对于存在不按批准的位置和面积使用土地、土地利用不充分,以及耕地占补平衡和征地补偿安置未落实等问题的城市,暂缓受理该城市建设用地申请。为提高工作效率,保证核查质量,批后核查可与耕地占补平衡考核等相关工作结合开展。对发现的问题要深入分析,研究对策,提出进一步加强和改进建设用地审查报批工作的具体措施。

国土资源部关于进一步完善和严格执行建设用地备案制度的通知

(国土资发〔2003〕400号　2003年12月8日)

各省、自治区、直辖市国土资源厅(国土环境资源厅、国土资源和房屋管理局、房屋土地资源管理局、规划和国土资源局),解放军土地管理局,新疆生产建设兵团国土资源局:

《关于建设用地备案制度有关问题的通知》(国土资厅发〔2000〕30号)下发以来,各地按照通知的要求初步建立了建设用地备案制度,但有些地方还没有有效执行,特别是经国务院批准的城市分批次建设用地供应情况的备案工作不落实问题较为突出。为严格执行建设用地备案制度,切实加强对城市建设用地的批后监管,现就有关问题通知如下:

一、全面核查新法实施以来城市分批次建设用地的供应情况

国土资源部将对1999年至2003年12月31日期间经国务院批准的城市分批次建设用地的供应情况进行一次全面核查。凡经国务院批准的城市分批次建设用地,其所在城市的国土资源管理部门要立即组织力量,抓紧汇总其具体供应情况,根据汇总结果分年度填写"城市分批次建设用地供应情况备案表"(表二),在2004年1月15日前报部土地利用管理司(Excel电子数据文档和盖章的打印表格各一份)。

省(区、市)国土资源管理部门也要对1999年至2003年12月31日期间经省级人民政府批准的单独选址建设项目用地和城市分批次建设用地的农用地转用、土地征用及供应情况,同时开展一次全面核查,根据核查结果分年度填写"省级人民政府批准的建设用地项目备案表"(表一)和"省(区、市)批准的城市分批次建设用地供应情况汇总表"(表三),并对供地情况包括面积、用途、结构、未供地土地面积及其原因等进行分析,形成书面报告,在2004年3月31日之前报部。表一报部耕地保护司,表三报报部土地利用管理司。

各地未按上述要求分别向部和省(区、市)国土资源管理部门上报有关备案材料的,部和省(区、市)国土资源管理部门将暂停受理上报的单独选址建设项目用地和城市分批次建设用地的审批。

二、进一步完善备案制度,保证建设用地备案制度的严格执行

省(区、市)国土资源管理部门要切实负起责任,加强对建设用地备案工作的领导,采取有效措施督促落实,保证备案制度的贯彻执行。自2004年1月1日起:

凡经省(区、市)人民政府批准的单独选址建设项目用地和城市分批次建设用地,每半年由省(区、市)国土资源管理部门填写表一,在每年7月15日和下一年度1月15日前报部耕地保护司备案。

凡经国务院批准的城市分批次建设用地的具体供应情况,每半年由所在城市国土资源管理部门负责填写表二,在每年7月15日和下一年度1月15日前直接报部土地利用管理司备

案,同时上报省(区、市)国土资源管理部门。

凡由省(区、市)人民政府批准的城市分批次建设用地的具体供应情况,每半年由当地市(县)国土资源管理部门填写表二,在每年7月15日和下一年度1月15日前报省备案。各省(区、市)国土资源管理部门在此基础上进行汇总,并填写表三,分别于每年7月31日和下一年度1月31日前,报部土地利用管理司备案。

部将定期对各地执行建设用地备案制度的情况进行通报。对于未按要求及时向部备案或在备案中弄虚作假的省(区、市),暂停受理上报国务院的城市分批次建设用地的审批。

三、继续执行电子备案制度,确保数据完整准确

部将于近期下发"建设用地电子备案软件(修订版)"和新的用户使用手册,并放置在国土资源部外网主页(http://www.mlr.gov.cn)"国土资源信息化/建设用地"栏目下,有条件的地方可直接下载,解压缩安装后使用,将生成的电子数据文档和盖章的纸质表格报部备案。

各级国土资源管理部门要派专人负责备案表格的填报和核准工作,确保软件生成的电子数据文档和打印出的备案表格的真实性、完整性和准确性。打印出的备案表格须由国土资源管理部门盖章,连同电子数据文档同时报部。电子数据文档可以软盘或光盘形式报送。

附件:

1."省级人民政府批准的建设用地项目备案表"(表一)(略)

2."城市分批次建设用地供应情况备案表"(表二)(略)

3."省(区、市)批准的城市分批次建设用地供应情况汇总表"(表三)(略)

国土资源部、国家发展和改革委员会关于在深入开展土地市场治理整顿期间严格建设用地审批管理的实施意见

（国土资发〔2004〕124 号　2004 年 6 月 8 日）

2004 年 4 月 29 日，国务院办公厅下发了《关于深入开展土地市场治理整顿严格土地管理的紧急通知》（国办发明电〔2004〕20 号，以下简称《紧急通知》），作出了在深入开展治理整顿期间，全国暂停审批农用地转非农建设用地的决定，并从实际出发，对确属急需的重点建设项目用地可报国务院批准。为切实贯彻落实《紧急通知》精神，现提出严格建设用地审批管理的实施意见如下：

一、关于暂停农用地转用审批和须报国务院审批建设项目用地的范围

自《紧急通知》下发之日起，省级国土资源部门暂停办理应报省级人民政府批准的农用地转用；授权审批农用地转用的市、州人民政府国土资源部门暂停办理应报市、州人民政府批准的农用地转用。凡不涉及办理农用地转用，只需依法征地的，仍按有关规定从严办理审批手续。

根据《紧急通知》规定，在深入开展治理整顿期间，能源、交通、水利、城市重大公共设施、卫生、教育等重点建设项目用地，确属急需的，报国务院批准。报国务院审批用地的项目首先要按照重点急需建设项目程序进行确认，确认后再按照土地审批程序报批。

二、关于重点急需建设项目确认程序

各省（自治区、直辖市）及计划单列市人民政府和新疆生产建设兵团汇总本省（自治区、直辖市）及计划单列市、新疆生产建设兵团范围内，由国务院、国务院有关部门及国家计划单列企业集团（公司）和省（自治区、直辖市）及计划单列市人民政府、新疆生产建设兵团批准的能源、交通、水利、城市重大公共设施、卫生、教育、国防军事工程和国防军工建设项目，及其配套的拆迁安置中，因建设期限、施工季节的需要，确需在近期施工用地的建设项目，并考虑国家下达本省（自治区、直辖市）及计划单列市、新疆生产建设兵团的 2004 年农用地转用计划指标（扣除已批准用地占用指标）确定的新增建设用地总量，填报“深入开展土地市场治理整顿期间重点急需建设项目确认申请表”（见附表），并附有关立项批准文件，报国家发展改革委和国土资源部。

重点急需建设项目的范围是：

（1）能源：包括石油、天然气、煤炭、采煤沉陷治理、大中型水电、火电、核电、电网、新能源等项目；

（2）交通：包括公路、铁路、港口、航道和机场等项目；

（3）水利和农业：包括所有水利和农业项目；

（4）城市重大公共设施：包括供水、交通、污水及垃圾处理、集中供热、燃气、消防、体育设

施等项目;

(5)卫生:包括传染病医院(病区)、紧急救援中心、疾病预防中心等项目;

(6)教育项目:义务教育阶段中小学校、普通高中学校等项目;

(7)国防军事工程和国防军工项目:包括所有国防军事工程和国防军工项目。

重点急需建设项目应具备以下一项条件:

(1)国务院已批准可行性研究报告急需建设的项目;

(2)已列入国务院批准规划中的急需建设的项目;

(3)利用国外政府贷款和国际金融组织贷款并已签约急需建设的项目;

(4)列入已下达的国债投资计划并急需在年底前开工建设的国债项目;

(5)涉及防洪、防灾等公共安全急需建设的项目;

(6)奥运会设施、世博会设施等重大项目及其配套项目。

国家发展改革委和国土资源部确认各省(自治区、直辖市)及计划单列市、新疆生产建设兵团上报的项目是否属于重点急需建设项目,建设用地涉及农用地转用是否纳入年度土地利用计划指标。符合条件的,列入"深入开展土地市场治理整顿期间重点急需建设项目名单"(以下简称"重点急需建设项目名单"),并下发各省(自治区、直辖市)及计划单列市、新疆生产建设兵团。

三、关于重点急需建设项目用地审查报批程序

在深入开展治理整顿期间,须报国务院审批的重点急需建设项目用地,按现行规定的审查内容和报批程序审查报批,同时要努力缩短审批时间,提高工作效率。

(一)市、县国土资源部门对建设单位用地申请及申请用地材料进行审查,初步认定建设项目是否列入"重点急需建设项目确认名单",列入确认名单的,单独选址建设项目用地按现行有关规定,组织用地报批材料呈报;城市重大公共设施、卫生、教育等项目在土地利用总体规划确定的城市建设用地范围内的,参照单独选址建设项目用地,组织报批材料呈报省级国土资源部门。

(二)省级国土资源部门受理市、县国土资源部门呈报的用地报批材料后进行全面审查。重点审查核定建设项目是否列入"重点急需建设项目确认名单"、用地是否符合规划纳入计划、征地是否依法补偿妥善安置、建设单位是否履行耕地占补平衡义务、用地是否符合《工程项目建设用地指标》和集约用地的要求。符合报批要求的,由省级人民政府向国务院呈报用地请示,有关用地报批材料报国土资源部审查;不符合报批要求的,由省级国土资源部门退回。

(三)国土资源部接到国务院办公厅的转办单后,对省级人民政府呈报国务院审批的建设项目用地报批材料进行严格审查。除按现行规定审查外,将进一步审查省级国土资源部门重点审查的内容。符合报批条件的,呈报国务院审批;不符合报批条件的,退回报文的省级人民政府,抄报国务院办公厅。

(四)国土资源部呈报国务院审批的建设项目,经国务院批准的,按规定时限,下发用地批复;未经国务院批准的,将建设用地请示文件退回报文的省级人民政府,抄报国务院办公厅。

四、关于遗留建设用地项目的清理

国土资源部对本实施意见下发前已经受理但尚未呈报国务院批准的建设用地项目进行清理。对列入"重点急需建设项目确认名单"的项目用地进行审查,符合报批条件的,呈报国务院批准。

省级国土资源部门对本实施意见下发前已经受理但尚未呈报国务院或省级人民政府审批的建设用地项目进行清理。对列入“重点急需建设项目确认名单”的项目进行审查，符合报批条件的，由省级人民政府向国务院提出用地请示，有关报批材料报国土资源部审查。

中华人民共和国国土资源部令

（第27号）

《建设项目用地预审管理办法》,已经2004年10月29日国土资源部第9次部务会议修订通过,现将修订后的《建设项目用地预审管理办法》公布,自2004年12月1日起施行。

部长 孙文盛

2004年11月1日

建设项目用地预审管理办法

（2001年6月28日国土资源部第5次部务会议通过
2004年10月29日国土资源部第9次部务会议修订）

第一条 为保证土地利用总体规划的实施,充分发挥土地供应的宏观调控作用,控制建设用地总量,根据《中华人民共和国土地管理法》、《中华人民共和国土地管理法实施条例》和《国务院关于深化改革严格土地管理的决定》,制定本办法。

第二条 本办法所称建设项目用地预审,是指国土资源管理部门在建设项目审批、核准、备案阶段,依法对建设项目涉及的土地利用事项进行的审查。

第三条 预审应当遵循下列原则:

(一)符合土地利用总体规划;

(二)保护耕地,特别是基本农田;

(三)合理和集约利用土地;

(四)符合国家供地政策。

第四条 建设项目用地实行分级预审。

需人民政府或有批准权的人民政府发展和改革等部门审批的建设项目,由该人民政府的国土资源管理部门预审。

需核准和备案的建设项目,由与核准、备案机关同级的国土资源管理部门预审。

第五条 需审批的建设项目在可行性研究阶段,由建设用地单位提出预审申请。

需核准、备案的建设项目在申请核准、备案前,由建设用地单位提出预审申请。

第六条 依照本办法第四条规定应当由国土资源部预审的建设项目,国土资源部委托项目所在地的省级国土资源管理部门受理,但建设项目占用规划确定的城市建设用地范围内土地的,委托市级国土资源管理部门受理。受理后,提出初审意见,转报国土资源部。

涉密军事项目和国务院批准的特殊建设项目用地,建设用地单位可直接向国土资源部提出预审申请。

应当由国土资源部负责预审的输电线塔基、钻探井位、通讯基站等小面积零星分散建设项目用地，由省级国土资源管理部门预审，并报国土资源部备案。

第七条 建设用地单位申请预审，应当提交下列材料：

（一）建设项目用地预审申请表；

（二）预审的申请报告，内容包括拟建设项目基本情况、拟选址情况、拟用地总规模和拟用地类型、补充耕地初步方案；

（三）需审批的建设项目还应提供项目建议书批复文件和项目可行性研究报告。项目建议书批复与项目可行性研究报告合一的，只提供项目可行性研究报告。

本条第一款规定的预审申请表，由国土资源部统一规定。

第八条 受国土资源部委托负责初审的国土资源管理部门在转报用地预审申请时，应当提供下列材料：

（一）初审意见，内容包括拟建设项目用地是否符合土地利用总体规划、是否符合国家供地政策、用地标准和总规模是否符合有关规定、补充耕地初步方案是否可行等；

（二）标注项目用地范围的县级以上土地利用总体规划图及相关图件；

（三）属于《土地管理法》第二十六条规定情形，建设项目用地需修改土地利用总体规划的，应当出具经相关部门和专家论证的规划修改方案、建设项目对规划实施影响评估报告和修改规划听证会纪要。

第九条 符合本办法第七条规定的预审申请和第八条规定的初审转报件，国土资源管理部门应当受理和接收。不符合的，应当场或在五日内书面通知申请人和转报人，逾期不通知的，视为受理和接收。

受国土资源部委托负责初审的国土资源管理部门应当自受理之日起二十日内完成初审工作，并转报国土资源部。

第十条 预审的主要内容：

（一）建设项目用地选址是否符合土地利用总体规划，是否符合土地管理法律、法规规定的条件；

（二）建设项目是否符合国家供地政策；

（三）建设项目用地标准和总规模是否符合有关规定；

（四）占用耕地的，补充耕地初步方案是否可行，资金是否有保障；

（五）属《土地管理法》第二十六条规定情形，建设项目用地需修改土地利用总体规划的，规划的修改方案、建设项目对规划实施影响评估报告等是否符合法律、法规的规定。

第十一条 国土资源管理部门应当自受理预审申请或者收到转报材料之日起二十日内，完成审查工作，并出具预审意见。二十日内不能出具预审意见的，经负责预审的国土资源管理部门负责人批准，可以延长十日。

第十二条 预审意见应当包括对本办法第十条规定内容的结论性意见和对建设用地单位的具体要求。

第十三条 预审意见是建设项目批准、核准的必备文件，预审意见提出的用地标准和总规模等方面的要求，建设项目初步设计阶段应当充分考虑。

建设用地单位应当认真落实预审意见，并在依法申请使用土地时出具落实预审意见的书面材料。

第十四条 建设项目用地预审文件有效期为两年，自批准之日起计算。已经预审的项目，如需对土地用途、建设项目选址等进行重大调整的,应当重新申请预审。

第十五条 核准或者批准建设项目前,应当依照本办法规定完成预审,未经预审或者预审未通过的,不得批准农用地转用、土地征收,不得办理供地手续。

第十六条 本办法自 2004 年 12 月 1 日起施行。

国土资源部关于发布和实施《工业项目建设用地控制指标（试行）》的通知

（国土资发〔2004〕232号 2004年11月1日）

各省、自治区、直辖市国土资源厅（国土环境资源厅、国土资源和房屋管理局、房屋土地资源管理局、规划和国土资源局），解放军土地管理局，新疆生产建设兵团国土资源局：

为贯彻落实《国务院关于深化改革严格土地管理的决定》（国发〔2004〕28号），加强工业项目建设用地管理，促进建设用地的集约利用，部研究制定了《工业项目建设用地控制指标（试行）》（以下简称《控制指标》），现发布实施。

一、各级国土资源管理部门要严格执行《控制指标》与相关工程项目建设用地指标，从严控制供地。不符合《控制指标》要求的工业项目，不予供地或对项目用地面积予以核减。对因工艺流程、生产安全、环境保护等有特殊要求确需突破《控制指标》的，在申请办理建设项目用地预审和用地报批时应提供有关论证材料，确属合理的，方可通过预审或批准用地，并将项目用地的批准文件、土地使用合同等供地法律文书报省（区、市）国土资源管理部门备案。

二、市、县国土资源管理部门在供应土地时，必须依据《控制指标》的规定，在土地使用合同或《划拨用地决定书》等供地法律文书中明确约定投资强度、容积率等控制性指标要求及违约责任。不能履行约定条件的用地者，应承担违约责任。

三、省（区、市）国土资源管理部门要切实加强对《控制指标》实施情况的监督管理，积极探索在招商引资、促进工业化进程中集约用地的好经验、好做法，总结典型，加大宣传推广的工作力度，不断完善和规范实施《控制指标》的程序与办法。要加强对工业用地利用状况的评价与分析，大力推进工业用地集约利用。要根据本地区实际，在符合《控制指标》要求的前提下，制定本地的工业项目建设用地控制指标，并报部备案。

四、部将根据社会经济发展、技术进步、集约用地要求和《控制指标》的实施情况，适时修订《控制指标》。

工业项目建设用地控制指标（试行）

一、为认真贯彻落实“十分珍惜、合理利用土地和切实保护耕地”的基本国策，促进建设用地的集约利用和优化配置，提高工业项目建设用地的管理水平，制定本工业项目建设用地控制指标（以下简称“控制指标”）。

二、本控制指标是对一个工业项目（或单项工程）及其配套工程在土地利用上进行控制的标准。

三、本控制指标是国土资源管理部门在建设用地预审和审批阶段核定工业项目用地规模的重要标准，是工业企业和设计单位编制工业项目可行性研究报告和初步设计文件的重要依据。

工业项目所属行业已有国家颁布的有关工程项目建设用地指标的,应与本控制指标共同使用。

四、本控制指标由投资强度、容积率、建筑系数、行政办公及生活服务设施用地所占比重四项指标构成。工业项目建设用地必须同时符合四项指标。具体如下:

(一)工业项目投资强度控制指标应符合表1的规定;

(二)容积率控制指标应符合表2的规定;

(三)工业项目的建筑系数应不得低于30;

(四)工业项目所需行政办公及生活服务设施用地面积不得超过工业项目总用地面积的7。严禁在工业项目用地范围内建造成套住宅、专家楼、宾馆、招待所和培训中心等非生产性配套设施。

五、工业项目建设应采用先进的生产工艺、生产设备,缩短工艺流程,节约使用土地。对适合多层标准厂房生产的工业项目,应进入多层标准厂房,原则上不单独供地。

六、工业项目建设要严格控制厂区绿化率,在工业开发区(园区)或工业项目用地范围内不得建造"花园式工厂"。

七、本控制指标由正文、控制指标应用说明(附件1)、城市等别划分(附件2)、《国民经济行业分类注释》(附件3)共四部分组成。

八、本控制指标适用于新建工业项目,改建、扩建工业项目可参照执行。

表1 投资强度控制指标 单位:万元/公顷

地区分类	一类	二类	三类	四类	五类	六类	七类
市县等别 行业代码	第一、二、三、四等	第五、六等	第七、八等	第九、十等	第十一、十二等	第十三、十四等	第十五等
13	≥1680	≥1350	≥975	≥675	≥570	≥510	≥380
14	≥1680	≥1350	≥975	≥675	≥570	≥510	≥380
15	≥1680	≥1350	≥975	≥675	≥570	≥510	≥380
16	≥1680	≥1350	≥975	≥675	≥570	≥510	≥380
17	≥1680	≥1350	≥975	≥675	≥570	≥510	≥380
18	≥1680	≥1350	≥975	≥675	≥570	≥510	≥380
19	≥1680	≥1350	≥975	≥675	≥570	≥510	≥380
20	≥1350	≥1080	≥780	≥540	≥450	≥405	≥380
21	≥1575	≥1260	≥915	≥630	≥525	≥480	≥380
22	≥1680	≥1350	≥975	≥675	≥570	≥510	≥380
23	≥2250	≥1800	≥1305	≥900	≥750	≥675	≥380
24	≥1680	≥1350	≥975	≥675	≥570	≥510	≥380
25	≥2250	≥1800	≥1305	≥900	≥750	≥675	≥380
26	≥2250	≥1800	≥1305	≥900	≥750	≥675	≥380
27	≥3375	≥2700	≥1965	≥1350	≥1125	≥1020	≥380

续上表

地区分类 市县等别 / 行业代码	一类 第一、二、三、四等	二类 第五、六等	三类 第七、八等	四类 第九、十等	五类 第十一、十二等	六类 第十三、十四等	七类 第十五等
28	≥3375	≥2700	≥1965	≥1350	≥1125	≥1020	≥380
29	≥2250	≥1800	≥1305	≥900	≥750	≥675	≥380
30	≥1800	≥1440	≥1050	≥720	≥600	≥540	≥380
31	≥1350	≥1080	≥780	≥540	≥450	≥405	≥380
32	≥2700	≥2160	≥1575	≥1080	≥900	≥810	≥380
33	≥2700	≥2160	≥1575	≥1080	≥900	≥810	≥380
34	≥2250	≥1800	≥1305	≥900	≥750	≥675	≥380
35	≥2700	≥2160	≥1575	≥1080	≥900	≥810	≥380
36	≥2700	≥2160	≥1575	≥1080	≥900	≥810	≥380
37	≥3375	≥2700	≥1965	≥1350	≥1125	≥1020	≥380
39	≥2700	≥2160	≥1575	≥1080	≥900	≥810	≥380
40	≥3825	≥3060	≥2235	≥1530	≥1275	≥1155	≥380
41	≥2700	≥2160	≥1575	≥1080	≥900	≥810	≥380
42	≥1350	≥1080	≥780	≥540	≥450	≥405	≥380
43	≥1350	≥1080	≥780	≥540	≥450	≥405	≥380

注:城市等别划分见附件2。

表2 容积率控制指标

行业分类		容积率
代码	名称	
13	农副食品加工业	≥0.8
14	食品制造业	≥0.8
15	饮料制造业	≥0.8
16	烟草加工业	≥0.8
17	纺织业	≥0.6
18	纺织服装鞋帽制造业	≥0.8
19	皮革、毛皮、羽绒及其制品业	≥0.8
20	木材加工及竹、藤、棕、草制品业	≥0.6
21	家具制造业	≥0.6
22	造纸及纸制品业	≥0.6
23	印刷业、记录媒介的复制	≥0.6
24	文教体育用品制造业	≥0.8
25	石油加工、炼焦及核燃料加工业	≥0.4
26	化学原料及化学制品制造业	≥0.6
27	医药制造业	≥0.6

续上表

行业分类		容积率
代码	名称	
28	化学纤维制造业	≥0.6
29	橡胶制品业	≥0.6
30	塑料制品业	≥0.8
31	非金属矿物制品业	≥0.5
32	黑色金属冶炼及压延加工业	≥0.4
33	有色金属冶炼及压延加工业	≥0.4
34	金属制品业	≥0.5
35	通用设备制造业	≥0.5
36	专用设备制造业	≥0.5
37	交通运输设备制造业	≥0.5
39	电气机械及器材制造业	≥0.5
40	通信设备、计算机及其他电子设备制造业	≥0.8
41	仪器仪表及文化、办公用机械制造业	≥0.8
42	工艺品及其他制造业	≥0.8
43	废弃资源和废旧材料回收加工业	≥0.5

附件1:

控制指标应用说明

一、指标应用

投资强度按地区、行业确定,在具体应用本控制指标时,首先根据附件2确定项目所在城市的等别,再根据表1确定各行业分类工业用地的投资强度控制指标。城市等别按照《财政部国土资源部关于印发〈用于农业土地开发的土地出让金收入管理办法〉的通知》(财综〔2004〕49号)有关土地出让平均纯收益等别划分的规定执行(详见附件2);工业行业分类按《国民经济行业分类注释》(GB/T 4754—2002)执行(详见附件3)。

二、指标解释

1. 投资强度:项目用地范围内单位面积固定资产投资额。

计算公式:

投资强度=项目固定资产总投资÷项目总用地面积

其中:项目固定资产总投资包括厂房、设备和地价款。

2. 容积率:项目用地范围内总建筑面积与项目总用地面积的比值。

计算公式:

容积率=总建筑面积÷总用地面积

当建筑物层高超过8米,在计算容积率时该层建筑面积加倍计算。

3. 行政办公及生活服务设施用地所占比重:项目用地范围行政办公、生活服务设施占用土地面积(或分摊土地面积)占总用地面积的比例。

计算公式:

行政办公及生活服务设施用地所占比重 = 行政办公、生活服务设施占用土地面积 ÷ 项目总用地面积 × 100

当无法单独计算行政办公和生活服务设施占用土地面积时,可以采用行政办公和生活服务设施建筑面积占总建筑面积的比重计算得出的分摊土地面积代替。

4. 建筑系数:项目用地范围内各种建、构筑物占地面积总和占总用地面积的比例。

计算公式:

建筑系数 = (建筑物占地面积 + 构筑物占地面积 + 堆场用地面积) ÷ 项目总用地面积 × 100

附件 2:

城市等别划分(略)

附件 3:

《国民经济行业分类注释》(略)

国土资源部关于印发《关于完善农用地转用和土地征收审查报批工作的意见》的通知

(国土资发〔2004〕237 号 2004 年 11 月 2 日)

各省、自治区、直辖市国土资源厅(国土环境资源厅、国土资源局、国土资源和房屋管理局、房屋土地资源管理局、规划和国土资源局),计划单列市国土资源行政主管部门,解放军土地管理局,新疆生产建设兵团国土资源局:

为贯彻落实《国务院关于深化改革严格土地管理的决定》(国发〔2004〕28 号)精神,巩固土地市场治理整顿成果,进一步严格建设用地审查报批工作,部研究制定了《关于完善农用地转用和土地征收审查报批工作的意见》,现印发你们,请认真执行。

关于完善农用地转用和土地征收审查报批工作的意见

为巩固土地市场治理整顿成果,根据《国务院关于深化改革严格土地管理的决定》(国发〔2004〕28 号,以下简称《决定》)精神,现就完善农用地转用和土地征收审查报批工作提出以下意见:

一、严格控制农用地转用和土地征收报批条件

(一)《决定》下发后,通过清理有关文件,对仍未纠正违法下放的农用地转用和土地征收审批权的地方,继续暂停该地农用地转用和土地征收报批。

(二)各省、自治区、直辖市首先办理经国家发展改革委、国土资源部确认纳入 2004 年度农用地转用计划的重点急需建设项目的用地报批;年度计划有剩余指标的,再办理其他建设用地报批。年度农用地转用计划指标用完的省、自治区、直辖市或市、县,2004 年年底前暂停农用地转用和土地征收报批;没有计划指标,擅自批准用地的,按非法批地查处。

(三)对以往拖欠的农民征地补偿安置费,在 2004 年年底前未足额偿还的市、县,暂缓下达 2005 年度农用地转用计划指标,暂停农用地转用和土地征收报批。

(四)对 2004 年年底前未按《关于基本农田保护中有关问题的整改意见》(国土资发〔2004〕223 号)的要求,将现有的基本农田落实到地块的市、县,暂缓下达 2005 年度农用地转用计划指标,暂停农用地转用和土地征收报批。

二、规范农用地转用和土地征收审查报批工作

(五)城市分批次建设用地严格按法律规定报批。分批次范围内的用地要提供土地开发建设整体方案,有控制性规划的,还应提供控制性规划。分批次范围内已有具体建设项目的,应附具项目名单,列明项目名称、性质、规模和用地面积。

（六）能源、交通、水利、矿山、军事设施等确需单独选址建设的项目，在《国务院关于投资体制改革的决定》（国发〔2004〕24 号）实施前批准立项的，仍按原规定报批用地；实施后，属国务院、国家发展改革等部门或省级人民政府批准、核准的单独选址建设项目，涉及农用地转用和土地征收的，报国务院批准；除此之外的单独选址建设项目，涉及农用地转用和土地征收的，报省级人民政府批准，其中征收土地面积超过省级批准权限的，土地征收必须报国务院批准；建设项目确需占用基本农田的，必须报国务院批准。

（七）各类建设的用地必须符合土地利用总体规划。确需单独选址建设的项目，依法可以改变土地利用总体规划的，规划修改方案可以在报批用地时一并报批；其他项目用地涉及修改规划的，按法定程序修改规划后，方可报批用地。

（八）建设项目的可行性研究报告或其他有关文件没有明确分期建设的，应一次性报批农用地转用和土地征收。城市分批次建设用地，市、县每年报批应控制在 5 个批次内。

（九）农村集体建设和村民住宅建设在向集镇、乡镇工业小区和中心村集中过程中，新址用地必须符合规划，纳入计划；涉及占用农用地的，不得以土地置换为名，规避农用地转用报批手续。

（十）对违法用地，须先按有关规定进行处罚。确需补办用地手续的，在补办用地手续时，须附具对违法案件和有关责任人的处理意见及落实情况，征地补偿安置费用、耕地开垦费按违法用地期间最高标准支付和缴纳。

（十一）补充耕地实行边占边补的，耕地开垦费必须列入工程投资概算，补充耕地的土地开发整理项目须按有关规定验收；建设单位缴纳耕地开垦费的，报批用地时应附具耕地开垦费缴纳证明和代其补充耕地单位的证明。经依法批准占用基本农田的，耕地开垦费缴纳标准按当地最高标准执行。补充耕地实行先补后占的，报批用地时应附具补充耕地验收文件和资金来源情况的说明。

三、强化农用地转用和土地征收批后监督管理

（十二）城市分批次建设用地和单独选址建设项目用地涉及缴纳新增建设用地土地有偿使用费的，国土资源管理部门应全额下达新增建设用地土地有偿使用费缴款通知书，由市、县人民政府按有关规定缴纳后，再下达批复文件。

（十三）国务院批准的城市分批次建设用地的供地情况、省级人民政府批准的单独选址建设项目用地和城市分批次建设用地及供地情况，应及时向部和省级国土资源部门备案。对于未按规定时间及有关要求备案或在备案中弄虚作假的省、自治区、直辖市或市、县，暂停其农用地转用和土地征收报批。

（十四）农用地转用和土地征收批准文件有效期两年。农用地转用或土地征收经依法批准后，市、县两年内未用地或未实施征地补偿安置方案的，有关批准文件自动失效；两年内未提供给具体用地单位的，按未供应土地面积扣减该市、县下一年度的农用地转用计划指标。

（十五）征地补偿安置方案经依法批准后，征地补偿安置费用应按法律规定的期限全额支付给被征地农村集体经济组织；未按期全额支付到位的，市、县不得发放建设用地批准书，农村集体经济组织和农民有权拒绝建设单位动工用地。

（十六）对一个成片开发项目中包含多个建设项目的用地，在一次报批农用地转用和土地征收后，供地时应区分各个建设项目土地用途和用地性质，依据法律规定和国家供地政策分别供地。

(十七)城市分批次建设用地和单独选址建设项目用地经依法批准后,国土资源部门应通过新闻媒体或其他形式向社会公开批准情况;建设单位应将农用地转用、土地征收批准文件及建设用地批准书等在施工场地悬挂,接受社会的监督。

国土资源部关于印发《关于完善征地补偿安置制度的指导意见》的通知

（国土资发〔2004〕238 号　2004 年 11 月 3 日）

各省、自治区、直辖市国土资源厅（国土环境资源厅、国土资源局、国土资源和房屋管理局、房屋土地资源管理局、规划和国土资源局），计划单列市国土资源行政主管部门，解放军土地管理局，新疆生产建设兵团国土资源局：

为贯彻落实《国务院关于深化改革严格土地管理的决定》（国发〔2004〕28 号），巩固土地市场治理整顿成果，进一步加强和改进征地补偿安置工作，部研究制定了《关于完善征地补偿安置制度的指导意见》。现印发你们，请认真执行。

关于完善征地补偿安置制度的指导意见

为合理利用土地，保护被征地农民合法权益，维护社会稳定，根据法律有关规定和《国务院关于深化改革严格土地管理的决定》（国发〔2004〕28 号，以下简称《决定》）精神，现就完善征地补偿安置制度有关问题提出以下意见：

一、关于征地补偿标准

（一）统一年产值标准的制订。省级国土资源部门要会同有关部门制订省域内各县（市）耕地的最低统一年产值标准，报省级人民政府批准后公布执行。制订统一年产值标准可考虑被征收耕地的类型、质量、农民对土地的投入、农产品价格、农用地等级等因素。

（二）统一年产值倍数的确定。土地补偿费和安置补助费的统一年产值倍数，应按照保证被征地农民原有生活水平不降低的原则，在法律规定范围内确定；按法定的统一年产值倍数计算的征地补偿安置费用，不能使被征地农民保持原有生活水平，不足以支付因征地而导致无地农民社会保障费用的，经省级人民政府批准应当提高倍数；土地补偿费和安置补助费合计按 30 倍计算，尚不足以使被征地农民保持原有生活水平的，由当地人民政府统筹安排，从国有土地有偿使用收益中划出一定比例给予补贴。经依法批准占用基本农田的，征地补偿按当地人民政府公布的最高补偿标准执行。

（三）征地区片综合地价的制定。有条件的地区，省级国土资源部门可会同有关部门制订省域内各县（市）征地区片综合地价，报省级人民政府批准后公布执行，实行征地补偿。制订区片综合地价应考虑地类、产值、土地区位、农用地等级、人均耕地数量、土地供求关系、当地经济发展水平和城镇居民最低生活保障水平等因素。

（四）土地补偿费的分配。按照土地补偿费主要用于被征地农户的原则，土地补偿费应在农村集体经济组织内部合理分配。具体分配办法由省级人民政府制定。土地被全部征收，同时农村集体经济组织撤销建制的，土地补偿费应全部用于被征地农民生产生活安置。

二、关于被征地农民安置途径

(五)农业生产安置。征收城市规划区外的农民集体土地,应当通过利用农村集体机动地、承包农户自愿交回的承包地、承包地流转和土地开发整理新增加的耕地等,首先使被征地农民有必要的耕作土地,继续从事农业生产。

(六)重新择业安置。应当积极创造条件,向被征地农民提供免费的劳动技能培训,安排相应的工作岗位。在同等条件下,用地单位应优先吸收被征地农民就业。征收城市规划区内的农民集体土地,应当将因征地而导致无地的农民,纳入城镇就业体系,并建立社会保障制度。

(七)入股分红安置。对有长期稳定收益的项目用地,在农户自愿的前提下,被征地农村集体经济组织经与用地单位协商,可以以征地补偿安置费用入股,或以经批准的建设用地土地使用权作价入股。农村集体经济组织和农户通过合同约定以优先股的方式获取收益。

(八)异地移民安置。本地区确实无法为因征地而导致无地的农民提供基本生产生活条件的,在充分征求被征地农村集体经济组织和农户意见的前提下,可由政府统一组织,实行异地移民安置。

三、关于征地工作程序

(九)告知征地情况。在征地依法报批前,当地国土资源部门应将拟征地的用途、位置、补偿标准、安置途径等,以书面形式告知被征地农村集体经济组织和农户。在告知后,凡被征地农村集体经济组织和农户在拟征土地上抢栽、抢种、抢建的地上附着物和青苗,征地时一律不予补偿。

(十)确认征地调查结果。当地国土资源部门应对拟征土地的权属、地类、面积以及地上附着物权属、种类、数量等现状进行调查,调查结果应与被征地农村集体经济组织、农户和地上附着物产权人共同确认。

(十一)组织征地听证。在征地依法报批前,当地国土资源部门应告知被征地农村集体经济组织和农户,对拟征土地的补偿标准、安置途径有申请听证的权利。当事人申请听证的,应按照《国土资源听证规定》规定的程序和有关要求组织听证。

四、关于征地实施监管

(十二)公开征地批准事项。经依法批准征收的土地,除涉及国家保密规定等特殊情况外,国土资源部和省级国土资源部门通过媒体向社会公示征地批准事项。县(市)国土资源部门应按照《征用土地公告办法》规定,在被征地所在的村、组公告征地批准事项。

(十三)支付征地补偿安置费用。征地补偿安置方案经市、县人民政府批准后,应按法律规定的时限向被征地农村集体经济组织拨付征地补偿安置费用。当地国土资源部门应配合农业、民政等有关部门对被征地集体经济组织内部征地补偿安置费用的分配和使用情况进行监督。

(十四)征地批后监督检查。各级国土资源部门要对依法批准的征收土地方案的实施情况进行监督检查。因征地确实导致被征地农民原有生活水平下降的,当地国土资源部门应积极会同政府有关部门,切实采取有效措施,多渠道解决好被征地农民的生产生活,维护社会稳定。

中华人民共和国农业部令

（第58号）

《草原征占用审核审批管理办法》已经2006年1月16日农业部第3次常务会议审议通过，现予公布，自2006年3月1日起施行。

部长 杜青林

2006年1月27日

草原征占用审核审批管理办法

第一条 为了加强草原征占用的监督管理，规范草原征占用的审核审批，保护草原资源和环境，维护农牧民的合法权益，根据《中华人民共和国草原法》的规定，制定本办法。

第二条 本办法适用于下列情形：

（一）矿藏开采和工程建设等需要征用、使用草原的审核；

（二）临时占用草原的审核；

（三）在草原上修建直接为草原保护和畜牧业生产服务的工程设施使用草原的审批。

第三条 县级以上人民政府草原行政主管部门负责草原征占用的审核审批工作。

县级以上人民政府草原行政主管部门的草原监督管理机构承担相关具体工作。

第四条 草原是重要的战略资源。国家保护草原资源，实行基本草原保护制度，严格控制草原转为其他用地。

第五条 矿藏开采、工程建设和修建工程设施应当不占或少占草原。除国家重点工程项目外，不得占用基本草原。

第六条 矿藏开采和工程建设确需征用或使用草原的，依照下列规定的权限办理：

（一）征用、使用草原超过七十公顷的，由农业部审核；

（二）征用、使用草原七十公顷及其以下的，由省级人民政府草原行政主管部门审核。

第七条 工程建设、勘查、旅游等确需临时占用草原的，由县级以上地方人民政府草原行政主管部门依据所在省、自治区、直辖市确定的权限分级审核。

临时占用草原的期限不得超过二年，并不得在临时占用的草原上修建永久性建筑物、构筑物；占用期满，使用草原的单位或个人应当恢复草原植被并及时退还。

第八条 在草原上修建直接为草原保护和畜牧业生产服务的工程设施确需使用草原的，依照下列规定的权限办理：

（一）使用草原超过七十公顷的，由农业部审批；

（二）使用草原七十公顷及其以下的，由县级以下地方人民政府草原行政主管部门依据所在省、自治区、直辖市确定的审批权限审批。

修筑其他工程，需要将草原转为非畜牧业生产用地的，应当依照本办法第六条的规定办理。

第一款所称直接为草原保护和畜牧业生产服务的工程设施,是指:

(一)生产、贮存草种和饲草饲料的设施;

(二)牲畜圈舍、配种点、剪毛点、药浴池、人畜饮水设施;

(三)科研、试验、示范基地;

(四)草原防火和灌溉设施。

第九条 草原征占用应当符合下列条件:

(一)符合国家的产业政策,国家明令禁止的项目不得征占用草原;

(二)符合所在地县级草原保护建设利用规划,有明确的使用面积或临时占用期限;

(三)对所在地生态环境、畜牧业生产和农牧民生活不会产生重大不利影响;

(四)征占用草原应当征得草原所有者或使用者的同意;征占用已承包经营草原的,还应当与草原承包经营者达成补偿协议;

(五)临时占用草原的,应当具有恢复草原植被的方案;

(六)申请材料齐全、真实;

(七)法律、法规规定的其他条件。

第十条 草原征占用单位或个人应当向具有审核审批权限的草原行政主管部门提出草原征占用申请。

第十一条 矿藏开采和工程建设等确需征用、使用草原的单位或个人,应当填写《草原征占用申请表》,同时提供下列材料:

(一)项目批准文件;

(二)草原权属证明材料;

(三)有资质的设计单位做出的包含环境影响评价内容的项目使用草原可行性报告;

(四)与草原所有权者、使用者或承包经营者签订的草原补偿费和安置补助费等补偿协议。

临时占用草原的,应当提供前款(二)、(三)项规定的材料、草原植被恢复方案以及与草原所有者、使用者或承包经营者签订的草原补偿费等补偿协议。

修建直接为草原保护和畜牧业生产服务的工程设施使用草原的,应当提供第一款(一)、(二)、(四)项规定的材料。

第十二条 草原行政主管部门应当自受理申请之日起二十个工作日内完成审核或者审批工作。

二十个工作日内不能完成的,经本部门负责人批准,可延长十个工作日,并告知申请人延长的理由。

第十三条 草原行政主管部门应当组织对被申请征用、使用的草原进行现场查验,核查草原面积等情况,并填写《草原征用使用现场查验表》。

草原现场查验人员应当不少于三人,其中应当包括两名以上具有中级以上职称的相关专业技术人员。

被申请征用、使用草原的摄像或照片资料和地上建筑、基础设施建设的视听资料,可以作为《草原征用使用现场查验表》的附属材料。

第十四条 现场查验人员应当在《草原征占用申请表》上签署查验意见,并将《草原征用使用现场查验表》连同其他相关资料报送草原行政主管部门审查。

第十五条 矿藏开采和工程建设等确需征用、使用草原的申请,经审查同意的,草原行政主管部门应当向申请人发放《草原征用使用审核同意书》,并按照《中华人民共和国草原法》的规定,预收草原植被恢复费;经审查不同意的,应当在《草原征占用申请表》中说明不同意的理由,并书面告知申请人。

申请人凭《草原征用使用审核同意书》依法向土地管理部门申请办理建设用地审批手续。建设用地申请未获批准的,草原行政主管部门应当将预收的草原植被恢复费全部退还申请人。

第十六条 临时占用草原或修建直接为草原保护和畜牧业生产服务的工程设施需要使用草原的申请,经审核审批同意的,草原行政主管部门应当以文件形式通知申请人。

第十七条 草原征用、使用、临时占用单位或个人应当按照批准的面积征用、使用、临时占用,不得擅自扩大面积。确需扩大面积的,应当依照本办法的规定重新申请。

第十八条 违反本办法规定,有下列情形之一的,依照《中华人民共和国草原法》的有关规定查处,构成犯罪的,依法追究刑事责任:

(一)无权批准征用、使用草原的单位或者个人非法批准征用、使用草原的;

(二)超越批准权限非法批准征用、使用草原的;

(三)违反规定程序批准征用、使用草原的;

(四)未经批准或者采取欺骗手段骗取批准,非法使用草原的;

(五)在临时占用的草原上修建永久性建筑物、构筑物的;

(六)临时占用草原,占用期届满,用地单位不予恢复草原植被的;

(七)其他违反法律法规规定征占用草原的。

前款第(一)、(二)、(三)项所列情形,尚不够刑事处罚的,依法给予行政处分;给当事人造成损失的,依法承担赔偿责任。

第十九条 县级以上人民政府草原行政主管部门应当建立征占用草原审核审批管理档案。

第二十条 省、自治区、直辖市人民政府草原行政主管部门应当在每年的第一季度将上年度本省、自治区、直辖市征占用草原的情况汇总报告农业部。

第二十一条 《草原征占用申请表》和《草原征用使用现场查验表》式样由农业部统一规定,省级人民政府草原行政主管部门统一印制。《草原征用使用审核同意书》由农业部统一印制。

第二十二条 本办法自 2006 年 3 月 1 日起施行。

中华人民共和国国土资源部令

（第33号）

《耕地占补平衡考核办法》，已经2006年6月8日第3次部务会议通过，现予发布，自2006年8月1日起施行。

部长 孙文盛

2006年6月16日

耕地占补平衡考核办法

第一条 为加强耕地保护，规范耕地占补平衡考核工作，督促非农业建设占用耕地的单位履行补充耕地的法定义务，根据《中华人民共和国土地管理法》和《国务院关于深化改革严格土地管理的决定》，制定本办法。

第二条 本办法所称耕地占补平衡考核，是指县级以上国土资源管理部门按照“占多少，垦多少”的原则，对依法批准占用耕地的非农业建设用地补充耕地方案的落实情况进行检查核实。

第三条 国土资源部负责全国耕地占补平衡的考核工作。

县级以上地方国土资源管理部门负责本行政区域内耕地占补平衡的考核工作。

第四条 耕地占补平衡考核，坚持统一标准、分级负责，实事求是、客观公正，严格规范、违者查处的原则。

第五条 经依法批准的非农业建设用地，按照补充耕地方案的实施计划需在考核年度内完成补充耕地义务的，列入年度耕地占补平衡的考核范围。

前款规定的考核年度为上年十一月一日至本年十月三十一日。

第六条 耕地占补平衡考核，以建设用地项目为单位进行，主要考核经依法批准的补充耕地方案确定的补充耕地的数量、质量和资金。

前款规定的建设用地项目，包括能源、交通、水利、矿山、军事设施等单独选址建设项目用地和城市、村庄、集镇分批次建设用地。

第七条 补充耕地的责任单位是：

（一）单独选址建设项目用地，由建设单位自行补充耕地的，建设单位为补充耕地的责任单位；

（二）城市分批次建设用地，所在市、县人民政府为补充耕地的责任单位；

（三）村庄、集镇分批次建设用地，所涉及的农村集体经济组织为补充耕地的责任单位；

（四）因没有条件开垦或者开垦的耕地不符合要求，按照省、自治区、直辖市的规定缴纳耕地开垦费，由收取耕地开垦费的地方人民政府或者有关部门代履行补充耕地义务的，有关地方人民政府或者部门为补充耕地的责任单位；

（五）因耕地后备资源匮乏，经省、自治区、直辖市国土资源管理部门统一安排，通过收取耕地开垦费在本省、自治区、直辖市行政区域内易地补充耕地的，接收耕地开垦费的有关地方人民政府或部门为补充耕地的责任单位。

第八条 耕地占补平衡，实行占用耕地的建设用地项目与补充耕地的土地开发整理项目挂钩制度。补充耕地的责任单位应当按照经依法批准的补充耕地方案，通过实施土地开发整理项目补充耕地。

第九条 经依法批准占用耕地的建设单位应当将所占用耕地的耕作层土壤剥离，用于土地开发整理项目或者其他耕地的土壤改良。

有条件的地区，补充耕地的责任单位应当利用剥离的耕作层土壤，提高补充耕地质量。

第十条 补充耕地的土地开发整理项目，应当符合土地利用总体规划和土地开发整理专项规划，实现数量、质量和生态管护相统一。

土地开发整理项目应当根据项目管理规定进行可行性研究和设计；根据项目所在区域的自然、经济条件优化设计方案，努力提升补充耕地的等级。土地开发整理项目竣工后，由国土资源管理部门会同农业等部门按照土地开发整理项目验收的有关规定组织验收。

第十一条 通过实施土地开发整理项目补充的耕地数量，不得少于挂钩的建设用地项目所占用的耕地数量。

实施补充耕地的土地开发整理项目，应当与被占用的耕地等级相同或者高于被占用耕地的等级，按照占用耕地面积确定补充耕地面积；确实无法实现等级相同，难以保证补充耕地质量的，应当选择等级接近的项目，并按照数量质量等级折算方法增加补充耕地面积。

第十二条 实施补充耕地的土地开发整理项目，应当达到设计确定的有关道路、渠系、林网和耕作层厚度及坡度等技术标准，并按有关规定验收合格。

第十三条 单独选址建设项目用地占用耕地的，补充耕地资金应当足额列入工程预算。

城市分批次建设用地占用耕地的，由当地人民政府提供补充耕地资金，通过实施土地开发整理项目先行落实补充耕地，但不得使用新增建设用地土地有偿使用费。

村庄、集镇分批次建设用地占用耕地的，由农村集体经济组织筹集有关资金或者组织农民投工投劳实施土地整理项目补充耕地。

第十四条 同时符合本办法第十条、第十一条、第十二条和第十三条规定的，建设用地项目补充耕地考核为“合格”。

不符合本办法第十条、第十一条、第十二条和第十三条规定规定之一的，补充耕地考核为“不合格”。

第十五条 国土资源部每年对全国耕地占补平衡考核工作作出部署。

省、自治区、直辖市国土资源管理部门根据国土资源部的部署，对市、县耕地占补平衡考核工作提出具体要求。

市或者县国土资源管理部门根据上级国土资源管理部门的工作部署和要求，确定本行政区域内应列为本年度考核范围的建设用地项目，并组织实施考核工作。

第十六条 县级以上地方国土资源管理部门对纳入年度考核范围的建设用地项目进行考核，应当对挂钩的土地开发整理项目的立项文件、设计、验收报告、补充耕地资金缴纳凭证等进行检查，并对补充耕地进行实地核查，确定考核结果，填写年度建设用地项目补充耕地考核表，逐级上报省、自治区、直辖市国土资源管理部门。

补充耕地的实地核查工作应当与土地开发整理项目的竣工验收、土地变更调查工作相结合。已验收合格且已通过变更调查或者变更登记确定补充耕地数量的,可不再进行实地核查。

上级国土资源管理部门应当对下级国土资源管理部门耕地占补平衡考核工作和报送的建设用地项目补充耕地情况进行检查和抽查。

第十七条 省、自治区、直辖市国土资源管理部门应当将本行政区域内各市、县国土资源管理部门上报的年度建设用地项目补充耕地考核情况进行汇总,填报有关报表,并附说明材料,随同年度耕地占补平衡考核工作报告,于本年度十一月底前报国土资源部。

第十八条 国土资源部对省、自治区、直辖市国土资源管理部门上报的年度耕地占补平衡考核情况进行汇总分析,并结合建设用地项目补充耕地抽查情况,对省、自治区、直辖市耕地占补平衡情况提出意见,并在全国进行通报。

省、自治区、直辖市国土资源管理部门应当对本行政区域内年度耕地占补平衡工作进行总结,对建设用地项目补充耕地合格率较低的市、县提出通报,研究改进措施,并向国土资源部提交书面报告。

第十九条 上经国土资源管理部门有权责令建设用地项目补充耕地合格率较低的地区限期整改。对整改不合格的,暂缓受理该地区的农用地转用和征地审批。

第二十条 依照本办法第十四条规定,建设用地项目补充耕地经考核确定为不合格的,县级以上国土资源管理部门应当责令补充耕地责任单位限期改正;逾期拒不改正的,比照《中华人民共和国土地管理法》第七十五条和《中华人民共和国土地管理法实施条例》第四十一条的规定处罚。

第二十一条 国土资源管理部门工作人员在耕地占补平衡考核工作中玩忽职守、滥用职权、徇私舞弊、弄虚作假的,对直接负责的主管人员和其他直接责任人员依法给予行政处分;构成犯罪的,依法追究刑事责任。

第二十二条 本办法自2006年8月1日起施行。

国土资源部办公厅关于做好报国务院批准建设用地审查报批有关工作的通知

（2006年9月18日）

各省、自治区、直辖市国土资源厅（国土环境资源厅、国土资源局、国土资源和房屋管理局、房屋土地资源管理局），计划单列市国土资源行政主管部门，新疆生产建设兵团国土资源局：

为贯彻国务院关于加强土地调控，抑制一些行业和地区固定资产投资增长过快，从严控制新增建设用地规模的精神，按照《关于当前进一步从严土地管理的紧急通知》（国土资电发〔2006〕17号，以下简称《紧急通知》）的要求，部对报国务院批准的建设用地项目进行了清理，从对省级批准（核准、备案）项目有关情况的说明、占用基本农田的论证、执行征地报批前有关程序、耕地占补平衡，以及城市批次用地审查中需把握的问题等几方面提出了具体意见，并就有关问题征求了国家发展改革委的意见，已报请国务院同意。按照经国务院同意的意见，各地已向国务院报批的建设用地项目需要补做有关工作，补报有关材料。现将有关要求通知如下：

一、关于省级批准（核准、备案）项目需作出说明问题

在已向国务院报批的单独选址项目用地中，凡属省级政府及有关部门批准（核准、备案）的建设项目，需由省发展改革委就项目是否符合国家产业政策等情况作出说明，由省级国土资源部门报我部，我部将分批送国家发展改革委进行符合性审查。说明材料应包括以下内容：

（一）关于是否符合国家产业政策和市场准入标准：说明依据的文件、条款和主要表述，以及项目建设的必要性。

（二）关于是否符合国家规划布局：说明依据的国务院或国家发展改革委、行业主管部门以及地方政府已经批准发布的发展规划和专项规划。

（三）关于是否符合审批、核准和备案程序：依据《国务院关于投资体制改革的决定》和国家发展改革委的有关规定，说明项目所依据的审批、核准和备案程序的文件名称、文号、条款和主要表述，以及省级项目审批机关批准、核准和备案的主要内容。

二、关于占用基本农田的论证问题

在已向国务院报批的单独选址项目用地中，凡属省级政府及有关部门批准（核准、备案）建设的能源、交通、水利项目，涉及占用基本农田的，需由省级国土资源部门组织对占用和补划基本农田方案进行论证，形成正式的论证意见报部，作为用地报批的必备要件。论证内容包括：项目建设和选址依据的相关规划；占用基本农田的必要性、无法避让基本农田的理由；确需占用的如何通过调整选址、选线或通过工程措施减少占用的数量和比例，包括已经采取的措施和准备采取的措施；补划基本农田的位置、面积、耕地等级等。

对已向国务院报批的污水处理、垃圾处理等城市基础设施项目占用基本农田的，在论证时还要根据国家环境保护、重点流域治理、土地利用、城市建设等规划和国家相关政策进行充分

的论证,对周边环境特别是基本农田的影响进行评估。

对国务院或国务院有关部门批准(核准)的建设项目,在预审阶段已经组织对占用和补划基本农田方案进行过论证,正式申报用地时选址、选线、用地面积、地类等没有发生较大变化的,可不再重新论证,发生变化的要重新组织论证,对有关情况要进行说明。对占用基本农田面积较大的建设项目用地,部将组织专家进一步论证。

三、关于执行征地报批前有关程序问题

在已向国务院报批的建设用地中,没有上报有关县级人民政府履行征地报批前程序说明材料的,要由有关县级人民政府对征地告知、确认、听证的程序、时间、地点、内容、农民意见、对农民意见的处理情况等进行说明,补报说明材料。对被征地农民自愿放弃听证的,要补报村组的回执;对已经进行过听证的,要补报听证笔录、对听证中农民所提意见处理情况的说明。对出现当地农民针对征地补偿等问题进行信访的,应要求当地政府严格依法履行征地报批前有关程序,及时解决问题、化解矛盾,有关情况要及时报部。

四、关于建设占用耕地“先补后占”问题

按照建设项目占用耕地“先补后占”的原则,已向国务院报批的建设用地项目,挂钩的补充耕地土地开发整理项目,要在2006年底前完成验收;实行边占边补的国家重点建设的大型水利水电设施、交通项目,挂钩的补充耕地土地开发整理项目要在2008年底前完成。不符合上述要求的项目要调整已确定的土地开发整理项目工期,并补报经调整的补充耕地方案或说明材料。

五、关于城市批次用地需补报的有关材料问题

对已向国务院报批的城市批次用地,省级国土资源部门要对是否包括国家重点建设项目、军事国防和抗洪抢险项目,近3年来报国务院批准用地城市市区的土地利用计划执行情况,以及工业用地和房地产项目用地是否符合国家产业政策及有关规定等情况作出说明,补报有关材料。

根据上述要求,各地要对已向国务院报批的建设用地项目进行清理,分类抓紧补做有关工作。对省级批准(核准、备案)的项目,要与省级发改委等项目审批机关协调,尽快形成说明材料;对申请占用基本农田的项目抓紧组织论证工作,形成明确的论证意见;对履行征地批前程序、补充耕地、城市批次用地报批中有关工作不落实的,要抓紧落实并补报相关材料。对拟向国务院报批的建设用地项目,要按照《紧急通知》精神和上述要求执行有关报批程序,进一步完善报批材料,严格把关,不断提高建设用地报批质量和效率。

国土资源部、国家发展改革委、财政部、铁道部、交通部、水利部、国家环保总局关于加强生产建设项目土地复垦管理工作的通知

（国土资发〔2006〕225 号 2006 年 9 月 30 日）

各省、自治区、直辖市及新疆生产建设兵团国土资源厅（国土环境资源厅、国土资源局、国土资源和房屋管理局、房屋土地资源管理局），发展改革委（厅），财政厅（局），铁路局，交通厅（局、委），水利厅（局），环保局（厅）：

自《土地管理法》及《土地复垦规定》颁布实施以来，土地复垦工作取得了一定成效。但近年来，由于重视程度不够，复垦费用不落实，管理不到位等原因，生产建设中因挖损、塌陷、压占等破坏的土地得不到及时恢复利用，造成土地浪费，环境恶化现象比较严重。为贯彻党的十六届五中全会提出的“加快建设资源节约型、环境友好型社会”有关精神，落实我国国民经济和社会发展“十一五”规划纲要和党中央国务院有关文件中提出的“加快推进土地复垦”的要求，必须切实加强生产建设项目土地复垦管理工作。现就有关问题通知如下：

一、认清形势，提高认识，切实增强搞好土地复垦的紧迫感

长期以来，在我国工业化、城镇化进程中，土地、矿产资源开发支持了各项生产建设，但也留下了大量废弃地，未得到及时复垦利用。随着各地经济建设步伐的加快，工矿废弃地的数量依然持续增加，导致土地复垦“旧账未还、新账又欠”，严重破坏了生态环境，加剧了人地矛盾，影响了经济社会的可持续发展。

搞好土地复垦工作是贯彻落实科学发展观，坚持最严格的耕地保护制度，实施土地可持续利用的重要举措，对恢复和改善生态环境、发展循环经济、推进社会主义新农村建设、建设节约型社会、促进经济社会全面协调可持续发展具有十分重要的意义。各地一定要认清土地复垦在经济建设中所处的地位和作用、当前面临的严峻形势和任务，进一步增强紧迫感和责任感，切实把土地复垦工作纳入重要议事日程，加强组织领导，明确专门机构，指定专人负责，强化监管力度，抓紧抓好土地复垦工作，努力做到土地复垦与破坏数量平衡，实现“不欠新账、快还旧账”的目标。

二、明确责任、强化措施，确保土地复垦任务落到实处

“谁破坏、谁复垦”是土地复垦工作的基本原则。凡从事开采矿产资源、烧制砖瓦、燃煤发电、修建公路铁路和兴修水利设施等生产建设活动造成土地破坏的单位或个人是土地复垦法定义务人（以下简称复垦义务人），必须对被破坏的土地承担复垦责任和义务。

所有复垦义务人在生产建设活动中要按照“统一规划、源头控制、防复结合”的要求，尽量控制或减少对土地资源不必要的破坏，做到土地复垦与生产建设统一规划，把土地复垦指标纳

入生产建设计划。有复垦任务的生产建设项目,其可行性研究报告和设计任务书应当包括土地复垦的内容;设计文件应当有土地复垦的章节;工艺设计应当兼顾土地复垦的要求,并据此编制土地复垦方案,落实土地复垦费用。露天开采的生产项目以及交通、水利等建设项目要尽量做到土地复垦与生产建设同步设计、同步施工,努力实现"边生产、边建设、边复垦";进行地下采掘或施工的,应尽量采取充填等复垦措施,尽可能降低和减少土地塌陷程度和范围。

复垦义务人必须根据破坏土地面积和类型、采出原矿量、复垦标准等,依法缴纳土地复垦费,确保土地复垦责任的落实。土地复垦费要列入生产成本或建设项目总投资并足够预算。土地复垦费纳入财政预算管理,专项用于缴费单位和个人破坏土地的复垦工作。对1999年1月1日新修订的《土地管理法》实施以后尚未履行复垦义务的,复垦义务人必须依法补缴土地复垦费。土地复垦费的具体征收、使用要严格按照国家有关规定执行。

三、履行职责、加强监督,认真把好土地复垦审核关

国土资源管理部门要切实履行对土地复垦行政管理、监督检查的职责。在建设用地预审或采矿权审批时,有审查、审批权的国土资源管理部门应当对生产建设项目土地复垦方案进行审核,对没有方案或方案不符合要求的,要责成复垦义务人补充、修改或完善。改扩建生产建设项目在申请新的用地或办理采矿权延续、变更手续时,要对土地复垦任务的完成情况进行审查,未按规定完成任务的,将不予办理新的审批手续。

在建设用地批复、采矿许可证发放或矿产资源开发利用年度检查(以下简称年检)时,国土资源管理部门对未按规定缴纳土地复垦费的复垦义务人,将不批复建设用地、不发放采矿许可证或不予通过年检。

各地要建立健全日常监管制度,切实加强土地复垦的监督检查工作。国土资源管理部门要会同有关部门定期、不定期地对复垦义务人落实土地复垦方案情况进行检查、指导和督促。要对复垦后的土地及时组织竣工验收,验收不合格的,提出整改意见,限期改正。对未完成复垦任务或验收不合格的不予通过年检。

四、因地制宜、综合利用,加强复垦土地利用管理

县级以上国土资源管理部门要对被破坏的土地进行调查和适宜性评价,按照"因地制宜,综合利用"的原则,依据土地利用总体规划,合理确定复垦土地用途,宜农则农,宜建则建。被破坏的土地要优先复垦为农用地,用于种植、林果、畜牧、渔业等农业生产;确实不适宜农业生产的,可以依法复垦为非农建设用地。

对生产建设过程中被破坏的农民集体土地,复垦后能用于农业生产的,交还当地农民使用,不实行国家征收;确不能用于农业生产的,经当地农民集体同意后,可由国家征收。对生产建设过程中被破坏的国有土地,复垦后能用于农业生产的,可由当地农民使用;不适宜农业生产并根据土地利用总体规划可用于非农建设的,经依法批准后复垦义务人可优先取得土地使用权;土地复垦后连续两年以上未使用的,由当地人民政府统筹安排使用。要加强土地复垦中的土地权属管理工作,做到复垦前土地权属现状清晰;复垦后土地权属或用途发生改变的,依法及时办理土地变更登记手续。

各地要结合国土资源大调查和土地利用年度变更调查工作,摸清本地区被破坏土地的状况,做好土地复垦专项规划和计划。对于历史遗留被破坏的国有土地要按国家有关规定,加大投资力度,通过整理复垦逐步恢复利用,同时,要采取多形式、多渠道投资方式鼓励社会资金参与土地复垦。复垦后的土地，按照“谁复垦、谁受益”的原则和依据规划批准的用途，可以依法确定给复垦单位或个人土地使用权，并可依法流转，获得相应收益。

五、加强协作，齐抓共管，积极推进土地复垦工作

土地复垦工作任务繁重、情况复杂、政策性强，是一项涉及方方面面的系统工作。国土资源、发展改革、财政、铁道、交通、水利、环保等有关部门要加强协作，齐抓共管，各负其责，共同搞好土地复垦工作。

发展改革部门要在批准、核准投资项目时，依据有关规定和国土资源管理部门提出的建设用地预审意见，对涉及土地复垦的项目进行严格审查。对应列入投资估(概)算而未列入的或投资估(概)算不足的，不予批准、核准立项。财政部门要加强对土地复垦费征收、使用的监督管理。各有关行业主管部门应当加强本行业土地复垦工作的监督管理，指导、督促设计单位或建设单位制定土地复垦方案，将土地复垦费纳入投资概(预)算，对无土地复垦方案、土地复垦费未列入或概(预)算不足的，不予批复设计文件和开工许可。环境保护部门应当将因生产建设项目破坏土地引发的污染和生态环境变化情况作为一项重要的监测内容，及时与有关部门配合进行监督和检查。

为加强组织领导，土地复垦任务较重的地区，应成立由政府主管领导负责，有关部门组成的土地复垦协调机构，共同研究并制定政策措施，积极开展联合督查、联合通报、联合奖惩等工作。各有关部门要结合本部门实际，抓紧制定具体实施意见和工作方案，建立部门联席会议制度，认真抓好有关工作落实。国务院有关部门将联合对重点地区、重点行业、重点项目土地复垦工作和落实本《通知》有关情况进行督察并进行通报。

国土资源部办公厅关于严格考核耕地占补平衡有关问题的通知

(国土资厅发〔2006〕154号 2006年12月12日)

各省、自治区、直辖市国土资源厅(国土环境资源厅、国土资源局、国土资源和房屋管理局、房屋土地资源管理局),新疆生产建设兵团国土资源局:

按照《耕地占补平衡考核办法》(部第33号令,以下简称《考核办法》)和《关于开展2006年度耕地占补平衡考核工作的通知》(国土资发〔2006〕191号,以下简称《考核通知》)规定要求,目前各地正在开展2006年度耕地占补平衡考核工作。从最近调研情况看,一些地方还不同程度地存在考核范围不准、工作进展缓慢、标准把关不严、合格率不实等问题。为严格要求,扎实做好今年耕地占补平衡考核工作,现就有关问题通知如下:

一、准确把握考核范围。按照《考核办法》规定,今后耕地占补平衡考核是以建设用地项目为单位,对补充耕地的数量、质量和资金落实情况进行考核。《考核通知》规定,列入2006年度耕地占补平衡考核范围的项目是指按补充耕地方案,应在2005年11月1日至2006年10月31日期间完成补充耕地义务的经依法批准的单独选址建设用地,城市、村庄和集镇分批次建设用地等非农建设用地项目,而不是指在上述期间依法批准的建设用地项目。

二、严格把握考核标准。各地应严格按照《考核通知》规定的"考核合格"条件,考核纳入今年考核范围的每个建设用地项目。凡出现下列情况之一的,应确定为项目考核不合格:即没有按规定要求落实补充耕地资金;占用与补充耕地项目没有挂钩;补充耕地没有按土地开发整理项目进行管理;补充耕地的土地开发整理项目没有验收;补充耕地数量质量没有达到规定要求;补充耕地没有进行土地变更调查或登记;擅自调整依法批准的补充耕地方案等。

三、全面进行考核复核。无论是完成考核、正在进行抽查还是已进入汇总阶段的省份,都要严格按照考核标准逐项对照,对每个建设用地项目进行全面复核。省级、市(州)国土资源部门要严格对考核项目进行抽查,认真查阅档案资料,并到实地核查,确保抽查不走过场。对于考核不合格的,要区分原因进行统计,并在省级国土资源管理部门上报的考核工作报告中予以说明。

四、注意掌握考核进度。为及时了解考核工作面上情况,请各省(区、市)在2007年1月15日前向部预报《考核通知》规定的《年度耕地占补平衡考核情况汇总表》以及相关的文字说明。部将根据各地的预报结果进行抽查,重点是对项目考核合格率高的地区进行抽查,抽查中发现的问题将及时通知整改。为保证考核质量,《考核通知》规定的各省(区、市)考核成果正式报件报部时间,相应延迟到2007年2月15日前。

国土资源部关于调整报国务院批准城市建设用地审批方式有关问题的通知

（国土资发〔2006〕320号　2006年12月31日）

各省、自治区、直辖市国土资源厅（国土环境资源厅、国土资源局、国土资源和房屋管理局、房屋土地资源管理局），解放军土地管理局，新疆生产建设兵团国土资源局：

《国务院关于加强土地调控有关问题的通知》（国发〔2006〕31号，以下简称《通知》），按照权责一致的原则，对报国务院批准的城市建设用地审批方式进行了调整。为贯彻落实国务院《通知》精神，规范城市建设用地审查报批工作，经国务院同意，现就调整报国务院批准城市建设用地审批方式有关问题通知如下：

一、审查报批工作总体要求

按照《通知》规定，在土地利用总体规划确定的城市建设用地范围内，依法由国务院分批次审批的农用地转用和土地征收，从2007年起调整为每年由省级人民政府汇总后一次申报，经国土资源部审核，报国务院批准后由省级人民政府具体组织实施，实施方案报国土资源部备案。报国务院批准城市建设用地审批方式调整后，省级人民政府将对城市建设用地负总责，有利于加强土地宏观调控，强化省级政府责任；有利于减少审批环节，提高行政效能；有利于国土资源部转变职能，强化用地监管。各级国土资源管理部门要高度重视，恪尽职守，共同做好城市建设用地审查报批工作。

国土资源部依据规划和计划，对城市农用地转用和土地征收方案审查把关；指导、监督与核查地方组织实施工作。省级国土资源管理部门按照有关规定和省级人民政府要求，负责本行政区内城市农用地转用和土地征收方案的审查汇总上报；农用地转用和土地征收实施方案的审核、实施、监督检查和报国土资源部备案等工作。有关城市国土资源管理部门按规定要求，负责农用地转用和土地征收方案与实施方案的编制与报批；具体实施征地与供地及报省（区）、国土资源部备案等工作。

二、报批程序与实施步骤

报国务院批准城市建设用地审批方式调整后，城市建设用地报批和实施，按照报国务院批准农用地转用和土地征收、省级人民政府负责组织实施、城市人民政府具体实施三个阶段组织进行。

（一）报国务院批准农用地转用和土地征收

1. 依法需报国务院批准建设用地的城市国土资源管理部门，在提出土地利用年度计划建议时，就根据土地利用总体规划确定的中心城市建设用地范围内实施城市规划的用地需求，编制农用地转用和土地征收方案，在上级机关正式下达计划指标后，填报《××市××年度农用地转用和土地征收方案表》（表样式见附件1），报城市人民政府审核同意后，由城市人民政府一次性向省级人民政府申报,同时抄送省级国土资源管理部门。

2. 省级国土资源管理部门依据国家产业政策、经国务院批准的城市土地利用总体规划、下达的中心城市年度用地计划指标以及新增建设用地的有关规定,对农用地转用和土地征收方案进行审查,提出书面审查意见。

省级国土资源管理部门将本行政区域内所有需报国务院批准的城市建设用地请示汇总,填报《××省××年度国务院批准建设用地城市农用地转用和土地征收方案申报汇总表》(表样式见附件2),连同对各城市农用地转用和土地征收方案书面审查意见,报省级人民政府同意后,由省级人民政府一年一次性呈报国务院,同时抄送国土资源部和派驻地区的国家土地督察局。

3. 国土资源部收到国务院办公厅转来的省级人民政府关于城市建设用地请示后,根据国家宏观经济政策、土地管理法律法规和有关规定要求,依据土地利用总体规划与城市总体规划及年度用地计划,重点对农用地转用和土地征收方案中涉及的城市新增建设用地的规模、区位、规划用途以及征地补偿安置、补充耕地进行总体审查,形成审查报告,呈报国务院审批。

4. 城市建设用地经国务院批准后,国土资源部办理建设用地批复文件,有针对性地批复有关省级人民政府,同时抄送派驻地区的国家土地督察局。省级人民政府应及时通知有关城市人民政府,组织实施农用地转用和土地征收方案。

(二)省级人民政府组织实施农用地转用和土地征收

1. 根据国务院已批准的农用地转用和土地征收方案,城市国土资源管理部门按照城市人民政府的要求,分期分批地确定划拨用地项目和有偿出让土地范围,落实具体地块或区位,在进行建设用地勘测定界、履行征地前期规定程序、落实征地补偿资金、确定征地安置方案、完成先行补充耕地、拟定供地方式后,填报《××市农用地转用和土地征收实施方案表》(参考表,表样式见附件3),由城市人民政府审定后上报省级人民政府,同时抄送省级国土资源管理部门。

2. 省级国土资源管理部门根据国家产业政策、土地征收和土地利用等有关规定,对城市人民政府报送的农用地转用和土地征收实施方案进行审核;符合国务院批准的农用地转用和土地征收方案与有关要求的,建议省级人民政府予以同意;在城市人民政府按有关规定缴纳了新增建设用地土地有偿使用费后办理回复文件。

3. 省级人民政府在审核同意城市农用地转用和土地征收实施方案后,应将有关情况报国土资源部备案,同时抄送派驻地区的国家土地督察局。由省级国土资源管理部门于每季度第一个月10日以前,汇总城市上一季度实施方案审核同意情况,填报《××省××年××季度国务院批准建设用地城市农用地转用和土地征收实施方案备案表》(表样式见附件4)并附标注申请用地和补充耕地位置的标准分幅土地利用现状图、建设用地勘测定界技术报告和勘测定界图(电子软盘)报国土资源部。

(三)城市人民政府具体实施征地和供地

1. 城市农用地转用和土地征收实施方案经省级人民政府审核同意后,由城市人民政府予以公告,国土资源管理部门具体实施,按国家有关政策组织征地和供地。

2. 城市国土资源管理部门按照《关于进一步完善和严格执行建设用地备案制度的通知》(国土资发〔2003〕400号)和《关于报送建设用地备案数据有关要求的通知》(国土资厅发〔2004〕38号)规定要求,按季度汇总城市建设用地的具体供应情况,填报城市建设用地供应情况有关备案表,由城市人民政府于当年第二、三、四季度第一个月的10日前和下一年度1月

15 日前将上一季度汇总情况和备案表分别报省级人民政府和国土资源部备案。

三、报批与实施必需材料

(一)省级人民政府向国务院呈报城市建设用地请示时,需提交以下材料(随抄送的请示送国土资源部,文字资料 2 套、图件 1 套):

1. 省级人民政府关于××年度城市建设用地请示文件;

2. 省级国土资源管理部门对××市××年度建设用地审查意见;

3. ××省××年度国务院批准建设用地城市农用地转用和土地征收方案申报汇总表;

4. ××市××年度农用地转用和土地征收方案表;

5. 注申请用地位置的标准分幅土地利用现状图;

6. 标注申请用地位置的土地利用总体规划确定的中心城市建设用地范围控制图;

7. 上一年度城市农用地转用和土地征收方案的实施情况说明。

(二)城市人民政府向省级人民政府申报农用地转用和土地征收实施方案时,需提交以下材料;

1. ××市建设用地请示文件;

2. ××市农用地转用和土地征收实施方案表(参考表);

3. 标注申请用地和补充耕地位置的标准分幅土地利用现状图;

4. 建设拟征(占)地土地权属情况汇总表;

5. 建设用地勘测定界技术报告和勘测定界图;

6. 其他有关资料(由省、自治区、直辖市确定)。

四、有关工作具体要求

(一)抓紧组织制定贯彻落实措施

报国务院批准的城市建设用地审批方式调整后,在城市建设用地审查报批工作中,各省(区、市)和有关城市的国土资源管理部门负有重要责任,应认真贯彻落实国务院《通知》精神,按照本通知要求,结合本地区实际情况,进一步研究制定加强城市建设用地审查报批工作措施,确定具体操作办法。对相关机构和业务人员要充实力量,加强培训,明确要求,确保新的城市建设用地审批方式顺利施行。

(二)严格依据规划计划审查报批用地

报国务院批准的城市建设用地审批方式调整后,城市国土资源管理部门要根据土地利用总体规划和城市规划、城市发展需要以及存量土地的利用状况,做好用地预测工作,统筹协调,区分轻重缓急,科学合理确定新增建设用地规模和布局。申报城市新增建设用地应严格控制在当年中心城市土地利用计划指标内。申报居住用地的,要贯彻落实《国务院办公厅转发建设部等部门关于调整住房供应结构稳定住房价格意见的通知》(国办发〔2006〕37 号)要求,切实保证经济适用住房、廉租住房和中低价位、中小套型普通住房用地不低于居住用地供应总量的 70%。所有申报用地区位不得突破土地利用总体规划确定的中心城市建设用地范围。省级国土资源管理部门对城市申报用地要严格审核把关,必要时组织实地踏勘论证,以确保用地的合法性、合规性和合理性。

(三)切实搞好用地批后实施管理

省级国土资源管理部门要在城市农用地转用和土地征收方案依法批准后,及时指导城市国土资源管理部门组织编制和申报实施方案。征地补偿安置、补充耕地、土地用途、供地方式、利用程序、依法缴费等是实施方案的重要内容。对于不符合国家产业政策的用地,征地补偿标准不合理、安置途径不可行、被征地农民社会保障费用不落实、补充耕地不到位、土地供应和利用等不符合有关规定以及未缴纳新增建设用地土地有偿使用费的,不得审核同意实施方案和办理回复文件。在编制实施方案时,由于建设项目选址或工程设计特殊,或规划依法进行了调整。可以对原批准的用地区位作局部调整或改变土地用途,省级人民政府在审核同意后,将调整和改变情况报国土资源部备案。

(四)大力加强城市用地监督检查

国土资源部和省级国土资源管理部门在严格城市新增建设用地审查报批的同时,要通过土地变更调查、遥感监测、批后核查等方式和手段,及时、准确掌握城市用地批后实施动态,同时充分发挥派驻各地的国家土地督察局的作用,切实加大城市建设用地的监督检查力度,发现问题及时采取措施。农用地转用和土地征收实施方案经省级人民政府审核同意后,3 个月内未实施征地或实施征地后 2 年内未供地的,应暂缓受理该城市申报新增建设用地。对于未按规定要求将国务院批准的城市农用地转用和土地征收方案实施情况报部备案的,暂缓受理该省份申报城市新增建设用地;对于城市未按规定要求将建设用地批后供地情况报国土资源部备案的,暂缓受理有关省份申报该城市新增建设用地。

报国务院批准的城市建设用地审批方式调整后,依法由省级人民政府批准城市建设用地的审批方式不得改变。各省(区、市)和有关城市国土资源管理部门,要按照国家法律规定和有关要求,切实搞好城市建设用地审查报批工作,加强批后监督管理。

附件:

1. ××市××年度农用地转用和土地征收方案表
2. ××省××年度国务院批准建设用地城市农用地转用和土地征收方案申报汇总表
3. ××市农用地转用和土地征收实施方案表(参考表)
4. ××省××年××季度国务院批准建设用地城市农用地转用和土地征收实施方案备案表

附件 1:

______市______年度农用地转用和土地征收方案表

填表单位:(盖章)　　　　单位:公顷、万元/公顷、万元

用地区位	土地利用计划(中心城市指标)			用地面积						征地补偿安置					补充耕地			规划用途					
	新增建设用地			合计			新增建设用地			征收面积	区片价	征地补偿费用		政府补贴社保费用	面积	耕地开垦费标准	耕地开垦费概算	基础设施	公共建筑	工业仓储	居住用地		特殊用地
		农用地			国有	集体		农用地					社保费用									三类住房	
			耕地						耕地														
(1)	(2)	(3)	(4)	(5)	(6)	(7)	(8)	(9)	(10)	(11)	(12)	(13)	(14)	(15)	(16)	(17)	(18)	(19)	(20)	(21)	(22)	(23)	(24)
合计											—					—							

审核人:　　　　填表人:　　　　填表时间:

填表说明:

本表由申报用地的城市国土资源管理部门填写(同时报送 Excel 电子表格)。

栏目(1)指申报用地在城市的位置,应填写城市所辖行政区名称。

栏目(2)指当年安排给中心城市(包括主城、副城、组团及新城等)的新增建设用地计划指标。

栏目(3)指当年安排给中心城市(包括主城、副城、组团及新城等)的农用地转用计划指标。

栏目(4)指当年安排给中心城市(包括主城、副城、组团及新城等)的占用耕地计划指标。

栏目(5)指申报用地城市本年度所申报用地总面积。

栏目(6)指本年度申报用地中国有土地面积。

栏目(7)指本年度申报用地中农村集体土地面积。

栏目(8)指本年度申报新增建设用地面积。

栏目(9)指本年度申报用地中农用地转用面积。

栏目(10)指本年度申报用地中耕地转为建设用地的面积。

栏目(11)指本年度申报征收农村集体土地面积。

栏目(12)指申报用地所在区域的征地区片综合地价(如尚未公布使用,可填写征地统一年产值标准和倍数,并予以注明)。涉及多个区片价的,可填写幅度。

栏目(13)指申报用地城市本年度为支付征收农村集体土地所计划的征地补偿安置费用概算。

栏目(14)指申报用地城市本年度为支付征收农村集体土地所计划的征地补偿安置费用概算中用于被征地农民社会保障的费用概算。

栏目(15)指申报用地城市从国有土地有偿使用收入中用于补贴被征地农民社会保障的费用概算。

栏目(16)指申报用地城市本年度为实现耕地占补平衡拟补充的耕地面积。

栏目(17)指申报用地城市耕地开垦费缴纳标准。涉及多个标准的,可填写幅度。

栏目(18)指申报用地城市本年度为实现耕地占补平衡拟筹集的补充耕地资金概算。

栏目(19)指本年度申报用地中按规划用于基础设施(包括交通运输、供水气电设施、消防、环卫、通讯等)的用地面积。

栏目(20)指本年度申报用地中按规划用于公共建筑或公共设施(包括商服金融、机关、教育、医疗、科研和文化娱乐、公园、绿地、风景名胜等)的用地面积。

栏目(21)指本年度申报用地中按规划用于工业仓储的用地面积。

栏目(22)指本年度申报用地中按规划用于居住的用地面积。

栏目(23)指本年度申报的居住用地中用于经济适用住房、廉租住房和中低价位、中小套型普通住房(简称“三类住房”)的用地面积。按规定,“三类住房”用地不低于居住用地供应总量的70%。

栏目(24)指本年度申报用地中按规划用于特殊用地(包括军事国防、使领馆、监教场所等)的用地面积。

附件 2：

______省______年度国务院批准建设用地城市农用地转用和土地征收方案申报汇总表

填表单位：（盖章）　　　　　　　　　　单位：公顷、万元/公顷、万元

城市	土地利用计划（中心城市指标）			用地面积						征地补偿安置					补充耕地			规划用途					
	新增建设用地			合计			新增建设用地			征收面积	区片价	征地补偿费用		政府补贴社保费用	面积	耕地开垦费标准	耕地开垦费概算	基础设施	公共建筑	工业仓储	居住用地		特殊用地
		农用地			国有	集体		农用地					社保费用									三类住房	
			耕地						耕地														
(1)	(2)	(3)	(4)	(5)	(6)	(7)	(8)	(9)	(10)	(11)	(12)	(13)	(14)	(15)	(16)	(17)	(18)	(19)	(20)	(21)	(22)	(23)	(24)
合计											—					—							

审核人：　　　　　　填表人：　　　　　　填表时间：

填表说明:

本表由省级国土资源管理部门填写(同时报送 Excel 电子表格)。

栏目(1)指申报用地城市名称。

栏目(2)指当年安排给中心城市(包括主城、副城、组团及新城等)的新增建设用地计划指标。

栏目(3)指当年安排给中心城市(包括主城、副城、组团及新城等)的农用地转用计划指标。

栏目(4)指当年安排给中心城市(包括主城、副城、组团及新城等)的占用耕地计划指标。

栏目(5)指申报用地城市本年度所申报用地总面积。

栏目(6)指本年度申报用地中国有土地面积。

栏目(7)指本年度申报用地中农村集体土地面积。

栏目(8)指本年度申报新增建设用地面积。

栏目(9)指本年申报用地中农用地转用面积。

栏目(10)指本年度申报用地中耕地转为建设用地的面积。

栏目(11)指本年度申报征收农村集体土地面积。

栏目(12)指申报用地所在区域的征地区片综合地价(如尚未公布使用,可填写征地统一年产值标准和倍数,并予以注明)。涉及多个区片价的,可填写幅度。

栏目(13)指申报用地城市本年度为支付征收农村集体土地所计划的征地补偿安置费用概算。

栏目(14)指申报用地城市本年度为支付征收农村集体土地所计划的征地补偿安置费用概算中用于被征地农民社会保障的费用概算。

栏目(15)指申报用地城市从国有土地有偿使用收入中用于补贴被征地农民社会保障的费用概算。

栏目(16)指申报用地城市本年度为实现耕地占补平衡拟补充的耕地面积。

栏目(17)指申报用地城市耕地开垦费缴纳标准。涉及多个标准的,可填写幅度。

栏目(18)指申报用地城市本年度为实现耕地占补平衡拟筹集的补充耕地资金概算。

栏目(19)指本年度申报用地中按规划用于基础设施(包括交通运输、供水气电设施、消防、环卫、通讯等)的用地面积。

栏目(20)指本年度申报用地中按规划用于公共建筑或公共设施(包括商服金融、机关、教育、医疗、科研和文化娱乐、公园、绿地、风景名胜等)的用地面积。

栏目(21)指本年度申报用地中按规划用于工业仓储的用地面积。

栏目(22)指本年度申报用地中按规划用于居住的用地面积。

栏目(23)指本年度申报的居住用地中用于经济适用住房、廉租住房和中低价位、中小套型普通住房(简称"三类住房")的用地面积。

栏目(24)指本年度申报用地中按规划用于特殊用地(包括军事国防、使领馆、监教场所等)的用地面积。

附件3：

____市农用地转用和土地征收实施方案表

（参考表）

填表单位：（盖章）　　　　计量单位：公顷、万元/公顷、万元、人、元/平方米

划拨用地项目名称和有偿出让土地范围			
申请用地面积		其中：新增建设用地面积	

申 请 用 地 现 状

地类＼权属	国　有	集　体	合　计
合　计			
（一）农用地			
其中：耕地			
（二）建设用地			
（三）未利用地			

征 地 补 偿 安 置

征地涉及权属单位	乡（镇）		
	村		
征地前期程序履行情况			
征收土地面积			
农用地		其中：耕地	
建设用地		未利用地	
征地区片综合地价		征地总费用	
需安置的农业人口		需安置的劳动力人数	

安置途径		
	社会保险安置	
	用地单位安置	
	留地安置	
	农业安置	
	发放安置补助费自谋职业	

补　充　耕　地

补充耕地责任单位		补充耕地方式	
补充耕地承担单位		已补充耕地面积	
耕地开垦费标准		耕地开垦费金额	
应补充耕地面积		占用耕地农用地等别与面积	

补充耕地的土地开发整理项目

名称	位置	验收文号	补充耕地面积	补充耕地折算			
				占用耕地等别	补充耕地等别	折算系数	折算面积
合　计				—	—	—	

续上表

供地方式			
划拨用地项目名称和有偿出让土地范围	申请用地面积	拟定供地方式	
新增建设用地土地有偿使用费			
市辖区	标准	新增建设用地面积	缴纳金额
合计			

审核人: 填表人: 填表时间:

填表说明:

本表供各地参考。表格由城市国土资源管理部门填写,用于城市人民政府在国务院批准农用地转用和土地征收方案后,按划拨用地项目和有偿出让土地范围向省级人民政府申报实施方案。

栏目"划拨用地项目和有偿出让土地范围"指在国务院批准农用地转用和土地征收方案后,城市人民政府向省级人民政府申报划拨用地项目的名称和有偿出让土地范围(填写相关地块编号)。

栏目"征地区片综合地价"指申报用地所在区域的征地区片综合地价(如尚未公布使用,可填写征地统一年产值标准和倍数,并予以注明)。涉及多个征地区片综合地价的,可填写最低与最高幅度。

栏目"安置途径"指城市人民政府征收农村集体土地时所采取的具体安置方式,可根据实际情况补充填写其他安置方式。

栏目"补充耕地方式"指补充耕地采取的"缴纳耕地开垦费"或"自行补充"方式。

栏目"占用耕地农用地等别与面积"指按照农用地分等定级规程确定的被占用耕地等别,以及每个等别对应的耕地面积。

栏目"补充耕地的土地开发整理项目"可能涉及多个土地开发整理项目,应一一列出。

栏目"位置"应填写补充耕地的土地开发整理项目所在地的土地利用现状图幅号和图斑号。

栏目"补充耕地面积"指每个土地开发整理项目经验收合格可用来实现耕地占补平衡的新增耕地面积。

栏目"占用耕地等别"指建设占用耕地的农用地等别。

栏目"补充耕地等别"指土地开发整理项目的新增耕地,按照有关规定确定的农用地等别。

栏目"折算系数"指通过对比被占用耕地和补充耕地农用地等别确定的应实行的补充耕地数量质量折算系数,即按照省级国土资源管理部门公布的补充耕地数量质量折算体系所确定的等级折算系数。

栏目"折算面积"指土地开发整理项目新增耕地中采用补充耕地折算系数折算后,用于所申报建设用地项目占补平衡的耕地面积。

栏目"供地方式"中,分别按具体的划拨用地项目和有偿出让土地范围的相关地块填写各自的"申请用地面积"和"拟定供地方式"。

栏目"市辖区"指用地所在城市的县级行政辖区,按上一年度民政部门公布的辖区范围填写。

栏目"标准"指财政部和国土资源部确定的新增建设用地土地有偿使用费缴纳标准(元/平方米)。

栏目"新增建设用地面积"指按照有关规定,城市人民政府须缴纳新增建设用地土地有偿使用费的新增建设用地面积。

栏目"缴纳金额"指按照有关规定,城市人民政府缴纳的新增建设用地土地有偿使用费的总额(含中央金库30%和地方金库70%)。

附件4：

______省______年______季度国务院批准建设用地城市农用地转用和土地征收实施方案备案表

填表单位：(盖章) 计量单位：公顷、万元、人、元/平方米

城市	国土资源部批复		省级人民政府审核同意实施方案情况																备注
			审核同意文件		审核同意用地				征地补偿安置						补充耕地		新增建设用地土地有偿使用费			
	文号	批复时间	文号	时间	合计	新增建设用地面积			征地面积			征地总费用	安置人数		已补充面积	验收文号	缴费面积	标准	金额	
							农用地			农用地			农业人口							
								耕地			耕地			劳动力						
(1)	(2)	(3)	(4)	(5)	(6)	(7)	(8)	(9)	(10)	(11)	(12)	(13)	(14)	(15)	(16)	(17)	(18)	(19)	(20)	(21)
合计	—	—	—	—												—		—		—
	小计		—	—												—		—		—
	小计		—	—												—		—		—

审核人： 填表人： 填表时间：

填表说明:

本表由省级国土资源管理部门填写,以城市为单位将每季度经省级人民政府审核同意的农用地转用和土地征收实施方案有关情况报国土资源部备案。按季度填报,同时报送 Excel 电子表格。

栏目(1)指备案的城市名称,逐一列出。

栏目(2)国务院批准农用地转用和土地征收方案后文号。当备案的农用地转用和土地征收实施方案涉及多个国务院批准的农用地转用和土地征收方案时,分别列出。

栏目(3)指国务院批准农用地转用和土地征收方案后国土资源部办理的批复文件时间。

栏目(4)指省级人民政府审核同意城市农用地转用和土地征收实施方案的文件文号。

栏目(5)指省级人民政府审核同意城市农用地转用和土地征收实施方案的文件时间。

栏目(6)指省级人民政府审核同意城市农用地转用和土地征收实施方案中用地总面积。

栏目(7)指省级人民政府审核同意城市农用地转用和土地征收实施方案中新增建设用地面积。

栏目(8)指省级人民政府审核同意城市农用地转用和土地征收实施方案中农用地转用地面积。

栏目(9)指省级人民政府审核同意城市农用地转用和土地征收实施方案中耕地转为建设用地的面积。

栏目(10)指省级人民政府审核同意城市农用地转用和土地征收实施方案中征收农村集体土地面积。

栏目(11)指省级人民政府审核同意城市农用地转用和土地征收实施方案中征收农村集体农用地面积。

栏目(12)指省级人民政府审核同意城市农用地转用和土地征收实施方案中征收农村集体耕地面积。

栏目(13)指省级人民政府审核同意城市农用地转用和土地征收实施方案中征地补偿安置总费用。

栏目(14)指省级人民政府审核同意城市农用地转用和土地征收实施方案中需要安置的农业人口数。

栏目(15)指省级人民政府审核同意城市农用地转用和土地征收实施方案中需要安置的劳动力人数。

栏目(16)指省级人民政府审核同意城市农用地转用和土地征收实施方案中,为实现耕地占补平衡确认的实行折算后的已补充耕地面积。

栏目(17)指省级人民政府审核同意城市农用地转用和土地征收实施方案中补充耕地的土地开发整理项目验收文件文号。

栏目(18)指省级人民政府审核同意城市农用地转用和土地征收实施方案中,城市人民政府按照有关规定缴纳了新增建设用地土地有偿使用费的新增建设用地面积。

栏目(19)指省级人民政府审核同意城市农用地转用和土地征收实施方案中,城市人民政府按照有关规定缴纳新增建设用地土地有偿使用费的标准。涉及多个标准的,填写最低与最高幅度。

栏目(20)指省级人民政府审核同意城市农用地转用和土地征收实施方案中,城市人民政府按照有关规定缴纳新增建设用地土地有偿使用费的总额(含中央金库 30% 和地方金库 70%)。

栏目(21)指省级人民政府审核同意城市农用地转用和土地征收实施方案中,用地区或土地用途与国务院批准农用地转用和土地征收方案不一致的,对区位局部调整或土地用途改变等情况的说明(可另附页)。

三、土地开发利用

1. 行政法规及法规性文件

中华人民共和国城镇国有土地使用权出让和转让暂行条例

(国务院令第55号 1990年5月19日)

第一章 总 则

第一条 为了改革城镇国有土地使用制度,合理开发、利用、经营土地,加强土地管理,促进城市建设和经济发展,制定本条例。

第二条 国家按照所有权与使用权分离的原则,实行城镇国有土地使用权出让、转让制度,但地下资源、埋藏物和市政公用设施除外。

前款所称城镇国有土地是指市、县城、建制镇、工矿区范围内属于全民所有的土地(以下简称土地)。

第三条 中华人民共和国境内外的公司、企业、其他组织和个人,除法律另有规定者外,均可依照本条例的规定取得土地使用权,进行土地开发、利用、经营。

第四条 依照本条例的规定取得土地使用权的土地使用者,其使用权在使用年限内可以转让、出租、抵押或者用于其他经济活动,合法权益受国家法律保护。

第五条 土地使用者开发、利用、经营土地的活动,应当遵守国家法律、法规的规定,并不得损害社会公共利益。

第六条 县级以上人民政府土地管理部门依法对土地使用权的出让、转让、出租、抵押、终止进行监督检查。

第七条 土地使用权出让、转让、出租、抵押、终止及有关的地上建筑物、其他附着物的登记,由政府土地管理部门、房产管理部门依照法律和国务院的有关规定办理。

登记文件可以公开查阅。

第二章 土地使用权出让

第八条 土地使用权出让是指国家以土地所有者的身份将土地使用权在一定年限内让与土地使用者,并由土地使用者向国家支付土地使用权出让金的行为。

土地使用权出让应当签订出让合同。

第九条 土地使用权的出让,由市、县人民政府负责,有计划、有步骤地进行。

第十条 土地使用权出让的地块、用途、年限和其他条件,由市、县人民政府土地管理部门会同城市规划和建设管理部门、房产管理部门共同拟定方案，按照国务院规定的批准权限报经批准后，由土地管理部门实施。

第十一条 土地使用权出让合同应当按照平等、自愿、有偿的原则，由市、县人民政府土地管理部门（以下简称出让方）与土地使用者签订。

第十二条 土地使用权出让最高年限按下列用途确定：

（一）居住用地七十年；

（二）工业用地五十年；

（三）教育、科技、文化、卫生、体育用地五十年；

（四）商业、旅游、娱乐用地四十年；

（五）综合或者其他用地五十年。

第十三条 土地使用权出让可以采取下列方式：

（一）协议；

（二）招标；

（三）拍卖。

依照前款规定方式出让土地使用权的具体程序和步骤，由省、自治区、直辖市人民政府规定。

第十四条 土地使用者应当在签订土地使用权出让合同后六十日内，支付全部土地使用权出让金。逾期未全部支付的，出让方有权解除合同，并可请求违约赔偿。

第十五条 出让方应当按照合同规定，提供出让的土地使用权。未按合同规定提供土地使用权的，土地使用者有权解除合同，并可请求违约赔偿。

第十六条 土地使用者在支付全部土地使用权出让金后，应当依照规定办理登记，领取土地使用证，取得土地使用权。

第十七条 土地使用者应当按照土地使用权出让合同的规定和城市规划的要求，开发、利用、经营土地。

未按合同规定的期限和条件开发、利用土地的，市、县人民政府土地管理部门应当予以纠正，并根据情节可以给予警告、罚款直至无偿收回土地使用权的处罚。

第十八条 土地使用者需要改变土地使用权出让合同规定的土地用途的，应当征得出让方同意并经土地管理部门和城市规划部门批准，依照本章的有关规定重新签订土地使用权出让合同，调整土地使用权出让金，并办理登记。

第三章 土地使用权转让

第十九条 土地使用权转让是指土地使用者将土地使用权再转移的行为，包括出售、交换和赠与。

未按土地使用权出让合同规定的期限和条件投资开发、利用土地的，土地使用权不得转让。

第二十条 土地使用权转让应当签订转让合同。

第二十一条 土地使用权转让时，土地使用权出让合同和登记文件中所载明的权利、义务随之转移。

第二十二条 土地使用者通过转让方式取得的土地使用权，其使用年限为土地使用权出让合同规定的使用年限减去原土地使用者已使用年限后的剩余年限。

第二十三条 土地使用权转让时,其地上建筑物、其他附着物所有权随之转让。

第二十四条 地上建筑物、其他附着物的所有人或者共有人,享有该建筑物、附着物使用范围内的土地使用权。

土地使用者转让地上建筑物、其他附着物所有权时,其使用范围内的土地使用权随之转让,但地上建筑物、其他附着物作为动产转让的除外。

第二十五条 土地使用权和地上建筑物、其他附着物所有权转让,应当依照规定办理过户登记。

土地使用权和地上建筑物、其他附着物所有权分割转让的,应当经市、县人民政府土地管理部门和房产管理部门批准,并依照规定办理过户登记。

第二十六条 上述使用权转让价格明显低于市场价格的,市、县人民政府有优先购买权。

土地使用权转让的市场价格不合理上涨时,市、县人民政府可以采取必要的措施。

第二十七条 土地使用权转让后,需要改变土地使用权出让合同规定的土地用途的,依照本条例第十八条的规定办理。

第四章 土地使用权出租

第二十八条 土地使用权出租是指土地使用者作为出租人将土地使用权随同地上建筑物、其他附着物租赁给承租人使用,由承租人向出租人支付租金的行为。

未按土地使用权出让合同规定的期限和条件投资开发、利用土地的,土地使用权不得出租。

第二十九条 土地使用权出租,出租人与承租人应当签订租赁合同。

租赁合同不得违背国家法律、法规和土地使用权出让合同的规定。

第三十条 土地使用权出租后,出租人必须继续履行土地使用权出让合同。

第三十一条 土地使用权和地上建筑物、其他附着物出租,出租人应当依照规定办理登记。

第五章 土地使用权抵押

第三十二条 土地使用权可以抵押。

第三十三条 土地使用权抵押时,其地上建筑物、其他附着物随之抵押。

地上建筑物、其他附着物抵押时,其使用范围内的土地使用权随之抵押。

第三十四条 土地使用权抵押,抵押人与抵押权人应当签订抵押合同。

抵押合同不得违背国家法律、法规和土地使用权出让合同的规定。

第三十五条 土地使用权和地上建筑物、其他附着物抵押,应当依照规定办理抵押登记。

第三十六条 抵押人到期未能履行债务或者在抵押合同期间宣告解散、破产的,抵押权人有权依照国家法律、法规和抵押合同的规定处分抵押财产。

因处分抵押财产而取得土地使用权和地上建筑物、其他附着物所有权的,应当依照规定办理过户登记。

第三十七条 处分抵押财产所得,抵押权人有优先受偿权。

第三十八条 抵押权因债务清偿或者其他原因而消灭的,应当依照规定办理注销抵押登记。

第六章 土地使用权终止

第三十九条 土地使用权因土地使用权出让合同规定的使用年限届满、提前收回及土地灭失等原因而终止。

第四十条 土地使用权期满,土地使用权及其地上建筑物、其他附着物所有权由国家无偿取得。土地使用者应当交还土地使用证,并依照规定办理注销登记。

第四十一条 土地使用权期满,土地使用者可以申请续期。需要续期的,应当依照本条例第二章的规定重新签订合同,支付土地使用权出让金,并办理登记。

第四十二条 国家对土地使用者依法取得的土地使用权不提前收回。在特殊情况下,根据社会公共利益的需要,国家可以依照法律程序提前收回,并根据土地使用者已使用的年限和开发、利用土地的实际情况给予相应的补偿。

第七章 划拨土地使用权

第四十三条 划拨土地使用权是指土地使用者通过各种方式依法无偿取得的土地使用权。

前款土地使用者应当依照《中华人民共和国城镇土地使用税暂行条例》的规定缴纳土地使用税。

第四十四条 划拨土地使用权,除本条例第四十五条规定的情况外,不得转让、出租、抵押。

第四十五条 符合下列条件的,经市、县人民政府土地管理部门和房产管理部门批准,其划拨土地使用权和地上建筑物、其他附着物所有权可以转让、出租、抵押:

(一)土地使用者为公司、企业、其他经济组织和个人;

(二)领有国有土地使用证;

(三)具有地上建筑物、其他附着物合法的产权证明;

(四)依照本条例第二章的规定签订土地使用权出让合同,向当地市、县人民政府补交土地使用权出让金或者以转让、出租、抵押所获收益抵交土地使用权出让金。

转让、出租、抵押前款划拨土地使用权的,分别依照本条例第三章、第四章和第五章的规定办理。

第四十六条 对未经批准擅自转让、出租、抵押划拨土地使用权的单位和个人,市、县人民政府土地管理部门应当没收其非法收入,并根据情节处以罚款。

第四十七条 无偿取得划拨土地使用权的土地使用者,因迁移、解散、撤销、破产或者其他原因而停止使用土地的,市、县人民政府应当无偿收回其划拨土地使用权,并可依照本条例的规定予以出让。

对划拨土地使用权,市、县人民政府根据城市建设发展需要和城市规划的要求,可以无偿收回,并可依照本条例的规定予以出让。

无偿收回划拨土地使用权时,对其地上建筑物、其他附着物,市、县人民政府应当根据实际情况给予适当补偿。

第八章 附 则

第四十八条 依照本条例的规定取得土地使用权的个人,其土地使用权可以继承。

第四十九条 土地使用者应当依照国家税收法规的规定纳税。

第五十条 依照本条例收取的土地使用权出让金列入财政预算,作为专项基金管理,主要用于城市建设和土地开发。具体使用管理办法,由财政部另行制定。

第五十一条 各省、自治区、直辖市人民政府应当根据本条例的规定和当地的实际情况选择部分条件比较成熟的城镇先行试点。

第五十二条 外商投资从事开发经营成片土地的,其土地使用权的管理依照国务院的有关规定执行。

第五十三条 本条例由国家土地管理局负责解释;实施办法由省、自治区、直辖市人民政府制定。

第五十四条 本条例自发布之日起施行。

中华人民共和国国务院令

（第248号）

现发布《城市房地产开发经营管理条例》，自发布之日起施行。

总理　朱镕基

1998年7月25日

城市房地产开发经营管理条例

第一章　总　　则

第一条　为了规范房地产开发经营行为，加强对城市房地产开发经营活动的监督管理，促进和保障房地产业的健康发展，根据《中华人民共和国城市房地产管理法》的有关规定，制定本条例。

第二条　本条例所称房地产开发经营，是指房地产开发企业在城市规划区内国有土地上进行基础设施建设、房屋建设，并转让房地产开发项目或者销售、出租商品房的行为。

第三条　房地产开发经营应当按照经济效益、社会效益、环境效益相统一的原则，实行全面规划、合理布局、综合开发、配套建设。

第四条　国务院建设行政主管部门负责全国房地产开发经营活动的监督管理工作。

县级以上地方人民政府房地产开发主管部门负责本行政区域内房地产开发经营活动的监督管理工作。

县级以上人民政府负责土地管理工作的部门依照有关法律、行政法规的规定，负责与房地产开发经营有关的土地管理工作。

第二章　房地产开发企业

第五条　设立房地产开发企业，除应当符合有关法律、行政法规规定的企业设立条件外，还应当具备下列条件：

（一）有100万元以上的注册资本；

（二）有4名以上持有资格证书的房地产专业、建筑工程专业的专职技术人员，2名以上持有资格证书的专职会计人员。

省、自治区、直辖市人民政府可以根据本地方的实际情况，对设立房地产开发企业的注册资本和专业技术人员的条件作出高于前款的规定。

第六条　外商投资设立房地产开发企业的，除应当符合本条例第五条的规定外，还应当依照外商投资企业法律、行政法规的规定,办理有关审批手续。

第七条 设立房地产开发企业,应当向县级以上人民政府工商行政管理部门申请登记。工商行政管理部门对符合本条例第五条规定条件的,应当自收到申请之日起 30 日内予以登记;对不符合条件不予登记的,应当说明理由。

工商行政管理部门在对设立房地产开发企业申请登记进行审查时,应当听取同级房地产开发主管部门的意见。

第八条 房地产开发企业应当自领取营业执照之日起 30 日内,持下列文件到登记机关所在地的房地产开发主管部门备案:

(一)营业执照复印件;

(二)企业章程;

(三)验资证明;

(四)企业法定代表人的身份证明;

(五)专业技术人员的资格证书和聘用合同。

第九条 房地产开发主管部门应当根据房地产开发企业的资产、专业技术人员和开发经营业绩等,对备案的房地产开发企业核定资质等级。房地产开发企业应当按照核定的资质等级,承担相应的房地产开发项目。具体办法由国务院建设行政主管部门制定。

第三章 房地产开发建设

第十条 确定房地产开发项目,应当符合土地利用总体规划、年度建设用地计划和城市规划、房地产开发年度计划的要求;按照国家有关规定需要经计划主管部门批准的,还应当报计划主管部门批准,并纳入年度固定资产投资计划。

第十一条 确定房地产开发项目,应当坚持旧区改建和新区建设相结合的原则,注重开发基础设施薄弱、交通拥挤、环境污染严重以及危旧房屋集中的区域,保护和改善城市生态环境,保护历史文化遗产。

第十二条 房地产开发用地应当以出让方式取得;但是,法律和国务院规定可以采用划拨方式的除外。

土地使用权出让或者划拨前,县级以上地方人民政府城市规划行政主管部门和房地产开发主管部门应当对下列事项提出书面意见,作为土地使用权出让或者划拨的依据之一:

(一)房地产开发项目的性质、规模和开发期限;

(二)城市规划设计条件;

(三)基础设施和公共设施的建设要求;

(四)基础设施建成后的产权界定;

(五)项目拆迁补偿、安置要求。

第十三条 房地产开发项目应当建立资本金制度,资本金占项目总投资的比例不得低于 20% 。

第十四条 房地产开发项目的开发建设应当统筹安排配套基础设施,并根据先地下、后地上的原则实施。

第十五条 房地产开发企业应当按照土地使用权出让合同约定的土地用途、动工开发期限进行项目开发建设。出让合同约定的动工开发期限满 1 年未动工开发的,可以征收相当于土地使用权出让金20%以下的土地闲置费；满2年未动工开发的，可以无偿收回土地使用权。但是，因不可抗力或者政府、政府有关部门的行为或者动工开发必需的前期工作造成动工迟延的除外。

第十六条 房地产开发企业开发建设的房地产项目，应当符合有关法律、法规的规定和建筑工程质量、安全标准、建筑工程勘察、设计、施工的技术规范以及合同的约定。

房地产开发企业应当对其开发建设的房地产开发项目的质量承担责任。

勘察、设计、施工、监理等单位应当依照有关法律、法规的规定或者合同的约定，承担相应的责任。

第十七条 房地产开发项目竣工，经验收合格后，方可交付使用；未经验收或者验收不合格的，不得交付使用。

房地产开发项目竣工后，房地产开发企业应当向项目所在地的县级以上地方人民政府房地产开发主管部门提出竣工验收申请。房地产开发主管部门应当自收到竣工验收申请之日起30日内，对涉及公共安全的内容，组织工程质量监督、规划、消防、人防等有关部门或者单位进行验收。

第十八条 住宅小区等群体房地产开发项目竣工，应当依照本条例第十七条的规定和下列要求进行综合验收：

（一）城市规划设计条件的落实情况；

（二）城市规划要求配套的基础设施和公共设施的建设情况；

（三）单项工程的工程质量验收情况；

（四）拆迁安置方案的落实情况；

（五）物业管理的落实情况。

住宅小区等群体房地产开发项目实行分期开发的，可以分期验收。

第十九条 房地产开发企业应当将房地产开发项目建设过程中的主要事项记录在房地产开发项目手册中，并定期送房地产开发主管部门备案。

第四章 房地产经营

第二十条 转让房地产开发项目，应当符合《中华人民共和国城市房地产管理法》第三十八条、第三十九条规定的条件。

第二十一条 转让房地产开发项目，转让人和受让人应当自土地使用权变更登记手续办理完毕之日起30日内，持房地产开发项目转让合同到房地产开发主管部门备案。

第二十二条 房地产开发企业转让房地产开发项目时，尚未完成拆迁补偿安置的，原拆迁补偿安置合同中有关的权利、义务随之转移给受让人。项目转让人应当书面通知被拆迁人。

第二十三条 房地产开发企业预售商品房，应当符合下列条件：

（一）已交付全部土地使用权出让金，取得土地使用权证书；

（二）持有建设工程规划许可证和施工许可证；

（三）按提供的预售商品房计算，投入开发建设的资金达到工程建设总投资的25%以上，并已确定施工进度和竣工交付日期；

（四）已办理预售登记，取得商品房预售许可证明。

第二十四条 房地产开发企业申请办理商品房预售登记，应当提交下列文件：

(一)本条例第二十三条第(一)项至第(三)项规定的证明材料;

(二)营业执照和资质等级证书;

(三)工程施工合同;

(四)预售商品房分层平面图;

(五)商品房预售方案。

第二十五条 房地产开发主管部门应当自收到商品房预售申请之日起10日内,作出同意预售或者不同意预售的答复。同意预售的,应当核发商品房预售许可证明;不同意预售的,应当说明理由。

第二十六条 房地产开发企业不得进行虚假广告宣传,商品房预售广告中应当载明商品房预售许可证明的文号。

第二十七条 房地产开发企业预售商品房时,应当向预购人出示商品房预售许可证明。

房地产开发企业应当自商品房预售合同签订之日起30日内,到商品房所在地的县级以上人民政府房地产开发主管部门和负责土地管理工作的部门备案。

第二十八条 商品房销售,当事人双方应当签订书面合同。合同应当载明商品房的建筑面积和使用面积、价格、交付日期、质量要求、物业管理方式以及双方的违约责任。

第二十九条 房地产开发企业委托中介机构代理销售商品房的,应当向中介机构出具委托书。中介机构销售商品房时,应当向商品房购买人出示商品房的有关证明文件和商品房销售委托书。

第三十条 房地产开发项目转让和商品房销售价格,由当事人协商议定;但是,享受国家优惠政策的居民住宅价格,应当实行政府指导价或者政府定价。

第三十一条 房地产开发企业应当在商品房交付使用时,向购买人提供住宅质量保证书和住宅使用说明书。

住宅质量保证书应当列明工程质量监督单位核验的质量等级、保修范围、保修期和保修单位等内容。房地产开发企业应当按照住宅质量保证书的约定,承担商品房保修责任。

保修期内,因房地产开发企业对商品房进行维修,致使房屋原使用功能受到影响,给购买人造成损失的,应当依法承担赔偿责任。

第三十二条 商品房交付使用后,购买人认为主体结构质量不合格的,可以向工程质量监督单位申请重新核验。经核验,确属主体结构质量不合格的,购买人有权退房;给购买人造成损失的,房地产开发企业应当依法承担赔偿责任。

第三十三条 预售商品房的购买人应当自商品房交付使用之日起90日内,办理土地使用权变更和房屋所有权登记手续;现售商品房的购买人应当自销售合同签订之日起90日内,办理土地使用权变更和房屋所有权登记手续。房地产开发企业应当协助商品房购买人办理土地使用权变更和房屋所有权登记手续,并提供必要的证明文件。

第五章 法律责任

第三十四条 违反本条例规定,未取得营业执照,擅自从事房地产开发经营的,由县级以上人民政府工商行政管理部门责令停止房地产开发经营活动,没收违法所得,可以并处违法所得5倍以下的罚款。

第三十五条 违反本条例规定,未取得资质等级证书或者超越资质等级从事房地产开发经营的，由县级以上人民政府房地产开发主管部门责令限期改正，处5万元以上10万元以下的罚款；逾期不改正的，由工商行政管理部门吊销营业执照。

第三十六条 违反本条例规定，将未经验收的房屋交付使用的，由县级以上人民政府房地产开发主管部门责令限期补办验收手续；逾期不补办验收手续的，由县级以上人民政府房地产开发主管部门组织有关部门和单位进行验收，并处10万元以上30万元以下的罚款。经验收不合格的，依照本条例第三十七条的规定处理。

第三十七条 违反本条例规定，将验收不合格的房屋交付使用的，由县级以上人民政府房地产开发主管部门责令限期返修，并处交付使用的房屋总造价2%以下的罚款；情节严重的，由工商行政管理部门吊销营业执照；给购买人造成损失的，应当依法承担赔偿责任；造成重大伤亡事故或者其他严重后果，构成犯罪的，依法追究刑事责任。

第三十八条 违反本条例规定，擅自转让房地产开发项目的，由县级以上人民政府负责土地管理工作的部门责令停止违法行为，没收违法所得，可以并处违法所得5倍以下的罚款。

第三十九条 违反本条例规定，擅自预售商品房的，由县级以上人民政府房地产开发主管部门责令停止违法行为，没收违法所得，可以并处已收取的预付款1%以下的罚款。

第四十条 国家机关工作人员在房地产开发经营监督管理工作中玩忽职守、徇私舞弊、滥用职权，构成犯罪的，依法追究刑事责任；尚不构成犯罪的，依法给予行政处分。

第六章 附　　则

第四十一条 在城市规划区外国有土地上从事房地产开发经营，实施房地产开发经营监督管理，参照本条例执行。

第四十二条 城市规划区内集体所有的土地，经依法征用转为国有土地后，方可用于房地产开发经营。

第四十三条 本条例自发布之日起施行。

国务院关于加强国有土地资产管理的通知

(国发〔2001〕15号 2001年4月30日)

改革开放以来,随着土地使用制度改革的深化,土地资源的资产价值得到体现,逐步适应城市建设、企业改革、经济结构调整的需要。但目前国有土地资产通过市场配置的比例不高,透明度低;划拨土地大量非法入市,隐形交易;随意减免地价,挤占国有土地收益的现象严重,使得大量应由国家取得的土地收益流失到少数单位和个人手中。这不仅严重影响了对土地的保护和合理开发、利用,而且滋生腐败现象。为加强国有土地资产管理,切实防止国有土地资产流失,现就有关问题通知如下:

一、严格控制建设用地供应总量

严格控制土地供应总量是规范土地市场的基本前提。只有在严格控制土地供应总量的前提下,才能有效发挥市场配置土地资源的基础性作用,充分实现土地资产价值,提高土地资源利用效率。各级政府必须严格执行土地利用总体规划、城市规划和土地利用年度计划,严格控制新增建设用地供应总量。要抓住经济结构调整的有利时机,把土地利用引导到对存量建设用地的调整和改造上来,优化土地利用结构。

各地要加大对闲置土地的处置力度,积极稳妥地解决历史遗留问题,最大限度地减少国有资产的损失。对依法应无偿收回的闲置土地,要坚决收回。

坚持土地集中统一管理,确保城市政府对建设用地的集中统一供应。各地不得违反国家有关规定擅自设立工业园、科技园、开发区等各类园、区,经批准设立的市辖区工业园、科技园、开发区等各类园、区的土地必须纳入所在城市用地统一督理、统一供应。对已经列入城市建设用地范围的村镇建设和乡镇企业用地也要按城镇化要求,统一规划、开发。

为增强政府对土地市场的调控能力,有条件的地方政府要对建设用地试行收购储备制度。市、县人民政府可划出部分土地收益用于收购土地,金融机构要依法提供信贷支持。

二、严格实行国有土地有偿使用制度

严格执行《中华人民共和国土地管理法》、《中华人民共和国城市房地产管理法》关于划拨用地范围的规定,任何单位和个人均不得突破。除法律规定可以采用划拨方式提供用地外,其他建设需要使用国有土地的,必须依法实行有偿使用。国土资源部要依据法律规定,抓紧制订具体的划拨用地目录。

土地使用者需要改变原批准的土地用途、容积率等,必须依法报经市、县人民政府批准。对原划拨用地,因发生土地转让、出租或改变用途后不再符合划拨用地范围的,应依法实行出让等有偿使用方式;对出让土地,凡改变土地用途、容积率的,应按规定补交不同用途和容积率的土地差价。

各地要加强对经济适用住房建设用地的管理。经济适用住房建设用地必须符合土地利用总体规划、城市规划和土地利用年度计划,严格控制占用耕地,严禁开发商以开发经济适用住房名义牟取暴利。要对经济适用住房的建设标准和销售对象作出严格规定,具体办法由建设部制定。

要进一步加强国有土地收益的征收和管理,任何单位和个人均不得减免和挤占挪用土地出让金、租金等土地收益。对于低价出让、租赁土地,随意减免地价,挤占挪用土地收益,造成国有土地资产流失的,要依法追究责任。

三、大力推行国有土地使用权招标、拍卖

为体现市场经济原则,确保土地使用权交易的公开、公平和公正,各地要大力推行土地使用权招标、拍卖。

国有建设用地供应,除涉及国家安全和保密要求外,都必须向社会公开。商业性房地产开发用地和其他土地供应计划公布后同一地块有两个以上意向用地者的,都必须由市、县人民政府土地行政主管部门依法以招标、拍卖方式提供,国有土地使用权招标、拍卖必须公开进行。要严格限制协议用地范围。确实不能采用招标、拍卖方式的,方可采用协议方式。采用协议方式供地的,必须做到在地价评估基础上,集体审核确定协议价格,协议结果向社会公开。

四、加强土地使用权转让管理

土地使用权要依法公开交易,不得搞隐形交易。划拨土地使用权未经批准不得自行转让。出让和承租国有土地使用权首次转让,必须符合法律规定和出让、租赁合同约定的条件。土地使用权交易要在有形土地市场公开进行,并依法办理土地登记。土地行政主管部门要加强对出让、租赁合同的管理,受让人和承租方未付清全部出让金、租金的,不得为其发放土地使用证,未达到法律规定和合同约定的投资开发条件的,土地使用权不得转让。

土地使用权抵押应当依法办理抵押登记。设定房地产抵押权的土地使用权是以划拨方式取得的,依法拍卖该房地产后,受让人应当依法与土地所在地的土地行政主管部门签订土地使用权出让合同,从拍卖价款中缴纳土地使用权出让金后,抵押权人方可优先受偿。

以营利为目的,房屋所有人将以划拨方式取得国有土地使用权后所建房屋出租的,应将租金中所含土地收益上缴国家。

国有土地使用权转让,转让双方必须如实申报成交价格。土地行政主管部门要根据基准地价、标定地价对申报价格进行审核和登记。申报土地转让价格比标定地价低 20% 以上的,市、县人民政府可行使优先购买权。

五、加强地价管理

市、县人民政府要依法定期确定、公布当地的基准地价和标定地价,切实加强地价管理。凡尚未确定基准地价的市、县,要按照法律法规规定和统一的标准,尽快评估确定;已经确定基准地价的市、县,要根据土地市场价格变化情况,及时更新。要根据基准地价和标定地价,制定协议出让最低价标准。基准地价、协议出让土地最低价标准一经确定,必须严格执行并向社会公开。各级人民政府均不得低于协议出让最低价出让土地。要抓紧建立全国地价动态监测信息系统,对全国重要城市地价水平动态变化情况进行监测。

六、规范土地审批的行政行为

各级人民政府和土地行政主管部门掌握着土地审批和资产处置权力,责任重大,必须切实加强制度建设,规范行政行为,从制度上杜绝土地资产流失和腐败行为的发生。

(一)坚持政企分开,政事分开。土地行政主管部门一律不得兴办房地产开发公司等企业。土地估价、土地交易代理等中介服务机构必须与行政机关及其所属事业单位脱钩。

(二)坚持规范管理,政务公开。土地行政主管部门建设用地审批管理、土地资产处置等要严格执行办文制度,所有报件和批文均按规定程序办理。要增强服务意识,将办事制度、标准、程序、期限和责任向社会公开。要抓紧建立建设用地信息发布、地价和土地登记资料可查询制度。

(三)坚持内部会审,集体决策。土地行政主管部门内部要尽快健全各类审批事项的内部会审制度。农用地转用、土地征用、用地审批、土地资产处置、供地价格确定等,一律要经过内部会审,集体决策。

国务院各有关部门和各省、自治区、直辖市人民政府要认真贯彻落实本通知精神,制定具体的实施办法,逐步建立和完善各项土地资产管理制度,加强上级政府对下级政府及土地行政主管部门土地资产管理的监督。地方各级人民政府要组织力量,对行政区域内基准地价和土地资产管理规定执行情况进行检查,重点检查集体决策和结果公开的执行情况,发现问题,要依法及时处理。

国土资源部要会同有关部门负责本通知贯彻执行情况的监督检查和落实工作,重点检查落实各地土地资产管理制度的建立和执行情况,并定期向国务院报告。

中华人民共和国国务院令

（第305号）

《城市房屋拆迁管理条例》已经2001年6月6日国务院第40次常务会议通过，现予公布，自2001年11月1日起施行。

总理　朱镕基

2001年6月13日

城市房屋拆迁管理条例

第一章　总　则

第一条　为了加强对城市房屋拆迁的管理，维护拆迁当事人的合法权益，保障建设项目顺利进行，制定本条例。

第二条　在城市规划区内国有土地上实施房屋拆迁，并需要对被拆迁人补偿、安置的，适用本条例。

第三条　城市房屋拆迁必须符合城市规划，有利于城市旧区改造和生态环境改善，保护文物古迹。

第四条　拆迁人应当依照本条例的规定，对被拆迁人给予补偿、安置；被拆迁人应当在搬迁期限内完成搬迁。

本条例所称拆迁人，是指取得房屋拆迁许可证的单位。

本条例所称被拆迁人，是指被拆迁房屋的所有人。

第五条　国务院建设行政主管部门对全国城市房屋拆迁工作实施监督管理。

县级以上地方人民政府负责管理房屋拆迁工作的部门（以下简称房屋拆迁管理部门）对本行政区域内的城市房屋拆迁工作实施监督管理。县级以上地方人民政府有关部门应当依照本条例的规定，互相配合，保证房屋拆迁管理工作的顺利进行。

县级以上人民政府土地行政主管部门依照有关法律、行政法规的规定，负责与城市房屋拆迁有关的土地管理工作。

第二章　拆迁管理

第六条　拆迁房屋的单位取得房屋拆迁许可证后，方可实施拆迁。

第七条　申请领取房屋拆迁许可证的，应当向房屋所在地的市、县人民政府房屋拆迁管理部门提交下列资料：

(一)建设项目批准文件;

(二)建设用地规划许可证;

(三)国有土地使用权批准文件;

(四)拆迁计划和拆迁方案;

(五)办理存款业务的金融机构出具的拆迁补偿安置资金证明。

市、县人民政府房屋拆迁管理部门应当自收到申请之日起30日内,对申请事项进行审查;经审查,对符合条件的,颁发房屋拆迁许可证。

第八条 房屋拆迁管理部门在发放房屋拆迁许可证的同时,应当将房屋拆迁许可证中载明的拆迁人、拆迁范围、拆迁期限等事项,以房屋拆迁公告的形式予以公布。

房屋拆迁管理部门和拆迁人应当及时向被拆迁人做好宣传、解释工作。

第九条 拆迁人应当在房屋拆迁许可证确定的拆迁范围和拆迁期限内,实施房屋拆迁。

需要延长拆迁期限的,拆迁人应当在拆迁期限届满15日前,向房屋拆迁管理部门提出延期拆迁申请;房屋拆迁管理部门应当自收到延期拆迁申请之日起10日内给予答复。

第十条 拆迁人可以自行拆迁,也可以委托具有拆迁资格的单位实施拆迁。

房屋拆迁管理部门不得作为拆迁人,不得接受拆迁委托。

第十一条 拆迁人委托拆迁的,应当向被委托的拆迁单位出具委托书,并订立拆迁委托合同。拆迁人应当自拆迁委托合同订立之日起15日内,将拆迁委托合同报房屋拆迁管理部门备案。

被委托的拆迁单位不得转让拆迁业务。

第十二条 拆迁范围确定后,拆迁范围内的单位和个人,不得进行下列活动:

(一)新建、扩建、改建房屋;

(二)改变房屋和土地用途;

(三)租赁房屋。

房屋拆迁管理部门应当就前款所列事项,书面通知有关部门暂停办理相关手续。暂停办理的书面通知应当载明暂停期限。暂停期限最长不得超过1年;拆迁人需要延长暂停期限的,必须经房屋拆迁管理部门批准,延长暂停期限不得超过1年。

第十三条 拆迁人与被拆迁人应当依照本条例的规定,就补偿方式和补偿金额、安置用房面积和安置地点、搬迁期限、搬迁过渡方式和过渡期限等事项,订立拆迁补偿安置协议。

拆迁租赁房屋的,拆迁人应当与被拆迁人、房屋承租人订立拆迁补偿安置协议。

第十四条 房屋拆迁管理部门代管的房屋需要拆迁的,拆迁补偿安置协议必须经公证机关公证,并办理证据保全。

第十五条 拆迁补偿安置协议订立后,被拆迁人或者房屋承租人在搬迁期限内拒绝搬迁的,拆迁人可以依法向仲裁委员会申请仲裁,也可以依法向人民法院起诉。诉讼期间,拆迁人可以依法申请人民法院先予执行。

第十六条 拆迁人与被拆迁人或者拆迁人、被拆迁人与房屋承租人达不成拆迁补偿安置协议的,经当事人申请,由房屋拆迁管理部门裁决。房屋拆迁管理部门是被拆迁人的,由同级人民政府裁决。裁决应当自收到申请之日起30日内作出。

当事人对裁决不服的,可以自裁决书送达之日起3个月内向人民法院起诉。拆迁人依照本条例规定已对被拆迁人给予货币补偿或者提供拆迁安置用房、周转用房的,诉讼期间不停止拆迁的执行。

第十七条 被拆迁人或者房屋承租人在裁决规定的搬迁期限内未搬迁的，由房屋所在地的市、县人民政府责成有关部门强制拆迁，或者由房屋拆迁管理部门依法申请人民法院强制拆迁。

实施强制拆迁前，拆迁人应当就被拆除房屋的有关事项，向公证机关办理证据保全。

第十八条 拆迁中涉及军事设施、教堂、寺庙、文物古迹以及外国驻华使(领)馆房屋的，依照有关法律、法规的规定办理。

第十九条 尚未完成拆迁补偿安置的建设项目转让的，应当经房屋拆迁管理部门同意，原拆迁补偿安置协议中有关权利、义务随之转移给受让人。项目转让人和受让人应当书面通知被拆迁人，并自转让合同签订之日起30日内予以公告。

第二十条 拆迁人实施房屋拆迁的补偿安置资金应当全部用于房屋拆迁的补偿安置，不得挪作他用。

县级以上地方人民政府房屋拆迁管理部门应当加强对拆迁补偿安置资金使用的监督。

第二十一条 房屋拆迁管理部门应当建立、健全拆迁档案管理制度，加强对拆迁档案资料的管理。

第三章 拆迁补偿与安置

第二十二条 拆迁人应当依照本条例规定，对被拆迁人给予补偿。

拆除违章建筑和超过批准期限的临时建筑，不予补偿；拆除未超过批准期限的临时建筑，应当给予适当补偿。

第二十三条 拆迁补偿的方式可以实行货币补偿，也可以实行房屋产权调换。

除本条例第二十五条第二款、第二十七条第二款规定的外，被拆迁人可以选择拆迁补偿方式。

第二十四条 货币补偿的金额，根据被拆迁房屋的区位、用途、建筑面积等因素，以房地产市场评估价格确定。具体办法由省、自治区、直辖市人民政府制定。

第二十五条 实行房屋产权调换的，拆迁人与被拆迁人应当依照本条例第二十四条的规定，计算被拆迁房屋的补偿金额和所调换房屋的价格，结清产权调换的差价。

拆迁非公益事业房屋的附属物，不作产权调换，由拆迁人给予货币补偿。

第二十六条 拆迁公益事业用房的，拆迁人应当依照有关法律、法规的规定和城市规划的要求予以重建，或者给予货币补偿。

第二十七条 拆迁租赁房屋，被拆迁人与房屋承租人解除租赁关系的，或者被拆迁人对房屋承租人进行安置的，拆迁人对被拆迁人给予补偿。

被拆迁人与房屋承租人对解除租赁关系达不成协议的，拆迁人应当对被拆迁人实行房屋产权调换。产权调换的房屋由原房屋承租人承租，被拆迁人应当与原房屋承租人重新订立房屋租赁合同。

第二十八条 拆迁人应当提供符合国家质量安全标准的房屋，用于拆迁安置。

第二十九条 拆迁产权不明确的房屋，拆迁人应当提出补偿安置方案，报房屋拆迁管理部门审核同意后实施拆迁。拆迁前，拆迁人应当就被拆迁房屋的有关事项向公证机关办理证据保全。

第三十条 拆迁设有抵押权的房屋，依照国家有关担保的法律执行。

第三十一条 拆迁人应当对被拆迁人或者房屋承租人支付搬迁补助费。

在过渡期限内,被拆迁人或者房屋承租人自行安排住处的,拆迁人应当支付临时安置补助费;被拆迁人或者房屋承租人使用拆迁人提供的周转房的,拆迁人不支付临时安置补助费。

搬迁补助费和临时安置补助费的标准,由省、自治区、直辖市人民政府规定。

第三十二条 拆迁人不得擅自延长过渡期限,周转房的使用人应当按时腾退周转房。

因拆迁人的责任延长过渡期限的,对自行安排住处的被拆迁人或者房屋承租人,应当自逾期之月起增加临时安置补助费;对周转房的使用人,应当自逾期之月起付给临时安置补助费。

第三十三条 因拆迁非住宅房屋造成停产、停业的,拆迁人应当给予适当补偿。

第四章 罚 则

第三十四条 违反本条例规定,未取得房屋拆迁许可证,擅自实施拆迁的,由房屋拆迁管理部门责令停止拆迁,给予警告,并处已经拆迁房屋建筑面积每平方米20元以上50元以下的罚款。

第三十五条 拆迁人违反本条例的规定,以欺骗手段取得房屋拆迁许可证的,由房屋拆迁管理部门吊销房屋拆迁许可证,并处拆迁补偿安置资金1%以上3%以下的罚款。

第三十六条 拆迁人违反本条例的规定,有下列行为之一的,由房屋拆迁管理部门责令停止拆迁,给予警告,可以并处拆迁补偿安置资金3%以下的罚款;情节严重的,吊销房屋拆迁许可证:

(一)未按房屋拆迁许可证确定的拆迁范围实施房屋拆迁的;

(二)委托不具有拆迁资格的单位实施拆迁的;

(三)擅自延长拆迁期限的。

第三十七条 接受委托的拆迁单位违反本条例的规定,转让拆迁业务的,由房屋拆迁管理部门责令改正,没收违法所得,并处合同约定的拆迁服务费25%以上50%以下的罚款。

第三十八条 县级以上地方人民政府房屋拆迁管理部门违反本条例规定核发房屋拆迁许可证以及其他批准文件的,核发房屋拆迁许可证以及其他批准文件后不履行监督管理职责的,或者对违法行为不予查处的,对直接负责的主管人员和其他直接责任人员依法给予行政处分;情节严重,致使公共财产、国家和人民利益遭受重大损失,构成犯罪的,依法追究刑事责任。

第五章 附 则

第三十九条 在城市规划区外国有土地上实施房屋拆迁,并需要对被拆迁人补偿、安置的,参照本条例执行。

第四十条 本条例自2001年11月1日起施行。1991年3月22日国务院公布的《城市房屋拆迁管理条例》同时废止。

2. 部门规章及其他规范性文件

国家土地管理局《关于对〈中华人民共和国城镇国有土地使用权出让和转让暂行条例〉第十七条有关内容请求解释》的复函

（〔1993〕国土函字第15号 1993年1月20日）

上海市土地管理局：

你局《关于〈中华人民共和国城镇国有土地使用权出让和转让暂行条例〉第十七条有关内容请求解释的函》（沪土发〔1992〕221号）收悉。经研究，复函如下：

抵押权附属于土地使用权。作为主权利的土地使用权，因行政机关依照《中华人民共和国城镇国有土地使用权出让和转让暂行条例》第十七条规定，作出收回土地使用权的处罚而消灭时，在该土地使用权上设定的抵押权随之消灭。

国家土地管理局对安徽省关于土地有偿使用中几个问题的请示的复函

（1993年2月17日）

安徽省土地管理局：

你局《关于土地有偿使用中的几个问题的请示》（皖土〔籍〕字〔1993〕第004号）收悉。经研究，现函复如下：

一、划拨土地使用权补办出让手续，其性质仍属于土地使用权出让，按照《中华人民共和国城镇国有土地使用权出让和转让暂行条例》第四十五条规定，此种行为由市、县人民政府土地管理部门批准。

二、有偿划拨土地使用权是一些地方在土地使用制度改革中的新尝试，但在目前缺乏法律依据的情况下，应按划拨土地使用权进行管理，在未办出让手续前不得转让、出租、抵押。

三、出让土地的类型应以出让当时的土地利用现状为依据，按照《土地利用现状调查技术规程》确认。如兴办开发区征用耕地须按征用耕地有关规定报批和支付费用；征地后，经过开发再出让则应按非耕地（建设用地）处理。

四、国发〔1992〕61号文件规定“集体土地股份不得转让”是指已作入股的集体土地资产权属关系不能擅自变化，以保证集体土地使用者的合法权益。根据国家土地管理局〔1992〕国土〔法〕字第182号文规定：“如转让，集体土地须征为国有，办理出让手续”。如果以集体土地入股进行房地产开发，目的是转让经营，亦就是进行股份转让，与国发〔1992〕61号文件规定是不符的。

国家土地管理局关于出让国有土地使用权有关问题的答复

（1993 年 4 月 1 日）

山西省土地管理局：

你局《关于省辖市人民政府所在地的城、郊区人民政府是否可以批准和组织国有土地使用权出让工作的请示》收悉。经研究，现答复如下：

根据《中华人民共和国城镇国有土地使用权出让和转让暂行条例》第九条、第十条、第十一条等的规定，国有土地使用权的出让，由市、县人民政府负责。其中，“市、县人民政府”，所指“市”，包括全国各级市；所指“县”，不包括市辖区。出让国有土地使用权的批准权限，按照《国务院关于出让国有土地使用权批准权限的通知》（国发〔1989〕49 号）的规定执行。

城市房地产转让管理规定

(建设部令第45号 1995年8月7日发布
《建设部关于修改〈城市房地产转让管理规定〉的决定》修正)

第一条 为了加强对城市房地产转让的管理,维护房地产市场秩序,保障房地产转让当事人的合法权益,根据《中华人民共和国城市房地产管理法》,制定本规定。

第二条 凡在城市规划区国有土地范围内从事房地产转让,实施房地产转让管理,均应遵守本规定。

第三条 本规定所称房地产转让,是指房地产权利人通过买卖、赠与或者其他合法方式将其房地产转移给他人的行为。

前款所称其他合法方式,主要包括下列行为:

(一)以房地产作价入股、与他人成立企业法人,房地产权属发生变更的;

(二)一方提供土地使用权,另一方或者多方提供资金,合资、合作开发经营房地产,而使房地产权属发生变更的;

(三)因企业被收购、兼并或合并,房地产权属随之转移的;

(四)以房地产抵债的;

(五)法律、法规规定的其他情形。

第四条 国务院建设行政主管部门归口管理全国城市房地产转让工作。

省、自治区人民政府建设行政主管部门归口管理本行政区域内的城市房地产转让工作。

直辖市、市、县人民政府房地产行政主管部门(以下简称房地产管理部门)负责本行政区域内的城市房地产转让管理工作。

第五条 房地产转让时,房屋所有权和该房屋占用范围内的土地使用权同时转让。

第六条 下列房地产不得转让:

(一)以出让方式取得土地使用权但不符合本规定第十条规定的条件的;

(二)司法机关和行政机关依法裁定,决定查封或者以其他形式限制房地产权利的;

(三)依法收回土地使用权的;

(四)共有房地产,未经其他共有人书面同意的;

(五)权属有争议的;

(六)未依法登记领取权属证书的;

(七)法律、行政法规规定禁止转让的其他情形。

第七条 房地产转让,应当按照下列程序办理:

(一)房地产转让当事人签订书面转让合同;

(二)房地产转让当事人在房地产转让合同签订后90日内持房地产权属证书、当事人的合法证明、转让合同等有关文件向房地产所在地的房地产管理部门提出申请,并申报成交价格;

(三)房地产管理部门对提供的有关文件进行审查,并在 7 日内作出是否受理申请的书面答复,7 日内未作书面答复的,视为同意受理;

(四)房地产管理部门核实申报的成交价格,并根据需要对转让的房地产进行现场查勘和评估;

(五)房地产转让当事人按照规定缴纳有关税费;

(六)房地产管理部门办理房屋权属登记手续,核发房地产权属证书。

第八条 房地产转让合同应当载明下列主要内容:

(一)双方当事人的姓名或者名称、住所;

(二)房地产权属证书名称和编号;

(三)房地产坐落位置、面积、四至界限;

(四)土地宗地号、土地使用权取得的方式及年限;

(五)房地产的用途或使用性质;

(六)成交价格及支付方式;

(七)房地产交付使用的时间;

(八)违约责任;

(九)双方约定的其他事项。

第九条 以出让方式取得土地使用权的,房地产转让时,土地使用权出让合同载明的权利、义务随之转移。

第十条 以出让方式取得土地使用权的,转让房地产时,应当符合下列条件:

(一)按照出让合同约定已经支付全部土地使用权出让金,并取得土地使用权证书;

(二)按照出让合同约定进行投资开发,属于房屋建设工程的,应完成开发投资总额的百分之二十五以上;属于成片开发土地的,依照规划对土地进行开发建设,完成供排水、供电、供热、道路交通、通信等市政基础设施、公用设施的建设,达到场地平整,形成工业用地或者其他建设用地条件。

转让房地产时房屋已经建成的,还应当持有房屋所有权证书。

第十一条 以划拨方式取得土地使用权的,转让房地产时,按照国务院的规定,报有批准权的人民政府审批。有批准权的人民政府准予转让的,除符合本规定第十二条所列的可以不办理土地使用权出让手续的情形外,应当由受让方办理土地使用权出让手续,并依照国家有关规定缴纳土地使用权出让金。

第十二条 以划拨方式取得土地使用权的,转让房地产时,属于下列情形之一的,经有批准权的人民政府批准,可以不办理土地使用权出让手续,但应当将转让房地产所获收益中的土地收益上缴国家或者作其他处理。土地收益的缴纳和处理的办法按照国务院规定办理。

(一)经城市规划行政主管部门批准,转让的土地用于建设《中华人民共和国城市房地产管理法》第二十三条规定的项目的;

(二)私有住宅转让后仍用于居住的;

(三)按照国务院住房制度改革有关规定出售公有住宅的;

(四)同一宗土地上部分房屋转让而土地使用权不可分割转让的;

(五)转让的房地产暂时难以确定土地使用权出让用途、年限和其他条件的;

(六)根据城市规划土地使用权不宜出让的;

(七)县级以上人民政府规定暂时无法或不需要采取土地使用权出让方式的其他情形。

依照前款规定缴纳土地收益或作其他处理的,应当在房地产转让合同中注明。

第十三条 依照本规定第十二条规定转让的房地产再转让,需要办理出让手续、补交土地使用权出让金的,应当扣除已经缴纳的土地收益。

第十四条 国家实行房地产成交价格申报制度。

房地产权利人转让房地产,应当如实申报成交价格,不得瞒报或者作不实的申报。

房地产转让应当以申报的房地产成交价格作为缴纳税费的依据。成交价格明显低于正常市场价格的,以评估价格作为缴纳税费的依据。

房地产转让当事人对评估价格有异议的,可以在接到评估价格通知后 15 日内向房地产管理部门申请复核;对复核结果仍有异议的,可以在接到复核结果 15 日内申请仲裁或向人民法院起诉。

第十五条 房地产转让当事人应当凭过户单办理产权过房手续,并依据《中华人民共和国城市房地产管理法》的规定领取房地产权属证书。

第十六条 商品房预售按照建设部《城市商品房预售管理办法》执行。

第十七条 房地产管理部门在办理房地产转让时,其收费的项目和标准,必须经有批准权的物价部门和建设行政主管部门批准,不得擅自增加收费项目和提高收费标准。

第十八条 违反本规定转让房地产的转让无效;房地产管理部门应当没收违法所得,并可处以罚款。违反本规定第十条第一款和第十一条,未办理土地使用权出让手续,交纳土地使用权出让金的,按照《中华人民共和国城市房地产管理法》的规定进行处罚。

第十九条 房地产管理部门工作人员玩忽职守、滥用职权、徇私舞弊、索贿受贿的,依法给予行政处分;构成犯罪的,依法追究刑事责任。

第二十条 在城市规划区外的国有土地范围内进行房地产转让的,参照本规定执行。

第二十一条 省、自治区人民政府建设行政主管部门、直辖市房地产行政主管部门可以根据本规定制定实施细则。

第二十二条 本规定由国务院建设行政主管部门负责解释。

第二十三条 本规定自 1995 年 9 月 1 日起施行。

国务院法制局对《关于拆迁城市私有房屋土地使用权是否予以补偿问题的函》的复函

（国法函〔1995〕65号 1995年9月4日）

建设部：

你部《关于拆迁城市私有房屋土地使用权是否予以补偿问题的函》（建房〔1995〕468号）收悉。经研究，函复如下：

拆迁城市私有房屋应当严格执行现行有关法律和《城市房屋拆迁管理条例》，并按照规定对拆迁的房屋进行安置补偿。

建设部关于拆迁城市私有房屋土地使用权是否予以补偿问题的复函

(建房字第624号 1995年10月31日)

北京市房地产管理局:

收到你局《关于拆迁城市私有房屋国有土地使用权是否补偿问题的请示》(京房地字〔1995〕第434号)后,对你局提出的问题,我部进行了认真研究。由于对私房土地使用权是否补偿,是一项大的政策,全国人大常委会讨论《城市房地产管理法》时,曾明确这一问题由国务院提出意见。为此,我部即将这个问题,报请国务院法制局研究处理。之后,我部收到国务院法制局《对〈关于拆迁城市私有房屋土地使用权是否予以补偿问题的函〉的复函》(国法函〔1995〕65号)。内容如下:"拆迁城市私有房屋应当严格执行现行有关法律和《城市房屋拆迁管理条例》,并按照规定对拆迁的房屋进行安置补偿。"

请按以上意见执行。

国家计委城市国有土地使用权价格管理暂行办法

(计价格〔1995〕1628号 1995年12月1日起施行)

第一条 为加强城市国有土地使用权价格管理,维护市场价格正常秩序,保障国有土地所有者和使用者的合法权益,促进房地产业的健康发展,依据国家有关法律、法规,制定本办法。

第二条 本办法适用于城市国有土地使用权出让和转让价格的管理。

第三条 国务院价格主管部门负责全国土地使用权价格管理工作;县级以上地方人民政府价格主管部门负责本行政区域内土地使用权价格管理工作。

各级人民政府价格主管部门应当会同有关部门加强对土地使用权价格的管理与监督。

第四条 政府对土地使用权价格实行直接管理与间接管理相结合的原则,建立以基准地价、标定地价为主调控,引导土地使用权价格形成的机制。

土地使用权价格的调控与形成,应当有利于合理配置土地资源,有利于国有土地资产保值增值,正确处理各种经济利益关系,保持房地产市场价格的基本稳定。

第五条 基准地价和标定地价由县级以上人民政府价格主管部门会同有关部门制定,经有批准权的人民政府批准后,定期向社会公布。

基准地价是城市规划区内一定时期的不同土地区域或级别、不同用途的土地使用权的平均价格;标定地价是以基准地价为基础确定的标准地块的一定使用年期的价格。

第六条 基准地价、标定地价的制定,应当以专业评估机构地价评估结果为基础,根据国家宏观经济政策要求和房地产市场供求变化趋势,经组织专家论证后,合理确定。

基准地价、标定地价应当每两年调整公布一次;在房地产市场价格波动较大时,也可以每年调整公布一次。

基准地价、标定地价制定公布的具体办法,按当地人民政府规定执行。国务院有规定时,从其规定。

第七条 经城市人民政府批准公布的基准地价、标定地价,应当报上一级人民政府价格主管部门备案。省级人民政府价格主管部门应将本地区主要城市的基准地价汇总后,报国务院价格主管部门备案。

第八条 土地使用权出让,可以采取拍卖、招标或者双方协议的方式。以拍卖、招标方式出让土地使用权时,出让人应当事前依据政府公布的基准地价或标定地价制定土地出让底价,经政府价格主管部门会同有关部门审核后报同级人民政府批准。

以协议方式出让的土地使用权价格不得低于政府确定的最低价格。土地使用权出让的最低价格由省级人民政府价格主管部门会同有关部门依据基准地价制定,报同级人民政府批准。

第九条 以出让方式取得的土地使用权,经开发后符合转让条件的转让价格,属于居民住宅用地的,房地产开发企业应当将土地使用权的转让价格报政府价格主管部门审核批准;属于其他建设用地的,房地产开发企业可以在政府价格主管部门指导下自行确定价格。

建成房屋出售、出租的价格,按国家有关规定执行。

第十条 以划拨方式取得土地使用权转让的,转让房地产时,要按规定办理出让手续并缴纳土地使用权出让金;对按规定可以不办理土地使用权出让手续的,应将转让所获得收益中的土地收益上缴国家;房屋所有权人以营利为目的,将以划拨方式取得使用权的国有土地上建成的房屋出租的,应将租金中所含土地收益上缴国家。

房屋出售、出租的价格,按国家有关规定执行。

第十一条 土地使用权转让时,土地使用权交易双方可事前委托有关评估机构评估价格。除另有规定者外,土地使用权人可依据评估的价格通过双方协商或市场拍卖、招标等形式形成交易价格。

第十二条 土地使用权价格评估业务,由具备房地产价格评估资格的中介机构办理。

土地使用权价格评估应当坚持公正、公平、公开的原则,执行国家规定的技术标准和程序,建立地价评估业务的申请、受理、评估、审复核制度。

第十三条 土地使用权人转让土地使用权,应按照地方人民政府规定申报成交价格,不得瞒报或者作不实申报。

各级人民政府价格主管部门对土地使用权市场价格情况,应当及时进行统计、分析,认真做好价格变化的监测工作。

第十四条 土地使用权转让价格低于基准地价或标定地价一定比例的,城市人民政府有优先购买权。

土地使用权转让的市场价格出现不合理上涨时,城市人民政府应当采取措施进行调控,必要时可实行限价措施。

第十五条 土地使用权出让、转让中涉及的房地产评估、咨询、经纪等经营性服务的收费标准,按政府价格主管部门的有关规定执行;涉及行政事业性收费的,按政府价格主管部门、财政部门的有关规定执行。

第十六条 土地使用权出让、转让中的价格争议,由政府价格主管部门协调处理。

第十七条 土地使用权出让、转让与受让人必须遵守国家有关土地使用权价格的法规、政策。对违反国家土地使用权价格法规、政策,有下列行为之一的,由政府价格检查机构依法查处:

(一)不执行国家规定的土地使用权价格标准的;

(二)不执行国家有关收费规定,乱收费用的;

(三)囤积土地,哄抬地价,扰乱土地使用权市场价格秩序的;

(四)不执行政府确定的土地使用权出让最低价格,造成国有土地收益流失的;

(五)其他违反价格法规、政策的行为。

第十八条 各省、自治区、直辖市人民政府价格主管部门可依据本办法制定实施细则,报国家计委备案。

第十九条 本办法由国家计委负责解释。

第二十条 本办法自一九九五年十二月一日起施行。

国家土地管理局关于对中外合作企业土地使用权投资有关问题的批复

（国土批〔1996〕24 号 1996 年 3 月 28 日）

广东省国土厅：

你厅《关于要求就中外合作企业土地使用权投资有关问题作行政司法解释的请示》（粤国土字〔1995〕57 号）收悉。经研究，现批复如下：

一、在中国境内举办中外合作经营企业，必须符合《中华人民共和国中外合作经营企业法》规定的条件。合作一方以土地使用权作为投资或者合作条件的，还应当同时具备以下条件：1. 提供土地使用权的一方必须事先依法取得该土地使用权；2. 作为投资的土地使用权是以划拨方式取得的，应当按照有关法律、法规规定办理土地使用权出让手续，并向当地人民政府补交土地使用权出让金；3. 合作企业依法取得中国法人资格后使用上述土地的，应当办理土地使用权变更登记手续。

二、以土地使用权作为投资的投资金额，应按照国家有关规定，由具有土地评估资格的评估机构通过土地评估，按提供土地时的市场价格作价确定。其评估结果须经县级以上人民政府土地管理部门确认。

三、以土地使用权作为投资或者合作条件的一方享有的权利和承担的义务及责任，应由双方协商在合作企业合同中约定。

国家土地管理局关于《城镇国有土地使用权出让和转让暂行条例》有关问题的批复

(国土批〔1996〕44号 1996年5月17日)

湖北省土地管理局:

你局《关于执行〈城镇国有土地使用权出让和转让暂行条例〉有关问题的请示》(鄂土办函〔1996〕35号)收悉。经研究,现批复如下:

一、根据《城镇国有土地使用权出让和转让暂行条例》第二十五条第二款"土地使用权和地上建筑物、其他附着物所有权分割转让的,应当经市、县人民政府土地管理部门和房产管理部门批准,并依照规定办理过户登记"的规定,地上有建筑物、其他附着物时,土地使用权和地上建筑物、其他附着物所有权分割转让的,应当经市、县人民政府土地管理部门和房产管理部门批准,并依照规定办理过户登记。按照部门职能分工,土地管理部门管土地,房产管理部门管房产,因此,土地使用权和地上建筑物、其他附着物所有权分割转让时,其土地使用权转让应当由市、县人民政府土地管理部门批准,并办理土地使用权过户的变更登记;其地上建筑物、其他附着物所有权转让应当由市、县人民政府房产管理部门批准,并办理地上建筑物、其他附着物所有权过户登记。如果地上无建筑物、其他附着物的,其土地使用权分割转让只须经市、县人民政府土地管理部门批准,并办理土地使用权过户的变更登记。

二、根据国家有关法律、行政法规规定,土地使用权出让应当办理登记发证手续。有的地方从实际情况出发,为保证在开发建设期内合法使用土地,在土地使用者支付部分出让金后,先核发一定年限的国有土地使用证,待土地使用者支付全部出让金后再换发使用年限与出让年限相一致的土地使用证。此种情况,核发的一定年限国有土地使用证,在一定年限内应具有法律效力。在具体操作时,可在核发的国有土地使用证中注明所交部分出让金额按土地使用年限折算的相应的一定使用年限及其他事项。

国家土地管理局对国有土地使用权出让年限始起日期问题的批复

（国土批〔1996〕50号　1996年6月5日）

海南省土地管理局：

你局《关于国有土地使用权出让年限的始起日期问题的请示》（琼土用〔1996〕38号）收悉。经研究，现批复如下：

一、关于土地使用权出让年限的始起日期问题。根据《城镇国有土地使用权出让和转让暂行条例》第十六条“土地使用者在支付全部土地使用权出让金后，应当依照规定办理登记，领取土地使用证，取得土地使用权”和1994年1月18日国家土地管理局、国家工商行政管理局发布的《国有土地使用权出让合同示范文本》（宗地出让合同）第四条“本合同项下的土地使用权出让年限为____年，自领取该宗地的《中华人民共和国国有土地使用证》之日起算”的规定以及1995年12月27日最高人民法院《关于审理房地产管理法施行前房地产开发经营案件若干问题的解答》中“出让合同出让的土地使用权未依法办理审批、登记手续的，一般应当认定合同无效”的意见，土地使用权出让年限的始起日期应当确定为自领取或者颁发土地使用证之日起计算。

二、关于出让合同生效与颁发或者领取土地使用证存在时间差的问题。根据1995年12月28日国家土地管理局发布的《土地登记规则》第二十六条“以出让方式取得国有土地使用权的，受让方应当在按出让合同约定支付全部土地使用权出让金后三十日内，持土地使用权出让合同和土地使用权出让金支付凭证申请国有土地使用权设定登记。”的规定，受让方申请办理土地使用权登记的必备要件是按出让合同约定支付全部土地使用权出让金后三十日内，因此，出让合同生效与颁发或者领取土地使用证在客观上存在一定的时间差。如果土地使用者（受让方）在规定时间内不办理土地登记，应视为违法占地行为，按照《土地登记规则》第六十九条“土地使用者、所有者凡不按规定如期申请初始土地登记的，按照非法占地的处理办法论处”的规定处理；如果在出让合同生效后，受让方未实际占用或者使用土地，也未在规定时间内办理土地使用权登记手续的，按照最高人民法院有关规定，应认定已生效的出让合同为无效合同，不再对出让合同双方当事人具有约束力。

三、关于闲置土地处理问题。对在清理非农业建设闲置土地中清理出的闲置土地，请按照《城市房地产管理法》和国家土地管理局下发的有关文件规定处理。

国家土地管理局关于执行《城市房地产管理法》和国务院55号令有关问题的批复

(国地批〔1996〕89号 1996年9月4日)

湖南省国土测绘管理局、福建省土地管理局:

你们先后报送的《关于贯彻执行〈城市房地产管理法〉和国务院55号令有关问题的请示》(湘国土测绘办函〔1996〕第13号)和《关于如何适用法律对出租划拨土地使用权及地上建筑物行为进行管理问题的请示》(闽土法监函〔1996〕027号)收悉。中文所提问题涉及到《城市房地产管理法》和《城镇国有土地使用权出让和转让暂行条例》即国务院55号令在执行中如何衔接问题。为了确保《城市房地产管理法》和国务院55号令的正确贯彻实施,进一步加强土地管理,维护土地市场秩序,根据全国人大常委会《关于加强法律解释工作的决议》的有关规定,现就法律应用问题,作如下批复:

一、关于国务院55号令与《城市房地产管理法》(以下简称法律)在执行中如何衔接的问题。法律施行后,国务院55号令继续有效,国务院55号令的规定与法律的规定相一致的,应结合起来执行;法律没有规定而国务院55号令已有明确规定,应按国务院55号令执行;法律虽有原则规定,但根据法律规定必须依照国务院规定执行的,在国务院新的规定出台之前,应按国务院55号令或国务院其他有关规定执行;国务院55号令有关条款与法律规定不一致的,应当依照法律的规定执行。

二、划拨土地使用权转让审批问题,应当按照《城市房地产管理法》第三十九条第一款的规定执行,即"以划拨方式取得土地使用权的,转让房地产时,应当按照国务院规定,报有批准权的人民政府审批。"目前,国务院尚未对人民政府审批划拨土地使用权转让的权限作出新的规定,应按国务院原有规定《关于出让国有土地使用权批准权限的通知》(国发〔1989〕49号)关于"政府对有偿出让国有土地使用权的权限,应与行政划拨国有土地使用权的批准权限相同"的规定执行,不宜再按国务院55号令关于由市、县人民政府有关部门审批的规定执行。

三、《城市房地产管理法》第三十九条第一款所称"受让方",应是指原划拨土地使用权人即转让方的对应方。《城市房地产管理法》施行后,市、县人民政府土地管理部门应按该法第三十九条第一款的规定,与受让方签订出让合同,不宜再按国务院55号令的有关规定,与划拨土地使用权转让方签订出让合同。

市、县人民政府土地管理部门在办理有关出让手续时,应依照《城市房地产管理法》、国务院55号令等行政法规及地方性法规、国家土地管理局和各省级人民政府的有关规章进行审查,其中也包括对受让方主体资格的审查。出让合同应根据《城市房地产管理法》和国务院55号令的规定,参照国家土地管理局和国家工商行政管理局正式颁布的"国有土地使用权出让合同示范文本"签订。

四、《城市房地产管理法》第三十九条第二款规定，经过批准，划拨土地使用权人转让房地产也可以不办理出让手续。这是只有在具备法定条件下才能适用的条款，即有批准权的人民政府必须按照国务院的规定，才能决定有关当事人可以不办理出让手续；划拨土地使用权转让方虽经批准可以不办理出让手续，但要按照国务院的规定缴纳有关土地收益。目前，有些地方片面理解第三十九条第二款的规定，在国务院有关规定尚未出台的情况下，擅自批准划拨土地使用权人不经办理出让手续转让房地产，甚至一些划拨土地使用权人不经依法批准未办理出让手续也不依法缴纳有关土地收益就擅自转让房地产，不仅违反了第三十九条第二款的规定，也使第三十九条第一款不能正常贯彻执行，造成土地市场混乱。为制止各种非法转让行为发生，维护土地市场的正常秩序，防止国有土地收益流失，在国务院有关规定出台之前，转让划拨土地使用权应暂按国务院 55 号令第四十四、四十五条规定执行，有关审批和出让手续，应按《城市房地产管理法》第三十九条第一款的规定执行，国务院新的规定出台后，按新的规定执行。

五、《土地管理法》和《城市房地产管理法》都是全国人大常委会制定的法律，前法中的第四十七条和后法中的第六十六条也都是有关非法转让土地的处罚条款，在处理非法转让土地案件中应当同样有效，但各自的适用范围有所不同。当事人违反《城市房地产管理法》第三十九条第一款的规定，未经依法批准擅自转让房地产的，有批准权的人民政府经审查如准予转让，县级以上人民政府土地管理部门应当依据该法第六十六条的规定予以处罚。除此之外，均应按《土地管理法》第四十七条和国务院 55 号令的有关规定处理。

六、根据《城市房地产管理法》第五十五条的规定，房屋所有权人以营利为目的，将以划拨方式取得使用权的国有土地上的房屋出租的，应当上缴租金中所含的土地收益，实施该条的具体办法由国务院制定。目前，国务院尚未制定具体办法，应暂按国务院 55 号令第四十四、四十五条的规定执行。国务院有关实施第五十五条的具体办法出台后，按该办法执行。当事人未经批准，擅自将划拨土地使用权连同地上建筑物出租的，应当认定其租赁行为违反国务院 55 号令第四十四、四十五条的规定，应按照国务院 55 号令第四十六条的规定给予行政处罚。

七、关于土地管理部门与受让方签订出让合同是作为行政行为还是民事行为，土地管理部门依出让合同承担的违约赔偿责任是行政责任还是民事责任问题，是对法律的进一步界定，根据全国人大常委会《关于加强法律解释工作的决议》规定，此类问题应由全国人大常委会解释。

八、你们在请示中涉及的其他有关法律的应用问题，可按国家土地管理局《关于贯彻〈城市房地产管理法〉若干问题的批复》(国土批〔1995〕13 号)一并执行。

国家土地管理局对《中华人民共和国城镇国有土地使用权出让和转让暂行条例》第47条解释的请示的批复

(1996年10月4日)

河北省土地管理局:

你局《关于对〈中华人民共和国城镇国有土地使用权出让和转让暂行条例〉第47条解释的请示》收悉。经研究,现批复如下:

《中华人民共和国城镇国有土地使用权出让和转让暂行条例》第四十七条第一款所称的“其他原因而停止使用土地的”是指除因迁移、解散、撤销、破产以外的其他原因而停止使用土地的情形,如土地使用者因公路、铁路、机场、矿场经核准报废,或因不可抗力等原因停止使用土地以及因土地使用者自愿放弃土地使用权而停止使用土地等,不应当理解为包括土地使用者因非法转让国有土地使用权而停止使用土地的情形。对土地使用者非法转让国有土地使用权的,应当依照《中华人民共和国城镇国有土地使用权出让和转让暂行条例》第46条规定处罚。

国家国有资产管理局、财政部关于国有大中型企业利用外资进行技术改造划拨土地使用权有关问题的通知

(国资办发〔1996〕58号　1996年11月29日)

各省、自治区、直辖市、计划单列市国有资产管理局(办),财政厅(局),国务院各有关部门:

近来,一些地方来电来函询问,国有大中型企业利用外资进行技术改造时,对划拨土地使用权有关问题如何处理。经研究,并经征求国务院有关部门意见,现就此通知如下:

一、国有大中型企业利用外资工作必须严格执行《国务院关于加强外商投资管理工作若干问题的通知》(国发〔1993〕83号)、《国务院办公厅关于加强国有企业产权交易管理的通知》(国办发明电〔1994〕12号)和《国务院办公厅关于当前审批外商投资企业有关问题的通知》(国办发明电〔1995〕35号)中的指示精神,按照国家规定的审批权限和批准程序有计划、有步骤地进行。

二、根据国发〔1993〕83号、国办发明电〔1994〕12号和国办发明电〔1995〕35号文件的规定,国有大中型企业在与外商合资、合作或出售国有企业产权前,都必须严格执行国务院发布的《国有资产评估管理办法》(国务院令第91号),对包括土地使用权在内的企业资产认真进行评估,并按国家有关规定办理产权变动登记或注销登记手续。评估工作委托经国有资产管理部门批准取得资格的机构承担并依法进行,评估结果须经国有资产管理部门确认。对未经资产评估的外商投资项目,一律不得批准设立。

三、国有大中型企业使用国有资产与外商合资、合作举办企业或以出售部分国有资产股权形式与外商合资、合作的,包括以土地使用权作价出资与外商合资、合作的,都必须严格执行国家工商行政管理局和对外贸易经济合作部联合发布的《关于进一步加强外商投资企业审批和登记管理有关问题的通知》(工商企字〔1994〕305号)中的有关规定,除应向审批机关和登记机关提交法律规定的文件外,还必须同时提交国有资产评估报告和国有资产管理部门下达的国有资产评估结果确认通知书。

四、国有土地使用权出让,必须严格执行《国务院关于加强国有土地使用权有偿出让收入管理的通知》(国发〔1989〕38号)、《国务院关于进一步加强国有土地使用权有偿使用收入征收管理工作的通知》(国发〔1993〕75号)以及财政部和国家土地局联合下发的《关于加强土地使用权出让金征收管理的通知》(财综字〔1995〕10号)的有关规定,非经国务院或国务院财政主管部门的批准,不得擅自减免应交的土地出让金或将土地出让金他做他用。对于违反规定的,按国家有关规定处理。

国家土地管理局关于划拨土地使用权管理有关问题的批复

(国土批〔1996〕122 号 1996 年 12 月 4 日)

浙江省土地管理局:

你局以浙土〔1996〕60 号转报的杭州市土地管理局《关于要求解释"土地收益"有关问题的请示》收悉。经研究,现就有关问题批复如下:

一、关于划拨土地使用权转让、出租、抵押管理问题。1995 年 3 月 11 日,国家土地管理局曾就安徽省土地管理局的请示作出过答复,即"国家土地管理局新的'三定'方案规定的主要职责之一就是'管理土地市场,会同有关部门制订土地市场管理的法规和规章,规范土地市场',这说明土地管理部门是土地市场即土地使用权出让和转让市场的行政主管部门。房地产市场同时涉及房屋买卖、租赁、抵押和土地使用权转让、抵押等,凡土地使用权转让、抵押以及房屋租赁涉及土地使用权出租等应由土地管理部门负责规范和管理。""根据《城市房地产管理法》第三十九条关于'以划拨方式取得土地使用权的,转让房地产时,应当按照国务院的规定,报有批准权的人民政府审批'的规定,当事人应当向市、县人民政府土地管理部门提出申请,由该部门审查并报经有批准权的人民政府批准。"请遵照执行。

你省杭州市在划拨土地使用权转让、出租、抵押管理工作中,采取补办出让手续,补交出让金的做法是符合《城镇国有土地使用权出让和转让暂行条例》和财政部有关规定的。《城市房地产管理法》施行后,在执行中如何处理该法与该条例的衔接问题,总的原则是:条例与法律规定一致的,应结合起来执行;法律没有规定,条例有明确规定的,应按条例规定执行;法律虽然有原则规定,但根据法律规定必须依照国务院规定执行的,在国务院新的规定出台之前,应按条例或国务院其他规定执行;条例与法律规定不一致的,应当依照法律规定执行。

二、关于出让金的征收问题。根据财政部 1992 年 9 月 21 日发布的《关于国有土地使用权有偿使用收入征收管理的暂行办法》和 1995 年 1 月 26 日财政部、国家土地管理局印发的《关于加强土地使用权出让金征收管理的通知》有关规定,政府土地管理部门是土地使用权出让金的代征机关,其他部门和单位一律不得代为征收出让金。各级人民政府土地管理部门应当认真履行职责,切实做好土地使用权出让金的代征工作。

三、关于土地收益和土地收益金问题。《城市房地产管理法》第三十九条、第五十五条规定的"土地收益"与"土地收益金"是两个不同的概念。土地收益是国有土地所有权的经济体现,属于地租性质,应由土地管理部门负责征收管理。按照财政部《关于国有土地使用有偿使用收入征收管理的暂行办法》和《中华人民共和国土地增值税暂行条例实施细则》规定,土地收益金是指与土地增值税计征对象相同的具有土地增值费性质的费用,根据《中华人民共和国土地增值税暂行条例》第十五条和《中华人民共和国土地增值税暂行条例实施细则》第二十一条规定,国家开征土地增值税以后,土地收益金应当停止征收。

国家土地管理局对关于股份有限公司国有土地使用权作价入股股权持有等问题的请示的批复

（国土批〔1997〕21 号　1997 年 3 月 25 日）

陕西省土地管理局：

你局《关于股份有限公司国有土地使用权作价入股、股权持有等问题的请示》（陕土传真〔1997〕04 号）收悉。经研究，答复如下：

一、根据《股份有限公司土地使用权管理暂行规定》（〔1994〕国土〔法〕字第 153 号）第十条的规定，改建或新设股份有限公司，以原企业使用的划拨国有土地使用权作价入股时，可不办理出让手续。由土地管理部门按照第十一条规定，确定持股单位和股本额后，与国有股权持股单位签订委托持股合同，并按规定办理土地登记。

二、中央、省属企业的国有土地股权分别由国家土地管理局和省（自治区、直辖市）级土地管理部门委托相应一级的国有股权持股单位持有。

城市房地产抵押管理办法

(建设部令第56号 1997年5月9日发布 根据
2001年8月15日《建设部关于修改〈城市房地产抵押管理办法〉的决定》修正)

第一章 总 则

第一条 为了加强房地产抵押管理,维护房地产市场秩序,保障房地产抵押当事人的合法权益,根据《中华人民共和国城市房地产管理法》、《中华人民共和国担保法》,制定本办法。

第二条 凡在城市规划区国有土地范围内从事房地产抵押活动的,应当遵守本办法。

地上无房屋(包括建筑物、构筑物及在建工程)的国有土地使用权设定抵押的,不适用本办法。

第三条 本办法所称房地产抵押,是指抵押人以其合法的房地产以不转移占有的方式向抵押权人提供债务履行担保的行为。债务人不履行债务时,债权人有权依法以抵押的房地产拍卖所得的价款优先受偿。

本办法所称抵押人,是指将依法取得的房地产提供给抵押权人,作为本人或者第三人履行债务担保的公民、法人或者其他组织。

本办法所称抵押权人,是指接受房地产抵押作为债务人履行债务担保的公民、法人或者其他组织。

本办法所称预购商品房贷款抵押,是指购房人在支付首期规定的房价款后,由贷款银行代其支付其余的购房款,将所购商品房抵押给贷款银行作为偿还贷款履行担保的行为。

本办法所称在建工程抵押,是指抵押人为取得在建工程继续建造资金的贷款,以其合法方式取得的土地使用权连同在建工程的投入资产,以不转移占有的方式抵押给贷款银行作为偿还贷款履行担保的行为。

第四条 以依法取得的房屋所有权抵押的,该房屋占用范围内的土地使用权必须同时抵押。

第五条 房地产抵押,应当遵循自愿、互利、公平和诚实信用的原则。

依法设定的房地产抵押,受国家法律保护。

第六条 国家实行房地产抵押登记制度。

第七条 国务院建设行政主管部门归口管理全国城市房地产抵押管理工作。

省、自治区建设行政主管部门归口管理本行政区域内的城市房地产抵押管理工作。

直辖市、市、县人民政府房地产行政主管部门(以下简称房地产管理部门)负责管理本行政区域内的房地产抵押管理工作。

第二章 房地产抵押权的设定

第八条 下列房地产不得设定抵押:

(一)权属有争议的房地产;

(二)用于教育、医疗、市政等公共福利事业的房地产;

(三)列入文物保护的建筑物和有重要纪念意义的其他建筑物;

(四)已依法公告列入拆迁范围的房地产;

(五)被依法查封、扣押、监管或者以其他形式限制的房地产;

(六)依法不得抵押的其他房地产。

第九条 同一房地产设定两个以上抵押权的,抵押人应当将已经设定过的抵押情况告知抵押权人。

抵押人所担保的债权不得超出其抵押物的价值。

房地产抵押后,该抵押房地产的价值大于所担保债权的余额部分,可以再次抵押,但不得超出余额部分。

第十条 以两宗以上房地产设定同一抵押权的,视为同一抵押房地产。但抵押当事人另有约定的除外。

第十一条 以在建工程已完工部分抵押的,其土地使用权随之抵押。

第十二条 以享受国家优惠政策购买的房地产抵押的,其抵押额以房地产权利人可以处分和收益的份额比例为限。

第十三条 国有企业、事业单位法人以国家授予其经营管理的房地产抵押的,应当符合国有资产管理的有关规定。

第十四条 以集体所有制企业的房地产抵押的,必须经集体所有制企业职工(代表)大会通过,并报其上级主管机关备案。

第十五条 以中外合资企业、合作经营企业和外商独资企业的房地产抵押的,必须经董事会通过,但企业章程另有规定的除外。

第十六条 以有限责任公司、股份有限公司的房地产抵押的,必须经董事会或者股东大会通过,但企业章程另有规定的除外。

第十七条 有经营期限的企业以其所有的房地产设定抵押的,所担保债务的履行期限不应当超过该企业的经营期限。

第十八条 以具有土地使用年限的房地产设定抵押的,所担保债务的履行期限不得超过土地使用权出让合同规定的使用年限减去已经使用年限后的剩余年限。

第十九条 以共有的房地产抵押的,抵押人应当事先征得其他共有人的书面同意。

第二十条 预购商品房贷款抵押的,商品房开发项目必须符合房地产转让条件并取得商品房预售许可证。

第二十一条 以已出租的房地产抵押的,抵押人应当将租赁情况告知抵押权人,并将抵押情况告知承租人。原租赁合同继续有效。

第二十二条 设定房地产抵押时,抵押房地产的价值可以由抵押当事人协商议定,也可以由房地产价格评估机构评估确定。

法律、法规另有规定的除外。

第二十三条 抵押当事人约定对抵押房地产保险的,由抵押人为抵押的房地产投保,保险费由抵押人负担。抵押房地产投保的,抵押人应当将保险单移送抵押权人保管。在抵押期间,抵押权人为保险赔偿的第一受益人。

第二十四条 企业、事业单位法人分立或者合并后,原抵押合同继续有效,其权利和义务由变更后的法人享有和承担。

抵押人死亡、依法被宣告死亡或者被宣告失踪时,其房地产合法继承人或者代管人应当继续履行原抵押合同。

第三章 房地产抵押合同的订立

第二十五条 房地产抵押,抵押当事人应当签订书面抵押合同。

第二十六条 房地产抵押合同应当载明下列主要内容:

(一)抵押人、抵押权人的名称或者个人姓名、住所;

(二)主债权的种类、数额;

(三)抵押房地产的处所、名称、状况、建筑面积、用地面积以及四至等;

(四)抵押房地产的价值;

(五)抵押房地产的占用管理人、占用管理方式、占用管理责任以及意外损毁、灭失的责任;

(六)债务人履行债务的期限;

(七)抵押权灭失的条件;

(八)违约责任;

(九)争议解决方式;

(十)抵押合同订立的时间与地点;

(十一)双方约定的其他事项。

第二十七条 以预购商品房贷款抵押的,须提交生效的预购房屋合同。

第二十八条 以在建工程抵押的,抵押合同还应当载明以下内容:

(一)《国有土地使用权证》、《建设用地规划许可证》和《建设工程规划许可证》编号;

(二)已交纳的土地使用权出让金或需交纳的相当于土地使用权出让金的款额;

(三)已投入在建工程的工程款;

(四)施工进度及工程竣工日期;

(五)已完成的工作量和工程量。

第二十九条 抵押权人要求抵押房地产保险的,以及要求在房地产抵押后限制抵押人出租、转让抵押房地产或者改变抵押房地产用途的,抵押当事人应当在抵押合同中载明。

第四章 房地产抵押登记

第三十条 房地产抵押合同自签订之日起30日内,抵押当事人应当到房地产所在地的房地产管理部门办理房地产抵押登记。

第三十一条 房地产抵押合同自抵押登记之日起生效。

第三十二条 办理房地产抵押登记,应当向登记机关交验下列文件:

(一)抵押当事人的身份证明或法人资格证明;

(二)抵押登记申请书;

(三)抵押合同;

(四)《国有土地使用权证》、《房屋所有权证》或《房地产权证》,共有的房屋还必须提交

《房屋共有权证》和其他共有人同意抵押的证明；

（五）可以证明抵押人有权设定抵押权的文件与证明材料；

（六）可以证明抵押房地产价值的资料；

（七）登记机关认为必要的其他文件。

第三十三条 登记机关应当对申请人的申请进行审核。凡权属清楚、证明材料齐全的，应当在受理登记之日起 7 日内决定是否予以登记，对不予登记的，应当书面通知申请人。

第三十四条 以依法取得的房屋所有权证书的房地产抵押的，登记机关应当在原《房屋所有权证》上作他项权利记载后，由抵押人收执。并向抵押人颁发《房屋他项权证》。

以预售商品房或者在建工程抵押的，登记机关应当在抵押合同上作记载。抵押的房地产在抵押期间竣工的，当事人应当在抵押人领取房地产权属证书后，重新办理房地产抵押登记。

第三十五条 抵押合同发生变更或者抵押关系终止时，抵押当事人应当在变更或者终止之日起 15 日内，到原登记机关办理变更或者注销抵押登记。

因依法处分抵押房地产而取得土地使用权和土地建筑物、其他附着物所有权的，抵押当事人应当自处分行为生效之日起 30 日内，到县级以上地方人民政府房地产管理部门申请房屋所有权转移登记，并凭变更后的房屋所有权证书向同级人民政府土地管理部门申请土地使用权变更登记。

第五章 抵押房地产的占用与管理

第三十六条 已作抵押的房地产，由抵押人占用与管理。

抵押人在抵押房地产占用与管理期间应当维护抵押房地产的安全与完好。抵押权人有权按照抵押合同的规定监督、检查抵押房地产的管理情况。

第三十七条 抵押权可以随债权转让。抵押权转让时，应当签订抵押权转让合同，并办理抵押权变更登记。抵押权转让后，原抵押权人应当告知抵押人。

经抵押权人同意，抵押房地产可以转让或者出租。

抵押房地产转让或者出租所得价款，应当向抵押权人提前清偿所担保的债权。超过债权数额的部分，归抵押人所有，不足部分由债务人清偿。

第三十八条 因国家建设需要，将已设定抵押权的房地产列入拆迁范围的，抵押人应当及时书面通知抵押权人；抵押双方可以重新设定抵押房地产，也可以依法清理债权债务，解除抵押合同。

第三十九条 抵押人占用与管理的房地产发生损毁、灭失的，抵押人应当及时将情况告知抵押权人，并应当采取措施防止损失的扩大。抵押的房地产因抵押人的行为造成损失使抵押房地产价值不足以作为履行债务的担保时，抵押权人有权要求抵押人重新提供或者增加担保以弥补不足。

抵押人对抵押房地产价值减少无过错的，抵押权人只能在抵押人因损害而得到的赔偿的范围内要求提供担保。抵押房地产价值未减少的部分，仍作为债务的担保。

第六章 抵押房地产的处分

第四十条 有下列情况之一的，抵押权人有权要求处分抵押的房地产：

(一)债务履行期满,抵押权人未受清偿的,债务人又未能与抵押权人达成延期履行协议的;

(二)抵押人死亡,或者被宣告死亡而无人代为履行到期债务的;或者抵押人的合法继承人、受遗赠人拒绝履行到期债务的;

(三)抵押人被依法宣告解散或者破产的;

(四)抵押人违反本办法的有关规定,擅自处分抵押房地产的;

(五)抵押合同约定的其他情况。

第四十一条 本办法第四十条规定情况之一的,经抵押当事人协商可以通过拍卖等合法方式处分抵押房地产。协议不成的,抵押权人可以向人民法院提起诉讼。

第四十二条 抵押权人处分抵押房地产时,应当事先书面通知抵押人;抵押房地产为共有或者出租的,还应当同时书面通知共有人或承租人;在同等条件下,共有人或承租人依法享有优先购买权。

第四十三条 同一房地产设定两个以上抵押权时,以抵押登记的先后顺序受偿。

第四十四条 处分抵押房地产时,可以依法将土地上新增的房屋与抵押财产一同处分,但对处分新增房屋所得,抵押权人无权优先受偿。

第四十五条 以划拨方式取得的土地使用权连同地上建筑物设定的房地产抵押进行处分时,应当从处分所得的价款中缴纳相当于应当缴纳的土地使用权出让金的款额后,抵押权人方可优先受偿。

法律、法规另有规定的依照其规定。

第四十六条 抵押权人对抵押房地产的处分,因下列情况而中止:

(一)抵押权人请求中止的;

(二)抵押人申请愿意并证明能够及时履行债务,并经抵押权人同意的;

(三)发现被拍卖抵押物有权属争议的;

(四)诉讼或仲裁中的抵押房地产;

(五)其他应当中止的情况。

第四十七条 处分抵押房地产所得金额,依下列顺序分配:

(一)支付处分抵押房地产的费用;

(二)扣除抵押房地产应缴纳的税款;

(三)偿还抵押权人债权本息及支付的违约金;

(四)赔偿由债务人违反合同而对抵押权人造成的损害;

(五)剩余金额交还抵押人。

处分抵押房地产所得金额不足以支付债务和违约金、赔偿金时,抵押权人有权向债务人追索不足部分。

第七章 法律责任

第四十八条 抵押人隐瞒抵押的房地产存在共有、产权争议或者被查封、扣押等情况的,抵押人应当承担由此产生的法律责任。

第四十九条 抵押人擅自以出售、出租、交换、赠与或者以其他方式处分抵押房地产的,其行为无效;造成第三人损失的,由抵押人予以赔偿。

第五十条 抵押当事人因履行抵押合同或者处分抵押房地产发生争议的，可以协商解决；协商不成的，抵押当事人可以根据双方达成的仲裁协议向仲裁机构申请仲裁；没有仲裁协议的，也可以直接向人民法院提起诉讼。

第五十一条 因国家建设需要，将已设定抵押权的房地产列入拆迁范围时，抵押人违反前述第三十八条的规定，不依法清理债务，也不重新设定抵押房地产的，抵押权人可以向人民法院提起诉讼。

第五十二条 登记机关工作人员玩忽职守、滥用职权，或者利用职位上的便利，索取他人财物，或者非法收受他人财物为他人谋取利益的，依法给予行政处分；构成犯罪的，依法追究刑事责任。

第八章 附 则

第五十三条 在城市规划区外国有土地上进行房地产抵押活动的，参照本办法执行。

第五十四条 本办法由国务院建设行政主管部门负责解释。

第五十五条 本办法自 1997 年 6 月 1 日起施行。

国家土地管理局对关于执行股份有限公司土地使用权管理暂行规定中几个问题的请示的批复

(国土批〔1997〕56号　1997年5月13日)

福建省土地管理局:

你局《关于执行〈股份有限公司土地使用权管理暂行规定〉中几个问题的请示》(闽土资〔1997〕008号)收悉。经研究,我们认为,在对已成立的、改建或新设的股份有限公司的土地使用权进行评估、确认和处置时,应本着有利于建立现代企业制度,服务于企业转换经营机制;有利于加强土地管理,防止国有土地资产流失的原则,明晰土地产权,准确评估其价值量,依法处置,规范运作,严格按照有关法律、法规办理手续,以将股份有限公司的土地使用权纳入依法规范的管理轨道。现就请示中提出的几个具体问题,答复如下:

一、关于已成立的股份制企业的土地资产进行重新评估、确认和处置中的问题。一是重新评估的基准日期,应是股份制企业设立时确定的估价期日。这是因为土地资产同其他国有资产一起作为国家股,就应同其他国有资产一样有统一可比的基准日期。二是当出现股份制企业成立时的评估价格和重新规范中的评估价格不一致时,应当确认依据《股份有限公司土地使用权管理暂行规定》(以下简称《暂行规定》)重新评估的价格。三是对重新评估确认后带来的价格不一致问题,可通过以下几种方式解决:1. 减少土地使用年期;2. 如有多余空地的,可收回多余空地(即减少面积);3. 按原入股作价总额与现单位面积地价比例进行宗地分割,使部分土地使用权作价入股(需重新办理手续),其余部分可由现股份制企业补交出让金,或以租赁方式使用;4. 有条件增资扩股的,在企业增资扩股时,两个评估价格的差额部分经土地管理部门依法批准后,也可作为国家股再进入。

二、关于土地资产分割入股的问题。有些企业认为土地资产全部入股后国家股所占比例太大,其他股东收益降低而影响其积极性,提出企业占用的土地分割后部分入股,其余沿用划拨方式。我们认为,企业股份制改革中原划拨土地使用权的处置应按《暂行规定》办理,对某些企业土地资产全部作为国家股有困难的,可灵活运用《暂行规定》确定的其他方式综合处理,但不得再沿用划拨方式。宗地分割入股的,具体操作应当按照国务院第55号令第二十五条的规定办理。

三、关于三种土地使用权处置方式同时使用的问题。有些企业将其使用的土地一部分通过出让方式作为企业法人股,一部分直接作价入股作为国家股,一部分以租赁方式进行处置。无论企业采取哪一种方式处置,或者三种方式并用,只要符合企业实际需要,有利于企业转换经营机制,都是可行的。但这三种土地使用权处置方式所享有的权利、义务一定要明确。

四、关于有的企业在取得划拨土地使用权时,是以贷款支付征地费和基础设施上的投入部分是否要剥离作为国有法人股的问题。应按照建立现代企业制度必须产权清晰、权责明确的原则,充分考虑企业的投资主体和投资风险责任承担者等实际情况作出处理。

五、关于股份制企业以租赁方式使用土地的租金确定问题。如按评估的地价还原租金,还原利率基本上应以土地还原利率为主确定,但同时要考虑不同企业的收益水平。具体标准可由各地自行确定。

六、对原划拨土地使用权采取国家股入股的,股份制企业对入股的土地享有与出让土地使用权同样的权利。当股份制企业转让、出租、抵押土地使用权时,应当按照国务院55号令的规定办理有关手续。

中华人民共和国最高人民法院公告

《最高人民法院关于能否将国有土地使用权折价抵偿给抵押权人问题的批复》已于1998年9月1日由最高人民法院审判委员会第1019次会议通过,现予公布,自1998年9月9日起施行。

1998年9月3日

最高人民法院关于能否将国有土地使用权折价抵偿给抵押权人问题的批复

(法释〔1998〕25号 1998年9月1日
最高人民法院审判委员会第1019次会议通过)

四川省高级人民法院:

你院川高法〔1998〕19号《关于能否将国有土地使用权以国土部门认定的价格抵偿给抵押权人的请示》收悉。经研究,答复如下:

在依法以国有土地使用权作抵押的担保纠纷案件中,债务履行期届满抵押权人未受清偿的,可以通过拍卖的方式将土地使用权变现。如果无法变现,债务人又没有其他可供清偿的财产时,应当对国有土地使用权依法评估。人民法院可以参考政府土地管理部门确认的地价评估结果将土地使用权折价,经抵押权人同意,将折价后的土地使用权抵偿给抵押权人,土地使用权由抵押权人享有。

此复

国土资源部关于进一步推行招标拍卖出让国有土地使用权的通知

（国土资发〔1999〕30号　1999年1月27日）

随着我国经济体制改革的深入，各地在推行国有土地有偿使用、建立和发展土地市场方面取得了显著成绩。但是，目前各地出让国有土地使用权采用招标、拍卖方式的比例很小，经营性房地产开发用地的出让仍主要以协议方式进行，不处于建设公开、公平、公正的土地市场，不利于国有土地资产价值的实现，也不利于集约用地、节省土地资源。为进一步依法推行招标、拍卖出让国有土地使用权，特通知如下：

一、推行招标、拍卖出让国有土地使用权，是深化土地使用制度改革和健全土地市场的客观要求

招标、拍卖出让国有土地使用权不仅集中体现了公开、公平、公正的原则，同时可以实现政府按规划统一开发、统一供地，以供应引导和制约需求，实现土地优化配置，还可以有效防止土地出让中的不正之风和腐败行为，保障依法行政。各级土地行政主管部门要从完善土地市场、建立社会主义市场经济和反腐倡廉的高度，充分认识推行招标、拍卖出让国有土地使用权的深远意义积极推进招标、拍卖出让国有土地使用权工作。

二、严控建设用地总量，整顿土地市场，为推行招标、拍卖出让国有土地使用权创造良好环境

要严格限定行政划拨供地的范围，除按《土地管理法》和《城市房地产管理法》规定可以行政划拨供地的以外，其他建设用地必须以有偿方式提供。要严格限制协议出让国有土地使用权的范围，除划拨土地使用权转让、国有企业改革中处置划拨土地使用权以及特殊用途等用地外，都不得协议出让国有土地使用权。协议出让国有土地使用权的出让金，不得低于出让底价和国家规定的最低价，协议出让结果和地价评估结果要报上级土地行政主管部门备案，并向社会公开披露，接受上级土地行政主管部门和社会监督。

要继续加大清理划拨土地使用权自发交易的力度，严厉打击各类土地违法交易，重点查处各类国有划拨土地使用权和集体土地非法入市，为推行招标、拍卖出让国有土地使用权创造良好的环境。

三、加大土地使用制度改革力度，进一步扩大招标、拍卖出让国有土地使用权的范围

今后，商业、旅游、娱乐和豪华住宅等经营性用地，有条件的，都必须招标、拍卖出让国有土地使用权。其中，属于下列情况之一的，必须拍卖出让：

1. 以获取最高出让金为主要目标，以出价最高为条件确定受让人的；
2. 对土地使用者资格没有特别限制，一般单位或个人均可能有受让意向；
3. 土地用途无特别限制及要求。

对不具备拍卖条件,但属于下列情况之一的,必须公开招标出让:

1. 除获取较高出让金外,还具有其他综合目标或特定的社会、公益建设条件;

2. 土地用途受严格限制,仅少数单位或个人可能有受让意向。

对土地使用者有资格限制或特别要求的,可对符合条件的用地申请者进行邀请招标。

四、加强领导,建立健全工作制度,保证招标、拍卖出让国有土地使用权工作的落实

推行招标、拍卖出让国有土地使用权是今年土地管理的一项重点工作。当前,要尽快建立健全招标、拍卖出让国有土地使用权制度,制定具体管理办法,明确招标拍卖的具体范围,提出拟订方案、审查报批、组织实施和信息披露等工作要求,使此项工作逐步制度化。各省级土地行政主管部门要加强领导,主要领导亲自抓,定期检查指导,并将其纳入各级土地行政主管部门的工作目标,严格考核,真正把招标、拍卖工作落到实处。

各市、县要针对具体情况,制定招标、拍卖出让国有土地使用权的工作计划、目标任务和保证措施,尽快实现国有土地使用权出让以协议为主向以招标、拍卖为主的转变。

各地要积极推进国有土地使用权招标、拍卖的中介机构建设,为建立和规范土地市场提供保障。省级土地行政主管部门要加强人员培训,配合国土资源部做好从事国有土地使用权招标、拍卖的中介人员和机构的管理工作,国土资源部将在各省培训的基础上,通过考试、评审,进行国有土地使用权招标、拍卖中介人员资格和中介机构的资质认证工作。

各地要将本通知的贯彻落实情况,于1999年5月底前报我部土地利用管理司。

国土资源部关于印发《规范国有土地租赁若干意见》的通知

（国土资发〔1999〕222号　1999年8月1日）

各省、自治区、直辖市及计划单列市土地（国土）管理局（厅），解放军土地管理局，新疆生产建设兵团土地管理局：

近年来，一些地方土地管理部门深化土地使用制度改革，完善土地有偿使用方式，开展了国有土地租赁试点，取得了一定的经验。新颁布的《中华人民共和国土地管理法实施条例》（以下简称《条例》）已将国有土地租赁规定为国有土地有偿使用的一种方式。为贯彻实施《条例》，规范国有土地租赁行为，现将《规范国有土地租赁若干意见》（以下简称《意见》）印发给你们，请结合本地实际认真贯彻执行。

规范国有土地租赁若干意见

一、严格依照《中华人民共和国城市房地产管理法》、《中华人民共和国土地管理法》的有关规定，确定国有土地租赁的适用范围。

国有土地租赁是指国家将国有土地出租给使用者使用，由使用者与县级以上人民政府土地行政主管部门签订一定年期的土地租赁合同，并支付租金的行为。国有土地租赁是国有土地有偿使用的一种形式，是出让方式的补充。当前应以完善国有土地出让为主，稳妥地推行国有土地租赁。

对原有建设用地，法律规定可以划拨使用的仍维持划拨，不实行有偿使用，也不实行租赁。对因发生土地转让、场地出租、企业改制和改变土地用途后依法应当有偿使用的，可以实行租赁。对于新增建设用地，重点仍应是推行和完善国有土地出让，租赁只作为出让方式的补充。对于经营性房地产开发用地，无论是利用原有建设用地，还是利用新增建设用地，都必须实行出让，不实行租赁。

二、国有土地租赁，可以采用招标、拍卖或者双方协议的方式，有条件的，必须采取招标、拍卖方式。采用双方协议方式出租国有土地的租金，不得低于出租底价和按国家规定的最低地价折算的最低租金标准，协议出租结果要报上级土地行政主管部门备案，并向社会公开披露，接受上级土地行政主管部门和社会监督。

三、国有土地租赁的租金标准应与地价标准相均衡。承租人取得土地使用权时未支付其他土地费用的，租金标准应按全额地价折算；承租人取得土地使用权时支付了征地、拆迁等土地费用的，租金标准应按扣除有关费用后的地价余额折算。

采用短期租赁的，一般按年度或季度支付租金；采用长期租赁的，应在国有土地租赁合同中明确约定土地租金支付时间、租金调整的时间间隔和调整方式。

四、国有土地租赁可以根据具体情况实行短期租赁和长期租赁。对短期使用或用于修建临时建筑物的土地,应实行短期租赁,短期租赁年限一般不超过5年;对需要进行地上建筑物、构筑物建设后长期使用的土地,应实行长期租赁,具体租赁期限由租赁合同约定,但最长租赁期限不得超过法律规定的同类用途土地出让最高年期。

五、租赁期限六个月以上的国有土地租赁,应当由市、县土地行政主管部门与土地使用者签订租赁合同。租赁合同内容应当包括出租方、承租方、出租宗地的位置、范围、面积、用途、租赁期限、土地使用条件、土地租金标准、支付时间和支付方式、土地租金标准调整的时间和调整幅度、出租方和承租方的权利义务等。

六、国有土地租赁,承租人取得承租土地使用权。承租人在按规定支付土地租金并完成开发建设后,经土地行政主管部门同意或根据租赁合同约定,可将承租土地使用权转租、转让或抵押。承租土地使用权转租、转让或抵押,必须依法登记。

承租人将承租土地转租或分租给第三人的,承租土地使用权仍由原承租人持有,承租人与第三人建立了附加租赁关系,第三人取得土地的他项权利。

承租人转让土地租赁合同的,租赁合同约定的权利义务随之转给第三人,承租土地使用权由第三人取得,租赁合同经更名后继续有效。

地上房屋等建筑物、构筑物依法抵押的,承租土地使用权可随之抵押,但承租土地使用权只能按合同租金与市场租金的差值及租期估价,抵押权实现时土地租赁合同同时转让。

在使用年期内,承租人有优先受让权,租赁土地在办理出让手续后,终止租赁关系。

七、国家对土地使用者依法取得的承租土地使用权,在租赁合同约定的使用年限届满前不收回;因社会公共利益的需要,依照法律程序提前收回的,应对承租人给予合理补偿。

承租土地使用权期满,承租人可申请续期,除根据社会公共利益需要收回该幅土地的,应予以批准。未申请续期或者虽申请续期但未获批准的,承租土地使用权由国家依法无偿收回,并可要求承租人拆除地上建筑物、构筑物,恢复土地原状。

承租人未按合同约定开发建设、未经土地行政主管部门同意转让、转租或不按合同约定按时交纳土地租金的,土地行政主管部门可以解除合同,依法收回承租土地使用权。

八、各级土地行政主管部门要切实加强国有土地租金的征收工作,协助财政部门作好土地租金的使用管理。收取的土地租金应当参照国有土地出让金的管理办法进行管理,按规定纳入当地国有土地有偿使用收入,专项用于城市基础设施建设和土地开发。

九、各省、市在本《意见》下发前对国有土地租赁适用范围已有规定或各地已签订《国有土地租赁合同》的,暂按已有规定及《国有土地租赁合同》的约定执行,并在今后工作中逐步规范;本《意见》下发后实施国有土地租赁的,一律按本《意见》要求规范办理。

国土资源部办公厅关于国有土地使用权招标、拍卖有关问题的复函

（国土资厅函〔1999〕245号　1999年8月11日）

四川省国土局：

你局《关于国有土地使用权招标、拍卖有关问题的紧急请示》（川国土发〔1999〕211号）收悉。经研究，现函复如下：

一、国有土地使用权招标、拍卖不应由《拍卖法》调整。1996年7月4日，全国人大法律委员会主任委员薛驹在全国人大常委会审议通过《拍卖法》时所作的《关于拍卖法（草案修改稿）修改意见的汇报》中指出："国有资产的产权交易、土地使用权出让与转让、人民法院强制执行的物品的拍卖应当由其他有关法律调整，并非都由拍卖企业拍卖。考虑到本法是调整拍卖企业进行的拍卖活动，建议该条修改为：本法适用于中华人民共和国境内拍卖企业进行的拍卖活动。"《拍卖法》立法中采纳了此项建议，《拍卖法》第二条明确规定："本法适用于中华人民共和国境内拍卖企业进行的拍卖活动。"因此，《拍卖法》的适用范围应符合上述原则，不得另加扩展。

二、国有土地使用权出让的招标、拍卖应当由《城市房地产管理法》、《土地管理法》和《城镇国有土地使用权出让和转让暂行条例》等法律法规调整，由市、县人民政府负责，由市、县人民政府土地管理部门组织实施。

三、市、县人民政府土地管理部门在组织实施国有土地使用权拍卖过程中，根据需要也可将部分工作委托经省级以上土地行政主管部门认证的具有国有土地使用权拍卖资格的拍卖企业承担。

国土资源部办公厅关于土地使用权拍卖有关问题的函

(国土资厅函〔1999〕255号 1999年8月16日)

国家国内贸易局:

近日收到你局《关于土地使用权拍卖中有关问题的通知》(内贸局发营销字〔1999〕第126号),经研究,我部认为:

一、土地使用权拍卖不属于《拍卖法》调整的范围。1996年7月4日,全国人大法律委员会主任委员薛驹在全国人大常委会审议通过《拍卖法》中所作的《关于拍卖法(草案修改稿)修改意见的汇报》中,对《拍卖法》的调整范围已讲的十分明确。《拍卖法》第二条明确规定:"本法适用于中华人民共和国境内拍卖企业进行的拍卖活动。"因此,《拍卖法》的适用范围仅限于拍卖企业进行的拍卖活动,不得另加扩展。

二、《城市房地产管理法》、《土地管理法》、《城镇国有土地使用权出让和转让暂行条例》等法律法规明确规定,国有土地使用权出让由市、县人民政府负责,由市、县人民政府土地行政主管部门具体组织实施。国有土地使用权拍卖作为国有土地使用权出让的一种具体方式,同样必须由市、县人民政府土地行政主管部门组织实施。

三、市、县人民政府土地行政主管部门在组织实施土地使用权拍卖过程中,根据需要也可将部分工作委托经省级以上土地行政主管部门认证的具有国有土地使用权拍卖资格的拍卖企业承担。

因此,你局《关于土地使用权拍卖中有关问题的通知》将国有土地使用权拍卖纳入《拍卖法》调整范围,要求国有土地使用权拍卖必须由拍卖企业拍卖,是与《拍卖法》和《城市房地产管理法》、《土地管理法》、《城镇国有土地使用权出让和转让暂行条例》等法律法规的规定不一致的。为保证依法行政,希望你局尽快发文纠正《关于土地使用权拍卖中有关问题的通知》的不正确表述,消除影响,并在今后的工作中加强部门协调与配合,共同做好有关工作。

国土资源部关于建立土地有形市场
促进土地使用权规范交易的通知

（国土资发〔2000〕11号　2000年1月6日）

各省、自治区、直辖市及各计划单列市土地（国土）管理局（厅）：

为了切实贯彻《中共中央国务院关于进一步加强土地管理切实保护耕地的通知》（中发〔1997〕11号，下简称11号文件）和《国务院办公厅关于加强土地转让管理严禁炒卖土地的通知》（国办发〔1999〕39号，以下简称39号文件），落实党的十五届四中全会精神，培育和规范土地要素市场，制止炒买炒卖"地皮"等非法交易行为，为国有企业改革盘活土地资产创造良好的外部环境，现就建立土地有形市场（以下简称有形市场），促进土地使用权规范交易的有关问题通知如下：

一、充分认识完善土地要素市场，建立有形市场的重要性和必要性

土地要素市场是社会主义市场经济体系的重要组成部分，遵循市场规律配置土地是市场经济发展的必然选择。建立和完善有形市场，是当前培育和规范土地要素市场，深化土地管理改革的重要工作和关键环节。

建立有形市场，是要通过设立固定场所，健全交易规则，提供相关服务，形成土地使用权公平、公开、公正交易的市场环境。建立有形市场是以市场方式配置土地的基本要求，是确保土地交易合法性和安全性的需要，是引导土地交易双方依法交易的重要手段，是规范市场秩序和创造良好的市场环境的主要途径，也是沟通土地市场信息，增强土地投资决策科学性的基本条件。

建立有形市场，是土地管理改革，转变政府职能的大事，是积极推进依法行政，建立政务公开的有力措施，也是加强廉政建设，接受社会监督的重要举措。各级土地行政主管部门必须高度重视，积极创造条件，加快有形市场的建设步伐。

二、结合本地区实际，加快建立有形市场，完善土地市场功能

按照职能转变，政事分开、政企分开的原则，各地要结合政府机构改革，抓好各级特别是市、县有形市场的建设。在贯彻落实11号文件和39号文件的过程中，已经建立了有形市场的地方要完善功能，健全交易管理制度，扩大公开交易范围；尚未建立有形市场的地方，要按照本通知要求，认真分析本地区土地市场发育的实际情况，采取积极有效措施，加快有形土地市场建设。

当前，有形市场应具备以下基本功能：

（一）提供交易场所。为土地交易洽谈、招商、展销等交易活动和招标、拍卖会提供场地，为交易代理、地价评估、法律咨询等中介机构提供营业场所。

（二）办理交易事务。为政府有关部门派出的办事机构提供服务"窗口"，方便交易各方办理政府管理的有关手续。

（三）提供交易信息。公布和提供土地供求信息，收集、储存、发布土地交易行情、交易结果，提供有关土地政策法规、土地市场管理规则、土地利用投资方向咨询等。

（四）代理土地交易。接受委托，实施土地使用权招标、拍卖，或受托代理土地使用权交易活动。

各地已建立的有形市场要按上述要求调整功能，并随市场的完善而逐步扩展，规范土地使用权交易，促进中介业务发展，并推动政府的土地收购储备工作。

三、充分利用有形市场，促进土地使用权公开交易

各级土地行政主管部门要充分利用有形市场，促进土地使用权依法公开交易。以下三类土地交易活动应当进场公开交易：

（一）原划拨土地使用权的交易。包括原划拨土地使用权的转让、租赁、抵押，以及土地的联营合作等交易；

（二）出让土地使用权的首次交易。包括转让、租赁、抵押、作价出资、入股交换或赠与等交易；

（三）法律允许的集体建设用地的流转。集体建设用地包括乡镇企业用地的转让、租赁、联营、入股等交易。

除上述三类土地的交易外，有条件的地方还可将因土地抵押权实现而引起的土地使用权转让，法院判决用于债务清偿的土地使用权的转让和出让土地使用权的转让、租赁、抵押、作价出资、交换、赠与等交易活动纳入有形市场交易，以提高土地公开交易的覆盖面，增加交易机会，降低交易风险和交易成本。

四、建立健全土地交易管理制度，规范有形市场运作

有形市场内要率先实施土地交易规则，广泛采用招标、拍卖手段，实行挂牌公告方式交易，对所有交易信息、交易程序、收费标准等要公开、规范土地交易行为，防止欺行霸市和强行推销中介服务，为土地使用权的交易，特别是国企改革的土地使用权转让、变现创造良好的市场环境。

要实行交易许可制度和交易预报制度。涉及原划拨土地或改变原土地使用条件的交易，由土地行政主管部门审核，县级以上人民政府批准后，方可入市交易。土地行政主管部门确认地价评估结果并核定应补交的出让金，明确缴纳办法。出让土地使用权的土地首次交易，经交易机构对出让合同履行情况初审后，必须报土地行政主管部门核准，达到转让的条件方可进场交易。涉及集体建设用地的交易，要首先取得原集体经济组织的同意，再经土地行政主管部门批准，方可依法流转。

在有形市场内公开交易的土地，凡属于经营性房地产项目和其他具有竞争性项目用地的交易，应采用招标、拍卖方式进行。其他用地类型应挂牌公告，规定期限内有多个申请者，亦应采用招标，拍卖方式交易。

进行招标，拍卖活动，事前应制定招标、拍卖文件和投标、竞买规则，并发布招标、拍卖公告。招标、拍卖时，参与竞投或竞买的人员应达到规定的人数，属于政府出让土地的还应设立最低保护价。未达到规定人数和最低保护价的，由土地行政主管部门或交易机构重新作出安排。招标应设立评标小组，评标工作由委托招标人或交易机构主持，除主持人外，其余成员在

开标前一天从有形市场评标专家库中随机选定。

各地可按上述要求结合本地实际，制定有形市场的具体管理办法。

五、加强有形市场的领导和监督，确保市场的正常运作和健康发展

各级土地行政主管部门要切实加强对有形市场的领导，在有形市场的机构性质、工作职能、人员编制和工作费用等方面与相关部门做好协调，落实好机构、人员和经费，搞好行政、事业、企业等单位在市场运营和管理中的工作衔接，推动有形市场的建立和完善，确保土地要素市场的正常运作和健康发展。

各地要加强对有形市场的监督管理，对不按规定进入有形市场交易或不按规则进行交易的行为进行纠正，对拒不改正者，不予办理土地变更登记手续，并按违法用地查处。对政府部门或土地交易机构人员在办理土地交易过程中接受贿赂、徇私舞弊、泄露秘密、玩忽职守的，按情况给予政纪处分。构成犯罪的，由司法机关处理。

国土资源部、国家工商行政管理局关于发布《国有土地使用权出让合同》示范文本的通知

(国土资发〔2000〕303号 2000年10月31日)

各省、自治区、直辖市国土资源厅(国土环境资源厅、国土资源和房屋管理局、房屋土地资源管理局、规划和国土资源局)、工商行政管理局,计划单列市土地管理局(城乡规划土地局、规划国土局)、工商行政管理局:

为贯彻落实《中华人民共和国土地管理法》、《中华人民共和国城市房地产管理法》和《中华人民共和国合同法》,规范国有土地使用权出让合同管理,国土资源部、国家工商行政管理局组织对原国家土地管理局、国家工商行政管理局1994年发布的《国有土地使用权出让合同》示范文本进行了修订完善。现将修订后的《国有土地使用权出让合同》示范文本(GF-2000-2601)印发执行。原示范文本(GF-94-1001、GF-94-1002、GF-94-1003、GF-94-1004)同时废止。

GF-2000-2601

合同编号:

国有土地使用权出让合同

第一章 总 则

第一条 本合同当事人双方:

出让人:中华人民共和国________省(自治区、直辖市)________市(县)__________;

受让人:__________________。

根据《中华人民共和国土地管理法》、《中华人民共和国城市房地产管理法》、《中华人民共和国合同法》和其他法律、行政法规、地方性法规,双方本着平等、自愿、有偿、诚实信用的原则,订立本合同。

第二条 出让人根据法律的授权出让土地使用权,出让土地的所有权属中华人民共和国。国家对其拥有宪法和法律授予的司法管辖权、行政管理权以及其他按中华人民共和国法律规定由国家行使的双方和因社会公众利益所必需的权益。地下资源、埋藏物和市政公用设施均不属于土地使用权出让范围。

第二章 出让土地的交付与出让金的缴纳

第三条 出让人出让给受让人的宗地位于____,宗地编号为____,宗地总面积大写____平方米(小写______平方米),其中出让土地面积为大写______(小写______平方米)。宗地四至

及界址点坐标见附件《出让宗地界址图》。

第四条 本合同项下出示宗地的用途为__________。

第五条 出让人同意在____年____月____日前将出让宗地交付给受让人,出让方同意在交付土地时该宗地应达到本条第____款规定的土地条件:

(一)达到场地平整和周围基础设施____通,即通________。

(二)周围基础设施达到____通,即通________,但场地尚未拆迁和平整,建筑物和其他地上物状况如下____________。

(三)现状土地条件。

第六条 本合同项下的土地使用权出让年期为______,自出让方向受让方实际交付土地之日起算,原划拨土地使用权补办出让手续的,出让年期自合同签订之日起算。

第七条 本合同项下宗地的土地使用权出让金为每平方米人民币大写____元(小写____元);总额为人民币大写______元(小写____元)。

第八条 本合同经双方签字后____日内,受让人须向出让人缴付人民币大写____元(小写____元)作为履行合同的定金,定金抵作土地使用权出让金。

第九条 受让人同意按照本条第____款的规定向出让人支付上述土地使用权出让金。

(一)本合同签订之日起____日内,一次性付清上述土地使用权出让金。

(二)按以下时间和金额分____期向出让人支付上述土地使用权出让金。

第一期 人民币大写____元(小写____元),付款时间:____年____月____日之前。

第二期 人民币大写____元(小写____元),付款时间:____年____月____日之前。

第 期 人民币大写____元(小写____元),付款时间:____年____月____日之前。

第 期 人民币大写____元(小写____元),付款时间:____年____月____日之前。

分期支付土地出让金的,受让人在支付第二期及以后各期土地出让金时,应按照银行同期贷款利率向出让人支付相应的利息。

第三章 土地开发建设与利用

第十条 本合同签订后______日内,当事人双方应依附件《出让宗地界址图》所标示坐标实地验明各界址点界桩,受让人应妥善保护土地界桩,不得擅自改动,界桩遭受破坏或移动时,受让人应立即向出让人提出书面报告,申请复界测量,恢复界桩。

第十一条 受让人在本合同项下宗地范围内新建建筑物的,应符合下列要求:

主体建筑物性质______;

附属建筑物性质______;

建筑容积率______;

建筑密度______;

建筑限高______;

绿地比例______;

其他土地利用要求________。

第十二条 受让人同意在本合同项下宗地范围内一并修建下列工程并在建成后无偿移交给政府:

(1)____________;

(2)______________________________;

(3)______________________________。

第十三条 受让人同意在______年____月____日之前动工建设。

不能按期开工建设的,应提前30日向出让人提出延建申请,但延建时间最长不得超过一年。

第十四条 受让人在受让宗地内进行建设时,有关用水、用户、污水及其他设施同宗地外主管线、用电变电站接口和引入工程应按有关规定办理。

受让人同意政府为公用事业需要而敷设的各种管道与管线进出、通过、穿越受让宗地。

第十五条 受让人在按本合同约定支付全部土地使用权出让金之日起30日内,应持本合同和土地使用权出让金支付凭证,按规定向出让人申请办理土地登记,领取《国有土地使用证》,取得出让土地使用权。

出让人应在受理土地登记申请之日起30日内,依法为受让人办理出让土地使用权登记,颁发《国有土地使用证》。

第十六条 受让人必须依法合理利用土地,其在受让宗地上的一切活动,不得损害或者破坏周围环境或设施,使国家或他人遭受损失的,受让人应负责赔偿。

第十七条 在出让期限内,受让人必须按照本合同规定的土地用途和土地使用条件利用土地,需要改变本合同规定的土地用途和土地使用条件的,必须依法办理有关批准手续,并向出让人申请,取得出让人同意,签订土地使用权出让合同变更协议或者重新签订土地使用权出让合同,相应调整土地使用权出让金,办理土地变更登记。

第十八条 政府保留对本合同项下宗地的城市规划调整权,原土地利用规划如有修改,该宗地已有的建筑物不受影响,但在使用期限内该宗地建筑物、附着物改建、翻建、重建或期限届满申请续期时,必须按届时有效的规划执行。

第十九条 出让人对受让人依法取得的土地使用权,在本合同约定的使用年限届满前不收回;在特殊情况下,根据社会公共利益需要提前收回土地使用权的,出让人应当依照法定程序报批,并根据收回时地上建筑物、其他附着物的价值和剩余年期土地使用权价格给予受让人相应的补偿。

第四章 土地使用权转让、出租、抵押

第二十条 受让人按照本合同约定已经支付全部土地使用权出让金,领取《国有土地使用证》,取得出让土地使用权后,有权将本合同项下的全部或部分土地使用权转让、出租、抵押,但首次转让(包括出售、交换和赠与)剩余年期土地使用权时,应当经出让人认定符合下列第________款规定之条件:

(一)按照本合同约定进行投资开发,完成开发投资总额的百分之二十五以上;

(二)按照本合同约定进行投资开发,形成工业用地或其他建设用地条件。

第二十一条 土地使用权转让、抵押,转让、抵押双方应当签订书面转让、抵押合同;土地使用权出租期限超过六个月的,出租人和承租人也应当签订书面出租合同。

土地使用权的转让、抵押及出租合同,不得违背国家法律、法规和本合同的规定。

第二十二条 土地使用权转让,本合同和登记文件中载明的权利、义务随之转移,转让后,其土地使用权的使用年限为本合同约定的使用年限减去已经使用年限后的剩余年限。本合同

项下的全部或部分土地使用权出租后，本合同和登记文件中载明的权利、义务仍由受让人承担。

第二十三条 土地使用权转让、出租、抵押，地上建筑物、其他附着物随之转让、出租、抵押；地上建筑物、其他附着物转让、出租、抵押，土地使用权随之转让、出租、抵押。

第二十四条 土地使用权转让、出租、抵押的，转让、出租、抵押权方应在相应的合同签订之日起30日内，持本合同和相应的转让、出租、抵押合同及《国有土地使用权》到土地行政主管部门申请办理土地登记。

第五章 期限届满

第二十五条 本合同约定的使用年限届满，土地使用者需要继续使用本合同项下宗地的，应当至迟于届满前一年向出让人提交续期申请书，除根据社会公共利益需要收回本合同项下土地的，出让人应当予以批准。

出让人同意续期的，受让人应当依法办理有偿用地手续，与出让人重新签订土地有偿使用合同，支付土地有偿使用费。

第二十六条 土地出让期限届满，受让人没有提出续期申请或者虽申请续期但依照本合同第二十五条规定未获批准的，受让人应当交回《国有土地使用证》，出让人代表国家收回土地使用权，并依照规定办理土地使用权注销登记。

第二十七条 土地出让期限届满，受让人未申请续期的，本合同项下土地使用权和地上建筑物及其他附着物由出让人代表国家无偿收回，受让人应当保持地上建筑物、其他附着物的正常使用功能，不得人为破坏，地上建筑物、其他附着物失去正常使用功能的，出让人可要求受让人移动或拆除地上建筑物、其他附着物，恢复场地平整。

第二十八条 土地出让期限届满，受让人提出续期申请而出让人根据本合同第二十五条之规定没有批准续期的，土地使用权由出让人代表国家无偿收回，但对于地上建筑物及其他附着物，出让人应当根据收回时地上建筑物、其他附着物的残余价值给予受让人相应补偿。

第六章 不可抗力

第二十九条 任何一方对由于不可抗力造成的部分或全部不能履行本合同不负责任，但应在条件允许下采取一切必要的补救措施以减少因不可抗力造成的损失。当事人迟延履行后发生不可抗力的，不能免除责任。

第三十条 遇有不可抗力的一方，应在____小时内将事件的情况以信件、电报、电传、传真等书面形式通知另一方，并且在事件发生后________日内，向另一方提交合同不能履行或部分不能履行或需要延期履行理由的报告。

第七章 违约责任

第三十一条 受让人必须按照本合同约定，按时支付土地使用权出让金。如果受让人不能按时支付土地使用权出让金的，自滞纳之日起，每日按迟延支付款项的________‰向出让人缴纳滞纳金，延期付款超过6个月的，出让人有权解除合同，收回土地，受让人无权要求返还定金,出让人并可请求受让人赔偿因违约造成的其他损失。

第三十二条 受让人按合同约定支付土地使用权出让金的,出让人必须按照合同约定,按时提供出让土地。由于出让人未按时提供出让土地而致使受让人对本合同项下宗地占有延期的,每延期一日,出让人应当按受让人已经支付的土地使用权出让金的________‰向受让人给付违约金。出让人延期交付土地超过6个月的,受让人有权解除合同,出让人应当双倍返还定金,并退还已经支付土地使用权出让金的其他部分,受让人并可请求出让人赔偿因违约造成的其他损失。

第三十三条 受让人应当按照合同约定进行开发建设,超过合同约定的动工开发日期满一年未动工开发的,出让人可以向受让人征收相当于土地使用权出让金20%以下的土地闲置费;满2年未动工开发的,出让人可以无偿收回土地使用权;但因不可抗力或者政府、政府有关部门的行为或者动工开发必需的前期工作造成动工开发迟延的除外。

第三十四条 出让人交付的土地未能达到合同约定的土地条件的,应视为违约。受让人有权要求出让人按照规定的条件履行义务,并且赔偿延误履行而给受让人造成的直接损失。

第八章 通知和说明

第三十五条 本合同要求或允许的通知和通讯,不论以何种方式传递,均自实际收到时起生效。

第三十六条 当事人变更通知、通讯地址或开户银行、账号的,应在变更后15日内,将新的地址或开户银行、账号通知另一方。因当事人一方迟延通知而造成的损失,由过错方承担责任。

第三十七条 在缔结本合同时,出让人有义务解答受让人对于本合同所提出的问题。

第九章 适用法律及争议解决

第三十八条 本合同订立、效力、解释、履行及争议的解决均适用中华人民共和国法律。

第三十九条 因履行本合同发生争议,由争议双方协商解决,协商不成的,按本条第____款规定的方式解决:

(一)提交____仲裁委员会仲裁;

(二)依法向人民法院起诉。

第十章 附 则

第四十条 本合同依照本条第____款之规定生效。

(一)本合同项下宗地出让方案业经____人民政府批准,本合同自双方签订之日起生效。

(二)本合同项下宗地出让方案尚需经____人民政府批准,本合同自____人民政府批准之日起生效。

第四十一条 本合同一式____份,具有同等法律效力,出让人、受让人各执____份。

第四十二条 本合同和附件共____页,以中文书写为准。

第四十三条 本合同的金额、面积等项应当同时以大、小写表示,大小写数额应当一致,不一致的,以大写为准。

第四十四条 本合同于________年____月____日在中华人民共和国________省(自治区、直辖市)__________市(县)签订。

第四十五条 本合同未尽事宜,可由双方约定后作为合同附件,与本合同具有同等法律效力。

出让人(章):

住所:

法定代表人(委托代理人)(签字):

电话:

传真:

电报:

开户银行:

账号:

邮政编码:

受让人(章):

住所:

法定代表人(委托代理人)(签字):

电话:

传真:

电报:

开户银行:

账号:

邮政编码:

二〇　　年　　月　　日

附件:出让宗地界址图(注明边长(米))

北

↑

|界

|址

|图

|粘

|贴

|线

比例尺1:

国有土地使用权出让合同使用说明

一、《国有土地使用权出让合同》包括合同正文和附件《出让宗地界址图》。

二、本合同的出让人为有权出让国有土地使用权的人民政府土地行政主管部门。

三、合同第四条土地用途按《城镇地籍调查规程》规定的土地二级分类填写,属于综合用地的,应注明各类具体用途及其所占的面积比例。

四、合同第五条中的土地条件按照双方实际约定选择和填写。属于原划拨土地使用权补办出让手续的,选择第三款;属于待开发建设的用地,应根据出让人承诺交地时的土地开发程度选择第一款或第二款,出让人承诺交付土地时完成拆迁和场地平整的,选择第一款,未完成拆迁和场地平整的,选择第二款,并注明地上待拆迁的建筑物和其他地上物面积等状况。基础设施条件按双方约定填写"七通"、"三通"等,并具体说明基础设施内容,如"通路、通电、通水"等。

五、合同第九条土地使用权出让金支付方式的规定中,双方约定土地使用权出让金一次性付清的,选择第一款,分期支付的,选择第二款。

六、合同第二十条中,属于房屋开发的,选择第一款;属于土地成片开发的,选择第二款。

七、合同第四十条关于合同生效的规定中,宗地出让方案业经有权人民政府批准的,按照第一款规定生效;宗地出让方案未经有权人民政府批准的,按照第二款规定生效。

中华人民共和国国土资源部令

（第11号）

《招标拍卖挂牌出让国有土地使用权规定》，已经2002年4月3日国土资源部第4次部务会议通过，现予发布，自2002年7月1日起施行。

部长　田凤山

2002年5月9日

招标拍卖挂牌出让国有土地使用权规定

第一条　为规范国有土地使用权出让行为，优化土地资源配置，建立公开、公平、公正的土地使用制度，根据《中华人民共和国城市房地产管理法》、《中华人民共和国土地管理法》和《中华人民共和国土地管理法实施条例》等法律、法规，制定本规定。

第二条　在中华人民共和国境内以招标、拍卖或者挂牌方式出让国有土地使用权的，适用本规定。

本规定所称招标出让国有土地使用权，是指市、县人民政府土地行政主管部门（以下简称出让人）发布招标公告，邀请特定或者不特定的公民、法人和其他组织参加国有土地使用权投标，根据投标结果确定土地使用者的行为。

本规定所称拍卖出让国有土地使用权，是指出让人发布拍卖公告，由竞买人在指定时间、地点进行公开竞价，根据出价结果确定土地使用者的行为。

本规定所称挂牌出让国有土地使用权，是指出让人发布挂牌公告，按公告规定的期限将拟出让宗地的交易条件在指定的土地交易场所挂牌公布，接受竞买人的报价申请并更新挂牌价格，根据挂牌期限截止时的出价结果确定土地使用者的行为。

第三条　招标、拍卖或者挂牌出让国有土地使用权应当遵循公开、公平、公正和诚实信用的原则。

第四条　商业、旅游、娱乐和商品住宅等各类经营性用地，必须以招标、拍卖或者挂牌方式出让。

前款规定以外用途的土地的供地计划公布后，同一宗地有两个以上意向用地者的，也应当采用招标、拍卖或者挂牌方式出让。

第五条　国有土地使用权招标、拍卖或者挂牌出让活动，应当有计划地进行。

市、县人民政府土地行政主管部门根据社会经济发展计划、产业政策、土地利用总体规划、土地利用年度计划、城市规划和土地市场状况，编制国有土地使用权出让计划，报经同级人民政府批准后，及时向社会公开发布。

第六条　市、县人民政府土地行政主管部门应当按照出让计划，会同城市规划等有关部门共同拟订拟招标拍卖挂牌出让地块的用途、年限、出让方式、时间和其他条件等方案，报经市、县人民政府批准后,由市、县人民政府土地行政主管部门组织实施。

第七条 出让人应当根据招标拍卖挂牌出让地块的情况,编制招标拍卖挂牌出让文件。招标拍卖挂牌出让文件应当包括招标拍卖挂牌出让公告、投标或者竞买须知、宗地图、土地使用条件、标书或者竞买申请书、报价单、成交确认书、国有土地使用权出让合同文本。

第八条 出让人应当至少在投标、拍卖或者挂牌开始日前20日发布招标、拍卖或者挂牌公告,公布招标拍卖挂牌出让宗地的基本情况和招标拍卖挂牌的时间、地点。

第九条 招标拍卖挂牌公告应当包括下列内容:

(一)出让人的名称和地址;

(二)出让宗地的位置、现状、面积、使用年期、用途、规划设计要求;

(三)投标人、竞买人的资格要求及申请取得投标、竞买资格的办法;

(四)索取招标拍卖挂牌出让文件的时间、地点及方式;

(五)招标拍卖挂牌时间、地点、投标挂牌期限、投标和竞价方式等;

(六)确定中标人、竞得人的标准和方法;

(七)投标、竞买保证金;

(八)其他需要公告的事项。

第十条 市、县人民政府土地行政主管部门应当根据土地估价结果和政府产业政策综合确定标底或者底价。

确定招标标底,拍卖和挂牌的起叫价、起始价、底价,投标、竞买保证金,应当实行集体决策。

招标标底和拍卖挂牌的底价,在招标拍卖挂牌出让活动结束之前应当保密。

第十一条 出让人应当对投标申请人、竞买申请人进行资格审查。对符合招标拍卖挂牌公告规定条件的,应当通知其参加招标拍卖挂牌活动。

第十二条 市、县人民政府土地行政主管部门应当为投标人、竞买人查询拟出让土地的有关情况提供便利。

第十三条 投标、开标依照下列程序进行:

(一)投标人在投标截止时间前将标书投入标箱。招标公告允许邮寄标书的,投标人可以邮寄,但出让人在投标截止时间前收到的方为有效;

标书投入标箱后,不可撤回。投标人应对标书和有关书面承诺承担责任。

(二)出让人按照招标公告规定的时间、地点开标,邀请所有投标人参加。由投标人或者其推选的代表检查标箱的密封情况,当众开启标箱,宣布投标人名称、投标价格和投标文件的主要内容。投标人少于三人的,出让人应当依照本规定重新招标。

(三)评标小组进行评标。评标小组由出让人代表、有关专家组成,成员人数为五人以上的单数。

评标小组可以要求投标人对投标文件作出必要的澄清或者说明,但是澄清或者说明不得超出投标文件的范围或者改变投标文件的实质性内容。

评标小组应当按照招标文件确定的评标标准和方法,对投标文件进行评审。

(四)招标人根据评标结果,确定中标人。

第十四条 对能够最大限度地满足招标文件中规定的各项综合评价标准,或者能够满足招标文件的实质性要求且价格最高的投标人,应当确定为中标人。

第十五条 拍卖会依照下列程序进行:

(一)主持人点算竞买人;

(二)主持人介绍拍卖宗地的位置、面积、用途、使用年期、规划要求和其他有关事项;

(三)主持人宣布起叫价和增价规则及增价幅度。没有底价的,应当明确提示;

(四)主持人报出起叫价;

(五)竞买人举牌应价或者报价;

(六)主持人确认该应价后继续竞价;

(七)主持人连续三次宣布同一应价而没有再应价的,主持人落槌表示拍卖成交;

(八)主持人宣布最高应价者为竞得人。

第十六条 竞买人不足三人,或者竞买人的最高应价未达到底价时,主持人应当终止拍卖。

拍卖主持人在拍卖中可根据竞买人竞价情况调整拍卖增价幅度。

第十七条 挂牌依照以下程序进行:

(一)在挂牌公告规定的挂牌起始日,出让人将挂牌宗地的位置、面积、用途、使用年期、规划要求、起始价、增价规则及增价幅度等,在挂牌公告规定的土地交易场所挂牌公布;

(二)符合条件的竞买人填写报价单报价;

(三)出让人确认该报价后,更新显示挂牌价格;

(四)出让人继续接受新的报价;

(五)出让人在挂牌公告规定的挂牌截止时间确定竞得人。

第十八条 挂牌时间不得少于 10 个工作日。挂牌期间可根据竞买人竞价情况调整增价幅度。

第十九条 挂牌期限届满,按照下列规定确定是否成交:

(一)在挂牌期限内只有一个竞买人报价,且报价高于底价,并符合其他条件的,挂牌成交;

(二)在挂牌期限内有两个或者两个以上的竞买人报价的,出价最高者为竞得人;报价相同的,先提交报价单者为竞得人,但报价低于底价者除外;

(三)在挂牌期限内无应价者或者竞买人的报价均低于底价或均不符合其他条件的,挂牌不成交。

在挂牌期限截止时仍有两个或者两个以上的竞买人要求报价的,出让人应当对挂牌宗地进行现场竞价,出价最高者为竞得人。

第二十条 以招标、拍卖或者挂牌方式确定中标人、竞得人后,出让人应当与中标人、竞得人签订成交确认书。

成交确认书应当包括出让人和中标人、竞得人的名称、地址,出让标的,成交时间、地点、价款,以及签订《国有土地使用权出让合同》的时间、地点等内容。

成交确认书对出让人和中标人、竞得人具有合同效力。签订成交确认书后,出让人改变竞得结果,或者中标人、竞得人放弃中标宗地、竞得宗地的,应当依法承担责任。

第二十一条 中标人、竞得人应当按照成交确认书约定的时间,与出让人签订《国有土地使用权出让合同》。

中标人、竞得人支付的投标、竞买保证金,抵作国有土地使用权出让金,其他投标人、竞买人支付的投标、竞买保证金,出让人必须在招标拍卖挂牌活动结束后 5 个工作日内予以退还,不计利息。

第二十二条 招标拍卖挂牌活动结束后,出让人应在 10 个工作日内将招标拍卖挂牌出让结果在土地有形市场或者指定的场所、媒介公布。

出让人公布出让结果,不得向受让人收取费用。

第二十三条 受让人依照《国有土地使用权出让合同》的约定付清全部国有土地使用权出让金后,应当依法申请办理土地登记,领取国有土地使用权证书。

第二十四条 应当以招标拍卖挂牌方式出让国有土地使用权而擅自采用协议方式出让的,对直接负责的主管人员和其他直接责任人员依法给予行政处分。

第二十五条 中标人、竞得人有下列行为之一的,中标、竞得结果无效;造成损失的,中标人、竞得人应当依法承担赔偿责任:

(一)投标人、竞买人提供虚假文件隐瞒事实的;

(二)中标人、竞得人采取行贿、恶意串通等非法手段中标或者竞得的。

第二十六条 土地行政主管部门工作人员在招标拍卖挂牌出让活动中玩忽职守、滥用职权、徇私舞弊的,依法给予行政处分;构成犯罪的,依法追究刑事责任。

第二十七条 以招标拍卖挂牌方式租赁国有土地使用权的,参照本规定执行。

第二十八条 本规定自 2002 年 7 月 1 日起施行。

国土资源部、监察部关于严格实行经营性土地使用权招标拍卖挂牌出让的通知

(国土资发〔2002〕265号 2002年8月26日)

各省、自治区、直辖市国土资源厅(国土环境资源厅、国土资源和房屋管理局、房屋土地资源管理局、规划和国土资源局)、监察厅,计划单列市国土资源行政主管部门、监察局,解放军土地管理局,新疆生产建设兵团国土资源局:

《国务院关于加强国有土地资产管理的通知》(国发200115号)下发以来,全国国有土地使用权招标拍卖挂牌出让工作取得了明显成效。但是,各地工作进展不平衡,本应用市场机制配置土地的,一些领导仍然行政干预土地供应方式,没有实行经营性土地使用权招标拍卖挂牌出让,致使国有土地使用权招标拍卖挂牌出让制度不落实,为全面贯彻落实中央纪委第七次全会和国务院第四次廉政工作会议精神,严格实行商业、旅游、娱乐和商品住宅等各类经营性土地(以下简称经营性土地)使用权以招标、拍卖或者挂牌的方式出让,加强廉政建设,现就有关问题通知如下:

一、通过招标拍卖挂牌方式出让国有土地使用权是从源头防治土地供应环节产生腐败的有效措施

由于土地资产数额巨大,并且具有价值增值性和供给稀缺性等特点,土地供应环节成为腐败分子非法牟取暴利的重点领域。分析土地批租领域发生的腐败现象,实质就是在土地资源配置上。特别是在经营性土地的配置上,个别腐败分子违背市场规律,利用行政职权,搞权钱交易和"暗箱操作",攫取巨额的地价差额。国有土地使用权招标拍卖挂牌出让制度充分体现了公开、公平、公正的市场经济原则,抑制权力进入市场,减少了人为因素对土地配置的干预和影响,从制度和源头上保证了土地批租领域的廉政建设。

党中央、国务院对此高度重视。今年,中央纪委部署从源头防治腐败任务时明确提出,要实行经营性土地使用权出让招标拍卖制度;国务院第四次廉政工作会议明确要求:今年,各地区、各部门都要实行经营性土地出让招标拍卖制度。为此,各级人民政府土地行政主管部门一定要统一思想,充分认识招标拍卖挂牌出让国有土地使用权的重要意义。对经营性土地使用权全部实行招标、拍卖或者挂牌出让,并将其作为国土资源管理的重要制度和行政纪律,切实抓好落实。

二、规范领导干部从政行为,严禁干预土地资源配置

要适应社会主义市场经济发展的要求,进一步转变政府职能,必须充分发挥市场配置土地资源的基础作用,经营性土地使用权出让必须通过市场机制来运作。各级领导干部不得干预经营性土地使用权的招标拍卖挂牌出让。严禁用行政手段,以打招呼、批条子等各种形式指定供地对象、供地位置、供地面积、供地用途、供地方式和供地价格等。经营性土地使用权出让必

须进入市场,全都实行招标、拍卖或者挂牌出让。如果领导干部继续搞个人审批,无论有没有权钱交易的行为,都属于违反纪律。

三、强化政府土地的集中统一管理,保证土地使用权招标拍卖挂牌出让制度的落实

坚持土地的集中统一管理,严格控制土地供应总量,实行土地集中统一供应是保证土地使用权招标拍卖挂牌出让制度落实,避免多头供地、恶性竞争的基本前提。各类工业园、科技园、开发区用地和各单位使用的原划拨土地改变为商业、旅游、娱乐、商品住宅项目用地的,必须由当地人民政府土地行政主管部门统一管理、统一供应。出让的每幅地块位置、面积、用途、年限和其他条件,由市、县人民政府土地行政主管部门会同城市规划、建设、房产管理部门拟定方案,报经有批准权的人民政府批准后,由市、县人民政府土地行政主管部门集中统一组织实施。

四、加大土地供应的信息披露力度,创造市场竞争的环境

土地供应信息在更广泛的领域公开,不仅是政府提供服务的重要职责,也是创造有效需求,形成市场竞争环境的重要保证。市、县人民政府土地行政主管部门要根据当地社会经济发展计划、土地利用总体规划、土地利用年度计划、城市规划和土地市场状况制定土地使用权出让计划,报同级人民政府批准后实施。土地使用权出让计划及土地供应信息要在有关媒体向社会广泛公布,防止"暗箱操作"。

五、严格依法规范土地使用权招标拍卖挂牌出让,确保土地交易的公开、公平、公正

国有土地使用权招标拍卖挂牌出让必须严格按照《招标拍卖挂牌出让国有土地使用权规定》(国土资源部令第11号)的规范要求执行。市、县人民政府土地行政主管部门要定期及时向社会公开发布国有土地使用权出让计划。经营性土地使用权必须以招标、拍卖或者挂牌方式出让,其他土地的供应计划公布后,同一宗地有两个以上意向用地者的,也应当采取招标、拍卖或者挂牌方式出让。招标拍卖挂牌底价必须根据土地估价结果和政府产业政策集体决策,并严格保密。要统一土地使用权招标拍卖挂牌出让文件,严格规范土地使用权招标拍卖挂牌出让程序。各地要积极采取有效措施,全面落实《招标拍卖挂牌出让国有土地使用权规定》,确保土地使用权招标拍卖挂牌出让的规范、有序进行,促进土地市场的健康发展。

六、加强监督检查,防治土地批租领域的腐败

各级土地行政主管部门和监察机关要加强对经营性土地使用权招标拍卖挂牌出让的监督检查。对经营性土地使用权规避招标拍卖挂牌,仍采取协议出让和划拨的;对单位和个人擅自先行立项、先行选址定点、先行确定地价的;对在土地使用权招标拍卖挂牌出让中弄虚作假、徇私舞弊的;对领导干部干预和插手土地使用权招标拍卖挂牌出让等违纪违法行为,都要严厉追究主管部门及有关人员的责任。应当给予党纪处分的,移送党的纪律检查机关处理;涉嫌犯罪的,移送司法机关处理。

今年年底前,国土资源部和监察部要对各地的经营性土地使用权招标拍卖挂牌出让工作进行联合检查。重点检查土地使用权招标拍卖挂牌出让制度的落实和协议出让土地使用权的情况。

建设部关于对城市房地产转让有关问题的复函

（建法函〔2002〕238号 2002年9月24日）

湖北省建设厅：

你厅《关于对〈城市房地产转让管理规定〉有关条款内容进行解释的请示》（鄂建文〔2002〕154号）收悉。经研究，答复如下：

一、根据《中华人民共和国民法通则》第六十三条和《城市房屋权属登记管理办法》第十二条规定，房地产转让当事人可以委托代理人办理房屋权属转移手续；委托代理人在代理权限内，以被代理人名义实施民事法律行为；被代理人对代理人的代理行为，承担民事责任。

二、《城市房地产转让管理规定》第七条第二项规定中的"房地产转让当事人"是指房地产转让双方当事人。

特此函复。

建设部关于加强国有土地使用权出让规划管理工作的通知

(建规〔2002〕270号 2002年12月26日)

各省、自治区建设厅,直辖市规划局(规委):

随着土地有偿使用制度改革的深入,国家相继实行了国有土地使用权出让制度、土地收购储备制度、经营性土地使用权招标拍卖和挂牌出让制度,土地供给的市场化程度日益提高。土地供给方式发生的深刻变化,对城乡规划管理工作提出了新的更高的要求。按照《国务院关于加强城乡规划监督管理的通知》和建设部等九部委《关于贯彻落实〈国务院关于加强城乡规划监督管理的通知〉的通知》要求,为适应土地使用制度改革的需要,切实加强和改进国有土地使用权出让的规划管理,现就有关问题通知如下:

一、充分认识实施土地收购储备制度、经营性土地招标拍卖和挂牌出让制度的重要意义

实施土地收购储备制度、经营性土地使用权招标拍卖和挂牌出让制度,是国家为加强国有土地资产管理,规范国有土地使用权出让行为,建立公开、公平、公正的土地使用制度,防止国有土地资产流失而采取的重大改革措施,有利于在严格控制供应总量的条件下,充分发挥市场配置土地资源的基础性作用,优化城市土地资源配置、充分实现土地资产价值,提高土地资源利用效率,对城市发展建设也将产生重要影响。各级城乡规划行政主管部门要充分认识实施这些制度的重要意义,认真学习和研究土地收购储备、经营性土地使用权招标拍卖和挂牌出让的知识和经验;要适应土地供给制度改革的新情况,研究加强和改进城乡规划工作,充分发挥城乡规划对土地资源配置的调控能力;要切实履行城乡规划管理职能,积极参与、协助政府搞好土地收购储备和经营性土地使用权招标拍卖和挂牌出让工作,保障城乡发展建设健康有序进行。

二、切实加强对土地收购储备、国有土地使用权出让的综合调控和指导

各地要认真抓紧编制和调整近期建设规划,保证土地收购储备、国有土地使用权出让工作依据城市规划、有计划地进行。

要充分发挥城乡规划的综合调控作用,加强对土地收购储备、国有土地使用权出让的综合调控和指导。城市规划行政主管部门要根据城市发展建设的需要和城市近期建设规划,就近期建设用地位置与数量及时向城市政府提出土地的收购储备建议,协助政府制定土地收购储备年度计划,做好土地收购储备工作。要积极参与做好国有土地使用权出让年度计划制定工作。制定国有土地使用权出让年度计划,要依据近期建设规划、土地利用年度计划、建设项目的批准计划,结合当前经济社会发展要求和市场需求情况,科学确定出让地块数量、用地面积、地块位置、出让步骤等。自2003年7月1日起,凡未按要求编制和调整近期建设规划的,不得出让国有土地使用权。

要依据城市总体规划加快编制控制性详细规划,提高控制性详细规划的覆盖率,以适应土地供给市场化情况下的规划管理工作的需要;城市中心地区、旧城改造地区、近期发展地区、储

备的土地、下一年度建设用地和拟出让的用地要优先编制控制性详细规划；控制性详细规划要明确规划地段内各地块的使用性质、容积率、建筑密度、建筑高度、绿地率、必须配置的公共设施等控制指标和要求。

三、严格规范土地收购、国有土地使用权出让规划管理程序

要加强对土地收购的规划指导工作，以利于收购的土地能够按照城市规划确定的用途使用。城市规划行政主管部门应当对拟收购土地进行规划审查，出具拟收购土地的选址意见书，供进行土地收购的单位办理征地、拆迁等土地整理活动需要的相关手续。不符合近期建设规划、控制性详细规划规定用途的土地，不予核发选址意见书，并书面告知理由。

要加强国有土地使用权出让前后的规划管理，明确规划监督管理程序。国有土地使用权出让前，出让地块必须具备由城市规划行政主管部门依据控制性详细规划出具的拟出让地块的规划设计条件和附图。规划设计条件必须明确出让地块的面积、土地使用性质、容积率、建筑密度、建筑高度、停车泊位、主要出入口、绿地比例、必须配置的公共设施和市政基础设施、建筑界线、开发期限等要求。附图要明确标明地块区位与现状，地块坐标、标高，道路红线坐标、标高，出入口位置，建筑界线以及地块周围地区的环境与基础设施条件。国有土地使用权招标拍卖和挂牌时，必须准确标明出让地块的规划设计条件。国有土地出让成交签订《国有土地使用权出让合同》时，必须将规划设计条件与附图作为《国有土地使用权出让合同》的重要内容和组成部分。没有城市规划行政主管部门出具的规划设计条件，国有土地使用权不得出让。

国有土地使用权出让的受让方在签订《国有土地使用权出让合同》后，应当持《国有土地使用权出让合同》向市、县人民政府城乡规划行政主管部门申请发给建设项目选址意见书和建设用地规划许可证。城乡规划行政主管部门对《国有土地使用权出让合同》中规定的规划设计条件核验无误后，同时发给建设项目选址意见书和建设用地规划许可证。经核验，《国有土地使用权出让合同》中规定的规划设计条件与出具的出让地块规划设计条件不一致的，不予核发建设项目选址意见书和建设用地规划许可证，并告知土地管理部门予以纠正。

四、切实加强已出让使用权土地使用的监督管理

各地城乡规划行政主管部门要切实加强出让使用权土地使用的规划跟踪管理，加强受让人在土地开发建设中执行规划情况的监督检查，建立健全相应的监督管理制度。受让人取得国有土地使用权后，必须按照《国有土地使用权出让合同》和建设用地规划许可证规定的规划设计条件进行开发建设，一般不得改变规划设计条件；如因特殊原因，确需改变规划设计条件的，应当向城乡规划行政主管部门提出改变规划设计条件的申请，经批准后方可实施。城乡规划行政主管部门依法定程序修改控制性详细规划，并批准变更建设用地规划设计条件的，应当告知土地管理部门；依法应当补交土地出让金的，受让人应当依据有关规定予以补交。

受让人需要转让国有土地使用权的，必须符合国家关于已出让土地转让的规定和《国有土地使用权出让合同》的约定。转让国有土地使用权时，不得改变规定的规划设计条件。以转让方式取得建设用地后，转让的受让人应当持《国有土地使用权转让合同》、转让地块原建设用地规划许可证向城乡规划行政主管部门申请换发建设用地规划许可证。

各级城乡规划行政主管部门要适应土地供给制度改革的新形势，结合本地区的特点，积极探索建立和完善土地收购储备、招标拍卖和挂牌出让土地使用权的规划管理制度；转变思想观念和工作作风，树立服务意识，提高办事效率，切实加强和改进国有土地使用权出让的规划管理。

中华人民共和国最高人民法院公告

(法释〔2003〕6号 2003年4月16日发布)

《最高人民法院关于破产企业国有划拨土地使用权应否列入破产财产等问题的批复》已于2002年10月11日由最高人民法院审判委员会第1245次会议通过。现予公布,自2003年4月18日起施行。

最高人民法院关于破产企业国有划拨土地使用权应否列入破产财产等问题的批复

湖北省高级人民法院:

你院鄂高法〔2002〕158号《关于破产企业国有划拨土地使用权应否列入破产财产以及有关抵押效力认定等问题的请示》收悉。经研究,答复如下:

一、根据《中华人民共和国土地管理法》第五十八条第一款第(四)项及《城镇国有土地使用权出让和转让暂行条例》第四十七条的规定,破产企业以划拨方式取得的国有土地使用权不属于破产财产,在企业破产时,有关人民政府可以予以收回,并依法处置。纳入国家兼并破产计划的国有企业,其依法取得的国有土地使用权,应依据国务院有关文件规定办理。

二、企业对其以划拨方式取得的国有土地使用权无处分权,以该土地使用权为标的物设定抵押,除依法办理抵押登记手续外,还应经具有审批权限的人民政府或土地行政管理部门批准。否则,应认定抵押无效。如果企业对以划拨方式取得的国有土地使用权设定抵押时,履行了法定的审批手续,并依法办理了抵押登记,应认定抵押有效。根据《中华人民共和国城市房地产管理法》第五十条和《中华人民共和国担保法》第五十六条的规定,抵押权人只有在以抵押标的物折价或拍卖、变卖所得价款缴纳相当于土地使用权出让金的款项后,对剩余部分方可享有优先受偿权。但纳入国家兼并破产计划的国有企业,其用以划拨方式取得的国有土地使用权设定抵押的,应依据国务院有关文件规定办理。

三、国有企业以关键设备、成套设备、厂房设定抵押的效力问题,应依据法释〔2002〕14号《关于国有工业企业以机器设备等财产为抵押物与债权人签订的抵押合同的法律效力问题的批复》办理。

国有企业以建筑物设定抵押的效力问题,应区分两种情况处理:如果建筑物附着于以划拨方式取得的国有土地使用权之上,将该建筑物与土地使用权一并设定抵押的,对土地使用权的抵押需履行法定的审批手续,否则,应认定抵押无效;如果建筑物附着于以出让、转让方式取得的国有土地使用权之上,将该建筑物与土地使用权一并设定抵押的,即使未经有关主管部门批准,亦应认定抵押有效。

本批复自公布之日起施行,正在审理或者尚未审理的案件,适用本批复,但对提起再审的判决、裁定已经发生法律效力的案件除外。

此复

中华人民共和国国土资源部令

（第 21 号）

《协议出让国有土地使用权规定》,已经 2003 年 6 月 5 日国土资源部第 6 次部务会议通过,现予发布,自 2003 年 8 月 1 日起施行。

部长　田凤山

2003 年 6 月 11 日

协议出让国有土地使用权规定

第一条　为加强国有土地资产管理,优化土地资源配置,规范协议出让国有土地使用权行为,根据《中华人民共和国城市房地产管理法》、《中华人民共和国土地管理法》和《中华人民共和国土地管理法实施条例》,制定本规定。

第二条　在中华人民共和国境内以协议方式出让国有土地使用权的,适用本规定。

本规定所称协议出让国有土地使用权,是指国家以协议方式将国有土地使用权在一定年限内出让给土地使用者,由土地使用者向国家支付土地使用权出让金的行为。

第三条　出让国有土地使用权,除依照法律、法规和规章的规定应当采用招标、拍卖或者挂牌方式外,方可采取协议方式。

第四条　协议出让国有土地使用权,应当遵循公开、公平、公正和诚实信用的原则。

以协议方式出让国有土地使用权的出让金不得低于按国家规定所确定的最低价。

第五条　协议出让最低价不得低于新增建设用地的土地有偿使用费、征地(拆迁)补偿费用以及按照国家规定应当缴纳的有关税费之和；有基准地价的地区,协议出让最低价不得低于出让地块所在级别基准地价的 70%。

低于最低价时国有土地使用权不得出让。

第六条　省、自治区、直辖市人民政府国土资源行政主管部门应当依据本规定第五条的规定拟定协议出让最低价,报同级人民政府批准后公布,由市、县人民政府国土资源行政主管部门实施。

第七条　市、县人民政府国土资源行政主管部门应当根据经济社会发展计划、国家产业政策、土地利用总体规划、土地利用年度计划、城市规划和土地市场状况,编制国有土地使用权出让计划,报同级人民政府批准后组织实施。

国有土地使用权出让计划经批准后,市、县人民政府国土资源行政主管部门应当在土地有形市场等指定场所,或者通过报纸、互联网等媒介向社会公布。

因特殊原因,需要对国有土地使用权出让计划进行调整的,应当报原批准机关批准,并按照前款规定及时向社会公布。

国有土地使用权出让计划应当包括年度土地供应总量、不同用途土地供应面积、地段以及供地时间等内容。

第八条 国有土地使用权出让计划公布后，需要使用土地的单位和个人可以根据国有土地使用权出让计划，在市、县人民政府国土资源行政主管部门公布的时限内，向市、县人民政府国土资源行政主管部门提出意向用地申请。

市、县人民政府国土资源行政主管部门公布计划接受申请的时间不得少于30日。

第九条 在公布的地段上，同一地块只有一个意向用地者的，市、县人民政府国土资源行政主管部门方可按照本规定采取协议方式出让；但商业、旅游、娱乐和商品住宅等经营性用地除外。

同一地块有两个或者两个以上意向用地者的，市、县人民政府国土资源行政主管部门应当按照《招标拍卖挂牌出让国有土地使用权规定》，采取招标、拍卖或者挂牌方式出让。

第十条 对符合协议出让条件的，市、县人民政府国土资源行政主管部门会同城市规划等有关部门，依据国有土地使用权出让计划、城市规划和意向用地者申请的用地项目类型、规模等，制定协议出让土地方案。

协议出让土地方案应当包括拟出让地块的具体位置、界址、用途、面积、年限、土地使用条件、规划设计条件、供地时间等。

第十一条 市、县人民政府国土资源行政主管部门应当根据国家产业政策和拟出让地块的情况，按照《城镇土地估价规程》的规定，对拟出让地块的土地价格进行评估，经市、县人民政府国土资源行政主管部门集体决策，合理确定协议出让底价。

协议出让底价不得低于协议出让最低价。

协议出让底价确定后应当保密，任何单位和个人不得泄露。

第十二条 协议出让土地方案和底价经有批准权的人民政府批准后，市、县人民政府国土资源行政主管部门应当与意向用地者就土地出让价格等进行充分协商，协商一致且议定的出让价格不低于出让底价的，方可达成协议。

第十三条 市、县人民政府国土资源行政主管部门应当根据协议结果，与意向用地者签订《国有土地使用权出让合同》。

第十四条 《国有土地使用权出让合同》签订后7日内，市、县人民政府国土资源行政主管部门应当将协议出让结果在土地有形市场等指定场所，或者通过报纸、互联网等媒介向社会公布，接受社会监督。

公布协议出让结果的时间不得少于15日。

第十五条 土地使用者按照《国有土地使用权出让合同》的约定，付清土地使用权出让金、依法办理土地登记手续后，取得国有土地使用权。

第十六条 以协议出让方式取得国有土地使用权的土地使用者，需要将土地使用权出让合同约定的土地用途改变为商业、旅游、娱乐和商品住宅等经营性用途的，应当取得出让方和市、县人民政府城市规划部门的同意，签订土地使用权出让合同变更协议或者重新签订土地使用权出让合同，按变更后的土地用途，以变更时的土地市场价格补交相应的土地使用权出让金，并依法办理土地使用权变更登记手续。

第十七条 违反本规定，有下列行为之一的，对直接负责的主管人员和其他直接责任人员依法给予行政处分：

（一）不按照规定公布国有土地使用权出让计划或者协议出让结果的；

（二）确定出让底价时未经集体决策的；

(三)泄露出让底价的;

(四)低于协议出让最低价出让国有土地使用权的;

(五)减免国有土地使用权出让金的。

违反前款有关规定,情节严重构成犯罪的,依法追究刑事责任。

第十八条 国土资源行政主管部门工作人员在协议出让国有土地使用权活动中玩忽职守、滥用职权、徇私舞弊的,依法给予行政处分;构成犯罪的,依法追究刑事责任。

第十九条 采用协议方式租赁国有土地使用权的,参照本规定执行。

第二十条 本规定自2003年8月1日起施行。原国家土地管理局1995年6月28日发布的《协议出让国有土地使用权最低价确定办法》同时废止。

最高人民法院关于土地转让方未按规定完成土地的开发投资即签订土地使用权转让合同的效力问题的答复

（法函〔2003〕34号 2003年6月9日）

广西壮族自治区高级人民法院：

你院桂高法〔2001〕342号《关于土地转让方未按规定完成对土地的开发投资即签订土地使用权转让合同是否有效问题的请示》收悉。经研究，答复如下：

根据《中华人民共和国城市房地产管理法》第三十八条的规定，以出让方式取得土地使用权的，转让房地产时，应当符合两个条件：(一)按照出让合同约定已经支付全部土地使用权出让金，并取得土地使用权证书；(二)按照出让合同约定进行投资开发，属于房屋建设工程的，完成开发投资总额的百分之二十五以上。因此，未同时具备上述两个条件，而进行转让的，其转让合同无效。

以出让方式取得土地使用权后转让房地产的，转让方已经支付全部土地使用权出让金，并且转让方和受让方前后投资达到完成开发投资总额的百分之二十五以上，已经办理了登记手续，或者虽然没有办理登记手续，但当地有关主管部门同意补办土地使用权转让手续的，转让合同可以认定有效。

对于当事人违反《中华人民共和国城市房地产管理法》第三十八条第一款规定的，人民法院可以建议政府有关部门依法给予处罚。

国家发展改革委办公厅关于地籍档案资料信息咨询服务收费性质问题的复函

（发改办价格〔2003〕1107号　2003年10月30日）

国土资源部办公厅：

你厅《关于请明示地籍档案资料信息咨询服务收费性质的函》（国土资厅函〔2003〕302号）收悉。经商财政部，现就有关问题函复如下：

各级国土资源行政主管部门所属的负责地籍档案资料管理和服务工作的事业单位，按照自愿原则接受相关单位和个人的委托，提供信息咨询等服务，其收费依据财政部、原国家计委《关于事业单位和社会团体有关收费问题的通知》（财规〔2008〕47号）的规定，应作为经营服务性收费由政府价格主管部门进行管理。有关事业单位实施上述收费，应按原因家计委等六部门联合下发的《关于印发〈收费许可证管理办法〉的通知》（计价格〔1998〕2984号）规定，到指定的价格主管部门办理收费许可证申领或变更手续，并凭收费许可证领购和使用税务发票，依法纳税。

财政部、国家计委关于事业单位和社会团体有关收费管理问题的通知（略）

财政部关于企业收到政府拨给的搬迁补偿款有关财务处理问题的通知

（财企〔2005〕123号　2005年8月15日）

国务院各部委、各直属机构，各中央管理企业，各省、自治区、直辖市、计划单列市财政厅（局），新疆生产建设兵团财务局：

据一些地方和企业反映，企业因城镇规划、库区建设等公共利益需要搬迁而收到政府给予的相应补偿款，其有关财务处理规定不明确，不便执行。为此，现就有关企业收到政府拨给的搬迁补偿款的财务处理问题通知如下：

一、企业收到政府拨给的搬迁补偿款，作为专项应付款核算。搬迁补偿款存款利息，一并转增专项应付款。

二、企业在搬迁和重建过程中发生的损失或费用，区分以下财政部文件情况进行处理：

（一）因搬迁出售、报废或毁损的固定资产，作为固定资产清理业务核算，其净损失核销专项应付款；

（二）机器设备因拆卸、运输、重新安装、调试等原因发生的费用，直接核销专项应付款；

（三）企业因搬迁而灭失的、原已作为资产单独入账的土地使用权，直接核销专项应付款；

（四）用于安置职工的费用支出，直接核销专项应付款。

三、企业搬迁结束后，专项应付款如有余额，作调增资本公积金处理，由此增加的资本公积金由全体股东共享；专项应付款如有不足，应计入当期损益。

企业收到的政府拨给的搬迁补偿款的总额及搬迁结束后计入资本公积金或当期损益的金额应当单独披露。

四、本通知自下发之日起施行。

招标拍卖挂牌出让国有土地使用权规范(试行)

(国土资源部 2006年5月31日发布 2006年8月1日实施)

目 次

前　言

为完善国有土地使用权出让制度，规范国有土地使用权招标拍卖挂牌出让行为，统一程序和标准，优化土地资源配置，推进土地市场建设，根据《中华人民共和国土地管理法》、《中华人民共和国城市房地产管理法》、《中华人民共和国城镇国有土地使用权出让和转让暂行条例》、《招标拍卖挂牌出让国有土地使用权规定》等规定，制定本规范。

本规范的附录B为招标拍卖挂牌出让公告应当使用的文本格式，附录A、附录C、附录D、附录E、附录F、附录G、附录H、附录I、附录J为招标拍卖挂牌出让活动中所需其他文本的示范格式。

本规范由国土资源部提出并归口。

本规范起草单位：国土资源部土地利用管理司，国土资源部土地整理中心，辽宁省国土资源厅，江苏省国土资源厅，福建省国土资源厅，山东省国土资源厅，广东省国土资源厅，深圳市国土资源和房产管理局。

本规范主要起草人员：廖永林、冷宏志、岳晓武、雷爱先、高永、谢量雄、宋玉波、黄启才、潘光明、涂高坤、王联珠、牟傲风、叶卫东、钟松忆、林立森、申亮、陈梅英、周旭、沈飞、张防。

本规范参加起草人员（以姓氏笔画为序）：于世专、马尚、王薇、车长志、邓岳方、叶元蓬、叶东、任钊洪、关文荣、刘显棋、刘祥元、刘瑞平、朱育德、闫洪溪、严政、吴永高、吴迪、吴海洋、张万中、张英奇、李延荣、李晓娟、李晓斌、束克欣、杨玉芳、杨江正、肖建军、陈永真、陈国庆、林君衡、罗演广、祝军、胡立兵、胡红兵、赵春华、郝吉虎、高志云、徐建设、秦水龙、钱友根、梁红、黄文波、韩建国、韩洪伟、靳薇、潘洪篙、魏成、魏莉华。

本规范由国土资源部负责解释。

1　适用范围

在中华人民共和国境内以招标、拍卖或者挂牌方式出让国有土地使用权，适用本规范；以招标、拍卖或者挂牌方式租赁国有土地使用权、出让国有土地他项权利，参照本规范执行。以招标、拍卖或者挂牌方式转让国有土地使用权，以及依法以招标、拍卖或者挂牌方式流转农民集体建设用地使用权，可参照本规范执行。

2　引用的标准和文件

下列标准和文件所包含的条文，通过在本规范中引用而构成本规范的条文。本规范颁布时，所示版本均为有效。使用本规范的各方应使用下列各标准和文件的最新版本。

GB/T 18508—2001《城镇土地估价规程》

国土资发〔2000〕303号《国有土地使用权出让合同示范文本》

国土资发〔2001〕255号《全国土地分类》

国土资发〔2004〕232号《工业建设项目用地控制指标》

3 依 据

(1)《中华人民共和国土地管理法》

(2)《中华人民共和国城市房地产管理法》

(3)《中华人民共和国城市规划法》

(4)《中华人民共和国行政许可法》

(5)《中华人民共和国合同法》

(6)《中华人民共和国城镇国有土地使用权出让和转让暂行条例》

(7)《建立健全教育、制度、监督并重的惩治和预防腐败体系实施纲要》(中发〔2005〕3 号)

(8)《国务院关于加强国有土地资产管理的通知》(国发〔2001〕15 号)

(9)《国务院关于深化改革严格土地管理的决定》(国发〔2004〕28 号)

(10)《中共中央纪委监察部关于领导干部利用职权违反规定干预和插手建设工程招投标、经营性土地使用权出让、房地产开发与经营等市场经济活动,为个人和亲友谋取私利的处理规定》(中纪发〔2004〕3 号)

(11)《招标拍卖挂牌出让国有土地使用权规定》(国土资源部令第 11 号)

4 总 则

4.1 招标拍卖挂牌出让国有土地使用权内涵

本规范所称招标出让国有土地使用权,是指市、县国土资源管理部门发布招标公告或者发出投标邀请书,邀请特定或者不特定的法人、自然人和其他组织参加国有土地使用权投标,根据投标结果确定土地使用者的行为。

本规范所称拍卖出让国有土地使用权,是指市、县国土资源管理部门发布拍卖公告,由竞买人在指定时间、地点进行公开竞价,根据出价结果确定土地使用者的行为。

本规范所称挂牌出让国有土地使用权,是指市、县国土资源管理部门发布挂牌公告,按公告规定的期限将拟出让宗地的交易条件在指定的土地交易场所挂牌公布,接受竞买人的报价申请并更新挂牌价格,根据挂牌期限截止时的出价结果或现场竞价结果确定土地使用者的行为。

4.2 招标拍卖挂牌出让国有土地使用权原则

(1)公开、公平、公正;

(2)诚实信用。

4.3 招标拍卖挂牌出让国有土地使用权范围

(1)供应商业、旅游、娱乐和商品住宅等各类经营性用地以及有竞争要求的工业用地;

(2)其他土地供地计划公布后同一宗地有两个或者两个以上意向用地者的;

(3)划拨土地使用权改变用途,《国有土地划拨决定书》或法律、法规、行政规定等明确应当收回土地使用权,实行招标拍卖挂牌出让的;

(4)划拨土地使用权转让,《国有土地划拨决定书》或法律、法规、行政规定等明确应当收回土地使用权,实行招标拍卖挂牌出让的;

(5)出让土地使用权改变用途,《国有土地使用权出让合同》约定或法律、法规、行政规定等明确应当收回土地使用权,实行招标拍卖挂牌出让的;

(6)法律、法规、行政规定明确应当招标拍卖挂牌出让的其他情形。

4.4 招标拍卖挂牌出让国有土地使用权组织实施

4.4.1 实施主体

国有土地使用权招标拍卖挂牌出让由市、县国土资源管理部门组织实施。

4.4.2 组织方式

市、县国土资源管理部门实施招标拍卖挂牌出让国有土地使用权活动,可以根据实际情况选择以下方式:

(1)市、县国土资源管理部门自行办理;

(2)市、县国土资源管理部门指定或授权下属事业单位具体承办;

(3)市、县国土资源管理部门委托具有相应资质的交易代理中介机构承办。

4.4.3 协调决策机构

国有土地使用权出让实行集体决策。市、县国土资源管理部门根据实际情况,可以成立国有土地使用权出让协调决策机构,负责协调解决出让中的相关问题,集体确定有关事项。

4.4.4 土地招标拍卖挂牌主持人

国有土地使用权招标拍卖挂牌出让活动,应当由符合国土资源部确定的土地招标拍卖挂牌主持人条件并取得资格的人员主持进行。

4.4.5 招标拍卖挂牌出让程序

(1)公布出让计划,确定供地方式;

(2)编制、确定出让方案;

(3)地价评估,确定出让底价;

(4)编制出让文件;

(5)发布出让公告;

(6)申请和资格审查;

(7)招标拍卖挂牌活动实施;

(8)签订出让合同,公布出让结果;

(9)核发《建设用地批准书》,交付土地;

(10)办理土地登记;

(11)资料归档。

4.5 地方补充规定

地方可对本规范做出补充规定或实施细则,并报上一级国土资源管理部门备案。

5 公布出让计划,确定供地方式

5.1 市、县国土资源管理部门应当将经批准的国有土地使用权出让计划向社会公布。有条件的地方可以根据供地进度安排,分阶段将国有土地使用权出让计划细化落实到地段、地块,并将相关信息及时向社会公布。国有土地使用权出让计划以及细化的地段、地块信息应当同时在中国土地市场网(www. lalldchilla. com)上公布。

5.2 市、县国土资源管理部门公布国有土地使用权出让计划、细化的地段、地块信息,应当同时明确用地者申请用地的途径和方式,公开接受用地申请。

5.3 需要使用土地的单位和个人(以下简称意向用地者)应当根据公布的国有土地使用权出让计划、细他的地段、地块信息以及自身用地需求,向市、县国土资源管理部门提出用地申请。

5.4 用地预申请

为充分了解市场需求情况,科学合理安排供地规模和进度,有条件的地方,可以建立用地预申请制度。单位和个人对列入招标拍卖挂牌出让计划内的具体地块有使用意向的,可以提出用地预申请,并承诺愿意支付的土地价格。市、县国土资源管理部门认为其承诺的土地价格和条件可以接受的,应当根据土地出让计划和土地市场情况,适时组织实施招标拍卖挂牌出让活动,并通知提出该宗地用地预申请的单位或个人参加。提出用地预申请的单位、个人,应当参加该宗地竞投或竞买,且报价不得低于其承诺的土地价格。

5.5 根据意向用地者申请情况,符合4.3规定条件的土地使用权出让,应当采取招标拍卖挂牌方式。对不能确定是否符合4.3规定条件的具体宗地,可由国有土地使用权出让协调决策机构集体认定。对具有综合目标或特定社会、公益建设条件、开展建设要求较高、仅有少数单位和个人可能有受让意向的土地使用权出让,可以采取招标方式,按照综合条件最佳者得的原则确定受让人;其他的土地使用权出让,应当采取招标、拍卖或挂牌方式,按照价高者得的原则确定受让人。采用招标方式出让国有土地使用权的,应当采取公开招标方式。对土地使用者有严格的限制和特别要求的,可以采用邀请招标方式。

6 编制、确定出让方案

6.1 编制招标拍卖挂牌出让方案

市、县国土资源管理部门应当会同城市规划管理等有关部门,依据国有土地使用权出让计划、城市规划等,编制国有土地使用权招标拍卖挂牌出让方案。

国有土地使用权招标拍卖挂牌出让方案应当包括:拟出让地块的具体位置、四至、用途、面积、年限、土地使用条件、供地时间、供地方式、建设时间等。属于综合用地的,应明确各类具体用途、所占面积及其各自的出让年期。对于各用途不动产之间可以分割,最终使用者为不同单位、个人的,应当按照综合用地所包含的具体土地用途分别确定出让年期;对于多种用途很难分割、最终使用者唯一的,也可以统一按照综合用地最高出让年限50年确定出让年期。

6.2 招标拍卖挂牌出让方案报批

国有土地使用权招标拍卖挂牌出让方案应按规定报市、县人民政府批准。

7 地价评估，确定出让底价

7.1 地价评估

市、县国土资源管理部门应当根据拟出让地块的条件和土地市场情况，依据《城镇土地估价规程》，组织对拟出让地块的正常土地市场价格进行评估。

地价评估由市、县国土资源管理部门或其所属事业单位组织进行，根据需要也可以委托具有土地估价资质的土地或不动产评估机构进行。

7.2 确定底价

有底价出让的，市、县国土资源管理部门或国有土地使用权出让协调决策机构应当根据土地估价结果、产业政策和土地市场情况等，集体决策，综合确定出让底价和投标、竞买保证金。招标出让的，应当同时确定标底；拍卖和挂牌出让的，应当同时确定起叫价、起始价等。

标底、底价确定后，在出让活动结束之前应当保密，任何单位和个人不得泄露。

8 编制出让文件

市、县国土资源管理部门应当根据经批准的招标拍卖挂牌出让方案，组织编制国有土地使用权招标拍卖挂牌出让文件。

8.1 招标出让文件应当包括

(1)招标出让公告或投标邀请书
(2)招标出让须知
(3)标书
(4)投标申请书
(5)宗地界址图
(6)宗地规划指标要求
(7)中标通知书
(8)国有土地使用权出让合同
(9)其他相关文件

8.2 拍卖出让文件应当包括

(1)拍卖出让公告
(2)拍卖出让须知
(3)竞买申请书
(4)宗地界址图
(5)宗地规划指标要求
(6)成交确认书
(7)国有土地使用权出让合同

(8)其他相关文件

8.3 挂牌出让文件应当包括

(1)挂牌出让公告
(2)挂牌出让须知
(3)竞买申请书
(4)挂牌竞买报价单
(5)宗地界址图
(6)宗地规划指标要求
(7)成交确认书
(8)国有土地使用权出让合同
(9)其他相关文件

9 发布出让公告

9.1 发布公告

国有土地使用权招标拍卖挂牌出让公告应当由市、县国土资源管理部门发布。出让公告应当通过中国土地市场网和当地土地有形市场发布,也可同时通过报刊、电视台等媒体公开发布。

出让公告应当至少在招标拍卖挂牌活动开始前20日发布,以首次发布的时间为起始日。

经批准的出让方案已明确招标、拍卖、挂牌具体方式的,应当发布具体的“国有土地使用权招标出让公告”、“国有土地使用权拍卖出让公告”或“国有土地使用权挂牌出让公告”;经批准的出让方案未明确招标、拍卖、挂牌具体方式的,可以发布“国有土地使用权公开出让公告”,发布公开出让公告的,应当明确根据申请截止时的申请情况确定具体的招标、拍卖或挂牌方式。

出让公告可以是单宗地的公告,也可以是多宗地的联合公告。

9.2 公告内容

9.2.1 招标出让公告应当包括以下内容:

(1)出让人的名称、地址、联系电话等,授权或指定下属事业单位以及委托代理机构进行招标的,还应注明其机构的名称、地址和联系电话等;

(2)招标地块的位置、面积、用途、开发程度、规划指标要求、土地使用年限和建设时间等;

(3)投标人的资格要求及申请取得投标资格的办法;

(4)获取招标文件的时间、地点及方式;

(5)招标活动实施时间、地点,投标期期、地点和方式等;

(6)确定中标人的标准和方法;

(7)支付投标保证金的数额、方式和期限;

(8)其他需要公告的事项。

9.2.2 拍卖出让公告应当包括以下内容:

(1)出让人的名称、地址、联系电话等,授权或指定下属事业单位以及委托代理机构进行拍卖的，还应注明其名称、地址和联系电话等；

(2)拍卖地块的位置、面积、用途、开发程度、规划指标要求，土地使用年限和建设时间等；

(3)竞买人的资格要求及申请取得竞买资格的办法；

(4)获取拍卖文件的时间、地点及方式；

(5)拍卖会的地点、时间和竞价方式；

(6)支付竞买保证金的数额、方式和期限；

(7)其他需要公告的事项。

9.2.3 挂牌出让公告应当包括以下内容：

(1)出让人的名称、地址、联系电话等，授权或指定下属事业单位以及委托代理机构进行挂牌的，还应注明其机构名称、地址和联系电话等；

(2)挂牌地块的位置、面积、用途、开发程度、规划指标要求、土地使用年限和建设时间等；

(3)竞买人的资格要求及申请取得竞买资格的办法；

(4)获取挂牌文件的时间、地点及方式；

(5)挂牌地点和起止时间；

(6)支付竞买保证金的数额、方式和期限；

(7)其他需要公告的事项。

9.3 公告调整

公告期间，出让公告内容发生变化的，市、县国土资源管理部门应当按原公告发布渠道及时发布补充公告。涉及土地使用条件变更等影响土地价格的重大变动，补充公告发布时间距招标拍卖挂牌活动开始时间少于20日的，招标拍卖挂牌活动相应顺延。

发布补充公告的，市、县国土资源管理部门应当书面通知已报名的申请人。

10 申请和资格审查

10.1 申 请 人

国有土地使用权招标拍卖挂牌出让的申请人，可以是中华人民共和国境内外的法人、自然人和其他组织，但法律法规对申请人另有限制的除外。

申请人可以单独申请，也可以联合申请。

10.2 申 请

申请人应在公告规定期限内交纳出让公告规定的投标、竞买保证金，并根据申请人类型，持相应文件向出让人提出竞买、竞投申请：

(1)法人申请的，应提交下列文件：

①申请书；

②法人单位有效证明文件；

③法定代表人的有效身份证明文件；

④申请人委托他人办理的，应提交授权委托书及委托代理人的有效身份证明文件；

⑤保证金交纳凭证；

⑥招标拍卖挂牌文件规定需要提交的其他文件。

(2)自然人申请的,应提交下列文件:

①申请书;

②申请人有效身份证明文件;

③申请人委托他人办理的,应提交授权委托书及委托代理人的身份证明文件;

④保证金交纳凭证;

⑤招标拍卖挂牌文件规定需要提交的其他文件。

(3)其他组织申请的,应提交下列文件:

①申请书;

②表明该组织合法存在的文件或有效证明;

③表明该组织负责人身份的有效证明文件;

④申请人委托他人办理的,应提交授权委托书及委托代理人的身份证明文件;

⑤保证金交纳凭证;

⑥招标拍卖挂牌文件规定需要提交的其他文件。

(4)境外申请人申请的,应提交下列文件:

①申请书;

②境外法人、自然人、其他组织的有效身份证明文件;

③申请人委托他人办理的,应提交授权委托书及委托代理的有效身份证明文件;

④保证金交纳凭证;

⑤招标拍卖挂牌文件规定需要提交的其他文件。

上述文件中,申请书必须用中文书写,其他文件可以使用其他语言,但必须附中文译本,所有文件的解释以中文译本为准。

(5)联合申请的,应提交下列文件:

①联合申请各方共同签署的申请书;

②联合申请各方的有效身份证明文件;

③联合竞买、竞投协议,协议要规定联合各方的权利、义务,包括联合各方的出资比例,并明确签订《国有土地使用权出证合同》时的受让人;

④申请人委托他人办理的,应提交授权委托书及委托代理人的有效身份证明文件;

⑤保证金交纳凭证;

⑥招标拍卖挂牌文件规定需要提交的其他文件。

(6)申请人竞得土地后,拟成立新公司进行开发建设的,应在申请书中明确新公司的出资构成、成立时间等内容。出让人可以根据招标拍卖挂牌出让结果,先与竞得人签订《国有土地使用权出让合同》,在竞得人按约定办理完新公司注册登记手续后,再与新公司签订《国有土地使用权出让合同变更协议》;也可按约定直接与新公司签订《国有土地使用权出让合同》。

10.3 受理申请及资格审查

出让人应当对出让公告规定的时间内收到的申请进行审查。经审查,有下列情形之一的,为无效申请;

(1)申请人不具备竞买资格的;

(2)未按规定交纳保证金的;

(3)申请文件不齐全或不符合规定的；

(4)委托他人代理但委托文件不齐全或不符合规定的；

(5)法律法规规定的其他情形。

经审查，符合规定条件的，应当确认申请人的投标或竞买资格，并通知其参加招标拍卖挂牌活动。采用招标或拍卖方式的，取得投标或竞买资格者不得少于3个。

10.4 出让人应当对申请人的情况进行保密。

10.5 申请人对招标拍卖挂牌文件有疑问的，可以书面或者口头方式向出让人咨询，出让人应当为申请人咨询以及查询出让地块有关情况提供便利。根据需要，出让人可以组织申请人对拟出让地块进行现场踏勘。

11 招标拍卖挂牌活动实施—招标

11.1 投　　标

市、县国土资源管理部门应当按照出让公告规定的时间、地点组织招标投标活动。投标活动应当由土地招标拍卖挂牌主持人主持进行。

投标开始前，招标主持人应当现场组织开启标箱，检查标箱情况后加封。

投标人应当在规定的时间将标书及其他文件送达指定的投标地点，经招标人登记后，将标书投入标箱。

招标公告允许邮寄投标文件的，投标人可以邮寄，但以招标人在投标截止时间前收到的方为有效。招标人登记后，负责在投标截止时间前将标书投入标箱。

投标人投标后，不可撤回投标文件，并对投标文件和有关书面承诺承担责任。投标人可以对已提交的投标文件进行补充说明，但应在招标文件要求提交投标文件的截止时间前书面通知招标人并将补充文件送达至投标地点。

11.2 开　　标

招标人按照招标出让公告规定的时间、地点开标，邀请所有投标人参加。开标应当由土地招标拍卖挂牌主持人主持进行。招标主持人邀请投标人或其推选的代表检查标箱的密封情况，当众开启标箱。

标箱开启后，招标主持人应当组织逐一检查标箱内的投标文件，经确认无误后，由工作人员当众拆封，宣读投标人名称、投标价格和投标文件的其他主要内容。

开标过程应当记录。

11.3 评　　标

按照价高者得的原则确定中标人的，可以不成立评标小组。按照综合条件最佳者得的原则确定中标人的，招标人应当成立评标小组进行评标。

11.3.1 评标小组由出让人、有关专家组成，成员人数为5人以上的单数。有条件的地方，可建立土地评标专家库，每次评标前随机从专家库中抽取评标小组专家成员。

11.3.2 招标人应当采取必要的措施，保证评标在严格保密的情况下进行。

11.3.3 评标小组可以要求投标人对投标文件中含义不明确的内容做出必要的澄清或者说明,但澄清或者说明不得超出投标文件的范围或者改变投标文件的实质性内容。

11.3.4 评标小组对投标文件进行有效性审查。有下列情形之一的,为无效投标文件:

(1)投标文件未密封的;

(2)投标文件未加盖投标人印鉴,也未经法定代表人签署的;

(3)投标文件不齐备、内容不全或不符合规定的;

(4)投标人对同一个标的有两个或两个以上报价的;

(5)委托投标但委托文件不齐全或不符合规定的;

(6)评标小组认为投标文件无效的其他情形。

11.3.5 评标要求

评标小组应当按照招标文件确定的评标标准和方法,对投标文件进行综合评分,根据综合评分结果确定中标候选人。

评标小组应当根据评标结果,按照综合评分高低确定中标候选人排序,但低于底价或标底者除外,同时有两个或两个以上申请人的综合评分相同的,按报价高低排名,报价也相同的,可以由综合评分相同的申请人通过现场竞价确定排名顺序。投标人的投标价均低于底价或投标条件均不能够满足标底要求的,投标活动终止。

11.4 定 标

招标人应当根据评标小组推荐的中标候选人确定中标人。招标人也可以授权评标小组直接确定中标人。

按照价高者得的原则确定中标人的,由招标主持人根据开标结果,直接宣布报价最高且不低于底价者为中标人。有两个或两个以上申请人的报价相同且同为最高报价的,可以由相同报价的申请人在限定时间内再行报价,或者采取现场竞价方式确定中标人。

11.5 发出《中标通知书》

确定中标人后,招标人应当向中标人发出《中标通知书》,并同时将中标结果通知其他投标人。

《中标通知书》应包括招标人与中标人的名称,出让标的,成交时间、地点、价款,以及双方签订《国有土地使用权出让合同》的时间、地点等内容。

《中标通知书》对招标人和中标人具有法律效力,招标人改变中标结果,或者中标人不按约定签订《国有土地使用权出让合同》、放弃中标宗地的,应当承担法律责任。

12 招标拍卖挂牌活动实施—拍卖

12.1 市、县国土资源管理部门应当按照出让公告规定的时间、地点组织拍卖活动。拍卖活动应当由土地招标拍卖持牌主持人主持进行。

12.2 拍卖会按下列程序进行

(1)拍卖主持人宣布拍卖会开始;

(2)拍卖主持人宣布竞买人到场情况;设有底价的,出让人应当现场将密封的拍卖底价交给拍卖主持人，拍卖主持人现场开启密封件。

(3)拍卖主持人介绍拍卖地块的位置、面积、用途、使用年限、规划指标要求、建设时间等；

(4)拍卖主持人宣布竞价规则，拍卖主持人宣布拍卖宗地的起叫价、增价规则和增价幅度，并明确提示是否设有底价。在拍卖过程中，拍卖主持人可根据现场情况调速增价幅度。

(5)拍卖主持人报出起叫价，宣布竞价开始；

(6)竞买人举牌应价或者报价；

(7)拍卖主持人确认该竞买人应价或者报价后继续竞价；

(8)拍卖主持人连续三次宣布同一应价或报价而没有人再应价或出价，且该价格不低于底价的，拍卖主持人落槌表示拍卖成交，拍卖主持人宣布最高应价者为竞得人。成交结果对拍卖人、竞得人和出让人均具有法律效力。最高应价或报价低于底价的，拍卖主持人宣布拍卖终止。

12.3 签订《成交确认书》

确定竞得人后，拍卖人与竞得人当场签订《成交确认书》。拍卖人或竞得人不按规定签订《成交确认书》的，应当承担法律责任。竞得人拒绝签订《成交确认书》也不能对抗拍卖成交结果的法律效力。

《成交确认书》应包括拍卖人与竞得人的名称，出让标的，成交时间、地点、价款，以及双方签订《国有土地使用权出让合同》的时间、地点等内容。

《成交确认书》对拍卖人和竞得人具有法律效力，拍卖人改变拍卖结果的，或者竞得人不按约定签订《国有土地使用权出让合同》、放弃竞得宗地的，应当承担法律责任。

拍卖过程应当制作拍卖笔录。

13 招标拍卖挂牌活动实施——挂牌

市、县国土资源管理部门应当按照出让公告规定的时间、地点组织挂牌活动。挂牌活动应当由土地招标拍卖挂牌主持人主持进行。

13.1 公布挂牌信息

在挂牌公告规定的挂牌起始日，挂牌人将挂牌宗地的位置、面积、用途、使用年期、规划指标要求、起始价、增价规则及增价幅度等，在挂牌公告规定的土地交易地点挂牌公布。挂牌时间不得少于10个工作日。

13.2 竞买人报价

符合条件的竞买人应当填写报价单报价。有条件的地方，可以采用计算机系统报价。

竞买人报价有下列情形之一的，为无效报价：

(1)报价单未在挂牌期限内收到的；

(2)不按规定填写报价单的；

(3)报价单填写人与竞买申请文件不符的；

(4)报价不符合报价规则的；

(5)报价不符合挂牌文件规定的其他情形。

13.3 确认报价

挂牌主持人确认该报价后,更新显示挂牌价格,继续接受新的报价。有两个或两个以上竞买人报价相同的,先提交报价单者该挂牌价格的出价人。

13.4 挂牌截止

挂牌截止应当由挂牌主持人主持确定。设有底价的,出让应当在挂牌截止前将密封的挂牌底价交给挂牌主持人,挂牌主人现场打开密封件。在公告规定的挂牌截止时间,竞买人应当席挂牌现场,挂牌主持人宣布最高报价及其报价者,并询问竞买是否愿意继续竞价。

13.4.1 挂牌主持人连续三次报出最高挂牌价格,没有竞买人示愿意继续竞价的,挂牌主持人宣布挂牌活动结束,并按下列规确定挂牌结果:

(1)最高挂牌价格不低于底价的,挂牌主持人宣布挂牌出让成交,最高挂牌价格的出价人为竞得人;

(2)最高挂牌价格低于底价的,挂牌主持人宣布挂牌出让不成交。

13.4.2 有竞买人表示愿意继续竞价的,即属于挂牌截止时有两个或两个以上竞买人要求报价的情形,挂牌主持人应当宣布挂牌出让转入现场竞价,并宣布现场竞价的时间和地点,通过现场竞价确定竞得人。

13.5 现场竞价

现场竞价应当由土地招标拍卖挂牌主持人主持进行,取得该宗地挂牌竞买资格的竞买人均可参加现场竞价。现场竞价按下列程序举行:

(1)挂牌主持人应当宣布现场竞价的起始价、竞价规则和增价幅度,并宣布现场竞价开始。现场竞价的起始价为挂牌活动截止时的最高报价增加一个加价幅度后的价格。

(2)参加现场竞价的竞买人按照竞价规则应价或报价。

(3)挂牌主持人确认该竞买人应价或者报价后继续竞价。

(4)挂牌主持人连续三次宣布同一应价或报价而没有人再应价或出价,且该价格不低于底价的,挂牌主持人落槌表示现场竞价成交,宣布最高应价或报价者为竞得人。成交结果对竞得人和出让人均具有法律效力。最高应价或报价低于底价的,挂牌主持人宣布现场竞价终止。

在现场竞价中无人参加竞买或无人应价或出价的,以挂牌截止时出价最高者为竞得人,但低于挂牌出让底价者除外。

13.6 签订《成交确认书》

确定竞得人后,挂牌人与竞得人当场签订《成交确认书》。挂牌人或竞得人不按规定签订《成交确认书》的,应当承担法律责任。竞得人拒绝签订《成交确认书》也不能对抗挂牌成交结果的法律效力。

《成交确认书》应包括挂牌人与竞得人的名称,出让标的,成时间、地点、价款,以及双方签订《国有土地使用权出让合同》的时间、地点等内容。

《成交确认书》对挂牌人和竞得人具有法律效力,挂牌人改挂牌结果的,或者竞得人不按规定签订《国有土地使用权出让合同》、放弃竞得宗地的,应当承担法律责任。

挂牌过程应当制作挂牌笔录。

14 签订出让合同，公布出让结果

14.1 签订《国有土地使用权出让合同》

招标拍卖挂牌出让活动结束后，中标人、竞得人应按照《中标通知书》或《成交确认书》的约定，与出让人签订《国有土地使用权出让合同》。

14.2 中标人、竞得人支付的投标、竞买保证金，在中标或竞得后转作受让地块的定金。其他投标人、竞买人交纳的投标、竞买保证金，出让人应在招标拍卖挂牌活动结束后 5 个工作日内予以退还，不计利息。

14.3 公布出让结果

招标拍卖挂牌活动结束后 10 个工作日内，出让人应当将招标拍卖挂牌出让结果通过中国土地市场网以及土地有形市场等指定场所向社会公布。

公布出让结果应当包括土地位置、面积、用途、开发程度、土地级别、容积率、出让年限、供地方式、受让人、成交价格和成交时间等内容。

出让人公布出让结果，不得向受让人收取费用。

15 核发《建设用地批准书》，交付土地

市、县国土资源管理部门向受让人核发《建设用地批准书》，并按照《国有土地使用权出让合同》、《建设用地批准书》确定的时间和条件将出让土地交付给受让人。

16 办理土地登记

受让人按照《国有土地使用权出让合同》约定付清全部国有土地使用权出让金、依法申请办理土地登记，领取《国有土地使用证》，取得国有土地使用权。

17 资料归档

出证手续全部办结后，市、县国土资源管理部门应当对宗地出让过程中的用地申请、审批、招标拍卖挂牌活动、签订合同等各环节相关资料、文件进行整理，并按规定归档。应归档的宗地出让资料包括：

（1）申请人的申请材料；

（2）宗地条件及相关资料；

（3）宗地评估资料；

（4）宗地出让底价及集体决策记录；

（5）宗地招标拍卖挂牌出让方案；

（6）宗地出让方案批复文件；

（7）招标拍卖挂牌出让文件；

(8)招标拍卖挂牌活动实施过程的记录资料

(9)《中标通知书》或《成交确认书》

(10)《国有土地使用权出让合同》及出让结果公布资料

(11)其他应归档的材料。

附录 A 国有土地使用权出让预申请书示范文本

国有土地使用权出让预申请书

________国土资源局:

我方现申请受让位于________(位置)编号为________的地(地段中__________平方米的土地使用权,具体四至为:__________)。该地块已列入你局公布的招标拍卖挂牌出让计划。我方愿意以__________元/平方米,总计人民币__________万元(大写)(¥__________)为最低出价,若获你局同意,我方愿意签订说明此意的承诺书,交纳相应的保证金,并按要求参加你局组织的此宗地招标拍卖挂牌出让活动。

申 请 人:____________________(加盖公章)

法定代表人(或授权委托代理人)签名:__________

联 系 人:____________________

地　　址:____________________

邮政编码:____________________

电　　话:____________________

申请日期:____年____月____日

附录 B 国有土地使用权出让公告文本格式

1. 国有土地使用权招标出让公告格式

________国土资源局

国有土地使用权招标出让公告

__________告字(　　)号

经________人民政府批准,________国土资源局决定以招标方式出让________(幅)地块的国有土地使用权。现将有关事项公告如下:

一、招标出让地块的基本情况和规划指标要求

(其他需要说明的宗地情况)

二、中华人民共和国境内外的法人、自然人和其他组织均可申请参加,申请人应当(可以)单独申请(也可以联合申请)。(申请人应具备的其他条件)

三、本次国有土地使用权招标出让按照价高者得原则确定中标人(本次国有土地使用权

招标出让按照能够最大限度地满足招标文件中规定的各项综合评价标准者得的原则确定中标人）

四、本次招标出让的详细资料和具体要求，见招标出让文件。申请人可于____年____月____日至____年____月____日，到____（地点）获取招标出让文件。

五、申请人可于____年____月____日至____年____月____日，到____（地点）向我局提交书面申请。交纳投标保证金的截止时间为____年____月____日____时。

经审查，申请人按规定交纳投标保证金，具备申请条件的，我局将在____年____月____日____时前确认其投标资格。

六、本次国有土地使用权招标出让活动定于____年____月____日____时至____年____月____日____时在____（地点）投标，____年____月____日____时在____（地点）开标。

七、其他需要公告的事项

（一）本次招标不允许（允许）邮寄投标文件（但必须在投标截止时间前收到方为有效，具体时间以我局收到投标文件的时间为准）。

……

八、联系方式与银行账户

联系地址：________________________________

联系电话：________________________________

联 系 人：________________________________

开户单位：________________________________

开 户 行：________________________________

账　　号：________________________________

________国土资源局

____年____月____日

2. 投标邀请书格式

________国土资源局

国有土地使用权投标邀请书

____________（被邀请单位名称）：

经________人民政府批准，________国土资源局决定采取邀请招标方式出让________（幅）地块的国有土地使用权，现邀请你单位参加投标。具体事项如下：

一、招标出让地块的基本情况和规划指标要求

（其他需要说明的宗地情况）

二、投标人应具备以下条件

……

三、本次国有土地使用权招标出让按照能够最大限度地满足招标文件中规定的各项综合评价标准者得的原则确定中标人。

四、本次招标出让的详细资料和具体要求，见招标出让文件你单位若愿意参加此次投标活

动,可于____年____月____日至____年____月____日到____(地点)获取招标文件。

五、你单位可于____年____月____日至____年____月____日到____(地点)向我局提交书面申请。交纳投标保证金的截止时间为____年____月____日____时。

经审查,你单位按规定交纳投标保证金,具备申请条件的,我局将在____年____月____日____时前确认投标资格。

六、本次国有土地使用权招标出让活动定于____年____月____日____时至____年____月____日____时在____(地点)投标,____年____月____日____时在____(地点)开标。

七、其他需要注意的事项

(一)本次招标不允许(允许)邮寄投标文件(但必须在投标截止时间前收到方为有效,具体时间以我局收到投标文件的时间为准)。

……

八、联系方式与银行账户

联系地址:________________

联系电话:________________

联 系 人:________________

开户单位:________________

开 户 行:________________

账　　号:________________

________国土资源局

____年____月____日

3. 国有土地使用权拍卖出让公告格式

________国土资源局

国有土地使用权拍卖出让公告

________告字(　　)号

经________人民政府批准,________国土资源局决定以拍卖方式出让________(幅)地块的国有土地使用权。现将有关事项公告如下:

一、拍卖出让地块的基本情况和规划指标要求

(其他需要说明的宗地情况)

二、中华人民共和国境内外的法人、自然人和其他组织均可申请参加,申请人应当(可以)单独申请(也可以联合申请)。(申请人应具备的其他条件)

三、本次国有土地使用权拍卖出让采用增价拍卖方式,按照价高者得原则确定竞得人。

四、本次拍卖出让的详细资料和具体要求,见拍卖出让文件。

申请人可于____年____月____日至____年____月____日,到____(地点)获取拍卖出让文件。

五、申请人可于____年____月____日至____年____月____日，到____（地点）向我局提交书面申请。交纳竞买保证金的截止时间为____年____月____日____时。

经审查，申请人按规定交纳竞买保证金，具备申请条件的，我局将在____年____月____日____时前确认竞买资格。

六、本次国有土地使用权拍卖会定于____年____月____日____时在____（地点）举办。

七、其他需要公告的事项

……

八、联系方式与银行账户

联系地址：________________________

联系电话：________________________

联 系 人：________________________

开户单位：________________________

开 户 行：________________________

账　　号：________________________

________国土资源局

____年____月____日

4. 国有土地使用权挂牌出让公告格式

________国土资源局

国有土地使用权挂牌出让公告

____________告字(　　)号

经____________人民政府批准，____________国土资源局决定以挂牌方式出让____________（幅）地块的国有土地使用权。现将有关事项公告如下：

一、挂牌出让地块的基本情况和规划指标要求

（其他需要说明的宗地情况）

二、中华人民共和国境内外的法人、自然人和其他组织均可申请参加，申请人应当（可以）单独申请（也可以联合申请）。（申请人应具备的其他条件）

三、本次国有土地使用权挂牌出让按照价高者得原则确定竞得人。

四、本次挂牌出让的详细资料和具体要求，见挂牌出让文件。申请人可于____年____月____日，至____年____月____日，到____（地点）获取挂牌出让文件。

五、申请人可于____年____月____日至____年____月____日，到____（地点）向我局提交书面申请。交纳竞买保证金的截止时间为____年____月____日____时。

经审查，申请人按规定交纳竞买保证金，具备申请条件的，我局将在____年____月____日____时前确认竞买资格。

六、本次国有土地使用权挂牌地点为____；各地块挂牌时间分别：

1. ____号地块：____年____月____日____时至____年____月____日____时；

2. ____号地块:____年____月____日____时至____年____月____日____时;

七、其他需要公告的事项

(一)挂牌时间截止时,有竞买人表示愿意继续竞价,转入现竞价,通过现场竞价确定竞得人。

……

八、联系方式与银行账户

联系地址:________________

联系电话:________________

联 系 人:________________

开户单位:________________

开 户 行:________________

账　　号:________________

________国土资源局

____年____月____日

5. 国有土地使用权公开出让公告格式

________国土资源局

国有土地使用权公开出让公告

____________告字(　　)号

经____________人民政府批准,____________国土资源局决定公开出让____________(幅)地块的国有土地使用权。现将有关事项公告如下:

一、挂牌出让地块的基本情况和规划指标要求

(其他需要说明的宗地情况)

二、中华人民共和国境内外的法人、自然人和其他组织均可申请参加,申请人应当(可以)单独申请(也可以联合申请)。(申请人应具备的其他条件)

三、我局将根据申请截止时的申请情况,在____年____月____日____时确定上述宗地公开出让的具体方式(招标、拍卖或挂牌),并告知所有申请人。

本次国有土地使用权公开出让按照价高者得原则确定受让人。

四、本次公开出让的详细资料和具体要求,见公开出让文件。申请人可于____年____月____日至____年____月____日,到____(地点)获取出让文件。

五、申请人可于____年____月____日至____年____月____日,到____(地点)向我局提交书面申请。交纳投标、竞买保证金的截止时间为____年____月____日____时。

经审查,申请人按规定交纳投标、竞买保证金,具备申请条件的,我局将在____年____月____日____时前确认其投标、竞买资格。

六、公开出让的时间为____年____月____日____时,地点为____

七、其他需要公告的事项

……

八、联系方式与银行账户

联系地址:________________

联系电话:________________

联 系 人:________________

开户单位:________________

开 户 行:________________

账　　号:________________

________国土资源局

____年____月____日

附录 C　国有土地使用权出让须知示范文本

1. 国有土地使用权招标出让须知示范文本

国有土地使用权招标出让须知

根据《中华人民共和国土地管理法》、《中华人民共和国城市房地产管理法》、《中华人民共和国城镇国有土地使用权出让和转让暂行条例》、《招标拍卖挂牌出让国有土地使用权规定》以及《招标拍卖挂牌出让国有土地使用规范》等有关规定,经____________人民政府批准,____________国土资源局决定以招标方式公开出让____________(幅)地块的国有土地使用权。

一、此次国有土地使用权招标出让的出让人为____________国土资源局,具体组织实施由我局(自行办理)(指定/授权下属事业单位____________土地交易中心承办)(委托____________公司承办)。

二、此次国有土地使用权招标出让遵循公开、公平、公正和诚实信用原则。

三、出让地块的基本情况及规划指标要求:

(一)地块位置:________________;

(二)地块范围:________________;

(三)出让面积:________________;

(四)土地用途:________________;

(五)规划容积率:________________;

(六)规划建筑密度:________________;

(七)绿地率:________________;

(八)土地开发程度:________________;

(九)土地使用权出让年期:________________年;

(十)投资强度要求等土地使用标准:________________;

(十一)动工及竣工时间:________________;

……

四、投标资格及要求

中华人民共和国境内外的法人、自然人和其他组织均可申请参加,(申请人应具备的其他条件)。申请人应当(可以)单独申请(也可以联合申请)。

交纳投标保证金的截止时间为____年____月____日____时。上述宗地的投标保证金分别为:

1. ____号地块为人民币____万元(大写)(￥____);

2. ____号地块为人民币____万元(大写)(￥____);

……

五、申请和资格审查

(一)招标文件取得

申请人可于____年____月____日至____年____月____日,到____(地点)获取本次招标出让文件,具体包括:

(1)招标出让公告;

(2)招标出让须知;

(3)标书;

(4)投标申请书;

(5)宗地界址图;

(6)宗地规划指标要求;

(7)中标通知书;

(8)国有土地使用权出让合同;

(9)其他相关文件。

(二)提交申请

申请人可于____年____月____日至____年____月____日,到____(地点)向局提交书面申请申请文件包括:

1. 法人申请的,应提交下列文件:

(1)申请书;

(2)法人单位有效证明文件;

(3)法定代表人的有效身份证明文件;

(4)申请人委托他人办理的,应提交授权委托书及委托代理人的有效身份证明文件;

(5)投标保证金交纳凭证;

(6)招标文件规定需要提交的其他文件。

2. 自然人申请的,应提交下列文件:

(1)申请书;

(2)申请人有效身份证明文件;

(3)申请人委托他人办理的,应提交授议委托书及委托代理人的身份证明文件;

(4)投标保证金交纳凭证;

(5)招标文件规定需要提交的其他文件。

3. 其他组织申请的,应提交下列文件:

(1)申请书;

(2)表明该组织合法存在的文件或有效证明;

(3)表明该组织负责人身份的有效证明文件;

(4)申请人委托他人办理的,应提交授权委托书及委托代理人的身份证明文件;

(5)投标保证金交纳凭证;

(6)招标文件规定需要提交的其他文件。

4. 境外申请人申请的,应提交下列文件:

(1)申请书;

(2)境外法人、自然人、其他组织的有效身份证明文件;

(3)申请人委托他人办理的,应提交授权委托书及委托代理人的有效身份证明文件;

(4)投标保证金交纳凭证;

(5)招标文件规定需要提交的其他文件。

上述文件中,申请书必须用中文书写,其他文件可以使用其他语言,但必须附中文译本,所有文件的解释以中文译本为。

5. 联合申请的,应提交下列文件:

(1)联合申请各方共同签署的申请书;

(2)联合申请各方的有效身份证明文件;

(3)联合竞投协议,协议要规定联合各方的权利、义务,并明确签订《国有土地使用权出让合同》时的受让人;

(4)申请人委托他人办理的,应提交授权委托书及委托代理人的有效身份证明文件;

(5)投标保证金交纳凭证;

(6)招标文件规定需要提交的其他文件。

(三)资格审查

我局负责对招标出让公告规定的时间内收到的申请进行审查。按规定交纳投标保证金、通过资格审查的,方能取得有效投标资格。

经审查,有下列情形之一的,为无效申请:

(1)申请人不具备投标资格的;

(2)未按规定交纳投标保证金的;

(3)申请文件不齐全或不符合规定的;

(4)委托他人代理,委托文件不齐全或不符合规定的;

(5)法律法规规定的其他情形。

(四)确认投标人资格

经审查,申请人按规定交纳投标保证金、具备申请条件的,我局将在____年____月____日____时前发给《投标资格确认书》,并通知其参加招标活动。通过资格审查的申请人少于 3 人的,我局将依照有关规定,终止招标活动。

(五)答疑及现场踏勘

申请人对招标出让文件有疑问的,可以书面或者口头方式向我局咨询。我局于____年____月____日组织申请人对拟出让地块进行现场踏勘。

六、招标程序

(一)投标

本次国有土地使用权投标活动将于____年____月____日____时至____时在____(地点)举行。标箱从当日____时整起开始设立于____。

投标具体程序如下:

1. 投标开始前,招标主持人现场组织开启标箱,检查标箱情况后加封;

2. 招标主持人宣布投标开始;

3. 投标人在规定的时间将标书及其他文件送达指定的投标地点,经招标人登记后,将标书投入标箱。

投标人投标后,不可撤回投标文件,并对投标文件和有关书面承诺承担责任。投标人可以对已提交的投标文件进行补充说明,但应在招标文件要求提交投标文件的截止时间前书面通知招标人并将补充文件送达。

(二)开标

本次招标于____年____月____日____时在____(地点)开标,所有投标人参加。

标具体程序如下:

1. 招标主持人宣布开标活动开始;
2. 招标主持人介绍参加会议的单位或个人;
3. 招标主持人宣布监标人员、记录人员名单;
4. 招标主持人邀请投标人或者其推选的代表检查标箱的密封情况,当众开启标箱;
5. 招标主持人点算标书;
6. 招标主持人组织逐一检查标箱内的投标文件,对不符合规定的标书宣布为无效标书;
7. 对确认无误的招标文件,由工作人员当众拆封;
8. 宣读投标人名称、投标价格和投标文件的其他主要内容。

(三)评标

(本次招标按照价高者得的原则确定中标人,不成立评标小组,根据开标结果,有效投标价格最高的投标人为中标候选人。有两个或两个以,上申请人的报价相同且同为最高报价的,一可以由相同报价的申请人在限定时间内再行报价,或者采取现场竞价方式确定中标人。)本次招标按照综合条件最佳者得的原则确定中标人,具体由评标小组按照招标文件确定的评标标准和方法,对投标文件进行评审,综合评分,并根据综合评分结果确定中标候选人。

评标小组由出让人、有关专家组成,成员人数为5人以上的单位。

评标小组可以要求评标人对投标文件中含义不明确的内容做出必要的澄清或者说明,但澄清或者说明不得超出投标文件的范围或者改变投标文件的实质性内容。

评标小组应当根据评标结果,按照综合评分高低确定中标候选人排序,但低于底价或标底者除外。同时有两个或两个以上申请人的综合评分相同的,按报价高低排名,报价也相同的,可以由综合评分相同的申请人通过现场竞价确定排名顺序。投标人的投标价均低于底价或投标条件均不能够满足标底要求的,投标活动终止。

(四)定标

我局根据评标小组推荐的中标候选人确定中标人。(我局授权评标小组直接确定中标人。)

(五)发出《中标通知书》

确定中标人后,我局向中标人发出《中标通知书》。

(六)签订《国有土地使用权出让合同》

我局与中标人依据《中标通知书》约定签订《国有土地使用权出让合同》。

(七)出让结果公布

我局将在此次国有土地使用权招标活动结束后10个工作日内,在____(土地有形市场或者指定场所、媒介)公布此次国有土地使用权招标出让结果。

七、注意事项

(一)申请人须全面阅读有关招标文件,如有疑问可以在投标日以前用书面或口头方式向我局咨询。申请人可到现场踏勘招标出让地块。申请人一经投标,即视为投标人对招标文件及地块现状无异议并全面接受,并对有关承诺承担法律责任。

(二)申请人竞得土地后,拟成立新公司进行开发建设的,应在申请书中明确新公司的出资构成、成立时间等内容。我局可以根据中标结果与中标人签订《国有土地使用权出让合同》,在中标人按约定办理完新公司注册登记手续后,再与新公司签订《国有土地使用权出让合同变更协议》。(我局同意直接与新公司签订《国有土地使用权出让合同》。)

(三)本次招标不接受电话、口头投标,不允许(允许)投标人邮寄投标文件,(但招标人在投标截止时间前收到的方为有效,具体时间以我局收到投标文件的时间为准,由我局代为投入标箱)。

(四)投标人向招标人递交的投标文件必须密封,封面必须注明拟竞投的地块编号及投标单位的名称,并由法定代表人签名和加盖公章,投标人为个人的,应注明"个人投标"字样,并由投标人签名。

(五)投标人投标后,不可撤回投标文件,但可以对已提交的投标文件进行补充说明。进行补充说明的,投标人应在招标文件要求提交投标文件的截止时间前书面通知我局并将补充文件送达。

(六)评标活动在严格保密的情况下进行。

(七)投标文件有下列情形之一的,为无效投标文件。

1. 投标文件未密封的;
2. 投标文件未加盖投标人印鉴,也未经法定代表人签署的;
3. 投标文件不齐备、内容不全或不符合规定的;
4. 投标人对同一个标的有两个或两个以上报价的;
5. 委托投标但委托文件不齐全或不符合规定的;
6. 评标小组认为投标文件无效的其他情形。

(八)对认定的无效申请和无效投标文件,我局将及时通知有关申请人和投标人。

(九)投标人的投标均低于底价或投标条件均不能够满足标底要求的,招标活动终止。

(十)《中标通知书》对招标人和中标人具有法律效力。中标人交纳的投标保证金,在中标后转作出让地块的定金。招标人改变中标结果,或者中标人放弃中标宗地的,应当承担法律责任。

(十一)未中标人交纳的投标保证金,我局将在招标活动结束后5个工作日内予以退还,不计利息。

(十二)有下列情形之一的,招标人应当在开标前终止招标,并通知投标人;

1. 投标人串通损害国家利益、社会利益或他人合法权益的;
2. 招标工作人员、评标小组成员私下接触投标人,足以影响招标公正性的;
3. 取得投标资格的申请人不足3人的;
4. 应当依法终止招标活动的其他情形。

(十三)中标人有下列行为之一的,视为违约,招标人可取消其中标人资格,投标保证金不予退还;

1. 中标人逾期或拒绝签收《中标通知书》的;
2. 中标人逾期或拒绝签订《国有土地使出让合同》的。

(十四)在招标过程中,发生中标人被取消中标资格情形的,招标人可重新确定中标人或另行组织招标。

（十五）中标价即为该幅地块的总地价款，包括____。

（十六）中标人与出让人签订《国有土地使用权出让合同》后，应当按出让合同约定支付中标价款。中标人付清全部中标价款后，依法申请办理土地登记，领取《国有土地使用证》。

（十七）招标未成交的，应当按规定由我局重新组织出让。

（十八）参加投标、开标活动的人员，应遵守现场纪律，服从管理人员的管理。

（十九）其他事项

……

（二十）我局对本《须知》有解释权。未尽事宜依照《招标拍卖挂牌出让国有土地使用权规范》办理。

________国土资源局

____年____月____日

2. 国有土地使用权拍卖出让须知示范文本

国有土地使用权拍卖出让须知

根据《中华人民共和国土地管理法》、《中华人民共和国城市房地产管理法》,《中华人民共和国城镇国有土地使用权出让和转让暂行条例》、《招标拍卖挂牌出让国有土地使用权规定》以及《招标拍卖挂牌出让国有土地使用权规范》等有关规定，经____人民政府批准，____国土资源局决定以拍卖方式出让____（幅）地块的国有土地使用权。

一、本次国有土地使用权拍卖出让的出让人为____国土资源局，具体组织实施由我局（自行办理）（指定或授权下属事业单位____土地交易中心承办）（委托____公司承办）。

二、本次国有土地使用权拍卖出让遵循公开、公平、公正和诚实信用原则。

三、出让地块的基本情况及规划指标要求：

（一）地块位置：________________________________；

（二）地块范围：________________________________；

（三）出让面积：________________________________；

（四）土地用途：________________________________；

（五）规划容积率：________________________________；

（六）规划建筑密度：________________________________；

（七）绿地率：________________________________；

（八）土地开发程度：________________________________；

（九）土地使用权出让年期：________________________________年；

（十）投资强度要求等土地使用标准：________________________________；

（十一）动工及竣工时间：________________________________；

……

四、中华人民共和国境内外的法人、自然人和其他组织均可申请参加，（申请人应具备的其他条件）申请人应当（可以）单独申请，（也可以联合申请）。

交纳竞买保证金的截止时间为____年____月____日____时。上述宗地的竞买保证金分别为：

1. ____号地块为人民币____万元(大写)(￥____)；

2. ____号地块为人民币____万元(大写)(￥____)；

……

五、申请和资格审查

(一)拍卖文件取得

申请人可于____年____月____日到____年____月____日，到____(地点)获取本次拍卖出让文件，具体包括：

(1)拍卖出让公告；

(2)拍卖出让须知；

(3)竞买申请书；

(4)宗地界址图；

(5)宗地规划指标要求；

(6)成交确认书；

(7)国有土地用权出让合同；

(8)其他相关文件。

(二)提交申请

申请人可于____年____月____日到____年____月____日，到____(地点)向我局提交书面申请。申请文件包括：

1. 法人申请的，应提交下列文件：

(1)申请书；

(2)法人单位有效证明文件；

(3)法定代表人的有效身份证明文件；

(4)申请人委托他人办理的，应提交授权委托书及委托代理的有效身份证明文件；

(5)竞买保证金交纳凭证；

(6)拍卖文件规定需要提交的其他文件。

2. 自然人申请的，应提交下列文件：

(1)申请书；

(2)申请人有效身份证明文件；

(3)申请人委托他人办理的，应提交授权委托书及委托代理的身份证明文件；

(4)竞买保证金交纳凭证；

(5)拍卖文件规定需要提交的其他文件。

3. 其他组织申请的，应提交下列文件：

(1)申请书；

(2)表明该组织合法存在的文件或有效证明；

(3)表明该组织负责人身份的有效证明文件；

(4)申请人委托他人办理的，应提交授权委托书及委托代理人的身份证明文件；

(5)竞买保证金交纳凭证；

(6)拍卖文件规定需要提交的其他文件。

4. 境外申请人申请的，应提交下列文件：

(1)申请书;

(2)境外法人、自然人、其他组织的有效身份证明文件;

(3)申请人委托他人办理的,应提交授权委托书及委托代理人的有效身份证明文件;

(4)竞买保证金交纳凭证;

(5)拍卖文件规定需要提交的其他文件。上述文件中,申请书必须用中文书写,其他文件可以使用其他语言,但必须附中文译本,所有文件的解释以中文译本为准。

5. 联合申请的,应提交下列文件:

(1)联合申请各方共同签署的申请书:

(2)联合申请各方的有效身份证明文件;

(3)联合竞投协议,协议要规定联合各方的权利、义务,并明确签订《国有土地使用权出让合同》时的受让人;

(4)申请人委托他人办理的,应提交授权委托书及委托代理人的有效身份证明文件;

(5)竞买保证金交纳凭证;

(6)拍卖文件规定需要提交的其他文件;

(三)资格审查

我局负责对拍卖出让公告规定的时间内收到的申请进行审查。按规定交纳竞买保证金、通过资格审查的,方能取得竞买资格。

经审查,有下列情形之一的,为无效申请:

(1)申请人不具备竞买资格的;

(2)未按规定交纳竞买保证金的;

(3)申请文件不齐全或不符合规定的;

(4)委托他人代理,委托文件不齐全或不符合规定的;

(5)法律法规规定的其他情形。

(四)确认竞买人资格

经审查,申请人按规定交纳竞买保证金、具备申请条件的,我局将在____年____月____日____时前发给《竞买资格确认书》,并通知其领取竞买标志牌以及参加拍卖会。通过资格审查的申请人少于3人的,我局将依照有关规定终止拍卖。

(五)答疑及现场踏勘

申请人对拍卖出让文件有疑问的,可以在拍卖会开始前以书面或者口头方式向我局咨询。我局于____年____月____日____组织申请人对拟出让地块进行现场踏勘。

六、各宗地的拍卖起叫价、增价幅度

1. ____号地块:起叫价为人民币____万元(大写)(¥____),增价幅度为人民币____万元(大写)(¥____);

2. ____号地块:起叫价为人民币____万元(大写)(¥____),增价幅度为人民币____万元(大写)(¥____);

……

七、拍卖程序

(一)拍卖会程序

1. 主持人宣布拍卖会开始;

2. 拍卖主持人、记录员就位;

3. 拍卖主持人宣布竞买人到场情况；设有底价的，出让人应当现场将密封的拍卖底价交给拍卖主持人，拍卖主持人现场开启密封件。

4. 拍卖主持人介绍拍卖地块的位置、面积、用途、使用年限、规划指标要求、建设时间等；

5. 拍卖主持人宣布拍卖宗地的起叫价、增价规则和增价幅度，并明确提示是否设有底价。在拍卖过程中，拍卖主持人可根据现场情况调整增价幅度。

6. 拍卖主持人报出起叫价，宣布竞价开始；

7. 竞买人举牌应价或者报价；

8. 拍卖主持人确认该竞买人应价或者报价后继续竞价；

9. 拍卖主持人连续三次宣布同一应价或报价而没有人再应价或出价，且该价格不低于底价的，拍卖主持人落槌表示拍卖成交，并宣布最高应价者为竞得人。成交结果对拍卖人、竞得人和出让人均具有法律效力。最高应价或报价低于底价的，拍卖主持人宣布拍卖终止。

（二）确定竞得人后拍卖人与竞得人当场签订《成交确认书》拍卖人或竞得人不按规定签订《成交确认书》的，应当承担法律责任。竞得人拒绝签订《成交确认书》也不能对抗拍卖成交结果的法律效力。

（三）出让人与竞得人依据《成交确认书》约定签订《国有土地使用权出让合同》。

（四）出让结果公布

我局将在此次国有土地使用权拍卖会结束后 10 个工作日内在____（土地有形市场或者指定场所、媒介）公布本次国有土地使用权拍卖出让结果。

八、竞价规则

（一）本次拍卖采用增价拍卖方式，按价高者得的原则确定竞得人。

（二）竞买人以举牌方式应价，也可以报价，但报价的加价幅度不得小于拍卖主持人宣布或调整的增价幅度。

（三）本次拍卖设有底价，最后应价未达到底价时拍卖主持人终止拍卖活动（本次拍卖为无底价拍卖）。

九、注意事项

（一）申请人须全面阅读有关拍卖文件，如有疑问可以在拍卖会开始日以前用书面或口头方式向我局咨询。申请人可到现场勘察拍卖出让地块。申请一经受理确认后，即视为竞买人对拍卖件及地块现状无异议并全部接受，并对有关承诺承担法律责任。

（二）申请人竞得土地后拟成立新公司进行开发建设的，应在申请书中明确新公司的出资构成、成立时间等内容。我局可以根据拍卖结果与竞得人签订《国有土地使用权出让合同》，在竞得人按约定办理完新公司注册登记手续后，再与新公司签订《国有土地使用权出让合同变更协议》。（我局同意直接与新公司签订《国有土地使用权出让合同》。）

（三）竞买人一经应价或报价，不可撤回。

（四）确定竞得人后，竞得人在拍卖现场与拍卖人签订《成交确认书》。委托他人代签的，应提交法定代表人亲笔签名并盖章的授权委托书。《成交确认书》对拍卖人和竞得人具有法律效力，拍卖人改变拍卖结果的，或者竞得人放弃竞得宗地的，应当承担法律责任。

（五）竞得人交纳的竞买保证金，在拍卖成交后转作受让地块的定金，未竞得人交纳的竞买保证金，我局在拍卖活动结束后 5 个工作内予以退还，不计利息。

（六）有下列情形之一的，拍卖人应当在拍卖会前终止拍卖活动，并通知竞买人；

1. 竞买人串通损害国家利益、社会利益或他人合法权益的；

2. 拍卖工作人员私下接触竞买人,足以影响拍卖公正性的;

3. 得竞买资格的申请人不足3人的;

4. 应当依法终止拍卖活动的其他情形。

(七)竞得人有下列行为之一的,视为违约,拍卖人可取消其竞得人资格,竞买保证金不予退还;

1. 竞得人逾期或拒绝签订《成交确认书》的;

2. 竞得人逾期或拒绝签订《国有土地使用权出让合同》的。

(八)拍卖成交价即为该幅地块的总地价款,包括____。

(九)竞得人与出让人签订《国有土地使用权出让合同》后,应当按出让合同约定支付拍卖成交价款。竞得人付清全部拍卖成交价款后,依法申请办理土地登记,领取《国有土地使用证》。

(十)拍卖不成交的,应当按规定由我局重新组织也让。

(十一)参加拍卖活动的人员,应遵守纪律服从管理人员的管理。

(十二)其他事项

……

(十三)我局对本《须知》有解释权。未尽事宜依照《招标拍卖挂牌出让国有土地使用权规范》办理。

________国土资源局

____年____月____日

3. 国有土地使用权挂牌出让须知示范文本

国有土地使用权挂牌出让须知

根据《中华人民共和国土地管理法》、《中华人民共和国城市房地产管理法》,《中华人民共和国城镇国有土地使用权出让和转让暂行条例》、《招标拍卖挂牌出让国有土地使用权规定》以及《招标拍卖挂牌出让国有土地使用权规范》等有关规定,经____人民政府批准,____国土资源局决定以挂牌方式出让____(幅)地块的国有土地使用权。

一、本次国有土地使用权挂牌出让的出让人为____国土资源局,具体组织实施由我局(自行办理)(指定/授权下属事业单位____土地交易中心承办)(委托公司承办)。

二、本次国有土地使用权挂牌出让遵循公开、公平、公正和诚实信用原则。

三、出让地块的基本情况及规划指标要求等:

(一)地块位置:________________________________;

(二)地块范围:________________________________;

(三)出让面积:________________________________;

(四)土地用途:________________________________;

(五)规划容积率:________________________________;

(六)规划建筑密度:________________________________;

(七)绿地率:________________________________;

(八)土地开发程度:________________________________;

（九）土地使用权出让年期______________年；

（十）投资强度要求等土地使用标准：______________；

（十一）动工及竣工时间：______________；

……

四、竞买资格及要求

中华人民共和国境内外的法人、自然人和其他组织均可申请参加，（申请人还应具备的其他条件）申请人应当（可以）单独申请，（也可以联合申请）。

交纳竞买保证金的截止时间为____年____月____日____时。上述宗地的竞买保证金分别为：

1. ____号地块为人民币____万元（大写）（¥____）；

2. ____号地块为人民币____万元（大写）（¥____）；

……

五、申请和资格审查

（一）挂牌文件取得

申请可于____年____月____日至____年____月____日，到____（地点）获取本次挂牌出让文件，具体包括：

（1）挂牌出让公告；

（2）挂牌出让须知；

（3）竞买申请书；

（4）挂牌出让报价单；

（5）宗地界址图；

（6）宗地规划指标要求；

（7）成交确认书；

（8）国有土地使用权出让合同；

（9）其他相关文件。

（二）提交申请

申请人可于____年____月____日至____年____月____日，到____（地点）向我局提交书面申请。申请文件包括：

1. 法人申请的，应提交下列文件；

（1）申请书；

（2）法人单位有效证明文件；

（3）法定代表人的有效身份证明文件；

（4）申请人委托他人办理的，应提交授权委托书及委托代理人的有效身份证明文件；

（5）竞买保证金交纳凭证；

（6）挂牌文件规定需要提交的其他文件。

2. 自然人申请的，应提交下列文件：

（1）申请书；

（2）申请人有效身份证明文件；

（3）申请人委托他人办理的，应提交授权委托书及委托代理人的身份证明文件；

（4）竞买保证金交纳凭证；

(5)挂牌文件规定需要提交的其他文件。

3. 其他组织申请的,应提交下列文件:

(1)申请书;

(2)表明该组织合法存在的文件或有效证明;

(3)表明该组织负责人身份的有效证明文件;

(4)申请人委托他人办理的,应提交授权委托书及委托代理人的身份证明文件;

(5)竞买保证金交纳凭证;

(6)挂牌文件规定需要提交的其他文件。

4. 境外申请人申请的,应提交下列文件:

(1)申请书;

(2)境外法人、自然人、其他组织的有效身份证明文件;

(3)申请人委托他人办理的,应提交授权委托书及委托代理的有效身份证明文件;

(4)竞买保证金交纳凭证;

(5)挂牌文件规定需要提交的其他文件。上述文件中,申请书必须用中文书写,其他文件可以使用其语言,但必须附中文译本,所有文件的解释以中文译本为准。

5. 联合申请的,应提交下列文件:

(1)联合申请各方共同签署的申请书;

(2)联合申请各方的有效身份证明文件;

(3)联合竞投协议,协议要规定联合各方的权利、义务,并明确签订《国有土地使用权出让合同》时的受让人;

(4)申请人委托他人办理的,应提交授权委托书及委托代理人的有效身份证明文件;

(5)竞买保证金交纳凭证;

(6)挂牌文件规定需要提交的其他文件。

(三)资格审查

我局负责对挂牌出让公告规定的时间内收到的申请进行审查。按规定交纳竞买保证金、通过资格审查的,方能取得竞买资格。

经审查,有下列情形之一的,为无效申请;

(1)申请人不具备竞买资格的;

(2)未按规定交纳竞买保证金的;

(3)申请文件不齐全或不符合规定的;

(4)委托他人代理,委托文件不齐全或不符合规定的;

(5)法律法规规定的其他情形。

(四)确认竞买人资格

经审查,申请人按规定交纳竞买保证金、具备申请条件的,我局将在____年____月____日____时前发给《竞买资格确认书》确认其竞买资格,并通知其参加挂牌活动。

(五)答疑及现场踏勘

申请人对挂牌出让文件有疑问的,可在挂牌活动开始前以书—65—面或者口头方式向我局咨询。我局于____年____月____日组织申请人对拟出让地块进行现场踏勘。

六、本次挂牌出让活动有关时间

挂牌时间为10个工作日,不包括法定节假日。具体如下:

1. 挂牌起始时间：____年____月____日____时；

2. 挂牌截止时间：各挂牌地块由挂牌主持人分别在下列时间主持确定挂牌截止；

(1)____号地块；____年____月____日____时；

(2)____号地块；____年____月____日____时；

……

3. 接受挂牌报价时间：挂牌期间上午____时至____时和下午____时至____时。

七、各宗地的挂牌起始价、增价幅度

1. ____号地块：起始价为人民币____万元(大写)(￥____)，增价幅度为人民币____万元(大写)(￥____)；

2. ____号地块：起始价为人民币____万元(大写)(￥____)，增价幅度为人民币____万元(大写)(￥____)；

八、挂牌程序

(一)公布挂牌信息

1. 挂牌人将有关宗地的位置、面积、用途、使用年期、规划要求、起始价、增价规则及增价幅度等挂牌公布；

2. 挂牌主持人介绍各地块的情况。

(二)挂牌竞价

1. 挂牌主持人介绍挂牌起始价、增价幅度等竞价规则，宣布挂牌竞价开始；

2. 竞买人填写《挂牌竞买报价单》进行报价；

3. 挂牌主持人收到《挂牌竞买报价单》后，对报价单予以审核，对符合规定的报价予以确认；

4. 挂牌主持人确认该报价后，更新显示挂牌价格，继续接受新的报价。

(三)挂牌截止

挂牌截止应当由挂牌主持人主持确定。设有底价的，出让人应当在挂牌截止前将密封的挂牌底价交给挂牌主持人，挂牌主持人现场打开密封件。在公告规定的挂牌截止时间，竞买人应当出席挂牌现场，挂牌主持人宣布最高报价及其报价者，并询问竞买人是否愿意继续竞价。

1. 各地块由挂牌主持人分别在下列时间主持确定挂牌截止：

(1)____号地块；____年____月____日____时；

(2)____号地块；____年____月____日____时；

……

2. 挂牌主持人宣布最高报价及其报价者，并询问竞买人是否愿意继续竞价。

3. 有竞买人表示愿意继续竞价的，即属于挂牌截止时有两个或两个以上竞买人要求报价的情形，挂牌主持人应当宣布挂牌出让转入现场竞价，并宣布现场竞价的时间和地点，通过现场竞价确定竞得人。

4. 挂牌主持人连续三次报出最高挂牌价格，没有竞买人表示愿意继续竞价的，挂牌主持人宣布挂牌活动结束，并按下列规定确定挂牌结果；

(1)最高挂牌价格不低于底价的，挂牌主持人宣布挂牌成交，最高挂牌价格的出价人为竞得人；

(2)最高挂牌价格低于底价的，挂牌主持人宣布挂牌不成交。

(四)现场竞价

现场竞价由土地招标拍卖挂牌主持人主持进行,取得该宗地挂牌竞买资格的竞买人均可参加现场竞价。现场竞价按下列程序举行:

(1)挂牌主持人应当宣布现场竞价的起始价、竞价规则和增价幅度,并宣布现场竞价开始。现场竞价的起始价为挂牌活动截止时的最高报价增加一个加价幅度后的价格。

(2)参加现场竞价的竞买人按照竞价的规则应价或报价。

(3)挂牌主持人确认该竞买人应价或者报价后继续竞价。

(4)挂牌主持人连续三次宣布同一应价或报价而没有人再应价或报价,且该价格不低于底价的,挂牌主持人宣布最高应价或报价者为竞得人。最高应价或报价低于底价的,挂牌主持人宣布现场竞价终止。

在现场竞价中无人参加竞买或无人加价的,以挂牌截止时出价最高者为竞得人,但低于挂牌出让底价者除外。

(五)签订《成交确认书》

确定竞得人后,挂牌人与竞得人当场签订《成交确认书》。竞得人拒绝签订《成交确认书》也不能对抗挂牌成交结果的法律效力。

(六)签订《国有土地使用权出让合同》出让人与竞得人依据《成交确认书》约定签订《国有土地使用权出让合同》。

(七)出让结果公布

我局将在本次国有土地使用权挂牌出让活动结束后10个工作日内,在____(土地有形市场或者指定的场所、媒介)公布本次国有土地使用权挂牌出让结果。

九、报价规则

(一)本次挂牌以价高者得为原则确定竞得人。

(二)本次挂牌以增价方式进行报价,每次加价幅度不得小于挂牌主持人宣布的增价幅度。

(三)竞买人以填写《挂牌竞买报价单》方式报价,《挂牌竞买报价单》一经报出,不得撤回。

(四)在报价期间,竞买人可多次报价。

(五)竞买人报价有下列情形之一的,为无效报价:

(1)报价单未在挂牌期限内收到的;

(2)不按规定填写报价单的;

(3)报价单填写人与竞买申请文件不符的;

(4)报价不符合报价规则的;

(5)报价不符合挂牌文件规定的其他情形。

(六)有两个或两个以上竞买人报价相同的,确认先提交报价或者为该挂牌价格的出价人。

十、注意事项

(一)申请人须全面阅读有关挂牌文件,如有疑问可以在挂牌活动开始日以前用书面或口头方式向我局咨询。申请人可到现场勘察挂牌出让地块。申请一经受理确认后,即视为竞买人对挂牌文件及地块现状无异议并全部接受,并对有关承诺承担法律责任。

(二)申请人竞得土地后,拟成立新公司进行开发建设的,应在申请书中明确新公司的出资构成、成立时间等内容。我局可以根据挂牌出让结果与竞得人签订《国有土地使用权出让合同》,在竞得人按约定办理完新公司注册登记手续后,再与新公司签订《国有土地使用权出让合同变更协议》。(我局同意直接与新公司签订《国有土地使用权出让合同》。)

(三)本次挂牌地块均设有挂牌底价,在挂牌活动结束前须严格保密(本次挂牌为无底价挂牌)。

(四)竞买报价单一经提交,不可撤回。

(五)确定竞得人后,竞得人在挂牌现场与挂牌人签订《成交确认书》。委托他人代签的,应提交法定代表人亲笔签名并盖章的授权委托书。《成交确认书》对挂牌人和竞得人具有法律效力,挂牌人改变挂牌结果的,或者竞得人放弃竞得宗地的,应当承担法律责任。

(六)竞得人交纳的竞买保证金,挂牌成交后转作受让地块的定金。未竞得人交纳的竞买保证金,我局在挂牌活动结束后5个工作日内予以退还,不计利息。

(七)有下列情形之一的,挂牌人应当在挂牌开始前终止挂牌活动,并通知竞买人:

1. 竞买人串通损害国家利益、社会利益或他人合法权益的;

2. 挂牌工作人员私下接触竞买人,足以影响挂牌公正性的;

3. 应当依法终止挂牌活动的其他情形。

(八)竞得人有下列行为之一的,视为违法,挂牌人可取消其竞得人资格,竞买保证金不予退还:

1. 竞得人逾期或拒绝签订《成交确认书》的;

2. 竞得人逾期或拒绝签订《国有土地使用权出让合同》的。

(九)挂牌成交价即为该幅地块的总地价款,包括____。

(十)竞得人与出让人签订《国有土地使用权出让合同》后,应当按出让合同约定支付挂牌成交价款。竞得人付清全部挂牌成交价款后,依法申请办理土地登记,领取《国有土地使用证》。

(十一)挂牌不成交的,应当按规定由我局重新组织出让。

(十二)参加挂牌活动的人员,应遵守现场的纪律,服从管理人员的管理。

(十三)其他事项。……

(十四)我局对本《须知》有解释权。未尽事宜依照《招标拍卖挂牌出让国有土地使用权规范》办理。

____国土资源局
____年____月____日

附录 D 投标(竞买)申请书示范文本

投标(竞买)申请书

________国土资源局:

经认真阅读编号为____地块的招标(拍卖)(挂牌)出让文件,我方完全接受并愿意遵守你局国有土地使用权招标(拍卖)(挂牌)出让文件中的规定和要求,对所有文件均无异议。

我方现正式申请参加你局于____年____月____日在____(地点)举行的____地块国有土地使用权招标(拍卖)(挂牌)活动。

我方愿意按招标(拍卖)(挂牌)出让文件规定,交纳投标(竞买)保证金人民币____万元

(大写)(¥____)。

若能中标(竞得)该地块,我方保证按照国有土地使用权招标(拍卖)(挂牌)出让文件的规定和要求履行全部义务。

若我方在国有土地使用权招标(拍卖)(挂牌)出让活动中,出现不能按期付款或有其他违约行为,我方愿意承担全部法律责任,并赔偿由此产生的损失。

特此申请和承诺。

附件:

1. ______________________________;

2. ______________________________;

……

申　请　人:______________________________(加盖公章)

法定代表人(或授权委托代理人)签名:______________________________

联　系　人:______________________________

地　　　址:______________________________

邮政编码:______________________________

电　　　话:______________________________

申请日期:____年____月____日

附录 E　投标(竞买)资格确认书示范文本

投标(竞买)资格确认书

________(投标(竞买)人名称):

你方提交的对____号地块的投标(竞买)申请书及相关文件资料收悉。经审查,你方已按规定交纳了投标(竞买)保证金,所提交文件资料符合我方本次招标(拍卖)(挂牌)出让文件的规定和要求,现确认你方具备参加本次国有土地使用权投标(拍卖竞买)(挂牌竞买)资格。请持此《投标(竞买)资格确认书》参加我局于____年____月____日____时在____(地点)举行的国有土地使用权招标(拍卖)(挂牌)活动。

________国土资源局

____年____月____日

附录 F　国有土地使用权招标出让投标书示范文本

国有土地使用权招标出让投标书

________国土资源局:

经认真阅读____号地块招标出让文件和现场踏勘,我方完全接受招标出让文件中的规定和要求,愿意以人民币____万元(大写)(¥____)的价格竞投该地块国有土地使用权。按照招标文件规定,我方随本标书一同提交以下文件:

(1)______________________________;

(2)________________________________；

……

我方承诺，所提交的标书及相关文件真实准确。

我方已按招标出让文件的规定，交纳了人民币____万元(大写)(￥____)的投标保证金。我方承诺，在接到你局发出的《中标通知书》后，将按约定及时签订《国有土地使用权出让合同》。如果我方未在规定期限内签订《国有土地使用权出让合同》，或不能按《国有土地使用权出让合同》约定交付全部中标价款，或违反招标文件的规定，或不履行本投标书承诺等，均可被视为违约，你局可不退还我方交纳的投标保证金。

在《中标通知书》发出后、《国有土地使用权出让合同》签订及履行以前，本标书为你局与我方之间具有法律约束力的文件。

其他需要说明的事项：________________________

投 标 人：______________________________(加盖公章)

法定代表人(或授权委托代理人)签名：______________________________

联 系 人：______________________________

地　　址：______________________________

邮政编码：______________________________

电　　话：______________________________

投标日期：____年____月____日

附录 G 国有土地使用权挂牌出让竞买报价单示范文本

国有土地使用权挂牌出让竞买报价单

竞买人编号：____

附录 H 授权委托书示范文本

授权委托书

附录 I 中标通知书示范文本

中标通知书

____(中标人名称)：

现确定你方为编号____地块的国有土地使用权招标出让中标人，有关事项通知如下：

该地块中标单价为每平方米人民币____元(大写)(￥____)，总价为人民币____万元(大写)(￥____)。其中，出让金单价为每平方米人民币____元(大写)(￥____)，总价为人民币____万元(大写)(￥____)。

本《中标通知书》一经签发，即视为成交。你方交纳的投标保证金，自动转作受让地块的定金。你方应当于____年____月____日之前,持本《中标通知书》到(地点)与____国土资源局签订《国有土地使用权出让合同》。不按期签订《国有土地使用权出让合同》的,视为你方放弃中标资格,你方应承担相应法律责任。

本《中标通知书》一式____份,招标人执____份,中标人执____份。特此通知。

招标人:________________________(加盖公章)

____年____月____日

附录 J 成交确认书示范文本

成交确认书

在____年____月____日____(地点)举办的国有土地使用权拍卖(挂牌)出让活动中,____(竞得人)竞得编号____地块的国有土地使用权。现将有关事项确认如下:

该地块成交单价为每平方米人民币____元(大写)(¥____),总价为人民币____万元(大写)(¥____)。其中,出让金单价为每平方米人民币____元(大写)(¥____),总价为人民币____万元(大写)(¥____)。

竞得人交纳的竞买保证金,自动转作受让地块的定金。____(竞得人)应当于____年____月____日之前,持本《成交确认书》到____(地点)与____国土资源局签订《国有土地使用权出让合同》。不按期签订《国有土地使用权出让合同》的,视为竞得人放弃竞得资格,竞得人应承担相应法律责任。

本《成交确认书》一式____份,拍卖(挂牌)人执____份,竞得人执____份。

特此确认。

拍卖(挂牌)人:

竞得人:

协议出让国有土地使用权规范(试行)

(国土资发〔2006〕114 号　国土资源部 2006 年 5 月 31 日发布　2006 年 8 月 1 日实施)

目　次

前　言

为完善国有土地使用权出让制度,规范国有土地使用权协议出让行为,统一程序和标准,加强国有土地资产管理,推进土地市场建设,根据《中华人民共和国土地管理法》、《中华人民共和国城市房地产管理法》、《中华人民共和国城镇国有土地使用权出让和转让暂行条例》、《协议出让国有土地使用权规定》等规定,制定本规范。

本规范的附录 A、附录 B 为协议出让活动中所需文本示范格式。

本规范由国土资源部提出并归口。

本规范起草单位:国土资源部土地利用管理司,国土资源部土地整理中心,辽宁省国土资源厅,黑龙江省国土资源厅,江苏省国土资源厅。

本规范主要起草人员:廖永林、冷宏志、岳晓武、雷爱先、高永、谢量雄、吴迪、宋玉波、牟傲风、叶卫东、钟松忆、林立森、申亮、陈梅英、周旭、沈飞、张防。本规范参加起草人员(以姓氏笔画为序):于世专、马尚、王薇、车长志、邓岳方、叶元蓬、叶东、任钊洪、关文荣、刘显棋、刘祥元、刘瑞平、朱育德、闻洪溪、严政、吴永高、吴海洋、张万中、张英奇、李延荣、李晓娟、李晓斌、束克欣、杨玉芳、杨江正、肖建军、陈永真、陈国庆、林君衡、罗演广、祝军、胡立兵、胡红兵、赵春华、郝吉虎、高志云、徐建设、涂高坤、秦水龙、钱友根、梁江、黄文波、韩建国、韩洪伟、靳薇、潘洪篙、魏成、魏莉华

本规范由国土资源部负责解释。

1 适用范围

在中华人民共和国境内以协议方式出让国有土地使用权,适用本规范;以协议方式租赁国有土地使用权、出让国有土地他项权利,参照本规范执行。

2 引用的标准和文件

下列标准和文件所包含的条文,通过在本规范中引用而构成本规范的条文。本规范颁布时,所示版本均为有效。使用本规范的各方应使用下列各标准和文件的最新版本。

GB/T 18508—2001《城镇土地估价规程》
国土资发〔2000〕303 号《国有土地使用权出让合同示范文本》
国土资发〔2001〕255 号《全国土地分类》
国土资发〔2004〕232 号《工业建设项目用地控制指标》

3 依　　据

(1)《中华人民共和国土地管理法》
(2)《中华人民共和国城市房地产管理法》
(3)《中华人民共和国城市规划法》
(4)《中华人民共和国行政许可法》
(5)《中华人民共和国合同法》
(6)《中华人民共和国城镇国有土地使用权出让和转让暂行条件》
(7)《建立健全教育、制度、监督并重的惩治和预防腐败体系实施纲要》(中发〔2005〕3 号)
(8)《国务院关于加强国有土地资产管理的 15 号》(国发〔2001〕15 号)
(9)《国务院关于深化改革严格土地管理的决定》(国发〔2004〕28 号)
(10)《协议出让国有土地使用权规定》(国土资源部令第 21 号)

4 总　　则

4.1 协议出让国有土地使用权内涵

本规范所称协议出让国有土地使用权,是指市、县国土资源管理部门以协议方式将国有土地使用权在一定年限内出让给土地使用者,由土地使用者支付土地使用权出让金的行为。

4.2 协议出让国有土地使用权原则

(1)公开、公平、公正;
(2)诚实信用。

4.3 协议出让国有土地使用权范围

出让国有土地使用权,除依照法律、法规和规章的规定应当采用招标、拍卖或者挂牌方式

出让,方可采取协议方式,主要包括以下情况:

(1)供应商业、旅游、娱乐和商品住宅等各类经营性用地以外用途的土地,其供地计划公布后同一宗地只有一个意向用地者的;

(2)原划拨、承租土地使用权人申请办理协议出让,经依法批准,可以采取协议方式,但《国有土地划拨决定书》、《国有土地租赁合同》、法律、法规、行政规定等明确应当收回土地使用权重新公开出让的除外;

(3)划拨土地使用权转让申请办理协议出让,经依法批准,可以采取协议方式,但《国有土地划拨决定书》、法律、法规、行政规定等明确应当收回土地使用权重新公开出让的除外;

(4)出让土地使用权人申请续期,经审查准予续期的,可以采用协议方式;

(5)法律、法规、行政规定明确可以协议出让的其他情形。

4.4 协议出让国有土地使用权组织管理

国有土地使用权协议出让由市、县国土资源管理部门组织实施。

国有土地使用权出让实行集体决策。市、县国土资源管理部门可根据实际情况成立国有土地使用权出让协调决策机构,负责协调解决出让中的相关问题,集体确定有关事项。

4.5 协议出让价格争议裁决

对于经营性基础设施、矿业开采等具有独占性和排他性的用地,应当建立协议出让价格争议裁决机制。此类用地协议出让过程中,意向用地者与出让方在出让价格方面有争议难以达成一致,意向用地者认为出让方提出的出让价格明显高于土地市场价格的,可提请出让方的上一级国土资源管理部门进行出让价格争议裁决。

4.6 地方补充规定

地方可对本规范做出补充规定或实施细则,并报上一级国土资源管理部门备案。

5 供地环节的协议出让

5.1 供地环节协议出让国有土地使用权的一般程序

(1)公开出让信息,接受用地申请,确定供地方式;

(2)编制协议出让方案;

(3)地价评估,确定底价

(4)协议出让方案、底价报批;

(5)协商,签订意向书;

(6)公示;

(7)签订出让合同,公布出让结果;

(8)核发《建设用地批准书》,交付土地;

(9)交付土地土地登记;

5.2 公开出让信息,接受用地申请,确定供地方式

5.1.1 市、县国土资源管理部门应当将经批准的国有土地使用权出让计划向社会公布。有条

件的地方可以根据供地进度安排,分阶段将国有土地使用权出让计划细化落实到地段、地块,并将相关信息及时向社会公布。国有土地使用权出让计划以及细化的地段、地块信息应当同时通过中国土地市场网(www. landchina. com)公布。

5.2.2 市、县国土资源管理部门公布国有土地使用权出让计划、细化的地段、地块信息,应当同时明确用地者申请用地的途径和方式,公开接受用地申请。

5.2.3 需要使用土地的单位和个人(以下简称意向用地者)应当根据公布的国有土地使用权出让计划,细化的地段、地块信息以及自身用地需求,向市、县国土资源管理部门提出用地申请。

5.2.4 在规定时时间内,同一地块只有一个意向用地者的,市、县国源管理部门方可采取协议方式出让,但属于商业、旅游、娱乐品住宅等经营性用地除外。对不能确定是否符合协议出让范围的具体宗地,可由国有土地使用权出让协调决策机构集体认定。

5.3 编制协议出让方案

市、县国土资源管理部门应当会同规划等部门,依据国有土地使用权出让计划、城市规划和意向用地申请的用地类型、规模等,编制国有土地使用权协议出让方案。

协议出让方案应当包括:拟出让地块的位置、四至、用途、面积、年限、土地使用条件、供地时间、供地方式等。

5.4 地价评估,确定底价

5.4.1 地价评估

市、县国土资源管理部门应当根据拟出让地块的条件和土地市场情况,按照《城镇土地估价规程》,组织对拟出让地块的正常土地市场价格进行评估。

地价评估由市、县国土资源管理部门或其所属事业单位组织进行,根据需要也可以委托具有土地估价资质的土地或不动产评估机构进行评估。

5.4.2 确定底价

市、县国土资源管理部门或国有土地使用权出让协调决策机构应当根据土地评价结果、产业政策和土地市场情况等,集体决策,综合确定协议出让底价。

协议出让底价不得低于拟出让地块所在区域的协议出让最低价。

出让底价确定后,在出让活动结束之前应当保密,任何单位和个人不得泄露。

5.5 协议出让方案、底价报批

市、县国土资源管理部门应当按规定将协议出让方案、底价报有批准权的人民政府批准。

5.6 协商,签订意向书

市、县国土资源管理部门依据经批准的协议出让方案和底价,与意向用地者就土地出让价格等进行充分协商、谈判。协商谈判时,国土资源管理部门参加谈判的代表应当不少于2人。

双方协商、谈判达成一致,并且议定的出让价格不低于底价的,市、县国土资源管理部门应当与意向用地者签订《国有土地使用权出让意向书》。

5.7 公 示

5.7.1 《国有土地使用权出让意向书》签订后,市、县国土资源管理部门将意向出让地块的位置、用途、面积、出让年限、土地使用条件、意向用地者、拟出让价格等内容在当地土地有形市场等指定场所以及中国土地市场网进行公示,并注明意见反馈途径和方式。公示时间不得少于5日。

5.7.2 公示期间,有异议且经市、县国土资源管理部门审查发现确实存在违反法律法规行为的,协议出让程序终止。

5.8 签订出让合同,公布出让结果

公示期满,无异议或虽有异议但经市、县国土资源管理部门审查没有发现存在违反法律法规行为的,市、县国土资源管理部门应当按照《国有土地使用权出让意向书》约定,与意向用地者签订《国有土地使用权出让合同》。

《国有土地使用权出让合同》签订后 7 日内,市、县国土资源管理部门将协议出让结果通过中国土地市场网以及土地有形市场等指定场所向社会公布,接受社会监督。

公布出让结果应当包括土地位置、面积、用途、开发程序、土地级别、容积率、出让年限、供地方式、受让人、成交价格和成交时间等内容。

5.9 核发《建议用地批准书》,交付土地

市、县国土资源管理部门向受让人核发《建设用地批准书》,并按照《国有土地使用权出让合同》、《建设用地批准书》约定的时间和条件将出让土地交付给受让人。

5.10 办理土地登记

受让人按照《国有土地使用权出让合同》约定付清全部国有土地使用权出让金,依法申请办理土地登记手续,领取《国有土地使用证》,取得土地使用权。

5.11 资料归档

协议出让手续全部办结后,市、县国土资源管理部门应当对宗地出让过程中的出让信息公布、用地申请、审批、谈判、公示、签订合同等各环节相关资料、文化进行整理,并按规定归档。应归档的宗地出让资料包括:

(1)用地申请材料;

(2)宗地条件、宗地规划指标要求;

(3)宗地评估报告;

(4)宗地出让底价及集体决策记录;

(5)协议出让方案;

(6)出让方案批复文件;

(7)谈判记录;

(8)《协议出让意向书》;

(9)协议出让公示资料;

(10)《国有土地使用权出让合同》;

(11)协议出让结果公告资料;

(12)核发建设用地批准书与交付土地的相关资料;

(13)其他应归档的材料。

6 原划拨、承租土地使用权人申请办理协议出让

6.1 原划拨、承租土地使用权人申请办理协议出让的,分别按下列情形处理

(1)不需要改变原土地用途等土地使用条件,且符合规划的,报经市、县人民政府批准后,可以采取协议出让手续;

(2)经规划管理部门同意可以改变土地用途等七项使用条件的,报经市、县人民政府批准,可以办理协议出让手续,但《国有土地划拨决定书》、《国有土地租赁合同》、法律、法规、行政规定等明确应当收回划拨土地使用权公开出让的除外。

6.2 申请与受理

6.2.1 原划拨、承租土地使用权拟申请办理出让手续的,应由原土地使用权人持下列有关材料,向市、县国土资源管理部门提出申请:

(1)申请书;

(2)《国有土地使用证》、《国有土地划拨决定书》或《国有土地租赁合同》;

(3)地上建筑物、构筑物及其他附着物的产权证明;

(4)原土地使用权人有效身份证明文件;

(5)改变用途的应当提交规划管理部门的批准文件;

(6)法律、法规、行政规定明确应提交的其他相关材料。

6.2.2 市、县国土资源管理部门接到申请后,应当对申请人提交的申请材料进行初审,决定是否受理。

6.3 审查,确定协议出让方案

6.3.1 审查

市、县国土资源管理部门受理申请后,应当依据相关规定对申请人提交的申请材料进行审查,并就申请地块的土地用途等征询规划管理部门意见。经审查,申请地块用途符合规划,并且符合办理协议出让手续条件的,市、县国土资源管理部门应当组织地价评估,确定应缴纳的土地出让金额,拟订协议出让方案。

6.3.2 地价评估

市、县国土资源管理部门应当组织对申请地块的出让土地使用权市场价格和划拨土地使用权权益价格或承租土地使用权市场价格进行评估,估价基准期日为拟出让时点。改变土地用途等土地使用条件的,出让土地使用权价格应当按照新的土地使用条件评估。

6.3.3 核定出让金额,拟订出让方案

市、县国土资源管理部门或国有土地使用权出让协调决策机构应当根据土地估价结果、产业政策和土地市场情况等,集体决策、综合确定协议出让金额,并拟订协议出让方案。

6.3.3.1 申请人应缴纳土地使用权出让金额分别按下列公式核定:

(1)不改变用途等土地使用条件的

应缴纳的土地使用权出让金额＝拟出让时的出让土地使用权市场价格－拟出让时的划拨土地使用权权益价格或承租土地使用权市场价格

(2)改变用途等土地使用条件的

应缴纳的土地使用权出让金额＝拟出让时的新土地使用条件下出让土地使用权市场价格－拟出让时的原土地使用条件下划拨土地使用权权益价格或承租土地使用权市场价格

6.3.3.2 协议出让方案应当包括:拟办理出让手续的地块位置、四至、用途、面积、年限、拟出让时间和应缴纳的出让金额等。

6.4 出让方案报批

市、县国土资源管理部门应当按照规定,将协议出让方案报市、县人民政府审批。

6.5 签订出让合同,公布出让结果

市、县人民政府批准后,国土资源管理部门应当按照批准的协议出让方案,依法收回原土地使用权人的《国有土地划拨决定书》或解除《国有土地租赁合同》,注销土地登记,收回原土地证书,并与申请人签订《国有土地使用权出让合同》。

《国有土地使用权出让合同》签订后,市、县国土资源管理部门应当按照5.8的规定公布协议出让结果。

6.6 办理土地登记按5.10规定办理

6.7 资料归档

协议出让手续全部办结后,市、县国土资源局应当对宗地出让过程中的用地申请、审批、签订合同等各环节相关资料、文件进行整理,并按规定归档。应归档的宗地出让资料包括:

(1)申请人的申请材料;

(2)宗地条件及相关资料;

(3)土地评估资料;

(4)出让金额确定资料;

(5)协议出让方案;

(6)出让方案批复文件;

(7)《国有土地使用权出让合同》;

(8)协议出让公告资料;

(9)其他应归档的材料。

7 拨土地使用权转让中的协议出让

7.1 划拨土地使用权申请转让,经市、县人民政府批准,可以由受让人办理协议出让,但《国有土地划拨决定书》、法律、法规、行政规定等明确应当收回划拨土地使用权重新公开出让的除外。

7.2 申请与受理

7.2.1 原土地使用权人应当持下列有关材料,向市、县国土资源管理部门提出划拨土地使用

权转让申请;

(1)申请书;

(2)《国有土地使用证》、《国有土地划拨决定书》;

(3)地上建筑物、构筑物及其他附着物的产权证明;

(4)原土地使用权人有效身份证明文件;

(5)共有房地产,应提供共有人书面同意的意见

(6)法律、法规、行政规定明确应提交的其他相关材料。

7.2.2　市、县国土资源管理部门接到申请后,应当对申请人提交的申请材料进行初审,决定是否受理。

7.3　审查,确定协议出让方案

7.3.1　审查

市、县国土资源管理部门受理申请后,应当依据相关规定对申请人提交的申请材料进行审查,并就申请地块的土地用途等征询规划管理部门意见。经审查,申请地块用途符合规划,并且符合办理协议出让手续条件的,市、县国土资源管理部门应当组织地价评估,确定应缴纳的土地出让金额,拟订协议出让方案。

7.3.2　地价评估

市、县国土资源管理部门应当组织对申请转让地块的出让土地使用权市场价格和划拨土地使用权权益价格进行评估,估价基准期日为拟出让时点。

7.3.3　核定出让金额,拟订出让方案

市、县国土资源管理部门或国有土地使用权出让协调决策机构应当根据土地估价结果、产业政策和土地市场情况等,集体决策、综合确定办理出让手续时应缴纳土地使用权出让金额,并拟订协议出让方案。

7.3.3.1　应缴纳土地使用权出让金额应当按下式核定:

(1)转让后不改变用途等土地使用条件的

应缴纳的土地使用权出让金额 = 拟出让时的出让土地使用权市场价格 - 拟出让时的划拨土地使用权权益价格

(2)转让后改变用途等土地使用条件的

应缴纳的土地使用权出让金额 = 拟出让时的新土地使用条件下出让土地使用权市场价格 - 拟出让时的原土地使用条件下划拨土地使用权权益价格

7.3.3.2　协议出让方案应当包括:拟办理出让手续的地块位置、四至、用途、面积、年限、土地使用条件、拟出让时间和出让时应缴纳的出让金额等。

7.4　出让方案报批

市、县国土资源管理部门应当按照规定,将协议出让方案报市、县人民政府审批。

7.5　公开交易

协议出让方案批准后,市、县国土资源管理部门应向申请人发出《划拨土地使用权准予转让通知书》。

《划拨土地使用权准予转让通知书》应当包括准予转让的标的、原土地使用权人、转让确

定受让人的要求、受让人的权利、义务、应缴纳的土地出让金等。

取得《划拨土地使用权准予转让通知书》的申请人，应当将拟转让的土地使用权在土地有形市场等场所公开交易，确定受让人和成交价款。

7.6 签订出让合同，公布出让结果

通过公开交易确定受让方和成交价款后，转让人应当与受让人签订转让合同，约定双方的权利和义务，明确划拨土地使用权转让价款。

受让人应在达成交易后10日内，持转让合同、原《国有土地使用证》、《划拨土地使用权准予转让通知书》、转让方和受让方的身份证明材料等，向市、县国土资源管理部门申请办理土地出让手续。

市、县国土资源管理部门应当按照批准的协议出让方案、公开交易情况等，依法收回原土地使用权人的《国有土地划拨决定书》，注销土地登记，收回原土地证书，与受让方签订《国有土地使用权出让合同》。

市、县国土资源管理部门应当按照5.8有关规定公布协议出让结果。

7.7 办理土地登记

按5.10规定办理。

7.8 资料归档

出让手续办结后，市、县国土资源管理部门应当对宗地出让过程中的用地申请、审批、交易、签订合同等各环节相关资料、文件进行整理，并按规定归档。应归档的宗地出让资料包括：

(1)申请人的申请材料；

(2)宗地条件及相关资料；

(3)土地评估资料；

(4)出让金额确定资料；

(5)协议出让方案；

(6)出让方案批复文件；

(7)《划拨土地使用权准予转让通知书》等相关资料；

(8)公开交易资料及转让合同等资料；

(9)《国有土地使用权出让合同》等资料；

(10)协议出让公告资料；

(11)其他应归档的材料。

8 出让土地改变用途等土地使用条件的处理

出让土地申请改变用途等土地使用条件，经出让方和规划管理部门同意，原土地使用权人可以与市、县国土资源管理部门签订《国有土地使用权出让合同变更协议》或重新签订《国有土地使用权出让合同》，调整国有土地使用权出让金，但《国有土地使用权出让合同》、法律、法规、行政规定等明确应当收回土地使用权重新公告出让的除外。原土地使用权人应当按照国有土地使用权出让合同变更协议或重新签订的国有土地使用权出让合同约定，及时补缴土地

使用权出让金额,并按规定办理土地登记。

调整国有土地使用权出让金额应当根据批准改变用途等土地使用条件时的土地市场价格水平,按下式确定:

应当补缴的土地出让金额=批准改变时的新土地使用条件下土地使用权市场价格－批准改变时原土地使用条件下剩余年期土地使用权市场价格

附录A 国有土地使用权出让意向书示范文本格式

国有土地使用权出让意向书

出让人________省(自治区、直辖市)____市(县)____局(甲方);

拟受让人:________________(乙方)。

甲方与乙方本着平等、自愿、有偿、诚实信用的原则,经过双方协商一致,达成以下用地意向:

第一条 甲方将位于________的宗地使用权出让给乙方,宗地编号为____,宗地面积(大写)________平方米(小写________平方米)。宗地四至:东________,南________,西________,北________。

第二条 本用地意向书项下拟出让宗地的用途为________,土地使用权出让年期为________年。

第三条 甲方同意在交付土地时该宗地应达到本条第____项规定的土地条件:

(一)达到场地平整和周围基础设施____通,即____。

(二)周围基础设施达到____通,即________,但场地尚未拆迁和平整,建筑物和其他地上物状况如下:________。

(三)现状土地条件:____________。

第四条 本用地意向书项下的土地使用权出让价款为每平方米人民币________元(大写)(¥________);总额为人民币________(大写)万元(¥________),其中,国有土地使用权出让金为每平方米人民币________元(大写)(¥________);总额为人民币________万元(大写)(¥________),付款方式为________。

第五条 乙方在本用地意向书的宗地范围内新建建筑物的,应符合下列要求:

主体建筑物性质____________;

附属建筑物性质____________;

建筑容积率________________;

建筑密度________;

建筑限高________;

投资强度________;

绿地比例________;

开工建筑时间____________;

竣工时间____________;

其他土地利用要求________;

第六条 乙方同意在本用地意向书项下的宗地范围内一并修建下列工程,并在建成后,无偿移交给政府:

(1)____________;

(2)____________;

……

第七条 乙方知悉本《国有土地使用权出让意向书》的内容需要在土地交易场所和中国土地市场网上公示____日,并根据公示期满的反馈情况,按以下情况处理:

(一)公示期间,有异议且经甲方审查发现确实存在违反法律法规行为的,协议出让程序终止。

(二)公示期满,无异议或虽有异议但经甲方审查没有发现存在违反法律法规行为的,双方将按本意向书约定签订《国有土地使用权出让合同》。

第八条 符合本意向书第七条第二项规定条件的,双方同意于____年____月____日在________签订《国有土地使用权出让合同》。

第九条 未尽事宜,可由双方约定后作为附件,与本意向书具有同等法律效力。

出让人(甲方):	拟受让人(乙方):
地址:	地址:
法定代表人(委托代理人)(签字):	法定代表人(委托代理人)(签字):
电话:	电话:
邮政编码:	邮政编码:

____年____月____日

附录 B 划拨土地使用权准予转让通知书示范文本格式

划拨土地使用权准予转让通知书

________(申请人名称):

根据你方申请,报经________市(县)人民政府批准,准予你方目前所使用的位于________的国有划拨土地使用权转让。该宗地面积为________,用途为________,宗地号为________。请持本通知书,按规定将该宗地使用权在土地有形市场等场所公开交易,确定受让人和成交价款,并签订转让合同。

你方与受让人达成交易后10日内,双方应持转让合同、原《国有土地使用证》、《划拨土地使用权准予转让通知书》、转让方和受让方的身份证明材料等,向我局申请办理土地出让手续,并由受让人与我局签订《国有土地使用权出让合同》,缴纳土地使用权出让金,土地出让金不得低于每平方米________(大写)元(¥________)。

本通知书有效期为________(最长不得超过6个月)。

________国土资源局(盖章)

________年____月____日

国土资源部关于发布实施《全国工业用地出让最低价标准》的通知

(国土资发〔2006〕307号 2006年12月23日)

各省、自治区、直辖市国土资源厅(国土环境资源厅、国土资源局、国土资源和房屋管理局、房屋土地资源管理局),计划单列市国土资源行政主管部门,新疆生产建设兵团国土资源局:

为贯彻落实《国务院关于加强土地调控有关问题的通知》(国发〔2006〕31号)精神,加强对工业用地的调控和管理,促进土地节约集约利用,根据土地等级、区域土地利用政策等,部统一制订了《全国工业用地出让最低价标准》(以下简称《标准》,详见附件1),现予以发布。

一、本《标准》是市、县人民政府出让工业用地,确定土地使用权出让价格时必须执行的最低控制标准。

二、工业用地必须采用招标拍卖挂牌方式出让,其出让底价和成交价格均不得低于所在地土地等别(详见附件2)相对应的最低价标准。各地国土资源管理部门在办理土地出让手续时必须严格执行本《标准》,不得以土地取得来源不同、土地开发程度不同等各种理由对规定的最低价标准进行减价修正。

三、工业项目必须依法申请使用土地利用总体规划确定的城市建设用地范围内的国有建设用地。对少数地区确需使用土地利用总体规划确定的城市建设用地范围外的土地,且土地前期开发由土地使用者自行完成的工业项目用地,在确定土地出让价格时可按不低于所在地土地等别相对应最低价标准的60%执行。其中,对使用未列入耕地后备资源且尚未确定土地使用权人(或承包经营权人)的国有沙地、裸土地、裸岩石砾地的工业项目用地,在确定土地出让价格时可按不低于所在地土地等别相对应最低价标准的30%执行。对实行这类地价政策的工业项目用地,由省级国土资源管理部门报部备案。

四、对低于法定最高出让年期(50年)出让工业用地,或采取租赁方式供应工业用地的,所确定的出让价格和年租金按照一定的还原利率修正到法定最高出让年期的价格,均不得低于本《标准》。年期修正必须符合《城镇土地估价规程》(GB/T18508—2001)的规定,还原利率不得低于同期中国人民银行公布的人民币五年期存款利率。

五、为切实保障被征地农民的长远生计,省级国土资源管理部门可根据本地征地补偿费用提高的实际,进一步提高本地的工业用地出让最低价标准;亦可根据本地产业发展政策,在不低于本《标准》的前提下,制订并公布不同行业、不同区域的工业用地出让最低价标准,及时报部备案。

六、本《标准》发布实施后,各省(区、市)要依据本《标准》,开展基准地价更新工作,及时调整工业用地基准地价。

七、各地国土资源管理部门要加强对工业用地出让的监督管理。低于最低价标准出让工业用地,或以各种形式给予补贴或返还的,属非法低价出让国有土地使用权的行为,要依法追究有关人员的法律责任。

八、本《标准》自2007年1月1日起实施。部将根据各地社会经济发展情况、宏观调控的需要以及《标准》的实施情况，适时进行修订。

附件：1. 全国工业用地出让最低价标准

2. 土地等别

附件1：

全国工业用地出让最低价标准

单位：元/平方米（土地）

土地等别	一等	二等	三等	四等	五等	六等	七等	八等
最低价标准	840	720	600	480	384	336	288	252
土地等别	九等	十等	十一等	十二等	十三等	十四等	十五等	
最低价标准	204	168	144	120	96	84	60	

附件2：

土地等别

一等：

上海：长宁区、虹口区、黄浦区、静安区、卢湾区、普陀区、徐汇区、杨浦区、闸北区

二等：

北京：朝阳区、崇文区、东城区、丰台区、海淀区、石景山区、西城区、宣武区

上海：浦东新区

三等：

广东：广州市（白云区、海珠区、荔湾区、萝岗区、天河区、越秀区）深圳市（福田区、罗湖区、南山区、盐田区）

四等：

天津：和平区、河东区、河西区、河北区、红桥区、南开区

重庆：大渡口区、江北区、九龙坡区、南岸区、沙坪坝区、渝中区

河北：石家庄市（长安区、桥东区、桥西区、新华区、裕华区）

辽宁：大连市（甘井子区、沙河口区、西岗区、中山区），沈阳市（大东区、东陵区、和平区、皇姑区、沈河区、铁西区、于洪区）

江苏：常州市（天宁区、新北区、钟楼区）南京市（白下区、鼓楼区、建邺区、秦淮区、下关区、玄武区、雨花台区）苏州市（沧浪区、虎丘区、金阊区、平江区）无锡市（北塘区、滨湖区、崇安区、南长区）

浙江：杭州市（滨江区、拱墅区、江干区、上城区、西湖区、下城区）宁波市（海曙区、江东区、江北区）

福建：福州市（仓山区、鼓楼区、晋安区、台江区）厦门市（海沧区、湖里区、思明区、集美区）

山东：济南市（市中区、历下区、槐荫区、天桥区）、青岛市（市南区、市北区、四方区、崂山区、李沧区）

湖北:武汉市(东西湖区、汉阳区、洪山区、江岸区、江汉区、硚口区、青山区、武昌区)

湖南:长沙市(芙蓉区、开福区、天心区、雨花区、岳麓区)

广东:汕头市(金平区、龙湖区)珠海市(金湾区、香洲区)深圳市宝安区

四川:成都市(成华区、锦江区、金牛区、青羊区、武侯区)

五等:

北京:通州区

天津:塘沽区

河北:唐山市(路北区、路南区、开平区)

山西:太原市(万柏林区、杏花岭区、迎泽区)

辽宁:鞍山市(立山区、千山区、铁东区、铁西区)

吉林:长春市(朝阳区、二道区、宽城区、绿园区、南关区)

黑龙江:哈尔滨市(道里区、道外区、南岗区、香坊区)

江苏:徐州市(鼓楼区、云龙区)

安徽:合肥市(包河区、庐阳区、蜀山区、瑶海区)

江西:南昌市(东湖区、西湖区、青山湖区、青云谱区)

河南:郑州市(二七区、管城回族区、惠济区、金不区、中原区)

广东:东莞市、佛山市禅城区、惠州市惠城区、中山市、深圳市龙岗区、广州市黄埔区

广西:南宁市(江南区、良庆区、青秀区、西乡塘区、兴宁区)

海南:海口市秀英区

云南:昆明市(官流区、盘龙区、五华区)

陕西:西安市(灞桥区、碑林区、莲湖区、未央区、新城区、雁塔区)

新疆:乌鲁木齐市(东山区、沙依巴克区、水磨沟区、头屯河区、天山区、新市区)

六等:

北京:大兴区、昌平区、顺义区

天津:津南区、西青区

河北:保定市(北市区、南市区、新市区)邯郸市(丛台区、邯山区、复兴区)

内蒙古:包头市(昆都仑区、东河区、青山区、九原区)

辽宁:本溪市(平山区、溪湖区、明山区)抚顺市(东洲区、顺城区、新抚区、望花区)盘锦市(兴隆台区、双台子区)大连市(金州区、旅顺口区)

吉林:吉林市(船营区、龙潭区、昌邑区、丰满区)

黑龙江:大庆市萨尔图区

上海:嘉定区、宝山区、闵行区

江苏:南通市(崇川区、港闸区)、扬州市(维扬区、广陵区)、镇江市(京口区、润州区)、南京市栖霞区、常州市戚墅堰区、苏州市(吴中区、相城区)

浙江:温州市(龙湾区、鹿城区、瓯海区)

安徽:马鞍山市(花山区、金家庄区、雨山区)芜湖市(镜湖区、鸠江区、弋江区)

福建:福州市马尾区

山东:潍坊市(潍城区、奎文区)烟台市芝罘区、淄博市(博山区、临淄区、张店区、周村区、淄川区)济南市历城区

河南:洛阳市(瀍河回族区、涧西区、老城区、洛龙区、西工区)

湖北:黄石市(黄石港区、西塞山区)襄樊市(襄城区、樊城区)

湖南:衡阳市(石鼓区、雁峰区、蒸湘区、珠晖区)湘潭市(岳塘区、雨湖区)株洲市(荷塘区、芦淞区、石峰区、天元区)

广东:佛山市(南海区、顺德区)广州市(番禺区、南沙区)江门市(江海区、蓬江区)汕头市濠江区、湛江市(赤坎区、霞山区、麻章区)

广西:柳州市(城中区、柳北区、柳南区、鱼峰区)

重庆:渝北区

云南:昆明市西山区

贵州:贵阳市(南明区、小河区、云岩区)

甘肃:兰州市(安宁区、城关区、七里河区、西固区)

七等:

北京:门头沟区、房山区

天津:东丽区、大港区、北辰区、汉沽区

河北:秦皇岛市(海港区、山海关区、北戴河区)

山西:长治市(城区、郊区)、大同市(城区、南郊区)、阳泉市(城区、郊区)、太原市(晋源区、小店区、尖草坪区)

内蒙古:呼和浩特市(回民区、赛罕区、新城区、玉泉区)

辽宁:丹东市(元宝区、振安区、振兴区)葫芦岛市(连山区、龙港区)锦州市(古塔区、凌河区、太和区)辽阳市(白塔区、太子河区、文圣区)营口市(老边区、西市区、站前区)沈阳市(沈北新区、苏家屯区)

吉林:长春市双阳区

黑龙江:牡丹江市(爱民区、东安区、西安区、阳明区)

上海:南汇区、松江区、金山区

江苏:江阴市、昆山市、连云港市(海州区、新浦区)启东市、泰州市(海陵区、高港区)张家港市、南京市(六合区、浦口区、江宁区)无锡市(锡山区、惠山区)

浙江:嘉兴市(南湖区、秀洲区)、绍兴市越城区、台州市(黄岩区、椒江区、路桥区)、杭州市萧山区、宁波市(北仑区、镇海区)

安徽:淮南市(大通区、田家庵区)、淮北市(相山区、烈山区)

福建:泉州市(鲤城区、丰泽区)、漳州市芗城区、厦门市(同安区、翔安区)

江西:九江市浔阳区、南昌市湾里区

山东:泰安市(岱岳区、泰山区)、威海市环翠区

河南:安阳市(北关区、龙安区、文峰区、殷都区)、平顶山市(新华区、卫东区、湛河区)新乡市(红旗区、牧野区、卫滨区)

湖北:荆州市(沙市区、荆州区)宜昌市(西陵区、伍家岗区、点军区、猇亭区)

湖南:岳阳市岳阳楼区

广东:湖州市湘桥区、茂名市(茂南区、茂港区)、佛山市三水区、韶关市(武江区、浈江区)阳江市江城区、肇庆市端州区、广州市花都区、湛江市坡头区

广西:桂林市(叠彩区、七星区、象山区、秀峰区)

青海:西宁市(城北区、城东区、城西区、城中区)

宁夏:银川市(金凤区、西夏区、兴庆区)

八等:

北京:怀柔区

天津:武清区

河北:沧州市(新华区、运河区)、承德市(双桥区、双滦区)、衡水市桃城区、廊坊市(安次区、广阳区)、邢台市(桥东区、桥西区)、张家口市(桥东区、桥西区)、唐山市丰润区

辽宁:朝阳市(龙城区、双塔区)阜新市(海州区、太平区、细河区)、铁岭市银州区、辽阳市宏伟区

吉林:四平市(铁东区、铁西区)、通化市(东昌区、二道江区)、延吉市

黑龙江:哈尔滨市(平房区、松北区)、鹤岗市(东山区、工农区、南山区、向阳区、兴安区、兴山区)、鸡西市鸡冠区、佳木斯市(东风区、郊区、前进区、向阳区)、齐齐哈尔市(建华区、龙沙区、铁锋区)

上海:奉贤区、青浦区

江苏:常熟市、淮安市(清河区、清浦区)、吴江市、宜兴市、常州市武进区

浙江:湖州市(南浔区、吴兴区)、金华市(金东区、婺城区)、义乌市、杭州市余杭区、宁波市鄞州区

安徽:安庆市(大观区、宜秀区、迎江区)、蚌埠市(蚌山区、淮上区、龙子湖区、禹会区)、铜陵市(郊区、狮子山区、铜官山区)、芜湖市三山区

福建:福清市、晋江市、石狮市、泉州市洛江区、漳州市龙文区

江西:赣州市章贡区

山东:济宁市(任城区、市中区)、临沂市兰山区、枣庄市市中区、青岛市(黄岛区、城阳区)、烟台市莱山区

河南:焦作市(解放区、山阳区)、开封市(鼓楼区、金明区、龙亭区、顺河回族区、禹王台区)

湖北:十堰市(茅箭区、张湾区)

湖南:常德市(鼎城区、武陵区)、郴州市(北湖区、苏仙区)

广东:汕头市(潮南区、潮阳区、澄海区)、河源市源城区、惠州市惠阳区、揭阳市榕城区、开平市、梅州市梅江区、清远市清城区、汕尾市城区、台山市、增城市、普宁市、肇庆市鼎湖区、珠海市斗门区、江门市新会区

海南:三亚市、海口市(龙华区、美兰区、琼山区)

重庆:巴南区

贵州:遵义市(红花岗区、汇川区)、贵阳市白云区

云南:玉溪市红塔区

宁夏:石嘴山市大武口区

新疆:克拉玛依市克拉玛依区

九等:

北京:密云县、平谷区、延庆县

天津:宝坻区、蓟县、静海县

河北:鹿泉市、唐山市(古冶区、丰南区)、张家口市宣化区

山西:临汾市尧都区、晋中市榆次区、大同市新荣区

辽宁:海城市、瓦房店市、营口市鲅鱼圈区

吉林:辽源市(龙山区、西安区)松原市宁江区

上海:崇明县

江苏:丹阳市、海门市、靖江市、溧阳市、如皋市、太仓市、泰兴市、通州市、盐城市亭湖区、扬中市、徐州市泉山区、连云港市连云区

浙江:慈溪市、上虞市、绍兴县、余姚市、舟山市(定海区、普陀区)、诸暨市

福建:龙岩市新罗区、莆田市(城厢区、涵江区、荔城区)三明市(梅列区、三元区)

江西:吉安市(吉州区、青原区)景德镇市(昌江区、珠山区)萍乡市安源区、新余市渝水区、宜春市袁州区、九江市庐山区

山东:滨州市滨城区、德州市德城区、菏泽市牡丹区、莱芜市莱城区、莱州市、聊城市东昌府区、龙口市、日照市(东港区、岚山区)荣成市、文登市、东营市东营区、烟台市(福山区、牟平区)、潍坊市(坊子区、寒亭区)

河南:漯河市源汇区、南阳市(宛城区、卧龙区)

湖北:鄂州市鄂城区、荆门市(东宝区、掇发区)、潜江市、仙桃市、武汉市江夏区

湖南:娄底市娄星区、邵阳市(北塔区、大祥区、双清区)、益阳市(赫山区、资阳区)永州市(冷水滩区、零陵区)岳阳市云溪区、衡阳市南岳区

广东:从化市、恩平市、佛山市高明区、高要市、鹤山市、惠东县、廉江市、罗定市、云浮市云城区

广西:北海市(海城区、银海区)、防城港市港口区、贵港市(港北区、港南区、覃塘区)、梧州市(万秀区、蝶山区、长洲区)、桂林市雁山区

重庆:北碚区

四川:德阳市旌阳区、绵阳市(涪城区、游仙区)

云南:安宁市

贵州:贵阳市(花溪区、乌当区)

陕西:宝鸡市(金台区、渭滨区)、汉中市汉台区、铜川市(王益区、印台区)

新疆:石河子市

十等:

天津:宁河县

河北:藁城市、迁安市、三河市、辛集市、正定县、涿州市、石家庄市井陉矿区

山西:侯马市、晋城市城区、运城市盐湖区、阳泉市矿区

内蒙古:赤峰市(红山区、松山区、元宝山区)通辽市科尔沁区、乌海市(海勃湾区、海南区、乌达区)

辽宁:大石桥市、盖州市、普兰店市、庄河市、本溪市南芬区、铁岭市清河区

吉林:白城市洮北区、白山市八道江区、敦化市、公主岭市、梅河口市、图们市

黑龙江:哈尔滨市(阿城区、呼兰区)黑河市爱辉区、尚志市、双城市、双鸭山市(宝山区尖山区、岭东区、四方台区)、绥芬河市、绥化市北林区、伊春市伊春区、肇东市、大庆市(红岗区、龙凤区、让胡路区)

江苏:东台市、江都市、姜堰市、金坛市、仪征市、徐州市(贾汪区、九里区)镇江市丹徒区淮安市楚州区、扬州市邗江区

浙江:东阳市、富阳市、海宁市、乐清市、丽水市莲都区、临海市、衢州市柯城区、瑞安市、温岭市、永康市

安徽:亳州市谯城区、滁州市(南谯区、琅琊区)繁昌县、肥东县、肥西县、阜阳市(颍东区、颍泉区、颍州区)宁国市、芜湖县、宣城市宣州区

福建:长乐市、龙海市、南安市、南平市延平区、永安市、泉州市泉港区

江西:丰城市、贵溪市、上饶市信州区、鹰潭市月湖区

山东:即墨市、胶州市、寿光市、招远市、邹城市、莱芜市钢城区、临沂市(河东区、罗庄区)

河南:鹤壁市(鹤山区、淇滨区、山城区)濮阳市华龙区、三门峡市湖滨区、许昌市魏都区

湖北:黄冈市黄州区、随州市曾都区、天门市、孝感市孝南区、沙洋县、江陵县、武汉市蔡甸区、黄石市(铁山区、下陆区)、鄂州市华容区

湖南:长沙县、怀化市鹤城区、浏阳市、张家界市永定区、岳阳市君山区

广东:博罗县、潮安县、电白县、佛冈县、高州市、海丰县、化州市、揭东县、乐昌市、雷州市、连州市、陆丰市、南澳县、南雄市、韶关市曲江区、四会市、吴川市、信宜市、阳春市、英德市

广西:钦州市(钦北区、钦南区)武鸣县、南宁市邕宁区、玉林市玉州区、来宾市兴宾区、防城港市防城区、北海市铁山港区

海南:儋州市、琼海市

重庆:双桥区、万盛区

四川:成都市龙泉驿区、乐山市(沙湾区、市中区)泸州市江阳区、内江市市中区、攀枝花市(东区、仁和区)、宜宾市翠屏区、自贡区(大安区、自流井区)

贵州:六盘水市钟山区

云南:昆明市东川区、曲靖市麒麟区

西藏:拉萨市城关区

陕西:渭南市临渭区、咸阳市(秦都区、渭城区)、西安市(长安区、临潼区、阎良区)

甘肃:白银市白银区、嘉峪关市、金昌市金川区、天水市秦州区、兰州市红古区

新疆:阿克苏市、喀什市、库尔勒市、伊宁市

十一等:

河北:霸州市、定州市、高碑店市、邯郸县、黄骅市、任丘市、武安市、新乐市、遵化市、邯郸市峰峰矿区、张家口市下花园区

山西:介休市、朔州市朔城区、孝义市、忻州市忻府区、原平市、大同市矿区

内蒙古:呼伦贝尔市海拉尔区、乌兰察布市集宁区、满洲里市、乌兰浩特市

辽宁:北票市、灯塔市、东港市、凤城市、开原市、凌海市、凌源市、调兵山市、新民市、兴城市、本溪满族自治县、阜新市(清河门区、新邱区)辽阳市弓长岭区、葫芦岛市南票区

吉林:和龙市、桦甸市、珲春市、集安市、蛟河市、九台市、临江市、龙井市、磐石市、舒兰市、榆树市

黑龙江:海林市、海伦市、密山市、七台河市(茄子河区、桃山区、新兴区)、庆安县、五常市、鸡西市滴道区

江苏:宝应县、大丰市、高淳县、高邮市、海安县、句容市、溧水县、邳州市、如东县、宿迁市宿城区、新沂市、兴化市

浙江:嘉善县、兰溪市、临安市、桐乡市、玉环县

安徽:长丰县、巢湖市居巢区、黄山市(徽州区、屯溪区)六安市(金安区、裕安区)、宿州市埇桥区、淮北市杜集区

福建:惠安县、连江县、闽侯县、宁德市蕉城区、莆田市秀屿区

江西:抚州市临川区、井冈山市、乐平市、萍乡市湘东区

山东:安丘市、昌邑市、肥城市、胶南市、莱西市、莱阳市、蓬莱市、平度市、青州市、曲阜市、

乳山市、滕州市、新泰市、兖州市、章丘市、诸城市、枣庄市(薛城区、峄城区)

河南:济源市、商丘市(梁园区、睢阳区)、太康县、信阳市(平桥区、浉河区)、驻马店市驿城区、郑州市上街区、洛阳市吉利区、焦作市(马村区、中站区)、新乡市凤泉区

湖北:赤壁市、大冶市、丹江口市、洪湖市、老河口市、麻城市、石首市、松滋市、武穴市、咸宁市咸安区、宜城市、应城市、襄樊市襄阳区、枣阳市、钟祥市、武汉市(汉南区、黄陂区、新洲区)鄂州市梁子湖区

湖南:吉首市、耒阳市、醴陵市、临湘市、汨罗市、湘乡市、沅江市、张家界市武陵源区

广东:德庆县、封开县、怀集县、惠来县、揭西县、连平县、龙门县、梅县、清新县、饶平县、遂溪县、新丰县、新兴县、兴宁市、徐闻县、阳东县、阳西县、云安县

广西:百色市右江区、北流市

海南:澄迈县、东方市、万宁市、文昌市

重庆:涪陵区、万州区、江津市

四川:达州市通川区、都江堰市、峨眉山市、广元市市中区、江油市、南充市(高坪区、嘉陵区、顺庆区)彭州市、双流县、遂宁市船山区、西昌市、成都市青白江区、内江市东兴区

贵州:安顺市西秀区

云南:楚雄市、河口瑶族自治县

陕西:安康市汉滨区、韩城市、延安市宝塔区、咸阳市杨凌区

甘肃:白银市平川区、天水市麦积区

新疆:昌吉市、哈密市、吐鲁番市、乌鲁木齐县、乌鲁木齐市达坂城区

十二等:

河北:安国市、泊头市、沧县、大厂回族自治县、抚宁县、高邑县、河间市、冀州市、定兴县、晋州市、井陉县、乐亭县、蠡县、卢龙县、栾城县、滦南县、滦县、迁西县、青县、清河县、沙河市、深州市、唐海县、香河县、徐水县、永年县、玉田县、承德市鹰手营子矿区

山西:长治县、汾阳市、高平市、古交市、河津市、怀仁县、霍州市、吕梁市离石区、灵石县、潞城市、平定县、清徐县、永济市、左云县、朔州市平鲁区

内蒙古:巴彦淖尔市临河区、鄂尔多斯市东胜区、锡林浩特市、牙克石市、扎兰屯市

辽宁:北镇市、朝阳县、大洼县、抚顺县、阜新蒙古族自治县、辽阳县、辽中县、盘山县、绥中县、铁岭县、长海县

吉林:安图县、白山市江源区、长白朝鲜族自治县、大安市、德惠市、东丰县、东辽县、抚松县、辉南县、梨树县、柳河县、农安县、前郭尔罗斯蒙古族自治区、双辽市、洮南市、通化县、汪清县、永吉县

黑龙江:安达市、北安市、富锦市、虎林市、宁安市、铁力市、五大连池市、大庆市大同区、齐齐哈尔市(昂昂溪区、富拉尔基区、梅里斯达斡尔族区)鸡西市(城子河区、恒山区、梨树区、麻山区)伊春市(南岔区、汤旺河区、西林区)

江苏:东海县、赣榆县、洪泽县、建湖县、金湖县、沛县、射阳县、泗洪县、泗阳县、铜山县、盐城市盐都区、淮安市淮阴区

浙江:德清县、奉化市、海盐县、建德市、江山市、平湖市、嵊州市、桐庐县、新昌县

安徽:池州市贵池区、当涂县、含山县、绩溪县、泾县、舒城县、桐城市、铜陵县、淮南市(八公山区、潘集构、谢家集区)

福建:福安市、福鼎市、建瓯市、罗源县、闽清县、南靖县、沙县、邵武市、武夷山市、云霄县漳

平市、漳浦县、诏安县

江西：安福县、德兴市、高安市、吉安县、进贤县、芦溪县、南昌县、南康市、瑞昌市、瑞金市、泰和县、峡江县、新干县、樟树市

山东：长岛县、高密市、海阳市、临清市、洒霞市、枣庄市（山亭区、台儿庄区）东营市河口区

河南：安阳县、长葛市、登封市、邓州市、巩义市、辉县市、林州市、灵宝市、孟州市、沁阳市、荥阳市、汝州市、卫辉市、舞钢市、项城市、新密市、新乡县、新郑市、许昌县、偃师市、漯河市（郾城区、召陵区）义马市、永城市、禹州市、中牟县、周口市川汇区、平顶山市石龙区

湖北：安陆市、当阳市、恩施市、广水市、汉川市、宜都市、枝江市、宜昌市夷陵区

湖南：安仁县、安乡县、常宁市、道县、桂阳县、汉寿县、衡东县、衡南县、衡山县、衡阳县、华容县、津市市、冷水江市、澧县、涟源市、临澧县、临武县、南县、宁乡县、祁东县、祁阳县、韶山市、邵东县、邵阳县、石门县、双峰县、桃江县、桃源县、望城县、武冈市、湘潭县、湘阴县、新邵县、攸县、岳阳县、株洲县、资兴市

广东：大埔县、东源县、丰顺县、广宁县、和平县、蕉岭县、连南瑶族自治县、连山壮族瑶族自治县、龙川县、陆河县、平远县、仁公县、始兴县、翁源县、五华县、阳山县、郁南县、紫金县、乳源瑶族自治县

广西：岑溪市、东兴市、桂平市、合浦县、合山市、河池市金城江区、贺州市八步区、临桂县、柳城县、柳江县、容县、田东县、昭平县、钟山县

海南：昌江黎族自治县、定安县、临高县、五指山市、陵水黎族自治县

重庆：合川市、永川市

四川：崇州市、广安市广安区、广汉市、绵竹市、邛崃市、什邡市、成都市（新都区、温江区）攀枝花市西区、自贡市（贡井区、沿滩区）、泸州市（龙马潭区、纳溪区）、乐山市（金口河区、五通桥区）

贵州：都匀市、凯里市、清镇市、铜仁市、兴义市

云南：大理市、个旧市、石林彝族自治县、瑞丽市

西藏：日喀则市

陕西：华县、华阴市、黄陵县、洛川县、潼关县、兴平市、榆林市榆阳区、铜川市耀州区

甘肃：成县、敦煌市、酒泉市肃州区、临夏市、永登县、玉门市、武威市凉州区、陇南市武都区

宁夏：灵武市、青铜峡市、吴忠市利通区、中卫市沙坡头区

新疆：阿勒泰市、阿图什市、博乐市、阜康市、奎屯市、米泉市、塔城市、乌苏市、克拉玛依市（白碱滩区、独山子区、乌尔禾区）

十三等：

河北：安平县、柏乡县、昌黎县、磁县、大城县、东光县、高阳县、固安县、故城县、怀来县、景县、临城县、灵寿县、满城县、南宫市、宁晋县、清苑县、容城县、深泽县、肃宁县、唐县、望都县、文安县、吴桥县、献县、兴隆县、邢台县、雄县、宣化县、阳原县、易县、元氏县、枣强县、赵县

山西：长子县、大同县、代县、定襄县、繁峙县、河曲县、洪洞县、壶关县、稷山县、绛县、交城县、黎城县、临猗县、陵川县、柳林县、宁武县、平陆县、平顺县、平遥县、蒲县、祁县、沁水县、曲沃县、芮城县、山阴县、寿阳县、太谷县、文水县、闻喜县、五台县、乡宁县、襄汾县、襄垣县、新绛县、阳城县、翼城县、应县、盂县、垣曲县、泽州县、中阳县

内蒙古：额尔古纳市、根河市

辽宁：昌图县、法库县、黑山县、桓仁满族自治县、建昌县、建平县、喀喇沁左翼蒙古族自治

县、康平县、宽甸满族自治县、清原满族自治县、台安县、西丰县、新宾满族自治县、岫岩满族自治县、义县、彰武县

吉林：靖宇县、伊通满族自治县

黑龙江：巴彦县、勃利县、方正县、鸡东县、林口县、穆棱市、讷河市、通河县、同江市、望奎县、延寿县、肇源县、肇州县、齐齐哈尔市碾子山区、伊春市（翠峦区、带岭区、红星区、金山屯区、美溪区、上甘岭区、新青区、五营区、乌马河区、乌伊岭区、友好区）

江苏：滨海县、丰县、阜宁县、灌南县、灌云县、涟水县、沭阳县、宿迁市宿豫区、睢宁县、响水县、盱眙县

浙江：安吉县、苍南县、长兴县、龙泉市、龙游县、宁海县、平阳县、象山县、永嘉县、嵊泗县、衢州市衢江区

安徽：砀山县、东至县、凤台县、广德县、和县、霍邱县、霍山县、界首市、金寨县、庐江县、明光市、南陵县、祁门县、青阳县、石台县、寿县、濉溪县、天长市、涡阳县、无为县、歙县、萧县、黄山市黄山区

福建：安溪县、长泰县、东山县、古田县、建阳市、将乐县、平潭县、上杭县、顺昌县、霞浦县、仙游县、永春县、永定县、永泰县、尤溪县

江西：大余县、分宜县、广丰县、吉水县、九江县、宁都县、上栗县、上饶县、万安县、万年县、新建县、永丰县、永修县、余江县

山东：博兴县、曹县、昌乐县、济南市长清区、定陶县、东阿县、东明县、费县、高青县、高唐县、桓台县、惠民县、济阳县、嘉祥县、金乡县、莒南县、莒县、乐陵市、梁山县、临朐县、临邑县、陵县、宁阳县、平邑县、平阴县、平原县、齐河县、商河县、泗水县、郯城县、微山县、汶上县、阳谷县、沂源县、鱼台县、禹城市、郓城县、邹平县

河南：宝丰县、博爱县、长垣县、方城县、淮阳县、潢川县、临颍县、鹿邑县、孟津县、内乡县、濮阳县、淇县、清丰县、汝南县、陕县、遂平县、汤阴县、唐河县、通许县、尉氏县、西平县、新安县、新野县、修武县、鄢陵县、延津县、镇平县

湖北：保康县、长阳土家族自治县、崇阳县、大悟县、公安县、谷城县、红安县、黄梅县、嘉鱼县、临利县、京山县、利川市、南漳县、蕲春县、团风县、浠水县、孝昌县、远安县、云梦县、郧县、秭归县

湖南：安化县、茶陵县、辰溪县、慈利县、东安县、洞口县、洪江市、会同县、嘉禾县、靖州苗族、侗族自治县、蓝山县、隆回县、麻阳苗族自治区、宁远县、平江县、绥宁县、新化县、新宁县、新田县、溆浦县、炎陵县、宜章县、永兴县、芷江侗族自治县、中方县

广西：博白县、苍梧县、富川瑶族白治县、荔浦县、灵川县、陆川县、南丹县、平果县、平乐县、平南县、全州县、上思县、藤县、田阳县、兴安县、阳朔县、宜州市

海南：白沙黎族自治县、保亭黎族苗族自治县、乐东黎族自治县、琼中黎族苗族自治县、屯昌县

重庆：南川市

四川：安县、宝兴县、苍溪县、长宁县、达县、大邑县、大竹县、富顺县、高县、珙县、简阳市、江安县、金堂县、筠连县、阆中市、泸县、米易县、南溪县、彭山县、郫县、仁寿县、荣县、三台县、射洪县、石棉县、万源市、新津县、宜宾县、荥经县、资阳市雁江区、眉山市东坡区、雅安市雨城区、巴中市巴州区、广元市（朝天区、元坝区）、遂宁市安居区

贵州：毕节市、赤水市、贵定县、开阳县、龙里县、仁怀市、息烽县、修文县、遵义县

云南:保山市隆阳区、呈贡县、澄江县、峨山彝族自治县、江川县、晋宁县、景洪市、开远市、丽江市古城区、潞西市、屏边苗族自治县、石屏县、水富县、思茅市翠云区、通海县、宜良县、昭通市昭阳区

陕西:安塞县、白水县、城固县、大荔县、府谷县、富平县、富县、甘泉县、高陵县、横山县、户县、黄龙县、佳县、靖边县、米脂县、清涧县、三原县、子长县、子洲县、神木县、绥德县、吴堡县、吴起县、延长县、宜川县、志丹县、商洛市商州区

甘肃:阿克塞哈萨克族自治县、定西市安定区、皋兰县、合水县、合作市、徽县、两当县、宁县、平凉市崆峒区、庆城县、文县、庆阳市西峰区、榆中县、张掖市甘州区

宁夏:贺兰县、石嘴山市惠农区、平罗县、永宁县、中宁县

新疆:和田市、呼图壁县、霍城县、精河县、库车县、轮台县、玛纳斯县、沙湾县、莎车县、鄯善县、托克逊县,新源县、焉耆回族自治县、泽普县、五家渠市

十四等:

河北:安新县、博野县、成安县、承德县、赤城县、大名县、肥乡县、丰宁满族自治县、阜城县、阜平县、馆陶县、广平县、广宗县、海兴县、怀宁县、鸡泽县、巨鹿县、宽城满族自治县、涞水县、涞源县、临西县、临漳县、隆化县、隆尧县、滦平县、孟村回族自治县、内丘县、南和县、南皮县、平泉县、平山县、平乡县、青龙满族自治县、邱县、曲阳县、曲周县、饶阳县、任县、涉县、顺平县、万全县、威县、围场满族蒙古族自治县、蔚县、魏县、无极县、武强县、武邑县、新河县、行唐县、盐山县、永清县、赞皇县、涿鹿县

山西:安泽县、保德县、大宁县、方山县、汾西县、浮山县、古县、广灵县、和顺县、浑源县、吉县、交口县、静乐县、岢岚县、岚县、临县、灵丘县、娄烦县、偏关县、沁县、沁源县、神池县、石楼县、天镇县、屯留县、万荣县、五寨县、武乡县、昔阳县、隰县、夏县、兴县、阳高县、阳曲县、永和县、右玉县、榆社县、左权县

内蒙古:阿尔山市、阿荣旗、敖汉旗、巴林左旗、达拉特旗、鄂伦春自治旗、鄂温克族自治旗二连浩特市、丰镇市、杭锦后旗、霍林郭勒市、科尔沁左翼后旗、林西县、莫力达瓦达斡尔族自治旗、宁城县、土默特右旗、土默特左旗、翁牛特旗、乌拉特前旗、五原县、包头市(白云矿区、石拐区)

吉林:长岭县、扶余县、乾安县

黑龙江:宝清县、抚远县、富裕县、集贤县、克东县、克山县、兰西县、萝北县、明水县、木兰县、嫩江县、绥滨县、塔河县、汤原县、友谊县、大兴安岭加格达奇

浙江:常山县、淳安县、岱山县、洞头县,缙云县、景宁畲族自治县、开化县、磐安县、浦江县、青田县、庆元县、三门县、松阳县、遂昌县、泰顺县、天台县、文成县、武义县、仙居县、云和县

安徽:枞阳县、定远县、凤阳县、阜南县、固镇县、怀宁县、怀远县、旌德县、来安县、郎溪县、利辛县、临泉县、灵璧县、蒙城县、潜山县、全椒县、泗县、宿松县、太和县、太湖县、望江县、五河县、休宁县、黟县,颍上县

福建:大田县、德化县、华安县、连城县、平和县、浦城县、泰宁县

江西:安义县、安远县、鄱阳县、崇仁县、德安县、定南县、东乡县、浮梁县、赣县、横峰县、会昌县、金溪县、靖安县、莲花县、龙南县、南城县、铅山县、上高县、上犹县、石城县、遂川县、万载县、武宁县、婺源县、信丰县、兴国县、修水县、寻乌县、弋阳县、永新县、于都县、玉山县、资溪县

山东:单县、广饶县、垦利县、利津县、蒙阴县、武城县、沂南县、沂水县

河南:范县、封丘县、扶沟县、固始县、光山县、滑县、淮滨县、获嘉县、浚县、开封县、兰考县

鲁山县、栾川县、罗山县、泌阳县、民权县、南乐县、南召县、杞县、确山县、商城县、上蔡县、社旗县、沈丘县、渑池县、桐柏县、温县、武陟县、舞阳县、西华县、西峡县、淅川县、襄城县、叶县、伊川县、原阳县、正阳县

湖北：巴东县、房县、建始县、来凤县、罗田县、通城县、五峰土家族自治县、兴山县、阳新县英山县、竹山县

湖南：保靖县、城步苗族自治县、凤凰县、古丈县、桂东县、花垣县、江华瑶族自治县、江永县、龙山县、泸溪县、汝城县、桑植县、双牌县、通道侗族自治县、新晃侗族自治县、永顺县、沅陵县

广西：宾阳县、崇左市江州区、大化瑶族自治县、扶绥县、横县、金秀瑶族自治县、乐业县、灵山县、凌云县、隆林各族自治县、鹿寨县、蒙山县、浦北县、田林县、西林县、兴业县

重庆：璧山县、长寿区、大足县、垫江县、丰都县、奉节县、开县、梁平县、綦江县、荣昌县、铜梁县、潼南县、巫山县、武隆县、云阳县、忠县

四川：安岳县、巴塘县、北川羌族自治县、布拖县、大英县、丹棱县、德昌县、甘洛县、古蔺县、汉源县、合江县、洪雅县、华蓥市、会理县、夹江县、犍为县、剑阁县、井研县、九寨沟县、开江县、康定县、乐至县、邻水县、隆昌县、芦山县、泸定县、罗江县、马边彝族自治县、马尔康县、茂县、冕宁县、名山县、沐川县、南部县、南江县、蓬安县、蓬溪县、平昌县、平武县、屏山县、蒲江县、青川县、青神县、渠县、天全县、通江县、旺苍县、威远县、汶川县、武胜县、西充县、兴文县、叙永县、宣汉县、盐边县、盐亭县、仪陇县、营山县、岳池县、中江县、资中县、梓潼县

贵州：独山县、福泉市、金沙县、荔波县、平坝县、施秉县、桐梓县、玉屏侗族自治县、镇远县

云南：宾川县、大姚县、洱源县、富民县、富源县、华宁县、会泽县、建水县、景东彝族自治县、兰坪白族普米族自治县、临沧市临翔区、陆良县、禄丰县、禄劝彝族苗族自治县、绿春县、罗平县、马龙县、勐海县、勐腊县、弥渡县、弥勒县、牟定县、南华县、普洱哈尼族彝族自治县、师宗县、双柏县、嵩明县、绥江县、滕冲县、文山县、武定县、祥云县、新平彝族傣族自治县、宣威市、寻甸回族彝族自治县、姚安县、易门县、永仁县、元江哈尼族彝族傣族自治县、元谋县、沾益县、玉龙纳西族自治县

陕西：澄城县、定边县、凤县、凤翔县、扶风县、汉阴县、合阳县、泾阳县、蓝田县、礼泉县、略阳县、眉县、勉县、南郑县、平利县、岐山县、商南县、石泉县、太白县、武功县、西乡县、旬阳县、延川县、镇安县、周至县、柞水县、宝鸡市陈仓区

甘肃：瓜州县、崇信县、宕昌县、迭部县、甘谷县、广河县，华池县、华亭县、环县、会宁县、金塔县、泾川县、景泰县、靖远县、康乐县、康县、礼县、临洮县、灵台县、碌曲县、玛曲县、民勤县、山丹县、肃北蒙古族自治县、天祝藏族自治县、武山县、西和县、夏河县、永昌县、永靖县、镇原县、正宁县、卓尼县

青海：大通回族土族自治县、德令哈市、格尔木市、互助土族自治县、湟中县、乐都县、民和回族土族自治县、平安县

宁夏：固原市原州区

新疆：阿瓦提县、巴楚县、博湖县、察布查尔锡伯自治县、额敏县、富蕴县、伽师县、和静县、和硕县、吉木萨尔县、麦盖提县、沙雅县、疏附县、疏勒县、尉犁县、温宿县、叶城县、伊宁县、英吉沙县、岳普湖县、阿拉尔市、图木舒克市

十五等：

河北：崇礼县、沽源县、康保县、尚义县、张北县

内蒙古:阿巴嘎旗、阿拉善右旗、阿拉善左旗、阿鲁科尔沁旗、巴林右旗、察哈尔右翼后旗、察哈尔右翼前旗、察哈尔右翼中旗、陈巴尔虎旗、达尔罕茂明安联合旗、磴口县、东乌珠穆沁旗、多伦县、额济纳旗、鄂托克旗、鄂托克前旗、固阳县、杭锦旗、和林格尔县、化德县、喀喇沁旗、开鲁县、科尔沁右翼前旗、科尔沁右翼中旗、科尔沁左翼中旗、克什克腾旗、库伦旗、凉城县、奈曼旗、清水河县、商都县、四子王旗、苏尼特右旗、苏尼特左旗、太仆寺旗、突泉县、托克托县、乌拉特后旗、乌拉特中旗、乌审旗、武川县、西乌珠穆沁旗、镶黄旗、新巴尔虎右旗、新巴尔虎左旗、兴和县、伊金霍洛旗、扎赉特旗、孔鲁特旗、正蓝旗、正镶白旗、准格尔旗、卓资县

吉林:通榆县、镇赉县

黑龙江:拜泉县、宾县、东宁县、杜尔伯特蒙古族自治县、甘南县、呼玛县、桦川县、桦南县、嘉荫县、林甸县、龙江县、漠河县、青冈县、饶河县、绥棱县、孙吴县、泰来县、逊克县、依安县、依兰县

安徽:岳西县

福建:长汀县、光泽县、建宁县、明溪县、宁化县、屏南县、清流县、寿宁县、松溪县、武平县、枯荣县、政和县、周宁县

江西:崇义县、都昌县、奉新县、广昌县、湖口县、乐安县、黎川县、南丰县、彭泽县、全南县、铜鼓县、星子县、宜丰县、宜黄县、余干县

山东:苍山县、成武县、茌平县、东平县、冠县、巨野县、鄄城县、临沭县、宁津县、庆云县、无棣县、五莲县、夏津县、莘县、阳信县、沾化县

河南:郸城县、郏县、卢氏县、洛宁县、内黄县、宁陵县、平舆县、汝阳县、商水县、嵩县、睢县、台前县、息县、夏邑县、新蔡县、新县、宜阳县、虞城县、枯城县

湖北:鹤峰县、神农架林区、通山县、咸丰县、宣恩县、郧西县、竹溪县

广西:巴马瑶族自治县、大新县、德保县、东兰县、都安瑶族自治县、凤山县、恭城瑶族自治县、灌阳县、环江毛南族自治县、靖西县、龙胜各族自治县、龙州县、隆安县、罗城仫佬族自治县、马山县、那坡县、宁明县、凭祥市、融安县、融水苗族自治县、三江侗族自治县、上林县、天等县、天峨县、武宣县、象州县、忻城县、永福县、资源县

重庆:城口县、彭水苗族土家族自治县、石柱土家族自治县、巫溪县、秀山土家族苗族自治县、酉阳土家族苗族自治县、黔江区

四川:阿坝县、白玉县、丹巴县、道孚县、稻城县、得荣县、德格县、峨边彝族自治县、甘孜县、黑水县、红原县、会东县、金川县、金阳县、九龙县、雷波县、理塘县、理县、炉霍县、美姑县、木里藏族自治县、宁南县、普格县、壤塘县、若尔盖县、色达县、石渠县、松潘县、喜德县、乡城县、小金县、新龙县、雅江县、盐源县、越西县、昭觉县

贵州:安龙县、册亨县、岑巩县、长顺县、从江县、大方县,丹寨县、道真仡佬族苗族自治县、德江县、凤冈县、关岭布依族苗族自治县、赫章县、黄平县、惠水县、剑河县、江口县、锦屏县、雷山县、黎平县、六枝特区、罗甸县、麻江县、湄潭县、纳雍县、盘县、平塘县、普安县、普安县、黔西县、晴隆县、榕江县、三都水族自治县、三穗县、石阡县、水城县、思南县、松桃苗族自治县、绥阳县、台江县、天柱县、万山特区、望谟县、威宁彝族回族苗族自治县、瓮安县、务川仡佬族苗族自治县、习水县、兴仁县、沿河土家族自治县、印江土家族苗族自治县、余庆县、贞丰县、镇宁布依族苗族自治县、正安县、织金县、紫云苗族布依族自治县

云南:沧源佤族自治县、昌宁县、大关县、德钦县、凤庆县、福贡县、福宁县、耿马傣族佤族自治县、贡山独龙族怒族自治县、广南县、鹤庆县、红河县、华坪县、剑川县、江城哈尼族彝族自治

县、金平苗族瑶族傣族自治县、景谷傣族彝族自治县、澜沧拉祜族自治县、梁河县、龙陵县、陇川县、泸水县、泸西县、鲁甸县、麻栗坡县、马关县、蒙自县、孟连傣族拉祜族佤族自治县、墨江哈尼族自治县、南涧彝族自治县、宁蒗彝族自治县、巧家县、丘北县、施甸县、双江拉祜族佤族布朗族傣族自治县、威信县、巍山彝族回族自治县、维西傈僳族自治县、西畴县、西盟佤族自治县、盐津县、砚山县、漾濞彝族自治县、彝良县、盈江县、永德县、永平县、永善县、永胜县、元阳县、云龙县、云县、镇康县、镇雄县、镇沅彝族哈尼族拉祜族自治县、香格里拉县

西藏:安多县、昂仁县、八宿县、巴青县、白朗县、班戈县、比如县、边坝县、波密县、察雅县、察隅县、昌都县、措美县、措勤县、错那县、达孜县、当雄县、丁青县、定结县、定日县、堆龙德庆县、噶尔县、改则县、岗巴县、革吉县、工布江达县、贡嘎县、贡觉县、吉隆县、加查县、嘉黎县、江达县、江孜县、康马县、拉孜县、朗县、浪卡子县、类乌齐县、林芝县、林周县、隆子县、洛隆县、洛扎县、芒康县、米林县、墨脱县、黑竹工卡县、那曲县、乃东县、南木林县、尼玛县、尼木县、聂拉木县、聂荣县、普兰县、琼结县、曲水县、曲松县、仁布县、日土县、萨嘎县、萨迦县、桑日县、申扎县、索县谢通门县、亚东县札达县、扎囊县、仲巴县、左贡县

陕西:白河县、彬县、长武县、淳化县、丹凤县、佛坪县、岚皋县、麟游县、留坝县、陇县、洛南县、宁强县、宁陕县、蒲城县、千阳县、乾县、山阳县、旬邑县、洋县、宜君县、永寿县、镇巴县、镇坪县、紫阳县

甘肃:东乡族自治县、高台县、古浪县、和政县、积石山保安族东乡族撒拉族自治县、静宁县临潭县、临夏县、临泽县、陇西县、民乐县、岷县、秦安县、肃南裕固族自治县、通渭县、渭源县、张家川回族自治县、漳县、清水县、舟曲县、庄浪县

青海:班玛县、称多县、达日县、都兰县、甘德县、刚察县、共和县、贵德县、贵南县、海晏县、河南蒙古族自治县、化隆回族自治县、湟源县、尖扎县、久治县、玛多县、玛沁县、门源回族自治县、祁连县、曲麻莱县、天峻县、同德县、同仁县、乌兰县、囊谦县、兴海县、循化撒拉族自治县、玉树县、杂多县、泽库县、治多县

宁夏:海原县、泾源县、隆德县、彭阳县、同心县、西吉县、盐池县

新疆:阿合奇县、阿克掏县、巴里坤哈萨克自治县、拜城县、昭苏县、布尔津县、策勒县、福海县、巩留县、哈巴河县、和布克赛尔蒙古自治县、和田县、吉木乃县、柯坪县、洛浦县、民丰县、墨玉县、木垒哈萨克自治县、尼勒克县、皮山县、奇台县、且末县、青河县、若羌县、塔什库尔干塔吉克自治县、特克斯县、托里县、温泉县、乌恰县、乌什县、新和县、伊吉县、于田县、裕民县

目　录

（上　册）

第一部分　法　律

（下　册）

四、企 业 改 制

1. 行政法规及法规性文件

中共中央关于国有企业改革和发展若干重大问题的决定

(1999年9月22日中国共产党第十五届中央委员会第四次全体会议通过)

为实现党的十五大提出的我国改革开放和现代化建设跨世纪发展的宏伟目标,中国共产党第十五届中央委员会第四次全体会议讨论了国有企业改革和发展的若干重大问题,并作如下 决定。

一、推进国有企业改革和发展是一项重要而紧迫的任务

新中国成立50年来,我们党领导各族人民不懈奋斗,取得了社会主义建设的巨大成就。我国由一个贫穷落后的农业国,发展成为即将进入小康社会、向工业化和现代化目标大步迈进的社会主义国家。这是中华民族发展进程中一次伟大的历史性跨越。国有企业和工人阶级为此作出了不可磨灭的重大贡献。

党的十一届三中全会以来,在邓小平理论指导下,我们党开辟了建设有中国特色社会主义的新道路。为克服传统计划经济体制的弊端,我们坚持解放思想,实事求是,积极探索,循序渐进,不断深化国有企业改革和整个经济体制改革,推进现代化建设。国有企业管理体制和经营机制发生了深刻变化,一批企业在市场竞争中成长壮大,技术装备水平明显提高,以国有企业为主生产的一些重要产品的产量跃居世界前列。在公有制为主体、多种所有制经济共同发展的新格局下,国有经济的总体实力进一步增强,在国民经济中继续发挥着主导作用,并且一直是财政收入的主要来源,有力地支持了国家的改革和建设。经过多年的努力,国有企业朝着建立社会主义市场经济体制的改革目标,迈出了前所未有的重大步伐。

国有企业改革是一场广泛而深刻的变革。当前,国有企业的体制转换和结构调整进入攻坚阶段,一些深层次矛盾和问题集中暴露出来。由于传统体制的长期影响、历史形成的诸多问题、多年以来的重复建设以及市场环境的急剧变化,相当一部分国有企业还不适应市场经济的要求,经营机制不活,技术创新能力不强,债务和社会负担沉重,富余人员过多,生产经营艰难,经济效益下降,一些职工生活困难。必须采取切实有效的措施解决这些问题。这不仅关系到国有企业改革的成败,也关系到整个经济体制改革的成败。全党既要充分认识推进国有企业改革和发展的重要性和紧迫性,又要清醒地看到这项工作的艰巨性和长期性,锲而不舍地努力,不断取得新的突破。

世纪之交,和平和发展依然是时代的主题,但霸权主义和强权政治有新的发展。综合国力越来越成为决定一个国家前途命运的主导因素。我们要增强国家的经济实力、国防实力和民

族凝聚力，就必须不断促进国有经济的发展壮大。包括国有经济在内的公有制经济，是我国社会主义制度的经济基础，是国家引导、推动、调控经济和社会发展的基本力量，是实现广大人民群众根本利益和共同富裕的重要保证。坚定不移地贯彻十五大精神，推进国有企业的改革和发展，从总体上增强国有企业的活力和国有经济的控制力，对于建立社会主义市场经济体制，促进经济持续快速健康发展，提高人民生活水平，保持安定团结的政治局面，巩固社会主义制度，都具有十分重要的意义。

国有企业是我国国民经济的支柱。发展社会主义社会的生产力，实现国家的工业化和现代化，始终要依靠和发挥国有企业的重要作用。在经济全球化和科技进步不断加快的形势下，国有企业面临着日趋激烈的市场竞争。发展是硬道理。必须敏锐地把握国内外经济发展趋势，切实转变经济增长方式，拓展发展空间，尽快形成国有企业的新优势。

国有企业改革是整个经济体制改革的中心环节。建立和完善社会主义市场经济体制，实现公有制与市场经济的有效结合，最重要的是使国有企业形成适应市场经济要求的管理体制和经营机制。必须继续解放思想，实事求是，以有利于发展社会主义社会的生产力、有利于增强社会主义国家的综合国力、有利于提高人民的生活水平为根本标准，大胆利用一切反映现代社会化生产规律的经营方式和组织形式，努力探索能够极大促进生产力发展的公有制多种实现形式，在深化国有企业的改革上迈出新步伐。

搞好国有企业的改革和发展，是实现国家长治久安和保持社会稳定的重要基础。必须正确处理改革、发展、稳定的关系，改革的力度、发展的速度要同国力和社会承受能力相适应，努力开创改革、发展、稳定相互促进的新局面。

我们党和我国工人阶级历来勇于面对并善于战胜任何艰难险阻。我们有马克思列宁主义、毛泽东思想、邓小平理论和党的基本路线的指导，有比过去更加雄厚的综合国力，有多年积累的实践经验，有广大职工的积极参与，只要全党坚定信心，团结奋斗，就一定能够夺取国有企业改革和发展的新胜利。

二、国有企业改革和发展的主要目标与指导方针

党的十五大和十五届一中全会提出，用三年左右的时间，使大多数国有大中型亏损企业摆脱困境，力争到本世纪末大多数国有大中型骨干企业初步建立现代企业制度。推进国有企业改革和发展，首先要尽最大努力实现这一目标。要从不同行业和地区的实际出发，根据不平衡发展的客观进程，着力抓好重点行业、重点企业和老工业基地，把解决当前的突出问题与长远发展结合起来，为国有企业跨世纪发展创造有利条件。

到2010年，国有企业改革和发展的目标是：适应经济体制与经济增长方式两个根本性转变和扩大对外开放的要求，基本完成战略性调整和改组，形成比较合理的国有经济布局和结构，建立比较完善的现代企业制度，经济效益明显提高，科技开发能力、市场竞争能力和抗御风险能力明显增强，使国有经济在国民经济中更好地发挥主导作用。

推进国有企业改革和发展，必须坚持以下指导方针：

（一）以公有制为主体，多种所有制经济共同发展。调整和完善所有制结构，积极探索公有制多种实现形式，增强国有经济在国民经济中的控制力，促进各种所有制经济公平竞争和共同发展。

（二）从战略上调整国有经济布局和改组国有企业。着眼于搞好整个国有经济，推进国有资产合理流动和重组，调整国有经济布局和结构，积极发展大型企业和企业集团，放开搞活中小企业。

(三)改革同改组、改造、加强管理相结合。适应市场经济的要求,着力转换企业经营机制,提高企业整体素质,构造产业结构优化和经济高效运行的微观基础。

(四)建立现代企业制度。实现产权清晰、权责明确、政企分开、管理科学,健全决策、执行和监督体系,使企业成为自主经营、自负盈亏的法人实体和市场主体。

(五)推动企业科技进步。加强企业的科研开发和技术改造,重视科技人才,促进产学研结合,形成技术创新机制,走集约型和可持续发展道路。

(六)全面加强企业管理。推行科学管理,强化基础工作,改善经营,提高效益,实行以按劳分配为主体的多种分配方式,形成有效的激励和约束机制。

(七)建立企业优胜劣汰的竞争机制。实行鼓励兼并、规范破产、下岗分流、减员增效和再就业工程。依靠各方面力量,扩大就业门路,确保国有企业下岗职工基本生活。

(八)协调推进各项配套改革。转变政府职能,建立权责明确的国有资产管理、监督和营运体系,保证国有资产保值增值。加强法制建设,维护市场经济秩序。健全社会保障体系。帮助企业增资减债、减轻负担。

(九)全心全意依靠工人阶级,发挥企业党组织的政治核心作用。加强企业党组织建设和思想政治工作,提高企业经营管理者队伍素质,坚持和完善以职工代表大会为基本形式的企业民主管理,切实维护职工合法权益。

(十)推进企业精神文明建设。加强思想道德教育和技术业务培训,全面提高职工队伍素质,培育积极向上的企业文化,推动物质文明和精神文明建设协调发展。

三、从战略上调整国有经济布局

在社会主义市场经济条件下,国有经济在国民经济中的主导作用主要体现在控制力上。(一)国有经济的作用既要通过国有独资企业来实现,更要大力发展股份制,探索通过国有控股和参股企业来实现。(二)国有经济在关系国民经济命脉的重要行业和关键领域占支配地位,支撑、引导和带动整个社会经济的发展,在实现国家宏观调控目标中发挥重要作用。(三)国有经济应保持必要的数量,更要有分布的优化和质的提高;在经济发展的不同阶段,国有经济在不同产业和地区的比重可以有所差别,其布局要相应调整。

从战略上调整国有经济布局,要同产业结构的优化升级和所有制结构的调整完善结合起来,坚持有进有退,有所为有所不为。目前,国有经济分布过宽,整体素质不高,资源配置不尽合理,必须着力加以解决。国有经济需要控制的行业和领域主要包括:涉及国家安全的行业,自然垄断的行业,提供重要公共产品和服务的行业,以及支柱产业和高新技术产业中的重要骨干企业。其他行业和领域,可以通过资产重组和结构调整,集中力量,加强重点,提高国有经济的整体素质。在坚持国有、集体等公有制经济为主体的前提下,鼓励和引导个体、私营等非公有制经济的发展。随着国民经济的不断发展,国有经济有着广阔的发展空间,总量将会继续增加,整体素质进一步提高,分布更加合理,但在整个国民经济中的比重还会有所减少。只要坚持公有制为主体,国家控制国民经济命脉,国有经济的控制力和竞争力得到增强,这种减少不会影响我国的社会主义性质。

积极探索公有制的多种有效实现形式。国有资本通过股份制可以吸引和组织更多的社会资本,放大国有资本的功能,提高国有经济的控制力、影响力和带动力。国有大中型企业尤其是优势企业,宜于实行股份制的,要通过规范上市、中外合资和企业互相参股等形式,改为股份制企业,发展混合所有制经济,重要的企业由国家控股。

统筹规划,采取有效的政策措施,加快老工业基地和中西部地区国有经济布局的调整。对困难较大的老工业基地,国家要在技术改造、资产重组、结构调整以及国有企业下岗职工安置和社会保障资金等方面,加大支持力度。国家要通过优先安排基础设施建设、增加财政转移支付等措施,支持中西部地区和少数民族地区加快发展。国家要实施西部大开发战略。中西部地区要从自身条件出发,发展有比较优势的产业和技术先进的企业,促进产业结构的优化升级。东部地区要在加快改革和发展的同时,本着互惠互利、优势互补、共同发展的原则,通过产业转移、技术转让、对口支援、联合开发等方式,支持和促进中西部地区的经济发展。

四、推进国有企业战略性改组

改革开放以来,国有企业组织结构发生了积极的变化,但目前仍不合理。主要是重复建设严重,企业大而全、小而全,没有形成专业化生产、社会化协作体系和规模经济,缺乏市场竞争能力。要区别不同情况,继续对国有企业实施战略性改组。极少数必须由国家垄断经营的企业,在努力适应市场经济要求的同时,国家给予必要支持,使其更好地发挥应有的功能;竞争性领域中具有一定实力的企业,要吸引多方投资加快发展;对产品有市场但负担过重、经营困难的企业,通过兼并、联合等形式进行资产重组和结构调整,盘活存量资产;产品没有市场、长期亏损、扭亏无望和资源枯竭的企业,以及浪费资源、技术落后、质量低劣、污染严重的小煤矿、小炼油、小水泥、小玻璃、小火电等,要实行破产、关闭。

坚持"抓大放小"。要着力培育实力雄厚、竞争力强的大型企业和企业集团,有的可以成为跨地区、跨行业、跨所有制和跨国经营的大企业集团。要发挥这些企业在资本营运、技术创新、市场开拓等方面的优势,使之成为国民经济的支柱和参与国际竞争的主要力量。发展企业集团,要遵循客观经济规律,以企业为主体,以资本为纽带,通过市场来形成,不能靠行政手段勉强撮合,不能盲目求大求全。要在突出主业、增强竞争优势上下功夫。

放开搞活国有中小企业。要积极扶持中小企业特别是科技型企业,使它们向"专、精、特、新"的方向发展,同大企业建立密切的协作关系,提高生产的社会化水平。要从实际出发,继续采取改组、联合、兼并、租赁、承包经营和股份合作制、出售等多种形式,放开搞活国有小企业,不搞一个模式。对这几年大量涌现的股份合作制企业,要支持和引导,不断总结经验,使之逐步完善。出售要严格按照国家有关规定进行。无论采取哪种放开搞活的形式,都必须听取职工意见,规范操作,注重实效。重视发挥各种所有制中小企业在活跃城乡经济、满足社会多方面需要、吸收劳动力就业、开发新产品、促进国民经济发展等方面的重要作用。培育中小企业服务体系,为中小企业提供信息咨询、市场开拓、筹资融资、贷款担保、技术支持、人才培训等服务。

在国有企业战略性改组过程中,要充分发挥市场机制作用,综合运用经济、法律和必要的行政手段。在涉及产权变动的企业并购中要规范资产评估,防止国有资产流失,防止逃废银行债务及国家税款,妥善安置职工,保护职工合法权益。

五、建立和完善现代企业制度

建立现代企业制度,是发展社会化大生产和市场经济的必然要求,是公有制与市场经济相结合的有效途径,是国有企业改革的方向。要从我国国情出发,总结实践经验,按照十四届三中全会决定和十五大报告关于建立现代企业制度的论述,全面理解和把握产权清晰、权责明确、政企分开、管理科学的要求,突出抓好以下几个环节。

(一)继续推进政企分开。政府对国家出资兴办和拥有股份的企业,通过出资人代表行使所有者职能,按出资额享有资产受益、重大决策和选择经营管理者等权利,对企业的债务承担有限责任,不干预企业日常经营活动。企业依法自主经营,照章纳税,对所有者的净资产承担保值增值责任,不得损害所有者权益。各级党政机关都要同所办的经济实体和直接管理的企业在人财物等方面彻底脱钩。

(二)积极探索国有资产管理的有效形式。要按照国家所有、分级管理、授权经营、分工监督的原则,逐步建立国有资产管理、监督、营运体系和机制,建立与健全严格的责任制度。国务院代表国家统一行使国有资产所有权,中央和地方政府分级管理国有资产,授权大型企业、企业集团和控股公司经营国有资产。要确保出资人到位。允许和鼓励地方试点,探索建立国有资产管理的具体方式。继续试行稽察特派员制度,同时要积极贯彻十五大精神,健全和规范监事会制度,过渡到从体制上、机制上加强对国有企业的监督,确保国有资产及其权益不受侵犯。

(三)对国有大中型企业实行规范的公司制改革。公司制是现代企业制度的一种有效组织形式。公司法人治理结构是公司制的核心。要明确股东会、董事会、监事会和经理层的职责,形成各负其责、协调运转、有效制衡的公司法人治理结构。所有者对企业拥有最终控制权。董事会要维护出资人权益,对股东会负责。董事会对公司的发展目标和重大经营活动作出决策,聘任经营者,并对经营者的业绩进行考核和评价。发挥监事会对企业财务和董事、经营者行为的监督作用。国有独资和国有控股公司的党委负责人可以通过法定程序进入董事会、监事会,董事会和监事会都要有职工代表参加;董事会、监事会、经理层及工会中的党员负责人,可依照党章及有关规定进入党委会;党委书记和董事长可由一人担任,董事长、总经理原则上分设。充分发挥董事会对重大问题统一决策、监事会有效监督的作用。党组织按照党章、工会和职代会按照有关法律法规履行职责。股权多元化有利于形成规范的公司法人治理结构,除极少数必须由国家垄断经营的企业外,要积极发展多元投资主体的公司。

(四)面向市场着力转换企业经营机制。要逐步形成企业优胜劣汰、经营者能上能下、人员能进能出、收入能增能减、技术不断创新、国有资产保值增值等机制。建立与现代企业制度相适应的收入分配制度,在国家政策指导下,实行董事会、经理层等成员按照各自职责和贡献取得报酬的办法;企业职工工资水平,由企业根据当地社会平均工资和本企业经济效益决定;企业内部实行按劳分配原则,适当拉开差距,允许和鼓励资本、技术等生产要素参与收益分配。要采取切实措施,解决目前某些垄断行业个人收入过高的问题。

六、加强和改善企业管理

强化企业管理,提高科学管理水平,是建立现代企业制度的内在要求,也是国有企业扭亏增盈、提高竞争能力的重要途径。必须高度重视和切实加强企业管理工作,从严管理企业,实现管理创新,尽快改变相当一部分企业决策随意、制度不严、纪律松弛、管理水平低下的状况。

加强企业发展战略研究。企业要适应市场,制定和实施明确的发展战略、技术创新战略和市场营销战略,并根据市场变化适时调整。实行科学决策、民主决策,提高决策水平。搞好风险管理,避免出现大的失误。

健全和完善各项规章制度。强化基础工作,彻底改变无章可循、有章不循、违章不究的现象。建立各级、各个环节的严格责任制度,加强考核和督促检查,确保各项工作有人负责。完善劳动合同制,推行职工全员竞争上岗,严格劳动纪律,严明奖惩,充分发挥职工的积极性和创造性。增强法制意识，依法经营管理。

狠抓管理薄弱环节。重点搞好成本管理、资金管理、质量管理。建立健全全国统一的会计制度。要及时编制资产负债表、损益表和现金流量表，真实反映企业经营状况。切实改进和加强经济核算，堵塞各种漏洞。坚持质量第一，采用先进标准，搞好全员全过程的质量管理。坚持预防为主，落实安全措施，确保安全生产。重视企业无形资产的管理、保护和合理利用。要把加强管理和反腐倡廉结合起来，加强对企业经济活动的审计和监督，坚决制止和严肃查处做假账、违反财经纪律、营私舞弊、挥霍浪费等行为。

广泛采用现代管理技术、方法和手段。总结过去行之有效的管理经验，不断赋予新的内涵。推广先进企业的管理经验，引进国外智力，借鉴国外企业现代管理方法。发挥管理专家的作用，为企业改进经营管理提供咨询服务。加强现代信息技术的运用，建立灵敏、准确的信息系统。合理设置企业内部机构，改变管理机构庞大、管理人员过多的状况。

七、改善国有企业资产负债结构和减轻企业社会负担

逐步解决国有企业负债率过高、资本金不足、社会负担重等问题，对于实现国有企业改革和发展目标至关重要。要根据宏观经济环境和国家财力，区别不同情况，有步骤地分类加以解决。

（一）增加银行核销呆坏账准备金，主要用于国有大中型企业的兼并破产和资源枯竭矿山的关闭，并向重点行业倾斜。国有和集体企业兼并国有企业可以享受有关鼓励政策。所有兼并破产和关闭的企业，都要按国家有关规定，妥善安置职工。

（二）结合国有银行集中处理不良资产的改革，通过金融资产管理公司等方式，对一部分产品有市场、发展有前景，由于负债过重而陷入困境的重点国有企业实行债转股，解决企业负债率过高的问题。实行债转股的企业，必须转换经营机制，实行规范的公司制改革，并经过金融资产管理公司独立评审。要按照市场经济的原则和有关规定规范操作，防止一哄而起和国有资产流失。

（三）提高直接融资比重。符合股票上市条件的国有企业，可通过境内外资本市场筹集资本金，并适当提高公众流通股的比重。有些企业可以通过债务重组，具备条件后上市。允许国有及国有控股企业按规定参与股票配售。选择一些信誉好、发展潜力大的国有控股上市公司，在不影响国家控股的前提下，适当减持部分国有股，所得资金由国家用于国有企业的改革和发展。要完善股票发行、上市制度，进一步推动证券市场健康发展。

（四）非上市企业经批准，可将国家划拨给企业的土地使用权有偿转让及企业资产变现，其所得用于增资减债或结构调整。要严格按照国家的法律法规操作，坚持公开、公平、公正的原则，维护国家所有者权益和银行及其他债权人权益。

（五）严格执行国家利率政策，切实减轻企业利息负担。银行要合理确定贷款期限，支持企业合理的资金需求，对不合理的贷款期限，要及时纠正；不得超过规定擅自提高或以各种名义变相提高贷款利率；对信用等级较高、符合国家产业政策、贷款风险较低的企业，贷款利率可适当下浮。

（六）具备偿债能力的国有大型企业，经过符合资质的中介机构评估，可在国家批准的额度内发行企业债券，有的经批准可在境外发债。严格禁止各种形式的非法集资。

（七）分离企业办社会的职能，切实减轻国有企业的社会负担。位于城市的企业，要逐步把所办的学校、医院和其他社会服务机构移交地方政府统筹管理，所需费用可在一定期限内由企业和政府共同承担,并逐步过渡到由政府承担,有些可以转为企业化经营。独立工矿区也要努力创造条件,实现社会服务机构与企业分离。各级政府要采取措施积极推进这项工作。

改善国有企业资产负债结构和减轻企业社会负担,一定要同防范和化解金融风险相结合,一定要同深化企业内部改革、建立新机制和加强科学管理相结合,防止卸了原有包袱,又重复出现老的问题。

八、做好减员增效、再就业和社会保障工作

下岗分流、减员增效和再就业,是国有企业改革的重要内容。要把减员与增效有机结合起来,达到降低企业成本、提高效率和效益的目的。鼓励有条件的国有企业实行主辅分离、转岗分流,创办独立核算、自负盈亏的经济实体,安置企业富余人员,减轻社会就业压力。要规范职工下岗程序,认真办好企业再就业服务中心,切实做好下岗职工基本生活保障工作,维护社会稳定。下岗分流要同国家财力和社会承受能力相适应。要调整财政支出结构,坚持实行企业、社会、政府各方负担的办法落实资金,亏损企业和社会筹集费用不足的部分,财政要给予保证。地方财政确有困难的,中央财政通过转移支付给予一定的支持。要进一步完善下岗职工基本生活保障、失业保险和城市居民最低生活保障制度,搞好这三条保障线的相互衔接,把保障下岗职工和失业人员基本生活的政策措施落到实处。

大力做好再就业工作。采取有效的政策措施,广开就业门路,增加就业岗位。积极发展第三产业,吸纳更多的下岗职工。引导职工转变择业观念,下大力气搞好下岗职工培训,提高他们的再就业能力。进一步完善促进下岗职工再就业的优惠政策,鼓励下岗职工到非公有制经济单位就业、自己组织起来就业或从事个体经营,使需要再就业的下岗职工尽快走上新的岗位。对自谋职业的,要在工商登记、场地安排、税费减免、资金信贷等方面,给予更多的扶持。要积极发展和规范劳动力市场,形成市场导向的就业机制。

加快社会保障体系建设,是顺利推进国有企业改革的重要条件。要依法扩大养老、失业、医疗等社会保险的覆盖范围,城镇国有、集体、外商投资、私营等各类企业及其职工都要参加社会保险,缴纳社会保险费。强化社会保险费的征缴,提高收缴率,清理追缴企业拖欠的社会保险费,确保养老金的按时足额支付。进一步完善基本养老保险省级统筹制度,增强基金调剂能力。要采取多种措施,包括变现部分国有资产、合理调整财政支出结构等,开拓社会保障新的筹资渠道,充实社会保障基金。严格管理各项社会保障基金,加强监督,严禁挤占挪用,确保基金的安全和增值。逐步推进社会保障的社会化管理,实行退休人员与原企业相分离,养老金由社会服务机构发放,人员由社区管理。认真落实企业离休干部的政治、生活待遇,做好管理和服务工作。

九、加快国有企业技术进步和产业升级

要实现国民经济持续快速健康发展,必须适应全球产业结构调整的大趋势和国内外市场需求的变化,加快技术进步和产业升级。国有经济在国民经济中的重要地位,决定了国有企业必须在技术进步和产业升级中走在前列,积极拓展新的发展空间,发挥关键性作用。

国有企业技术进步和产业升级的方向与重点是:以市场为导向,用先进技术改造传统产业,围绕增加品种、改进质量、提高效益和扩大出口,加强现有企业的技术改造;在电子信息、生物工程、新能源、新材料、航空航天、环境保护等新兴产业和高技术产业占据重要地位,掌握核心技术,占领技术制高点,发挥先导作用。处理好提高质量和增加产量、发展技术密集型产业和劳动密集型产业、自主创新和引进技术、经济发展和环境保护的关系。

通过技术进步和产业升级，少数大型企业和企业集团要在产品质量、工艺技术、生产装备、劳动生产率等方面达到或接近世界先进水平，在国际市场上占有一定的份额；一批企业和企业集团要具有较高技术水平，能够生产高附加值产品，在国内外市场有较强竞争力；多数企业要不断进行技术改造和产品更新，并充分发挥我国劳动力充裕的优势，积极参与国内外市场竞争。

采取积极有效的政策措施，支持企业技术进步和产业升级。特别要利用当前国家实行积极财政政策、扩大内需的有利时机，集中必要力量，对重点行业、重点企业、重点产品和重大先进装备制造加大技术改造投入，并向老工业基地倾斜，在企业技术进步和产业升级方面取得明显成效。对于有市场、有效益、符合国家产业政策的技术改造项目，给予贷款贴息支持；对这类技术改造项目的国产设备投资，实行税收鼓励政策。培育和发展产业投资基金和风险投资基金。充分利用国内外资本市场筹集资金，支持企业技术改造、结构调整和高新技术产业发展。实施促进科技成果转化的鼓励政策，积极发展技术市场。继续采取加速折旧、加大新产品开发费提取、减免进口先进技术与设备的关税和进口环节税等政策措施，鼓励企业进行技术改造。

技术进步和产业升级的主体是企业，要形成以企业为中心的技术创新体系。企业要加强技术开发力量和加大资金投入，大型企业都要建立技术开发中心，研究开发有自主知识产权的主导产品，增加技术储备，搞好技术人才培训。推进产学研结合，鼓励科研机构和大专院校的科研力量进入企业和企业集团，强化应用技术的开发和推广，增加中间试验投入，促进科技成果向现实生产力的转化。对重大技术难题组织联合攻关，重视发挥科技专家的作用。要形成吸引人才和调动科技人员积极性的激励机制，保护知识产权。

十、为国有企业改革和发展创造良好的外部环境

国有企业改革和发展是一个复杂的社会系统工程，需要搞好宏观调控和相关的配套改革。

（一）保持经济总量基本平衡。扩大内需，开拓城乡市场，增加就业，促进国民经济持续快速健康发展，防止经济增长的大幅度波动，为国有企业发展创造有利的宏观经济环境。

（二）继续扩大对外开放。推进和完善全方位、多层次、宽领域的对外开放格局。鼓励国有企业合理利用国内外两个市场、两种资源，提高国际竞争力。积极引进先进技术，注重消化、吸收和创新。优化进出口商品结构，实施市场多元化，拓展对外贸易。改善投资环境，扩大利用外资，提高利用外资水平。确有条件的国有企业发挥比较优势到国外设立企业，开拓国际市场，国家要给予必要的政策支持，并加强监管。

（三）制止不合理的重复建设。加快投融资体制改革，建立投资风险约束机制，严格执行项目资本金制度和项目法人责任制，做到谁决策谁承担责任和风险。政府要通过制定产业政策和发布信息等方式进行引导，鼓励资金投向提高技术水平、产品有市场有效益的项目，对国内生产能力已经明显超过市场需求的新上项目必须严格控制。

（四）发展各类市场，维护正常经济秩序。继续完善商品市场，培育和发展要素市场，建立有利于商品、资金、技术、劳动力合理流动的全国统一的市场体系。健全市场规则，规范市场行为，加强市场监管，清除分割、封锁市场的行政性壁垒，营造公平竞争的市场环境。采取有力措施，抓紧解决企业互相拖欠款项的问题，强化信用观念，严格结算纪律。依法严厉打击走私贩私、制售假冒伪劣商品以及其他经济违法犯罪行为。推进税费改革，清理整治乱收费、乱罚款和各种摊派，切实减轻企业负担。

(五)健全中介服务体系。社会中介服务机构要与政府部门彻底脱钩。规范会计、律师、公证、资产评估、咨询等社会中介机构的行为,真正做到客观、真实、公正。对弄虚作假的要追究责任,依法惩处。整顿和规范各类行业协会,加强行业自律。

(六)建立健全社会主义市场经济的法律制度。要抓紧制定和完善有关维护市场秩序、实施宏观调控、规范市场主体、健全社会保障等方面的法律法规。加强和改善司法、行政执法和执法监督。依法惩处侵犯企业合法权益的违法犯罪行为。加强社会治安综合治理,为企业生产经营创造良好的社会环境。

十一、建设高素质的经营管理者队伍

国有企业要适应建立现代企业制度的要求,在激烈的市场竞争中生存发展,必须建设高素质的经营管理者队伍,培育一大批优秀企业家。国有企业的经营管理者队伍总体是好的,为企业改革和发展作出了重要贡献。发展社会主义市场经济对国有企业经营管理者提出了更高要求。他们应该是:思想政治素质好,认真执行党和国家的方针政策与法律法规,具有强烈的事业心和责任感;经营管理能力强,熟悉本行业务,系统掌握现代管理知识,具有金融、科技和法律等方面基本知识,善于根据市场变化作出科学决策;遵纪守法,廉洁自律,求真务实,联系群众。

深化国有企业人事制度改革。坚持党管干部原则,改进管理方法。中央和地方党委对关系国家安全和国民经济命脉的重要骨干企业领导班子要加强管理。要按照企业的特点建立对经营管理者培养、选拔、管理、考核、监督的办法,并逐步实现制度化、规范化。积极探索适应现代企业制度要求的选人用人新机制,把组织考核推荐和引入市场机制、公开向社会招聘结合起来,把党管干部原则和董事会依法选择经营管理者以及经营管理者依法行使用人权结合起来。进一步完善对国有企业领导人员管理的具体办法,避免一个班子多头管理。对企业及企业领导人不再确定行政级别。加快培育企业经营管理者人才市场,建立企业经营管理人才库。按照公开、平等、竞争、择优原则,优化人才资源配置,打破人才部门所有、条块分割,促进人才合理流动。采取多种形式加强教育培训,全面提高经营管理者素质。继续举办和规范工商管理培训,改进培训内容和方法,提高培训质量。努力创造条件,营造经营管理者和企业家队伍健康成长的社会环境。

建立和健全国有企业经营管理者的激励和约束机制。实行经营管理者收入与企业的经营业绩挂钩。把物质鼓励同精神鼓励结合起来,既要使经营管理者获得与其责任和贡献相符的报酬,又要提倡奉献精神,宣传和表彰有突出贡献者,保护经营管理者的合法权益。少数企业试行经理(厂长)年薪制、持有股权等分配方式,可以继续探索,及时总结经验,但不要刮风。要规范经营管理者的报酬,增加透明度。加强和完善监督机制,把外部监督和内部监督结合起来。健全法人治理结构,发挥党内监督和职工民主监督的作用,加强对企业及经营管理者在资金运作、生产经营、收入分配、用人决策和廉洁自律等重大问题上的监督。建立企业经营业绩考核制度和决策失误追究制度,实行企业领导人员任期经济责任审计,凡是由于违法违规等人为因素给企业造成重大损失的,要依法追究其责任,并不得继续担任或易地担任领导职务。

十二、加强党对国有企业改革和发展工作的领导

加强和改善党的领导是加快国有企业改革和发展的根本保证。要搞好国有企业,必须建立符合市场经济规律和我国国情的国有企业领导体制与组织管理制度,加强企业领导班子建

设,发挥企业党组织的政治核心作用,坚持全心全意依靠工人阶级的方针。要把发挥党的政治优势同运用市场机制结合起来,调动各方面的积极性,形成合力,确保国有企业改革和发展任务的顺利完成。

坚持党的领导,发挥国有企业党组织的政治核心作用,是一个重大原则,任何时候都不能动摇。企业党组织的政治核心作用主要体现在:保证、监督党和国家方针政策在本企业的贯彻执行;参与企业重大问题决策,支持股东会、董事会、监事会和经理(厂长)依法行使职权;全心全意依靠职工群众,领导和支持工会、共青团等群众组织及职工代表大会依照法律和各自章程独立自主地开展工作;领导企业思想政治工作和精神文明建设,努力建设有理想、有道德、有文化、有纪律的职工队伍;加强党组织自身建设,搞好党性党风教育,发挥党支部的战斗堡垒作用和党员的先锋模范作用。企业党组织要认真贯彻党的基本路线,围绕生产经营开展工作,为实现党的任务和企业改革发展服务。要不断改进企业党组织的工作内容和活动方式,进一步探索发挥政治核心作用的途径和方法。加强和改进思想政治工作,用建设有中国特色社会主义的共同理想凝聚群众,引导广大职工积极支持和参与改革,满腔热情地帮助他们解决实际困难。困难企业和实行兼并破产企业的党组织尤其要深入细致地做好群众工作。

搞好国有企业的改革和发展,必须切实尊重职工的主人翁地位,充分发挥职工群众的积极性、主动性和创造性。坚决维护职工的经济利益,保障职工的民主权利。进一步理顺劳动关系,依法进行平等协商,认真执行劳动合同和集体合同制度。发挥工会和职工代表大会在民主决策、民主管理、民主监督中的作用。坚持和完善以职工代表大会为基本形式的企业民主管理制度,实行民主评议企业领导人和厂务公开。加强职工队伍建设。坚持用邓小平理论和党的基本路线武装广大职工,大力弘扬爱国主义、集体主义、社会主义和艰苦创业精神,深入进行形势任务和民主法制教育,引导职工树立正确的世界观、人生观、价值观。加强职工业务技术和劳动技能培训。加强企业精神文明建设,发展企业文化,广泛开展创建文明行业、文明企业、文明班组和争当文明职工活动,树立爱岗敬业、诚实守信、奉献社会的良好职业道德和职业风尚,提倡科学精神,反对封建迷信,不断提高职工的思想道德和科学文化素质。

各级党委和政府要坚定地站在国有企业改革的前列,解放思想,实事求是,遵循客观经济规律,尊重群众首创精神。要认真改进领导作风,从工交、商贸、金融等各行各业国有企业的实际出发,深入调查研究,总结新经验,研究新情况,解决新问题,团结和带领广大干部群众迎难而上,开拓前进。

全会号召,全党紧密地团结在以江泽民同志为核心的党中央周围,高举邓小平理论伟大旗帜,深入贯彻党的十五大精神,按照中央的统一部署,同心同德,奋力拼搏,扎实工作,坚定不移地实现国有企业改革和脱困目标,努力开创国有企业改革和发展的新局面,把建设有中国特色社会主义的伟大事业全面推向21世纪!

国务院办公厅转发国务院国有资产监督管理委员会《关于规范国有企业改制工作意见》的通知

(国办发〔2003〕96 号 2003 年 11 月 30 日)

各省、自治区、直辖市人民政府,国务院各部委、各直属机构:

国务院国有资产监督管理委员会《关于规范国有企业改制工作的意见》已经国务院同意,现转发给你们,请认真贯彻执行。

关于规范国有企业改制工作的意见

党的十五大以来,各地认真贯彻国有经济有进有退、有所为有所不为的方针,积极推进国有经济布局和结构调整,探索公有制的多种有效实现形式和国有企业改制的多种途径,取得了显著成效,积累了宝贵经验。但前一阶段国有企业改制工作中出现了一些不够规范的现象,造成国有资产的流失。国有企业改制是一项政策性很强的工作,涉及出资人、债权人、企业和职工等多方面的利益,既要积极探索,又要规范有序。为全面贯彻落实党中央关于国有经济布局结构调整和国有企业改革的精神,保证国有企业改制工作健康、有序、规范地进行,现提出以下意见:

一、健全制度,规范运作

(一)批准制度。国有企业改制应采取重组、联合、兼并、租赁、承包经营、合资、转让国有产权和股份制、股份合作制等多种形式进行。国有企业改制,包括转让国有控股、参股企业国有股权或者通过增资扩股来提高非国有股的比例等,必须制订改制方案。方案可由改制企业国有产权持有单位制订,也可由其委托中介机构或者改制企业(向本企业经营管理者转让国有产权的企业和国有参股企业除外)制订。国有企业改制方案需按照《企业国有资产监督管理暂行条例》(国务院令第 378 号,以下简称《条例》)和国务院国有资产监督管理委员会(以下简称国资委)的有关规定履行决定或批准程序,未经决定或批准不得实施。国有企业改制涉及财政、劳动保障等事项的,需预先报经同级人民政府有关部门审核,批准后报国有资产监督管理机构协调审批;涉及政府社会公共管理审批事项的,依照国家有关法律法规,报经政府有关部门审批;国有资产监督管理机构所出资企业改制为国有股不控股或不参股的企业(以下简称非国有的企业),改制方案需报同级人民政府批准;转让上市公司国有股权审批暂按现行规定办理,并由国资委会同证监会抓紧研究提出完善意见。

(二)清产核资。国有企业改制,必须对企业各类资产、负债进行全面认真的清查,做到账、卡、物、现金等齐全、准确、一致。要按照“谁投资、谁所有、谁受益”的原则,核实和界定国有资本金及其权益，其中国有企业借贷资金形成的净资产必须界定为国有产权。企业改制中涉及资产损失认定与处理的，必须按有关规定履行批准程序。改制企业法定代表人和财务负责人对清产核资结果的真实性、准确性负责。

（三）财务审计。国有企业改制，必须由直接持有该国有产权的单位决定聘请具备资格的会计师事务所进行财务审计。凡改制为非国有的企业，必须按照国家有关规定对企业法定代表人进行离任审计。改制企业必须按照有关规定向会计师事务所或政府审计部门提供有关财务会计资料和文件，不得妨碍其办理业务。任何人不得授意、指使、强令改制企业会计机构、会计人员提供虚假资料文件或违法办理会计事项。

（四）资产评估。国有企业改制，必须依照《国有资产评估管理办法》（国务院令第 91 号）聘请具备资格的资产评估事务所进行资产和土地使用权评估。国有控股企业进行资产评估，要严格履行有关法律法规规定的程序。向非国有投资者转让国有产权的，由直接持有该国有产权的单位决定聘请资产评估事务所。企业的专利权、非专利技术、商标权、商誉等无形资产必须纳入评估范围。评估结果由依照有关规定批准国有企业改制和转让国有产权的单位核准。

（五）交易管理。非上市企业国有产权转让要进入产权交易市场，不受地区、行业、出资和隶属关系的限制，并按照《企业国有产权转让管理暂行办法》的规定，公开信息，竞价转让。具体转让方式可以采取拍卖、招投标、协议转让以及国家法律法规规定的其他方式。

（六）定价管理。向非国有投资者转让国有产权的底价，或者以存量国有资产吸收非国有投资者投资时国有产权的折股价格，由依照有关规定批准国有企业改制和转让国有产权的单位决定。底价的确定主要依据资产评估的结果，同时要考虑产权交易市场的供求状况、同类资产的市场价格、职工安置、引进先进技术等因素。上市公司国有股转让价格在不低于每股净资产的基础上，参考上市公司盈利能力和市场表现合理定价。

（七）转让价款管理。转让国有产权的价款原则上应当一次结清。一次结清确有困难的，经转让和受让双方协商，并经依照有关规定批准国有企业改制和转让国有产权的单位批准，可采取分期付款的方式。分期付款时，首期付款不得低于总价款的 30%，其余价款应当由受让方提供合法担保，并在首期付款之日起一年内支付完毕。转让国有产权的价款优先用于支付解除劳动合同职工的经济补偿金和移交社会保障机构管理职工的社会保险费，以及偿还拖欠职工的债务和企业欠缴的社会保险费，剩余价款按照有关规定处理。

（八）依法保护债权人利益。国有企业改制要征得债权金融机构同意，保全金融债权，依法落实金融债务，维护其他债权人的利益。要严格防止利用改制逃废金融债务，金融债务未落实的企业不得进行改制。

（九）维护职工合法权益。国有企业改制方案和国有控股企业改制为非国有的企业的方案，必须提交企业职工代表大会或职工大会审议，充分听取职工意见。其中，职工安置方案需经企业职工代表大会或职工大会审议通过后方可实施改制。改制为非国有的企业，要按照有关政策处理好改制企业与职工的劳动关系。改制企业拖欠职工的工资、医疗费和挪用的职工住房公积金以及企业欠缴的社会保险费等要按有关规定予以解决。改制后的企业要按照有关规定按时足额交纳社会保险费，及时为职工接续养老、失业、医疗、工伤、生育等各项社会保险关系。

（十）管理层收购。向本企业经营管理者转让国有产权必须严格执行国家的有关规定，以及本指导意见的各项要求，并需按照有关规定履行审批程序。向本企业经营管理者转让国有产权方案的制订，由直接持有该企业国有产权的单位负责或其委托中介机构进行，经营管理者不得参与转让国有产权的决策、财务审计、离任审计、清产核资、资产评估、底价确定等重大事项,严禁自卖自买国有产权。经营管理者筹集收购国有产权的资金,要执行《贷款通则》的有关规定,不得向包括本企业在内的国有及国有控股企业借款,不得以这些企业的国有产权或实物资产作标的物为融资提供保证、抵押、质押、贴现等。经营管理者对企业经营业绩下降负有责任的,不得参与收购本企业国有产权。

二、严格监督,追究责任

各级监察机关、国有资产监督管理机构和其他有关部门,要加强联系、密切配合,加大对国有企业改制工作的监督检查力度。通过建立重要事项通报制度和重大案件报告制度,以及设立并公布举报电话和信箱等办法,及时发现和严肃查处国有企业改制中的违纪违法案件。对国有资产监督管理机构工作人员、企业领导人员利用改制之机转移、侵占、侵吞国有资产的,隐匿资产、提供虚假会计资料造成国有资产流失的,营私舞弊、与买方串通低价转让国有产权的,严重失职、违规操作、损害国家和群众利益的,要进行认真调查处理。其中涉嫌犯罪的,依法移交司法机关处理;造成国有资产损失的,按照《条例》的规定,追究有关责任人的赔偿责任。对中介机构弄虚作假、提供虚假审计报告、故意压低评估价格等违规违法行为,要加大惩处力度;国有资产监督管理机构和国有及国有控股企业不得再聘请该中介机构及其责任人从事涉及国有及国有控股企业的中介活动。

为加快建设和完善产权交易市场体系,确保产权交易公开、公平、公正,由法制办会同国资委、财政部等有关部门研究有关产权交易市场的法规和监管制度,各地依照法律法规及有关规定,根据实际情况制订具体实施细则。

三、精心组织,加强领导

(一)全面准确理解国有经济布局和结构调整战略方针,坚持党的十六大提出的必须毫不动摇地巩固和发展公有制经济,必须毫不动摇地鼓励、支持和引导非公有制经济发展的方针。国有企业改制要坚持国有经济控制重要行业和关键领域,提高国有经济的控制力、影响力和带动力。在其他行业和领域,国有企业通过重组改制、结构调整、深化改革、转换机制,在市场竞争中实现优胜劣汰。

(二)在国有企业改制工作中,各地区要防止和纠正不顾产权市场供求状况及其对价格形成的影响作用、不计转让价格和收益,下指标、限时间、赶进度,集中成批向非国有投资者转让国有产权的做法。防止和避免人为造成买方市场、低价处置和贱卖国有资产的现象。

(三)国有企业改制要从企业实际出发,着眼于企业的发展。要建立竞争机制,充分考虑投资者搞好企业的能力,选择合格的投资者参与国有企业改制,引入资金、技术、管理、市场、人才等资源增量,推动企业制度创新、机制转换、盘活资产、扭亏脱困和增加就业,促进企业加快发展。

(四)地方各级人民政府及其国有资产监督管理机构、国有及国有控股企业,要高度重视国有企业改制工作,全面理解和正确贯彻党中央、国务院有关精神,切实负起责任,加强组织领导。要从实际出发,把握好改制工作的力度和节奏。在国有企业改制的每一个环节都要做到依法运作,规范透明,落实责任。上级国有资产监督管理机构要加强对下级国有资产监督管理机构的指导和监督,及时总结经验,发现和纠正国有企业改制工作中存在的问题,促进国有资产合理流动和重组,实现国有资产保值增值,更好地发挥国有经济的主导作用。

国务院办公厅转发国资委关于进一步规范国有企业改制工作实施意见的通知

（国办发〔2005〕60号　2005年12月19日）

各省、自治区、直辖市人民政府，国务院各部委、各直属机构：

国资委《关于进一步规范国有企业改制工作的实施意见》已经国务院同意，现转发给你们，请认真贯彻执行。

关于进一步规范国有企业改制工作的实施意见

《国务院办公厅转发国务院国有资产监督管理委员会关于规范国有企业改制工作意见的通知》（国办发〔2003〕96号）印发以来，各地区、各有关部门加强组织领导，认真贯彻落实，规范国有企业改制工作取得了重大进展。但在实际工作中还存在改制方案不完善、审批不严格，清产核资、财务审计、资产评估和产权转让不规范，对维护职工合法权益重视不够等问题。为确保国有企业改制工作健康发展，防止国有资产流失，维护职工合法权益，现就进一步规范国有企业改制工作提出以下意见：

一、严格制订和审批企业改制方案

（一）认真制订企业改制方案。改制方案的主要内容应包括：改制的目的及必要性，改制后企业的资产、业务、股权设置和产品开发、技术改造等；改制的具体形式；改制后形成的法人治理结构；企业的债权、债务落实情况；职工安置方案；改制的操作程序，财务审计、资产评估等中介机构和产权交易市场的选择等。

（二）改制方案必须明确保全金融债权，依法落实金融债务，并征得金融机构债权人的同意。审批改制方案的单位（包括各级人民政府、各级国有资产监督管理机构及其所出资企业、各级国有资产监督管理机构以外有权审批改制方案的部门及其授权单位，下同）应认真审查，严格防止企业利用改制逃废金融债务，对未依法保全金融债权、落实金融债务的改制方案不予批准。

（三）企业改制中涉及企业国有产权转让的，应严格按照国家有关法律法规以及《企业国有产权转让管理暂行办法》（国资委、财政部令第3号）、《关于印发〈企业国有产权向管理层转让暂行规定〉的通知》（国资发产权〔2005〕78号）及相关配套文件的规定执行。拟通过增资扩股实施改制的企业，应当通过产权交易市场、媒体或网络等公开企业改制有关情况、投资者条件等信息，择优选择投资者；情况特殊的，经国有资产监督管理机构批准，可通过向多个具备相关资质条件的潜在投资者提供信息等方式,选定投资者。企业改制涉及公开上市发行股票的,按照《中华人民共和国证券法》等有关法律法规执行。

(四)企业改制必须对改制方案出具法律意见书。法律意见书由审批改制方案的单位的法律顾问或该单位决定聘请的律师事务所出具,拟改制为国有控股企业且职工(包括管理层)不持有本企业股权的,可由审批改制方案的单位授权该企业法律顾问出具。

(五)国有企业改制方案需按照《企业国有资产监督管理暂行条例》(国务院令第378号)和国务院国有资产监督管理委员会的有关规定履行决定或批准程序,否则不得实施改制。国有企业改制涉及财政、劳动保障等事项的,须预先报经同级人民政府有关部门审核,批准后报国有资产监督管理机构协调审批;涉及政府社会公共管理审批事项的,依照国家有关法律法规,报经政府有关部门审批;国有资产监督管理机构所出资企业改制为非国有企业(国有股不控股及不参股的企业),改制方案须报同级人民政府批准。

(六)审批改制方案的单位必须按照权利、义务、责任相统一的原则,建立有关审批的程序、权限、责任等制度。

(七)审批改制方案的单位必须就改制方案的审批及清产核资、财务审计、资产评估、进场交易、定价、转让价款、落实债权、职工安置方案等重要资料建立档案管理制度,改制企业的国有产权持有单位要妥善保管相关资料。

二、认真做好清产核资工作

(一)企业改制要按照有关规定进行清产核资。要切实对企业资产进行全面清理、核对和查实,盘点实物、核实账目,核查负债和所有者权益,做好各类应收及预付账款、各项对外投资、账外资产的清查,做好有关抵押、担保等事项的清理工作,按照国家规定调整有关账务。

(二)清产核资结果经国有产权持有单位审核认定,并经国有资产监督管理机构确认后,自清产核资基准日起2年内有效,在有效期内企业实施改制不再另行组织清产核资。

(三)企业实施改制仅涉及引入非国有投资者少量投资,且企业已按照国家有关规定规范进行会计核算的,经本级国有资产监督管理机构批准,可不进行清产核资。

三、加强对改制企业的财务审计和资产评估

(一)企业实施改制必须由审批改制方案的单位确定的中介机构进行财务审计和资产评估。确定中介机构必须考察和了解其资质、信誉及能力;不得聘请改制前两年内在企业财务审计中有违法、违规记录的会计师事务所和注册会计师;不得聘请参与该企业上一次资产评估的中介机构和注册资产评估师;不得聘请同一中介机构开展财务审计与资产评估。

(二)财务审计应依据《中国注册会计师独立审计准则》等有关规定实施。其中,依据国家有关规定计提的各项资产减值准备,必须由会计师事务所逐笔逐项审核并出具专项意见,与审计报告一并提交国有产权持有单位作为改制方案依据,其中不合理的减值准备应予调整。国有独资企业实施改制,计提各项资产减值准备和已核销的各项资产损失凡影响国有产权转让价或折股价的,该计提减值准备的资产和已核销的各项资产损失必须交由改制企业的国有产权持有单位负责处理,国有产权持有单位应采取清理追缴等监管措施,落实监管责任,最大程度地减少损失。国有控股企业实施改制,计提各项减值准备的资产和已核销的各项资产损失由国有产权持有单位与其他股东协商处理。

(三)国有独资企业实施改制,自企业资产评估基准日到企业改制后进行工商变更登记期

间，因企业盈利而增加的净资产，应上交国有产权持有单位，或经国有产权持有单位同意，作为改制企业国有权益；因企业亏损而减少的净资产，应由国有产权持有单位补足，或者由改制企业用以后年度国有股份应得的股利补足。国有控股企业实施改制，自企业资产评估基准日到改制后工商变更登记期间的净资产变化，应由改制前企业的各产权持有单位协商处理。

（四）改制为非国有的企业，必须在改制前由国有产权持有单位组织进行法定代表人离任审计，不得以财务审计代替离任审计。离任审计应依照国家有关法律法规和《中央企业经济责任审计管理暂行办法》（国资委令第7号）及相关配套规定执行。财务审计和离任审计工作应由两家会计师事务所分别承担，分别出具审计报告。

（五）企业改制涉及土地使用权的，必须经土地确权登记并明确土地使用权的处置方式。进入企业改制资产范围的土地使用权必须经具备土地估价资格的中介机构进行评估，并按国家有关规定备案。涉及国有划拨土地使用权的，必须按照国家土地管理有关规定办理土地使用权处置审批手续。

（六）企业改制涉及探矿权、采矿权有关事项的，依照国家有关法律以及《探矿权、采矿权转让管理办法》（国务院令第242号）、国土资源部《关于印发〈探矿权采矿权招标拍卖挂牌管理办法（试行）〉的通知》（国土资发〔2003〕197号）、财政部、国土资源部《关于印发〈探矿权采矿权价款转增国家资本管理办法〉的通知》（财建〔2004〕262号）等有关规定执行。企业改制必须由国土资源主管部门明确探矿权、采矿权的处置方式，但不得单独转让探矿权、采矿权，涉及由国家出资形成的探矿权、采矿权的，应当按照国家有关规定办理处置审批手续。进入企业改制资产范围的探矿权、采矿权，必须经具有矿业权评估资格的中介机构进行评估作价（采矿权评估结果报国土资源主管部门确认）并纳入企业整体资产中，由审批改制方案的单位商国土资源主管部门审批后处置。

（七）没有进入企业改制资产范围的实物资产和专利权、非专利技术、商标权、土地使用权、探矿权、采矿权、特许经营权等资产，改制后的企业不得无偿使用；若需使用的，有偿使用费或租赁费计算标准应参考资产评估价或同类资产的市场价确定。

（八）非国有投资者以实物资产和专利权、非专利技术、商标权、土地使用权、探矿权、采矿权、特许经营权等资产评估作价参与企业改制，由国有产权持有单位和非国有投资者共同认可的中介机构，对双方进入改制企业的资产按同一基准日进行评估；若一方资产已经评估，可由另一方对资产评估结果进行复核。

（九）在清产核资、财务审计、离任审计、资产评估、落实债务、产权交易等过程中发现造成国有资产流失、逃废金融债务等违法违纪问题的，必须暂停改制并追查有关人员的责任。

四、切实维护职工的合法权益

（一）改制方案必须提交企业职工代表大会或职工大会审议，并按照有关规定和程序及时向广大职工群众公布。应当向广大职工群众讲清楚国家关于国有企业改革的方针政策和改制的规定，讲清楚改制的必要性、紧迫性以及企业的发展思路。在改制方案制订过程中要充分听取职工群众意见，深入细致地做好思想工作，争取广大职工群众对改制的理解和支持。

（二）国有企业实施改制前，原企业应当与投资者就职工安置费用、劳动关系接续等问题明确相关责任，并制订职工安置方案。职工安置方案必须经职工代表大会或职工大会审议通过，企业方可实施改制。职工安置方案必须及时向广大职工群众公布，其主要内容包括：企业的人员状况及分流安置意见；职工劳动合同的变更、解除及重新签订办法；解除劳动合同职工的经济补偿金支付办法;社会保险关系接续;拖欠职工的工资等债务和企业欠缴的社会保险费处理办法等。

(三)企业实施改制时必须向职工群众公布企业总资产、总负债、净资产、净利润等主要财务指标的财务审计、资产评估结果,接受职工群众的民主监督。

(四)改制为国有控股企业的,改制后企业继续履行改制前企业与留用的职工签订的劳动合同;留用的职工在改制前企业的工作年限应合并计算为在改制后企业的工作年限;原企业不得向继续留用的职工支付经济补偿金。改制为非国有企业的,要严格按照有关法律法规和政策处理好改制企业与职工的劳动关系。对企业改制时解除劳动合同且不再继续留用的职工,要支付经济补偿金。企业国有产权持有单位不得强迫职工将经济补偿金等费用用于对改制后企业的投资或借给改制后企业(包括改制企业的投资者)使用。

(五)企业改制时,对经确认的拖欠职工的工资、集资款、医疗费和挪用的职工住房公积金以及企业欠缴社会保险费,原则上要一次性付清。改制后的企业要按照有关规定,及时为职工接续养老、失业、医疗、工伤、生育等各项社会保险关系,并按时为职工足额交纳各种社会保险费。

五、严格控制企业管理层通过增资扩股持股

(一)本意见所称"管理层"是指国有及国有控股企业的负责人以及领导班子的其他成员;本意见所称"管理层通过增资扩股持股",不包括对管理层实施的奖励股权或股票期权。

(二)国有及国有控股大型企业实施改制,应严格控制管理层通过增资扩股以各种方式直接或间接持有本企业的股权。为探索实施激励与约束机制,经国有资产监督管理机构批准,凡通过公开招聘、企业内部竞争上岗等方式竞聘上岗或对企业发展作出重大贡献的管理层成员,可通过增资扩股持有本企业股权,但管理层的持股总量不得达到控股或相对控股数量。国有及国有控股企业的划型标准按照统计局《关于印发〈统计上大中小型企业划分办法(暂行)〉的通知》(国统字〔2003〕17号)和原国家经贸委、原国家计委、财政部、统计局《关于印发中小企业标准暂行规定的通知》(国经贸中小企〔2003〕143号)规定的分类标准执行。

(三)管理层成员拟通过增资扩股持有企业股权的,不得参与制订改制方案、确定国有产权折股价、选择中介机构,以及清产核资、财务审计、离任审计、资产评估中的重大事项。管理层持股必须提供资金来源合法的相关证明,必须执行《贷款通则》的有关规定,不得向包括本企业在内的国有及国有控股企业借款,不得以国有产权或资产作为标的物通过抵押、质押、贴现等方式筹集资金,也不得采取信托或委托等方式间接持有企业股权。

(四)存在下列情况之一的管理层成员,不得通过增资扩股持有改制企业的股权:1. 经审计认定对改制企业经营业绩下降负有直接责任的;2. 故意转移、隐匿资产,或者在改制过程中通过关联交易影响企业净资产的;3. 向中介机构提供虚假资料,导致审计、评估结果失真,或者与有关方面串通,压低资产评估值以及国有产权折股价的;4. 违反有关规定,参与制订改制方案、确定国有产权折股价、选择中介机构,以及清产核资、财务审计、离任审计、资产评估中重大事项的;5. 无法提供持股资金来源合法相关证明的。

(五)涉及管理层通过增资扩股持股的改制方案,必须对管理层成员不再持有企业股权的有关事项作出具体规定。

(六)管理层通过增资扩股持有企业股权后涉及该企业所持上市公司国有股性质变更的,按国家有关规定办理。

六、加强对改制工作的领导和管理

(一)除国有大中型企业实施主辅分离、辅业改制,通过境内外首次公开发行股票并上市改制为国有控股企业,以及国有控股的上市公司增资扩股和收购资产按国家其他规定执行外,凡符合以下情况之一的,须执行国办发〔2003〕96 号文件和本意见的各项规定:

1. 国有及国有控股企业(包括其全资、控股子企业,下同)增量引入非国有投资,或者国有及国有控股企业的国有产权持有单位向非国有投资者转让该企业国有产权的。

2. 国有及国有控股企业以其非货币资产出资与非国有投资者共同投资设立新公司,并因此安排原企业部分职工在新公司就业的。

国有及国有控股企业以现金出资与非国有投资者共同投资设立新公司,并因此安排原企业部分职工在新公司就业的,执行国办发〔2003〕96 号文件和本意见除清产核资、财务审计、资产评估、定价程序以外的其他各项规定。

3. 各级国有资产监督管理机构作出其他有关规定的。对由国有资产监督管理机构以外的其他部门履行出资人职责的企业,由相关部门规定。

(二)国有产权持有单位应与非国有投资者协商签订合同、协议,维护职工合法权益,防止国有资产流失,确保进入改制后企业的国有资产保值增值。对需要在改制后履行的合同、协议,国有产权持有单位应负责跟踪、监督、检查,确保各项条款执行到位。改制后的国有控股企业应当建立现代企业制度,完善法人治理结构,制订明确的企业发展思路和转换机制方案,加快技术进步,加强内部管理,提高市场竞争力。企业在改制过程中要重视企业工会组织的建设,充分发挥工会组织的作用。

(三)地方各级人民政府及其国有资产监督管理机构、国有及国有控股企业,要全面理解和正确贯彻落实党中央、国务院关于国有企业改革的方针、政策和措施。切实加强对国有企业改制工作的组织领导,严格执行有关改制的各项规定,认真履行改制的各项工作程序,有效防止国有资产流失。加强对改制企业落实职工安置方案的监督检查,切实维护职工的合法权益。地方政府及有关部门要关心改制后企业的改革和发展,督促落实改制措施,帮助解决遇到的困难和问题,为改制企业发展创造良好的环境和条件。地方各级人民政府要充分考虑企业、职工和社会的承受能力,妥善处理好原地方政策与现有政策的衔接,防止引发新的矛盾。各级国有资产监督管理机构要加强对国办发〔2003〕96 号文件、本意见和国资委、财政部令第 3 号等有关规定贯彻执行情况的监督检查,及时总结经验,发现和纠正改制工作中存在的问题,促进国有企业改制工作健康、有序、规范发展。

2. 部门规章及其他规范性文件

铁道部关于印发《放开搞活铁路小企业暂行办法》的通知

(铁政策〔1998〕13号 1998年1月24日)

部属各单位:

为了贯彻落实国务院关于放开搞活小型企业的部署,加快铁路小型企业改革步伐,部制定了《放开搞活铁路小企业暂行办法》,现发给你们,请结合实际情况贯彻实施。贯彻中的问题请及时报部。

放开搞活铁路小企业暂行办法

第一条 认真贯彻党的十五大精神,以“三个有利于”为标准,解放思想,实事求是,积极推进铁路小企业(以下简称小企业)改革,大胆探索公有制多种实现形式,在确保国家和集体所有者权益的基础上,采取多种形式和方法放开搞活小企业。

通过改革,使小企业成为自主经营、自负盈亏、自我发展、自我约束的法人实体和市场竞争主体,转换机制,激发活力,增强对市场的适应能力。盘活存量资产,促进结构调整,实现集约经营,为精干主体,分离分流创造条件。

第二条 放开搞活小企业的原则:

1. 按照实行两个根本性转变的要求,把改革、改组、改造和加强企业管理结合起来,提高小企业市场竞争能力。

2. 根据调整产业结构、企业结构、资产结构、产品结构的要求,有计划、有步骤地组织小企业改制。

3. 建立现代企业制度,以提高经济效益为中心,促进企业经营机制转换和制度创新,解放和发展生产力。

4. 加强国有资产管理,防止国有资产流失,保证国有资产保值增值。

5. 实施再就业工程,妥善安置企业富余职工,促进减员增效。

6. 坚持分类指导,试点起步,鼓励探索,力求规范。

第三条 铁路工业小企业按原国家经委等部门发布的《大中小型工业企业划分标准》(经企〔1988〕240号发布,国经贸企〔1992〕176号补充)确定;铁路非工业小企业参照财政部清产核资办公室《大中小型非工业企业划分标准》(财清办〔1995〕53号)确定。

第四条 凡是具有企业法人资格、按国家标准被确定为小型企业,包括铁路工附业、多种经营和集体经济系统的各类小企业，都可以按照国家和铁道部的规定，参照当地政府的政策，进行改制。

国家产业政策规定需国家专营的企业，以及与运输生产紧密相关、与今后运输改革有关联的国有小企业的改制另作安排。

第五条 小企业改革要因地制宜、因行业制宜、因企业制宜。允许企业依据自身特点，选择适合企业生产力水平的改制形式，不搞一个模式，不搞一刀切。

1. 公司制

小企业在明晰产权的基础上，根据自身发展需要，通过吸收其他投资，组建有限责任公司或股份有限公司。

2. 股份合作制

小企业在清产核资、资产评估基础上，吸收职工参股，实行劳动合作和资本合作相结合，按劳分配和按股分红相结合，实施民主管理。

3. 联合、兼并

以购买、划转、入股、承担债务等形式，实行联合、兼并。通过企业之间的联合，促进优势互补或形成规模效益；通过效益好的优势企业兼并小企业，盘活存量资产，优化资源配置。

4. 合资合作

拥有名特优产品的小企业，通过引进国内外资金、技术，进行技术改造和新产品开发，改制为合资、合作企业。

5. 出售

长期微利或亏损、人员较多、缺乏发展和改造能力的小企业，或经营状况良好，需进行结构调整和布局调整的小企业，可整体或部分出售。

6. 承包、租赁

不变更企业资产所有关系，将小企业全部或部分资产出租，或依照承包协议将经营权赋予承包人。

7. 委托经营

将管理混乱、经营不善的困难小企业委托给实力较强的优势企业经营管理。

8. 破产

长期亏损且扭亏无望、不能清偿到期债务的小企业，依法实施破产。

除以上形式外，还可按照制度创新、形式多样、取长补短的原则，结合铁路实际，探索其他改制形式。

第六条 国有小企业改制时，由铁路局或分局（含广铁集团公司及其各总公司，下同）、部属总公司或其直属单位，根据铁道部《铁路企业理顺产权关系的若干规定》（铁财〔1997〕79号），理顺产权关系，明确对国有小企业国有资产拥有法人出资者权益的出资人。

集经小企业改制时，按清产核资所界定产权的不同性质及其投资关系，分别明确其出资人。

不具有企业法人资格的站段，不能作为多经企业和集经企业国有资产的出资人。

第七条 小企业采取出售、兼并、联合、公司制、股份合作制、合资合作、破产等改制形式时，必须进行清产核资和资产评估。实行租赁的，必要时亦应进行清产核资和资产评估。

国有小企业资产评估立项和评估结果确认，须逐级上报，由铁道部国有资产管理办公室办理。

集经小企业资产评估立项和评估结果确认，由其上级集经劳动服务公司组织，按当地政府规定办理。已按国务院要求进行清产核资,经财政(清产核资机构)等有关部门审批、确认的结果,两年内具有法律效力,企业改制可不再进行资产评估。

第八条 小企业改制时,在清产核资、资产评估基础上,对历史遗留的坏账、呆账及处理资产损失,经有关部门批准,可计入企业当期损益,或冲减盈余公积金和资本公积金,不足部分冲销资本金。

小企业改为股份合作制企业时,企业原有奖金节余、工资储备基金,可以折成个人股投入企业,也可以用于企业改制前职工的个人补充养老保险及医疗保险。

改为公司制或股份合作制的小企业,所欠银行以外的债务,商得债权人同意,可将债权改为股权。

第九条 从小企业国有或集体净资产出售、转让的收入中,按国家有关规定,可一次性扣除企业欠缴及缴纳不足的养老、医疗保险等费用。

小企业净资产出售、转让的收入,由出资人按《企业财务通则》和《企业会计准则》的有关规定进行核算。

国有、集体净资产出售、转让的收入作必要扣除后,原则上留在改制后企业有偿使用并以不高于银行同期贷款利率标准收取资产占用费,也可以作为资本金投入其他企业,具体办法可参照当地政府规定商定。

第十条 小企业改制为公司制或股份合作制的,国有净资产折成的股权,由第六条规定的出资人持有。

改制为股份合作制企业的,若企业资产量较大,可实行部分置换。未置换的公有资产,原则上可由企业租用,通过签订租用协议,由企业支付租金,租金由双方商定。

改制为股份合作制企业的房屋设施按规定评估确认后,除职工自愿出资购买外,一般以租赁方式处理,费用由双方商定。土地使用权管理方式一般不变。

第十一条 采取租赁、承包、托管等改制形式的小企业,职工与企业的劳动关系不变。

小企业出售后,职工劳动关系随企业资产关系的改变而作相应改变。

破产小企业的职工安置按破产方案办理。

小企业采取公司制、股份合作制、兼并、联合、合资合作等改制形式时,改制企业或购买方原则上应接受全部在职职工。这些企业的原国铁职工,身份存档。在商得原国铁上级单位同意的前提下,可在一定时期保留原国铁职工在住房、医疗、子女入学入托等方面的同等待遇。

改制企业原铁路职工使用铁路乘车证的办法,另行规定。

第十二条 小企业改制时,国铁职工距法定退休年龄不足5年,且连续工作年限满15年的,经本人申请、企业批准,可按规定退养。退养期间按规定缴纳养老保险费和住房公积金等各类社会保险金。退养职工到达法定退休年龄时,按规定办理退休手续,享受退休人员有关待遇。

改制小企业的富余职工,由改制企业在地方、铁路各级再就业服务机构支持下,积极创造条件,采取多种形式,妥善安排职工生活,帮助职工再就业。

第十三条 小企业改制时按本办法第九条规定交足了养老、医疗保险费用的已经离退休的人员,可继续享受铁路企业养老保险和医疗待遇。

改制小企业原则上应根据资产关系,分别参加地方或铁路的养老保险统筹。国铁控股或以国铁资本为主体的企业,以参加铁路企业养老保险系统统筹为主要渠道。医疗保险统筹比照办理。

非国铁控股或非国铁资本为主体的改制企业中原国铁职工，本人要求并经企业同意，报铁道部社会保险事业管理中心批准后，可继续参加铁路企业养老保险系统统筹，单位和本人按规定缴纳各项费用后，享受铁路系统职工退休后养老保险的各项待遇。医疗保险统筹参照此原则办理。集经企业中的原国铁职工，比照办理。

集体职工的养老保险和医疗保险按当地政府规定的政策办理。

第十四条 小企业改制后，根据资产关系，其劳动工资由地方或铁路有关部门进行宏观管理。国铁控股或以国铁资本为主体的企业一般可由铁路劳动部门实施宏观管理。转入地方管理的，应报部劳资司，相应调整其所在铁路局或部属总公司的工效挂钩基数和劳动工资计划。

企业改制后职工原工资和干部级别存档。改制企业在执行国家有关法规政策前提下，可根据本企业的经济效益和经营特点，自主确定工资制度，并采用灵活多样的内部分配方式。

改制后的小企业，实行独立核算、自负盈亏的，其经营者的待遇，由企业决定，不再执行国铁的规定。

第十五条 小企业领导人员的选聘与管理，随企业改制形式确定。

改为股份合作制的企业，其法定代表人由职工股东大会选举产生。

改制为混合经济成分的企业，国铁出资人按所持股份，依据《公司法》规定，选派产权代表，推荐经营者人选，并对产权代表进行考核、奖惩。一般管理人员的任免、考核、奖惩，由企业自行决定。

第十六条 改制后企业的党、团、工会关系，财税、统计、基建更改计划、计划生育工作等，国铁控股和以国铁资本为主体的企业，一般保持原渠道不变。其他改制企业，原则上应转入地方，需要在一定时期保持原关系的，可另作规定。

改制小企业依法享有经营自主权。改制后企业机构编制自定。不再明确企业领导的行政级别。

国铁单位应根据专业化生产、社会化协作的要求，强化市场机制，采取合同、协议等方式，加强与小企业的业务联系，发挥小企业的配套、服务作用。

第十七条 小企业改为有限责任公司或股份有限公司时，应按《公司法》规范操作。国家产业政策规定需由国家控股的企业，必须保证国家资本控股。

小企业改为有限责任公司或股份有限公司时，路内外的企业法人、事业法人、社团法人、自然人以及职工持股会，均可依法作为投资主体。引进境外资本入股时，按国家有关法律办理。

职工持股会的组建与管理遵照当地政府有关规定执行。

第十八条 小企业改为股份合作制时，遵照国家体改委《关于发展城市股份合作制企业的指导意见》（国改生〔1997〕96 号），参照当地政府规定执行。

第十九条 鼓励效益好的优势企业包括大中型企业兼并铁路小企业。

铁路国有企业之间，在兼并企业承担被兼并企业债务的前提下，可采取无偿划转的形式，实施兼并重组。

兼并企业可按国务院和当地政府规定，享受对被兼并企业债务免息或停息等政策。

第二十条 小企业实行全部或部分租赁时，同等条件下，优先租赁给本企业职工。租赁必须由小企业的出资人与租赁者签订合同，明确租赁双方的权利和义务。承租人为纳税人，并且必须交纳企业净资产一定比例的风险抵押金。

小企业实行承包经营责任制时，承包者须通过招标方式产生。由小企业的出资人与承包者签订承包合同，明确各自的权利和义务，确定合理的承包考核指标。承包者必须交纳企业净资产一定比例的风险抵押金。

第二十一条 委托经营必须坚持互惠互利和确保被委托企业资产保值增值的原则。由小企业的出资人作委托方,与被委托方签订合同,并经国家公证机关公证。

第二十二条 长期亏损、资不抵债且扭亏无望的小企业,应当依法破产。处于国家试点城市的,应争取列入试点城市《企业兼并破产和职工再就业工作计划》,享受《国务院关于在若干城市试行国有企业兼并破产和职工再就业有关问题补充通知》(国发〔1997〕10号)的政策;未能列入计划的,可按照《国务院关于在若干城市试行国有企业破产有关问题的通知》(国发〔1994〕59号)规定执行。处于非试点城市的,执行《中华人民共和国企业破产法(试行)》。

小企业破产,须经上级主管部门同意,并按国家法律或国务院文件规定的程序进行。破产企业的财产处理和职工安置,在破产方案中予以明确,经国家指定机关批准后实施。

第二十三条 小企业出售应由其出资人决定,并报其上级出资人同意。出售应坚持公开、公正、公平的原则,一般应在当地政府指定的产权交易服务机构进行,或经双方主管国有资产管理部门批准后协商进行。

小企业出售应综合考虑出售价格、安排就业和新增投资等因素,为企业启动生产、创造效益提供必要条件,防止国有资产流失。

第二十四条 小企业采取其他改制形式所涉及的政策性问题,根据不同的改制形式,分别适用国家相应的法律法规和政策规定,并参照当地政府有关规定,在具有法定效力的章程、合同、协议中加以明确。

第二十五条 小企业改制工作,按现行隶属关系,由铁路局或分局、部属总公司或其直属单位组织领导。

多种经营和集体经济系统的小企业改制方案,按现行隶属关系,分别由铁路局或分局、部属总公司或其直属单位审批。按系统逐级上报备案。

其他国有小企业改制方案,由铁路局、部属总公司审批,报部备案。

国有小企业改制涉及资财遗留问题处理及国有资产转让收益一次性扣除时,方案必须报部财务司,并按其批复意见办理。集经小企业资财处理方案经出资人同意报当地税务等部门批准。

第二十六条 国铁系统各单位要进一步提高认识,加强领导,把放开搞活铁路小企业作为铁路改革的一项重点工作,摆上重要议事日程,研究政策,制定规划,组织试点,总结推广。

要充分发挥职工参与改革的积极性。在选择改制形式时,特别是需要职工个人投资入股的改革,必须充分尊重职工意愿,允许企业自主选择。改革方案应提交职工代表大会讨论。

企业改制后,要围绕市场需要制定企业发展规划,抓紧进行改组和技术改造工作,搞好劳动、人事、工资等制度改革,加强企业内部管理,制定正确的营销策略,提高市场竞争能力和经济效益。

第二十七条 铁道部政策法规司归口管理小企业改制工作。

部属单位要指定主管部门负责管理小企业改制的具体事项。

第二十八条 鉴于铁路的行业特点和现行所有制结构状况,部分具备条件的中型企业,经铁道部批准,可参照本办法进行改制。

本办法未明确事宜,执行国家有关规定。地方政府另有具体规定的,可参照执行。

第二十九条 本办法由铁道部政策法规司解释。

第三十条 本办法自发布之日起实行。

国有企业改革中划拨土地使用权管理暂行规定

（国家土地管理局令第8号 1998年2月17日）

第一条 为支持国有企业改革，进一步推行土地有偿使用制度，明晰土地产权关系，加强土地资产管理，根据土地管理法律、法规和有关政策，制定本规定。

第二条 国有企业实行公司制改造、组建企业集团、股份合作制改组、租赁经营和出售、兼并、合并、破产等改革，涉及的划拨土地使用权管理，应当遵守本规定。

第三条 国有企业使用的划拨土地使用权，应当依法逐步实行有偿使用制度。

对国有企业改革中涉及的划拨土地使用权，根据企业改革的不同形式和具体情况，可分别采取国有土地使用权出让、国有土地租赁、国家以土地使用权作价出资（入股）和保留划拨用地方式予以处置。

本规定所称国有土地租赁，是指土地使用者与县级以上人民政府土地管理部门签订一定年期的土地租赁合同，并支付租金的行为。土地租赁合同经出租方同意后可以转让，改变原合同规定的使用条件，应当重新签订土地租赁合同。签订土地租赁合同和转让土地租赁合同应当办理土地登记和变更登记手续。租赁土地上的房屋等建筑物、构筑物可以依法抵押，抵押权实现时，土地租赁合同同时转让。

本规定所称国家以土地使用权作价出资（入股），是指国家以一定年期的国有土地使用权作价，作为出资投入改组后的新设企业，该土地使用权由新设企业持有，可以依照土地管理法律、法规关于出让土地使用权的规定转让、出租、抵押。土地使用权作价出资（入股）形成的国家股股权，按照国有资产投资主体由有批准权的人民政府土地管理部门委托有资格的国有股权持股单位统一持有。

第四条 国家根据需要，可以一定年期的国有土地使用权作价后授权给经国务院批准设立的国家控股公司、作为国家授权投资机构的国有独资公司和集团公司经营管理。国有土地使用权授权经营，由国家土地管理局审批，并发给国有土地使用权经营管理授权书。被授权的国家控股公司、作为国家授权投资机构的国有独资公司和集团公司凭授权书，可以向其直属企业、控股企业、参股企业以作价出资（入股）或租赁等方式配置土地，企业应持土地使用权经营管理授权书和有关文件，按规定办理变更土地登记手续。

被授权经营土地使用权的国家控股公司、国有独资公司、集团公司必须接受授权部门的监督管理。被授权的企业必须对土地资产保值、增值情况提供年度报告；对企业土地股权的年度变化情况以及对土地资产处置的文件及时报授权部门备案，授权部门每年要对企业经营土地资产的情况和执行土地管理法律、法规的情况进行监督检查，企业违反土地管理法律、法规的规定以及超越授权经营的权限和范围使用土地或处置土地资产的，授权部门有权依法予以查处，并追究当事人的法律责任。

国有土地使用权需要作价授权经营给省属企业的，经国家土地管理局批准，由省级人民政府土地管理部门决定,并按本条规定执行。

第五条 企业改革涉及的划拨土地使用权,有下列情形之一的,应当采取出让或租赁方式处置:

(一)国有企业改造或改组为有限责任公司、股份有限公司以及组建企业集团的;

(二)国有企业改组为股份合作制的;

(三)国有企业租赁经营的;

(四)非国有企业兼并国有企业的。

第六条 国有企业破产或出售的,企业原划拨土地使用权应当以出让方式处置。

破产企业属国务院确定的企业优化资本结构试点城市范围内的国有工业企业,土地使用权出让金应首先安置破产企业职工,破产企业将土地使用权进行抵押的,抵押权实现时土地使用权折价或者拍卖、变卖后所得也应首先用于安置破产企业职工。

第七条 根据国家产业政策,须由国家控股的关系国计民生、国民经济命脉的关键领域和基础性行业企业或大型骨干企业,改造或改组为有限责任公司、股份有限公司以及组建企业集团的,涉及的划拨土地使用权经省级以上人民政府土地管理部门批准,可以采取国家以土地使用权作价出资(入股)方式处置。

第八条 企业改革涉及的土地使用权,有下列情形之一的,经批准可以采取保留划拨方式处置:

(一)继续作为城市基础设施用地、公益事业用地和国家重点扶持的能源、交通、水利等项目用地,原土地用途不发生改变的,但改造或改组为公司制企业的除外;

(二)国有企业兼并国有企业或非国有企业以及国有企业合并,兼并或合并后的企业是国有工业生产企业的;

(三)在国有企业兼并、合并中,被兼并的国有企业或国有企业合并中的一方属于濒临破产的企业;

(四)国有企业改造或改组为国有独资公司的。

前款第(二)、(三)、(四)项保留划拨用地方式的期限不超过五年。

第九条 处置的土地使用权,应当具备下列条件:

土地使用权必须权属合法、无争议,并已办理土地登记,企业持有土地使用权证书。尚未登记的,企业应向土地所在地的土地管理部门申请土地权属审核,取得土地管理部门出具的土地权属证明。

土地使用权除保留划拨用地方式外,采取其他方式处置的,必须进行地价评估。企业应委托经国家土地管理局和省级人民政府土地管理部门认证的、具有相应土地估价资格的机构进行地价评估。

第十条 处置土地使用权应当按下列程序办理:

(一)拟订土地使用权处置方案。由企业或企业隶属单位拟订土地使用权处置方案,主要内容应包括企业改革的形式和内容、企业现使用土地的状况和拟处置土地的状况、拟处置方式和处置价格及理由等。

(二)地价评估结果确认和土地使用权处置方案审批。地价评估结果和土地使用权处置方案应当报有批准权的人民政府土地管理部门确认和审批,报批时还应同时提交企业改革的批准文件、资产重组方案、土地使用权证书或土地权属证明以及其他有关材料。

企业进行公司制改造、改组或组建企业集团,属于国务院或国务院授权部门批准设立的公司和企业集团以及境外上市公司的，土地估价结果和土地使用权处置方案由企业隶属单位报国家土地管理局确认、审批；属于省级人民政府或其授权部门批准设立的公司和企业集团，土地估价结果和土地使用权处置方案由企业隶属单位报省级人民政府土地管理部门确认、审批。

企业实行股份合作制改组、租赁经营和出售、兼并、合并、破产的，土地估价结果和土地使用权处置方案由企业隶属单位报上一级人民政府土地管理部门确认、审批；属于中央企业的，报国家土地管理局确认、审批。

（三）签订合同与变更土地登记。土地使用权处置方案经批准后，采取国有土地使用权出让方式处置的，企业应持土地使用权处置批准文件和其他有关文件与土地所在地的市、县人民政府土地管理部门签订国有土地使用权出让合同，并按规定办理土地登记手续；采取国有土地租赁方式处置的，企业应持土地使用权处置批准文件和其他有关文件与土地所在地的县级以上人民政府土地管理部门签订国有土地租赁合同，并按规定办理土地登记手续；采取国家以土地使用权作价出资（入股）方式处置的，企业应持国家土地管理局或省级人民政府土地管理部门签署的土地使用权处置批准文件以及作价出资（入股）决定书，按规定办理土地登记手续；采取保留划拨用地方式处置的，企业应持土地使用权处置批准文件及其他有关文件按规定办理土地登记手续。

土地使用权作价出资（入股）决定书的样式、内容由国家土地管理局另行统一规定。

第十一条 处置土地使用权涉及的土地使用权出让金、租金、作价出资（股本）额的确定，均应以经有批准权的人民政府土地管理部门确认的土地估价结果为依据。

第十二条 土地管理部门应当建立地价评估结果确认和土地使用权处置以及授权经营审批的会审制度，经本部门有关机构会审后，方可签署批准意见。

第十三条 国有企业改革中处置土地使用权，其土地用途必须符合当地的土地利用总体规划，在城市规划区内的，还应符合城市规划，需要改变土地用途的，应当依法办理有关批准手续，补交出让金或有关土地有偿使用费用；按照国务院规定，属于特殊行业的国有企业，其土地收益可全额留给企业，用于安置企业职工以及偿还企业债务。

第十四条 对土地权属不合法或有争议、未办理土地登记或未能提供土地管理部门出具的土地权属证明，不按土地管理法律、法规和规章及本规定进行地价评估的，地价评估结果不予确认，土地使用权处置方案不予批准。

企业改革中涉及的土地使用权，未经批准擅自处置并发生土地使用权转移或改变土地用途的，按非法转让土地或非法占地处罚。

土地管理部门违反本规定批准的土地使用权处置方案无效，对其单位有关责任人员追究行政责任。

第十五条 本规定未涉及的其他形式国有企业改革中划拨土地使用权处置的，凡不属于本规定中关于保留划拨用地方式处置的情形，均应以出让、租赁、作价出资（入股）方式处置土地使用权。

第十六条 非国有企业改革中涉及的划拨土地使用权处置，按照土地审批权限经有批准权的人民政府土地管理部门批准后，参照本规定执行。

第十七条 在本规定实施之前国家土地管理局作出的有关规定以及各地制定的有关企业改革中土地使用权处置管理办法与本规定不一致的，以本规定为准。各地制定的国有企业改革中划拨土地使用权处置方式应按本规定规范，在土地有偿使用费用方面，可采取适当优惠政策鼓励和支持国有企业改革,具体办法由各地根据本地实际情况制定。

第十八条 本规定由国家土地管理局负责解释。

第十九条 本规定自 1998 年 3 月 1 日起施行。

国家经济贸易委员会财政部中国人民银行关于出售国有小型企业中若干问题意见的通知

（国经贸中小企〔1999〕89号 1999年2月11日）

各省、自治区、直辖市人民政府，国务院各部门、各直属机构：

近年来，各地积极探索放开搞活国有小型企业的路子，取得了一定成效。但是，一些地方违背党的十五大精神，把出售国有小型企业作为改革的主要形式甚至唯一形式，采取"一卖了之"的作法，出现了一些不规范行为，导致国有资产流失、银行债务和拖欠税款悬空、职工合法权益受到损害。为了制止上述错误倾向，经国务院同意，现就出售国有小型企业（以下简称出售企业）中若干问题的意见通知如下：

一、全面理解、正确贯彻党的十五大关于国有小型企业改革的方针。党的十五大提出，国有小型企业改革要采取改组、联合、兼并、租赁、承包经营和股份合作制、出售等多种形式。国有小型企业不是不能出售，但出售不是主要形式，更不能统统"一卖了之"。要坚持从实际出发，因地制宜，因企业制宜，采取多种有效形式放开搞活国有小型企业。要抵制各种错误言论的误导，坚决制止出售企业之风，特别要制止名卖实送、半卖半送、逃废银行债务、拖欠税款和规避安置职工的错误做法。国有小型企业出售要按照国家法律、法规和规章操作。

二、出售企业是指将国有小型企业出让给其他经济组织或者个人的行为。国有小型企业在企业划型标准调整前，按现行标准确定；企业划型标准调整后，按新标准确定。严格控制出售企业的范围和数量。不得出售社会公益性企业和法律、法规规定不能出售的企业。向国外（境外）购买者出售企业，依照国家有关规定执行。

出售企业必须坚持公开、公平、公正的原则，严格维护国家所有者权益，不得造成国有资产流失；不得悬空银行及其他债权人债权；必须妥善安置在职职工和离退休人员。

三、出售企业的审批主体和审批权限。出售县（旗、区、市）属企业，由县级人民政府提出方案，报地级市人民政府（含州、盟，下同）审批，并由地级市人民政府报省级人民政府备案，省级人民政府认为不宜出售的企业，不得出售；出售地级市属企业，由地级市人民政府提出方案，报省级人民政府审批。除地级市以上地方人民政府有权审批其管辖范围内的企业出售外，其他任何部门、机构、企业和个人均不得决定出售企业。

四、出售企业应遵循的程序：

（一）地级市以下人民政府（含地级市人民政府，以下简称出售方）将出售方案征求有关企业职工代表大会（以下简称职代会）或职工大会意见后，须向上一级人民政府提出申请，经批准后发布出售信息；

（二）拟购买者须向出售方提出购买申请，由出售方审查其资信情况；

（三）出售方要指定具备资格的审计机构对原企业法定代表人进行离任审计，财政部门和

土地管理部门要对企业进行资产清查、土地使用权界定;

(四)出售方委托具备资格的评估机构对企业资产(包括无形资产)和土地使用权进行评估,评估结果应按有关规定经有关部门确认;

(五)出售方应以有关主管部门确认的评估值为依据,合理确定出售底价,通过拍卖、招标或协议等方式确定企业出售价格及购买者;

(六)购买者须与社会保险经办机构落实企业职工社会保险的有关事宜,与出售企业的债权经营机构签订转贷和还款协议,并提供相应担保;

(七)出售方与购买者签订出售协议。采取协议转让方式出售的企业,经上一级人民政府审核批准后协议方可生效。出售方与购买者要及时办理产权变更、企业法人变更和税务登记等有关手续。

五、购买者应具备的条件及付款方式。购买者应出具不低于所购买企业价款(以下简称价款)的有效资信证明,不得以所购买企业的资产作抵押,获取银行贷款购买该企业。购买者应一次性支付价款;确有困难的,经出售方同意可以分期支付价款。分期支付价款的,首期付款额不得低于价款的30%,一年内应支付价款的70%,两年内必须付清价款。未付价款部分参照银行贷款利率由购买者向出售方支付利息。购买者在尚未全额支付价款前单方面终止协议的,已付款项不予退还。

购买者尚未全额支付价款前,出售方应派人监督企业财务状况;购买者确因生产经营需对企业固定资产进行处置的,应经出售方同意;购买者不得将企业有偿转让给其他所有制企业法人、合伙制企业或自然人。购买者全额支付价款后,财政部门、土地管理部门方可按规定为企业办理产权变动证明和土地使用权证书。

六、出售企业的资产清查及原法定代表人的离任审计。企业出售前,有关部门应依法对其进行资产清查,在清查中发现的盘亏、报损、财务呆坏账等,需要核销的,按国家有关规定报有关部门审批后处置。出售方应指定具备资格的审计机构对出售企业的原法定代表人进行审计,在审计中发现由于原企业法定代表人以权谋私、恶意经营等造成企业损失的,要由有关部门依照有关规定追究其责任。未经资产清查和原法定代表人离任审计的企业,不得出售。

七、对出售企业的产权界定和资产评估及出售价格的确认。出售企业前,出售方应根据国家有关规定界定企业产权。被出售企业的资产和土地使用权,由出售方委托具备资格的评估机构进行评估。对于不同性质和用途的资产,应选择正确的评估方法进行资产评估。评估基准日应定在资产清查、审计和产权界定后,评估结果报经上级人民政府有关部门确认,并以确认值作为确定出售企业底价的依据,出售价格不得低于底价。地方各级人民政府及其部门不得超出国家有关规定,在出售价格上给予购买者优惠。

出售企业的用地原为国有划拨土地,购买者应与县级以上人民政府土地管理部门签订国有土地使用权出让合同。

出售企业的非经营性资产一般应从企业中剥离,可以留在企业由购买者有偿使用,并交纳不低于该部分资产评估金额同期银行贷款利息的使用费。有关部门要加强对这部分资产使用的监督。

出售企业前,原企业拖欠职工的所有医疗费和生活费、欠缴的各项社会保险费用、离退休人员的安置费(包括养老保险费和医疗保险费)、自谋职业职工的安置费用、未退还的职工集资款,经上一级财政部门审批后方可从出售价款中相应抵扣。

八、严格保护债权人利益。出售企业过程中要充分尊重债权人的意见,依法落实各项债权。已为债权金融机构的贷款设定抵押或质押的企业财产，出售方在出售时必须征得债权金融机构的同意。出售时，银行贷款已到期的，出售收入必须优先用于清偿贷款本息；未到期的，购买者应与出售企业的债权金融机构签订转贷和还款协议，并提供相应担保。出售企业已为其他单位和个人的贷款提供担保的，出售后，购买者应继续承担原企业的担保责任。地方各级人民政府及其部门不得以任何形式要求银行减免出售企业的债务，也不得随意减免税收；银行不得违反国家金融政策规定减免出售企业的债务。非银行的债务经债权人同意，可将其对的债权转为股权。购买双方与债权人就债务处理问题未达成一致意见的企业，不得批准出售。

九、确保企业职工合法权益不受侵犯。出售方应在申请出售前征求职工对出售方案和职工安置方案的意见。职工安置方案应经企业职代会或职工大会讨论通过。

出售企业的全部职工原则上由购买者负责妥善安置，并负责参加各项社会保险。对原来未参加基本养老保险、医疗保险、失业保险等社会保险的企业，按当地政府有关规定，由购买者与社会保险经办机构落实参加基本养老保险、基本医疗保险、失业保险等社会保险的有关事宜。对出售后愿意继续留在该企业工作的职工，购买者应与其重新签订劳动合同，明确职工与购买者的劳动关系，按照《中华人民共和国劳动法》的规定，履行应尽义务。劳动合同期限一般应不短于职工与出售企业原签订劳动合同的期限。不愿留在该企业工作的职工，可自谋职业。自谋职业的职工，应与企业解除劳动关系，可按当地政府规定领取安置费，并可按照当地政府规定继续参加社会保险。任何部门和单位不得在企业出售中终止职工社会保险关系。不得借出售企业之机，违反国家有关规定对职工“买断工龄”或为职工办理提前退休，把职工推向社会。

十、出售企业的净收入要上交财政，在预算上单设科目反映，专项用于补充国有企业资本金或支持国有中小企业发展，不得挪作他用，不得留在原企业继续使用，不得作为借贷资金借给其他企业使用。集团或母公司出售所属小型企业的净收入，专项用于该集团或母公司的资本再投入或技术改造。地方各级人民政府有关部门要加强对出售企业收入使用的监督。

十一、对出售后的企业进行必要的监督和管理。地方各级人民政府及有关部门和银行要监督购买者执行还贷协议，防止购买者抽逃资金，防止恶意经营、故意恶化劳动条件，严格执行企业出售和职工安置方案，维护职工合法权益不受侵犯。

十二、加强对企业出售工作的检查和监督。各级监察部门应加强对企业出售过程的监督、检查，设立和公布举报电话，及时发现和纠正出售中的违法、违纪问题。对于违反程序和有关规定或利用职权徇私舞弊、谋取非法收入、与购买者串通、故意压价出售企业的单位和个人，要依法追究其行政责任或者刑事责任。购买者购买企业后不执行协议规定，或在购买企业过程有违法行为的，应当依法承担民事责任或者刑事责任。

地方各级人民政府要加强对企业出售工作的组织领导，指定部门负责出售企业的组织、协调工作，防止多头管理、政出多门和无人负责。要加强监督，规范操作，不得以强迫命令、压指标、定任务和规定时限等方式出售企业。

国土资源部关于加强土地资产管理促进国有企业改革的发展的若干意见

(国土资发〔1999〕433 号 1999 年 11 月 25 日)

为贯彻落实党的十五届四中全会通过的《中共中央关于国有企业改革和发展若干重大问题的决定》精神,推进国有企业改革和发展,现就进一步加强土地资产管理工作提出如下意见。

一、提高认识,转变观念,积极为国有企业改革和发展服务

各级人民政府土地行政主管部门要深入学习和领会党的十五届四中全会精神,充分认识合理处置土地资产对促进国有企业改革的重大意义。要从有利于搞活整个国有经济,促进国有经济布局战略调整和国有企业的战略性改组,推动企业科技进步出发,盘活和显化企业土地资产,积极参与和支持国有企业改革工作。要与企业改革的主管部门建立工作联系制度,及时了解企业改革和发展的进度与要求,在进一步贯彻落实《国有企业改革中划拨土地使用权管理暂行规定》(原国家土地管理局 8 号令)的基础上,遵循"明晰产权、显化资产、区分类型、合理处置、规范管理、促进发展"的原则,进一步加大土地资产管理力度。

二、区分类型,合理处置,完善土地资产配置体系,促进国有经济布局战略调整和国有企业战略性改组

国有企业改革时,经土地行政主管部门批准,可根据行业、企业类型和改革的需要,采用不同的土地资产处置方式和管理政策。

(一)在涉及国家安全的领域和对国家长期发展具有战略意义的高新技术开发领域,国有企业可继续以划拨方式使用土地。

(二)对于自然垄断的行业、提供重要公共产品和服务的行业,以及支柱产业和高新技术产业中的重要骨干企业,根据企业改革和发展的需要,主要采用授权经营和国家作价出资(入股)方式配置土地,国家以作价转为国家资本金或股本金的方式,向集团公司或企业注入土地资产。

(三)对于一般竞争性行业,应坚持以出让、租赁等方式配置土地。非国有资产购买、兼并、参股原国有企业时,可将企业原划拨土地评估作价后同其他国有资产一并转为国有股,逐步通过股权转让变现;也可分割出与企业净负债额相当的土地转为出让土地,参与企业整体拍卖和兼并,剩余土地,购买方或兼并方有优先受让权和承租权。

(四)对承担国家计划内重点技术改造项目的国有企业,原划拨土地可继续以划拨方式使用,也可以作价出资(入股)方式向企业注入土地资产。

对其他采用成熟技术进行产品更新和技术改造的国有企业,可将原使用的划拨土地按出让方式处置,土地收益可作为应付账款暂留企业,全额用于技术改造,并参照技改贷款方式进

行管理。

（五）各项土地资产配置政策涉及的具体行业划定和土地收益使用管理办法，由我部分别商国家经贸委、财政部确定。

三、明确土地权益，显化土地资产，理顺财产关系，加强土地资产运营监管

将国有企业改革和发展与完善土地资产处置方式、明确土地权益相结合，降低企业改革成本，促进国有企业综合运用多种方式实现土地资产价值。

（一）深化土地使用制度改革，完善和协调出让、租赁、作价出资（入股）、授权经营等不同处置方式之间的权责关系，降低国有企业土地资产配置的直接成本。国有企业改革时，可按规定自主选择土地资产处置方式，鼓励以货币、资本、股本等多种形态综合实现土地资产价值。

（二）土地资产处置时，要考虑划拨土地使用权的平均取得和开发投入成本，合理确定土地作价水平。采用授权经营、作价出资（入股）方式处置土地资产的，按政府应收取的土地出让金额计作国家资本金或股本金。

（三）进一步明确国家作价出资（入股）和授权经营土地使用权的权益。以作价出资（入股）方式处置的，土地使用权在使用年期内可依法转让、作价出资、租赁或抵押，改变用途的应补缴不同用途的土地出让金差价；以授权经营方式处置的，土地使用权在使用年期内可依法作价出资（入股）、租赁，或在集团公司直属企业、控股企业、参股企业之间转让，但改变用途或向集团公司以外的单位或个人转让时，应报经土地行政主管部门批准，并补缴土地出让金。

（四）国有土地资产进入企业资产的财务处理及土地资产监管办法，由我部商财政部确定。在有关规定出台前，各地可指定专门机构进行土地资产管理，有关规定出台后，再按统一办法进行财务处理及资产监管。

四、发挥土地资产效益，优化资产机构，减轻企业负担，促进国有企业减债脱困和安置职工

优化国有企业资产结构、减轻企业负担要与调整用地结构有机结合，采取有效措施，鼓励国有企业充分利用和盘活现有建设用地，促进国有企业减债、脱困和集约利用土地。

（一）为减轻企业负担，国有企业在改革前可继续以划拨方式使用原有土地；改革后的企业用地符合《划拨供地项目目录》的，可仍以划拨方式使用。国有和集体企业兼并国有企业涉及的土地，不属于划拨供地范围的，经土地行政主管部门批准，也可在一定年限内维持划拨使用。

（二）根据企业在生产经营过程中对土地利用的不同要求，进一步细化配置土地权利，降低用地成本。国有企业因铺设地上、地下管线等需要通过集体土地或其他单位、个人使用的国有土地的，可以通过设定土地他项权利的方式，保证企业正常生产运营。只对因行使特定的土地他项权利而对土地所有者、使用者造成的损失给予相应补偿。

（三）经土地行政主管部门批准，非上市国有企业可将其原使用的划拨土地通过土地交易场所转让变现，也可由土地行政主管部门收购储备或优先安排租赁、出让，土地收益设立专户，专项用于企业增资减债和结构调整。在规划许可的前提下，允许非上市国有企业在其原用地范围内自行提高土地利用率。

（四）国有及国有控股企业参与股票配售的，经土地行政主管部门批准，可以将原使用的划拨土地作价后注入企业，作为国有资本，用于认购配售的股票。

（五）国有企业破产时，其原使用的划拨土地可由市、县人民政府组织出让，变现资金设立专户,优先用于职工安置。已设立破产企业职工安置资金专户的城市,破产企业划拨土地出让收益可全部纳入专户,按规定统一用于城市内破产企业职工安置。

五、明确供地政策,完善土地市场,为国有企业改革和发展创造良好的外部条件

明确建设用地供应政策和外商投资企业用地政策,提供土地交易场所,加强中介机构管理,为国有企业改革和发展营造有利的外部条件。

(一)加强土地利用规划和计划管理,控制建设用地增量,严格执行供地目录,制止不合理的重复建设。对列入《禁止供地项目目录》项目,一律不得提供建设用地;对列入《限制供地项目目录》的用地,要从严控制,不符合用地条件的,也不得提供建设用地。

(二)进一步明确外商投资企业用地政策,鼓励国有企业合理利用外资"嫁接改造"。国有企业与外资进行合资、合作,凡以出让、租赁、国家作价出资(入股)方式取得土地使用权的,不再另行缴纳场地使用费;凡符合《划拨供地项目目录》的,经土地行政主管部门批准,可按划拨方式用地。

(三)国有企业转让划拨土地使用权的,应到市、县土地行政主管部门设立的土地交易场所挂牌交易,以增加交易机会,减少交易成本;对有多个需求者的土地,可由土地行政主管部门组织招标拍卖,提高国有企业转让土地的收益。

(四)土地评估中介机构要与政府部门彻底脱钩,要加强行业自律,整顿行业秩序,规范中介行为,为国有企业改革和发展提供公平、公正的中介服务。

六、依法行政,规范操作,切实做好国有企业改革中的土地资产管理工作

各级土地行政主管部门要坚持依法行政,规范操作,优质服务,从快、从优做好国有企业改革中的土地登记、地价评估确认、处置方案策划和处置审批工作。

(一)加快土地调查、登记进度、允许有测绘力量的企业在权属调查完成后自行完成地籍测量。要结合土地证书年检,及时、准确办理企业土地登记,国有企业尚未进行初始土地登记的,允许在权属调查完成后先行改制,再根据土地使用权处置方案批复直接办理变更登记。要抓紧解决国有企业土地权属纠纷,对权属争议一时难以解决的,可将无争议土地剥离出来先行确权。要建立地籍资料公开查询、鉴证制度,及时为企业提供土地产权查询、鉴证服务。土地登记要严格执行国家规定的收费标准,切实减轻企业负担。

(二)规范企业改革中的土地价格评估工作。国有企业改革涉及的土地使用权应当进行地价评估,改制为上市公司的,必须选择具有 A 级土地评估资质的机构进行地价评估。土地评估机构要严格遵循国家法律法规,按照国家规定的技术标准,根据企业类型、处置方式及权利状况,科学选择评估方法和相关参数,合理确定估价结果,并出具规范的土地估价报告。

(三)加强土地资产处置方案策划,保证国有企业改革顺利进行。土地行政主管部门和土地评估机构要依据土地资产处置政策、企业改革方案和土地状况,帮助企业或行业选择土地资产处置方式,既可采用单一的处置方式,也可多种方式并用,设计适宜的土地资产处置方案。

(四)优化服务,搞好土地评估结果确认和处置方案的审批工作。国有企业改革涉及的土地估价结果和处置方案,应经土地所在地市、县土地行政主管部门初审后,按企业隶属关系报同级人民政府土地行政主管部门初审后,按企业隶属关系报同级人民政府土地行政主管部门审批。土地行政主管部门应在规定的时限内规范出具初审意见和土地估价结果及处置方案批复。

国家经济贸易委员会、教育部、劳动和社会保障部、财政部、卫生部联合发布《关于进一步推进国有企业分离办社会职能工作的意见》

（2000年6月5日）

一、总结试点经验，全面推进分离企业办社会职能

1995年，国家经贸委、原国家教委、财政部、卫生部、原劳动部《关于若干城市分离企业办社会职能分流富余人员的意见》（国经贸企〔1995〕184号）下发以来，一些"优化资本结构"试点城市按照文件的要求，积极探索，大胆实践，因地制宜，多种形式分离企业办社会职能，取得了积极进展。当前，各省、自治区、直辖市人民政府和国有大中型企业要根据党的十五届四中全会精神，认真总结、借鉴试点经验，不失时机地将分离企业办社会职能工作由城市试点转向全面推进；逐步将企业所办的中小学校、医院等公益型机构、后勤服务等福利型机构与企业的生产经营主体相分离，使企业集中力量搞好改革和发展。

二、工作目标

分离企业办社会工作要坚持分类指导、分步实施的原则。具体的工作目标是：

经济发达地区的大中城市国有大中型企业自办的中小学校、医院等公益型机构一般应于2000年底前从企业中分离出去。

经济欠发达地区的大中城市和工业、交通、建筑等独立工矿区国有大中型企业自办的中小学校、医院等公益型机构一般应于2003年底前从企业中分离出去；少数偏远地区独立工矿区企业分离办社会职能的时限可适当放宽。

国有大中型企业自办的福利性机构原则上都应尽快与企业生产经营主体分离，成为面向社会、有偿服务、独立核算、自负盈亏的经济实体。

列为国家重点脱困企业、国务院确定的试点企业集团和国家重点企业应作为推进这项改革的重点，率先做好分离工作。经国务院批准的关闭、破产项目，其企业办社会机构的移交，按国家有关规定执行。

三、分离企业自办中小学校

企业管理中小学校的职能原则上移交给当地政府。企业自办中小学移交后的办学经费根据企业和当地政府的实际情况，可采取以下方式解决：

1. 在省或城市区域内实施整体分离的，由省级人民政府决定或由地、市级人民政府报请省级人民政府批准，在区域内可采取增提教育费附加专项用于分离企业办学的方式。

2. 不采取增提教育费附加办法的地区,地方企业原来所负担的经费经政府和企业协商,可作为基数由企业继续承担,并在三至五年内逐年递减,过渡三至五年后,由地方政府全额承担。

企业需要承担过渡期间办学经费的,应先将办学经费直接交付给当地政府,再由政府拨付给学校;企业不再直接向学校拨付经费。企业自办中小学校移交政府时,学校的资产整体无偿划拨,未经当地政府同意,不得侵占学校土地、校舍、设施,确保教育资源不流失。学校人员的移交以移交前在职人员为基础,专任教师参照当地教育行政部门确定的编制标准并按国家规定的教师资格审定合格后接收,非教学人员按当地同类学校编制比例划转。

学校移交工作要在当地政府的领导下有计划地进行,要保持平稳过渡,不得影响学生上学,不得降低教学质量,学校正常的办学经费要予以保证。

分离企业自办的中小学,除政府接收外,还可通过改革办学体制,实行多种办学模式,如企业与企业、企业与其他社会力量联合办学。对这类学校,有关部门应将其纳入社会力量办学体系。对暂不具备分离条件的,企业要继续加强对学校的管理,保证学校正常运转。

中直企业分离中小学校,在已经增提教育费附加的地区,所需经费由地方从增提的教育费附加中予以解决;未增提教育费附加的地区,分离中小学校经费的缺口由财政部商地方政府后给予补助。

四、分离企业自办医院

分离企业自办医院要与职工医疗保险制度改革相结合,主要采取以下分离方式:

1. 符合当地区域卫生规划的企业自办医院,当地政府有接收能力的可将医院的资产、人员成建制移交当地政府,由当地政府统一管理。当地政府接收有困难的,企业可将医院作为投资,单独或与其他企事业单位联合办医,组建独立的事业法人。

2. 凡不符合当地区域卫生规划要求的企业自办医院,可以停办或撤院建所。

企业自办医院分离后,医院自负盈亏确有困难的,企业可以根据自身经济能力,在一定时期内实行定额补贴或逐年递减补贴的办法,予以资金支持。

五、分离企业自办的后勤服务等职工福利型机构

企业自办的后勤服务等机构要尽快由福利型转为经营型,由无偿服务转为有偿服务,由单纯为企业服务转为面向社会服务,不断扩大服务领域、提高服务质量、改善经营方式,成为独立核算、自主经营、自负盈亏的经济实体。

分离后具有独立法人资格的子企业要规范运作。分离后成立的子企业应尽可能按照《中华人民共和国公司法》规范改制为有限责任公司或股份有限公司。经母公司同意的,也可以改制为股份合作制企业。母企业要按照出资比例,依法加强对子企业的监督管理,建立健全资产经营责任制度,防止国有资产流失。母企业应与分离后具备法人地位的子企业的职工解除劳动合同,由子企业重新与职工签订劳动合同;重新签订的劳动合同,应视为原劳动合同的变更,母企业可以不支付经济补偿金。职工与母企业的债权债务关系,由母子企业协商解决。

六、配套措施

各地政府可针对企业分离办社会职能中出现的问题,结合本地实际,制定相应的政策,支持企业的改革和发展。对分离处置的企业资产,原则上应当按照规定进行资产评估;对分离需要设立全资子公司、资产所有制性质没有改变的,由当地财政、国有资产管理部门决定是否需要进行资产评估。

企业分离办社会职能后，经与当地劳动保障等部门协商，可将原来对职工的福利性补贴由暗补改为明补，实行福利货币化、工资化，其中符合国家政策规定的，相应列入企业工资总额统计范围。在分离过程中，要逐步实现企业退休人员管理服务社会化，做到养老金由社会服务机构发放，人员由社区管理，具备条件的可尽快到位。

企业分离到社会的学校、医疗等机构，应该按照国家有关规定继续参加社会保险。

七、统筹规划，优化教育和卫生资源配置

各地政府应结合国有企业分离办社会职能、减轻企业办社会负担，分别由教育和卫生等部门牵头，对当地的教育和卫生资源进行调查研究，提出资源合理利用的区域布局规划，并按规划对分离的教育和卫生机构进行调整优化、合理布局，实现资源合理配置。分离企业自办中小学校和医院的实施方案，要充分考虑教育和卫生资源的合理配置问题，在当地政府的统一领导下，由各地教育、卫生部门会同经贸委、财政、劳动保障等部门提出方案。

八、组织实施

企业分离办社会职能工作涉及面广，政策性强，难度很大。各地要加强对分离企业办社会工作的领导，成立强有力的工作班子；要结合当地实际，制定具体的实施方案和配套措施；要实行责任制度，落实目标责任；相关企业也要紧紧抓住改革的有利时机，加快分离办社会职能工作的步伐，要认真做好广大职工群众的思想工作，注意维护职工的合法权益，妥善处理好实践中遇到的难点问题；要加强宣传舆论工作，注意营造良好的改革氛围，促进国有企业分离办社会职能目标的顺利实现。

国土资源部关于改革土地估价结果确认和土地资产处置审批办法的通知

(国土资发〔2001〕44号 2001年2月13日)

各省、自治区、直辖市国土资源厅(国土环境资源厅、国土资源和房屋管理局、房屋土地资源管理局、规划和国土资源局),计划单列市土地管理局(城乡规划土地局、规划国土局),解放军土地管理局,新疆生产建设兵团土地管理局:

为贯彻落实党中央、国务院关于政府要减少对经济事务审批事项,强化监督管理的要求,现就改革土地估价结果确认与土地资产处置审批办法的有关问题通知如下:

一、以土地估价报告备案取代土地估价结果确认审批

改革土地估价确认管理,取消确认审批,建立土地估价报告备案制度。企业改制需要进行土地估价的,应由企业自主选择土地估价机构进行评估。土地行政主管部门不再对土地估价结果进行确认。企业改制上报对土地估价结果进行确认。企业改制上报的土地估价报告,只要格式规范、要件齐备,土地行政主管部门将直接给予备案。

企业改制涉及的土地已经实行有偿使用或需要转为出让或承租土地的,不再进行处置审批,直接在市、县土地行政主管部门办理变更登记或有偿用地手续。企业委托进行土地估价的,土地估价报告同时交付备案。改制涉及的土地采用国家作价出资(入股)、授权经营方式处置的,土地估价报告应在省级以上土地行政主管部门办理土地资产处置审批时备案。

土地估价中介服务机构要与政府主管部门彻底脱钩,按照"客观、真实、公正"的要求,独立进行估价业务活动,对土地估价结果独立承担责任,并定期将业绩清单上报土地行政主管部门备查,接受监督。

市、县人民政府土地行政主管部门要定期确定公布当地的基准地价和标定地价,并提供地价查询服务,为社会和企业认定估价结果提供参考依据。

为维护国家和改制企业的土地权益,促使土地估价机构增强自律意识,提高执业质量和服务水平,土地行政主管部门将对土地估价机构和估价报告进行定期抽查,对弄虚作假的,要追究责任,依法处理。

二、明确企业的国有划拨土地权益

企业原使用的划拨土地,改制前只要不改变土地用途,可继续以划拨方式使用。改制后只要用途符合法定的划拨用地范围,仍可继续以划拨方式使用。改制或改变用途后不再符合法定划拨用地范围的,应当依法实行有偿使用。

为支持和促进企业改革,企业改制时,可依据划拨土地的平均取得和开发成本,评定划拨土地使用权价格,作为原土地使用者的权益,计入企业资产。企业依法取得的划拨土地设定抵押权时,划拨土地使用权价格可作为使用者的权益,计入抵押标的;抵押权实现时,土地使用权可转为出让土地使用权,在扣缴土地使用权出让金后,抵押权人可优先受偿。划拨土地经批准可以转让,划拨土地使用权价格部分可计为转让方的合法收益,转让后的用途不符合法定划拨用地范围的,受让方应当申办有偿用地手续。划拨土地需要转为有偿使用土地的,应按出让土地使用权价格与划拨土地使用权价格差额部分核算出让金,并以此计算租金或增加国家资本金、国家股本金。

三、规范国家作价出资(入股)、授权经营处置方式的使用

对于省级以上人民政府批准实行授权经营或国家控股公司试点的企业,方可采用授权经营或国家作价出资(入股)方式配置土地。其中,经国务院批准改制的企业,土地资产处置方案应报国土资源部审批,其他企业的土地资产处置方案应报土地所在的省级土地行政主管部门审批。为方便与有关部门衔接,同一企业涉及在两个以上省(自治区、直辖市)审批土地资产处置的,企业可持有关省(自治区、直辖市)的处置批准文件到我部转办统一的公函。

土地资产处置方案报批程序如下:

(一)改制企业根据省级以上人民政府关于授权经营或国家控股公司试点的批准文件,拟订土地资产处置总体方案,向有批准权的土地行政主管部门申请核准;

(二)土地资产处置总体方案核准后,企业应自主委托具备相应土地估价资质的机构进行评估,并依据土地状况和估价结果,拟订土地资产处置的具体方案;

(三)企业向市、县土地行政主管部门申请初审,市、县土地行政主管部门对土地产权状况、地价水平进行审查并出具意见;

(四)企业持改制方案、土地估价报告、土地资产处置具体方案和初审意见,到有批准权的土地行政主管部门办理土地估价报告备案和土地资产处置审批。

(五)企业持处置批准文件在财政部门办理国有资本金转增手续后,到土地所在的市、县土地行政主管部门办理土地变更登记,

国土资源部对土地资产处置方案核准和审批实行集体会审,各地也应实行集体决策。审批机关要简化审查内容,只对土地权属状况、土地处置方式和地价水平等内容进行重点审查。初审机关不干预土地资产处置方式。

四、加强对土地估价机构的监督管理

各级土地行政主管部门要切实转变对土地估价行业的管理方式,建立抽查制度,进一步加强对土地估价机构的监管。各地要定期对土地评估机构和土地估价报告进行随机检查,组织土地估价行业协会及有关专家对被抽查的机构和报告进行集体评议,对违法违规的机构或个人进行处罚。土地行政主管部门作出处罚决定前,应进行听证,抽查结果和处罚决定要向社会公布。

对在抽查评议中发现未与行政机关脱钩并改制而从事中介业务、土地估价报告和业绩清单不按规定备案、拒不接受主管部门检查、不遵守土地估价技术规范、弄虚作假评估的机构或个人,要视情节轻重,分别给予通报、警告、降低资质等级、吊销土地估价机构资质证书和土地估价师资格证书等处罚。

今后,在我部备案的土地估价机构和已报部备案的土地估价报告,由我部组织抽查。在省级土地行政主管部门备案的机构,由省级土地行政主管部门组织抽查,抽查结果应向我部报告。

土地行政主管部门要充分发挥土地估价师协会等行业组织的自律作用,加强教育培训工作,提高土地估价队伍的执业素质,促进土地估价行业健康发展。

改革土地估价结果确认与土地资产处置审批办法,是土地行政管理部门贯彻落实党中央、国务院关于转变政府职能,改革审批制度,加强土地市场监督管理,促进土地估价行业发展的一项重大举措,各级土地行政主管部门要提高认识,认真贯彻执行。各地现有规定与本通知精神不一致的,要按照中央关于简化和减少行政审批事项,强化监督管理的要求做好衔接,按本通知精神加以规范。

国家经济贸易委员会、财政部、教育部、卫生部、劳动和社会保障部、建设部关于进一步推进国有企业分离办社会职能工作的意见

（国经贸企改〔2002〕267号 2002年4月26日）

各省、自治区、直辖市、计划单列市及新疆生产建设兵团经贸委（经委）、财政厅（局）、教育厅（局）、卫生厅（局）、劳动保障厅（局）、建设厅（局）：

党的十五届四中全会明确提出，要分离企业办社会的职能，切实减轻国有企业的社会负担。为加快这项改革的步伐，现就进一步推进国有企业分离办社会职能工作提出以下意见。

一、总结试点经验，加快推进分离企业办社会职能工作

1995年以来，一些"优化资本结构"试点城市和部分地区根据国家经贸委、原国家教委、财政部、卫生部、原劳动部《关于若干城市分离企业办社会职能分流富余人员的意见》（国经贸企〔1995〕184号）的精神，对分离企业办社会职能进行了积极探索和实践，采取多种形式推进，取得了积极成效，但进展很不平衡。随着社会主义市场经济体制的建立和完善，特别是我国加入世界贸易组织，必将给国有企业带来巨大压力和挑战，为国有企业参与市场竞争创造平等条件的任务愈加紧迫。各地以及国有大中型企业要根据党的十五届四中全会精神，认真总结试点经验，不失时机地推进分离企业办社会职能工作，逐步将企业所办的普通中小学校、医院等公益型机构以及后勤服务等福利型机构与企业的生产经营主体相分离，切实减轻企业办社会的负担。

分离企业办社会工作要坚持多种形式、分类指导、分步实施的原则。经济发达地区的大中城市地方国有大中型企业自办的普通中小学校、医院等公益型机构一般应在二至三年内从企业中分离；经济欠发达地区的大中城市和工业、交通、建筑等独立工矿区地方国有大中型企业自办的普通中小学校、医院等公益型机构一般应在三至五年内从企业中分离出去；少数处于偏远地区独立工矿区的地方国有企业分离办社会职能的时限可根据实际情况确定。经国务院批准的关闭、破产项目，其企业办社会机构的移交，按国家有关规定执行。

二、分离企业自办普通中小学校

分离企业自办的普通中小学校要贯彻《国务院关于基础教育改革与发展的决定》的有关精神，从各地实际情况出发，遵循有利于国有企业改革、有利于基础教育发展、有利于社会稳定的原则。

1.企业管理中小学校的职能移交给当地政府。移交时，学校的资产整体无偿划拨；未经当地政府同意，任何单位不得侵占学校土地、校舍、设施；要确保教育资源不流失。学校人员的移

交以移交前在职人员为基础,教师参照当地教育行政部门确定的编制标准并按国家规定的教师资格审定合格后接收,非教学人员按当地同类学校编制比例划转。

2. 多渠道筹措资金,落实企业分离自办普通中小学校所需经费,保障分离工作顺利进行。分离办学后的办学经费可采取企业与财政共同分担、逐年过渡的办法解决。以企业在分离前所负担的办学经费作为基数,地方企业由地方政府和企业协商确定经费负担比例,在三至五年的过渡期内,企业负担的经费比例逐年递减,过渡期后由地方财政全额承担。

3. 学校移交地方政府或进行办学体制改革等项工作要在当地政府的领导下有计划地进行,要保持平稳过渡,不得影响学生上学,不得影响教育教学秩序,不得降低教育质量,学校正常的办学经费要予以保证。

4. 对少数偏远地区独立工矿区企业暂不能分离的义务教育阶段学校(部分),可通过适当返还教育费附加或有条件的地方政府给予适当补助等办法予以扶持,保证企业基础教育健康发展。

分离企业自办普通中小学,除政府接收外,还可通过办学体制的改革试验探索多种模式的分离办法。这类学校应允许其按民办学校机制运行,政府有关部门应予以支持。

三、分离企业自办医院

分离企业自办医院要遵循《关于城镇医药卫生体制改革的指导意见》的原则,并与城镇职工医疗保险制度改革相结合,主要采取以下分离方式:

1. 符合当地区域卫生规划的企业自办医院,既可从企业分离出来实行产业化经营,也可按照自愿的原则,由企业与当地政府协商移交,将医院的资产、人员成建制移交当地政府,由当地政府统一管理。当地政府接收有困难的,企业可单独或与其他企事业单位联合办医,组建独立的法人单位。

2. 凡不符合当地区域卫生规划要求的企业自办医院,可以停办或撤院改建成为企业内设卫生所(卫生室、医务室)、门诊部。

企业自办医院分离后,医院自负盈亏确有困难的,企业可以根据自身经济能力,在一定时期内实行定额补贴或逐年递减补贴的办法,予以资金支持。

四、分离企业自办的后勤服务等职工福利型机构

企业自办的后勤服务等机构要尽快由福利型转为经营型,由无偿服务转为有偿服务,由单纯为企业服务转为面向社会服务,不断扩大服务领域、提高服务质量、改善经营方式,成为独立核算、自主经营、自负盈亏的经济实体。

分离后具有独立法人资格的子企业要规范运作。分离后成立的子企业应尽可能按照《中华人民共和国公司法》规范改制为有限责任公司或股份有限公司。母企业要按照出资比例,依法加强对子企业的监督管理,建立健全资产经营责任制度,防止国有资产流失。母企业可以与分离后具备法人地位的子企业的职工解除劳动合同,由子企业重新与职工签订劳动合同。职工与母企业的债权债务关系,由母子企业协商解决。

有条件的企业要把住房建设和维修管理职能从企业中分离出来,实现住房分配货币化、住房商品化和管理社会化。企业可将现行的住房管理机构改建为独立从事住房开发、建设和物业管理等业务的经济实体。

五、配套措施

各地可针对企业分离办社会职能中出现的问题，结合本地实际，制定相应的政策，保障分离工作顺利实施，支持企业的改革和发展。

对分离处置的企业资产，应当按照规定进行资产评估。

企业分离办社会职能后，经与劳动保障等部门协商，可将原来对职工的福利性补贴由暗补改为明补，实行福利货币化、工资化，其中符合国家政策规定的，相应列入企业工资总额统计范围。企业分离到社会的学校、医疗等机构的在职职工和离退休人员的社会保险问题，按照国家有关规定执行。同时，要逐步实行企业退休人员管理服务社会化。对分离过程中出现的富余人员，当地劳动保障部门应帮助协调解决有关问题，积极做好富余人员的再就业工作。请各地结合国有企业分离办社会职能、减轻企业办社会负担，对当地的教育和卫生等资源进行调查研究，提出资源合理利用的区域布局规划，进行调整优化、合理布局，实现资源合理配置。

六、进行中央企业分离办社会工作试点

中央企业分离办社会职能工作在总结试点经验的基础上逐步推开。试点企业名单由国家经贸委、财政部等部门确定，试点方案由试点企业商当地政府后提出，按程序由中央直管企业与省级政府有关部门联合报经国家经贸委、财政部批准后实施。所需经费参照地方企业的办法解决，中央财政根据实际情况给予适当补贴。

中央企业所办中小学分离前，各地要适当加大教育费附加的返还比例，以保证基础教育健康发展，维护职工的根本利益。对于破产及濒临破产的中央企业所办中小学校，地方政府应克服困难优先予以接收。

七、组织实施

企业分离办社会职能工作涉及面广，政策性强，难度大。各地要加强对分离企业办社会工作的领导，成立强有力的工作班子；要结合当地实际，制定具体的实施方案和配套措施；要实行责任制度，落实目标责任；企业也要紧紧抓住改革的有利时机，加快分离办社会职能工作的步伐，要认真做好广大职工群众的思想工作，注意维护职工的合法权益，妥善处理好实践中遇到的难点问题；要加强宣传舆论工作，注意营造良好的改革氛围，促进国有企业分离办社会职能目标的顺利实现。

中华人民共和国国家工商行政管理总局、国家外汇管理局令

（第42号）

现将《利用外资改组国有企业暂行规定》予以公布，自2003年1月1日起施行。

国家经济贸易委员会主任 李荣融
财政部部长 项怀诚
国家工商行政管理总局局长 王众孚
国家外汇管理局局长 郭树清

2002年11月8日

利用外资改组国有企业暂行规定

第一条 为引导和规范利用外资改组国有企业的行为，促进国有经济的战略性改组，加快国有企业建立现代企业制度的步伐，维护社会稳定，根据《中华人民共和国公司法》、《中华人民共和国合同法》和国家有关外商投资及国有资产管理的法律法规规定，制定本规定。

第二条 本规定适用于利用外资将国有企业、含国有股权的公司制企业（金融企业和上市公司除外）改制或设立为公司制外商投资企业的行为（以下简称利用外资改组国有企业）。

第三条 本规定所称利用外资改组国有企业包括下列情形：

（一）国有企业的国有产权持有人将全部或部分产权转让给外国公司、企业和其他经济组织或个人（以下简称外国投资者），企业改组为外商投资企业；

（二）公司制企业的国有股权持有人将全部或部分国有股权转让给外国投资者，企业改组为外商投资企业；

（三）国有企业的境内债权人将持有的债权转给外国投资者，企业改组为外商投资企业；

（四）国有企业或含有国有股权的公司制企业将企业的全部或主要资产出售给外国投资者，外国投资者以所购买的资产独自或与出售资产的企业等共同设立外商投资企业；

（五）国有企业或含国有股权的公司制企业通过增资扩股吸收外国投资者投资，将该企业改组为外商投资企业。

第四条 本规定第三条所述（一）、（二）、（三）、（五）项情形的国有企业和公司制企业称为被改组企业。

国有企业的国有产权、公司制企业的国有股权统称为国有产权。国有产权持有人、国有股权持有人统称为国有产权持有人。

国有产权持有人是指国家授权的部门或国家授权投资的机构、持有国有资本的企业及其

他经济组织。国有产权持有人、转让债权的国有企业债权人、出售资产的企业统称为改组方。

第五条 改组方应当选择具备下列条件的外国投资者：

（一）具有被改组企业所需的经营资质和技术水平；

（二）具有良好的商业信誉和管理能力；

（三）具有良好的财务状况和经济实力。

改组方应当要求外国投资者提出改善企业治理结构和促进企业持续发展的重整方案，重整方案内容应当包括新产品开发、技术改造及相关投资计划、加强企业管理的措施等。

第六条 利用外资改组国有企业应当遵循下列原则：

（一）遵守国家法律法规，保证国家经济安全；

（二）符合国家产业政策要求。企业（包括其直接或间接持股的企业）经营范围属于《外商投资产业指导目录》禁止外商投资产业的，外国投资者不得参与改组；须由中方控股或相对控股的企业，改组后应当保持中方控股或相对控股地位；

（三）有利于经济结构调整，促进国有资本优化配置；

（四）注重引进先进技术和管理经验，建立规范的公司治理结构，推动企业技术进步和产业升级；

（五）坚持公开、公平、公正、诚实信用的原则，防止国有资产流失，不得逃废、悬空银行及其他债权人的债权，不得损害职工的合法权益，保护外国投资者的合法权益；

（六）促进公平竞争，不得导致市场垄断。

第七条 转让国有企业产权或国有独资公司和两个以上的国有企业或其他两个以上的国有投资主体投资设立的有限责任公司的国有股权的，改组方应当事先征求被改组企业职工代表大会的意见。转让公司制企业国有股权，应当经过被改组企业股东会同意。转让国有企业债权的，应当经过被改组企业国有产权持有人同意。企业出售全部或主要资产的，应当事先征得企业国有产权持有人或股东会的同意，并通知债权人。

第八条 利用外资改组国有企业应当符合下列要求：

（一）企业改组前，国有产权持有人应当组织被改组企业进行资产清查、产权界定、债权债务清理，聘请具备资格的中介机构进行财务审计，按照《国有资产评估管理办法》（国务院令第91号）、《国有资产评估管理若干问题的规定》（财政部令第14号）等有关规定进行资产评估。评估结果按照规定核准或备案后，作为确定国有产权、资产价格的依据。

（二）改组后企业控制权转移或企业的全部或主要经营资产出售给外国投资者的，改组方和被改组企业应当制定妥善安置职工的方案，并应当经职工代表大会审议通过。被改组企业应当以现有资产清偿拖欠职工的工资、未退还的集资款、欠缴的社会保险费等各项费用。被改组企业与职工实行双向选择。对留用职工要依法重新签订或变更劳动合同。对解除劳动合同的职工要依法支付经济补偿金；对移交社会保险机构的职工要依法一次性缴足社会保险费，所需资金从改组前被改组企业净资产抵扣，或从国有产权持有人转让国有产权收益中优先支付。

（三）以出售资产方式进行改组的，企业债权债务仍由原企业承继；以其他方式改组的，企业债权债务由改组后的企业承继。转让已抵押或质押的国有产权、资产的，应当符合《中华人民共和国担保法》的有关规定。债务承继人应当与债权人签订相关的债权债务处置协议。

（四）改组方应当公开发布改组信息，广泛地征集外国投资者，对外国投资者的资质、信誉、财务状况、管理能力、付款保障、经营者素质等进行调查。优先选择能带来先进技术和管理经验、产业关联度高的中长期投资者。

改组方和外国投资者应当应对方的合理要求,如实、详尽地提供有关信息资料,不得有误导和欺诈行为,并承担相应保密义务。

(五)企业改组以转让国有产权或出售资产方式进行的,改组方应当优先采用公开竞价方式确定外国投资者及转让价格。采用公开竞价方式转让,应当依法履行有关手续,并将拟转让国有产权或拟出售资产的相关情况予以公告。采取协议转让的,也应当公开运作。

不论采取何种转让方式,改组方与外国投资者均应当按照国家有关规定和本规定签订转让协议。转让协议内容应当主要包括转让国有产权的基本情况、职工安置、债权债务处置、转让比例、转让价格、付款方式及付款条件、产权交割事项以及企业重整等条款。

第九条 利用外资改组国有企业应当按下列程序办理:

(一)改组方(两个以上的改组方应当确定一个改组方)应当向同级经济贸易主管部门提出改组申请。改组申请材料应当附可行性研究报告、改组方和被改组企业的情况、外国投资者的情况(包括经注册会计师审计的最近三年的财务报告和在中国境内拥有实际控制权的同行业企业产品或服务的市场占有率)、改组方案(包括职工安置、债权债务处置和企业重整方案)、改组后的企业(包括其直接或间接持股的企业)的经营范围和股权结构等文件。

接受申请的经济贸易主管部门应当依照《指导外商投资方向规定》的权限和有关法律法规进行审核。中央企业及其全资或具有控制权的企业进行改组的、被改组企业直接或间接持有上市公司股权的、改组后的企业资产总额不低于3000万美元的,由国务院经济贸易主管部门审核;对可能导致市场垄断、妨碍公平竞争的,在审核前组织听证。经济贸易主管部门在收到改组申请材料后45天内应当做出是否同意的批复;需要听证的,在3个月内做出是否同意的批复。

国家对被改组企业及其直接或间接持股的企业所属行业利用外资以及上市公司国有股权持有人因产权变动引起所持国有股性质发生变化另有规定的,依照其规定。

(二)改组方和外国投资者签订的转让协议应当按照财政部《关于印发〈企业国有资本与财务管理暂行办法〉的通知》(财企〔2001〕325号)的有关规定报批。转让协议经批准后生效。

转让协议应当附国有产权登记证、被改组企业的审计及资产评估报告核准或备案情况、职工安置方案、债权债务协议、企业重整方案、改组方及被改组企业的有关决议、被改组企业职工代表大会的意见或决议等文件。

(三)改组方或被改组企业应当凭改组申请和转让协议的批准文件依法办理外商投资企业的审批手续;改组后的企业为股份有限公司的,依照《中华人民共和国公司法》的有关规定办理。

(四)改组后的企业或投资者应当持本条(一)、(三)项的批准文件按照登记管理法规规定向具有外商投资企业登记权的原登记机关或住所地具有外商投资企业登记权的登记机关办理登记手续;改组后的企业为股份有限公司的,依照《中华人民共和国公司法》的有关规定办理。

(五)改组方应当凭改组申请和转让协议的批准文件、外资外汇登记证明及有关文件,按照有关规定办理国有产权交割手续和权属变更登记手续,并委托注册会计师依法出具验资报告。改组后的企业用地原为国有划拨土地的,应当依法办理土地使用权审批和出让手续。

(六)改组方转让国有产权、债权或出售资产的外汇资金收入,应当凭改组申请和转让协议的批准文件及有关文件报外汇管理部门批准后结汇。

被改组企业通过增资扩股方式吸收外国投资者投资进行改组的，经外汇管理部门批准，可以开立外汇资本金账户保留外国投资者投入的外汇资金。

（七）限额以下由地方经济贸易主管部门和财政主管部门审批的涉及国家重点企业、国家批准的债转股企业和属于《外商投资产业指导目录》限制类产业的企业的改组申请、转让协议及其批准文件，应当分别报国务院经济贸易主管部门、国务院财政主管部门备案。

第十条 外国投资者应当以境外汇入的可自由兑换货币或其他合法财产权益支付转让价款或出资。经外汇管理部门批准，也可以用在中国境内投资获得的人民币净利润或其他合法财产权益支付转让价款或出资。上述其他合法财产权益包括：

（一）外国投资者来源于中国境内举办的其他外商投资企业因清算、股权转让、先行回收投资、减资等所得的财产；

（二）外国投资者收购国有企业或含国有股权的公司制企业的国有产权或资产；

（三）外国投资者收购国有企业的债权人的债权；

（四）法律法规规定的其他出资方式。

注册会计师在为外国投资者办理验资时，应当按照财政部、国家外汇管理局《关于进一步加强外商投资企业验资工作和健全外资外汇登记制度的通知》（财会〔2002〕1017 号）的规定履行验资程序、出具验资报告。

第十一条 以转让方式进行改组的，外国投资者一般应当在外商投资企业营业执照颁发之日起 3 个月内支付全部价款。确有困难的，应当在营业执照颁发之日起 6 个月内支付价款总额的 60 以上，其余款项应当依法提供担保，在一年内付清。

第十二条 国有产权转让后企业控制权转移或企业的全部或主要经营资产出售给外国投资者的，在外国投资者付清全部价款前，改组方有权了解、监督改组后的企业的生产经营及财务状况，外国投资者和改组后的企业应当给予相应的便利。

外国投资者在以收购的资产投资设立外商投资企业之前，不得以上述资产开展经营活动。

第十三条 国有产权、资产转让收益由改组方收取，按照国务院财政主管部门有关规定管理和使用。

第十四条 外国投资者从改组后的企业分得的净利润、股权转让所得收入、企业经营期满或终止时分得的资金以及其他合法收入，可以依法汇出境外。经外汇管理部门批准，也可以用于境内再投资。

第十五条 在利用外资改组国有企业过程中，税收政策按照国家有关税收的法律、行政法规的规定执行，收费政策按照国家计委、国家经贸委、监察部、财政部、审计署、国务院纠风办《关于对企业实施改革改组改造过程中的有关收费实行减免的通知》（计价费〔1998〕1077 号）的规定执行。

第十六条 改组方和被改组企业人员超越权限、玩忽职守或与外国投资者私下串通、贪污受贿，损害国家、债权人和职工合法权益的，由有关部门依法给予行政处罚和处分；构成犯罪的，依法追究刑事责任。

第十七条 负责审批的政府机关工作人员违反本规定，擅自批准或在审批中以权谋私，损害国家、债权人和职工合法权益的，由有关部门按干部管理权限，追究直接责任者和主管人员的行政责任；构成犯罪的，依法追究刑事责任。

第十八条 香港特别行政区、澳门特别行政区、台湾地区的投资者和已设立的外商投资企业参与国有企业改组的,参照本规定执行。

第十九条 本规定由国家经济贸易委员会、财政部、国家工商行政管理总局、国家外汇管理局负责解释。

第二十条 本规定自2003年1月1日起施行。

国家经济贸易委员会、财政部、劳动和社会保障部、国土资源部、中国人民银行、国家税务总局、国家工商行政管理总局、中华全国总工会印发《关于国有大中型企业主辅分离辅业改制分流安置富余人员的实施办法》的通知

（国经贸企改〔2002〕859 号　2002 年 11 月 18 日）

为推进国有及国有控股大中型企业主辅分离，辅业改制，分流安置富余人员，根据《中共中央国务院关于进一步做好下岗失业人员再就业工作的通知》（中发〔2002〕12 号）的有关规定以及国家有关法律法规，我们制定了《关于国有大中型企业主辅分离辅业改制分流安置富余人员的实施办法》，经国务院同意，现印发你们，请遵照执行。

关于国有大中型企业主辅分离辅业改制分流安置富余人员的实施办法

为贯彻落实《中共中央国务院关于进一步做好下岗失业人员再就业工作的通知》（中发〔2002〕12 号，以下简称《通知》）精神，推进国有及国有控股大中型企业（以下简称国有大中型企业）主辅分离，辅业改制，分流安置富余人员，制定本办法。

一、总体思路和原则

（一）坚持党的十五届四中全会确定的国有企业改革方向，鼓励有条件的国有大中型企业在进行结构调整、重组改制和主辅分离中，利用非主业资产、闲置资产和关闭破产企业的有效资产（以下简称“三类资产”），改制创办面向市场、独立核算、自负盈亏的法人经济实体，多渠道分流安置企业富余人员和关闭破产企业职工，减轻社会就业压力（以下简称改制分流）。

（二）国有大中型企业改制分流遵循以下原则：

1. 正确处理改革、发展、稳定的关系，充分考虑企业、职工和社会的承受能力，整体规划，分步实施，确保稳定；

2. 实施改制分流要与企业的结构调整、改制重组和做强主业相结合，符合国家产业政策，有利于加快企业发展，促进企业资产结构、组织结构、人员结构的优化；

3. 实施改制分流要依法进行，规范操作，坚持“公开、公平、公正”的原则，维护国家、企业

及职工的合法权益,防止国有资产流失和逃废银行债务。

二、改制企业享受扶持政策的条件

(三)国有大中型企业主辅分离,辅业改制,分流安置本企业富余人员兴办的经济实体,凡符合以下条件的,经有关部门认定,税务机关审核,可享受《通知》规定的三年内免征企业所得税的政策。

1. 利用原企业的“三类资产”;

2. 独立核算、产权清晰并逐步实现产权主体多元化;

3. 吸纳原企业富余人员达到30(含)以上;

4. 与安置的职工变更或签订新的劳动合同。

三、改制分流的范围

(四)国有大中型企业应根据企业发展战略和结构调整的需要,以精干主业、减员增效、安置富余人员为目标,从本企业实际出发,合理界定“三类资产”的范围。

非主业资产指按照企业改革发展的要求和专业化分工原则,需要分离的辅业资产、后勤服务单位的资产以及与主业关联度不大的其他资产;

闲置资产指闲置一年以上的企业资产;

关闭破产企业的有效资产指政策性关闭破产企业中,符合国家产业政策、有一定获利能力,并用于抵偿职工安置等费用部分的资产。

(五)改制企业安置的富余人员,是指原企业需精简分流的富余人员。

四、改制分流的形式

(六)改制企业应当按照《中华人民共和国公司法》和其他有关法律法规的规定,通过合资、合作、出售等方式,逐步实现产权主体多元化。具备一定市场生存能力的改制企业,可直接改制为非国有法人控股的法人实体;暂时不具备上述条件的改制企业,可保持国有法人的控股地位,但必须产权明晰、独立核算、面向市场、自负盈亏。

改制企业与原主体企业除产权关系外,不再具有行政隶属关系,原主体企业仅以出资额为限承担有限责任,并依法享有股东权利。

(七)改制企业要建立以产权关系为基础的法人治理结构,建立健全相应的组织机构,制定各项管理制度,完善监督约束机制。原主体企业在改制企业设立过程中,有责任帮助推荐考核经营者人选并监督其产生程序的合法性。防止恶意侵犯投资人和职工合法权益的行为。

五、资产处置

(八)改制分流过程中涉及资产定价、损失核销、产权变更等有关国有资本管理与财务处理的事项,按照财政部《企业公司制改建有关国有资本管理与财务处理的暂行规定》(财企〔2002〕313号)办理。

(九)改制企业可用国有净资产支付解除职工劳动关系的经济补偿金等,由此造成的账面国有资产减少,按规定程序报批后冲减国有资本。

(十)改制企业的国有净资产按规定进行各项支付的不足部分,应由原主体企业予以补足;剩余部分可向改制企业的员工或外部投资者出售,也可采取租赁、入股或转为债权等方式留在改制企业。

已完成改制分流的单位,原主体企业要按规定及时办理相关的资产转移、产权登记手续。

(十一)按照国家和当地土地管理的有关法律法规,改制企业占用的原主体企业的行政划拨土地,只要不改变土地用途,经所在地县级(含)以上人民政府批准,可继续以划拨方式使用;需要转让土地使用权的,依法办理转让手续;需要改变用途的,应按照《划拨土地目录》(国土资源部令第9号)核定,改变后的用途符合《划拨土地目录》的可继续以划拨方式使用,不符合《划拨土地目录》的,应依法办理土地有偿使用手续,允许将土地出让收益用于支付改制成本,具体办法由各地人民政府制定。

六、债权债务关系

(十二)原主体企业要做好改制企业的债权债务清理工作,进行必要的债务审计,落实债权债务人。防止利用改制之机逃废银行或其他债权人的债务。

改制企业原为独立法人的,要继续承担和落实原有的债权债务关系;从原主体企业分立重组的改制企业,按商定的比例承担债务,并及时办理有关手续。

(十三)改制企业对所欠原主体企业的债务,要制定出切实可行的还款计划,按期偿还;原主体企业要按规定妥善处理拖欠职工的集资款、工资、医药费和欠缴社会保险费等债务问题。

七、劳动关系的处理

(十四)依法规范劳动关系。对从原主体企业分流进入改制企业的富余人员,应由原主体企业与其变更或解除劳动合同,并由改制企业与其变更或重新签订三年以上期限的劳动合同。变更或签订新的劳动合同应在改制企业工商登记后30天内完成。

(十五)对分流进入改制为非国有法人控股企业的富余人员,原主体企业要依法与其解除劳动合同,并支付经济补偿金。职工个人所得经济补偿金,可在自愿的基础上转为改制企业的等价股权或债权。

(十六)对分流进入改制为国有法人控股企业的富余人员,原主体企业和改制企业可按国家规定与其变更劳动合同,用工主体由原主体企业变更为改制企业,企业改制前后职工的工作年限合并计算。

(十七)改制企业要及时为职工接续养老、失业、医疗等各项社会保险关系。

八、申报程序

(十八)中央企业所属企业改制分流按以下程序办理:

1. 中央企业所属企业改制分流的总体方案,在与当地政府协调衔接的同时,报国家经贸委、财政部、劳动保障部联合批复;各部门在接到企业的改制分流方案后20个工作日内出具批复意见。

2. 中央企业依据批复的意见,对所属企业改制分流中利用"三类资产"和实现产权主体多元化的情况,逐个进行审核认定,并出具相关认定证明,分别报财政部和国家经贸委备案;其中规范劳动关系、吸纳富余人员的比例以及接续各项社会保险的情况,由改制企业所在地省级劳动保障部门审核认定,并出具相关认定证明,报劳动保障部备案。

3. 改制企业可凭上述联合批复意见和有关认定证明以及税务机关规定的其他有关材料,

向当地主管税务机关提出免税申请。具体办法按照税务总局、劳动保障部《关于促进下岗失业人员再就业税收政策具体实施意见的通知》执行。

(十九)地方企业改制分流方案的申报程序,由省级人民政府参照本办法和税务总局、劳动保障部《关于促进下岗失业人员再就业税收政策具体实施意见的通知》要求,另行规定。

(二十)企业的改制分流方案须经过改制企业职工代表大会讨论,充分听取职工意见。其中涉及职工分流安置和用于安置职工的资产处置等有关事项,要经职工代表大会审议通过;未经审议通过,不得实施企业改制分流工作。

九、其他相关事项

(二十一)各级地方人民政府要按照属地化管理原则,及时将非国有法人控股的改制企业中党、团等组织关系、职工的各项社会保险关系以及职工档案管理、职称评定等移交接收工作,进行统一归口管理。原企业要积极做好改制企业属地管理的交接工作。

(二十二)各级政府和工商、税务、土地、经贸、财政、劳动保障等部门要按照《通知》和本办法的要求,主动做好服务,简化有关的审批手续,对在改制分流过程中发生的资产置换以及土地、房产、车辆过户等各项行政性收费,应予以适当减免,为企业改制分流、安置富余人员创造有利条件。

(二十三)企业在改制分流中要做好深入细致的思想政治工作,重视发挥企业党团组织和工会的作用,做好政策解释和宣传工作,引导职工和分流富余人员增强改革意识和承受能力,转变就业观念,使职工理解、支持改革并主动参与改革。

(二十四)要注意防止企业改制过程中弄虚作假、骗取优惠政策的不正当行为。对于侵占国有权益、无偿量化国有资产、擅自核销国有资本等行为,各级政府和有关部门要依法查处,并追究有关人员的责任;对不符合条件享受免税政策的企业,经查实后,取消其政策优惠并补缴税款,给予经济处罚,并依法追究有关人员的责任。

(二十五)各地可根据《通知》精神和本办法的原则,结合本地区实际,因地制宜,制定地方企业改制分流的实施细则。

国务院国有资产监督管理委员会、劳动和社会保障部、国土资源部关于进一步规范国有大中型企业主辅分离辅业改制的通知

（国资发分配〔2005〕250号　2005年9月20日）

各中央企业，各省、自治区、直辖市和计划单列市及新疆生产建设兵团国资监管机构、劳动保障厅（局）、国土资源厅（局）：

为进一步规范国有大中型企业主辅分离辅业改制分流安置富余人员工作，根据《印发〈关于国有大中型企业主辅分离辅业改制分流安置富余人员的实施办法〉的通知》（国经贸企改〔2002〕859号，以下简称859号文件）及有关配套文件，结合主辅分离辅业改制工作实际，现就有关问题通知如下：

一、关于主辅分离辅业改制过程中资产处置问题

（一）根据《关于企业国有产权转让有关问题的通知》（国资发产权〔2004〕268号）的规定，在国有大中型企业主辅分离辅业改制过程中，经国资监管机构及相关部门确定列入主辅分离、辅业改制范围企业的资产处置，按照859号文件及有关配套文件的规定执行。对于改制企业国有净资产按规定进行各项支付和预留的剩余部分，采取向改制企业的员工或外部投资者出售的，按照国家有关规定办理，具体交易方式可由所出资企业或其主管部门（单位）决定。具备条件的辅业企业，应尽可能进入产权交易市场公开挂牌交易。

（二）根据《关于中央企业主辅分离辅业改制分流安置富余人员资产处置有关问题的通知》（国资发产权〔2004〕9号）的有关规定，中央企业所属辅业改制企业可用国有净资产进行支付和预留的有关费用如下：

1. 为移交社会保障机构管理的退休人员和改制企业职工支付和预留的费用。主要包括辅业单位改制时因参加医疗保险向当地社会保险经办机构一次性缴纳的改制企业退休人员医疗保险费，符合省级政府和国家有关部门规定由企业为退休人员支付的统筹项目外养老金，以及未列入改制企业负债的欠缴职工社会保险费等。

2. 内部退养职工有关费用。主要包括预留的生活费、社会保险费及住房公积金等。

内部退养职工生活费预留标准由企业根据有关规定确定，最高不超过按所在省（区、市）计算正常退休养老金的办法核定的数额；内部退养职工社会保险费预留标准根据内部退养人员退养前12个月平均工资乘以规定的缴费比例为基数一次核定，其中社会保险包括养老、失业、医疗、工伤、生育五项基本保险；内部退养职工住房公积金预留标准按照内部退养职工退养前企业实际月缴纳额确定。

距法定退休年龄不足5年的内部退养职工按以上规定预留的费用全额冲减国有权益；符

合国家有关规定实行内部退养的职工按以上规定最多可预留5年的相关费用并冲减国有权益,其余费用由原主体企业按规定列支。

二、关于主辅分离辅业改制过程中劳动关系处理问题

国有大中型企业实施主辅分离改制分流与职工解除劳动关系,要严格按照《关于印发国有大中型企业主辅分离辅业改制分流安置富余人员的劳动关系处理办法的通知》(劳社部发〔2003〕21号,以下简称21号文件)有关规定执行。其中工资是指用人单位根据国家有关规定或劳动合同的约定,以货币形式直接支付给本单位劳动者的劳动报酬,包括计时工资或计件工资、资金、津贴和补贴等。计发经济补偿金的职工月平均工资是指职工本人解除劳动合同前12个月实发工资的平均数。计发经济补偿金的企业月平均工资应严格按照国家统计局的工资统计口径计算。

企业月平均工资超过改制企业所在市(地)职工平均工资两倍的,原则上按不高于两倍的标准确定。

三、关于改制企业管理层持股问题

主辅分离辅业改制过程中,企业管理层参与改制的,解除劳动关系经济补偿金应按照21号文件标准执行。辅业改制单位净资产进行各项支付和预留后的剩余部分向参与改制的管理层转让的,管理层不得参与资产转让方案的制订以及与此相关的清产核资、财务审计、资产评估及底价确定等重大事项;不得以各种名义低价出售、无偿转让量化国有资产;管理层应当与其他拟受让方平等竞买,并提供其受让资金来源的相关证明,不得向改制企业及主体国有企业借款,不得以这些企业的资产为管理层融资提供保证、抵押、质押、贴现等;管理层要取得改制企业绝对控股权的,国有产权转让应进入国有资产管理机构选定的产权交易机构公开进行,并在公开国有产权转让信息时对有关事项进行详尽披露。主体企业要加强对企业资产转让中涉及管理层受让相关事项的审查,认真履行有关职责,切实维护出资人及职工的合法权益。

四、关于主辅分离辅业改制过程中国有划拨土地使用权处置有关问题

企业按照859号文件有关规定实施主辅分离的,根据原主体企业与改制企业双方的分离方案和实际用地情况,经所在地县级以上人民政府批准,可将原划拨土地使用权分割后分别确定给主体企业和辅业企业以划拨方式使用。企业改制时,只要改制后的土地用途符合《划拨用地目录》,经所在地县级以上人民政府批准可仍以划拨方式使用;不符合《划拨用地目录》的,应依法办理土地有偿使用手续。划拨土地使用权价格可以根据《关于改革土地估价结果确认和土地资产处置审批办法的通知》(国土资发〔2001〕44号)的有关规定,经有土地估价资质的中介机构评估确定后,作为土地使用者的权益。

五、关于主辅分离辅业改制过程中退休人员的管理问题

辅业改制时,要按照《关于转发劳动保障部等部门〈关于积极推进企业退休人员社会化管理服务工作的意见〉的通知》(中办发〔2003〕16号)要求,将企业退休人员移交街道社区或社保机构实行社会化管理。退休人员在移交社会化管理前,原则上继续由原主体企业管理,也可由原主体企业与改制企业协商具体管理方式,原主体企业要按照有关规定,落实所需经费,做好相关工作。

六、关于改制企业党的组织关系隶属问题

主辅分离辅业改制过程中，要按照《关于在深化国有企业改革中党组织设置和领导关系等有关问题的通知》（中组发〔1998〕9 号）精神，本着有利于推进国有企业改革和有利于加强国有企业改革中党的建设的原则，适时调整辅业企业党组织的隶属关系。改制辅业企业与原主体企业分离后，其党组织原则上应当移交企业所在地党组织管理。原主体企业党组织要主动与辅业企业所在地党组织沟通、联系，通过认真协商，妥善做好改制企业党组织关系移交工作。辅业企业更名或重新设立党组织，应当向企业所在地党组织提出申请，有关部门应当按照有关规定及时办理审批手续。

七、关于主辅分离改制分流实施结果备案问题

各中央企业在将改制分流方案实施结果报有关部门的同时，须将下列内容报送国资委备案：

（一）改制企业的资产处置情况，包括资产清查结果、资产评估报告的核准文件或备案表、资产处置结果等。资产评估备案按照《关于委托中央企业对部分主辅分离辅业改制项目进行资产评估备案管理的通知》（国资产权〔2005〕193 号）执行。

（二）职工安置结果，包括改制企业人员分流安置情况，劳动关系处理情况，经济补偿金支付情况（包括实际支付经济补偿金标准、总额及资金来源），社会保险关系接续情况等。

（三）预留费用说明，包括提取预留费用的人员范围，预留费用构成内容、标准、年限、总额及预留费用的管理。

（四）企业改制后的股权结构及法人治理结构情况。对于改制企业主辅分离辅业改制的实施方案、职工代表大会通过实施主辅分离改制分流的决议、省级劳动保障部门出具的审核意见书等，由各中央企业集团公司（总公司）进行备案管理。

各中央企业集团公司（总公司）要进一步加强对主辅分离辅业改制工作的组织领导，强化改革意识，发挥主导作用，规范改制工作。在具体实施操作过程中要严格按照 859 号文及有关配套文件的要求，认真组织好改制方案的审核、实施，严格执行和落实资产处置、人员安置等各项政策，切实负起责任。

国务院国有资产监督管理委员会关于进一步贯彻落实《国务院办公厅转发国资委关于进一步规范国有企业改制工作实施意见的通知》的通知

(国资发改革〔2006〕131号 2006年7月21日)

各中央企业:

为进一步贯彻落实《国务院办公厅转发国资委关于进一步规范国有企业改制工作实施意见的通知》(国办发〔2005〕60号,以下简称60号文件),推进国务院国资委所出资企业(以下简称中央企业)规范改制,防止国有资产流失,维护职工合法权益,维护企业稳定,现提出以下意见:

一、要认真贯彻落实党的十六届三中、五中全会有关精神,加大中央企业布局和结构调整力度,加快推进中央企业改制。除国有大中型企业实施主辅分离辅业改制以及通过境内外首次公开发行股票并上市改制为国有控股企业、国有控股的上市公司增资扩股和收购资产按国家有关规定执行外,中央企业及其直接和间接投资的企业实施改制,必须严格执行60号文件和《国务院办公厅转发国务院国有资产监督管理委员会关于规范国有企业改制工作意见的通知》(国办发〔2003〕96号,以下简称96号文件)、《企业国有产权转让管理暂行办法》(国资委、财政部令第3号,以下简称3号令)、《关于印发〈企业国有产权向管理层转让暂行规定〉的通知》(国资发产权〔2005〕78号)等文件的规定。

二、按照《关于贯彻落实〈国务院办公厅转发国务院国有资产监督管理委员会关于规范国有企业改制工作意见的通知〉的通知》(国资发改革〔2004〕4号)的规定,中央企业及其重要子企业改制方案需报国务院国资委批准;中央企业直接和间接投资的其他企业改制方案的批准,由中央企业自行规定,其中涉及协议转让事项的应按3号令有关规定报国务院国资委批准。凡负责批准改制方案的单位,必须按照权利、义务和责任相统一的原则,尽快建立和完善批准改制方案的程序、权限、责任等制度,并严格贯彻执行。中央企业有关批准改制方案的程序、权限、责任等制度,报国务院国资委备案。

三、负责批准改制方案的单位必须就改制方案的审批及清产核资、产权登记、财务及离任审计、资产评估、进场交易、定价、转让价款、落实债权、职工安置等工作中涉及的重要资料,建立规范的档案管理制度。改制企业的国有产权持有单位要妥善保管相关资料,做到有案可查。

四、中央企业及其直接和间接投资的企业进行改制,凡涉及职工分流安置的,在实施改制前要将改制方案包括职工安置方案抄送改制企业所在地国有资产监管机构。

各中央企业要切实加强对改制工作的管理和监督,不断总结经验,及时发现和纠正改制工作中存在的问题,对改制中的违纪违法行为,要依法严肃查处,以保证改制工作健康、有序、规范地进行。

五、土 地 规 划

1. 行政法规及法规性文件

国务院关于加强城市规划工作的通知

(国发〔1996〕18号 1996年5月8日)

《中华人民共和国城市规划法》(以下简称《城市规划法》)公布实施以来,城市规划工作开始走上法制轨道。但一些地方有法不依,执法不严,随意调整城市规划,盲目扩大城市规模,擅自设立开发区、招商城,下放规划管理权等问题比较突出,不仅破坏了规划布局和环境,削弱了城市规划的调控作用,还造成宝贵土地资源的浪费,助长了不正之风。为此,必须进一步加强城市规划工作,现就有关问题通知如下:

一、充分认识城市规划的重要性,加强对城市规划工作的领导

城市建设和发展,对建立社会主义市场经济体制,促进经剂和社会协调发展关系重大。城市规划是指导城市合理发展,建设和管理城市的重要依据和手段,应进一步加强城市规划工作。城市建设和发展要严格按照经批准的城市总体规划,量力而行、逐步实施,对城市总体规划进行局部调整或重大变更的,必须依法报原审批机关备案或审批。各地人民政府及其主要负责人要充分认识城市规划工作的重要性,认真贯彻执行《城市规划法》,并加强对城市规划工作的领导,带头执行城市规划,切实维护城市规划的严肃性。城市人民政府应当集中精力抓好城市的规划、建设和管理,正确处理好局部与整体、近期建设与远景发展、城市建设与保护耕地、经济建设与环境保护的关系,切实发挥城市规划对城市土地及空间资源的调控作用,促进城市经济和社会协调发展。城市规划应由城市人民政府集中统一管理,不得下放规划管理权,要坚决执行《城市规划法》规定的"一书二证"(选址意见书、建设用地规划许可证、建设工程规划许可证)制度,使城市的各项建设活动,按照经批准的城市总体规划协调、健康、有序地进行。

二、切实节约和合理利用土地,严格控制城市规模

城市规划工作的基本任务,是统筹安排城市各类用地及空间资源,综合部署各项建设,实现经济和社会的可持续发展。城市规划要体现应有的整体性和战略性,重点加强和改善城市基础设施,促进经济、社会、环境效益的统一,以适应经济与社会发展的需要;要切实体现量力而行的思想,注重现实性和可行性。节约和合理利用土地及空间资源是我国城市规划工作的基本原则,应贯彻于城市规划、建设和管理的始终。各地正在进行的城市总体规划的修订工作,要以《城市规划法》等法律法规,以及国家和地区的经济和社会发展"九五"计划和2010年远景发展规划为依据,从我国人多地少、耕地资源更少的国情出发,实事求是地确定城市总体发 展目标、方向和规模。根据严格控制大城市规模、合理发展中等城市和小城市的方针,大城

市的城市建设用地和人口规模，到2000年应控制在已经批准的城市总体规划的近期建设规划规定范围内，不得扩大；非农业人口100万以上的大城市的城市建设用地规模，原则上不得再扩大。城市建设用地应充分挖掘现有用地潜力、利用非耕地和提高土地利用率。城市总体规划应与土地利用总体规划等相协调，切实保护和节约土地资源。城市总体规划要确定分阶段城市人口和用地规模控制目标，不得突破。要提高规划设计和建设管理水平，切实搞好近期建设规划，抓紧编制控制性详细规划，经批准后严格执行，任何单位和个人不得改变。城市辖区内的各类开发区规划和建设，都要纳入城市的统一规划和管理。

为了加强对城市规划的管理工作，依据《城市规划法》的有关规定，国务院指定非农业人口50万以上的大城市的城市总体规划，由省、自治区人民政府审查同意后，报国务院审批。各地人民政府在审批其他城市总体规划时，设市城市的建设用地和人口规模，须先报经建设部商国家计委、国家土地局核定；建制镇和其他乡镇的建设用地和人口规模，须先报经所在省、自治区、直辖市建设行政主管部门商计划、土地部门核定；要按照《城市规划法》和本通知要求进行认真审核。对不符合上述要求的，必须重新修订，在修订的城市总体规划未经批准前，该城市不得扩大现行城市总体规划规定的城市建设用地和人口规模。

三、加大执法力度，保障城市规划的实施

《城市规划法》是城市规划和建设的基本法律，各地区、各部门、各单位及个人，在城市规划区内进行各项规划和建设活动都必须遵守《城市规划法》。为促进《城市规划法》的贯彻落实，今年要在全国范围内进一步开展《城市规划法》执法检查，严肃查处各种违法行为。今后，要把《城市规划法》执法检查形成制度，每年进行一次，保障城市规划的顺利实施。对擅自下放城市规划管理权，超前突破城市建设用地规模控制目标，或在城市人口和用地规模上弄虚作假的，要严肃查处和纠正。对未依法报请审批机关备案或审批，调整城市总体规划，扩大城市规模的，要立即自行纠正，否则要通报批评并限期纠正。对未经国务院和省、自治区、直辖市人民政府批准，擅自设立的各类开发区，以及可能危及城市安全、严重破坏城市布局和环境的违法占地和违法建设项目，该撤销的要坚决撤销，该拆除的要坚决拆除。对滥占、闲置城市用地的，依照《城市规划法》、《中华人民共和国土地管理法》和《中华人民共和国城市房地产管理法》的规定从严查处。对一些违反《城市规划法》的大案要案，要进行公开处理，对有关直接责任人和负责人要依法追究其责任。

《城市规划法》执法检查工作，由各省、自治区、直辖市及各城市按上述要求认真进行，同时责成建设部会同监察部等国务院有关部门组织联合检查组进行抽查和指导。

国务院办公厅关于批准建设部《城市总体规划审查工作规则》的通知

(国办函〔1999〕31号 1999年4月22日)

建设部:

《城市总体规划审查工作规则》已经国务院批准,由你部组织实施。

附:

城市总体规划审查工作规则

(建设部 1999年4月5日)

为了加强报国务院审批的城市总体规划(以下简称总体规划)的审查工作,规范审查工作程序,提高审查工作质量和效率,制定本规则。

一、审查的组织形式

总体规划审查工作由建设部牵头负责。建立以建设部牵头,由国家计委、国家经贸委、科技部、公安部、国土资源部、铁道部、交通部、水利部、国家计生委、环保总局、民航总局、旅游局、文物局和总参作战部等部门组成的城市总体规划部际联席会议(以下简称部际联席会议),按本规则做好有关工作,部际联席会议的具体工作办法,由建设部商部际联席会议组成部门另行制定。

二、审查的主要依据

(一)党和国家的有关方针政策;

(二)《中华人民共和国城市规划法》及建设部制定的《城市规划编制办法》和相关的法律、法规、标准规范;

(三)国家国民经济和社会发展规划,以及国务院批准的其他与总体规划相关的规划;

(四)全国城镇体系规划和省域城镇体系规划;

(五)当地经济、社会和自然的历史情况、现状特点和发展条件。

三、审查的重点内容

(一)性质。城市性质是否明确;是否经过充分论证;是否科学、实际;是否符合国家对该城市职能的要求;是否与全国和省域城镇体系规划相一致。

(二)发展目标。城市发展目标是否明确;是否从当地实际出发,实事求是;是否有利于促进经济的繁荣和社会的全面进步;是否有利于可持续发展;是否符合国家国民经济和社会发展规划并与国家产业政策相协调。

（三）规模。人口规模的确定是否充分考虑了当地经济发展水平，以及土地、水等自然资源和环境条件的制约因素；是否经过科学测算并经专题论证。

城市实际居住人口的计算口径包括在规划建成区内居住登记的常住人口（含非农业人口和农业人口）和居住1年以上的暂住人口。

用地规模的确定是否坚持了国家节约和合理利用土地及空间资源的原则；是否符合国家严格控制大城市规模、合理发展中等城市和小城市的方针；是否符合国家《城市用地分类与规划建设用地标准》；是否在一定行政区域内做到耕地总量的动态平衡。

（四）空间布局和功能分区。城市空间布局是否科学合理、功能分区是否明确；是否有利于提高环境质量、生活质量和景观艺术水平；是否有利于保护文化遗产、城市传统风貌、地方特色和自然景观。

（五）交通。城市交通规划的发展目标是否明确；体系和布局是否合理；是否符合管理现代化的需要；城市对外交通系统的布局是否与城市交通系统及城市长远发展相协调。

（六）基础设施建设和环境保护。城市基础设施的发展目标是否明确并相互协调；是否合理配置并正确处理好远期与近期建设的关系。

城市环境保护规划目标是否明确；是否符合国家的环境保护政策、法规及标准；是否有利于城市及周围地区环境的综合保护。

（七）协调发展。总体规划编制是否做到统筹兼顾、综合部署；是否与国土规划、区域规划、江河流域规划、土地利用总体规划以及国防建设等相协调。

（八）实施。总体规划实施的政策措施和技术规定是否明确；是否具有可操作性。

（九）是否达到了建设部制定的《城市规划编制办法》规定的基础要求。

（十）国务院要求的其他审查事项。

四、审查的程序与时限

（一）前期工作

建设部要加强总体规划编制前期工作的指导，并根据实际工作需要适时组织部际联席会议有关组成部门对总体规划编制工作进行必要的协调和指导。

有关城市人民政府在拟修编或调整总体规划之前，应就原总体规划执行情况，修编或调整的理由、范围，书面报告建设部，由建设部作出应属修编或调整的认定。

总体规划纲要和文本初步成果完成后，建设部要会同有关省（自治区、直辖市）城市规划主管部门组织专家组按本规则规定的审查重点并结合当地具体情况进行调查和检查复核，提出审查意见。有关城市人民政府应按专家组的审查意见，进一步对总体规划纲要和文本进行修改完善。

（二）申报工作

有关城市人民政府根据有关的法律、法规组织编制城市总体规划，报经省、自治区人民政府审查同意后，由省、自治区人民政府报国务院审批。直辖市的城市总体规划由直辖市人民政府报国务院审批。

各省、自治区、直辖市人民政府及有关城市人民政府要加强总体规划编制和审查工作的组织领导，并参照本规则制定相应的审查办法，充分发挥专家和相关部门的作用，切实把好总体规划上报国务院审批前的审查关。

总体规划申报材料包括：总体规划（含规划文本、附件、图纸）以及专家评审意见、省（自治区、直辖市)有关部门和军事部门的协调意见和省(自治区、直辖市)人民政府的审查意见。

(三)审查工作

建设部接国务院交办文件后,首先对申报的有关材料进行初步审核,对有关材料不齐全或内容不符合要求的,建设部可将其退回,补充完善后由有关省、自治区、直辖市人民政府另行上报。对有关材料基本符合要求的,应及时将有关材料分送部际联席会议组成部门征求意见。各部门应就与其管理职能相关的内容提出书面意见,并在材料送达之日起5周内将书面意见反馈建设部。逾期按无意见处理。

建设部负责综合部际联席会议组成部门的意见并及时反馈给有关地方人民政府。有关地方人民政府应根据有关部门的意见,对总体规划及有关材料进行相应修改,不能采纳的,应作出必要的说明,并在材料送达之日起3周内将修改后的总体规划及有关材料和说明报建设部。

建设部在做好前期工作的基础上,组织召开部际联席会议,协调有关部门和地方的意见,并对拟批复总体规划的城市的性质、布局、规模等主要内容进行审议。会议由部际联席会议组成部门、有关地方人民政府的代表及有关专家参加。工作周期一般为3周。

建设部应预先向部际联席会议组成部门书面函告总体规划审查工作的进度和计划。

(四)报批工作

有关城市人民政府要根据部际联席会议的意见,对总体规划及有关材料抓紧进行修改完善后报建设部。

建设部根据部际联席会议审议的意见,起草审查意见和批复代拟稿,与部际联席会议纪要、修改完善后的总体规划及有关材料一并报国务院。工作周期一般为3周。

在总体规划审查过程中,有关方面意见如有重大分歧,经协商仍不能取得一致意见的,由建设部列出各方理据并提出处理意见报国务院。

通常情况下,总体规划审查报批工作周期不超过5个月。

国务院办公厅关于加强和改进城乡规划工作的通知

（国办发〔2000〕25 号　2000 年 3 月 13 日）

各省、自治区、直辖市人民政府，国务院各部委、各直属机构：

为了实现党的十五大提出的我国跨世纪发展战略目标，促进城乡经济、社会和环境协调发展，进一步提高城乡规划工作水平，经国务院同意，现就加强和改进城乡规划工作有关问题通知如下：

一、充分认识城乡规划的重要性，进一步明确城乡规划工作的基本原则

（一）城乡规划是政府指导和调控城乡建设和发展的基本手段，是关系我国社会主义现代化建设事业全局的重要工作。加强城乡规划工作，对于实现城乡经济、社会和环境协调发展具有重要意义。改革开放以来，我国的城乡规划工作取得显著成绩，人居环境得到明显改善，城乡面貌发生巨大变化。但是，目前仍存在一些不容忽视的问题：有些地方不顾城乡建设和发展的客观规律，有法不依，执法不严，随意违反城乡规划，盲目建设，导致土地资源浪费和城乡建设布局失调；相当多的城镇没有制定切合实际的详细规划，随意批租土地进行建设；小城镇和乡村的规划与管理薄弱，不少地方建设混乱；规划实施缺乏监督机制，违法建设屡禁不止。当前，社会主义市场经济体制正在逐步建立和完善，经济结构在进行战略性调整，城镇化进程逐步加快。各地区、各部门要充分认识城乡规划的重要性，高度重视城乡规划工作，切实发挥城乡规划对城乡土地和空间资源利用的指导和调控作用，促进城乡经济、社会和环境协调发展。

（二）城乡规划工作，必须遵循城乡建设和发展的客观规律，立足国情，面对现实，面向未来，因地制宜，统筹兼顾，综合部署；必须坚持以经济建设为中心，科学确定城市和村镇的性质、发展方向、规模和布局，统筹安排各项基础设施建设；必须坚持可持续发展战略，合理和节约利用土地资源，正确处理近期建设与长远发展、局部利益与整体利益、经济发展与环境保护、现代化建设与历史文化保护等关系；必须坚持依法管理，逐步实现城乡规划的法制化。

二、切实加强和改进规划编制工作，严格规范审批和修改程序

（一）抓紧城镇体系规划编制工作。省域城镇体系规划是指导本省（自治区）城镇发展的依据。编制省域城镇体系规划，要从区域整体出发，妥善处理城镇建设和区域发展的关系，综合评价本行政区域城镇的发展条件，统筹安排区域基础设施，避免重复建设，限制不符合区域整体利益和长远利益的开发活动，引导城镇合理布局和城乡协调发展，并为城市总体规划和县域城镇体系规划的编制提供依据。各省、自治区省域城镇体系规划的编制工作原则上要在 2002 年底前完成。建设部要会同有关部门严格按照《省域城镇体系规划审查办法》做好审查工作。

（二）重点编制好县域（包括县级市，下同）城镇体系规划。县域城镇体系规划要在省域城

镇体系规划指导下,合理确定城镇的数量和布局,明确发展重点,选定中心镇,统筹安排城乡居民点与基础设施的建设,严格控制国道、省道两侧的建设,尽快改变村镇建设散乱状况,促进小城镇健康发展。县域城镇体系规划报省级人民政府审批,经济比较发达地区应在2001年底前完成,其他地区原则上应在2002年底前完成。建设部要通过试点,加强对县域城镇体系规划编制与审批工作的指导。

(三)改进城市规划的编制工作,加快制定城市详细规划。对须报国务院审批的城市总体规划,要严格按照《城市总体规划审查工作规则》进行审查,充分发挥有关部门和专家的作用,确保规划质量,提高工作效率。由国务院审批总体规划的城市必须在2000年底前完成本期规划的修编工作。地方人民政府要参照上述审查规划,进一步规范规划的审查、报批工作,严格把关,切实提高规划的法定地位。设市城市要按照批准的总体规划,抓紧制定城市详细规划,特别是要认真做好重点开发建设地区、重点保护地区和重要地段详细规划的制定工作。在城市规划编制和实施过程中,要根据本城市的功能和特点,开展城市设计,把民族传统、地方特色和时代精神有机结合起来,精心塑造富有特色的城市形象。

(四)加强小城镇和村庄规划的编制工作。小城镇和村庄的规划要在县域城镇体系规划指导下,合理确定规模,统筹配置基础设施和公共建筑,集中规划乡镇企业建设用地。小城镇和村庄规划要注意同经济发展和居民生活水平相适应,因地制宜,紧凑布局,节约用地,保护环境,注重实效。中心镇规划要达到详细规划深度。小城镇和村庄的规划须报县级人民政府批准。

(五)认真编制和完善历史文化名城保护规划。历史文化名城保护规划,要在充分研究城市发展历史和传统风貌基础上,正确处理现代化建设与历史文化保护的关系,明确保护原则和工作重点,划定历史街区和文物古迹保护范围及建设控制地带,制定严格的保护措施和控制要求,并纳入城市总体规划。

(六)科学编制风景名胜区规划。风景名胜区规划必须认真贯彻严格保护、永续利用的方针。要根据国家有关规定和风景名胜区的特点,按照生态保护和环境容量的要求,严格控制开发利用活动。在风景名胜区景区内不准规划建设宾馆、招待所、各类培训中心及休、疗养院所。各地区、各部门不得以任何名义和方式出让或变相出让风景名胜资源及其景区土地,不准在风景名胜区内设立各类开发区、度假区等;擅自进行开发建设的,要坚决予以纠正。国家重点风景名胜区内的重大建设项目规划和近期建设详细规划,由省级主管部门审查,报建设部批准后,方可实施。国家重点风景名胜区尚未编制规划的,应在2002年底前完成规划编制工作。

(七)地方人民政府在修改规划时,凡涉及城市总体规划中确定的性质、规模、发展方向、布局等主要内容的,必须报原审批机关审批。

三、加强城镇规划实施的监督管理,推进城乡规划法制化

(一)坚持把城乡规划作为城乡建设和管理的基本依据。城乡规划区、村庄和集镇规划区内的一切建设用地和建设活动必须遵守批准的规划。要充分发挥城市详细规划对于优化城市土地资源配置和利用的调控作用。凡建设项目所在地段没有编制详细规划或者建设项目不符合详细规划的,不得办理规划许可证。擅自修改规划、违反规划的,要依法从严查处。

(二)统一组织实施城乡规划。省域和县域城镇体系规划分别由省级和县级人民政府统一组织实施,各有关部门要密切配合,加强协调,采取有效措施,确保城镇体系规划的顺利实施。城市规划由城市人民政府统一组织实施。市一级规划管理权不得下放,擅自下放的要立即纠正。城市行政区域内的各类开发区和旅游度假区的规划建设,都要纳入城市的统一规划管理。

(三)严格规划许可制度。城市规划区内的各项建设要依法办理建设项目选址意见书、建设用地规划许可证和建设工程规划许可证。村庄和集镇规划区内的各项建设要依法办理建设项目选址意见书,并按照有关规定取得开工许可,未取得规划许可证件,不得批准用地和进行建设。

(四)坚持建设项目选址意见书审查制度。国家审批的大中型建设项目选址,由项目所在地的市、县人民政府城乡规划行政主管部门提出审查意见,报省、自治区、直辖市及计划单列市人民政府城乡规划行政主管部门核发建设项目选址意见书,并报建设部备案。对于不符合规划要求的,建设部要予以纠正。

(五)加强建设工程实施过程中的规划管理。城乡规划行政主管部门要加强对规划实施的经常性管理,对建设工程性质变更和新建、改建、扩建中违反规划要求的,应及时查处、限期纠正。工程竣工后,城乡规划行政主管部门未出具认可文件的,有关部门不得发给房屋产权证明等有关文件。

(六)建立健全城乡规划的监督检查制度。各级人民政府要对其审批规划的实施情况进行监督检查,认真查处和纠正各种违法违规行为。地方人民政府特别是城市人民政府每年要对规划实施情况,向同级人民代表大会常务委员会作出报告,同时报上级城乡规划行政主管部门备案。建设部要着重对经国务院批准的省域城镇体系规划、城市总体规划、国家重点风景名胜区规划的实施情况进行检查,查处违反规划的行为。

(七)加强城乡规划的法制建设。建设部要会同有关部门抓紧城乡规划制定和修改工作,加快制定和修订城乡规划技术标准和规范,进一步完善城乡规划法规体系;各地人民政府特别是城市人民政府要结合本地实际,制定和完善地方城乡规划法规,把城乡规划工作逐步纳入标准化、规范化、法制化轨道。

四、加强对城乡规划工作的领导

(一)城乡规划工作是各级人民政府的重要职责。各级人民政府要把城乡规划纳入国民经济和社会发展规划,把城乡规划工作列入政府的重要议事日程,及时协调解决城乡规划中的矛盾和问题。城市人民政府的主要职责是抓好城市的规划、建设和管理。地方人民政府的主要领导,特别是市长、县长,要对城乡规划负总责。对城乡规划工作领导或监管不力,造成重大失误的,要追究主要领导和有关责任人的责任。

(二)健全管理机构,加强队伍建设。各级人民政府要稳定城乡规划管理机构和专业队伍,要根据规划编制和研究工作需要,配备相应专业技术人员;要把城乡规划工作经费纳入财政预算,切实予以保证。城乡规划行政主管部门要加强自身队伍建设,不断提高工作人员的政治素质和业务素质。要积极开展基础理论研究和政策研究,充分利用现代技术和手段,提高城乡规划工作水平。要做到政务公开,依法行政,自觉接受社会和公众的监督。城乡规划行政主管部门的工作人员要敢于坚持原则,不怕得罪人。对玩忽职守、滥用职权、徇私舞弊的,由其所在单位或者上级主管部门给予行政处分;构成犯罪的,要依法追究刑事责任。

(三)加强教育、培训和宣传工作,大力普及城乡规划知识。各级领导要带头学习城乡规划知识。国家行政学院、地方行政学院要把城乡规划列为国家公务员必修课。要加强对市长、分管副市长、县长、分管副县长和乡镇长的培训,并对其掌握城乡规划知识的情况进行严格考核。建设部要进一步办好市长培训班。要向社会各界普及城乡规划知识,电视、广播、报刊等新闻媒体要加强宣传,提高全民的规划意识。

(四)各地区、各部门要积极支持城乡规划行政主管部门的工作,各级领导要以身作则,维护规划的权威性。

加强和改进城乡规划工作是一项功在当代、利在千秋的大事。各级人民政府及其城乡规划行政主管部门一定要加强领导,狠抓落实。国务院责成建设部会同监察部督促检查本通知的贯彻执行情况,每年向国务院作出书面报告。

国务院关于加强城乡规划监督管理的通知

（国发〔2002〕13号 2002年5月15日）

各省、自治区、直辖市人民政府，国务院各部委、各直属机构：

改革开放以来，我国城乡建设发展很快，城乡面貌发生显著变化。但近年来，在城市规划和建设中出现了一些不容忽视的问题，一些地方不顾当地经济发展水平和实际需要，盲目扩大城市建设规模；在城市建设中互相攀比，急功近利，贪大求洋，搞脱离实际、劳民伤财的所谓"形象工程"、"政绩工程"；对历史文化名城和风景名胜区重开发、轻保护；在建设管理方面违反城乡规划管理有关规定，擅自批准开发建设等。这些问题严重影响了城乡建设的健康发展。城乡规划和建设是社会主义现代化建设的重要组成部分，关系到国民经济持续快速健康发展的全局。为进一步强化城乡规划对城乡建设的引导和调控作用，健全城乡规划建设的监督管理制度，促进城乡建设健康有序发展，现就有关问题通知如下：

一、端正城乡建设指导思想，明确城乡建设和发展重点

城乡规划建设是一项长期而艰巨的任务，各地一定要认真贯彻江泽民同志"三个代表"重要思想，坚持以经济建设为中心，坚持为最广大人民群众服务，实施可持续发展战略；要实事求是，讲求实效，量力而行，逐步推进。

当前城市建设的重点，是面向中低收入家庭的住房建设、危旧房改造和城市生活污水、垃圾处理等必要的市政基础设施建设以及文化设施建设，改善人居环境，完善城市综合服务功能。要充分考虑财力、物力的可能，从不同地区的经济、社会发展水平和资源、环境、文化条件出发，确定合理的建设规模和发展速度，提高城乡建设投资的社会效益。要坚持走内涵与外延相结合、以内涵为主的发展道路，严格控制土地供应总量，优化用地结构和城市布局，促进经济结构的合理调整，注重保护并改善生态环境和人文环境。

发展小城镇，首先要做好规划，要以现有布局为基础，重点发展县城和规模较大的建制镇，防止遍地开花。地方各级人民政府要积极支持与小城镇发展密切相关的区域基础设施建设，为小城镇发展创造良好的区域条件和投资环境。

二、大力加强对城乡规划的综合调控

城乡规划是政府指导、调控城乡建设和发展的基本手段。各类专门性规划必须服从城乡规划的统一要求，体现城乡规划的基本原则。区域重大基础设施建设，必须符合省域城镇体系规划确定的布局和原则。市一级规划的行政管理权不得下放，擅自下放的要立即纠正。行政区划调整的城市，应当及时修编城市总体规划和近期建设规划。

城市规划由城市人民政府统一组织实施。在城市规划和建设中，要坚持建设项目选址意见审查制度。各类重大项目的选址，都必须依据经批准的省域城镇体系规划和城市总体规划。因特殊情况，选址与省域城镇体系规划和城市总体规划不一致的，必须经专门论证；如论证后认为确需按所选地址建设的，必须先按法定程序调整规划，并将建设项目纳入规划中，一并报

规划原批准机关审定。要严格控制设立各类开发区以及大学城、科技园、度假区等,城市规划区及其边缘地带的各类开发区以及大学城、科技园、度假区等的规划建设,必须纳入城市的统一规划和管理。要发挥规划对资源,特别是对水资源、土地资源的配置作用,注意对环境和生态的保护。建设部、国土资源部等有关部门,要按照《中共中央关于做好农户承包地使用权流转工作的通知》(中发〔2001〕18 号)精神,研究制定加强城乡结合部规划建设和土地管理的具体政策措施。

三、严格控制建设项目的建设规模和占地规模

各地区在当前城市规划和建设中,要严格依照城市总体规划,确定具体的建设项目。要严格控制建设项目规模,坚决纠正贪大浮夸、盲目扩大城市占地规模和建设规模,特别是占用基本农田的不良倾向。特别要严格控制超高层建筑、超大广场和别墅等建设项目,不得超过规定标准建设办公楼。各级政府在审批城乡规划时,以及各级计划部门在审批建设项目时,要严格掌握尺度。凡拖欠公务员、教师、离退休人员工资,不能及时发放最低生活保障金的城市,不得用财政资金新上脱离实际的各类楼堂馆所和不求效益的基础设施项目。

城市规划区内的建设项目,都必须严格执行《中华人民共和国城市规划法》。各项建设的用地必须控制在国家批准的用地标准和年度土地利用计划的范围内。凡不符合上述要求的近期建设规划,必须重新修订。城市建设项目报计划部门审批前,必须首先由规划部门就项目选址提出审查意见;没有规划部门的"建设用地规划许可证",土地部门不得提供土地;没有规划部门的"建设工程规划许可证",有关商业银行不得提供建设资金贷款。

四、严格执行城乡规划和风景名胜区规划编制和调整程序

地方各级人民政府必须加强对各类规划制定的组织和领导,按照政务公开、民主决策的原则,履行组织编制城乡规划和风景名胜区规划的职能。规划方案应通过媒体广泛征求专家和群众意见。规划审批前,必须组织论证。审批城乡规划,必须严格执行有关法律、法规规定的程序。

总体规划和详细规划,必须明确规定强制性内容。任何单位和个人都不得擅自调整已经批准的城市总体规划和详细规划的强制性内容。确需调整的,必须先对原规划的实施情况进行总结,就调整的必要性进行论证,并提出专题报告,经上级政府认定后方可编制调整方案;调整后的总体规划和详细规划,必须按照规定的程序重新审批。调整规划的非强制性内容,应当由规划编制单位对规划的实施情况进行总结,提出调整的技术依据,并报规划原审批机关备案。

各地要高度重视历史文化名城保护工作,抓紧编制保护规划,划定历史文化保护区界线,明确保护规则,并纳入城市总体规划。历史文化保护区要依据总体规划确定的保护原则制定控制性详细规划。城市建设必须与历史文化名城的整体风貌相协调、在历史文化保护区范围内严禁随意拆建,不得破坏原有的风貌和环境,各项建设必须充分论证,并报历史文化名城审批机关备案。

风景名胜资源是不可再生的国家资源,严禁以任何名义和方式出让或变相出让风景名胜区资源及其景区土地,也不得在风景名胜区内设立各类开发区、度假区等。要按照"严格保护、统一管理、合理开发、永续利用"的原则,认真组织编制风景名胜区规划,并严格按规划实施。规划未经批准的,一律不得进行各类项目建设。在各级风景名胜区内应严格限制建设各

类建筑物、构筑物。确需建设保护性基础设施的,必须依据风景名胜区规划编制专门的建设方案,组织论证,进行环境影响评价,并严格依据法定程序审批。要正确处理风景名胜资源保护与开发利用的关系,切实解决当前存在的破坏性开发建设等问题。

五、健全机构,加强培训,明确责任

各级人民政府要健全城乡规划管理机构,把城乡规划编制和管理经费纳入公共财政预算,切实予以保证。设区城市的市辖区原则上不设区级规划管理机构,如确有必要,可由市级规划部门在市辖区设置派出机构。

要加强城乡规划知识培训工作,重点是教育广大干部特别是领导干部要增强城市规划意识,依法行政。全国设市城市市长和分管城市建设工作的副市长,都应当分期、分批参加中组部、建设部和中国科协举办的市长研究班、专题班。未参加过培训的市长要优先安排。各省(区、市)也应当建立相应的培训制度,各级城乡规划行政主管部门的领导更要加强学习,不断更新城乡规划业务知识,提高管理水平。

城乡规划工作是各级人民政府的重要职责。市长、县长要对城乡规划的实施负行政领导责任。各地区、各部门都要维护城乡规划的严肃性,严格执行已经批准的城乡规划和风景名胜区规划。对于地方人民政府及有关行政主管部门违反规定调整规划、违反规划批准使用土地和项目建设的行政行为,除应予以纠正外,还应按照干部管理权限和有关规定对直接责任人给予行政处分。对于造成严重损失和不良影响的,除追究直接责任人责任外,还应追究有关领导的责任,必要时可给予负有责任的主管领导撤职以下行政处分;触犯刑律的,依法移交司法机关查处。城乡规划行政主管部门工作人员受到降级以上处分者和触犯刑律者,不得再从事城乡规划行政管理工作,其中已取得城市规划师执业资格者,取消其注册城市规划师执业资格。对因地方人民政府有关部门违法行政行为而给建设单位(业主)和个人造成损失的,地方人民政府要依法承担赔偿责任。

对建设单位、个人未取得建设用地规划许可证、建设工程规划许可证进行用地和项目建设,以及擅自改变规划用地性质、建设项目或扩大建设规模的,城市规划行政主管部门要采取措施坚决制止,并依法给予处罚;触犯刑律的,依法移交司法机关查处。

六、加强城乡规划管理监督检查

要加强和完善城乡规划的法制建设,建立和完善城乡规划管理监督制度,形成完善的行政检查、行政纠正和行政责任追究机制,强化对城乡规划实施情况的督查工作。

建设部要对国务院审批的城市总体规划、国家重点风景名胜区总体规划的实施情况进行经常性的监督检查,要会同国家文物局对国家历史文化名城保护规划实施情况进行监督检查;对检查中发现的问题要及时纠正,对有关责任人要追究行政责任,并向国务院报告。要抓紧建立全国城乡规划和风景名胜区规划管理动态信息系统,采用现代技术手段,加强对全国城乡规划建设情况的动态监测。

各省(区、市)人民政府也要采取相应措施,对本行政区域内的城乡规划实施情况进行严格监督。地方各级人民政府都要采取切实有效的措施,充实监督检查力量,强化城乡规划行政主管部门的监督检查职能,支持规划管理部门依法行政。要建立规划公示制度,经法定程序批准的总体规划和详细规划要依法向社会公布。城市人民政府应当每年向同级人民代表大会或其常务委员会报告城乡规划实施情况。要加强社会监督和舆论监督,建立违法案件举报制度,充分发挥宣传舆论工具的作用,增强全民的参与意识和监督意识。

近期,建设部要会同监察部、国土资源部等有关部门,组织联合检查组,对地方的城乡规划和风景名胜区规划检查工作情况进行监督。对严重违反城乡规划、破坏环境、铺张浪费和弄虚作假的,要公开曝光。对规划管理混乱、自然和历史文化遗产破坏严重的历史文化名城和风景名胜区,要给予公开警告直至取消相应名称。各省(区、市)人民政府要按照本通知要求,对本行政区域内城乡规划和风景名胜区规划执行情况进行一次全面检查。对发现的问题,要依法处理。检查工作要在2002年10月底之前完成,并将检查结果及查处情况向国务院报告。

2. 部门规章及其他规范性文件

建设部关于印发《城市规划编制办法实施细则》的通知

（建规字第333号　1995年6月8日）

各省、自治区建委（建设厅），直辖市建委（规委）、规划局，计划单列市建委、规划局：

现将《城市规划编制办法实施细则》印发给你们，从发布之日起执行。

城市规划编制办法实施细则

第一章　总　　则

第一条　为统一城市规划技术文件的内容和深度，依据《城市规划编制办法》制定本细则。

第二条　本细则适用于按国家行政建制设立的直辖市、市、镇以及未设镇的县城。

第三条　本细则是和《城市规划编制办法》配套的具体规定，编制城市规划除遵守本细则外，尚应符合其他有关标准、规范的规定。

第四条　城市规划设计成果一般由三部分组成：

（一）规划文本：表达规划的意图、目标和对规划的有关内容提出的规定性要求，文字表达应当规范、准确、肯定、含义清楚。

（二）规划图纸：用图像表达现状和规划设计内容，规划图纸应绘制在近期测绘的现状地形图上，规划图上应显示出现状和地形。图纸上应标注图名、比例尺、图例、绘制时间、规划设计单位名称和技术负责人签字。

规划图纸表达的内容与要求应与规划文本一致。

（三）附件：包括规划说明书和基础资料汇编，规划说明书的内容是分析现状、论证规划意图、解释规划文本等。

第二章　总 体 规 划

第五条　编制总体规划需收集的基础资料一般包括以下各项：

（一）市（县）域基础资料

1. 市（县）域的地形，图纸比例为1/50 000～1/200 000；

2. 自然条件:包括气象、水文、地貌、地质、自然灾害、生态环境等;

3. 资源条件;

4. 主要产业及工矿企业(包括乡镇企业)状况;

5. 主要城镇的分布、历史沿革、性质、人口和用地规模、经济发展水平;

6. 区域基础设施状况;

7. 主要风景名胜、文物古迹、自然保护区的分布和开发利用条件;

8. 三废污染状况;

9. 土地开发利用情况;

10. 国民生产总值、工农业总值、国民收入和财政状况;

11. 有关经济社会发展计划、发展战略、区域规划等方面的情况。

(二)城市基础资料

1. 近期绘制的城市地形图,图纸比例为1/5 000~1/25 000。

2. 城市自然条件及历史资料

(1)气象资料;

(2)水文资料;

(3)地质和地震资料,包括地质质量的总体验证和重要地质灾害的评估;

(4)城市历史资料:包括城市的历史沿革、城址变迁、市区扩展、历次城市规划的成虹资料等;

3. 城市经济社会发展资料

(1)经济发展资料:包括历年国民生产总值、财政收入、固定资产投资、产业结构及产值构成等;

(2)城市人口资料:包括现状非农业人口、流动人口及其中暂住人口数量,人口的年龄构成、劳动构成、城市人口的自然增长和机械增长情况等;

(3)城市土地利用资料:城市规划发展用地范围内的土地利用现状,城市用地的综合评价;

(4)工矿企业的现状及发展资料;

(5)对外交通运输现状及发展资料;

(6)各类商场、市场现状和发展资料;

(7)各类仓库、货场现状和发展资料;

(8)高等院校及中等专业学校现状和发展资料;

(9)科研、信息机构现状和发展资料;

(10)行政、社会团体、经济、金融等机构现状和发展资料;

(11)体育、文化、卫生设施现状和发展资料。

4. 城市建筑及公用设施资料

(1)住宅建筑面积、建筑质量、居住水平、居住环境质量;

(2)各项公共服务设施的规模、用地面积、建筑面积、建筑质量和分布状况;

(3)市政、公用工程设施和管网资料,公共交通以及客货运量、流向等资料;

(4)园林、绿地、风景名胜、文物古迹、历史地段等方面的资料;

(5)人防设施、各类防灾设施及其他地下构筑物等的资料。

5. 城市环境及其他资料

(1)环境监测成果资料;

(2)三废排放的数量和危害情况,城市垃圾数量、分布及处理情况;

(3)其他影响城市环境的有害因素(易燃、易爆、放射、噪声、恶臭、震动)的分布及危害情况;

(4)地方病以及其他有害居民健康的环境资料。

(三)必要时,需收集城市相邻地区的有关资料

第六条 在编制城市总体规划之前,大、中城市可根据实际需要编制总体规划纲要。总体规划纲要的成果为:

(一)文字说明

1. 简述城市自然、历史、现状特点;

2. 分析论证城市在区域发展中的地位和作用、经济社会发展的目标、发展优势与制约因素,初步划出城市规划区范围;

3. 原则规定规划期内的城市发展目标、城市性质,初步预测人口规模、用地规模;

4. 提出城市用地发展方向和布局的初步方案;

5. 对城市能源、水源、交通、基础设施、防灾、环境保护、重点建设等主要问题提出原则规划意见;

6. 提出制订和实施城市规划重要措施的意见。

(二)图纸

1. 区域城镇关系示意图:图纸比例为1/500 000～1/1 000 000,标明相邻城镇位置、行政区划、重要交通设施、重要工矿区和风景名胜区。

2. 城市现状示意图:图纸比例1/25 000～1/50 000,标明城市主要建设用地范围、主要干道以及重要的基础设施。

3. 城市规划示意图:图纸比例1/25 000～1/50 000,标明城市规划区和城市规划建设用地大致范围,标注各类主要建设用地、规划主要干道、河湖水面、重要的对外交通设施。

4. 其他必要的分级图纸

第七条 总体规划的成果包括以下各项:

(一)城市总体规划文本

1. 前言:说明本次规划编制的依据;

2. 城市规划基本对策概述;

3. 市(县)域城镇发展;

(1)城镇发展战略及总体目标;

(2)预测城市化水平;

(3)城镇职能分工、发展规划等级、空间布局,重点发展城镇;

(4)区域性交通设施、基础设施、环境保护、风景旅游区的总体布局;

(5)有关城镇发展的技术政策。

4. 城市性质,城市规划期限,城市规划区范围,城市发展方针与战略,城市人口现状及发展规模;

5. 城市土地利用和空间布局;

(1)确定人均用地和其他有关技术经济指标,注明现状建成区面积,确定规划建设用地范围和面积,列出用地平衡表;

(2)城市各类用地的布局,不同区位土地使用原则及地价等级的划分,市、区级中心及主要公共服务设施的布局;

(3)重要地段的高度控制,文物古迹、历史地段、风景名胜的保护,城市风貌和特色;

(4)旧区改建原则,用地结构调整及环境综合整治;

(5)郊区主要乡镇企业、村镇居民点以及农地和副食基地的布局,禁止建设的绿色空间控制范围。

6. 城市环境质量建议指标,改善或保护环境的措施;

7. 各项专业规划,内容要求详见第三章的规定;

8. 3 ~5 年内的近期建设规划,包括基础设施建设、土地开发投放、住宅建设等;

9. 实施规划的措施。

(二)城市总体规划的主要图纸

1. 市(县)域城镇分布现状图。图纸比例为1/50 000 ~1/200 000,标明行政区划、城镇分布、交通网络、主要基础设施、主要风景旅游资源。

2. 城市现状图。图纸比例为大中城市1/10 000或1/25 000,小城市可用1/5 000。图纸应标明以下内容:

(1)按《城市用地分类及规划建设用地标准》(GB JI37 -90)分类画出城市现状各类用地的范围(以大类为主,中类为辅);

(2)城市主次干道,重要对外交通、市政公用设施的位置;

(3)商务中心区及市、区级中心的位置;

(4)需要保护的风景名胜、文物古迹、历史地段范围;

(5)经济技术开发区、高新技术开发区、出口加工区、保税区等的范围;

(6)园林绿化系统和河、湖水面;

(7)主要地名和主要街道名称;

(8)表现风向、风速、污染系数的风玫瑰。

3. 新建城市和城市新发展地区应绘制城市用地工程地质评价图。图纸比例同现状图,图纸应标明以下内容:

(1)不同工程地质条件和地面坡度的范围、界线、参数;

(2)潜在地质灾害(滑坡、崩塌、溶洞、泥石流、地下采空、地面沉降及各种不良性特殊地基土等)空间分布、强度划分;

(3)活动性地下断裂带位置,地震烈度及灾害异常区;

(4)按防洪标准频率绘制的洪水淹没线;

(5)地下矿藏、地下文物埋藏范围;

(6)城市土地质量的综合评价,确定适宜性区划。(包括适宜修修。不适宜修建和采取工程措施方能修建地区的范围)。提出土地的工程控制要求。

4. 市(县)域城镇体系规划图。图纸比例同现状图,标明行政区划、城镇体系总体布局、交通网络及重要基础设施规划布局、主要文物古迹、风景名胜及旅游区布局。

5. 城市总体规划图。表现规划建设用地范围内的各项规划内容,图纸比例同现状图。

6. 郊区规划图。图纸比例为1/25 000 ~1/50 000,图纸应标明以下内容:

(1)城市规划区范围、界线;

(2)村镇居民点、公共服务设施、乡镇企业等各项建设用地布局和控制范围;

(3)对外交通用地及需与隔离的市政公用设施(水源地、危险品库、火葬场、墓地、垃圾处理消纳地等)用地的布局和控制范围;

(4)农田、菜地、林地、园地、副食品基地和禁止建设的绿色空间的布局和控制范围。

7. 近期建设规划图。

8. 各项专业规划图,详见第三章的规定。

(三)附件

第三章　总体规划阶段的各项专业规划

第八条　城市总体规划中的专业规划应包括第九条至第十九条所列各项。7 度以上地震设防城市应编制抗震防灾规划。各项专业规划要相互协调,文本和图纸要符合本章的规定。单独编制的各项专业规划要符合该专业规划的有关技术规定。

第九条　道路交通规划

(一)文本内容

1. 对外交通

(1)铁路站、线、场用地范围;

(2)江、海、河港口码头、货场及疏港交通用地范围;

(3)航空港用地范围及交通联结;

(4)市际公路、快速公路与城市交通的联系,长途客运枢纽站的用地范围;

(5)城市交通与市际交通的衔接。

2. 城市客运与货运

(1)公共客运交通和公交线路、站场分布;

(2)自行车交通;

(3)地铁、轻轨线路可行性研究和建设安排;

(4)客运换乘枢纽;

(5)货运网络和货源点布局;

(6)货运站场和枢纽用地范围。

3. 道路系统

(1)各项交通预测数据的分析、评价;

(2)主次干道系统的布局,重要桥梁、立体交叉、快速干道、主要广场、停车场位置;

(3)自行车、行人专用道路系统。

(二)图纸内容

1. 分类标绘客运、货运、自行车、步行道路的走向;

2. 主次干道走向、红线宽度。重要交叉口形式;

3. 重要广场、停车场、公交停车场的位置和范围;

4. 铁路线路及站场、公路及货场、机场、港口、长途汽车站等对外交通设施的位置和用地范围。

第十条　给水工程规划

(一)文本内容

1. 用水量标准,生产、生活、市政用水总量估算;
2. 水资源供需平衡,水源地选择,供水能力,取水方式,净水方案,水厂制水能力;
3. 输水管网及配水干管布置,加压站位置和数量;
4. 水源地防护措施。

(二)图纸内容

1. 水源及水蝇、泵房、水厂、贮水池位置,供水能力;
2. 给水分区和规划供水量;
3. 输配水干管走向、管径,主要加压站、高位水池规模及位置。

第十一条 排水工程规划(含雨水工程与污水工程,必要时也可分开编制)。

(一)文本内容

1. 排水制度;
2. 划分排水区域,估算雨水、污水总量,制定不同地区污水排放标准;
3. 排水管、渠系统规划布局,确定主要泵站及位置;
4. 污水处理厂布局、规模、处理等级以及综合利用的措施;

(二)图纸内容

1. 排水分区界线,汇水总面积,规划排放总量;
2. 排水管渠干线位置、走向、管径和出口位置;
3. 排水泵站和其他排水构筑物规模位置;
4. 污水处理厂位置、用地范围。

第十二条 供电工程规划

(一)文本内容

1. 用电量指标,总用电负荷,最大用电负荷、分区负荷密度;
2. 供电电源选择;
3. 变电站位置、变电等级、容量,输配电系统电压等级、敷设方式;
4. 高压走廊用地范围、防护要求。

(二)图纸内容

1. 供电电源位置、供电能力;
2. 变电站位置、名称、容量、电压等级;
3. 供电线路走向、电压等级、敷设方式;
4. 高压走廊用地范围、电压等级。

第十三条 电信工程规划

(一)文本内容

1. 各项通讯设施的标准和发展规模(包括长途电话、市内电话、电报、电视台、无线电台及部门通讯设施);
2. 邮政设施标准、服务范围、发展目标,主要局所网点位置;
3. 通讯线路布置、用地范围、敷设方式;
4. 通讯设施布局和用地范围,收发讯区和微波通道的保护范围。

(二)图纸内容

1. 各种通讯设施位置,通讯线路走向和敷设方式;
2. 主要邮政设施布局;

3. 收发讯区、微波通道等保护范围。

第十四条　供热工程规划

(一)文本内容

1. 估算供热负荷、确定供热方式;

2. 划分供热区域范围、布置热电厂;

3. 热力网系统、敷设方式;

4. 联片集中供热规划。

(二)图纸内容

1. 供热热源位置、供热量;

2. 供热分区、热负荷;

3. 供热干管走向、管径、敷设方式。

第十五条　燃气工程规划

(一)文本内容

1. 估算燃气消耗水平,选择气源,确定气源结构;

2. 确定燃气供应规模;

3. 确定输配系统供气方式、管网压力等级、管网系统,确定调压站、灌瓶站、贮存站等工程设施布置。

(二)图纸内容

1. 气源位置、供气能力、储气设备容量;

2. 输配干管走向、压力、管径;

3. 调压站、贮存站位置和容量。

第十六条　园林绿化、文物古迹及风景名胜规划(必要时可分别编制)

(一)文本内容

1. 公共绿地指标;

2. 市、区级公共绿地布置;

3. 防护绿地、生产绿地位置范围;

4. 主要林荫道布置;

5. 文物古迹、历史地段、风景名胜区保护范围、保护控制要求。

(二)图纸内容

1. 市、区级公共绿地(公园、动物园、植物园、陵园,大于2 000平方米的街头、居住区级绿地、滨河绿地、主要林荫道)用地范围;

2. 苗圃、花圃、专业植物等绿地范围;

3. 防护林带、林地范围;

4. 文物古迹、历史地段、风景名胜区位置和保护范围;

5. 河湖水系范围。

第十七条　环境卫生设施规划

(一)文本内容

1. 环境卫生设施设置原则和标准;

2. 生活废弃物总量,垃圾收集方式、堆放及处理,消纳场所的规模及布局;

3. 公共厕所布局原则、数量。

(二)图纸应标明主要环卫设施的布局和用地范围,可和环境保护规划图合并。

第十八条 环境保护规划

(一)文本内容

1. 环境质量的规划目标和有关污染物排放标准;

2. 环境污染的防护、治理措施。

(二)图纸

1. 环境质量现状评价图:标明主要污染源分布、污染物质扩散范围、主要污染排放单位名称、排放浓度、有害物质指数;

2. 环境保护规划图;规划环境标准和环境分区质量要求,治理污染的措施。

第十九条 防洪规划

(一)文本内容

1. 城市需设防地区(防江河洪水、防山洪、防海潮、防泥石流)范围,设防等级、防洪标准;

2. 防洪区段安全泄洪量;

3. 设防方案,防洪堤坝走向,排洪设施位置和规模;

4. 防洪设施与城市道路、公路、桥梁交叉方式;

5. 排涝防渍的措施。

(二)图纸内容

1. 各类防洪工程设施(水库、堤坝闸门、泵站、泄洪道等)位置、走向;

2. 防洪设防地区范围、洪水流向;

3. 排洪设施位置、规模。

第二十条 地下空间开发利用及人防规划(必要时可分开编制)

重点设防城市要编制地下空间开发利用及人防与城市建设相结合规划,对地下防空(包括人防)设施、基础工程设施、公共设施、交通设施、贮备设施等进行综合规划,统筹安排。

(一)文本内容

1. 城市战略地位概述;

2. 地下空间开发利用和人防工程建设的原则和重点;

3. 城市总体防护布局;

4. 人防工程规划布局;

5. 交通、基础设施的防空、防灾规划;

6. 贮备设施布局。

(二)图纸

1. 城市总体防护规划图。图纸比例1/5 000~1/25 000。标绘防护分区、疏散区位置,贮备设施位置,主要疏散道路等。

2. 城市人防工程建设和地下空间开发利用规划图。标绘各类人防工程及与城市建设相结合工程位置及范围。

第二十一条 各级历史文化名城要做专门的历史文化名城保护规划。

(一)文本内容

1. 历史文化价值概述;

2. 保护原则和重点;

3. 总体规划层次的保护措施:保护地区人口规模控制,占据文物古迹风景名胜的单位的搬

迁,调整用地布局改善古城功能的措施,古城规划格局、空间形态、视觉通廊的保护;

4. 确定文物古迹保护项目、划定保护范围和建设控制地带、提出保护要求;

5. 确定需要保护的历史地段、划定范围并提出整治要求;

6. 重要历史文化遗产修整、利用、展示的规划意见;

7. 规划实施管理的措施。

(二)图纸

1. 文物古迹、历史地段、风景名胜分布图。图纸比例1/5 000~1/25 000,在城市现状图上标绘名称和范围;

2. 历史文化名城保护规划图。标会各类保护控制地区的范围,有不同保护要求的要分别表示。文物古迹、历史街区、风景名胜及其他需保护地区的保护范围、建设控制地带范围,近期实施保护修整项目的位置、范围,古城建筑高度控制,其他保护措施示意。

第四章 分区规划

第二十二条 在城市总体规划完成后,大、中城市可根据需要编制分区规划。分区规划宜在市区范围内同步开展,各分区在编制过程中应及时综合协调。

第二十三条 分区范围的界线划分,宜根据总体规划的组团布局,结合城市的区、街道等行政区划,以及河流、道路等自然地物确定。

第二十四条 分区规划的规划期限应和总体规划一致

第二十五条 分区规划需收集以下基础资料:

(一)总体规划对本分区的要求;

(二)分区人口现状;

(三)分区土地利用现状;

(四)分区居住、公建、工业、仓储、市政公用设施、绿地、水面等现状及发展要求;

(五)分区道路交通现状及发展要求;

(六)分区主要工程设施及管网现状。

第二十六条 分区规划文本的内容

(一)总则:编制规划的依据和原则;

(二)分区土地利用原则及不同使用性质地段地划分;

(三)分区内各片人口容量、建筑高度、容积率等控制指标,列出用地平衡表;

(四)道路(包括主、次干道)规划红线位置及控制点坐标、标高;

(五)绿地、河湖水面、高压走廊、文物古迹、历史地段的保护管理要求;

(六)工程管网及主要市政公用设施的规划要求。

第二十七条 分区规划图纸

(一)规划分区位置图。比例尺不限,表现各分区在城市中的位置;

(二)分区现状图。图纸比例为1/5 000,内容为:

1. 分类标绘土地利用现状,深度以《城市用地分类与规划建设用地标准》中的中类为主,小类为辅;

2. 市级、区级及居住区级中心区位置、范围;

3. 重要地名、街道名称及主要单位名称。

(三)分区土地利用规划图。图纸比例为1/5 000,内容为:
1. 规划的各类用地界线,深度同现状图;
2. 规划的市级、区级及居住区级中心的位置和用地范围;
3. 绿地、河湖水面、高压走廊、文物古迹、历史地段的用地界线和保护范围;
4. 重要地名、街道名称。
(四)分区建筑容量规划图。标明建筑高度、容积率等控制指标及分区界线;
(五)道路广场规划图。
1. 规划主、次干道和支路的走向、红线、断面,主要控制点坐标、标高;
2. 主要道路交叉口形式和用地范围;
3. 主要广场、停车场位置和用地范围;
(六)各项工程管网规划图。根据需要分专业标明现状与规划的工程管线位置、走向、管径、服务范围,标明主要工程设施的位置和用地范围。

第五章 控制性详细规划

第二十八条 控制性详细规划需收集以下基础资料:
(一)总体规划或分区规划对本规划地段的规划要求,相邻地段已批准的规划资料;
(二)土地利用现状,用地分类至小类;
(三)人口分布现状;
(四)建筑物现状,包括房屋用途、产权、建筑面积、层数、建筑质量、保留建筑等;
(五)公共设施规模、分布;
(六)工程设施及管网现状;
(七)土地经济分共资料,包括地价等级、土地级差效益、有偿使用状况、开发方式等;
(八)所在城市及地区历史文化传统、建筑特点等资料。
第二十九条 控制性详细规划文本的内容要求
(一)总则:制定规划的依据和原则,主管部门和管理权限;
(二)土地使用和建筑规划管理通则;
1. 各种使用性质用地的适建要求;
2. 建筑间距的规定;
3. 建筑物后退道路红线距离的规定;
4. 相邻地段的建筑规定;
5. 容积率奖励和补偿规定;
6. 市政公用设施、交通设施的配置和管理要求;
7. 有关名词解释;
8. 其他有关通用的规定。
(三)地块划分以及各地块的使用性质、规划控制原则、规划设计要求;
(四)各地块控制指标一览表:
控制指标分为规定性和指导性两类。前者是必须遵照执行的,后者是参照执行的。
1. 规定性指标一般为以下各项:
(1)用地性质;

(2)建筑密度(建筑基底总面积/地块面积);

(3)建筑控制高度;

(4)容积率(建筑总面积/地块面积);

(5)绿地率(绿地总面积/地块面积);

(6)交通出入口方位;

(7)停车泊位及其他需要配置的公用设施。

2. 指导性指标一般为以下各项:

(1)人口容量(人/公顷);

(2)建筑形式、体量、风格要求;

(3)建筑色彩要求;

(4)其他环境要求。

第三十条 控制性详细规划图纸的内容要求

(一)位置图。图纸比例不限;

(二)用地现状图。图纸比例为 1/1 000 ~ 1/2 000,分类画出各类用地范围(分至小类),标绘建筑物现状、人口分布现状,市政公用设施现状,必要时可分别绘制;

(三)土地使用规划图。图纸比例同现状图,画出规划各类使用性质用地的范围;

(四)地块划分编号图。图纸比例 1/5 000,标明地块划分界线及编号(和文本中控制指标相对应);

(五)各地块控制性详细规划图。图纸比例为 1/1 000 ~ 1/2 000,图纸标绘以下内容:

1. 规划各地块的界线,标注主要指标;

2. 规划保留建筑;

3. 公共设施位置;

4. 道路(包括主、次干道、支路)走向、线型、断面,主要控制点坐标、标高;

5. 停车场和其他交通设施用地界线;

必要时 4、5 两项可单独绘制。

(六)各项工程管线规划图。标绘各类工程管网平面位置、管径、控制点坐标和标高。

第六章 修建性详细规划

第三十一条 修建性详细规划需收集的基础资料,除控制性详细规划的基础资料外,还应增加:

(一)控制性详细规划对本规划地段的要求;

(二)工程地质、水文地质等资料;

(三)各类建设工程造价等资料。

第三十二条 修建性详细规划的成果

(一)规划说明书

1. 现状条件分析;

2. 规划原则和总体构思;

3. 用地布局;

4. 空间组织和景观特色要求;

5. 道路和绿地系统规划;

6. 各项专业工程规划及管网综合;

7. 竖向规划;

8. 主要技术经济指标,一般应包括以下各项:

1) 总用地面积;

2) 总建筑面积;

3) 住宅建筑总面积,平均层数;

4) 容积率、建筑密度;

5) 住宅建筑容积率,建筑密度;

6) 绿地率。

9. 工程量及投资估算。

(二)图纸

1. 规划地段位置图。标明规划地段在城市的位置以及和周围地区的关系;

2. 规划地段现状图。图纸比例为1/500~1/2 000,标明自然地形地貌、道路、绿化、工程管线及各类用地和建筑的范围、性质、层数、质量等;

3. 规划总平面图。比例尺同上,图上应标明规划建筑、绿地、道路、广场、停车场、河湖水面的位置和范围;

4. 道路交通规划图。比例尺同上,图上应标明道路的红线位置、横断面,道路交叉点坐标、标高、停车场用地界线;

5. 竖向规划图。比例尺同上,图上标明道路交叉点,变坡点控制高程,室外地坪规划标高;

6. 单项或综合工程管网规划图。比例尺同上,图上应标明各类市政公用设施管线的平面位置、管径、主要控制点标高,以及有关设施和构筑物位置;

7. 表达规划设计意图的模型或鸟瞰图。

土地利用总体规划编制审批规定

（国家土地管理局令第7号　1997年10月28日）

第一章　总　　则

第一条　为了规范土地利用总体规划编制和审批，提高规划的科学性和可操作性，根据《中华人民共和国土地管理法》和《中共中央国务院关于进一步加强土地管理切实保护耕地的通知》（中发〔1997〕11号）有关规定，制定本规定。

第二条　土地利用总体规划按照行政区划分为五级。

根据社会和经济发展需要，可以编制跨行政区域的区域性土地利用总体规划。

第三条　土地利用总体规划编制和审批，应当遵守本规定。

第四条　各级人民政府负责编制本行政区域的土地利用总体规划，并依照法定程序和审批权限报有批准权的人民政府批准。

全国土地利用总体规划（草案）和跨省、自治区、直辖市行政区域的土地利用总体规划（草案）由国家土地管理局会同有关部门拟定。地方土地利用总体规划（草案）由地方人民政府土地管理部门会同有关部门拟定。

第五条　编制土地利用总体规划应当贯彻“十分珍惜和合理利用每寸土地，切实保护耕地”的基本国策，体现耕地总量动态平衡的要求。

第六条　编制土地利用总体规划应当遵循下列原则：

（一）以供给制约和引导需求，统筹安排各业用地；

（二）因地制宜，切实可行；

（三）自上而下，上下结合；

（四）下级规划服从上级规划；

（五）综合考虑社会效益、经济效益和生态效益；

（六）政府决策与公众参与相结合。

第七条　国家应当制定土地利用总体规划标准和规范。

编制土地利用总体规划应当遵守和执行国家制定的标准和规范。

第八条　编制土地利用总体规划应当深入实际，调查研究，广泛征求各方面意见。

第九条　编制土地利用总体规划的基础资料必须准确、可靠。规划基期各类用地面积应当依据土地利用现状变更调查面积确定。规划用地分类应当以土地利用现状调查分类为基础。

第十条　编制土地利用总体规划的程序是：

（一）编制规划的准备工作；

（二）编制规划方案；

（三）规划的协调论证；

（四）规划的评审；

（五）规划的报批

第十一条 土地利用总体规划期限应当与国民经济和社会发展规划相适应，一般为十年至十五年，同时展望远景土地利用目标。

第十二条 土地利用总体规划目标应当分阶段安排实施，重点确定近期规划目标。近期规划一般为五年。

第十三条 土地利用总体规划经批准后，必须严格执行，不得擅自修改。在规划实施过程中因特殊情况需作局部调整的，由编制该规划的人民政府决定，并将调整方案报批准该规划的人民政府备案；需作重大修改的，由编制该规划的人民政府提出修改方案，报原批准规划的机关批准。

第二章 国家、省、地级土地利用总体规划的编制

第十四条 国家、省、地级土地利用总体规划的主要任务是：

（一）在对本行政区域内土地资源利用现状、潜力和各业用地需求量进行综合分析研究的基础上，确定规划期内土地利用目标和方针；

（二）协调各部门用地，统筹安排各类用地；

（三）逐级分解规划确定的各类用地控制指标，重点确定城镇用地规模控制指标，落实重点建设项目和基本农田等重要用地的区域布局；

（四）提出实施规划的政策措施。

省级规划应当实现省域内耕地总量动态平衡，重点控制城市用地规模；地级规划应当重点安排好城乡结合部土地利用，合理划定城镇建设用地范围。

第十五条 国家、省、地级土地利用总体规划内容，主要应当包括下列各项：

（一）土地利用现状分析。分析土地利用自然与社会经济条件，土地资源数量、质量，土地利用动态变化规律，土地利用结构和分布状况，阐明土地利用特点和存在的问题；

（二）确定规划目标。在分析土地利用现状、供需趋势基础上，提出土地利用远期和近期目标；

（三）土地供需分析。分析现有建设用地、农用地整理、后备土地资源开发利用潜力，预测各类用地可供给量；分析研究国民经济和社会发展规划及各业发展规划对用地的需求，预测各类用地需求量；根据土地可供给量和各类用地需求量，分析土地供需趋势；

（四）土地利用结构和布局调整。根据规划目标、土地资源条件和区域生产力布局，提出区域土地利用方向、原则，调整土地利用结构，确定各业用的规模、重点土地利用区的区域布局和重点建设项目布局；

（五）编制规划供选方案。根据土地利用调控措施和保证条件，拟定供选方案，并对每个供选方案实施的可行性进行分析评价，提出推荐方案；

（六）拟定实施规划的政策措施。

第十六条 国家、省、地级土地利用总体规划成果，应当包括下列各项：

（一）规划文件；

（二）规划图件；

（三）规划附件。

第十七条 国家、省、地级土地利用总体规划文件，应当包括规划文本和规划说明。

规划文本的内容包括下列各项：

（一）前言。应当简述编制规划的目的、任务、依据和规划期限；

（二）土地资源利用现状。应当简述土地资源利用现状、潜力和土地利用存在的主要问题；

（三）规划目标和方针。应当简述土地利用目标和方针，展望远景土地利用；

（四）土地利用结构和布局。应当简述各类用地数量、结构变化，各区域土地利用方向、原则，重点建设项目和重点土地利用区的规模、布局；

（五）规划指标分解。应当简述根据上级规划确定的各类用地控制指标，平衡土地需求的意见，提出各类用地控制性指标的分解方案和依据；

（六）实施规划的政策措施。

规划说明的内容应当包括下列各项：

（一）编制规划的简要过程；

（二）编制规划的指导思想、原则和任务；

（三）编制规划过程中若干具体问题的说明。包括基础数据来源，重要规划指标和用地布局调整的依据，供选方案的可行性和效益评价，推荐方案的理由，实施规划的条件和其他需要说明的事项。

属于修编规划的，还应当说明上一轮规划实施情况、存在问题和修编规划的必要性。

第十八条 国家、省、地级土地利用总体规划图件，应当包括土地利用现状图和土地利用总体规划图。

规划图件比例尺：国家级规划应当为1∶400万，省级规划应当为1∶20万～1∶100万，一般应当为1∶50万；地级规划应当为1∶10万～1∶50万，一般应当为1∶20万；地级以上城市城乡结合部图件比例尺应当适当放大。

国家和省有规划图件应当反映土地利用地域划分、重点建设项目和重要土地利用区的布局、城市规模等级。地级以上城市的规划图件应当反映城镇建设用地现状和规划建成区范围。

第十九条 国家、省、地级土地利用总体规划附件，应当包括专题研究报告和其他有关规划的图件资料。

专题研究报告应当有土地利用现状分析、土地供需分析、非农建设占用耕地指标分解和各类非农建设用地规模控制衔接分析等。

第三章 县、乡级土地利用总体规划的编制

第二十条 县级规划的主要任务是：

（一）根据上级规划要求和本地土地资源特点，分解落实土地利用各项指标；

（二）组织划分土地利用区，重点是城镇、村镇建设用地区、独立工矿用地区、农业用地区等，落实能源、交通、水利等重点建设项目规模和布局，为土地用途转用规划许可提供依据。

乡级规划的主要任务是：

（一）按照县级规划要求，将各类用地指标、规模和布局等落到实地；

（二）将农业用地区、村镇建设用地区、独立工矿用地区等落实到乡级土地利用总体规划图上。

第二十一条 县级土地利用总体规划内容,主要应当包括下列各项:

(一)确定全县土地利用规划目标和任务;

(二)合理调整土地利用结构和布局,制定全县各类用地指标,确定土地整理、复垦、开发、保护分阶段任务;

(三)划定土地利用区,确定各区土地利用管制规则;

(四)安排能源、交通、水利等重点建设项目用地;

(五)将全县土地利用指标落实到乡、镇;

(六)拟定实施规划的措施。

乡级土地利用总体规划内容,应当在分析乡、镇区域内土地利用现状和问题的基础上,重点阐明落实上级指标和各类土地利用区的途径和措施。

第二十二条 县、乡级土地利用总体规划的土地利用分区依照《县级土地利用总体规划编制规程》的原则确定。

各地应当结合当地土地资源特点和土地利用状况,因地制宜地选定土地利用分区的类型

第二十三条 县、乡级土地利用总体规划成果,应当包括下列各项:

(一)规划文件;

(二)规划图件;

(三)规划附件。

规划文件应当包括规划文本和规划说明,其主要内容按照《县级土地利用总体规划编制规程》确定;乡级规划可以简化规划文本和规划说明内容。

规划图件应当包括土地利用现状图和土地利用总体规划图。图件比例尺:县级规划应当为1:2.5万~1:10万,一般应当为1:5万;乡级规划应当为1:1万或者1:5 000。县、乡级规划图件应当反映各类土地利用区、重点建设项目位置和范围。

规划附件应当包括专题研究报告和其他有关基础资料及图件资料。

第四章 土地利用总体规划的评审和报批

第二十四条 土地利用总体规划编制完成后,上级土地管理部门应当组织进行评审。

第二十五条 土地利用总体规划评审,应当符合下列标准:

(一)充分体现耕地总量动态平衡、土地资源可持续利用和社会、经济、生态综合效益的要求;

(二)上一级规划下达的各项土地利用控制指标得到落实;

(三)各业用地协调较好,布局合理,土地利用结构调整依据充分,调控措施可行;

(四)土地利用分区科学、合理;

(五)非农建设用地指标分解与各类非农建设用地规模控制紧密衔接,控制到位;

(六)耕地占补平衡挂钩措施得到落实;

(七)规划文本、说明和专题研究的内容符合要求,论述清楚;

(八)规划图内容全面,编绘方法正确,图面整洁清晰;

(九)采用的基础资料准确、可靠。

第二十六条 评审合格的土地利用总体规划经综合平衡和同级人民政府审查同意后,依照法定程序和审批权限报有批准权的人民政府批准执行,并报上级土地管理部门备案。

第二十七条 土地利用总体规划应当自上而下，逐级审批。因特殊情况，下级规划确需在上级规划批准前审批的，其规划目标和主要内容必须符合上级规划确定的原则和控制指标。对不符合要求的，一律不得审批。

第二十八条 土地利用总体规划报批，应当提交下列文件、材料：

（一）规划文本和规划说明；

（二）规划图件；

（三）规划专题报告；

（四）其他必需的文件、资料。

第二十九条 土地利用总体规划批准前，审批机关应当充分听取社会公众意见。

第三十条 土地利用总体规划经批准后，应当公告。

第五章 附 则

第三十一条 各地为保证土地利用总体规划编制和实施，可以结合实际编制土地利用专项规划；各行业主管部门可以结合行业特点编制行业用地规划，并报同级人民政府土地管理部门备案。

土地利用专项规划和行业用地规划应当符合土地利用总体规划。

土地利用专项规划编制和审批，参照本规定执行。

第三十二条 本规定由国家土地管理局负责解释。

第三十三条 本规定自发布之日起施行。1993 年 3 月 1 日国家土地管理局发布的《土地利用总体规划编制审批暂行办法》同时废止。

国土资源部关于印发《省级土地利用总体规划会审办法》、《各类用地报批会审办法》和《土地估价结果确认及处置方案会审办法》的通知

(国土资发145号 1998年9月29日)

部机关各司局:

经部领导审定,现将《省级土地利用总体规划会审办法》、《各类用地报批会审办法》和《土地估价结果确认及处置方案会审办法》印发给你们,请遵照执行。

省级土地利用总体规划会审办法

根据《土地管理法》和《国土资源部工作规则》的有关规定,为加强省级土地利用总体规划(以下简称规划)的审批管理,提高审批工作的质量和效率,制定本办法。

一、会审组织

会审工作由部领导主持,规划司负责具体组织工作,会审单位包括办公厅、政策法规司、规划司、耕地保护司、地籍管理司、土地利用管理司、矿产开发管理司、地质环境司、执法监察局。

二、审查依据

(一)党和国家有关土地利用与管理的各项方针、政策;

(二)《土地管理法》等现行法律、法规和标准;

(三)国家国民经济和社会发展"九五"计划和2010年远景目标纲要;

(四)全国土地利用总体规划纲要;地质环境保护"九五"计划和2010年远景规划目标及矿山勘察和开发有关规定;

(五)土地利用现状调查、变更调查及其他调查资料;

(六)省(区、市)自然、社会和经济条件。

三、审查重点

(一)规划指导思想。规划是否体现了切实保护耕地、严格控制各类建设用地、促进土地资源可持续利用和提高土地利用社会、经济、生态综合效益的要求。

(二)规划目标和方针。规划是否体现了耕地总量动态平衡、土地集约利用和优化配置的要求,是否落实了上级下达的土地利用主要规划指标,是否符合国家和省(区、市)国民经济和社会发展规划的要求。

(三)土地利用结构与布局调整。土地利用结构调整依据是否充分,分区和布局是否科学合理,重点项目用地是否有保障,土地开发、复垦、整理安排是否合理、可行。

(四)规划协调情况。城市总体规划、村庄和集镇规划是否与土地利用总体规划相衔接,建设用地规模是否控制在土地利用总体规划确定的城镇和村庄、集镇建设用地规模范围内,非农业建设占用耕地指标分解和各类非农业建设用地总规模是否衔接到位。

(五)规划的实施。实施措施是否体现了用途管制的要求,是否切实可行。

(六)规划文本、说明和专题的内容是否符合要求,规划图内容是否全面及编绘方法是否正确。

(七)规划采用的土地利用现状调查及其他基础数据是否翔实、可靠。

四、审查程序与时限

(一)受理与送审

规划司在收到办公厅转交的国务院批转的规划报件后,分送部内各会审单位审查,同时送国务院有关部门和部高咨中心、土地勘测规划院及有关单位征求意见。

(二)审查

会审单位应根据审查要求和本部门职责,分别审查有关内容,提出审查意见。国务院有关部门和部内各司局、高咨中心、土地勘测规划院等单位的意见提交规划司进行综合。审查和征求意见的时限为两周。

(三)会审

规划司应于第三周内负责规划会审会议的各项准备工作,会审会议由部领导主持。会审会议前应综合各方面意见,并提出规划司倾向意见。会审会议应对规划进行全面、公正、客观的评价,并提出同意批准、原则批准、不批准的意见。

送审规划相对集中时,可以几个规划合并召开一次会审会议。

(四)报批

规划司应于会审会议后一周内,根据会审意见完成规划综合审查意见和批复代拟稿的起草,经部领导审签后,报国务院。

五、其他规定

(一)报国务院审批的城市土地利用总体规划的会审参照本办法执行。

(二)本办法自发布之日起施行。

国土资源部关于印发《土地利用规划实施管理工作若干意见》的通知

(国土资发〔2000〕144号 2000年5月9日)

各省、自治区、直辖市土地(国土)管理局(厅):

现将《土地利用规划实施管理工作若干意见》印发给你们,请认真贯彻执行。

土地利用规划实施管理工作若干意见

(国土资源部 2000年5月9日)

为了做好土地利用规划实施管理工作,保障《土地管理法》确立的土地用途管制制度的实施,实现我国土地利用特别是耕地保护跨世纪的战略目标,现就土地利用规划实施管理工作提出如下意见:

一、提高认识,加强领导,切实做好规划实施管理工作

土地利用总体规划是国家集中统一管理土地的重要体现,是加强土地宏观管理的关键措施,是实施土地用途管制的基本依据。土地利用规划(以下简称规划)工作的基本任务,是根据经济社会发展的要求和土地条件,统筹安排各业用地,规定土地用途,依据法律和规划维护和监督城乡建设、土地开发等各项土地利用活动的合理有序进行,实现土地的科学开发和合理利用,以促进经刘社会可持续发展。规划工作包括规划编制、审批和实施管理等方面,是一项长期、连续的任务,规划实施管理是规划工作的重点和核心,是实现规划各项目标和任务、发挥规划宏观调控作用的基本措施。各级土地行政主管部门要充分认识规划在土地管理工作中的基础地位和"龙头"作用,充分认识做好规划实施管理工作的重要意义,切实加强规划实施管理,保障土地利用和管理目标的实现。

各级土地利用总体规划批准后,要及时组织规划实施,绝不能放松规划工作。要把规划实施管理放到土地管理工作的重要位置,纳入领导目标责任体系,主要领导要亲自抓、负总责。各有关部门要大力支持规划工作,加强配合,自觉遵守和积极维护经依法批准的规划。

二、建立健全规划审查和计划管理制度,全面加强对建设用地、农用地和土地开发复垦整理的规划管理

严格执行建设项目用地预审制度。建设项目可行性研究论证阶段,必须按规定程序和权限报土地行政主管部门预审。不符合土地利用总体规划和法律规定的建设项目不得通过用地预审。属于国务院或省级人民政府批准权限的能源、交通、水利、矿山、军事设施等建设项目确需占用土地利用总体规划确定的建设用地范围以外的土地,可通过用地预审,同时提出规划调整建议。未通过预审的建设项目,土地行政主管部门不予受理建设用地申请。

切实做好农用地转用的规划审查工作。在建设用地项目报批过程中,各级土地管理部门要依据土地利用总体规划严格审查,并由负责规划的职能部门出具审核意见,对建设项目是否符合规划、计划负责。对单独选址建设项目,已列入土地利用总体规划的,要及时做好规划和用地审查的各项工作,按照规定及时批准用地;未列入土地利用总体规划,但符合《土地管理法》第26条规定的,要按照法律和《土地管理法实施条例》的规定,根据国务院和省级人民政府对项目的批准文件,及时调整规划,并将规划调整方案与建设用地的有关报批资料一并报批;对未列入土地利用总体规划,也不符合《土地管理法》第26条规定的,不得批准用地,确需建设的项目,需先修改规划,按规定程序报原批准机关批准后才能审批用地。申报的分批次农用地转用,不得超出土地利用总体规划确定的城市和村庄、集镇建设用地范围。因特殊原因,小部分用地确需超出规划确定的城市和村庄、集镇建设用地范围的,在编制农用地转用和土地征用方案的同时,可以对规划作局部调整,落实到规划图上,并将规划调整方案与建设用地的有关报批资料一并上报,在审查项目的同时由负责规划的职能部门对规划局部调整进行审查确认;全部或大部分超出规划确定的城市和村庄、集镇建设用地范围的,须按法律规定修改规划并报原批准机关批准后,才能审批用地。

加强对城市规划、村庄和集镇规划的用地规划审查、审核。对报国务院审批的城市总体规划和城镇体系规划,在规划编制和上报过程中,省级土地行政主管部门要依据土地利用总体规划严格审核把关,确保规划期内城市建设用地规模和范围与土地利用总体规划相衔接。规划期限不一致的,要审查城市人口预测和人均用地指标是否合理,结合土地集约利用水平和利用效益,确定合理的用地规模。由地方人民政府审批的城市总体规划和城镇体系规划,也要参照上述要求,建立相应的审查、审核制度。

加强对农用地结构调整的规划引导。依法做好乡(镇)土地利用总体规划的公告工作,通过公土地利用规划用途,引导农民合理调整农用地结构和布局,发展适应市场、优质高效的农产品,保障农业的可持续发展。

建立土地开发、复垦、整理规划审查制度。各地可以根据实际情况,在土地利用总体规划的指导下,编制土地开发、复垦、整理专项规划,作为总体规划的深化和补充。土地开发、复垦、整理项目的立项,必须依据土地利用总体规划或土地开发、复垦、整理专项规划。

土地利用计划是实施土地利用总体规划的重要手段。要建立严格的计划管理制度,充分发挥计划对用地总量和用地方向的调控作用。农用地转用必须纳入计划,对耕地转为建设用地严格实行指令性计划管理,未取得计划指标,不得批准建设项目用地,坚决杜绝计划外用地。加强对计划执行情况的监管,建立计划指标台账制度,实行土地利用计划的动态管理。

三、制定和完善规划实施管理法规、规章,加强执法检查,推进规划法治化

加强法制建设是有效实施规划的保障。要尽快制定《土地利用规划实施管理办法》,完善规划法规体系。各地也要根据本地实施规划的需要,制定和完善地方配套法律、规章,把规划实施工作纳入法治化轨道。

要严格执法。土地利用总体规划是土地利用和管理的基本依据,具有法律效力,城乡建设、土地开发等各项土地利用活动都必须符合规划的要求,不允许任何地方、任何领导随意改变规划。擅自修改规划、违反规划批地和用地的,要依法严肃查处。各级土地行政主管部门要加强对规划实施的经常化监督检查,建立健全规划实施的监督检查制度,认真查处和纠正各种违反规划的行为。地方各级土地行政主管部门每年要就规划实施检查情况,向上一级土地行政主管部门报告。

四、深入调查研究,搞好试点示范,积极探索实施规划的有效机制和方法

各级土地行政主管部门要根据经济社会发展需要和客观情况变化,有针对性地开展调查,研究解决规划实施中的问题。近期要重点围绕实施西部大开发、加快城市化发展、加强生态环境建设等规划实施中出现的新情况、新问题进行专题调研,提出对策和措施。

搞好规划实施试点。部将在各省、自治区、直辖市推荐的基础上,确定部分市或县作为规划实施试点,加强跟踪调查,及时总结规划实施的经验,研究探索实施规划的新机制、新方法,发挥试点示范作用。各省、自治区、直辖市可以相应开展规划实施试点工作。

五、加强规划基础业务建设,积极运用现代科技手段,提高规划实施管理水平

切实做好规划档案管理和规划成果备案管理。各级土地行政主管部门要按照《关于做好土地利用规划档案和成果备案管理工作的通知》(国土资厅发〔2000〕11号)的要求,建立健全规划档案管理制度,切实加强档案管理,并按要求做好规划成果上报备案工作。规划实施中形成的有关文件和资料,也要及时收入规划档案。

运用信息技术、遥感技术等现代科技手段,加强和改进规划实施管理工作。加快规划管理信息系统规范和标准的研制,尽快建设全国规划管理信息系统,积极开展市、县级规划管理信息系统试点建设,以指导和推动各地的工作。实行常规监测与遥感监测相结合,切实加强规划实施情况的动态管理,重点加强对重要城市和经济发达地区规划实施遥感动态监测。

六、搞好规划队伍建设,保障规划实施管理工作的开展

规划工作责任重大,任务艰巨。各级土地行政主管部门在机构改革中,要加强规划管理职能,调整充实规划力量,明确规划管理部门和管理人员。

加强规划队伍自身建设,不断提高干部队伍的政治素质和业务素质。有计划地开展岗位培训,实行持证上岗制度。规划管理人员要严格执行国家的法律和政策,坚持原则,秉公执法。要严格奖惩制度。对在规划工作中作出突出成绩的先进单位和个人给予表彰,对违反土地利用总体规划批准用地的,依照《关于违反土地管理规定行为行政处分暂行办法》的有关规定给予行政处分;情节严重、构成犯罪的,依法追究刑事责任。

城市规划强制性内容暂行规定

（建规〔2002〕218号　2002年8月30日）

第一条　根据《国务院关于加强城乡规划监督管理的通知》，制定本规定

第二条　本规定所称强制性内容，是指省域城镇体系规划、城市总体规划、城市详细规划中涉及区域协调发展、资源利用、环境保护、风景名胜资源管理、自然与文化遗产保护、公众利益和公共安全等方面的内容。

城市规划强制性内容是对城市规划实施进行监督检查的基本依据

第三条　城市规划强制性内容是省域城镇体系规划、城市总体规划和详细规划的必备内容，应当在图纸上有准确标明，在文本上有明确、规范的表述，并应当提出相应的管理措施

第四条　编制省域城镇体系规划、城市总体规划和详细规划，必须明确强制性内容

第五条　省域城镇体系规划的强制性内容包括：

（一）省域内必须控制开发的区域。包括：自然保护区、退耕还林（草）地区、大型湖泊、水源保护区、分滞洪地区，以及其他生态敏感区。

（二）省域内的区域性重大基础设施的布局。包括：高速公路、干线公路、铁路、港口、机场、区域性电厂和高压输电网、天然气门站、天然气主干管、区域性防洪、滞洪骨干工程、水利枢纽工程、区域引水工程等。

（三）涉及相邻城市的重大基础设施布局。包括：城市取水口、城市污水排放口、城市垃圾处理场等。

第六条　城市总体规划的强制性内容包括：

（一）市域内必须控制开发的地域。包括：风景名胜区，湿地、水源保护区等生态敏感区，基本农田保护区，地下矿产资源分布地区。

（二）城市建设用地。包括：规划期限内城市建设用地的发展规模、发展方向，根据建设用地评价确定的土地使用限制性规定；城市各类园林和绿地的具体布局。

（三）城市基础设施和公共服务设施。包括：城市主干道的走向、城市轨道交通的线路走向、大型停车场布局；城市取水口及其保护区范围、给水和排水主管网的布局；电厂位置、大型变电站位置、燃气储气罐站位置；文化、教育、卫生、体育、垃圾和污水处理等公共服务设施的布局。

（四）历史文化名城保护。包括：历史文化名城保护规划确定的具体控制指标和规定；历史文化保护、历史建筑群、重要地下文物埋藏区的具体位置和界线。

（五）城市防灾工程。包括：城市防洪标准、防洪堤走向；城市抗震与消防疏散通道；城市人防设施布局；地质灾害防护规定。

（六）近期建设规划。包括：城市近期建设重点和发展规模；近期建设用地的具体位置和范围；近期内保护历史文化遗产和风景资源的具体措施。

第七条　城市详细规划的强制性内容包括：

（一）规划地段各个地块的土地主要用途；

(二)规划地段各个地块允许的建设总量;

(三)对特定地区地段规划允许的建设高度;

(四)规划地段各个地块的绿化率、公共绿地面积规定;

(五)规划地段基础设施和公共服务设施配套建设的规定;

(六)历史文化保护区内重点保护地段的建设控制指标和规定,建设控制地区的建设控制指标。

第八条 城乡规划行政主管部门提供规划设计条件,审查建设项目,不得违背城市规划强制性内容。

第九条 调整省域城镇体系规划强制性内容的,省(自治区)人民政府必须组织论证,就调整的必要性向规划审批机关提出专题报告,经审查批准后方可进行调整。

调整后的省域城镇体系规划按照《城镇体系规划编制审批办法》规定的程序重新审批。

第十条 调整城市总体规划强制性内容的,城市人民政府必须组织论证,就调整的必要性向原规划审批机关提出专题报告,经审查批准后方可进行调整。

调整后的总体规划,必须依据《城市规划法》规定的程序重新审批。

第十一条 调整详细规划强制性内容的,城乡规划行政主管部门必须就调整的必要性组织论证,其中直接涉及公众权益的,应当进行公示。调整后的详细规划必须依法重新审批后方可执行。

历史文化保护区详细规划强制性内容原则上不得调整。因保护工作的特殊要求确需调整的,必须组织专家进行论证,并依法重新组织编制和审批。

第十二条 违反城市规划强制性内容进行建设的,应当按照严重影响城市规划的行为,依法进行查处。

城市人民政府及其行政主管部门擅自调整城市规划强制性内容,必须承担相应的行政责任。

第十三条 本规定自印发之日起执行。

近期建设规划工作暂行办法

（建规〔2002〕218号　2002年8月30日）

第一条　近期建设规划是落实城市总体规划的重要步骤，是城市近期建设项目安排的依据。为了切实做好近期建设规划的制定和实施，根据《国务院关于加强城乡规划监督管理的通知》的规定，制定本办法。

第二条　制定和实施近期建设规划，应当符合本办法的规定。

第三条　近期建设规划的基本任务是：明确近期内实施城市总体规划的发展重点和建设时序；确定城市近期发展方向、规模和空间布局，自然遗产与历史文化遗产保护措施；提出城市重要基础设施和公共设施、城市生态环境建设安排的意见。

第四条　设市城市人民政府负责组织制定近期建设规划。

第五条　编制近期建设规划，必须遵循下述原则：

（一）处理好近期建设与长远发展，经济发展与资源环境条件的关系，注重生态环境与历史文化遗产的保护，实施可持续发展战略。

（二）与城市国民经济和社会发展计划相协调，符合资源、环境、财力的实际条件，并能适应市场经济发展的要求。

（三）坚持为最广大人民群众服务，维护公共利益，完善城市综合服务功能，改善人居环境。

（四）严格依据城市总体规划，不得违背总体规划的强制性内容。

第六条　近期建设规划的期限为五年，原则上与城市国民经济和社会发展计划的年限一致。其中当前编制的近期建设规划期限到2005年。

城市人民政府依据近期建设规划，可以制定年度的规划实施方案，并组织实施。

第七条　近期建设规划必须具备的强制性内容包括：

（一）确定城市近期建设重点和发展规模。

（二）依据城市近期建设重点和发展规模，确定城市近期发展区域。对规划年限内的城市建设用地总量、空间分布和实施时序等进行具体安排，并制定控制和引导城市发展的规定。

（三）根据城市近期建设重点，提出对历史文化名城、历史文化保护区、风景名胜区等相应的保护措施。

第八条　近期建设规划必须具备的指导性内容包括：

（一）根据城市建设近期重点，提出机场、铁路、港口、高速公路等对外交通设施，城市主干道、轨道交通、大型停车场等城市交通设施，自来水厂、污水处理厂、变电站、垃圾处理厂以及相应的管网等市政公用设施的选址、规模和实施时序的意见。

（二）根据城市近期建设重点，提出文化、教育、体育等重要公共服务设施的选址和实施时序。

（三）提出城市河湖水系、城市绿化、城市广场等的治理和建设意见。

（四）提出近期城市环境综合治理措施。

城市人民政府可以根据本地区的实际,决定增加近期建设规划中的指导性内容。

第九条 近期建设规划成果包括规划文本,以及必要的图纸和说明。

第十条 近期建设规划编制完成后,由城乡规划行政主管部门负责组织专家进行论证并报城市人民政府。

城市人民政府批准近期建设规划前,必须征求同级人民代表大会常务委员会意见。

批准后的近期建设规划应当报总体规划审批机关备案,其中国务院审批总体规划的城市,报建设部备案。

第十一条 城市人民政府应当通过一定的传媒和固定的展示方式,将批准后的近期建设规划向社会公布。

第十二条 近期建设规划一经批准,任何单位和个人不得擅自变更。

城市人民政府调整近期建设规划,涉及强制性内容的,必须按照本办法第十条规定的程序进行。

调整后的近期建设规划,应当重新向社会公布。

第十三条 城乡规划行政主管部门向规划设计单位和建设单位提供规划设计条件,审查建设项目,核发建设项目选址意见书、建设用地规划许可证、建设工程规划许可证,必须符合近期建设规划。

第十四条 城市人民政府应当建立行政检查制度和社会监督机制,加强对近期建设规划实施的监管,保证规划的实施。

第十五条 本办法自印发之日起执行。

中华人民共和国国土资源部令

（第37号）

《土地利用年度计划管理办法》，已经2006年11月20日国土资源部第5次部务会议审议通过，现将修订后的《土地利用年度计划管理办法》公布，自公布之日起施行。

部长　孙文盛

2006年12月19日

土地利用年度计划管理办法

（1999年2月24日国土资源部第4次部务会议通过　2004年10月29日国土资源部第9次部务会议修订　2006年11月20日国土资源部第5次部务会议第二次修订）

第一条　为加强土地管理和调控，严格实施土地用途管制，切实保护耕地，合理控制建设用地总量，根据《中华人民共和国土地管理法》、《中华人民共和国土地管理法实施条例》、《国务院关于深化改革严格土地管理的决定》和《国务院关于加强土地调控有关问题的通知》，制定本办法。

第二条　土地利用年度计划的编制、下达、执行、监督和考核，适用本办法。

本办法所称土地利用年度计划，是指国家对计划年度内新增建设用地量、土地开发整理补充耕地量和耕地保有量的具体安排。

前款规定的新增建设用地量，包括建设占用农用地和未利用地。

第三条　土地利用年度计划管理应当遵循下列原则：

（一）严格执行土地利用总体规划，合理控制建设用地总量，切实保护耕地特别是基本农田；

（二）运用土地政策参与宏观调控，以土地供应引导需求，促进经济增长方式转变，提高土地节约集约利用水平；

（三）建设占用耕地与补充耕地相平衡；

（四）优先保证国家重点建设项目和基础设施项目用地；

（五）城镇建设用地增加与农村建设用地减少相挂钩；

（六）保护和改善生态环境，保障土地的可持续利用。

第四条　土地利用年度计划指标包括：

（一）新增建设用地计划指标。包括新增建设用地总量和新增建设占用农用地及耕地指标。

（二）土地开发整理计划指标。包括土地开发补充耕地指标和土地整理复垦补充耕地指标。

(三)耕地保有量计划指标。

前款第(一)项规定的新增建设用地计划指标,分为城镇村建设用地指标和能源、交通、水利、矿山、军事设施等独立选址的重点建设项目用地指标。

各地可以根据实际需要,在上述分类的基础上增设控制指标。

第五条 土地利用年度计划中,新增建设用地计划指标依据国民经济和社会发展计划、国家宏观调控要求、土地利用总体规划、国家供地政策和土地利用的实际情况等因素确定。

土地开发整理计划指标依据土地利用总体规划、土地开发整理规划、建设占用耕地、实现耕地保有量目标等情况确定。

耕地保有量计划指标依据国务院向省、自治区、直辖市下达的耕地保护责任考核目标确定。

第六条 需国务院及国家发展和改革等部门审批、核准和备案的重点建设项目拟在计划年度内使用土地,涉及新增建设用地的,由行业主管部门于上一年九月二十五日前,按项目向国土资源部提出计划建议,同时抄送项目拟使用土地所在地的省、自治区、直辖市国土资源管理部门以及发展和改革部门。

第七条 县级以上地方人民政府国土资源管理部门会同有关部门,按照国家的统一部署,提出本地的土地利用年度计划建议,经同级人民政府审查后,报上一级人民政府国土资源管理部门。

省、自治区、直辖市的土地利用年度计划建议,应当于每年十月三十一日前报国土资源部,同时抄送国家发展和改革委员会。计划单列市、新疆生产建设兵团的土地利用年度计划建议在相关省、自治区的计划建议中单列。

第八条 国土资源部会同国家发展和改革委员会,依照本办法的有关规定,在省、自治区、直辖市和国务院有关部门提出的土地利用年度计划建议的基础上,提出全国土地利用年度计划总量控制指标建议。

第九条 国土资源部根据全国土地利用年度计划总量控制指标建议和省、自治区、直辖市提出的计划指标建议,编制全国土地利用年度计划草案,纳入年度国民经济和社会发展计划草案,上报国务院。经国务院审定后,下达各地参照执行。待全国人民代表大会审议通过国民经济和社会发展计划草案后,正式执行。

第十条 全国土地利用年度计划下达到省、自治区、直辖市以及计划单列市、新疆生产建设兵团。

新增建设用地计划指标只下达城镇村(包括独立工矿区)和由省及省以下审批、核准和备案的独立选址建设项目用地。国务院及国家发展和改革等部门审批、核准和备案的独立选址重点建设项目,新增建设用地计划指标不下达地方,在建设项目用地审批时直接核销。

第十一条 县级以上地方人民政府国土资源管理部门可以将上级下达的土地利用年度计划指标分解,经同级人民政府同意后下达。省级人民政府国土资源管理部门应当将分解下达的土地利用年度计划报国土资源部备案。

省级人民政府国土资源管理部门在分解下达计划指标时,对国务院批准土地利用总体规划的城市,应将中心城市的规划建设用地范围内新增建设用地计划指标单独列出。

省级人民政府国土资源管理部门在分解下达城镇村建设用地计划指标时,应当严格依据土地利用总体规划,按照城镇建设用地增加与农村建设用地减少相挂钩的原则,统筹城乡建设,合理安排城镇和农村建设用地,实现建设用地的总量控制。

第十二条 新增建设用地计划指标实行指令性管理,不得突破。

新增建设用地计划中城镇村建设用地指标和能源、交通、水利、矿山、军事设施等独立选址的重点项目建设用地指标不得混用。没有新增建设用地计划指标擅自批准用地的,或者没有新增建设占用农用地计划指标擅自批准农用地转用的,按非法批准用地追究法律责任。

土地开发整理补充耕地应当不低于土地开发整理计划确定的指标。

第十三条 土地利用年度计划一经批准下达,必须严格执行。

因特殊情况需增加全国土地利用年度计划中新增建设用地计划的,按规定程序报国务院审定。

第十四条 县级以上地方人民政府国土资源管理部门应当建立土地利用计划管理信息系统,实行土地利用年度计划台账管理,在建设用地审批的规划审查过程中确认并根据批准情况及时核销计划,对计划执行情况进行登记和统计,并按月上报,作为计划执行跟踪和监督的依据。

第十五条 省、自治区、直辖市国土资源管理部门应当加强对土地利用年度计划执行情况的跟踪检查,于每年九月份对计划执行情况进行中期检查,并形成报告报国土资源部。

第十六条 上级国土资源管理部门应当对下级国土资源管理部门土地利用年度计划的执行情况进行年度评估和考核。

年度评估和考核,以土地利用变更调查和监测数据为依据。

土地利用年度计划以每年一月一日至十二月三十一日为考核年度。

第十七条 土地利用年度计划执行情况年度评估和考核结果,作为下一年度计划编制和管理的依据。

对实际新增建设用地面积超过当年下达计划指标的,扣减下一年度相应的计划指标。

第十八条 省、自治区、直辖市及计划单列市、新疆生产建设兵团节余的新增建设用地计划指标,经国土资源部审核同意后,允许在规划期内按要求结转下一年度使用。

第十九条 本办法自发布之日起施行。

六、土 地 监 察

1. 行政法规及法规性文件

国务院办公厅转发国土资源部、农业部关于依法保护国有农场土地合法权益意见的通知

(国办发〔2001〕8号 2001年2月2日)

各省、自治区、直辖市人民政府,国务院各部委、各直属机构:

国土资源部、农业部《关于依法保护国有农场土地合法权益的意见》已经国务院同意,现转发给你们,请遵照执行。

关于依法保护国有农场土地合法权益的意见

(国土资源部、农业部 2001年1月17日)

国有农场的土地是国有农场经济发展的基本生产资料,是国有资产的重要组成部分。经过几十年的发展,国有农场为国民经济和社会发展提供了大量的农副产品和战略性物资,对繁荣边疆和少数民族地区的经济、文化,增进民族团结,巩固边防做出了重要贡献。随着社会主义市场经济的快速发展,国有农场还将继续发挥重要作用。但是,近年来,由于各种原因,农场使用的国有土地被周边乡村集体、农民个人以及非农垦单位挤占的现象严重,一些国有农场的土地权属争议也非常突出,个别地方甚至引发纠纷或械斗,造成人员伤亡和重大的财产损失。为依法保护国有农场土地合法权益,促进农村经济发展、民族团结和社会稳定,特提出以下意见:

一、妥善处理土地权属争议,依法确认国有农场土地使用权

地方各级人民政府及有关部门要以党中央、国务院有关指示精神为指导,从有利于国有农场和农村经济发展出发,本着尊重历史和现实的原则,依照国家有关土地管理的法律、法规的政策以及原国家土地管理局1995年发布的《确定土地所有权和使用权的若干规定》的有关规定,准确把握政策界限,妥善解决土地权属争议,依法、公平、公正、合理地确认国有农场土地使用权。

(一)县级以上人民政府及有关部门关于组建国有农场的批文和国有农场与周边农民集体签订的用地协议书,原则上应作为确认国有农场的国有土地使用权的依据。但是,下列情况按以下原则处理:

1.1962年实行劳动、土地、耕畜、农具“四固定”时将国有农场规划设计范围内的土地固定

给农民集体所有且该农民集体使用至今的，应当确认该农民集体的土地所有权。

2. 经县级以上人民政府及有关部门批准，国有农场规划设计范围内的土地划拨给其他单位并使用至今的，按使用现状确定国有土地使用权。

3. 国有农场所属单位成建制移交给地方或者从国有农场成建制独立出来的，根据移交或批准文件，确认其国有土地使用权。

4. 经国有农场主管部门同意，国有农场土地已转由其他单位使用的，除以承包、租赁、借用方式使用的外，按现状确认该使用单位的国有土地使用权。

（二）1962 年“四固定”后至 1982 年《国家建设征用土地条例》发布前，对国有农场和周边农民集体相互越界使用至今的土地，由各地按照国家及有关主管部门的政策规定，结合当地具体情况处理。各省、自治区、直辖市制定了相关规定的，可从其规定。

（三）实行场社（队）合并或以场带社（队），后来场社（队）分开的，原则上按场社（队）分开时双方签订的划地协议确定土地所有权和使用权。存在争议的，由双方协商解决；协商不成的，由县级以上人民政府处理。未签订协议也未发生争议的，按使用现状确定土地所有权和使用权。

（四）确有书面协议借用农场土地的，国有土地使用权归出借方。协议到期的应予退还，一时不能退还的，双方签订继续借用协议。

（五）对土地使用权已确认给国有农场，但现使用者确实一时难以退还的，可与农场协商，采取承包、租赁或股份合作的方式继续使用土地。

（六）对国有农场和农民集体现使用的有争议的土地，因土地权属资料不清，无法查证土地权属来源的，根据实际使用情况，并经双方协商一致后，确认各自的国有土地使用权和集体土地所有权。协商不成的，由县级以上人民政府处理。

（七）对其他单位或个人越界抢占的国有农场土地，其土地使用权无条件确认给国有农场。

（八）新疆生产建设兵团土地确权的具体原则，由国土资源部、农业部商新疆维吾尔自治区人民政府和新疆生产建设兵团，根据本意见精神研究确定。

二、加快国有农场土地登记发证的工作步伐

（一）各地应按照土地管理法律法规的规定，严格遵循法定程序和技术要求，加快国有农场土地登记发证的工作步伐。凡权属来源清楚、无争议的土地，要抓紧登记发证；对有争议的土地，调处一宗，登记一宗。为减少工作重复，维护土地确权登记结果的统一性，各地应加快开展农村特别是国有农场周边农村集体土地所有权的登记发证工作。

（二）国有农场土地权属登记发证的费用原则上由农场承担，由农垦部门在业务经费中予以安排。为节省开支，在土地行政主管部门完成权属调查的基础上，农场可自行组织或委托具有资质的单位，按照统一的技术要求进行地籍测量。

三、坚决制止非法侵权行为，依法保护国有农场土地使用权

（一）制止非法侵占国有农场土地行为，加强对土地违法行为的监督检查。要依照国家有关法律规定严格控制建设占用国有农场土地，确需占用农场土地搞建设的，要依法办理审批手续，并依法给予补偿和安置，不得随意强行划转国有农场土地。对少数侵占国有农场土地的不法分子，要坚决依法查处；对非法占用国有农场土地的，要坚决退还；对破坏国有农场财产、挑

起事端的，必须坚决予以打击；对违反法律规定程序将国有农场所属土地确定给其他单位或个人，除宣布其批准文件和证书无效外，还要按照《中华人民共和国土地管理法》等有关规定对直接责任人进行严肃处理。

（二）加大执法力度，保证行政裁决的有效执行。要采取行政的、法律的手段，加大执法力度，做到政令畅通，对拒不执行行政裁决的，可以依法申请人民法院强制执行。

（三）做好宣传教育，提高依法用地的自觉性。各地应进一步加强对农民的法制教育，提高群众依法用地的自觉性，维护农场正常的生产经营秩序；国有农场要充分发挥科技和产业化示范带动作用帮助当地农村发展经济，共同建设社会主义精神文明。

四、加强领导和管理，切实解决国有农场土地问题

依法保护国有农场土地合法权益，不仅关系到农垦系统自身的发展，而且对当地的经济发展和社会稳定具有十分重要的意义。地方各级人民政府和基层组织要高度重视，切实加强领导，把这项工作列入重要议事日程，切实解决国有农场土地问题。土地行政主管部门要加大工作力度，积极履行职责，依法调处土地权属争议，切实做好土地确权、登记工作；农垦部门和国有农场要主动配合土地行政主管部门工作，并加强对国有农场土地的使用管理，提高土地使用率和产出率。

请各省、自治区、直辖市人民政府土地行政主管部门和农业部门于2001年12月底前将本意见的贯彻落实情况向国土资源部和农业部作出报告。

国务院关于加大工作力度进一步治理整顿土地市场秩序的紧急通知

（国发明电〔2003〕7 号　2003 年 11 月 3 日）

各省、自治区、直辖市人民政府，国务院各部委、各直属机构：

目前，各地人民政府和国务院有关部门按照国务院的统一部署，认真开展土地市场秩序治理整顿工作，取得了一定成效。但是，从最近国务院有关部门联合督查组对各地检查的情况看，发现还存在一些突出问题。主要是：一些地方主要领导对经济发展的指导思想还不够端正，片面追求短期经济效益，对治理整顿工作重视不够，处于等待和观望状态；开发区清理整顿还停留在摸清底数和查找问题阶段，处理工作尚未全面开展，一些地方开发区盲目扩张的势头还在继续；征地补偿不落实，农民失地失业的问题还没有解决；有些地方清理整顿措施不落实，顶风违法行为仍有发生。这些问题如果不能及时解决，会对经济发展和社会稳定带来不利影响。根据党的十六届三中全会要求和国务院农业和粮食工作会议精神，必须进一步加大治理整顿工作力度，采取有效措施，善始善终地完成治理整顿的各项任务。现就有关问题紧急通知如下：

一、切实加强治理整顿工作的领导

土地是民生之本。“十分珍惜、合理利用土地和切实保护耕地”是我国的基本国策。必须坚持实行最严格的耕地保护制度，切实加强对土地开发利用的管理。各地区、各部门主要领导干部一定要按照“三个代表”重要思想的要求，从真正保护最广大人民群众根本利益出发，牢固树立全面发展、协调发展、可持续发展的科学发展观，进一步端正发展经济的指导思想，提高对土地管理特别是耕地保护的认识，把治理整顿土地市场秩序作为当前的一项重要任务来抓。要坚决按照国务院的要求，切实加强领导，认真查找工作中的差距和问题，仔细分析原因，按照现行政策，狠抓落实工作，力求从根本上解决问题。要通过治理整顿，使违规设立的各类开发区得到清理和规范，乱占滥用耕地和非法转让土地的行为得到依法查处，经营性用地招标拍卖挂牌出让制度得到全面推行和落实，土地市场秩序和土地执法环境得到明显改善。

二、坚决落实清理整顿开发区的规定

各省、自治区、直辖市人民政府要按照《国务院办公厅关于清理整顿各类开发区加强建设用地管理的通知》（国办发〔2003〕70 号）要求，依据国家有关法律法规、土地利用总体规划、城镇体系规划和城市总体规划，加快对各类开发区的清理进度。坚决纠正违规擅自设立开发区、盲目扩大开发区规模的现象。该撤销的要坚决予以撤销，该核减面积的要坚决予以核减，该缩小范围的要坚决予以缩小，该扣回用地指标的要坚决予以扣回。对违规下放的土地管理权、规划管理权，要坚决收回。对开发区占而不用的耕地，要限期恢复农业用途。对突击审批和突击设立的开发区,以及违规设立又不纠正的,要追究有关领导和责任人的责任。发展改革委要会同有关部门,抓紧制定开发区清理整顿的具体标准和政策界限,提出进一步加强宏观调控、规范开发区发展的政策措施,切实抓好清理整顿和规范管理工作。

三、切实解决农民失地失业问题

当前,要严格按照法定程序征用农村集体土地,并按照法定标准给予农民合理补偿和妥善安置,严禁拖欠、截留和挪用征地补偿费用。同时,要按照保障农民权益、控制征地规模的原则,改革征地制度,完善征地程序。所有建设用地要严格限制在规划用地的范围之内,不得随意突破,不得随意修改和调整规划。征地规模必须与农民向二、三产业实际转移相适应,与土地开发实际规模相适应。要制定合理的征地补偿标准,建立征地价格听证制度,及时落实安置政策措施。各省、自治区、直辖市人民政府要对拖欠、截留和挪用征地补偿费情况进行全面清理,凡是截留、挪用征地补偿费的,必须限期纠正,情节严重的要追究有关责任人的责任;凡是拖欠或少付的征地补偿费,必须限期补偿到位。国务院有关部门要加大对各地执行征地政策的监督检查和执法力度,把补偿安置工作落到实处。

四、严肃查处土地违法行为

要切实加强基本农田保护,严格征用基本农田的审批制度,不得为了躲避审批而随意调整基本农田,不得在基本农田挖塘养鱼、种树造林。要严肃耕地保护的法纪。各地对违反规定乱批、乱占、滥用耕地的,要坚决严肃处理,决不姑息。对治理整顿土地市场秩序中发现的重大土地违法违纪案件,国土资源部、监察部、审计署等部门,要从严从快查处,公开曝光,坚决刹住乱占滥用耕地的歪风。各地对《中华人民共和国土地管理法》(修订本)公布实施后发生又不查处的,对执法犯法、影响恶劣的,对边整边犯、顶风违法的案件,也都要依法严肃处理。对违反党纪政纪的,要按照有关规定给予党纪政纪处分。对触犯法律的,要坚决移交司法机关追究刑事责任。对乱占滥用土地、严重损害国家和群众利益的有关责任人,即使没有徇私舞弊,也要严肃追究行政责任。国土资源部要会同有关部门,对督查中发现的重大问题进行通报。

五、认真搞好治理整顿的检查验收

要认真组织对土地市场秩序治理整顿工作的检查验收,严格检查验收标准。各省、自治区、直辖市人民政府要加大对市(地)、县(市)人民政府的督查力度。市(地)对县(市),省、自治区、直辖市对市(地)的检查验收要逐一进行,验收不达标的地方要限期整改,在整改期间,暂停受理当地建设用地报件、暂停下达建设用地指标。过期仍不达标的,要予以通报,并追究有关责任人的责任。国土资源部要会同有关部门加强重点抽查。各省、自治区、直辖市人民政府要于今年底前向国务院报告治理整顿情况。

六、抓紧建立完善土地管理各项制度

在巩固治理整顿成果基础上,要研究治本之策,进一步完善土地管理各项制度,着重从体制、机制和法制上解决问题。要加强土地管理法制建设,加快修订《中华人民共和国土地管理法》,健全完善土地管理法律体系。要健全完善土地有偿使用制度和土地产权制度,依法保护土地权利人的合法权益。要深化征地制度改革,加强对农村集体建设用地流转的管理。各金融机构要制定管理制度，严格控制用地项目贷款，对未按法定程序审批、违规乱占滥用耕地的建设项目，银行不得贷款。要建立基本农田保护和土地利用效益考核指标，建立定期报告制度，并作为对各地区政府工作考核的重要内容。

国务院办公厅关于深入开展土地市场治理整顿严格土地管理的紧急通知

(国办发明电〔2004〕20 号 2004 年 4 月 29 日)

各省、自治区、直辖市人民政府,国务院各部委、各直属机构:

为制止乱占滥用土地,防止突击批地,抑制一些行业、地区固定资产投资过快增长,保证国民经济平稳运行,牢固树立和落实科学发展观,切实落实最严格的耕地保护制度,推进国土资源管理体制改革,国务院决定在全国范围内继续深入开展土地市场治理整顿。现将有关问题通知如下。

一、继续深入开展土地市场治理整顿

各省、自治区、直辖市人民政府要依据《中华人民共和国土地管理法》及有关法律法规的规定,从现在开始,集中半年左右的时间,继续深入开展土地市场治理整顿。治理整顿的主要内容包括:

(一)清理检查去年以来的土地占用情况,整顿未批先用、征而未用、乱占滥用和随意改变土地用途等问题;

(二)清理检查去年以来的土地审批情况,重点是新上项目的用地情况,整顿违反国家产业政策、超规划、超计划、越权和分拆批地等问题;

(三)清理检查耕地占补平衡数量和质量的情况,整顿占优补劣,占多补少甚至不补等问题;

(四)清理检查新增建设用地土地有偿使用费的征收和使用情况,整顿随意减免和侵占、挪用土地有偿使用费等问题;

(五)清理检查征用农民集体土地的补偿、安置情况,继续整顿降低补偿标准,挪用、截留和拖欠被征地农民补偿费等问题;

(六)清理整顿经营性土地使用权招标、拍卖、挂牌出让中存在的问题。

上述治理整顿工作,由各省、自治区、直辖市人民政府负责,结合正在进行的清理开发区、治理整顿土地市场的有关工作认真组织清理检查,对清理检查出来的问题,要限期进行整改,并依法严肃处理。国土资源部要会同发展改革委、财政部、农业部、建设部、监察部、审计署等部门对治理整顿工作进行督导、抽查和验收。

二、严格建设用地审批管理

治理整顿期间,全国暂停审批农用地转非农建设用地;治理整顿结束后,对因检查和整改不力,经验收不合格的地方,报经国务院同意后,继续暂停审批农用地转非农建设用地,直至达到规定的整改要求。

能源、交通、水利、城市重大公共设施等重点建设项目用地,确属急需的,报国务院批准;对已经国家批准且在规划范围内的卫生、教育等项目建设用地,按有关规定从严审批。暂停涉及基本农田保护区调整的各类规划修改。对新批的县改市(区)和乡改镇,要暂停修改涉及土地利用的各类规划。

三、切实保护基本农田

十分珍惜、合理利用土地和切实保护耕地是我国的一项基本国策,是维护国家粮食安全和社会稳定十分重要的内容。要认真贯彻《基本农田保护条例》,坚决守住基本农田这条"红线",任何单位和个人不得突破。国土资源部和农业部要把开展基本农田保护检查作为土地市场清理整顿的重点,着重检查基本农田保护制度的建立和执行情况。通过检查和整改,切实纠正擅自调整基本农田保护区、违法违规占用基本农田、随意变更土地用途等突出问题,依法严肃查处违法违规占用基本农田行为;摸清基本农田现状,完善基本农田保护制度;进一步明确地方政府在基本农田保护方面的责任,将基本农田落实到村组、农户和地块。不得进行跨市、县的基本农田易地代保,对已发生的要坚决纠正。

四、严格执行土地利用总体规划和年度计划

土地利用总体规划和年度计划,是《中华人民共和国土地管理法》赋予政府调控土地供需的重要手段,必须依法维护规划和计划的严肃性。要加强对土地利用总体规划和年度计划执行情况的监督检查,对擅自修改土地利用总体规划的,要追究有关地方、部门及其领导人的责任;对擅自突破年度用地计划的,也要追究责任并扣减下一年度用地指标。各类开发区新增建设用地属于农用地的,要纳入当地土地利用年度计划统一管理。

五、严格执行耕地占补平衡制度

耕地占补平衡制度是严格保护耕地的法定内容,各地区、各有关部门必须不折不扣地贯彻执行。建设单位必须按照《中华人民共和国土地管理法》的规定,履行补充耕地的义务,不能自行补充耕地的,要依照地方有关标准,足额缴纳耕地开垦费;各地要严格按照建设项目占地的数量,进行耕地占补平衡,补充的耕地要在数量和质量上与原有耕地相当;严格控制易地占补平衡,未经国务院批准,不许跨省域进行耕地占补平衡。国土资源部门要把上述要求列入考核和检查的内容,切实做好把关工作。

六、积极推进国土资源管理体制改革

完善土地管理体制,是严格土地管理的重要举措。要坚决贯彻党中央、国务院关于国土资源管理体制改革的重大决策,认真执行《国务院关于做好省级以下国土资源管理体制改革有关问题的通知》(国发〔2004〕12 号),积极推进国土资源管理体制改革。要加强省级人民政府对实施土地利用总体规划和年度计划管理、基本农田保护、农用地转用和征地审批管理及批后核查、执法监督的责任。抓紧研究改革征地制度和土地有偿使用费使用办法,制定限制和禁止供地项目目录,完善用地定额标准,严格建设项目的审批和管理。

继续深入开展土地市场治理整顿,严格土地管理,是今年加强宏观调控、实现国民经济平稳较快发展、防止经济大起大落的一项重要措施。各地区、各部门要切实把思想和行动统一到中央的决策部署上来,明确责任,加强配合,认真组织贯彻落实,坚决维护中央宏观调控的统一性、权威性和有效性。对有令不行、有禁不止,特别是顶风违法违纪的行为要坚决查处。

国务院关于深化改革严格土地管理的决定

（国发〔2004〕28号 2004年10月21日）

各省、自治区、直辖市人民政府，国务院各部委、各直属机构：

实行最严格的土地管理制度，是由我国人多地少的国情决定的，也是贯彻落实科学发展观，保证经济社会可持续发展的必然要求。去年以来，各地区、各部门认真贯彻党中央、国务院部署，全面清理各类开发区，切实落实暂停审批农用地转用的决定，土地市场治理整顿取得了积极进展，有力地促进了宏观调控政策的落实。但是，土地市场治理整顿的成效还是初步的、阶段性的，盲目投资、低水平复建设，圈占土地、乱占滥用耕地等问题尚未根本解决。因此，必须正确处理保障经济社会发展与保护土地资源的关系，严格控制建设用地增量，努力盘活土地存量，强化节约利用土地，深化改革，健全法制，统筹兼顾，标本兼治，进一步完善符合我国国情的最严格的土地管理制度。现决定如下：

一、严格执行土地管理法律法规

（一）牢固树立遵守土地法律法规的意识。各地区、各有关部门要深入持久地开展土地法律法规的学习教育活动，深刻认识我国国情和保护耕地的极端重要性，本着对人民、对历史负责的精神，严格依法管理土地，积极推进经济增长方式的转变，实现土地利用方式的转变，走符合中国国情的新型工业化、城市化道路。进一步提高依法管地用地的意识，要在法律法规允许的范围内合理用地，对违反法律法规批地、占地的，必须承担法律责任。

（二）严格依照法定权限审批土地。农用地转用和土地征收的审批权在国务院和省、自治区、直辖市人民政府，各省、自治区、直辖市人民政府不得违反法律和行政法规的规定下放土地审批权。严禁规避法定审批权限，将单个建设项目用地拆分审批。

（三）严格执行占用耕地补偿制度。各类非农业建设经批准占用耕地的，建设单位必须补充数量、质量相当的耕地，补充耕地的数量、质量实行按等级折算，防止占多补少、占优补劣。不能自行补充的，必须按照各省、自治区、直辖市的规定缴纳耕地开垦费。耕地开垦费要列入专户管理，不得减免和挪作他用。政府投资的建设项目也必须将补充耕地费用列入工程概算。

（四）禁止非法压低地价招商。省、自治区、直辖市人民政府要依照基准地价制定并公布协议出让土地最低价标准。协议出让土地除必须严格执行规定程序外，出让价格不得低于最低价标准。违反规定出让土地造成国有土地资产流失的，要依法追究责任；情节严重的，依照《中华人民共和国刑法》的规定，以非法低价出让国有土地使用权罪追究刑事责任。

（五）严格依法查处违反土地管理法律法规的行为。当前要着重解决有法不依、执法不严、违法不究和滥用行政权力侵犯农民合法权益的问题。要加大土地管理执法力度，严肃查处非法批地、占地等违法案件。建立国土资源与监察等部门联合办案和案件移送制度，既查处土地违法行为，又查处违法责任人。典型案件。要公开处理。对非法批准占用土地、征收土地和非法低价出让国有土地使用权的国家机关工作人员，依照《监察部国土资源部关于违反土地管理规定行为行政处分暂行办法》给予行政处分;构成犯罪的,依照《中华人民共和国刑法》、《中华人民共和国土地管理法》、《最高人民法院关于审理破坏土地资源刑事案件具体应用法律若干问题的解释》和最高人民检察院关于渎职犯罪案件立案标准的规定,追究刑事责任。对非法批准征收、使用土地,给当事人造成损失的,还必须依法承担赔偿责任。

二、加强土地利用总体规划、城市总体规划、村庄和集镇规划实施管理

(六)严格土地利用总体规划、城市总体规划、村庄和集镇规划修改的管理。在土地利用总体规划和城市总体规划确定的建设用地范围外,不得设立各类开发区(园区)和城市新区(小区)。对清理后拟保留的开发区,必须依据土地利用总体规划和城市总体规划,按照布局集中、用地集约和产业集聚的原则严格审核。严格土地利用总体规划的修改,凡涉及改变土地利用方向、规模、重大布局等原则性修改,必须报原批准机关批准。城市总体规划、村庄和集镇规划也不得擅自修改。

(七)加强土地利用计划管理。农用地转用的年度计划实行指令性管理,跨年度结转使用计划指标必须严格规范。改进农用地转用年度计划下达和考核办法,对国家批准的能源、交通、水利、矿山、军事设施等重点建设项目用地和城、镇、村的建设用地实行分类下达,并按照定额指标、利用效益等分别考核。

(八)从严从紧控制农用地转为建设用地的总量和速度。加强农用地转用审批的规划和计划审查,强化土地利用总体规划和土地利用年度计划对农用地转用的控制和引导,凡不符合规划、没有农用地转用年度计划指示的,不得批准用地。为巩固土地市场治理整顿成果,2004年农用地转用计划指标不再追加;对过去拖欠农民的征地补偿安置费在2004年年底前不能足额偿还的地方,暂缓下达该地区2005年农用地转用计划。

(九)加强建设项目用地预审管理。凡不符合土地利用总体规划、没有农用地转用计划指标的建设项目,不得通过项目用地预审。发展改革等部门要通过适当方式告知项目单位开展前期工作,项目单位提出用地预审申请后,国土资源部门要依法对建设项目用地进行审查。项目建设单位向发展改革等部门申报核准或审批建设项目时,必须附国土资源部门预审意见;没有预审意见或预审未通过的,不得核准或批准建设项目。

(十)加强村镇建设用地的管理。要按照控制总量、合理布局、节约用地、保护耕地的原则,编制乡(镇)土地利用总体规划、村庄和集镇规划,明确小城镇和农村居民点的数量、布局和规模。鼓励农村建设用地整理,城镇建设用地增加要与农村建设用地减少相挂钩。农村集体建设用地,必须符合土地利用总体规划、村庄和集镇规划,并纳入土地利用年度计划,凡占用农用地的必须依法办理审批手续。禁止擅自通过“村改居”等方式将农民集体所有土地转为国有土地。禁止农村集体经济组织非法出让、出租集体土地用于非农业建设。改革和完善宅基地审批制度,加强农村宅基地管理,禁止城镇居民在农村购置宅基地。引导新办乡村工业向建制镇和规划确定的小城镇集中。在符合规划的前提下,村庄、集镇、建制镇中的农民集体所有建设用地使用权可以依法流传。

(十一)严格保护基本农田。基本农田是确保国家粮食安全的基础。土地利用总体规划修编,必须保证现有基本农田总量不减少,质量不降低。基本农田要落实到地块和农户,并在土地所有权证书和农村土地承包经营权证书中注明。基本农田保护图件备案工作,应在新一轮土地利用总体规划修编后三个月内完成。基本农田一经划定,任何单位和个人不得擅自占用,或者擅自改变用途,这是不可逾越的“红线”。符合法定条件,确需改变和占用基本农田的,必须报国务院批准;经批准占用基本农田的,征地补偿按法定最高标准执行,对以缴纳耕地开垦费方式补充耕地的,缴纳标准按当地最高标准执行。禁止占用基本农田挖鱼塘、种树和其他破坏耕作层的活动。禁止以建设"现代农业园区"或者"设施农业"等任何名义,占用基本农田变相从事房地产开发。

三、完善征地补偿和安置制度

(十二)完善征地补偿办法。县级以上地方人民政府要采取切实措施,使被征地农民生活水平不因征地而降低。要保证依法足额和及时支付土地补偿费、安置补助费以及地上附着物和青苗补偿费。依照现行法律规定支付土地补偿费和安置补助费,尚不能使被征地农民保持原有生活水平的,不足以支付因征地而导致无地农民社会保障费用的,省、自治区、直辖市人民政府应当批准增加安置补助费。土地补偿费和安置补助费的总和达到法定上限,尚不足以使被征地农民保持原有生活水平的,当地人民政府可以用国有土地有偿使用收入予以补贴。省、自治区、直辖市人民政府要制订并公布各市县征地的统一年产值标准或区片综合地价,征地补偿做到同地同价,国家重点建设项目必须将征地费用足额列入概算。大中型水利、水电工程建设征地的补偿费标准和移民安置办法,由国务院另行规定。

(十三)妥善安置被征地农民。县级以上地方人民政府应当制定具体办法,使被征地农民的长远生计有保障。对有稳定受益的项目,农民可以经依法批准的建设用地土地使用权入股。在城市规划区内,当地人民政府应当将因征地而导致无地的农民,纳入城镇就业体系,并建立社会保障制度;在城市规划区外,征收农民集体所有土地时,当地人民政府要在本行政区域内为被征地农民留有必要的耕作土地或安排相应的工作岗位;对不具备基本生产生活条件的无地农民,应当异地移民安置。劳动和社会保障部门要会同有关部门尽快提出建立被征地农民的就业培训和社会保障制度的指导性意见。

(十四)健全征地程序。在征地过程中,要维护农民集体土地所有权和农民土地承包经营权的权益。在征地依法报批前,要将拟征地的用途、位置、补偿标准、安置途径告知被征地农民;对拟征土地现状的调查结果须经被征地农村集体经济组织和农户确认;确有必要的,国土资源部门应当依照有关规定组织听证。要将被征地农民知情、确认的有关材料作为征地报批的必备材料。要加快建立和完善征地补偿安置争议的协调和裁决机制,维护被征地农民和用地者的合法权益。经批准的征地事项,除特殊情况外,应予以公示。

(十五)加强对征地实施过程监管。征地补偿安置不落实的,不得强行使用被征土地。省、自治区、直辖市人民政府应当根据土地补偿费主要用于被征地农户的原则,制订土地补偿费在农村集体经济组织内部的分配办法。被征地的农村集体经济组织应当将征地补偿费用的收支和分配情况,向本集体经济组织成员公布,接受监督。农业、民政等部门要加强对农村集体经济组织内部征地补偿费用分配和使用的监督。

四、健全土地节约利用和收益分配机制

(十六)实行强化节约和集约用地政策。建设用地要严格控制增量,积极盘活存量,把节约用地放在首位,重点在盘活存量上下功夫。新上建设项目首先要利用现有建设用地,严格控制建设占用耕地、林地、草原和湿地。开展对存量建设用地资源的普查,研究制定鼓励盘活存量的政策措施。各地区、各有关部门要按照集约用地的原则,调整有关厂区绿化率的规定,不得圈占土地搞"花园式工厂"。在开发区(园区)推广多层标准厂房。对工业用地在符合规划、不改变原用途的前提下,提高土地利用率和增加容积率的,原则上不再收取或调整土地有偿使用费。基础设施和公益性建设项目,也要节约合理用地。今后,供地时要将土地用途、容积率等使用条件的约定写入土地使用合同。对工业项目用地必须有投资强度、开发进度等控制性要求。土地使用权人不按照约定条件使用土地的,要承担相应的违约责任。在加强耕地占用税、城镇土地使用税、土地增值税征收管理的同时,进一步完整和完善相关税制,加大对建设用地取得和保有环节的税收调节力度。

(十七)推进土地资源的市场化配置。严格控制划拨用地范围,经营性基础设施用地要逐步实行有偿使用。运用价格机制抑制多占、滥占和浪费土地。除按现行规定必须实行招标、拍卖、挂牌出让的用地外,工业用地也要创造条件逐步实行招标、拍卖、挂牌出让。经依法批准利用原有划拨土地进行经营性开发建设的,应当按照市场价补缴土地出让金。经依法批准转让原划拨土地使用权的,应当在土地有形市场公开交易,按照市场价补缴土地出让金;低于市场价交易的,政府应当行使优先购买权。

(十八)制订和实施新的土地使用标准。依照国家产业政策,国土资源部门对淘汰类、限制类项目分别实行禁止和限制用地,并会同有关部门制订工程项目建设用地定额标准,省、自治区、直辖市人民政府可以根据实际情况制订具体实施办法。继续停止高档别墅类房地产、高尔夫球场等用地的审批。

(十九)严禁闲置土地。农用地转用批准后,满两年未实施具体征地或用地行为的,批准文件自动失效;以实施征地,满两年未供地的,在下达下一年度的农用地转用计划时扣减相应指标,对具备耕作条件的土地,应当交原土地使用者继续耕种,也可以由当地人民政府组织耕种。对用地单位闲置的土地,严格依照《中华人民共和国土地管理法》的有关规定处理。

(二十)完善新增建设用地土地有偿使用费收缴办法。新增建设用地土地有偿使用费实行先缴后分,按规定的标准就地全额缴入国库,不得减免,并由国库按规定的比例就地分成划缴。审计部门要加强对新增建设用地土地有偿使用费征收和使用的监督检查。对减免和欠缴的,要依法追缴。财政部、国土资源部要适时调整新增建设用地土地有偿使用费收取标准。新增建设用地土地有偿使用费要严格按法定用途使用,由中央支配的部分,要向粮食主产区倾斜。探索建立国有土地收益基金,遏制片面追求土地收益的短期行为。

五、建立完善耕地保护和土地管理的责任制度

(二十一)明确土地管理的权力和责任。调控新增建设用地总量的权力和责任在中央,盘活存量建设用地的权力和利益在地方,保护和合理利用土地的责任在地方各级人民政府,省、自治区、直辖市人民政府应负主要责任。在确保严格实施土地利用总体规划,不突破土地利用年度计划的前提下,省、自治区、直辖市人民政府可以统筹本行政区域内的用地安排,依照法定权限对农用地转用和土地征收进行审批,按规定用途决定新增建设用地土地有偿使用费地方分成部分的分配和使用,组织本行政区域内耕地占补平衡,并对土地管理法律法规执行情况进行监督检查。地方各级人民政府要对土地利用总体规划确定的本行政区域内的耕地保有量和基本农田保护面积负责,政府主要领导是第一责任人。地方各级人民政府都要建立相应的工作制度,采取多种形式,确保耕地保护目标落实到基层。

(二十二)建立耕地保护责任的考核体系。国务院定期向各省、自治区、直辖市下达耕地保护责任考核目标。各省、自治区、直辖市人民政府每年要向国务院报告耕地保护责任目标的履行情况。实行耕地保护责任考核的动态监测和预警制度。国土资源部会同农业部、监察部、审计署、统计局等部门定期对各省、自治区、直辖市耕地保护责任目标履行情况进行检查和考核,并向国务院报告。对认真履行责任目标,成效突出的,要给予表彰,并在安排中央支配的新增建设用地土地有偿使用费时予以倾斜。对没有达到责任目标的,要在全国通报,并责令限期补充耕地和补划基本农田。对土地开发整理补充耕地的情况也要定期考核。

(二十三)严格土地管理责任追究制。对违反法律规定擅自修改土地利用总体规划的、发生非法占用基本农田的、未完成耕地保护责任考核目标的、征地侵害农民合法权益引发群体性事件且未能及时解决的、减免和欠缴新增建设用地土地有偿使用费的、未按期完成基本农田图件备案工作的,要严肃追究责任,对有关责任人员由上级主管部门或监察机关依法定权限给予行政处分。同时,上级政府要责令限期整改,整改期间暂停农用地转用和征地审批。具体办法由国土资源部会同有关部门另行制订。实行补充耕地监督的责任追究制,国土资源部门和农业部门负责对补充耕地的数量和质量进行验收,并对验收结果承担责任。省、自治区、直辖市国土资源部门和农业部门要加强监督检查。

(二十四)强化对土地执法行为的监督。建立公开的土地违法立案标准。对有案不查、执法不严的,上级国土资源部门要责令其作出行政处罚决定或直接给予行政处罚。坚决纠正违法用地只通过罚款就补办合法手续的行为。对违法用地及其建筑物和其他设施,按法律规定应当拆除或没收的,不得以罚款、补办手续取代;确需补办手续的,依法处罚后,从新从高进行征地补偿和收取土地出让金及有关规费。完善土地执法监察体制,建立国家土地督察制度,设立国家土地总督察,向地方派驻土地督察专员,监督土地执法行为。

(二十五)加强土地管理行政能力建设。2004 年年底以前要完成省级以下国土资源管理体制改革,理顺领导干部管理体制、工作机制和加强基层队伍建设。市、县人民政府要保证基层国土资源管理所机构、编制、经费到位,切实发挥基层国土资源管理所在土地管理执法中的作用。国土资源部要会同有关部门抓紧建立和完善统一的土地分类、调查、登记和统计制度,启用新一轮土地调查,保证土地数据的真实性。组织实施"金土工程"。充分利用现代高新技术加强土地利用动态监测,建立土地利用总体规划实施、耕地保护、土地市场的动态监测网络。

各地区、各有关部门要以"三个代表"重要思想为指导,牢固树立科学发展观和正确的政绩观,把落实好最严格的土地管理制度作为对执政能力和依法行政能力的检验。高度重视土地的保护和合理利用,认真总结经验,积极推进土地管理体制改革,不断完善土地法制,建立严格、科学、有效的土地管理制度,维护好广大人民群众的根本利益,确保经济社会的可持续发展。

国务院办公厅关于建立国家土地监察制度有关问题的通知

(国办发〔2006〕50号 2006年7月13日)

各省、自治区、直辖市人民政府,国务院各部委、各直属机构:

为全面落实科学发展观,适应构建社会主义和谐社会和全面建设小康社会的要求,切实加强土地管理工作,完善土地执法监察体系,根据《国务院关于深化改革严格土地管理的决定》(国发〔2004〕28号),经国务院批准,现将建立国家土地督察制度有关问题通知如下:

一、设立国家土地总督察及其办公室

国务院授权国土资源部代表国务院对各省、自治区、直辖市,以及计划单列市人民政府土地利用和管理情况进行监督检查。

设立国家土地总督察1名,由国土资源部部长兼任;兼职副总督察1名,由国土资源部1名副部长兼任;专职副总督察(副部长级)1名。国家土地总督察、副总督察负责组织实施国家土地督察制度。

在国土资源部设立国家土地总督察办公室(正局级)。主要职责是:拟定并组织实施国家土地督察工作的具体办法和管理制度;协调国家土地督察局工作人员的派驻工作;指导和监督检查国家土地督察局的工作;协助国土资源部人事部门考核和管理国家土地督察局工作人员;负责与国家土地督察局的日常联系、情况沟通和信息反馈工作。

二、向地方派驻国家土地督察局

由国土资源部向地方派驻9个国家土地督察局,分别是:国家土地督察北京局,督察范围为:北京市、天津市、河北省、山西省、内蒙古自治区;国家土地督察沈阳局,督察范围为:辽宁省、吉林省、黑龙江省及大连市;国家土地督察上海局,督察范围为:上海市、浙江省、福建省及宁波市、厦门市;国家土地督察南京局,督察范围为:江苏省、安徽省、江西省;国家土地督察济南局,督察范围为:山东省、河南省及青岛市;国家土地督察广州局,督察范围为:广东省、广西壮族自治区、海南省及深圳市;国家土地督察武汉局,督察范围为:湖北省、湖南省、贵州省;国家土地督察成都局,督察范围为:重庆市、四川省、云南省、西藏自治区;国家土地督察西安局,督察范围为:陕西省、甘肃省、青海省、宁夏回族自治区、新疆维吾尔自治区、新疆生产建设兵团。

派驻地方的国家土地督察局为正局级,每个国家土地督察局设局长1名、副局长2名和国家土地督察专员(司局级)若干名。根据工作需要,国家土地督察局可以适时向其督察范围内的有关省、自治区、直辖市及计划单列市派出国家土地督察专员和工作人员进行巡视与督察。

派驻地方的国家土地督察局,代表国家土地总督察履行监督检查职责。主要职责是:监督检查省级以及计划单列市人民政府耕地保护责任目标的落实情况;监督省级以及计划单列市人民政府土地执法情况,核查土地利用和管理中的合法性和真实性,监督检查土地管理审批事项和土地管理法定职责履行情况;监督检查省级以及计划单列市人民政府贯彻中央关于运用土地政策参与宏观调控要求情况;开展土地管理的调查研究,提出加强土地管理的政策建议;承办国土资源部及国家土地总督察交办的其他事项。

依照法律规定由国务院审批的农用地转用和土地征收事项,省级人民政府在报国务院时,应将上报文件同时抄送派驻地区的国家土地督察局。派驻地区的国家土地督察局发现有违法违规问题的,应及时向国家土地总督察报告。依照法律规定由省级和计划单列市人民政府审批的农用地转用和土地征收事项,应及时将批准文件抄送派驻地区的国家土地督察局。派驻地区的国家土地督察局发现有违法违规问题的,应在30个工作日内提出纠正意见。

对监督检查中发现的问题,派驻地区的国家土地督察局应及时向其督察范围内的相关省级和计划单列市人民政府提出整改意见。对整改不力的,由国家土地总督察依照有关规定责令限期整改。整改期间,暂停被责令限期整改地区的农用地转用和土地征收的受理和审批。整改工作由省级和计划单列市人民政府组织实施。结束对该地区整改,由派驻地区的国家土地督察局审核后,报国家土地总督察批准。

三、人员编制

国家土地督察行政编制360名,其中,副部长级(国家土地专职副总督察)领导职数1名,司局级领导职数67名。国家土地督察行政编制在国土资源部机关行政编制总额外单列。国家土地总督察办公室和派驻地区的国家土地督察局的具体编制方案另行下达。

四、其他事项

(一)要严格国家土地督察局及其工作人员的管理,建立健全各项规章制度,防止失职、渎职和其他违纪行为。国家土地督察局的人员实行异地任职,定期交流。国家土地督察局不认真履行职责、监督检查不力的,应承担相应责任。

(二)派驻地区的国家土地督察局负责对其督察范围内地方人民政府土地利用和管理情况进行监督检查,不改变、不取代地方人民政府及其土地主管部门的行政许可、行政处罚等管理职权。

(三)派驻地区的国家土地督察局履行监督检查职责,不直接查处案件。对发现的土地利用和管理中的违法违规问题,由国家土地总督察按照有关规定通报监察部等部门依法处理。

(四)国家土地督察局所需经费列入中央财政预算,按照国家有关规定进行管理。

建立国家土地督察制度有利于加强土地监管,落实最严格的土地管理制度。国土资源部要根据本通知要求,商各地方人民政府提出具体措施和办法尽快组织落实。各地方人民政府和国务院各有关部门要积极支持和配合。中央编办要对国家土地督察制度的建立和运行情况及时跟踪检查并向国务院报告。

国务院关于加强土地调控有关问题的通知

（国发〔2006〕31号　2006年8月31日）

各省、自治区、直辖市人民政府，国务院各部委、各直属机构：

党中央、国务院高度重视土地管理和调控。2004年印发的《国务院关于深化改革严格土地管理的决定》（国发〔2004〕28号），在严格土地执法、加强规划管理、保障农民权益、促进集约用地、健全责任制度等方面，作出了全面系统的规定。各地区、各部门采取措施，积极落实，取得了初步成效。但是，当前土地管理特别是土地调控中出现了一些新动向、新问题，建设用地总量增长过快，低成本工业用地过度扩张，违法违规用地、滥占耕地现象屡禁不止，严把土地"闸门"任务仍然十分艰巨。为进一步贯彻落实科学发展观，保证经济社会可持续发展，必须采取更严格的管理措施，切实加强土地调控。现就有关问题通知如下：

一、进一步明确土地管理和耕地保护的责任

地方各级人民政府主要负责人应对本行政区域内耕地保有量和基本农田保护面积、土地利用总体规划和年度计划执行情况负总责。将新增建设用地控制指标（包括占用农用地和未利用地）纳入土地利用年度计划，以实际耕地保有量和新增建设用地面积，作为土地利用年度计划考核、土地管理和耕地保护责任目标考核的依据；实际用地超过计划的，扣减下一年度相应的计划指标。国土资源部要加强对各地实际建设用地和土地征收情况的核查。

按照权责一致的原则，调整城市建设用地审批方式。在土地利用总体规划确定的城市建设用地范围内，依法由国务院分批次审批的农用地转用和土地征收，调整为每年由省级人民政府汇总后一次申报，经国土资源部审核，报国务院批准后由省级人民政府具体组织实施，实施方案报国土资源部备案。

严格实行问责制。对本行政区域内发生土地违法违规案件造成严重后果的，对土地违法违规行为不制止、不组织查处的，对土地违法违规问题隐瞒不报、压案不查的，应当追究有关地方人民政府负责人的领导责任。监察部、国土资源部要抓紧完善土地违法违规领导责任追究办法。

二、切实保障被征收农民的长远生计

征地补偿安置必须以确保被征地农民原有生活水平不降低、长远生计有保障为原则。各地要认真落实国办发〔2006〕29号文件的规定，做好被征地农民就业培训和社会保障工作。被征地农民的社会保障费用，按有关规定纳入征地补偿安置费用，不足部分由当地政府从国有土地有偿使用收入中解决。社会保障费用不落实的不得批准征地。

三、规范土地出让收支管理

国有土地使用权出让总价款全额纳入地方预算,缴入地方国库,实行“收支两条线”管理。土地出让总价款必须首先按规定足额安排支付土地补偿费、安置补助费、地上附着物和青苗补偿费、拆迁补偿费以及补助被征地农民社会保障所需资金的不足,其余资金应逐步提高用于农业土地开发和农村基础设施建设的比重,以及用于廉租住房建设和完善国有土地使用功能的配套设施建设。

四、调整建设用地有关税费政策

提高新增建设用地土地有偿使用费缴纳标准。新增建设用地土地有偿使用费缴纳范围,以当地实际新增建设用地面积为准。新增建设用地土地有偿使用费专项用于基本农田建设和保护、土地整理、耕地开发。对违规减免和欠缴的新增建设用地土地有偿使用费,要进行清理,限期追缴。其中,国发〔2004〕28 号文件下发后减免和欠缴的,要在今年年底前全额清缴;逾期未缴的,暂不办理用地审批。财政部会同国土资源部要抓紧制订新增建设用地土地有偿使用费缴纳标准和适时调整的具体办法,并进一步改进和完善新增建设用地土地有偿使用费的分配使用管理。

提高城镇土地使用税和耕地占用税征收标准,财政部、税务总局会同国土资源部、法制办要抓紧制订具体办法。财税部门要加强税收征管,严格控制减免税。

五、建立工业用地出让最低价标准统一公布制度

国家根据土地等级、区域土地利用政策等,统一制订并公布各地工业用地出让最低价标准。工业用地出让最低价标准不得低于土地取得成本、土地前期开发成本和按规定收取的相关费用之和。工业用地必须采用招标拍卖挂牌方式出让,其出让价格不得低于公布的最低价标准。低于最低价标准出让土地,或以各种形式给予补贴或返还的,属非法低价出让国有土地使用权的行为,要依法追究有关人员的法律责任。

六、禁止擅自将农用地转为建设用地

农用地转为建设用地,必须符合土地利用总体规划、城市总体规划、村庄和集镇规划,纳入年度土地利用计划,并依法办理农用地转用审批手续。禁止通过“以租代征”等方式使用农民集体所有农用地进行非农业建设,擅自扩大建设用地规模。农民集体所有建设用地使用权流转,必须符合规划并严格限定在依法取得的建设用地范围内。未依法办理农用地转用审批,国家机关工作人员批准通过“以租代征”等方式占地建设的,属非法批地行为:单位和个人擅自通过“以租以征”等方式占地建设的,属非法占地行为,要依法追究有关人员的法律责任。

七、强化对土地管理行为的监督检查

国家土地督察机构要认真履行国务院赋予的职责,加强对地方人民政府土地管理行为的监督检查。对监督检查中发现的违法违规问题,要及时提出纠正或整改意见。对纠正整改不力的,依照有关规定责令限期纠正整改。纠正整改期间,暂停该地区农用地转用和土地征收。

国土资源管理部门及其工作人员要严格执行国家土地管理的法律法规和方法政策,依法行政,对土地利用情况的真实性和合法性负责。凡玩忽职守、滥用职权、徇私舞弊、不执行和不

遵守土地管理法律法规的，依照有关法律法规追究有关领导和人员的责任。

八、严肃惩处土地违法违规行为

国家机关工作人员非法批准征收、占用土地，或者非法低价出让国有土地使用权，触犯刑律的，依法追究刑事责任。对不执行国家土地调控政策、超计划批地用地、未按期缴纳新增建设用地土地有偿使用费及其他规定税费、未按期足额支付征地补偿安置费而征占土地，以及通过调整土地利用总体规划擅自改变基本农田位置，以规避建设占用基本农田应依法上报国务院审批的，要追究有关人员的行政责任。

完善土地违法案件的查处协调机制，加大对土地违法违规行为的查处力度。监察部要会同国土资源部等有关部门，在近期集中开展一次以查处非法批地、未批先用、批少用多、非法低价出让国有土地使用权等行为为重点的专项行动。对重大土地违法违规案件要公开处理，涉嫌犯罪的，要移送司法机关依法追究刑事责任。

各地区、各部门要以邓小平理论和“三个代表”重要思想为指导，全面落实科学发展观，充分认识实行最严格土地管理制度的重要性，认真贯彻、坚决执行中央关于加强土地调控的各项措施。各地区要结合执行本通知，对国发〔2004〕28 号文件实施以来的土地管理和利用情况进行全面自查，对清查出的土地违法违规行为必须严肃处理。发展改革委、监察部、财政部、劳动保障部、国土资源部、建设部、农业部、人民银行、税务总局、统计局、法制办等部门要各司其职、密切配合，尽快制定本通知实施的配套文件，共同做好加强土地调控的各项工作。国土资源部要会同监察部等有关部门做好对本通知贯彻执行情况的监督检查。各地区、各部门要在 2006 年年底前将贯彻执行本通知的情况向国务院报告。

2. 部门规章及其他规范性文件

国家土地管理局《关于认定土地违法性质和适用法律有关问题的答复》

(〔1993〕国土函字第30号 1993年2月2日)

山西省土地管理局:

你局《关于认定土地违法性质和适用法律条款的请示》(1993年第4号专报)收悉。经研究,答复如下:

一、对集体土地所有权或使用权的转让、出租或抵押等的处理,不适用《中华人民共和国城镇国有土地使用权出让和转让暂行条例》。

二、根据来函所述情况,对吉祥公司的非法行为,应当合并适用《中华人民共和国土地管理法》第四十四条和第四十七条予以处罚。

最高人民法院关于不服政府或房地产行政主管部门对争执房屋的确权行为提起诉讼人民法院应作何种案件受理问题的函

（法函〔1993〕33号　1993年4月17日）

四川省高级人民法院：

你院川高法〔1993〕27号关于不服政府或房地产行政主管部门对争执房屋的确权行为提起诉讼，人民法院应作何种案件受理的请示收悉。经研究，答复如下：

当事人对人民政府或房地产行政主管部门关于房屋产权争议的确权决定不服而提起诉讼的，人民法院应作为行政案件受理。

国家土地管理局关于如何适用《土地管理法》第四十五、十九条的复函

（1993年7月12日）

河北省土地管理局：

你局《关于如何适用〈土地管理法〉第45条的请示》（冀土监字〔1993〕66号）、《关于如何适用〈土地管理法〉第19条的请示》（冀土监字〔1993〕67号）收悉，经研究，提出以下意见：

一、关于农村居民非法占用城镇国有土地建住宅的，该城关镇政府可否实施行政处罚的问题，根据《土地管理法》第四十五规定："农村居民未经批准或采取欺骗手段骗取批准，非法占用土地建住宅的，责令退还非法占用的土地，限期拆除或者没收在非法占用的土地上新建的房屋。"第五十二条还规定："本法第四十五条规定的行政处罚可以由乡级人民政府决定……"。同意你们的理解，即土地作为不动产，应由不动产所在地管辖，镇人民政府对本辖区内的国有土地行使管辖，对非法占用国有土地建住宅的行为实施行政处罚。

二、关于收回土地使用权的有关问题，请见国家土地管理局《关于土地法律、法规和政策有关问题的复函》（〔1993〕国土函字第146号）。

国家土地管理局关于对土地权属纠纷案件经人民政府处理后是否可以申请行政复议问题的批复*

（国土批〔1994〕24号 1994年3月17日）

四川省国土局：

你局报送的《关于土地权属纠纷案件经人民政府处理后是否可以申请行政复议的请示》（川国土发〔1994〕16号）收悉。经研究，现批复如下：

一、《行政诉讼法》和《行政复议条例》颁布后，行政复议制度在我国开始普遍实行，这一制度适合于在《行政诉讼法》和《行政复议条例》规定的受案范围内的一切行政争议的解决。

二、根据《行政诉讼法》第三十七条的规定，《土地管理法》中凡属于人民法院受案范围内的一切土地行政案件，都应适用于《行政诉讼法》和《行政复议条例》。

三、根据最高人民法院《关于贯彻执行〈中华人民共和国行政诉讼法〉若干问题的意见》（试行）第七点意见，有关土地所有权或者使用权归属争议的案件，人民法院作为行政案件受理。

据此，我们意见，土地权属纠纷案件经人民政府处理后，公民、法人或者其他组织对人民政府的处理决定不服的，可以先向有管辖权的行政机关申请复议，对复议不服的，再向人民法院提起诉讼；也可以直接向人民法院提起诉讼。

* 本文被国土资源部《关于印发废止的部门规章、规范性文件以及法律法规适用解释的函复的通知（国土资发［2000］4号）废止。

农业部关于立即制止乱占耕地的通知

（农办发〔1995〕8号 1995年2月17日）

各省、自治区、直辖市人民政府及农业（农牧渔业、农林、农牧）、水产、畜牧、乡镇企业、农垦、农机厅（局）：

近一个时期以来，一些地方在乱占耕地建坟、建窑、建房等尚未得到根本扭转的情况下，出现了大量占用耕地栽林果、挖鱼塘的现象，毁坏了不少良田，加剧了耕地面积减少。如果任其发展下去，势必严重影响农业特别是粮棉生产，必须引起高度重视。为了制止这种现象，经国务院同意，现就有关问题通知如下：

一、进一步提高认识，切实加强耕地保护工作。人口多、耕地少是我国的基本国情，保护耕地是一项长期的基本国策。严格执行《土地管理法》、《基本农田保护条例》，切实加强耕地保护工作，对于保证粮棉等主要农副产品有效供给具有重要意义，任何时候都不能放松。

二、立即制止大量占用耕地栽林果、挖鱼塘。已经占用的，要做好工作，能恢复的要努力恢复。今后调整农业生产结构，一律不得毁坏耕地。林果生产和水产养殖的发展要着眼于整个国土资源的开发利用，不得再挤占良田。

三、尽快划定基本农田保护区，严格控制非农业建设占用耕地。各地要按照《基本农田保护条例》的规定，抓紧开展基本农田保护区的划定工作。基本农田保护区一经划定，任何单位和个人不得擅自改变保护区内耕地的用途。坚决制止在基本农田保护区内建窑、建房、建坟或者擅自挖沙、采石、采矿、取土、堆放固体废弃物以及撂荒，如有违反，要依法严肃处理，并按照有关规定复垦整治。各类开发区、工业小区和城镇建设不得占用基本农田保护区内的耕地，确因特殊情况需要占用的，必须依照有关规定，严格审批制度，从严控制。

四、切实增加粮棉面积，确保今年粮棉生产计划完成。各地要进一步落实粮棉生产责任制，制定切实可行的措施，一级抓一级，落实好粮棉种植面积。1994年粮食面积减少的省份，应力争得到恢复。棉区要扎扎实实地做好工作，保证棉田面积有所增加。

五、各地可根据本通知精神，结合当地实际，制定制止乱占耕地栽林果、挖鱼塘以及控制非农业建设占用耕地的具体规定。

中华人民共和国国家土地管理局令

(〔1995〕第 1 号)

《土地管理暂行规定》已经 1995 年 6 月 7 日国家土地管理局局务会议审议通过,现予以发布,自发布之日起施行。

局长 邹玉川

1995 年 6 月 12 日

土地监察暂行规定

第一章 总 则

第一条 为了保证国家土地法律、法规的实施,加强土地监察工作,根据国家有关法律、法规,制定本规定。

第二条 土地监察,是指土地管理部门依法对单位和个人执行和遵守国家土地法律、法规情况进行监督检查以及对土地违法者实施法律制裁的活动。

第三条 土地管理部门通过行使土地监察职权,维护土地的社会主义公有制,维护国家的土地管理秩序。

第四条 国家土地管理局主管全国土地监察工作。

县级以上地方人民政府土地管理部门主管本行政区域内土地监察工作。

乡(镇)人民政府负责本行政区域内土地监察工作。

第五条 土地管理部门依照国家土地法律、法规独立行使土地监察职权,不受其他行政机关、社会团体和个人的干涉。

第六条 土地监察实行预防为主、预防和查处相结合的方针,遵循依法、及时、准确的原则。

第七条 土地监察工作必须以事实为依据,以法律为准绳,在适用土地法律、法规上人人平等。

第二章 土地监察机构和人员

第八条 土地监察机构,是土地管理部门按照内部职责划分设置的专门负责土地监察工作的职能机构。

县级以上地方人民政府土地管理部门应当设置土地监察机构,建立土地监察队伍。

市、县人民政府土地管理部门可以对区、乡(镇)土地监察工作实行集中统一管理。

第九条 县级以上地方人民政府土地管理部门经同级人民政府批准,可以向下一级人民政府土地管理部门委派土地监察专员,检查指导土地监察工作。

第十条 土地监察机构应当配备足够数量的土地监察人员。

土地监察人员应当具有较高的政治素质,通晓土地监察业务,熟悉土地法律、法规,忠于职守,秉公执法,清正廉明。

土地监察人员应当经过岗位培训并经考核合格方能任用。

第十一条 土地管理部门应当加强与有关部门的协作关系。在法律允许的范围内,开展各种形式的联合执法活动。

第三章 土地监察职权

第十二条 土地管理部门的土地监察职责是:

(一)监督检查土地法律、法规的执行和遵守情况;

(二)受理对土地违法行为的检举、控告;

(三)协调处理土地违法案件;

(四)协助有关部门调查处理土地管理工作人员依法执行职务遭受打击报复的案件;

(五)对下级人民政府土地管理部门履行土地管理职责的情况进行监督检查;

(六)指导或者领导下级人民政府土地管理的土地监督工作。

第十三条 土地管理部门履行土地监察职责,享有以下权力:

(一)对单位和个人执行和遵守土地法律、法规情况依法进行检查;

(二)对违反土地法律、法规的行为依法进行调查;

(三)对正在进行的土地违法活动依法进行制止;

(四)对土地违法行为和土地侵权行为依法实施行政处罚和行政处理;

(五)对违反土地法律、法规,依法应当给予行政处分的个人和单位主管人员,依法提出给予行政处分的建议。

第十四条 土地管理部门依法行使土地监察职权,有权采取下列措施:

(一)查阅、复制与土地监察事项有关的文件、资料;

(二)要求监察对象提供或者报送有关的文件、资料以及其他必要情况;

(三)可以进入土地违法现场察看和测量,并询问有关人员;

(四)对依法受到限期拆除新建的建筑物和其他设施处罚但继续施工的单位和个人的设备、建筑材料等予以查封;

(五)其他依法可以采取的措施。

第十五条 土地管理部门报经同级人民政府批准,可以对下级人民政府的违法批地行为予以公告,宣布批准文件无效,注销土地使用证,对有关责任人员由其所在单位或者上级机关给予行政处分;构成犯罪的,依法追究刑事责任。

第十六条 土地监察人员依法执行职务时,必须佩带土地监察标志和出示土地监察证件。

土地监察标志和土地监察证件由国家土地管理局统一制定。

第十七条 拒绝、阻碍土地管理部门依法履行土地监察职责,或者对土地监察人员进行打击报复的,由土地管理部门提请公安机关依照治安管理处罚条例的有关规定进行处罚;构成犯罪的,依法追究刑事责任。

第四章　土地监察的内容和方式

第十八条　土地管理部门依法对单位和个人下列行为的合法性进行监督检查：

（一）建设用地行为；

（二）建设用地审批行为；

（三）土地开发利用行为；

（四）土地权属变更和登记发证行为；

（五）土地复垦行为；

（六）基本农田保护行为；

（七）土地使用权出让行为；

（八）土地使用权转让、出租、抵押、终止行为；

（九）房地产转让行为；

（十）其他行为。

第十九条　对本规定第十八条　规定的检查内容，土地管理部门可以根据本地区的实际，采取下列方式进行监督检查：

（一）根据土地监察工作计划，定期、不定期地对监察对象执行和遵守土地法律、法规情况进行全面检查；

（二）针对某一地区的实际情况，对特定的监察对象的特定活动进行专项检查；

（三）对防止违法行为的发生，对监察对象活动的全过程进行事先检查、事中检查和事后检查。

第二十条　土地管理部门对下级人民政府土地管理部门制定的与国家土地法律、法规相抵触的规范性文件，可以责令其修改或者向下级人民政府提出撤销的建议。

土地管理部门发现下级人民政府制定的行政规章、规范性文件与国家土地法律、法规相抵触，可以向规定机关提出修改建议；必要时，可以向同级人民政府提出责令修改或者撤销的建议。

第二十一条　土地管理部门发现下级人民政府土地管理部门不履行法定职责或者消极执法的，有权责令限期改正或者报同级人民政府责令履行；对下级人民政府土地管理部门及其工作人员执行职务的违法行为有权提出处理意见，报有关部门依法追究法律责任。

土地管理部门发现下级人民政府土地管理部门的未经行政诉讼或行政复议程序，但已发生法律效力的行政处罚决定确有错误的，可以责令下级人民政府土地管理部门重新处理，也可以自己依法处理。

第五章　土地监察工作制度

第二十二条　土地管理部门应当建立土地监察目标管理责任制度。

县级以上地方人民政府土地管理部门应当把土地监察工作纳入土地管理工作的目标考核体系。

第二十三条　土地管理部门应当建立土地监察工作报告制度。

土地管理部门应当定期向上一级人民政府土地管理部门报告土地监察工作。必要时，可以越级向上级人民政府土地管理部门报告。

第二十四条 土地管理部门应当建立巡回检查制度。

县级以上地方人民政府土地管理部门和乡(镇)土地管理人员应认真进行巡回检查工作,发现问题及时处理。

土地管理部门应当采取专业人员与群众相结合的方式,建立和完善土地监察信息网络。

第二十五条 土地管理部门应当建立土地违法行为举报制度。

县级以上地方人民政府土地管理部门应当公开设置举报电话、信箱。

土地管理部门应当依法保护举报人的合法权益。

第二十六条 土地管理部门应当建立土地违法案件统计制度。

土地管理部门应当每年向上一级人民政府土地管理部门报送土地违法案件统计报表以及土地违法案件分析报告。

第二十七条 土地管理部门应当建立重大土地违法案件备案制度。

土地管理部门对自己处理的重大土地违法案件,应在结案后一个月内报上一级人民政府土地管理部门备案。

第六章 土地违法案件查处

第二十八条 土地违法案件,是指违反土地法律、法规,依法应当追究法律责任的案件。

第二十九条 查处土地违法案件,必须做到事实清楚、证据确凿、定性准确、处理恰当、手续完备、适用法律、法规准确、符合法定程序和法定职责权限。

第三十条 土地管理部门查处土地违法案件,应当依照规定的程序进行,具体办法由国家土地管理局制定。

第三十一条 上级人民政府土地管理部门在必要时,可以将土地违法案件交下级人民政府土地管理部门查处,并对案件办理情况进行监督。下级人民政府土地管理部门对上级人民政府土地管理部门交办的土地违法案件,应当认真查处,并及时将查处结果向上级人民政府土地管理部门报告。

下级人民政府土地管理部门对其管辖的土地违法案件,认为需要由上级人民政府土地管理部门处理的,可以报请上级人民政府土地管理部门决定。

第三十二条 土地管理部门应当保证土地监察机构的办案经费和办案工具,改善办案条件。

第三十三条 对检举、揭发土地违法行为或者协助土地管理部门依法查处土地违法成绩显著的单位和个人,由人民政府或者土地管理部门给予奖励。

第七章 奖励和惩罚

第三十四条 土地管理部门及其工作人员在土地监察工作中有下列情形之一的,由人民政府或土地管理部门给予表彰或者奖励:

(一)认真履行职责,依法执行公务成绩显著的;

(二)秉公执法,不徇私情,受到群众拥护的;

(三)实施国家土地法律、法规取得明显效益的。

第三十五条 土地监察人员玩忽职守、徇私枉法、滥用职权、姑息纵容土地违法行为的，由其所在单位或者上级主管机关给予行政处分；构成犯罪的，依法追究刑事责任。

第八章 附 则

第三十六条 本规定由国家土地管理局负责解释。

第三十七条 本规定自发布之日起施行。

中华人民共和国国家土地管理局令

(〔1995〕第3号)

《土地违法案件查处办法》已经1995年11月13日国家土地管理局局务会议审议通过,现予以发布,自1996年3月1日起施行。

局长 邹玉川

1995年12月18日

土地违法案件查处办法

第一章 总 则

第一条 为保证土地管理部门正确、及时查处土地违法案件,依法追究土地违法者的法律责任,维护土地的社会主义公有制和国家的土地管理秩序,根据国家有关土地法律、法规,制定本办法。

第二条 土地违法案件,是指违反土地法律、法规规定,依法应当追究行政法律责任的案件。

第三条 查处土地违法案件,必须以事实为根据,以法律为准绳,做到事实清楚、证据确凿、定性准确、处理恰当、手续完备、适用法律法规正确、符合法定程序和法定职责权限。

第四条 县级以上人民政府土地管理部门查处土地违法案件依照本办法的规定执行。

第二章 管 辖

第五条 土地违法案件由土地所在地土地管理部门管辖。

第六条 县级以上地方人民政府土地管理部门管辖本行政区域内发生的土地违法案件,依照本办法的规定应当由上级人民政府土地管理部门管辖的除外。

第七条 设区的市已实行土地监察集中统一管理体制的,由市人民政府土地管理部门管辖所辖区内的土地违法案件,依照本办法的规定应当由上级人民政府土地管理部门管辖的除外。

第八条 政府非法批地的土地违法案件,由上级人民政府土地管理部门管辖。

第九条 国家土地管理局管辖下列案件:

(一)国务院交办的省级人民政府非法批地的案件或者其他案件;

(二)在全国范围内有重大影响的案件;

(三)法律、法规规定由其管辖的案件。

第十条 有管辖权的土地管理部门因特殊原因不能行使管辖权的,由上级人民政府土地管理部门指定管辖。

管辖权有争议的土地违法案件,争议双方应当协商解决;协商不成的,报共同的上级人民政府土地管理部门指定管辖。

第十一条 上级人民政府土地管理部门在必要时,可以查处下级人民政府土地管理部门管辖的土地违法案件,也可以将自己管辖的土地违法案件交下级人民政府土地管理部门查处。

下级人民政府土地管理部门对其管辖的土地违法案件,认为需要由上级人民政府土地管理部门处理的,可以报请上级人民政府土地管理部门决定。

第十二条 上级人民政府土地管理部门对交由下级人民政府土地管理部门查处的土地违法案件,必要时可以督促办理。

上级人民政府土地管理部门发现下级人民政府土地管理部门对依法由其管辖的土地违法案件不查处或者不及时查处的,可以发出土地违法案件查处督办通知书,必要时也可以自己依法查处。

第三章 受理和立案

第十三条 土地管理部门对上级交办、其他部门移送和群众举报的土地违法案件,应当受理。

第十四条 举报案件可用书面或者口头举报方式。

土地管理部门受理口头举报案件,必须详细记录,经核对无误后,由举报人签名或者盖章。

举报人举报案件,应当尽量使用真实姓名;举报人不愿意使用真实姓名并要求保密的,土地管理部门应当尊重举报人的意愿。

第十五条 土地管理部门受理的举报案件,发现不属于自己管辖的,应当向举报人说明,同时将举报信函或者笔录移送给有权处理的机关。

第十六条 土地管理部门受理土地违法案件后,应当进行审查,凡符合立案条件的,应当及时立案查处;不符合立案条件的,应当告知交办、移送案件的单位或者举报人。

第十七条 符合下列条件的土地违法案件,土地管理部门应当立案:

(一)有明确的行为人;

(二)有违反土地法律、法规的事实;

(三)依照土地法律、法规的规定应当追究法律责任的;

(四)属本部门管辖和职责范围内处理的。

第十八条 土地管理部门对在巡回检查中发现的违反土地法律、法规的行为,应当及时制止。对符合本办法第十七条 规定的违法行为,应当立案。

第十九条 符合立案条件的案件,应当填写《土地违法案件立案呈批表》,经土地管理部门主管领导批准后立案。

第二十条 土地管理部门立案处理的重大案件,应当抄报上一级人民政府土地管理部门备案。

第四章 调查和处理

第二十一条 经批准立案的案件,土地管理部门应当及时指派承办人。

承办人应当全面、客观、公正地调查、收集有关证据。

承办人调查取证时,不得少于两人,并应当向被调查人出示土地执法证件。

第二十二条 承办人可以向当事人、证人或者关系人提出询问,并应当制作询问笔录。询问笔录由被调查人阅读或者向其宣读,并由调查人和被调查人签名或者盖章。

第二十三条 承办人在必要时,可以勘验物证或者现场。

勘验物证或者现场,勘验人员应当邀请有关组织或者人员参加。

勘验人员勘验时,可以对物证或者现场进行拍照和测量。对勘验情况和结果应当制作笔录,由勘验人员、见证人和当事人签名或者盖章。

当事人拒绝参加的,不影响勘验的进行。

第二十四条 证据有下列几种:

(一)物证;

(二)书证;

(三)视听材料;

(四)证人证言;

(五)当事人陈述;

(六)调查笔录和勘测笔录;

(七)鉴定结论;

(八)其他。

承办人必须认真鉴别上述证据,未经查证属实,不得作为认定事实的根据。

第二十五条 经立案调查认定有违法行为的,土地管理部门应当及时发出《责令停止土地违法行为通知书》,送达当事人。

第二十六条 承办人在案件调查结束后,应当根据事实和法律、法规,提出《土地违法案件调查报告》。

第二十七条 土地违法案件应当由土地管理部门领导集体审议,但实行行政首长负责制。审议应当制作笔录,由参加审议的成员签名。审议中的不同意见,应当如实记入笔录,并将笔录归入案卷。

第二十八条 经审议的土地违法案件,土地管理部门应当分别情况予以处理:

(一)认定举报不实或者证据不足,未发现违法事实的,发出《撤销立案决定书》,立案予以撤销,重大案件的撤销应当报上一级人民政府土地管理部门备案;

(二)认定违法事实,证据确凿的,依法作出行政处罚决定,发出《土地违法案件行政处罚决定书》,送达当事人;

(三)认定侵犯土地的所有权或者使用权的,依法作出处理决定,发出《土地侵权行为处理决定书》,送达当事人;

(四)认定当事人拒绝、阻碍土地管理工作人员依法执行职务的,应当提请公安机关处理;

(五)认定国家工作人员违法,依法应当给予行政处分的,应当提出书面建议并附调查报告和有关证据,移送当事人所在单位或者上级机关处理,处理结果应当抄送移送案件的机关;

(六)认定违法行业构成犯罪的,应当将案件及时移送司法机关依法追究刑事责任。

第二十九条 在土地违法案件调查处理过程中,承办人、主管领导有下列情形之一的,应当回避:

(一)与被调查人有近亲属关系的;

(二)本人或者近亲属与本案有利害关系的;

(三)与本案当事人有其他关系,可能影响公正查处案件的。

承办人员的回避,由主管领导决定;主管领导的回避,由案件处理机关的领导集体决定或者报上一级机关决定。

第五章 送达和执行

第三十条 《土地违法案件行政处罚决定书》、《土地侵权行为处理决定书》等作出后,土地管理部门应当在三日内送达当事人及利害关系人。

第三十一条 送达有关法律文书,土地管理部门应当直接送交当事人及利害关系人签收。本人不在的,交其同住的成年家属或者所在单位签收;本人已向土地管理部门指定代收人的,交代收人签收;当事人及利害关系人是法人或者其他组织的,交其法定代表人或者主要负责人签收。

当事人及利害关系人拒绝签收时,土地管理部门应当邀请有关基层组织或者所在单位的代表到场,说明情况,在送达回证上记明拒收事由和日期,由土地管理部门负责送达的人员、见证人签名或者盖章,把送达的文书留在当事人及利害关系人的住所或者收发部门,即视为送达。

第三十二条 《土地违法案件行政处罚决定书》、《土地侵权行为处理决定书》等送达当事人后,作出决定的机关应当督促当事人履行,并将履行情况记入《土地违法案件行政处罚(处理)决定执行笔录》。

第三十三条 当事人对土地管理部门作出的行政处罚或者处理决定不服的,可以依照《行政复议条例》或者《中华人民共和国行政诉讼法》的有关规定,申请行政复议或者提起行政诉讼。

第三十四条 当事人对土地管理部门作出的行政处罚决定,在法定期限内既不申请复议,也不向人民法院起诉,又不履行的,期满后由作出处罚决定的土地管理部门提出《土地违法案件行政处罚强制执行申请书》,连同案卷副本送交人民法院,申请人民法院强制执行。

当事人对土地管理部门作出的土地侵权行为处理决定,在法定期限内既不申请复议,也不向人民法院起诉,又不履行的,期满后被侵权人可以申请人民法院强制执行。

第三十五条 土地管理部门发现下级人民政府土地管理部门的未经行政诉讼或者行政复议程序,但已发生法律效力的行政处罚决定确有错误的,可以责令下级人民政府土地管理部门重新处理,也可以自己依法处理。

第六章 查 封

第三十六条 依法受到限期拆除新建的建筑物和其他设施处罚的单位和个人,继续施工的,作出处罚决定的土地管理部门有权对继续施工的设备、建设材料予以查封,并发出《查封决定书》,送达当事人。

被查封的财物,由作出处罚决定的土地管理部门加封封条 ,任何人不得擅自动用。

第三十七条 土地管理部门在对继续施工的设备、建筑材料进行查封时,被查封人是公民的,应当通知被查封人或者成年家属到场;被查封人是法人或其他组织的,应当通知其法定代表人或者主要负责人到场。拒绝到场的,不影响查封程序的进行。

对被查封的设备、建筑材料,查封人必须造具清单,由查封人、在场人签名或者盖章后,交被查封人一份。

第三十八条 被查封的设备、建筑材料,查封人可以指定被查封人负责保管。因被查封人的过错造成的损失,由被查封人承担。

被查封人拒绝保管的,土地管理部门可以委托有关单位保管。保管费用由被查封人支付。

第三十九条 被查封人抗拒土地管理部门实施查封的,或者被查封人隐藏或者转移已被查封财产的,土地管理部门应当提请公安机关依照治安管理处罚条例的有关规定处罚。

第七章 结 案

第四十条 承办人在案件处理完毕后,应当填写《土地违法案件结案报告》,经土地管理部门主管领导批准后结案。

第四十一条 承办人在案件结案后,应当将办案过程中形成的文书、图件、照片等,编目装订,立卷归档。

第四十二条 重大案件和上级交办的案件结案后,应当将下列文书报上一级人民政府土地管理部门备案:

(一)《土地违法案件行政处罚决定书》;

(二)《土地侵权行为处理决定书》;

(三)《土地违法案件结案报告》。

经人民法院审理的,应当附人民法院判决书副本。

第四十三条 土地违法案件的罚没财物和追回的赃款、赃物,由国家法律、法规规定的机关收缴。

第八章 附 则

第四十四条 土地违法案件查处期间,土地管理部门应当停止为当事人办理用地和土地权属登记手续。

第四十五条 查处土地违法案件的文书格式由国家土地管理局统一规定。

第四十六条 乡级人民政府查处本行政区域内农村居民非法占用土地的案件,参照本办法执行。

第四十七条 本办法由国家土地管理局负责解释。

第四十八条 本办法自1996年3月1日起施行。国家土地管理局1989年9月19日发布的《土地违法案件处理暂行办法》同时废止。

中华人民共和国林业部令

（第10号）

《林木林地权属争议处理办法》已于1996年9月26日经林业部部长办公会议审议通过，现予发布执行。

部长　徐有芳

1996年10月14日

林木林地权属争议处理办法

第一章　总　则

第一条　为了公正、及时地处理林木、林地权属争议，维护当事人的合法权益，保障社会安定团结，促进林业发展，根据《中华人民共和国森林法》和国家有关规定，制定本办法。

第二条　本办法所称林木、林地权属争议，是指因森林、林木、林地所有权或者使用权的归属而产生的争议。

处理森林、林木、林地的所有权或者使用权争议（以下简称林权争议），必须遵守本办法。

第三条　处理林权争议，应当尊重历史和现实情况，遵循有利于安定团结，有利于保护、培育和合理利用森林资源，有利于群众的生产生活的原则。

第四条　林权争议由各级人民政府依法作出处理决定。

林业部、地方各级人民政府林业行政主管部门或者人民政府设立的林权争议处理机构（以下统称林权争议处理机构）按照管理权限分别负责办理林权争议处理的具体工作。

第五条　林权争议发生后，当事人所在地林权争议处理机构应当及时向所在地人民政府报告，并采取有效措施防止事态扩大。

在林权争议解决以前，任何单位和个人不得采伐有争议的林木，不得在有争议的林地上从事基本建设或者其他生产活动。

第二章　处理依据

第六条　县级以上人民政府或者国务院授权林业部依法颁发的森林、林木、林地的所有权或者使用权证书（以下简称林权证），是处理林权争议的依据。

第七条　尚未取得林权证的，下列证据作为处理林权争议的依据：

（一）土地改革时期，人民政府依法颁发的土地证；

（二）土地改革时期，《中华人民共和国土地改革法》规定不发证的林木、林地的土地清册；

（三）当事人之间依法达成的林权争议处理协议、赠送凭证及附图；

(四)人民政府作出的林权争议处理决定;

(五)对同一起林权争议有数次处理协议或者决定的,以上一级人民政府作出的最终决定或者所在地人民政府作出的最后一次决定为依据;

(六)人民法院作出的裁定、判决。

第八条 土地改革后至林权争议发生时,下列证据可以作为处理林权争议的参考依据:

(一)国有林业企业事业单位设立时,该单位的总体设计书所确定的经营管理范围及附图;

(二)土地改革、合作化时期有关林木、林地权属的其他凭证;

(三)能够准确反映林木、林地经营管理状况的有关凭证;

(四)依照法律、法规和有关政策规定,能够确定林木、林地权属的其他凭证。

第九条 土地改革前有关林木、林地权属的凭证,不得作为处理林权争议的依据或者参考依据。

第十条 处理林权争议时,林木、林地权属凭证记载的四至清楚的,应当以四至为准;四至不清楚的,应当协商解决;经协商不能解决的,由当事人共同的人民政府确定其权属。

第十一条 当事人对同一起林权争议都能够出具合法凭证的,应当协商解决;经协商不能解决的,由当事人共同的人民政府按照双方各半的原则,并结合实际情况确定其权属。

第十二条 土地改革后营造的林木,按照"谁造林、谁管护、权属归谁所有"的原则确定其权属,但明知林地权属有争议而抢造的林木或者法律、法规另有规定的除外。

第三章 处理程序

第十三条 林权争议发生后,当事人应当主动、互谅、互让地协商解决。经协商依法达成协议的,当事人应当在协议书及附图上签字或者盖章,并报所在地林权争议处理机构备案;经协商不能达成协议的,按照本办法规定向林权争议处理机构申请处理。

第十四条 林权争议由当事人共同的林权争议处理机构负责办理具体处理工作。

第十五条 申请处理林权争议的,申请人应当向林权争议处理机构提交《林木林地权属争议处理申请书》。

《林木林地权属争议处理申请书》应当包括以下内容:

(一)当事人的姓名、地址及其法定代表人的姓名、职务;

(二)争议的现状,包括争议面积、林木蓄积,争议地所在地的行政区域位置、四至和附图;

(三)争议的事由,包括发生争议的时间、原因;

(四)当事人的协商意见。

《林木林地权属争议处理申请书》由省、自治区、直辖市人民政府林权争议处理机构统一印制。

第十六条 林权争议处理机构在接到《林木林地权属争议处理申请书》后,应当及时组织办理。

第十七条 当事人对自己的主张应当出具证据。当事人不能出具证据的,不影响林权争议处理机构依据有关证据认定争议事实。

第十八条 林权争议经林权争议处理机构调解达成协议的,当事人应当在协议书上签名或者盖章,并由调解人员署名,加盖林权争议处理机构印章,报同级人民政府或者林业行政主管部门备案。

第十九条 林权争议经林权争议处理机构调解未达成协议的，林权争议处理机构应当制作处理意见书，报同级人民政府作出决定。

处理意见书应当写明下列内容：

（一）当事人的姓名、地址及其法定代表人的姓名、职务；

（二）争议的事由、各方的主张及出具的证据；

（三）林权争议处理机构认定的事实、理由和适用的法律、法规及政策规定；

（四）处理意见。

第二十条 当事人之间达成的林权争议处理协议或者人民政府作出的林权争议处理决定，凡涉及国有林业企业、事业单位经营范围变更的，应当事先征得原批准机关同意。

第二十一条 当事人之间达成的林权争议处理协议，自当事人签字之日起生效；人民政府作出的林权争议处理决定，自送达之日起生效。

第二十二条 当事人对人民政府作出的林权争议处理决定不服的，可以依法提出申诉或者向人民法院提起诉讼。

第四章 奖励和惩罚

第二十三条 在林权争议处理工作中做出突出贡献的单位和个人，由县级以上人民政府林业行政主管部门给予奖励。

第二十四条 伪造、变造、涂改本办法规定的林木、林地权属凭证的，由林权争议处理机构收缴其伪造、变造、涂改的林木、林地权属凭证，并可视情节轻重处以1000元以下罚款。

第二十五条 违反本办法规定，在林权争议解决以前，擅自采伐有争议的林木或者在有争议的林地上从事基本建设及其他生产活动的，由县级以上人民政府林业行政主管部门依照《森林法》等法律法规给予行政处罚。

第二十六条 在处理林权争议过程中，林权争议处理机构工作人员玩忽职守，徇私舞弊的，由其所在单位或者有关机关依法给予行政处分。

第五章 附 则

第二十七条 本办法由林业部负责解释。

第二十八条 本办法自发布之日起施行。

国家土地管理局印发《关于认定收回土地使用权行政决定法律性质的意见》的通知

(〔1997〕国土(法)字第153号 1997年10月30日)

各省、自治区、直辖市及计划单列市土地(国土)管理局(厅),解放军土地管理局,新疆生产建设兵团土地管理局:

现将《关于认定收回土地使用权行政决定法律性质的意见》印发给你们,请认真贯彻执行。

关于认定收回土地使用权行政决定法律性质的意见

收回土地使用权是人民政府及其土地管理部门一项重要的行政行为,主要采取行政处理决定和行政处罚决定两种方式进行。《行政处罚法》颁布施行后,除行政处理决定仍旧按照土地管理法律、法规的规定执行外,土地管理的各项行政处罚必须依照《行政处罚法》由土地管理法律、法规或者规章规定,并由行政机关依照《行政处罚法》规定的程序实施。为了进一步贯彻执行《行政处罚法》规定的程序实施。为了进一步贯彻执行《行政处罚法》和土地管理法律、法规、规章,正确区分行政处理决定和行政处罚决定的界限,切实做到依法行政,现对认定收回土地使用权行政决定的法律性质提出如下意见:

一、依照《土地管理法》第十九条的规定,对用地单位已经撤销或者迁移的;未经原批准机关同意,连续二年未使用的;不按批准的用途使用的;公路、铁路、机场、矿场等经核准报废的,土地管理部门报县级以上人民政府批准,依法收回用地单位的国有划拨土地使用权,属于行政处理决定。

人民政府依照该法第十九条的规定收回国有划拨土地使用权,其批准权限应与征用土地的批准权限相同。

二、依照《土地管理法》第三十三条的规定临时使用土地,期满不归还的,或者依照该法第十九条的规定土地使用权被收回,拒不交出土地的,土地管理部门责令交还土地,并处罚款的行为,属于行政处罚决定。

三、依照《城市房地产管理法》第十九条和《城镇国有土地使用权出让和转让暂行条例》第四十二条的规定,在特殊情况下,根据社会公共利益的需要,人民政府或者土地管理部门依照法律程序提前收回出让的国有土地使用权,属于行政处理决定。

四、依照《城市房地产管理法》第二十一条第二款和《城镇国有土地使用权出让和转让暂行条例》第四十条的规定,土地使用权出让合同约定的使用年限届满,土地使用者未申请续期或者虽申请续期依照法律有关规定未获批准的,由人民政府或者土地管理部门依法无偿收回出让的国有土地使用权，属于行政处理决定。

五、依照《城市房地产管理法》第二十五条的规定，超过出让合同约定的动工开发日期满二年未动工开发的，人民政府或者土地管理部门依法无偿收回出让的国有土地使用权，属于行政处罚决定。

六、依照《城镇国有土地使用权出让和转让暂行条例》第十七条的规定，土地使用者未按出让合同规定的期限和条件开发、利用土地的，市、县人民政府土地管理部门无偿收回出让的国有土地使用权，属于行政处罚决定。

七、依照《城镇国有土地使用权出让和转让暂行条例》第四十七条第一款的规定，因迁移、解散、撤销、矿产或者其他原则而停止使用土地，需要依法收回国有划拨土地使用权的，属于行政处理决定。

依照该条例第四十七条第二款的规定，根据城市建设发展需要和城市规划的要求，市、县人民政府无偿收回国有划拨土地使用权的，也应属于行政处理决定。

八、依照《基本农田保护条例》第二十一条的规定，已办理审批手续的开发区和其他非农业建设占用的基本农田保护区内的耕地，未经原批准机关同意，连续二年未使用的，由县级人民政府土地管理部门报本级人民政府批准，收回用地单位土地使用权的，属于行政处理决定。

九、依照《土地复垦规定》第十七条的规定，根据规划设计企业不需要使用的土地或者未经当地土地管理部门同意，复垦后连续二年以上不使用的土地，因当地县级以上人民政府统筹安排则需要收回土地使用权，人民政府或者土地管理部门收回土地使用权的，属于行政处理决定。

本意见自下发之日起，国家土地管理局在此之前发布的规章以及对土地管理法律、行政法规作出的有关规定和解释与本意见不一致的，均以本意见为准。

最高人民法院行政审判庭关于非法取得土地使用权再转让行为的法律适用问题的答复

(〔1997〕法行字20号 1998年5月15日)

福建省高级人民法院:

你院闽高法〔1997〕176号《关于对尚未依法取得房产权和划拨土地使用权而转让房地产的行为应如何定性问题的请示》收悉。经征求全国人大法工委的意见,答复如下:

关于你院请示对尚未依法取得房产权和划拨土地使用权而转让房地产的行为应如何定性的问题,全国人大法工委已对你省人大常委会办公厅闽常办〔1995〕综字037号《关于非法取得土地使用权后进行转让行为应如何定性问题的请示》作了答复。即:“根据《土地管理法》的规定,无论以何种方式非法取得土地使用权,其再转让的行为都构成非法转让土地,应适用有关土地管理的法律追究其法律责任”。故不再另行答复,请你院据此执行。

国土资源部关于查处土地违法行为如何适用《土地管理法》有关问题的通知

（国土资发〔1999〕87号 1999年4月7日）

各省、自治区、直辖市及计划单列市土地（国土）管理局（厅），解放军土地管理局，新疆生产建设兵团土地管理局：

在全面贯彻落实新修订的《中华人民共和国土地管理法》（以下简称新法）过程中，为了解决好法律适用性问题，依法准确、及时、有效地查处土地违法行为，现就有关问题通知如下：

一、新法实施前发生的土地违法行为，依照下列原则处理：

1. 根据原土地管理法规定，不构成土地违法行为，但根据新法规定构成土地违法行为的，适用原土地管理法。

2. 根据原土地管理法规定，构成土地违法行为，但根据新法规定不构成土地违法行为的，适用新法。

3. 根据原土地管理法和新法的规定，均构成土地违法行为的，适用处罚较轻的法律。

二、新法实施前发生的非法占地行为。在新法实施后继续在非法占用的土地上构筑建筑物和其他设施的，依照新法处理。

三、新法实施后发生的土地违法行为，一律依照新法处理。

四、新修订的《土地管理法实施条例》和《基本农田保护条例》与原《土地管理法实施条例》和《基本农田保护条例》的适用问题，参照上述原则执行。

中华人民共和国国土资源部令

（第5号）

《闲置土地处置办法》,已经1999年4月26日国土资源部第6次部长办公会议通过,现予发布,自发布之日起施行。

部长:周永康

1999年4月28日

闲置土地处置办法

第一条 为依法处理和充分利用闲置土地,切实保护耕地,根据《中华人民共和国土地管理法》、《中华人民共和国城市房地产管理法》及有关法律、行政法规,制定本办法。

第二条 本办法所称闲置土地,是指土地使用者依法取得土地使用权后,未经原批准用地的人民政府同意,超过规定的期限未动工开发建设的建设用地。

具有下列情形之一的,也可以认定为闲置土地:

(一)国有土地有偿使用合同或者建设用地批准书未规定动工开发建设日期,自国有土地有偿使用合同生效或者土地行政主管部门建设用地批准书颁发之日起满1年未动工开发建设的;

(二)已动工开发建设但开发建设的面积占应动工开发建设总面积不足三分之一或者已投资额占总投资额不足25%且未经批准中止开发建设连续满1年的;

(三)法律、行政法规规定的其他情形。

第三条 市、县人民政府土地行政主管部门对其认定的闲置土地,应当通知土地使用者,拟订该宗闲置土地处置方案,闲置土地上依法设立抵押权的,还应通知抵押权人参与处置方案的拟订工作。处置方案经原批准用地的人民政府批准后,由市、县人民政府土地行政主管部门组织实施。

处置方案可以选择下列方式:

(一)延长开发建设时间,但最长不得超过1年;

(二)改变土地用途,办理有关手续后继续开发建设;

(三)安排临时使用,待原项目开发建设条件具备后,重新批准开发,土地增值的,由政府收取增值地价;

(四)政府为土地使用者置换其他等价闲置土地或者现有建设用地进行开发建设;

(五)政府采取招标、拍卖等方式确定新的土地使用者,对原建设项目继续开发建设,并对原土地使用者给予补偿;

(六)土地使用者与政府签订土地使用权交还协议等文书,将土地使用权交还给政府。原土地使用者需要使用土地时,政府应当依照土地使用权交还协议等文书的约定供应与其交还土地等价的土地。

对因政府、政府有关部门行为造成的闲置土地，土地使用者支付部分土地有偿使用费或者征地费的，除选择前款规定的方式以外，可以按照实际交款额占应交款额的比例折算，确定相应土地给原土地使用者使用，其余部分由政府收回。

第四条 已经办理审批手续的非农业建设占用耕地，1 年内不用而又可以耕种并收获的，应当由原耕种该幅耕地的集体或者个人恢复耕种，也可以由用地单位组织耕种；1 年以上未动工建设的，应当按照省、自治区、直辖市的规定缴纳闲置费；连续 2 年未使用的，经原批准机关批准，由县级以上人民政府无偿收回土地使用者的土地使用权；该幅土地原为农民集体所有的，应当交由原农村集体经济组织恢复耕种。

在城市规划区范围内，以出让等有偿使用方式取得土地使用权进行房地产开发的闲置土地，超过出让合同约定的动工开发日期满 1 年未动工开发的，可以征收相当于土地使用权出让金 20% 以下的土地闲置费；满 2 年未动工开发时，可以无偿收回土地使用权；但是，因不可抗力或者政府、政府有关部门的行为或者动工开发必需的前期工作造成动工开发迟延的除外。

第五条 依照本办法第四条规定收回国有土地使用权的，由市、县人民政府土地行政主管部门报经原批准用地的人民政府批准后予以公告，下达《收回国有土地使用权决定书》，终止土地有偿使用合同或者缴销建设用地批准书，注销土地登记和土地证书。

第六条 市、县人民政府土地行政主管部门应当根据本行政区域内闲置土地的状况，依据土地利用总体规划、土地利用年度计划及各项建设对土地的需求，优先使用闲置土地。

建设用地能使用闲置土地的，必须使用闲置土地，不得批准占用农用地。对闲置土地利用未达到规定标准的地区，应当核减其下一年度农用地转用计划指标。

第七条 市、县人民政府土地行政主管部门对依法收回的闲置土地，应当重新明确用途、设定使用条件、确定供地方式，并向社会公告。

收回的国有闲置土地，应当采取以下方式利用：

（一）在土地利用总体规划确定的城市建设用地区内，应当按照土地利用总体规划和城市规划确定的用途安排建设项目或者其他临时用途；近期无法安排建设项目，耕种条件未被破坏的，可以组织耕种，不适宜耕种的，可采取绿地等方式作为政府土地储备。

（二）规划用途为农用地，耕种条件未被破坏的，应当恢复耕种；不适宜耕种的，应当改为其他农用地。

第八条 收回的集体所有的闲置土地，应当采取以下方式利用：

（一）在土地利用总体规划确定的村庄、集镇建设用地区内，应当用于本集体经济组织的其他建设项目；本集体经济组织近期无法安排建设项目的，可以由县级人民政府土地行政主管部门拟订置换方案，报上一级土地行政主管部门批准后，依法安排其他建设项目，并对原集体经济组织给予补偿。

（二）规划用途为农用地，耕种条件未被破坏的，应当恢复耕种；不适宜耕种的，应当改为其他农用地。

第九条 市、县级人民政府土地行政主管部门应当在地籍调查和土地变更登记的基础上，查清闲置土地位置、面积等情况，建立闲置土地宗地档案，绘制闲置土地分布现状图，监督跟踪其利用情况。

第十条 闲置土地依法处置后土地权属和土地用途发生变化的，应当依照有关规定办理土地变更登记，重新核发土地证书。

国土资源部关于整顿和规范土地市场秩序的通知

(国土资发〔2001〕174号 2001年6月21日)

各省、自治区、直辖市国土资源厅(国土环境资源厅、国土资源和房屋管理局、房屋土地资源管理局、规划和国土资源局):

根据国务院《关于整顿和规范市场经济秩序的决定》(国发〔2001〕11号)(以下简称11号文件)和《关于加强国有土地资产管理的通知》(国发〔2001〕15号)(以下简称15号文件)精神,现就以加强国有土地资产管理为重点,整顿和规范土地市场秩序的有关问题通知如下:

一、进一步提高对整顿和规范土地市场秩序重要意义的认识

国务院继下发11号文件之后,又专门就加强国有土地资产管理下发了15号文件,进一步明确了国土资源管理方面整顿和规范市场经济秩序的重点。加强国有土地资产管理是建立社会主义市场经济体制,整顿规范市场经济秩序的重要方面;是进一步深化土地使用制度改革,发挥市场配置土地资源的基础作用,提高土地利用效率的根本措施;是推进国土资源管理依法行政,从源头上防治土地批租领域腐败的重要保证。各级土地行政主管部门要充分认识以加强土地资产管理为重点,整顿和规范土地市场秩序的重要意义,把加强国有土地资产管理,整顿和规范土地市场秩序作为当前国土资源管理的中心工作,进一步增强紧迫感和责任感,抓住机遇,突出重点,采取切实措施,全面贯彻落实15号文件提出的各项要求。

二、土地市场整顿清理的重点

在整顿土地市场秩序中,要重点整顿清理以下违法违纪行为:

(一)超出法定范围划拨供地,特别是经营性项目仍划拨用地的;

(二)原划拨土地已转为经营性用地,但未按法律规定向政府上缴土地收益的;

(三)出让国有土地已按国家规定确定了最低价后,擅自减免地价的;

(四)改变用地条件需补交地价而不补交地价款,以及非法批准减免补交地价款的;

(五)未达到法律规定和合同约定的投资开发条件,擅自转让国有土地使用权的;

(六)挤占挪用土地出让金、租金等土地收益的。

三、建立健全土地市场规范运行的基本制度

制度建设是规范土地市场秩序的根本保证。在整顿和规范市场秩序中,当前要着重建立健全以下几项基本制度:

(一)建设用地供应总量控制制度。根据土地利用总体规划和当地各项建设的实际需要,对建设用地总供应量实行严格控制。各级土地行政主管部门要把盘活存量建设用地作为土地供应的重要来源,切实负起控制建设用地总量的职责。有条件的城市可试编盘活存量建设用地的指导性计划，一并纳入当地供地总量管理。

(二)城市建设用地集中供应制度。城市政府要统一控制新增建设用地供应，同一城市范围内的新增建设用地应由市土地行政主管部门统一征用、统一提供，市辖区及各类“园、区”的新增建设用地也必须纳入市政府统一的供应渠道。对原有存量建设用地，城市政府要积极试行土地收购储备，统一收购和回收土地，掌握调控土地市场的主动权。收回的土地由政府统一储备、统一开发，按市场需求统一供应。

(三)土地使用权公开交易制度。计划出让的土地必须在指定场所或通过有关媒体向社会公布。按规定应招标拍卖的，必须公开招标拍卖。协议出让的，必须公布协议结果。有条件的地方要建立有形土地市场，土地交易要在有形市场中公开挂牌进行。土地交易管理的程序要向社会公开，要减少审批环节，降低交易费用，保障交易安全，促进土地使用权流转。

(四)基准地价定期更新和公布制度。各级土地行政主管部门要依照法律规定，建立和及时更新基准地价。基准地价原则上每三年更新一次，并根据市场变化，适时进行调整。基准地价的基本内容要以适当形式在指定场所或媒体上公布，并接受查询。

(五)土地登记可查询制度。采取切实措施增加土地登记覆盖面，充分发挥土地登记在市场监管和产权保障中的作用。除涉及国家保密要求外，土地登记结果要接受社会公开查询，做到查询资料全面、查证及时、鉴证准确。

(六)集体决策制度。要按照依法行政，规范行政审批行为，强化权力制衡的要求，建立健全集体决策制度。各地对涉及建设用地审批、土地资产处置、地价确定等土地资产管理的重大事项，一律经过内部会审，实行集体决策。

四、限期完成基准地价更新工作

开展基准地价更新是整顿和规范土地市场秩序一项基础性工作，各地要限期完成。凡现有基准地价已三年以上未及时更新或当地地价水平已发生重大变化的，必须立即着手部署基准地价更新工作。尚未确定基准地价的城镇，今年必须完成基准地价评估工作。基准地价评估所用的技术方法或地价内涵与国家规定不一致的，必须严格按照《城镇土地分等定级规程》、《城镇土地估价规程》规定的技术标准进行更新。直辖市、省会城市、计划单列市的基准地价更新工作必须在今年年底前完成，其他城镇的有关工作力争在2002年内完成。

要根据国家统一划定的城市土地等级和规定的地价幅度，确定基准地价，不得超过规定标准压低地价。要加强基准地价的审核工作。直辖市、省会城市、计划单列市及非农人口在100万以上城市的基准地价更新成果，经省级土地行政主管部门初审后，报国土资源部审核；其他城市的基准地价报所在省、自治区、直辖市土地行政主管部门审核；建制镇的基准地价由所在县(市)土地行政主管部门审核。

要加大基准地价应用力度。要依据基准地价，评定标定地价，确定协议出让国有土地使用权最低价。确定的宗地最低价，要作为考核协议出让土地时土地资产是否流失的标准。对市场交易中的土地申报价格，要依据标定地价进行审核，凡土地转让申报价格比标定地价低20%以上的，市、县人民政府可行使优先购买权。

五、加强领导和督促检查，务求取得实效

各级土地行政主管部门要加强对整顿和规范土地市场秩序工作的领导，成立专门的领导小组，主要领导要亲自抓，负总责，全面落实加强国有土地资产管理，整顿土地市场的各项措施,务求实现土地市场秩序明显好转,制度建设取得明显进步。

要加强依法行政教育工作。各级土地行政主管部门要结合11号和15号文件贯彻落实,以机关工作人员为重点,开展一次法制教育活动,进一步提高土地管理系统广大干部依法行政、遵纪守法的自觉性。

各省、自治区、直辖市土地行政主管部门接到本通知后,要迅速部署各地开展土地市场秩序的整顿和规范工作。各市、县土地行政主管部门要根据本通知确定的整顿清理重点,对土地市场存在的问题开展自查自纠。通过自查自纠,建立健全加强国有土地资产管理的各项制度,并在工作中严格执行。各省级土地行政主管部门要组织力量,采取抽查和组织互查的形式,以城市为重点,对土地市场秩序整顿清理情况、相关制度建立和执行情况开展一次专项检查。检查结果在今年10月底前上报我部。

我部将于今年9月起,对有关省、自治区、直辖市土地市场整顿清理工作的进展情况及相关制度建立健全和执行情况进行抽查。

中华人民共和国国土资源部令

（第8号）

《国土资源行政复议规定》，已经2001年6月28日国土资源部第5次部务会议通过，现予发布，自发布之日起施行。

部长　田凤山

2001年7月27日

国土资源行政复议规定

第一章　总　　则

第一条　为防止和纠正各级土地行政主管部门和地质矿产主管部门违法的或者不当的具体行政行为，保护公民、法人和其他组织的合法权益，根据《中华人民共和国行政复议法》（以下简称《行政复议法》），制定本规定。

第二条　公民、法人或者其他组织认为土地行政主管部门和地质矿产主管部门的具体行政行为侵犯其合法权益，依法申请行政复议，土地行政主管部门、地质矿产主管部门受理行政复议申请，作出行政复议决定，适用本规定。

第三条　国土资源行政复议工作，应当遵循合法、公正、公开、及时、便民的原则，坚持依法行政，有错必纠，保障土地管理法律、法规和矿产资源管理法律、法规的正确实施。

第四条　本规定所称国土资源行政复议机关（以下简称复议机关），是指依照《行政复议法》的规定履行行政复议职责的县级以上人民政府土地行政主管部门、地质矿产主管部门。

第五条　国土资源部依照法律规定，负责对各级土地行政主管部门、地质矿产主管部门的行政复议工作进行监督。

上级土地行政主管部门、地质矿产主管部门负责对下级土地行政主管部门、地质矿产主管部门的行政复议工作进行监督。

第六条　复议机关的法制工作机构（以下简称复议机构）具体办理行政复议事项，履行下列职责：

（一）受理行政复议申请；

（二）向有关组织和人员调查取证、查阅文件和资料；

（三）组织审查行政复议案件；

（四）拟订行政复议决定；

（五）送达行政复议文书；

（六）处理或者转送本规定第十条规定的审查申请；

(七)对本部门或者下级土地行政主管部门、地质矿产主管部门违反《行政复议法》或者本规定的行为,依照法定的权限和程序提出处理建议;

(八)办理因不服行政复议决定提起行政诉讼的应诉事项;

(九)对下级土地行政主管部门、地质矿产主管部门的行政复议工作进行指导、监督和检查;

(十)办理行政复议、行政诉讼案件的统计工作;

(十一)法律、法规规定的其他事项。

第七条 复议机构从事行政复议工作的人员(以下简称复议人员)应当具备下列条件:

(一)具有较高的政治素质,清正廉洁、秉公执法、忠于职守;

(二)熟悉土地管理法、矿产资源法等法律、法规;

(三)了解土地管理、矿产资源管理业务知识;

(四)具有大专以上的文化水平。

复议人员应当经过培训,经考试合格后,方可从事行政复议工作。

第八条 复议机关应当根据行政复议工作的需要,设立行政复议委员会,其主要职责是:

(一)制定行政复议工作的规则、程序;

(二)对重大、复杂、疑难或者争议标的价值较大的行政复议案件提出处理意见;

(三)对本部门有权处理的规范性文件的审查提出处理意见;

(四)对由行政复议决定引起的重大、复杂的行政应诉案件提出意见。

第二章 复议范围

第九条 有下列情形之一的,公民、法人或者其他组织可以依照本规定申请行政复议:

(一)对警告、罚款、没收违法所得、拆除违法建筑、没收违法建筑或者非法采出的矿产品、吊销勘查许可证或者采矿许可证、责令交还土地、责令停止开采、责令停产整顿、无偿收回土地使用权等行政处罚决定不服的;

(二)对查封、扣押财产等行政强制措施不服的;

(三)对有关许可证、资质证、资格证等证书的变更、中止、撤销、注销的决定不服的;

(四)对有关法律、法规规定由土地行政主管部门确认土地他项权利的决定不服或者对地质矿产主管部门审批颁发勘查许可证、采矿许可证的行为不服的;

(五)认为违法集资、征收财物、摊派费用、征收费用或者违法要求履行其他义务的;

(六)认为符合法定条件,申请颁发许可证、资质证、资格证等证书,或者申请审批、登记有关事项,土地行政主管部门、地质矿产主管部门没有依法办理的;

(七)认为其他具体行政行为侵犯其合法权益的。

第十条 公民、法人或者其他组织认为土地行政主管部门、地质矿产主管部门的具体行政行为所依据的下列规定不合法,在对具体行政行为提起行政复议申请时,可以一并提出对该规定的审查申请:

(一)国土资源部和国务院其他部门的规定;

(二)县级以上地方人民政府、县级以上土地行政主管部门、地质矿产主管部门以及县级以上地方人民政府其他部门的规定;

(三)乡、镇人民政府的规定。

前款所列规定不含规章。

第三章　申请与受理

第十一条　公民、法人或者其他组织认为具体行政行为侵犯其合法权益的，可以自知道土地行政主管部门、地质矿产主管部门作出具体行政行为之日起60日内提出行政复议申请。

因不可抗力或者被申请人设置障碍等其他正当理由耽误法定申请期限的，申请期限自障碍消除之日起继续计算。

第十二条　同申请行政复议的具体行政行为有利害关系的其他公民、法人或者其他组织，可以作为第三人参加行政复议。

第三人参加行政复议的，复议机关应当制作第三人参加行政复议通知书，送达第三人。

第十三条　公民、法人或者其他组织对土地行政主管部门、地质矿产主管部门作出的具体行政行为不服申请行政复议的，作出具体行政行为的土地行政主管部门、地质矿产主管部门是被申请人；对由上级土地行政主管部门、地质矿产主管部门批准的具体行政行为不服申请行政复议的，批准具体行政行为的土地行政主管部门、地质矿产主管部门是被申请人。

第十四条　申请人申请行政复议，可以信件、传真等书面形式申请，也可以口头申请；口头申请的，复议人员应当当场填写行政复议申请笔录，记录申请人的基本情况、行政复议请求、主要事实、理由和时间，并将记录的行政复议申请内容向申请人宣读，经申请人确认无误后，由记录人、申请人在申请笔录上签名或者盖章。

第十五条　对县级以上土地行政主管部门、地质矿产主管部门的具体行政行为不服的，可以向该部门的本级人民政府申请行政复议，也可以向上一级土地行政主管部门、地质矿产主管部门申请行政复议。

第十六条　对国土资源部的具体行政行为不服的，向国土资源部申请行政复议。对行政复议决定不服的，可以向人民法院提起行政诉讼；也可以按照《行政复议法》第十四条的规定向国务院申请裁决。

第十七条　对土地行政主管部门、地质矿产主管部门依法设立的派出机构，依据法律、法规或者规章的规定，以自己的名义作出的具体行政行为不服的，向设立该派出机构的土地行政主管部门、地质矿产主管部门或者该土地行政主管部门、地质矿产主管部门的本级地方人民政府申请行政复议。

第十八条　对土地行政主管部门、地质矿产主管部门所属的机构，依据法律、法规的授权作出的具体行政行为不服的，向其主管的土地行政主管部门、地质矿产主管部门申请行政复议。

第十九条　对依法受委托的组织作出的具体行政行为不服的，向委托的土地行政主管部门、地质矿产主管部门的本级人民政府申请行政复议，也可以向委托的土地行政主管部门、地质矿产主管部门的上一级土地行政主管部门、地质矿产主管部门申请行政复议。

委托的土地行政主管部门、地质矿产主管部门是被申请人。

第二十条　对土地行政主管部门、地质矿产主管部门与政府其他部门以共同名义作出的具体行政行为不服的，可以向其共同的上一级行政机关申请行政复议。共同作出具体行政行为的土地行政主管部门、地质矿产主管部门是共同被申请人之一。

第二十一条　公民、法人或者其他组织认为土地行政主管部门、地质矿产主管部门的具体行政行为侵犯其已经依法取得的土地所有权或者使用权以及探矿权、采矿权的，应当先向复议机关申请行政复议。对复议决定不服，再向人民法院起诉。

第二十二条 公民、法人或者其他组织对不属于本规定第二十一条规定的具体行政行为不服,可以申请行政复议,也可以直接向人民法院提起行政诉讼。

第二十三条 复议机关收到行政复议申请后,复议人员应当填写收案登记表,注明收案时间、申请人、被申请人、复议请求等内容,并在5个工作日内对复议申请进行审查。

对行政复议申请有下列情况之一的,决定不予受理:

(一)申请行政复议的行政行为不属于具体行政行为的;

(二)申请行政复议的时间超过了法定的申请期限的;

(三)申请人不是具体行政行为的利害关系人的;

(四)对行政处分决定或者其他人事处理决定申请行政复议的;

(五)就土地行政主管部门、地质矿产主管部门对民事纠纷的调解或者其他处理决定申请行政复议的;

(六)申请人在申请行政复议以前已向其他复议机关申请行政复议或者已向人民法院提起行政诉讼,其他复议机关或者人民法院已经依法受理的;

(七)申请行政复议的事项依法不属于土地行政主管部门、地质矿产主管部门职责范围内的。

决定不予受理的,复议机关应当制作行政复议不予受理决定书,书面告知申请人。属于本条第七项规定而不受理的,不予受理决定书中还应当告知申请人提出行政复议申请的行政机关。

复议机关的法制工作机构具体负责行政复议申请的受理工作,复议机关的其他工作机构收到行政复议申请的,应当于两个工作日内转送本机关的复议机构。

第二十四条 对符合受理条件的行政复议申请,自复议机构收到之日起即为受理。

受理行政复议申请的,复议人员应当填写立案登记表,并制作受理通知书,书面告知申请人。

第二十五条 复议机关无正当理由不受理行政复议申请,申请人可以向人民法院提起行政诉讼,也可以向上级土地行政主管部门、地质矿产主管部门申诉。

上级土地行政主管部门、地质矿产主管部门发现下级土地行政主管部门、地质矿产主管部门无正当理由不受理依法提出的行政复议申请的,应当书面责令其受理。

第二十六条 对依法受理的行政复议案件,复议机构应当指定复议人员具体承办。

复议机构也可以聘请特邀复议员,具体承办行政复议案件。

第四章 审查与决定

第二十七条 复议机构应当自受理之日起7个工作日内,制作提出答复通知书,与行政复议申请书副本或者行政复议申请笔录复印件一并发送被申请人。被申请人应当自收到行政复议申请书副本或者申请笔录复印件之日起10日内,提出书面答复,并提交作出具体行政行为的证据、依据和其他有关材料。

第二十八条 被申请人的书面答复应当载明下列内容:

(一)被申请人的名称、地址、法定代表人的姓名;

(二)作出具体行政行为的事实依据及有关的证据材料;

(三)作出具体行政行为所依据的法律、法规、规章、规范性文件和具有普遍约束力的决定、命令；

(四)作出答复的日期。

书面答复应当加盖被申请人的印章。

第二十九条 申请人、第三人可以委托一至两名代理人代为参加行政复议。

委托代理人参加行政复议，应当向复议机关递交授权委托书。授权委托书应当载明授权委托事项和授权范围。

第三十条 申请人、第三人及其委托代理人可以查阅被申请人提出的书面答复，作出具体行政行为的证据、依据和其他有关材料，但涉及国家秘密、商业秘密或者个人隐私的除外。

复议机关应当为申请人、第三人及其委托代理人查阅案卷提供方便。经复议机构同意，申请人、第三人及其委托代理人可以摘抄、复印案卷内容。

第三十一条 行政复议原则上采取书面审查的办法。必要时，可以向有关组织和个人调查情况，听取申请人、被申请人和第三人的意见。

有下列情形之一的，应当进行实地调查：

(二)需要实地丈量或者勘测的；

(三)证据与当事人陈述有较大差异的；

(四)复议机构认为需要实地调查的。

调查时，应当制作调查笔录，经被调查人核阅后，由被调查人、调查人签名或者盖章。

第三十二条 复议机关在必要时，可以委托没有利害关系的组织进行调查或者鉴定。

第三十三条 除涉及国家秘密、商业秘密或者个人隐私外，在下列情况下，可以开庭审查：

(一)案情复杂、影响重大的；

(二)申请人要求对规范性文件一并进行审查的；

(三)复议机构认为需要开庭审查的。

第三十四条 开庭审查由复议机构组织进行，按照以下规定办理：

(一)复议机构根据复议案件涉及的业务范围，确定开庭审查的组成人员，并指定其中一人为主持人。开庭审查组成人员为不得少于 3 人的单数；

(二)复议机构应当在举行开庭审查前 5 日内，将开庭审查的时间、地点通知复议参加人；

(三)开庭审查后，应首先由复议申请人宣读复议申请，被申请人就申请复议的具体行政行为所依据的事实和法律、法规以及规章进行答辩，并就有关事实进行举证；

(四)申请人以及第三人对被申请人的举证没有异议的，由主持人当场予以认定；有异议的，申请人以及第三人可以质证，也可以再举证反驳。对双方有异议并与案件处理结果有关的事实和证据，由主持人当场或者事后经合议予以认定。

第三十五条 开庭审查时，应当制作开庭审查笔录，经申请人、被申请人和第三人核阅后签名或者盖章。

开庭审查后，复议机构应当组织对行政复议事项进行评议。评议情况应当如实记录在评议笔录上，参加评议的人员应当在评议笔录上签名。

第三十六条 行政复议决定作出前，申请人要求撤回行政复议申请，经说明理由，可以撤回。

口头说明理由的，复议人员应当记录。申请人核阅后，应当在记录上签名或者盖章。

第三十七条 撤回行政复议申请的，行政复议终止。复议机关应当制作行政复议终止通知书，送达申请人、被申请人和第三人。

第三十八条 申请人在申请行政复议时,一并提出对本规定第十条所列有关规定的审查申请的,复议机关对该规定有权处理的,应当在30日内依照下列程序处理:

(一)依法确认该规定是否与法律、法规、规章相抵触;

(二)依法确认该规定能否作为被申请人作出具体行政行为的依据。

第三十九条 申请人在申请行政复议时,一并提出对本规定第十条所列有关规定的审查申请的,复议机关对该规定无权处理的,应当在7个工作日内按照下列程序转送有权处理的行政机关依法处理:

(一)转送有权处理的行政机关的,在转送函中应说明行政复议的有关情况,依法要求确认该规定是否合法;

(二)转送有权处理的上级土地行政主管部门、地质矿产主管部门的,应报告行政复议有关情况、执行该规定的有关情况、对该规定适用的意见。

第四十条 有权处理的上级土地行政主管部门、地质矿产主管部门应当在60日内依照下列程序处理:

(一)依法确认该规定是否合法、有效;

(二)依法确认该规定能否作为被申请人作出具体行政行为的依据。

第四十一条 复议机关在对被申请人作出的具体行政行为进行审查时,认为需要对该具体行政行为所依据的规定进行审查的,依照本规定第三十八条、第三十九条、第四十条的规定办理。

第四十二条 在对具体行政行为所依据的规范性文件处理期间,复议机关中止对具体行政行为的审查,并制作行政复议中止通知书,送达申请人、被申请人和第三人。

对具体行政行为所依据的规范性文件进行处理的时间,不计入行政复议期限。

第四十三条 复议机关分别按照下列规定作出行政复议决定:

(一)具体行政行为认定事实清楚、证据确凿、适用依据正确、程序合法、内容适当的,决定维持;

(二)被申请人不履行法定职责的,决定其在一定期限内履行;

(三)被申请人不按照本规定的要求提出书面答复,提交当初作出具体行政行为的证据、依据和其他有关材料的,决定撤销该具体行政行为;

(四)具体行政行为有下列情形之一的,决定撤销、变更或者确认该具体行政行为违法:

1. 主要事实不清、证据不足的;

2. 适用依据错误的;

3. 违反法定程序的;

4. 超越或者滥用职权的;

5. 具体行政行为明显不当的。

决定撤销或者确认该具体行政行为违法的,可以责令被申请人在一定期限内重新作出具体行政行为。

第四十四条 复议机关应当自受理申请之日起60日内作出行政复议决定。但有下列情况之一的,经复议机关负责人批准,可以延长30日:

(一)案情重大、复杂、疑难的;

(二)争议的标的价值较大的;

(三)有第三人参加复议的;

（四）申请人或者其代理人提出新的事实或者证据，需进一步调查的。

延长复议期限，应当制作决定延期通知书，送达申请人、第三人和被申请人。

第四十五条 作出行政复议决定，应当制作行政复议决定书。行政复议决定书应当载明下列内容：

（一）申请人的姓名、性别、年龄、职业、住址（法人或者其他组织的名称、地址、法定代表人的姓名）；

（二）被申请人的名称、地址，法定代表人的姓名、职务；

（三）第三人姓名、性别、年龄、职业、住址（法人或者其他组织的名称、地址、法定代表人的姓名、职务）；

（四）申请人申请行政复议的复议请求和理由；

（五）被申请人答复的要点、理由、依据；

（六）行政复议审查认定的事实和证据；

（七）行政复议结论和依据；

（八）不服行政复议决定向人民法院提起诉讼的期限；

（九）作出行政复议决定的日期。

作出的行政复议决定，应当加盖复议机关的印章。

第五章 送达与履行

第四十六条 复议机关应当根据《中华人民共和国民事诉讼法》有关送达的规定，将行政复议决定书送达申请人、被申请人和第三人。

复议机关在送达行政复议决定书时，应当填写行政复议决定送达回证。

第四十七条 行政复议决定书一经送达，即发生法律效力。

被申请人不履行或者无正当理由拖延履行行政复议决定的，复议机关有权责令其限期履行。责令其限期履行的，应当制作责令限期履行通知书。

第四十八条 申请人在法定期限内不起诉又不履行行政复议决定的，按照下列规定分别处理：

（一）维持具体行政行为的行政复议决定，由作出具体行政行为的土地行政主管部门、地质矿产主管部门申请人民法院强制执行；

（二）变更具体行政行为的行政复议决定，由复议机关申请人民法院强制执行。

第四十九条 行政复议案件审结后，承办案件的复议人员应当及时将案件材料立卷归档。

对有重大影响的行政复议案件，复议机关应当在结案后，及时将结案报告报上级土地行政主管部门、地质矿产主管部门。

第六章 法 律 责 任

第五十条 上级复议机关发现下级土地行政主管部门、地质矿产主管部门在行政复议工作中确有错误，应当责令其改正。拒不改正的，上级复议机关对直接负责的主管人员或者其他直接责任人员向有关部门提出给予行政处分的建议。

第五十一条 复议机关在行政复议活动中有下列行为之一的，依照《行政复议法》第三十

四条的规定,对直接负责的主管人员和其他直接责任人员给予警告、记过、记大过的行政处分:

（一）无正当理由不予受理依法提出的行政复议申请的;

（二）不按规定转送行政复议申请的;

（三）在法定期限内不作出行政复议决定的。

第五十二条 复议机关在行政复议活动中有下列行为之一的,依照《行政复议法》第三十四条的规定,对直接负责的主管人员和其他直接责任人员给予降级、撤职、开除的行政处分:

（一）经责令受理仍不受理行政复议申请,造成严重后果的;

（二）不按照规定转送行政复议申请,造成严重后果的。

第五十三条 被申请人有下列行为之一的,复议机关可以依照《行政复议法》第三十六条、第三十七条的规定,直接或者建议有关部门对直接负责的主管人员和其他直接责任人员给予警告、记过、记大过的行政处分:

（一）不依法提出书面答复的;

（二）不依法提交作出具体行政行为的证据、依据和其他有关材料的;

（三）阻挠、变相阻挠公民、法人或者其他组织依法申请行政复议的;

（四）不履行或者无正当理由拖延履行行政复议决定的。

第五十四条 被申请人有下列行为之一的,复议机关可以依照《行政复议法》第三十六条、第三十七条的规定,直接或者建议有关部门对直接负责的主管人员和其他直接责任人员给予降级、撤职、开除的行政处分:

（一）对依法申请行政复议的公民、法人或者其他组织进行报复陷害的;

（二）经责令履行仍拒不履行行政复议决定的。

第五十五条 复议机构发现被申请人有下列情况之一的,应当依照《行政复议法》第三十八条向有关行政机关提出行政处分建议:

（一）无正当理由不予受理行政复议申请的;

（二）不按照规定期限作出行政复议决定的;

（三）在行政复议活动中徇私舞弊的;

（四）对申请人打击报复的;

（五）不履行行政复议决定的。

对复议机构的行政处分建议,有关行政机关应当依照《行政复议法》和有关法律、法规的规定作出处理。

第七章 附 则

第五十六条 复议机关受理行政复议申请,不得向申请人收取任何费用。

行政复议活动所需经费应当列入部门预算。复议机构办理行政复议事项必须的设备、工作条件,复议机关要给予保障。

第五十七条 复议机关可以使用行政复议专用章。在行政复议活动中,行政复议专用章和行政复议机关的印章具有同等法律效力。

第五十八条 本规定自发布之日起施行。1992 年 3 月 12 日颁布施行的原地质矿产部令第 15 号《地质矿产部行政复议与行政应诉规定》同时废止。

中华人民共和国国土资源部令

（第12号）

《国土资源信访规定》已经2002年4月3日国土资源部第4次部务会议通过，现予发布，自2002年7月1日起施行。

部长　田凤山

2002年5月9日

国土资源信访规定

第一章　总　　则

第一条　为保持国土资源管理部门与人民群众的密切联系，保护公民、法人和其他组织的合法权益，规范国土资源信访工作，根据《信访条例》和国土资源管理法律、法规，制定本规定。

第二条　本规定所称国土资源信访，是指公民、法人和其他组织采用书信、电话、电报、电子邮件、走访等形式，向各级国土资源管理部门反映问题，举报违法行为，提出意见、建议和要求，依法应当由国土资源管理部门处理的活动。

第三条　国土资源信访工作遵循下列原则：

（一）分级负责、归口办理；

（二）实事求是、有错必纠；

（三）及时、就地依法解决问题与思想疏导教育相结合。

第四条　国土资源管理部门应当重视信访工作在国土资源管理工作中的重要作用，建立健全信访工作制度，研究解决信访工作中的问题，主要负责人应当亲自处理重要来信来访，坚持群众接待日制度。

第二章　信　访　人

第五条　信访人可以向国土资源管理部门提出下列信访事项：

（一）反映国土资源管理的有关问题；

（二）举报国土资源管理违法行为；

（三）检举国土资源管理部门工作人员执行公务中的违法行为；

（四）控告侵害自己的土地所有权、土地使用权或者探矿权、采矿权等合法权益的行为；

（五）对国土资源管理部门及其工作人员提出建议、批评和要求；

（六）其他依法应当由国土资源管理部门办理的信访事项。

第六条　信访人提出信访事项，应当表明被反映者的基本情况和信访要求，不得捏造、歪曲事实,不得诬告陷害他人。

信访人采用走访形式提出信访事项,应当在国土资源管理部门设立或者指定的场所提出。

第七条 多人反映共同意见、建议和要求的,应当采用书信、电话、电报、电子邮件等形式提出;需要走访的,由推选的代表提出,代表人数最多不得超过5人。

第三章 信访工作机构和人员

第八条 县级以上国土资源管理部门应当设立信访工作机构,配备与工作任务相适应的工作人员,设立接待场所并配备必需的设备。

第九条 信访工作人员应当熟悉国土资源法律和政策,具有较丰富的群众工作经验,作风正派,责任心强,实事求是,廉洁奉公。

第十条 信访工作机构依法履行下列职责:

(一)受理、办理国土资源信访事项,组织协调本部门业务主管机构具体办理的信访事项;

(二)承办上级机关和同级有关部门交办、转办的信访事项;

(三)复查、监督、指导交办的信访事项;

(四)定期分析信访动态,开展信访调研,指导下级信访工作;

(五)报送重要信访信息,反映问题并提出建议。

第十一条 信访工作机构根据工作需要,可以参加会审会等有关会议,阅读相关文件,查阅、复制与信访事项有关的文件、凭证。

第十二条 信访工作人员应当做到:

(一)全心全意为人民服务,严格依法行政;

(二)认真处理人民来信,热情接待群众来访,依法解答、解决信访人所提出的问题,耐心做好疏导工作,宣传国土资源法律和有关方针、政策;

(三)保护信访人的隐私权利,不得将举报、控告材料、信访人姓名及其他有关情况透露或者转送给被举报、被控告的对象或者单位。

第十三条 信访工作人员享受人民政府或者上级国土资源管理部门有关的岗位津贴和卫生保健福利待遇。

第四章 受理与办理

第十四条 信访人提出国土资源信访事项,应当向县级国土资源管理部门提出,不得越级提出。

对重大、突发的信访事项,县级国土资源管理部门应当及时向上级国土资源管理部门报告。

第十五条 信访工作机构受理国土资源信访事项,应当将信访人和信访事项的基本情况予以登记。

第十六条 对已经或者应当通过行政复议、诉讼、仲裁解决的国土资源信访事项,信访工作机构应当告知信访人依照有关法律、行政法规的规定办理。

第十七条 国土资源管理部门直接办理的信访事项,应当自受理之日起30日内办结,提出处理意见并答复信访人。不能在30日内办结的,经批准可以适当延期,但最长不得超过60

日。

对业务、政策性较强的信访事项，信访工作机构可以商有关业务部门办理，处理和答复意见由信访工作机构答复信访人。

第十八条 上级机关交办的信访事项，承办机关应当在交办机关限定的时间内办结并报告交办机关；未限定时间的，应当在60日内办结。不能按期办结的，应当向交办机关说明情况，申请延期。

交办机关认为办结的信访事项认定事实不清或者处理不当的，可以自收到办结报告之日起5个工作日内，责成原承办机关重新办理。必要时也可以直接办理。

第十九条 同级有关部门转办的信访事项，受理机关应当按照职权直接办理，或者转交给有权处理的机关办理。

第二十条 信访人对信访事项的处理意见有异议的，应当自收到处理意见书之日起30日内向原办理机关或者其上一级国土资源管理部门申请复查。

原办理机关或者上一级国土资源管理部门应当自收到信访人复查申请之日起15日内进行复查。经复查认为原处理意见认定事实不清或者处理不当的，上一级国土资源管理部门应当责成原办理机关重新办理，并通知信访人；确认原处理意见并无不当的，应予维持，并答复信访人。

信访人对复查意见不服，但又提不出新的事实和理由的，原办理机关和上一级机关不再办理。

第二十一条 上级国土资源管理部门认为下级国土资源管理部门对信访事项的办理、复查意见不当的，可以责成其重新办理。

下级国土资源管理部门重新办理的信访事项，应当在30日内办理完毕，并报告上级国土资源管理部门。

第二十二条 国土资源管理部门应当定期统计、分析信访信息，及时协调、解决国土资源信访中的重大、疑难问题。

第五章 信访秩序的维护

第二十三条 信访人应当遵守信访秩序，不得影响国土资源管理部门的正常工作秩序，不得损坏接待场所的公私财物，不得纠缠、威胁、殴打信访工作人员。

第二十四条 信访人不得携带枪支弹药、爆炸品、有毒物品、管制刀具等危险物品进入接待场所，不得造谣惑众、煽动闹事、冲击机关和会场、拦截公务车辆。

第二十五条 来访人患传染性疾病、精神病的，信访工作人员应当及时通知卫生、公安等有关部门，按国家有关规定处理。

第六章 奖励与处罚

第二十六条 对在国土资源信访工作中成绩显著的单位或者个人，可以给予奖励。

第二十七条 信访人提出的意见、建议，被国土资源管理部门采纳的，国土资源管理部门可以给予适当奖励。

第二十八条 信访人违反本规定第二十三条 、第二十四条 规定，妨碍信访工作秩序的,信访工作机构可以给予批评教育,也可建议其所在单位给予批评教育或者依法给予行政处分;违反治安管理的,由公安机关依照《中华人民共和国治安管理处罚条例》予以处罚;构成犯罪的,依法追究刑事责任。

第二十九条 信访工作人员玩忽职守、徇私舞弊,构成犯罪的,依法追究刑事责任;尚不构成犯罪的,依法给予行政处分。

第七章 附 则

第三十条 本规定自2002年7月1日起施行。原国家土地管理局、地质矿产部有关信访规定同时废止。

土地权属争议调查处理办法

（国土资源部令第17号　2003年1月3日）

第一条　为依法、公正、及时地做好土地权属争议的调查处理工作，保护当事人的合法权益，维护土地的社会主义公有制，根据《中华人民共和国土地管理法》，制定本办法。

第二条　本办法所称土地权属争议，是指土地所有权或者使用权归属争议。

第三条　调查处理土地权属争议，应当以法律、法规和土地管理规章为依据。从实际出发，尊重历史，面对现实。

第四条　县级以上国土资源行政主管部门负责土地权属争议案件（以下简称争议案件）的调查和调解工作；对需要依法作出处理决定的，拟定处理意见，报同级人民政府作出处理决定。

县级以上国土资源行政主管部门可以指定专门机构或者人员负责办理争议案件有关事宜。

第五条　个人之间、个人与单位之间、单位与单位之间发生的争议案件，由争议土地所在地的县级国土资源行政主管部门调查处理。

前款规定的个人之间、个人与单位之间发生的争议案件，可以根据当事人的申请，由乡级人民政府受理和处理。

第六条　设区的市、自治州国土资源行政主管部门调查处理下列争议案件：

一、跨县级行政区域的；

二、同级人民政府、上级国土资源行政主管部门交办或者有关部门转送的。

第七条　省、自治区、直辖市国土资源行政主管部门调查处理下列争议案件：

一、跨设区的市、自治州行政区域的；

二、争议一方为中央国家机关或者其直属单位，且涉及土地面积较大的；

三、争议一方为军队，且涉及土地面积较大的；

四、在本行政区域内有较大影响的；

五、同级人民政府、国土资源部交办或者有关部门转送的。

第八条　国土资源部调查处理下列争议案件：

一、国务院交办的；

二、在全国范围内有重大影响的。

第九条　当事人发生土地权属争议，经协商不能解决的，可以依法向县级以上人民政府或者乡级人民政府提出处理申请，也可以依照本办法第五、六、七、八条的规定，向有关的国土资源行政主管部门提出调查处理申请。

第十条　申请调查处理土地权属争议的，应当符合下列条件：

一、申请人与争议的土地有直接利害关系；

二、有明确的请求处理对象、具体的处理请求和事实根据。

第十一条　当事人申请调查处理土地权属争议，应当提交书面申请书和有关证据材料，并按照被申请人数提交副本。

申请书应当载明以下事项:

一、申请人和被申请人的姓名或者名称、地址、邮政编码、法定代表人姓名和职务;

二、请求的事项、事实和理由;

三、证人的姓名、工作单位、住址、邮政编码。

第十二条 当事人可以委托代理人代为申请土地权属争议的调查处理。委托代理人申请的,应当提交授权委托书。授权委托书应当写明委托事项和权限。

第十三条 对申请人提出的土地权属争议调查处理的申请,国土资源行政主管部门应当依照本办法第十条的规定进行审查,并在收到申请书之日起7个工作日内提出是否受理的意见。

认为应当受理的,在决定受理之日起5个工作日内将申请书副本发送被申请人。被申请人应当在接到申请书副本之日起30日内提交答辩书和有关证据材料。逾期不提交答辩书的,不影响案件的处理。

认为不应当受理的,应当及时拟定不予受理建议书,报同级人民政府作出不予受理决定。

当事人对不予受理决定不服的,可以依法申请行政复议或者提起行政诉讼。

同级人民政府、上级国土资源行政主管部门交办或者有关部门转办的争议案件,按照本条有关规定审查处理。

第十四条 下列案件不作为争议案件受理:

一、土地侵权案件;

二、行政区域边界争议案件;

三、土地违法案件;

四、农村土地承包经营权争议案件;

五、其他不作为土地权属争议的案件。

第十五条 国土资源行政主管部门决定受理后,应当及时指定承办人,对当事人争议的事实情况进行调查。

第十六条 承办人与争议案件有利害关系的,应当申请回避;当事人认为承办人与争议案件有利害关系的,有权请求该承办人回避。承办人是否回避,由受理案件的国土资源行政主管部门决定。

第十七条 承办人在调查处理土地权属争议过程中,可以向有关单位或者个人调查取证。被调查的单位或者个人应当协助,并如实提供有关证明材料。

第十八条 在调查处理土地权属争议过程中,国土资源行政主管部门认为有必要对争议的土地进行实地调查的,应当通知当事人及有关人员到现场。必要时,可以邀请有关部门派人协助调查。

第十九条 土地权属争议双方当事人对各自提出的事实和理由负有举证责任,应当及时向负责调查处理的国土资源行政主管部门提供有关证据材料。

第二十条 国土资源行政主管部门在调查处理争议案件时,应当审查双方当事人提供的下列证据材料:

一、人民政府颁发的确定土地权属的凭证;

二、人民政府或者主管部门批准征用、划拨、出让土地或者以其他方式批准使用土地的文件;

三、争议双方当事人依法达成的书面协议；

四、人民政府或者司法机关处理争议的文件或者附图；

五、其他有关证明文件。

第二十一条 对当事人提供的证据材料，国土资源行政主管部门应当查证属实，方可作为认定事实的根据。

第二十二条 在土地所有权和使用权争议解决之前，任何一方不得改变土地利用的现状。

第二十三条 国土资源行政主管部门对受理的争议案件，应当在查清事实、分清权属关系的基础上先行调解，促使当事人以协商方式达成协议。调解应当坚持自愿、合法的原则。

第二十四条 调解达成协议的，应当制作调解书。调解书应当载明以下内容：

一、当事人的姓名或者名称、法定代表人姓名、职务；

二、争议的主要事实；

三、协议内容及其他有关事项。

第二十五条 调解书经双方当事人签名或者盖章，由承办人署名并加盖国土资源行政主管部门的印章后生效。

生效的调解书具有法律效力，是土地登记的依据。

第二十六条 国土资源行政主管部门应当在调解书生效之日起15日内，依照民事诉讼法的有关规定，将调解书送达当事人，并同时抄报上一级国土资源行政主管部门。

第二十七条 调解未达成协议的，国土资源行政主管理部门应当及时提出调查处理意见，报同级人民政府作出处理决定。

第二十八条 国土资源行政主管部门应当自受理土地权属争议之日起6个月内提出调查处理意见。因情况复杂，在规定时间内不能提出调查处理意见的，经该国土资源行政主管部门的主要负责人批准，可以适当延长。

第二十九条 调查处理意见应当包括以下内容：

一、当事人的姓名或者名称、地址、法定代表人的姓名、职务；

二、争议的事实、理由和要求；

三、认定的事实和适用的法律、法规等依据；

四、拟定的处理结论。

第三十条 国土资源行政主管部门提出调查处理意见后，应当在5个工作日内报送同级人民政府，由人民政府下达处理决定。

国土资源行政主管部门的调查处理意见在报同级人民政府的同时，抄报上一级国土资源行政主管部门。

第三十一条 当事人对人民政府作出的处理决定不服的，可以依法申请行政复议或者提起行政诉讼。

在规定的时间内，当事人既不申请行政复议，也不提起行政诉讼，处理决定即发生法律效力。

生效的处理决定是土地登记的依据。

第三十二条 在土地权属争议调查处理过程中，国土资源行政主管部门的工作人员玩忽职守、滥用职权、徇私舞弊，构成犯罪的，依法追究刑事责任；不构成犯罪的，由其所在单位或者其上级机关依法给予行政处分。

第三十三条 乡级人民政府处理土地权属争议,参照本办法执行。

第三十四条 调查处理争议案件的文书格式,由国土资源部统一制定。

第三十五条 调查处理争议案件的费用,依照国家有关规定执行。

第三十六条 本办法自2003年3月1日起施行。1995年12月18日原国家土地管理局发布的《土地权属争议处理暂行办法》同时废止。

国土资源部关于印发《进一步治理整顿土地市场秩序工作方案》的通知

（国土资发〔2003〕49号 2003年2月21日）

各省、自治区、直辖市国土资源厅（国土环境资源厅、国土资源和房屋管理局、房屋土地资源管理局、规划和国土资源局），计划单列市国土资源行政主管部门，新疆生产建设兵团国土资源局：

现将《进一步治理整顿土地市场秩序工作方案》印发给你们，请认真组织实施。

进一步治理整顿土地市场秩序工作方案

根据党中央、国务院领导同志的指示，国土资源部决定，从2003年2月至7月，集中半年时间，在全国开展以强化土地法制观念、落实制度建设、促进管理到位和查处严重扰乱土地市场秩序的行为为重点的自查自纠活动，从依法行政教育入手，进一步治理整顿土地市场秩序。

一、治理整顿的指导思想和原则

治理整顿的指导思想是，认真贯彻党的十六大精神和“三个代表”重要思想，系统学习党中央、国务院关于加强土地管理、规范土地市场的重要指示和土地管理法规、政策及重要制度，集中开展依法行政教育，深入查找自身存在的差距，全面分析产生问题的原因，切实制定有效的措施，提高队伍素质，增强法制观念，落实制度建设，纠正管理松弛、执法不力等错误做法，清理违规设立的各类园区，查处各种名目的非法占用、转让土地行为，进一步规范土地市场秩序，促进经济社会可持续发展。

治理整顿的原则是，自查为主、突出重点、重在整改、区别对待。

（一）自查为主。这次治理整顿工作实行上下联动、自查为主。治理整顿工作的基础是市、县两级的自查自纠，上级部门应加强对下级部门治理整顿工作的督查和指导。

（二）突出重点。治理整顿中进行依法行政教育，重点是领导机关和管理机关；开展自查自纠，重点是制度不落实、管理不到位问题；查处非法占地、非法入市，重点是查处违规设立园区、擅自协议圈占集体土地和擅自利用集体土地、划拨土地进行经营性房地产开发的行为。

（三）重在整改。针对土地市场秩序中存在的问题，要立足于从管理上查找原因，举一反三，制定整改措施。对尚未建立管理制度的，要限期建立；对制度不落实、管理不到位的，要研究落实措施；对来自外部不适当干预的，要通过法制宣传、建立公开透明的办事程序和集体决策制度，提高抵制不适当干预的能力。

（四）区别对待。对治理整顿中发现的问题必须主动纠正，对不主动自查自纠，通过上级抽查或群众举报发现的问题，依法从严处理。属于新《土地管理法》实施前发生的历史遗留问题，要本着尊重历史的精神，抓紧处理；属于工作中的问题，凡是进行自查自纠的，以后不再作为问题提出;属于违法的问题,只要是主动自查自纠的,可以依法从轻处理。对仍然有令不行、有禁不止,甚至执法犯法,为不法分子大开方便之门的,要依法严肃处理并追究领导责任,触犯刑律的,移送司法机关依法处理。

二、治理整顿的范围和主要内容

治理整顿的范围:新《土地管理法》实施以来,土地管理和土地交易、使用情况。凡未经处理和尚未终止的非法占地、非法入市行为,不以上述时间为限,均纳入治理整顿范围。

治理整顿的主要内容:

(一)各类园区用地。主要是违反土地利用总体规划和城市规划设立各种名目的园区(城、村)及园区用地中存在的非法占地、越权批地、违法供地等问题。

(二)非法圈占集体土地。主要是单位和个人擅自与乡、村、组签订"征地"、占地协议而圈占土地问题。

(三)违法违规交易。主要是违反《招标拍卖挂牌出让国有土地使用权规定》供地和擅自利用划拨土地、集体土地进行经营性房地产开发问题。

(四)管理松弛。主要是有法不依、执法不严,甚至执法犯法,为不法分子大开方便之门;财务管理上违反财经纪律特别是违反国家"收支两条线"的规定以及中介机构未按规定与行政机关脱钩的问题。

三、工作方法和步骤

这次治理整顿土地市场秩序,采取地方各级国土资源管理部门自查自纠与上级抽查相结合的办法,重点是抓好市、县的自查工作。治理整顿工作安排大体分为四个阶段。

(一)动员部署阶段(2 月 20 日至 3 月 10 日)。

由部召开全国进一步治理整顿土地市场秩序电视电话会议,电视电话会议开到县级国土资源管理部门。会上公布《进一步治理整顿土地市场秩序工作方案》,并对治理整顿土地市场秩序工作进行部署。会议讲话和治理整顿工作方案会后下发。同时,部发布《关于清理各类园区用地加强土地供应调控的紧急通知》和《关于进一步推进依法行政的通知》。

这次进一步治理整顿土地市场秩序工作由部党组领导,部土地市场整顿和规范领导小组组织实施,领导小组下设治理整顿工作督查办公室(设在部执法监察局),负责治理整顿工作的督查指导。各省(区、市)也要抽调得力人员成立或加强相应的领导机构和办事机构。

各级国土资源管理部门要根据电视电话会议的要求,立即进行治理整顿动员和部署,组织制定本地区治理整顿工作方案。3 月份召开全国国土资源厅局长会议期间,部将专门召开座谈会,检查各地对治理整顿工作的动员部署情况。

部将下发有关学习资料,送到县级国土资源管理部门和有关政府领导。学习材料各地可以翻印。

(二)学习和对照检查阶段(3 月 11 日至 4 月 10 日)。

各级国土资源管理部门要认真学习温家宝副总理批示和这次电视电话会议精神,深刻领会,切实提高对治理整顿工作重要性的认识。集中时间、集中力量对近年来国家制定的相关法规、政策进行深入学习,着重学习《土地管理法》确立的规划用地、用途管制、保护耕地和违法查处等几项重要原则和制度,学习土地市场管理的六项基本制度(建设用地总量控制制度、城市建设用地集中统一供应制度、土地使用权公开交易制度、基准地价定期更新制度、土地登记资料可查询制度、集体决策制度)。通过学习熟悉和掌握这些基本原则和制度,并逐一进行对照检查,梳理、分析这些法规、政策和制度在本地区的落实情况,发现问题、查找差距、分析原因。同时,还要采取多种形式向有关领导和管理相对人宣传这些法规、政策和制度,为土地市场健康发展营造良好的社会氛围。

(三)处理和整改阶段(4 月 11 日至 6 月 10 日)。

在摸清基本情况的基础上查摆问题并进行处理,要制定整改措施,做到边整边改。对治理整顿中发现的问题,该清理的要坚决清理,该纠正的要主动纠正,该立案查处的要立案查处,该曝光的要公开曝光。

部和省级国土资源管理部门要组织力量对市、县治理整顿工作进行督查和指导,同时,要选择一批大案要案进行查处,公开曝光。对治理整顿中发现的问题,当地已经依法严肃处理的,上级部门可以不再处理;当地不主动依法处理的,上级部门要组织力量进行查处并公开曝光。

清理中发现和处理的问题应报上一级国土资源管理部门备案。各级国土资源管理部门要按照部下发的统计表格中有关内容进行认真核查和填写。各地自查自纠情况由省级国土资源管理部门汇总及时报部督查办公室,部督查办公室要做好汇总、分析工作,及时提出指导意见。

(四)验收和总结阶段(6 月 11 日至 7 月 30 日)。

这次治理整顿的基本目标是,通过治理整顿,使严重扰乱土地市场秩序的非法占地、非法转让行为得到查处,违规设立的各类园区得到清理,土地执法中的错误做法得到纠正。各市、县要以此为标准对本地的治理整顿工作进行总结。省级国土资源管理部门要对市、县的治理整顿工作进行抽查验收。抽查验收数量不得低于市、县总数的 5%,并于 7 月 10 日前向部报送治理整顿情况报告和各项统计表。各级的治理整顿报告除总结自查自纠总体情况外,重点要汇总各项制度落实情况和存在的问题,认真分析问题产生的原因,属于内部原因的,采取了哪些具体整改措施;属于外部原因的,要提出解决问题的对策建议。部将根据各地上报情况确定重点抽查地区,对其整改情况进行检查验收。治理整顿工作结束后,部形成治理整顿工作情况报告报国务院。

四、加强组织领导

(一)提高认识,加强领导。这次治理整顿土地市场秩序工作是全国整顿和规范市场经济秩序的重要组成部分,是国土资源管理依法行政、强化管理、职能到位的重要机遇。各级国土资源管理部门要从实践"三个代表"重要思想的高度,充分认识这项工作的重要性,增强做好这项工作的责任感、紧迫感,主要领导要亲自抓。

(二)精心组织,注重实效。各级国土资源管理部门要按照部的统一要求,认真动员部署,精心组织实施。要抽调一批政治强、业务精、作风正的工作人员参加治理整顿工作。治理整顿工作采取一级抓一级,层层抓落实的办法,切实做到人员落实、任务落实、责任落实,确保治理整顿工作顺利进行。治理整顿工作应突出重点,注重实效,防止走过场。

(三)争取支持,搞好协调。各级国土资源管理部门,要积极争取当地党委、政府的支持。治理整顿工作中的重大问题,及时向当地党委、政府汇报,特别是涉及本部门自身难以解决的问题,要主动提出建议。同时,搞好与计划、经贸、教育、科技、监察、财政、建设、农业、审计、法制等部门的沟通协调,共同研究解决制约当地土地市场规范发展的关键问题。

各地治理整顿工作进展情况和遇到的问题要及时向上级国土资源管理部门报告,以便上级主管部门及时指导,保证治理整顿工作顺利进行。

中华人民共和国最高人民法院公告

(法释〔2003〕5号)

《最高人民法院关于适用〈行政复议法〉第三十条第一款有关问题的批复》已于2003年1月9日由最高人民法院审判委员会第1263次会议通过。现予公布,自2003年2月28日起施行。

最高人民法院
2003年2月25日

最高人民法院关于适用《行政复议法》第三十条第一款有关问题的批复

(2003年1月9日最高人民法院审判委员会第1263次会议通过)

山西省高级人民法院:

你院《关于适用〈行政复议法〉第三十条第一款有关问题的请示》收悉。经研究,答复如下:

根据《行政复议法》第三十条第一款的规定,公民、法人或者其他组织认为行政机关确认土地、矿藏、水流、森林、山岭、草原、荒地、滩涂、海域等自然资源的所有权或者使用权的具体行政行为,侵犯其已经依法取得的自然资源所有权或者使用权的,经行政复议后,才可以向人民法院提起行政诉讼,但法律另有规定的除外;对涉及自然资源所有权或者使用权的行政处罚、行政强制措施等其他具体行政行为提起行政诉讼的,不适用《行政复议法》第三十条第一款的规定。

此复。

国土资源部关于严禁非农业建设违法占用基本农田的通知

（国土资发〔2003〕336号 2003年8月21日）

各省、自治区、直辖市国土资源厅（国土环境资源厅、国土资源和房屋管理局、房屋土地资源管理局、规划和国土资源局）、计划单列市国土资源行政管理部门，解放军土地管理局，新疆生产建设兵团国土资源局：

党中央、国务院始终高度重视耕地保护工作，特别强调要把保护基本农田作为“一条 不可逾越的红线”。最近国务院领导同志又指出，土地是民生之本，保护土地是一项基本国策，要实行最严格的土地管理制度，珍惜和保护每一寸土地。为贯彻落实国务院领导同志重要批示精神和国务院办公厅《关于清理整顿各类开发区加强建设用地管理的通知》（国办发〔2003〕70号）要求，结合基本农田保护中出现的新情况、新问题，进一步加强基本农田保护工作，坚决遏止各类非农业建设违法占用基本农田，现就有关问题通知如下：

一、充分认识加强基本农田保护工作的重要性

基本农田是耕地保护工作的重中之重，直接关系国家粮食安全、人民生活，尤其是广大农民的切身利益。在当前我国人口持续增加，经济建设不可避免要占用部分耕地，粮食生产不容乐观的形势下，保护耕地特别是保护基本农田尤为重要，决不能有丝毫的松懈。保护好基本农田对于促进农业发展、农民增收、农村稳定，实现党的十六大提出的全面建设小康社会奋斗目标，具有十分重要的意义。

各地要以“三个代表”重要思想为指导，认真贯彻国务院领导重要批示精神，从实施土地保护基本国策，促进经济社会可持续发展的高度，从真正维护最广大人民群众根本利益出发，充分认识基本农田保护的极端重要性，切实做好基本农田保护工作。按照《土地管理法》和《基本农田保护条例》的有关规定，严格执行基本农田目标责任制、用途管制、建设占用审批和补划、监督检查等各项基本农田保护和管理制度，确保土地利用总体规划确定的基本农田面积不减少。

二、严禁擅自调整土地利用总体规划占用基本农田

依据土地利用总体规划划定的基本农田保护区，任何单位和个人都不得随意调整。各类非农业建设用地要严格控制在土地利用总体规划确定的建设用地范围内。严禁通过调整县、乡、镇、级土地利用总体规划，擅自改变基本农田的数量与布局，规避报批占用基本农田。严禁通过修改或调整城镇土地利用总体规划，降低基本农田保护的质量要求，把城镇周边和交通沿线大面积的基本农田调整到其他地区。严禁突破规划，降低基本农田保护率，擅自减少本地区基本农田保护任务，增加建设用地总规模。有土地利用总体规划批准权的一级政府国土资源部门，要对土地利用总体规划的修改或调整进行严格控制。对不符合法律规定占用基本农田

的条件,要求修改或调整土地利用总体规划的申请一律不予受理。

加强对农业园区用地的管理,严禁以建设现代农业园区的名义占用基本农田,变相搞房地产开发;不得以进行农业结构调整,搞现代农业或设施农业为名,在基本农田内建设永久性建筑或进行严重破坏耕作层的生产活动。

三、严格执行非农业建设占用基本农田审批制度

严格执行《土地管理法》和《基本农田保护条例》的有关规定,除国家能源、交通、水利和军事设施等重点建设项目以外,其他非农业建设一律不得占用基本农田。确需占用基本农田并符合法律规定,涉及农用地转用和征用土地的,必须按法定程序报国务院批准。

严格执行非农业建设占用基本农田的审批制度。地方各级国土资源部门在建设用地审查过程中,对涉及基本农田的建设项目要严格把关,重点审查项目性质是否符合法律规定、土地利用现状图上土地的实际用途、土地利用总体规划修改方案和基本农田补划方案是否可行等内容。对超出法律规定的建设项目,不符合土地利用总体规划占用基本农田的各类非农业建设,不予受理用地申请或报批。建设用地审查中发现对基本农田保护区进行过规划调整的,要对规划调整的程序、批准文件、建设用地性质等内容进行严格审查,对违反法律规定进行规划调整占用基本农田的各类非农业建设不得报批用地。

四、加大基本农田保护的监督检查力度

各地要强化基本农田保护的管理和监督措施,进一步落实基本农田保护公示制度,抓紧建立基本农田统计核查制度,坚持开展土地巡回检查制度,开展应用卫星遥感技术试点,准确掌握基本农田变化情况,及时发现和纠正占用基本农田违法行为。

按照国土资源部、农业部《关于认真贯彻执行〈基本农田保护条例〉进一步做好基本农田保护工作的通知》(国土资发〔1999〕122 号)要求,认真执行基本农田保护工作检查制度。各地每年要对基本农田保护工作进行专项检查,重点检查各项管理制度执行情况、基本农田利用状况、建设占用基本农田的审批补划情况,检查结果要报告上一级国土资源部门和农业行政主管部门。省级国土资源部门每年年底前要写出专题报告报国土资源部。国土资源部将对各地基本农田保护工作进行抽查,并对抽查情况进行通报。

国土资源部关于加强土地供应管理促进房地产市场持续健康发展的通知

（国土资发〔2003〕356号 2003年9月24日）

各省、自治区、直辖市国土资源厅(国土环境资源厅、国土资源和房屋管理局、房屋土地资源管理局、规划和国土资源局),计划单列市国土资源行政主管部门,解放军土地管理局,新疆生产建设兵团国土资源局:

为全面贯彻落实国务院《关于促进房地产市场持续健康发展的通知》(国发〔2003〕18号)精神,现就进一步加强土地供应管理的有关问题通知如下:

一、切实加强对房地产开发土地供应的调控

土地供应是调控房地产市场的基本手段,各地要充分发挥土地供应对房地产市场的调控作用,促进房地产市场持续健康发展。房地产开发土地供应宏观调控的总体目标是:努力实现土地供需总量基本平衡,结构基本合理,价格基本稳定。

必须严格实行土地供应的集中统一管理。同一城市范围内的各类房地产开发用地必须纳入当地政府的统一供应渠道。各类开发区以及撤市(县)改区后的土地、原国有划拨土地用于房地产开发的,都必须纳入所在市、县用地统一管理、统一供应。城市政府要积极实行土地收购储备制度,增强政府对土地市场宏观调控能力。

必须严格控制土地供应总量。房地产开发用地必须符合土地利用总体规划和土地利用年度计划,严格控制占用耕地。市、县国土资源管理部门要会同有关部门,根据土地利用总体规划、土地利用年度计划、城市规划和市场供求状况等,编制年度房地产开发土地供应计划。要合理确定房地产开发土地供应总量、各类房地产开发用地(普通商品住房、经济适用住房、高档商品房等)的布局和结构,报经市、县人民政府批准后,及时向社会公开发布,并严格执行。

必须充分发挥市场在土地资源配置中的基础性作用。各类房地产开发用地,除按规定可以划拨外,一律实行招标拍卖挂牌出让。

二、进一步完善房地产开发土地供应政策

优化房地产开发土地供应结构,优先满足普通商品住房建设合理发展的用地需求。要合理确定普通商品住房用地在年度房地产开发土地供应计划中的比例。对普通商品住房供不应求、房价涨幅过快的城市,可以适当调剂增加土地供应量。土地供应过量、闲置土地过多的地区,必须限制新的土地供应。

加强经济适用住房建设用地管理。经济适用住房用地,也应严格控制总量,审时度势,及时调控。市、县国土资源管理部门要积极参与经济适用住房发展计划的编制工作,在年度房地产开发土地供应计划中合理确定经济适用住房土地供应量。经济适用房建设用地,要按照土地利用总体规划和城市规划的要求,合理布局,并按照政策规定,可以划拨方式提供土地。符合经济适用住房有关规定和条件的集资、合作建房用地,应纳入经济适用住房用地统一管理。

严格控制高档商品房的土地供应。凡高档商品住房、写字楼等商业性用房积压较多的地区,要严格限制土地供应量,或暂停供应土地。停止别墅类用地的土地供应。

三、加大对房地产开发用地监管力度

严禁下放土地审批权。凡是违法下放农用地转用、土地征用、土地供应和规划管理权的,必须立即纠正,并废止有关文件。对依法批准农用地转用、土地征用的城市建设用地,要加强监督检查力度,按照批准的规划用途供地。用地单位不得擅自改变规划用途进行房地产开发。

严禁任何单位和个人在房地产开发中以先行立项、先行选址定点和先行确定地价的方式取得土地;严禁用行政手段,以打招呼、批条子等各种形式指定供地对象、位置、面积、用途、方式和价格等干预插手土地出让。对规避土地使用权招标拍卖挂牌,仍采取协议出让和划拨方式供应经营性用地的;对在土地使用权招标拍卖挂牌出让中弄虚作假、徇私舞弊的;对领导干部违纪违法干预和插手土地使用权招标拍卖挂牌出让的,要严厉追究主管部门及有关人员的责任。

严禁以科技、教育、观光农业和生态建设等名义取得享受产业优惠政策的土地后用于房地产开发;严禁以经济适用住房、集资合作建房名义取得土地用于商品房开发。违反上述规定的,要严肃查处,并应依法收回土地使用权,确需使用土地的,要按照同等地段土地的市场成交价,补交相应的地价款和政府已减免的有关费用。对此类单位和企业,以后不得再划拨使用土地,并要限制其参加土地使用权招标拍卖挂牌。

严禁任何单位、个人与乡、镇、村、组签订协议,圈占农民集体土地进行房地产开发。违反上述规定所签订的协议一律无效,国土资源管理部门不得办理用地手续。

严禁将国有划拨土地使用权以各种名义私下交易、非法入市用于房地产开发。违反规定的,要依法责令其补交相应的地价款,没收违法所得并处以罚款;情节严重的,责令退还非法取得的土地使用权。

严禁擅自改变土地出让合同约定的土地使用条件。以出让方式取得土地使用权的单位和个人,必须按土地出让合同约定进行开发,不得擅自更改;确需改变容积率等规划条件的,必须经原出让方和规划部门同意,并按照同等地段土地的市场成交价,补交相应的土地差价。

四、加强土地市场监测,完善市场服务

各地国土资源管理部门,特别是城市国土资源管理部门要加强对土地市场的监测,加快建立和完善土地市场监测分析系统和城市地价动态监测系统,及时对土地市场变化情况进行动态监测、分析、预测、预警,为政府进行宏观决策提供科学的依据。要加强土地市场的信息发布工作,及时将土地供应计划、土地使用权招标拍卖挂牌出让公告、基准地价、协议出让最低价和交易结果等市场信息向社会公布,并为社会提供信息公开查询服务。

加强和规范土地登记工作,切实维护产权人的合法权益。各地国土资源管理部门要依法办理房地产开发、销售和转让涉及的土地登记发证工作,严把土地登记关口。加强土地使用权抵押登记管理,防范金融风险。建立健全土地登记资料可查询制度,提供市场服务。

加强对土地市场中介服务组织的监管,规范中介机构和从业人员的执业行为,促进诚信建设。对违反法律法规和有关技术规范从业的机构和个人,要及时向社会披露。

各级国土资源管理部门要加强与发展改革、建设、规划、金融、财政、税收等部门的密切协作,充分发挥土地供应的宏观调控作用,共同做好促进房地产市场持续健康发展工作。

国土资源部关于进一步采取措施落实严格保护耕地制度的通知

（国土资发〔2003〕388 号 2003 年 11 月 17 日）

各省、自治区、直辖市国土资源厅（国土环境资源厅、国土资源和房屋管理局、房屋土地资源管理局、规划和国土资源管理局），计划单列市国土资源行政主管部门，国家海洋局，国家测绘局，解放军土地管理局，新疆生产建设兵团国土资源局，部在京各直属单位，部机关各司局：

为切实贯彻党的十六届三中全会、国务院农业和粮食工作会议精神，落实《国务院关于加大工作力度进一步治理整顿土地市场秩序的紧急通知》（国发明电〔2003〕7 号）的要求，保护和提高粮食生产能力，必须进一步落实严格保护耕地的措施。现将有关要求通知如下：

一、认清形势、提高认识，进一步增强紧迫感和责任感

党中央、国务院始终把农业问题放在基础和战略地位高度重视，从保持良好发展局面、推进全面建设小康社会的高度，对农业和粮食工作作出了一系列重大决策。针对当前一些地方盲目设立开发区、乱批滥占耕地等严重问题，国务院农业和粮食工作会议对保护耕地、保护和提高粮食生产能力、保护农民权益作出了明确部署，提出了更高要求，进一步强调要实行最严格的耕地保护制度，尤其是要重点保护基本农田。各级国土资源部门一定要认真学习贯彻。实行最严格的耕地保护制度，这是由我国人多地少的基本国情决定的，是由农业的基础地位决定的，更是由土地对于维护社会长治久安的重要性决定的。我们必须进一步提高保护耕地对维护国家粮食安全和社会稳定的极端重要性的认识，提高对当前耕地连年减少的严峻形势的认识，提高对国土资源部门面临的重大责任和紧迫任务的认识，真正把思想和行动统一到党中央、国务院的要求上来，认清形势，抓住机遇，化压力为动力，进一步增强紧迫感和责任感，采取切实有力的措施，着力解决当前存在的突出问题，全面落实最严格的耕地保护制度，保护和提高粮食生产能力。

二、细化措施、坚决从严，进一步加强耕地特别是基本农田保护

（一）加大治理整顿工作力度，坚决刹住乱占滥用耕地的歪风

从严从快查处土地违法案件。坚决制止盲目圈占土地特别是圈占破坏优质良田的行为。要从土地市场秩序治理整顿工作中发现线索，抓紧选择典型土地违法案件，与监察、审计等部门通力协作，从严从快查处，公开曝光。坚持既查处事，又查处人，坚决追究违法违纪者的责任，切实起到震慑警示、刹风整纪的作用。国土资发〔2003〕365 号文件只适用主动自查发现问题的纠正处理，对于不主动自查自纠的，执法犯法、影响恶劣的，特别是在这次治理整顿中边整边犯、顶风违法的要依法严肃处理，公开调查、公开处理、公开追究责任并公开曝光。要进一步建立健全土地执法监察工作机制。在从严查处大案要案的基础上，认真分析典型案例发生原因，结合当地实际，采取有针对性的综合治理、源头防范措施，加大警示教育的力度，严肃耕地

保护的法纪。要重视从群众信访、举报、媒体报道和动态巡查等多种渠道中,及时发现案件线索,建立土地违法违纪案件的快速发现机制和分级查处机制。要进一步落实执法监察责任制度。把对违法责任人依法提出处理建议和移送情况,列入各级国土资源部门查处案件的考核内容,进行逐级考核和年度考核。各级国土资源部门行政主要领导是执法监察第一责任人。要进一步发挥各有关部门协同查处案件的整体合力,发挥舆论监督、社会监督和群众监督的作用。要继续深入探索"预防为主、事前防范和事后查处相结合"的执法监察新路子。

抓紧清理各类开发区的违规用地。各级国土资源部门要切实配合有关部门做好开发区清理工作。要将各类开发区违反土地利用总体规划用地的行为,作为治理整顿和执法监察的重点。各地要在进行认真整改的基础上,对被撤销停办的开发区(园区),坚决依法收回并及时处置其所占用的土地;对应该核减面积的开发区,要坚决核减面积;对整改后确需要保留的开发区(园区)用地,要严格审核,从严控制用地规模。对开发区(园区)违反土地利用总体规划圈占、圈而未用的土地,要限期复耕或者恢复原用途;对已经开发建设而不能复耕或恢复原用途的,从所在区域土地利用总体规划剩余建设用地指标中核减违反土地利用总体规划占用的建设用地指标。对经国务院批准或省级人民政府批准并报国务院备案的开发区,各地要按照土地利用总体规划等进行认真对照检查,对其超过规划建设用地规模和范围的开发用地,依法进行处理。对开发区(园区)已经依法批准但由于建设条件、项目资金不落实等尚未开发建设的,要抓紧依法收回土地。

从严搞好治理整顿的验收检查工作。部已建立土地市场秩序治理整顿工作进展情况周报制度。各省区市国土资源部门要继续加强对地方治理整顿的实地督查指导,并组织好检查验收工作。要加强对当地土地市场治理整顿情况及时通报公布工作,将各地开发区(园区)及其清理撤并、土地复耕、当地领导重视与加强管理、验收检查等情况,列入通报公布的内容。各省区市对各市(地)、各市(地)对各县(市)要逐一做好整顿检查验收工作。对不能按照验收标准完成治理整顿各项任务的要限期整改。整改期间,暂停受理当地建设用地报批,暂停下达建设用地指标。对整改后仍未达标的,坚决予以通报,追究有关领导责任。

(二)严格实施土地规划计划,从严控制用地规模

严格实施土地利用总体规划。对耕地保有量、基本农田面积和建设用地规模进行总量控制。依据批准的土地利用总体规划,严把土地利用年度计划编制、建设项目用地预审和土地审批关,加强建设项目用地预审,在建设项目可行性研究阶段,国土资源部门要主动介入,加强与计划、规划和建设部门的沟通,从规划用途、用地规模、计划指标等方面严格把关。坚持"三个不报批、一个从严":凡是不在土地利用总体规划确定的建设用地范围内的各类开发区(园区)和城市建设用地,一律不报批;凡是没有土地利用年度计划指标的,一律不报批;凡是没有通过建设项目用地预审的,一律不报批。要从严审查城市总体规划修编确定的建设用地总规模,超过土地利用总体规划确定的建设用地总规模的,不予通过审查。

从严控制规划修改和调整。除国务院和省级人民政府确定的重点基础设施项目外,各地不得擅自调整规划,减少基本农田保护面积,改变基本农田区位,占用基本农田。严禁擅自修改和调整规划;严禁违规扩大城镇建设用地规模;严禁擅自设立各类开发区(园区)和扩大开发区(园区)建设用地规模。

加强对规划计划实施的检查和监督。全面实行规划定期评估制度和计划、预审年度检查制度。各地要把规划计划执行和建设项目用地预审管理情况,纳入土地执法监察的重要事项,严肃查处违规行为。

（三）切实加强耕地保护，坚决守住基本农田这条红线

严格执行基本农田保护制度。一是不准除法律规定的国家重点建设项目之外的非农建设占用基本农田；二是不准以退耕还林为名，将平原（平坝）地区耕作条件良好的基本农田纳入退耕范围，违反土地利用总体规划随意减少基本农田面积；三是不准占用基本农田进行植树造林，发展林果业；四是不准以农业结构调整为名，在基本农田内挖塘养鱼和进行畜禽养殖，以及其他严重破坏耕作层的生产经营活动；五是不准占用基本农田进行绿色通道和绿化隔离带建设。

开展基本农田保护工作检查。部将与农业部联合组织开展全国基本农田保护工作检查。按照规划，重点检查以上"五不准"的执行情况，特别是检查各地基本农田的数量和区位落实情况、实际利用状况和质量状况、基本农田保护制度建立与执行情况。各地要认真做好准备。对检查发现的各类问题，要及时坚决予以纠正。

强化基本农田保护监管制度。必须依据土地利用总体规划，将基本农田落实到图上，落实到村组，落实到地块，落实到农户，通过签定保护责任书，落实基本农田保护责任。各地要建立基本农田统计核查制度，坚持定期检查报告制度，认真开展以基本农田为重点的巡回检查。要加强土地变更调查和卫星遥感监测，建立基本农田保护监测系统，准确掌握基本农田变化情况，及时发现和制止违法行为。对严重破坏基本农田、造成基本农田大量减少的，要依法追究责任。

加大土地整理复垦补充耕地的力度。稳定耕地特别是基本农田的面积，提高耕地质量。加大对《全国土地开发整理规划》确定的重点区域及重点工程、粮食主产区和基本农田保护区的土地整理的投入。积极支持生态脆弱地区基本农田整理，确保当地保有足够数量的基本口粮田。要严格按照"谁破坏、谁复垦"的原则，加大对工矿废弃土地的复垦力度。要全面落实建设占用耕地补充制度，严格执行按建设项目考核耕地占补平衡制度，确保土地开发整理补充耕地的数量和质量不低于同期建设占用的耕地。

（四）严把用地审批关，加强批后实施监管

严把建设用地审查关。各省级国土资源部门要督促各市（地）坚决收回各地违规下放的土地审批权。对土地市场秩序治理整顿工作验收不合格的，未按规定执行建设用地备案制度的，一律停止建设用地审批。对城市规模已经达到或突破土地利用总体规划确定的建设用地规模的，年度计划指标已用完的，未依法及时缴纳新增建设用地土地有偿使用费的，已批准的城市建设用地仍有闲置的，一律不受理新增建设用地申请。对未按国家有关规定进行建设用地预审的，未按预审要求完善相关内容的建设项目，一律不受理建设用地申请。申报城市建设用地必须说明具体建设项目或详细规划用途。对不符合国家产业政策的项目、不切实际的"形象工程"、"政绩工程"项目、别墅项目、高尔夫项目，一律不得报批用地。要坚持建设用地会审制度。省级国土资源部门要对报批用地面积较大的城市、安置人口较多的建设用地项目组织现场调查，对其中报国务院审批的用地项目，部将组织检查或抽查。

强化建设用地批后实施的监督管理。要全面落实建设用地备案和批后核查制度，建立土地利用信用评价机制。对国务院批准的城市分批次建设用地的供地情况，应按规定及时报部备案；对省级人民政府批准的城市建设用地的供地情况，省级国土资源部门也要建立备案制度并及时汇总供地情况，定期报部备案。认真执行新增建设用地批后核查制度，对国务院和省级人民政府批准用地的征地补偿安置、耕地占补平衡以及土地利用等情况，要组织不定期的检查，发现问题，及时纠正。建立土地利用信用档案，制定评价指标并建立评价制度，加强用地审

批管理。各省区市要对1999年《土地管理法》修订实施以来批准的城市建设用地使用和供应情况进行一次全面调查,部将对国务院批准的城市分批次建设用地的供应情况进行全面检查。

(五)从严把好征地关,切实维护农民合法权益

严格征地管理。要严格控制征地规模;严格依法按规划计划、按程序征地;严格征地审核和征地补偿安置监督。要认真督促落实法定的征地补偿和安置措施,解决征地安置补偿费用拖欠、挪用、截留问题,抓好征地补偿费的清欠工作。要检查落实征地公告制度。为充分尊重农民意愿,今后凡没有征求被征地农民集体组织和农户意见的征地方案,国土资源部门不予审核报批。

改革完善现行的征地制度。要按照保障农民权益、控制征地规模的原则,严格界定公益性、经营性建设用地,区分土地征收与征用,积极推进征地制度的改革试点。要进一步完善征地程序,着力解决征地范围过宽、规模过大、补偿安置不到位、产权不清以及同农民协商不够等突出问题。要增加征地批前协商环节,建立补偿标准听证制度。要加快完成集体土地所有权登记发证工作,依法明确农民土地财产权,建立农民保护耕地的有效机制。同时,抓紧进行农民集体建设用地使用权流转管理的实践探索。

(六)完善供地政策和标准,提高土地集约利用水平

依法提高政府供地的市场化程度。要充分发挥市场竞争对促进土地集约利用、减少占用耕地的有效作用。要坚决执行经营性用地招标拍卖挂牌出让制度,从严查处违规出让行为。要进一步规范协议出让土地使用权的行为。对具有竞争性的工业用地,引入竞争和公开机制。要落实协议出让最低价制度,防止各地竞相低价出让土地和企业因用地成本低而“多占少用”、“宽打宽用”、“低效利用”的粗放用地行为。要严把土地登记关口,对经营性用地没有进行招标拍卖挂牌的,不予登记;对出让地价明显低于出让底价的,不予登记;对未全部缴纳土地出让金的,不予登记;对违反规划改变土地用途的,不予登记。

建立完善集约用地新机制。要完善建设用地定额指标和土地集约利用评价指标体系,进一步细化各业用地标准,明确包括推行单位土地面积的投资强度、土地利用强度、投入产出率等指标的供地标准,严格按标准供地。

强化土地市场动态监测分析。要建立土地市场动态监测分析制度,及时发布土地供应信息,把握土地市场走势,适时调控土地供应量。汇总城镇地籍调查数据,掌握城镇土地利用现状及变化情况。抓紧开通运行土地市场监测分析系统和城市地价动态监测系统,继续加强对重点地区、主要城市地价动态变化的监测,提高地价信息的社会共享程度,发挥地价对土地资源配置的“杠杆”作用。

三、集中力量狠抓落实,务求尽快取得实效

各级国土资源部门一定要把全面落实最严格的耕地保护制度、切实保护和提高粮食生产能力,作为国土资源管理的重中之重,摆在当前各项工作的首要位置,切实加强组织领导。要进一步集中力量,迅速行动,结合实际,采取坚决果断措施,狠抓落实,务求尽快取得明显成效。要继续加强调研,认真研究新情况、新问题,从法制、机制、体制等方面入手,探索严格保护耕地的治本之策。通过标本兼治,把最严格的耕地保护措施全面落到实处。

建设部关于印发《城市房屋拆迁行政裁决工作规程》的通知

（建住房〔2003〕252 号　2003 年 12 月 30 日）

各省、自治区建设厅、直辖市建委、房地局、规划局，新疆生产建设兵团建设局：

为了规范城市房屋拆迁行政裁决行为，维护拆迁当事人的合法权益，根据《城市房屋拆迁管理条例》，建设部制定了《城市房屋拆迁行政裁决工作规程》。现印发给你们，请遵照执行。

附件：城市房屋拆迁行政裁决工作规程

城市房屋拆迁行政裁决工作规程

第一条　为了规范城市房屋拆迁行政裁决行为，维护拆迁当事人的合法权益，根据《城市房屋拆迁管理条例》，制定本工作规程。

第二条　按照《城市房屋拆迁管理条例》的规定，因拆迁人与被拆迁人就搬迁期限、补偿方式、补偿标准以及搬迁过渡方式、过渡期限等原因达不成协议，当事人申请裁决的，适用本规程。

第三条　市、县人民政府城市房屋拆迁管理部门负责本行政区域内城市房屋拆迁行政裁决工作。房屋拆迁管理部门及其工作人员应当按照有关法律、法规规定，依法履行行政裁决职责。

第四条　行政裁决应当以事实为依据、以法律为准绳，坚持公平、公正、及时的原则。

第五条　拆迁人申请行政裁决，应当提交下列资料：

（一）裁决申请书；

（二）法定代表人的身份证明；

（三）被拆迁房屋权属证明材料；

（四）被拆迁房屋的估价报告；

（五）对被申请人的补偿安置方案；

（六）申请人与被申请人的协商记录；

（七）未达成协议的被拆迁人比例及原因；

（八）其他与裁决有关的资料。

第六条　被拆迁人申请行政裁决，应当提交下列资料：

（一）裁决申请书；

（二）申请人的身份证明；

（三）被拆迁房屋的权属证明；

（四）申请裁决的理由及相关证明材料；

（五）房屋拆迁管理部门认为应当提供的与行政裁决有关的其他材料。

第七条 未达成拆迁补偿安置协议户数较多或比例较高的,房屋拆迁管理部门在受理裁决申请前,应当进行听证。具体标准、程序由省、自治区、直辖市人民政府房屋拆迁管理部门规定。

第八条 有下列情形之一的,房屋拆迁管理部门不予受理行政裁决申请:

(一)对拆迁许可证合法性提出行政裁决的;

(二)申请人或者被申请人不是拆迁当事人的;

(三)拆迁当事人达成补偿安置协议后发生合同纠纷,或者行政裁决做出后,当事人就同一事由再次申请裁决的;

(四)房屋已经灭失的;

(五)房屋拆迁管理部门认为依法不予受理的其他情形。

对裁决申请不予受理的,房屋拆迁管理部门应当自收到申请之日起 5 个工作日内书面通知申请人。

第九条 房屋拆迁管理部门受理房屋拆迁裁决申请后,经审核,资料齐全、符合受理条件的,应当在收到申请之日起 5 个工作日内向申请人发出裁决受理通知书;申请裁决资料不齐全、需要补充资料的,应当在 5 个工作日内一次性书面告知申请人,可以当场补正的,应当当场补正。受理时间从申请人补齐资料的次日起计算。

第十条 房屋拆迁管理部门受理房屋拆迁裁决申请后,应当按照下列程序进行:

(一)向被申请人送达房屋拆迁裁决申请书副本及答辩通知书,并告知被申请人的权利;

(二)审核相关资料、程序的合法性;

(三)组织当事人调解。房屋拆迁管理部门必须充分听取当事人的意见,对当事人提出的事实、理由和证据进行复核;对当事人提出的合理要求应当采纳。房屋拆迁管理部门不得因当事人申辩而做出损害申辩人合法权益的裁决。

拆迁当事人拒绝调解的,房屋拆迁管理部门应依法作出裁决。

(四)核实补偿安置标准。当事人对评估结果有异议,且未经房屋所在地房地产专家评估委员会鉴定的,房屋拆迁管理部门应当委托专家评估委员会进行鉴定,并以鉴定后的估价结果作为裁决依据。鉴定时间不计入裁决时限。

(五)经调解,达成一致意见的,出具裁决终结书;达不成一致意见的,房屋拆迁管理部门应当作出书面裁决。部分事项达成一致意见的,裁决时应当予以确认。书面裁决必须经房屋拆迁管理部门领导班子集体讨论决定。

第十一条 行政裁决工作人员与当事人有利害关系或者有其他关系可能影响公正裁决的,应当回避。

第十二条 有下列情形之一的,中止裁决并书面告知当事人:

(一)发现新的需要查证的事实;

(二)裁决需要以相关裁决或法院判决结果为依据的,而相关案件未结案的;

(三)作为自然人的申请人死亡,需等待其近亲属表明是否参加裁决的;

(四)因不可抗力或者其他特殊情况需要中止的情况。

中止裁决的因素消除后,恢复裁决。中止时间不计入裁决时限。

第十三条 有下列情形之一的,终结裁决并书面告知当事人:

(一)受理裁决申请后,当事人自行达成协议的;

(二)发现申请人或者被申请人不是裁决当事人的;

(三)作为自然人的申请人死亡,15 天之内没有近亲属或者近亲属未表示参加裁决或放弃参加裁决的;

(四)申请人撤回裁决申请的。

第十四条 行政裁决应当自收到申请之日起 30 日内做出。房屋拆迁管理部门做出裁决,应当出具裁决书。

裁决书应当包括下列内容:

(一)申请人与被申请人的基本情况;

(二)争议的主要事实和理由;

(三)裁决的依据、理由;

(四)根据行政裁决申请需要裁决的补偿方式、补偿金额、安置用房面积和安置地点、搬迁期限、搬迁过渡方式和过渡期限等;

(五)告知当事人行政复议、行政诉讼的权利及申请复议期限、起诉期限;

(六)房屋拆迁管理部门的名称、裁决日期并加盖公章;

行政裁决规定的搬迁期限不得少于 15 天。

第十五条 裁决书应当通过直接送达、留置送达、委托送达或邮寄送达等方式送达。

第十六条 当事人对行政裁决不服的,可以依法申请行政复议或者向人民法院起诉。

第十七条 被拆迁人或者房屋承租人在裁决规定的搬迁期限内未搬迁的,由市、县人民政府责成有关部门行政强制拆迁,或者由房屋拆迁管理部门依法申请人民法院强制拆迁。

第十八条 房屋拆迁管理部门申请行政强制拆迁前,应当邀请有关管理部门、拆迁当事人代表以及具有社会公信力的代表等,对行政强制拆迁的依据、程序、补偿安置标准的测算依据等内容,进行听证。

房屋拆迁管理部门申请行政强制拆迁,必须经领导班子集体讨论决定后,方可向政府提出行政强制拆迁申请。未经行政裁决,不得实施行政强制拆迁。

第十九条 拆迁人未按裁决意见向被拆迁人提供拆迁补偿资金或者符合国家质量安全标准的安置用房、周转用房的,不得实施强制拆迁。

第二十条 房屋拆迁管理部门申请行政强制拆迁,应当提交下列资料:

(一)行政强制拆迁申请书;

(二)裁决调解记录和裁决书;

(三)被拆迁人不同意拆迁的理由;

(四)被拆迁房屋的证据保全公证书;

(五)被拆迁人提供的安置用房、周转用房权属证明或者补偿资金证明;

(六)被拆迁人拒绝接收补偿资金的,应当提交补偿资金的提存证明;

(七)市、县人民政府房屋拆迁管理部门规定的其他材料。

第二十一条 依据强制拆迁决定实施行政强制拆迁,房屋拆迁管理部门应当提前 15 日通知被拆迁人,并认真做好宣传解释工作,动员被拆迁人自行搬迁。

第二十二条 行政强制拆迁应当严格依法进行。强制拆迁时,应当组织街道办事处(居委会)、被拆迁人单位代表到现场作为强制拆迁证明人,并由公证部门对被拆迁房屋及其房屋内物品进行证据保全。

第二十三条 房屋拆迁管理部门工作人员或者行政强制拆迁执行人员违反本规程的,由所在单位给予警告;造成错案的,按照有关规定追究错案责任;触犯刑律的,依法追究刑事责任。

第二十四条 拆迁人、接受委托的拆迁单位在实施拆迁中采用恐吓、胁迫以及停水、停电、停止供气、供热等手段,强迫被拆迁人搬迁或者擅自组织强制拆迁的,由所在市、县房屋拆迁管理部门责令停止拆迁,并依法予以处罚;触犯刑律的,依法追究刑事责任。

第二十五条 房屋拆迁管理部门是被拆迁人的,由同级人民政府裁决。

第二十六条 在城市规划区外国有土地上实施房屋拆迁申请行政裁决的,可参照本规程执行。

第二十七条 本规程自 2004 年 3 月 1 日起施行。

国土资源听证规定

（国土资源部令第22号 2004年1月9日）

第一章 总 则

第一条 为了规范国土资源管理活动，促进依法行政，提高国土资源管理的科学性和民主性，保护公民、法人和其他组织的合法权益，根据有关法律、法规，制定本规定。

第二条 县级以上人民政府国土资源行政主管部门（以下简称主管部门）依职权或者依当事人的申请组织听证的，适用本规定。

第三条 听证由拟作出行政处罚、行政许可决定，制定规章和规范性文件、实施需要报政府批准的事项的主管部门组织。

依照本规定具体办理听证事务的法制工作机构为听证机构；但实施需要报政府批准的事项可以由其经办机构作为听证机构。

本规定所称需要报政府批准的事项，是指依法由本级人民政府批准后生效但主要由主管部门具体负责实施的事项，包括拟定或者修改基准地价、组织编制或者修改土地利用总体规划和矿产资源规划、拟定或者修改区域性征地补偿标准、拟定拟征地项目的补偿标准和安置方案、拟定非农业建设占用基本农田方案等。

第四条 主管部门组织听证，应当遵循公开、公平、公正和便民的原则，充分听取公民、法人和其他组织的意见，保证其陈述意见、质证和申辩的权利。

依职权组织的听证，除涉及国家秘密外，以听证会形式公开举行，并接受社会监督；依当事人的申请组织的听证，除涉及国家秘密、商业秘密或者个人隐私外，听证公开举行。

第五条 法律、法规和规章规定应当听证的事项，当事人放弃听证权利或者因情况紧急须即时决定的，主管部门不组织听证。

第二章 听证的一般规定

第六条 听证参加人包括拟听证事项经办机构的指派人员、听证会代表、当事人及其代理人、证人、鉴定人、翻译等。

第七条 听证一般由一名听证员组织；必要时，可以由三或五名听证员组织。听证员由主管部门指定。

听证设听证主持人，在听证员中产生；但须是听证机构或者经办机构的有关负责人。

记录员由听证主持人指定，具体承担听证准备和听证记录工作。

拟听证事项的具体经办人员，不得作为听证员和记录员；但可以由经办机构办理听证事务的除外。

第八条 在听证开始前，记录员应当查明听证参加人的身份和到场情况，宣布听证纪律和听证会场有关注意事项。

第九条 听证会按下列程序进行：

（一）听证主持人宣布听证开始，介绍听证员、记录员，宣布听证事项和事由，告知听证参加人的权利和义务；

（二）拟听证事项的经办机构提出理由、依据和有关材料及意见；

（三）当事人进行质证、申辩，提出维护其合法权益的事实、理由和依据（听证会代表对拟听证事项的必要性、可行性以及具体内容发表意见和质询）；

（四）最后陈述；

（五）听证主持人宣布听证结束。

第十条 记录员应当将听证的全部活动记入笔录。听证笔录应当载明下列事项，并由听证员和记录员签名：

（一）听证事项名称；

（二）听证员和记录员的姓名、职务；

（三）听证参加人的基本情况；

（四）听证的时间、地点；

（五）听证公开情况；

（六）拟听证事项的理由、依据和有关材料；

（七）当事人或者听证会代表的观点、理由和依据；

（八）延期、中止或者终止的说明；

（九）听证主持人对听证活动中有关事项的处理情况；

（十）听证主持人认为的其他事项。

听证笔录经听证参加人确认无误或者补正后当场签字或者盖章；无正当理由又拒绝签字或者盖章的，记明情况附卷。

第十一条 公开举行的听证会，公民、法人或者其他组织可以申请参加旁听。

第三章 依职权听证的范围和程序

第十二条 有下列情形之一的，主管部门应当组织听证：

（一）拟定或者修改基准地价；

（二）编制或者修改土地利用总体规划和矿产资源规划；

（三）拟定或者修改区域性征地补偿标准。

有下列情形之一的，直接涉及公民、法人或者其他组织的重大利益的，主管部门根据需要组织听证：

（一）制定规章和规范性文件；

（二）主管部门规定的其他情形。

第十三条 主管部门对本规定第十二条规定的事项举行听证的，应当在举行听证会30日前，向社会公告听证会的时间、地点、内容和申请参加听证会须知。

第十四条 符合主管部门规定条件的公民、法人和其他组织，均可申请参加听证会，也可推选代表参加听证会。

主管部门根据拟听证事项与公民、法人和其他组织的申请情况，指定听证会代表；指定的听证会代表应当具有广泛性、代表性。

公民、法人和其他组织推选的代表,符合主管部门条件的,应当优先被指定为听证会代表。

第十五条 听证机构应当在举行听证会的 10 个工作日前将听证会材料送达听证会代表。

第十六条 听证会代表应当亲自参加听证,并有权对拟听证事项的必要性、可行性以及具体内容发表意见和质询,查阅听证纪要。

听证会代表应当忠于事实,实事求是地反映所代表的公民、法人和其他组织的意见,遵守听证纪律,保守国家秘密。

第十七条 听证机构应当在举行听证会后 7 个工作日内,根据听证笔录制作包括下列内容的听证纪要:

(一)听证会的基本情况;

(二)听证事项的说明;

(三)听证会代表的意见陈述;

(四)听证事项的意见分歧;

(五)对听证会意见的处理建议。

第十八条 主管部门应当参照听证纪要依法制定规章和规范性文件;在报批拟定或者修改的基准地价、编制或者修改的土地利用总体规划和矿产资源规划、拟定或者修改的区域性征地补偿标准时,应当附具听证纪要。

第四章 依申请听证的范围和程序

第十九条 有下列情形之一的,主管部门在报批之前,应当书面告知当事人有要求举行听证的权利:

(一)拟定拟征地项目的补偿标准和安置方案的;

(二)拟定非农业建设占用基本农田方案的。

有下列情形之一的,主管部门在作出决定之前,应当书面告知当事人有要求举行听证的权利:

(一)较大数额罚款、责令停止违法勘查或者违法开采行为、吊销勘查许可证或者采矿许可证等行政处罚的;

(二)国有土地使用权、探矿权、采矿权的许可直接涉及申请人与他人之间重大利益关系的;

(三)法律、法规或者规章规定的其他情形。

第二十条 当事人对本规定第十九条规定的事项要求听证的,主管部门应当组织听证。

第二十一条 当事人应当在告知后 5 个工作日内向听证机构提出书面申请,逾期未提出的,视为放弃听证;但行政处罚听证的时限为 3 个工作日。放弃听证的,应当书面记载。

第二十二条 当事人可以委托一至二名代理人参加听证,收集、提供相关材料和证据,进行质证和申辩。

第二十三条 听证的书面申请包括以下内容:

(一)当事人的姓名、地址(法人或者其他组织的名称、地址、法定代表人);

(二)申请听证的具体事项;

(三)申请听证的依据、理由。

申请听证的,应当同时提供相关材料。

第二十四条 听证机构收到听证的书面申请后,应当对申请材料进行审查;申请材料不齐备的,应当一次告知当事人补正。

有下列情形之一的,不予受理:

(一)提出申请的不是听证事项的当事人或者其代理人的;

(二)在告知后超过5个工作日提出听证的;

(三)其他不符合申请听证条件的。

不予受理的,主管部门应当书面告知当事人不予听证。

第二十五条 听证机构审核后,对符合听证条件的,应当制作《听证通知书》,并在听证的7个工作日前通知当事人和拟听证事项的经办机构。

《听证通知书》应当载明下列事项:

(一)听证的事由与依据;

(二)听证的时间、地点;

(三)听证员和记录员的姓名、职务;

(四)当事人、拟听证事项的经办机构的权利和义务;

(五)注意事项。

第二十六条 当事人在接到《听证通知书》后,应当准时到场;无正当理由不到场的,或者未经听证主持人允许中途退场的,视为放弃听证。放弃听证的,记入听证笔录。

第二十七条 拟听证事项的经办机构在接到《听证通知书》后,应当指派人员参加听证,不得放弃听证。

第二十八条 当事人认为听证员、记录员与拟听证事项有利害关系可能影响公正的,有权申请回避,并说明理由。

听证主持人的回避由主管部门决定。听证员、记录员的回避,由听证主持人决定。

第二十九条 有下列情形之一的,可以延期举行听证:

(一)因不可抗力的事由致使听证无法按期举行的;

(二)当事人申请延期,有正当理由的;

(三)可以延期的其他情形。

延期听证的,主管部门应当书面通知听证参加人。

第三十条 有下列情形之一的,中止听证:

(一)听证主持人认为听证过程中提出新的事实、理由和依据或者提出的事实有待调查核实的;

(二)申请听证的公民死亡、法人或者其他组织终止,尚未确定权利、义务承受人的;

(三)应当中止听证的其他情形。

中止听证的,主管部门应当书面通知听证参加人。

第三十一条 延期、中止听证的情形消失后,由主管部门决定恢复听证,并书面通知听证参加人。

第三十二条 有下列情形之一的,终止听证:

(一)有权申请听证的公民死亡,没有继承人,或者继承人放弃听证权利的;

(二)有权申请听证的法人或者其他组织终止,承受其权利的法人或者组织放弃听证权利的;

（三）当事人在听证过程中声明退出的；

（四）当事人在告知后明确放弃听证权利或者被视为放弃听证权利的；

（五）需要终止听证的其他情形。

第三十三条 主管部门应当根据听证笔录，作出行政许可决定，依法作出行政处罚决定；在报批拟定的拟征地项目的补偿标准和安置方案、非农业建设占用基本农田方案时，应当附具听证笔录。

第五章 法律责任

第三十四条 法律、法规和规章规定应当听证的事项，当事人要求听证而未组织的，对直接负责的主管人员和其他直接责任人员依法给予行政处分。

第三十五条 主管部门的拟听证事项经办机构指派人员、听证员、记录员在听证时玩忽职守、滥用职权、徇私舞弊的，依法给予行政处分；构成犯罪的，依法追究刑事责任。

第六章 附 则

第三十六条 组织听证不得向当事人收取或者变相收取任何费用。

组织听证所需经费列入主管部门预算。听证机构组织听证必需的场地、设备、工作条件，主管部门应当给予保障。

第三十七条 主管部门办理行政复议，受委托起草法律、法规或者政府规章草案时，组织听证的具体程序参照本规定执行。

第三十八条 本规定自 2004 年 5 月 1 日起施行。

最高人民法院、国土资源部、建设部关于依法规范人民法院执行和国土资源房地产管理部门协助执行若干问题的通知

(法发〔2004〕5号 2004年2月10日)

各省、自治区、直辖市高级人民法院,解放军军事法院,新疆维吾尔自治区高级人民法院生产建设兵团分院;各省、自治区、直辖市国土资源厅(国土环境资源厅、国土资源和房屋管理局、房屋土地资源管理局、规划和国土资源局),新疆生产建设兵团国土资源局;各省、自治区建设厅,新疆生产建设兵团建设局,各直辖市房地产管理局:

为保证人民法院生效判决、裁定及其他生效法律文书依法及时执行,保护当事人的合法权益,根据《中华人民共和国民事诉讼法》、《中华人民共和国土地管理法》、《中华人民共和国城市房地产管理法》等有关法律规定,现就规范人民法院执行和国土资源、房地产管理部门协助执行的有关问题通知如下:

一、人民法院在办理案件时,需要国土资源、房地产管理部门协助执行的,国土资源、房地产管理部门应当按照人民法院的生效法律文书和协助执行通知书办理协助执行事项。

国土资源、房地产管理部门依法协助人民法院执行时,除复制有关材料所必需的工本费外,不得向人民法院收取其他费用。登记过户的费用按照国家有关规定收取。

二、人民法院对土地使用权、房屋实施查封或者进行实体处理前,应当向国土资源、房地产管理部门查询该土地、房屋的权属。

人民法院执行人员到国土资源、房地产管理部门查询土地、房屋权属情况时,应当出示本人工作证和执行公务证,并出具协助查询通知书。

人民法院执行人员到国土资源、房地产管理部门办理土地使用权或者房屋查封、预查封登记手续时,应当出示本人工作证和执行公务证,并出具查封、预查封裁定书和协助执行通知书。

三、对人民法院查封或者预查封的土地使用权、房屋,国土资源、房地产管理部门应当及时办理查封或者预查封登记。

国土资源、房地产管理部门在协助人民法院执行土地使用权、房屋时,不对生效法律文书和协助执行通知书进行实体审查。国土资源、房地产管理部门认为人民法院查封、预查封或者处理的土地、房屋权属错误的,可以向人民法院提出审查建议,但不应当停止办理协助执行事项。

四、人民法院在国土资源、房地产管理部门查询并复制或者抄录的书面材料,由土地、房屋权属的登记机构或者其所属的档案室(馆)加盖印章。无法查询或者查询无结果的,国土资源、房地产管理部门应当书面告知人民法院。

五、人民法院查封时,土地、房屋权属的确认以国土资源、房地产管理部门的登记或者出具的权属证明为准。权属证明与权属登记不一致的,以权属登记为准。

在执行人民法院确认土地、房屋权属的生效法律文书时，应当按照人民法院生效法律文书所确认的权利人办理土地、房屋权属变更、转移登记手续。

六、土地使用权和房屋所有权归属同一权利人的，人民法院应当同时查封；土地使用权和房屋所有权归属不一致的，查封被执行人名下的土地使用权或者房屋。

七、登记在案外人名下的土地使用权、房屋，登记名义人（案外人）书面认可该土地、房屋实际属于被执行人时，执行法院可以采取查封措施。

如果登记名义人否认该土地、房屋属于被执行人，而执行法院、申请执行人认为登记为虚假时，须经当事人另行提起诉讼或者通过其他程序，撤销该登记并登记在被执行人名下之后，才可以采取查封措施。

八、对被执行人因继承、判决或者强制执行取得，但尚未办理过户登记的土地使用权、房屋的查封，执行法院应当向国土资源、房地产管理部门提交被执行人取得财产所依据的继承证明、生效判决书或者执行裁定书及协助执行通知书，由国土资源、房地产管理部门办理过户登记手续后，办理查封登记。

九、对国土资源、房地产管理部门已经受理被执行人转让土地使用权、房屋的过户登记申请，尚未核准登记的，人民法院可以进行查封，已核准登记的，不得进行查封。

十、人民法院对可以分割处分的房屋应当在执行标的额的范围内分割查封，不可分割的房屋可以整体查封。

分割查封的，应当在协助执行通知书中明确查封房屋的具体部位。

十一、人民法院对土地使用权、房屋的查封期限不得超过二年。期限届满可以续封一次，续封时应当重新制作查封裁定书和协助执行通知书，续封的期限不得超过一年。确有特殊情况需要再续封的，应当经过所属高级人民法院批准，且每次再续封的期限不得超过一年。

查封期限届满，人民法院未办理继续查封手续的，查封的效力消灭。

十二、人民法院在案件执行完毕后，对未处理的土地使用权、房屋需要解除查封的，应当及时作出裁定解除查封，并将解除查封裁定书和协助执行通知书送达国土资源、房地产管理部门。

十三、被执行人全部缴纳土地使用权出让金但尚未办理土地使用权登记的，人民法院可以对该土地使用权进行预查封。

十四、被执行人部分缴纳土地使用权出让金但尚未办理土地使用权登记的，对可以分割的土地使用权，按已缴付的土地使用权出让金，由国土资源管理部门确认被执行人的土地使用权，人民法院可以对确认后的土地使用权裁定预查封。对不可以分割的土地使用权，可以全部进行预查封。

被执行人在规定的期限内仍未全部缴纳土地出让金的，在人民政府收回土地使用权的同时，应当将被执行人缴纳的按照有关规定应当退还的土地出让金交由人民法院处理，预查封自动解除。

十五、下列房屋虽未进行房屋所有权登记，人民法院也可以进行预查封：

（一）作为被执行人的房地产开发企业，已办理了商品房预售许可证且尚未出售的房屋；

（二）被执行人购买的已由房地产开发企业办理了房屋权属初始登记的房屋；

（三）被执行人购买的办理了商品房预售合同登记备案手续或者商品房预告登记的房屋。

十六、国土资源、房地产管理部门应当依据人民法院的协助执行通知书和所附的裁定书办理预查封登记。土地、房屋权属在预查封期间登记在被执行人名下的，预查封登记自动转为查封登记,预查封转为正式查封后,查封期限从预查封之日起开始计算。

十七、预查封的期限为二年。期限届满可以续封一次,续封时应当重新制作预查封裁定书和协助执行通知书,预查封的续封期限为一年。确有特殊情况需要再续封的,应当经过所属高级人民法院批准,且每次再续封的期限不得超过一年。

十八、预查封的效力等同于正式查封。预查封期限届满之日,人民法院未办理预查封续封手续的,预查封的效力消灭。

十九、两个以上人民法院对同一宗土地使用权、房屋进行查封的,国土资源、房地产管理部门为首先送达协助执行通知书的人民法院办理查封登记手续后,对后来办理查封登记的人民法院作轮候查封登记,并书面告知该土地使用权、房屋已被其他人民法院查封的事实及查封的有关情况。

二十、轮候查封登记的顺序按照人民法院送达协助执行通知书的时间先后进行排列。查封法院依法解除查封的,排列在先的轮候查封自动转为查封;查封法院对查封的土地使用权、房屋全部处理的,排列在后的轮候查封自动失效;查封法院对查封的土地使用权、房屋部分处理的,对剩余部分,排列在后的轮候查封自动转为查封。

预查封的轮候登记参照第十九条和本条第一款的规定办理。

二十一、已被人民法院查封、预查封并在国土资源、房地产管理部门办理了查封、预查封登记手续的土地使用权、房屋,被执行人隐瞒真实情况,到国土资源、房地产管理部门办理抵押、转让等手续的,人民法院应当依法确认其行为无效,并可视情节轻重,依法追究有关人员的法律责任。国土资源、房地产管理部门应当按照人民法院的生效法律文书撤销不合法的抵押、转让等登记,并注销所颁发的证照。

二十二、国土资源、房地产管理部门对被人民法院依法查封、预查封的土地使用权、房屋,在查封、预查封期间不得办理抵押、转让等权属变更、转移登记手续。

国土资源、房地产管理部门明知土地使用权、房屋已被人民法院查封、预查封,仍然办理抵押、转让等权属变更、转移登记手续的,对有关的国土资源、房地产管理部门和直接责任人可以依照民事诉讼法第一百零二条的规定处理。

二十三、在变价处理土地使用权、房屋时,土地使用权、房屋所有权同时转移;土地使用权与房屋所有权归属不一致的,受让人继受原权利人的合法权利。

二十四、人民法院执行集体土地使用权时,经与国土资源管理部门取得一致意见后,可以裁定予以处理,但应当告知权利受让人到国土资源管理部门办理土地征用和国有土地使用权出让手续,缴纳土地使用权出让金及有关税费。

对处理农村房屋涉及集体土地的,人民法院应当与国土资源管理部门协商一致后再行处理。

二十五、人民法院执行土地使用权时,不得改变原土地用途和出让年限。

二十六、经申请执行人和被执行人协商同意,可以不经拍卖、变卖,直接裁定将被执行人以出让方式取得的国有土地使用权及其地上房屋经评估作价后交由申请执行人抵偿债务,但应当依法向国土资源和房地产管理部门办理土地、房屋权属变更、转移登记手续。

二十七、人民法院制作的土地使用权、房屋所有权转移裁定送达权利受让人时即发生法律效力,人民法院应当明确告知权利受让人及时到国土资源、房地产管理部门申请土地、房屋权属变更、转移登记。

国土资源、房地产管理部门依据生效法律文书进行权属登记时,当事人的土地、房屋权利应当追溯到相关法律文书生效之时。

二十八、人民法院进行财产保全和先予执行时适用本通知。

二十九、本通知下发前已经进行的查封，自本通知实施之日起计算期限。

三十、本通知自2004年3月1日起实施。

国土资源部关于贯彻落实国务院紧急通知精神进一步严格土地管理的通知

(国土资发〔2004〕109号 2004年5月21日)

各省、自治区、直辖市国土资源厅(国土环境资源厅、国土资源和房屋管理局、房屋土地资源管理局、规划和国土资源管理局),计划单列市国土资源行政管理部门,解放军土地管理局,新疆生产建设兵团国土资源局:

为切实落实中央确定的各项宏观调控政策措施,保证经济平稳运行,国务院办公厅下发了《关于深入开展土地市场治理整顿严格土地管理的紧急通知》(国办发明电(2004)20号,以下简称《紧急通知》),各级国土资源部门要认真贯彻执行。现就有关问题通知如下:

一、充分认识深入开展土地市场治理整顿,严格土地管理的重要意义

去年以来的土地市场治理整顿取得明显成效,基本刹住了盲目设立开发区大量圈占土地之风,遏制了乱占滥用耕地的势头。但当前一些行业、地区投资增长过快,低水平重复建设等问题突出,资源供应和粮食安全的压力加大,反映到土地利用上的盲目扩大建设用地规模,违法违规用地等问题依然严重,土地市场秩序还不够规范,土地市场治理整顿有待进一步深入。深入开展土地市场治理整顿,严格土地管理,是国家加强宏观调控,确保经济平稳协调较快发展的重要措施,有利于遏制一些行业、地方盲目投资和重复建设;有利于提高土地集约利用水平,优化土地利用结构和布局;有利于促进土地市场的规范和发展;有利于加强队伍自身建设和管理水平的提高。

积极参与宏观调控,是党中央、国务院赋予国土资源部门的重要职责。各级国土资源部门要从国家经济社会发展的大局出发,把认识统一到中央对当前经济形势的判断和加强宏观调控的部署上来,统一到中央对国土资源工作新的要求上来,统一到科学发展观和正确政绩观上来,坚决维护中央宏观调控的统一性、权威性和有效性。当前要加强组织领导,以深入开展土地市场治理整顿为中心,统揽国土资源管理工作全局,及时调整工作部署,突出工作重点,全面落实深入开展土地市场治理整顿的各项措施,确保完成全年工作任务。

二、深入开展土地市场治理整顿,坚决制止乱占滥用土地行为

深入开展土地市场治理整顿,是去年国务院部署开展的进一步治理整顿土地市场秩序工作的延续和深化。省级国土资源部门要按照国务院《紧急通知》和部《深入开展土地市场治理整顿工作的实施方案》要求,在当地政府的统一领导下,结合本地区实际,及时制定深入开展土地市场治理整顿的工作方案,明确目标和任务,制定具体的实施步骤。要与发展改革、财政、农业、建设、监察、审计等部门加强沟通,搞好协调,各负其责,密切配合,共同完成好深入开展土地市场治理整顿工作任务。

要把深入开展土地市场治理整顿工作与正在进行的清理开发区、治理整顿土地市场秩序

阶段性检查验收，以及清理固定资产投资项目工作相结合，把《紧急通知》要求的六项治理整顿内容与正在进行治理整顿和已经部署过的专项检查工作相结合，统筹协调，突出重点，搞好衔接。已作出部署的专项检查要继续进行，不重复部署。因土资源部门要在发展改革部门开展的固定资产投资项目清理的基础上，重点清理检查去年以来新上项目用地情况和土地审批情况，整顿违法批地、非法占地的行为；会同农业部门抓紧推进基本农田保护工作检查，同时要开展耕地占补平衡数量和质量的检查工作；会同财政、审计部门开展新增建设用地土地有偿使用费征收和使用情况清理检查；配合监察、农业和审计部门开展征用农民集体土地的补偿、安置情况，特别是拖欠补偿安置费问题的检查；继续配合监察部门开展对违反招标拍卖挂牌出让国有土地使用权规定的执法监察。各专项检查要严格按照土地市场治理整顿的标准和要求，切实查清和纠正发现的问题，严肃查处违法行为，进一步健全管理制度。

三、严格执行暂停审批农用地转非农建设用地决定，切实控制新增建设用地

根据国务院《紧急通知》要求，集中半年左右时间继续深入开展土地市场治理整顿，暂停审批农用地转为非农建设用地。在此期间，省级国土资源部门要暂停办理应报省级人民政府批准的农用地转为非农建设用地；授权审批农用地转用的市、州人民政府国土资源部门要暂停办理应报市、州人民政府批准的农用地转用；能源、交通、水利、城市重大公共设施、卫生、教育等重点建设项目及相配套的拆迁安置，因建设期限、施工季节的需要，确需在近期施工建设的项目用地，须报国务院批准。部将与国家发展改革委拟定《深入开展治理整顿期间严格建设用地审批管理的实施意见》（以下简称《实施意见》）。

各级国土资源部门要加强建设项目用地的审查，符合《实施意见》规定报批条件的，才能按现行的报批程序向国务院报批，其他用地一律不得报批。土地利用总体规划确定的城市建设用地范围内符合报批条件的建设项目，可以参照单独选址项目用地的报批要求，按项目报批用地。

省级国土资源部门要对已经受理的建设用地项目进行清理，对符合《实施意见》规定报批条件的项目抓紧组织材料报批，属于暂停范围的一律停止办理。为保证重点建设项目用地，各地要进一步提高建设用地审查报批工作效率，切实抓好建设用地报批的前期工作，抓紧完善必备的报批材料，缩短报批周期。

四、加强土地利用总体规划和土地供应管理，积极参与宏观调控

加强土地利用总体规划和计划管理，严格控制建设用地总规模。在深入开展土地市场治理整顿期间，暂停涉及基本农田保护区调整的地方各级土地利用总体规划的修改；暂停受理对县改市（区）和乡改镇、撤乡并镇所在地的各级土地利用总体规划的修改申请。对于不涉及基本农田保护区调整，且符合《土地管理法》确定的修改规划条件的能源、交通、水利等基础设施建设用地，必须严格依据国务院或省级人民政府的项目批准文件和法定规划批准权限及程序，修改土地利用总体规划。对于符合《紧急通知》要求须报国务院批准农用地转用的建设项目用地，必须严格规划审查，确保用地符合土地利用总体规划，纳入土地利用年度计划，保证基本农田不减少。

要严格执行建设项目用地预审制度，从源头上控制建设用地供应。各地要严格按照国务院关于加强宏观调控严格土地管理的要求，加强与相关部门的协调与配合，按照土地利用总体规划、产业政策和土地供应政策等，对建设项目用地进行审查，对不符合规划和政策要求的建

设项目用地不得通过预审。

切实加强土地利用年度计划管理,规范计划执行的跟踪和监督。优先保证能源、交通、水利等重点建设项目用地,严格控制城镇建设用地。坚决禁止计划外用地和超计划批地。土地整理折抵指标必须纳入年度土地利用计划。对不按计划或超计划批地和乱占滥用、低效用地的地方,要追究责任,并扣减下一年度的计划指标。

进一步建立完善各项土地供应政策和管理制度,调控土地供应结构,引导产业区域合理布局和协调发展。要进一步完善并严格执行《禁止供地项目目录》和《限制供地项目目录》,在供地环节上落实国家产业政策。要充分利用暂停审批农用地转为非农建设用地的时机,大力推进土地集约利用,建立健全土地集约利用的激励和约束机制。要进一步规范土地调查和土地登记,加强土地权属管理,作到各类用地地类、面积、权属准确清楚。进一步完善建设用地定额标准,对超标准的用地,审查、报批土地时要依标准予以核减。进一步建立土地集约利用评价指标体系,明确单位面积投资强度及土地利用强度等指标,对土地集约利用强度低的要限制供地。

五、认真抓好基本农田保护检查工作,严格执行耕地占补平衡制度

在基本农田保护检查工作中,要切实查清基本农田底数和存在的问题,重点纠正和查处违法违规占用基本农田、擅自改变基本农田用途的行为。切实落实基本农田“五个不准”,坚决制止在基本农田种树、挖鱼塘等破坏基本农田行为;严禁擅自降低土地利用总体规划确定的基本农田保护面积和质量要求,擅自修改规划改变基本农田保护区布局;禁止跨市、县的基本农田易地代保,对地方已经制定的鼓励基本农田易地代保的有关规定要停止执行。要通过检查促进完善基本农田保护基础性工作。凡是在基本农田保护区划定中没有按照土地利用总体规划将基本农田落实到地块的,要抓紧落实到地块;没有树立标志的,要抓紧树立标志;没有签订责任书的,要抓紧签订责任书,将基本农田保护责任逐级落实到地方政府、村组和农户,作到基本农田的图、表、具体地块和责任人一一对应。省级国土资源部门要会同农业部门组织好对基本农田保护检查工作的督查和验收。

严格执行耕地占补平衡制度。建设单位不能自行补充耕地的,必须按照有关规定足额缴纳耕地开垦费,报批用地时附具缴纳耕地开垦费的有效凭证。补充耕地方案未实行与土地开发整理项目挂钩的、未采取表土剥离和利用措施的,原则上不予批准建设用地。部将出台耕地占补平衡考核办法,严格按建设用地项目考核耕地占补平衡。各地要立足本市、县耕地占补平衡,规范省域内易地补充耕地,省域内的易地补充耕地应由省级国土资源部门统一组织;未经国务院同意,不得擅自进行跨省域的易地补充耕地。

各地要认真贯彻落实国务院《紧急通知》精神,结合省以下国土资源管理体制的改革,进一步加强干部队伍建设,切实增强法制意识,全面推行依法行政,加大执法监督力度。对在深入开展土地市场治理整顿期间,有令不行,有禁不止,顶风违法,建设用地未批先用等行为要坚决依法查处,严肃追究责任,确保国务院严格土地管理的各项措施落到实处。

建设部关于贯彻《国务院关于深化改革严格土地管理的决定》的通知

（建规〔2004〕185 号　2004 年 10 月 29 日）

各省、自治区建设厅，直辖市建委、规划局（委员会），新疆生产建设兵团建设局：

《国务院关于深化改革严格土地管理的决定》（国发〔2004〕28 号，以下简称《决定》），针对当前存在的圈占土地、乱占滥用耕地等突出问题，提出了深化改革、健全法制、统筹兼顾、标本兼治，进一步完善符合我国国情的最严格的土地管理制度的明确要求。各级城乡规划、建设行政主管部门要从落实科学发展观的高度，充分认识加强土地管理和保护工作的重要性，切实履行职责，认真贯彻落实《决定》各项部署和要求，继续贯彻《国务院关于加强城乡规划监督管理的通知》（国发〔2002〕13 号，以下简称 13 号文件）。现就有关问题通知如下：

一、切实做好土地利用总体规划与城乡规划的相互衔接工作

（一）依法做好土地利用总体规划、城市总体规划、村庄和集镇规划的相互衔接工作。城市总体规划、村庄和集镇规划中建设用地规模不应超过土地利用总体规划确定的城市和村庄、集镇建设用地规模。在城市规划区内、村庄和集镇规划区内，城市和村庄、集镇建设用地必须符合城市规划、村庄和集镇规划。

（二）在城乡规划制定工作中加强基本农田的保护。城市总体规划、村庄和集镇规划要把规划区内基本农田保护范围作为强制性内容，在图纸上详细标明。今后，凡调整城市总体规划、村庄和集镇规划涉及基本农田的，调整前必须报请原审批机关认可，经认可后方可调整；调整后的规划，必须按法定程序报原批准机关审批。

（三）充分发挥近期建设规划的综合协调作用。按照 13 号文件和建设部等九部委《关于贯彻落实〈国务院关于加强城乡规划监督管理的通知〉的通知》（建规〔2002〕204 号）要求，近期建设规划与经济社会发展五年规划、房地产业和住房建设发展中长期规划要相互衔接，统筹安排规划年限内的城市建设用地总量、空间分布和实施时序，合理确定各类用地布局和比例。各地要依据近期建设规划，结合土地利用年度计划，确定城市建设发展的年度目标和安排。要优先安排危旧房改造和城市基础设施中拆迁安置用房、普通商品住房、经济适用住房建设项目用地，保证近期建设规划中确定的国家重点建设项目和基础设施项目用地。

二、严格执行建设用地指标，促进土地资源的集约和合理利用

（四）加快制定建设用地指标。抓紧工程项目建设用地指标制定和修改完善工作，优先开展城市基础设施项目，教育和公共文化体育卫生基础设施项目建设用地指标的编制工作，重点做好城市规划区范围内道路等市政工程建设用地指标、城市和村镇建设用地指标的编制工作，尽快建立科学合理的用地指标框架体系。

（五）编制和审批城乡规划，必须符合国家建设用地指标。各地要严格依据国家规定的建设用地指标编制和审批城市总体规划、村庄和集镇规划,合理确定城乡建设和用地规模。凡建设用地规模超过国家用地指标的规划,一律不得审查通过,并责成有关地方人民政府按规定进行缩减。

(六)各类新建、改建、扩建工程项目必须严格执行用地指标。城乡规划行政主管部门在审批建设项目用地申请时,要依据国家规定的建设用地指标,对建设用地面积进行严格审查,对超过国家规定用地指标的,不得发放建设用地规划许可证、建设工程规划许可证。禁止超过国家用地指标、以"花园式工厂"为名圈占土地。

(七)各地要立足于本地区土地资源的实际状况,合理确定与城市发展相适应的绿化用地面积。鼓励和推广屋顶绿化和立体绿化。进行绿化建设,必须符合城市总体规划、城市绿化规划。禁止利用基本农田进行绿化。基本农田上进行绿化建设的城市,不得列入园林城市、生态园林城市考核范围。凡在基本农田上进行绿化建设的,必须立即停止并予以纠正。

(八)指导和推广集约利用土地资源的新技术、新材料。要加快城乡规划动态监测系统及监测网络建设,充分利用现代高新技术实施城乡规划动态监测。积极推进建筑节能和墙体材料革新工作,研究、开发、推广和应用新型墙体材料,替代实心黏土砖。禁止占用耕地烧制实心黏土砖。在资金、技术允许情况下,鼓励开发利用城市地下空间。

三、加强城乡规划对城乡建设和土地利用的调控和指导

(九)省级人民政府必须依据省域城镇体系规划,统筹安排本行政区域内各业和各地区用地。要充分考虑和利用现有基础设施,合理规划,避免低水平重复建设和超规模建设。

(十)加强近期建设规划实施监管。近期建设规划确定的发展建设范围,必须符合已经法定程序批准的城市总体规划。编制近期建设规划,要根据城市总体规划确定的近期发展目标,划定近期建设控制线。各类建设项目,必须位于近期建设规划确定的近期建设控制线内。要加快近期建设控制线内控制性详细规划的编制和审批工作。凡未按要求编制近期建设规划的,停止新申请建设项目和用地的规划审批;对违反近期建设规划的建设项目和用地申请,一律不予批准。

(十一)加强开发区规划管理。要严格执行 13 号文件的规定,开发区范围内规划制定、审批权必须集中由所在市、县城乡规划行政主管部门行使,不得下放。凡下放规划管理权的,必须立即纠正。凡存在下放开发区规划管理权且尚未纠正的,对申请扩区的,一律不予批准。申请设立开发区或扩区的,必须报经省级城乡规划行政主管部门依据规划审查,核定用地范围并出具审查意见。设立各类开发区,必须符合省域城镇体系、城市总体规划。禁止在城市总体规划确定的建设用地范围外,设立开发区。因开发区发展需要申请扩区的,新增用地范围必须位于已经批准的城市总体规划建设用地范围内。

(十二)加强对存量土地利用的规划安排,控制新增建设用地。新建建设项目凡能利用存量土地的,不得批准新增建设用地。采取有力措施,做好"城中村"改造。存量土地再利用时,应当优先保证适合中低收入家庭需要的普通商品住房、经济适用住房建设以及必需的市政公用设施建设。城市、集镇和村庄新增建设用地,必须符合城市总体规划、村庄、集镇规划。禁止在城市规划区、村庄和集镇规划区范围以外,批准城市和集镇、村庄建设用地。

(十三)加强城乡规划对土地储备、供应的调控和引导。城乡规划行政主管部门要依据城市总体规划和近期建设规划,就近期内需要收购储备、供应土地的位置和数量提出建议。实施土地收购储备,必须符合城市总体规划、近期建设规划。存量土地收购储备涉及房屋拆迁的,应当根据《国务院办公厅关于控制城镇房屋拆迁规模严格拆迁管理的通知》(国办发〔2004〕46号),纳入房屋拆迁中长期规划和年度计划管理。土地储备机构实施国有土地上房屋拆迁的,应当按照《城市房屋拆迁管理条例》规定的条件和程序办理。实施土地供应,必须符合近期建设规划和控制性详细规划。各地城乡规划行政主管部门要将城市中心地区、旧城改造地区、近期发展地区、拟储备出让土地的地区作为重点区域,优先编制控制性详细规划,明确规划设计条件。招标、拍卖或挂牌出让国有土地使用权时,应当具备依据控制性详细规划确定的规划设计条件,并作为出让合同的组成部分。凡没有列入或者不符合近期建设规划、控制性详细规划规定用途的土地,不得办理规划手续。

(十四)规范建设用地和项目审批程序。在城市规划区内进行建设需要申请用地的,必须持有关文件,向城乡规划行政主管部门申请办理规划许可手续。未取得建设用地规划许可证而取得土地使用批准文件的,批准文件无效,已占用的土地依法予以收回。需报请发展改革部门核准或备案的项目,必须先取得城乡规划行政主管部门出具的规划意见。

四、加强对划拨土地上开发活动和集体建设用地流转的管理

(十五)规范原有划拨土地的房地产开发活动。经依法批准利用原有划拨土地从事房地产开发的,应按市场价补缴土地出让金,依法取得房地产开发资质,并纳入房地产开发管理。独立工矿区、困难企业可以利用自用划拨土地,在符合城市规划、土地利用总体规划的前提下,组织住房困难职工进行集资合作建房,并纳入经济适用住房建设管理,执行经济适用住房建设管理的有关规定,不得以与其他单位联合建设等形式变相进行房地产开发。

(十六)严格集体建设用地流转管理。建制镇、村庄和集镇中的农民集体所有建设用地使用权流转,必须符合建制镇、村庄和集镇规划,由城乡规划行政主管部门依据规划出具有关流转地块的规划条件。没有编制或违反建制镇、村庄和集镇规划要求的,有关集体建设用地,不得进行流转。房地产开发企业应按照《城市房地产管理法》的规定,依法在取得国有土地使用权的土地上进行基础设施、房屋建设,禁止以"现代农业园区"或"设施农业"为名、利用集体建设用地变相从事房地产开发和商品房销售活动。

(十七)加强对集体土地上房屋拆迁的管理。与国土资源部门共同研究制定城市规划区内集体土地上房屋拆迁补偿有关政策。

五、强化村庄集镇建设和用地管理

(十八)加强村镇规划编制工作。省域城镇体系规划要确定重点镇的数量;县(市)域城镇体系规划要确定镇和中心村的布局;村庄集镇总体规划,要合理确定农村居民点的数量、布局和建设用地规模。要统筹规划工业用地,严禁零散安排乡村工业用地。在符合农民意愿的前提下,统筹规划农村居民点、迁村并点。尚未编制村庄和集镇规划的,要抓紧编制和报批。涉及行政区划调整的地区,要及时修编村庄和集镇规划。

(十九)加强对农村宅基地管理。新批村镇宅基地必须位于村庄、集镇规划区内,并符合村庄、集镇规划的安排。凡没有制定村庄、集镇规划或宅基地申请与村庄、集镇规划不符的,一律不得办理许可手续。已确定撤并的农村居民点内,不得批准进行新的建设。禁止多处申请宅基地。因实施农房建设,需申请批准新宅基地的,原有宅基地应当退回。农村住宅设计,不得突破当地规定的宅基地规划、建设标准。

(二十)采取切实措施,加大对村镇规划建设管理的资金支持和技术指导,理顺管理体制,

加强村镇基层规划建设管理工作。

六、依法严肃查处违法违规行为

(二十一)依法监督和查处违法用地行为。地方各级城乡规划、建设行政主管部门要开展专项监督检查,重点查处未经审批乱圈地、突破国家用地指标和规划确定的用地规模使用土地、占用基本农田进行建设等问题。对建设单位、个人未取得建设用地规划许可证、建设工程规划许可证进行用地和项目建设,擅自改变规划用地性质或扩大建设规模,违反法律规定和规划要求随意流转集体建设用地等行为,要采取措施坚决制止,并依法给予处罚。按法律规定应当没收或拆除的违法用地和违法建设,必须依法处罚,不得以罚款或补办手续取代。触犯刑律的,要依法移交司法机关查处。

(二十二)建立行政过错纠正和行政责任追究制度。上级部门要加强对下级部门的监督检查。严格执行13号文件规定,对于地方人民政府及有关行政主管部门违反规定调整规划,违反规划批准使用土地和项目建设,擅自在规划确定的建设用地范围以外批准、设立开发区,以及对违法用地不依法查处等行为,除应予以纠正外,还要按照干部管理权限和有关规定对直接责任人给予行政处分。对于造成严重损失和不良影响的,除追究直接责任人责任外,还应追究有关领导的责任,必要时可给予负有责任的主管领导撤职以下行政处分;触犯刑律的,依法移交司法机关查处。

各级城乡规划、建设行政主管部门要以邓小平理论和“三个代表”重要思想为指导,牢固树立科学发展观和正确的政绩观,切实端正城乡规划建设指导思想,依法加强监督管理,充分发挥城乡规划对土地资源集约和合理利用的调控和引导作用,落实好最严格的土地管理制度,促进城乡经济和社会的健康和可持续发展。

国土资源部关于贯彻落实《国务院关于深化改革严格土地管理的决定》的通知

（国土资发〔2004〕229号　2004年10月31日）

各省、自治区、直辖市国土资源厅（国土环境资源厅、国土资源局、国土资源和房屋管理局、房屋土地资源管理局、规划和国土资源局），计划单列市国土资源行政主管部门，国家海洋局，国家测绘局，解放军土地管理局，新疆生产建设兵团国土资源局，部各直属单位，部机关各司局：

近日，国务院下发了《国务院关于深化改革严格土地管理的决定》（国发〔2004〕28号，以下简称《决定》）；10月28日，国务院召开了全国深化改革严格土地管理工作电视电话会议，温家宝总理发表了重要讲话。《决定》和温家宝总理的重要讲话，充分体现了党中央、国务院对土地管理和耕地保护工作的高度重视和一贯方针，是落实最严格的土地管理制度，进一步推进土地管理事业改革和发展的纲领性文件；是加强和改善宏观调控，促进经济平稳较快发展的又一重大举措；是推进依法行政，切实维护广大人民群众利益的重要体现；是树立和落实科学发展观，促进经济社会可持续发展的重要保障。为做好《决定》和温家宝总理重要讲话精神的学习和贯彻落实工作，现就有关问题通知如下。

一、认真组织学习，提高认识，统一思想

全面贯彻落实党的十六届四中全会精神，认真学习贯彻《决定》和温家宝总理重要讲话精神，是当前国土资源管理工作的头等大事，各级国土资源部门要迅速掀起学习高潮。要通过学习，增强对严格土地管理和切实保护耕地极端重要性和紧迫性的认识。要认识到实行最严格的土地管理制度，是我国人多地少的基本国情所决定的，直接关系到国家粮食安全，直接关系到经济社会可持续发展，直接关系到社会稳定和国家长治久安，绝不是权宜之计，而是一项长期任务、根本大计。要通过学习，把握《决定》的指导原则。《决定》从我国国情出发，贯彻“十分珍惜、合理利用土地和切实保护耕地”的基本国策，坚持社会主义市场经济的改革方向，针对当前土地管理中存在的突出问题，提出了深化改革、严格土地管理的措施。要通过学习，明确《决定》提出的深化改革严格土地管理的具体措施，充分运用法律手段、经济手段，辅之以必要的行政手段，更科学、更有效地管住管好土地。要通过学习，真正把全系统干部的思想统一到《决定》和温家宝总理重要讲话精神上来，统一到落实最严格的土地管理制度上来。地方各级国土资源部门，要采取多种形式，于今年年底前集中开展对《决定》的学习活动。要切实加强对《决定》和温家宝总理重要讲话精神的宣传工作，充分发挥舆论的正确导向作用。

二、抓紧启动土地法律法规的学习教育活动，增强依法管地、用地的意识

根据《决定》“要深入持久地开展土地法律法规的学习教育活动”的要求，各级国土资源部门要在集中一段时间学习《决定》和温家宝总理重要讲话之后，立即启动领导干部的土地法制学习教育活动。开展学习教育活动的对象以地方各级政府领导干部和国土资源部门领导干部为主。当前学习教育的主要内容是:我国的土地国情和土地基本国策、土地管理法律法规、《决定》及相关配套规章制度、《中华人民共和国刑法》有关土地犯罪的规定、《最高人民法院关于审理破坏土地资源刑事案件具体应用法律若干问题的解释》、最高人民检察院关于渎职犯罪立案标准的规定和《监察部国土资源部关于违反土地管理规定行为行政处分暂行办法》。学习教育活动由部统一部署,分级负责,分层培训,并与国土资源部门领导班子的考核相结合。部将会同有关部门研究制定省级政府领导干部及省级国土资源部门领导干部学习教育活动的方案并组织实施;省级国土资源部门要积极与有关部门协商,研究制定本行政区域内各级政府领导干部及国土资源部门领导干部学习教育活动的方案并组织实施。通过学习教育活动,使各级领导干部进一步增强依法管地的意识,提高依法管地的水平和能力。

三、继续深入开展土地市场治理整顿,巩固成果,防止"反弹"

土地市场治理整顿的成果还是初步的、阶段性的,圈占土地、乱占滥用耕地的问题尚未根本解决。为巩固土地市场治理整顿成果,确保暂停农用地转用审批到期后,有效防止投资规模扩张的"反弹",各地必须认真贯彻落实《决定》提出的各项防止"反弹"的措施。土地市场治理整顿不能松懈。清理开发区和纠正违法违规占地的工作要一抓到底,绝不能走过场。不符合土地利用总体规划和城镇建设规划的开发区,不得批准用地。

要坚决贯彻有区别、有步骤地恢复农用地转用审批的要求,坚决防止一哄而起,防止突击批地占地,盲目集中上项目。各地要贯彻区别对待、有保有压的原则,优先保证国家重点建设项目、产业政策鼓励发展的项目和经济社会发展中薄弱环节建设项目的用地需要。确保今年国家下达的农用地转用计划指标不突破,今年的农用地转用计划指标,首先安排已经确认的重点急需项目,如有剩余再安排一般性项目。

国土资源部门要严格按照《决定》的要求,认真做好建设项目用地预审、农用地转用和土地征收审批工作,严格依据土地利用总体规划和土地利用计划审查建设项目用地,统筹安排各类建设用地;要按照《决定》确立的从严从紧控制农用地转为建设用地总量、速度的原则和计划分类的要求,抓紧研究和编报2005年度土地利用计划;要切实做好过去拖欠的农民征地补偿安置费的偿还工作,对在今年年底前不能足额偿还的县(市、区),暂缓下达2005年农用地转用计划;要在严肃查处地方擅自修改土地利用总体规划、非法占用基本农田、侵害被征地农民合法权益、减免和欠缴新增建设用地土地有偿使用费等违法违规行为的同时,严肃责任追究,并责令限期整改,整改期间严格按照《决定》的要求,暂停农用地转用和征地审批。

四、切实做好征地补偿安置工作,维护农民合法权益和社会稳定

《决定》按照保证被征地农民生活水平不因征地而降低,长远生计有保障的原则,在完善征地补偿安置办法、健全征地程序、强化征地实施过程监管等方面作出了明确规定。各省、自治区、直辖市国土资源部门要会同有关部门,按照《决定》的要求,结合本地实际,切实做好征地补偿安置工作。同时,要采取有力措施,做好相关政策的衔接工作,要依法解释和宣传新的政策规定,防止简单攀比,确保社会稳定。当前要特别做好土地信访工作,对群众反映的问题,凡符合法律政策规定的,要及时加以解决;对群众反映的即使不符合法律政策规定的问题,也要耐心做好群众的宣传解释工作,化解矛盾,防止群体性事件的发生。恢复农用地转用和土地征收正常审批后,各地要严格执行《决定》有关征地管理的规定,严把审批关,切实维护被征地农民的合法权益。

五、积极推进土地管理的各项改革，大力推进节约和集约用地

《决定》按照深化改革的要求，对土地利用规划计划管理、征地补偿安置制度、新增建设用地土地有偿使用费收缴、土地执法监察、案件移送、土地整理、农村宅基地管理、农村集体建设用地使用权流转等方面的改革，作出了明确的规定，部将制定相关配套政策陆续下发。各地要严格按照《决定》和相关配套政策的要求，采取切实有效措施保证各项改革措施落实到位。同时，在建立国有土地收益基金、建立土地统一登记制度、推进经营性基础设施用地有偿使用和进一步推进征地制度改革等方面，积极探索，抓好改革试点工作。各省、自治区、直辖市国土资源部门要按照《决定》的要求，主动加强与有关部门的协调与配合，确保今年年底前完成省级以下国土资源管理体制改革工作和基层国土资源管理所机构、编制、经费落实到位。

各地要按照《决定》的要求，围绕实现土地利用方式的根本性转变，大力推进节约和集约用地，认真总结和大力推广集约用地的典型经验，积极开展农村建设用地整理，探索走符合中国国情的节约用地促进经济发展道路。

六、加强配套制度建设，全面落实严格土地管理的各项措施

按照《决定》提出的严格土地管理的要求，部将对耕地保护责任考核、基本农田特殊保护、建设项目用地预审、农用地转用和土地征收审批、耕地占补平衡考核、禁止和限制供地政策、土地市场规范和监管等方面作出严格具体的规定。各省、自治区、直辖市国土资源部门要按照《决定》的要求，结合本地实际，抓紧研究出台协议出让土地最低价标准、各市县征地的统一年产值标准或区片综合地价、土地使用标准等相关配套政策，其中，协议出让土地最低价标准要在今年年底前出台。各省、自治区、直辖市国土资源部门要积极配合有关部门抓紧制定土地补偿费在农村集体经济组织内部的分配办法。各级国土资源部门要在今年年底前全面完成对当地有关规定的清理工作。凡与《决定》相抵触的，要及时废止、修改或提出废止、修改的建议，清理结果要及时向社会公告。

七、扎实做好各项基础工作，加强土地管理行政能力建设

各地要按照《决定》的要求，扎实做好土地管理的各项基础工作。要充分利用现代技术手段，尽快组织实施新一轮土地调查，确保土地数据的真实性；要以强化土地用途管制，突出基本农田保护为重点，认真组织开展新一轮土地利用总体规划修编工作；要适应实施鼓励节约和集约用地政策的需要，抓紧开展存量建设用地资源普查工作，要抓紧启动“金土工程”，加快土地利用总体规划实施、耕地保护和土地市场动态监测网络建设，进一步提高土地管理能力和技术水平。部将及时制定和下发实施方案，各省、自治区、直辖市国土资源部门要抓紧研究，切实做好组织实施的各项准备工作。同时，各地要积极配合部做好建立土地统一分类国家标准的准备工作。

八、严格依法查处土地违法行为，充分发挥警示作用

根据《决定》关于“严格依法查处违反土地管理法律法规的行为”的要求，配合开展土地法律法规的学习教育活动，要集中查处一批土地违法的大案要案，区别不同情况，依法追究有关责任人的行政责任和刑事责任。对 1999 年 1 月 1 日到《决定》发布之日止发生的土地违法行为，尚未处理的，应当依法进行处理。其中，在土地市场治理整顿期间主动自查自纠且未造成

严重后果的,可以依法从轻或者减轻处理;在土地市场治理整顿期间未能主动自查自纠或者顶风作案的,应当依法从重从严处理。《决定》下发后新发生的土地违法行为,必须依法从重从严处理。各地在对土地违法大案要案的查处过程中,对典型案件要公开调查、公开处理结果,充分发挥惩戒作用和警示作用。

各省、自治区、直辖市国土资源部门要采取切实措施,认真贯彻落实《决定》和电视电话会议精神,并于今年年底前将贯彻落实情况报部办公厅。

中华人民共和国最高人民法院公告

（法释〔2005〕5号 2005年6月18日）

《最高人民法院关于审理涉及国有土地使用权合同纠纷案件适用法律问题的解释》已于2004年11月23日由最高人民法院审判委员会第1334次会议通过，现予公布，自2005年8月1日起施行。

最高人民法院关于审理涉及国有土地使用权合同纠纷案件适用法律问题的解释

（2004年11月23日最高人民法院审判委员会第1334次会议通过）

根据《中华人民共和国民法通则》、《中华人民共和国合同法》、《中华人民共和国土地管理法》、《中华人民共和国城市房地产管理法》等法律规定，结合民事审判实践，就审理涉及国有土地使用权合同纠纷案件适用法律的问题，制定本解释。

一、土地使用权出让合同纠纷

第一条 本解释所称的土地使用权出让合同，是指市、县人民政府土地管理部门作为出让方将国有土地使用权在一定年限内让与受让方，受让方支付土地使用权出让金的协议。

第二条 开发区管理委员会作为出让方与受让方订立的土地使用权出让合同，应当认定无效。

本解释实施前，开发区管理委员会作为出让方与受让方订立的土地使用权出让合同，起诉前经市、县人民政府土地管理部门追认的，可以认定合同有效。

第三条 经市、县人民政府批准同意以协议方式出让的土地使用权，土地使用权出让金低于订立合同时当地政府按照国家规定确定的最低价的，应当认定土地使用权出让合同约定的价格条款无效。

当事人请求按照订立合同时的市场评估价格交纳土地使用权出让金的，应予支持；受让方不同意按照市场评估价格补足，请求解除合同的，应予支持。因此造成的损失，由当事人按照过错承担责任。

第四条 土地使用权出让合同的出让方因未办理土地使用权出让批准手续而不能交付土地，受让方请求解除合同的，应予支持。

第五条 受让方经出让方和市、县人民政府城市规划行政主管部门同意，改变土地使用权出让合同约定的土地用途，当事人请求按照起诉时同种用途的土地出让金标准调整土地出让金的，应予支持。

第六条 受让方擅自改变土地使用权出让合同约定的土地用途，出让方请求解除合同的，应予支持。

二、土地使用权转让合同纠纷

第七条 本解释所称的土地使用权转让合同,是指土地使用权人作为转让方将出让土地使用权转让于受让方,受让方支付价款的协议。

第八条 土地使用权人作为转让方与受让方订立土地使用权转让合同后,当事人一方以双方之间未办理土地使用权变更登记手续为由,请求确认合同无效的,不予支持。

第九条 转让方未取得出让土地使用权证书与受让方订立合同转让土地使用权,起诉前转让方已经取得出让土地使用权证书或者有批准权的人民政府同意转让的,应当认定合同有效。

第十条 土地使用权人作为转让方就同一出让土地使用权订立数个转让合同,在转让合同有效的情况下,受让方均要求履行合同的,按照以下情形分别处理:

(一)已经办理土地使用权变更登记手续的受让方,请求转让方履行交付土地等合同义务的,应予支持;

(二)均未办理土地使用权变更登记手续,已先行合法占有投资开发土地的受让方请求转让方履行土地使用权变更登记等合同义务的,应予支持;

(三)均未办理土地使用权变更登记手续,又未合法占有投资开发土地,先行支付土地转让款的受让方请求转让方履行交付土地和办理土地使用权变更登记等合同义务的,应予支持;

(四)合同均未履行,依法成立在先的合同受让方请求履行合同的,应予支持。

未能取得土地使用权的受让方请求解除合同、赔偿损失的,按照《中华人民共和国合同法》的有关规定处理。

第十一条 土地使用权人未经有批准权的人民政府批准,与受让方订立合同转让划拨土地使用权的,应当认定合同无效。但起诉前经有批准权的人民政府批准办理土地使用权出让手续的,应当认定合同有效。

第十二条 土地使用权人与受让方订立合同转让划拨土地使用权,起诉前经有批准权的人民政府同意转让,并由受让方办理土地使用权出让手续的,土地使用权人与受让方订立的合同可以按照补偿性质的合同处理。

第十三条 土地使用权人与受让方订立合同转让划拨土地使用权,起诉前经有批准权的人民政府决定不办理土地使用权出让手续,并将该划拨土地使用权直接划拨给受让方使用的,土地使用权人与受让方订立的合同可以按照补偿性质的合同处理。

三、合作开发房地产合同纠纷

第十四条 本解释所称的合作开发房地产合同,是指当事人订立的以提供出让土地使用权、资金等作为共同投资,共享利润、共担风险合作开发房地产为基本内容的协议。

第十五条 合作开发房地产合同的当事人一方具备房地产开发经营资质的,应当认定合同有效。

当事人双方均不具备房地产开发经营资质的,应当认定合同无效。但起诉前当事人一方已经取得房地产开发经营资质或者已依法合作成立具有房地产开发经营资质的房地产开发企业的,应当认定合同有效。

第十六条 土地使用权人未经有批准权的人民政府批准,以划拨土地使用权作为投资与他人订立合同合作开发房地产的，应当认定合同无效。但起诉前已经办理批准手续的，应当认定合同有效。

第十七条 投资数额超出合作开发房地产合同的约定，对增加的投资数额的承担比例，当事人协商不成的，按照当事人的过错确定；因不可归责于当事人的事由或者当事人的过错无法确定的，按照约定的投资比例确定；没有约定投资比例的，按照约定的利润分配比例确定。

第十八条 房屋实际建筑面积少于合作开发房地产合同的约定，对房屋实际建筑面积的分配比例，当事人协商不成的，按照当事人的过错确定；因不可归责于当事人的事由或者当事人过错无法确定的，按照约定的利润分配比例确定。

第十九条 在下列情形下，合作开发房地产合同的当事人请求分配房地产项目利益的，不予受理；已经受理的，驳回起诉：

（一）依法需经批准的房地产建设项目未经有批准权的人民政府主管部门批准；

（二）房地产建设项目未取得建设工程规划许可证；

（三）擅自变更建设工程规划。

因当事人隐瞒建设工程规划变更的事实所造成的损失，由当事人按照过错承担。

第二十条 房屋实际建筑面积超出规划建筑面积，经有批准权的人民政府主管部门批准后，当事人对超出部分的房屋分配比例协商不成的，按照约定的利润分配比例确定。对增加的投资数额的承担比例，当事人协商不成的，按照约定的投资比例确定；没有约定投资比例的，按照约定的利润分配比例确定。

第二十一条 当事人违反规划开发建设的房屋，被有批准权的人民政府主管部门认定为违法建筑责令拆除，当事人对损失承担协商不成的，按照当事人过错确定责任；过错无法确定的，按照约定的投资比例确定责任；没有约定投资比例的，按照约定的利润分配比例确定责任。

第二十二条 合作开发房地产合同约定仅以投资数额确定利润分配比例，当事人未足额交纳出资的，按照当事人的实际投资比例分配利润。

第二十三条 合作开发房地产合同的当事人要求将房屋预售款充抵投资参与利润分配的，不予支持。

第二十四条 合作开发房地产合同约定提供土地使用权的当事人不承担经营风险，只收取固定利益的，应当认定为土地使用权转让合同。

第二十五条 合作开发房地产合同约定提供资金的当事人不承担经营风险，只分配固定数量房屋的，应当认定为房屋买卖合同。

第二十六条 合作开发房地产合同约定提供资金的当事人不承担经营风险，只收取固定数额货币的，应当认定为借款合同。

第二十七条 合作开发房地产合同约定提供资金的当事人不承担经营风险，只以租赁或者其他形式使用房屋的，应当认定为房屋租赁合同。

四、其　　他

第二十八条 本解释自2005年8月1日起施行；施行后受理的第一审案件适用本解释。

本解释施行前最高人民法院发布的司法解释与本解释不一致的，以本解释为准。

国土资源部、监察部关于监察机关和国土资源部门在查处土地违法违纪案件中加强协作配合的通知

(监发〔2005〕6号 2005年8月23日)

各省、自治区、直辖市监察厅(局)、国土资源厅(局),新疆生产建设兵团监察局、国土资源局:

为了认真贯彻执行《国务院关于深化改革严格土地管理的决定》(国发〔2004〕28号),及时有效地查处土地违法违纪案件,维护土地管理秩序,现就监察机关和国土资源部门在查处土地违法违纪案件中加强协作配合的有关问题通知如下:

一、各级监察机关和国土资源部门应当分别依照《中华人民共和国行政监察法》、《中华人民共和国土地管理法》规定的职权范围,充分发挥各自的职能作用,在查处土地违法违纪案件中互通情况,相互支持,加强协作配合,建立相应的沟通、协调机制。

二、监察机关和国土资源部门共同立案查处的案件,应当由两个单位的有关人员组成联合调查组,按照各自的职权开展调查。

案件调查终结后,由两个单位共同研究写出调查报告。

需要追究行政纪律责任的,由参与联合调查的监察机关负责落实;需要给予行政处罚的,由参与调查的国土资源部门负责落实。

三、监察机关查处土地违法违纪案件,需要国土资源部门协助配合的,可以商请国土资源部门予以协助,国土资源部门应当予以协助配合。

四、国土资源部门查处土地违法违纪案件,需要监察机关协助配合的,可以商请监察机关予以协助,监察机关应当予以协助配合。

五、监察机关在查处土地违法违纪案件中,认为依法应当由国土资源部门给予行政处罚的,应当依照《中华人民共和国行政监察法》的有关规定提出监察建议,并将有关案件材料移送国土资源部门。国土资源部门应当依法及时查处,并将结果书面告知监察机关。

六、国土资源部门在查处土地违法违纪案件中,认为依法应当追究监察对象行政纪律责任且自己无权处理的,应当将有关案件材料移送监察机关。监察机关应当依法及时查处,并将处理结果书面告知国土资源部门。

七、监察机关和国土资源部门建立案件移送制度,移送案件时要做到证据齐全、程序合理、手续完备。

八、移送的土地违法违纪案件材料应当包括以下内容:

(一)本单位有关领导或者主管单位同意移送的意见;

(二)案件的来源及立案材料;

(三)案件调查报告;

(四)有关证据材料;

(五)其他需要移送的材料。

国土资源部关于印发《查处土地违法行为立案标准》的通知

（国土资发〔2005〕176号 2005年8月31日）

各省、自治区、直辖市国土资源厅（国土环境资源厅、国土资源局、国土资源和房屋管理局、房屋土地资源管理局、规划和国土资源局），计划单列市国土资源行政主管部门，解放军土地管理局，新疆生产建设兵团国土资源局：

为贯彻落实《国务院关于深化改革严格土地管理的决定》（国发〔2004〕28号）精神，强化土地执法监察，规范土地执法行为，依法维护土地管理秩序，根据《中华人民共和国土地管理法》、《中华人民共和国城市房地产管理法》等法律法规的规定，结合各级国土资源管理部门办理土地违法案件的实际情况，部制定了《查处土地违法行为立案标准》，现予印发，请遵照执行。

查处土地违法行为立案标准

违反《中华人民共和国土地管理法》、《中华人民共和国城市房地产管理法》等土地管理法律、法规和规章的规定，有下列各类违法行为之一，依法应当给予行政处罚或行政处分的，应及时予以立案。但是违法行为轻微并及时纠正，没有造成危害后果的，或者法律、法规和规章未规定法律责任的，不予立案。

一、非法转让土地类

（一）未经批准，非法转让、出租、抵押以划拨方式取得的国有土地使用权的；

（二）不符合法律规定的条件，非法转让以出让方式取得的国有土地使用权的；

（三）将农民集体所有的土地的使用权非法出让、转让或者出租用于非农业建设的；

（四）不符合法律规定的条件，擅自转让房地产开发项目的；

（五）以转让房屋（包括其他建筑物、构筑物），或者以土地与他人联建房屋分配实物、利润，或者以土地出资入股、联营与他人共同进行经营活动，或者以置换土地等形式，非法转让土地使用权的；

（六）买卖或者以其他形式非法转让土地的。

二、非法占地类

（一）未经批准或者采取欺骗手段骗取批准，非法占用土地的；

（二）农村村民未经批准或者采取欺骗手段骗取批准，非法占用土地建住宅的；

（三）超过批准的数量占用土地的；

（四）依法收回非法批准、使用的土地，有关当事人拒不归还的；

(五)依法收回国有土地使用权,当事人拒不交出土地的;

(六)临时使用土地期满,拒不归还土地的;

(七)不按照批准的用途使用土地的;

(八)不按照批准的用地位置和范围占用土地的;

(九)在土地利用总体规划确定的禁止开垦区内进行开垦,经责令限期改正,逾期不改正的;

(十)在临时使用的土地上修建永久性建筑物、构筑物的;

(十一)在土地利用总体规划制定前已建的不符合土地利用总体规划确定的用途的建筑物、构筑物,重建、扩建的。

三、破坏耕地类

(一)占用耕地建窑、建坟,破坏种植条件的;

(二)未经批准,擅自在耕地上建房、挖砂、采石、采矿、取土等,破坏种植条件的;

(三)非法占用基本农田建窑、建房、建坟、挖砂、采石、采矿、取土、堆放固体废弃物或者从事其他活动破坏基本农田,毁坏种植条件的;

(四)拒不履行土地复垦义务,经责令限期改正,逾期不改正的;

(五)建设项目施工和地质勘查临时占用耕地的土地使用者,自临时用地期满之日起1年以上未恢复种植条件的;

(六)因开发土地造成土地荒漠化、盐渍化的。

四、非法批地类

(一)无权批准征收、使用土地的单位或者个人非法批准占用土地的;

(二)超越批准权限非法批准占用土地的;

(三)没有农用地转用计划指标或者超过农用地转用计划指标,擅自批准农用地转用的;

(四)规避法定审批权限,将单个建设项目用地拆分审批的;

(五)不按照土地利用总体规划确定的用途批准用地的;

(六)违反法律规定的程序批准占用、征收土地的;

(七)核准或者批准建设项目前,未经预审或者预审未通过,擅自批准农用地转用、土地征收或者办理供地手续的;

(八)非法批准不符合条件的临时用地的;

(九)应当以出让方式供地,而采用划拨方式供地的;

(十)应当以招标、拍卖、挂牌方式出让国有土地使用权,而采用协议方式出让的;

(十一)在以招标、拍卖、挂牌方式出让国有土地使用权过程中,弄虚作假的;

(十二)不按照法定的程序,出让国有土地使用权的;

(十三)擅自批准出让或者擅自出让土地使用权用于房地产开发的;

(十四)低于按国家规定所确定的最低价,协议出让国有土地使用权的;

(十五)依法应当给予土地违法行为行政处罚或者行政处分,而未依法给予行政处罚或者行政处分,补办建设用地手续的;

(十六)对涉嫌违法使用的土地或者存在争议的土地,已经接到举报,或者正在调查,或者上级机关已经要求调查处理,仍予办理审批、登记或颁发土地证书等手续的;

（十七）未按国家规定的标准足额缴纳新增建设用地土地有偿使用费，擅自下发农用地转用或土地征收批准文件的。

五、其他类型的土地违法行为

（一）依法应当将耕地划入基本农田保护区而不划入，经责令限期改正而拒不改正的；

（二）破坏或者擅自改变基本农田保护区标志的；

（三）依法应当对土地违法行为给予行政处罚或者行政处分，而不予行政处罚或者行政处分、提出行政处分建议的；

（四）土地行政主管部门的工作人员，没有法律、法规的依据，擅自同意减少、免除、缓交土地使用权出让金等滥用职权的；

（五）土地行政主管部门的工作人员，不依照土地管理的规定，办理土地登记、颁发土地证书，或者在土地调查、建设用地报批中，虚报、瞒报、伪造数据以及擅自更改土地权属、地类和面积等滥用职权的。

六、依法应当予以立案的其他土地违法行为。

中华人民共和国国土资源部令

（第32号）

《国土资源信访规定》,已经2005年12月29日国土资源部第2次部务会议修订通过,现将修订后的《国土资源信访规定》公布,自2006年3月1日起施行。

部长 孙文盛

2006年1月4日

国土资源信访规定

（2002年4月3日国土资源部第4次部务会议通过,2005年12月29日国土资源部第2次部务会议修订）

第一章 总 则

第一条 为规范国土资源信访行为,维护国土资源信访秩序,保护信访人的合法权益,根据《信访条例》和国土资源管理法律、法规,制定本规定。

第二条 本规定所称国土资源信访,是指公民、法人或者其他组织采用书信、电子邮件、传真、电话、走访等形式,向国土资源管理部门反映情况,提出建议、意见或者投诉请求,依法由国土资源管理部门处理的活动。

本规定所称信访人,是指采用前款规定的形式,反映情况,提出建议、意见或者投诉请求的公民、法人或者其他组织。

第三条 国土资源信访工作应当遵循下列原则:

（一）属地管理、分级负责,谁主管、谁负责;

（二）畅通信访渠道,方便信访人;

（三）实事求是,有错必纠;

（四）依法、及时、就地解决问题与疏导教育相结合;

（五）坚持依法行政,从源头上预防导致国土资源信访事项发生的矛盾和纠纷。

第四条 上级国土资源管理部门应当定期对下级国土资源管理部门的信访工作绩效进行考核。

第五条 有下列情形之一的,有关的国土资源管理部门应当给予奖励:

（一）在国土资源信访工作中成绩显著的单位或者个人;

（二）信访人反映的情况,提出的建议、意见,对改进国土资源管理工作有重要贡献的。

第二章 信访工作机构和人员

第六条 县级以上国土资源管理部门应当按照有利工作、方便信访人的原则,确定负责信访工作的机构,配备与工作任务相适应的工作人员,设立接待场所,提供必要的工作保障。

第七条 国土资源信访工作人员应当熟悉国土资源法律、法规和政策,具有较丰富的群众工作经验,作风正派,责任心强,实事求是,廉洁奉公。

第八条 国土资源信访工作机构依法履行下列职责:

(一)受理、交办、转送国土资源信访事项;

(二)承办本级人民政府和上级国土资源管理部门交办的国土资源信访事项;

(三)协调处理重要国土资源信访事项;

(四)督促检查国土资源信访事项的处理;

(五)研究分析信访情况,开展调查研究,及时向本部门提出完善政策、解决问题和改进工作的建议;

(六)对下级国土资源管理部门的信访工作进行指导。

第九条 信访工作机构根据工作需要,可以参加会审会等有关会议,阅读相关文件,查阅、复制与信访事项有关的文件、凭证。

第十条 国土资源信访工作人员应当做到:

(一)全心全意为人民服务,严格依法行政;

(二)认真处理人民来信,热情接待群众来访,依法解答信访人提出的问题,耐心做好疏导工作,宣传国土资源法律,法规和有关方针、政策;

(三)保护信访人的隐私权利,不得将举报、控告材料、信访人姓名及其他有关情况透露或者转送给被举报、被控告的对象或者单位。

第十一条 国土资源信访工作人员享受本级人民政府或者上级国土资源管理部门有关的岗位津贴和卫生保健福利待遇。

第三章 信 访 渠 道

第十二条 县级以上国土资源管理部门应当通过互联网或者发布公告等方式,向社会公开下列信访信息:

(一)信访工作机构的通信地址、电子信箱和投诉电话;

(二)信访接待的时间和地点;

(三)查询信访事项处理进展及结果的方式;

(四)与信访工作有关的法律、法规、规章;

(五)信访事项的处理程序;

(六)其他为信访人提供便利的相关事项。

第十三条 县级以上国土资源管理部门应当充分利用现有的政务信息网络资源,建立国土资源信访信息系统,实现与本级人民政府信访工作机构、上下级国土资源管理部门的互联互通,为信访人在当地提出信访事项、查询信访事项办理情况提供便利。

第十四条 国土资源信访工作机构应当将信访人的投诉请求输入信访信息系统。信访人可以持有关的国土资源管理部门出具的投诉请求受理凭证,到当地国土资源管理部门的信访接待场所查询其所提出的投诉请求的办理情况。

第十五条 县级以上国土资源管理部门应当建立健全信访工作制度。主要负责人应当阅批重要来信,接待重要来访,听取信访工作汇报,研究解决国土资源信访工作中的突出问题。

第十六条 市、县国土资源管理部门应当建立行政机关负责人信访接待日制度,由市、县国土资源管理部门负责人协调处理信访事项。信访人可以在市、县国土资源管理部门公布的信访接待日和接待地点,当面向市、县国土资源管理部门负责人反映信访事项。

县级以上国土资源管理部门的负责人或者工作人员,可以就信访人反映的突出问题到信访人居住地与信访人面谈沟通。

第四章 信访事项的提出

第十七条 信访人对国土资源管理部门及其工作人员的职务行为反映情况,提出建议、意见,或者不服国土资源管理部门及其工作人员的职务行为,可以向有关的国土资源管理部门提出信访事项。

对依法应当通过诉讼、仲裁、行政复议等法定途径解决的投诉请求,信访人应当依照有关法律、行政法规规定向有关机关提出。

第十八条 信访人提出国土资源信访事项,应当向依法有权处理的国土资源管理部门提出。

第十九条 信访人向国土资源管理部门提出信访事项,一般应当采取书信、电子邮件、传真等书面形式。信访人提出投诉请求的,还应当载明信访人的姓名、名称、住址和请求、事实、理由。

对采用口头形式提出投诉请求的,国土资源管理部门应当记录信访人的姓名(名称)、住址和请求、事实、理由。

第二十条 信访人采用走访形式向国土资源管理部门提出信访事项的,应当到国土资源管理部门设立、指定的接待场所提出;多人采用走访形式提出共同信访事项的,应当推选代表,代表人数不得超过五人。

第五章 信访事项的受理

第二十一条 县级以上国土资源管理部门收到信访人提出的信访事项,或者人民政府、人民政府的信访工作机械转送、交办的信访事项,应当进行登记。属于下列情形之一的,应当制作《国土资源信访事项告知书》,在十五日内书面告知信访人:

(一)已经或者依法应当通过诉讼、仲裁、行政复议等法定途径解决的信访事项,应当告知信访人依照有关法律、行政法规规定的程序向有关机关提出;

(二)属于各级人民代表大会及其常务委员会、人民法院、人民检察院职权范围内的信访事项,应当告知信访人分别向有关的人民代表大会及其常务委员会、人民法院、人民检察院提出;

(三)依法不属于国土资源管理部门职权范围内的信访事项,应当告知信访人向有权处理的部门或者人民政府提出。

信访人重复提起的信访事项仍在办理期限内的，信访工作机构可以不再书面告知信访人

第二十二条 依照法定职责属于国土资源管理部门职权范围内的信访事项，有关国土资源管理部门应当按照"属地管理、分级负责，谁主管、谁负责"的原则，在十五日内分别按照下列方式处理：

（一）属于下级国土资源管理部门职权范围内的信访事项，制作《国土资源信访事项转送书》，直接转送有管辖权的下级国土资源管理部门。涉及下级国土资源管理部门负责人或者工作人员的信访事项，应当转送其上一级国土资源管理部门；

（二）属于上级国土资源管理部门职权范围内的信访事项，直接报送有管辖权的上级国土资源管理部门；

（三）情况重大、紧急，需要反馈办理结果的信访事项，制作《国土资源信访事项交办书》，直接交由有权处理的国土资源管理部门办理。有权处理的国土资源管理部门应当在指定办理的期限内，向交办的国土资源管理部门提交《国土资源信访事项办结报告》，反馈信访事项的办理结果；

（四）属于本部门职权范围内的信访事项，应当受理，不得推委、敷衍、拖延，并制作《国土资源信访事项受理通知书》，书面告知信访人；

（五）信访事项已经受理或者正在办理的，信访人在规定期限内向受理、办理的国土资源管理部门的上级国土资源管理部门提出同一信访事项的，该上级国土资源管理部门制作《国土资源信访事项不予受理通知书》，书面告知信访人；

（六）信访人提出的信访事项属于征地补偿标准争议，有关人民政府已经或者正在依法进行裁决的，该国土资源管理部门制作《国土资源信访事项不予受理通知书》，书面告知信访人不予受理。

依照前款第（一）项至第（三）项规定，接到转送、交办信访事项的国土资源管理部门应当自收到《国土资源信访事项转送书》或者《国土资源信访事项交办书》之日起十五日内决定是否受理，并书面告知信访人。

第二十三条 上级国土资源管理部门应当定期向下级国土资源管理部门通报信访事项的转送、交办情况。下级国土资源管理部门应当定期向上一级国土资源管理部门报告转送、交办信访事项的办理情况。

第六章 信访事项的办理和督办

第二十四条 国土资源管理部门办理信访事项，应当听取信访人陈述事实和理由；必要时可以要求信访人、有关组织和人员说明情况；需要进一步核实有关情况的，可以向其他组织和人员调查。

第二十五条 对重大、复杂、疑难的信访事项，国土资源管理部门需要举行听证的，依照《国土资源听证规定》中依职权听证的程序进行。听证所需时间不计算在本规定第二十八条、第三十条和第三十一条规定的时限内。

第二十六条 国土资源管理部门对依法受理的信访事项，应当依照有关法律、法规、规章及其他有关规定，分别做出以下处理，并制作《国土资源信访事项处理意见书》，书面答复信访人：

（一）请求事实清楚，符合法律、法规、规章或者其他有关规定的，予以支持；

(二)请求事由合理但缺乏法律依据的,应当对信访人做好解释工作;

(三)请求缺乏事实根据或者不符合规律、法规、规章或者其他有关规定的,不予支持。

国土资源管理部门依照前款第(一)项规定,作出支持信访请求意见的,有关机关或者单位应当执行。

第二十七条 国土资源管理部门收到信访人提出的信访事项后,能够当场答复的,应当当场答复。

第二十八条 国土资源管理部门办理信访事项,应当自受理之日起六十日内办结。情况重大、复杂的,经本部门负责人批准,可以适当延长办理期限,但延长期限不得超过三十日,并告知信访人延期理由。

第二十九条 信访工作机构受理信访事项后,发现信访人就该信访事项又提起行政复议或者行政诉讼,有关部门已经受理的,信访工作机构可以决定终止办理。

第三十条 信访人对国土资源管理部门作出的信访事项处理意见不服的,可以自收到《国土资源信访事项处理意见书》之日起三十日内,请求同级人民政府或者上一级国土资源管理部门复查。原办理机关为省级国土资源管理部门的,按照国务院有关规定向省级人民政府请求复查。

收到复查请求的上一级国土资源管理部门应当自收到复查请求之日起三十日内,提出复查意见,并制作《国土资源信访事项复查意见书》,书面答复信访人。

第三十一条 信访人对国土资源管理部门的复查意见不服的,可以自收到《国土资源信访事项复查意见书》之日起三十日内,向复查机关的同级人民政府或者上一级国土资源管理部门请求复核。复查机关为省级国土资源管理部门的,按照国务院有关规定向省级人民政府请求复核。

收到复核请求的上一级国土资源管理部门应当自收到复核请求之日起三十日内提出复核意见,制作《国土资源信访事项复核意见书》,书面答复信访人。

第三十二条 上级国土资源管理部门发现下级国土资源管理部门有下列情形之一的,应当及时督办,并提出改进建议:

(一)未按规定的办理期限办结信访事项的;

(二)未按规定反馈信访事项办理结果的;

(三)未按规定程序办理信访事项的;

(四)不执行信访处理意见的;

(五)收到督办文书,未在规定期限内反馈办理情况的;

(六)其他需要督办的情形。

第三十三条 信访人对国土资源管理部门作出的复核意见不服,或者信访人在规定时限内未提出复查或者复核请求,仍然以同一事实和理由提出投诉请求的,有关国土资源管理部门应当制作《国土资源信访事项不再受理通知书》,书面告知信访人不再受理该信访事项。

第三十四条 国土资源管理部门出具的《国土资源信访事项处理意见书》、《国土资源信访事项复查意见书》、《国土资源信访事项复核意见书》、《国土资源信访事项不予受理通知书》和《国土资源信访事项不再受理通知书》,应当加盖国土资源管理部门印章。

第三十五条 县级以上国土资源管理部门应当建立和完善国土资源信访分析统计制度。下级国土资源管理部门应当向上级国土资源管理部门报送国土资源信访情况年度、季度分析报告。

国土资源信访情况分析报告应当包括以下内容：

（一）受理信访事项的数据统计；

（二）信访事项涉及的领域和地域；

（三）信访事项转送、交办、督办情况；

（四）信访事项反映出的国土资源管理工作中存在的主要问题以及解决问题的相关政策性建议；

（五）信访人提出的改进国土资源管理工作的建议及其被采纳情况。

第七章　信访秩序的维护

第三十六条　信访人提出信访事项，应当客观真实，对其所提供材料内容的真实性负责，不得捏造、歪曲事实，不得诬告，陷害他人。

第三十七条　县级以上国土资源管理部门应当成立处置群体上访事件应急组织并制订应急预案。

对可能造成社会影响的重大、紧急信访事项和信访信息，国土资源信访工作人员应当立即报告其部门负责人。有关国土资源管理部门负责人认为必要的，应当立即报告本级人民政府和上级国土资源管理部门，并在职责范围内依法及时采取有效措施，防止不良影响的产生和扩大。

第三十八条　信访人不遵守信访秩序，在信访过程中采取过激行为的，有关国土资源管理部门可以依法及时采取劝阻、批评、教育等措施；对拒不听从劝阻，可能导致事态扩大的，有关国土资源管理部门可以建议公安机关予以警告、训诫或者制止。

第八章　法 律 责 任

第三十九条　县级以上国土资源管理部门超越或者滥用职权，不依法履行法定职责，适用法律、法规错误或者违反法定程序，侵害信访人合法权益的，或者拒不执行有关机关作出的支持信访请求意见的，依照《信访条例》第四十条的规定，依法追究法律责任。

第四十条　县级以上国土资源管理部门在办理信访事项过程中，有下列行为之一的，上级国土资源管理部门应当责令限期改正；造成严重后果的，对直接负责的主管人员和其他直接责任人员依法给予行政处分；构成犯罪的，依法追究刑事责任：

（一）对收到的信访事项不按规定登记的；

（二）对属于其法定职权范围内的信访事项不予受理的；

（三）未在规定期限内书面告知信访人是否受理信访事项的；

（四）推诿、敷衍、拖延信访事项办理或者未在法定期限内办结信访事项的；

（五）未在法定期限内将处理意见或者复查意见、复核复见书面答复信访人的；

（六）对事实清楚，符合法律、法规、规章或者其他有关规定的投诉请求未予以支持的；

（七）对重大、紧急信访事项和信访信息隐瞒、谎报、缓报，或者授意他人隐瞒、谎报、缓报的。

第四十一条　信访工作人员处理信访事项有下列情形之一的，依法给予行政处分：

（一）玩忽职守、徇私舞弊的；

(二)作风粗暴,激化矛盾并造成严重后果的;

(三)将信访人的检举、揭发材料或者有关情况透露给被检举、揭发的人员或者单位的。

第九章 附 则

第四十二条 本规定自2006年3月1日起施行。

附件:国土资源信访文书格式目录(略)

国土资源部关于当前进一步从严土地管理的紧急通知

（国土资电发〔2006〕17号　2006年5月30日）

各省、自治区、直辖市国土资源厅（国土环境资源厅、国土资源局、国土资源和房屋管理局、房屋土地资源管理局），计划单列市国土资源行政主管部门，解放军土地管理局，新疆生产建设兵团国土资源局，中国地质调查局及部其他直属单位，部机关各司局：

为认真贯彻国务院关于抑制一些行业和地区固定资产投资过快增长的要求，促进国民经济平稳运行，进一步落实《国务院关于深化改革严格土地管理的决定》（国发〔2004〕28号），遏制一些地方违法违规占用土地，充分发挥土地供应的调控作用，现就当前进一步从严土地管理有关事项通知如下：

一、不得违反土地利用总体规划和年度计划用地

必须严格执行土地利用总体规划和年度计划，控制建设用地规模。各地不得突破年度计划批准用地，也不得擅自修改土地利用总体规划批准用地。对擅自突破土地利用年度计划的，要加量扣减下一年度的农用地转用计划指标。符合法律规定和产业政策，确需修改规划的，要依照规定听证和论证，并按法定程序和权限报批。任何单位和个人不得改变和占用基本农田，坚决制止通过修改土地利用总体规划等方式规避占用基本农田报批的违法行为。国土资源部和省级国土资源管理部门要定期运用土地利用遥感监测等手段，对各地规划、计划执行情况进行监督检查，并予以通报。

新农村建设必须符合规划，不得以置换、挂钩等为名大拆大建，将腾退土地全部用于非农建设，建新拆旧能够复耕的土地必须复耕。城镇建设用地增加和农村建设用地减少挂钩试点，必须经国土资源部批准，有计划地稳步推行。未经批准进行试点擅自增加使用的建设用地，要追究责任，并扣减用地指标。

二、从严审批各类非农建设用地

坚持有保有压、从严从紧控制新增建设用地。优先保证国家重点基础设施建设项目以及加强经济社会发展薄弱环节建设项目用地，进一步提高效率，提好服务。严格执行限制、禁止用地目录和重点领域建设用地定额标准，超过用地定额标准的一律核减。对限制类项目严格限制供应土地，禁止类项目一律不得通过土地预审、审核报批和供应土地。利用滩涂、荒山、荒地等进行非农建设的，也必须依法报批。擅自供应土地的，要依法依规予以查处。

国家能源、交通、水利、军事设施等重点建设项目选址拟占用基本农田的，在建设项目用地预审和审查报批前，要对用地选址方案、基本农田规划调整方案、补充耕地及补划基本农田方案等进行听证和充分论证。占用基本农田数量较大的，国土资源部还将组织进一步论证。各类建设项目拟征收农民集体所有土地的，必须认真履行征地报批前告知、确认程序，申请听证的要按规定组织听证。上述告知、确认、论证、听证等有关材料,要作为用地报批的必备要件。要按照“先补后占”的原则,在补充数量和质量相当的耕地、补划数量和质量相当的基本农田后再批准建设项目用地。

对省级政府及有关部门批准、核准的单独选址建设项目,在向国务院报批用地时,项目审批机关要就是否符合国家产业政策、规划布局、市场准入标准以及审批、核准程序是否完备和合规作出说明。国土资源部将商请国家发展改革委对其说明进行符合性审查并提出意见。严格执行农用地转用、土地征收和供地备案制度,对不备案及弄虚作假的地区要暂缓农用地转用、土地征收报批。凡未按规定足够缴纳新增建设用地土地有偿使用费的,不得下发用地批复和办理供地手续。新增建设用地不得用于土地收购储备。

发挥土地调查、登记在建设用地审批中的基础作用。对报批项目用地的地类、权属、面积等情况进行严格核查,做到图件、数据,实地三者一致。各地要认真开展建设用地批后核查监管。建立耕地动态监测系统和分析通报制度。

对因征地补偿安置不到位等引发重大群体性事件的地区,要限期整改。整改期间,暂缓受理所在地区建设项目用地预审和报批申请。

三、确保房地产调控的土地政策落到实处

严格执行《国务院办公厅转发建设部等部门关于调整住房供应结构稳定住房价格意见的通知》(国办发〔2006〕37 号),进一步发挥土地供应的调控作用,保证调控措施的落实。房地产开发用地必须采用招标拍卖挂牌方式公开出让,合理确定宗地面积。各地要编制年度土地供应计划,科学合理确定房地产开发用地供应规模和结构,优先保证中低价位、中小套型普通商品住房(含经济适用住房)和廉租住房的土地供应,代地计划要向社会公布。严格限制低密度、大套型住房的土地供应。坚决执行停止别墅类房地产开发项目土地供应的规定,从即日起,一律停止其供地和办理相关用地手续,进行全面清理。

严格执行国土资源部、国家工商行政管理总局颁布的《国有土地使用权出让合同示范文本》和《国有土地使用权出让合同补充协议示范文本(试行)》。土地出让文件应当将住房套型限制、容积率、开工及竣工时限等规划、建设、土地使用条件明确,并在国有土地使用权出让合同中予以约定。加强对国有土地使用权出让合同执行情况的监督检查,对违约的要追究违约责任。切实加大闲置土地处置力度,应当征收土地闲置费的,要依法从高征收;应当无偿收回土地使用权的,要坚决依法无偿收回。

建立健全土地市场动态监测制度。科学预测房地产开发对土地的需求,加大房地产开发用地及相关信息披露力度,及时向社会发布土地供应数量、结构、分布及实施情况,地价动态变化情况等基本信息。

严格土地登记管理。凡未缴清土地出让金及有关规费的,不得发放土地使用证。加强土地使用权抵押登记管理,防范金融风险。

四、严肃查处违法违规用地

加大查处土地违法违规案件的力度。重点查处违反规划、突破计划、违法批地用地的典型案件。国土资源部、监察部已经部署了公开查处一批重大典型案件工作,各地都要按照要求,严肃查处违法违规用地的案件。对重大违法违规案件,要公开调查、公开结果,并追究相关人员的责任。处理违法违规案件,要追究责任到位,处罚到位。各级国土资源管理部门要认真履行执行监察职责,对有案不查的,要依照规定追究有关人员的责任。要严格落实土地执法动态巡查责任制,加强事前防范。

各省、自治区、直辖市要认真组织开展对以租代征违法用地、闲置土地和别墅用地的清理,重点是对《国务院关于深化改革严格土地管理的决定》下发以来发生的各类违法违规用地的清理。对清理出的问题,要严肃处理,认真整改,并于2006年10月底前,将清理情况特别是查处结果向国土资源部作出报告。国土资源部将会同有关部门加强监督检查。

继续做好开发区用地审核工作。坚持落实开发区的四至范围,对拒不落实的要责令整改。擅自调整开发区位置、边界和扩区的,其用地按违法查处。

五、继续深入开展"完善体制、提高素质"活动

为实施最严格的土地管理制度,提高国土资源管理部门参与宏观调控的能力,各地要继续深入开展"完善体制、提高素质"活动。省级国土资源管理部门要按照新体制和职能的要求,切实负起责任,坚持原则,依法行政。要切实加强基础国土资源所建设,保证机构、编制、经费到位,充分发挥其执法监察作用。

要加强各级国土资源管理部门的班子建设,高度重视干部职工的教育培训,建设一支政治好,原则性强,熟悉业务,懂得管理,廉洁自律的队伍。

各级国土资源管理部门要进一步树立和落实科学发展观,保持气势、把握主导,用心做事、力戒浮躁,夯实基础、拓展成效,全面贯彻党中央、国务院关于严格土地管理、加强宏观调控的重大决策部署,促进国民经济平稳较快发展。

国土资源部办公厅关于严明法纪坚决制止土地违法的紧急通知

(国土资电发〔2006〕22号 2006年6月14日)

各省、自治区、直辖市国土资源厅(国土环境资源厅、国土资源局、国土资源和房屋管理局、房屋土地资源管理局),计划单列市国土资源行政主管部门,解放军土地管理局,新疆生产建设兵团国土资源局,中国地质调查局及部其他直属事业单位,部机关各司局:

最近一个时期,一些地方土地违法现象又有所抬头。这种情况扰乱土地管理秩序,阻碍宏观调控政策的落实,如不严肃查处,坚决纠正,将使土地市场治理整顿成果丧失殆尽,不仅影响当前经济平稳较快发展,而且影响国家长远的可持续发展。国务院领导明确要求,对土地违法的新动向,必须严肃指出,限期整改;对重大案件要严肃查处,严明纪律,追究有关人员责任。现就严明法纪、坚决制止土地违法的有关事项通知如下:

一、认真清理违法违规用地

各省、自治区、直辖市国土资源管理部门要按照《关于当前进一步从严土地管理的紧急通知》(国土资电发〔2006〕17号)要求,认真组织开展对"以租代征"违法用地、闲置土地和别墅用地的清理,重点是对《国务院关于深化改革严格土地管理的决定》(国发〔2004〕28号)下发后发生的各类违法违规用地的清理。对2005年1月1日以来省级人民政府批准的用地要逐一登记造册,于6月底以前报部,部将组织核查。对2005年1月1日以来市、县用地的情况,省级国土资源管理部门要逐一核查。发现违法批地、用地的要认真整改,严肃处理。部将组织抽查。

二、严肃查处重大土地违法案件

各级国土资源管理部门在清理违法违规用地的同时,要组织力量严肃查处重大土地违法案件。重点查处违反土地利用总体规划和违反国家产业政策批地、越权批地、非法占用耕地特别是基本农田等土地违法行为。

未依法进行农用地转用审批,国家机关工作人员批准"以租代征"的,按非法批地从重处理;单位和个人擅自"以租代征"的,按非法占地和擅自出租农民集体土地用于非农业建设从重处理。通过调整土地利用总体规划规避国务院基本农田占用审批的,按非法批地处理。违反国家产业政策或供地政策供地的,按非法批地处理;擅自占地或骗取批准占地的,按非法占地从重处理。

三、巩固土地市场治理整顿成果

各地必须严格执行清理整顿开发区的各项政策。在国务院关于规范各类开发区发展的政策性文件发布和开发区四至范围落实前,各地一律不得新设和扩建以成片土地开发为条件的各类开发园区。同时,要按照规划审核确定的开发区面积和边界落实开发区四至范围,对拒不落实和擅自调整开发区位置、边界的,要责令整改。在审核公告的开发区四至范围外,不得再以开发区名义征占土地。对以园、区、城、中心、基地等各种名义擅自设立的各类开发园区,都要严肃查处。

切实维护被征地农民的合法权益。各类建设项目征收农民集体所有土地,征地报批前未履行告知、确认、听证程序的,不得批准征地。必须保证被征地农民生活水平不降低,长远生计有保障。征地补偿安置不到位的,不得强行征地。拖欠、截留和挪用征地补偿安置费的,必须限期纠正。

四、组织开展执法检查

为促进地方各级国土资源管理部门依法严肃查处土地违法案件,巩固土地市场治理整顿成果,国土资源部与监察部决定,联合开展对土地市场治理整顿以来的土地违法违规问题及处理情况进行执法检查。地方各级国土资源管理部门也应会同监察部门,组织开展执法检查。重点检查违反国家宏观调控政策,非法批准征收、使用土地和违反土地利用总体规划以及严重侵害农民利益等土地违法问题。通过检查,对以罚代责、弄虚作假、欺上瞒下等错误行为予以坚决纠正。

五、严明法纪

制止各类土地违法行为,遏制乱占滥用耕地之风,关键在于严明法纪,处罚要到位,追究责任要到位。对非法批地和暗中支持导致土地被违法占用的国家机关工作人员,特别是对土地违法行为的发生起决定性作用的领导干部,要依法追究党纪政纪责任;涉嫌犯罪的,移送司法机关追究刑事责任。对置国家政令于不顾,不听制止,顶风违法的,必须公开曝光、从重处理。对土地违法行为未依法处理到位即补办建设用地手续的,按非法批地处理。

依法查处土地违法案件是各级国土资源管理部门的法定职责,"一把手"是第一责任人。

各级国土资源管理部门都要直接立案查处土地违法案件。对有案不查的,要依据《土地管理法》第七十二条的规定追究有关领导的责任。对土地违法行为多发且查处不力,或者因征地补偿安置不到位等引发重大群体性事件的地区,要限期整改,整改期间,暂缓受理所在地区建设项目用地预审和报批申请。

各级国土资源管理部门要保持气势,把握主导,敢于坚持原则、敢于碰硬,采取果断措施,切实巩固土地市场治理整顿成果,坚决制止、严肃查处土地违法案件,保证国家宏观调控政策措施的落实,促进经济平稳较快的发展。

国土资源部关于加快推进征地补偿安置争议协调裁决制度的通知

(国土资发〔2006〕133号 2006年6月21日)

各省、自治区、直辖市国土资源厅(国土环境资源厅、国土资源局、国土资源和房屋管理局、房屋土地资源管理局):

全国推行征地补偿安置争议协调裁决制度座谈会之后,按照部的统一部署,各地采取有效措施,积极推进征地补偿安置争议协调裁决制度建设,取得了一定进展。但是,一些地方对推行征地补偿安置争议协调裁决制度还在在着畏难情绪,思想认识不到位,工作缺乏主动性,协调裁决制度建设尚未在全国取得突破性进展。为进一步统一思想、提高认识,加快推进征地补偿安置争议协调裁决制度,及时化解因征地补偿安置引发的矛盾和纠纷,切实维护社会稳定,现有有关事项通知如下:

一、充分认识推行征地补偿安置争议协调裁决制度的紧迫性和重要性

推行征地补偿安置争议协调裁决制度,是构建社会主义和谐社会的客观需要。当前,我国正处在"发展机遇期"与"矛盾凸显期",各种矛盾和纠纷纷繁复杂,突出多变。尤其是随着工业化、城市化进程的加快,因征地补偿安置引发的矛盾和纠纷日益突出,已成为人民群众日益关心的社会热点问题。一些地方由于征地补偿安置争议协调裁决制度不落实,致使许多因征地补偿引发的矛盾和纠纷得不到及时处理,部分地方甚至发生了群体性事件,影响了社会的稳定。全面推行征地补偿安置争议协调裁决制度,是建立和完善有效的群众利益诉求机制和权益保障机制的重要手段,对于引导被征地的农村集体经济组织和农民通过法定渠道化解征地矛盾,解决征地纠纷,切实维护社会稳定具有重要意义。

推行征地补偿安置争议协调裁决制度,是实施土地管理法规、完善征地程序的客观需要。征地补偿安置争议协调裁决制度,是《中华人民共和国土地管理法实施条例》为解决征地补偿安置争议确立的专门制度。2004年《国务院关于深化改革严格土地管理的决定》(国发〔2004〕28号)又提出了"加快建立和完善征地补偿安置争议的协调和裁决机制,维护被征地农民和用地者的合法权益"。当前,随着农民对征地补偿的日益关注和补偿标准的不断提高,在实施征地中发生的矛盾、纠纷和冲突不断增加,迫切需要启动征地补偿安置争议协调裁决程序,来解决矛盾,化解纠纷,这对于保证土地管理法规的顺利实施、完善征地程序、切实强化国土资源管理部门在实施征地中的社会管理和公共服务职能具有重要意义。

推行征地补偿安置争议协调裁决制度,是有效化解征地实施中矛盾和纠纷的有效途径。在市、县政府实施征地过程中,一旦发生纠纷,迫切需要上级政府进行协调和裁决,尽快解决矛盾,避免旷日持久的诉讼、上访,甚至激化矛盾,形成群体事件。湖南、重庆和安徽等省(市)推行征地补偿安置争议协调裁决制度的试点,已经在化解征地纠纷、维护社会稳定,规范政府行为、完善征地程序,普及法律法规、保护被征地农民合法权益等方面取得了良好效果。国务院领导对试点取得的成效给予了高度评价，对国土资源部全面推进这项工作给予了充分肯定。推行征地补偿安置争议协调裁决制度，是法规有要求，现实有需要，实践有经验，应当加快进行。

二、全面把握征地补偿安置争议协调裁决制度的基本内容

征地补偿安置争议协调裁决制度，是一项具有自身特点、专门针对征地补偿安置争议设立的纠纷解决制度，必须坚持政府主导、公众参与、重在协调的原则。各地在制定地方性的征地补偿安置争议协调裁决办法的过程中，要注意全面把握征地补偿安置争议协调裁决制度的基本内容：

（一）必须准确定位。协调裁决的范围是针对被征地农民与实施征地的市、县政府在补偿安置方面的争议。协调裁决不对经依法批准的征地合法性进行审查，不代替行政复议和诉讼。协调裁决的范围主要有：对市、县人民政府批准的征地补偿安置方案有异议的；对适用征地补偿安置方案涉及的对被征土地地类、人均耕地面积、被征土地前三年平均年产值的认定有异议的；实行区片综合地价计算征地补偿费的地区，对区片综合地价的适用标准和计算有异议的。

（二）必须兼顾合法性与合理性。协调要以土地管理法律、法规、规章和国家、省级人民政府有关政策为依据，主要是对市、县人民政府确定的征地补偿安置方案和实施过程进行合法性审查，同时兼顾合理性审查。合理性审查的标准是保证被征地农民原有生活水平不降低、长远生计有保障。各地要在对被征地农民原有生活水平调查、统计的基础上，逐步引入中立的中介组织对被征地土地进行评估，进一步量化合理性审查的标准。

（三）必须规范协调和裁决的程序。在程序设定上，首先必须贯彻协调前置、重在协调的原则，即当事人应当先向拟定征地补偿安置方案的市、县人民政府的上一级人民政府申请协调。未经协调的案件，不能进行裁决。裁决机关受理裁决案件后，也要先行组织协调。经协调达不成一致意见的，依法作出裁决决定。协调意见书经双方当事人签字同意后，即发生法律效力。其次要体现便民、高效和公开的原则。裁决机关接受裁决申请的方式要多种多样，传真，电子邮件等形式都应当允许；协调和裁决都必须要有明确的时限要求，防止裁决案件久拖不决；协调和裁决的程序、过程和结果都要公开透明。

（四）必须建立灵活多样的协调裁决机制。各地要结合本地区的实际情况，大胆探索，按照居中协调和裁决的要求，积极探索灵活多样、符合本地区特点、有利于化解征地补偿安置纠纷的协调裁决机制。要借鉴国务院《信访条例》确立的政府主导、社会参与、有利于迅速解决纠纷的工作机制，在协调裁决工作中组织相关社会团体、法律援助机构、相关专业人员、社会志愿者等共同参与，综合运用咨询、教育、协商、调解、听证等方法，依法、及时处理征地补偿安置争议。

（五）必须依法告知当事人诉权。当事人对裁决机关作出的裁决决定不服的，可以在法定期限内依照《中华人民共和国行政复议法》和《中华人民共和国行政诉讼法》的有关规定申请行政复议或者提起行政诉讼。裁决决定中应当告知当事人诉权。

三、切实加强对推行征地补偿安置争议协调裁决制度的组织领导

明确职责任务，加强组织领导。各级国土资源管理部门要切实加强对推行征地补偿安置争议协调裁决制度的领导，从思想上高度重视，要把推行征地补偿安置争议协调裁决制度作为一项重要的政治任务，摆上重要的议事日程，专题研究部署，明确职责任务，主要负责同志总负责,分管领导亲自抓,建立健全领导责任制。要积极与当地政府沟通协调,争取政府的支持,尽快确立起分工明确、相互配合、规范运作、权责一致的工作机制。部决定将推行征地补偿安置争议协调裁决制度作为"完善体制、提高素质"活动的一项重要内容,作为考核省级国土资源管理部门主要领导执政能力和依法行政水平的重要指标。

采取有效措施,实现四个到位。征地补偿安置争议协调裁决制度涉及面广,问题复杂,推行这项制度,需要耗费大量的人力、物力和财力。各地要采取切实有效的措施,努力实现机构、人员、经费、责任四到位。省、自治区、直辖市国土资源管理部门在机构编制比较紧张的情况下,要按照转变国土资源管理方式,强化国土资源管理职能的要求,通过内部调剂,为协调裁决机构增加编制,充实人员。同时,各地也可根据当地的实际情况,通过协调裁决委员会制来落实裁决机构,即由分管法制工作的领导牵头,聘请部分人大代表、政协委员、国土资源监察专员、政府有关部门的领导和工作人员、土地估价师和律师等作为协调裁决员,对协调裁决案件提出处理意见。

加强监察检查,确保年底到位。各地要按照本通知的要求,切实做好推行征地补偿安置争议协调裁决制度的各项工作,确保2006年底前,征地补偿安置争议协调裁决制度在全国省级国土资源管理部门全面到位。部将加大监督检查工作的力度,对全国各省级国土资源管理部门推行裁决制度的进行全面检查,要以是否出台裁决办法、是否落实裁决机构和人员、是否依法受理和办理裁决案件作为裁决制度是否到位的重要标志。

总结交流情况,推广先进经验。2007年,部将召开全国推行征地补偿安置争议协调裁决制度经验交流会,总结、交流各地推行征地补偿安置争议协调裁决制度中所取得的好的经验和做法,认真研究解决存在的问题,不断完善制度建设,使征地补偿安置争议协调裁决制度成为化解征地矛盾的有效途径。

加快推行征地补偿安置争议协调裁决制度,事关社会主义和谐社会建设,事关社会稳定,事关广大农民的切身利益,意义十分重大,任务相当艰巨。各级国土资源管理部门要以坚定不移的决心和众志成城的信心,勇于担当,勇于实践,确保征地补偿安置争议协调裁决制度全面到位。

建设部、监察部、国土资源部关于制止违规集资合作建房的通知

（建住房〔2006〕196号 2006年8月14日）

各省、自治区、直辖市人民政府，国务院各部委、各直属机构：

实行城镇住房制度改革后，为尽快改善城镇居民和一些行业职工住房紧张的状况，国家相继出台了一些政策，鼓励职工通过购买普通商品住房、经济适用住房（含集资合作建房），租赁住房等多种方式改善居住条件。但是，近年来，一些地区出现部分单位以集资合作建房名义，变相搞住房实物福利分配或商品房开发等问题。为维护住房制度改革成果、切实贯彻落实《国务院办公厅转发建设部等部门关于调整住房供应结构稳定住房价格意见的通知》（国办发〔2006〕37号）和《建设部、发展改革委、国土资源部、人民银行关于印发〈经济适用住房管理办法〉的通知》建住房〔2004〕77号）等文件精神，经国务院同意，现就制止违规集资合作建房有关问题通知如下：

一、自本通知下发之日起，一律停止审批党政机关集资合作建房项目。严禁党政机关利用职权或其影响，以任何名义、任何方式搞集资合作建房，超标准为本单位职工牟取住房利益。

二、对已审批但未取得施工许可证的集资合作建房项目，房地产管理（房改）部门要会同有关部门重新审查，不符合《经济适用住房管理办法》和房改政策的，不得按集资合作建房项目开工建设。

三、已经开工建设的集资合作建房项目，房地产管理（房改）部门要会同有关部门重新审查项目供应对象、面积标准和集资款标准。对住房面积已经达到当地规定标准等不符合参加集资合作建房条件的职工，取消其资格。对虽然符合参加集资合作建房条件，但住房面积（以前已享受政府优惠政策的住房面积和新参加集资合作建房的面积合并计算）超过当地规定的，按照当地住房面积超标处理办法执行。对单位违规向职工提供集资建房补贴的，责令收回。

四、符合规定条件，经市、县人民政府批准进行集资合作建房的企业和单位，要严格执行《建设部、发展改革委、国土资源部、人民银行关于印发〈经济适用住房管理办法〉的通知》（建住房〔2004〕77号）和其他有关集资合作建房的规定。

五、集资合作建房必须符合土地利用总体规划和城市规划，列入当地本年度经济适用住房建设计划和年度土地利用计划，其建设标准、优惠政策、供应对象的审核等要严格按照经济适用住房的有关规定执行。建成的住房不得在经审核的供应对象之外销售。

六、各级监察机关要会同建设、国土等部门加强监督检查。对违反规定批准或实施集资合作建房的，要严肃追究有关责任人的责任。对利用职权及其影响，以“委托代建”、“定向开发”等方式变相搞集资合作建房，超标准为本单位职工牟取住房利益的，要追究有关单位领导的责任。凡以集资合作建房名义搞商品房开发，对外销售集资合作建成的住房的，要没收非法所得，并从严处理有关责任人；构成犯罪的，移送司法机关追究刑事责任。

七、各省、自治区、直辖市人民政府可以根据本办法制订实施细则。

七、土 地 税 费

1. 行政法规及法规性文件

中华人民共和国耕地占用税暂行条例

(国发〔1987〕39 号 1987 年 4 月 1 日)

第一条 为了合理利用土地资源,加强土地管理,保护农用耕地,特制定本条例。

第二条 本条例所称耕地是指用于种植农作物的土地。

占用前三年内曾用于种植农作物的土地,亦视为耕地。

第三条 占用耕地建房或者从事其他非农业建设的单位和个人,都是耕地占用税的纳税义务人(以下简称纳税人),应当按照本条例规定缴纳耕地占用税。

第四条 耕地占用税以纳税人实际占用的耕地面积计税,按照规定税额一次性征收。

第五条 耕地占用税的税额规定如下:

(一)以县为单位(以下同),人均耕地在一亩以下(含一亩)的地区,每平方米为二元至十元;

(二)人均耕地在一亩至二亩(含二亩)的地区,每平方米为一元六角至八元;

(三)人均耕地在二亩至三亩(含三亩)的地区,每平方米为一元三角至六元五角;

(四)人均耕地在三亩以上的地区,每平方米为一元至五元。

农村居民占用耕地新建住宅,按上述规定税额减半征收。

经济特区、经济技术开发区和经济发达、人均耕地特别少的地区,适用税额可以适当提高,但是最高不得超过上述规定税额的百分之五十。

各地适用税额,由省、自治区、直辖市人民政府在上述规定税额范围内,根据本地区情况具体核定。

第六条 纳税人必须在经土地管理部门批准占用耕地之日起三十日内缴纳耕地占用税。

纳税人按有关规定向土地管理部门办理退还耕地的,已纳税款不予退还。

第七条 下列经批准征用的耕地,免征耕地占用税:

(一)部队军事设施用地;

(二)铁路线路、飞机场跑道和停机坪用地;

(三)炸药库用地;

(四)学校、幼儿园、敬老院、医院用地。

第八条 农村革命烈士家属、革命残废军人、鳏寡孤独以及革命老根据地、少数民族聚居地区和边远贫困山区生活困难的农户,在规定用地标准以内新建住宅纳税确有困难的,由纳税人提出申请,经所在地乡(镇)人民政府审核,报经县级人民政府批准后,可以给予减税或者免税。

第九条 耕地占用税由财政机关负责征收。土地管理部门在批准单位和个人占用耕地后,应及时通知所在地同级财政机关。获准征用或者占用耕地的单位和个人,应当持县级以上土地管理部门的批准文件向财政机关申报纳税。土地管理部门凭纳税收据或者征用批准文件划拨用地。

第十条 对获准占用耕地的单位或者个人未在第六条第一款规定的期限内向财政机关申报纳税的,从滞纳之日起,按日加收应纳税款千分之五的滞纳金。

第十一条 对单位或者个人获准征用或者占用耕地超过两年不使用的,按规定税额加征两倍以下耕地占用税;对未经批准或者超过批准限额、超过农民住宅建房规定标准的,由土地管理部门依照《中华人民共和国土地管理法》的有关规定处理。

第十二条 纳税人同财政机关在纳税或者违章处理问题上发生争议时,必须首先按照财政机关的决定缴纳税款和滞纳金,然后在十日内向上级财政机关申请复议。上级财政机关应当在接到申诉人的申请之日起三十日内作出答复。申诉人对答复不服的,可以在接到答复之日起三十日内向人民法院起诉。

第十三条 占用鱼塘、园地、菜地及其他农业用地建房或者从事其他非农业建设,按照本条例的规定执行。

第十四条 本条例的规定不适用于外商投资企业。

第十五条 本条例由财政部负责解释;实施办法,由各省、自治区、直辖市人民政府根据本条例的规定,结合本地区的实际情况制定,并报财政部备案。

第十六条 本条例自发布之日起施行。

中华人民共和国国务院令

（第17号）

《中华人民共和国城镇土地使用税暂行条例》已经1988年7月12日国务院第12次常务会议通过,现予发布,自1988年11月1日起施行。

总理 李 鹏

1988年9月27日

中华人民共和国城镇土地使用税暂行条例

第一条 为了合理利用城镇土地,调节土地级差收入,提高土地使用效益,加强土地管理,制定本条例。

第二条 在城市、县城、建制镇、工矿区范围内使用土地的单位和个人,为城镇土地使用税(以下简称土地使用税)的纳税义务人(以下简称纳税人),应当依照本条例的规定缴纳土地使用税。

第三条 土地使用税以纳税人实际占用的土地面积为计税依据,依照规定税额计算征收。

前款土地占用面积的组织测量工作,由省、自治区、直辖市人民政府根据实际情况确定。

第四条 土地使用税每平方米年税额如下:

(一)大城市五角至十元;

(二)中等城市四角至八元;

(三)小城市三角至六元;

(四)县城、建制镇、工矿区二角至四元。

第五条 省、自治区、直辖市人民政府,应当在前条所列税额幅度内,根据市政建设状况、经济繁荣程度等条件,确定所辖地区的适用税额幅度。

市、县人民政府应当根据实际情况,将本地区土地划分为若干等级,在省、自治区、直辖市人民政府确定的税额幅度内,制定相应的适用税额标准,报省、自治区、直辖市人人政府批准执行。

经省、自治区、直辖市人民政府批准,经济落后地区土地使用税的适用税额标准可以适当降低,但降低额不得超过本条例第四条规定最低税额的30%。经济发达地区土地使用税的适用税额标准可以适当提高,但须报经财政部批准。

第六条 下列土地免缴土地使用税:

(一)国家机关、人民团体、军队自用的土地;

(二)由国家财政部门拨付事业经费的单位自用的土地;

（三）宗教寺庙、公园、名胜古迹自用的土地；

（四）市政街道、广场、绿化地带等公共用地；

（五）直接用于农、林、牧、渔业的生产用地；

（六）经批准开山填海整治的土地和改造的废弃土地，从使用的月份起免缴土地使用税五年至十年；

（七）由财政部另行规定免税的能源、交通、水利设施用地和其他用地。

第七条 除本条例第六条规定外，纳税人缴纳土地使用税确有困难需要定期减免的，由省、自治区、直辖市税务机关审核后，报国家税务局批准。

第八条 土地使用税按年计算、分期缴纳。缴纳期限由省、自治区、直辖市人民政府确定。

第九条 新征用的土地，依照下列规定缴纳土地使用税：

（一）征用的耕地，自批准征用之日起满一年时开始缴纳土地使用税；

（二）征用的非耕地，自批准征用次月起缴纳土地使用税。

第十条 土地使用税由土地所在地的税务机关征收。土地管理机关应当向土地所在地的税务机关提供土地使用权属资料。

第十一条 土地使用税的征收管理，依照《中华人民共和国税收征收管理暂行条例》的规定办理。

第十二条 土地使用税收入纳入财政预算管理。

第十三条 本条例由财政部负责解释；实施办法由各省、自治区、直辖市人民政府制定并报财政部备案。

第十四条 本条例自1988年11月1日起施行，各地制定的土地使用费办法同时停止执行。

中华人民共和国国务院令

(第138号)

《中华人民共和国土地增值税暂行条例》已经1993年11月26日国务院第12次常务会议通过,现予发布,自1994年1月1日起执行。

总理 李 鹏

1993年12月13日

中华人民共和国土地增值税暂行条例

第一条 为了规范土地、房地产市场交易秩序,合理调节土地增值收益,维护国家权益,制定本条例。

第二条 转让国有土地使用权、地上的建筑物及其附着物(以下简称转让房地产)并取得收入的单位和个人,为土地增值税的纳税义务人(以下简称纳税人),应当依照本条例缴纳土地增值税。

第三条 土地增值税按照纳税人转让房地产所取得的增值额和本条例第七条规定的税率计算征收。

第四条 纳税人转让房地产所取得的收入减除本条例第六条规定扣除项目金额后的余额,为增值额。

第五条 纳税人转让房地产所取得的收入,包括货币收入、实物收入和其他收入。

第六条 计算增值额的扣除项目:

(一)取得土地使用权所支付的金额;

(二)开发土地的成本、费用;

(三)新建房及配套设施的成本、费用,或者旧房及建筑物的评估价格;

(四)与转让房地产有关的税金;

(五)财政部规定的其他扣除项目。

第七条 土地增值税实行四级超率累进税率:

增值额未超过扣除项目金额百分之五十的部分,税率为百分之三十。

增值额超过扣除项目金额百分之五十、未超过扣除项目金额百分之一百的部分,税率为百分之四十。

增值额超过扣除项目金额百分之一百、未超过扣除项目金额百分之二百的部分,税率为百分之五十。

增值额超过扣除项目金额百分之二百的部分,税率为百分之六十。

第八条 有下列情形之一的,免征土地增值税:

（一）纳税人建造普通标准住宅出售，增值额未超过扣除项目金额百分之二十的；

（二）因国家建设需要依法征用、收回的房地产。

第九条 纳税人有下列情形之一的，按照房地产评估价格计算征收：

（一）隐瞒、虚报房地产成交价格的；

（二）提供扣除项目金额不实的；

（三）转让房地产的成交价格低于房地产评估价格，又无正当理由的。

第十条 纳税人应当自转让房地产合同签订之日起七日内向房地产所在地主管税务机关办理纳税申报，并在税务机关核定的期限内缴纳土地增值税。

第十一条 土地增值税由税务机关征收。土地管理部门、房产管理部门应当向税务机关提供有关资料，并协助税务机关依法征收土地增值税。

第十二条 纳税人未按照本条例缴纳土地增值税的，土地管理部门、房产管理部门不得办理有关的权属变更手续。

第十三条 土地增值税的征收管理，依据《中华人民共和国税收征收管理法》及本条例有关规定执行。

第十四条 本条例由财政部负责解释，实施细则由财政部制定。

第十五条 本条例自 1994 年 1 月 1 日起施行。各地区的土地增值费征收办法，与本条例相抵触的，同时停止执行。

中华人民共和国国务院令

（第 224 号）

《中华人民共和国契税暂行条例》已经 1997 年 4 月 23 日国务院第 55 次常务会议通过，现予发布，自 1997 年 10 月 1 日起施行。

总理 李 鹏

1997 年 7 月 7 日

中华人民共和国契税暂行条例

第一条 在中华人民共和国境内转移土地、房屋权属，承受的单位和个人为契税的纳税人，应当依照本条例的规定缴纳契税。

第二条 本条例所称转移土地、房屋权属是指下列行为：

（一）国有土地使用权出让；

（二）土地使用权转让，包括出售、赠与和交换；

（三）房屋买卖；

（四）房屋赠与；

（五）房屋交换。

前款第二项土地使用权转让，不包括农村集体土地承包经营权的转移。

第三条 契税税率为 3% ~5% 。

契税的适用税率，由省、自治区、直辖市人民政府在前款规定的幅度内按照本地区的实际情况确定，并报财政部和国家税务总局备案。

第四条 契税的计税依据：

（一）国有土地使用权出让、土地使用权出售、房屋买卖，为成交价格；

（二）土地使用权赠与、房屋赠与，由征收机关参照土地使用权出售、房屋买卖的市场价格核定；

（三）土地使用权交换、房屋交换，为所交换的土地使用权、房屋的价格的差额。

前款成交价格明显低于市场价格并且无正当理由的，或者所交换土地使用权、房屋的价格的差额明显不合理并且无正当理由的，由征收机关参照市场价格核定。

第五条 契税应纳税额，依照本条例第三条规定的税率和第四条规定的计税依据计算征收。应纳税额计算公式：

应纳税额 = 计税依据 × 税率

应纳税额以人民币计算。转移土地、房屋权属以外汇结算的，按照纳税义务发生之日中国人民银行公布的人民币市场汇率中间价折合成人民币计算。

第六条 有下列情形之一的,减征或者免征契税:

(一)国家机关、事业单位、社会团体、军事单位承受土地、房屋用于办公、教学、医疗、科研和军事设施的,免征;

(二)城镇职工按规定第一次购买公有住房的,免征;

(三)因不可抗力灭失住房而重新购买住房的,酌情准予减征或者免征;

(四)财政部规定的其他减征、免征契税的项目。

第七条 经批准减征、免征契税的纳税人改变有关土地、房屋的用途,不再属于本条例第六条规定的减征、免征契税范围的,应当补缴已经减征、免征的税款。

第八条 契税的纳税义务发生时间,为纳税人签订土地、房屋权属转移合同的当天,或者纳税人取得其他具有土地、房屋权属转移合同性质凭证的当天。

第九条 纳税人应当自纳税义务发生之日起10日内,向土地、房屋所在地的契税征收机关办理纳税申报,并在契税征收机关核定的期限内缴纳税款。

第十条 纳税人办理纳税事宜后,契税征收机关应当向纳税人开具契税完税凭证。

第十一条 纳税人应当持契税完税凭证和其他规定的文件材料,依法向土地管理部门、房产管理部门办理有关土地、房屋的权属变更登记手续。

纳税人未出具契税完税凭证的,土地管理部门、房产管理部门不予办理有关土地、房屋的权属变更登记手续。

第十二条 契税征收机关为土地、房屋所在地的财政机关或者地方税务机关。具体征收机关由省、自治区、直辖市人民政府确定。

土地管理部门、房产管理部门应当向契税征收机关提供有关资料,并协助契税征收机关依法征收契税。

第十三条 契税的征收管理,依照本条例和有关法律、行政法规的规定执行。

第十四条 财政部根据本条例制定细则。

第十五条 本条例自1997年10月1日起施行。1950年4月3日中央人民政府政务院发布的《契税暂行条例》同时废止。

中华人民共和国国务院令

（第235号）

现发布《罚款决定与罚款收缴分离实施办法》,自1998年1月1日起施行。

总理 李 鹏

1997年11月17日

罚款决定与罚款收缴分离实施办法

第一条 为了实施罚款决定与罚款收缴分离,加强对罚款收缴活动的监督,保证罚款及时上缴国库,根据《中华人民共和国行政处罚法》(以下简称行政处罚法)的规定,制定本办法。

第二条 罚款的收取、缴纳及相关活动,适用本办法。

第三条 作出罚款决定的行政机关应当与收缴罚款的机构分离;但是,依照行政处罚法的规定可以当场收缴罚款的除外。

第四条 罚款必须全部上缴国库,任何行政机关、组织或者个人不得以任何形式截留、私分或者变相私分。

行政机关执法所需经费的拨付,按照国家有关规定执行。

第五条 经中国人民银行批准有代理收付款项业务的商业银行、信用合作社(以下简称代收机构),可以开办代收罚款的业务。

具体代收机构由县级以上地方人民政府组织本级财政部门、中国人民银行当地分支机构和依法具有行政处罚权的行政机关共同研究,统一确定。海关、外汇管理等实行垂直领导的依法具有行政处罚权的行政机关作出罚款决定的,具体代收机构由财政部、中国人民银行会同国务院有关部门确定。依法具有行政处罚权的国务院有关部门作出罚款决定的,具体代收机构由财政部、中国人民银行确定。

代收机构应当具备足够的代收网点,以方便当事人缴纳罚款。

第六条 行政机关应当依照本办法和国家有关规定,同代收机构签订代收罚款协议。

代收罚款协议应当包括下列事项:

(一)行政机关、代收机构名称;

(二)具体代收网点;

(三)代收机构上缴罚款的预算科目、预算级次;

(四)代收机构告知行政机关代收罚款情况的方式、期限;

(五)需要明确的其他事项。

自代收罚款协议签订之日起15日内,行政机关应当将代收罚款协议报上一级行政机关和同级财政部门备案;代收机构应当将代收罚款协议报中国人民银行或者其当地分支机构备案。

第七条 行政机关作出罚款决定的行政处罚决定书应当载明代收机构的名称、地址和当事人应当缴纳罚款的数额、期限等，并明确对当事人逾期缴纳罚款是否加处罚款。

当事人应当按照行政处罚决定书确定的罚款数额、期限，到指定的代收机构缴纳罚款。

第八条 代收机构代收罚款，应当向当事人出具罚款收据。

罚款收据的格式和印制，由财政部规定。

第九条 当事人逾期缴纳罚款，行政处罚决定书明确需要加处罚款的，代收机构应当按照行政处罚决定书加收罚款。

当事人对加收罚款有异议的，应当先缴纳罚款和加收的罚款，再依法向作出行政处罚决定的行政机关申请复议。

第十条 代收机构应当按照代收罚款协议规定的方式、期限，将当事人的姓名或者名称、缴纳罚款的数额、时间等情况书面告知作出行政处罚决定的行政机关。

第十一条 代收机构应当按照行政处罚法和国家有关规定，将代收的罚款直接上缴国库。

第十二条 国库应当按照《中华人民共和国国家金库条例》的规定，定期同财政部门和行政机关对账，以保证收受的罚款和上缴国库的罚款数额一致。

第十三条 代收机构应当在代收网点、营业时间、服务设施、缴款手续等方面为当事人缴纳罚款提供方便。

第十四条 财政部门应当向代收机构支付手续费，具体标准由财政部制定。

第十五条 法律、法规授权的具有管理公共事务职能的组织和依法受委托的组织依法作出的罚款决定与罚款收缴，适用本办法。

第十六条 本办法由财政部会同中国人民银行组织实施。

第十七条 本办法自1998年1月1日起施行。

国务院办公厅关于规范国有土地使用权出让收支管理的通知

(国办发〔2006〕100 号 2006 年 12 月 17 日)

各省、自治区、直辖市人民政府,国务院各部委、各直属机构:

我国是一个人多地少的发展中国家,加强土地管理,严格保护耕地,推进土地节约集约利用,始终是我国现代化建设中的一个全局性、战略性问题。将土地出让收支纳入地方预算,实行“收支两条线”管理,是落实科学发展观,构建社会主义和谐社会,加强土地调控的一项重要举措。根据《国民经济和社会发展第十一个五年规划纲要》、《国务院关于深化改革严格土地管理的决定》(国发〔2004〕28 号)以及《国务院关于加强土地调控有关问题的通知》(国发〔2006〕31 号)的规定,经国务院同意,现就有关事项通知如下:

一、明确国有土地使用权出让收入范围,加强国有土地使用权出让收入征收管理

国有土地使用权出让收入(以下简称土地出让收入)是政府以出让等方式配置国有土地使用权取得的全部土地价款,包括受让人支付的征地和拆迁补偿费用、土地前期开发费用和土地出让收益等。土地价款的具体范围包括:以招标、拍卖、挂牌和协议方式出让国有土地使用权所确定的总成交价款;转让划拨国有土地使用权或依法利用原划拨土地进行经营性建设应当补缴的土地价款;变现处置抵押划拨国有土地使用权应当补缴的土地价款;转让房改房、经济适用住房按照规定应当补缴的土地价款;改变出让国有土地使用权的土地用途、容积率等土地使用条件应当补缴的土地价款,以及其他和国有土地使用权出让或变更有关的收入等。按照土地出让合同规定依法向受让人收取的定金、保证金和预付款,在土地出让合同生效后可以抵作土地价款。

国土资源管理部门依法出租国有土地向承租者收取的土地租金收入;出租划拨土地上的房屋应当上缴的土地收益;土地使用者以划拨方式取得国有土地使用权,依法向市、县人民政府缴纳的土地补偿费、安置补助费、地上附着物和青苗补偿费、拆迁补偿费等费用(不含征地管理费),一并纳入土地出让收入管理。

土地出让收入由财政部门负责征收管理,可由国土资源管理部门负责具体征收。国土资源管理部门和财政部门应当督促土地使用者严格履行土地出让合同,确保将应缴的土地出让收入及时足额缴入地方国库。地方国库负责办理土地出让收入的收纳、划分、留解和拨付等各项业务,确保土地出让收支数据准确无误。对未按照合同约定足额缴纳土地出让收入,并提供有效缴款凭证的,国土资源管理部门不予核发国有土地使用证。要完善制度规定,对违规核发国有土地使用证的,收回土地使用证,并依照有关法律法规追究有关领导和人员的责任。已经实施政府非税收入收缴管理制度改革的地方,土地出让收入纳入政府非税收入收缴管理制度改革票据,统一收缴票据规范收缴程序,提高收缴效率。任何地区、部门和单位都不得以“招商引资”、“旧城改造”、“国有企业改制”等各种名义减免土地出让收入,实行“零地价”,甚至

“负地价”,或者以土地换项目、先征后返、补贴等形式变相减免土地出让收入。

二、将土地出让收支全额纳入预算,实行“收支两条线”管理

从2007年1月1日起,土地出让收支全额纳入地方基金预算管理。收入全部缴入地方国库,支出一律通过地方基金预算从土地出让收入中予以安排,实行彻底的“收支两条线”。在地方国库中设立专账,专门核算土地出让收入和支出情况。

建立健全年度土地出让收支预决算管理制度。每年第三季度,有关部门要严格按照财政部门规定编制下一年度土地出让收支预算;每年年度终了,有关部门要严格按照财政部门规定编制土地出让收支决算。同时,按照规定程序向同级人民政府报告,政府依法向同级人民代表大会报告。编制年度土地出让收支预算要坚持“以收定支、收支平衡”的原则。土地出让收入预算按照上年土地出让收入情况、年度土地供应计划、地价水平等因素编制;土地出让支出预算根据预计年度土地出让收入情况,按照年度土地征收计划、拆迁计划以及规定的用途、支出范围和支出标准等因素编制;其中,属于政府采购范围的,应当按照规定编制政府采购预算。

三、规范土地出让收入使用范围,重点向新农村建设倾斜

土地出让收入使用范围:(一)征地和拆迁补偿支出。包括土地补偿费、安置补助费、地上附着物和青苗补偿费、拆迁补偿费。(二)土地开发支出。包括前期土地开发性支出以及按照财政部门规定与前期土地开发相关的费用等。(三)支农支出。包括计提农业土地开发资金、补助被征地农民社会保障支出、保持被征地农民原有生活水平补贴支出以及农村基础设施建设支出。(四)城市建设支出。包括完善国有土地使用功能的配套设施建设支出以及城市基础设施建设支出。(五)其他支出。包括土地出让业务费、缴纳新增建设用地土地有偿使用费、计提国有土地收益基金、城镇廉租住房保障支出、支付破产或改制国有企业职工安置费支出等。

土地出让收入的使用要确保足额支付征地和拆迁补偿费、补助被征地农民社会保障支出、保持被征地农民原有生活水平补贴支出,严格按照有关规定将被征地农民的社会保障费用纳入征地补偿安置费用,切实保障被征地农民和被拆迁居民的合法利益。土地出让收入的使用要重点向新农村建设倾斜,逐步提高用于农业土地开发和农村基础设施建设的比重。用于农村基础设施建设的资金,要重点安排农村饮水、沼气、道路、环境、卫生、教育以及文化基础设施建设项目,逐步改善农民的生产、生活条件和居住环境,努力提高农民的生活质量和水平。土地前期开发要积极引入市场机制、严格控制支出,通过政府采购招投标方式选择评估、拆迁、工程施工、监理等单位,努力降低开发成本。城市建设支出和其他支出要严格按照批准的预算执行。编制政府采购预算的,应严格按照政府采购的有关规定执行。

为加强土地调控,由财政部门从缴入地方国库的土地出让收入中,划出一定比例资金,用于建立国有土地收益基金,实行分账核算,具体比例由省、自治区、直辖市及计划单列市人民政府确定,并报送财政部和国土资源部备案。国有土地收益基金主要用于土地收购储备。

四、切实保障被征地农民和被拆迁居民利益,建立被征地农民生活保障的长效机制

各地在征地过程中,要认真执行国发〔2004〕28号和国发〔2006〕31号文件中有关征地补偿费的规定,切实保障被征地农民利益。各省、自治区、直辖市要尽快制订并公布各市县征地的统一年产值标准或区片综合地价,依法提高征地补偿标准。出让城市国有土地使用权过程中,要严格依照《城市房屋拆迁管理条例》(国务院令第305号)、有关法律法规和省、自治区、直辖市及计划单列市有关规定支付相关补偿费用,有效保障被拆迁居民、搬迁企业及其职工的合法权益。

建立对被征地农民发放土地补偿费、安置补助费以及地上附着物和青苗补偿费的公示制度,改革对被征地农民征地补偿费的发放方式。有条件的地方,土地补偿费、安置补助费以及地上附着物和青苗补偿费等相关费用中应当支付给被征地农民的部分,可以根据征地补偿方案,由集体经济组织提供具体名单,通过发放记名银行卡或者存折方式直接发放给被征地农民,减少中间环节,防止被截留、挤占和挪用,切实保障被征地农民利益。

被征地农民参加有关社会保障所需的个人缴费,可以从其所得的土地补偿 费、安置补助费中直接缴纳。地方人民政府可以从土地出让收入中安排一部分资金用于补助被征地农民社会保障支出,逐步建立被征地农民生活保障的长效机制。

五、加强国有土地储备管理,建立土地储备资金财务会计核算制度

国土资源部、财政部要抓紧研究制订土地储备管理办法,对土地储备的目标、原则、范围、方式和期限等作出统一规定,防止各地盲目储备土地。要合理控制土地储备规模,降低土地储备成本。土地储备实行项目预决算管理,国土资源管理部门应当于每年第三季度根据年度土地储备计划,编制下一年度土地储备资金收支预算,报财政部门审核;每年年度终了,要按照规定向财政部门报送土地储备资金收支决算。财政部要会同国土资源部抓紧研究制订土地储备资金财务管理办法、会计核算办法,建立健全土地储备成本核算制度。财政部门要加强对土地储备资金使用的监督管理,规范运行机制,严禁挤占、挪用土地储备资金。

六、加强部门间协作与配合,建立土地出让收支信息共享制度

国土资源管理部门与财政部门要加强协作,建立国有土地出让、储备及收支信息共享制度。国土资源管理部门应当将年度土地供应计划、年度土地储备计划以及签订的国有土地出计合同中有关土地出让总价款、约定的缴款时间等相关资料及时抄送财政部门,财政部门应当及时将土地出让收支情况反馈给国土资源管理部门。

财政部门、国土资源管理部门要与地方国库建立土地出让收入定期对账制度,对应缴国库、已缴国库和欠缴国库的土地出让收入数额进行定期核对,确保有关数据准确无误。

财政部门要会同国土资源管理部门、人民银行机构建立健全年度土地出让收支统计报表以及分季收支统计明细报表体系,统一土地出让收支统计口径确保土地出让收支统计数据及时、准确、真实,为加强土地出让收支管理提供必要的基础数据。土地出让收支统计报表体系由财政部会同国土资源部、人民银行研究制订。

七、强化土地出让收支监督管理,防止国有土地资产收益流失

财政部门、国土资源管理部门、人民银行机构以及审计机关要建立健全对土地出让收支情况的定期和不定期监督检查制度,强化对土地出让收支的监督管理,确保土地出让收入及时足额上缴国库,支出严格按照财政预算管理的规定执行。

土地出让合同、征地协议等应约定对土地使用者不按时足额缴纳土地出让收入的,按日加收违约金额1‰的违约金。违约金随同土地出让收入一并缴入地方国库。对违反本通知规定,擅自减免、截留、挤占、挪用应缴国库的土地出让收入,不执行国家统一规定的会计、政府采购等制度的，要严格按照土地管理法、会计法、审计法、政府采购法、《财政违法行为处罚处分条例》（国务院令第427号）和《金融违法行为处罚办法》（国务院令第260号）等有关法律法规进行处理，并依法追究有关责任人的责任；触犯刑法的，依法追究有关人员的刑事责任。

规范土地出让收支管理，不仅有利于促进节约集约用地，而且有利于促进经济社会可持续发展，对于保持社会稳定，推进社会主义和谐社会建设，以及加强党风廉政建设都具有十分重要的意义。各地区、各部门必须高度重视，坚决把思想统一到党中央、国务院决策部署上来，采取积极有效措施，确保规范土地出让收支管理政策的贯彻落实。

中华人民共和国城镇土地使用税暂行条例

(1988年9月27日中华人民共和国国务院令第17号发布,根据2006年12月31日《国务院关于修改〈中华人民共和国城镇土地使用税暂行条例〉的决定》修订)

第一条 为了合理利用城镇土地,调节土地级差收入,提高土地使用效益,加强土地管理,制定本条例。

第二条 在城市、县城、建制镇、工矿区范围内使用土地的单位和个人,为城镇土地使用税(以下简称土地使用税)的纳税人,应当依照本条例的规定缴纳土地使用税。

前款所称单位,包括国有企业、集体企业、私营企业、股份制企业、外商投资企业、外国企业以及其他企业和事业单位、社会团体、国家机关、军队以及其他单位:所称个人,包括个体工商户以及其他个人。

第三条 土地使用税以纳税人实际占用的土地面积为计税依据,依照规定税额计算征收。

前款土地占用面积的组织测量工作,由省、自治区、直辖市人民政府根据实际情况确定。

第四条 土地使用税每平方米年税额如下:

(一)大城市1.5元至30元;

(二)中等城市1.2元至24元;

(三)小城市0.9元至18元;

(四)县城、建制镇、工矿区0.6元至12元。

第五条 省、自治区、直辖市人民政府,应当在本条例第四条规定的税额幅度内,根据市政建设状况、经济繁荣程度等条件,确定所辖地区的适用税额幅度。

市、县人民政府应当根据实际情况,将本地区土地划分为若干等级,在省、自治区、直辖市人民政府确定的税额幅度内,制定相应的适用税额标准,报省、自治区、直辖市人民政府批准执行。

经省、自治区、直辖市人民政府批准,经济落后地区土地使用税的适用税额标准可以适当降低,但降低额不得超过本条例第四条规定最低税额的30%。经济发达地区土地使用税的适用税额标准可以适当提高,但须报经财政部批准。

第六条 下列土地免缴土地使用税:

(一)国家机关、人民团体、军队自用的土地;

(二)由国家财政部门拨付事业经费的单位自用的土地;

(三)宗教寺庙、公园、名胜古迹自用的土地;

(四)市政街道、广场、绿化地带等公共用地;

(五)直接用于农、林、牧、渔业的生产用地;

(六)经批准开山填海整治的土地和改造的废弃土地,从使用的月份起免缴土地使用税5年至10年;

(七)由财政部另行规定免税的能源、交通、水利设施用地和其他用地。

第七条 除本条例第六条规定外，纳税人缴纳土地使用税确有困难需要定期减免的，由省、自治区、直辖市税务机关审核后，报国家税务局批准。

第八条 土地使用税按年计算、分期缴纳。缴纳期限由省、自治区、直辖市人民政府确定。

第九条 新征用的土地，依照下列规定缴纳土地使用税：

（一）征用的耕地，自批准征用之日起满1年时开始缴纳土地使用税；

（二）征用的非耕地，自批准征用次月起缴纳土地使用税。

第十条 土地使用税由土地所在地的税务机关征收。土地管理机关应当向土地所在地的税务机关提供土地使用权属资料。

第十一条 土地使用税的征收管理，依照《中华人民共和国税收征收管理法》及本条例的规定执行。

第十二条 土地使用税收入纳入财政预算管理。

第十三条 本条例的实施办法由省、自治区、直辖市人民政府制定。

第十四条 本条例自1988年11月1日起施行，各地制定的土地使用费办法同时停止执行。

2. 部门规章及其他规范性文件

国家土地管理局关于收取土地登记费办法

(〔1993〕国土(财)字第30号 1993年2月13日)

根据国家土地管理局、国家测绘局、国家物价局、财政部《关于土地登记收费及其管理办法》(〔1990〕国土〔籍〕字第93号)中的规定:"用于土地权属调查和注册登记、发证工作的经费……3%上交国家土地管理局(由省级土地管理部门代收代交)",为保证国家土地管理局如实收到上述款项,特制定本办法。

一、各省、自治区、直辖市土地(国土)管理局(厅)财务部门,在每年度年终财务决算审查汇总结束后,根据汇总的土地登记费收入决算数,按照93号文件规定的3%的上交比例,计算出应上交国家土地管理局的费用,于3月底前交到国家土地管理局。

二、国家土地管理局于每年度四、五月份召开全国土地管理系统财务决算报表汇总会、组织联审复查并进行评比表彰。并将是否规定比例、时间、足额上交土地登记费作为评比的重要条件。只有报表及时、全面、数字准确、按时、足额上交土地登记费作为评比的重要条件。只有报表及时、全面、数字准确、按时、足额上交土地登记费的单位,才能经过评比,作为财务管理先进单位予以表彰;凡未按规定比例,及时上交土地登记费,财务决算报表不合格的单位,不能参加评比,同时限期补交应上交的款项。对拒不交纳费款的单位,将给予通报批评等处理。

三、各省、自治区、直辖市土地管理局的财务、地籍管理等有关部门要密切配合保证3%的土地登记费及时、足额地上交国家土地管理局。

收款单位:国家土地管理局

开户银行:中国农业银行北京市分行海淀区北下关分理处

账号:431—002

四、本办法自发文之日起执行。

国家土地管理局关于收取征地管理费办法

（〔1993〕国土（财）字第30号 1993年2月13日）

根据国家物价局、财政部《关于发布土地管理系统部分收费项目与标准的通知》（〔1992〕价费字597号文，以下简称《通知》）第十一条 规定："报国务院审批的建设项目用地，其征地管理费的1.5%上交国家土地管理局，由省级土地管理部门代收、代交，主要用于审批建设项目过程中的必要开支"，为了简化手续，减轻省级土地管理部门代收、代交的工作负担，经请示财政部同意，上交国家土地管理局的征地管理费改由建设用地单位直接向国家土地管理局缴纳。

具体执行办法如下：

一、按国家建设用地审批权限的规定，凡需报国务院审批的建设用地项目，经省、自治区、直辖市土地管理部门初审转报国家土地管理局的同时，通知建设用地单位按《通知》规定应上交国家土地管理局的征地管理费直接交国家土地管理局。

二、国家土地管理局收到征地申报件后，由建设用地司按规定进行审核。经审查合格，建设用地单位到计划财务司办理交款手续。计划财务司收款后，向交款单位开具收据，并将收据副联抄送用地项目所在省级土地管理部门。有关省级土地管理部门依此作为凭证，避免漏收或重复收取。

三、因故未被国务院批准或核减项目用地的，由国家土地管理局负责向建设用地单位退还已收的全部或部分征地管理费。

四、交款方式可采取汇票自带或通过银行电汇、信汇。凡已通过银行电汇或信汇的，建设用地单位应将银行盖章的汇款凭证回单复印件带来，作为已向国家土地管理局交款的证明。国家土地管理局在收到银行汇款后，即向交款单位开具收据。

收款单位：国家土地管理局

开户银行：中国农业银行北京市分行海淀区北下关分理处

账号：431—002

五、本办法自发文之日起执行。

国家税务局关于受让土地使用权者应征收土地使用税问题的批复

(国税函发〔1993〕501号 1993年3月24日)

成都市税务局:

你局成税函〈1992〉463号《关于对国内受让土地者是否征收土地使用税的请示》收悉。对通过有偿出让方式取得国有土地使用权的国内单位和个人是否征收土地使用税的问题,经研究,批复如下:

国家开征土地使用税,是为了合理利用城镇土地,调节土地级差收入,提高土地使用效益,加强土地管理。因而,《中华人民共和国城镇土地使用税暂行条例》第二条规定:"在城市、县城、建制镇、工矿区范围内使用土地的单位和个人,为城镇土地使用税纳税义务,应当依照本条例的规定缴纳土地使用税。"《中华人民共和国城镇国有土地使用权出让和转让暂行条例》第四十九条也明确规定:"土地使用者应当依照国家税收法规的规定纳税。"因此,凡在土地使用税开征区范围内使用土地的单位和个人,不论通过出让方式还是转让方式取得的土地使用权,都应依法缴纳土地使用税。

财政部关于京九铁路耕地占用税纳税人问题的批复

（〔93〕财农税字第15号 1993年4月8日）

山东省财政厅：

你厅鲁财农税字〔1993〕第5号文收悉。经研究，现批复如下：

按照耕地占用税"谁征地、谁纳税"的规定，同意你厅意见，京九铁路占用耕地，应由办理征地手续的各铁路工程局缴纳耕地占用税。对未经批准擅自占用耕地的，应按其实际占用面积征税。请做好征收工作，保证税款及时入库。

测绘收费管理试行办法

(国测发〔1993〕082 号 国家测绘局 1993 年 5 月 18 日)

第一条 为进一步促进测绘事业的发展和测绘市场的发育,完善测绘收费的管理,根据《中华人民共和国测绘法》和《中华人民共和国测绘成果管理规定》的有关规定,制定本办法。

第二条 在中华人民共和国领域和管辖的其他海域,具有测绘资格的单位从事测绘活动可实行测绘收费,并应执行本办法。

第三条 测绘收费范围

一、测绘工程

(一)大地测量;

(二)航空摄影测量;

(三)地形测量(含水下地形测量);

(四)地图编制;印刷;

(五)工程测量;

(六)数字化测图;

(七)地籍测绘;

(八)海洋测绘;

(九)卫星定位技术(GPS)测量。

二、测绘成果、成图资料

(一)天文测量、大地测量、卫星大地测量、重力测量的数据和图件;

(二)摄影与遥感测绘图像拷贝、磁带等;

(三)各种地图(包括地形图、普通地图、地籍图、海图和其他专题地图等);

(四)界线与地籍测绘图件和数据;

(五)工程测量数据和图件;

(六)其他有关地理数据;

(七)与测绘成果直接有关的技术资料等。

第四条 测绘收费标准的费用组成

一、核定测绘工程收费标准以测绘产品社会平均生产成本(含管理费、流通费、技术工作费)、税金(营业税)和社会平均利润等为基础。

二、测绘成果、成图资料收费标准含测绘生产的部分成本,并考虑使用频率、更新周期、管理费、维护费及技术处理费用等因素。

第五条 各省、自治区、直辖市人民政府管理测绘工作的部门,应加强对测绘收费的管理,维护测绘市场的正常秩序。为保护测绘单位的合法权益,确保成果成图质量,防止不正当竞争,确定收费标准的 85% 为最低保护标准。特殊情况(如贫困地区的测绘需求等)低于保护标准时,须经任务或资料所在省、自治区、直辖市人民政府管理测绘工作的部门同意。

第六条 测绘收费收入的使用和管理,按国家测绘局测发〔1993〕042 号文"关于颁发《测绘事业单位收入财务管理办法》的通知”规定执行。

第七条 凡违反本办法的均按照《中华人民共和国测绘法》第七章和《中华人民共和国测绘成果管理规定》第十八条有关规定查处。

第八条 本办法由国家测绘局负责解释。

本办法自发文之日起执行，过去有关规定凡与本办法相抵触的，以本办法为准。

财政部对《关于〈国有土地使用权有偿出让收入管理暂行实施办法〉中需要进一步明确的几个问题的函》的复函

(〔93〕财综字第46号 1993年5月18日)

国家审计署:

你署来函《关于〈国有土地使用权有偿出让收入管理暂行实施办法〉中需要进一步明确的几个问题的函》收悉。现就我部〔89〕财综字第94号文件《国有土地使用权有偿出让收入管理暂行实施办法》(以下简称"94号文件")中的有关问题明确如下:

一、关于国有土地使用权有偿出让收入的构成问题

94号文件第二条第一款"土地出让金。指各级政府土地出让主管部门将国有土地使用权出让给单位或个人,按规定向单位或个人收取的土地出让价款。"中的土地出让价款,是指土地出让时的交易总额,即包括地租和征地、拆迁补偿、基础设施等前期开发成本费用在内的全部价款。

二、关于土地管理部门提取土地出让业务费的问题

94号文件第四条规定,土地出让主管部门可从其所获得的土地使用权出让收入中提取土地出让业务费。土地出让业务费是以本文第一条所确定的土地出让金为基数计算的,即:土地出让金乘以提取比例等于土地出让业务费。

三、关于上交财政收入如何确定的问题

94号文件第五条规定,土地使用权出让收入扣除土地出让业务费后,全部上交财政。是指本文第一条所确定的土地出让金扣除土地出让业务费后全部上交财政。

中华人民共和国土地增值税暂行条例实施细则

（财法字〔1995〕6号　　1995年1月27日）

第一条　根据《中华人民共和国土地增值税暂行条例》（以下简称条例）第十四条规定，制定本细则。

第二条　条例第二条所称的转让国有土地使用权、地上的建筑物及其附着物并取得收入，是指以出售或者其他方式有偿转让房地产的行为。不包括以继承、赠与方式无偿转让房地产的行为。

第三条　条例第二条所称的国有土地，是指按国家法律规定属于国家所有的土地。

第四条　条例第二条所称的地上的建筑物，是指建于土地上的一切建筑物，包括地上地下的各种附属设施。

条例第二条所称的附着物，是指附着于土地上的不能移动，一经移动即遭损坏的物品。

第五条　条例第二条所称的收入，包括转让房地产的全部价款及有关的经济收益。

第六条　条例第二条所称的单位，是指各类企业单位、事业单位、国家机关和社会团体及其他组织。

条例第二条所称个人，包括个体经营者。

第七条　条例第六条所列的计算增值额的扣除项目，具体为：

（一）取得土地使用权所支付的金额，是指纳税人为取得土地使用权所支付的地价款和按国家统一规定交纳的有关费用。

（二）开发土地和新建房及配套设施（以下简称房地产开发）的成本，是指纳税人房地产开发项目实际发生的成本（以下简称房地产开发成本），包括土地征用及拆迁补偿费、前期工程费、建筑安装工程费、基础设施费、公共配套设施费、开发间接费用。

土地征用及拆迁补偿费，包括土地征用费、耕地占用税、劳动力安置费及有关地上、地下附着物拆迁补偿的净支出、安置动迁用房支出等。

前期工程费，包括规划、设计、项目可行性研究和水文、地质、勘察、测绘、“三通一平”等支出。

建筑安装工程费，是指以出包方式支付给承包单位的建筑安装工程费，以自营方式发生的建筑安装工程费。

基础设施费，包括开发小区内道路、供水、供电、供气、排污、排洪、通讯、照明、环卫、绿化等工程发生的支出。

公共配套设施费，包括不能有偿转让的开发小区内公共配套设施发生的支出。

开发间接费用，是指直接组织、管理开发项目发生的费用，包括工资、职工福利费、折旧费、修理费、办公费、水电费、劳动保护费、周转房摊销等。

（三）开发土地和新建房及配套设施的费用（以下简称房地产开发费用），是指与房地产开发项目有关的销售费用、管理费用、财务费用。

财务费用中的利息支出，凡能够按转让房地产项目计算分摊并提供金融机构证明的，允许据实扣除,但最高不能超过按商业银行同类同期贷款利率计算的金额。其他房地产开发费用,按本条(一)、(二)项规定计算的金额之和的百分之五以内计算扣除。

凡不能按转让房地产项目计算分摊利息支出或不能提供金融机构证明的,房地产开发费用按本条(一)、(二)项规定计算的金额之和的百分之十以内计算扣除。

上述计算扣除的具体比例,由各省、自治区、直辖市人民政府规定。

(四)旧房及建筑物的评估价格,是指在转让已使用的房屋及建筑物时,由政府批准设立的房地产评估机构评定的重置成本价乘以成新度折扣率后的价格。评估价格须经当地税务机关确认。

(五)与转让房地产有关的税金,是指在转让房地产时缴纳的营业税、城市维护建设税、印花税。因转让房地产交纳的教育费附加,也可视同税金予以扣除。

(六)根据条例第六条(五)项规定,对从事房地产开发的纳税人可按本条(一)、(二)项规定计算的金额之和,加计百分之二十的扣除。

第八条 土地增值税以纳税人房地产成本核算的最基本的核算项目或核算对象为单位计算。

第九条 纳税人成片受让土地使用权后,分期分批开发、转让房地产的,其扣除项目金额的确定,可按转让土地使用权的面积占总面积的比例计算分摊,或按建筑面积计算分摊,也可按税务机关确认的其他方式计算分摊。

第十条 条例第七条所列四级超率累进税率,每级"增值额未超过扣除项目金额"的比例,均包括本比例数。

计算土地增值税税额,可按增值额乘以适用的税率减去扣除项目金额乘以速算扣除系数的简便方法计算,具体公式如下:

(一)增值额未超过扣除项目金额50%

土地增值税税额=增值额×30%

(二)增值额超过扣除项目金额50%,未超过100%的

土地增值税税额=增值额×40%-扣除项目金额×5%

(三)增值额超过扣除项目金额100%,未超过200%

土地增值税税额=增值额×50%-扣除项目金额×15%

(四)增值额超过扣除项目金额200%

土地增值税税额=增值额×60%-扣除项目金额×35%

公式中的5%、15%、35%为速算扣除系数。

第十一条 条例第八条(一)项所称的普通标准住宅,是指按所在地一般民用住宅标准建造的居住用住宅。高级公寓、别墅、度假村等不属于普通标准住宅。普通标准住宅与其他住宅的具体划分界限由各省、自治区、直辖市人民政府规定。

纳税人建造普通标准住宅出售,增值额未超过本细则第七条(一)、(二)、(三)、(五)、(六)项扣除项目金额之和百分之二十的,免征土地增值税;增值额超过扣除项目金额之和百分之二十的,应就其全部增值额按规定计税。

条例第八条(二)项所称的因国家建设需要依法征用、收回的房地产,是指因城市实施规划、国家建设的需要而被政府批准征用的房产或收回的土地使用权。

因城市实施规划、国家建设的需要而搬迁,由纳税人自行转让原房地产的,比照本规定免征土地增值税。

符合上述免税规定的单位和个人，须向房地产所在地税务机关提出免税申请，经税务机关审核后，免予征收土地增值税。

第十二条 个人因工作调动或改善居住条件而转让原自用住房，经向税务机关申报核准，凡居住满五年或五年以上的，免予征收土地增值税；居住满三年未满五年的，减半征收土地增值税。居住未满三年的，按规定计征土地增值税。

第十三条 条例第九条所称的房地产评估价格，是指由政府批准设立的房地产评估机构根据相同地段、同类房地产进行综合评定的价格。评估价格须经当地税务机关确认。

第十四条 条例第九条(一)项所称的隐瞒、虚报房地产成交价格，是指纳税人不报或有意低报转让土地使用权、地上建筑物及其附着物价款的行为。

条例第九条(二)项所称的提供扣除项目金额不实的，是指纳税人在纳税申报时不据实提供扣除项目金额的行为。

条例第九条(三)项所称的转让房地产的成交价格低于房地产评估价格，又无正当理由的，是指纳税人申报的转让房地产的实际成交价低于房地产评估机构评定的交易价，纳税人又不能提供凭据或无正当理由的行为。

隐瞒、虚报房地产成交价格，应由评估机构参照同类房地产的市场交易价格进行评估。税务机关根据评估价格确定转让房地产的收入。

提供扣除项目金额不实的，应由评估机构按照房屋重置成本价乘以成新度折扣率计算的房屋成本价和取得土地使用权时的基准地价进行评估。税务机关根据评估价格确定扣除项目金额。

转让房地产的成交价格低于房地产评估价格，又无正当理由的，由税务机关参照房地产评估价格确定转让房地产的收入。

第十五条 根据条例第十条的规定，纳税人应按照下列程序办理纳税手续：

(一)纳税人应在转让房地产合同签订后的七日内，到房地产所在地主管税务机关办理纳税申报，并向税务机关提交房屋及建筑物产权、土地使用权证书，土地转让、房产买卖合同，房地产评估报告及其他与转让房地产有关的资料。

纳税人因经常发生房地产转让而难以在每次转让后申报的，经税务机关审核同意后，可以定期进行纳税申报，具体期限由税务机关根据情况确定。

(二)纳税人按照税务机关核定的税额及规定的期限缴纳土地增值税。

第十六条 纳税人在项目全部竣工结算前转让房地产取得的收入，由于涉及成本确定或其他原因，而无法据以计算土地增值税的，可以预征土地增值税，待该项目全部竣工、办理结算后再进行清算，多退少补。具体办法由各省、自治区、直辖市地方税务局根据当地情况制定。

第十七条 条例第十条所称的房地产所在地，是指房地产的坐落地。纳税人转让房地产坐落在两个或两个以上地区的，应按房地产所在地分别申报纳税。

第十八条 条例第十一条所称的土地管理部门、房产管理部门应当向税务机关提供有关资料，是指向房地产所在地主管税务机关提供有关房屋及建筑物产权、土地使用权、土地出让金数额、土地基准地价、房地产市场交易价格及权属变更等方面的资料。

第十九条 纳税人未按规定提供房屋及建筑物产权、土地使用权证书，土地转让、房产买卖合同，房地产评估报告及其他与转让房地产有关资料的，按照《中华人民共和国税收征收管理法》(以下简称《征管法》)第三十九条的规定进行处理。

纳税人不如实申报房地产交易额及规定扣除项目金额造成少缴或未缴税款的，按照《征管法》第四十条的规定进行处理。

第二十条 土地增值税以人民币为计算单位。转让房地产所取得的收入为外国货币的,以取得收入当天或当月1日国家公布的市场汇价折合成人民币,据以计算应纳土地增值税税额。

第二十一条 条例第十五条所称的各地区的土地增值费征收办法是指与本条例规定的计征对象相同的土地增值费、土地收益金等征收办法。

第二十二条 本细则由财政部解释,或者由国家税务总局解释。

第二十三条 本细则自发布之日起施行。

第二十四条 1994年1月1日至本细则发布之日期间的土地增值税参照本细则的规定计算征收。

财政部、国家税务总局关于土地增值税一些具体问题规定的通知

（财税字〔1995〕48 号　1995 年 5 月 25 日）

各省、自治区、直辖市、计划单列市财政厅（局）、国家税务局、地方税务局，扬州培训中心、长春税务学院：

按照《中华人民共和国土地增值税暂行条例》（以下简称条例）和《中华人民共和国土地增值税暂行条例实施细则》（以下简称细则）的规定，现对土地增值税一些具体问题规定如下：

一、关于以房地产进行投资、联营的征免税问题

对于以房地产进行投资、联营的，投资、联营的一方以土地（房地产）作价入股进行投资或作为联营条件，将房地产转让到所投资、联营的企业中时，暂免征收土地增值税。对投资、联营企业将上述房地产再转让的，应征收土地增值税。

二、关于合作建房的征免税问题

对于一方出地，一方出资金，双方合作建房，建成后按比例分房自用的，暂免征收土地增值税；建成后转让的，应征收土地增值税。

三、关于企业兼并转让房地产的征免税问题

在企业兼并中，对被兼并企业将房地产转让到兼并企业中的，暂免征收土地增值税。

四、关于细则中“赠与”所包括的范围问题

细则所称的“赠与”是指如下情况：

（一）房产所有人、土地使用权所有人将房屋产权、土地使用权赠与直系亲属或承担直接赡养义务人的。

（二）房产所有人、土地使用权所有人通过中国境内非营利的社会团体、国家机关将房屋产权、土地使用权赠与教育、民政和其他社会福利、公益事业的。

上述社会团体是指中国青少年发展基金会、希望工程基金会、宋庆龄基金会、减灾委员会、中国红十字会、中国残疾人联合会、全国老年基金会、老区促进会以及经民政部门批准成立的其他非营利的公益性组织。

五、关于个人互换住房的征免税问题

对个人之间互换自有居住用房地产的，经当地税务机关核实，可以免征土地增值税。

六、关于地方政府要求房地产开发企业代收的费用如何计征土地增值税的问题

对于县级及县级以上人民政府要求房地产开发企业在售房时代收的各项费用，如果代收费用是计入房价中向购买方一并收取的，可作为转让房地产所取得的收入计税；如果代收费用未计入房价中，而是在房价之外单独收取的，可以不作为转让房地产的收入。

对于代收费用作为转让收入计税的，在计算扣除项目金额时，可予以扣除，但不允许作为加计 20% 扣除的基数；对于代收费用未作为转让房地产的收入计税的，在计算增值额时不允许扣除代收费用。

七、关于新建房与旧房的界定问题

新建房是指建成后未使用的房产。凡是已使用一定时间或达到一定磨损程度的房产均属旧房。使用时间和磨损程度标准可由各省、自治区、直辖市财政厅(局)和地方税务局具体规定。

八、关于扣除项目金额中的利息支出如何计算问题

(一)利息的上浮幅度按国家的有关规定执行,超过上浮幅度的部分不允许扣除;

(二)对于超过贷款期限的利息部分和加罚的利息不允许扣除。

九、关于计算增值额时扣除已缴纳印花税的问题

细则中规定允许扣除的印花税,是指在转让房地产时缴纳的印花税。房地产开发企业按照《施工、房地产开发企业财务制度》的有关规定,其缴纳的印花税列入管理费用,已相应予以扣除。其他的土地增值税纳税义务人在计算土地增值税时允许扣除在转让时缴纳的印花税。

十、关于转让旧房如何确定扣除项目金额的问题

转让旧房的,应按房屋及建筑物的评估价格、取得土地使用权所支付的地价款和按国家统一规定交纳的有关费用以及在转让环节缴纳的税金作为扣除项目金额计征土地增值税。对取得土地使用权时未支付地价款或不能提供已支付的地价款凭据的,不允许扣除取得土地使用权所支付的金额。

十一、关于已缴纳的契税可否在计税时扣除的问题

对于个人购入房地产再转让的,其在购入时已缴纳的契税,在旧房及建筑物的评估价中已包括了此项因素,在计征土地增值税时,不另作为"与转让房地产有关的税金"予以扣除。

十二、关于评估费用可否在计算增值额时扣除的问题

纳税人转让旧房及建筑物时因计算纳税的需要而对房地产进行评估,其支付的评估费用允许在计算增值额时予以扣除。对条例第九条规定的纳税人隐瞒、虚报房地产成交价格等情节而按房地产评估价格计算征收土地增值税所发生的评估费用,不允许在计算土地增值税时予以扣除。

十三、关于既建普通标准住宅又搞其他类型房地产开发的如何计税的问题

对纳税人既建普通标准住宅又搞其他房地产开发的,应分别核算增值额。不分别核算增值额或不能准确核算增值额的,其建造的普通标准住宅不能适用条例第八条(一)项的免税规定。

十四、关于预售房地产所取得的收入是否申报纳税的问题

根据细则的规定,对纳税人在项目全部竣工结算前转让房地产取得的收入可以预征土地增值税。具体办法由各省、自治区、直辖市地方税务局根据当地情况制定。因此,对纳税人预售房地产所取得的收入,当地税务机关规定预征土地增值税的,纳税人应当到主管税务机关办理纳税申报,并按规定比例预交,待办理决算后,多退少补;当地税务机关规定不预征土地增值税的,也应在取得收入时先到税务机关登记或备案。

十五、关于分期收款的外币收入如何折合人民币的问题

对于取得的收入为外国货币的,依照细则规定,以取得收入当天或当月一日国家公布的市场汇价折合人民币,据以计算土地增值税税额。对于以分期收款形式取得的外币收入,也应按实际收款日或收款当月一日国家公布的市场汇价折合人民币。

十六、关于纳税期限的问题

根据条例第十条、第十二条和细则第十五条的规定,税务机关核定的纳税期限,应在纳税

人签订房地产转让合同之后、办理房地产权属转让(即过户及登记)手续之前。

十七、关于财政部、国家税务总局《关于对1994年1月1日前签订开发及转让合同的房地产征免土地增值税的通知》(财法字〈1995〉7号)适用范围的问题

该通知规定的适用范围,限于房地产开发企业转让新建房地产的行为,非房地产开发企业或房地产开发企业转让存量房地产的,不适用此规定。

财政部关于京九铁路占地征收耕地占用税问题的答复

(财农税字〔1995〕5号 1995年6月16日)

湖北省财政厅:

你厅鄂财农税发(1995)406号《关于京九铁路用地耕地占用税征收问题的请示》收悉。经研究现答复如下:

一、关于纳税人问题,我部已在(93)财农税字第15号《复山东省财政厅关于京九铁路耕地占用税纳税人问题的批复》中作了明确规定:京九铁路用地由办理征地手续的各铁路工程单位缴纳耕地占用税。

二、关于征税范围问题,我部(91)财农税字第3号文已有明确规定:铁路线路以及按规定的两侧留地和沿线车站、装卸用货场、仓库用地可以免征耕地占用税,除此之外的生产、生活用地均应照章征收耕地占用税。临时用地请按我部(87)财农字第316号文执行。计征税额标准按照你省目前实际执行平均税额确定。

三、京九铁路联络线、京九铁路用地的耕地占用税征收问题比照上述规定执行。

请你厅组织力量,做好该项目税款的征收工作。如经屡催不交,按我部(88)财农税字第8号《关于银行扣缴耕地占用税拖欠税款的联合通知》的规定通知其开户银行扣缴税款。

财政部、国家税务总局、国家国有资产管理局关于转让国有房地产征收土地增值税中有关房地产价格评估问题的通知

（财税字〔1995〕61号　1995年6月23日）

各省、自治区、直辖市和计划单列市财政厅（局）、国家税务局、地方税务局、国有资产管理局：

为了加强土地增值税的征收管理，促进对国有房地产转让价格评估的管理，维护国有资产权益，现根据《中华人民共和国土地增值税暂行条例》（以下简称《条例》）及《中华人民共和国土地增税暂行条例实施细则》（以下简称《细则》）和《国有资产评估管理办法》的有关规定，对国有房地产转让中有关价格评估等问题通知如下：

一、凡转让国有土地使用权、地上建筑物及其附属物（以下简称房地产）的纳税人，按照土地增值税的有关规定，需要根据房地产的评估价格计税的，可委托经政府批准设立、并按照《国有资产评估管理办法》规定的由省以上国有资产管理部门授予评估资格的资产评估事务所、会计师事务所等各类资产评估机构受理有关转让房地产的评估业务。

二、对于涉及土地增值税的国有房地产价格评估，各评估机构必须严格按照《条例》和《细则》中规定的方法进行应纳税房地产的价格评估。其评估结果经同级国有资产管理部门审核验证后作为房地产转让的底价，并按税务部门的要求按期报送房地产所在地主管税务机关，作为确认计税依据的参考。

房地产所在地主管税务机关要求从事房地产评估的资产评估机构提供与房地产评估有关的评估资料的，资产评估机构应无偿提供，不得以任何借口予以拒绝。

房地产所在地主管税务机关应按照《条例》和《细则》的有关规定，对应纳税房地产的评估结果进行严格审核及确认，对不符合实际情况的评估结果不予采用。

三、房地产评估机构在执业过程中必须遵守职业道德，坚持独立、客观、公正的原则，对评估结果的真实性、合理性负法律责任。任何房地产评估机构在房地产转让的评估过程中有隐瞒事实，提供虚假评估结果，或与有关当事人串通作弊等违法行为，一经发现坚决取消执业资格。

房地产评估机构因不向主管税务机关提供有关的、真实的房地产评估资料，或有意提供虚假评估结果，造成纳税人不缴或少缴土地增值税的，房地产评估机构应承担相应的法律和经济责任；对因上述行为而造成国家税收和国有资产严重流失的，要提请司法机关追究有关当事人的刑事责任。

四、各级财政、税务和国有资产管理部门要密切配合、相互协作，加强土地增值税的各项征收管理工作。为此，各有关部门应对各房地产评估机构进一步加强监督管理，使房地产评估为保证国家税收收入和维护国有资产权益发挥应有的作用。

财政部、国家税务总局关于对吉林枢纽棋盘编组站、七家子客车技术整备所工程建设用地征免耕地占用税的批复

(财税字〔1996〕57 号 1996 年 6 月 21 日)

吉林省财政厅、地方税务局:

你局《关于吉林枢纽棋盘编组站、七家子客车技术整备所工程建设用地是否免征耕地占用税的请示》吉地税农字〔1996〕72 号文收悉。经研究,批复如下:

一、吉林枢纽棋盘编制组站是铁道部批准扩建的铁路线路项目,按照《中华人民共和国耕地占用税暂行条例》和有关文件规定,应免征耕地占用税。对铁路线路工程建设不能按资金来源划分征免耕地占用税的政策界限。

二、七家子客车技术整备所是机车临时检修场所。对通往技术整备所及技术整备所内的铁路线路占用耕地,准予免征耕地占用税。对技术整备所内的修理厂、办公楼及其他建筑物占用耕地,应照章征收耕地占用税。

财政部、国家税务总局关于神朔铁路占地征免耕地占用税的通知

（财税字〔1997〕21号 1997年2月12日）

陕西省财政厅，山西省财政厅、地方税务局：

为了正确贯彻税收政策，我们就神朔铁路征免耕地占用税问题与陕西、山西两省财税部门和神华集团进行了研究，并征求了国务院综合部门的意见。根据《中华人民共和国铁路法》和《中华人民共和国耕地占用税暂行条例》及财政部《关于耕地占用税具体政策的规定》，现对神朔铁路占用耕地征免耕地占用税的范围明确如下：

一、对神朔铁路线路占地，免征耕地占用税。

二、对神朔铁路沿线的车站、仓库、堆货场等生产设施占地，职工宿舍等生活区占地，照章征收耕地占用税。

三、对与神朔铁路连接的铁路岔线线路占有耕地，照章征收耕地占用税。

四、对神朔铁路建设临时占用耕地，按照规定征收耕地占用税。

凡以前对神朔铁路耕地占用税的有关规定与本通知相抵触的，按本通知规定执行。

望陕西、山西两省财税部门与神华集团密切配合，按照上述规定将应交税款及时收缴入库。

国家税务总局关于征用土地过程中征地单位支付给土地承包人员的补偿费如何征税问题的批复

(国税函〔1997〕087 号 1997 年 2 月 13 日)

辽宁省地方税务局:

你局《关于征用土地过程中征地单位支付给土地承包人员的补偿费是否征税的请示》(辽地税个〔1996〕311 号)收悉。经研究,现批复如下:

一、对土地承包人取得的土地上的建筑物、构筑物、青苗等土地附着物的补偿费收入,应按照《中华人民共和国营业税暂行条例》的"销售不动产——其他土地附着物"税目征收营业税。

二、对土地承包人取得的青苗补偿费收入,暂免征收个人所得税;取得的转让建筑物等财产性质的其他补偿费收入,应按照《中华人民共和国个人所得税法》的"财产转让所得"应税项目计征个人所得税。

财政部、国家税务总局关于铁道部所属单位征免房产税城镇土地使用税问题的通知

（财税字〔1997〕8 号　1997 年 5 月 13 日）

各省、自治区、直辖市、计划单列市财政厅（局）、地方税务局：

财政部、国家税务总局《关于铁道部“八五”后两年有关财务税收问题的通知》（财税字〔1994〕005 号）中有关免征房产税、城镇土地使用税的政策于 1995 年底执行到期。现经国务院批准，对铁道部所属单位征免房产税、城镇土地使用税的问题通知如下：

一、对铁道部属原执行经济承包方案的铁路运输、工业、供销、建筑施工企业，铁道部直属铁路局的工副业企业和由铁道部自行解决工交事业费的单位，其自用的房产、土地，自 1996 年 1 月 1 日起仍暂免征收房产税和城镇土地使用税。待铁路运价调整时再相应调整免税范围。

二、对铁道部所属其他企业、单位的房产和土地，继续按房产税和城镇土地使用税的有关政策规定执行。

国家税务总局关于房地产租赁行为征收营业税问题的批复

(国税函〔1997〕564 号 1997 年 10 月 24 日)

陕西省地方税务局:

你局《陕西省地方税务局关于对房地产典当行为征收营业税问题的请示》(陕地税函〔1997〕071 号)收悉。经研究,现批复如下:

一、你省宁强县城关综合服务公司(以下简称服务公司)将所属房地产典当给宁强县生产资料公司(以下简称生资公司)使用,典当期限长达 30 年。根据中国人民银行发布的《典当行管理暂行办法》(银发〔1996〕119 号)的规定,典当期限最长为 3 个月,在典当期内,典当行不得出租或使用典当物品。因此,服务公司将房地产典当给生资公司的行为,不属于典当行为。而根据《营业税税目注释》对“租赁业”的解释,服务公司将房地产典当给生资公司的行为,符合“在约定的时间内将场地、房屋、物品、设备或设施等转让他人使用的业务”,因此对服务公司应按“服务业”税目中的“租赁”项目征税,营业额为向对方收取的全部价款。

二、对生资公司向服务公司有偿提供资金的行为,符合《营业税税目注释》中规定的“将资金贷予他人使用的业务”,因此生资公司向服务公司提供资金收取的利息应按“金融保险业”税目征收营业税。

财政部《关于印发〈中华人民共和国契税暂行条例细则〉的通知》

（财法字〔1997〕52号 1997年10月28日）

现将《中华人民共和国契税暂行条例细则》发给你们，望认真贯彻执行。

中华人民共和国契税暂行条例细则

第一条 根据《中华人民共和国契税暂行条例》（以下简称条例）的规定，制定本细则。

第二条 条例所称土地、房屋权属，是指土地使用权，房屋所有权。

第三条 条例所称承受，是指以受让，购买、受赠、交换等方式取得土地、房屋权属的行为。

第四条 条例所称单位，是指企业单位、事业单位、国家机关、军事单位和社会团体以及其他组织。

条例所称个人，是指个体经营者及其他个人。

第五条 条例所称国有土地使用权出让，是指土地使用者向国家交付土地使用权出让费用，国家将国有土地使用权在一定年限内让予土地使用者的行为。

第六条 条例所称土地使用权转让，是指土地使用者以出售、赠与、交换或者其他方式将土地使用权转移给其他单位和个人的行为。

条例所称土地使用权出售，是指土地使用者以土地使用权作为交易条件，取得货币、实物、无形资产或者其他经济利益的行为。

条例所称土地使用权赠与，是指土地使用者将其土地使用权无偿转让给受赠者的行为。

条例所称土地使用权交换，是指土地使用者之间相互交换土地使用权的行为。

第七条 条例所称房屋买卖，是指房屋所有者将其房屋出售，由承受者交付货币、实物、无形资产或者其他经济利益的行为。

条例所称房屋赠与，是指房屋所有者将其房屋无偿转让给受赠者的行为。

条例所称房屋交换，是指房屋所有者之间相互交换房屋的行为。

第八条 土地、房屋权属以下列方式转移的，视同土地使用权转让、房屋买卖或者房屋赠与征税：

（一）以土地、房屋权属作价投资、入股；

（二）以土地、房屋权属抵债；

（三）以获奖方式承受土地、房屋权属；

（四）以预购方式或者预付集资建房款方式承受土地、房屋权属。

第九条 条例所称成交价格，是指土地、房屋权属转移合同确定的价格。包括承受者应交付的货币、实物、无形资产或者其他经济利益。

第十条 土地使用权交换、房屋交换，交换价格不相等的，由多交付货币、实物、无形资产或者其他经济利益的一方缴纳税款。交换价格相等的,免征契税。

土地使用权与房屋所有权之间相互交换,按照前款征税。

第十一条 以划拨方式取得土地使用权的,经批准转让房地产时,应由房地产转让者补缴契税。其计税依据为补缴的土地使用权出让费用或者土地收益。

第十二条 条例所称用于办公的,是指办公室(楼)以及其他直接用于办公的土地、房屋。

条例所称用于教学的,是指教室(教学楼)以及其他直接用于教学的土地、房屋。

条例所称用于医疗的,是指门诊部以及其他直接用于医疗的土地、房屋。

条例所称用于科研的,是指科学试验的场所以及其他直接用于科研的土地、房屋。

条例所称用于军事设施的,是指:

(一)地上和地下的军事指挥作战工程;

(二)军用的机场、港口、码头;

(三)军用的库房、营区、训练场、试验场;

(四)军用的通信、导航、观测台站;

(五)其他直接用于军事设施的土地、房屋。

本条所称其他直接用于办公、教学、医疗、科研的以及其他直接用于军事设施的土地、房屋的具体范围,由省、自治区、直辖市人民政府确定。

第十三条 条例所称城镇职工按规定第一次购买公有住房的,是指经县以上人民政府批准,在国家规定标准面积以内购买的公有住房。城镇职工享受免征契税,仅限于第一次购买的公有住房。超过国家规定标准面积的部分,仍应按照规定缴纳契税。

第十四条 条例所称不可抗力,是指自然灾害、战争等不能预见、不能避免并不能克服的客观情况。

第十五条 根据条例第六条的规定,下列项目减征、免征契税:

(一)土地、房屋被县级以上人民政府征用、占用后,重新承受土地、房屋权属的,是否减征或者免征契税,由省、自治区、直辖市、人民政府确定。

(二)纳税人承受荒山、荒沟、荒丘、荒滩土地使用权,用于农、林、牧、渔业生产的,免征契税。

(三)依照我国有关法律规定以及我国缔结或参加的双边和多边条约或协定的规定应当予以免税的外国驻华使馆、领事馆、联合国驻华机构及其外交代表、领事官员和其他外交人员承受土地、房屋权属的,经外交部确认,可以免征契税。

第十六条 纳税人符合减征或者免征契税规定的,应当在签订土地、房屋权属转移合同后10日内,向土地、房屋所在地的契税征收机关办理减征或者免征契税手续。

第十七条 纳税人因改变土地、房屋用途应当补缴已经减征、免征契税的,其纳税义务发生时间为改变有关土地、房屋用途的当天。

第十八条 条例所称其他具有土地、房屋权属转移合同性质凭证,是指具有合同效力的契约、协议、合约、单据、确认书以及由省、自治区、直辖市人民政府确定的其他凭证。

第十九条 条例所称有关资料,是指土地管理部门、房产管理部门办理土地、房屋权属变更登记手续的有关土地、房屋权属、土地出让费用、成交价格以及其他权属变更方面的资料。

第二十条 征收机关可以根据征收管理的需要,委托有关单位代征契税,具体代征单位由省、自治区、直辖市人民政府确定。

代征手续费的支付比例,由财政部另行规定。

第二十一条 省、自治区、直辖市人民政府根据条例和本细则的规定制定实施办法，并报财政部和国家税务总局备案。

第二十二条 本细则自1997年10月1日起施行。此前财政部关于契税的各项规定同时废止。

国家计委、财政部关于土地管理收费等有关政策问题的复函

(计价费〔1997〕第2257号 1997年11月18日)

江西省物价局:

你局《关于我省土地管理收费检查有关政策界限的请示》(赣价办字〔1997〕45号)收悉。经研究,现就有关问题函复如下:

一、关于征地管理费问题

(一)原国家物价局、财政部1992年颁布的《征地管理费暂行办法》(〔1992〕价费字597号)第八条已明确了征地管理费的减免范围。按第八条第(一)项规定,凡党政机关、全额预算管理的事业单位、中小学校、幼儿园、福利院、敬老院、孤儿院、妇幼保健、防疫站、残疾人企业征用的各类建设用地,均应免收征地管理费。但对属于下列情况的不在免收之列:1.上述单位与其他单位或者个人以合作、合资、参股等形式从事经营活动而征用土地的;2.上述单位以自己名义为下属独立核算企业征用土地的。

(二)鉴于《征地管理费暂行办法》第十一条规定的市、县土地管理部门收取的征地管理费按一定比例上交上级土地管理部门的内容,已经国家计委、财政部、农业部《关于涉及农民负担部分收费项目修改意见的通知》(计物价〔1993〕1744号)公布取消。因此,下级土地管理部门不得再层层上交征地管理费,上级土地管理部门也不得向下级土地管理部门提取征地管理费。

(三)征地管理费由接受用地单位委托,并与用地单位签订征地包干协议,具体负责征地工作的政府土地管理部门或其所属的征地服务机构收取。没有签订征地包干协议或者只办理征地审批手续不负责征地工作的,不得收取征地管理费。征地管理费只能在征地工作中收取。土地出让时不得另行加收征地管理费,也不得以其他名义收取土地出让管理、手续费。

二、关于土地划拨费问题

鉴于国有土地划拨费是财政部、国家计委《关于公布第二批取消的收费项目的通知》(〔93〕财综字第173号)中明令取消的收费项目,所以,无论是国有土地重新划拨,还是对集体土地先征用后划拨,土地管理部门都不得收取国有土地划拨费。

三、关于土地登记费问题

国家土地管理局、国家测绘局、原国家物价局、财政部《关于土地登记收费及其管理办法》(〔1990〕国土〔籍〕字第93号)对土地登记收费的收费标准及免收范围均有明确规定,土地管理部门不得自行提高收费标准,不得对属于免收范围的用地单位收取土地登记费。土地管理部门在进行换证登记过程中,对属于因土地出让、转让引起土地使用权变更的,应当按规定的

初始登记收费标准收取土地变更登记费；对属于单纯换发证书的，只能收取证书工本费。除此之外，土地管理部门不得以任何名目收取其他费用。

四、关于土地资产评估确认费和土地日宣传费问题

行政事业性收费必须按规定程序报批。未经批准，土地管理部门在对上市公司土地资产评估结果进行确认时收取确认费，在开展土地日宣传过程中收取宣传费，均属自立名目乱收费行为，应予查处。

国家税务总局关于契税征收管理若干具体事项的通知

(国税发〔1997〕176号 1997年11月25日)

北京、天津、河北、黑龙江、上海、江苏、浙江、安徽、福建、江西、山东、河南、湖北、湖南、广东、广西、海南、重庆、贵州、云南、陕西、宁夏、新疆、青海省(自治区;直辖市)及宁波、厦门、青岛、深圳市财政厅(局),山西、内蒙古、辽宁、吉林、四川、甘肃省(自治区)及大连市地方税务局:

为了贯彻执行《中华人民共和国契税暂行条例》(以下简称《条例》)和《中华人民共和国契税暂行条例细则》(以下简称《细则》),现就契税征收管理中的若干具体事项通知如下:

一、征收机关。契税征收机关是主管农业税收征收管理工作的各级财政机关或者地方税务机关。

二、征收方式。契税征收应当以征收机关自征为主。目前自征确有困难的地区,经上一级征收机关批准,可以委托当地房屋管理部门、土地管理部门或者其他有关单位代征。对代征单位,征收机关应发给委托代征证书,进行政策和业务指导,确保将代征税款及时解缴入库。

三、减税、免税。按《条例》规定享受减税、免税的纳税人,可向当地征收机关书面提出减税、免税申请,并提供有关证明材料。征收机关应在严格审核后办理减税、免税手续。代征单位不得办理减税、免税手续。减税、免税的审批程序和办法,由省、自治区、直辖市征收机关具体规定。

四、票证管理。为使征管工作逐步规范化,契税的纳税申报表、完税证格式全国统一,具体式样及有关说明另行规定。征收中需要的其他有关票证由省、自治区、直辖市征收机关统一制定格式和组织印制。

鉴于目前农村地区尚无专门的房屋产权管理机构和制度,征收机关在对农村地区的房屋产权转移征收契税时,应当在核实有关情况并确认转移的合法性后,给纳税人核发记载有房屋基本情况、房屋产权转移情况以及契税完纳情况的“契税完税凭证”。在发放房屋所有权证的城镇地区是否发放“契税完税凭证”,由各地省级征收机关自定。“契税完税凭证”的参考格式及有关说明另行下发。

五、会计科目设置。《农业税收征解会计制度》中契税收入二级科目调整为:土地出让、土地转让、房屋买卖、房屋赠与、房屋交换、滞纳金和罚款收入。

六、征收经费。征收经费的来源和管理仍按现行办法执行。各地对征收经费要严格管理,专款专用,保证征收管理工作的开展。

对代征单位,征收机关可以付给代征手续费。代征手续费的支付比例,按财政部有关规定执行。

七、其他事项。除《条例》、《细则》已有明确规定者外，契税的征收管理参照《中华人民共和国税收征收管理法》等法律、法规执行。

凡1997年10月1日前已签订房地产权属转移合同，但未办理纳税手续的，对其征税处理仍按原政策执行。

财政部、中国人民银行关于印发《罚款代收代缴管理办法》的通知

(财预字〔1998〕201号 1998年5月28日)

国务院各部委、各直属机构,各省、自治区、直辖市、计划单列市财政厅(局),财政部驻各省、自治区、直辖市、计划单列市财政监察专员办事处,中国人民银行各省、自治区、直辖市、计划单列市分行,新疆生产建设兵团:

为认真贯彻《中华人民共和国行政处罚法》和《罚款决定与罚款收缴分离实施办法》的有关规定,加强罚款收缴入库的管理,保证罚款及时收纳、缴入国家金库,我们制定了《罚款代收代缴管理办法》。现将《罚款代收代缴管理办法》发给你们,请遵照执行。

罚款代收代缴管理办法

第一章 总 则

第一条 为了加强罚款收缴入库的管理,根据《中华人民共和国行政处罚法》、《罚款决定与罚款收缴分离实施办法》、《中华人民共和国国家金库条例》等有关法律、法规的规定,制定本办法。

第二条 具有行政处罚权的行政机关及法律、法规授权或依法受行政机关委托实施行政处罚的组织(以下简称行政机关),实行罚款决定与罚款收缴分离的,其罚款的收缴,适用本办法。

行政机关按法律规定实行当场收缴罚款的,其罚款的收缴,不适用本办法。

第二章 罚款代收机构

第三条 海关、外汇管理等实行垂直领导的依法具有行政处罚权的行政机关所处的罚款,由国有商业银行分支机构代收。国有商业银行代收有困难的,经财政部驻当地财政监察专员办事机构、中国人民银行当地分支机构协商确定,委托其他商业银行代收。

第四条 依法具有行政处罚权的国务院有关部门处以的罚款,由国有商业银行分支机构代收。

第五条 具有行政处罚权的地方行政机关所处的罚款,由县级以上地方人民政府组织本级财政部门、中国人民银行当地分支机构和依法具有行政处罚权的行政机关共同研究,统一确定代收机构。

第三章　罚款收据

第六条　代收机构代收罚款,必须使用全国统一格式的"代收罚款收据"。

第七条　"代收罚款收据"一式四联(每联规格:9.5 公分×17.5 公分,具体格式附后):

第一联,收据(白纸黑油墨),由代收机构收款盖章后退缴款人。

第二联,存根(白纸红油墨),由代收机构收款盖章后作收入凭证留存。

第三联,回执(白纸绿油墨),代收机构收款盖章后退作出处罚决定的行政机关。

第四联,报查(白纸紫油墨),代收机构收款盖章后,随一般缴款书的第五联(报查联)送国库,国库收款后送财政部门。

第八条　"代收罚款收据"由省级政府财政部门按统一格式指定企业印制,其他任何单位和个人不得印制。

"代收罚款收据"由省级财政部门负责组织发放。财政部门必须保证供应,并不得向领取收据的单位收取费用。

第四章　罚款收缴

第九条　代收机构应根据与行政机关签订的代收罚款协议,严格履行代收代缴罚款义务,加强对罚款代收工作的管理。经办人对单位和个人缴纳罚款,应认真办理,不得拒收罚款。

第十条　代收机构应根据行政机关的行政处罚决定书决定的罚款数额收取罚款。对逾期缴纳罚款的单位和个人,行政处罚决定书明确需要加处罚款的,根据逾期天数加收罚款。行政处罚决定书没有明确需要加处罚款的,代收机构不得自行加收罚款。

第十一条　代收机构代收的罚款,应统一使用"待结算财政款项"科目的"待报解预算收入(罚款收入)"专户核算,并于当日办理缴库;当日来不及办理的,应于次日(节假日顺延)办理,不得占压、挪用。

代收机构不参加票据交换、罚款不能直接缴入当地国库的,代收机构应于当日将代收的罚款(附"代收罚款收据"三、四联)上划管辖行。管辖行对上划的罚款,应于当日或次日(节假日顺延)办理缴库。

第十二条　代收机构代收的罚款和代收机构管辖行收到上划的罚款,应按行政机关的隶属关系和罚款收入的预算科目、预算级次就地缴入中央国库和地方国库。代收机构或管辖行在办理缴库时,应填写"一般缴款书",其中,"缴款单位"一栏,"全称"按行政机关全称填写,其他各项,根据《中华人民共和国国家金库条例》及其实施细则的要求填写。

缴款书第一联,代收机构盖章后连同代收罚款收据第三联送作出处罚决定的行政机关;第二联,代收机构留作付款凭证。第三~五联(附"代收罚款收据"第四联),由代收机构或管辖行通过票据交换,送当地国库。国库收款盖章后,第三联留存作收入凭证;第四、五联(附代收罚款收据第四联)按预算级次分送财政部门:属于中央的罚款收入,退财政部驻当地财政监察专员办事机构;属于地方的罚款收入,退同级财政部门;属于中央与地方分成的罚款收入,代收罚款收据第四联和缴款书第五联退财政部驻当地财政监察专员办事机构,缴款书第四联退地方同级财政部门。

第十三条　代收机构只办理罚款的代收与缴库。凡错缴和多缴的罚款,以及经行政机关复议后不应处罚的罚款须办理退付的,应由作出处罚决定的行政机关提出申请,报经同级财政部门(缴入中央国库的,报财政部驻当地财政监察专员办事机构)审查批准后,由财政部门开具收入退还书,分别从中央国库和地方国库退付。代收机构不得从罚款收入中冲退。

第五章 代收手续费

第十四条 财政部门按代收机构管辖行缴入国库罚款总额0.5%的比例,按季支付手续费。其中,缴入中央国库的,手续费由各地财政监察专员办事机构支付,缴入地方国库的,由地方同级财政部门支付。

第十五条 代收机构应于每季终了后3日内,将上季代收并缴入中央和地方国库的各项罚款分别汇总,填写罚款汇总表(格式附后),分送财政部驻各地财政监察专员办事机构和地方财政部门、作出处罚决定的行政机关核对。财政监察专员办事机构和地方财政部门收到代收机构报送的罚款汇总表,应与国库转来的缴款书及所附"代收罚款收据"进行核对,审核完毕按实际入库数支付上季手续费。

第六章 监 督

第十六条 作出罚款决定的行政机关财务部门应按月与委托的代收机构就罚款收入的代收情况进行对账,对未到指定代收机构缴纳罚款的,应责成被处罚单位和个人缴纳并加处罚款。

第十七条 各级财政部门应按月与国库、作出罚款决定的行政机关就罚款收入的收缴情况进行对账检查,对账中发现的问题,应通知有关单位及时纠正。

第十八条 各级国库有权对代收机构代收罚款的情况进行监督检查。对违反规定,拒收和占压、挪用代收罚款收入的,应依法进行处理。

第十九条 各级财政部门对同级行政机关罚款的收缴情况,有权进行监督检查,对违反规定拒不执行罚款决定与罚款收缴分离规定,截留、挪用应缴罚款收入的,应按《国务院关于违反财政法规处罚的暂行规定》予以处理。

第二十条 代收机构、行政机关应按照国库和财政部门的要求,如实提供必要的资料,认真配合国库、财政机关的检查工作。

第二十一条 代收机构不履行代收协议所规定义务的,由确定代收机构的部门取消其代收罚款的资格,并按规定重新确定代收机构。

第七章 附 则

第二十二条 人民法院和人民检察院所处罚款的收缴,比照本办法的规定办理。

第二十三条 税务部门所处税收罚款的收缴,仍按现行办法办理。

第二十四条 各地财政监察专员办事机构支付罚款代收手续费以及其他相关费用,由财政部驻各省、自治区、直辖市、计划单列市财政监察专员办事处根据实际应付数按季汇总报财政部。经财政部与中央总金库核对无误后,由财政部下拨到各财政监察专员办事处,各专员办事处转拨到所属办事机构。

第二十五条 本办法由财政部会同中国人民银行解释。

第二十六条 本办法自颁布之日起实行。其他有关罚款收缴的规定与本办法不一致的，以本办法为准。

附件 1：

代收罚款收据

代收罚款收据

收款日期:年 月 日 编号:

行政机关				处罚决定书号码								
交款单位												
项 目	亿	千	百	十	万	千	百	十	元	角	分	备 注
罚款金额												
加收罚款金额												
合 计												
金额人民币(大写)												
代收机构 盖章							收款人					
							复核员					

第一联，收据(白纸黑油墨)，由代收机构收款盖章后退缴款人。

代收罚款收据

收款日期:年 月 日 编号:

行政机关				处罚决定书号码								
交款单位												
项 目	亿	千	百	十	万	千	百	十	元	角	分	备 注
罚款金额												
加收罚款金额												
合 计												
金额人民币(大写)												
代收机构 盖章							收款人					
							复核员					

第二联,存根(白纸红油墨),由代收机构收款盖章后作收入凭证留存。

代收罚款收据

收款日期:年　　月　　日　　　　　　　　　　　　　　　　　　　　编号:

<table>
<tr><td>行政机关</td><td colspan="3"></td><td colspan="5">处罚决定书号码</td><td colspan="4"></td></tr>
<tr><td>交款单位</td><td colspan="12"></td></tr>
<tr><td>项　目</td><td>亿</td><td>千</td><td>百</td><td>十</td><td>万</td><td>千</td><td>百</td><td>十</td><td>元</td><td>角</td><td>分</td><td>备　注</td></tr>
<tr><td>罚款金额</td><td></td><td></td><td></td><td></td><td></td><td></td><td></td><td></td><td></td><td></td><td></td><td rowspan="3"></td></tr>
<tr><td>加收罚款金额</td><td></td><td></td><td></td><td></td><td></td><td></td><td></td><td></td><td></td><td></td><td></td></tr>
<tr><td>合　计</td><td></td><td></td><td></td><td></td><td></td><td></td><td></td><td></td><td></td><td></td><td></td></tr>
<tr><td colspan="13">金额人民币(大写)</td></tr>
<tr><td colspan="7" rowspan="2">代收机构
盖章</td><td colspan="3">收款人</td><td colspan="3"></td></tr>
<tr><td colspan="3">复核员</td><td colspan="3"></td></tr>
</table>

第三联,回执(白纸绿油墨),代收机构收款盖章后退行政机关。

代收罚款收据

收款日期:年　　月　　日　　　　　　　　　　　　　　　　　　　　编号:

<table>
<tr><td>行政机关</td><td colspan="3"></td><td colspan="5">处罚决定书号码</td><td colspan="4"></td></tr>
<tr><td>交款单位</td><td colspan="12"></td></tr>
<tr><td>项　目</td><td>亿</td><td>千</td><td>百</td><td>十</td><td>万</td><td>千</td><td>百</td><td>十</td><td>元</td><td>角</td><td>分</td><td>备　注</td></tr>
<tr><td>罚款金额</td><td></td><td></td><td></td><td></td><td></td><td></td><td></td><td></td><td></td><td></td><td></td><td rowspan="3"></td></tr>
<tr><td>加收罚款金额</td><td></td><td></td><td></td><td></td><td></td><td></td><td></td><td></td><td></td><td></td><td></td></tr>
<tr><td>合　计</td><td></td><td></td><td></td><td></td><td></td><td></td><td></td><td></td><td></td><td></td><td></td></tr>
<tr><td colspan="13">金额人民币(大写)</td></tr>
<tr><td colspan="7" rowspan="2">代收机构
盖章</td><td colspan="3">收款人</td><td colspan="3"></td></tr>
<tr><td colspan="3">复核员</td><td colspan="3"></td></tr>
</table>

第四联,报查(白纸紫油墨),代收机构收款盖章后附在一般缴款书第五联(报查联)上送国库,国库收款后送财政机关。

附件2:

罚款收入汇总表

××月罚款收入汇总表

金额:元

执罚单位	罚款金额	加收罚款金额	合　计	收据编号
公安:				
1				
……				
工商:				
1				
……				
总计				

填表人:　　　　　　　　联系电话:

年　月　日

(此处加盖代收机构章)

国家税务总局关于对非法占地追缴耕地占用税问题的批复

(国税函〔1998〕641号 1998年10月30日)

河北省财政厅:

你厅《关于对非法占地追缴耕地占用税问题的紧急请示》(冀财农税字〔1998〕第31号)收悉。经研究,现批复如下:

财政部《关于耕地占用税具体政策的规定》(〔87〕财农字第206号)中明确规定:对未经批准已占用的耕地,1987年4月1日以后到土地管理部门办理用地手续的,应照章征收耕地占用税。具体执行中的政策界限是:对未经批准已占用的耕地,凡按照土地管理政策规定1987年4月1日后需补办用地手续的,一律照章征收耕地占用税,追缴税款的期限以当地土地管理部门规定需要补办用地手续的占地追溯期限为准。土地管理部门未成立前,经政府其他部门批准已占用的耕地,1987年4月1日以后按规定到土地管理部门办理换证手续的,免征耕地占用税。

国家税务总局关于对已缴纳土地使用金的土地使用者应征收城镇土地使用税的批复

（国税函〔1998〕669 号　1998 年 11 月 12 日）

宁波市地方税务局：

你局《关于对已缴纳土地使用金的土地使用权者是否征收土地使用税的请示》（甬地税二〔1998〕197 号）收悉。经研究，现答复如下：

为了合理利用城镇土地，用经济手段加强对土地的控制和管理，调节不同地区、不同地段之间的级差收入，促使土地使用者节约用地，《中华人民共和国城镇土地使用税暂行条例》（国务院 1988 年第 17 号令）规定：凡在城市、县城、建制镇、工矿区范围内使用土地的单位和个人是城镇土地使用税的纳税义务人，应依照条例的规定缴纳城镇土地使用税。因此，土地使用者不论以何种方式取得土地使用权，是否缴纳土地使用金，只要在城镇土地使用税的开征范围内，都应依照规定缴纳城镇土地使用税。

财政部、国家税务总局关于朔黄铁路耕地占用税征免问题的通知

（财税〔1998〕169 号 1998 年 12 月 1 日）

河北、山西省财政厅、地方税务局：

为支持朔黄铁路建设并考虑该铁路为合资铁路的实际情况，经研究，现就朔黄铁路耕地占用税征免问题通知如下：

朔黄铁路线路以及按规定两侧留地和沿线的车站用地免征耕地占用税；装卸用货场仓库用地按计征税款的50%征收；其他用地照章征收。此前文件与本通知不一致的，以本通知为准。

最高人民法院行政审判庭关于对人民防空部门出租人防设施，以洞养洞，是否收取土地出让金的答复

（〔1996〕法行字第21号 1998年12月6日）

湖南省高级人民法院：

你院〔1996〕湘行请字5号《关于人民防空地下设施改变使月性质是否需要收到土地出让金适用法律的请示》收悉。经研究并征求国务院法制办公室意见，我们认为：人民防空是国防的组成部门，人民防空部门依据平战结合原则，出租人防设施，以洞养洞，不应收取土地出让金。

国家计委价格司关于土地收益有关问题的复函

(计司价格函〔1999〕16号 1999年3月9日)

湖南省物价局:

你局《关于“土地收益”收取问题的请示》(湘价传电〔99〕第8号)收悉。经研究,现函复如下:

关于土地收益问题,《城市房地产管理法》第三十九条、第五十五条规定,以划拨方式取得土地使用权,转让房地产按规定可以不办理土地使用权出让手续的,或以营利为目的将建成房屋出租的,应将土地收益上缴国家。上述规定表明,国家是城镇国有土地的所有者,国家对国有土地实行有偿使用制度。土地收益上缴国家是国有土地有偿使用的体现,是土地使用权价格的具体表现形式,属于价格范畴。

土地价格是对国民经济发展和人民生活影响重大的基础性价格,按照《价格法》有关对关系国计民生重要的商品价格实行政府指导价或政府定价的规定,政府价格主管部门应当加强监管。请你局结合贯彻落实《国务院批转国家计委关于加强房地产价格调控加快住房建设意见的通知》(国发〔1998〕34号)精神,进一步健全和完善土地价格管理,规范价格行为,做好房地产价格调控工作。在国务院有关土地收益的具体规定出台前,地方政府价格主管部门可会同有关部门研究制定土地收益金标准确定办法,报经当地政府批准后实施。

国家税务总局关于调整房产税和土地使用税具体征税范围解释规定的通知

（国税发〔1999〕44号　1999年3月12日）

近接一些地区反映，原财政部税务总局印发的《关于房产税若干具体问题的解释和暂行规定》（〔1986〕财税地字008号）与原国家税务局印发的《关于土地使用税若干具体问题的解释和暂行规定》（〔1988〕国税地字第015号），有关房产税与土地使用税的具体征税范围的解释不尽一致，并且经济发展及城镇建设已发生变很大变化，在实际执行中，不便于操作，经研究，现进一步解释和规定如下：

一、房产税、土地使用税在城市、县城、建制镇的工矿区征收，各地要遵照执行。

二、关于建制镇具体征税范围，由各省、自治区、直辖市地方税务局提出方案，经省、自治区、直辖市人民政府确定批准后执行，并报国家税务总局备案。对农林牧渔业用地和农民居住用房屋及土地，不征收房产税和土地使用税。

通知

各省、自治区、直辖市、计划单列市财政厅(局)、土地(国土)管理局(厅)、建委(建设厅、房地局),国务院各部委、直属机构,新疆生产建设兵团:

为了深化城镇住房体制改革,培育和发展住房二级市场,规范已购公有住房和经济适用住房上市出售的收益分配和管理,根据《中华人民共和国城市房地产管理法》和《国务院关于深化城镇住房制度改革加快住房建设的通知》的有关规定,我们制定了《已购公有住房和经济适用住房上市出售土地出让金和收益分配管理的若干规定》。现印发给你们,请遵照执行。

财政部
国土资源部
建设部
1999年7月15日

已购公有住房和经济适用住房上市出售土地出让金和收益分配管理的若干规定

(财综字〔1999〕113号 1999年7月20日)

为了深化城镇住房制度改革,培育和发展住房二级市场,规范已购公有住房和经济适用住房上市出售的收益分配和管理,根据《中华人民共和国城市房地产管理法》和《国务院关于深化城镇住房制度改革加快住房建设的通知》的有关规定,现对已购公有住房和经济适用住房上市出售土地出让金和收益分配管理问题规定如下:

一、职工个人购买的经济适用住房和按成本价购买的公有住房,房屋产权归职工个人所有。

二、已购公有住房和经济适用住房上市出售时,由购房者按规定缴纳土地出让金或相当于土地出让金的价款。缴纳标准按不低于所购买的已购公有住房和经济适用住房坐落位置的标定地价的10%确定。

购房者缴纳土地出让金或相当于土地出让金的价款后,按出让土地使用权的商品住宅办理产权登记。

三、职工个人上市出售已购公有住房取得的价款,扣除住房面积标准的经济适用住房价款和原支付超过住房面积标准的房价款以及有关税费后的净收益,按规定缴纳所得收益。其中,住房面积标准内的净收益按超额累进比例或一定比例缴纳;超过住房面积标准的净收益全额缴纳。

职工个人上市出售已购经济适用住房,原则上不再缴纳所得收益。

四、土地出让金按规定全额上交财政;相当于土地出让金的价款和所得收益,已购公有住房产权属行政机关的,全额上交财政;属事业单位的,50% 上交财政,50% 返还事业单位;属企业的,全额返还企业。

五、上交财政的相当于土地出让金的价款和所得收益,按已购公有住房原产权单位的财务隶属关系和财政体制,分别上交中央财政和地方财政,专项用于住房补贴;返还给企业和事业单位的相当于土地出让金的价款和所得收益,分别纳入企业和单位住房基金管理,专项用于住房补贴。

六、土地出让金、相当于土地出让金的价款和所得收益缴纳和返还的具体办法,由各地财政部门会同土地行政管理部门和房产行政主管部门制定。

七、本规定由财政部商国土资源部、建设部负责解释。

八、本规定自发布之日起执行。各地区、各部门有关文件与本规定有抵触的,一律以本规定为准。

财政部、国土资源部关于印发《新增建设用地土地有偿使用费收缴使用管理办法》的通知

(财综字〔1999〕117号 1999年8月4日)

各省、自治区、直辖市财政厅(局)、土地(国土)管理局(厅):

为加强新增建设用地土地有偿使用费的收缴使用管理,保证新增建设用地土地有偿使用费专项用于耕地开发,实现耕地总量的动态平衡,根据《中华人民共和国土地管理法》和《中华人民共和国土地管理法实施条例》的有关规定,我们制定了《新增建设用地土地有偿使用费收缴使用管理办法》,现印发给你们,请遵照执行。

附件:

新增建设用地土地有偿使用费收缴使用管理办法

第一条 为了加强新增建设用地土地有偿使用费的收缴使用管理,保证新增建设用地土地有偿使用费专项用于耕地开发,实现耕地总量的动态平衡,根据《中华人民共和国土地管理法》和《中华人民共和国土地管理法实施条例》,制定本办法。

第二条 新增建设用地土地有偿使用费(以下简称土地有偿使用费)是指国务院或省级人民政府在批准农用地转用、征用土地时,向取得出让等有偿使用方式的新增建设用地的县、市人民政府收取的平均土地纯收益。

第三条 土地有偿使用费30%上缴中央财政,70%上缴地方财政。

县、市人民政府依法取得新增建设用地后,应依法向用地者供应土地。

第四条 土地有偿使用费缴纳标准由国务院土地行政主管部门按照全国城市土地分等和城镇土地级别、基准地价水平、各地区耕地总量和人均耕地状况、社会经济发展水平等情况制定,由国务院财政部门和土地行政主管部门联合发布,并定期调整公布,具体缴纳标准见附件一。

第五条 按照农用地转用、征用土地等新增建设用地的审批程序,土地有偿使用费由取得新增建设用地的县、市人民政府按本办法规定标准缴纳。缴纳程序为:

一、国务院或省级人民政府土地行政主管部门依据批准的土地利用总体规划和用地计划对申报用地的县、市人民政府拟订的农用地转用方案、补充耕地方案,征用土地方案和供地方案进行审查,对符合规定的,下达《新增建设用地有偿使用费缴款通知书》(以下简称《通知书》,格式见附件二)。

二、申报用地的县、市人民政府根据《通知书》核定的缴款额和缴款时间，填制“一般缴款书”，将土地有偿使用费按规定比例就地缴入中央金库和省级金库。

三、国务院或省级土地行政主管部门根据加盖银行收讫章的“一般缴款书”办理新增建设用地手续。

未按规定缴纳土地有偿使用费的，不予办理新增建设用地手续。

第六条 土地有偿使用费在国务院和省级人民政府土地行政主管部门办理新增建设用地手续前缴纳，具体缴纳环节为：

一、农用地转用、征用土地属于同级审批的，土地有偿使用费在批准农用地转用前缴纳；

二、农用地转用、征用土地属于不同级审批的，土地有偿使用费在批准征用土地前缴纳；

三、只需办理农用地转用审批的国有农用地转为建设用的，土地有偿使用费在批准农用地转用前缴纳；

四、只需办理征用土地审批的农民集体所有的土地转为建设用的，土地有偿使用费在批准征用土地前缴纳；

五、依据土地利用总体规划将国有未利用土地转为建设用地的，土地有偿使用费在批准转用前缴纳。

第七条 上缴中央财政的土地有偿使用费作为中央财政基金预算收入，上缴地方财政的土地有偿使用费作为地方财政基金预算收入，均专项用于耕地开发，不得平衡财政预算，结余结转使用。

第八条 上缴中央财政的土地有偿使用费由中央财政专项安排用于中央确定的耕地开发整理重点项目、经中央批准的耕地开发整理示范项目、对地方耕地开发整理项目的补助、耕地信息与监督系统建设。

第九条 国务院土地行政主管部门依据经批准的土地利用总体规划和年度计划，编制耕地开发整理项目投资计划，国务院财政部门依据审定的耕地开发整理项目投资计划编制耕地开发整理项目支出预算后，共同下达耕地开发整理项目投资计划和支出预算。

第十条 国务院财政部门依据共同下达的耕地开发整理项目投资计划和支出预算负责办理资金拨款，国务院土地行政主管部门负责耕地开发整理项目的组织实施和管理。

第十一条 上缴省级财政的土地有偿使用费也必须用于耕地开发和土地整理，不得挪作他用，具体使用管理办法由省级人民政府财政部门和土地行政主管部门依照本办法的规定制定，并报财政部和国土资源部。

第十二条 土地有偿使用费收缴工作所需的业务费用，分别由中央和地方财政部门在本级基金预算中按缴入本级金库土地有偿使用费金额2%的比例安排。

第十三条 各级财政部门、土地行政主管部门、审计部门要加强土地有偿使用费收缴、使用的管理和检查监督，保证土地有偿使用费及时，足额收缴和专款专用。任何部门、单位或个人均不得挤占、挪用土地有偿使用费。

第十四条 本办法由财政部、国土资源部负责解释。

第十五条 本办法自一九九九年一月一日起施行。

附件一:

新增建设用地土地有偿使用费征收标准

等别	一等	二等	三等	四等	五等	六等	七等	八等	九等	十等	十一等	十二等	十三等	十四等	十五等
标准	70	60	50	40	32	28	24	21	17	14	12	10	8	7	5

注:1. 表内定额标准为平均土地纯收益。中央分成部分 = 定额标准 ×30%;地方分成部分 = 定额标准 ×70%

2. 对成片转用土地,以批准面积为基数,按上述标准征收。

3. 对在城市用地规模之外单独选址的项目,应依法实行有偿使用的,根据土地所在地的等级,按相应标准征收。

4. 城市等别中全国市、县名称及行政范围,依据民政部《中华人民共和国行政区划简册—1998》确定,其中城市仅指城市市区,市辖县、市在分等中单列。

5. 全国新增建设用地土地有偿使用费征收各等别城市及说明附后(略)。

附件二:

新增建设用土地有偿使用费缴款通知书(略)

国家税务总局关于铁路建设用地有关耕地占用税问题的批复

（国税函〔1999〕537 号　1999 年 8 月 9 日）

贵州省财政厅《关于铁路建设用地有关耕地占用税问题的请示》收悉。经研究，批复如下：

一、铁道部等六部（委、行、局）《关于"七五"期间铁道部对国家承包的各项政策暂继续执行的通知》中没有涉及耕地占用税问题。

二、根据财政部 1987 年《关于耕地占用税具体政策的规定》（〔1997〕财农字第 206 号）和 1991 年《关于对铁路线路以外用地恢复征收耕地占用税的通知》（〔1991〕财农税字第 3 号）规定：铁道部经济承包范围以内的铁路建设用地，"七五"期间免缴耕地占用税，从 1991 年 1 月 1 日起恢复征税。

国土资源部关于已购公有住房和经济适用住房上市出售中有关土地问题的通知

(国土资用发〔1999〕31号　1999年9月22日)

各省、自治区、直辖市及计划单列市土地(国土)管理局(厅),解放军土地管理局,新疆生产建设兵团土地管理局:

财政部、国土资源部、建设部《关于已购公有住房和经济适用住房上市出售补交土地出让金和收益分配管理的若干规定》(财综字〔1999〕113号)下发后,各地纷纷对与该文有关的土地管理问题提出咨询。为加快工作进程,规范操作,现就有关问题通知如下:

一、关于标定地价与缴纳土地出让金额的测算

(一)已购公有住房和经济适用住房上市出售补交土地出让金或相当于土地出让金价款的计算公式为:

补交土地价款(元)=标定地价(元/平方米)×缴纳比例(≥10%)×上市房屋分摊土地面积(平方米)×年期修正系数

已有标定地价的城镇,不再另行评估;上市房屋尚未确定分摊土地面积的,可用上市房屋建筑面积(平方米)×整幢建筑总用地面积(平方米)/整幢建筑总建筑面积(平方米)计算公摊土地面积后,直接按上述公式确定应缴纳的土地出让金或相当于土地出让金价款。已有基准地价但未评估标定地价的城镇,可在简化修正系数体系后,采用基准地价系数修正法测算标定地价,测算公式为:

标定地价(元/平方米)=基准地价(元/平方米)×区位修正系数×容积率修正系数

(二)为满足已购公有住房和经济适用住房上市需要,加快工作进度,对没有基准地价修正系数体系的城镇,可暂采用以下简便方法确定已购公有住房和经济适用住房上市出售补交土地出让金或相当于土地出让金价款:

补交土地价款(元)=基准地价(元/平方米)×所在建筑总层数修正系数×缴纳比例(≥10%)×上市房屋建筑面积(平方米)×年期修正系数

对于建筑层数差异较小的城市,为便于土地出让金及相应价款的征收,也可采用如下公式确定:

补交土地价款(元)=基准地价(元/平方米)×所在区域建筑平均层数修正系数×缴纳比例(≥10%)×上市房屋建筑面积(平方米)×年期修正系数

上述公式中,区位修正系数由各地依据房屋所处的位置、交通便捷程度、基本生活设施和公用服务设施状况、环境质量等因素,对照基准地价因素修正体系具体确定,变动范围一般为-20%至+20%;容积率修正系数根据基准地价修正系数体系确定;建筑总层数修正系数的参考标准见附表一;区域建筑平均层数修正系数的参考标准见附表二;年期修正系数的参考标准见附表三。

各地土地行政主管部门应当以简明、直观的图、表等方式按等级或区域公布基准地价、标定地价的测算结果及有关修正系数,以方便房屋买卖双方能自行概算应缴纳的土地出让金数额或相当于土地出让金价款。有条件的地方,可建立计算机查询系统。

二、关于土地使用权出让年期的确定

已购公有住房和经济适用住房所在宗地为划拨土地的,从同一建筑的第一套房屋上市交易之日起计算土地出让年期,确定出让土地使用权截止日。此后其他各套房屋上市时,其土地出让年期相应缩短,以使同一宗地的出让土地使用权保持相同的截止日。土地出让年期可根据各地具体情况确定,但最高不超过70年。

已购公有住房所在宗地为出让土地的,其土地出让年期仍以原《国有土地使用权出让合同》和《国有土地使用证》规定的出让年期为准,明确相应的剩余使用年期。

三、关于土地出让金和相当于土地出让金价款的区分

土地出让金或相当于土地出让金价款由购买方缴纳,购买方应在交易双方签订房屋买卖合同后,持房屋买卖合同、原房屋产权人的房屋所有权证及国有二地使用证或土地产权证明等材料到房屋所在地市、县土地行政主管部门办理有关手续。已购公有住房和经济适用住房所在宗地为划拨土地的,需缴纳出让金,办理土地出让手续;已购公有住房所在宗地为出让土地的,需缴纳相当于土地出让金的价款,办理土地转让手续。购房者在缴纳了有关价款后,方可领取国有土地使用证,取得出让土地使用权。

四、关于土地出让合同签订

为完善土地使用权出让手续,降低成本,简化操作程序,已购公有住房和经济适用住房所在宗地为划拨土地的,只在同一建筑内第一套房屋上市交易时,购买方与土地行政主管部门签订土地使用权出让合同,确定土地的有关权益和土地权益人的权利义务后,其他各套房屋上市交易时,只履行相应手续,不必再重复签订合同。具体可按如下方式办理:

同一建筑的第一套房屋上市交易时,土地行政主管部门应拟订上市房屋所在宗地的《国有土地使用权出让合同》,载明宗地位置、面积、建筑面积、土地用途、土地出让截止日期及土地使用者的权利、义务等,并在《国有土地使用权出让金缴纳通知单》(以下简称通知单)中载明住户姓名、交易日期、房屋面积、分摊的土地面积和权益、土地出让金额等,注明其权利义务源于该宗地的《国有土地使用权出让合同》。第一套房屋的购买方与土地行政主管部门签订出让合同后,其他各套房屋上市交易时,购买方签收了土地行政主管部门签发的《通知单》,并缴清了土地出让金后,即可视为认定了该宗地的《国有土地使用权出让合同》,注明其权利义务的《通知单》即可作为购买方取得出让土地使用权的权源文件。购买方领取国有土地使用证后,取得出让土地使用权。

附表一 建筑总屋数修正系数参考标准

建筑总层数	1	2	3	4	5	6	7	8	9	10	11	12	12以上
修正系数	1	0.75	0.61	0.55	0.50	0.46	0.42	0.39	0.36	0.34	0.32	0.31	0.30

附表二　区域建筑平均层数修正系数参考标准

区域建筑平均层数	1	1.25	1.50	1.75	2	2.25	2.50	2.75	3	4	5	6	7	8	9	10
修正系数	1	0.94	0.88	0.82	0.77	0.74	0.71	0.69	0.67	0.61	0.57	0.54	0.51	0.49	0.48	0.46

附表三　年期修正系数的参考标准

出让年期	70~66	65~61	60~56	55~51	50~46	45~41	40~36	35~31	30~26	25~21	20以下
修正系数	1.00	0.95	0.90	0.85	0.80	0.75	0.70	0.65	0.60	0.55	0.50

国家税务总局关于耕地占用税若干问题的批复

（国税函〔2001〕178号 2001年3月5日）

辽宁省地方税务局：

你局《关于耕地占用税有关问题的请示》（辽地税发〔2001〕4号）收悉。现批复如下：

一、对由于地下采煤造成耕地地表塌陷，塌陷地在一年以内经过回填垦复后恢复种植用途的，比照临时占用耕地，免征耕地占用税；其余照章征收耕地占用税。

二、城区与高速公路的接连线路属于公路范畴，对其建设占用耕地按公路建设标准征收耕地占用税；城区内的机动车道属于城市道路（国道、省道和县道的组成部分除外），不属于公路范畴，对其建设占用耕地按一般建设项目征收耕地占用税。

三、地方政府为招商引资，以政府名义征用大片耕地成立各类开发区，实际运作中是引资一个企业，界定一个企业的具体占用范围，其他耕地是批而未占。属于此种情况的，其纳税人为办理耕地转建设用地手续的单位或个人。

四、对欠缴耕地占用税的纳税人，因各种原因形成"销业、撤业"而导致税款无法追缴的现象，因目前还没有法律、法规和规章就税款核销事项作出规定，暂继续以挂账方式处理。

关于股权变动导致企业法人房地产权属更名登记不征契税的批复

(国税函〔2002〕771号 2002年8月16日)

宁波市财政局:

你局《关于哈工大首创科技股份有限公司因股权结构变动变更名称应否缴纳契税问题的请示》(甬财政农〔2002〕314号)收悉。现批复如下:

宁波中百股份有限公司因北京首创集团受让其26.62%的股权而于2000年更名为宁波首创科技股份有限公司,2001年哈工大八达集团受让宁波首创科技股份有限公司16.62%的股权,企业再次更名为哈工大首创科技股份有限公司。上述由于股权变动引起企业法人名称变更,并因此进行相应土地、房屋权属人名称变更登记的过程中,土地、房屋权属不发生转移,不征收契税。

国家税务总局关于铁路建设用地有关耕地占用税问题的批复

（国税函〔2002〕1094 号　2002 年 12 月 18 日）

江西省财政厅：

你厅《关于以土地换资金以土地换项目方式承受土地使用权是否征收契税的请示》（赣财农税〔2002〕35 号）收悉。现批复如下：

根据现行契税政策规定，土地使用权受让人通过完成土地使用权转让方约定的投资额度或投资特定项目，以此获取低价转让或无偿赠与的土地使用权，属于契税征收范围，其计税价格由征收机关参照纳税义务发生时当地的市场价格核定。

财政部、国土资源部关于调整新增建设用地土地有偿使用费征收等别的通知

(财综〔2002〕93号 2002年12月20日)

各省、自治区、直辖市财政厅(局)、国土资源管理厅(国土资源和房屋管理局、规划和国土资源局、房屋土地资源管理局、国土环境资源厅):

根据《中华人民共和国土地管理法》和《中华人民共和国土地管理法实施细则》的有关规定,财政部、国土资源部印发了《关于印发〈新增建设用地土地有偿使用费收缴使用管理办法〉的通知》(财综字〔1999〕117号,以下简称《办法》),对新增建设用地土地有偿使用费的收缴程序、征收标准及使用范围等内容做出了明确规定,对加强新增建设用地土地有偿使用费收缴使用的管理,促进耕地总量动态平衡目标的实现发挥了积极作用。随着各地经济发展水平的变化,部分市、县和城市辖区征收等别不尽合理的问题逐步显露出来,在一定程度上影响了新增建设用地土地有偿使用费的征收效率。为进一步规范新增建设用地土地有偿使用费收入管理,确保其应收尽收,经研究,决定部分调整新增建设用地土地有偿使用费征收等别,现将有关事项通知如下:

一、这次征收等别调整是根据《办法》第四条规定,对部分市、县和城市辖区的征收等别进行的必要调整,与等别相对应的新增建设用地土地有偿使用费征收标准保持不变。

二、为减少等别调整对新增建设用地土地有偿使用费收入管理工作的影响,这次征收等别调整于2003年1月1日起执行。在2003年1月1日前审批的新增建设用地,其新增建设用地土地有偿使用费按调整前的征收等别和与等别相对应的征收标准收缴;2003年1月1日(含1月1日)以后审批的新增建设用地,其新增建设用地土地有偿使用费按调整后的等别和与等别相对应的征收标准收缴。

三、除征收等别调整内容外,新增建设用地土地有偿使用费收缴使用管理仍按《办法》有关规定执行。

附件:全国新增建设用地土地有偿使用费征收等别划分(略)

财政部、国家税务总局关于青藏铁路建设期间有关税收政策问题的通知

（财税〔2003〕128号　2003年6月12日）

各省、自治区、直辖市、计划单列市财政厅（局）、国家税务局、地方税务局：

为支持青藏铁路建设，根据2001年第105次国务院总理办公会议纪要以及《国务院关于组建青藏铁路公司有关问题的批复》（国函〔2002〕66号）的精神，现就青藏铁路建设期间有关税收政策问题通知如下：

一、关于营业税

对中标的施工企业、监理企业和勘察设计企业从事青藏铁路建设的施工、监理和勘察设计所取得的收入，免征营业税、城市维护建设税和教育费附加；对青藏铁路公司在建设期间取得的临时管理运输收入免征营业税、城市维护建设税和教育费附加。

二、关于增值税

对中标的加工生产企业为青藏铁路建设加工生产的轨枕和水泥预制构件免征增值税、城市维护建设税和教育费附加。

三、关于印花税

对青藏铁路公司的营业账簿免征印花税；对青藏铁路公司与中标的建设单位所签订的加工承揽合同、建设工程勘察设计合同、建筑安装工程承包合同，免征签订合同双方应缴纳的印花税。

四、关于资源税

对青藏铁路建设工程单位为建设青藏铁路自采自用的砂、石等材料免征资源税；对青藏铁路建设工程单位自采外销以及其他单位和个人开采销售给青藏铁路建设工程的砂、石等材料应照章征收资源税。

五、关于城镇土地使用税

对青藏铁路线路使用的土地以及青藏铁路公司和中标的建设单位在青藏铁路建设期间因施工、生产的需要而使用的土地，免征城镇土地使用税。

六、关于耕地占用税

对青藏铁路线路占用的耕地以及青藏铁路在建设过程中因施工、生产临时占用的耕地免征耕地占用税；对生活区占用耕地应照章征收耕地占用税。

七、关于企业所得税

对青藏铁路公司在青藏铁路建设期间从事临时管理运输业务取得的所得免征企业所得税。对中标的施工企业、加工企业、监理企业和勘察设计企业从事青藏铁路建设取得的所得免征企业所得税;企业如兼有其他生产经营活动的,必须与免税的生产经营活动分别核算,否则应全额照章征收企业所得税。

青藏铁路公司和中标的建设企业凡按本通知一至六条规定免征的税金及附加,可不计入企业的应纳税所得额,免予征收企业所得税。

八、青藏铁路正式运营的税收政策另行明确。

财政部、国家税务总局关于调整铁路系统房产税、城镇土地使用税政策的通知

（财税〔2003〕149号　2003年7月11日）

各省、自治区、直辖市、计划单列市财政厅（局）、地方税务局，新疆生产建设兵团财务局：

根据铁路运输体制改革和铁路系统的实际情况，经国务院批准，现对铁路系统有关房产税、城镇土地使用税税收政策通知如下：

一、铁道部所属铁路运输企业自用的房产、土地继续免征房产税和城镇土地使用税。

二、对铁路运输体制改革后，从铁路系统分离出来并实行独立核算、自负盈亏的企业，包括铁道部所属原执行经济承包方案的工业、供销、建筑施工企业；中国铁路工程总公司、中国铁道建筑工程总公司、中国铁路通信信号总公司、中国土木建筑工程总公司、中国北方机车车辆工业集团公司、中国南方机车车辆工业集团公司；以及铁道部所属自行解决工交事业费的单位，自2003年1月1日起恢复征收房产税、城镇土地使用税。

三、铁道部所属其他企业、单位的房产和土地，继续按税法规定征收房产税和城镇土地使用税。

国家税务总局关于房产税、城镇土地使用税有关政策规定的通知

（国税发〔2003〕89号 2003年7月15日）

随着我国房地产市场的迅猛发展,涉及房地产税收的政策问题日益增多,经调查研究和广泛听取各方面的意见,现对房产税、城镇土地使用税有关政策问题明确如下:

一、关于房地产开发企业开发的商品房征免房产税问题

鉴于房地产开发企业开发的商品房在出售前,对房地产开发企业而言是一种产品,因此,对房地产开发企业建造的商品房,在售出前,不征收房产税;但对售出前房地产开发企业已使用或出租、出借的商品房应按规定征收房产税。

二、关于确定房产税、城镇土地使用税纳税义务发生时间问题

（一）购置新建商品房,自房屋交付使用之次月起计征房产税和城镇土地使用税。

（二）购置存量房,自办理房屋权属转移、变更登记手续,房地产权属登记机关签发房屋权属证书之次月起计征房产税和城镇土地使用税。

（三）出租、出借房产,自交付出租、出借房产之次月起计征房产税和城镇土地使用税。

（四）房地产开发企业自用、出租、出借本企业建造的商品房,自房屋使用或交付之次月起计征房产税和城镇土地使用税。

财政部、国家税务总局关于企业改制重组若干契税政策的通知

（财税〔2003〕184号 2003年8月20日）

各省、自治区、直辖市、计划单列市财政厅（局）、地方税务局、新疆生产建设兵团财务局：

为了支持企业改革的逐步深化，加快建立现代企业制度，促进国民经济持续、健康发展，现就企业改制重组中涉及的若干契税政策通知如下：

一、企业公司制改造

非公司制企业，按照《中华人民共和国公司法》的规定，整体改建为有限责任公司（含国有独资公司）或股份有限公司，或者有限责任公司整体改建为股份有限公司的，对改建后的公司承受原企业土地、房屋权属，免征契税。

非公司制国有独资企业或国有独资有限责任公司，以其部分资产与他人组建新公司，且该国有独资企业（公司）在新设公司中所占股份超过50%的，对新设公司承受该国有独资企业（公司）的土地、房屋权属，免征契税。

二、企业股权重组

在股权转让中，单位、个人承受企业股权，企业上地、房屋权属不发生转移，不征收契税。

国有、集体企业实施"企业股份合作制改造"，由职工买断企业产权，或向其职工转让部分产权，或者通过其职工投资增资扩股；将原企业改造为股份合作制企业的，对改造后的股份合作制企业承受原企业的土地、房屋权属，免征契税。

三、企业合并

两个或两个以上的企业，依据法律规定、合同约定，合并改建为一个企业，对其合并后的企业承受原合并各方的土地、房屋权属，免征契税。

四、企业分立

企业依照法律规定、合同约定分设为两个或两个以上投资主体相同的企业，对派生方、新设方承受原企业土地、房屋权属，不征收契税。

五、企业出售

国有、集体企业出售，被出售企业法人予以注销，并且买受人妥善安置原企业30%以上职工的，对其承受所购企业的土地、房屋权属，减半征收契税；全部安置原企业职工的，免征契税。

六、企业关闭、破产

企业依照有关法律、法规的规定实施关闭、破产后,债权人(包括关闭、破产企业职工)承受关闭、破产企业土地、房屋权属以抵偿债务的,免征契税;对非债权人承受关闭、破产企业土地、房屋权属,凡妥善安置原企业30%以上职工的,减半征收契税;全部安置原企业职工的,免征契税。

七、其　他

经国务院批准实施债权转股权的企业,对债权转股权后新设立的公司承受原企业的土地、房屋权属,免征契税。

政府主管部门对国有资产进行行政性调整和划转过程中发生的土地、房屋权属转移,不征收契税。

企业改制重组过程中,同一投资主体内部所属企业之间土地、房屋权属的无偿划转,不征收契税。

第五、六款所称"妥善安置原企业职工",是指国有、集体企业买受人或关闭、破产企业的土地、房屋权属承受人,按照国家有关规定对原企业职工进行合理补偿,并与被安置职工签订服务年限不少于三年的劳动用工合同,以及按照《劳动法》落实相关政策。

本通知自2003年10月1日起至2005年12月31日止执行。

自本通知实施之日起,《财政部、国家税务总局关于企业改革中有关契税政策的通知》(财税〔2001〕161号)停止执行。此前,按照财税〔2001〕161号文件规定应缴纳契税而尚未缴纳的,经省、自治区、直辖市和计划单列市主管契税征管工作的财政部门或地方税务机关审核。凡符合本通知规定的不再追缴,已经缴纳的,不予退还。

国家税务总局关于青藏铁路建设期间有关已缴税金退税问题的通知

（国税函〔2003〕1387 号　2003 年 12 月 26 日）

各省、自治区、直辖市和计划单列市国家税务局、地方税务局：

根据财政部、国家税务总局《关于青藏铁路建设期间有关税收政策的通知》（财税〔2003〕128 号）的规定，青藏铁路建设期间参建单位发生的与青藏铁路建设有关的营业税、增值税、印花税、资源税、城镇土地使用税、企业所得税等税收予以免征。现将已征收的应免征税款的退税问题明确如下：

凡 2001 年青藏铁路建设开工后，参建单位已经缴纳的符合财税〔2003〕128 号文应免征的税款应一律退还纳税人。请各地税务机关接到本通知后将应退未退的有关税款尽快退还纳税人。

财政部、国家税务总局关于明确免征房产税、城镇土地使用税的铁路运输企业范围及有关问题的通知

(财税〔2004〕36号 2004年2月17日)

各省、自治区、直辖市、计划单列市财政厅(局)、地方税务局,新疆生产建设兵团财务局:

为更好地贯彻执行《财政部国家税务总局关于调整铁路系统房产税城镇土地使用税政策的通知》(财税〔2003〕149号),经研究,现就有关免征房产税和城镇土地使用税的铁路运输企业范围和有关问题通知如下:

一、继续免征房产税和城镇土地使用税的铁道部所属铁路运输企业的范围包括:铁路局、铁路分局(包括客货站、编组站、车务、机务、工务、电务、水电、车辆、供电、列车、客运段)、中铁集装箱运输有限责任公司、中铁特货运输有限责任公司、中铁行包快递有限责任公司、中铁快运有限公司。

二、地方铁路运输企业自用的房产、土地应缴纳的房产税、城镇土地使用税比照铁道部所属铁路运输企业的政策执行。

三、铁道通信信息有限责任公司、中国铁路物资总公司、中铁建设开发中心和铁道部第一、二、三、四设计院免征房产税、城镇土地使用税的期限截止到2005年12月31日,自2006年1月1日起恢复征收房产税和城镇土地使用税。

国家税务总局关于加强土地增值税管理工作的通知

（国税函〔2004〕第938号 2004年8月2日）

各省、自治区、直辖市和计划单列市地方税务局：

为了简化行政审批手续，进一步方便纳税人和加强税收管理，经研究，现对土地增值税纳税人定期进行纳税申报的问题做如下解释和规定：

一、取消《中华人民共和国土地增值税暂行条例实施细则》第十五条第一款对土地增值税纳税人因经常发生房地产转让而难以在每次转让后申报的，定期进行纳税申报须经税务机关审核同意的规定。

二、纳税人因经常发生房地产转让而难以在每次转让后申报，是指房地产开发企业开发建造的房地产、因分次转让而频繁发生纳税义务、难以在每次转让后申报纳税的情况，土地增值税可按月或按各省、自治区、直辖市和计划单列市地方税务局规定的期限申报缴纳。

三、纳税人选择定期申报方式的，应向纳税所在地的地方税务机关备案。定期申报方式确定后，一年之内不得变更。

四、各省、自治区、直辖市和计划单列市地方税务局应根据本通知精神，结合本地的实际情况，制定具体的操作办法，并告知土地增值税纳税人。

五、各地地方税务机关要加强土地增值税的宣传解释、纳税辅导及纳税检查等工作。采取有效措施，做好土地增值税按次或定期申报纳税、预征和税款结算等征收管理工作。

六、本通知自2004年7月1日起执行。

国家税务总局关于下放城镇土地使用税困难减免审批项目管理层级后有关问题的通知

(国税函〔2004〕940号 2004年8月2日)

各省、自治区、直辖市和计划单列市地方税务局:

根据方便纳税人和有利于税收管理的原则,现将《国务院关于第三批取消和调整行政审批项目的决定》(国发〔2004〕16号)中,关于下放"城镇土地使用税困难减免审批"管理层级的行政审批项目实施后有关管理问题通知如下:

一、纳税人因缴纳城镇土地使用税确有困难(含遭受自然灾害)需要减税免税的,不再报国家税务总局审批。

二、纳税人办理城镇土地使用税困难减免税须提出书面申请并提供相关情况材料,报主管地方税务机关审核后,由省、自治区、直辖市和计划单列市地方税务局审批。

三、城镇土地使用税减免税审批权限应集中在省级(含计划单列市)地方税务机关,不得下放。

四、各省、自治区、直辖市和计划单列市地方税务部门在办理减免税审批时,应当按照国家的产业政策、土地管理的有关规定和企业的实际情况严格把关。对国家限制发展的行业、占地不合理的企业,一般不予减税免税;对国家不鼓励发展以及非客观原因发生纳税困难的,原则上也不给予减税免税;其他情况确实需要减税免税的,应当认真核实情况,从严掌握。

五、各地要结合本地实际情况,按照提高审批效率,强化服务管理的要求,制定和规范城镇土地使用税减免税审批的程序和管理办法,并报国家税务总局备案。

六、本规定自2004年7月1日起执行。《国家税务总局关于适当下放城镇土地使用税减免税审批权限的通知》(国税发〔1992〕053号)同时废止。

国家税务总局关于城镇土地使用税部分行政审批项目取消后加强后续管理工作的通知

（国税函〔2004〕939号　2004年8月2日）

各省、自治区、直辖市和计划单列市地方税务局：

为贯彻执行《国务院关于第三批取消和调整行政审批项目的决定》（国发〔2004〕16号），做好城镇土地使用税有关行政审批项目取消后的管理工作，现就有关问题通知如下：

一、对国家税务局关于印发《关于土地使用税若干具体问题的补充规定》（〔89〕国税地字第140号）中第十条关于企业搬迁后原场地不使用的、第十二条关于企业范围内的荒山等占地尚未利用的，经各省、自治区、直辖市税务局审批，可暂免征收土地使用税的规定作适当修改，取消经各省、自治区、直辖市税务局审批的内容。

企业搬迁后原场地不使用的、企业范围内荒山等尚未利用的土地，免征城镇土地使用税。免征税额由企业在申报缴纳城镇土地使用税时自行计算扣除，并在申报表附表或备注栏中作相应说明。

二、对搬迁后原场地不使用的和企业范围内荒山等尚未利用的土地，凡企业申报暂免征收城镇土地使用税的，应事先向土地所在地的主管税务机关报送有关部门的批准文件或认定书等相关证明材料，以备税务机关查验。具体报送材料由各省、自治区、直辖市和计划单列市地方税务局确定。

三、企业按上述规定暂免征收城镇土地使用税的土地开始使用时，应从使用的次月起自行计算和申报缴纳城镇土地使用税。

四、税务机关要加强城镇土地使用税的税源管理，摸清纳税人土地的使用状况，并设立城镇土地使用税税源管理台账。有条件的地方要充分利用信息化手段，建立城镇土地使用税信息管理系统，及时掌握企业有关城镇土地使用税的申报、纳税、免税情况，加强税源管理。

五、税务机关应对上述暂免征收城镇土地使用税的土地进行调查核实，如发现虚假情况，按《中华人民共和国税收征收管理法》的有关规定处理。

六、各省、自治区、直辖市和计划单列市地方税务局应根据本通知的精神制定具体的管理办法，并告知城镇土地使用税的纳税人。

七、本通知自2004年7月1日起执行。

财政部、国家税务总局关于国有土地使用权出让等有关契税问题的通知

(财税〔2004〕134号 2004年8月3日)

各省、自治区、直辖市、计划单列市财政厅(局)、地方税务局,新疆生产建设兵团财务局:

为了进一步明确与国有土地使用权出让相关的契税政策,推动公有住房上市的进程,现将有关契税政策通知如下:

一、出让国有土地使用权的,其契税计税价格为承受人为取得该土地使用权而支付的全部经济利益。

(一)以协议方式出让的,其契税计税价格为成交价格。成交价格包括土地出让金、土地补偿费、安置补助费、地上附着物和青苗补偿费、拆迁补偿费、市政建设配套费等承受者应支付的货币、实物、无形资产及其他经济利益。

没有成交价格或者成交价格明显偏低的,征收机关可依次按下列两种方式确定:

1. 评估价格:由政府批准设立的房地产评估机构根据相同地段、同类房地产进行综合评定,并经当地税务机关确认的价格。

2. 土地基准地价:由县以上人民政府公示的土地基准地价。

(二)以竞价方式出让的,其契税计税价格,一般应确定为竞价的成交价格,土地出让金、市政建设配套费以及各种补偿费用应包括在内。

二、先以划拨方式取得土地使用权,后经批准改为出让方式取得该土地使用权的,应依法缴纳契税,其计税依据为应补缴的土地出让金和其他出让费用。

三、已购公有住房经补缴土地出让金和其他出让费用成为完全产权住房的,免征土地权属转移的契税。

财政部、国家税务总局关于调整城镇土地使用税有关减免税政策的通知

（国税发〔2004〕99号 2004年8月3日）

各省、自治区、直辖市和计划单列市财政厅（局）、地方税务局：

国务院公布的第三批取消和调整的行政审批项目，耕地占用税法定减免的审批属于其中的取消项目之一。为了落实国务院关于改革行政审批制度的精神，规范耕地占用税、契税的减免管理，总局制定了《耕地占用税契税减免管理办法》。现印发给你们，请遵照执行。

财政部《关于耕地占用税减免的暂行规定》（〔90〕财农税字第56号）同时废止。

附：

耕地占用税契税减免管理办法

第一条 为了严格执行耕地占用税、契税减免政策，简化减免管理程序，根据《中华人民共和国耕地占用税暂行条例》和《中华人民共和国契税暂行条例》，制定本办法。

第二条 凡依法应予减免的耕地占用税、契税的管理，适用本办法。

第三条 耕地占用税、契税的减免，实行申报管理制度。

申报耕地占用税减免的纳税人应在用地申请获得批准后的30日内，向与批准其占用耕地的土地管理机关同级的征收机关提出减免申报。

由国务院或国土资源部批准占用耕地的，由省级征收机关办理减免手续。

契税纳税人应在土地、房屋权属转移合同生效的10日内，向征收机关提出减免申报。计税金额在10 000万元（含10 000万元）以上的，由省级征收机关办理减免手续。

第四条 征收机关应指定专人受理、审核减免申报事项。

第五条 受理人应要求申报人如实填写减免申报表并提供相关资料，告知申报人若申报不实或虚假申报而应负的法律责任受理人一般应在受理当日内将减免申报表和相关资料移交审核人。申报人没有按照规定提供资料或提供的资料不够全面的，受理人应一次性告知申报人应补正的资料。

第六条 审核人应对申报人提供的资料进行审核。

对于符合减免规定的，审核人应于审核的当日办理减免手续。

对于显然不符合减免规定的，审核人应向申报人说明原因，并核定应纳税额，转入税款征收程序。

情况较为复杂需向上级征收机关请示的，审核人应向申报人说明情况，并在规定时限内办理手续。

第七条 耕地占用税、契税的减免管理，实行逐级备案制度。

占用耕地1 000亩（含1 000亩）以上的减免，征收机关应在办理减免手续完毕之日起30

日内报国家税务总局备案。

契税的计税金额在10 000万元(含10 000万元)以上的减免,征收机关应在办理减免手续完毕之日起30日内报国家税务总局备案。

第八条 耕地占用税减免,应向国家税务总局备案用地批准文件和减免申报表。

契税减免,应向国家税务总局备案减免申报表。

第九条 占用耕地1 000亩以下的耕地占用税的减免和计税金额在10 000万元以下的契税减免,其备案办法由省级征收机关制定。

第十条 省级征收机关应根据备案情况定期组织检查。

第十一条 办理减免的征收机关应将办理情况,定期逐级通报基层征收机关。

基层征收机关应对减免情况进行核实,并将核实结果逐级上报至办理减免的征收机关。

第十二条 耕地占用税、契税减免申报应由征收机关受理,其他任何机关、单位和个人都无权受理。

地方各级人民政府、各级人民政府主管部门、单位和个人违反法律、行政法规规定,擅自作出的减税、免税规定无效,征收机关不得执行,并向上级征收机关报告。

第十三条 征收机关或征管人员,违反规定擅自受理、审核减免申报的,依照有关规定处理。

第十四条 各省、自治区、直辖市和计划单列市征收机关可以根据本规定制定具体的减免申报管理办法,并向社会公示。

第十五条 本规定自2004年10月1日起施行。

国家税务总局关于继承土地、房屋权属有关契税问题的批复

（国税函〔2004〕1036号　2004年9月2日）

河南省财政厅：

你厅《关于继承土地房屋权属是否征收契税的请示》（豫财农税〔2004〕21号）收悉，现批复如下：

一、对于《中华人民共和国继承法》规定的法定继承人（包括配偶、子女、父母、兄弟姐妹、祖父母、外祖父母）继承土地、房屋权属，不征契税。

二、按照《中华人民共和国继承法》规定，非法定继承人根据遗嘱承受死者生前的土地、房屋权属，属于赠与行为，应征收契税。

财政部、国家税务总局关于调整城镇土地使用税有关减免税政策的通知

(财税〔2004〕180 号 2004 年 10 月 25 日)

各省、自治区、直辖市、计划单列市财政厅(局)、地方税务局,新疆生产建设兵团财务局:

为了规范税收政策,进一步加强城镇土地使用税的征收管理,经研究决定,对《国家税务局关于印发〈关于土地使用税若干具体问题的补充规定〉的通知》(〔89〕国税地字第 140 号)的部分内容做适当修改。即:取消《关于土地使用税若干具体问题的补充规定》中第九条"企业关闭、撤消后,其占地未作他用的,经各省、自治区、直辖市税务局批准,可暂免征收土地使用税"的规定。

本通知自 2004 年 7 月 1 日起执行。

财政部、国家税务总局关于土地增值税若干问题的通知

（财税〔2006〕21号　2006年3月2日）

各省、自治区、直辖市、计划单列市财政厅（局）、地方税务局，新疆生产建设兵团财务局：

根据《中华人民共和国土地增值税暂行条例》（以下简称《条例》）及其实施细则和有关规定精神，现将土地增值税有关问题明确如下：

一、关于纳税人建造普通标准住宅出售和居民个人转让普通住宅的征免税问题

《条例》第八条中"普通标准住宅"和《财政部、国家税务总局关于调整房地产市场若干税收政策的通知》（财税字〔1999〕210号）第三条中"普通住宅"的认定，一律按各省、自治区、直辖市人民政府根据《国务院办公厅转发建设部等部门关于做好稳定住房价格工作意见的通知》（国办发〔2005〕26号）制定并对社会公布的"中小套型、中低价位普通住房"的标准执行。纳税人既建造普通住宅，又建造其他商品房的，应分别核算土地增值额。

在本文件发布之日前已向房地产所在地地方税务机关提出免税申请，并经税务机关按各省、自治区、直辖市人民政府原来确定的普通标准住宅的标准审核确定，免征土地增值税的普通标准住宅，不做追溯调整。

二、关于转让旧房准予扣除项目的计算问题

纳税人转让旧房及建筑物，凡不能取得评估价格，但能提供购房发票的，经当地税务部门确认，《条例》第六条第（一）、（三）项规定的扣除项目的金额，可按发票所载金额并从购买年度起至转让年度止每年加计5%计算。对纳税人购房时缴纳的契税，凡能提供契税完税凭证的，准予作为"与转让房地产有关的税金"予以扣除，但不作为加计5%的基数。

对于转让旧房及建筑物，既没有评估价格，又不能提供购房发票的，地方税务机关可以根据《中华人民共和国税收征收管理法》（以下简称《税收征管法》）第35条的规定，实行核定征收。

三、关于土地增值税的预征和清算问题

各地要进一步完善土地增值税预征办法，根据本地区房地产业增值水平和市场发展情况，区别普通住房、非普通住房和商用房等不同类型，科学合理地确定预征率，并适时调整。工程项目竣工结算后，应及时进行清算，多退少补。

对未按预征规定期限预缴税款的，应根据《税收征管法》及其实施细则的有关规定，从限定的缴纳税款期限届满的次日起，加收滞纳金。

对已竣工验收的房地产项目，凡转让的房地产的建筑面积占整个项目可售建筑面积的比例在85%以上的，税务机关可以要求纳税人按照转让房地产的收入与扣除项目金额配比的原

则,对已转让的房地产进行土地增值税的清算。具体清算办法由各省、自治区、直辖市和计划单列市地方税务局规定。

四、关于因城市实施规划、国家建设需要而搬迁,纳税人自行转让房地产的征免税问题

《中华人民共和国土地增值税暂行条例实施细则》第十一条第四款所称:因“城市实施规划”而搬迁,是指因旧城改造或因企业污染、扰民(指产生过量废气、废水、废渣和噪音,使城市居民生活受到一定危害),而由政府或政府有关主管部门根据已审批通过的城市规划确定进行搬迁的情况;因“国家建设的需要”而搬迁,是指因实施国务院、省级人民政府、国务院有关部委批准的建设项目而进行搬迁的情况。

五、关于以房地产进行投资或联营的征免税问题

对于以土地(房地产)作价入股进行投资或联营的,凡所投资、联营的企业从事房地产开发的,或者房地产开发企业以其建造的商品房进行投资和联营的,均不适用《财政部、国家税务总局关于土地增值税一些具体问题规定的通知》(财税字〔1995〕048 号)第一条暂免征收土地增值税的规定。

六、本文自 2006 年 3 月 2 日起执行。

财政部、国家税务总局关于明确免征房产税、城镇土地使用税的铁路运输企业范围的补充通知

（财税〔2006〕17 号　2006 年 3 月 8 日）

各省、自治区、直辖市、计划单列市财政厅（局）、地方税务局，新疆生产建设兵团财务局：

根据铁路运输体制改革情况，现将享受免征房产税、城镇土地使用税政策的铁道部所属铁路运输企业的范围补充通知如下：

一、享受免征房产税、城镇土地使用税优惠政策的铁道部所属铁路运输企业是指铁路局及国有铁路运输控股公司（含广铁〈集团〉公 司、青藏铁路公司、大秦铁路股份有限公司、广深铁路股份有限公司等，具体包括客货、编组站，车务、机务、工务、电务、水电、供电、列车、客运、车辆段）、铁路办事处、中铁集装箱运输有限责任公司、中铁特货运输有限责任公司、中铁快运股份有限公司。

二、本通知自发文之日起执行。《财政部国家税务总局关于明确免征房产税城镇土地使用税的铁路运输企业范围及有关问题的通知》（财税〔2004〕36 号）第一条停止执行。此前已征税款不予退还，未征税款不再补征。

财政部、国家税务总局关于集体土地城镇土地使用税有关政策的通知

(财税〔2006〕56号 2006年4月30日)

各省、自治区、直辖市、计划单列市财政厅(局)、地方税务局,新疆生产建设兵团财务局:

根据当前集体土地使用中出现的新情况、新问题,经研究,现将集体土地城镇土地使用税有关政策通知如下:

在城镇土地使用税征税范围内实际使用应税集体所有建设用地、但未办理土地使用权流转手续的,由实际使用集体土地的单位和个人按规定缴纳城镇土地使用税。

本通知自2006年5月1日起执行,此前凡与本通知不一致的政策规定一律以本通知为准。

财政部、国家税务总局关于铁道通信信息有限责任公司等单位房产税、城镇土地使用税政策的通知

（财税〔2006〕90 号 2006 年 7 月 7 日）

各省、自治区、直辖市、计划单列市财政厅（局）、地方税务局，新疆生产建设兵团财务局：

经国务院批准，自 2006 年 1 月 1 日起至 2008 年 12 月 31 日止，对铁道通信信息有限责任公司自用的房产、土地继续免征房产税和城镇土地使用税；自 2006 年 1 月 1 日起，对中国铁路物资兑公司、中铁建设开发中心和铁道部第一、二、三、四设计院恢复征收房产税和城镇土地使用税。《财政部 国家税务总局关于明确免征房产税城镇土地使用税的铁路运输企业范围及有关问题的通知》（财税〔2004〕36 号）第三条同时废止。

请遵照执行。

注：本篇法规已被《财政部办公厅、国家税务总局办公厅关于更正财税〔2006〕90 号文件中有关单位名称的通知》（发布日期：2006 年 8 月 15 日实施日期：2006 年 8 月 15 日）更正。

财政部、国家税务总局关于大秦铁路改制上市有关税收问题的通知

(财税〔2006〕32号 2006年8月18日)

北京市、河北省、山西省财政厅(局)、国家税务局、地方税务局,财政部驻北京市、河北省、山西省财政监察专员办事处:

为支持铁路投融资体制改革,支持大秦铁路股份有限公司(以下简称大秦公司)重组改制和上市工作的顺利进行,经国务院批准,现将有关税收问题通知如下:

一、对大秦公司改制过程中,铁道部所属原北京铁路局(即2005年3月18日铁路直管站段体制改革前的北京铁路局,下同)的资产评估增值79亿元应缴的企业所得税款不征收入库,作为国有资本金直接转计原北京铁路局的资本公积金,并作为国有股权由原北京铁路局注入到大秦公司。大秦公司按照评估后固定资产的价值计提折旧或摊销,并在企业所得税前扣除。

对大秦公司从太原铁路局收购原大同分局所属的煤炭运输专用货车、北同蒲线、丰沙大线,以及相关支线等国铁资产过程中,太原铁路局的上述资产评估增值48.7亿元应缴的企业所得税款不征收入库,作为国有资本金直接转计太原铁路局的资本公积金。大秦公司收购太原铁路局的上述资产,按照评估后固定资产的价值计提折旧或摊销,并在企业所得税前扣除。

二、对大秦公司从太原铁路局收购原大同分局所属的国铁资产过程中出售方涉及的营业税、增值税予以免征。

三、对大秦公司改制过程中涉及的印花税,按照《财政部、国家税务总局关于企业改制过程中有关印花税政策的通知》(财税〔2003〕183号)的规定征收或免征;对大秦公司从太原铁路局收购原大同分局所属的国铁资产涉及交易双方的印花税按规定征收。

四、在大秦公司完全按市场化方式运作前,暂免其自用的房产、土地应缴纳的房产税、城镇土地使用税。对原大同分局的存续单位(企业)向大秦公司出租的房产、土地照章征收房产税、城镇土地使用税。

五、对原北京铁路局作为投资向大秦公司转移资产涉及的土地增值税予以免征;对太原铁路局向大秦公司出售原大同分局资产涉及的土地增值税予以免征。

请遵照执行。

财政部、国家税务总局关于土地增值税普通标准住宅有关政策的通知

（财税〔2006〕141号 2006年10月20日）

各省、自治区、直辖市、计划单列市财政厅（局）、地方税务局，新疆生产建设兵团财务局：

为贯彻落实《国务院办公厅转发建设部等部门关于调整住房供应结构稳定住房价格意见的通知》（国办发〔2006〕37号）精神，进一步促进调整住房供应结构，增加中小套型、中低价位普通商品住房供应，现将《中华人民共和国土地增值税暂行条例》第八条中“普通标准住宅”的认定问题通知如下：

“普通标准住宅”的认定，可在各省、自治区、直辖市人民政府根据《国务院办公厅转发建设部等部门关于做好稳定住房价格工作意见的通知》（国办发〔2005〕26号）制定的“普通住房标准”的范围内从严掌握。

请遵照执行。

财政部、国土资源部、中国人民银行关于调整新增建设用地土地有偿使用费政策等问题的通知

(财综〔2006〕48号　2006年11月7日)

各省、自治区、直辖市、计划单列市财政厅(局)、国土资源厅(国土环境资源厅、国土资源局、国土资源和房屋管理局、房屋土地资源管理局),新疆生产建设兵团财务局、国土资源局,中国人民银行上海总部,各分行、营业管理部,省会(首府)城市中心支行,副省级城市中心支行:

根据《国务院关于深化改革严格土地管理的决定》(国发〔2004〕28号)和《国务院关于加强土地调控有关问题的通知》(国发〔2006〕31号)的有关规定,为了进一步保护耕地,促进节约集约用地,加强土地调控管理,控制固定资产投资过快增长,现就调整新增建设用地土地有偿使用费政策等问题通知如下:

一、进一步明确新增建设用地土地有偿使用费征收范围

新增建设用地为农用地和未利用地转为建设用地。新增建设用地土地有偿使用费,由市、县人民政府按照国土资源部或省、自治区、直辖市国土资源管理部门核定的当地实际新增建设用地面积、相应等别和征收标准缴纳。新增建设用地土地有偿使用费的征收范围为:土地利用总体规划确定的城市(含建制镇)建设用地范围内的新增建设用地(含村庄和集镇新增建设用地);在土地利用总体规划确定的城市(含建制镇)、村庄和集镇建设用地范围外单独选址、依法以出让等有偿使用方式取得的新增建设用地;在水利水电工程建设中,移民迁建用地占用城市(含建制镇)土地利用总体规划确定的经批准超出原建设用地面积的新增建设用地。

因违法批地、占用而实际发生的新增建设用地,应按照国土资源部认定的实际新增建设用地面积、相应等别和征收标准缴纳新增建设用地土地有偿使用费。

二、调整新增建设用地土地有偿使用费征收等别和征收标准

从2007年1月1日起,新批准新增建设用地的土地有偿使用费征收标准在原有基础上提高1倍,提高后的新增建设用地土地有偿使用费征收标准详见附件1。同时,根据各地行政区划变动情况,相应细化新增建设用地土地有偿使用费征收等别,细化后的《新增建设用地土地有偿使用费征收等别》详见附件2。

今后,财政部将会同国土资源部根据国家土地调控政策需要,结合各地基准地价水平、耕地总量和人均耕地面积、社会经济发展水平等状况,适时调整新增建设用地土地有偿使用费征收等别和征收标准,并向全社会公布。

三、调整地方新增建设用地土地有偿使用费分成管理方式

新增建设用地土地有偿使用费征收标准提高后，仍实行中央与地方 30∶70 分成体制。同时，为加强对土地利用的调控，从 2007 年 1 月 1 日起，调整地方分成的新增建设用地土地有偿使用费管理方式。地方分成的 70% 部分，一律全额缴入省级（含省、自治区、直辖市、计划单列市，下同）国库。

四、加强新增建设用地土地有偿使用费征收管理

新增建设用地土地有偿使用费由国土资源部和各省、自治区、直辖市国土资源管理部门在办理用地审批手续时负责征收，由财政部门负责征收管理，由财政部驻各省、自治区、直辖市、计划单列市财政监察专员办事处（以下简称财政部驻各地财政监察专员办事处）以及省级财政部门共同负责监督解缴。

国土资源部和各省、自治区、直辖市国土资源管理部门在办理用地审批手续时，应当开具新增建设用地土地有偿使用费缴款通知书，通知申请办理新增建设用地审批手续的市、县人民政府在规定的时间内依法足额缴纳新增建设用地土地有偿使用费，同时将缴款通知书抄送财政部、财政部驻各地财政监察专员办事处以及省级财政部门备查。缴款通知书应明确新增建设用地的地类、面积、适用的征收等别、征收标准以及应缴纳的新增建设用地土地有偿使用费具体数额。

市、县人民政府在收到国土资源管理部门开具的缴款通知书后，应当及时通知市、县财政部门填写一份"一般缴款书"，将应当缴纳的新增建设用地土地有偿使用费全额就地缴入国库。市、县财政部门在缴款时，"一般缴款书"中收款单位栏填写"财政部门"，预算级次填写"中央和省级共享收入"，收款国库栏填写当地实际收纳款项的国库名称；填写预算科目时，30% 填列政府收支分类科目 103013301 目"中央新增建设用地土地有偿使用费收入"科目，70% 填列政府收支分类科目 103013302 目"地方新增建设用地土地有偿使用费收入"科目。国库部门办理缴库手续后，将加盖国库印章的"一般缴款书"第四、五联退市、县财政部门。市、县财政部门将收到的"一般缴款书"第四、五联分别报送省级财政部门和财政部驻当地财政监察专员办事处备查。已经实施非税收入收缴管理制度改革的地方，新增建设用地土地有偿使用费的缴库方式，按照非税收入收缴管理制度改革的有关规定执行。市、县财政部门缴纳新增建设用地土地有偿使用费，可以从国有土地使用权出让收入等财政性资金中列支，并填列政府收支分类科目 2120899 项"其他土地使用权出让金支出"等相应科目。

国土资源部和各省、自治区、直辖市国土资源管理部门应当在收到市、县人民政府已足额缴纳新增建设用地土地有偿使用费的有效凭证后，再依法办理用地批准文件，并抄送财政部、财政部驻各地财政监察专员办事处以及省级财政部门。财政部驻各地财政监察专员办事处以及省级财政部门，要按照国土资源管理部门开具的新增建设用地土地有偿使用费缴款通知书、缴款凭证、用地批准文件等，抽查核实市、县人民政府是否及时足额缴纳新增建设用地土地有偿使用费，并按月做好与国库以及国土资源管理部门的对账工作，确保有关数据准确无误。

严禁市、县人民政府和有关部门将新增建设用地土地有偿使用费转嫁由用地单位缴纳。严禁在审批新增建设用地时采取"以租代征"等方式，逃避缴纳新增建设用地土地有偿使用费。市、县人民政府凡不按国家规定的等别和征收标准及时足额缴纳新增建设用地土地有偿使用费的，国土资源部和各省、自治区、直辖市国土资源管理部门一律不得办理用地审批手续

和批准文件。任何地区、部门、单位和个人,均不得减免、缓缴、挤占、截留和挪用新增建设用地土地有偿使用费。

五、认真做好新增建设用地土地有偿使用费清欠工作

国土资源管理部门和财政部门要加强新增建设用地土地有偿使用费征收工作,对于地方违反规定减免和欠缴新增建设用地土地有偿使用费的,要进行逐项清理,并限期追缴。其中:对于2004年《国务院关于深化改革严格土地管理的决定》(国发(2004)28号)发布后,各地违反规定减免和欠缴的,要在2006年12月31日前全部清缴完毕。2006年12月31日前清缴的新增建设用地土地有偿使用费,按照原有规定解缴入库;2006年12月31日以后清缴的新增建设用地土地有偿使用费,一律按照本通知第四条规定解缴入库。逾期未缴的,一律暂停审批该市、县下一年度新增建设用地指标,并按其滞纳金额及日期按日加收1‰的滞纳金。滞纳金随同清缴的新增建设用地土地有偿使用费一并按规定比例分别缴入中央和省级国库。拒不缴纳的,除了由国土资源部和各省、自治区、直辖市国土资源管理部门会同同级财政部门进行公示、暂停办理新的新增建设用地审批手续和下达该市、县下一年度新增建设用地指标、加收滞纳金以外,还应由财政部和省级财政部门在办理年终结算时予以相应抵扣。

六、改进和完善新增建设用地土地有偿使用费使用管理

为提高新增建设用地土地有偿使用费使用效率,进一步改进和完善新增建设用地土地有偿使用费使用管理。从2007年1月1日起,中央分成的新增建设用地土地有偿使用费,由财政部会同国土资源部主要参照各地国土资源管理部门核实的截至上一年底基本农田面积和国家确定的土地开发整理重点任务分配给各省、自治区、直辖市、计划单列市,并向中西部地区和粮食主产区倾斜,专项用于基本农田建设和保护、土地整理、耕地开发等开支。各省、自治区、直辖市、计划单列市分成的部分,加上中央财政专项分配的新增建设用地土地有偿使用费,统一由省级财政部门会同国土资源管理部门,主要参照各地国土资源管理部门核实的截至上一年底基本农田面积、国家和省级确定的土地开发整理重点任务分配给市、县,专项用于基本农田建设和保护、土地整理、耕地开发等开支。

将政府收支分类科目212类"城乡社区事务"08款"国有土地使用权出让金支出"中的06项"耕地开发专项支出"科目,修改为12项"耕地开发专项支出"科目,增设13项"基本农田建设和保护支出"、14项"土地整理支出"科目,分别反映新增建设用地土地有偿使用费用于上述各项支出情况。

七、强化新增建设用地土地有偿使用费收支管理监督检查

省级财政部门以及财政部驻各地财政监察专员办事处要加强对新增建设用地土地有偿使用费管理的监督检查,建立定期检查制度。国土资源管理部门要建立新增建设用地和基本农田保有量监督检查制度,充分运用航空、遥感等技术方法和手段,核实当年新增建设用地面积和耕地面积,强化新增建设用地土地有偿使用费征收管理与监督。对未依法办理农用地审批、未利用地转用审批、"以租代征"和未批先用等违法批地、用地行为占用土地的,不按规定及时足额解缴新增建设用地土地有偿使用费的,以及擅自减免、缓缴、截留、挤占、挪用新增建设用地土地有偿使用费的,要严格按照《土地管理法》以及《财政违法行为处罚处分条例》(国务院令第427号)等有关法律法规规定进行处理,按日加收滞纳金,并依法追究有关责任人的责任。

各地收到本通知后,要严格按照本通知规定,抓紧做好相关工作。此前有关规定凡与本通知规定不一致的,一律以本通知规定为准。

附件 1:

新增建设用地土地有偿使用费征收标准

单位:元/平方米

等别	1	2	3	4	5	6	7	8	9	10	11	12	13	14	15
标准	140	120	100	80	64	56	48	42	34	28	24	20	16	14	10

附件 2:

新增建设用地土地用偿使用费征收等别

一等:

上海:长宁区　虹口区　黄浦区　静安区　卢湾区　普陀区　徐汇区　杨浦区　闸北区

二等:

北京:朝阳区　崇文区　东城区　丰台区　海淀区　石景山区　西城区　宣武区

上海:浦东新区

三等:

广东:广州市(白云区　海珠区　荔湾区　萝岗区　天河区　越秀区)深圳市(福田区　罗湖区　南山区　盐田区)

四等:

天津:和平区　河东区　河西区　河北区· 红桥区　南开区

重庆:大渡口区　江北区　九龙坡区　南岸区　沙坪坝区　渝中区

河北:石家庄市(长安区　桥东区　桥西区　新华区　裕华区)

辽宁:大连市(甘井子区　沙河口区　西岗区　中山区)沈阳市(大东区　东陵区　和平区　皇姑区　沈河区　铁西区　于洪区)

江苏:常州市(天宁区　新北区　钟楼区)　南京市(白下区　鼓楼区　建邺区　秦淮区　下关区　玄武区　雨花台区)　苏州市(沧浪区　虎丘区　金阊区　平江区)　无锡市(北塘区　滨湖区　崇安区　南长区)

浙江:杭州市(滨江区　拱墅区　江干区　上城区　西湖区　下城区)　宁波市(海曙区　江东区　江北区)

福建:福州市(仓山区　鼓楼区　普安区　台江区)　厦门市(海沧区　湖里区　思明区　集美区)

山东:济南市(市中区　历下区　槐荫区　天桥区)　青岛市(市南区　市北区　四方区　崂山区　李沧区)

湖北:武汉市(东西湖区　汉阳区　洪山区　江岸区　江汉区　硚口区　青山区　武昌区)

湖南:长沙市(芙蓉区　开福区　天心区　雨花区　岳麓区)

广东:汕头市(金平区　龙湖区)　珠海市(金湾区　香洲区)　深圳市保安区

四川:成都市(成华区　锦江区　金牛区　青羊区　武侯区)

五等:

北京:通州区

天津:塘沽区

河北:唐山市(路北区　路南区　开平区)

山西:太原市(万柏林区　杏花岭区　迎泽区)

辽宁:鞍山市(立山区　千山区　铁东区　铁西区)

吉林:长春市(朝阳区　二道区　宽城区　绿园区　南关区)

黑龙江:哈尔滨市(道里区　道外区　南岗区　香坊区)

江苏:徐州市(鼓楼区　云龙区)

安徽:合肥市(包河区　庐阳区　蜀山区　瑶海区)

江西:南昌市(东湖区　西湖区　青山湖区　青云谱区)

河南:郑州市(二七区　管城回族区　惠济区　金水区　中原区)

广东:东莞市　佛山市禅城区　惠州市惠城区　中山市　深圳市龙岗区　广州市黄埔区

广西:南宁市(江南区　良庆区　青秀区　西乡塘区　兴宁区)

海南:海口市秀英区

云南:昆明市(官渡区　盘龙区　五华区)

陕西:西安市(灞桥区　碑林区　莲湖区　未央区　新城区　雁塔区)

新疆:乌鲁木齐市(东山区　沙依巴克区　水磨沟区　头屯河区　天山区　新市区)

六等:

北京:大兴区　昌平区　顺义区

天津:津南区　西青区

河北:保定市(北市区　南市区　新市区)　邯郸市(丛台区　邯山区　复兴区)

内蒙古:包头市(昆都仑区　东河区　青山区　九原区)

辽宁:本溪市(平山区　溪湖区　明山区)　抚顺市(东洲区　顺城区　新抚区　望花区)　盘锦市(兴隆台区　双台子区)　大连市(金州区　旅顺口区)

吉林:吉林市(船营区　龙潭区　昌邑区　丰满区)

黑龙江:大庆市萨尔图区

上海:嘉定区　宝山区　闵行区

江苏:南通市(崇川区　港闸区)　扬州市(维扬区　广陵区)　镇江市(京口区　润州区)　南京市栖霞区　常州市戚墅堰区　苏州市(吴中区　相城区)

浙江:温州市(龙湾区　鹿城区　瓯海区)

安徽:马鞍山市(花山区　金家庄区　雨山区)　芜湖市(镜湖区　鸠江区　弋江区)

福建:福州市马尾区

山东:潍坊市(潍城区　奎文区)　烟台市芝罘区　淄博市　(博山区　临淄区　张店区　周村区　淄川区)济南市历城区

河南:洛阳市(瀍河回族区　涧西区　老城区　洛龙区　西工区)

湖北:黄石市(黄石港区　西塞山区)　襄樊市(襄城区　樊城区)

湖南:衡阳市(石鼓区　雁峰区　蒸湘区　珠晖区)　湘潭市(岳塘区　雨湖区)　株洲市(荷塘区　芦淞区　石峰区　天元区)

广东:佛山市(南海区　顺德区)　广州市(番禺区　南沙区)　江门市(江海区　蓬江区)　汕头市濠江区　湛江市(赤坎区　霞山区　麻章区)

广西:柳州市(城中区　柳北区　柳南区　鱼峰区)

重庆:渝北区

云南:昆明市西山区

贵州:贵阳市(南明区　小河区　云岩区)

甘肃:兰州市(安宁区　城关区　七里河区　西固区)

七等:

北京:门头沟区　房山区

天津:东丽区　大港区　北辰区　汉沽区

河北:秦皇岛市(海港区　山海关区　北戴河区)

山西:长治市(城区　郊区)　大同市(城区、南郊区)　阳泉市(城区　郊区)　太原市(晋源区　小店区　尖草坪区)

内蒙古:呼和浩特市(回民区　赛罕区　新城区　玉泉区)

辽宁:丹东市(元宝区　振安区　振兴区)　葫芦岛市(连山区　龙港区)　锦州市(古塔区　凌河区　太和区)　辽阳市(白塔区　太子河区　文圣区)　营口市(老边区　西市区　站前区)　沈阳市(沈北新区　苏家屯区)

吉林:长春市双阳区

黑龙江:牡丹江市(爱民区　东安区　西安区　阳明区)

上海:南汇区　松江区　金山区

江苏:江阴市　昆山市　连云港市(海州区　新浦区)　启东市　泰州市(海陵区　高港区)　张家港市　南京市(六合区　浦口区　江宁区)　无锡市(锡山区　惠山区)

浙江:嘉兴市(南湖区　秀洲区)　绍兴市越城区　台州市(黄岩区　椒江区　路桥区)　杭州市萧山区　宁波市(北仑区　镇海区)

安徽:淮南市(大通区　田家庵区)　淮北市(相山区　烈山区)

福建:泉州市(鲤城区　丰泽区)　漳州市芗城区　厦门市(同安区　翔安区)

江西:九江市浔阳区　南昌市湾里区

山东:泰安市(岱岳区　泰山区)　威海市环翠区

河南:安阳市(北关区　龙安区　文峰区　殷都区)　平顶山市(新华区　卫东区　湛河区)　新乡市(红旗区　牧野区　卫滨区)

湖北:荆州市(沙市区　荆州区)　宜昌市(西陵区　伍家岗区　点军区　猇亭区)

湖南:岳阳市岳阳楼区

广东:潮州市湘桥区　茂名市(茂南区　茂港区)　佛山市三水区　韶关市(武江区　浈江区)　阳江市江城区　肇庆市端州区　广州市花都区　湛江市坡头区

广西:桂林市(叠彩区　七星区　象山区　秀峰区)

青海:西宁市(城北区　城东区　城西区　城中区)

宁夏:银川市(金凤区　西夏区　兴庆区)

八等:

北京：怀柔区

天津：武清区

河北：沧州市（新华区　运河区）　承德市（双桥区　双滦区）　衡水市桃城区　廊坊市（安次区　广阳区）　邢台市（桥东区　桥西区）　张家口市（桥东区　桥西区）　唐山市丰润区

辽宁：朝阳市（龙城区　双塔区）　阜新市（海州区　太平区　细河区）　铁岭市银州区　辽阳市宏伟区

吉林：四平市（铁东区　铁西区）　通化市（东昌区　二道江区）　延吉市

黑龙江：哈尔滨市（平房区　松北区）　鹤岗市（东山区　工农区　南山区　向阳区　兴安区　兴山区）　鸡西市鸡冠区　佳木斯市（东风区　郊区　前进区　向阳区）　齐齐哈尔市（建华区　龙沙区　铁锋区）

上海：奉贤区　青浦区

江苏：常熟市　淮安市（清河区　清浦区）　吴江市　宜兴市　常州市武进区

浙江：湖州市（南浔区　吴兴区）　金华市（金东区　婺城区）　义乌市　杭州市余杭区　宁波市鄞州区

安徽：安庆市（大观区　宜秀区　迎江区）　蚌埠市（蚌山区　淮上区　龙子湖区　禹会区）　铜陵市（郊区　狮子山区　铜官山区）　芜湖市三山区

福建：福清市　晋江市　石狮市　泉州市洛江区　漳州市龙文区

江西：赣州市章贡区

山东：济宁市（任城区　市中区）　临沂市兰山区　枣庄市市中区　青岛市（黄岛区　城阳区）　烟台市莱山区

河南：焦作市（解放区　山阳区）　开封市（鼓楼区　金明区　龙亭区　顺河回族区　禹王台区）

湖北：十堰市（茅箭区　张湾区）

湖南：常德市（鼎城区　武陵区）　郴州市（北湖区　苏仙区）

广东：汕头市（潮南区　潮阳区　澄海区）　河源市源城区　惠阳市惠阳区　揭阳市榕城区　开平市　梅州市梅江区　清远市清城区　汕尾市城区　台山市　增城市　普宁市　肇庆市鼎湖区　珠海市斗门区　江门市新会区

海南：三亚市　海口市（龙华区　美兰区　琼山区）

重庆：巴南区

贵州：遵义市（红花岗区　汇川区）　贵阳市白云区

云南：玉溪市红塔区

宁夏：石嘴山市大武口区

新疆：克拉玛依市克拉玛依区

九等：

北京：密云县　平谷区　延庆县

天津：宝坻区　蓟县　静海县

河北：鹿泉市　唐山市（古冶区　丰南区）　张家口市宣化区

山西：临汾市尧都区　晋中市榆次区　大同市新荣区

辽宁：海城市　瓦房店市　营口市鲅鱼圈区

吉林:辽源市(龙山区　西安区)　松原市宁江区

上海:崇明县

江苏:丹阳市　海门市　靖江市　溧阳市　如皋市　太仓市　泰兴市　通州市　盐城市亭湖区　扬中市　徐州市泉山区　连云港市连云区

浙江:慈溪市　上虞市　绍兴县　余姚市　舟山市(定海区　普陀区)　诸暨市

福建:龙岩市新罗区　莆田市(城厢区　涵江区　荔城区)　三明市(梅列区　三元区)

江西:吉安市(吉州区　青原区)　景德镇市(昌江区　珠山区)　萍乡市安源区　新余市渝水区　宜春市袁州区　九江市庐山区

山东:滨州市滨城区　德州市德城区　菏泽市牡丹区　莱芜市莱城区　莱州市　聊城市东昌府区　龙口市　日照市(东港区　岚山区)　荣成市　文登市　东营市东营区　烟台市(福山区　牟平区)　潍坊市(坊子区　寒亭区)

河南:漯河市源汇区　南阳市(宛城区　卧龙区)

湖北:鄂州市鄂城区　荆门市(东宝区　掇刀区)　潜江市　仙桃市　武汉市江夏区

湖南:娄底市娄星区　邵阳市(北塔区　大祥区　双清区)　益阳市(赫山区　资阳区)永州市(冷水滩区　零陵区)　岳阳市云溪区　衡阳市南岳区

广东:从化市　恩平市　佛山市高明区　高要市　鹤山市　惠东县　廉江市　罗定市云浮市云城区

广西:北海市(海城区　银海区)　防城港市港口区　贵港市(港北区　港南区　覃塘区)　梧州市(万秀区　蝶山区　长洲区)　桂林市雁山区

重庆:北碚区

四川:德阳市旌阳区　绵阳市(涪城区　游仙区)

云南:安宁市

贵州:贵阳市(花溪区　乌当区)

陕西:宝鸡市(金台区　渭滨区)　汉中市汉台区　铜川市(王益区　印台区)

新疆:石河子市

十等:

天津:宁河县

河北:藁城市　迁安市　三河市　辛集市　正定县　涿州市　石家庄市井陉矿区

山西:侯马市　晋城市城区　运城市盐湖区　阳泉市矿区

内蒙古:赤峰市(红山区　松山区　元宝山区)　通辽市科尔沁区　乌海市(海勃湾区海南区　乌达区)

辽宁:大石桥市　盖州市　普兰店市　庄河市　本溪市南芬区　铁岭市清河区

吉林:白城市洮北区　白山市八道江区　敦化市　公主岭市　梅河口市　图们市

黑龙江:哈尔滨市(阿城市　呼兰区)　黑河市爱辉区　尚志市　双城市　双鸭山市(宝山区尖山区　岭东区　四方台区)　绥芬河市　绥化市北林区　伊春市伊春区　肇东市　大庆市(红岗区　龙凤区　让胡路区)

江苏:东台市　江都市　姜堰市　金坛市　仪征市　徐州市(贾汪区　九里区)　镇江市丹徒区　淮安市楚州区　扬州市邗江区

浙江:东阳市　富阳市　海宁市　乐清市　丽水市莲都区　临海市　衢州市柯城区　瑞安市　温岭市　永康市

安徽:亳州市谯城区　滁州市(南谯区　琅琊区)　繁昌县　肥东县　肥西县　阜阳市(颍东区　颍泉区　颍州区)　宁国市　芜湖县　宣城市宣州区

福建:长乐市　龙海市　南安市　南平市延平区　永安市　泉州市泉港区

江西:丰城市　贵溪市　上饶市信州区　鹰潭市月湖区

山东:即墨市　胶州市　寿光市　招远市　邹城市　莱芜市钢城区　临沂市(河东区　罗庄区)

河南:鹤壁市(鹤山区　淇滨区　山城区)　濮阳市华龙区　三门峡市湖滨区　许昌市魏都区

湖北:黄冈市黄州区　随州市曾都区　天门市　孝感市孝南区　沙洋县　江陵县　武汉市蔡甸区　黄石市(铁山区　下陆区)　鄂州市华容区

湖南:长沙县　怀化市鹤城区　浏阳市　张家界市水定区　岳阳市君山区

广东:博罗县　潮安县　电白县　佛冈县　高州市　海丰县　化州市　揭东县　乐昌市　雷州市　连州市　陆丰市　南澳县　南雄市　韶关市曲江县　四会市　吴川市　信宜市　阳春市　英德市

广西:钦州市(钦北区　钦南区)　武鸣县　南宁市邕宁县　玉林市玉州区　来宾市兴宾区　防城港市防城区　北海市铁山港区

海南:儋州市　琼海市

重庆:双桥区　万盛区

四川:成都市龙泉驿区　乐山市(沙湾区　市中区)　泸州市江阳区　内江市市中区　攀枝花市(东区　仁和区)　宜宾市翠屏区　自贡市(大安区　自流井区)

贵州:六盘水市钟山区

云南:昆明市东川区　曲靖市麒麟区

西藏:拉萨市城关区

陕西:渭南市临渭区　咸阳市(秦都区　渭城区)　西安市(长安区　临潼区　阎良区)

甘肃:白银市白银区　嘉峪关市　金昌市金川区　天水市秦州区　兰州市红古区

新疆:阿克苏市　喀什市　库尔勒市　伊宁市

十一等:

河北:霸州市　定州市　高碑店市　邯郸县　黄骅市　任丘市　武安市　新乐市　遵化市　邯郸市　峰峰矿区　张家口市下花园区

山西:介休市　朔州市朔城区　孝义市　忻州市忻府区　原平市　大同市矿区

内蒙古:呼伦贝尔市海拉尔区　乌兰察布市集宁区　满洲里市　乌兰浩特市

辽宁:北票市　灯塔市　东港市　凤城市　开原市　凌海市　凌源市　调兵山市　新民市　兴城市　本溪满族自治县　阜新市(清河门区　新邱区)　辽阳市弓长岭区　葫芦岛市南票区

吉林:和龙市　桦甸市　珲春市　集安市　蛟河市　九台市　临江市　龙井市　磐石市　舒兰市　榆树市

黑龙江:海林市　海伦市　密山市　七台河市(茄子河区　桃山区　新兴区)　庆安县　五常市　鸡西市滴道区

江苏:宝应县　大丰市　高淳县　高邮市　海安县　句容市　溧水县　邳州市　如东县　宿迁市宿城区　新沂市　兴化市

浙江:嘉善县　兰溪市　临安市　桐乡市　玉环县

安徽:长丰县　巢湖市居巢区　黄山市(徽州区　屯溪区)　六安市(金安区　裕安区)　宿州市埇桥区　淮北市杜集区

福建:惠安县　连江县　闽侯县　宁德市蕉城区　莆田市秀屿区

江西:抚州市临川区　井冈山市　乐平市　萍乡市湘东区

山东:安丘市　昌邑市　肥城市　胶南市　莱西市　莱阳市　蓬莱市　平度市　青州市　曲阜市　乳山市　滕州市　新泰市　兖州市　章丘市　诸城市　枣庄市(薛城区　峄城区)

河南:济源市　商丘市(梁园区　睢阳区)　太康县　信阳市(平桥区　浉河区)　驻马店市驿城区　郑州市上街区　洛阳市吉利区　焦作市(马村区　中站区)　新乡市凤泉区

湖北:赤壁市　大冶市　丹江口市　洪湖市　老河口市　麻城市　石首市　松滋市　武穴市　咸宁市咸安区　宜城市　应城市　襄樊市襄阳区　枣阳市　钟祥市　武汉市(汉南区　黄陂区　新洲区)　鄂州市梁子湖区

湖南:吉首市　耒阳市　醴陵市　临湘市　汨罗市　湘乡市　沅江市　张家界市武陵源区

广东:德庆县　封开县　怀集县　惠来县　揭西县　连平县　龙门县　梅县　清新县　饶平县　遂溪县　新丰县　新兴县　兴宁市　徐闻县　阳东县　阳西县　云安县

广西:百色市右江区　北流市

海南:澄迈县　东方市　万宁市　文昌市

重庆:涪陵区　万州区　江津市

四川:达州市通川区　都江堰市　峨眉山市　广元市市中区　江油市　南充市(高坪区　嘉陵区　顺庆区)　彭州市　双流县　遂宁市船山区　西昌市　成都市青白江区　内江市东兴区

贵州:安顺市西秀区

云南:楚雄市　河口瑶族自治县

陕西:安康市汉滨区　韩城市　延安市宝塔区　咸阳市杨凌区

甘肃:白银市平川区　天水市麦积区

新疆:昌吉市　哈密市　吐鲁番市　乌鲁木齐县　乌鲁木齐市达坂城区

十二等:

河北:安国市　泊头市　沧县　大厂回族自治县　抚宁县　高邑县　河间市　冀州市　定兴县　晋州市　井陉县　乐亭县　蠡县　卢龙县　栾城县　滦南县　滦县　迁西县　青县　清河县　沙河市　深州市　唐海县　香河县　徐水县　永年县　玉田县　承德市鹰手营子矿区

山西:长治县　汾阳市　高平市　古交市　河津市　怀仁县　霍州市　吕梁市离石区　灵石县　潞城市　平定县　清徐县　永济市　左云县　朔州市平鲁区

内蒙古:巴彦淖尔市临河区　鄂尔多斯市东胜区　锡林浩特市　牙克石市　扎兰屯市

辽宁:北镇市　朝阳县　大洼县　抚顺县　阜新蒙古族自治县　辽阳县　辽中县　盘山县　绥中县　铁岭县　长海县

吉林:安图县　白山市江源区　长白朝鲜族自治县　大安市　德惠市　东丰县　东辽县　抚松县　辉南县　梨树县　柳河县　农安县　前郭尔罗斯蒙古族自治县　双辽市　洮南市

通化县　汪清县　永吉县

黑龙江:安达市　北安市　富锦市　虎林市　宁安市　铁力市　五大连池市　大庆市大同区　齐齐哈尔市(昂昂溪区　富拉尔基区　梅里斯达斡尔族区)　鸡西市(城子河区　恒山区　梨树区　麻山区)伊春市(南岔区　汤旺河区　西林区)

江苏:东海县　赣榆县　洪泽县　建湖县　金湖县　沛县　射阳县　泗洪县　泗阳县　铜山县　盐城市盐都区　淮安市淮阴区

浙江:德清县　奉化市　海盐县　建德市　江山市　平湖市　嵊州市　桐庐县　新昌县

安徽:池州市贵池区　当涂县　含山县　绩溪县　泾县　舒城县　桐城市　铜陵县　淮南市(八公山区　潘集区　谢家集区)

福建:福安市　福鼎市　建瓯市　罗源县　闽清县　南靖县　沙县　邵武市　武夷山市　云霄县　漳平市　漳浦县　诏安县

江西:安福县　德兴市　高安市　吉安县　进贤县　芦溪县　南昌县　南康市　瑞昌市　瑞金市　泰和县　峡江县　新干县　樟树市

山东:长岛县　高密市　海阳市　临清市　栖霞市　枣庄市(山亭区　台儿庄区)　东营市河口区

河南:安阳县　长葛市　登封市　邓州市　巩义市　辉县市　林州市　灵宝市　孟州市　沁阳市　荥阳市　汝州市　卫辉市　舞钢市　项城市　新密市　新乡县　新郑市　许昌县　偃师市　漯河市(郾城区　召陵区)　义马市　永城市　禹州市　中牟县　周口市川汇区　平顶山市石龙区

湖北:安陆市　当阳市　恩施市　广水市　汉川市　宜都市　枝江市　宜昌市夷陵区

湖南:安仁县　安乡县　常宁市　道县　桂阳县　汉寿县　衡东县　衡南县　衡山县　衡阳县　华容县　津市市　冷水江市　澧县　涟源市　临澧县　临武县　南县　宁乡县　祁东县　祁阳县　韶山市　邵东县　邵阳县　石门县　双峰县　桃江县　桃源县　望城县　武冈市　湘潭县　湘阴县　新邵县　攸县　岳阳县　株洲县　资兴市

广东:大埔县　东源县　丰顺县　广宁县　和平县　蕉岭县　连南瑶族自治县　连山壮族瑶族自治县　龙川县　陆河县　平远县　仁化县　始兴县　翁源县　五华县　阳山县　郁南县　紫金县　乳源瑶族自治县

广西:岑溪市　东兴市　桂平市　合浦县　合山市　河池市金城江区　贺州市八步区　临桂县　柳城县　柳江县　容县　田东县　昭平县　钟山县

海南:昌江黎族自治县　定安县　临高县　五指山市　陵水黎族自治县

重庆:合川市　永川市

四川:崇州市　广安市广安区　广汉市　绵竹市　邛崃市　什邡市　成都市(新都区　温江区)　攀枝花市西区　自贡市(贡井区　沿滩区)　泸州市(龙马潭区　纳溪区)乐山市(金口河区　五通桥区)

贵州:都匀市　凯里市　清镇市　铜仁市　兴义市

云南:大理市　个旧市　石林彝族自治县　瑞丽市

西藏:日喀则市

陕西:华县　华阴市　黄陵县　洛川县　潼关县　兴平市　榆林市榆阳区　铜川市耀州区

甘肃:成县　敦煌市　酒泉市肃州区　临夏市　永登县　玉门市　武威市凉州区　陇南

市武都区

宁夏:灵武市　青铜峡市　吴忠市利通区　中卫市沙坡头区

新疆:阿勒泰市　阿图什市　博乐市　阜康市　奎屯市　米泉市　塔城市　乌苏市　克拉玛依市(白碱滩区　独山子区　乌尔禾区)

十三等:

河北:安平县　柏乡县　昌黎县　磁县　大城县　东光县　高阳县　固安县　故城县　怀来县　景县　临城县　灵寿县　满城县　南宫市　宁晋县　清苑县　容城县　深泽县　肃宁县　唐县　望都县　文安县　吴桥县　献县　兴隆县　邢台县　雄县　宣化县　阳原县　易县　元氏县　枣强县　赵县

山西:长子县　大同县　代县　定襄县　繁峙县　河曲县　洪洞县　壶关县　稷山县　绛县　交城县　黎城县　临猗县　陵川县　柳林县　宁武县　平陆县　平顺县　平遥县　蒲县　祁县　沁水县　曲沃县　芮城县　山阴县　寿阳县　太谷县　文水县　闻喜县　五台县　乡宁县　襄汾县　襄垣县　新绛县　阳城县　翼城县　应县　盂县　垣曲县　泽州县　中阳县

内蒙古:额尔古纳市　根河市

辽宁:昌图县　法库县　黑山县　桓仁满族自治县　建昌县　建平县　喀喇沁左翼蒙古族自治县　康平县　宽甸满族自治县　清原满族自治县　台安县　西丰县　新宾满族自治县　岫岩满族自治县　义县　彰武县

吉林:靖宇县　伊通满族自治县

黑龙江:巴彦县　勃利县　方正县　鸡东县　林口县　穆棱市　讷河市　通河县　同江市　望奎县　延寿县　肇源县　肇州县　齐齐哈尔市碾子山区　伊春市(翠峦区　带岭区　红星区　金山屯区　美溪区　上甘岭区　新青区　五营区　乌马河区　乌伊岭区　友好区)

江苏:滨海县　丰县　阜宁县　灌南县　灌云县　涟水县　沭阳县　宿迁市宿豫区　睢宁县　响水县　盱眙县

浙江:安吉县　苍南县　长兴县　龙泉市　龙游县　宁海县　平阳县　象山县　永嘉县　嵊泗县　衢州市衢江区

安徽:砀山县　东至县　凤台县　广德县　和县　霍邱县　霍山县　界首市　金寨县　庐江县　明光市　南陵县　祁门县　青阳县　石台县　寿县　濉溪县　天长市　涡阳县　无为县　歙县　萧县　黄山市黄山区

福建:安溪县　长泰县　东山县　古田县　建阳市　将乐县　平潭县　上杭县　顺昌县　霞浦县　仙游县　永春县　永定县　永泰县　尤溪县

江西:大余县　分宜县　广丰县　吉水县　九江县　宁都县　上栗县　上饶县　万安县　万年县　新建县　永丰县　永修县　余江县

山东:博兴县　曹县　昌乐县　济南市长清区　定陶县　东阿县　东明县　费县　高青县　高唐县　桓台县　惠民县　济阳县　嘉祥县　金乡县　莒南县　莒县　乐陵市　梁山县　临朐县　临邑县　陵县　宁阳县　平邑县　平阴县　平原县　齐河县　商河县　泗水县　郯城县　微山县　汶上县　阳谷县　沂源县　鱼台县　禹城市　郓城县　邹平县

河南:宝丰县　博爱县　长垣县　方城县　淮阳县　潢川县　临颍县　鹿邑县　孟津县　内乡县　濮阳县　淇县　清丰县　汝南县　陕县　遂平县　汤阴县　唐河县　通许县　尉氏县　西平县　新安县　新野县　修武县　鄢陵县　延津县　镇平县

湖北:保康县 长阳土家族自治县 崇阳县 大悟县 公安县 谷城县 红安县 黄梅县 嘉鱼县 监利县 京山县 利川市 南漳县 蕲春县 团风县 浠水县 孝昌县 远安县 云梦县 郧县 秭归县

湖南:安化县 茶陵县 辰溪县 慈利县 东安县 洞口县 洪江市 会同县 嘉禾县 靖州苗族侗族自治县 蓝山县 隆回县 麻阳苗族自治县 宁远县 平江县 绥宁县 新化县 新宁县 新田县 溆浦县 炎陵县 宜章县 永兴县 芷江侗族自治县 中方县

广西:博白县 苍梧县 富川瑶族自治县 荔浦县 灵川县 陆川县 南丹县 平果县 平乐县 平南县 全州县 上思县 藤县 田阳县 兴安县 阳朔县 宜州市

海南:白沙黎族自治县 保亭黎族苗族自治县 乐东黎族自治县 琼中黎族苗族自治县 屯昌县

重庆:南川市

四川:安县 宝兴县 苍溪县 长宁县 达县 大邑县 大竹县 富顺县 高县 珙县 简阳市 江安县 金堂县 筠连县 阆中市 泸县 米易县 南溪县 彭山县 郫县 仁寿县 荣县 三台县 射洪县 石棉县 万源市 新津县 宜宾县 荥经县 资阳市雁江区 眉山市东坡区 雅安市雨城区 巴中市巴州区 广元市(朝天区 元坝区) 遂宁市安居区

贵州:毕节市 赤水市 贵定县 开阳县 龙里县 仁怀市 息烽县 修文县 遵义县

云南:保山市隆阳区 呈贡县 澄江县 峨山彝族自治县 江川县 晋宁县 景洪市 开远市 丽江市古城区 潞西市 屏边苗族自治县 石屏县 水富县 思茅市翠云区 通海县 宜良县 昭通市昭阳区

陕西:安塞县 白水县 城固县 大荔县 府谷县 富平县 富县 甘泉县 高陵县 横山县 户县 黄龙县 佳县 靖边县 米脂县 清涧县 三原县 子长县 子洲县 神木县 绥德县 吴堡县 吴起县 延长县 宜川县 志丹县 商洛市商州区

甘肃:阿克塞哈萨克族自治县 定西市安定区 皋兰县 合水县 合作市 徽县 两当县 宁县 平凉市崆峒区 庆城县 文县 庆阳市西峰市 榆中县 张掖市甘州区

宁夏:贺兰县 石嘴山市惠农区 平罗县 永宁县 中宁县

新疆:和田市 呼图壁县 霍城县 精河县 库车县 轮台县 玛纳斯县 沙湾县 莎车县 鄯善县 托克逊县 新源县 焉耆回族自治县 泽普县 五家渠市

十四等:

河北:安新县 博野县 成安县 承德县 赤城县 大名县 肥乡县 丰宁满族自治县 阜城县 阜平县 馆陶县 广平县 广宗县 海兴县 怀安县 鸡泽县 巨鹿县 宽城满族自治县 涞水县 涞源县 临西县 临漳县 隆化县 隆尧县 滦平县 孟村回族自治县 内丘县 南和县 南皮县 平泉县 平山县 平乡县 青龙满族自治县 邱县 曲阳县 曲周县 饶阳县 任县 涉县 顺平县 万全县 威县 围场满族蒙古族自治县 蔚县 魏县 无极县 武强县 武邑县 新河县 行唐县 盐山县 永清县 赞皇县 涿鹿县

山西:安泽县 保德县 大宁县 方山县 汾西县 浮山县 古县 广灵县 和顺县 浑源县 吉县 交口县 静乐县 岢岚县 岚县 临县 灵丘县 娄烦县 偏关县 沁县 沁源县 神池县 石楼县 天镇县 屯留县 万荣县 五寨县 武乡县 昔阳县 隰县 夏县 兴县 阳高县 阳曲县 永和县 右玉县 榆社县 左权县

内蒙古:阿尔山市 阿荣旗 敖汉旗 巴林左旗 达拉特旗 鄂伦春自治旗 鄂温克族

自治旗　二连浩特市　丰镇市　杭锦后旗　霍林郭勒市　科尔沁左翼后旗　林西县　莫力达瓦达斡尔族自治旗　宁城县　土默特右旗　土默特左旗　翁牛特旗　乌拉特前旗　五原县　包头市(白云矿区　石拐区)

吉林:长岭县　扶余县　乾安县

黑龙江:宝清县　抚远县　富裕县　集贤县　克东县　克山县　兰西县　萝北县　明水县　木兰县　嫩江县　绥滨县　塔河县　汤原县　友谊县　大兴安岭加格达奇

浙江:常山县　淳安县　岱山县　洞头县　缙云县　景宁畲族自治县　开化县　磐安县　浦江县　青田县　庆元县　三门县　松阳县　遂昌县　泰顺县　天台县　文成县　武义县　仙居县　云和县

安徽:枞阳县　定远县　凤阳县　阜南县　固镇县　怀宁县　怀远县　旌德县　来安县　郎溪县　利辛县　临泉县　灵璧县　蒙城县　潜山县　全椒县　泗县　宿松县　太和县　太湖县　望江县　五河县　休宁县　黟县　颍上县

福建:大田县　德化县　华安县　连城县　平和县　浦城县　泰宁县

江西:安义县　安远县　波阳县　崇仁县　德安县　定南县　东乡县　浮梁县　赣县　横峰县　会昌县　金溪县　靖安县　莲花县　龙南县　南城县　铅山县　上高县　上犹县　石城县　遂川县　万载县　武宁县　婺源县　信丰县　兴国县　修水县　寻乌县　弋阳县　永新县　于都县　玉山县　资溪县

山东:单县　广饶县　垦利县　利津县　蒙阴县　武城县　沂南县　沂水县

河南:范县　封丘县　扶沟县　固始县　光山县　滑县　淮滨县　获嘉县　浚县　开封县　兰考县　鲁山县　栾川县　罗山县　泌阳县　民权县　南乐县　南召县　杞县　确山县　商城县　上蔡县　社旗县　沈丘县　渑池县　桐柏县　温县　武陟县　舞阳县　西华县　西峡县　淅川县　襄城县　叶县　伊川县　原阳县　正阳县

湖北:巴东县　房县　建始县　来凤县　罗田县　通城县　五峰土家族自治县　兴山县　阳新县　英山县　竹山县

湖南:保靖县　城步苗族自治县　凤凰县　古丈县　桂东县　花垣县　江华瑶族自治县　江永县　龙山县　泸溪县　汝城县　桑植县　双牌县　通道侗族自治县　新晃侗族自治县　永顺县　沅陵县

广西:宾阳县　崇左市江州区　大化瑶族自治县　扶绥县　横县　金秀瑶族自治县　乐业县　灵山县　凌云县　隆林各族自治县　鹿寨县　蒙山县　浦北县　田林县　西林县　兴业县

重庆:璧山县　长寿区　大足县　垫江县　丰都县　奉节县　开县　梁平县　綦江县　荣昌县　铜梁县　潼南县　巫山县　武隆县　云阳县　忠县

四川:安岳县　巴塘县　北川羌族自治县　布拖县　大英县　丹棱县　德昌县　甘洛县　古蔺县　汉源县　合江县　洪雅县　华蓥市　会理县　夹江县　犍为县　剑阁县　井研县　九寨沟县　开江县　康定县　乐至县　邻水县　隆昌县　芦山县　泸定县　罗江县　马边彝族自治县　马尔康县　茂县　冕宁县　名山县　沐川县　南部县　南江县　蓬安县　蓬溪县　平昌县　平武县　屏山县　蒲江县　青川县　青神县　渠县　天全县　通江县　旺苍县　威远县　汶川县　武胜县　西充县　兴文县　叙永县　宣汉县　盐边县　盐亭县　仪陇县　营山县　岳池县　中江县　资中县　梓潼县

贵州:独山县　福泉市　金沙县　荔波县　平坝县　施秉县　桐梓县　玉屏侗族自治县

镇远县

云南:宾川县　大姚县　洱源县　富民县　富源县　华宁县　会泽县　建水县　景东彝族自治县　兰坪白族普米族自治县　临沧市临翔区　陆良县　禄丰县　禄劝彝族苗族自治县　绿春县　罗平县　马龙县　勐海县　勐腊县　弥渡县　弥勒县　牟定县　南华县　普洱哈尼族彝族自治县　师宗县　双柏县　嵩明县　绥江县　腾冲县　文山县　武定县　祥云县　新平彝族傣族自治县　宣威市　寻甸回族彝族自治县　姚安县　易门县　永仁县　元江哈尼族彝族傣族自治县　元谋县　沾益县　玉龙纳　西族自治县

陕西:澄城县　定边县　凤县　凤翔县　扶风县　汉阴县　合阳县　泾阳县　蓝田县　礼泉县　略阳县　眉县　勉县　南郑县　平利县　岐山县　商南县　石泉县　太白县　武功县　西乡县　旬阳县　延川县　镇安县　周至县　柞水县　宝鸡市陈仓区

甘肃:瓜州县　崇信县　宕昌县　迭部县　甘谷县　广河县　华池县　华亭县　环县　会宁县　金塔县　泾川县　景泰县　靖远县　康乐县　康县　礼县　临洮县　灵台县　碌曲县　玛曲县　民勤县　山丹县　肃北蒙古族自治县　天祝藏族自治县　武山县　西和县　夏河县　永昌县　永靖县　镇原县　正宁县　卓尼县

青海:大通回族土族自治县　德令哈市　格尔木市　互助土族自治县　湟中县　乐都县　民和回族土族自治县　平安县

宁夏:固原市原州区

新疆:阿瓦提县　巴楚县　博湖县　察布查尔锡伯自治县　额敏县　富蕴县　伽师县　和静县　和硕县　吉木萨尔县　麦盖提县　沙雅县　疏附县　疏勒县　尉犁县　温宿县　叶城县　伊宁县　英吉沙县　岳普湖县　阿拉尔市　图木舒克市

十五等:

河北:崇礼县　沽源县　康保县　尚义县　张北县

内蒙古:阿巴嘎旗　阿拉善右旗　阿拉善左旗　阿鲁科尔沁旗　巴林右旗　察哈尔右翼后旗　察哈尔右翼前旗　察哈尔右翼中旗　陈巴尔虎旗　达尔罕茂明安联合旗　磴口县　东乌珠穆沁旗　多伦县　额济纳旗　鄂托克旗　鄂托克前旗　固阳县　杭锦旗　和林格尔县　化德县　喀喇沁旗　开鲁县　科尔沁右翼前旗　科尔沁右翼中旗　科尔沁左翼中旗　克什克腾旗　库伦旗　凉城县　奈曼旗　清水河县　商都县　四子王旗　苏尼特右旗　苏尼特左旗　太仆寺旗　突泉县　托克托县　乌拉特后旗　乌拉特中旗　乌审旗　武川县　西乌珠穆沁旗　镶黄旗　新巴尔虎右旗　新巴尔虎左旗　兴和县　伊金霍洛旗　扎赉特旗　扎鲁特旗　正蓝旗　正镶白旗　准格尔旗　卓资县

吉林:通榆县　镇赉县

黑龙江:拜泉县　宾县　东宁县　杜尔伯特蒙古族自治县　甘南县　呼玛县　桦川县　桦南县　嘉荫县　林甸县　龙江县　漠河县　青冈县　饶河县　绥棱县　孙吴县　泰来县　逊克县　依安县　依兰县

安徽:岳西县

福建:长汀县　光泽县　建宁县　明溪县　宁化县　屏南县　清流县　寿宁县　松溪县　武平县　柘荣县　政和县　周宁县

江西:崇义县　都昌县　奉新县　广昌县　湖口县　乐安县　黎川县　南丰县　彭泽县　全南县　铜鼓县　星子县　宜丰县　宜黄县　余干县

山东:苍山县　成武县　茌平县　东平县　冠县　巨野县　鄄城县　临沭县　宁津县

庆云县　无棣县　五莲县　夏津县　莘县　阳信县　沾化县

河南：郸城县　郏县　卢氏县　洛宁县　内黄县　宁陵县　平舆县　汝阳县　商水县　嵩县　睢县　台前县　息县　夏邑县　新蔡县　新县　宜阳县　虞城县　柘城县

湖北：鹤峰县　神农架林区　通山县　咸丰县　宣恩县　郧西县　竹溪县

广西：巴马瑶族自治县　大新县　德保县　东兰县　都安瑶族自治县　凤山县　恭城瑶族自治县　灌阳县　环江毛南族自治县　靖西县　龙胜各族自治县　龙州县　隆安县　罗城仫佬族自治县　马山县　那坡县　宁明县　凭祥市　融安县　融水苗族自治县　三江侗族自治县　上林县　天等县　天峨县　武宣县　象州县　忻城县　永福县　资源县

重庆：城口县　彭水苗族土家族自治县　石柱土家族自治县　巫溪县　秀山土家族苗族自治县　酉阳土家族苗族自治县　黔江区

四川：阿坝县　白玉县　丹巴县　道孚县　稻城县　得荣县　德格县　峨边彝族自治县　甘孜县　黑水县　红原县　会东县　金川县　金阳县　九龙县　雷波县　理塘县　理县　炉霍县　美姑县　木里藏族自治县　宁南县　普格县　壤塘县　若尔盖县　色达县　石渠县　松潘县　喜德县　乡城县　小金县　新龙县　雅江县　盐源县　越西县　昭觉县

贵州：安龙县　册亨县　岑巩县　长顺县　从江县　大方县　丹寨县　道真仡佬族苗族自治县　德江县　凤冈县　关岭布依族苗族自治县　赫章县　黄平县　惠水县　剑河县　江口县　锦屏县　雷山县　黎平县　六枝特区　罗甸县　麻江县　湄潭县　纳雍县　盘县　平塘县　普安县　普定县　黔西县　晴隆县　榕江县　三都水族自治县　三穗县　石阡县　水城县　思南县　松桃苗族自治县　绥阳县　台江县　大柱县　万山特区　望谟县　威宁彝族回族苗族自治县　瓮安县　务川仡佬族苗族自治县　习水县　兴仁县　沿河土家族自治县　印江土家族苗族自治县　余庆县　贞丰县　镇宁布依族苗族自治县　正安县　织金县　紫云苗族布依族自治县

云南：沧源佤族自治县　昌宁县　大关县　德钦县　凤庆县　福贡县　富宁县　耿马傣族佤族自治县　贡山独龙族怒族自治县　广南县　鹤庆县　红河县　华坪县　剑川县　江城哈尼族彝族自治县　金平苗族瑶族傣族自治县　景谷傣族彝族自治县　澜沧拉祜族自治县　梁河县　龙陵县　陇川县　泸水县　泸西县　鲁甸县　麻栗坡县　马关县　蒙自县　孟连傣族拉祜族佤族自治县　墨江哈尼族自治县　南涧彝族自治县　宁蒗彝族自治县　巧家县　丘北县　施甸县　双江拉祜族佤族布朗族傣族自治县　威信县　巍山彝族回族自治县　维西傈僳族自治县　西畴县　西盟佤族自治县　盐津县　砚山县　漾濞彝族自治县　彝良县　盈江县　永德县　永平县　永善县　永胜县　元阳县　云龙县　云县　镇康县　镇雄县　镇沅彝族哈尼族拉祜族自治县　香格里拉县

西藏：安多县　昂仁县　八宿县　巴青县　白朗县　班戈县　比如县　边坝县　波密县　察雅县　察隅县　昌都县　措美县　措勤县　错那县　达孜县　当雄县　丁青县　定结县　定日县　堆龙德庆县　噶尔县　改则县　岗巴县　革吉县　工布江达县　贡嘎县　贡觉县　吉隆县　加查县　嘉黎县　江达县　江孜县　康马县　拉孜县　朗县　浪卡子县　类乌齐县　林芝县　林周县　隆子县　洛隆县　洛扎县　芒康县　米林县　墨脱县　墨竹工卡县　那曲县　乃东县　南木林县　尼玛县　尼木县　聂拉木县　聂荣县　普兰县　琼结县　曲水县　曲松县　仁布县　日土县　萨嘎县　萨迦县　桑日县　申扎县　索县　谢通门县　亚东县札达县　扎囊县　仲巴县　左贡县

陕西：白河县　彬县　长武县　淳化县　丹凤县　佛坪县　岚皋县　麟游县　留坝县

陇县　洛南县　宁强县　宁陕县　蒲城县　千阳县　乾县　山阳县　旬邑县　洋县　宜君县　永寿县　镇巴县　镇平县　紫阳县

甘肃:东乡族自治县　高台县　古浪县　和政县　积石山保安族东乡族撒拉族自治县　静宁县　临潭县　临夏县　临泽县　陇西县　民乐县　岷县　秦安县　肃南裕固族自治县　通渭县　渭源县　张家川回族自治县　漳县　清水县　舟曲县　庄浪县

青海:班玛县　称多县　达日县　都兰县　甘德县　刚察县　共和县　贵德县　贵南县　海晏县　河南蒙古族自治县　化隆回族自治县　湟源县　尖扎县　久治县　玛多县　玛沁县　门源回族自治县　祁连县　曲麻莱县　天峻县　同德县　同仁县　乌兰县　囊谦县　兴海县　循化撒拉族自治县　玉树县　杂多县　泽库县　治多县

宁夏:海原县　泾源县　隆德县　彭阳县　同心县　西吉县　盐池县

新疆:阿合奇县　阿克陶县　巴里坤哈萨克自治县　拜城县　昭苏县　布尔津县　策勒县　福海县　巩留县　哈巴河县　和布克赛尔蒙古自治县　和田县　吉木乃县　柯坪县　洛浦县　民丰县　墨玉县　木垒哈萨克自治县　尼勒克县　皮山县　奇台县　且末县　青河县　若羌县　塔什库尔干塔吉克自治县　特克斯县　托里县　温泉县　乌恰县　乌什县　新和县　伊吾县　于田县　裕民县

各市、县、区名称及范围依据《中华人民共和国行政区划简册》(2006)及截至2006年10月底国务院有关行政区划的批复确定。

财政部、国家税务总局关于印花税若干政策的通知

（财税〔2006〕162 号 2006 年 11 月 27 日）

各省、自治区、直辖市、计划单列市财政厅（局）、地方税务局，新疆生产建设兵团财务局：

为适应经济形势发展变化的需要，完善税制，现将印花税有关政策明确如下：

一、对纳税人以电子形式签订的各类应税凭证按规定征收印花税。

二、对发电厂与电网之间、电网与电网之间（国家电网公司系统、南方电网公司系统内部各级电网互供电量除外）签订的购售电合同按购销合同征收印花税。电网与用户之间签订的供用电合同不属于印花税列举征税的凭证，不征收印花税。

三、对土地使用权出让合同、土地使用权转让合同按产权转移书据征收印花税。

四、对商品房销售合同按照产权转移书据征收印花税。

财政部关于将中央单位土地收益纳入预算管理的通知

(财综〔2006〕63号 2006年12月21日)

党中央有关部门,国务院各部委、各直属机构,全国人大常委会办公厅,全国政协办公厅,高法院,高检院,有关人民团体,各中央管理企业:

根据《国务院办公厅转发国管局中直管理局关于进一步加强和改进中央单位用地管理工作意见的通知》(国办发〔2006〕84号)的规定,现就中央单位土地收益“收支两条线”管理的有关事宜通知如下:

一、中央单位土地收益指党中央各部门、全国人大机关、全国政协系统、国务院各部委(含直属机构、办事机构、直属事业单位、部委管理的国家局)、最高人民法院、最高人民检察院、有关人民团体及其所属事业单位(含京外中央单位),其转让、出租国有土地使用权所获得的全部收入以及获得的占地补偿收入,扣除按规定应交地方人民政府的土地出让金和市政基础设施配套费以后取得的收益。

二、从2007年1月1日起,中央单位土地收益作为一般预算收入纳入中央财政预算,全部缴入中央国库,实行“收支两条线”管理。

三、中央单位取得土地收益,应在当日内就地全额缴入中央国库。缴库时,填写《一般缴款书》,收款单位栏填写“财政部”,预算级次填写“中央级”,预算科目填列《2007年政府收支分类科目》103类“非税收入”07款“国有资源(资产)有偿使用收入”99项“其他国有资源(资产)有偿使用收入”科目,收款国库填写实际收纳款项的国库名称。

已经实行非税收入收缴管理制度改革并使用非税收入收缴管理系统的中央单位,收取土地收益按照非税收入收缴管理制度改革的有关规定执行。

四、中央单位土地收益由财政部驻各省、自治区、直辖市、计划单列市财政监察专员办事处负责监督解缴。

五、财政部驻各省、自治区、直辖市、计划单列市财政监察专员办事处要加强对中央单位土地收益收缴的监督检查,对违反规定,擅自截留、挤占、挪用中央单位土地收益的,要严格按照《财政违法行为处罚处分条例》(国务院令第427号)的规定处理,依法追究有关责任人的责任。

六、中央企业土地收益管理按照国家有关企业财务会计制度规定执行。

七、本通知自2007年1月1日起实施,此前有关规定与本通知不一致的,一律按照本通知规定执行。

财政部、国家税务总局关于房产税、城镇土地使用税有关政策的通知

（财税〔2006〕186号 2006年12月25日）

各省、自治区、直辖市、计划单列市财政厅（局）、地方税务局，新疆生产建设兵团财务局：

经研究，现对房产税、城镇土地使用税有关政策明确如下：

一、关于居民住宅区内业主共有的经营性房产缴纳房产税问题

对居民住宅区内业主共有的经营性房产，由实际经营（包括自营和出租）的代管人或使用人缴纳房产税。其中自营的，依照房产原值减除10%至30%后的余值计征，没有房产原值或不能将业主共有房产与其他房产的原值准确划分开的，由房产所在地地方税务机关参照同类房产核定房产原值；出租的，依照租金收入计征。

二、关于有偿取得土地使用权城镇土地使用税纳税义务发生时间问题

以出让或转让方式有偿取得土地使用权的，应由受让方从合同约定交付土地时间的次月起缴纳城镇土地使用税；合同未约定交付土地时间的，由受让方从合同签订的次月起缴纳城镇土地使用税。

国家税务总局《关于房产税 城镇土地使用税有关政策规定的通知》（国税发〔2003〕89号）第二条第四款中有关房地产开发企业城镇土地使用税纳税义务发生时间的规定同时废止。

三、关于经营采摘、观光农业的单位和个人征免城镇土地使用税问题

在城镇土地使用税征收范围内经营采摘、观光农业的单位和个人，其直接用于采摘、观光的种植、养殖、饲养的土地，根据《中华人民共和国城镇土地使用税暂行条例》第六条中“直接用于农、林、牧、渔业的生产用地”的规定，免征城镇土地使用税。

四、关于林场中度假村等休闲娱乐场所征免城镇土地使用税问题

在城镇土地使用税征收范围内，利用林场土地兴建度假村等休闲娱乐场所的，其经营、办公和生活用地，应按规定征收城镇土地使用税。

五、本通知自2007年1月1日起执行。

国家税务总局关于房地产开发企业土地增值税清算管理有关问题的通知

(国税发〔2006〕187号 2006年12月28日)

各省、自治区、直辖市和计划单列市地方税务局,西藏、宁夏回族自治区国家税务局:

为进一步加强房地产开发企业土地增值税清算管理工作,根据《中华人民共和国税收征收管理法》、《中华人民共和国土地增值税暂行条例》及有关规定,现就有关问题通知如下:

一、土地增值税的清算单位

土地增值税以国家有关部门审批的房地产开发项目为单位进行清算,对于分期开发的项目,以分期项目为单位清算。

开发项目中同时包含普通住宅和非普通住宅的,应分别计算增值额。

二、土地增值税的清算条件

(一)符合下列情形之一的,纳税人应进行土地增值税的清算:

1. 房地产开发项目全部竣工、完成销售的;

2. 整体转让未竣工决算房地产开发项目的;

3. 直接转让土地使用权的。

(二)符合下列情形之一的,主管税务机关可要求纳税人进行土地增值税清算:

1. 已竣工验收的房地产开发项目,已转让的房地产建筑面积占整个项目可售建筑面积的比例在85%以上,或该比例虽未超过85%,但剩余的可售建筑面积已经出租或自用的;

2. 取得销售(预售)许可证满三年仍未销售完毕的;

3. 纳税人申请注销税务登记但未办理土地增值税清算手续的;

4. 省税务机关规定的其他情况。

三、非直接销售和自用房地产的收入确定

(一)房地产开发企业将开发产品用于职工福利、奖励、对外投资、分配给股东或投资人、抵偿债务、换取其他单位和个人的非货币性资产等,发生所有权转移时应视同销售房地产,其收入按下列方法和顺序确认:

1. 按本企业在同一地区、同一年度销售的同类房地产的平均价格确定;

2. 由主管税务机关参照当地当年、同类房地产的市场价格或评估价值确定。

(二)房地产开发企业将开发的部分房地产转为企业自用或用于出租等商业用途时,如果产权未发生转移,不征收土地增值税,在税款清算时不列收入,不扣除相应的成本和费用。

四、土地增值税的扣除项目

(一)房地产开发企业办理土地增值税清算时计算与清算项目有关的扣除项目金额,应根据土地增值税暂行条例第六条及其实施细则第七条的规定执行。除另有规定外,扣除取得土地使用权所支付的金额、房地产开发成本、费用及与转让房地产有关税金,须提供合法有效凭证;不能提供合法有效凭证的,不予扣除。

(二)房地产开发企业办理土地增值税清算所附送的前期工程费、建筑安装工程费、基础设施费、开发间接费用的凭证或资料不符合清算要求或不实的,地方税务机关可参照当地建设工程造价管理部门公布的建安造价定额资料,结合房屋结构、用途、区位等因素,核定上述四项开发成本的单位面积金额标准,并据以计算扣除。具体核定方法由省税务机关确定。

(三)房地产开发企业开发建造的与清算项目配套的居委会和派出所用房、会所、停车场(库)、物业管理场所、变电站、热力站、水厂、文体场馆、学校、幼儿园、托儿所、医院、邮电通讯等公共设施,按以下原则处理:

1. 建成后产权属于全体业主所有的,其成本、费用可以扣除;

2. 建成后无偿移交给政府、公用事业单位用于非营利性社会公共事业的,其成本、费用可以扣除;

3. 建成后有偿转让的,应计算收入,并准予扣除成本、费用。

(四)房地产开发企业销售已装修的房屋,其装修费用可以计入房地产开发成本。

房地产开发企业的预提费用,除另有规定外,不得扣除。

(五)属于多个房地产项目共同的成本费用,应按清算项目可售建筑面积占多个项目可售总建筑面积的比例或其他合理的方法,计算确定清算项目的扣除金额。

五、土地增值税清算应报送的资料

符合本通知第二条第(一)项规定的纳税人,须在满足清算条件之日起90日内到主管税务机关办理清算手续;符合本通知第二条第(二)项规定的纳税人,须在主管税务机关限定的期限内办理清算手续。

纳税人办理土地增值税清算应报送以下资料:

(一)房地产开发企业清算土地增值税书面申请、土地增值税纳税申报表;

(二)项目竣工决算报表、取得土地使用权所支付的地价款凭证、国有土地使用权出让合同、银行贷款利息结算通知单、项目工程合同结算单、商品房购销合同统计表等与转让房地产的收入、成本和费用有关的证明资料;

(三)主管税务权关要求报送的其他与土地增值税清算有关的证明资料等。

纳税人委托税务中介机构审核鉴证的清算项目,还应报送中介机构出具的《土地增值税清算税款鉴证报告》。

六、土地增值税清算项目的审核鉴证

税务中介机构受托对清算项目审核鉴证时,应按税务机关规定的格式对审核鉴证情况出具鉴证报告。对符合要求的鉴证报告,税务机关可以采信。

税务机关要对从事土地增值税清算鉴证工作的税务中介机构在准入条件、工作程序、鉴证内容、法律责任等方面提出明确要求,并做好必要的指导和管理工作。

七、土地增值税的核定征收

房地产开发企业有下列情形之一的,税务机关可以参照与其开发规模和收入水平相近的当地企业的土地增值税税负情况,按不低于预征率的征收率核定征收土地增值税:

(一)依照法律、行政法规的规定应当设置但未设置账簿的;

(二)擅自销毁账簿或者拒不提供纳税资料的;

(三)虽设置账簿,但账目混乱或者成本资料、收入凭证、费用凭证残缺不全,难以确定转让收入或扣除项目金额的;

(四)符合土地增值税清算条件,未按照规定的期限办理清算手续,经税务机关责令限期清算,逾期仍不清算的;

(五)申报的计税依据明显偏低,又无正当理由的。

八、清算后再转让房地产的处理

在土地增值税清算时未转让的房地产,清算后销售或有偿转让的,纳税人应按规定进行土地增值税的纳税申报,扣除项目金额按清算时的单位建筑面积成本费用乘以销售或转让面积计算。

单位建筑面积成本费用 = 清算时的扣除项目总金额 ÷ 清算的总建筑面积

本通知自 2007 年 2 月 1 日起执行。各省税务机关可依据本通知的规定并结合当地实际情况制定具体清算管理办法。

八、其　　他

1. 行政法规及法规性文件

中华人民共和国国务院令

（第 203 号）

现发布《中华人民共和国测量标志保护条例》,自 1997 年 1 月 1 日起施行。

总理 李 鹏

1996 年 9 月 4 日

中华人民共和国测量标志保护条例

第一条 为了加强测量标志的保护和管理,根据《中华人民共和国测绘法》,制定本条例。

第二条 本条例适用于在中华人民共和国领域内和中华人民共和国管辖的其他海域设置的测量标志。

第三条 测量标志属于国家所有,是国家经济建设和科学研究的基础设施。

第四条 本条例所称测量标志,是指:

(一)建设在地上、地下或者建筑物上的各种等级的三角点、基线点、导线点、军用控制点、重力点、天文点、水准点的木质觇标、钢质觇标和标石标志,全球卫星定位控制点,以及用于地形测图、工程测量和形变测量的固定标志和海底大地点设施等永久性测量标志;

(二)测量中正在使用的临时性测量标志。

第五条 国务院测绘行政主管部门主管全国的测量标志保护工作。国务院其他有关部门按照国务院规定的职责分工,负责管理本部门专用的测量标志保护工作。

县级以上地方人民政府管理测绘工作的部门负责本行政区域内的测量标志保护工作。

军队测绘主管部门负责管理军事部门测量标志保护工作,并按照国务院、中央军事委员会规定的职责分工负责管理海洋基础测量标志保护工作。

第六条 县级以上人民政府应当加强对测量标志保护工作的领导,增强公民依法保护测量标志的意识。

乡级人民政府应当做好本行政区域内的测量标志保护管理工作。

第七条 对在保护永久性测量标志工作中做出显著成绩的单位和个人,给予奖励。

第八条 建设永久性测量标志,应当符合下列要求:

(一)使用国家规定的测绘基准和测绘标准;

(二)选择有利于测量标志长期保护和管理的点位;

(三)符合法律、法规规定的其他要求。

第九条 设置永久性测量标志的,应当对永久性测量标志设立明显标记;设置基础性测量标志的,还应当设立由国务院测绘行政主管部门统一监制的专门标牌。

第十条 建设永久性测量标志需要占用土地的,地面标志占月土地的范围为 36~100 平方米,地下标志占用土地的范围为 16~36 平方米。

第十一条 设置永久性测量标志,需要依法使用土地或者在建筑物上建设永久性测量标志的,有关单位和个人不得干扰和阻挠。

第十二条 国家对测量标志实行义务保管制度。

设置永久性测量标志的部门应当将永久性测量标志委托测量标志设置地的有关单位或者人员负责保管,签订测量标志委托保管书,明确委托方和被委托方的权利和义务,并由委托方将委托保管书抄送乡级人民政府和县级以上地方人民政府管理测绘工作的部门备案。

第十三条 负责保管测量标志的单位和人员,应当对其所保管的测量标志经常进行检查;发现测量标志有被移动或者损毁的情况时,应当及时报告当地乡级人民政府,并由乡级人民政府报告县级以上地方人民政府管理测绘工作的部门。

第十四条 负责保管测量标志的单位和人员有权制止、检举和控告移动、损毁、盗窃测量标志的行为,任何单位或者个人不得阻止和打击报复。

第十五条 国家对测量标志实行有偿使用;但是,使用测量标志从事军事测绘任务的除外。测量标志有偿使用的收入应当用于测量标志的维护、维修,不得挪作他用。具体办法由国务院测绘行政主管部门会同国务院物价行政三管部门规定。

第十六条 测绘人员使用永久性测量标志,应当持有测绘工作证件,并接受县级以上人民政府管理测绘工作的部门的监督和负责保管测量标志的单位和人员的查询,确保测量标志完好。

第十七条 测量标志保护工作应当执行维修规划和计划。

全国测量标志维修规划,由国务院测绘行政主管部门会同国务院其他有关部门制定。

省、自治区、直辖市人民政府管理测绘工作的部门应当组织同级有关部门,根据全国测量标志维修规划,制定本行政区域内的测量标志维修计划,并组织协调有关部门和单位统一实施。

第十八条 设置永久性测量标志的部门应当按照国家有关的测量标志维修规程,对永久性测量标志定期组织维修,保证测量标志正常使用。

第十九条 进行工程建设,应当避开永久性测量标志;确实无法避开,需要拆迁永久性测量标志或者使永久性测量标志失去使用效能的,工程建设单位应当履行下列批准手续:

(一)拆迁基础性测量标志或者使基础性测量标志失去使用效能的,由国务院测绘行政主管部门或者省、自治区、直辖市人民政府管理测绘工作的部门批准;

(二)拆迁部门专用的永久性测量标志或者使部门专用的永久性测量标志失去使用效能的,应当经设置测量标志的部门同意,并经省、自治区、直辖市人民政府管理测绘工作的部门批准。

拆迁永久性测量标志,还应当通知负责保管测量标志的有关单位和人员。

第二十条 经批准拆迁基础性测量标志或者使基础性测量标志失去使用效能的,工程建设单位应当按照国家有关规定向省、自治区、直辖市人民政府管理测绘工作的部门支付迁建费用。

经批准拆迁部门专用的测量标志或者使部门专用的测量标志失去使用效能的,工程建设单位应当按照国家有关规定向设置测量标志的部门支付迁建费用;设置部门专用的测量标志的部门查找不到的,工程建设单位应当按照国家有关规定向省、自治区、直辖市人民政府管理测绘工作的部门支付迁建费用。

第二十一条 永久性测量标志的重建工作,由收取测量标志迁建费用的部门组织实施。

第二十二条 测量标志受国家保护,禁止下列有损测量标志安全和使测量标志失去使用效能的行为:

(一)损毁或者擅自移动地下或者地上的永久性测量标志以及使用中的临时性测量标志的;

(二)在测量标志占地范围内烧荒、耕作、取土、挖沙或者侵占永久性测量标志用地的;

(三)在距永久性测量标志 50 米范围内采石、爆破、射击、架设高压电线的;

(四)在测量标志的占地范围内,建设影响测量标志使用效能的建筑物的;

(五)在测量标志上架设通讯设施、设置观望台、搭帐篷、拴牲畜或者设置其他有可能损毁测量标志的附着物的;

(六)擅自拆除设有测量标志的建筑物或者拆除建筑物上的测量标志的;

(七)其他有损测量标志安全和使用效能的。

第二十三条 有本条例第二十二条禁止的行为之一,或者有下列行为之一的,由县级以上人民政府管理测绘工作的部门责令限期改正,给予警告,并可以根据情节处以 5 万元以下的罚款;对负有直接责任的主管人员和其他直接责任人员,依法给予行政处分;造成损失的,应当依法承担赔偿责任:

(一)干扰或者阻挠测量标志建设单位依法使用土地或者在建筑物上建设永久性测量标志的;

(二)工程建设单位未经批准擅自拆迁永久性测量标志或者使永久性测量标志失去使用效能的,或者拒绝按照国家有关规定支付迁建费用的;

(三)违反测绘操作规程进行测绘,使永久性测量标志受到损坏的;

(四)无证使用永久性测量标志并且拒绝县级以上人民政府管理测绘工作的部门监督和负责保管测量标志的单位和人员查询的。

第二十四条 管理测绘工作的部门的工作人员玩忽职守、滥用职权、徇私舞弊的,依法给予行政处分。

第二十五条 违反本条例规定,应当给予治安管理处罚的,依照治安管理处罚条例的有关规定给予处罚;构成犯罪的,依法追究刑事责任。

第二十六条 本条例自 1997 年 1 月 1 日起施行。1984 年 1 月 7 日国务院发布的《测量标志保护条例》同时废止。

中华人民共和国国务院令

（第 256 号）

《中华人民共和国土地管理法实施条例》已经 1998 年 12 月 24 日国务院第 12 次常务会议通过，现予发布，自 1999 年 1 月 1 日起施行。

总理 朱镕基

1998 年 12 月 27 日

中华人民共和国土地管理法实施条例

第一章 总 则

第一条 根据《中华人民共和国土地管理法》（以下简称《土地管理法》），制定本条例。

第二章 土地的所有权和使用权

第二条 下列土地属于全民所有即国家所有：

（一）城市市区的土地；

（二）农村和城市郊区中已经依法没收、征收、征购为国有的土地；

（三）国家依法征用的土地；

（四）依法不属于集体所有的林地、草地、荒地、滩涂及其他土地；

（五）农村集体经济组织全部成员转为城镇居民的，原属于其成员集体所有的土地；

（六）因国家组织移民、自然灾害等原因，农民成建制地集体迁移后不再使用的原属于迁移农民集体所有的土地。

第三条 国家依法实行土地登记发证制度。依法登记的土地所有权和土地使用权受法律保护，任何单位和个人不得侵犯。

土地登记内容和土地权属证书式样由国务院土地行政主管部门统一规定。

土地登记资料可以公开查询。

确认林地、草原的所有权或者使用权，确认水面、滩涂的养殖使用权，分别依照《森林法》、《草原法》和《渔业法》的有关规定办理。

第四条 农民集体所有的土地，由土地所有者向土地所在地的县级人民政府土地行政主管部门提出土地登记申请，由县级人民政府登记造册，核发集体土地所有权证书，确认所有权。

农民集体所有的土地依法用于非农业建设的，由土地使用者向土地所在地的县级人民政府土地行政主管部门提出土地登记申请，由县级人民政府登记造册，核发集体土地使用权证书，确认建设用地使用权。

设区的市人民政府可以对市辖区内农民集体所有的土地实行统一登记。

第五条 单位和个人依法使用的国有土地,由土地使用者向土地所在地的县级以上人民政府土地行政主管部门提出土地登记申请,由县级以上人民政府登记造册,核发国有土地使用权证书,确认使用权。其中,中央国家机关使用的国有土地的登记发证,由国务院土地行政主管部门负责,具体登记发证办法由国务院土地行政主管部门会同国务院机关事务管理局等有关部门制定。

未确定使用权的国有土地,由县级以上人民政府登记造册,负责保护管理。

第六条 依法改变土地所有权、使用权的,因依法转让地上建筑物、构筑物等附着物导致土地使用权转移的,必须向土地所在地的县级以上人民政府土地行政主管部门提出土地变更登记申请,由原土地登记机关依法进行土地所有权、使用权变更登记。土地所有权、使用权的变更,自变更登记之日起生效。

依法改变土地用途的,必须持批准文件,向土地所在地的县级以上人民政府土地行政主管部门提出土地变更登记申请,由原土地登记机关依法进行变更登记。

第七条 依照《土地管理法》的有关规定,收回用地单位的土地使用权的,由原土地登记机关注销土地登记。

土地使用权有偿使用合同约定的使用期限届满,土地使用者未申请续期或者虽申请续期未获批准的,由原土地登记机关注销土地登记。

第三章 土地利用总体规划

第八条 全国土地利用总体规划,由国务院土地行政主管部门会同国务院有关部门编制,报国务院批准。

省、自治区、直辖市的土地利用总体规划,由省、自治区、直辖市人民政府组织本级土地行政主管部门和其他有关部门编制,报国务院批准。

省、自治区人民政府所在地的市、人口在100万以上的城市以及国务院指定的城市的土地利用总体规划,由各该市人民政府组织本级土地行政主管部门和其他有关部门编制,经省、自治区人民政府审查同意后,报国务院批准。

本条第一款、第二款、第三款规定以外的土地利用总体规划,由有关人民政府组织本级土地行政主管部门和其他有关部门编制,逐级上报省、自治区、直辖市人民政府批准;其中,乡(镇)土地利用总体规划,由乡(镇)人民政府编制,逐级上报省、自治区、直辖市人民政府或者省、自治区、直辖市人民政府授权的设区的市、自治州人民政府批准。

第九条 土地利用总体规划的规划期限一般为15年。

第十条 依照《土地管理法》规定,土地利用总体规划应当将土地划分为农用地、建设用地和未利用地。

县级和乡(镇)土地利用总体规划应当根据需要,划定基本农田保护区、土地开垦区、建设用地区和禁止开垦区等;其中,乡(镇)土地利用总体规划还应当根据土地使用条件,确定每一块土地的用途。

土地分类和划定土地利用区的具体办法,由国务院土地行政主管部门会同国务院有关部门制定。

第十一条 乡(镇)土地利用总体规划经依法批准后,乡(镇)人民政府应当在本行政区域内予以公告。

公告应当包括下列内容：

(一)规划目标；

(二)规划期限；

(三)规划范围；

(四)地块用途；

(五)批准机关和批准日期。

第十二条 依照《土地管理法》第二十六条第二款、第三款规定修改土地利用总体规划的，由原编制机关根据国务院或者省、自治区、直辖市人民政府的批准文件修改。修改后的土地利用总体规划应当报原批准机关批准。

上一级土地利用总体规划修改后，涉及修改下一级土地利用总体规划的，由上一级人民政府通知下一级人民政府作出相应修改，并报原批准机关备案。

第十三条 各级人民政府应当加强土地利用年度计划管理，实行建设用地总量控制。土地利用年度计划一经批准下达，必须严格执行。

土地利用年度计划应当包括下列内容：

(一)农用地转用计划指标；

(二)耕地保有量计划指标；

(三)土地开发整理计划指标。

第十四条 县级以上人民政府土地行政主管部门应当会同同级有关部门进行土地调查。

土地调查应当包括下列内容：

(一)土地权属；

(二)土地利用现状；

(三)土地条件。

地方土地利用现状调查结果，经本级人民政府审核，报上一级人民政府批准后，应当向社会公布；全国土地利用现状调查结果，报国务院批准后，应当向社会公布。土地调查规程，由国务院土地行政主管部门会同国务院有关部门制定。

第十五条 国务院土地行政主管部门会同国务院有关部门制定土地等级评定标准。

县级以上人民政府土地行政主管部门应当会同同级有关部门根据土地等级评定标准，对土地等级进行评定。地方土地等级评定结果，经本级人民政府审核，报上一级人民政府土地行政主管部门批准后，应当向社会公布。

根据国民经济和社会发展状况，土地等级每6年调整1次。

第四章 耕地保护

第十六条 在土地利用总体规划确定的城市和村庄、集镇建设用地范围内，为实施城市规划和村庄、集镇规划占用耕地，以及在土地利用总体规划确定的城市建设用地范围外的能源、交通、水利、矿山、军事设施等建设项目占用耕地的，分别由市、县人民政府、农村集体经济组织和建设单位依照《土地管理法》第三十一条的规定负责开垦耕地；没有条件开垦或者开垦的耕地不符合要求的，应当按照省、自治区、直辖市的规定缴纳耕地开垦费。

第十七条 禁止单位和个人在土地利用总体规划确定的禁止开垦区内从事土地开发活

动。

在土地利用总体规划确定的土地开垦区内,开发未确定土地使用权的国有荒山、荒地、荒滩从事种植业、林业、畜牧业、渔业生产的,应当向土地所在地的县级以上人民政府土地行政主管部门提出申请,报有批准权的人民政府批准。

一次性开发未确定土地使用权的国有荒山、荒地、荒滩600公顷以下的,按照省、自治区、直辖市规定的权限,由县级以上地方人民政府批准;开发600公顷以上的,报国务院批准。

开发未确定土地使用权的国有荒山、荒地、荒滩从事种植业、林业、畜牧业或者渔业生产的,经县级以上人民政府依法批准,可以确定给开发单位或者个人长期使用,使用期限最长不得超过50年。

第十八条 县、乡(镇)人民政府应当按照土地利用总体规划,组织农村集体经济组织制定土地整理方案,并组织实施。

地方各级人民政府应当采取措施,按照土地利用总体规划推进土地整理。土地整理新增耕地面积的百分之六十可以用作折抵建设占用耕地的补偿指标。

土地整理所需费用,按照谁受益谁负担的原则,由农村集体经济组织和土地使用者共同承担。

第五章 建设用地

第十九条 建设占用土地,涉及农用地转为建设用地的,应当符合土地利用总体规划和土地利用年度计划中确定的农用地转用指标;城市和村庄、集镇建设占用土地,涉及农用地转用的,还应当符合城市规划和村庄、集镇规划。不符合规定的,不得批准农用地转为建设用地。

第二十条 在土地利用总体规划确定的城市建设用地范围内,为实施城市规划占用土地的,按照下列规定办理:

(一)市、县人民政府按照土地利用年度计划拟订农用地转用方案、补充耕地方案、征用土地方案,分批次逐级上报有批准权的人民政府。

(二)有批准权的人民政府土地行政主管部门对农用地转用方案、补充耕地方案、征用土地方案进行审查,提出审查意见,报有批准权的人民政府批准;其中,补充耕地方案由批准农用地转用方案的人民政府在批准农用地转用方案时一并批准。

(三)农用地转用方案、补充耕地方案、征用土地方案经批准后,由市、县人民政府组织实施,按具体建设项目分别供地。

在土地利用总体规划确定的村庄、集镇建设用地范围内,为实施村庄、集镇规划占用土地的,由市、县人民政府拟订农用地转用方案、补充耕地方案,依照前款规定的程序办理。

第二十一条 具体建设项目需要使用土地的,建设单位应当根据建设项目的总体设计一次申请,办理建设用地审批手续;分期建设的项目,可以根据可行性研究报告确定的方案分期申请建设用地,分期办理建设用地有关审批手续。

第二十二条 具体建设项目需要占用土地利用总体规划确定的城市建设用地范围内的国有建设用地的,按照下列规定办理:

(一)建设项目可行性研究论证时,由土地行政主管部门对建设项目用地有关事项进行审查,提出建设项目用地预审报告;可行性研究报告报批时,必须附具土地行政主管部门出具的建设项目用地预审报告。

（二）建设单位持建设项目的有关批准文件，向市、县人民政府土地行政主管部门提出建设用地申请，由市、县人民政府土地行政主管部门审查，拟订供地方案，报市、县人民政府批准；需要上级人民政府批准的，应当报上级人民政府批准。

（三）供地方案经批准后，由市、县人民政府向建设单位颁发建设用地批准书。有偿使用国有土地的，由市、县人民政府土地行政主管部门与土地使用者签订国有土地有偿使用合同；划拨使用国有土地的，由市、县人民政府土地行政主管部门向土地使用者核发国有土地划拨决定书。

（四）土地使用者应当依法申请土地登记。

通过招标、拍卖方式提供国有建设用地使用权的，由市、县人民政府土地行政主管部门会同有关部门拟订方案，报市、县人民政府批准后，由市、县人民政府土地行政主管部门组织实施，并与土地使用者签订土地有偿使用合同。土地使用者应当依法申请土地登记。

第二十三条 具体建设项目需要使用土地的，必须依法申请使用土地利用总体规划确定的城市建设用地范围内的国有建设用地。能源、交通、水利、矿山、军事设施等建设项目确需使用土地利用总体规划确定的城市建设用地范围外的土地，涉及农用地的，按照下列规定办理：

（一）建设项目可行性研究论证时，由土地行政主管部门对建设项目用地有关事项进行审查，提出建设项目用地预审报告；可行性研究报告报批时，必须附具土地行政主管部门出具的建设项目用地预审报告。

（二）建设单位持建设项目的有关批准文件，向市、县人民政府土地行政主管部门提出建设用地申请，由市、县人民政府土地行政主管部门审查，拟订农用地转用方案、补充耕地方案、征用土地方案和供地方案（涉及国有农用地的，不拟订征用土地方案），经市、县人民政府审核同意后，逐级上报有批准权的人民政府批准；其中，补充耕地方案由批准农用地转用方案的人民政府在批准农用地转用方案时一并批准；供地方案由批准征用土地的人民政府在批准征用土地方案时一并批准（涉及国有农用地的，供地方案由批准农用地转用的人民政府在批准农用地转用方案时一并批准）。

（三）农用地转用方案、补充耕地方案、征用土地方案和供地方案经批准后，由市、县人民政府组织实施，向建设单位颁发建设用地批准书。有偿使用国有土地的，由市、县人民政府土地行政主管部门与土地使用者签订国有土地有偿使用合同；划拨使用国有土地的，由市、县人民政府土地行政主管部门向土地使用者核发国有土地划拨决定书。

（四）土地使用者应当依法申请土地登记。

建设项目确需使用土地利用总体规划确定的城市建设用地范围外的土地，涉及农民集体所有的未利用地的，只报批征用土地方案和供地方案。

第二十四条 具体建设项目需要占用土地利用总体规划确定的国有未利用地的，按照省、自治区、直辖市的规定办理；但是，国家重点建设项目、军事设施和跨省、自治区、直辖市行政区域的建设项目以及国务院规定的其他建设项目用地，应当报国务院批准。

第二十五条 征用土地方案经依法批准后，由被征用土地所在地的市、县人民政府组织实施，并将批准征地机关、批准文号、征用土地的用途、范围、面积以及征地补偿标准、农业人员安置办法和办理征地补偿的期限等，在被征用土地所在地的乡（镇）、村予以公告。

被征用土地的所有权人、使用权人应当在公告规定的期限内，持土地权属证书到公告指定的人民政府土地行政主管部门办理征地补偿登记。

市、县人民政府土地行政主管部门根据经批准的征用土地方案，会同有关部门拟订征地补偿、安置方案,在被征用土地所在地的乡(镇)、村予以公告,听取被征用土地的农村集体经济组织和农民的意见。征地补偿、安置方案报市、县人民政府批准后,由市、县人民政府土地行政主管部门组织实施。对补偿标准有争议的,由县级以上地方人民政府协调;协调不成的,由批准征用土地的人民政府裁决。征地补偿、安置争议不影响征用土地方案的实施。

征用土地的各项费用应当自征地补偿、安置方案批准之日起3个月内全额支付。

第二十六条 土地补偿费归农村集体经济组织所有;地上附着物及青苗补偿费归地上附着物及青苗的所有者所有。

征用土地的安置补助费必须专款专用,不得挪作他用。需要安置的人员由农村集体经济组织安置的,安置补助费支付给农村集体经济组织,由农村集体经济组织管理和使用;由其他单位安置的,安置补助费支付给安置单位;不需要统一安置的,安置补助费发放给被安置人员个人或者征得被安置人员同意后用于支付被安置人员的保险费用。

市、县和乡(镇)人民政府应当加强对安置补助费使用情况的监督。

第二十七条 抢险救灾等急需使用土地的,可以先行使用土地。其中,属于临时用地的,灾后应当恢复原状并交还原土地使用者使用,不再办理用地审批手续;属于永久性建设用地的,建设单位应当在灾情结束后6个月内申请补办建设用地审批手续。

第二十八条 建设项目施工和地质勘查需要临时占用耕地的,土地使用者应当自临时用地期满之日起1年内恢复种植条件。

第二十九条 国有土地有偿使用的方式包括:

(一)国有土地使用权出让;

(二)国有土地租赁;

(三)国有土地使用权作价出资或者入股。

第三十条 《土地管理法》第五十五条规定的新增建设用地的土地有偿使用费,是指国家在新增建设用地中应取得的平均土地纯收益。

第六章 监督检查

第三十一条 土地管理监督检查人员应当经过培训,经考核合格后,方可从事土地管理监督检查工作。

第三十二条 土地行政主管部门履行监督检查职责,除采取《土地管理法》第六十七条规定的措施外,还可以采取下列措施:

(一)询问违法案件的当事人、嫌疑人和证人;

(二)进入被检查单位或者个人非法占用的土地现场进行拍照、摄像;

(三)责令当事人停止正在进行的土地违法行为;

(四)对涉嫌土地违法的单位或者个人,停止办理有关土地审批、登记手续;

(五)责令违法嫌疑人在调查期间不得变卖、转移与案件有关的财物。

第三十三条 依照《土地管理法》第七十二条规定给予行政处分的,由责令作出行政处罚决定或者直接给予行政处罚决定的上级人民政府土地行政主管部门作出。对于警告、记过、记大过的行政处分决定,上级土地行政主管部门可以直接作出;对于降级、撤职、开除的行政处分决定,上级土地行政主管部门应当按照国家有关人事管理权限和处理程序的规定,向有关机关提出行政处分建议,由有关机关依法处理。

第七章　法律责任

第三十四条　违反本条例第十七条的规定，在土地利用总体规划确定的禁止开垦区内进行开垦的，由县级以上人民政府土地行政主管部门责令限期改正；逾期不改正的，依照《土地管理法》第七十六条的规定处罚。

第三十五条　在临时使用的土地上修建永久性建筑物、构筑物的，由县级以上人民政府土地行政主管部门责令限期拆除；逾期不拆除的，由作出处罚决定的机关依法申请人民法院强制执行。

第三十六条　对在土地利用总体规划制定前已建的不符合土地利用总体规划确定的用途的建筑物、构筑物重建、扩建的，由县级以上人民政府土地行政主管部门责令限期拆除；逾期不拆除的，由作出处罚决定的机关依法申请人民法院强制执行。

第三十七条　阻碍土地行政主管部门的工作人员依法执行职务的，依法给予治安管理处罚或者追究刑事责任。

第三十八条　依照《土地管理法》第七十三条的规定处以罚款的，罚款额为非法所得的百分之五十以下。

第三十九条　依照《土地管理法》第八十一条的规定处以罚款的，罚款额为非法所得的百分之五以上百分之二十以下。

第四十条　依照《土地管理法》第七十四条的规定处以罚款的，罚款额为耕地开垦费的2倍以下。

第四十一条　依照《土地管理法》第七十五条的规定处以罚款的，罚款额为土地复垦费的2倍以下。

第四十二条　依照《土地管理法》第七十六条的规定处以罚款的，罚款额为非法占用土地每平方米30元以下。

第四十三条　依照《土地管理法》第八十条的规定处以罚款的，罚款额为非法占用土地每平方米10元以上30元以下。

第四十四条　违反本条例第二十八条的规定，逾期不恢复种植条件的，由县级以上人民政府土地行政主管部门责令限期改正，可以处耕地复垦费2倍以下的罚款。

第四十五条　违反土地管理法律、法规规定，阻挠国家建设征用土地的，由县级以上人民政府土地行政主管部门责令交出土地；拒不交出土地的，申请人民法院强制执行。

第八章　附　　则

第四十六条　本条例自1999年1月1日起施行。1991年1月4日国务院发布的《中华人民共和国土地管理法实施条例》同时废止。

中华人民共和国国务院令

（第257号）

《基本农田保护条例》已经1998年12月24日国务院第12次常务会议通过，现予发布，自1999年1月1日起施行。

总理 朱镕基

1998年12月27日

基本农田保护条例

第一章 总 则

第一条 为了对基本农田实行特殊保护，促进农业生产和社会经济的可持续发展，根据《中华人民共和国农业法》和《中华人民共和国土地管理法》，制定本条例。

第二条 国家实行基本农田保护制度。

本条例所称基本农田，是指按照一定时期人口和社会经济发展对农产品的需求，依据土地利用总体规划确定的不得占用的耕地。

本条例所称基本农田保护区，是指为对基本农田实行特殊保护而依据土地利用总体规划和依照法定程序确定的特定保护区域。

第三条 基本农田保护实行全面规划、合理利用、用养结合、严格保护的方针。

第四条 县级以上地方各级人民政府应当将基本农田保护工作纳入国民经济和社会发展计划，作为政府领导任期目标责任制的一项内容，并由上一级人民政府监督实施。

第五条 任何单位和个人都有保护基本农田的义务，并有权检举、控告侵占、破坏基本农田和其他违反本条例的行为。

第六条 国务院土地行政主管部门和农业行政主管部门按照国务院规定的职责分工，依照本条例负责全国的基本农田保护管理工作。

县级以上地方各级人民政府土地行政主管部门和农业行政主管部门按照本级人民政府规定的职责分工，依照本条例负责本行政区域内的基本农田保护管理工作。

乡（镇）人民政府负责本行政区域内的基本农田保护管理工作。

第七条 国家对在基本农田保护工作中取得显著成绩的单位和个人，给予奖励。

第二章 划 定

第八条 各级人民政府在编制土地利用总体规划时，应当将基本农田保护作为规划的一项内容，明确基本农田保护的布局安排、数量指标和质量要求。

县级和乡(镇)土地利用总体规划应当确定基本农田保护区。

第九条 省、自治区、直辖市划定的基本农田应当占本行政区域内耕地总面积的百分之八十以上,具体数量指标根据全国土地利用总体规划逐级分解下达。

第十条 下列耕地应当划入基本农田保护区,严格管理:

(一)经国务院有关主管部门或者县级以上地方人民政府批准确定的粮、棉、油生产基地内的耕地;

(二)有良好的水利与水土保持设施的耕地,正在实施改造计划以及可以改造的中、低产田;

(三)蔬菜生产基地;

(四)农业科研、教学试验田。

根据土地利用总体规划,铁路、公路等交通沿线,城市和村庄、集镇建设用地区周边的耕地,应当优先划入基本农田保护区;需要退耕还林、还牧、还湖的耕地,不应当划入基本农田保护区。

第十一条 基本农田保护区以乡(镇)为单位划区定界,由县级人民政府土地行政主管部门会同同级农业行政主管部门组织实施。

划定的基本农田保护区,由县级人民政府设立保护标志,予以公告,由县级人民政府土地行政主管部门建立档案,并抄送同级农业行政主管部门。任何单位和个人不得破坏或者擅自改变基本农田保护区的保护标志。

基本农田划区定界后,由省、自治区、直辖市人民政府组织土地行政主管部门和农业行政主管部门验收确认,或者由省、自治区人民政府授权设区的市、自治州人民政府组织土地行政主管部门和农业行政主管部门验收确认。

第十二条 划定基本农田保护区时,不得改变土地承包者的承包经营权。

第十三条 划定基本农田保护区的技术规程,由国务院土地行政主管部门会同国务院农业行政主管部门制定。

第三章 保 护

第十四条 地方各级人民政府应当采取措施,确保土地利用总体规划确定的本行政区域内基本农田的数量不减少。

第十五条 基本农田保护区经依法划定后,任何单位和个人不得改变或者占用。国家能源、交通、水利、军事设施等重点建设项目选址确实无法避开基本农田保护区,需要占用基本农田,涉及农用地转用或者征用土地的,必须经国务院批准。

第十六条 经国务院批准占用基本农田的,当地人民政府应当按照国务院的批准文件修改土地利用总体规划,并补充划入数量和质量相当的基本农田。占用单位应当按照占多少、垦多少的原则,负责开垦与所占基本农田的数量与质量相当的耕地;没有条件开垦或者开垦的耕地不符合要求的,应当按照省、自治区、直辖市的规定缴纳耕地开垦费,专款用于开垦新的耕地。

占用基本农田的单位应当按照县级以上地方人民政府的要求,将所占用基本农田耕作层的土壤用于新开垦耕地、劣质地或者其他耕地的土壤改良。

第十七条 禁止任何单位和个人在基本农田保护区内建窑、建房、建坟、挖砂、采石、采矿、取土、堆放固体废弃物或者进行其他破坏基本农田的活动。

禁止任何单位和个人占用基本农田发展林果业和挖塘养鱼。

第十八条 禁止任何单位和个人闲置、荒芜基本农田。经国务院批准的重点建设项目占用基本农田的,满1年不使用而又可以耕种并收获的,应当由原耕种该幅基本农田的集体或者个人恢复耕种,也可以由用地单位组织耕种;1年以上未动工建设的,应当按照省、自治区、直辖市的规定缴纳闲置费;连续2年未使用的,经国务院批准,由县级以上人民政府无偿收回用地单位的土地使用权;该幅土地原为农民集体所有的,应当交由原农村集体经济组织恢复耕种,重新划入基本农田保护区。

承包经营基本农田的单位或者个人连续2年弃耕抛荒的,原发包单位应当终止承包合同,收回发包的基本农田。

第十九条 国家提倡和鼓励农业生产者对其经营的基本农田施用有机肥料,合理施用化肥和农药。利用基本农田从事农业生产的单位和个人应当保持和培肥地力。

第二十条 县级人民政府应当根据当地实际情况制定基本农田地力分等定级办法,由农业行政主管部门会同土地行政主管部门组织实施,对基本农田地力分等定级,并建立档案。

第二十一条 农村集体经济组织或者村民委员会应当定期评定基本农田地力等级。

第二十二条 县级以上地方各级人民政府农业行政主管部门应当逐步建立基本农田地力与施肥效益长期定位监测网点,定期向本级人民政府提出基本农田地力变化状况报告以及相应的地力保护措施,并为农业生产者提供施肥指导服务。

第二十三条 县级以上人民政府农业行政主管部门应当会同同级环境保护行政主管部门对基本农田环境污染进行监测和评价,并定期向本级人民政府提出环境质量与发展趋势的报告。

第二十四条 经国务院批准占用基本农田兴建国家重点建设项目的,必须遵守国家有关建设项目环境保护管理的规定。在建设项目环境影响报告书中,应当有基本农田环境保护方案。

第二十五条 向基本农田保护区提供肥料和作为肥料的城市垃圾、污泥的,应当符合国家有关标准。

第二十六条 因发生事故或者其他突然性事件,造成或者可能造成基本农田环境污染事故的,当事人必须立即采取措施处理,并向当地环境保护行政主管部门和农业行政主管部门报告,接受调查处理。

第四章 监督管理

第二十七条 在建立基本农田保护区的地方,县级以上地方人民政府应当与下一级人民政府签订基本农田保护责任书;乡(镇)人民政府应当根据与县级人民政府签订的基本农田保护责任书的要求,与农村集体经济组织或者村民委员会签订基本农田保护责任书。

基本农田保护责任书应当包括下列内容:

(一)基本农田的范围、面积、地块;

(二)基本农田的地力等级;

(三)保护措施;

(四)当事人的权利与义务;

（五）奖励与处罚。

第二十八条 县级以上地方人民政府应当建立基本农田保护监督检查制度，定期组织土地行政主管部门、农业行政主管部门以及其他有关部门对基本农田保护情况进行检查，将检查情况书面报告上一级人民政府。被检查的单位和个人应当如实提供有关情况和资料，不得拒绝。

第二十九条 县级以上地方人民政府土地行政主管部门、农业行政主管部门对本行政区域内发生的破坏基本农田的行为，有权责令纠正。

第五章 法律责任

第三十条 违反本条例规定，有下列行为之一的，依照《中华人民共和国土地管理法》和《中华人民共和国土地管理法实施条例》的有关规定，从重给予处罚：

（一）未经批准或者采取欺骗手段骗取批准，非法占用基本农田的；

（二）超过批准数量，非法占用基本农田的；

（三）非法批准占用基本农田的；

（四）买卖或者以其他形式非法转让基本农田的。

第三十一条 违反本条例规定，应当将耕地划入基本农田保护区而不划入的，由上一级人民政府责令限期改正；拒不改正的，对直接负责的主管人员和其他直接责任人员依法给予行政处分或者纪律处分。

第三十二条 违反本条例规定，破坏或者擅自改变基本农田保护区标志的，由县级以上地方人民政府土地行政主管部门或者农业行政主管部门责令恢复原状，可以处1000元以下罚款。

第三十三条 违反本条例规定，占用基本农田建窑、建房、建坟、挖砂、采石、采矿、取土、堆放固体废弃物或者从事其他活动破坏基本农田，毁坏种植条件的，由县级以上人民政府土地行政主管部门责令改正或者治理，恢复原种植条件，处占用基本农田的耕地开垦费1倍以上2倍以下的罚款；构成犯罪的，依法追究刑事责任。

第三十四条 侵占、挪用基本农田的耕地开垦费，构成犯罪的，依法追究刑事责任；尚不构成犯罪的，依法给予行政处分或者纪律处分。

第六章 附 则

第三十五条 省、自治区、直辖市人民政府可以根据当地实际情况，将其他农业生产用地划为保护区。保护区内的其他农业生产用地的保护和管理，可以参照本条例执行。

第三十六条 本条例自1999年1月1日起施行。1994年8月18日国务院发布的《基本农田保护条例》同时废止。

中华人民共和国国务院令

(第278号)

现发布《中华人民共和国森林法实施条例》,自发布之日起施行。

总理 朱镕基

2000年1月29日

中华人民共和国森林法实施条例

第一章 总 则

第一条 根据《中华人民共和国森林法》(以下简称森林法),制定本条例。

第二条 森林资源,包括森林、林木、林地以及依托森林、林木、林地生存的野生动物、植物和微生物。

森林,包括乔木林和竹林。

林木,包括树木和竹子。

林地,包括郁闭度0.2以上的乔木林地以及竹林地、灌木林地、疏林地、采伐迹地、火烧迹地、未成林造林地、苗圃地和县级以上人民政府规划的宜林地。

第三条 国家依法实行森林、林木和林地登记发证制度。依法登记的森林、林木和林地的所有权、使用权受法律保护,任何单位和个人不得侵犯。

森林、林木和林地的权属证书式样由国务院林业主管部门规定。

第四条 依法使用的国家所有的森林、林木和林地,按照下列规定登记:

(一)使用国务院确定的国家所有的重点林区(以下简称重点林区)的森林、林木和林地的单位,应当向国务院林业主管部门提出登记申请,由国务院林业主管部门登记造册,核发证书,确认森林、林木和林地使用权以及由使用者所有的林木所有权;

(二)使用国家所有的跨行政区域的森林、林木和林地的单位和个人,应当向共同的上一级人民政府林业主管部门提出登记申请,由该人民政府登记造册,核发证书,确认森林、林木和林地使用权以及由使用者所有的林木所有权;

(三)使用国家所有的其他森林、林木和林地的单位和个人,应当向县级以上地方人民政府林业主管部门提出登记申请,由县级以上地方人民政府登记造册,核发证书,确认森林、林木和林地使用权以及由使用者所有的林木所有权。

未确定使用权的国家所有的森林、林木和林地,由县级以上人民政府登记造册,负责保护管理。

第五条 集体所有的森林、林木和林地,由所有者向所在地的县级人民政府林业主管部门提出登记申请,由该县级人民政府登记造册,核发证书,确认所有权。

单位和个人所有的林木，由所有者向所在地的县级人民政府林业主管部门提出登记申请，由该县级人民政府登记造册，核发证书，确认林木所有权。

使用集体所有的森林、林木和林地的单位和个人，应当向所在地的县级人民政府林业主管部门提出登记申请，由该县级人民政府登记造册，核发证书，确认森林、林木和林地使用权。

第六条 改变森林、林木和林地所有权、使用权的，应当依法办理变更登记手续。

第七条 县级以上人民政府林业主管部门应当建立森林、林木和林地权属管理档案。

第八条 国家重点防护林和特种用途林，由国务院林业主管部门提出意见，报国务院批准公布；地方重点防护林和特种用途林，由省、自治区、直辖市人民政府林业主管部门提出意见，报本级人民政府批准公布；其他防护林、用材林、特种用途林以及经济林、薪炭林，由县级人民政府林业主管部门根据国家关于林种划分的规定和本级人民政府的部署组织划定，报本级人民政府批准公布。

省、自治区、直辖市行政区域内的重点防护林和特种用途林的面积，不得少于本行政区域森林总面积的百分之三十。

经批准公布的林种改变为其他林种的，应当报原批准公布机关批准。

第九条 依照森林法第八条第一款第（三）项规定提取的资金，必须专门用于营造坑木、造纸等用材林，不得挪作他用。审计机关和林业主管部门应当加强监督。

第十条 国务院林业主管部门向重点林区派驻的森林资源监督机构，应当加强对重点林区内森林资源保护管理的监督检查。

第二章 森林经营管理

第十一条 国务院林业主管部门应当定期监测全国森林资源消长和森林生态环境变化的情况。

重点林区森林资源调查、建立档案和编制森林经营方案等项工作，由国务院林业主管部门组织实施；其他森林资源调查、建立档案和编制森林经营方案等项工作，由县级以上地方人民政府林业主管部门组织实施。

第十二条 制定林业长远规划，应当遵循下列原则：

（一）保护生态环境和促进经济的可持续发展；

（二）以现有的森林资源为基础；

（三）与土地利用总体规划、水土保持规划、城市规划、村庄和集镇规划相协调。

第十三条 林业长远规划应当包括下列内容：

（一）林业发展目标；

（二）林种比例；

（三）林地保护利用规划；

（四）植树造林规划。

第十四条 全国林业长远规划由国务院林业主管部门会同其他有关部门编制，报国务院批准后施行。

地方各级林业长远规划由县级以上地方人民政府林业主管部门会同其他有关部门编制，报本级人民政府批准后施行。

下级林业长远规划应当根据上一级林业长远规划编制。

林业长远规划的调整、修改,应当报经原批准机关批准。

第十五条 国家依法保护森林、林木和林地经营者的合法权益。任何单位和个人不得侵占经营者依法所有的林木和使用的林地。

用材林、经济林和薪炭林的经营者,依法享有经营权、收益权和其他合法权益。

防护林和特种用途林的经营者,有获得森林生态效益补偿的权利。

第十六条 勘查、开采矿藏和修建道路、水利、电力、通讯等工程,需要占用或者征用林地的,必须遵守下列规定:

(一)用地单位应当向县级以上人民政府林业主管部门提出用地申请,经审核同意后,按照国家规定的标准预交森林植被恢复费,领取使用林地审核同意书。用地单位凭使用林地审核同意书依法办理建设用地审批手续。占用或者征用林地未经林业主管部门审核同意的,土地行政主管部门不得受理建设用地申请。

(二)占用或者征用防护林林地或者特种用途林林地面积 10 公顷以上的,用材林、经济林、薪炭林林地及其采伐迹地面积 35 公顷以上的,其他林地面积 70 公顷以上的,由国务院林业主管部门审核;占用或者征用林地面积低于上述规定数量的,由省、自治区、直辖市人民政府林业主管部门审核。占用或者征用重点林区的林地的,由国务院林业主管部门审核。

(三)用地单位需要采伐已经批准占用或者征用的林地上的林木时,应当向林地所在地的县级以上地方人民政府林业主管部门或者国务院林业主管部门申请林木采伐许可证。

(四)占用或者征用林地未被批准的,有关林业主管部门应当自接到不予批准通知之日起 7 日内将收取的森林植被恢复费如数退还。

第十七条 需要临时占用林地的,应当经县级以上人民政府林业主管部门批准。

临时占用林地的期限不得超过两年,并不得在临时占用的林地上修筑永久性建筑物;占用期满后,用地单位必须恢复林业生产条件。

第十八条 森林经营单位在所经营的林地范围内修筑直接为林业生产服务的工程设施,需要占用林地的,由县级以上人民政府林业主管部门批准;修筑其他工程设施,需要将林地转为非林业建设用地的,必须依法办理建设用地审批手续。

前款所称直接为林业生产服务的工程设施是指:

(一)培育、生产种子、苗木的设施;

(二)贮存种子、苗木、木材的设施;

(三)集材道、运材道;

(四)林业科研、试验、示范基地;

(五)野生动植物保护、护林、森林病虫害防治、森林防火、木材检疫的设施;

(六)供水、供电、供热、供气、通讯基础设施。

第三章 森林保护

第十九条 县级以上人民政府林业主管部门应当根据森林病虫害测报中心和测报点对测报对象的调查和监测情况,定期发布长期、中期、短期森林病虫害预报,并及时提出防治方案。

森林经营者应当选用良种,营造混交林,实行科学育林,提高防御森林病虫害的能力。

发生森林病虫害时,有关部门、森林经营者应当采取综合防治措施,及时进行除治。

发生严重森林病虫害时,当地人民政府应当采取紧急除治措施,防止蔓延,消除隐患。

第二十条 国务院林业主管部门负责确定全国林木种苗检疫对象。省、自治区、直辖市人民政府林业主管部门根据本地区的需要,可以确定本省、自治区、直辖市的林木种苗补充检疫对象,报国务院林业主管部门备案。

第二十一条 禁止毁林开垦、毁林采种和违反操作技术规程采脂、挖笋、掘根、剥树皮及过度修枝的毁林行为。

第二十二条 25 度以上的坡地应当用于植树、种草。25 度以上的坡耕地应当按照当地人民政府制定的规划,逐步退耕,植树和种草。

第二十三条 发生森林火灾时,当地人民政府必须立即组织军民扑救;有关部门应当积极做好扑救火灾物资的供应、运输和通讯、医疗等工作。

第四章 植树造林

第二十四条 森林法所称森林覆盖率,是指以行政区域为单位森林面积与土地面积的百分比。森林面积,包括郁闭度 0.2 以上的乔木林地面积和竹林地面积、国家特别规定的灌木林地面积、农田林网以及村旁、路旁、水旁、宅旁林木的覆盖面积。

县级以上地方人民政府应当按照国务院确定的森林覆盖率奋斗目标,确定本行政区域森林覆盖率的奋斗目标,并组织实施。

第二十五条 植树造林应当遵守造林技术规程,实行科学造林,提高林木的成活率。

县级人民政府对本行政区域内当年造林的情况应当组织检查验收,除国家特别规定的干旱、半干旱地区外,成活率不足百分之八十五的,不得计入年度造林完成面积。

第二十六条 国家对造林绿化实行部门和单位负责制。

铁路公路两旁、江河两岸、湖泊水库周围,各有关主管单位是造林绿化的责任单位。工矿区,机关、学校用地,部队营区以及农场、牧场、渔场经营地区,各该单位是造林绿化的责任单位。

责任单位的造林绿化任务,由所在地的县级人民政府下达责任通知书,予以确认。

第二十七条 国家保护承包造林者依法享有的林木所有权和其他合法权益。未经发包方和承包方协商一致,不得随意变更或者解除承包造林合同。

第五章 森林采伐

第二十八条 国家所有的森林和林木以国有林业企业事业单位、农场、厂矿为单位,集体所有的森林和林木、个人所有的林木以县为单位,制定年森林采伐限额,由省、自治区、直辖市人民政府林业主管部门汇总、平衡,经本级人民政府审核后,报国务院批准;其中,重点林区的年森林采伐限额,由国务院林业主管部门审核后,报国务院批准。

国务院批准的年森林采伐限额,每 5 年核定一次。

第二十九条 采伐森林、林木作为商品销售的,必须纳入国家年度木材生产计划;但是,农村居民采伐自留山上个人所有的薪炭林和自留地、房前屋后个人所有的零星林木除外。

第三十条 申请林木采伐许可证,除应当提交申请采伐林木的所有权证书或者使用权证书外,还应当按照下列规定提交其他有关证明文件:

(一)国有林业企业事业单位还应当提交采伐区调查设计文件和上年度采伐更新验收证

明;

(二)其他单位还应当提交包括采伐林木的目的、地点、林种、林况、面积、蓄积量、方式和更新措施等内容的文件;

(三)个人还应当提交包括采伐林木的地点、面积、树种、株数、蓄积量、更新时间等内容的文件。

因扑救森林火灾、防洪抢险等紧急情况需要采伐林木的,组织抢险的单位或者部门应当自紧急情况结束之日起30日内,将采伐林木的情况报告当地县级以上人民政府林业主管部门。

第三十一条 有下列情形之一的,不得核发林木采伐许可证:

(一)防护林和特种用途林进行非抚育或者非更新性质的采伐的,或者采伐封山育林期、封山育林区内的林木的;

(二)上年度采伐后未完成更新造林任务的;

(三)上年度发生重大滥伐案件、森林火灾或者大面积严重森林病虫害,未采取预防和改进措施的。

林木采伐许可证的式样由国务院林业主管部门规定,由省、自治区、直辖市人民政府林业主管部门印制。

第三十二条 除森林法已有明确规定的外,林木采伐许可证按照下列规定权限核发:

(一)县属国有林场,由所在地的县级人民政府林业主管部门核发;

(二)省、自治区、直辖市和设区的市、自治州所属的国有林业企业事业单位、其他国有企业事业单位,由所在地的省、自治区、直辖市人民政府林业主管部门核发;

(三)重点林区的国有林业企业事业单位,由国务院林业主管部门核发。

第三十三条 利用外资营造的用材林达到一定规模需要采伐的,应当在国务院批准的年森林采伐限额内,由省、自治区、直辖市人民政府林业主管部门批准,实行采伐限额单列。

第三十四条 在林区经营(含加工)木材,必须经县级以上人民政府林业主管部门批准。

木材收购单位和个人不得收购没有林木采伐许可证或者其他合法来源证明的木材。

前款所称木材,是指原木、锯材、竹材、木片和省、自治区、直辖市规定的其他木材。

第三十五条 从林区运出非国家统一调拨的木材,必须持有县级以上人民政府林业主管部门核发的木材运输证。

重点林区的木材运输证,由国务院林业主管部门核发;其他木材运输证,由县级以上地方人民政府林业主管部门核发。

木材运输证自木材起运点到终点全程有效,必须随货同行。没有木材运输证的,承运单位和个人不得承运。

木材运输证的式样由国务院林业主管部门规定。

第三十六条 申请木材运输证,应当提交下列证明文件:

(一)林木采伐许可证或者其他合法来源证明;

(二)检疫证明;

(三)省、自治区、直辖市人民政府林业主管部门规定的其他文件。

符合前款条件的,受理木材运输证申请的县级以上人民政府林业主管部门应当自接到申请之日起3日内发给木材运输证。

依法发放的木材运输证所准运的木材运输总量,不得超过当地年度木材生产计划规定可以运出销售的木材总量。

第三十七条 经省、自治区、直辖市人民政府批准在林区设立的木材检查站，负责检查木材运输；无证运输木材的，木材检查站应当予以制止，可以暂扣无证运输的木材，并立即报请县级以上人民政府林业主管部门依法处理。

第六章 法律责任

第三十八条 盗伐森林或者其他林木，以立木材积计算不足0.5立方米或者幼树不足20株的，由县级以上人民政府林业主管部门责令补种盗伐株数10倍的树木，没收盗伐的林木或者变卖所得，并处盗伐林木价值3倍至5倍的罚款。

盗伐森林或者其他林木，以立木材积计算0.5立方米以上或者幼树20株以上的，由县级以上人民政府林业主管部门责令补种盗伐株数10倍的树木，没收盗伐的林木或者变卖所得，并处盗伐林木价值5倍至10倍的罚款。

第三十九条 滥伐森林或者其他林木，以立木材积计算不足2立方米或者幼树不足50株的，由县级以上人民政府林业主管部门责令补种滥伐株数5倍的树木，并处滥伐林木价值2倍至3倍的罚款。

滥伐森林或者其他林木，以立木材积计算2立方米以上或者幼树50株以上的，由县级以上人民政府林业主管部门责令补种滥伐株数5倍的树木，并处滥伐林木价值3倍至5倍的罚款。

超过木材生产计划采伐森林或者其他林木的，依照前两款规定处罚。

第四十条 违反本条例规定，未经批准，擅自在林区经营（含加工）木材的，由县级以上人民政府林业主管部门没收非法经营的木材和违法所得，并处违法所得2倍以下的罚款。

第四十一条 违反本条例规定，毁林采种或者违反操作技术规程采脂、挖笋、掘根、剥树皮及过度修枝，致使森林、林木受到毁坏的，依法赔偿损失，由县级以上人民政府林业主管部门责令停止违法行为，补种毁坏株数1倍至3倍的树木，可以处毁坏林木价值1倍至5倍的罚款；拒不补种树木或者补种不符合国家有关规定的，由县级以上人民政府林业主管部门组织代为补种，所需费用由违法者支付。

违反森林法和本条例规定，擅自开垦林地，致使森林、林木受到毁坏的，依照森林法第四十四条的规定予以处罚；对森林、林木未造成毁坏或者被开垦的林地上没有森林、林木的，由县级以上人民政府林业主管部门责令停止违法行为，限期恢复原状，可以处非法开垦林地每平方米10元以下的罚款。

第四十二条 有下列情形之一的，由县级以上人民政府林业主管部门责令限期完成造林任务；逾期未完成的，可以处应完成而未完成造林任务所需费用2倍以下的罚款；对直接负责的主管人员和其他直接责任人员，依法给予行政处分：

（一）连续两年未完成更新造林任务的；

（二）当年更新造林面积未达到应更新造林面积50%的；

（三）除国家特别规定的干旱、半干旱地区外，更新造林当年成活率未达到85%的；

（四）植树造林责任单位未按照所在地县级人民政府的要求按时完成造林任务的。

第四十三条 未经县级以上人民政府林业主管部门审核同意，擅自改变林地用途的，由县级以上人民政府林业主管部门责令限期恢复原状，并处非法改变用途林地每平方米10元至30元的罚款。

临时占用林地,逾期不归还的,依照前款规定处罚。

第四十四条 无木材运输证运输木材的,由县级以上人民政府林业主管部门没收非法运输的木材,对货主可以并处非法运输木材价款30%以下的罚款。

运输的木材数量超出木材运输证所准运的运输数量的,由县级以上人民政府林业主管部门没收超出部分的木材;运输的木材树种、材种、规格与木材运输证规定不符又无正当理由的,没收其不相符部分的木材。

使用伪造、涂改的木材运输证运输木材的,由县级以上人民政府林业主管部门没收非法运输的木材,并处没收木材价款10%至50%的罚款。

承运无木材运输证的木材的,由县级以上人民政府林业主管部门没收运费,并处运费1倍至3倍的罚款。

第四十五条 擅自移动或者毁坏林业服务标志的,由县级以上人民政府林业主管部门责令限期恢复原状;逾期不恢复原状的,由县级以上人民政府林业主管部门代为恢复,所需费用由违法者支付。

第四十六条 违反本条例规定,未经批准,擅自将防护林和特种用途林改变为其他林种的,由县级以上人民政府林业主管部门收回经营者所获取的森林生态效益补偿,并处所获取森林生态效益补偿3倍以下的罚款。

第七章 附 则

第四十七条 本条例中县级以上地方人民政府林业主管部门职责权限的划分,由国务院林业主管部门具体规定。

第四十八条 本条例自发布之日起施行。1986年4月28日国务院批准、1986年5月10日林业部发布的《中华人民共和国森林法实施细则》同时废止。

国务院关于做好省级以下国土资源管理体制改革有关问题的通知

（国发〔2004〕12 号　2004 年 4 月 21 日）

为了进一步加强国家对国土资源的宏观调控，强化省级人民政府保护土地资源的责任，落实最严格的耕地保护制度，切实加强矿产资源管理，推进依法行政，根据中央关于调整省级以下国土资源主管部门干部管理体制的决定，现就做好省级以下国土资源管理体制改革有关问题通知如下：

一、理顺省级以下国土资源行政管理体制

调整省级以下国土资源主管部门干部管理体制，是加强地方国土资源主管部门领导班子建设的重要举措，各地要认真按照中央组织部门的有关规定执行。同时，要进一步理顺省级以下国土资源行政管理体制。市（州、盟）、县（市、旗）国土资源主管部门是同级人民政府的工作部门，其机构编制仍由同级人民政府管理；地区国土资源主管部门的机构编制仍由行署管理。市辖区国土资源主管部门的机构编制上收到市人民政府管理，改为国土资源管理分局，为市国土资源主管部门的派出机构。乡（镇）国土资源管理所的机构编制上收到县（市、旗）人民政府管理，县（市、旗）可以根据实际情况和工作需要，按乡（镇）或区域设置国土资源管理所，为县（市、旗）国土资源主管部门的派出机构。

二、完善土地利用总体规划编制和审批管理体制

省级人民政府要依照法律规定严格做好本级土地利用总体规划的编制和省级以下土地利用总体规划的审批工作，完善对设区的市和自治州人民政府审批乡（镇）土地利用总体规划的授权管理体制。经依法授权的设区的市、自治州人民政府审批乡（镇）土地利用总体规划的，必须事先将建设用地规模、新增建设占用耕地指标、基本农田保护指标、土地用途分区图等规定内容，报省级人民政府核定，规划经批准后，报省级人民政府国土资源主管部门备案；乡（镇）土地利用总体规划的修改或调整，涉及改变规划规定内容的，必须报经省级人民政府批准。省级以下各级人民政府要依法做好本级土地利用总体规划的编制和报批工作，严格土地利用总体规划的实施管理，确保规划任务落实，严格保护耕地特别是基本农田。

三、强化省级人民政府及其国土资源主管部门的执法监察职能

实行省级以下国土资源管理体制改革后，要进一步强化省级人民政府及其国土资源主管部门的执法监察责任。省级人民政府及其国土资源主管部门要切实加强对省级以下各级人民政府及其国土资源主管部门执行和遵守国土资源管理法律法规情况的监督检查，对于地（市、州、盟）、县（市、旗）人民政府及其国土资源主管部门违反国土资源管理法律法规的行为要直接查处，对大案要案要公开曝光。地（市、州、盟）、县（市、旗）国土资源主管部门的领导干部要

严格履行国土资源管理职责,按照国家国土资源管理的方针政策和法律法规,推进依法行政,确保政令畅通。省级国土资源主管部门要加强对下级国土资源主管部门履行职责的管理监督,对坚持原则、严格执法的干部要加以保护,对不执行和不遵守国土资源管理法律法规的行为要严肃追究有关领导的责任。

地方各级人民政府及其国土资源主管部门要切实加强执法监察队伍建设,提高执法监察人员素质。要认真落实国土资源执法监察报告备案、动态巡查等各项制度,特别要加强对耕地保护的动态巡查,发现违法行为要及时制止和纠正并予报告,力争将破坏耕地、滥占耕地的行为控制在始发状态。

四、提高认识,加强领导,抓好组织实施

改革省级以下国土资源管理体制,对于强化国土资源宏观调控能力,坚持用科学发展观指导国土资源工作,牢固树立节约资源的观念,培育人人节约资源的社会风尚,建立资源节约型国民经济体系和资源节约型社会,实现资源永续利用具有重要意义。各省、自治区、直辖市人民政府要高度重视,切实加强领导,认真组织实施;要严格按照本通知的精神,制定具体的实施方案,并报国土资源部备案。要严肃纪律,妥善处理各方面关系,保证各项管理工作规范、平稳地运行,做到思想不散,秩序不乱,工作不断,国有资产不流失。改革工作完成后,各省、自治区、直辖市人民政府要将有关情况向国务院报告。

国土资源部要加强指导,积极配合各省、自治区、直辖市人民政府做好改革实施工作,对于实施中出现的问题,要认真研究提出解决意见并及时向国务院报告。

国务院办公厅转发国管局、中直管理局关于进一步加强和改进中央单位用地管理工作意见的通知

（国办发〔2006〕84 号　2006 年 9 月 30 日）

各省、自治区、直辖市人民政府，国务院各部委、各直属机构：

国管局、中直管理局《关于进一步加强和改进中央单位用地管理工作的意见》已经国务院同意，现转发给你们，请遵照执行。

关于进一步加强和改进中央单位用地管理工作的意见

（国管局、中直管理局）

为进一步贯彻落实《国务院关于加强国有土地资产管理的通知》（国发〔2001〕15 号）和《国务院关于深化改革严格土地管理的决定》（国发〔2004〕28 号）精神，切实解决中央在京党和国家机关（含党中央各部门，全国人大机关，全国政协系统，国务院各部委、直属机构、办事机构、直属事业单位、部委管理的国家局，最高人民法院，最高人民检察院以及有关人民团体）以及中央企事业单位（以下统称中央单位）用地结构不合理、资源分配不均、布局分散、粗放利用等问题，维护好中央单位用地权益，现就加强和改进中央单位用地管理工作提出如下意见：

一、加强中央单位用地归口管理

国务院机关事务管理局、中共中央直属机关事务管理局、全国人大常委会办公厅机关事务管理局、全国政协机关事务管理局（以下简称国管局和中直管理局等部门）分别负责本系统、本部门中央单位土地使用权的归口管理以及建设用地规划的编制与实施工作，严格土地利用活动的监督与管理，强化中央单位用地的调整与处置。

中央单位用地管理范围包括：中央在京党和国家机关使用的北京市范围内的国有土地；国管局和中直管理局等部门归口管理机关事务的单位使用的北京市范围内的国有土地；按国家有关规定其他应纳入中央单位用地管理的北京市范围内的国有土地。

二、全面开展中央单位用地调查和登记工作

开展中央单位存量建设用地资源普查工作，全面掌握中央单位用地的数量、规模、结构、分布和地上建筑物状况。调查工作由国管局和中直管理局等部门会同国土资源部、北京市人民政府联合进行，调查汇总工作应于 2007 年 6 月底前完成。在开展调查的同时，进行中央单位

用地内部预登记工作,并按照有关规定,继续加快中央单位用地登记发证工作,力争 2007 年底前完成。

三、编制并组织实施中央单位建设用地规划

国管局和中直管理局等部门要依据经国务院批准的北京市土地利用总体规划和城市总体规划,结合中央单位的远景规划及近期发展需要,组织编制中央单位建设用地规划。通过规划引导和控制中央单位用地布局,逐步实现办公、居住用地合理布局。严格中央单位建设用地规划实施程序,简化手续,提高效率。中央单位利用划拨土地规划建设各项设施的,需经国管局和中直管理局等部门审核同意。北京市人民政府在编制及实施城市总体规划时确需占用中央单位用地时,应征得中央单位及其机关事务主管部门的同意。中央单位对北京市人民政府按照城市总体规划进行城市建设要予以支持。

按照尊重历史和现状、布局相对集中、交通比较便利的原则,从保证党中央、国务院领导全国工作和开展国际交往需要出发,结合中央单位对安全保密及办公效率等方面特殊功能要求,以及城市建设占用中央单位用地情况,北京市人民政府要落实北京市土地利用总体规划和城市总体规划中关于为中央单位预留用地的要求,以确保中央单位发展用地需求。中央单位要编制年度用地计划,提出新增建设用地需求,报送国管局和中直管理局等部门统一汇总,商地方人民政府统筹解决。

四、严格中央单位土地利用处置管理

中央单位建设用地要努力挖潜,合理、高效、集约利用存量土地,严格控制新增建设用地。国管局和中直管理局等部门负责通过存量建设用地资源普查,结合中央单位建设用地规划,逐步调整、处置中央单位用地。中央单位之间的用地调整,需经国管局和中直管理局等部门分别审核同意,由用地单位持有关文件到北京市有关部门依法办理土地转移变更登记手续。

中央单位改变土地用途、转移土地使用权等,需经国管局和中直管理局等部门审核同意后,依法按照有关规定程序办理。符合招标、拍卖、挂牌要求的,一律实行招标、拍卖、挂牌。对符合规划适于办公、住宅等用途的中央单位土地,国管局和中直管理局等部门可优先调配安排用于中央单位特别是中央在京党和国家机关的建设。中央单位土地使用权出让、转让、出租、占地补偿等所获得的收入(按规定应交地方人民政府的土地出让金和市政基础设施配套费除外),应按照"收支两条线"的要求上缴中央国库。

五、完善中央单位用地管理制度

国管局和中直管理局等部门要在本意见基础上,抓紧研究制订中央单位用地管理办法及配套管理制度,对中央单位用地实行分类管理,加快中央单位用地管理的制度化、规范化进程,并不断总结经验,逐步完善中央单位用地管理制度。

中央单位及其所属单位使用的北京市范围以外的国有土地管理,参照本意见执行。

2. 部门规章及其他规范性文件

国家土地管理局关于土地法律、法规和政策的有关问题的答复

（〔1993〕国土函字第146号　1993年6月22日）

安徽省土地管理局：

你局《关于执行土地法律、法规有关问题的请示》（皖土〔法〕字〔1993〕第062号）收悉，经研究，现答复如下：

一、《土地管理法》第十九条所称“土地管理部门”是指县级以上人民政府土地管理部门。

人民政府收回土地使用权的批准权限与原批准用地的审批权限相同。

人民政府对用地单位已经撤销或者迁移的；公路、铁路、机场、矿场等经核准报废的，其土地使用权的收回，是一种行政处理决定。无偿收回土地使用权时，其地上建筑物、附着物可酌情予以补偿。对未经原批准机关同意，连续2年未使用的；不按批准的用途使用的土地使用权的收回，属于行政处罚。其地上建筑物、附着物以及征地费等不予补偿或返还。

收回土地使用权的决定由市、县土地管理部门依照县级以上人民政府的批准文件下达。

公路、铁路、机场、矿场等的报废，应由其主管部门核准，土地管理部门依据其主管部门核准报废的决定，报经县级以上人民政府批准后，收回土地使用权。

二、《土地管理法》第二十五条所称“耕地”，是指用于种植农作物的土地。

三、《土地管理法》第三十四条中所称“原使用单位受到损失”是指因国家建设使用其他单位使用的国有土地，而使原使用单位实际受到的直接损失。“适当补偿”是指按原使用单位实际损失的程度，予以合理补偿。如原使用单位需要搬迁的，建设单位应当负责有关搬迁费用。

四、《城镇国有土地使用权出让和转让暂行条例》第四十五条第四项中所称“……以转让、出租、抵押所获收益抵交土地使用权出让金”可以是收益的一部分，也可以是全部。

五、《国务院关于发展房地产业若干问题的通知》第一条第三款中规定“农村集体经济组织以集体所有的土地资产作价入股，兴办外商投资企业和内联乡镇企业，须经县级人民政府批准……”，但其用地应参照《土地管理法》第三十六条规定，办理用地报批手续。

中华人民共和国林业部令*

（第1号）

《林地管理暂行办法》已于一九九三年八月十三日经林业部部长办公会议审议通过,现予发布施行。

部长　徐肖芳

1993年8月30日

林地管理暂行办法

第一章　总　　则

第一条　为了加强林地的保护、管理和合理利用,根据《中华人民共和国森林法》和有关法规,制定本办法。

第二条　本办法所称林地,包括郁闭度0.3以上的乔木林地,竹林地,疏林地,灌木林地,未成林造林地,采伐迹地,火烧迹地,苗圃地和国家规划的宜林地。

国营林业局、国营林场、国营采育场、国营伐林场、森林经营局(所)、国营苗圃、自然保护区、森林公园等国营林业单位经营范围内的其他土地的保护、管理和利用,也适用本办法。

第三条　林地所有者和使用者的合法权益受法律保护,任何单位和个人不得侵占、买卖、或者以其他形式非法转让林地。

国有林地实行有偿使用的具体办法另行规定。

第四条　各级林业主管部门负责林地的管理和监督。其主要职责是:

(一)贯彻执行国家和地方林地管理的有关法律、法规和政策;

(二)负责林地的调查、统计,监测消长变化,负责林地保护和开发利用规划的制定并监督实施;

(三)负责林地权属登记、变更,管理林地地籍;

(四)审核批准占用、征用林地有关事宜,对林木补偿费、林地补偿费、安置补助费、森林植被恢复费的收取和使用进行监督管理;

(五)监督检查林地保护、管理和利用情况,并协调解决有关问题;

(六)负责查处非法侵占、破坏林地和违法使用林地的行政案件,制止破坏林地的违法行为;

(七)负责国有林地资产管理的日常工作,依法对有偿使用的国有林地实行管理和监督;

---

* 本篇法规已被《国家林业局关于废止部分部门规章和部分规范性文件的决定》(发布日期:2004年4月11日 实施日期:2004年4月11日)废止。

(八)协助人民政府调处林地权属争议。

第二章 林地权属管理

第五条 林地属于国家所有,由法律规定属于集体所有的除外。

第六条 全民所有、集体所有的林地和个人使用的林地,由县级以上人民政府登记造册,核发证书。

县级以上人民政府依照森林法的规定核发的确认林地所有权或者使用权的证书即林权证(或者山林权证,下同),为该林地所有权或者使用权的法律凭证。

第七条 各级林业主管部门负责核发林权证前的具体审核工作,协助人民政府做好核发林权证的其他工作。

第八条 核发林权证应具备下列条件:

(一)森林、林木、林地的权属无争议;

(二)界线清楚、标志明显,与毗邻单位有认界协议;

(三)面积、四至界线的登记文件和图面资料同实地吻合;

(四)有关图表完备,材料齐全。

第九条 各级林业主管部门应建立、健全林地权属档案和林地地籍档案。

第十条 国有林地使用权发生变更的,应向原发证机关申请办理权属变更登记手续,更换林权证,并办理林地资产产权变更手续。

第十一条 国营林业单位为有利经营管理与毗邻单位调换林地使用权时,必须签订调换协议书,报省级林业主管部门或原批准单位审批,办理权属变更登记等有关手续。

第十二条 发生林地权属争议,按有关法规处理。林地权属争议解决后,林地所有者或使用者应及时向县级以上人民政府申请核发林权证。

第三章 林地保护和开发利用管理

第十三条 林地保护和开发利用规划,应与土地利用总体规划和林业发展长远规划相协调,由县以上林业主管部门负责编制,报同级人民政府批准。

林地保护和开发利用规划,未经原批准机关同意,不得变更。

第十四条 禁止毁林开垦和毁林采石、采矿、取沙、取土、修坟墓、建房屋等非法破坏林地行为。

禁止在未成林造林地、幼林地和封山育林区内放牧、打柴、狩猎和从事除林业以外的其他生产经营活动。

严禁在二十五度以上陡坡林地开垦种植农作物,已开垦的,应限期退耕还林。

第十五条 经依法批准,临时使用林地进行勘测、修筑设施、采石、采矿、取沙、取土等活动的单位和个人,应当采取保护林地的措施,不得造成滑坡、塌陷、水土流失,不得损毁批准用地范围以外的林地及其附着物。临时用地单位应按用地数量在当地县以上林业主管部门指定的地点营造相应面积的林木,或交纳森林植被恢复费。

第十六条 使用林地的单位和个人,不得擅自将林地用于非林业生产经营活动。使用近期无力造林的宜林地用于非林业生产的,集体林地须经县以上地方林业主管部门审核,国有林地须经省级林业主管部门审核。

第十七条 因特殊需要而改变国营林业单位的隶属关系或者变更其经营林地面积的,须经所在省级林业主管部门审核同意后,报林业部批准;属于国家级自然保护区的,须报国务院批准。

第十八条 国营林业单位修建林区道路、护林设施、必需的住宅和其他直接为林业生产服务的设施、建筑,需使用其经营范围内林地的,按照《森林法实施细则》有关规定办理审批手续。省级林业主管部门应于翌年2月将上年度使用林地情况汇总报林业部。

第十九条 农村居民建设住宅需使用林地的,须经县林业主管部门或乡林业站签署意见,并依法办理审批手续。

第二十条 各级林业主管部门应当加强对林地开发利用的指导、监督和服务。

林地的开发利用,可以由林地使用者或经营管理者单独进行,也可以由林地使用者或经营者同其他单位和个人合资、合作或以其他方式联合进行。联合开发林地的,必须以合同或协议的方式依法确定林地保护和开发利用的权利和义务。

第四章 占用、征用林地管理

第二十一条 国家规定必须以行政划拨方式占用国有和征用集体所有林地的,土地管理部门接到建设单位用地申请后,须征得林业主管部门审核的书面意见,经依法审查同意后,按法定审批权限报人民政府批准。占用、征用林地面积2000亩以上的,报国务院批准。

第二十二条 占用、征用林地单位必须按批准的数量、范围使用林地。需采伐林木的,应办理林木采伐许可证;需拆除林地上直接为林业生产服务的设施、建筑等,须经县以上林业主管部门批准。

第二十三条 未经林业主管部门审核,任何单位和个人不得擅自批准占用、征用林地。对违反本办法的规定占用、征用林地或以其他非法方式侵占林地的,被占用或征用林地单位应当予以抵制,不得同意用地单位进入林地施工,林业主管部门不得办理林木采伐许可证。

第二十四条 经批准占用、征用林地的单位,应按规定向被占用、征用林地单位交纳林地补偿费、林木及其他地上附着物补偿费和安置补助费,向县以上林业主管部门交纳森林植被恢复费。

临时使用林地的,应当签订临时用地协议书。在按规定支付林地损失补偿费后,由县以上林业主管部门办理临时使用林地手续。临时使用林地时间由省级林业主管部门决定。

第二十五条 占用、征用林地的具体补偿标准和补偿办法由各省、自治区、直辖市规定。

第二十六条 县以上林业主管部门在办理占用、征用林地手续时,应当认真进行审查核实。

占用、征用林地的单位须提供下列文件:

(一)国务院主管部门或县以上地方人民政府按国家基本建设程序批准的设计任务书或批准文件;

(二)被占用、征用林地单位和个人的林权证;

(三)占用、征用林地的地点、面积、四至范围的说明及有关资料;

(四)按规定交纳有关补偿费用的证明文件或协议书;

(五)如需采伐林木,还应提交采伐林木书面申请和采伐作业设计文件等。

第五章 奖励与处罚

第二十七条 符合以下条件之一的单位和个人，由县以上林业主管部门给予奖励：

（一）贯彻林地管理法律、法规、规章和政策，为保护、管理林地，维护林地所有者或使用者的合法权益，做出突出贡献的；

（二）依法制止或者检举非法侵占林地和破坏林地、乱占滥用林地行为的；

（三）合理规划和开发利用林地取得显著效益的；

（四）从事有关林地保护和开发利用的科学研究和技术推广取得重大成果的。

第二十八条 违反林地管理法规占用、征用林地，有下列情形之一的，由县以上林业主管部门给予行政处罚：

（一）未经批准或弄虚作假骗取批准，占用、征用林地的，或超过批准数量多占、多征林地的，责令限期退还所侵占的林地，拆除或没收其在侵占林地上新建的建筑物和其他设施，并处以每平方米5元至15元罚款；造成林地破坏或其他实际损失的，责令赔偿损失。

使用伪造、涂改或其他无效、失效批准文件占用、征用林地的，按照上述规定处罚。

（二）违法审批或未经林业主管部门审核同意的，批准占用、征用林地文件无效。对直接责任人员，由所在单位或者上级机关给予行政处分。已经占用、征用林地的，按本条第（一）项处理。

第二十九条 违反林地管理法规，有下列情形之一的，由县以上林业主管部门给予行政处罚：

（一）未经批准转让、调换林地使用权的，责令退还，没收其违法所得，限期拆除或者没收在该林地上的新建设施，并处以每平方米5元至15元罚款；造成林地破坏的，责令赔偿损失；

（二）未经批准利用国有林地从事非林业生产经营活动的，没收违法所得，限期拆除或没收在该林地上的新建设施，并处以2 000元至20 000元罚款；

（三）擅自移动或破坏林地权属界桩、界标的，责令限期恢复；在规定期限内不能恢复的，按重新恢复所需的实际费用赔偿损失，并按每个界桩标处以10元至50元罚款；

（四）违反本办法第十四、十五条规定造成林地破坏的，责令赔偿损失，并处以每平方米5元至15元的罚款；被破坏的林地属于防护林地和特殊用途林地，或具有重要生态、社会价值森林类型的，予以加重处罚；

（五）国营林业单位违反本办法第十八条规定的，视情节轻重，由其上级林业主管部门对负直接责任的个人和有领导责任的单位负责人给予行政处分，并对该单位处以每平方米2元至5元罚款。

（六）国营林业单位违反本办法第二十三条规定，擅自同意违法用地单位进入林地施工，或者发现情况不报告、不处理，造成林地破坏的，对直接责任人和单位领导给予行政处分，并对该单位处以5万元至10万元罚款。

第三十条 伪造、涂改、擅自损毁林权证、其他有关林地权属图表资料的，处以5 000元至10 000元罚款。

第三十一条 国家工作人员玩忽职守，放弃管理，造成林地管理失控或财产损失，或者徇私枉法，故意侵犯国家利益和林地所有者、使用者合法权益的，依国家有关规定处罚。

第三十二条 当事人对行政处罚决定不服的，可以依法申请复议或者向人民法院起诉。

逾期不申请复议,不起诉,又不履行处罚决定的,作出处罚决定的机关可以依法申请人民法院强制执行。

第六章 附 则

第三十三条 本办法由林业部负责解释。

第三十四条 本办法自发布之日起施行。

国家文物局、建设部、国家土地管理局关于在当前开发区建设和土地使用权出让过程中加强文物保护的通知

（〔93〕文物文字第665号 1993年7月29日）

当前，我国正进入一个历史上从未有过的经济大发展时期，这将为文物特别是古文化遗址的保护、研究和利用提供许多重要的机遇。但由于一些地方和单位对贯彻文物保护法规，做好文物保护工作的问题没有给予应有的重视，以至一些地方在开发区建设和土地使用权出让过程中出现了拆毁古建筑、毁坏古文化遗址，损坏文物保护区环境风貌等现象。对此若不及时加以制止，将可能因一时处理不当，而使一些举世瞩目的人类文明结晶毁于一旦，造成不可挽回的损失，为了正确处理文物保护和经济建设的矛盾，按照《文物保护法》等法律法规切实保护好祖国的历史文化遗产，现做如下通知：

一、必须严格遵守执行《文物保护法》及其他有关法规，在文物保护单位内不得进行其他工程建设，如有特殊需要必须进行工程建设的，要经原公布的人民政府和上级文物主管部门同意。在建设控制地带内进行建设，不得破坏文物保护单位的环境风貌，并依照规定程序报相应的文物、规划、土地等有关主管部门批准。

二、开发区选址应当避开文物保护单位及地下文物古迹。对开发区建设进行可行性研究时要征求文物主管部门的意见。土地出让或转让过程中涉及文物保护单位的，其方案的拟定要有文物主管部门参加。因特殊原因，出让、转让土地使用权确需改变文物保护单位的土地用途或保护规划的，要征得上级文物、规划、土地等主管部门同意，并报原公布的人民政府批准。

三、经批准的开发区和出让、转让使用权的土地，其地下文物仍属国家所有。在地下文物遗存的地方进行工程建设，必须先期进行考古调查勘探和发掘，建设部门或单位对此要提前做出经费预算。在建设过程中发现文物遗迹的，要立即保护好现场，并及时通知文物考古部门处理。

四、文物保护、特别是古文化遗址的保护综合性强，涉及面广，各级政府应对文物高度重视，并按照《文物保护法》的要求，把它纳入城乡建设的总体规划。凡对文物古迹保护不利的企业、单位和居民点等，要从长远计划，采用转交、迁移等办法积极、稳妥地把文物保护工作落到实处。同时要采取有力措施，协调处理好文物保护与旅游、建设、园林、宗教等事业的关系。

五、建议各级人民政府根据本地区实际情况，对已公布的文物保护单位的保护现状进行一次检查，对已经因开发区建设或土地使用权出让、转让等造成文物损害的，要依照法律有关规定，采取纠正或补救措施，加强管理工作。对拟公布或拟推荐公布的文物保护单位，要抓紧做好各项准备工作，及时予以公布，以便依法进行管理。要坚持“保护为主，抢救第一”的方针，坚决打击文物犯罪活动，制止破坏文物的现象，确保文物安全。

国家土地管理局关于对土地估价及地价管理有关问题请示的答复

(1994年5月23日)

山西省土地管理局:

你局《关于土地估价及地价管理有关问题的请示》收悉,现就有关问题答复如下:

一、《国有资产评估管理办法实施细则》超出了《国有资产评估管理办法》的范围,属部门规定,不能作为土地资产评估管理的法律依据。

《国有资产评估管理办法》(国务院91号令)第五条和第三十七条分别规定:"全国或特定行业的国有资产评估,由国务院决定","有关自然资源有偿使用、开采的评估办法,由国务院另行规定"。这已明确了《国有资产评估管理办法》所规定的范围不包括资源性资产评估管理。由于土地属于资源性资产,也不属于《国有资产评估管理办法》所规定的范围。显然,《国有资产评估管理办法实施细则》第二十条的规定属于部门规定,不能作为土地资产评估管理的法律依据,更不能据此否定我局制订的有关规章。

二、土地管理部门是土地资产评估的主管部门,土地估价机构资格认证和涉及政府行为的土地资产评估立项、成果确认须由土地管理部门负责。

国务院批准的国家土地管理局"三定"方案,要求土地管理部门"从侧重土地资源管理转为资源和资产管理并重","会同有关部门进行土地估价工作,制订土地定级估价标准。"《中华人民共和国城镇国有土地使用权出让和转让暂行条例》(国务院55号令)规定:"县级以上人民政府土地管理部门依法对土地使用权的出让、转让、出租、抵押、终止进行监督检查";"土地使用权出让合同,……由市县人民政府土地管理部门与土地使用者签订。"

"土地使用权转让价格明显低于市场价格的,市县人民政府有优先购买权。土地使用权价格不合理上涨时,市县人民政府可采取必要的措施。"在国家国有资产管理局与我局联合下发的《关于国有资产产权登记中有关土地产权登记工作的通知》中也明确规定:"土地管理部门应加快地籍调查,土地估价、登记工作。"这已十分明确土地管理部门代表政府管理土地资产,负责土地资产评估的管理工作。因此,土地估价机构的资格须由土地管理部门认证,涉及政府行为的土地资产评估的立项、结果确认须由土地管理部门负责。而对除政府行为外(如通过出让方式后获得土地使用权后发生的转让、出租、抵押等行为)的土地资产评估,可由土地交易主体委托有评估资格的中介机构进行评估,土地管理部门根据有关土地资产管理的法规,对从事土地资产评估的中介机构进行管理,评估结果报土地管理部门备案。

几年来,各级土地管理部门根据国家有关法规和国务院赋予自己的职责,积极开展土地估价的评估和管理工作,建立以基准地价、宗地标定价、出让底价为核心的地价体系。在土地定级和估价试点基础上,颁布了《城镇土地定级规程》和《城镇土地估价规程》,已完成了500多个城镇的土地定级估价任务。经考试,有3 500多人被授予土地估价师资格,成立了几百家由政府编委批准和土地管理部门认证的土地估价机构。根据我局与国家体改委制订的《股份制试点企业土地资产管理暂行规定》和《关于境外上市股份制试点企业土地资产管理若干问题的通知》的要求，在九家国家规范化股份制试点工作中，我局负责土地资产的评估立项、中介机构推荐和评估结果确认等工作，与国家国有资产管理局密切合作，顺利完成了九家试点企业的股份制改组工作。

总之，有关土地资产管理，包括土地资产评估机构的资质认证和涉及政府行为的土地资产评估机构的资质认证和涉及政府行为的土地资产评估立项及评估结果确认工作，是国家有关法规和国务院赋予土地部门的职责，希望你们根据有关土地资产管理的法规规定，主动向政府汇报，并做好与有关部门的协调与配合做好土地资产评估管理工作。

测绘成果目录编制技术规定(试行)

(1994 年 5 月 25 日　国家测绘局发布)

第一章　总　　则

第一条　根据《中华人民共和国测绘法》和国家测绘局颁发的《关于汇交测绘成果目录和副本的实施办法》(以下简称《汇交实施办法》)的规定,为了统一测绘成果目录的编制要求和格式,制定本技术规定。

第二条　测绘成果目录分为全国测绘成果目录和省级测绘成果目录。

全国测绘成果目录的内容基本同于《汇交实施办法》所规定的内容,但其中地形图仅表示1:1万和小于1:1万比例尺的地图,大地成果表示等级以上的点。

省级测绘成果目录的内容除按照《汇交实施办法》执行外,可根据本行政区的情况,表示需要表示的其他理详细的内容,如地形图需表示大于1:1万比例尺的地图,大地成果可以表示低于国家等级的各类大地点。

第三条　测绘成果目录的开本统一定为 8 开本,以统计表和成果分布图两种方式配合表示目录的内容。

测绘成果统计表的格式与《汇交实施办法》的附表相同。

测绘成果分布图的格式(比例尺和分幅方法),全国性的在本技术规定的相应条款中予以规定;省级的由各地测绘部门参照全国性的格式并结合本行政区域的面积大小和形状予以规定,但应满足汇编全国测绘成果目录的要求。

第四条　测绘成果目录力求简洁明了,能用成果分布图表示清楚的可不再用统计表,能用部分底图表示成果分布范围的不必用完整的全图,可将若干分散的局部图形拼绘于同一页上表示,以充分压缩目录的页码量。

第五条　测绘成果目录一般以单色印刷或复印,有条件的可制成数据形式,提供用户作为检索所需测绘成果使用。

第六条　测绘成果目录的式样见《测绘成果目录式样》(试行)样本。

第二章　大地测量成果目录的编制

第七条　大地测量成果目录原则上按天文、长度、三角(三边)、导线、空间大地测量、水准、重力等基分别编制,但内容少的时候,应尽量合并编制。

第八条　大地测量成果统计表的编制

1. 大地测量各类成果统计表的格式见《测绘成果目录式样》(试行)的表一至表七。
2. 大地测量成果数量多,统计表分区编制时,以 1:100 万国际图幅为分区范围。
3. 统计表中各类大地测量成果条目的编写原则规定如下:

天文测量——按点编写,一个天文点为一个条目;

长度测量——按边编写,一条基线或一条拉伯拉斯边为一个条目;

三角(三边)测量——按测区编写,一个测区为一个条目;

导线测量——按条编写,一条导线为一个条目;

空间大地测量(A、B、C 级)——按点编写;

(其他等级)——按测区编写;

水准测量——按路线编写,一条路线为一个条目;

重力测量(基本、一等)——按点编定;

(二等、加密)——按测区编写;

(水准路线上)——按路线编写。

4. 统计表中成果目录编排的次序规定的:从高等级到低等级、由北向南、由西向东顺序编排;成果的等级相同时,按施测时间选后为序编排;缺少施测时间的放在相应等级的最后编排。

拉伯拉斯点的对向两点应紧连编排。

5. 因资料不全或者其他原因无法在图上标出位置的成果,在统计表备注栏中应注明“未标图”。

三边测量成果在备注栏中应注明“三边测量”。

一项成果跨越分区范围,而数量又无法按所在分区分别统计时(如一个测区的情况),可以将这项成果的总数量分别填写到所涉及的统计表中,加“()”以示与其他按该区统计数量的成果的区别。

第九条 大地测量成果分布图的编制

1. 全国大地测量成果分布图原则上采用 1:50 万、1:100 万、1:210 万三种比例尺的底图绘制,按 8 开幅面将划分为若干幅。底图上须绘有经纬线和 1:10 万图的分幅全国线。

对于范围小而又分散在不同幅面的小块成果,可拼绘在一张 8 开图上。这时,各小块要分别绘制自身的图廓、经纬线和比例尺。

省级大地测量成果分布图的比例尺和分幅方法由各地参照上述原则自行规定。

2. 天文、长度、三角(三边)、导线测量成果标绘在同一张图上,底图的比例尺为 1:50 万。

天文、长度、三角(三边)、导线在图上需逐点标注出点位和点名。三角(三边)、导线在逐点标绘时,需同时绘出方向线、注出网(边)名和相应于统计表中的序号(以下简称“编号”),当密度太大无法逐点表示时,可按测区用框线标绘其范围,并在其中注记编号。

3. 空间大地测量成果的分布图与本条第二款规定相同。

A、B、C 级点在图上逐点绘出,注记点名和“编号”。其他低等级点按测区表示,在图上绘出测区范围线,并在其中注出成果等级和“编号”。

4. 水准测量成果分布图的比例尺为 1:100 万,各等级水准路线均标在同一张图上。

水准路线的起止点和交叉点要绘出其点位符号,注记出点的名称。在路线的适中位置处注出“编号”。水准路线上的其他点可视情况予以标注。

对于具有多次测量成果的同一条水准路线,若各次测量等级相同时,图上可共用一条水准路线符号,分别注出历次成果的“编号”。若测量等级不同时,应以相应等级的路线符号平行绘出并注记各自的“编号”。

水准路线过于稠密无法逐条绘出时,可用框线绘其大致范围,在其中注记各条水准路线的“编号”。

5. 重力测量成果分布图的比例尺为1:210万,各等级点标绘在同一张图上。

基本重力点和一等重力点逐点标绘,注记点名和“编号”,绘联测方向线;二等重力点和重力加密点(含水准路线上的重力加密点)一般也应逐点标绘,注记点名和“编号”,但不绘联测方向线。重力加密点过于稠密无法逐点标绘时,可按测区用框线标绘其范围,在其中注记等级和相应的“编号”。

第三章 航片与卫片目录的编制

第十条 航片与卫片分别编制目录。

第十一条 航片与卫片统计表的编制

1. 航片与卫片统计表的格式见《测绘成果目录式样》(试行)的表八、表九。

2. 航片的条目按摄区编写;卫片的条目按星的类型和接收时间编写。

3. 目录编排次序规定为:

航片由北向南、由西向东编排。当摄区重叠时,按摄影时间顺序编排。

卫片按轨道号——行号由小到大的顺序编排。经纬度相同(无论轨道号——行号是否相同)的卫片,按接收时间的先后顺序编排。

第十二条 航片与卫片分布图的编制

1. 航片分布图的比例尺为1:100万,底图上需绘有地形骨架和1:1万图的分幅线。

卫片分布图为1:2 000万比例尺的中国全图。

2. 航片在分布图上按摄区表示,摄区边沿线以1:1万图幅线为准标绘。在摄区框线内注记相应于统计表中的“编号”。摄区面积过小时,用点状符号或线状(双线)符号夸大表示,在相关位置注记其“编号”。摄区重叠时,分布图分张制作。

卫片在分布图上标绘其相应的轨道号——行号的位置,在分布范围的适中位置处注记相应的“编号”。

第四章 地图目录的编制

第十三条 地图目录一般按地形图(包括影像图)、海图、地籍图、专题地图、境界图、地图集等项分别编制目录。数量少时也可以合并编制目录。

第十四条 地图类统计表的编制

1. 各类地图统计表的格式见《测绘成果目录式样》(试行)的表十至表十六。

2. 统计表中各类地图条目的编写原则规定如下:

大于1:2.5万比例尺(含)的地形图——按测区编写;

海 图——按图幅编写;

地籍图——按地名编写;

专题地图——按图名编写;

境界图——按图名编写;

地图集——按图集名称编写。

3. 统计表中目录编排的次序为:海图按图号由小到大编排;地籍图按省域编排;专题图分类编排;境界图按境界等级由高到低编排;地形图按测区位置由北向南、由西向东编排。

4. 1:5万和小于1:5万比例尺的地形图不编制统计表。

第十五条 地形图分布图的编制

1. 底图比例尺的规定:

1:1万——1:2.5 万地形图用 1:100 万接图表;

1:5万——1:10 万地形图用 1:210 万接图表;

1:25 万——1:100 万地形图用 1:2 000 万接图表。

2. 1:1万和 1:2.5 万比例尺地形图在分布图上按测区用框线表示,在框线内注出相应的"编号"。

1:5万——1:100 万比例尺地形图在分布图上逐幅表示,在每一幅图的框线内要表示出出版年份、坐标系统、高程系统和出版单位。出版年份以公元纪年的后两位数字表示。坐标系统凡 54 系的不予注明,80 系的以"△"符号表示。高程系统凡 56 系的不表示,85 系的以"+"符号表示。独立坐标系统和独立高程系统分别以"○"和"×"表示。国家测绘系统出版的在出版年份下方绘一横线。合幅图用箭头符号指示,箭尾的图幅并入箭头的图幅。

1:5万图还须注出成图方法,以"航"、"平"、"编"、"修"分别表示航测、平板仪测图、编图和修测的不同成图方法。

3. 海图、地籍图、专题地图,境界测量成果(图)和地图集不编制分布图。第五章 重大工程测量成果目录的编制

第五章 重大工程测量成果目录的编制

第十六条 全国测绘成果目录中只编制跨省区,跨流域,面积在 50 平方公里以上,以及其他重大的国家工程项目的目录。目录形式一般以统计表表示,其格式见《测绘成果目录式样》(试行)的表十七。必要时也可编制其分布图。

省级测绘成果目录按省管限额以上的工程项目进行编制。

第六章 其 他

第十七条 若干名词术语的编写规定

1. 施测单位、成果保存单位、出版单位等单位名称的填写方法为:

国家测绘局系统:填写国家测绘局及其直属单位、省级测绘局;

国务院有关部委:填写具体单位全称,但要冠以上级单位名称;

军事测绘系统:填写总参测绘局、大军区;

涉及多个单位时可只写出一个主要单位名称。

2. 技术标准的填写法:填写规范的全称或国家标准号。当涉及两种技术标准时,只填写高等级的名称。

3. 坐标系统:填写"1954 北京"或"1980 西安",非国家系统的填写原名称或"独立"。

4. 高程系统:填写"1956 黄海"或"1985 国家",非国家系统的填写原用名称。

第十八条 数字型测绘成果目录的格式另行制定。

第十九条 本技术规定由国家测绘局负责解释。

财政部、国家土地管理局、国家国有资产管理局关于印发《清产核资中土地估价实施细则》的通知

(财清〔1994〕14号 1994年9月28日)

各省、自治区、直辖市和计划单列市人民政府清产核资办公室、财政厅(局)、土地管理局、国有资产管理局,国务院各部、委、直属机构清产核资办公室和计划单列企业集团:

现将《清产核资中土土估价实施细则》印发给你们,请结合本地区和本部门的实际情况,在清产核资工作中执行,并请将执行中出现的问题及建议及时上报。

附件:

清产核资中土地估价实施细则

第一条 为了加强国有土地资源的管理,全面评价企业实力,促进理顺产权关系,根据财政部、建设部、国家土地管理局、国家国有资产管理局联合发布的《关于印发"清产核资中土地清查估价工作方案"的通知》(财清〔1994〕13号文)和国家其他有关规定,制定本实施细则。

第二条 清产核资中的土地估价是指各企业和实行企业管理的事业单位(简称"企业、单位",下同)对所使用的国有土地进行全面清查后,在弄清权属、界线和面积等基本情况的基础上,依据国家统一规定的土地估价技术标准,由企业、单位自行或委托具有土地估价资格的机构评估所使用土地的基准价格。

第三条 清产核资中土地估价范围主要是各地区、各部门参加清产核资的企业、单位使用的土地,包括清产核资企业、单位以土地使用权作价入股举办国内联营、股份制企业使用的国有土地。

第四条 企业、单位使用下列土地暂不估价:

(一)已用经过评估的国有土地使用权投资或入股举办中外合资、合作经营企业使用的土地;

(二)以出让方式取得国有土地使用权,其出让金不低于所在地土地基准地价的土地;

(三)已进行或拟准备进行职工住房制度改革的房屋占用的土地;

(四)国有企业中的农、林、牧、渔业用地;

(五)已列入国家搬迁计划的"三线"企业、单位使用的土地;

(六)不在城镇内的各类军工等企业使用的土地;

(七)土地使用权尚未明确的土地;

(八)铁路、民航、机场、港口、公路等交通基础设施占用土地,以及靶场、试验场、危险品储存地作业区、采矿、采油用地和高压线路、通讯线路、输油管线等占用的土地;

(九)其他由中央企业主管部门和省级人民政府确定的暂不列在估价范围的企业占用的土地。

第五条 清产核资中土地估价工作由各级政府清产核资机构与各级土地管理部门(县以上,下同)共同组织,分工负责。

在全面展开土地估价工作前,各地区、各部门清产核资机构应主动商各级土地管理部门,在1994年选择部分不同类型的清产核资企业进行试点,以便取得经验,有序全面推开。1994年进行企业改制的必须对所使用的土地进行估价工作,其余的清产核资企业、单位土地估价工作于1995年全面展开;以前年度已进行清产核资的企业、单位应在1995年对土地估价工作进行补课。

第六条 清产核资中土地估价工作,原则上由参加清产核资企业、单位自行依据各级土地管理部门制订并经同级人民政府确认的城镇土地基准地价和宗地标定地价修正系数进行。没有制订土地基准地价和宗地标定地价修正系数的城镇所在地清产核资企业、单位,可以采用宗地地价直接评估法进行。

第七条 城市基准地价的评估和宗地标定地价修正系数的制订工作,由各级土地管理部门根据《中华人民共和国城镇国有土地使用权出让和转让暂行条例》、《城镇土地估价规程》(试行)等有关规定组织进行,并负责有关确认工作。

(一)已完成基准地价评估和宗地标定地价修正系数制订的城镇,原则上可由企业自行以基准地价为基础,并以宗地标定地价修正系数方法评估。

提供基准地价和宗地标定地价修正系数的机构或单位只能向企业、单位核收印制基准地价及宗地标定地价修正系数资料的成本费用。收取标准应由当地物价管理机构核批。

(二)尚没有完成基准地价评估和宗地标定地价修正系数制订的城镇,由各级土地管理部门抓紧组织进行测算,予以确认,以保证1995年本城镇所在地清产核资企业进行国有土地的估价工作。

(三)由于客观原因在全面清产核资期间仍不能完成土地基准地价评估和宗地标定地价修正系数制订的城镇所在地企业、单位的土地估价,可以根据自身条件自行或委托具有土地估价资格的机构采用宗地地价直接评估法进行。

企业、单位采用宗地地价直接评估法因技术力量不足或资料收集困难,委托具有土地评估资格的中介机构进行评估,其中介机构对清产核资中的土地评估按一般宗地评估费标准的30%计收评估费。

第八条 本实施细则所称"基准地价"是指土地管理部门组织评估并经同级人民政府确认的城镇所在地各级土地或均质地域及其商业、工业、住宅等土地利用类型的土地使用权单位面积平均价格。

第九条 本实施细则所称"宗地标定地价修正系数"是指由土地管理部门组织测算并经同级人民政府确认的对城镇宗地土地使用权进行估价时的因素条件修正系数。

第十条 本实施细则所称"宗地地价直接评估法"是指市场比较法、收益还原法和成本逼近法等。直接评估法评估地价的标准、程序等应按国家土地管理局颁布的《城镇土地估价规程》(试行)的要求进行。

(一)市场比较法适用于土地使用权出让、转让、出租、抵押等土地交易案例比较多,土地市场活跃的地方。

(二)收益还原法适用于有租金收入或经营收入,并通过确定总费用计算出纯收益的土地。

（三）成本逼近法适用于缺乏市场交易案例，无法计算收益的开发区以及独立工矿区的土地。

第十一条 为便于清产核资中土地估价工作的实施，根据城镇特点，土地利用类型经济效益的差异和土地使用权取得方式，在清产核资土地估价中统一将土地利用类型划分为商业、工业（含仓储）、住宅用地三大类。评估的地价统一为土地基准价格，不作为企业、单位产权变动时土地的实际价格。各级土地管理部门应统一清产核资中城镇土地估价的各项参数。

第十二条 企业、单位的土地估价工作应首先制订具体方案，内容包括：

（一）企业、单位根据当地土地估价标准和工作要求，确定估价方法；

（二）企业、单位根据自身人员和技术条件，结合当地土地估价的技术要求等，提出自行或委托进行估价的方案；

（三）企业、单位进行土地估价的具体时间安排；

（四）企业、单位土地估价工作的组织机构和人员安排。

第十三条 土地估价工作程序：

（一）各级政府清产核资机构与各级土地管理部门共同对企业、单位土地估价专业人员组织进行政策、方法、技术培训。

（二）企业、单位成立土地估价工作小组。

（三）土地估价单位收集下列与土地估价有关的资料。

1. 征地或受让土地原始资料。

2. 土地清查结果，包括地籍图、土地登记证明文件、土地清查报表等。

3. 本企业;单位的土地条件资料。

4. 本地区基准地价及宗地标定地价修正系数等土地估价成果。

5. 本地区市场地价资料。

6. 影响本企业、单位地价的其他因素资料。

7. 其他资料，包括当地土地估价的各种有关参数。

（四）企业、单位对使用的土地依据有关资料、标准进行预先测算，摸清基本情况，验证技术方法，做到心中有数。

（五）依据收集的土地估价资料和当地的具体规定，按确定的估价方法和估价方案具体组织进行。

（六）企业、单位进行土地价格评估后，要写出土地估价报告。报告的主要内容包括：工作组织、资料来源、估价程序与方法、估价结果等。

（七）企业、单位依据其使用的土地面积、利用类型和估价结果填报“土地估价结果申报表”，格式见附表。

（八）上报土地估价报告和土地估价结果申报表，作为有关部门认定审批土地估价结果的依据。

第十四条 企业、单位将土地估价报告和土地估价申报表，经企业、单位主管部门审核签署意见，报所在地土地管理部门确认。

第十五条 土地管理部门收到企业、单位的土地估价报告和土地估价申报表后，对企业、单位土地估价结果组织确认。确认的主要内容有：

（一）土地使用权取得是否合法；

（二）土地估价方法应用是否符合规定；

（三）土地估价资料的可靠性和准确性；

（四）土地估价结果的准确性和地价水平的空间变化规律的合理性；

（五）需要确认的其他内容。

各级土地管理部门确认过程中，不收取费用。

第十六条 经土地管理部门确认的企业、单位的土地资产评估结果，由同级清产核资机构会同有关部门批复。

第十七条 企业、单位依据同级清产核资机构下达的批复文件，相应调整账务。账务处理方法按财政部的另行规定办理。

第十八条 各级清产核资机构汇总上报各企业、单位土地估价结果，报上一级清产核资机构，并抄同级土地管理部门备案。

第十九条 中央企业的土地，估价结果先经中央企业财政驻厂员处审核，再报当地土地管理部门确认，由中央企业主管部门复审（有异议的，要商国家土地管理局同意）汇总后报财政部清产核资办公室会同有关部门进行账务审批。

第二十条 各省、自治区、直辖市及计划单列市和中央企业主管部门应根据《清产核资中土地清查估价工作方案》和本实施细则，结合国家其他有关规定和当地（本部门）情况，制订当地（本部门）的土地估价具体实施办法。

第二十一条 本实施细则由财政部清产核资办公室和国家土地管理局共同解释。

第二十二条 本实施细则自发布之日起执行。

附:

土地估价结果申报表

国清申报02表

填报单位(公章): 年 月 日 金额单位:元

项目	行次	土地面积(平方米)			估价前价值			估价后价值			升值	
		小计	政府划拨使用权土地	出让方式取得使用权土地	小计	政府划拨使用权土地	出让方式取得使用权土地	小计	修正系数法	直接评估法	增值净额	升值幅度(%)
		1	2	3	4	5	6	7	8	9	10	11
土地合计	1											
其中:商业用地	2											
工业(含仓储)用地	3											
住宅用地	4											
	5											
	6											
	7											
	8											
	9											
	10											

注:①1行=2行+3行+4行;1栏=2栏+3栏;4栏=5栏+6栏;7栏=8栏+9栏;10栏=7栏-4栏;11栏=10÷4栏×100%

②各部门、各地区汇总时金额为万元,面积为万平方米。

主管部门清产核资办公室意见(公章)	同级土地管理部门意见(公章)	同级财政部门意见(公章)	同级国有资产管理部门意见(公章)	同级政府清产核资办公室意见(公章)

土地估价结果申报补充资料

项　　目	城镇基准地价(元/m^2)	宗地标定地价修定系数	自行估价结果	委托中介机构估价结果
一、商业用地				
1.				
2.				
3.				
4.				
二、工业(含仓储)用地				
1.				
2.				
3.				
4.				
三、住宅用地				
1.				
2.				
3.				
4.				

国家土地管理局关于对执行《土地管理法》第十九条规定的请示的批复

（1994年11月10日）

辽宁省土地管理局：

你局《关于对执行〈中华人民共和国土地管理法〉第十九条规定的请示》辽土字〔1994〕50号）收悉。经研究，现批复如下：

一、《土地管理法》第十九条第二项关于“未经原批准机关同意，连续2年未使用的”由土地管理部门收回用地单位土地使用权，这一规定中的“未使用”是指用地单位未按批准机关或土地管理部门的要求，对建设项目主体进行实际投入；属于大中型建设项目的，是指对土地的开发没有达到项目建设的必需条件。土地管理部门对未经原批准机关同意，连续2年未使用的土地使用权的收回，属于行政处罚，其地上建筑物、附着物以及对土地的其他投入，均不予补偿。

二、辽宁省盘锦市双台子区土地管理局依据《土地管理法》第十九条的有关规定，收回盘锦市场乡镇企业局综合企业公司（以下简称企业公司，即现在的劳动服务公司）征用的城郊乡高家村9.18亩土地使用权的行为，是合法的、适当的。

1. 企业公司虽在依法批准用地后垫了土、修了道口、圈子围墙，但未按征地申请建设石油液化气站。石油液化气站不属于大中型项目，上述所做工作，不能视为对土地的使用。企业公司在土地管理部门作出收回其土地使用权决定前的二年半时间内，无工程建设所需资金，原合作单位又抽回资金不予合作，使石油液化气站的建设项目根据无法落实，造成土地不能得到充分、有效的合理利用，属于“圈而未用”。

2. 企业公司在石油液化气站建设项目不能落实的情况下，也未向原批准机关或土地管理部门及时提出必要的申请，没有得到原批准机关的同意。

国家计委、国家土地管理局关于土地价格评估收费的通知

（计价格〔1994〕2017号 1994年12月12日）

各省、自治区、直辖市物价局（委员会）、土地（国土）管理局（厅）：

为促进土地价格评估工作的健康发展，根据《中共中央关于建立社会主义市场经济体制若干问题的决定》的有关规定，对土地价格评估实行有偿服务。现将有关事项通知如下：

一、土地价格评估收费是房地产市场重要的经营性中介服务收费行为，评估机构要按照“自愿委托、有偿服务”的原则与委托方签订合同，开展评估服务工作，收取合理费用。

二、凡具备土地估价资格并经土地、物价部门确认的单位，可接受土地所有者或使用者的委托，对土地价格进行评估，并按本通知的规定收取土地评估费。

三、一般宗地评估采取差额定率累进计费，即按土地价格总额大小划分费率档次，分档计算各档的收费，各档收费额累计之和为收费总额。目前一般宗地评估收费按《宗地地价评估收费标准》（附表一）执行。

四、城镇基准地价评估收费，由评估机构与委托城镇参照《基准地价评估收费标准》（附表二）协商确定。

五、为土地使用权抵押而进行的土地价格评估，评估机构按一般宗地评估费标准的50%收评估费；每宗地评估费不足300元的按300元收取。

清产核资中的土地价格评估，按一般宗地评估费标准的30%计收评估费；每宗地评估费不足300元的按300元收取。

土地价格评估委托单位付费确有困难的，通过双方协商，评估机构可酌情减收。

六、一般宗地评估收费标准为最高限标准。各地可根据当地实际情况，由省、自治区、直辖市物价部门会同同级土地管理部门制定当地具体执行的收费标准。对经济特区的收费标准可适当规定高一些，但最高不得超过上述收费标准的30%。

七、土地价格评估收费单位要认真执行物价部门规定的收费原则和标准，履行合同要求，切实提供质价相称的服务。

八、各级物价、土地部门要加强土地价格评估收费的监督检查，对随意简化工作程序和内容，达不到应有工作标准以及擅自扩大收费范围和提高收费标准，由物价检查机构按国家有关规定查处。

九、各省、自治区、直辖市物价、土地部门可依据本通知制定具体实施办法。以前有关规定凡与本通知相抵触的，一律以本通知为准。

附一

宗地地价评估收费标准

序　号	土地价格总额(万元)	收费标准(‰)
1	100 以下(含 100)	4
2	101 ~200 部分	3
3	201 ~1 000 部分	2
4	1 001 ~2 000 部分	1.5
5	2 001 ~5 000 部分	0.8
6	5 001 ~10 000 部分	0.4
7	10 000 以上部分	0.1

附二

附基准地价评估收费标准

序　号	城镇面积(平方公里)	收费标准(万元)
1	5 以下(含 5)	4 ~8
2	5 ~20(含 20)	8 ~12
3	20 ~50(含 50)	12 ~20
4	50 以上	20 ~40

财政部、国家国有资产管理局关于国有企业清产核资中土地估价入账价值标准问题的通知

（财工字〔1996〕3号　1996年2月5日）

各省、自治区、直辖市、计划单列市财政厅（局）、清产核资办公室，国务院各部、委、局、各直属机构及计划单列企业集团：

最近，一些地方来电询问，财工字〔1995〕108号《关于国有企业清产核资中土地估价有关财务问题的通知》与财清字〔1995〕14号《关于认真抓紧做好清产核资中土地清查估价工作的紧急通知》在土地估价入账的处理上不尽一致，要求予以解答。经研究，现答复如下：

企业土地估价结果的确认批复按财清字〔1995〕14号文件规定执行，即按基准价格的50%确认批复；企业土地估价批复确认后如何入账及其财务处理，按财工字〔1995〕108号文件执行。对于过去已作为固定资产单独入账的土地，如按基准价格50%确认批复价值低于原账面价值的，企业土地原账面价值不作调整。

财政部、国家国有资产管理局关于国有企业清产核资土地估价后有关问题的通知

(财清字〔1996〕8号 1996年7月5日)

各省、自治区、直辖市和计划单列市清产核资办公室、财政厅(局)、国有资产管理局(室、处),国务院各有关部门、直属机构及有关计划单列企业集团:

为贯彻落实国务院办公厅《关于进一步开展清产核资工作的通知》(国办发〔1995〕17号)精神,在1995年清产核资中对国有企业占用的土地进行了全国范围的清查估价工作。最近,一些地区、部门及国有企业,因将土地估价增加的价值列入有关经济指标计算口径,致使一些历史指标失去了可比性。为此,现将国有企业完成土地估价后涉及的有关问题通知如下:

一、通过全国清产核资,确定了国有企业占用土地的基本价格,各地区、各部门应严格按照财政部《关于国有企业清产核资中土地估价有关财务处理问题的通知》(财工字〔1995〕108号)规定,列入相应会计科目单独反映。

二、为了保证有关经济指标的可比性和有关考核工作的合理性,各地区、各部门对国有企业清产核资后因进行土地估价而增加的资产价值,暂不列入国有企业资产负债率指标和国有资产保值增值指标的计算口径之内,资产负债率仍按原来口径(不包括土地价值)计算。

三、凡以土地投资入股构成企业资本金的中外合资企业、股份制企业,国有企业在对外经济往来和涉及产权变动工作时,以及破产、拍卖,土地价值应计算在国有资产价值之中,依据土地清查估价确认批复的结果,列入国有股权或实行有偿转让,以防止国有资产流失。

土地估价结果确认及处置方案会审办法

（国土资发145号　国土资源部　1998年9月29日）

根据《土地管理法》和国土资源部“三定”方案，为了适应机构改革的新形势，进一步转变工作职能，提高土地估价结果和处置方案审批工作的质量和效率，特制定本办法。

一、会审组织

会审工作由部领导主持，土地利用管理司负责具体组织工作，会审单位为：办公厅、政策法规司、耕地保护司、地籍管理司、土地利用管理司、执法监察局。

二、会审范围

国务院或国务院授权部门批准设立的公司和企业集团，以及境外上市的国有企业改制过程中涉及的土地估价结果确认及处置方案的审批。

三、审查依据

（一）有关土地、房屋、资产、城市规划等管理的法律；

（二）国家有关权属、估价、用地等行政法规、部门规章和地方性法规；

（三）有关土地评估、处置的规范性文件和技术规程；

（四）报批文件、估价报告及附件等规范格式和标准。

四、审查内容

（一）报批文件及相关材料是否齐备；

（二）估价报告的合法性、格式的规范性、评估依据和方法的合理性；

（三）待估宗地来源的合法性、宗地权属的合法性（权属证明、位置、面积、四至、登记现状）；

（四）待估宗地的使用现状和评估设定用途；

（五）待估宗地的实际开发程度和设定开发程度；

（六）评估结果的准确性；

（七）处置方案的合法性和可行性；

（八）处置范围的准确性；

（九）处置价格；

（十）其他合法的审查内容。

五、会审程序与时限

（一）受理与送审

办公厅收到有关文件和材料后批转土地利用管理司负责办理，土地利用管理司首先检查申报材料和申报手续是否齐全完备,如申报材料和手续齐备,正式受理,将有关土地权属材料送地籍管理司进行土地权属审查;如申报材料和手续不完备,在3个工作日内转请办公厅通知申请单位补报材料、补办手续。逾期不通知,视为受理。

(二)审查

地籍管理司在收到土地利用司转来的有关材料后,应在3个工作日内提出权属审查意见交土地利用管理司;同时,土地利用管理司组织对土地估价结果及处置方案进行审查,并根据确认和处置的有关规定和办文制度,在8个工作日内将土地权属、土地价格和处置方案的审查意见汇总,形成总的审查意见和初步结论。

(三)会审

土地利用管理司完成上述工作后,在第9个工作日内报请会审。会审会议由部领导主持。有关会审单位负责人参加,对土地估价结果及处置方案进行审定,对土地估价结果作出予以确认或不予确认的决定,对处置方案作出同意或不同意的决定;或根据具体情况作出补充材料、修改报告、重新报批、再行会审等其他决定。

(四)批复

根据会审决议,同意确认和处置方案的,由土地利用管理司负责办文批复;不予确认和处置的,土地利用管理司负责将有关补充材料、修改报告、重新报批、再行会审等决定转办公厅,由办公厅将有关材料退回申请单位。会审决议和有关材料存档、备查。

六、其他规定

(一)土地估价结果确认及处置方案的审批从正式受理到办文批复一般应在15个工作日内完成。

(二)在规定工作日内,土地利用管理司不接受申请单位和评估机构的任何咨询。有关单位及工作人员不得对外解释办文进度等情况。

(三)本办法自发文之日起施行。

国土资源部关于贯彻执行《中华人民共和国土地管理法》和《中华人民共和国土地管理法实施条例》若干问题的意见的通知

（国土资厅发〔1999〕97号　1999年9月17日）

各省、自治区、直辖市及计划单列市土地（国土）管理局（厅），解放军土地管理局，新疆生产建设兵团土地管理局：

《关于贯彻执行〈中华人民共和国土地管理法〉和〈中华人民共和国土地管理法实施条例〉若干问题的意见》经研究同意，现印发给你们，请结合实际贯彻执行。

国土资源部关于贯彻执行《中华人民共和国土地管理法》和《中华人民共和国土地管理法实施条例》若干问题的意见

修订后的《中华人民共和国土地管理法》（以下简称《土地管理法》）和《中华人民共和国土地管理法实施条例》（以下简称《土地管理法实施条例》）颁布实施以来，各级土地管理部门转变观念，依法行政，在发挥土地利用总体规划的龙头作用、建立集约用地的新机制、强化土地资源管理、加大土地执法力度等方面有了长足的进步，使土地管理事业发生了深刻变化。最近，根据有些省（区、市）的反映，在一些地方由于对《土地管理法》和《土地管理法实施条例》一些条款的理解不准确，影响了新法的正确执行。为了准确理解新法的精神实质，全面贯彻新法确立的原则和制度，维护社会主义法制的统一，现就贯彻执行《土地管理法》和《土地管理法实施条例》中的若干问题提出如下意见：

一、关于土地登记

《土地管理法》第十一条第三款规定：“中央国家机关使用的国有土地的具体登记发证机关，由国务院确定。”《土地管理法实施条例》第五条第一款规定：“中央国家机关使用的国有土地的登记发证，由国务院土地行政主管部门负责，具体登记发证办法由国务院土地行政主管部门负责，具体登记发证办法由国务院土地行政主管部门会同国务院机关事务管理局等有关部门制定”。这样规定，是为了明确中央国家机关使用的国有土地的资产处置权属于中央人民政府，便于解决中央和地方在土地资产处置上发生的纠纷。我部已与国务院机关事务管理局、北京市人民政府协商，在京中央国家机关使用的国有土地，拟委托北京市人民政府进行登记，发生争议时由我部进行裁决。各地在修订地方性土地管理法配套法规时,应当维护土地统一登记的原则,保证土地登记资料的完整性和统一性,涉及土地资产处置时,可将土地资产处置权与土地登记权分离,土地资产处置权按照资产隶属关系确定。

二、关于城市建设用地范围内现有建设用地的审批

根据《土地管理法》的立法精神,城市建设用地范围内现有建设用地的审批权应属于市、县人民政府,土地收益也应属于市、县人民政府。这样界定,有利于鼓励市、县人民政府盘活存量土地,建立集约利用土地的新机制,培育和完善城市土地市场。各地在修订地方性土地管理法配套法规时,不应对现有建设用地再实行新的限额审批。

三、关于城市和村庄、集镇建设用地范围内分批次办理农用地转用的报批

《土地管理法》第四十四条第三款规定,“在土地利用总体规划确定的城市和村庄、集镇建设用地规模范围内,为实施该规划而将农用地转为建设用地的,按土地利用年度计划分批次由原批准土地利用总体规划的机关批准。”按照这一规定,在土地利用总体规划确定的城市和村庄、集镇建设用地规模范围内,市、县人民政府可以依据土地利用年度计划分批次申请农用地转用审批,申请时应当提供农用地转用范围内土地的开发利用规划。但农用地转用的审批机关在办理农用地转用审批时,不应要求市、县人民政府附具具体建设项目或者具体建设项目用地的情况。

四、关于在已批准的农用地转用范围内具体建设项目用地的审批

《土地管理法》对在土地利用总体规划确定的城市和村庄、集镇建设用地规模范围内的建设用地审批采用了农用地转用审批与具体建设项目用地审批相分离的制度,即农用地转用由市、县人民政府根据土地利用总体规划、土地利用年度计划分批次报国务院或者省级人民政府以及省级人民政府授权的设区的市、自治州人民政府批准,而在已批准的农用地转用范围内,具体建设项目用地可以由市、县人民政府批准。这样规定,主要是为了体现土地用途管制的原则,在严格控制农用地转为建设用地的同时,充分调动市、县人民政府按照城市和村庄、集镇规划合理使用土地的积极性。各地在修订地方性土地管理法配套法规时,应当认真贯彻新法的这一立法精神,对在已批准的农用地转用范围内具体建设项目用地,不应再实行限额审批。省级以上人民政府土地管理部门应当加强对已批准的农用地转用范围内建设用地情况进行监督管理,指导市、县人民政府按照土地管理法律法规、国家产业政策以及国家供地目录的要求审批具体建设项目用地。

五、关于征用土地的安置补助费标准的确定

《土地管理法》第四十七条第二款规定,“征用耕地的土地补偿费,为该耕地被征用前三年平均年产值的六至十倍”。这里的“该耕地”,是指实际征用的耕地数量。而“每一个需要安置的农业人口的安置补助费标准,为该耕地被征用前三年平均年产值的四到六倍”中的“该耕地”,则是指在被征用土地所在地,被征地单位平均每人占有的耕地数量。这样规定,是将每一个需要安置的农业人口的安置补助费与人均耕地面积挂钩,以被征用土地所在地的人均耕地的平均年产值的倍数计算安置补助费,从而使安置补助费标准的确定更加公平、合理,有利于保护农民利益,维护社会稳定。

六、关于土地整理新增耕地面积百分之六十的折抵

根据《土地管理法》和《土地管理法实施条例》的有关规定，建设占用耕地的指标由土地利用总体规划和土地利用年度计划确定。非农业建设经批准占用耕地的，都必须按照“占多少，垦多少”的原则，由占用耕地的单位履行占补平衡的法定义务。补充耕地可以通过土地整理、复垦、开发等方式。如果占用耕地的单位自身没有条件按照法律规定的要求补偿耕地的，可以经县级以上人民政府土地管理部门批准，按规定缴纳耕地开垦费，由其他单位代为履行该项法定义务。《土地管理法实施条例》第十八条第二款规定的“土地整理新增耕地面积百分之六十可以用作折抵建设占用耕地的补偿指标”，是指土地整理单位新增加的耕地面积，其百分之六十可以作为占补平衡指标有偿转让给其他需要履行占补平衡义务的用地单位。这样规定，主要是为了鼓励土地整理，建立多整理多得利的机制，促进土地整理的市场化、产业化，保证耕地总量动态平衡目标的实现。

国土资源部关于印发废止的部门规章、规范性文件以及法律法规适用解释的函复的通知

(国土资发〔2000〕4号 2000年1月3日)

各省、自治区、直辖市及计划单列市土地(国土)管理局(厅),地矿厅(局),部机关各司局、各直属单位:

为适应国土资源管理依法行政的需要,以新修订的《土地管理法》和《矿产资源法》等法律、法规为依据,我部对1986年以来原国家土地管理局、原地质矿产部发布实施的部门规章、规范性文件以及法律法规适用解释的函复等进行了全面清理,根据清理结果,经部长办公会议研究决定,废止一批原国家土地管理局、原地质矿产部发布的部门规章、规范性文件以及法律法规适用解释的函复(见附件)。

除附件所列废止的部门规章、规范性文件及法律法规适用解释的函复外,原地质矿产部、原国家土地管理局所作的下列三类有关法律法规适用解释的函复亦不具有法律效力:

(一)以业务司名义所作的解释或者答复;

(二)原地质矿产部、原国家土地管理局对修订前的《矿产资源法》、《土地管理法》、《土地管理法实施条例》等法律法规的适用所作的解释和答复;

(三)依据已经明文废止的行政法规、部门规章以及规范性文件所作的解释和答复。

请各地土地(国土)管理厅(局)、地矿厅(局)及有关单位对有关文件进行一次清理,凡依据已废止的法律、法规、部门规章、规范性文件作出的与现行有效的法律、法规、部门规章、规范性文件等相抵触的规定,原则上应予废止。今后,国土资源法规清理工作要逐步走向规范化、制度化和经常化,为推进依法行政打下更好的基础。

附件:

国土资源部废止的部门规章、规范性文件以及法律法规适用解释的函复

一、废止的部门规章

(一)1989年4月17日地质矿产部第3号令发布的《地质矿产部合同管理办法》;

(二)1994年12月28日地质矿产部第19号令发布的《矿产资源勘查成果登记管理办法》。

二、废止的规范性文件

(一)1983年2月24日地质矿产部发布的《天然水晶管理办法实施细则》;

(二)1985 年 3 月 20 日国家矿产储量管理局发布的《关于要求提交审批正式地质勘探报告的通知》(储发〔1985〕43 号);

(三)1986 年 10 月 16 日地质矿产部发布的《印发〈关于解决采矿权属纠纷,核实、划定矿区范围的几点意见的通知〉(地发〔1986〕624 号);

(四)1987 年 4 月 20 日地质矿产部发布的《关于进行采矿登记发证有关具体工作问题的说明的通知》(地发〔1987〕213 号);

(五)1987 年 11 月 25 日地质矿产部发布的《关于做好矿山企业采矿补办登记工作的通知》(地发〔1987〕502 号);

(六)1988 年 3 月 19 日全国金矿地质工作领导小组、全国矿产资源储量委员会联合发布的《关于独立金矿床储量审批和金矿储量承包财务结算规定的通知》(金地〔1988〕9 号);

(七)1988 年 6 月 21 日地质矿产部发布的《关于勘查许可证注销问题的通知》(地发〔1988〕221 号);

(八)1988 年 8 月 16 日地质矿产部发布的《关于统配煤矿企业补办采矿登记的补充规定》(地发〔1988〕290 号);

(九)1988 年 9 月 15 日国家矿产储量管理局发布的《生产矿山提交承包金储量审批问题补充说明》(国储〔1988〕112 号);

(十)1988 年 11 月 22 日国家土地管理局发布的《土地管理档案工作暂行规定》(1988 国土〔办〕字第 110 号);

(十一)1989 年 11 月 24 日国家矿产储量管理局发布的《审查矿产和地下水勘探报告年度计划暂行管理办法》(国储〔1989〕155 号);

(十二)1990 年 1 月 1 日地质矿产部发布的《关于严格按国发〔1988〕75 号文件规定颁发采矿许可证的通知》(地发〔1990〕28 号);

(十三)1990 年 3 月 21 日国家矿产储量管理局发布的《关于编制矿产和地下水勘探储量年报的通知》(国储〔1990〕40 号);

(十四)1990 年 5 月 10 日国家土地管理局发布的《关于试用 < 出让国有土地使用权呈报表 > 的通知》(〔1990〕国土〔建国〕字第 9 号);

(十五)1990 年 5 月 12 日地质矿产部发布的《关于办理黄金矿产采矿登记问题的补充通知》(地发〔1990〕165 号);

(十六)1990 年 10 月 22 日地质矿产部发布的《关于加强地(市)、县矿管经费征收和管理工作的通知》(地发〔1990〕357 号);

(十七)1991 年 9 月 24 日地质矿产部发布的《全民所有制矿山企业办理延续、变更采矿登记和采矿许可证注销手续的有关规定》(地发〔1991〕250 号);

(十八)1993 年 2 月 2 日国家矿产储量管理局发布的《国家矿产储量管理局行政复议与行政应诉规定》(国储〔1993〕21 号);

(十九)1994 年 10 月 17 日地质矿产部发布的《矿产资源勘查成果有偿使用管理试行办法》(地发〔1994〕164 号);

(二十)1994 年 12 月 5 日地质矿产部发布的《关于煤成气勘查开采登记管理有关问题的通知》(地发〔1994〕194 号);

(二十一)1994 年 12 月 23 日地质矿产部发布的《关于严格执行勘查申请登记程序的通知》(地发〔1994〕209 号)。

三、废止的法律法规适用解释的函复

（一）1990 年 3 月 9 日国家土地管理局发布的《国家土地管理局对天津市关于对外国人出让转让土地使用权核发土地证书问题的批复》（〔1990〕国土函字第 20 号）；

（二）1994 年 3 月 17 日国家土地管理局发布的《国家土地管理局关于对土地权属纠纷案件经人民法院处理后是否可以申请行政复议问题的批复》（国土批〔1994〕24 号）；

（三）1997 年 10 月 10 日国家土地管理局发布的《国家土地管理局关于中外合资企业兼并其他企业时涉及的集体土地如何办理用地手续的批复》（国土批〔1997〕110 号）。

建设部关于城市测绘有关问题的复函

（建规函〔2000〕328 号　2000 年 9 月 30 日）

江苏省建设厅：

你厅《关于城市测绘有关问题的请示》（苏建规〔2000〕342 号）收悉。经研究，现将有关问题函复如下：

《测绘法》第三条第一款规定“国务院测绘行政主管部门主管全国测绘工作。国务院其他有关部门按照国务院规定的职责分工，负责管理本部门的测绘工作”。国务院在《建设部职能配置、内设机构和人员编制规定》（国办发〔1998〕86 号）中，明确了建设部城乡规划司“指导城市和村镇规划、城市勘察和市政工程测量工作”的职能。其中“城市勘察”的含义包括城市测量（详见国家计委“计投〔1987〕493 号”、建设部“建规〔1991〕326 号”文件）。

根据现行的《城市勘察测绘工作暂行规定》，城市测绘管理工作的主要内容和职责包括“全市所辖地区的城建测绘的平面控制网和高程控制网，以及测量标志的管理与维修”；“组织城市 1∶500、1∶1 000、1∶2 000、1∶5 000 等各种比例尺地形图的测绘等。由测绘界各领域的专家参与编写和审查的《城市测量规范》在其总则也明确：“本规范适用于城市规划、城市地籍管理和城市各项建设工程的勘测、设计、竣工以及城市管理的通用性测绘工作”；“本规范规定的测图方法与精度要求适用于 1∶500～1∶2 000 比例尺地形图”。

基础测绘是指为国民经济和社会发展以及为国家各个部门和各项专业测绘提供基础地理信息而实施测绘的总称。专业测绘是指产业部门为保证本部门业务工作所进行的具有专业内容的测绘的总称。我部认为，城市测量是为城市规划建设服务的专业测绘，与基础测绘在工作性质、服务对象、技术标准、投资渠道、管理机制等方面是不同的。

自五十年代以来，城市测量工作一直由各级城市规划建设行政主管部门负责。目前省会以上城市测量管理机构和职能，有 93% 设在市规划部门，7% 设在市建委；绝大多数城市的大比例尺地形图测绘等城市测量的任务经费来自城市建设维护费和规划执照费。

特此函复。

国土资源部关于严格按国家标准实施《城镇土地分等定级规程》和《城镇土地估价规程》的通知

(国土资发〔2002〕195号 2002年6月19日)

各省、自治区、直辖市国土资源厅(国土资源环境厅、国土资源和房屋管理局、房屋土地资源管理局、规划和国土资源局),新疆生产建设兵团国土资源局:

《城镇土地分等定级规程》(GB/T 18507-2001)和《城镇土地估价规程》(GB/T 18508-2001)(以下简称新《规程》)已由国家质量监督检验检疫总局于2001年12月13日作为中华人民共和国国家标准发布(中华人民共和国国家标准批准发布公告2001年第12号),现已印刷发行,于2002年7月1日起正式实施。原国家土地管理局颁布的《城镇土地定级规程》(试行)、《城镇土地估价规程》(试行)和《关于印发〈土地估价报告规范格式(1996)〉的通知》(〔1995〕国土籍字第18号)于2002年7月1日停止执行。

新《规程》以国家标准的形式,规定了城镇土地分等定级和估价工作应遵循的基本准则、技术途径、方法、程序和成果形式,是科学评价和管理城镇土地,规范土地估价行为,确保土地分等定级估价成果客观、公正和合理的技术保障。

各地在地价管理工作中要认真实施新《规程》,严格执行新《规程》,加强新《规程》的宣传、学习和培训工作,不断提高地价管理水平和土地评估中介机构的执业水平。

国土资源部关于停止执行部分规范性文件的通知

（国土资发〔2003〕48号　2003年2月20日）

各省、自治区、直辖市国土资源厅（国土环境资源厅、国土资源和房屋管理局、房屋土地资源管理局、规划和国土资源局），计划单列市国土资源行政管理部门，国家海洋局，国家测绘局，解放军土地管理局，新疆生产建设兵团国土资源局：

为适应我国加入世界贸易组织新形势和国土资源市场建设的需要，结合国务院行政审批制度改革、政府职能转变和推进依法行政等实际工作，我部对原国家土地管理局、原地质矿产部和国土资源部2001年12月31日前发布的规范性文件进行了全面清理。经国土资源部2002年第10次部长办公会议研究决定，并征得有关部门同意，停止执行《国土资源部决定停止执行的规范性文件目录》所列的规范性文件。

附件：

国土资源部决定停止执行的规范性文件目录（136件）

序号	名　称	发文单位及文号	发文时间
1	关于将“开采回采率”、“采矿贫化率”和“选矿回收率”列为考核国营矿山企业指标的通知	地质矿产部、国家经济委员会　地发147号	1987年3月28日
2	矿产勘查工作阶段划分的暂行规定	全国矿产储量委员会、国家计划委员会、国家经济委员会　储发27号	1987年3月31日
3	关于加强风景名胜区土地管理工作的通知	国家土地管理局	1987年8月14日
4	关于加强外商投资企业用地管理工作的通知	国家土地管理局　国土〔建〕字第112号	1987年10月5日
5	关于解决地（市）、县矿管经费的通知	地质矿产部、财政部、建设银行总行　地发261号	1988年7月25日
6	关于提供土地使用权属资料问题的通知	国家土地管理局、国家税务局	1988年12月16日
7	关于未经矿产储量委员会审查批准的勘探报告进行建设，不得征用土地的通知	国家矿产储量管理局、国家土地管理局　国储129号	1989年9月30日
8	关于加强地质灾害情况通报工作的通知	地质矿产部　地发398号	1989年12月2日
9	关于认真做好地籍调查、土地登记发证等工作的通知	国家土地管理局　国土〔籍〕字第45号	1990年4月17日

续上表

序号	名 称	发 文 单 位 及 文 号	发 文 时 间
10	关于理顺部分市(地)县矿产资源管理职责关系的通知	地质矿产部、人事部 地发280号	1990年7月20日
11	关于加强城镇国有土地使用权出让和转让管理的通知	国家土地管理局	1990年9月10日
12	关于砂金生产土地复垦有关问题的通知	国家土地管理局、国家黄金管理局 国土〔规〕字第60号	1990年9月27日
13	关于加强地质环境监测工作的通知	地质矿产部 地发432号	1990年12月28日
14	关于对国有土地使用权出让转让登记发证有关问题的通知	国家土地管理局 国土〔籍〕字第33号	1991年2月23日
15	矿产储量参理员试行管理办法	国家矿产储量管理局	1991年4月10日
16	关于加强对境外出售出租房产活动中土地管理的通知	国家土地管理局	1991年5月4日
17	关于认真按照全国人大常委会法工委有关法律问答依法行政的通知	地质矿产部 地发109号	1991年5月11日
18	关于认真贯彻落实邓小平同志谈话精神和国务院批准的体改要点,加大土地使用制度改革力度的通知	国家土地管理局	1992年3月16日
19	关于加强地下水资源管理的通知	地质矿产部 地发96号	1992年5月7日
20	关于加强土地后备资源开发项目审批工作的通知	国家土地管理局 国土〔规〕字	1992年5月22日 第52号
21	关于进一步加快土地使用制度改革的通知	国家土地管理局	1992年6月25日
22	关于加强矿产品运销环节监督管理的通知	地质矿产部 地发243号	1992年10月31日
23	关于划拨土地使用权补办出让手续及办理土地登记程序的通知	国家土地管理局	1992年11月20日
24	关于加快煤矿企业“三率”指标制定和考核工作的通知	地质矿产部 地发146号	1993年7月15日
25	关于加强宏观调控管好地产市场的通知	国家土地管理局	1993年7月26日
26	关于发布国有土地使用权出让合同和外商投资企业土地使用合同示范文本的通知	国家土地管理局、国家工商行政管理局 国土〔建〕字第18号	1994年1月18日
27	关于落实国务院全国乡镇煤矿工作会议精神,做好全国乡镇煤矿治理整顿工作的通知	地质矿产部 地发64号	1994年4月28日
28	关于金矿地质勘查有关问题的通知	地质矿产部 地发92号	1994年6月8日
29	关于加强地热可开采储量审批与管理问题的通知	全国矿产储量委员会 储发142号	1994年7月22日
30	关于进一步加强土地监察工作的通知	国家土地管理局	1994年7月28日

续上表

序号	名　称	发文单位及文号	发文时间
31	关于坚决贯彻执行国务院《矿产资源补偿费征收管理规定》的通知	地质矿产部　地发143号	1994年9月21日
32	关于组织实施《全国矿产资源补偿费征收工作实施方案》的通知	地质矿产部　地发178号1994年11月19日	
33	股份有限公司土地使用权管理暂行规定	国家土地管理局、国家经济体制改革委员会	1994年12月3日
34	关于加强地矿行政执法和行政监督工作的通知	地质矿产部　地发59号	1995年3月1日
35	矿产和地下水储量报告奖励办法	全国矿产储量委员会　储发37号	1995年3月11日
36	调整规范要求，改革储量审批的意见	全国矿产储量委员会　储发38号	1995年3月11日
37	矿山闭坑地质报告审批办法	全国矿产储量委员会　储发40号	1995年3月11日
38	关于印发《石油天然气行业划拨用地项目目录（试行）》的通知	国家土地管理局　国土〔建〕字第52号	1995年4月16日
39	关于切实做好1995年清产核资中土地清查估价的通知	国家土地管理局　国土〔籍〕字第59号	1995年5月15日
40	关于非农建设的集体土地交易应征为国有的试点方案的通知	国家土地管理局　国土〔法〕字第104号	1995年7月21日
41	关于印发《农村集体土地使用权抵押登记的若干规定》的通知	国家土地管理局　国土〔籍〕字第134号	1995年9月11日
42	关于贯彻《矿产储量登记统计管理暂行办法》的实施意见	地质矿产部　地发196号1995年9月25日	
43	关于做好矿产储量统一审批工作的通知	全国矿产储量委员会　储发196号	1995年11月8日
44	关于加强地价管理规范土地估价行为的通知	国家土地管理局　国土〔籍〕字第190号	1995年12月29日
45	关于印发《民航、铁路、交通、水利、电力五行业划拨用地项目目录（试行）》的通知	国家土地管理局　国土〔建〕字第188号	1995年12月30日
46	关于印发《规范股份有限公司土地估价结果确认工作若干规定》的通知	国家土地管理局　国土〔籍〕字第130号	1996年6月14日
47	关于印发《煤炭行业划拨用地项目目录（试行）》的通知	国家土地管理局　国土〔建〕字第179号	1996年10月10日
48	关于印发《教育、体育和卫生行业划拨用地项目目录（试行）》的通知	国家土地管理局　国土〔建〕字第180号	1996年10月10日
49	关于印发《建设项目用地预报和审批备案制度（试行）》的通知	国家土地管理局　国土〔建〕字第186号	1996年10月11日
50	关于颁发《地质矿产部成果奖励办法》的通知	地质矿产部　地发72号	1997年3月18日

续上表

序号	名称	发文单位及文号	发文时间
51	关于认真贯彻《中共中央国务院关于进一步加强土地管理切实保护耕地的通知》的通知	国家土地管理局 国土〔办〕字第58号	1997年4月16日
52	关于印发土地估价结果确认文书规范格式(试行)的通知	国家土地管理局 国土〔籍〕字第69号	1997年5月9日
53	关于印发《地质矿产部科学技术研究与开发项目管理办法》的通知	地质矿产部 地发122号	1997年5月26日
54	关于矿产储量变更有关问题的通知	全国矿产资源委员会 全资办发60号	1997年8月22日
55	关于坚决贯彻执行中央继续冻结非农业建设项目占用耕地决策的通知	国土资源部 国土资发5号	1998年4月8日
56	关于印发《全国实现矿业秩序全面好转工作意见》的通知	国土资源部 国土资发6号	1998年4月10日
57	关于加强汛期地质灾害防治工作的紧急通知	国土资源部 国土资发15号	1998年4月20日
58	关于贯彻实施《矿产资源勘查区块登记管理办法》、《矿产资源开采登记管理办法》和《探矿权采矿权转让管理办法》的通知	国土资源部 国土资发16号	1998年4月20日
59	关于国有棉纺企业压锭重组中划拨土地使用权处置管理意见的通知	国土资源部 国土资发53号	1998年5月14日
60	关于开展勘查许可证、采矿许可证换证工作有关规定的通知	国土资源部 国土资发79号	1998年6月26日
61	关于做好占用矿产储量登记与换领新采矿许可证衔接工作的通知	国土资源部 国土资发80号	1998年6月26日
62	关于在换发采矿许可证前对采矿权人缴纳矿产资源补偿费情况进行清理的通知	国土资源部 国土资发91号	1998年8月3日
63	关于继续做好汛期地质灾害防治工作的紧急通知	国土资源部 国土资发98号	1998年8月13日
64	关于在机构改革中加强地质资料管理的通知	国土资源部 国土资发120号	1998年9月9日
65	关于江西等八省(区)抗洪救灾用砂石黏土免征矿产资源补偿费的通知	国土资源部、财政部 国土资发149号	1998年10月5日
66	关于授权部分国家规划矿区换证权限的通知	国土资源部 国土资发208号	1998年12月1日
67	关于做好地质灾害防治科普教育的通知	国土资源部 国土资发213号	1998年12月2日
68	关于全面开展土地评估机构调查工作的通知	国土资源部 国土资发29号	1999年1月27日
69	关于加强古生物化石保护的通知	国土资源部 国土资发93号	1999年4月9日
70	关于对稀土等八种矿产暂停颁发采矿许可证的通知	国土资源部 国土资发104号	1999年4月23日
71	关于严格按土地评估机构资质等级加强评估业务管理的通知	国土资源部 国土资发113号	1999年5月11日

续上表

序号	名　称、	发 文 单 位 及 文 号	发 文 时 间
72	关于印发《矿产资源勘查开采登记代理机构管理暂行办法》和《矿产资源勘查开采登记代理人员资格及代理机构资质考核授予办法》的通知	国土资源部　国土资发 174 号	1999 年 6 月 25 日
73	关于进一步加强矿产资源补偿费征收管理工作的通知	国土资源部　国土资发 204 号	1999 年 7 月 15 日
74	关于开展地矿行政执法检查的通知	国土资源部　国土资发 270 号	1999 年 8 月 17 日
75	关于开展对勘查开采海砂等矿产资源监督检查的通知	国土资源部　国土资发 399 号	1999 年 11 月 5 日
76	关于采矿许可证换证工作有关问题的通知	国土资源部　国土资发 159 号	2000 年 5 月 25 日
77	关于继续对稀土等八种矿产暂停颁发采矿许可证的通知	国土资源部　国土资发 374 号	2000 年 12 月 13 日
78	关于电厂排放粉煤灰使用费用问题的批复	国家土地管理局　国土函字第 15 号	1989 年 2 月 2 日
79	关于对林地确权、登记、发证问题的批复	国家土地管理局　国土函字第 80 号	1989 年 7 月 11 日
80	关于对青海省零星分散的黄金资源组织集体开采的复函	地质矿产部、国家黄金管理局　地发 34 号	1990 年 2 月 14 日
81	关于对国家土地管理法律、法规有效范围的批复	国家土地管理局　国土函字第 85 号	1990 年 7 月 23 日
82	关于如何理解分割转让形式的答复	国家土地管理局	1990 年 8 月 25 日
83	关于对浙土复〔1990〕8 号请示的答复	国家土地管理局	1990 年 8 月 25 日
84	关于对《中华人民共和国城镇国有土地使用权出让和转让暂行条例》有关问题的答复	国家土地管理局	1990 年 12 月 20 日
85	关于对贯彻《中华人民共和国城镇国有土地使用权出让和转让暂行条例》	国家土地管理局若干问题的答复	1991 年 1 月 9 日
86	关于对土地使用权设定抵押权登记机关的请示的复函	国家土地管理局	1991 年 3 月 16 日
87	关于对出让国有土地使用权有关问题请示的答复	国家土地管理局	1991 年 5 月 13 日
88	关于对《中华人民共和国城镇国有土地使用权出让和转让暂行条例》第二十八条含义的请示的答复	国家土地管理局	1991 年 9 月 23 日
89	关于对土地权属争议处理问题的答复	国家土地管理局	1991 年 12 月 12 日
90	关于对山东省土地管理局有关土地权属问题请示的答复	国家土地管理局　国土函字第 23 号	1992 年 2 月 22 日
91	关于地热资源管理问题的复函	地质矿产部　地函 184 号	1992 年 6 月 1 日
92	关于对国内受让土地者是否缴纳土地使用税的请示的答复	国家土地管理局	1992 年 8 月 20 日

续上表

序号	名　称	发文单位及文号	发文时间
93	对关于非法占用林地进行非农业建设问题的处理意见的请示的答复	国家土地管理局	1992年10月17日
94	对山西省关于执行《土地登记规则》第二十八条的紧急请示的批复	国家土地管理局　国土函字第172号	1992年11月16日
95	对安徽省关于土地有偿使用中几个问题的请示的复函	国家土地管理局	1993年2月17日
96	关于答复河北省地矿局对征收中央直属矿产资源补偿费有关问题的函	地质矿产部　地函63号	1993年2月26日
97	关于出让国有土地使用权有关问题的答复	国家土地管理局	1993年4月1日
98	关于地质资料有偿使用方面几个问题解释的函	地质矿产部　地函115号	1994年5月10日
99	对〔94〕中色企字第0299号文的复函	地质矿产部　地函121号	1994年5月17日
100	关于对"县级人民政府"含义及有关问题解释的复函	地质矿产部　地函175号	1994年7月3日
101	关于《执法地位的请示》的复函	地质矿产部　地函182号	1994年7月18日
102	关于在山区、丘陵区、风沙区进行采矿活动适用法律的复函	地质矿产部　地函216号	1994年9月8日
103	对长春市《关于修筑铁路、公路、林区运材路采挖砂、石、土资源适用法律条款请示的函》的函	地质矿产部　地函220号	1994年9月12日
104	关于矿产资源补偿费起征时间的复函	地质矿产部　地函282号	1994年11月14日
105	对以行政煤矿为纳费人征收矿产资源补偿费问题的复函	地质矿产部　地函313号	1994年12月13日
106	关于矿产资源补偿费使用管理问题的复函	地质矿产部　地函39号	1995年2月13日
107	关于矿渣是否属于矿产资源的复函	地质矿产部　地函42号	1995年2月15日
108	关于对平朔安太堡露天煤矿洗选煤如何计征矿产资源补偿费问题的复函	地质矿产部　地函50号	1995年2月23日
109	关于答复徐州市矿产资源违法案件有关问题请示的函	地质矿产部　地函57号	1995年3月1日
110	关于黄金矿产开发管理有关问题的复函	地质矿产部　地函131号	1995年4月28日
111	对征收矿产资源补偿费中有关问题的复函	地质矿产部　地函143号	1995年5月10日
112	关于江苏省地矿局要求征收大屯煤电公司全部井田煤矿资源补偿费的复函	地质矿产部　地函160号	1995年5月22日
113	对《如何确定乌石山铁矿矿产品销售收入问题的请示》的答复	地质矿产部　地函166号	1995年6月2日

续上表

序号	名 称	发 文 单 位 及 文 号	发 文 时 间
114	关于编制全国矿产资源规划有关问题	地质矿产部 地函192号的复函	1995年6月27日
115	关于对万宁县环境资源局有关矿产资源补偿费问题请示的意见的函	地质矿产部 地函202号	1995年7月17日
116	关于矿泉水、地下热水适用法律问题的函	地质矿产部 地函238号	1995年8月14日
117	对黄金地质勘查报告审批问题的复函	地质矿产部 地函275号	1995年9月7日
118	关于如何确定矿产资源补偿费纳费义务人的请示的复函	地质矿产部 地函292号	1995年9月21日
119	对辽宁省地质矿产厅关于征收矿产资源补偿费有关问题请示的答复	地质矿产部 地函295号	1995年9月26日
120	关于征收长广煤矿公司煤矿资源补偿费问题的复函	地质矿产部 地函299号	1995年10月4日
121	关于地发〔1996〕51号文时效性解释的函	地质矿产部 地函109号	1996年5月2日
122	关于《城镇国有土地使用权出让和转让暂行条例》有关问题的批复	国家土地管理局 国土批44号	1996年5月17日
123	对国有土地使用权出让年限始起日期问题的批复	国家土地管理局 国土批50号	1996年6月5日
124	对浙江省土地管理局关于村与村之间调换土地有关问题的请示的答复	国家土地管理局 国土函字第71号	1996年7月18日
125	关于对《中华人民共和国矿产资源法实施细则》第八条第四款解释的函	地质矿产部 地函248号	1996年8月19日
126	关于对《中华人民共和国矿产资源法实施细则》第六条采矿权人概念解释的函	地质矿产部 地函298号	1996年10月7日
127	关于划拨土地使用权管理有关问题的批复	国家土地管理局 国土批122号	1996年12月4日
128	关于对《冻结非农业建设项目占用耕地规定》有关问题的批复	国家土地管理局 国土批71号	1997年6月26日
129	关于吊销采矿许可证请示的复函	地质矿产部 地函295号	1997年9月5日
130	关于铜是否属于稀有金属贵重金属范围等问题的复函	地质矿产部 地函340号	1997年10月14日
131	关于《矿产资源开采登记管理办法》公布前有关问题适用法律的复函	国土资源部 国土资函157号	1998年7月12日
132	关于陆上石油对外合作区资产所有权归属问题的函	国土资源部 国土资函241号	1998年9月16日
133	关于内蒙古自治区地质矿产厅申请使用"两权使用费"的批复	国土资源部 国土资函358号	1998年11月19日

续上表

序号	名称	发文单位及文号	发文时间
134	对吉林省土地管理局关于《森林法》第十八条是否包含林业用地单位问题的批复	国土资源部　国土资函420号	1998年12月18日
135	关于古生物化石管理工作若干问题的复函	国土资源部　国土资函322号	1999年7月26日
136	关于办理采矿许可证延续登记手续有关问题的复函	国土资源部　国土资函452号	1999年9月7日

建设部关于发布行业标准《房地产业基本术语标准》的公告

（2003 年 3 月 17 日建设部公告第 127 号　中华人民共和国行业标准
JGJ/T 30—2003　2003 年 6 月 1 日起实施）

现批准《房地产业基本术语标准》为行业标准，编号为 JGJ/T 30—2003，自 2003 年 6 月 1 日起实施。

本标准由建设部标准定额研究所组织中国建筑工业出版社出版发行。

JGJ 30—2003T　房地产业基本术语标准

1　总　　则

1.0.1　为使我国房地产行业术语规范化，利于国内外交流，促进房地产事业的发展，制定本标准。

1.0.2　本标准适用于房地产行业及其相关领域。

1.0.3　本标准依据《中华人民共和国城市房地产管理法》、《中华人民共和国土地管理法》编制。

1.0.4　房地产业基本术语除应符合本标准外，尚应符合国家现行的有关强制性标准的规定。

2　房地产业一般术语

2.0.1　房地产 real estate，real property

可开发的土地及其地上定着物、建筑物，包括物质实体和依托于物质实体上的权益。

2.0.2　不动产 immovable property

依自然性质或法律规定不可移动的土地、土地定着物、与土地尚未脱离的土地生成物、因自然或者人力添附于土地并且不能分离的其他物。包括物质实体和依托于物质实体上的权益。

2.0.3　土地 land

地球表层的陆地部分及其以上、以下一定幅度空间范围内的全部环境要素，以及人类社会生产生活活动作用于空间的某些结果所组成的自然—经济综合体。

2.0.4　房屋 house

供人们生产、居住或者作其他用途的建筑物的总称。

2.0.5　地产 estate

土地和固着其上不可分割的部分所共同形成的物质实体以及依托于物质实体上的权益。

2.0.6 房产 house property

个人或者团体保有所有权的房屋连同保有使用权的地基以及依托于房屋、地基物质实体上的权益。

2.0.7 房地产业 real estate industry

从事房地产投资、开发、经营、管理和服务的产业。

2.0.8 房地产所有权 real estate title

房地产权属所有人依照法律、法规规定对其所有的房地产享有占有、使用、收益、处分的权利。

2.0.9 房地产使用权 real estate user

依照法律法规规定对土地加以利用和对房屋依法占有、使用、收益和有限处分的权利。

2.0.10 物业 tk _ property

特指正在使用中和已经可以投入使用的各类建筑物及附属设备、配套设施、相关场地等组成的单宗房地产实体以及依托于该实体上的权益。

2.0.11 物业管理 property management

物业产权人对物业负责区域内共同利益进行维护的行为。

2.0.12 房地产权属登记 real estate title registration

房地产行政主管部门代表政府对房屋所有权、土地使用权,以及由上述权利产生的抵押权、典权等房屋他项权力进行登记,并依法确认产权归属关系的行为。其可用图、档、卡、册等形式表现。

2.0.13 房地产开发 estate development

按照城市建设总体规划和社会经济发展的要求,在国有土地上进行基础设施建设、房屋建设,并转让房地产开发项目或者销售、出租商品房的行为。

2.0.14 房地产市场 real estate market

全社会房地产商品交换关系的总和。

2.0.15 房地产交易 real estate trade

土地出让、房地产转让、抵押、租赁、典当等房地产市场行为。

2.0.16 房地产中介 real estate medium

房地产咨询、房地产价格评估、房地产经纪等活动的总称。

2.0.17 房地产金融 real estate finance

为房地产开发聚集、融通资金,提供资金结算、信贷、信托和咨询的金融服务活动。

2.0.18 住房制度改革 reform of residentialallotment system

将计划经济时期的住房实物分配制度逐步改变为货币分配,直至全部实现住房市场化的过程。

3 房地产权属

3.0.1 房地产产权 real estate title

以房地产为标的物的产权。

3.0.2 房地产权利人 estate proprietor

拥有土地的使用权及其上的房屋所有权的产权人。

3.0.3 房地产产权管理 real estate title management

房地产行政管理部门为保障产权人合法权益，对房地产产权的取得、灭失及合法变动行为的确认所实施的管理行为。

3.0.4 房地产产籍 property register

房地产的产权档案、图纸以及账册、表卡等其他反映产权现状和历史情况的资料。

3.0.5 房地产权属登记 registration of estate title

土地使用权登记发证和房屋权属登记发证制度的总称。

3.0.6 房地产权属总登记 total registration of estate title

县级以上人民政府根据需要，在一定期限内对本行政区域内的房地产进行一次性的、统一的、全面的房屋权属登记。总登记是静态登记。

3.0.7 房屋所有权初始登记 primary registration of estate title

在依法取得的土地上，新建成的房屋权利人持有关证明文件，到县级以上的房产管理部门申请权属登记。

3.0.8 房地产转移登记 registration for estate title transfer

房地产因买卖、交换、赠与、继承、划拨、转让、分割、合并、判决等原因致使其权属发生转移的当事人，应当申请房地产权属情况变化后的转移登记。

3.0.9 房地产变更登记 registration for estate title change

房地产权利人法定名称改变或房地产现状、用途变更时，当事人申请权属情况变化后的登记。

3.0.10 房地产他项权利登记 other rights registration

设定房地产抵押权等他项权利时，权利人申请的权利登记。

3.0.11 房地产注销登记 registration for estate title cancelling

因房屋灭失、土地使用年限届满、他项权利终止等原因导致房地产权利丧失时，原权利人申请的注销登记。

3.0.12 房地产相对灭失 relative vanishing of estate title

某一特定的产权人失去了房地产产权，但其他人仍可取得其产权。

3.0.13 房地产绝对灭失 absolute vanishing of estate

房地产作为物质形态的丧失。

3.0.14 土地登记 registration of land

县以上人民政府依法将土地的权属、面积、用途等情况登记在专门的簿册上，同时向土地的所有者、土地使用者确认，颁发有关土地权属证书的一种法制制度。

3.0.15 土地使用权总登记 total registration of right to use land

在一定时间内，对一个市或一个县行政区域内全部城镇土地进行的普遍登记。

3.0.16 土地使用权初始登记 primary registration of right to use land

以出让或划拨方式取得土地使用权的权利人，持有关文件，向县级以上人民政府土地管理部门申请的土地使用权属登记。

3.0.17 地籍 land registration

记载土地的位置、界址、数量、质量、权属和用途（地类）等基本状况的籍册。

3.0.18 地籍测量 land registration survey and drawing

对宗地权属界线的界址点坐标进行精确测定，并把宗地及其附着物的位置、面积、权属关系和利用状况等要素准确地绘制在图纸上和记录在专门的表册中的测绘工作。

3.0.19 地籍测量图 land registration mapping

表明每宗地块的位置、行政境界、权属经界、面积块编号、地点、地类等的平面图。

3.0.20 房地产测绘 estate mapping

通过把房地产要素图示化,绘制符合规范要求的图、表,准确地反映房地产权属状况和自然资源状况,为核实房地产权属提供依据的活动。

3.0.21 房地产图 estate map

将每幢房屋,每宗地块的形状、位置以及有关市政设施,缩绘成一定比例的相似图形。

3.0.22 房地产分幅平面图 plan of a property

全面反映房屋、土地的位置、形状和权属等状况的基本图。

3.0.23 房地产丘平面图 partial plan of a property

房地产分幅平面图的局部图。以门牌、户院、产别及所占的土地范围,分丘绘制成图,每丘一张。

3.0.24 房屋分层分户平面图 unit plan

在房地产分丘平面图的基础上,以一户房屋所有权为单位,绘制成的房屋权属范围的细部图。

3.0.25 房屋产别 distinguish of property right

房屋财产按其所有权归属和管理形式不同而划分的类别。

3.0.26 房屋产权面积 areas of owner's house

房屋产权人依法拥有房屋的建筑面积。

3.0.27 公有房屋 public owned house

所有权归国家或者集体所有的房屋。

3.0.28 异产毗邻 abutting owner

不同归属的房产,其结构相连或具有共用部位,共有或共用设施、设备和附属建筑的房屋。

3.0.29 专有所有权 exclusive property rights

一幢建筑物,有多个房屋产权人共同拥有时,各房屋产权人对建筑物在构造上能明确区分的专有部分所享有的所有权。

3.0.30 房地产共有权 share property rights

两个或两个以上的权利主体共有一宗房地产或一宗房地产某一部分的权益。

3.0.31 共有面积 share property areas

为多个房屋产权人所共同拥有的建筑物面积,不分份额。

3.0.32 房地产抵押人 real estate pledgeor

在房地产抵押合同依法成立时,房地产权利人以不转移房地产占有的方式,向相对人提供债务履行担保的债务人。

3.0.33 房地产抵押权人 real estate pledgee

在房地产抵押合同依法成立时相对于房地产权利人的债权人。

4 城市土地利用

4.0.1 土地公有制 socialist public owner ship of land

全民所有制土地和集体所有制土地的总称。

4.0.2 国有土地 State – owned land

城市和非建制镇、工矿区范围内依法属于全民所有的土地。

4.0.3 集体土地 Land owned by peasant collectives

与国有土地对应,指劳动群众集体所有的土地。

4.0.4 建设用地 land for construction

建造建筑物和构筑物的土地。

4.0.5 土地使用权 land user

依照法律规定,对土地进行使用、处分和取得收益的权利。

4.0.6 土地使用权划拨 allocation of land user

依法在土地使用者缴纳补偿、安置等费用后将土地交付其使用,或者将土地使用权无偿交给土地使用者使用的行为。

4.0.7 土地使用权出让 land user granting

国家将国有土地使用权在一定年限内让渡给土地使用者,由土地使用者向国家支付土地使用权出让金的行为。

4.0.8 国有土地使用权转让 state owned landu ser transfer

国有土地管理者将土地使用权转移给土地使用者的行为。

4.0.9 国有土地使用权出租 hiring out thestate – owned land user

国有土地管理者作为出租人将土地使用权随同地上建筑物和其他附属物租赁给承租人使用,并向承租人收取租金的行为。

4.0.10 土地使用权抵押 raise a mortgage on land user

有偿土地使用权的拥有者因借贷或为第三人担保债务的履行,将土地使用权作为债权人对债务人不转移占有使用权而供作债权担保的一种行为。

4.0.11 土地使用权收回 land user regain

国家在特殊情况下,根据社会公共利益的需要,依法收回用地单位或者个人的土地使用权的行为。

4.0.12 土地使用权终止 suspention of land user

土地使用权因土地灭失而终止。

4.0.13 土地使用权出让金 charge for land user

土地使用权受让方为取得国家出让的国有土地一定年限的使用权,按照国有土地使用权出让法律或政策的规定,在签订土地使用权出让合同后,支付给国家的土地使用权价款。

4.0.14 基准地价 basic prices of urban land

在城镇规划区范围内,对不同级别的土地或者土地条件相当的匀质地域,按照商业、居住、工业等用途分别评估的,并由市、县以上人民政府公布的国有土地使用权的平均价格。

4.0.15 标定地价 marked price of land

城镇宗地在限定条件下评估,并由市、县以上人民政府公布的宗地价格。

4.0.16 熟地 cultivated land

经过土地开发,具备基本建设条件的土地。

4.0.17 生地 raw land

完成土地征用,未经开发、不可直接作为建筑用地的农用地或荒地等土地。

4.0.18 毛地 undeveloped land

在城市旧区范围内,尚未经过拆迁安置补偿等土地开发过程、不具备基本建设条件的土地。

4.0.19 宗地 parcel of land

土地使用权人的权属界址范围内的地块。

4.0.20 闲置土地 idle land

土地使用者依法取得土地使用权后,未经原批准用地的人民政府同意,超过规定的期限未动工开发建设的建设用地。

4.0.21 土地四至 four boundaries of a piece of land

宗地的地块界址。

4.0.22 土地使用税 land use tax

以城镇土地为课税对象,向拥有土地使用权的单位和个人征收的一种地方税。

4.0.23 土地使用费 charge of land

土地使用者因使用土地按规定每年支付给政府的费用。

4.0.24 土地收益金 land revenue

土地使用者将属于他的土地使用权出租,就其所获租金收入,按规定比例向国家缴纳的价款。

4.0.25 土地利用总体规划 overall plan of land utilization

各级人民政府依据国民经济和社会发展规划、国土整治和资源环境保护的要求、土地供给能力以及各项建设对土地的需求,组织编制的总体控制计划书。

4.0.26 土地利用年度计划 annual plan of land utilization

各级人民政府依据国民经济和社会发展计划、国家产业政策、土地利用总体规划以及建设用地和土地利用的实际情况,按年度编制的计划书。

4.0.27 用地性质 land usage

城市规划管理部门根据城市总体规划的需要,对某宗具体用地所规定的用途。

5 房地产开发

5.0.1 房地产综合开发 comprehensive development of real estate

根据国家批准的总体建设规划,对某个开发区的房地产开发全面规划,统一安排各种有关的开发项目,分期施工、协调进行建设的活动。

5.0.2 城市建设综合开发 city comprehensive development

按照城市规划要求,进行房屋、市政工程和生活服务设施建设,为城市发展提供各类建筑产品的活动。

5.0.3 房地产投资 real estate investment

国家、企业和个人为了某种目的,直接地或间接地投入用于房地产开发、经营、管理和服务的资金的行为。

5.0.4 房地产开发项目 estate development project

房地产企业开发经营的对象。

5.0.5 征地 requisition of land

依法将集体所有土地转为国有土地的行为。

5.0.6 拆迁 removal

为了城市新建的需要，将建设区内原有建筑物和其他附着物拆除、迁移的工作。

5.0.7 征地补偿 compensation for requisition of land

用地单位按照被征土地的原用途，支付因征地而产生的费用。

5.0.8 拆迁补偿 compensation for removal

建设用地上有建筑物、构筑物需要拆迁时，建设单位对原所有人或使用人因拆迁造成的损失给予的补偿。

5.0.9 拆迁安置 arrange for relocation house hold

在政府部门批准的建设用地上进行房地产开发需要办理的土地征用、建筑物拆除、居民动迁和劳动力安置等项工作。

5.0.10 拆迁人 remover

取得房屋拆迁许可证的建设单位和个人。

5.0.11 被拆迁人 relocation house hold

被拆除房屋及其附属物的所有人或使用人。

5.0.12 七通一平 seven accesses and site leveling

开发建设场地在正式开工前，对场地进行的道路、供水、供电、供热、供气、排水及邮电通讯通畅工作及场地平整工作。

5.0.13 空置率 vacancies

可供出租物业中尚未找到承租人的面积与可供出租总面积的百分比。

5.0.14 房地产增量 incremental estate

在一定时期内，新开发建设的房地产数量。

5.0.15 房地产存量 amount of existential estate

在一个特定的时间点上，全部或分类物业的保有量。

5.0.16 房地产灭失量 vanishing amount of estate

因拆除、重建或灾害等其他原因而减少的房地产数量。

5.0.17 在建工程 construction work in progress

正在建设尚未竣工投入使用的建设项目。

5.0.18 住宅 dwelling house

以个人或以家庭为生活单位供人们长期居住的房屋。

6 住房制度改革

6.0.1 商品房 commodity housing

由房地产开发企业综合开发，以建成后出售或出租为目的建设的住宅、商业用房以及其他建筑物。

6.0.2 经济适用房 affordable housing

国家为保障中低收入家庭住房的需求，在用地及税费方面予以政策扶持，由各级建设行政主管部门组织实施建设的普通住宅。

6.0.3 廉租屋 low rent housing

政府(单位)在住房领域实施社会保障职能，向具有本市非农业常住户口的最低收入家庭和其他需保障的特殊家庭提供的租金补贴或者以低廉租金配租的具有社会保障性质的普通住宅。

6.0.4 住房补贴 housing allowance

国家行政机关、事业单位对无住房职工或住房面积未达到规定标准的职工,发放的现金补贴。

6.0.5 住房公积金 housing accumulation fond

根据国家房改政策,对在职职工建立的一项具有一定强制性的住房储蓄制度。在职工工作年限内,由职工及其所在单位,按月交存一定数额的资金,全部归职工个人所有,专项用于住房支出。

6.0.6 成本价 cost price

按照当年建造公有住宅的平均成本而测定出售公有住房的价格。各地每年由县级以上人民政府批准公布。成本价按征地和拆迁补偿、勘察设计和前期工程费、建安工程费、住宅小区基础设施建设费、管理费、贷款利息和税金共7项因素测定。

6.0.7 标准价 normal price

各市、县依据本地区中低收入职工家庭平均经济承受能力而确定的出售公有住宅售房价格。

6.0.8 成本租金 cost rent

按照经营成本确定的租金标准。

6.0.9 市场租金 market rent

以住房的价值为基础,由市场供求关系决定的租金标准。

6.0.10 住房基金 housing fund

用于住房建设、维修、管理以及资助职工建立住房公积金等方面的专项基金。

6.0.11 城市住房基金 housing fund provided by government

市、县政府用于解决行政事业单位职工及中低收入居民住房问题的住房基金。

6.0.12 单位住房基金 housing fund provided by employer

职工所在工作单位为解决其住房问题,转换住房机制而建立的专项基金。

6.0.13 住房合作社 housing cooperative

经市(县)房地产行政主管部门批准,由城镇居民职工为解决自身住房问题和改善自身住房条件而自愿参加,不以盈利为目的,具有法人资格的公益性经济组织。

6.0.14 个人住房担保贷款 collateral loan for private housing

借款人或第三人以所购住房和其他具有所有权的财产作为抵押物、或质押物、或由第三人为其贷款提供保证,并承担连带责任的贷款。借款人到期不能偿还贷款本息的,贷款银行有权依法处理抵押物或质物或要求保证人承担连带偿还本息的责任。

7 房地产交易

7.0.1 土地市场 primary land market

进行土地使用权交易的市场。

7.0.2 房屋一级市场 commodity houses market

新开发的商品房预(销)售市场,是增量房屋产权交易市场。

7.0.3 房屋二级市场 secondhand houses market

存量房屋的产权交易市场。

7.0.4 房屋三级市场 thirdhand houses market

房屋出租、抵押、典当以及承租房屋的转租及使用权转让等部分产权交易的市场。

7.0.5 公开市场 open market

交易的目的在于最大限度地追求经济利益，并掌握必要的市场信息，有较充裕的时间进行交易，交易对象具有必要的专业知识，交易条件公开并不具有排它性的交易市场。

7.0.6 房地产转让 real estate transfer

房地产权利人通过买卖、赠与或者其他合法方式将其房地产转移给他人的行为。

7.0.7 房地产抵押 deposit of real estate

房屋的所有者因借贷或为第三人担保债务的履行，将房屋作为债权人对债务人不转移占有而供作债权担保的一种行为。

7.0.8 房地产按揭 real estate mortgage

以所购房地产作抵押物，采用抵押贷款方式取得购买房地产的资金。

7.0.9 房地产拍卖 real estate auction

以公开竞卖的方式，从多数应买人中选择出价最高的人为买受人的房屋买卖行为。

7.0.10 房地产典当 real estate pawn

承典人支付典价，占有他人的房屋以取得房屋使用权和收益的行为。

7.0.11 房屋租赁 houses tenancy

由房屋的所有者或经营者将其所有或经营的房屋交给房屋的消费者使用，房屋消费者通过定期交付一定数额的租金，取得房屋的占有和使用权利的行为。房屋租赁是房屋使用价值零星出售的一种商品流通方式。

7.0.12 房屋租赁合同 house rental agreement

记载房屋租赁交易的法律文件。

7.0.13 房屋出租人 house renter

房屋租赁交易中的所有者或经营者。

7.0.14 房屋承租人 lease holder

房屋租赁交易中的法定房屋消费者。

7.0.15 房屋租金 house rent

按照房屋租赁合同，依据房屋价格，房屋消费者定期交纳的一定数量资金。

7.0.16 房地产咨询 real estate consultation

为房地产活动当事人提供法律法规、政策、信息、技术等方面服务的经营活动。

7.0.17 房地产经纪 real estate registration

为委托人提供房地产信息和居间代理业务的经营活动。

7.0.18 房地产估价 real estate appraisal

专业估价人员根据估价目的，遵循估价原则，按照估价程序，选用适宜的估价方法，并在综合分析影响房地产价格因素的基础上，对房地产在估价时点的客观合理价格或价值进行估算和判定的活动。

7.0.19 估价对象 appraisal object

具体估价项目中需要估价的目标房地产实体和权益。

7.0.20 估价规范 appraisal regulation

在房地产估价中，评估人员应当遵循的各种标准的集合。

7.0.21 估价报告 appraisal report

全面、公正、客观、准确地记述估价过程和估价成果的文件,给委托方的书面答复,关于估价对象的客观合理价格或价值的研究报告。

7.0.22 估价目的 appraisal purpose

委托方希望经评估能够实现的目的或需要。

7.0.23 估价时点 date of value;valuation date

评估价格所属的特定时间,一般用年、月、日表示。

7.0.24 估价师 appraiser

一种职业称谓,指受过专业教育和培训、具有房地产或其他资产估价经验、经考试获取政府颁发的房地产或其他资产估价资格,并经政府有关主管部门注册登记后,能从事房地产或其他资产估价业务的专业人士。

7.0.25 市场价格 market price

房地产交易双方按照一定的法律程序,实际达成的房地产交易价格。

7.0.26 公开市场价格 open market price

房地产在竞争性的公开市场上于估价时点能够成效的最好价格。

7.0.27 房地产评估价格 appraisal price of estate

专业估价人员按照房地产估价的规则,估算和推断的房地产在估价时点的客观合理价格或价值。

7.0.28 房屋重置价格 building replacement value

在当前的建筑技术、工艺水平、建材价格、运输费用和人工费用情况下,重新购建与原有房屋结构、式样、质量、功能基本相同的房屋所需的费用。

7.0.29 楼面地价 land value in tetms of per unit floor age

按房屋单位建筑面积平均分摊的土地价格。

7.0.30 地面地价 land value

按土地四至圈定的面积平均分摊总价的单位面积地价。

7.0.31 综合收益率 overall yield rate

使物业净经营收入和转售收入的现值与其购买价格相等时的折现率。

7.0.32 资本比率 capitalization rate

反映房地产纯收益与房地产价格之间的比例关系的系数。

7.0.33 商品房现售 present purchasing for commodity houses

房地产开发企业将竣工验收合格的商品房出售给买受人,并由买受人支付房价款的行为。

7.0.34 商品房预售 forward purchasing for commodity houses

房地产开发企业将正在建设中的商品房预先出售给买受人,并由买受人支付定金或者房价款的行为。

8 物业管理

8.1 一般术语

8.1.1 居住小区 housing estate

以住宅楼房为主体并配有商业网点、文化教育、娱乐、绿化、公用和公共设施等而形成的居民生活区。

8.1.2 房屋设备 building equipment

房屋建筑内部附属设备的简称。它是房屋建筑实体的一部分。

8.1.3 用途转变 conversion

将某种用途的物业改变为另一种用途。

8.1.4 住宅共用部位 common part of a building

住宅楼由多个所有权人共同拥有时,其主体承重结构部位和共用面积所构成的部位。

8.1.5 住宅共用设施设备 public facilities

住宅楼由多个所有人共同拥有时,其共用的房屋的设施设备。

8.1.6 公用建筑面积 common - floorage

商品房销售时,不能由各购房业主独自使用,而为全体业主公用的部分。

8.1.7 前期物业管理 preceding stage of property management

房屋自售出之日起至物业管理委员会与物业管理企业签订的《物业管理合同》生效时止的物业管理。

8.1.8 物业管理体制 property management system

对物业按照市场化、社会化、专业化要求进行管理的模式。

8.1.9 物业管理机制 property management mechanism

物业管理的服务产品,按照进入市场所遵循的价值规律和竞争规律而建立的发展机制。

8.1.10 物业管理委员会 committee of property management

经物业产权人大会选举产生,由产权人和使用人代表组成,代表和维护房地产产权人、使用人合法权益的房屋管理自治组织。

8.1.11 物业管理单位 department of property management

依法定程序设立,以物业管理为主业,独立核算、自主经营、自负盈亏的,具有独立法人资格的经济组织。

8.1.12 物业管理接管验收 acceptance inspection for taking over control of property

物业所有人将物业管理权委托给物业管理单位时,双方就物业的现状进行清点、检验、验收、记录和交接工作。

8.1.13 物业管理收费 charge for property management

物业管理单位接受产权人、使用人委托,对物业进行管理、维护和提供其他相关的服务所收取的费用。

8.1.14 物业管理收入 income of property management

物业管理企业向物业产权人、使用人收取的公共性服务收入、公众代办性服务收入和特约服务收入。

8.1.15 维修基金 maintenance fund

商品住房和公有住房出售后建立的专项用于住宅共用部位、共用设施设备保修期满后的大修、更新、改造的基金。

8.1.16 业主公约 owner' s pact

业主共同订立的有关物业使用、维修、管理等方面的行为准则。

8.1.17 幢

指一座独立的,包括不同结构和不同层次的房屋。

8.2 房屋修缮

8.2.1 房屋修缮 repair

房屋从建成到报废的整个使用过程中,对房屋所进行的查勘、设计、维修、更新等修葺活动,以及实行技术、施工、设备各项管理的总称。

8.2.2 房屋折旧 building depreciation

由于物理因素、功能因素或经济因素所造成的物业价值损耗。

8.2.3 房屋耐久年限 building service life

房屋结构从建成到自然损坏而不能使用的年限。

8.2.4 房屋查勘鉴定 building appraisal

按照有关技术文件,对房屋的结构、装修和设备进行检查、测试、验算,并对房屋的完损状况给予综合判断。其目的是掌握房屋结构、装修、设备各部件的技术状态;为拟定房屋的修缮方案,编制修缮计划提供依据。

8.2.5 房屋保养 maintenance of houses

房屋和设备的日常零星维修和按计划养护。

8.2.6 房屋完损等级 damage condition of houses

用于综合反映建筑物可供使用状况的指标,根据建筑物的结构、装修和设备三个组成部分的实际完损程度确定。

8.2.7 房屋危险点 danger point of a building

房屋中处于危险状态的单个承重构件、围护构件或房屋设备。

8.2.8 翻修工程 rebuild project

原有房屋须全部拆除、另行设计、重新建造或利用少数主体构件进行改造的工程。

8.2.9 大修工程 capital repair project

需牵动或拆换部分主体和房屋设备,但不需全部拆除的工程。

8.2.10 中修工程 partial repair project

需牵动或拆换少量主体构件,保持原房的规模和结构的工程。

8.2.11 小修工程 piecemeal repair project

为了保持房屋的原有完好等级,进行日常养护和及时修复小损小坏的工程。

8.2.12 综合维修工程 synthetical repair project

指成片多幢(大楼可为单幢)大、中、小修一次性应修尽修的工程。

8.2.13 房屋完好率 rate of undamaged housing

完好房的建筑面积与基本完好房建筑面积之和,占总的房屋建筑面积的百分比。

8.2.14 危房率 rate of dilapidated housing

整幢危险房屋的建筑面积占总的房屋建筑面积的百分比。

8.3 房屋设备维修

8.3.1 房屋设备零星维修工程 piecemeal repair for facilities

对设备进行日常的保养、检修及为排除运行故障而进行的局部修理。此外还包括设备在使用过程中发生突发性故障后的紧急修复。

8.3.2 房屋设备中修工程 partial repair for facilities

对设备进行正常的和定期的全面检修，将设备部分解体修理和更换少量磨损零部件，保证设备能恢复和达到应有的标准和技术要求，使设备能正常运转到下一次修理。

8.3.3 房屋设备大修工程 thorough repair for facilities

对设备进行定期的全面检修，将设备全部解体、更换主要部件或修理不合格的零部件，使设备基本恢复原有性能。

8.3.4 电梯保养 take good care of lift

定期对运行的电梯部件进行检查、加油、清除积尘、调试安全装置的工作。

8.3.5 电梯中修 suitable repairing for lift

当电梯使用到一定年限，对其部分重要部件进行检查、润滑、清洗、去污及修理、调试工作。

8.3.6 电梯大修 thorough repairing for lift

对电梯的各部件全面拆卸、清洗、调整，对老化或损坏严重的个别部件、配件进行更换的工作。

8.3.7 电梯改造 lift refitting

对原设计加以变更或改进，使适应技术进步、提高性能、安全可靠所进行的维修工程。

8.3.8 电梯更新 lift renewal

对运行到规定年限的电梯所进行的更换。

8.3.9 二次供水设施 secondary water supply facilities

建筑用水经储存、处理、输送方式来保证正常供水的设备、管线等。

8.3.10 二次供水设施维护保养 take good care of secondary water supply facilities

二次供水设施的维护保养分为：日巡视检查、周保养、月保养、年保养。

8.3.11 二次供水设施大修 thorough repairing for secondary water supply facilities

主要包括对各部位进行拆卸、清洗、调整，更换老化或损坏严重的设备、部件。

8.3.12 二次供水设施更新 renewal for secondary water supply facilities

二次供水设施中的设备使用一定年限后的更换。

8.3.13 二次供水设施改造 refitting for secondary water supply facilities

为减少中间环节，提高供水系统的技术含量而进行的设施改造工程。

8.4 古建木结构修缮

8.4.1 传统结构 structure of traditional architecture

中国古建筑中的木结构形式。

8.4.2 榫卯结合 mortise and tenon connection

古建木结构中一种常用的连接方式。两个相接的木构件在连接部位分别制成凸凹形状，凸出的叫榫头，凹进的叫眼。

8.4.3 榫头折断 tenon broken

榫头因抗剪能力不足造成折断的现象。

8.4.4 构件拔榫 tenon pull out

榫卯松动、离析拔出。

8.4.5 大木归安 repair a building by not taking apart its timber structure

古建大木构架原位修缮加固。

8.4.6 大木拆安 repair a building by taking apart and readjusting its timber structure

古建大木构架部分拆卸落地,重新组装。

8.4.7 大梁滚动 a beam displaced horizontally

梁发生横向位移错动。

8.4.8 瓜柱歪闪 short pillar decline

瓜柱的倾斜、错位现象。

8.4.9 落架重修 repair a roof by taking apart and readjusting its wooden truss

将整个单体建筑的屋面梁架全部拆除重新组装的修缮方法。

8.4.10 打牮拨正 correct displaced member

支起抬平归位已产生位移的构件。

8.4.11 墩接柱根 replace rotten foot of a wooden column

截去糟朽柱根,接上完好的木料。

8.4.12 包镶梁头 remove rotten part of a wooden beam and recovered with new board

梁头因漏雨或其他原因而发生糟朽,将梁头四周的糟朽部分砍去、刨光,用木板依梁头原有的截面尺寸粘贴在梁头四周并用钉子钉牢,达到与完好的梁头尺寸一致的效果。

8.4.13 托梁换柱 replace wooden column by sustaining the beam it supported

在不拆除与柱子有关的其他构件的前提下,将梁、枋等构件支顶起来,抽出坏柱换上新柱。

本标准用词说明

1. 为便于执行本标准条文时区别对待,对于要求严格程度不同的用词说明如下:

1)表示很严格,非这样做不可的:正面词采用“必须”;反面词采用“严禁”。

2)表示严格,在正常情况下均应这样做的:正面词采用“应”;反面词采用“不应”或“不得”。

3)表示允许稍有选择,在条件许可时首先应这样做的:正面词采用“宜”;反面词采用“不宜”;表示有选择,在一定条件下可以这样做的,采用“可”。

2. 条文中指定应按其他有关标准执行的写法为:“应按……执行”或“应符合……规定(或要求)”。

中华人民共和国国土资源部令

（第19号）

《重要地理信息数据审核公布管理规定》，已经2002年12月12日国土资源部第6次部务会议通过，现予公布，自2003年5月1日起施行。《重要地理信息数据审核公布管理规定》由国家测绘局负责监督报告。

部长　田凤山

2003年3月25日

重要地理信息数据审核公布管理规定

第一条　为了加强重要地理信息数据审核、公布工作的管理，确保对外公布的重要地理信息数据的权威性和准确性，根据《中华人民共和国测绘法》的有关规定，制定本规定。

第二条　中华人民共和国领域和管辖的其他海域的重要地理信息数据的审核、公布管理工作，适用本规定。

第三条　国务院测绘行政主管部门负责重要地理信息数据的审核、公布管理工作。

第四条　在行政管理、新闻传播、对外交流等对社会公众有影响的活动、公开出版的教材以及需要使用重要地理信息数据的，应当使用依法公布的数据。

第五条　本规定所称的重要地理信息数据，是指在中华人民共和国领域和管辖的其他海域内的重要自然和人文地理实体的位置、高程、深度、面积、长度等位置信息数据和重要属性信息数据。主要包括：

（一）涉及国家主权、政治主张的地理信息数据；

（二）国界、国家面积、国家海岸线长度，国家版图重要特征点、地势、地貌分区位置等地理信息数据；

（三）拟冠以“全国”、“中国”、“中华”、“国家”等字样的地理信息数据；

（四）经相邻省级人民政府联合勘定并经国务院批复的省级界线长度及行政区域面积，沿海省、自治区、直辖市海岸线长度；

（五）法律法规规定以及需要由国务院测绘行政主管部门审核的其他重要地理信息数据。

第六条　国务院测绘行政主管部门负责受理单位和个人（以下称为建议人）提出的审核公布重要地理信息数据的建议。

建议人也可以直接向省、自治区、直辖市测绘行政主管部门提出审核公布重要地理信息数据建议。省、自治区、直辖市测绘行政主管部门应当在10个工作日内将建议转报国务院测绘行政主管部门。

第七条　建议人建议审核公布重要地理信息数据，应当向国务院测绘行政主管部门提交以下书面资料：

（一）建议人基本情况；

(二)重要地理信息数据的详细数据成果资料,科学性及公布的必要性说明;

(三)重要地理信息数据获取的技术方案及对数据验收评估的有关资料;

(四)国务院测绘行政主管部门规定的其他资料。

建议人为各级地方人民政府、国务院各部门的,可以不提供前款(一)规定的资料。

第八条 国务院测绘行政主管部门收到建议人建议审核公布重要地理信息数据的资料后,应当在10个工作日内决定是否受理,并书面通知建议人。不予受理的,应当说明原因。

第九条 国务院测绘行政主管部门应当组织对建议人提交的重要地理信息数据进行审核。审核主要包括以下内容:

(一)重要地理信息数据公布的必要性;

(二)提交的有关资料的真实性与完整性;

(三)重要地理信息数据的可靠性与科学性;

(四)重要地理信息数据是否符合国家利益,是否影响国家安全;

(五)与相关历史数据、已公布数据的对比。

第十条 国务院测绘行政主管部门应当会同国务院有关部门、军队测绘主管部门,对通过审核的重要地理信息数据公布的必要性、公布部门等内容进行会商,并向国务院上报公布建议。

第十一条 国务院批准公布的重要地理信息数据,由国务院或者国务院授权的部门公布。

重要地理信息数据以公告形式公布,并在全国范围内发行的报纸或者互联网上刊登。

第十二条 重要地理信息数据公布时,应当注明审核、公布部门。

第十三条 依照本规定公布重要地理信息数据的国务院有关部门,应当在公布时将公布公告抄送国务院测绘行政主管部门。

第十四条 国务院测绘行政主管部门收到公布公告后,应当在10日内书面通知建议人。建议人建议审核公布的重要地理信息数据,在受理后未被批准公布的,国务院测绘行政主管部门应当及时书面通知建议人,并说明理由。

第十五条 国务院有关部门具有下列情形之一的,由国务院测绘行政主管部门依法给予警告,责令改正,可以并处十万元以下罚款;构成犯罪的,依法追究刑事责任;尚不够刑事处罚的,对负有直接责任的主管人员和其他直接责任人员,依法给予行政处分:

(一)擅自发布已经国务院批准并授权国务院有关部门公布的重要地理信息数据的;

(二)擅自发布未经国务院批准的重要地理信息数据的。

第十六条 单位和个人具有下列情形之一的,由省级测绘行政主管部门依法给予警告,责令改正,可以并处十万元以下罚款;构成犯罪的,依法追究刑事责任;尚不够刑事处罚的,对负有直接责任的主管人员和其他直接责任人员,依法给予行政处分:

(一)擅自发布已经国务院批准并授权国务院有关部门公布的重要地理信息数据的;

(二)擅自发布未经国务院批准的重要地理信息数据的。

第十七条 本规定自2003年5月1日起实施。

国土资源部关于印发《国土资源标准化管理办法》的通知

（国土资发〔2003〕137号　2003年5月8日）

各省、自治区、直辖市国土资源厅（国土环境资源厅、国土资源和房屋管理局、房屋土地资源管理局、规划和国土资源局），新疆生产建设兵团国土资源局，各直属单位，部机关各司局：

标准化工作是现代社会进行科学管理的重要内容。为了加强国土资源标准化管理，建立科学合理的国土资源技术标准体系，充分发挥国土资源标准化工作在国土资源调查、规划、管理、保护和合理利用方面的重要基础作用，特制定《国土资源标准化管理办法》。现印发给你们，请遵照执行。

二〇〇三年五月八日

国土资源标准化管理办法

第一章　总　　则

第一条　为加强国土资源标准化工作的管理，充分发挥国土资源标准化工作在国土资源调查、规划、管理、保护和合理利用方面的重要基础作用，根据《中华人民共和国标准化法》、《中华人民共和国标准化法实施条例》及国家有关规定，制定本办法。

第二条　国土资源标准化工作的主要任务是：贯彻国家有关标准化工作的法律、法规和方针、政策，组织制定和实施国土资源标准化工作的规划、计划，建立并完善国土资源技术标准体系，组织制（修）定国土资源标准，并对标准的实施进行监督。

第三条　国土资源标准化管理工作是国土资源管理工作的重要组成部分，国土资源标准化工作纳入国土资源发展计划。国土资源标准是指土地资源、矿产资源、海洋资源管理的技术标准、规程、规范。

第四条　国土资源工作领域内，需要在全国范围内统一的技术要求，应当制定国家标准；需要在国土资源相关行业范围内统一的技术要求，应制定相应行业标准；尚无国家标准和行业标准，而又需要在省、自治区、直辖市范围内统一的国土资源技术要求，应制定相应地方标准。

国土资源国家标准及行业标准分为强制性标准和推荐性标准。国土资源强制性标准是指保障人体健康、人身、财产安全的标准和法律、行政法规规定强制执行的标准，其他标准是推荐性标准。

第五条　对下列需要统一的技术要求，应制定国土资源标准：

（一）国土资源术语、分类、代号、代码、符号、图式、图例及制图方法；

（二）国土资源信息化技术要求；

(三)土地资源的调查、监测与评价、土地分等定级与估价技术要求;

(四)土地资源规划、整理、利用与保护技术要求;

(五)陆地、海洋地质调查技术要求;

(六)矿产资源的规划、调查、评价及勘查、保护与合理利用技术要求,地下水资源调查、评价与监测技术要求;

(七)地质环境的规划、勘查、开发合理利用及保护技术要求;

(八)地质矿产勘查技术方法和地质实验测试技术方法及标准样品;

(九)地质勘查资质评定技术要求;

(十)探矿权、采矿权评估技术要求;

(十一)国土资源管理需要制定的其他技术要求。

第六条 国土资源标准化工作应认真分析研究国际标准和国外先进标准,并结合我国国土资源工作的实际情况,积极采用国际标准和国外先进标准。

第二章 国土资源标准化机构及其职责

第七条 国土资源标准化工作由国土资源部国际合作与科技司归口管理,其主要职责是:

(一)贯彻国家标准化工作的法律、法规和方针、政策,并制定国土资源管理范围内的实施办法;

(二)组织制定国土资源标准化工作发展规划与年度计划,建立和完善国土资源技术标准体系;

(三)组织草拟国土资源国家标准;对国土资源行业标准实行统一组织、统一计划、统一审查、统一编号、统一批准发布;

(四)指导各省、自治区、直辖市国土资源行政主管部门的标准化工作。组织国土资源标准的宣传、贯彻、实施及监督检查工作。

第八条 全国国土资源标准化技术委员会(以下简称技术委员会)是经国务院标准化行政主管部门批准,由国土资源部管理的专门从事国土资源标准化工作的技术工作组织,其成员由国土资源工作领域内从事生产、科研、教学和管理工作方面的专家组成。

技术委员会下设秘书处,负责处理日常工作。技术委员会可按专业领域,设立国土资源标准化分技术委员会(以下简称分技术委员会)。

技术委员会的主要任务是提出国土资源标准化工作的方针、政策、技术措施和制定、修订国土资源标准的规划、年度计划的建议,制定国土资源技术标准体系表,协助国土资源标准的制定、修订和复审工作,承担国土资源标准的审查工作。各分技术委员会按技术委员会的分工承担本专业领域内的任务。

第九条 国土资源部下设国土资源标准化技术归口单位(以下简称技术归口单位),其主要任务是:开展国土资源标准化基础研究工作,承担重要标准的制定、修订及标准草案的审查和国际标准化技术工作。负责国土资源标准化信息及咨询服务工作。承担技术委员会秘书处的日常工作。

第三章　国土资源标准的立项和申请

第十条　制定和修订国土资源国家标准、行业标准，必须纳入国家标准制、修订计划和国土资源行业标准制、修订计划。

国务院有关部门、国土资源部有关业务主管机构、各直属单位、标准化研究机构和各省、自治区、直辖市国土资源行政主管部门及其直属单位，根据国土资源部标准化工作规划和年度工作计划，申请制、修订国土资源国家标准、行业标准，要按照国土资源部科技项目管理的有关规定，向国土资源部国际合作与科技司提出立项建议。

第十一条　国土资源部国际合作与科技司组织技术委员会和技术归口单位及有关方面的专家，对立项建议提出技术审查意见。

第十二条　国土资源部国际合作与科技司根据技术审查意见，并征求国土资源部有关业务主管机构意见，提出标准制定、修订计划，推荐项目承担单位，报国土资源部审批。

第十三条　国土资源标准化工作经费主要来源于国务院标准化行政主管部门的国家标准补助费，国家及各省、自治区、直辖市政府国土资源专项工作经费及社会各方面筹集的经费。项目经费按任务内容范围由各专项经费支持，经费的使用按有关规定执行。

第四章　国土资源标准的制定、修订、审批及发布

第十四条　制定国土资源标准应遵循下列原则：

（一）符合国家有关标准化工作的法律、法规和方针、政策要求，技术先进、经济合理、切实可行，有利于促进科技进步与创新及科技成果转化；

（二）有利于合理利用和保护国土资源，提高国土资源的社会效益、经济效益和环境效益；

（三）有利于建立科学合理的国土资源技术标准体系；

（四）积极采用国际标准及国外先进标准。

第十五条　国土资源国家标准、行业标准的制定、修订、审批及发布工作应遵循下列程序和要求：

（一）承担标准制定、修订任务的单位，应依据《国家标准管理办法》或《行业标准管理办法》的要求，拟订标准制定、修订设计方案，起草标准征求意见稿，同时编写标准《编制说明》及有关附件，送交生产、科研、教学、管理部门等有关单位和技术委员会（或分技术委员会）、技术归口单位广泛征求意见。

（二）承担标准制定、修订任务的单位要对各方面的反馈意见进行认真分析研究，修改补充标准征求意见稿，编制标准送审稿及有关附件，报送国土资源部国际合作与科技司组织审查。

（三）国土资源部国际合作与科技司和有关业务主管机构组织技术委员会和技术归口单位，对标准送审稿进行技术审查和标准化审查，并提出《标准审查会议纪要》或《标准函审意见》。

（四）承担标准制定、修订任务的单位按照《标准审查会议纪要》或《标准函审意见》的要求，对标准送审稿认真修改，完成标准报批稿及其附件，报送技术委员会和技术归口单位。

（五）技术委员会和技术归口单位对上报的标准报批稿及其有关附件进行技术审查和标

准化审查后,报送国土资源部国际合作与科技司。强制性技术标准报批稿,应在其审批、发布前七个月报送国土资源部国际合作与科技司。

(六)国土资源部国际合作与科技司经征求有关业务主管机构的意见,对标准报批稿及其附件进行审查后,属国家标准的,报国务院标准化行政主管部门批准、编号发布;属行业标准的,报国土资源部批准、编号发布。

强制性土地行业标准代号为TD;

推荐性土地行业标准代号为TD/T;

强制性地质矿产行业标准代号为DZ;

推荐性地质矿产行业标准代号为DZ/T。

国土资源国家标准由中国标准出版社出版,国土资源行业标准由国土资源部国际合作与科技司确定的正式出版单位出版。

第十六条 国土资源地方标准的发布依照国务院标准化行政主管部门颁布的《地方标准管理办法》执行。国土资源地方标准发布后三十日内,省、自治区、直辖市国土资源行政主管部门,必须向国土资源部备案。备案材料包括地方标准批文、地方标准文本、标准编制说明及相关材料各一份。

省、自治区、直辖市国土资源行政主管部门制定地方国土资源标准化管理规定,应当征求国土资源部意见,并经过批准。

第五章 国土资源标准的实施与监督

第十七条 国土资源标准一经发布,属于强制性的国家标准和行业标准,必须严格执行。行政法规要求强制执行的推荐性标准,自动变更为强制性标准。鼓励采用推荐性的国家标准和行业标准。

第十八条 国土资源部国际合作与科技司和有关业务主管机构,组织国土资源标准的实施与监督检查,组织并委托有关单位承担国土资源行业标准的宣传贯彻和培训工作。

第十九条 国土资源标准化研究成果属于科技成果,纳入国土资源科技成果奖励范围。

第六章 国土资源标准的复审

第二十条 国土资源标准实施后,应适时地进行复审,复审周期一般不超过五年。

第二十一条 国土资源标准的复审工作,由国土资源部国际合作与科技司会同有关业务主管机构组织技术委员会和技术归口单位进行。

第二十二条 国土资源标准的复审可分别采取会审或函审的形式。标准复审后,要写出复审报告,复审报告要确定继续有效、修订或废止的条款,报送主管部门审批。

第七章 附 则

第二十三条 本办法由国土资源部负责解释。

第二十四条 本办法自发布之日起开始施行。

建设部、国家发展改革委员会、国土资源部、中国人民银行关于印发《经济适用住房管理办法》的通知

（建住房〔2004〕77号 2004年5月13日）

各省、自治区、直辖市人民政府，国务院各部委、各直属机构：

《经济适用住房管理办法》已经国务院原则同意，现印发给你们，请认真贯彻执行。

经济适用住房管理办法

第一章 总 则

第一条 为规范经济适用住房建设、交易和管理行为，保护当事人合法权益，制定本办法。

第二条 本办法所称经济适用住房，是指政府提供政策优惠，限定建设标准、供应对象和销售价格，具有保障性质的政策性商品住房。

第三条 从事经济适用住房建设、交易，实施经济适用住房管理，应当遵守本办法。

第四条 发展经济适用住房应当坚持"在国家宏观政策指导下，各地区因地制宜、分别决策"的原则，由市、县人民政府根据当地经济社会发展水平、居民住房状况和收入水平等因素，合理确定经济适用住房的政策目标、建设标准、供应范围和供应对象等，并负责组织实施。

第五条 购买经济适用住房实行申请、审批和公示制度。

第六条 国务院建设行政主管部门负责全国经济适用住房指导工作。

省、自治区建设行政主管部门负责本行政区域范围内经济适用住房指导、监督工作。

市、县人民政府建设或房地产行政主管部门（以下简称"经济适用住房主管部门"）负责本行政区域内经济适用住房的实施和管理工作。

县级以上人民政府计划（发展和改革）、国土资源、规划、价格行政主管部门和金融机构根据职责分工，负责经济适用住房有关工作。

第七条 市、县人民政府应当在做好市场需求分析和预测的基础上，编制本地区经济适用住房发展规划。

市、县人民政府经济适用住房主管部门应当会同计划、规划、国土资源行政主管部门根据土地利用总体规划、城市总体规划和经济适用住房发展规划，做好项目储备，为逐年滚动开发创造条件。

第八条 市、县人民政府计划主管部门应当会同建设、规划、国土资源行政主管部门依据

经济适用住房发展规划和项目储备情况,编制经济适用住房年度建设投资计划和用地计划。经济适用住房建设用地应当纳入当地年度土地供应计划。

中央和国家机关、直属企事业单位及军队的经济适用住房建设,实行属地化管理。其利用自用土地建设经济适用住房,经所属主管部门批准后,纳入当地经济适用住房建设投资计划,统一管理。

第二章 优惠政策

第九条 经济适用住房建设用地,要按照土地利用总体规划和城市总体规划要求,合理布局,实行行政划拨方式供应。严禁以经济适用住房名义取得划拨土地后,改变土地用途,变相搞商品房开发。

第十条 经济适用住房建设和经营中的行政事业性收费,减半征收;经济适用住房项目小区外基础设施建设费用,由政府负担。

第十一条 购买经济适用住房的个人向商业银行申请贷款,除符合《个人住房贷款管理办法》规定外,还应当提供准予购买经济适用住房的证明。个人住房贷款利率执行中国人民银行公布的贷款利率,不得上浮。

经济适用住房建设单位可以以在建项目作抵押向商业银行申请住房开发贷款。

第十二条 用于个人购房贷款的住房公积金,可优先向购买经济适用住房的个人发放。

第三章 开发建设

第十三条 经济适用住房开发建设应当按照政府组织协调、企业市场运作的原则,实行项目法人招标,参与招标的房地产开发企业必须具有相应资质、资本金、良好的开发业绩和社会信誉。

第十四条 经济适用住房要严格控制在中小套型,中套住房面积控制在80平方米左右,小套住房面积控制在60平方米左右。市、县人民政府可根据本地区居民的收入和居住水平等因素,合理确定经济适用住房的户型面积和各种户型的比例,并严格进行管理。

第十五条 经济适用住房的规划设计应当坚持标准适度、功能齐全、经济适用、便利节能的原则,并结合全面建设小康社会的目标,优选规划设计方案;经济适用住房建设必须严格执行国家有关技术规范和标准,积极推广应用先进、成熟、适用的新技术、新工艺、新材料、新设备,提高建设水平。

第十六条 经济适用住房建设单位对其开发建设的经济适用住房工程质量负最终责任。

建设单位应当向买受人出具《住宅质量保证书》和《使用说明书》,并承担保修责任。

第四章 价格的确定和公示

第十七条 确定经济适用住房的价格应当以保本微利为原则,其销售基准价格和浮动幅度应当按照《经济适用房价格管理办法》(计价格〔2002〕2503号)的规定确定;其租金标准由有定价权的价格主管部门会同经济适用住房主管部门在综合考虑建设、管理成本和不高于3%利润的基础上确定。

经济适用住房价格确定后应当向社会公示。

第十八条 经济适用住房销售应当实行明码标价，销售价格不得超过公示的基准价格和浮动幅度，不得在标价之外收取任何未予标明的费用。价格主管部门将依法进行监督管理。

第十九条 经济适用住房实行收费卡制度，各有关部门收取费用时，必须填写价格主管部门核发的交费登记卡。任何单位不得以押金、保证金等名义，变相向经济适用住房建设单位收取费用。

第五章 交易和售后管理

第二十条 符合下列条件的家庭可以申请购买或承租一套经济适用住房：

（一）有当地城镇户口（含符合当地安置条件的军队人员）或市、县人民政府确定的供应对象；

（二）无房或现住房面积低于市、县人民政府规定标准的住房困难家庭；

（三）家庭收入符合市、县人民政府划定的收入线标准；

（四）市、县人民政府规定的其他条件。

第二十一条 市、县人民政府应当根据当地商品住房价格、居民家庭可支配收入、居住水平和家庭人口结构等因素，规定享受购买或承租经济适用住房的条件及面积标准，并向社会公布。

第二十二条 申请人应当持家庭户口本、所在单位或街道办事处出具的收入证明和住房证明以及市、县人民政府规定的其他证明材料，向市、县人民政府经济适用住房主管部门提出申请。

第二十三条 市、县人民政府经济适用住房主管部门应当在规定时间内完成核查。符合条件的，应当公示。公示后有投诉的，由经济适用住房主管部门会同有关部门调查、核实；对无投诉或经调查、核实投诉不实的，在经济适用住房申请表上签署核查意见，并注明可以购买的优惠面积或房价总额标准。

第二十四条 符合条件的家庭，可以持核准文件选购一套与核准面积相对应的经济适用住房。购买面积原则上不得超过核准面积。购买面积在核准面积以内的，按核准的价格购买；购买面积超过核准面积的部分，不得享受政府优惠，由购房人补交差价。超面积部分差价款的处理办法，由市、县人民政府制定并公布。

第二十五条 居民个人购买经济适用住房后，应当按照规定办理权属登记。房屋、土地登记部门在办理权属登记时，应当分别注明经济适用住房、划拨土地。

第二十六条 经济适用住房在取得房屋所有权证和土地使用证一定年限后，方可按市场价上市出售；出售时，应当按照届时同地段普通商品住房与经济适用住房差价的一定比例向政府交纳收益。具体年限和比例由市、县人民政府确定。

个人购买的经济适用住房在未向政府补缴收益前不得用于出租经营。

第二十七条 国家鼓励房地产开发企业建设用于出租的经济适用住房，以政府核定的价格向符合条件的家庭出租。

第二十八条 经济适用住房购买人以市场价出售经济适用住房后，不得再购买经济适用住房；如需换购，必须以届时经济适用住房价格出售给取得经济适用住房资格的家庭后，方可再次申请。

第六章 集资建房和合作建房

第二十九条 集资、合作建房是经济适用住房的组成部分,其建设标准、优惠政策、上市条件、供应对象的审核等均按照经济适用住房的有关规定,严格执行。

集资、合作建房应当纳入当地经济适用住房建设计划和用地计划管理。

第三十条 住房困难户较多的工矿区和困难企业,经市、县人民政府批准,可以在符合土地利用总体规划、城市规划和单位发展计划的前提下,利用单位自用土地进行集资、合作建房。参加集资、合作建房的对象,必须限定在本单位无房户和符合市、县人民政府规定的住房困难家庭。

第三十一条 向职工或社员收取的集资、合作建房款项实行专款管理、专项使用,并接受当地财政和经济适用住房主管部门的监督。

第三十二条 凡已经享受房改政策购房、购买了经济适用住房或参加了集资、合作建房的人员,不得再次参加集资、合作建房。严禁任何单位借集资、合作建房名义,变相搞实物分配或商品房开发。

第三十三条 集资、合作建房单位只允许收取规定的管理费用,不得有利润。

第三十四条 市、县人民政府可以根据当地经济发展水平、住房状况、居民收入、房价等情况,确定是否发展集资、合作建房以及建设规模。

第七章 监督管理

第三十五条 各有关部门应当加强对经济适用住房建设、交易中违法违纪行为的查处:对未经批准、擅自改变经济适用住房或集资、合作建房用地用途的,由土地行政主管部门按有关规定处罚。擅自提高经济适用住房或集资、合作建房销售价格,以及不执行政府价格主管部门制定的经济适用住房租金标准等价格违法行为,由价格主管部门依法进行处罚。擅自向未取得资格的家庭出售、出租经济适用住房或组织未取得资格的家庭集资、合作建房的,由经济适用住房主管部门责令建设单位限期收回;不能收回的,由建设单位补缴同地段经济适用住房或集资、合作建房与商品房价格差,并对建设单位的不良行为进行处罚。

第三十六条 对弄虚作假、隐瞒家庭收入和住房条件,骗购经济适用住房或集资、合作建房的个人,由经济适用住房主管部门追回已购住房或者由购买人按市场价补足购房款,并可提请所在单位对申请人进行行政处分;对出具虚假证明的单位,由经济适用住房主管部门提请有关部门追究单位主要领导的责任。

第八章 附 则

第三十七条 省、自治区、直辖市人民政府经济适用住房主管部门会同计划(发展和改革)、国土资源、价格、金融行政主管部门根据本办法,可以制定实施细则。

第三十八条 本办法由建设部会同国家发展改革委、国土资源部、中国人民银行负责解释。

第三十九条 本办法自通知发布之日起施行。此前已经购买和签订买卖合同或协议的经济适用住房,仍按原有规定执行。

国务院法制办公室对《关于如何理解〈中华人民共和国森林法实施条例〉有关规定的请示》的答复

（国法秘函〔2003〕106号　2003年5月28日）

贵州省人民政府法制办公室：

你办《关于如何理解〈中华人民共和国森林法实施条例〉有关规定的请示》（黔府法函〔2003〕第10号）收悉。经研究，答复如下：

一、关于林地管理体制问题

根据土地管理法第十一条第四款和土地管理法实施条例第三条第四款关于“确认林地的所有权或者使用权依照森林法的有关规定办理”的规定，按照土地利用总体规划确定为林地的，其管理应当适用森林法及其实施条例的有关规定，在林地转为非林地前由林业主管部门实施管理。

二、关于临时占用林地的审批权限问题

临时占用林地的，应当按照森林法实施条例第十七条的规定执行。

三、关于在林地范围内修筑直接为林业生产服务的工程设施的审批权限问题

森林经营单位在所经营的林地范围内修筑直接为林业生产服务的工程设施，需要占用林地的，应当按照森林法实施条例第十八条第一款的规定执行。除森林法实施条例第十八条第二款所列六项直接为林业生产服务的工程设施外，修建其他工程设施需要占用林地的，应当依法办理建设用地审批手续。

附：

贵州省人民政府法制办公室关于如何理解《中华人民共和国森林法实施条例》有关规定的请示

（黔府法函〔2003〕第10号　2003年5月20日）

国务院法制办：

我省将制定《贵州省林地管理条例》列入了省人大、省政府2003年立法计划，在征求意见过程中，就如何理解《中华人民共和国森林法实施条例》（以下简称《实施条例》）的有关规定，省国土资源厅和省林业厅的意见出现了分歧。两个机关又分别向各自的上级主管机关请示,上级机关仍各持已见。现将有关问题请示如下:

一、关于林地管理体制的问题

省国土资源厅根据《中华人民共和国土地管理法》(以下简称《土地法》)第四条和第五条的规定,认为林地属于农用地,应由县级以上土地行政主管部门统一负责土地的管理和监督工作,而省林业厅根据《中华人民共和国森林法》(以下简称《森林法》)第十三条和《实施条例》第二条的规定认为,已将包括林地在内的森林资源的管理和监督权交给了各级林业主管部门。因此,出现了林地是由土地行政主管部门统一审批管理还是由林业行政主管部门管理的问题。

二、关于临时占用林地的审批权限的问题

省林业厅认为,根据《实施条例》第十七条规定,需要临时占用林地的,应由县级以上人民政府林业行政主管部门批准,而省国土厅认为,根据《土地法》第五十七条规定,临时使用土地的,由县级以上人民政府土地主管部门批准。因此,出现了临时占用林地由谁来审批的问题。经省国土厅请示国土资源部,国土资源部支持其下级机关的意见,认为《实施条例》第十七条和《土地法》第五十七条相抵触。

三、关于在林地范围内修筑直接为林业生产服务的工程设施的审批权限问题

省林业厅认为,根据《实施条例》第十八条规定,森林经营单位在所经营的范围内修筑直接为林业生产服务的六种工程设施,已授权由县级以上林业主管部门批准。但国土厅认为,这些工程设施中包括了一些建设工程,已改变了土地用途,应该按照《森林法》第十八条的规定,依照有关土地管理的法律、行政法规办理建设用地审批手续。《实施条例》第十八条与《森林法》第十八条相抵触。

对上述问题在讨论过程中,省政府法制办与省林业厅的看法是一致的,但鉴于《实施条例》属于行政法规,因此,希望得到国务院法制办的支持和答复。以便我们的地方立法工作如期顺利进行,也使国家法律、行政法规得到更有效地贯彻落实。

特此请示,恳请速复。

国土资源部关于编制基本农田保护示范区建设方案的通知

（国土资厅发〔2006〕42号　2006年3月23日）

各省、自治区、直辖市国土资源厅（国土环境资源厅、国土资源局、国土资源和房屋管理局、房屋土地资源管理局），新疆生产建设兵团国土资源局：

根据部《关于开展设立基本农田保护示范区工作的通知》（国土资发〔2005〕197号）的精神，经对各地报送的申报材料的审核，报部领导同意，初步确定了116个示范区的名单（见附件1）。下一步，各地要抓紧组织有关县（市、区）做好基本农田保护示范区建设方案的编制工作。

为使示范区建设达到“基本农田标准化、基础工作规范化、保护责任社会化、监督管理信息化”的总体要求，示范区建设方案要严格按照《基本农田保护示范区建设方案编制要点》（见附件2）组织编制，明确示范区建设的目标、任务、实施步骤、资金估算、保障措施等内容。示范区建设方案经部审核通过后，将正式确定为示范区，并在全国公告。

各地编制的示范区建设方案，按报送要求请于2006年5月31日前报送部耕地保护司。

附件：1. 初步确定为基本农田保护示范区的116个县（市、区）名单

2. 基本农田保护示范区建设方案编制要点

附件1：

初步确定为基本农田保护示范区的116个县（市、区）名单

北　京　大兴区
天　津　宝坻区
河　北　赵县、栾城县、吴桥县、高碑店市、魏县、卢龙县
山　西　闻喜县、尧都区、朔城区
内蒙古　莫力达瓦达斡尔自治旗、科左中旗、敖汉旗、达拉特旗、五原县
辽　宁　新民市、岫岩县、凌海市、昌图县、盘山县
吉　林　九台市、农安县、永吉县、扶余县、梅河口市
黑龙江　农垦建三江分局、农垦牡丹江分局、五常市、海伦市、五大连池市、虎林市
上　海　金山区
江　苏　金坛市、兴化市、睢宁县、大丰市、东海县
浙　江　海宁市、慈溪市、临海市
安　徽　桐城市、寿县、固镇县、贵池区、全椒县
福　建　仙游县、建瓯市、平和县

江　西　余干县、吉安县、南康市、上高县、余江县
山　东　肥城市、禹城市、莒南县、东明县、莒县
河　南　扶沟县、原阳县、邓州市、潢川县、禹州市、嵩县
湖　北　公安县、麻城市、襄阳区、嘉鱼县、云梦县、钟祥市
湖　南　安乡县、平江县、南县、湘潭县、衡阳县
广　东　化州市、龙川县、雷州市
广　西　江南区、北流市、全州县
海　南　琼海市
重　庆　长寿区、丰都县、荣昌县
四　川　三台县、岳池县、安岳县、隆昌县、通江县、郫县
贵　州　遵义县、松桃自治县、惠水县
云　南　陆良县、祥云县、姚安县
西　藏　乃东县
陕　西　兴平市、凤翔县、勉县、志丹县
甘　肃　凉州区、民乐县、泾川县
青　海　互助自治县
宁　夏　平罗县、青铜峡市、灵武市
新　疆　阜康市、阿勒泰市、叶城县
新疆兵团　一师一团中心团场、七师一二三团中心团场、八师一四八团场

附件2：

基本农田保护示范区建设方案编制要点

根据《关于进一步做好基本农田保护有关工作的意见》（国土资发〔2005〕196号）和《关于开展设立基本农田保护示范区工作的通知》（国土资发〔2005〕197号）的有关规定，为指导有关县（市、区）国土资源部门编制基本农田保护示范区建设方案，特制定本要点。

一、编制目的

贯彻《中共中央国务院关于推进社会主义新农村建设的若干意见》（中发〔2006〕1号）和《国务院关于深化改革严格土地管理的决定》（国发〔2004〕28号）的精神，按照以建设促保护，建设高标准基本农田，建立健全基本农田保护监管体系的基本思路和基本农田标准化、基础工作规范化、保护责任社会化、监督管理信息化的要求，通过编制示范区建设方案，合理确定示范区建设任务、步骤和目标，为示范区建设工作安排、监督检查与验收提供依据。

二、编制依据

（一）《土地管理法》；

（二）《土地管理法实施条例》；

（三）《基本农田保护条例》；

（四）《中共中央国务院关于进一步加强农村工作提高农业综合生产能力若干政策的意见》（中发〔2005〕1号）；

（五）《中共中央国务院关于推进社会主义新农村建设的若干意见》（中发〔2006〕1 号）；

（六）《国务院关于深化改革严格土地管理的决定》（国发〔2004〕28 号）；

（七）国务院办公厅关于印发《省级政府耕地保护责任目标考核办法》的通知（国办〔2005〕52 号）；

（八）《关于进一步做好基本农田保护有关工作的意见》（国土资发〔2005〕196 号）；

（九）《关于开展设立基本农田保护示范区工作的通知》（国土资发〔2005〕197 号）；

（十）当地土地利用总体规划、土地开发整理规划、基本农田保护规划等；

（十一）土地调查、土地确权、土地登记、信息系统建设、土地开发整理等技术标准、规范与有关规定。

三、主要内容

（一）示范区基本情况

1. 自然资源概况：包括水热资源条件、地形地貌特点等。

2. 社会经济发展水平：包括总人口、农业人口、国内生产总值、财政收入等。

3. 农业生产状况：包括农业生产总值、农民年均收入、粮棉油播种面积、粮食生产总量等。

4. 耕地现状：包括耕地的数量与质量状况，具体为现有耕地面积、人均耕地面积、基本农田面积、耕地与基本农田的等别构成及其分布（应用农用地分等成果或方法）。

5. 土地管理工作情况：包括基本农田基础性工作情况、耕地特别是基本农田保护制度建设及执行情况、土地利用规划、土地资源调查与评价情况、基本农田数据库建设与信息化管理情况、土地变更调查或土地更新调查情况、集体土地所有权登记发征情况，基本农田上图情况、土地利用现状数据库建设情况。

6. 土地整理工作情况：包括已整理耕地面积、已实施或正在实施、已列入或将列入国家或省投资土地开发整理项目的个数、建设规模、新增耕地面积、新增耕地比率、投资金额等。

（二）总体目标

按照"基本农田标准化、基础工作规范化、保护责任社会化、监督管理信息化"的总体要求，结合本地实际情况，提出 2006～2010 年基本农田保护示范区建设的总体目标。

（三）主要建设任务

示范区建设主要包括以下任务：

1. 基本农田整理

确定 5 年内基本农田整理项目安排计划，包括总的项目计划和年度项目计划；待整理项目的规模、空间分布、实施步骤、实施期限；合理分析国家、地方及各部门投资；并提出整理后新增耕地的利用管理措施。基本农田整理标准应达到本省（区、市）同等条件下的最高水平。

2. 基础工作建设

为做到档案资料完整齐全、数据资料及时更新、保护标志统一规范，准备进一步采取的措施。提出在土地更新调查中增加基本农田相关信息，主要包括基本农田位置、界线、地类、面积、权属和地块编号等，并落在土地利用现状图和集体土地所有证上的工作方法和步骤。基本农田位置和面积要依据经过依法批准的土地利用总体规划以及规划修改或调整文件核定。更新调查工作应在 2007 年上半年完成。在调查清楚基本农田信息基础上，提出建设基本农田基础数据库和信息管理系统的方法步骤。

3. 基本农田保护责任制度和机制建设

严格执行和完善基本农田保护责任制度、用途管制制度、占用基本农田审批和补充制度、基本农田监督检查制度准备采取的措施。同时研究探索充分调动各方力量保护基本农田积极性的利益激励机制、基本农田建设多方投入机制等。

4. 监督管理信息化建设

按照部和省信息化建设提出的由地方承担的有关工作及要求，拟定基本农田保护示范区信息化建设总体方案，确定工作目标和具体任务，明确实现各项任务拟采取的工作方法、技术路线、阶段性工作计划和工作成果。

（四）资金估算

1. 基本农田整理资金

基本农田整理项目应优先在新增建设用地土地有偿使用费安排的土地开发整理项目和土地出让金中用于农业土地开发的项目中安排，按规定程序申报。根据现行土地开发整理项目和资金管理的有关规定，结合已确定的建设任务，原则上按国家和地方各承担50%的资金比例，测算示范区建设期间基本农田整理项目所需要的总投资和年度投资，并说明测算依据。

2. 基础工作和制度建设资金

根据基本农田保护基础工作、管理制度和机制建设、监督管理等工作需要，分类提出地方需承担的工作经费总额和年度经费计划，并明确资金来源，说明测算依据。

3. 信息化建设资金

根据基本农田保护示范区信息化建设地方需承担的任务，确定的外业调查、信息系统建设、数据库建设等工作内容，提出所需的经费总额、年度经费计划及预算科目，明确资金来源，说明测算依据。

（五）保障措施

1. 成立专门工作机构，加强组织领导。成立以政府领导挂帅，由相关部门组成的领导机构，负责示范区建设的组织协调，提出如何在政府统一组织领导下分阶段、分步骤开展有关工作。国土资源部门承担具体工作，研究落实基本农田保护目标责任制，建立保障方案实施的监督机制，公众参与和监督制度的具体实现方式等。

2. 制订保障方案实施的政策措施。示范区要结合实际，改进基本农田保护管理模式，建立鼓励社会各方参与基本农田保护的政策体系，充分运用法律、制度、计划、标准等手段，形成有利于建设方案顺利实施的工作环境。

3. 统筹安排示范区建设资金。根据《关于进一步做好基本农田保护有关工作的意见》（国土资发〔2005〕196号）关于加大公共财政对基本农田建设扶持力度的要求，提出地方政府如何按照统一规划、分步实施、部门管理、项目运作的原则，统筹安排农田水利建设、农业综合开发、土地开发整理、耕地质量建设、农田林网建设等有关资金，建立集中投入机制，实现基本农田保护示范区建设任务和目标。

4. 确定保障方案实施的技术措施。提出加强基本农田保护基础建设与技术规范、标准研究的具体措施。

四、编制程序

（一）准备工作

1. 示范区所在县（市、区）国土资源部门组成建设方案编制工作组，制定工作方案，明确指导思想与工作任务；

2. 收集相关资料；

3. 统一技术要求；

4. 落实工作经费。

（二）形成方案草案

编制完成建设方案草案，报经示范区所在县级政府同意后报省级国土资源部门。

（三）协调论证

由省（区、市）国土资源厅（局）组织对示范区建设方案草案进行协调论证，提出修改完善意见，由示范区所在县（市、区）修改完善后形成正式报批建设方案，报省级国土资源部门审核。

（四）审核上报

示范区正式报批建设方案经省（区、市）国土资源厅（局）审核同意后报国土资源部；经部组织审查，建设方案符合本编制要点的有关县（市、区），确定为基本农田保护示范区。

五、成果要求

示范区建设方案成果包括：方案文本、编制说明和有关图件。

（一）方案文本

1. 示范区基本情况

2. 总体目标

3. 具体建设任务

4. 实施步骤

5. 资金估算

6. 保障措施

7. 附件与附表

（二）编制说明

1. 编制方案的过程；

2. 编制方案的原则和指导思想；

3. 示范区建设目标任务的确定依据、投资测算的标准和依据、实施步骤、方法等；

4. 方案论证、比较以及协调情况和不同意见的处理；

5. 其他需要说明的事项。

（三）有关图件

1. 示范区所在县（市、区）土地利用现状图；

2. 示范区所在县（市、区）土地利用规划图；

3. 基本农田整理项目分布图。

国土资源部关于公布国土资源部现行规章和规范性文件目录的通知

(国发〔2005〕3号 2006年8月28日)

根据《国务院关于鼓励支持和引导个体私营等非公有制经济发展的若干意见》(国发〔2005〕3号),我部于2006年3月至6月组织有关人员,对2006年1月1日前发布的现行国土资源规章和规范性文件进行了全面清理。为落实政务公开要求,进一步加强我部规范性文件的管理,此次清理工作完成后,决定将我部发布的、涉及行政相对人权利义务的规章和规范性文件目录向社会公布,并逐步予以扩充完善。

附件1:

国土资源规章目录

(2005年12月31日前)

序号	名称	发文单位及文号
1	划拨土地使用权管理暂行办法	国家土地管理局
2	土地监察暂行规定	国家土地管理局令第1号
3	土地违法案件查处办法	国家土地管理局令第3号
4	土地利用总体规划编制审批规定	国家土地管理局令第7号
5	国有企业改革中划拨土地使用权管理暂行规定	国家土地管理局令第8号
6	违反矿产资源法规行政处罚办法	地质矿产部令第17号
7	地质遗迹保护管理规定	地质矿产部令第21号
8	国土资源部规章制定程序规定	国土资源部令第1号
9	建设用地审查报批管理办法	国土资源部令第3号
10	闲置土地处置办法	国土资源部令第5号
11	在京中央国家机关用地土地登记办法	国土资源部令第6号
12	国土资源行政复议规定	国土资源部令第8号
13	划拨用地目录	国土资源部令第9号
14	征用土地公告办法	国土资源部令第10号
15	关于违反土地管理规定行为行政处分暂行办法	监察部、国土资源部令第9号
16	招标拍卖挂牌出让国有土地使用权规定	国土资源部令第11号
17	国土资源信访规定	国土资源部令第12号

续上表

序 号	名　　称	发文单位及文号
18	古生物化石管理办法	国土资源部令第13号
19	土地登记资料公开查询办法	国土资源部令第14号
20	海洋行政处罚实施办法	国土资源部令第15号
21	地质资料管理条例实施办法	国土资源部令第16号
22	土地权属争议调查处理办法	国土资源部令第17号
23	国土资源部关于废止部分部门规章的决定	国土资源部令第18号
24	重要地理信息数据审核公布管理规定	国土资源部令第19号
25	国土资源部关于废止《地质勘查单位资格管理办法》的决定	国土资源部令第20号
26	协议出让国有土地使用权规定	国土资源部令第21号
27	国土资源听证规定	国土资源部令第22号
28	矿产资源登记统计管理办法	国土资源部令第23号
29	海底电缆管道保护规定	国土资源部令第24号
30	委托签发废弃物海洋倾倒许可证管理办法	国土资源部令第25号
31	土地利用年度计划管理办法	国土资源部令第26号
32	建设项目用地预审管理办法	国土资源部令第27号
33	国土资源部关于废止部分部门规章的决定	国土资源部令第28号
34	地质灾害危险性评估单位资质管理办法	国土资源部令第29号
35	地质灾害治理工程勘查设计施工单位资质管理办法	国土资源部令第30号
36	地质灾害治理工程监理单位资质管理办法	国土资源部令第31号

附件2：

国土资源规范性文件目录

（2005年12月31日前由国土资源部发布的）

序 号	名　　称	发文单位及文号
1	关于印发《城镇地籍调查成果检查验收办法（试行）》的通知	国家土地管理局
2	关于在行政区勘界中提供土地详查境界调查成果有关事项的通知	国家土地管理局1990年3月1日
3	关于利用土地详查成果进行土地登记有关问题的通知	国家土地管理局〔1991〕国土〔籍〕字第171号
4	关于印发《日常地籍管理办法〈农村部分〉（试行）》的通知	国家土地管理局〔1992〕国土〔籍〕字第8号
5	关于水利工程用地确权有关问题的通知	国家土地管理局、水利部〔1992〕国土〔籍〕字第11号
6	关于颁布《铁路用地管理办法》的通知	国家土地管理局、铁道部〔1992〕国土〔建〕字第144号
7	国家土地管理局关于颁布《县级以上地方人民政府土地登记》专用章管理办法	国家土地管理局〔1992〕国土〔籍〕字第183号
8	关于印发《土地估价师资格考试暂行办法》的通知	国家土地管理局〔1993〕国土〔籍〕字第28号

续上表

序号	名　称	发文单位及文号
9	关于印发《土地估价机构管理暂行规定》的通知	国家土地管理局〔1993〕国土〔籍〕字第29号
10	印发《关于变更土地登记的若干规定》的通知	国家土地管理局〔1993〕国土〔籍〕字第33号
11	关于颁布《黄金矿山砂金生产土地复垦规定》的通知	国家土地管理局〔1993〕国土〔规〕字第59号
12	股份有限公司土地使用权管理暂行规定	国家土地管理局、国家经济体制改革委员会 1994年12月3日
13	关于贯彻《城市房地产管理法》做好土地登记工作的通知	国家土地管理局〔1995〕国土〔规〕字第8号
14	关于印发《确定土地所有权和使用权的若干规定》的通知	国家土地管理局〔1995〕国土〔籍〕字第26号
15	自然保护区土地管理办法	国家土地管理局、国家环境保护局〔1995〕国土〔法〕字第117号
16	土地登记规则(修正)	国家土地管理局〔1995〕国土〔法〕字第184号
17	关于实施土地登记持证上岗制度的通知	国家土地管理局〔1995〕国土〔籍〕字第90号
18	关于土地使用权抵押登记有关问题的通知	国家土地管理局〔1997〕国土〔籍〕字第2号
19	矿产勘查各阶段选冶试验程度的暂行规定	全国矿产储量委员会、国家计划委员会、国家经济委员会储发〔1987〕27号
20	矿产资源勘查、采矿登记收费标准及其使用范围的暂行规定	地质矿产部、财政部　地发〔1987〕289号
21	已开发油气田储量管理规定(试行)	全国矿产储量委员会　储发〔1992〕18号
22	地质灾害防治工程施工监理办法(试行)	地质矿产部　地发〔1993〕207号
23	关于贯彻执行《水土保持法实施条例》有关规定的通知	地质矿产部、水利部　地发〔1993〕227号
24	关于矿产资源补偿费征收管理工作中若干问题的补充规定	地质矿产部　地发〔1994〕99号
25	矿产资源勘查区块划分及编号办法	地质矿产部　地发〔1995〕125号
26	关于冶金采、选、冶联合企业缴纳矿产资源补偿费标准的通知	地质矿产部　地发〔1996〕51号
27	关于印发《矿产资源补偿费专用票据管理办法》的通知	地质矿产部、中国人民银行　地发〔1996〕177号
28	关于加强矿泉水勘查登记管理的通知	地质矿产部　地发〔1996〕229号
29	关于新发现矿种履行申报手续的通知	地质矿产部　地发〔1996〕232号
30	关于加强矿产资源补偿费征收财务管理与监督的通知	地质矿产部　地发〔1996〕277号
31	全国矿产资源委员会办公室、地质矿产部办公厅关于煤层气资源勘查、开采登记管理工作若干问题的通知	全国矿产资源委员会办公室全资办发〔1997〕64号
32	关于确定地质矿产主管部门行政处罚权限的通知	地质矿产部　地发〔1997〕140号
33	关于矿产资源勘查登记、开采登记有关规定的通知	国土资源部　国土资发〔1998〕7号
34	关于采矿权申请登记书式样的通知	国土资源部　国土资发〔1998〕14号
35	关于印发探矿权、采矿权转让申请书、审批表及审批通知书格式的通知	国土资源部　国土资发〔1998〕20号
36	关于印发《城镇变更地籍调查实施细则(试行)》的通知	国土资源部　国土籍字〔1998〕第36号
37	国土资源部关于认真做好国家及自然保护区划界立标和土地确权等工作的通知	国土资源部　1998年8月31日
38	关于启用中华人民共和国国土资源部土地证书管理专用章的通知	国土资源部　国土资厅发〔1998〕101号
39	关于矿山企业办理采矿登记与企业工商登记有关问题的通知	国土资源部、国家工商行政管理局　国土资发〔1998〕104号
40	关于认真做好国家级自然保护区划界立标和土地确权等工作的通知	国土资源部　国土资发〔1998〕108号

续上表

序号	名　称	发文单位及文号
41	关于在采矿权审批中贯彻我部"三定"方案的通知	国土资源部　国土资发〔1998〕137 号
42	关于加强土地利用总体规划工作的通知	国土资源部　国土资发〔1998〕142 号
43	关于进一步加强土地开发整理管理工作的通知	国土资源部　国土资发〔1998〕166 号
44	关于加强矿山统计年报工作的通知	国土资源部、国家统计局　国土资发〔1998〕189 号
45	关于建立建设用地信息发布制度的通知	国土资源部　国土资发〔1998〕222 号
46	关于提供土地使用权属资料问题的通知	国家土地管理局、国家税务局 1988 年 12 月 16 日
47	关于密切配合推进勘界工作加强土地管理的通知	国土资源部、民政部 1999 年 9 月 27 日
48	关于转发矿泉水地热水管理职责分工文件的通知	国土资源部　国土资发〔1999〕25 号
49	关于加强对"果园、庄园"等农林开发活动管理的通知	国土资源部、司法部、中国人民银行、国家工商行政管理局　国土资发〔1999〕40 号
50	关于加强矿山生态环境保护工作的通知	国土资源部　国土资发〔1999〕36 号
51	关于切实做好耕地占补平衡工作的通知	国土资源部　国土资发〔1999〕39 号
52	关于印发《探矿权采矿权评估管理暂行办法》和《探矿权采矿权评估资格管理暂行办法》的通知	国土资源部　国土资发〔1999〕75 号
53	关于查处土地违法行为如何适用《土地管理法》有关问题的通知	国土资源部　国土资发〔1999〕87 号
54	关于印发《建设用地申请表》等文书格式的通知	国土资源部　国土资发〔1999〕90 号
55	关于加强对矿产资源开发利用方案审查的通知	国土资源部　国土资发〔1999〕98 号
56	关于委托采矿权评估结果确认的通知	国土资源部　国土资发〔1999〕99 号
57	关于加强土地违法案件查处工作的通知	国土资源部　国土资发〔1999〕109 号
58	关于认真贯彻执行《基本农田保护条例》进一步做好基本农田保护工作的通知	国土资源部、农业部　国土资发〔1999〕122 号
59	印发《关于地质调查与地质科技管理体制改革的意见》的通知	国土资源部　国土资发〔1999〕181 号
60	关于认真落实行政事业性收费和罚没收入"收支两条线"规定的通知	国土资源部　国土资发〔1999〕187 号
61	关于认真做好《中华人民共和国行政复议法》贯彻实施工作的通知	国土资源部　国土资发〔1999〕197 号
62	关于颁布《矿产资源储量评审认定办法》的通知	国土资源部、国家计委、国家经贸委、中国人民银行、中国证监会　国土资发〔1999〕205 号
63	关于印发《规范国有土地租赁若干意见》的通知	国土资源部　国土资发〔1999〕222 号
64	关于土地利用总体规划审批和实施管理工作若干问题的通知	国土资源部　国土资发〔1999〕251 号
65	关于放射性矿产采矿许可证发放问题的复函	国土资源部　国土资发〔1999〕262 号
66	关于增发国债投资建设项目用地有关问题的通知	国土资源部、国家发展计划委员会国土资发国土资发〔1999〕347 号
67	关于印发《矿产资源规划管理暂行办法》的通知	国土资源部　国土资发〔1999〕356 号
68	关于发布和实施《限制供地项目目录》《禁止供地项目目录》(第一批)的通知	国土资源部、国家经济贸易委员会　国土资发〔1999〕357 号
69	关于土地开发整理工作有关问题的通知	国土资源部　国土资发〔1999〕358 号
70	关于转发国务院对国土资源部《报国务院批准的建设用地审查办法》批复的通知	国土资源部　国土资发〔1999〕384 号
71	关于在矿业权转让时做好有关工作的通知	国土资源部　国土资发〔1999〕385 号

续上表

序号	名　称	发文单位及文号
72	关于在土地执法监察工作中实行动态巡查责任制有关问题的通知	国土资源部　国土资发〔1999〕415 号
73	关于印发《查处土地违法案件法律文书格式》(试行)的通知	国土资源部　国土资发〔1999〕417 号
74	关于对园地地类划分意见的函	国土资源部　国土资厅函〔1999〕429 号
75	关于转发中央机构编制委员会办公室《关于解释重要矿产资源管理有关问题的复函》的通知	国土资源部　国土资发〔1999〕432 号
76	关于印发《国土资源部关于加强土地资产管理促进国有企业改革和发展的若干意见》的通知	国土资源部　国土资发〔1999〕433 号
77	关于下达国土资源综合统计报表制度的通知	国土资源部　国土资发〔1999〕445 号
78	关于加强征地管理工作的通知	国土资源部　国土资发〔1999〕480 号
79	关于征收黄金矿产资源补偿费有关问题的通知	国土资源部、财政部　国土资发〔1999〕510 号
80	关于搞好农用地管理促进农业生产结构调整工作的通知	国土资源部、农业部　国土资发〔1999〕511 号
81	关于印发国土资源部关于全面推进贪污行政的实施意见的通知	国土资源部　国土资发〔2000〕1 号
82	关于土地利用现状调查成果资料管理和省级成果汇总的通知	国土资源部　国土资发〔2000〕2 号
83	关于印发废止的部门规章、规范性文件以及法律法规适用解释的通知	国土资源部　国土资发〔2000〕4 号
84	关于建立土地有形市场促进土地使用权规范交易的通知	国土资源部　国土资发〔2000〕11 号
85	关于加强地质环境监测工作的通知	国土资源部　国土资发〔2000〕14 号
86	关于清理国家出资勘查已探明矿产地的通知	国土资源部　国土资厅发〔2000〕32 号
87	关于涉外非法人企业申请探矿权有关问题的通知	国土资源部　国土资发〔2000〕46 号
88	矿产资源储量评审认定工作有关规定	国土资厅发〔2000〕54 号
89	关于印发《矿产储量评估师管理办法》的通知	国土资源部　国土资发〔2000〕71 号
90	关于加大补充耕地工作力度确保实现耕地占补平衡的通知	国土资源部　国土资发〔2000〕120 号
91	关于授权换发、颁发外商投资矿山企业采矿许可证的通知	国土资源部　国土资发〔2000〕122 号
92	关于印发《基本农田保护区调整划定工作验收办法》的通知	国土资源部　国土资发〔2000〕126 号
93	关于印发《矿产资源储量规模划分标准》的通知	国土资源部　国土资发〔2000〕133 号
94	关于印发《探矿权采矿权使用费减免办法》的通知	国土资源部　国土资发〔2000〕174 号
95	关于认真贯彻执行公路铁路建设用地指标的通知	国土资源部　国土资发〔2000〕186 号
96	关于报国务院批准的建设用地审查报批工作有关问题的通知	国土资源部　国土资发〔2000〕201 号
97	关于加强地热、矿泉水勘查、开采管理的通知	国土资源部　国土资发〔2000〕209 号
98	关于印发《土地开发整理项目资金管理暂行办法》的通知	国土资源部　国土资发〔2000〕282 号
99	关于重新发布《探矿权采矿权评估资格管理暂行办法》的通知	国土资源部　国土资发〔2000〕302 号
100	关于印发《矿业权出让转让管理暂行规定》的通知	国土资源部　国土资发〔2000〕309 号
101	关于印发《国家投资土地开发整理项目管理暂行办法》的通知	国土资源部　国土资发〔2000〕316 号
102	关于加强河道采砂监督管理工作的通知	国土资源部　国土资发〔2000〕322 号
103	关于加强土地管理促进小城镇健康发展的通知	国土资源部　国土资发〔2000〕337 号
104	关于进一步做好地质环境监测工作的通知	国土资源部　国土资发〔2000〕340 号
105	关于在机构改革中进一步加强地质资源管理工作的通知	国土资源部　国土资发〔2000〕385 号
106	关于规范建设项目压覆矿产资源审批工作的通知	国土资源部　国土资发〔2000〕386 号

续上表

序号	名　称	发文单位及文号
107	关于加强耕地保护促进经济发展若干政策措施的通知	国土资源部　国土资发〔2000〕408 号
108	关于印发《农业综合开发土地复垦项目管理暂行办法》的通知	国土资源部　国土资发〔2000〕414 号
109	关于加强地下水监测监督管理的通知	国土资源部　国土资发〔2001〕13 号
110	关于改革土地估价结果确认和土地资产处置审批办法的通知	国土资源部　国土资发〔2001〕44 号
111	国土资源部关于推进地质勘查队伍深化改革、促进发展的若干意见	国土资源部　国土资发〔2001〕56 号
112	关于加强钨矿开发管理工作的通知	国土资源部　国土资发〔2001〕80 号
113	关于在海域颁发采矿许可证有关问题的通知	国土资源部　国土资发〔2001〕92 号
114	关于建立油气勘查开采督察员制度的通知	国土资源部　国土资厅发〔2001〕93 号
115	关于进一步加强国土资源信访工作的通知	国土资源部　国土资发〔2001〕95 号
116	关于进一步整顿矿业经济秩序规范矿业权市场的通知	国土资源部　国土资发〔2001〕169 号
117	关于对四川省地质矿产行政主管部门授权的批复	国土资源部　国土资函〔2001〕169 号
118	关于印发《矿产资源储量评审机构资格管理暂行办法》的通知	国土资源部　国土资发〔2001〕172 号
119	关于整顿和规范土地市场秩序的通知	国土资源部　国土资发〔2001〕174 号
120	关于印发《省级矿产资源规划审批办法》的通知	国土资源部　国土资发〔2001〕211 号
121	关于印发《国土资源部政府采购实施办法(试行)》的通知	国土资源部　国土资发〔2001〕213 号
122	关于印发试行《土地分类》的通知	国土资源部　国土资发〔2001〕255 号
123	关于加强矿产资源勘查开采监督管理工作的通知	国土资源部　国土资发〔2001〕272 号
124	关于重组矿产督察员队伍的通知	国土资源部　国土资发〔2001〕279 号
125	关于进一步加强行政复议工作的通知	国土资源部　国土资发〔2001〕302 号
126	关于启用新版土地证书的通知	国土资源部　国土资发〔2001〕350 号
127	关于水利水电工程建设用地有关问题的通知	国土资源部　国土资发〔2001〕355 号
128	关于依法加快集体土地所有权登记发证工作的通知	国土资源部　国土资发〔2001〕359 号
129	关于切实做好征地补偿安置工作的通知	国土资源部　国土资发〔2001〕358 号
130	关于印发《国土资源违法案件会审制度》等三项制度的通知	国土资源部　国土资发〔2001〕372 号
131	关于进一步加强和改进耕地占补平衡工作的通知	国土资源部　国土资发〔2001〕374 号
132	关于印发实施《报国务院批准的土地开发用地审查办法》的通知	国土资源部　国土资发〔2001〕431 号
133	关于进一步加快城镇住房用地登记发证工作的通知	国土资源部　国土资发〔2002〕31 号
134	关于认真做好土地整理开发规划工作的通知	国土资源部　国土资发〔2002〕57 号
135	关于开展成果地质资料电子文件汇交工作的通知	国土资源部　国土资发〔2002〕93 号
136	关于加强新增建设用地土地有偿使用费等专项支出项目预算和财务管理工作的通知	国土资源部　国土资发〔2002〕112 号
137	关于印发《土地开发整理规划管理若干意见》的通知	国土资源部　国土资发〔2002〕139 号
138	关于从严控制海域建筑用砂勘查开采有关问题的通知	国土资源部　国土资发〔2002〕153 号
139	关于做好《地质资料管理条例》贯彻实施工作的通知	国土资源部　国土资发〔2002〕172 号
140	关于在民用机场管理体制改革中认真做好土地管理工作的通知	国土资源部　国土资发〔2002〕183 号
141	关于印发新版土地证书样本的通知	国土资源部　国土资发〔2002〕214 号
142	关于切实维护被征地农民合法权益的通知	国土资源部　国土资发〔2002〕225 号

续上表

序号	名称	发文单位及文号
143	关于切实加强加油站用地管理的通知	国土资源部 国土资发〔2002〕229 号
144	关于进一步规范建设用地审查报批工作有关问题的通知	国土资源部 国土资发〔2002〕233 号
145	关于改革土地估价人员和机构监督管理方式的通知	国土资源部 国土资发〔2002〕237 号
146	关于严格实行经营性土地使用权招标拍卖挂牌出让的通知	国土资源部 国土资发〔2002〕265 号
147	关于矿山企业进行生产勘探有关问题的通知	国土资源部 国土资发〔2002〕344 号
148	关于印发《矿产资源规划实施办法》的通知	国土资源部 国土资发〔2002〕388 号
149	关于报送国务院批准的土地开发用地审查报批工作有关问题的通知	国土资源部 国土资发〔2002〕404 号
150	关于发布《铀矿地质勘查规范》等 19 项地质矿产推荐性行业标准的通知	国土资源部 国土资发〔2002〕410 号
151	关于进一步加强地热、矿泉水资源管理的通知	国土资源部 国土资发〔2002〕414 号
152	关于印发《中央所得探矿权采矿权使用费和价款使用管理暂行办法》的通知	国土资源部 国土资发〔2002〕433 号
153	关于加强探矿权评估监督管理的通知	国土资源部 国土资发〔2003〕16 号
154	关于印发《市(地)县(市)级国土资源主管部门矿产资源监督管理暂行办法》的通知	国土资源部 国土资发〔2003〕17 号
155	关于开展石油天然气(含煤层气)勘查开采年检工作的通知	国土资源部 国土资厅发〔2003〕18 号
156	关于印发《国家投资土地开发整理项目竣工验收暂行办法》的通知	国土资源部 国土资发〔2003〕21 号
157	关于发布《国土资源信息核心元数据标准》的通知	国土资源部 国土资发〔2003〕25 号
158	关于按调整后等别征收新增建设用地土地有偿使用费有关问题的通知	国土资源部 国土资发〔2003〕26 号
159	关于印发《国土资源信息化标准化指南》的通知	国土资源部 国土资发〔2003〕27 号
160	关于进一步推进依法行政的通知	国土资源部 国土资发〔2003〕34 号
161	关于清理各类园区用地加强土地供应调控的紧急通知	国土资源部 国土资发〔2003〕45 号
162	国土资源部关于停止执行部分规范性文件的通知	国土资源部 国土资发〔2003〕48 号
163	关于印发《矿产督察工作制度》的通知	国土资源部 国土资发〔2003〕62 号
164	关于印发《矿产资源补偿费勘查项目管理暂行办法》的通知	国土资源部 国土资发〔2003〕71 号
165	关于深海及特殊海域免缴探矿权使用费等有关问题的复函	国土资源部 国土资厅函〔2003〕87 号
166	关于印发《矿产勘查及油气开采督察员工作制度》的通知	国土资源部 国土资发〔2003〕99 号
167	关于发布《农用地分等规程》等四项行业标准的通知	国土资源部 国土资发〔2003〕100 号
168	关于印发《省级土地开发整理规划审批办法》的通知	国土资源部 国土资发〔2003〕108 号
169	关于印发《国家投资土地开发整理项目实施管理暂行办法》的通知	国土资源部 国土资发〔2003〕122 号
170	关于加强矿产资源储量评审监督管理的通知	国土资源部 国土资发〔2003〕136 号
171	关于印发《国土资源标准化管理办法》的通知	国土资源部 国土资发〔2003〕137 号
172	关于印发《国土资源管理工作秘密范围的规定》的通知	国土资源部 国土资发〔2003〕147 号
173	关于建立探矿权年度检查制度的通知	国土资源部 国土资发〔2003〕149 号
174	关于加强公路沿线地质灾害防治工作的通知	国土资源部 国土资发〔2003〕151 号
175	关于印发《探矿权采矿权招标拍卖挂牌管理办法(试行)》的通知	国土资源部 国土资发〔2003〕197 号

续上表

序 号	名　　称	发文单位及文号
176	关于认真学习贯彻审理非法采矿、破坏性采矿刑事案件具体应用法律若干问题解释的通知	国土资源部　国土资发〔2003〕213 号
177	关于印发《地质勘查资质注册登记办法》的通知	国土资源部　国土资发〔2003〕218 号
178	关于贯彻《地质勘查资质注册登记办法》有关问题的通知	国土资源部　国土资发〔2003〕230 号
179	关于进一步建立快速反应机制提高应对能力的通知	国土资源部　国土资发〔2003〕232 号
180	关于废止《矿产资源勘查开采登记申请代理机构管理办法》的通知	国土资源部　国土资发〔2003〕260 号
181	关于做好土地开发整理权属管理工作的意见	国土资源部　国土资发〔2003〕287 号
182	关于加强土地利用更新调查工作有关事项的通知	国土资源部　国土资发〔2003〕296 号
183	关于依法做好退耕还林中土地变更调查和土地变更登记工作的通知	国土资源部　国土资发〔2003〕302 号
184	国土资源部　国家旅游局关于做好旅游区(点)地质灾害防治工作的通知	国土资源部　国土资发〔2003〕324 号
185	关于开展矿泉水注册登记工作的通知	国土资源部　国土资发〔2003〕327 号
186	关于转发国务院办公厅关于清理整顿各类开发区加强建设用地管理的通知	国土资源部　国土资发〔2003〕330 号
187	关于严禁非农业建设违法占用基本农田的通知	国土资源部　国土资发〔2003〕336 号
188	关于加强城市建设用地审查报批工作有关问题的通知	国土资源部　国土资发〔2003〕345 号
189	关于开展土地专项资金财务检查工作的通知	国土资源部　国土资发〔2003〕348 号
190	关于加强铁路沿线地质灾害防治工作的通知	国土资源部　国土资发〔2003〕352 号
191	关于开展全国地籍管理规范化建设的通知	国土资源部　国土资发〔2003〕353 号
192	关于印发《关于加强地方和行业公益性地质调查队伍建设的意见》的通知	国土资源部　国土资发〔2003〕358 号
193	关于加强土地供应管理促进房地产市场持续健康发展的通知	国土资源部　国土资发〔2003〕356 号
194	关于印发《土地开发整理若干意见》的通知	国土资源部　国土资发〔2003〕363 号
195	关于印发《国土资源部科技项目管理办法》的通知	国土资源部　国土资发〔2003〕375 号
196	关于进一步规范土地登记工作的通知	国土资源部　国土资发〔2003〕383 号
197	关于进一步采取措施落实严格保护耕地制度的通知	国土资源部　国土资发〔2003〕388 号
198	关于国有划拨土地使用权抵押登记有关问题的通知	国土资源部　国土资发〔2004〕9 号
199	关于印发国土资源管理系统行政为民措施和工作人员禁令的通知	国土资源部　国土资发〔2004〕11 号
200	关于配合做好制止钢铁水泥电解铝行业盲目投资若干意见工作的通知	国土资源部　国土资厅发〔2004〕11 号
201	关于开展省级地质勘查规划编制工作的通知	国土资源部　国土资发〔2004〕17 号
202	关于进一步加强矿产资源规划实施管理工作的通知	国土资源部　国土资发〔2004〕29 号
203	关于贯彻落实国务院进一步加强安全生产工作决定的通知	国土资源部　国土资发〔2004〕31 号
204	关于加强煤炭资源勘查开采管理的通知	国土资源部　国土资发〔2004〕34 号
205	关于开展矿产资源储量登记工作的通知	国土资源部　国土资发〔2004〕35 号
206	关于做好矿产资源统计工作的通知	国土资源部　国土资发〔2004〕61 号
207	关于加强和完善矿产开发利用年度检查工作有关问题的通知	国土资源部　国土资发〔2004〕64 号

续上表

序号	名　　称	发文单位及文号
208	国土资源部、监察部关于继续开展经营性土地使用权招标挂牌出让情况执法监察工作的通知	国土资源部　国土资发〔2004〕71号
209	关于进一步做好矿产资源管理专项整治工作的通知	国土资源部　国土资厅发〔2004〕84号
210	关于加强地质灾害报告制度的通知	国土资源部　国土资发〔2004〕86号
211	关于进一步加强探矿权采矿权价款管理的通知	国土资源部　国土资发〔2004〕97号
212	关于贯彻国务院紧急通知精神进一步严格土地管理的通知	国土资源部　国土资发〔2004〕109号
213	关于改进国家投资土地开发整理项目入库管理的通知	国土资源部　国土资发〔2004〕115号
214	关于地质调查项目勘查登记有关问题的复函	国土资源部　国土资厅函〔2004〕205号
215	关于加强国家规划矿区内矿权管理的通知	国土资源部　国土资发〔2004〕206号
216	关于调整部分矿种矿山生产规模标准的通知	国土资源部　国土资发〔2004〕208号
217	关于贯彻落实《国务院关于深化改革严格土地管理的决定》的通知	国土资源部　国土资发〔2004〕229号
218	印发《关于加强农村宅基地管理的意见》的通知	国土资源部　国土资发〔2004〕234号
219	关于印发《关于完善农用地转用和土地征收审查报批工作的意见》的通知	国土资源部　国土资发〔2004〕237号
220	印发《关于完善征地补偿安置缺席的指导意见》的通知	国土资源部　国土资发〔2004〕238号
221	关于鄂尔多斯盆地油气与煤炭矿产勘查开采登记范围重叠处理意见的函	国土资源部　国土资厅函〔2004〕267号
222	关于进一步规范土地证书印制发行工作的函	国土资源部　国土资厅函〔2004〕523号
223	关于印发《全国油气资源战略选区调查与评价项目管理暂行办法》的通知	国土资源部　国土资厅发〔2005〕23号
224	关于印发《全国油气资源战略选区调查与评价项目经费管理办法》的通知	国土资源部　国土资厅发〔2005〕27号
225	关于加强和改进土地开发整理工作的通知	国土资源部　国土资发〔2005〕29号
226	关于贯彻实施《石油天然气储量计算规范》行业标准的通知	国土资源部　国土资厅发〔2005〕36号
227	关于开展地质勘查资质注册登记工作的通知	国土资源部　国土资厅发〔2005〕41号
228	关于印发土地权属争议案件文书格式的通知	国土资源部　国土资厅发〔2005〕57号
229	关于停止执行部分规范性文件的通知	国土资源部　国土资发〔2005〕65号
230	国土资源部、国务院振兴东北办关于印发《关于东北地区老工业基地土地和矿产资源若干政策措施》的通知	国土资源部　国土资发〔2005〕91号
231	国土资源部、教育部关于加强中小学校区(舍)地质灾害防治工作的通知	国土资源部　国土资发〔2005〕153号
232	关于坚决制止"以租代征"用地行为的紧急通知	国土资源部　国土资发〔2005〕166号
233	关于印发《查处土地违法行为立案标准》的通知	国土资源部　国土资发〔2005〕176号
234	关于做好土地利用总体规划修编前期工作中"四查清、四对照"工作有关问题的通知	国土资源部　国土资发〔2005〕182号
235	关于进一步做好基本农田保护有关工作的意见	国土资源部　国土资发〔2005〕196号
236	关于全面启动整顿和规范矿产资源开发秩序工作的通知	国土资源部　国土资发〔2005〕198号
237	关于规范勘查许可证采矿许可证权限有关问题的通知	国土资源部　国土资发〔2005〕200号
238	关于进一步加强国土资源执法监察工作的通知	国土资源部　国土资发〔2005〕220号
239	关于加强矿产资源规划体系建设的意见	国土资源部　国土资发〔2005〕231号

中华人民共和国国土资源部令

（第36号）

《国土资源管理规范性文件合法性审查办法》，已经2006年11月20日第5次部务会议审议通过，现予发布，自2007年1月1日起开始施行。

部 长 孙文盛

2006年11月27日

国土资源管理规范性文件合法性审查办法

第一条 为全面推进依法行政，提高国土资源管理制度建设质量，规范国土资源管理规范性文件的合法性审查工作，根据国务院《全面推进依法行政实施纲要》，结合国土资源管理工作实际，制定本办法。

第二条 县级以上国土资源管理部门制定国土资源管理规范性文件，与其他部门联合制定涉及国土资源管理的规范性文件，应当依照本办法的规定进行合法性审查。

本办法所称国土资源管理规范性文件（以下简称规范性文件），是指县级以上国土资源管理部门为执行法律、法规、规章和上级规范性文件的规定，依照法定权限和程序制定并公布，涉及国土资源管理相对人权利和义务，在本系统或者本辖区内具有普遍约束力并能够反复适用的文件。

县级以上国土资源管理部门原文转发人民政府或者上级国土资源管理部门的文件，制定规范本部门内部工作管理制度的文件，发布对具体业务工作进行检查部署的文件，不适用本办法。

第三条 规范性文件规定的事项应当属于执行法律、法规、规章和上级规范性文件的规定，且需要制定规范性文件的事项。

规范性文件不得设定行政处罚、行政许可、行政强制以及其他不得由规范性文件设定的事项。

规范性文件的名称不得使用“法”、“条例”和“实施细则”。

第四条 规范性文件合法性审查，应当遵循合法合理、权责一致、诚实信用、高效快捷和协调配合的原则。

第五条 县级以上国土资源管理部门负责法制工作的机构（以下简称法制工作机构）负责对本部门制定发布的规范性文件进行合法性审查。

第六条 起草机构在形成规范性文件送审稿后，应当由本部门的办公厅（室）提交法制工作机构进行合法性审查。

未经法制工作机构合法性审查的规范性文件，不得提交国土资源管理部门的负责人签发，规范性文件不得发布。

第七条 规范性文件合法性审查,起草机构应当向法制工作机构提交下列材料:

(一)规范性文件的送审稿和起草说明(附电子文档);

(二)制定规范性文件所依据的法律、法规、规章和上级规范性文件;

(三)汇总的主要修改意见和修改意见的采纳情况;

(四)其他相关材料。

前款第(一)项规定的起草说明,应当包括规范性文件的制定目的、制定依据、必要性和可行性、起草过程、对送审稿主要问题的协调情况和其他需要说明的事项等。

第八条 法制工作机构应当从以下几个方面对规范性文件送审稿进行合法性审查:

(一)是否符合法律、法规、规章的规定;

(二)是否属于制定机关的法定职权范围;

(三)是否与本部门原有的规范性文件相协调、衔接;

(四)是否含有不能设置的行政处罚、行政许可和行政强制事项;

(五)是否属于执行法律、法规、规章和上级规范性文件的规定且需要制定规范性文件的事项;

(六)其他需要审查的内容。

第九条 规范性文件送审稿符合法律、法规、规章的规定,属于本部门的法定职权范围,与本部门制定的原有规范性文件相协调、衔接,没有设置行政处罚、行政许可和行政强制事项的,法制工作机构应当作出同意出台的审查意见。

第十条 有下列情形之一的,法制工作机构应当作出将规范性文件送审稿退回起草机构的审查意见,并说明理由:

(一)与法律、法规、规章和上级规范性文件相抵触的;

(二)超越制定机关法定职权范围的;

(三)设定行政处罚、行政许可、行政强制以及其他不得由规范性文件设定的事项的;

(四)有关方面对送审稿的内容有较大争议且理由较为充分的;

(五)与本部门原有规范性文件不衔接、不协调或者存在严重冲突,又未提出处理意见的;

(六)其他需要进行较大修改的情形。

起草机构对规范性文件送审稿进行修改后,应当按照本办法规定的程序重新进行合法性审查。

第十一条 规范性文件送审稿存在可以直接修改的错误,或者个别文字表述与法律、法规、规章的规定不一致的,法制工作机构可以对规范性文件送审稿直接修改。

修改涉及具体业务管理工作的,应当征求起草机构的意见。

第十二条 没有必要制定规范性文件或者制定规范性文件的条件尚不成熟的,法制工作机构可以作出停止制定规范性文件的审查意见。

第十三条 法制工作机构提出的合法性审查意见,经主管领导同意后由办公厅(室)通知起草机构。

起草机构对法制工作机构提出的合法性审查意见有异议的,应当与法制工作机构进行协商;经协商不能达成一致意见的,提交本部门负责人决定或者由部(厅、局)务会议集体讨论决定。

第十四条 法制工作机构应当自收到规范性文件文本之日起5个工作日内完成规范性文件的合法性审查工作。需要进一步调查研究或者征求意见的,经法制工作机构主管领导同意,可以延长10个工作日。

第十五条 县级以上国土资源管理部门应当将规范性文件合法性审查制度的实施情况作为依法行政考核及目标责任制考核的重要内容。

第十六条 法制工作机构工作人员在规范性文件合法性审查过程中不认真履行职责，失职、渎职的，依法给予行政处分。

第十七条 本办法自2007年1月1日起施行。

国土资源部关于正式确定国家基本农田保护示范区的通知

(国土资发〔2006〕270 号 2006 年 11 月 20 日)

各省、自治区、直辖市国土资源厅(国土环境资源厅、国土资源局、国土资源和房屋管理局、房屋土地资源管理局),新疆生产建设兵团国土资源局:

根据《关于开展设立基本农田保护示范区工作的通知》(国土资发〔2005〕197 号)要求,各省(区、市)组织申报了一批基本农田保护示范区。近期,部对各示范区建设方案进行了评审,根据评审结果,经研究,正式确定 116 个县(市、区)为国家基本农田保护示范区(名单附后,以下简称示范区)。为全面启动示范区建设,加强对示范区工作的指导,现就有关问题通知如下:

一、原则同意各地上报的示范区建设方案

全国 116 个示范区分布 31 个省(区、市),覆盖了我国主要农作物种植区,有 70 个示范区在粮食主产省区,其他示范区也都是所在省(区、市)重要农业生产基地。示范区所在县(市、区)国土资源部门分别编制的示范区建设方案,合理确定了示范区建设的目标、任务和实施步骤,明确了保障措施,基本符合《关于编制基本农田保护示范区建设方案的通知》(国土资厅发〔2006〕42 号)的要求。

全国 116 个示范区基本农田总面积 1.33 亿亩。各示范区根据本地区实际情况,通过五年示范区建设,将结合基本农田整理,共计建设高标准、有特色基本农田 2028 万亩,占示范区总面积的 15%,项目建设需要资金约 320 亿元;结合基础性工作,完善基本农田调查登记、图件数据、标志资料等管理;结合完善责任制,健全并严格执行基本农田保护各项规章制度;结合信息化建设,建立基本农田信息管理系统,开展动态监管;逐步实现"基本农田标准化,基础工作规范化,保护责任社会化,监督管理信息化"目标,成为本省(区、市)基本农田保护和建设的样板,为全国"十一五"期间探索基本农田保护有效机制提供宝贵经验。

二、抓紧全面组织实施示范区建设方案

省级国土资源部门负责组织实施示范区建设方案,示范区所在县(市、区)国土资源部门担负具体落实责任。各省(区、市)国土资源部门应组织有关县(市、区)根据批复的示范区建设方案,抓紧有计划、分步骤地开展各项工作。基本农田整理应按照项目管理有关要求抓紧实施,确保工程质量。按照应达到本省(区、市)同等条件下的最高水平的要求,各地应组织研究制定本地区示范区基本农田建设标准。有关基础性工作和信息化建设等工作也应抓紧制订实施工作计划,积极创造条件,不等不靠,尽快启动。

各示范区在五年建设期间必须全面完成建设方案确定的基本农田整理、基础工作建设、制度和机制建设、信息化建设四项任务,防止出现"重硬轻软"、"顾此失彼"等倾向。国家和省

(区、市)的新增建设用地土地有偿使用费及其他有关资金要重点向示范区倾斜;示范区所在的县(市、区)国土资源部门也应积极争取地方财政支持,多渠道筹集资金,建立集中投入机制,保证示范区建设各项工作落到实处。

三、切实搞好对示范区建设的工作指导和监督检查

为及时指导工作,确保示范区建设顺利实施,各省(区、市)国土资源部门要与示范区所在县(市、区)建立工作直接联系制度;定期组织本省(区、市)示范区建设工作交流活动,及时总结推广成功做法和经验;发现新情况、新问题,加强工作指导,并要切实帮助示范区解决实际困难。各示范区要建立工作请示报告制度,经常与上级国土资源部门沟通情况,汇报工作。示范区所在县(市、区)国土资源部门每年年底都要对示范区工作进行检查总结,总结报告于11月底前同时报部和省级国土资源部门。

部将通过召开现场会、交流会、编发简报以及组织有关媒体进行系列报道等形式向全国宣传推广示范区建设经验;同时将制定示范区建设监督考核办法,定期组织对各示范区建设进展情况进行督促检查;对建设中出现的问题及时提出改进意见,对达不到工作标准和要求、确实难以完成示范区建设任务的,要取消其示范区资格。

四、大力加强对示范区工作的组织领导

设立示范区是落实国务院提出的基本农田"总量不减少、用途不改变、质量不降低"的总要求,以建设促保护,进一步推进基本农田保护工作的一项重要措施,对于落实省级人民政府耕地保护目标责任制,探索新时期基本农田保护有效机制,促进社会主义新农村建设具有十分重要意义。各级国土资源部门都要加深认识设立示范区的必要性和重要性,加强对示范区工作的组织领导。

示范区重在建设,贵在示范。各地要研究改进基本农田保护管理方式,充分运用法律、政策、经济、技术等手段,形成有利于示范区建设方案实施的机制和环境,确保实现部与省(区、市)共建的建设任务和目标。由于示范区建设涉及面广、政策性强、影响力大,示范区所在县(市、区)应成立以政府领导挂帅、由有关部门组成的专门领导机构或建立部门联席会议制度,做好统筹协调工作,制订政策措施,鼓励社会各方积极参与基本农田保护,使各示范区真正发挥宣传、样板和创新作用,促进本省(区、市)和全国保护耕地特别是基本农田工作再上一个新台阶。

附件:国家基本农田保护示范区名单

附件:

国家基本农田保护示范区名单

北　京　大兴区

天　津　宝坻区

河　北　赵县、栾城县、吴桥县、高碑店市、魏县、卢龙县

山　西　闻喜县、尧都区、朔城区

内蒙古　莫力达瓦达斡尔自治旗、科左中旗、敖汉旗、达拉特旗、五原县

辽　宁　新民市、岫岩县、凌海市、昌图县、盘山县

吉　林　九台市、农安县、永吉县、扶余县、梅河口市

黑龙江　农垦建三江分局、农垦牡丹江分局、五常市、海伦市、五大连池市、虎林市
上　海　金山市
江　苏　金坛市、兴化市、睢宁县、大丰市、东海县
浙　江　海宁市、慈溪市、临海市
安　徽　桐城市、寿县、固镇县、贵池区、全椒县
福　建　仙游县、建瓯市、平和县
江　西　余干县、吉安县、南康市、上高县、余江县
山　东　肥城市、禹城市、莒南县、东明县、莒县
河　南　扶沟县、原阳县、邓州市、潢川县、禹州市、嵩县
湖　北　公安县、麻城市、襄阳区、嘉鱼县、云梦县、钟祥市
湖　南　安乡县、平江县、南县、湘潭县、衡阳县
广　东　化州市、龙川县、雷州市
广　西　江南区、北流市、全州县
海　南　琼海市
重　庆　长寿区、丰都县、荣昌县
四　川　三台县、岳池县、安岳县、隆昌县、通江县、郫县
贵　州　遵义县、松桃自治县、惠水县
云　南　陆良县、祥云县、姚安县
西　藏　乃东县
陕　西　兴平市、凤翔县、勉县、志丹县
甘　肃　凉州区、民乐县、泾川县
青　海　互助自治县
宁　夏　平罗县、青铜峡市、灵武市
新　疆　阜康市、阿勒泰市、叶城县
新疆兵团　一师一团中心团场、七师一二三团中心团场、八师一四八团场

九、铁路土地管理有关文件

中华人民共和国主席令

（第32号）

《中华人民共和国铁路法》已由中华人民共和国第七届全国人民代表大会常务委员会第15次会议于1990年9月7日通过,现予公布,自1991年5月1日起施行。

中华人民共和国主席　杨尚昆

1990年9月7日

中华人民共和国铁路法

（1990年9月7日第七届全国人民代表大会常务委员会第十五次会议通过）

第一章　总　　则

第一条　为了保障铁路运输和铁路建设的顺利进行,适应社会主义现代化建设和人民生活的需要,制定本法。

第二条　本法所称铁路,包括国家铁路、地方铁路、专有铁路和铁路专用线。

国家铁路是指由国务院铁路主管部门管理的铁路。

地方铁路是指由地方人民政府管理的铁路。

专有铁路是指由企业或者其他单位管理,专为本企业或者本单位内部提供运输服务的铁路。

铁路专用线是指由企业或者其他单位管理的与国家铁路或者其他铁路线路接轨的岔线。

第三条　国务院铁路主管部门主管全国铁路工作,对国家铁路实行高度集中、统一指挥的运输管理体制,对地方铁路、专用铁路和铁路专用线进行指导、协调、监督和帮助。

国家铁路运输企业行使法律、行政法规授予的行政管理职能。

第四条　国家重点发展国家铁路,大力扶持地方铁路的发展。

第五条　铁路运输企业必须坚持社会主义经营方向和为人民服务的宗旨,改善经营管理,切实改进路风,提高运输服务质量。

第六条　公民有爱护铁路设施的义务。禁止任何人破坏铁路设施,扰乱铁路运输的正常秩序。

第七条　铁路沿线各级地方人民政府应当协助铁路运输企业保证铁路运输安全畅通,车站、列车秩序良好,铁路设施完好和铁路建设顺利进行。

第八条　国家铁路的技术管理规程,由国务院铁路主管部门制定,地方铁路、专有铁路的技术管理办法,参照国家铁路的技术管理规程制定。

第九条　国家鼓励铁路科学技术研究,提高铁路科学技术水平。对在铁路科学技术研究中有显著成绩的单位和个人给予奖励。

第二章 铁路运输营业

第十条 铁路运输企业应当保证旅客和货物运输的安全，做到列车正点到达。

第十一条 铁路运输合同是明确铁路运输企业与旅客、托运人之间权利义务关系的协议。

旅客车票、行李票、包裹票和货物运单是合同或者合同的组成部分。

第十二条 铁路运输企业应当保证旅客按车票载明的日期、车次乘车，并到达目的站。因铁路运输企业的责任造成旅客不能按车票载明的日期、车次乘车的，铁路运输企业应当按照旅客的要求，退还全部票款或者安排改乘到达相同目的站的其他列车。

第十三条 铁路运输企业应当采取有效措施做到旅客运输服务工作，做到文明礼貌、热情周到，保持车站和车厢内的清洁卫生，提供饮用开水，做好列车上的饮食供应工作。

铁路运输企业应当采取措施，防止对铁路沿线环境的污染。

第十四条 旅客乘车应当持有效车票。对无票乘车或者持失效车票乘车的，应当补收票款，并按照规定加收票款；拒不交付的，铁路运输企业可以责令下车。

第十五条 国家铁路和地方铁路根据发展生产、搞活流通的原则，安排货物运输计划。

对抢险救灾物资和国家规定需要优先运输的其他物资，应予优先运输。

地方铁路运输的物资需要经由国家铁路运输的，其运输计划应当纳入国家铁路的运输计划。

第十六条 铁路运输企业应当按照全国约定的期限或者国务院铁路主管部门规定的期限，将货物、包裹、行李运到目的站；逾期运到的，铁路运输企业应当支付违约金。

铁路运输企业逾期三十日仍未将货物、包裹、行李交付收货人或者旅客的，托运人、收货人或者旅客有权按货物、包裹、行李灭失向铁路运输企业要求赔偿。

第十七条 铁路运输企业应当对承运的货物、包裹、行李自接受承运时起到交付时止发生的灭失、短少、变质、污染或者损坏，承担赔偿责任：

（一）托运人或者旅客根据自愿申请办理保价运输的，按照实际损失赔偿，但最高不超过保价额。

（二）未按保价运输承运的，按照实际损失赔偿，但最高不超过国务院铁路主管部门规定的赔偿限额；如果损失是由于铁路运输企业的故意或者重大过失造成的，不适用赔偿限额的规定，按照实际损失赔偿。

托运人或者旅客根据自愿可以向保险公司办理货物运输保险，保险公司按照保险合同的约定承担赔偿责任。

托运人或者旅客根据自愿，可以办理保价运输，也可以办理货物运输保险；还可以既不办理保价运输，也不办理货物运输保险。不得以任何方式强迫办理保价运输或者货物运输保险。

第十八条 由于下列原因造成的货物、包裹、行李损失的，铁路运输企业不承担赔偿责任：

（一）不可抗力。

（二）货物或者包裹、行李中的物品本身的自然属性，或者合理损耗。

（三）托运人、收货人或者旅客的过错。

第十九条 托运人应当如实填报托运单，铁路运输企业有权对填报的货物和包裹的品名、重量、数量进行检查。经检查，申报与实际不符的，检查费用由托运人承担；申报与实际相符的,检查费用由铁路运输企业承担,因检查对货物和包裹中的物品造成的损坏由铁路运输企业赔偿。

托运人因申报不实而少交的运费和其他费用应当补交,铁路运输企业按照国务院铁路主管部门的规定加收运费和其他费用。

第二十条 托运货物需要包装的,托运人应当按照国家包装标准或者行业包装标准包装;没有国家包装标准或者行业包装标准的,应当妥善包装,使货物在运输途中不因包装原因而受损坏。

铁路运输企业对承运的容易腐烂变质的货物和活动物,应当按照国务院铁路主管部门的规定和合同的约定,采取有效的保护措施。

第二十一条 货物、包裹、行李到站后,收货人或者旅客应当按照国务院铁路主管部门规定的期限及时领取,并支付托运人未付或者少付的运费和其他费用;逾期领取的,收货人或者旅客应当按照规定交付保管费。

第二十二条 自铁路运输企业发出领取货物通知之日起满三十日仍无人领取的货物,或者收货人书面通知铁路运输企业拒绝领取的货物,铁路运输企业应当通知托运人,托运人自接到通知之日起满三十日未作答复的,由铁路运输企业变卖;所得价款在扣除保管等费用后尚有余款的,应当退还托运人,无法退还、自变卖之日起一百八十日内托运人又未领回的,上缴国库。

自铁路运输企业发出领取通知之日起满九十日仍无人领取的包裹或者到站后满九十日仍无人领取的行李,铁路运输企业应当公告,公告满九十日仍无人领取的,可以变卖;所得价款在扣除保管等费用后尚有余款的,托运人、收货人或者旅客可以自变卖之日起一百八十日内领回,逾期不领回的,上缴国库。

对危险物品和规定限制运输的物品,应当移交公安机关或者有关部门处理,不得自行变卖。

对不宜长期保存的物品,可以按照国务院铁路主管部门的规定缩短处理期限。

第二十三条 因旅客、托运人或者收货人的责任给铁路运输企业造成财产损失的,由旅客、托运人或者收货人承担赔偿责任。

第二十四条 国家鼓励专用铁路兼办公共旅客、货物运输营业;提倡铁路专用线与有关单位按照协议共用。

专用铁路兼办公共旅客、货物运输营业的,应当报经省、自治区、直辖市人民政府批准。

专用铁路兼办公共旅客、货物运输营业的,适用本法关于铁路运输企业的规定。

第二十五条 国家铁路的旅客票价率和货物、包裹、行李的运价率由国务院铁路主管部门拟订,报国务院批准。国家铁路的旅客、货物运输杂费的收费项目和收费标准由国务院铁路主管部门规定。国家铁路的特定运营线的运价率、特定货物的运价率和临时运营线的运价率,由国务院铁路主管部门商得国务院物价主管部门同意后规定。

地方铁路的旅客票价率、货物运价率和旅客、货物运输杂费的收费项目和收费标准,由省、自治区、直辖市人民政府物价主管部门会同国务院铁路主管部门授权的机构规定。

兼办公共旅客、货物运输营业的专用铁路的旅客票价率、货物运价率和旅客、货物运输杂费的收费项目和收费标准,以及铁路专用线共用的收费标准,由省、自治区、直辖市人民政府物价主管部门规定。

第二十六条 铁路的旅客票价,货物、包裹、行李的运价,旅客和货物运输杂费的收费项目和收费标准,必须公告;未公告的不得实施。

第二十七条 国家铁路、地方铁路和专用铁路印制使用的旅客、货物运输票证,禁止伪造和变造。

禁止倒卖旅客车票和其他铁路运输票证。

第二十八条 托运、承运货物、包裹、行李,必须遵守国家关于禁止或者限制运输物品的规定。

第二十九条 铁路运输企业与公路、航空或者水上运输企业相互间实行国内旅客、货物联运,依照国家有关规定办理;国家没有规定的,依照有关各方的协议办理。

第三十条 国家铁路、地方铁路参加国际联运,必须经国务院批准。

第三十一条 铁路军事运输依照国家有关规定办理。

第三十二条 发生铁路运输合同争议的,铁路运输企业和托运人、收货人或者旅客可以通过调解解决;不愿意调解解决或者调解不成的,可以依据合同中的仲裁条款或者事后达成的书面仲裁协议,向国家规定的仲裁机构申请仲裁。

当事人一方在规定的期限内不履行仲裁机构的仲裁决定的,另一方可以申请人民法院强制执行。

当事人没有在合同中订立仲裁条款,事后又没有达成书面仲裁协议的,可以向人民法院起诉。

第三章 铁路建设

第三十三条 铁路发展规划应当依据国民经济和社会发展以及国防建设的需要制定,并与其他方式的交通运输发展规划相协调。

第三十四条 地方铁路、专用铁路、铁路专用线的建设计划必须符合全国铁路发展规划,并征得国务院铁路主管部门或者国务院铁路主管部门授权的机构的同意。

第三十五条 在城市规划区范围内,铁路的线路、车站、枢纽以及其他有关设施的规划,应当纳入所在城市的总体规划。铁路建设用地规划,应当纳入土地利用总体规划。为远期扩建、新建铁路需要的土地,由县级以上人民政府在土地利用总体规划中安排。

第三十六条 铁路建设用地,依照有关法律、行政法规的规定办理。

有关地方人民政府应当支持铁路建设,协助铁路运输企业做好铁路建设征用土地工作和拆迁安置工作。

第三十七条 已经取得使用权的铁路建设用地,应当依照批准的用途使用,不得擅自改作他用;其他单位或者个人不得侵占。

侵占铁路建设用地的,由县级以上地方人民政府土地管理部门责令停止侵占、赔偿损失。

第三十八条 铁路的标准轨距为 1 435 毫米。新建国家铁路必须采用标准轨距。

窄轨铁路的轨距为 762 毫米或者 1 000 毫米。

新建和改建铁路的其他技术要求应当符合国家标准或者行业标准。

第三十九条 铁路建成后,必须依照国家基本建设程序的规定,经验收合格,方能交付正式运行。

第四十条 铁路与道路交叉处,应当优先考虑设置立体交叉;未设立体交叉的,可以根据国家有关规定设置平交道口或者人行过道。在城市规划区内设置平交道口或者人行过道,由铁路运输企业或者建有专用铁路、铁路专用线的企业或者其他单位和城市规划主管部门共同决定。

拆除已经设置的平交道口或者人行过道,由铁路运输企业或者建有专用铁路、铁路专用线的企业或者其他单位和当地人民政府商定。

第四十一条 修建跨越河流的铁路桥梁,应当符合国家规定的防洪、通航和水流的要求。

第四章 铁路安全与保护

第四十二条 铁路运输企业必须加强对铁路的管理和保护,定期检查、维修铁路运输设施,保证铁路运输设施完好,保障旅客和货物运输安全。

第四十三条 铁路公安机关和地方公安机关分工负责共同维护铁路治安秩序。车站和列车内的治安秩序,由铁路公安机关负责维护;铁路沿线的治安秩序,由地方公安机关和铁路公安机关共同负责维护,以地方公安机关为主。

第四十四条 电力主管部门应当保证铁路牵引用电以及铁路运营用电中重要负荷的电力供应。铁路运营用电中重要负荷的供应范围国务院铁路主管部门和国务院电力主管部门商定。

第四十五条 铁路线路两侧地界以外的山坡地由当地人民政府作为水土保持的重点进行整治。铁路隧道顶上的山坡地由铁路运输企业协助当地人民政府进行整治。铁路地界以内的山坡地由铁路运输企业进行整治。

第四十六条 在铁路线路和铁路桥梁、涵洞两侧一定距离内,修建山塘、水库、堤坝,开挖河道、干渠,采石挖砂,打井取水,影响铁路路基稳定或者危害铁路桥梁、涵洞安全的,由县级以上地方人民政府责令停止建设或者采挖、打井等活动,限期恢复原状或者责令采取必要的安全防护措施。

在铁路线路上架设电力、通讯线路,埋置电缆、管道设施,穿凿通过铁路路基的地下坑道,必须经铁路运输企业同意,并采取安全防护措施。

在铁路弯道内侧、平交道口和人行过道附近,不得修建妨碍行车瞭望的建筑物和种植妨碍行车瞭望的树木。修建妨碍行车瞭望的建筑物的,由县级以上地方人民政府责令限期拆除。种植妨碍行车瞭望的树木的,由县级以上地方人民政府责令有关单位或者个人限期迁移或者修剪、砍伐。

违反前三款的规定,给铁路运输企业造成损失的单位或者个人,应当赔偿损失。

第四十七条 禁止擅自在铁路线路上铺设平交道口和人行过道。

平交道口和人行过道必须按照规定设置必要的标志和防护设施。

行人和车辆通过铁路平交道口和人行过道时,必须遵守有关通行的规定。

第四十八条 运输危险品必须按照国务院铁路主管部门的规定办理,禁止以非危险品品名托运危险品。

禁止旅客携带危险品进站上车。铁路公安人员和国务院铁路主管部门规定的铁路职工,有权对旅客携带的物品进行运输安全检查。实施运输安全检查的铁路职工应当佩戴执勤标志。

危险品的品名由国务院铁路主管部门规定并公布。

第四十九条 对损毁、移动铁路信号装置及其他行车设施或者在铁路线路上放置障碍物的，铁路职工有权制止，可以扭送公安机关处理。

第五十条 禁止偷乘货车、攀附行进中的列车或者击打列车。对偷乘货车、攀附行进中的列车或者击打列车的，铁路职工有权制止。

第五十一条 禁止在铁路线路上行走、坐卧。对在铁路线路上行走、坐卧的，铁路职工有权制止。

第五十二条 禁止在铁路线路两侧二十米以内或者铁路防护林地内放牧。对在铁路线路两侧二十米以内或者铁路防护林地内放牧的，铁路职工有权制止。

第五十三条 对聚众拦截列车或者聚众冲击铁路行车调度机构的，铁路职工有权制止；不听制止的，公安人员现场负责人有权命令解散；拒不解散的，公安人员现场负责人有权依照国家有关规定决定采取必要手段强行驱散，并对拒不服从的人员强行带离现场或者予以拘留。

第五十四条 对哄抢铁路运输物资的，铁路职工有权制止，可以扭送公安机关处理；现场公安人员可以予以拘留。

第五十五条 在列车内，寻衅滋事，扰乱公共秩序，危害旅客人身、财产安全的，铁路职工有权制止，铁路公安人员可以予以拘留。

第五十六条 在车站和旅客列车内，发生法律规定需要检疫的传染病时，由铁路卫生检疫机构进行检疫；根据铁路卫生检疫机构的请求，地方卫生检疫机构应予协助。

货物运输的检疫，依照国家规定办理。

第五十七条 发生铁路交通事故，铁路运输企业应当依照国务院和国务院有关主管部门关于事故调查处理的规定办理，并及时恢复正常行车，任何单位和个人不得阻碍铁路线路开通和列车运行。

第五十八条 因铁路行车事故及其他铁路运营事故造成人身伤亡的，铁路运输企业应当承担赔偿责任；如果人身伤亡是因不可抗力或者由于受害人自身的原因造成的，铁路运输企业不承担赔偿责任。

违章通过平交道口或者人行过道，或者在铁路线路上行走、坐卧造成的人身伤亡，属于受害人自身的原因造成的人身伤亡。

第五十九条 国家铁路的重要桥梁和隧道，由中国人民武装警察部队负责守卫。

第五章 法律责任

第六十条 违反本法规定，携带危险品进站上车或者以非危险品品名托运危险品，导致发生重大事故的，依照刑法第一百一十五条的规定追究刑事责任。企业事业单位、国家机关、社会团体犯本款罪的，处以罚金，对其主管人员和直接责任人员依法追究刑事责任。

携带炸药、雷管或者非法携带枪支子弹、管制刀具进站上车的，比照刑法第一百六十三条的规定追究刑事责任。

第六十一条 故意损毁、移动铁路行车信号装置或者在铁路线路上旋转足以使列车倾覆的障碍物，尚未造成严重后果的，依照刑法第一百零八条的规定追究刑事责任；造成严重后果的，依照刑法第一百一十条的规定追究刑事责任。

第六十二条 盗窃铁路线路上行车设施的零件、部件或者铁路线路上的器材，危及行车安全，尚未造成严重后果的，依照刑法第一百零八条破坏交通设施罪的规定追究刑事责任；造成严重后果的，依照刑法第一百一十条破坏交通设施罪的规定追究刑事责任。

第六十三条 聚众拦截列车不听制止的,对首要分子和骨干分子依照刑法第一百五十九条的规定追究刑事责任。

聚众冲击铁路行车调度机构不听制止的,对首要分子和骨干分子依照刑法第一百五十八条的规定追究刑事责任。

第六十四条 聚众哄抢铁路运输物资的,对首要分子和骨干分子依照刑法第一百五十一条或者第一百五十二条的规定追究刑事责任。

铁路职工与其他人员勾结犯前款罪的,从重处罚。

第六十五条 在列车内,抢劫旅客财物,伤害旅客的,依照刑法有关规定从重处罚。

在列车内,寻衅滋事,侮辱妇女,情节恶劣的,依照刑法第一百六十条的规定追究刑事责任;敲诈勒索旅客财物的,依照刑法第一百五十四条的规定追究刑事责任。

第六十六条 倒卖旅客车票数额较大的,依照刑法第一百一十七条的规定追究刑事责任。以倒卖旅客车票为常业的,倒卖数额巨大的或者倒卖集团的首要分子,依照刑法第一百一十八条的规定追究刑事责任。铁路职工倒卖旅客车票或者与其他人员勾结倒卖旅客车票的,依照刑法第一百一十九条的规定追究刑事责任。

第六十七条 违反本法规定,尚不够刑事处罚,应当给予治安管理处罚的,依照治安管理处罚条例的规定处罚。

第六十八条 擅自在铁路线路上铺设平交道口、人行过道的,由铁路公安机关或者地方公安机关责令限期拆除,可以并处罚款。

第六十九条 铁路运输企业违反本法规定,多收运费、票款或者旅客、货物运输杂费的,必须将多收的费用退还付款人,无法退还的上缴国库。将多收的费用据为己有或者侵吞私分的,依照关于惩治贪污罪贿赂罪的补充规定第一条、第二条的规定追究刑事责任。

第七十条 铁路职工利用职务之便走私、投机倒把的,或者与其他人员勾结走私、投机倒把的,依照刑法第一百一十九条的规定追究刑事责任。

第七十一条 铁路职工玩忽职守、违反规章制度造成铁路运营事故的,滥用职权、利用办理运输业务之便谋取私利的,给予行政处分;情节严重、构成犯罪的,依照刑法有关规定追究刑事责任。

第六章 附 则

第七十二条 本法所称国家铁路运输企业是指铁路局和铁路分局。

第七十三条 国务院根据本法制定实施条例。

第七十四条 本法自 1991 年 5 月 1 日起施行。

附

刑法有关条款

第一百一十五条 违反爆炸性、易燃性、放射性、毒害性、腐蚀性物品的管理规定,在生产、储存、运输、使用中发生重大事故,造成严重后果的,处三年以下有期徒刑或者拘役;后果特别严重的,处三年以上七年以下有期徒刑。

第一百六十三条 违反枪支管理规定,私藏枪支、弹药,拒不交出的,处二年以下有期徒刑或者拘役。

第一百零八条 破坏轨道、桥梁、隧道、公路、机场、航道、灯塔、标志或者进行其他破坏活动,足以使火车、汽车、电车、船只、飞机发生倾覆、毁坏危险,尚未造成严重后果的,处三年以上十年以下有期徒刑。

第一百一十条 破坏交通工具、交通设备、电力煤气设备、易燃易爆设备造成严重后果的,处十年以上有期徒刑、无期徒刑或者死刑。

过失犯前款罪的,处七年以下有期徒刑或者拘役。

第一百五十九条 聚众扰乱车站、码头、民用航空站、商场、公园、影剧院、展览会、运动场或者其他公共场所秩序,聚众堵塞交通或者破坏交通秩序,抗拒、阻碍国家治安管理工作人员依法执行职务,情节严重的,对首要分子处五年以下有期徒刑、拘役、管制或者剥夺政治权利。

第一百五十八条 禁止任何人利用任何手段扰乱社会秩序。扰乱社会秩序情节严重,致使工作、生产、营业和教学、科研无法进行,国家和社会遭受严重损失的,对首要分子处五年以下有期徒刑、拘役、管制或者剥夺政治权利。

第一百五十一条 盗窃、诈骗、抢夺公私财物数额较大的,处五年以下有期徒刑、拘役或者管制。

第一百五十二条 惯窃、惯骗或者盗窃、诈骗、抢夺公私财物数额巨大的,处五年以上十年以下有期徒刑;情节特别严重的,处十年以上有期徒刑或者无期徒刑,可以并处没收财产。

第一百六十条 聚众斗殴,寻衅滋事,侮辱妇女或者进行其他流氓活动,破坏公共秩序,情节恶劣的,处七年以下有期徒刑、拘役或者管制。

流氓集团的首要分子,处七年以上有期徒刑。

第一百五十四条 敲诈勒索公私财物的,处三年以下有期徒刑或者拘役;情节严重的,处三年以上七年以下有期徒刑。

第一百一十七条 违反金融、外汇、金银、工商管理法规,投机倒把,情节严重的,处三年以下有期徒刑或者拘役,可以并处、单处罚金或者没收财产。

第一百一十八条 以走私、投机倒把为常业的,走私、投机倒把数额巨大的或者走私、投机倒把集团的首要分子,处三年以上十年以下有期徒刑,可以并处没收财产。

第一百一十九条 国家工作人员利用职务上的便利,犯走私、投机倒把罪的,从重处罚。

全国人大常委会关于惩治贪污罪、贿赂罪的补充规定有关条款:

一、国家工作人员、集体经济组织工作人员或者其他经手、管理公共财物的人员,利用职务上的便利,侵吞、盗窃、骗取或者以其他手段非法占有公共财物的,是贪污罪。

与国家工作人员、集体经济组织工作人员或者其他经手、管理公共财物的人员勾结,伙同贪污的,以共犯论处。

二、对犯贪污罪的,根据情节轻重,分别依照下列规定处罚:

(1)个人贪污数额在五万元以上的,处十年以上有期徒刑或者无期徒刑,可以并处没收财产;情节特别严重的,处死刑,并处没收财产。

(2)个人贪污数额在一万元以上不满五万元的,处五年以上有期徒刑,可以并处没收财产;情节特别严重的,处无期徒刑,并处没收财产。

(3)个人贪污数额在二千元以上不满一万元的,处一年以上七年以下有期徒刑;情节严重的,处七年以上十年以下有期徒刑。个人贪污数额在二千元以上不满五千元,犯罪后自首、立功或者有悔改表现、积极退赃的,可以减轻处罚,或者免予刑事处罚,由其所在单位或者上级主管机关给予行政处分。

(4)个人贪污数额不满二千元，情节较重的，处二年以下有期徒刑或者拘役；情节较轻的，由其所在单位或者上级主管机关酌情给予行政处分。

二人以上共同贪污的，按照个人所得数额及其在犯罪中的作用，分别处罚。对贪污集团的首要分子，按照集团贪污的总数额处罚；对其他共同贪污犯罪中的主犯，情节严重的，按照共同贪污的总数额处罚。

对多次贪污未经处理的，按照累计贪污数额处罚。

中华人民共和国国务院令

（第430号）

《铁路运输安全保护条例》已经2004年12月22日国务院第74次常务会议通过，现予公布，自2005年4月1日起施行。

总理　温家宝

2004年12月27日

铁路运输安全保护条例

第一章　总　　则

第一条　为了加强铁路运输安全管理，保障铁路运输安全和畅通，保护人身安全、财产安全及其他合法权益，根据《中华人民共和国铁路法》和《中华人民共和国安全生产法》，制定本条例。

第二条　中华人民共和国境内的铁路运输安全保护及与铁路运输安全保护有关的活动，适用本条例。

第三条　铁路运输安全管理坚持安全第一、预防为主的方针。

第四条　国务院铁路主管部门负责全国的铁路运输安全监督管理工作。

国务院铁路主管部门设立的铁路管理机构（以下简称铁路管理机构）负责本区域内的铁路运输安全监督管理工作。

第五条　铁路沿线地方各级人民政府及县级以上地方人民政府安全生产监督管理等部门应当按照各自职责，做好与铁路运输安全有关的工作，加强铁路运输安全教育，落实护路联防责任制，防范和制止危害铁路运输安全的行为，协调和处理有关铁路运输安全事项。

第六条　公安机关按照职责分工，维护车站、列车等铁路场所的治安秩序和铁路沿线的治安秩序。

第七条　铁路运输企业应当加强铁路运输安全管理，建立、健全安全生产管理制度，设置安全管理机构，保证铁路运输安全所必需的资金投入。

铁路运输工作人员应当坚守岗位，按程序实行标准作业，尽职尽责，保证运输安全。

第八条　国务院铁路主管部门及铁路管理机构应当对突发公共卫生事件、突发铁路治安事件、重大自然灾害及火灾事故、重大铁路运输安全事故及其他影响铁路运输安全、畅通的突发性事件，制定应急预案。

铁路运输企业应当按照国家有关规定，建立、健全本企业的应急预案，明确应急指挥、救援等事项。

第九条　任何单位和个人不得破坏、损坏或者非法占用铁路运输的设施、设备、铁路标志及铁路用地。

任何单位和个人都有保护铁路运输的设施、设备、铁路标志及铁路用地的义务,发现破坏、损坏或者非法占用铁路运输的设施、设备、铁路标志、铁路用地及其他影响铁路运输安全的行为,应当向国务院铁路主管部门、铁路管理机构、公安机关、地方各级人民政府或者有关部门检举、报告,或者及时通知铁路运输企业。接到检举、报告的部门或者接到通知的铁路运输企业应当根据各自职责及时予以处理。

对维护铁路运输安全作出突出贡献的单位或者个人,应当给予表彰奖励。

第二章　铁路线路安全

第十条　铁路线路两侧应当设立铁路线路安全保护区。铁路线路安全保护区的范围,从铁路线路路堤坡脚、路堑坡顶或者铁路桥梁外侧起向外的距离分别为:

(一)城市市区,不少于8米;

(二)城市郊区居民居住区,不少于10米;

(三)村镇居民居住区,不少于12米;

(四)其他地区,不少于15米。

铁路线路安全保护区的具体范围,由铁路管理机构提出方案,县级以上地方人民政府按照保障铁路运输安全和节约用地的原则划定。铁路用地能满足前款要求的,由铁路管理机构在铁路用地范围内划定铁路线路安全保护区。

铁路线路安全保护区与公路建筑控制区、河道管理范围或者水利工程管理和保护范围重叠的,由铁路管理机构和公路管理机构、水行政主管部门协商后,报县级以上地方人民政府划定。

铁路运输企业应当在铁路线路安全保护区边界设立标桩,并根据需要设置围墙、栅栏等防护设施。

企业或者单位内部的专用铁路需要划定铁路线路安全保护区的,参照本条第一款的规定划定。

第十一条　在铁路线路安全保护区内,除必要的铁路施工、作业、抢险活动外,任何单位和个人不得实施下列行为:

(一)建造建筑物、构筑物;

(二)取土、挖砂、挖沟;

(三)采空作业;

(四)堆放、悬挂物品。

任何单位和个人不得在铁路线路安全保护区内烧荒、放养牲畜、种植影响铁路线路安全和行车瞭望的树木等植物。

任何单位和个人不得向铁路线路安全保护区排污、排水,倾倒垃圾及其他有害物质。

第十二条　铁路线路安全保护区内已有的建筑物、构筑物,危及铁路运输安全的,由国务院铁路主管部门及铁路管理机构或者县级以上地方人民政府责令采取必要的安全防护措施。对采取安全防护措施后仍不能满足安全要求的,应当按照国家有关规定限期拆除。

拆除铁路线路安全保护区内的建筑物、构筑物的,应当依法给予合理补偿。但是,拆除非法建设的建筑物、构筑物的除外。

第十三条　铁路运输企业的安全生产管理人员应当对铁路线路进行经常性巡查和维护。

对巡查中发现的安全问题,应当立即处理;不能处理的,应当及时报告本企业有关负责人。巡查及处理情况应当留存记录。

第十四条 铁路线路及其邻近的建筑物、构筑物、设备等(与机车车辆有直接互相作用的设备除外),不得进入国家规定的铁路建筑接近限界。进入铁路建筑接近限界的,铁路管理机构有权制止、拆除。

第十五条 任何单位和个人不得在铁路桥梁(含道路、铁路两用桥,下同)跨越的河道上下游各1 000米范围内围垦造田、抽取地下水、拦河筑坝、架设浮桥,及修建其他影响或者危害铁路桥梁安全的设施。

在前款规定的范围内,确需进行围垦造田、抽取地下水、拦河筑坝、架设浮桥等活动的,应当进行安全论证,有关行政管理部门在批准之前应当征求有关铁路管理机构的意见。

第十六条 任何单位和个人不得在铁路桥梁跨越的河道上下游的下列范围内采砂:

(一)桥长500米以上的铁路桥梁,河道上游500米,下游3 000米;

(二)桥长100米以上500米以下的铁路桥梁,河道上游500米,下游2 000米;

(三)桥长100米以下的铁路桥梁,河道上游500米,下游1 000米。

有关部门依法在铁路桥梁跨越的河道上下游划定的禁采区大于前款规定的禁采范围的,依照其划定的禁采范围执行。

第十七条 任何单位和个人不得在铁路线路两侧距路堤坡脚、路堑坡顶、铁路桥梁外侧200米范围内,或者铁路车站及周围200米范围内,及铁路隧道上方中心线两侧各200米范围内,建造、设立生产、加工、储存和销售易燃、易爆或者放射性物品等危险物品的场所、仓库。但是,根据国家有关规定设立的为铁路运输工具补充燃料的设施及办理危险货物运输的除外。

第十八条 在铁路线路两侧路堤坡脚、路堑坡顶、铁路桥梁外侧起各1 000米范围内,及在铁路隧道上方中心线两侧各1 000米范围内,禁止从事采矿、采石及爆破作业。

在前款规定的范围内,因修建道路、水利工程等公共工程,确需实施采石、爆破作业的,应当与铁路运输企业协商后,采取必要的安全防护措施。

第十九条 道路、铁路两用桥由所在地铁路运输企业和道路管理部门或者道路经营企业定期检查、共同维护,保证道路、铁路两用桥处于安全的技术状态。

道路、铁路两用桥的墩、梁等共用部分的检测、维修由铁路运输企业和道路管理部门或者道路经营企业共同负责,所需的费用根据公平合理的原则分担。

第二十条 铁路的重要桥梁和隧道,按照国家有关规定由中国人民武装警察部队负责守卫。

第二十一条 在铁路桥梁跨越的河道上下游进行疏浚作业,影响铁路桥梁安全的,应当进行安全技术评估,有关河道、航道管理部门在批准前应当征求国务院铁路主管部门或者铁路管理机构的意见,确认安全或者采取安全技术措施后,依法进行疏浚作业。但进行河道、航道日常养护、疏浚作业的除外。

第二十二条 铁路建设单位新建、改建、扩建工程项目的安全设施,必须与主体工程同时设计、同时施工、同时投入生产和使用。安全设施投资应当纳入建设项目概算。

第二十三条 跨越、穿越铁路线路、站场,架设、铺设桥梁、人行过道、管道、渡槽和电力线路、通信线路、油气管线等设施,或者在铁路线路安全保护区内架设、铺设人行过道、管道、渡槽和电力线路、通信线路、油气管线等设施,涉及铁路运输安全的,按照国家有关规定办理;没有规定的,由建设工程项目单位与铁路运输企业协商,不得危及铁路运输安全。

实施前款工程的施工单位应当遵守铁路施工安全规范,不得影响铁路行车安全及运输设施安全。工程项目设计、施工作业方案应当通报铁路运输企业。铁路运输企业应当派员对施工现场实行安全监督。

铁路线路安全保护区内已铺设的油气管线,及临近电气化铁路铺设的通信线路,存在安全隐患的,应当采取必要的安全防护措施。

第二十四条 船舶通过铁路桥梁时,应当符合桥梁的通航净空高度并严格遵守航行规则。

桥区航标中的桥梁航标、桥柱标、桥梁水尺标由铁路运输企业负责设置、维护。水面航标由铁路运输企业负责设置,航道管理部门负责维护,所需维护费用按照国家有关规定执行。

第二十五条 下穿铁路桥梁、涵洞的道路,应当按照国家有关标准设置车辆通过限高标志及限高防护架。城市道路的限高标志,由公安机关交通管理部门或者当地人民政府指定的部门设置并维护;公路的限高标志,由公路管理部门设置并维护。限高防护架在铁路桥梁、涵洞、道路建设时设置,由铁路运输企业负责维护。

机动车通过下穿铁路桥梁、涵洞的道路时,应当遵守限高、限宽规定,不得冲击限高防护架。

下穿铁路的涵洞的管理单位负责涵洞的日常管理、维护,防止淤塞、积水,保证正常通行。

第二十六条 铁路线路安全保护区内的道路及路堑上的道路,道路管理部门或者道路经营企业应当设置防止车辆进入铁路线路的安全防护设施并负责维护。

跨越铁路线路的道路桥梁,道路管理部门或者道路经营企业应当设置防止车辆及其他物体坠入铁路线路的安全防护设施并负责维护。

第二十七条 埋设、铺设、架设铁路信号、通信光(电)缆应当符合国家规定的标准,并接受国务院信息产业主管部门的监督管理。

铁路运输企业、为铁路运输提供服务的电信企业,应当加强对铁路信号、通信光(电)缆的维护和管理。

第二十八条 任何单位和个人不得擅自设置或者拓宽铁路道口、人行过道。

设置或者拓宽铁路道口、人行过道,应当向铁路管理机构提出申请,并按如下程序审批:城市内设置或者拓宽铁路道口、人行过道,由铁路管理机构会同城市规划部门根据国家有关规定自收到申请之日起30日内共同作出批准或者不予批准的决定;城市外设置或者拓宽铁路道口、人行过道,由铁路管理机构会同当地人民政府根据国家有关规定自收到申请之日起30日内共同作出批准或者不予批准的决定。

决定予以批准的,由铁路管理机构发给批准文件;不予批准的,由铁路管理机构书面通知申请人并说明理由。

第二十九条 列车行驶速度达到国家规定标准时,新建、改建的铁路与道路交叉的,应当设置立体交叉。

道路交通流量、列车行驶速度达到国家规定标准时,新建、改建的道路与铁路交叉的,应当设置立体交叉。

既有的一级公路、二级公路、城市道路与铁路交叉的平交道口,应当逐步改造为立体交叉。

设置铁路立体交叉和平交道口,应当符合国家规定的安全技术标准。

第三十条 铁路与道路交叉处设置立体交叉所需费用按照下列原则确定:

(一)新建、改建铁路与既有道路交叉的,由铁路部门承担建设费用;道路部门提出超过既有的道路建设标准建设而增加的费用,由道路部门承担;

（二）新建、改建道路与既有铁路交叉的，由道路部门承担建设费用；铁路部门提出超过既有的铁路线路建设标准建设而增加的费用，由铁路部门承担；

（三）现有铁路与道路平交道口改建立体交叉的，由铁路部门和道路部门按照公平合理的原则分担建设费用。

第三十一条 铁路与道路交叉处的有人看守平交道口，应当设置警示灯、警示标志、铁路平交道口路段标线或者安全防护设施；无人看守的铁路道口，应当按照国家规定标准设置警示标志。

警示灯、安全防护设施由铁路运输企业设置、维护；警示标志、铁路平交道口路段标线由铁路道口所在地的道路管理部门设置、维护。

第三十二条 机动车在铁路道口内发生故障或者装载物掉落时，应当立即将故障车辆或者掉落的装载物移至铁路道口停止线以外或者铁路线路最外侧钢轨5米以外的安全地点。对无法立即移走的，应当立即报告铁路道口看守人员；在无人看守道口处，应当立即在道口两端采取措施拦停列车，并通知就近铁路车站采取紧急措施。

第三十三条 履带车辆通过铁路平交道口，应当提前通知铁路道口管理部门，并在其协助、指导下通过。

第三十四条 在下列地点，铁路运输企业应当按照标准设置易于识别的警示、保护标志：

（一）铁路桥梁、隧道的两端；

（二）铁路信号、通信光（电）缆埋设、铺设地点；

（三）电气化铁路接触网、自动闭塞供电线路和电力贯通线路等电力设施附近易发生危险的地方。

第三章 铁路营运安全

第三十五条 设计、生产、维修或者进口新型的铁路机车车辆，应当符合国家规定的标准，并分别向国务院铁路主管部门申请领取型号合格证、生产许可证、维修合格证或者型号认可证，经国务院铁路主管部门审查合格的，发给相应的证书。

第三十六条 按照国家有关规定生产、维修或者进口的铁路机车车辆，在投入使用前，应当经国务院铁路主管部门验收合格。

第三十七条 申请领取型号合格证、生产许可证、维修合格证、型号认可证和铁路机车车辆验收的具体程序由国务院铁路主管部门另行规定。

第三十八条 生产铁路道岔及其转辙设备、铁路通信信号控制软件及控制设备、铁路牵引供电设备的企业，应当符合下列条件并由国务院铁路主管部门认定：

（一）有按照国家规定标准检测、检验合格的专业生产设备；

（二）有相应的专业技术人员；

（三）有完善的产品质量保证体系和管理制度；

（四）近3年内无产品质量责任事故。

铁路道岔及其转辙设备、铁路通信信号控制软件及控制设备、铁路牵引供电设备经符合国家规定条件的专业检测、检验机构检测、检验合格，方可使用。

用于危险化学品和放射性物质铁路运输的罐车及其他容器的生产和检测、检验，依照有关法律、行政法规的规定管理。

第三十九条 本条例第三十八条规定以外的其他直接关系铁路运输安全的铁路专用设备、器材、工具和安全检测设备,实行产品强制认证制度(已实行工业产品生产许可证制度的铁路专用产品除外),相关产品的认证实施规则由国务院认证认可监督管理部门会同国务院铁路主管部门依法共同制定。

第四十条 用于铁路运输的安全防护设施、设备、集装箱和集装化用具等运输器具,篷布、装载加固材料或者装置、运输包装及货物装载加固,应当符合国家有关技术标准和规范。

第四十一条 铁路运输企业应当建立、健全并严格执行铁路运输的设施、设备的安全管理和检查防护的规章制度,加强对铁路运输的设施、设备的检测、维修,对不符合安全要求的应当及时更换,确保铁路运输的设施、设备性能完好和安全运行。

在法定假日和传统节日等铁路运输高峰期间,铁路运输企业应当加强铁路运输安全检查,确保运输安全。

第四十二条 铁路机车车辆和自轮运转车辆的驾驶人员应当经国务院铁路主管部门考试合格后,方可上岗。具体办法由国务院铁路主管部门制定。

第四十三条 铁路运输企业应当加强对从业人员的安全教育和培训。铁路运输企业的从业人员应当严格按照国家规定的操作规程,使用、管理铁路运输的设施、设备。

第四十四条 铁路运输企业应当将有关旅客、列车工作人员及其他进入车站的人员遵守的安全管理规定在列车内、车站等场所公告。

第四十五条 铁路运输企业应当使用国务院铁路主管部门认定的符合国家安全技术标准的铁路运输管理信息系统,并配备专门的安全管理人员,负责系统安全保护工作。

第四十六条 铁路运输企业应当按照法律、行政法规和国务院铁路主管部门的规定,对旅客携带物品和托运的行李进行安全检查。

从事安全检查的工作人员,应当佩戴安全检查标志,依法履行检查职责,并有权拒绝不接受安全检查的旅客进站乘车。

第四十七条 旅客应当接受并配合铁路运输企业在车站、列车实施的安全检查,不得违法携带、夹带匕首、弹簧刀及其他管制刀具,或者违法携带、随身托运烟花爆竹、枪支弹药等危险物品、违禁物品。旅客进站乘车、出站应当接受铁路工作人员的引导。

第四十八条 铁路运输托运人托运货物、行李、包裹时不得有下列行为:

(一)匿报、谎报货物品名、性质;

(二)在普通货物中夹带危险货物,或者在危险货物中夹带禁止配装的货物;

(三)匿报、谎报货物重量或者装车、装箱超过规定重量;

(四)其他危及铁路运输安全的行为。

第四十九条 铁路运输企业应当对承运的货物进行安全检查,并不得有下列行为:

(一)在非危险品办理站、专用线、专用铁路承运危险货物;

(二)未经批准承运超限、超长、超重、集重货物;

(三)承运拒不接受安全检查的物品;

(四)承运不符合安全规定、可能危害铁路运输安全的其他物品。

第五十条 办理危险货物铁路运输的承运人,应当具备下列条件:

(一)有按国家规定标准检测、检验合格的专用设施、设备;

(二)有符合国家规定条件的驾驶人员、技术管理人员、装卸人员;

(三)有健全的安全管理制度;

（四）有事故处理应急预案。

第五十一条 办理危险货物铁路运输的托运人，应当具备下列条件：

（一）具有国家规定的危险物品生产、储存、使用或者经营销售的资格；

（二）运输工具、运输包装、装载加固条件及专用设施、设备符合国家规定的技术标准和安全条件；

（三）有符合国家规定条件的掌握危险货物铁路运输业务和相关知识的专业技术人员、运输经办人员和押运人员；

（四）有事故处理应急预案。

第五十二条 申请从事危险货物承运、托运业务的，应当向铁路管理机构提交证明符合第五十条、第五十一条规定条件的证明文件。铁路管理机构应当自收到申请之日起20日内作出批准或者不予批准的决定。决定批准的，发给相应的资格证明；不予批准的，应当书面通知申请人并说明理由。

第五十三条 办理超限、超长、超重、集重货物运输的承运人，应当具备下列条件：

（一）装载加固、运输工具及其他设施、设备符合国家有关技术标准和安全要求；

（二）有符合国家规定条件的专业技术人员、管理人员和作业人员；

（三）有健全的安全管理制度；

（四）有事故处理应急预案。

第五十四条 办理超限、超长、超重、集重货物运输的，承运人应当按照国家有关规定向国务院铁路主管部门或者铁路管理机构提出申请。国务院铁路主管部门或者铁路管理机构应当自收到申请之日起7日内作出批准或者不予批准的决定。决定批准的，发给相应的资格证明；不予批准的，应当书面通知申请人并说明理由。

第五十五条 运输危险货物应当按照国家规定，使用专用的设施、设备，托运人应当配备必要的押运人员和应急处理器材、设备、防护用品，并且使危险货物始终处于押运人员的监管之下，发生被盗、丢失、泄漏等情况，应当按照国家有关规定及时报告。

第五十六条 办理危险货物运输的工作人员及装卸人员、押运人员应当掌握危险货物的性质、危害特性、包装容器的使用特性和发生意外时的应急措施。

危险货物承运单位的主要负责人和安全生产管理人员，应当经铁路管理机构对其安全生产知识和管理能力考核合格后方可任职。

第五十七条 危险货物的托运人和承运人应当按照国家规定的操作规程包装、装卸、运输，防止危险货物泄漏、爆炸。

第五十八条 特殊药品的托运人和承运人应当按照国家规定包装、装载、押运，防止特殊药品在运输过程中被盗、被劫或者发生丢失。

第四章　社会公众的义务

第五十九条 任何单位或者个人不得实施下列危害铁路运输安全的行为：

（一）非法拦截列车、阻断铁路运输；

（二）扰乱铁路运输调度机构、运输指挥部门及车站、列车的正常秩序；

（三）毁坏铁路线路、站台等设施、设备及路基、护坡、排水沟和防护林木、护坡草坪；

（四）在铁路线路上放置、遗弃障碍物；

（五）击打列车；

（六）擅自移动线路上的机车车辆，或者擅自开启列车车门；

（七）拆盗、损毁或者擅自移动铁路设施、设备、机车车辆配件和安全标志；

（八）在铁路线路上行走、坐卧或者在未设平交道口、人行过道的铁路线路上通过；

（九）在未设置行人通道的铁路桥梁上、隧道内通行；

（十）翻越、损毁、移动铁路线路两侧防护围墙、栅栏或者其他防护设施和标桩；

（十一）开启、关闭列车中货车阀、盖及破坏施封状态；

（十二）开启列车中集装箱箱门，破坏箱体、盖、阀及施封状态；

（十三）松动、解开、移动列车中货物装载加固材料和加固装置；

（十四）钻车、扒车、跳车；

（十五）从列车上抛扔杂物；

（十六）非法出售或者收购铁路器材；

（十七）其他危害铁路运输安全的行为。

第六十条 任何单位或者个人不得实施下列危及铁路通信、信号设施安全的行为：

（一）在埋有地下光（电）缆设施的地面上方进行钻探，堆放重物、垃圾，焚烧物品，倾倒腐蚀性物质；

（二）在地下光（电）缆两侧各1米的范围内建造、搭建建筑物、构筑物；

（三）在地下光（电）缆两侧各1米的范围内挖砂、取土和设置可能引起光（电）缆腐蚀的设施；

（四）在设有过河光（电）缆标志两侧各100米内进行挖砂、抛锚及其他危及光（电）缆安全的作业；

（五）其他可能危及铁路通信、信号设施安全的行为。

第六十一条 任何单位或者个人不得实施下列危害电气化铁路设施的行为：

（一）向电气化铁路接触网抛掷物品；

（二）在铁路电力线路导线两侧各300米的区域内升放风筝、气球；

（三）攀登杆塔、铁路机车车辆或者在杆塔上架设、安装其他设施；

（四）在杆塔、拉线周围20米范围内取土、打桩、钻探或者倾倒有害化学物品；

（五）触碰电气化铁路接触网；

（六）其他危害铁路电力线路设施的行为。

第五章 监督检查

第六十二条 国务院铁路主管部门及铁路管理机构应当对有关铁路安全的法律、法规执行情况进行监督检查。

第六十三条 国务院铁路主管部门及铁路管理机构有权检查、制止各种侵占、损坏铁路运输的设施、设备、标志、用地及其他违反本条例的行为。

第六十四条 国务院铁路主管部门及铁路管理机构应当加强对铁路运输高峰时期的运输安全的监督检查，加强对铁路运输的关键环节、要害设施、设备的安全状况，及安全运输突发事件应急预案的建立和落实情况的监督检查。

第六十五条 国务院铁路主管部门及铁路管理机构和地方各级人民政府应当按照《地质

灾害防治条例》的有关规定加强对铁路沿线地质灾害的预防、应急处理和治理等工作。

第六十六条 国务院铁路主管部门及铁路管理机构与国务院安全生产监督管理部门、县级以上地方人民政府安全生产监督管理部门应当建立相应的定期信息通报制度和运输安全生产协调机制。发现重大安全隐患，铁路运输企业应当及时向有关铁路管理机构和地方人民政府报告。地方人民政府获悉铁路沿线有危及铁路运输安全的重要情况，应当及时向有关的铁路运输企业和铁路管理机构通报。

第六十七条 国务院铁路主管部门及铁路管理机构对发现的安全隐患，应当责令立即排除。重大安全隐患排除前或者排除过程中无法保证运输安全的，应当责令从危险区域内撤出作业人员，责令暂时停产停业或者停止使用；重大安全隐患排除后方可恢复运输。

第六十八条 发生铁路运输安全事故，铁路运输企业应当按照国家有关规定及时报告。发生重大、特大铁路运输安全事故，应当立即报告铁路管理机构、国务院铁路主管部门和县级以上地方人民政府安全生产监督管理部门、国务院安全生产监督管理部门。

发生铁路运输安全事故，国务院铁路主管部门、铁路管理机构及县级以上地方人民政府、铁路运输企业应当按照有关规定及时启动事故处理应急预案。

事故调查处理按照国家有关事故调查处理的规定执行。

第六十九条 铁路运输安全监督检查人员履行安全检查职责时，任何单位和个人不得阻挠。

铁路运输安全监督检查人员执行公务，应当佩戴标志或者出示证件。

第六章 法律责任

第七十条 违反本条例第十一条规定的，由铁路管理机构责令改正，给予警告，对单位可以并处5 000元以上5万元以下的罚款，对个人可以并处200元以上2 000元以下的罚款。

第七十一条 违反本条例第十四条规定的，由国务院铁路主管部门或者铁路管理机构责令改正，处5 000元以上5万元以下的罚款。

第七十二条 违反本条例第十五条规定的，由铁路桥梁所在地的有关水行政主管部门依法给予行政处罚。

第七十三条 违反本条例第十六条规定的，由铁路桥梁所在地的有关部门责令改正，处1万元以上10万元以下的罚款；构成犯罪的，依法追究刑事责任。

第七十四条 违反本条例第十七条规定的，由铁路管理机构责令限期拆除；逾期不拆除的，强制拆除，对单位处2万元以上20万元以下的罚款，对个人处1万元以上10万元以下的罚款；构成犯罪的，依法追究刑事责任。

第七十五条 违反本条例第十八条规定，在铁路线路两侧路堤坡脚、路堑坡顶、铁路桥梁外侧起各1 000米范围内，及在铁路隧道上方中心线两侧各1 000米范围内，从事采矿的，由地质矿产主管部门依照国家有关矿产资源管理的法律、法规给予行政处罚；从事采石及爆破作业的，由铁路管理机构责令改正，处2万元以上10万元以下的罚款；构成犯罪的，依法追究刑事责任。

第七十六条 违反本条例第十九条规定的，由铁路管理机构或者上级道路管理部门责令改正；拒不改正的，由铁路管理机构或者上级道路管理部门指定其他单位进行养护和维修，养护和维修费用由拒不履行义务的道路管理部门、铁路运输企业或者道路经营企业承担。

第七十七条 违反本条例第二十一条规定的，由上级河道、航道管理部门责令改正，对直接负责的主管人员和其他直接责任人员，给予记大过直至撤职的行政处分。

第七十八条 违反本条例第二十三条规定的，由国务院铁路主管部门或者铁路管理机构责令改正，可以处2万元以上10万元以下的罚款。

第七十九条 违反本条例第二十四条第二款规定的，由国务院铁路主管部门或者上级交通主管部门责令改正，对直接负责的主管人员和其他直接责任人员，给予记过或者记大过的处分。

第八十条 违反本条例第二十五条第二款规定的，由公安机关交通管理部门依法给予行政处罚。

违反本条例第二十五条第三款规定的，由铁路管理机构责令改正，处1 000元以上5 000元以下的罚款。

第八十一条 道路经营企业不按照本条例第二十六条规定设置、维护安全防护设施的，由铁路管理机构责令改正，处1万元以上10万元以下的罚款。

道路管理部门不按照本条例第二十六条规定设置、维护安全防护设施的，由上级道路管理部门责令改正，对直接负责的主管人员和其他直接责任人员处500元以上5 000元以下的罚款。

第八十二条 违反本条例第二十八条第一款规定的，由公安机关责令限期拆除，依法给予行政处罚。

第八十三条 违反本条例第三十一条规定的，由铁路管理机构或者上级道路管理部门责令改正，对直接负责的主管人员和其他直接责任人员处500元以上5 000元以下的罚款。

第八十四条 违反本条例第三十二条、第三十三条规定的，由铁路管理机构处500元以上5 000元以下的罚款；构成犯罪的，依法追究刑事责任。

第八十五条 违反本条例第三十四条规定的，由国务院铁路主管部门责令铁路运输企业改正，处1 000元以上1万元以下的罚款。

第八十六条 违反本条例第三十六条规定的，由国务院铁路主管部门责令改正，处2万元以上20万元以下的罚款。

第八十七条 违反本条例第三十八条规定，使用未经检测、检验合格的铁路道岔及其转辙设备、铁路通信信号控制软件及控制设备、铁路牵引供电设备的，由国务院铁路主管部门责令改正，处2万元以上20万元以下的罚款。

第八十八条 违反本条例第三十九条规定，使用未经强制性产品认证的直接关系铁路运输安全的铁路专用设备、器材、工具和安全检测设备的，依照有关法律、行政法规的规定予以处罚。

第八十九条 违反本条例第四十条规定的，由国务院铁路主管部门或者铁路管理机构责令改正，处1万元以上10万元以下的罚款。

第九十条 违反本条例第四十七条规定，旅客违法携带、夹带或者随身托运危险物品、违禁物品进站、上车的，由公安机关依法给予行政处罚。

第九十一条 违反本条例第四十八条规定，铁路运输托运人托运货物、行李、包裹时匿报、谎报货物品名、性质，匿报、谎报货物重量或者装车、装箱超过规定重量，或者有其他危及铁路运输安全的行为的，由铁路管理机构处1 000元以上1万元以下的罚款；在普通货物中夹带危险货物，或者在危险货物中夹带禁止配装的货物的，处5 000元以上5万元以下的罚款；构成犯罪的，依法追究刑事责任。

第九十二条 违反本条例第四十九条规定的，由国务院铁路主管部门处 2 万元以上 10 万元以下的罚款。

第九十三条 违反本条例第五十二条规定，未经批准擅自承运、托运危险货物的，由国务院铁路主管部门或者铁路管理机构处 2 万元以上 10 万元以下的罚款。

第九十四条 违反本条例第五十四条规定，未经批准擅自办理超限、超长、超重、集重货物运输的，由国务院铁路主管部门或者铁路管理机构处 2 万元以上 10 万元以下的罚款。

第九十五条 违反本条例第五十五条规定的，由公安机关依法给予行政处罚。

第九十六条 违反本条例第五十七条、第五十八条规定的，由国务院铁路主管部门或者铁路管理机构处 2 万元以上 10 万元以下的罚款。

第九十七条 违反本条例第五十九条、第六十一条规定的，由公安机关对个人处警告，可以并处 50 元以上 200 元以下的罚款，情节严重的，处 200 元以上 2 000 元以下的罚款；对单位处警告，并处 5 000 元以上 2 万元以下的罚款，对直接负责的主管人员和其他直接责任人员处 200 元以上 2 000 元以下的罚款；构成违反治安管理行为的，由公安机关依法给予行政处罚；构成犯罪的，依法追究刑事责任。

第九十八条 违反本条例第六十条规定的，由公安机关责令改正，对违法的个人处 200 元以上 2 000 元以下的罚款；对违法的单位处 5 000 元以上 5 万元以下的罚款，对直接负责的主管人员和其他直接责任人员处 200 元以上 2 000 元以下的罚款；构成犯罪的，依法追究刑事责任。

第九十九条 违反本条例规定，给铁路运输企业或者其他单位、个人财产造成损失的，依法承担赔偿责任。

第一百条 铁路运输企业不履行本条例规定义务的，除本条例另有规定外，由国务院铁路主管部门或者铁路管理机构责令改正，根据情节轻重可以处 1 万元以上 10 万元以下的罚款，对直接负责的主管人员和其他直接责任人员，处 1 000 元以上 1 万元以下的罚款。

第一百零一条 违反本条例的规定，国务院铁路主管部门、铁路管理机构、公安机关、县级以上地方人民政府及其有关部门发现铁路运输安全隐患不及时依法处理，对违法行为不依法予以处罚，或者不履行本条例规定的其他职责的，对负有责任的主管人员和其他直接责任人员根据情节轻重，依法给予降级直至开除的行政处分；构成犯罪的，依法追究刑事责任。

第一百零二条 国务院铁路主管部门及铁路管理机构发现违反本条例规定的行为，但本部门无权处理的，应当及时移送或者通报有权处理的部门，有权处理的部门应当根据职责及时予以处理，并将处理情况通报移送部门。拒不依法处理的，对负有责任的主管人员和其他直接责任人员根据情节轻重，依法给予降级直至开除的行政处分；构成犯罪的，依法追究刑事责任。

第七章 附 则

第一百零三条 本条例自 2005 年 4 月 1 日起施行。1989 年 8 月 15 日国务院发布的《铁路运输安全保护条例》同时废止。

国家土地管理局、铁道部关于颁布《铁路用地管理办法》的通知

(〔1992〕国土〔建〕字第144号 1992年10月27日)

各省、自治区、直辖市及计划单列市土地(国土)管理局(厅),铁道部部属各单位:

根据《中华人民共和国土地管理法》和《中华人民共和国铁路法》有关规定制定的《铁路用地管理办法》,经国家土地管理局、铁道部批准自一九九二年十二月一日起颁布施行。

附:

铁路用地管理办法

第一章 总 则

第一条 为加强铁路用地管理,适应铁路运输安全生产和建设发展需要,根据《中华人民共和国土地管理法》(以下简称《土地管理法》)和《中华人民共和国铁路法》及有关法律、法规,制定本办法。

第二条 铁路部门要认真贯彻执行"十分珍惜和合理利用每寸土地,切实保护耕地"的基本国策,在土地统一管理的原则下切实做好本部门用地的利用管理,制止乱占、滥用土地的违法行为。

第三条 铁路用地属于国家所有,由铁路部门利用和管理,受国家法律保护。

第四条 铁路用地是指铁路部门依法取得使用权的土地,包括留用的和征(拨)用的运输生产用地、辅助生产用地、生活设施用地和其他用地。

铁路临时用地是指根据铁路建设的需要,短期内(三年)使用的施工用地,材料、机械堆场用地,简易道路和便线用地,取弃土场用地等。

第五条 铁路用地的规划、建设、利用、保护和管理,按本办法执行。

第二章 铁路用地管理机构的职责

第六条 铁道部、铁路局、铁路分局以及铁道部其他单位的所有铁路用地管理机构均应在国务院和县级以上人民政府土地管理部门统一指导下,进行铁路用地管理工作。

第七条 铁路用地管理机构的职责:

一、宣传、贯彻、执行国家有关土地管理的法律、法规和政策,在土地管理部门的指导下制定铁路用地的规章制度。

二、按照国家统一规定,负责铁路用地的调查、申报登记、统计和计划工作。

三、承办国家批准的铁路建设征(拨)用地的申报工作。

四、负责对铁路用地的利用状况进行指导、检查和监督;受县级以上人民政府土地管理部门委托,开展铁路用地的监察工作。

五、依据国家、地方有关法规,配合县级以上人民政府土地管理部门处理土地纠纷。

六、负责国家和省级土地管理部门委托的有关事宜。

第三章 铁路建设用地

第八条 铁路建设需要征用集体所有土地或划拨国有土地,应严格《土地管理法》和《铁路法》有关条款规定的审批程序和审批权限办理征(拨)土地手续。依法批准的铁路建设用地,在领取建设用地批准书后,方可正式使用。

第九条 铁路用地管理机构负责办理铁路建设征(拨)用地的申报工作。

第十条 铁路建设用地应按总体设计一次申请批准,也可根据需要,以设计段办理用地手续。凡工期较长、工程复杂、不能同步竣工的建设项目(桥梁、隧道等),按批准权限,经国家或省级土地管理部门同意,可以先期使用土地,然后在正式办理建设项目用地手续时一并申请报批。

建设过程中,因设计变更或施工条件等客观原因引起用地数量变化和位置移动,应先办理用地手续后,再使用土地。

第十一条 铁路建设项目用地需支付的征(拨)土地费用应根据《土地管理法》的有关规定,经过实地调查和科学测算后,合理确定。

征(拨)土地费用要兼顾国家、地方、集体的利益。

第十二条 报国家和省级政府批准的铁路建设用地,国家和省级土地管理部门的咨询评估机构参与项目用地的前期工作。

第十三条 铁路建设项目竣工时,县级以上人民政府土地管理部门和铁路用地管理机构参与项目用地竣工验收,经核实无误,由当地县级以上人民政府土地管理部门收回建设用地批准书,换发国有土地使用证。

铁路建设项目经验收合格,在建设单位移交给接管单位时,应交用地有关的全部资料同时移交给接管单位的铁路用地管理机构。

第十四条 铁路建设项目在征(拨)用地范围外需要增加临时用地,应向当地县级以上人民政府土地管理部门提出申请,经批准后方可使用。需延长临时用地期限,应办理延期手续。临时用地不得建设地上、地下永久性建(构)筑物。

需要复垦的土地应按照国务院《土地复垦规定》,制定土地复垦规划,如期进行土地复垦。

第十五条 铁路建设用地应按批准的用途使用,如改变土地用途,需要原批准用地的机关同意,并办理变更登记手续。

第四章 铁路用地利用规划

第十六条 铁路部门要按照国家有关规定,依据铁路发展规划编制铁路用地的利用规划和中长期计划。

第十七条 铁路用地利用规划与当地县级以上人民政府土地利用总体规划相协调,并纳入当地土地利用总体规划。远期扩建、新建铁路所需要的土地,由县级以上人民政府在土地利用总体规划中安排。

铁路用地利用规划要依据铁路运输发展的长远规划,全面考虑生产和生活、铁路与地方衔接的关系。

第十八条 在城市规划区范围内,铁路的线路、车站、枢纽以及其他有关设施的规划,应当纳入所在城市的总体规划。

第十九条 铁路用地利用规划,经上级土地管理部门同意和铁路主管部门批准,报送所在地省级人民政府土地管理部门备案。

第二十条 铁路部门要按批准的铁路用地利用规划,在铁路用地范围内进行各项建设,由铁路用地管理机构检查、核实土地。

第二十一条 铁路用地的中长期计划,由铁路用地管理机构根据铁路发展规划组织编写,经铁路主管部门审查,报送国家和所在地省级人民政府土地管理部门备案。

铁路用地的年度计划,应由铁路用地管理机构提出,报送县级以上人民政府土地管理部门,纳入年度土地利用计划后执行。

第五章　铁路用地的保护

第二十二条 铁路用地按国家有关规定,向当地县级以上人民政府土地管理部门申请土地登记。

铁路运输系统用地由铁路局、铁路分局按宗地向所在地县级以上人民政府土地管理部门申请土地登记。

铁路其他用地,由用地单位直接向所在地的县级以上人民政府土地管理部门申请土地登记。

第二十三条 为明确铁路用地的界限、范围,铁路用地管理机构根据国家有关规定可按依法确定的地界埋设界标。

第二十四条 对铁路用地要实行重点保护,任何单位和个人不得占用。因特殊情况,确需占用铁路用地时,须征得铁路用地管理机构同意后,依法向县级以上人民政府土地管理部门申请办理权属变更手续。

第二十五条 严禁在铁路线路用地范围内开垦种植、挖渠修塘、采石采砂、取土弃碴、埋坟等破坏路基稳定的活动。

第二十六条 铁路沿线两侧用地范围内的土地,除按规定留出修建排水系统、造林绿化等用地外,已由承种人耕种的,在铁路未使用前可继续耕种,但必须与铁路用地管理机构签订承种协议,并送当地县级土地管理部门备案。不准在承种的土地上兴建临时或永久性建筑物、种植多年生作物。

暂交由承种人承种的铁路用地,当铁路建设需要时,铁路部门有权收回,并按下列规定办理。

一、收回承种的铁路用地。铁路用地管理机构需提前三个月,书面通知当地县、乡人民政府转告承种人。

二、所收回的铁路用地如已播种,由铁路部门支付给承种人当季青苗补偿费。

三、被收回铁路用地的承种人确有实际困难的,由铁路部门发给不超过实际种植作物一年产量总值的补助费。

第二十七条 铁路用地管理机构受当地政府土地管理部门委托，可建立监察队伍，负责铁路用地的保护，依法对铁路用地的利用状况实施监督检查，对违章占地、滥用土地等行为进行制止。

第二十八条 铁路用地单位与其他部门、单位发生土地权属争议，铁路用地管理机构应协助当地县级以上土地管理部门进行调处，对调处不服者，争议双方均可按法律程序向人民法院起诉。

第六章 奖励与惩罚

第二十九条 对在保护和合理利用铁路用地方面成绩显著的单位和个人，由人民政府土地管理部门或者铁路部门给予表扬或者奖励。

第三十条 侵占铁路用地的，依照《铁路法》第三十七条第二款规定处理。

买卖或者以其他形式非法转让铁路用地的，依照《土地管理法》第四十七条和《土地管理法实施条例》第三十一条规定处理。

第三十一条 铁路用地单位未经批准或者采取欺骗手段骗取批准，非法占用土地的，依照《土地管理法》第四十三条第一款和《土地管理法实施条例》第三十条的规定处理。

铁路用地单位超过批准的用地数量占用土地的，多占的土地，依照《土地管理法》第四十三条第二款处理。

第三十二条 单位或者个人擅自在铁路两侧依法确定的铁路用地范围内进行挖坑取土、开垦种植、挖渠修塘、采石采砂、埋坟等影响铁路路基稳定活动的，或者擅自移动、损毁铁路用地界标的，铁路用地管理机构有权制止，并可提请当地人民政府或者政府有关主管部门依法处理。

第三十三条 凡因征(拨)用地，无理阻碍铁路建设影响铁路生产的单位或个人，土地管理部门和铁路用地管理机构可提请县级以上人民政府予以制止，制止无效的，由有关部门依法处理。

第三十四条 铁路用地管理机构工作人员玩忽职守，利用职权徇私舞弊，造成土地浪费和重大经济损失的，由有关部门依法处理。

第七章 附 则

第三十五条 本办法由国家土地管理局商铁道部解释。

第三十六条 地方铁路、专用铁路、铁路专用线用地可参照本办法执行。

第三十七条 铁路用地的有偿使用按国家有关规定执行。

第三十八条 本办法自一九九二年十二月一日起施行。

铁道部关于印发《铁路用地资产处置规定》(暂行)的通知*

(铁运〔2003〕71号 2003年8月6日)

部属各单位:

随着社会主义市场经济的发展和土地使用制度改革的深化,土地资源的资产价值得到体现,铁路依法取得使用权的土地(以下称铁路用地)正在铁路建设、企业改革和经营结构调整中发挥着重要作用。但目前部分单位依法用地观念淡薄,违规使用和处置土地现象时有发生。为加强铁路用地资产的管理,铁道部制定了《铁路用地资产处置规定》(暂行),现予印发,请按照执行。部原发《关于暂停铁路用地处置审批的紧急通知》(铁办电〔2003〕4号)即日起停止执行。

铁路用地资产处置规定(暂行)

铁路用地资产处置规定(暂行)

第一章 总 则

第一条 为了加强铁路用地资产的管理,规范利用铁路用地行为,维护铁路用地使用秩序及合法权益,防止铁路用地资产流失,根据《中华人民共和国土地管理法》,原国家土地管理局、铁道部《铁路用地管理办法》(国土[建]字[1992]第144号)等有关法律、规章,制定本规定。

第二条 本规定所称铁路用地是指铁路部门依法取得使用权的土地。

第三条 铁路用地属于国家所有,由铁路部门利用和管理,受国家法律保护,未经批准,任何单位和个人不得随意占用。

第四条 按照国家所有、分级管理、授权经营、分工监督的原则,铁路用地属于中央管理的国有资产,未经铁路主管部门审核批准,任何单位和个人不得随意处置。

第五条 铁路用地分别以划定的权限由铁道部、铁路局、铁路分局三级土地管理机构依法进行管理。部属各勘测设计院及中国铁路物资总公司、铁道通信信息有限责任公司、铁道科学研究院依照铁路局的管理权限进行管理。

第二章 铁路用地资产处置原则

第六条 为保证铁路运输安全畅通,避免铁路用地资产的流失和随意处置,凡铁路用地发生权属变更、用途改变等土地处置行为,在依法定程序报送政府土地管理部门审批前,须经具

---

* 该通知已被铁道部《铁路用地资产处置规定》(铁运〔2006〕49号文所废止。

备相应权限的铁路管理机构审核批准。

第七条 铁路用地资产向路外企事业单位转移，应当依法实行有偿转让，国家另有规定的从其规定。

第八条 铁路主辅分离企业改制引起的铁路用地重新处置，按照国家有关法律、法规的规定执行。

第九条 铁路用地权属（用地资产产权）发生变更时，应当进行评估；具体办法按铁道部办公厅《转发财政部关于改革国有资产评估行政管理方式有关文件的通知》（办资金发〔2002〕14 号）办理。

第三章 铁路用地资产处置审核批准权限

第十条 铁路用地权属变更（用地资产产权主体转移），凡有下列情况之一的，由铁路局签署意见，报铁道部审核批准：

（一）变更铁路用地权属涉及铁路路网规划和建设发展的；

（二）变更铁路用地权属涉及铁路运输生产设施及其安全的；

（三）无偿变更铁路用地权属给路外单位和个人的；

（四）根据国家和部资产管理的有关规定，必须报铁道部或中央财政主管机关审核批准的。

第十一条 因企业经营结构和生产布局调整或多元经济发展需要，引起铁路用地权属变更和用途改变，土地评估价值（不含地上建、构筑物，下同）在 3 000 万元（含 3 000 万元）以上，或虽未达 3 000 万元，但处置面积达 5 万平方米（含 5 万平方米）以上的，由铁路局签署意见，报铁道部审核批准；土地评估价值在 3 000 万元以下，或处置面积在 5 万平方米以下的，由铁路局审核批准，报铁道部备案。

铁路分局的审核批准权限由铁路局确定。

第十二条 由于城市发展规划和社会公益设施建设引起政府收回铁路用地，属第十条规定范围以外的，比照第十一条审核批准权限办理。

第四章 铁路用地资产处置审核批准程序

第十三条 铁路用地资产处置需报铁道部审核批准的，应按下列程序办理：

（一）涉及权属变更的，由铁路局委托有资格的评估机构进行土地评估；

（二）拟定铁路用地资产处置总体方案，主要内容包括现用土地的状况、拟处置方式和处置价格及理由等；

（三）铁路局规划管理、国有资产管理、用地管理及原用地单位业务主管部门审核提出意见，并经主管领导（法人代表）签字后报部审核批准。

第十四条 报铁道部办理审核批准手续，需提交下列文件：

（一）铁路用地的权源情况、面积数量、地理位置、使用状况及地上建筑物、构筑物等附着物情况（附宗地图）；

（二）土地评估报告（含土地评估技术报告）；

（三）铁路用地的处置方案（含地上建筑物、构筑物等附着物处置方案）；

(四)铁路用地权属变更(铁路用地资产产权主体转移)的依据、理由(有关文件、资料);

(五)铁路局及规划管理、国有资产管理、用地管理及原用地单位业务主管部门的意见(见附表)。

第十五条 经审核批准的铁路用地权属变更、改变用途,由铁路土地管理机构按照国家法律、法规及铁道部有关规定办理相关手续(含地方政府土地行政主管部门审批手续)。

第十六条 经审核批准的铁路用地资产产权变更和改变用途涉及财务处理的,由铁路财务部门依据国家和铁道部的有关规定办理。

第五章 附 则

第十七条 铁路局可根据本规定制定相应的管理办法。

第十八条 合资铁路公司的用地处置可参照本规定执行。

第十九条 本规定由铁道部运输局负责解释。

第二十条 本规定自发布之日起施行。其他有关铁路用地资产处置的规定与本规定不符的,按本规定执行。

字(　　　)第　号

铁路用地资产处置申报表

呈报单位
签　　章＿＿＿＿＿＿＿＿＿＿＿＿＿＿＿＿

负 责 人
签字盖章＿＿＿＿＿＿＿＿＿＿＿＿＿＿＿＿

通信地址＿＿＿＿＿＿＿＿＿＿＿＿＿＿＿＿

电　　话＿＿＿＿＿＿＿＿＿＿＿＿＿＿＿＿

年　月　日

<table>
<tr><td colspan="2">申请用地
单　　位</td><td></td><td>单位性质</td><td></td><td>单位法人
代　　表</td><td></td></tr>
<tr><td colspan="2">单位地址</td><td colspan="2"></td><td>申请用地单
位主管部门</td><td colspan="2"></td></tr>
<tr><td rowspan="9">用
地
情
况</td><td>用地项目
名　　称</td><td colspan="2"></td><td>批准文号</td><td colspan="2"></td></tr>
<tr><td>总 投 资</td><td colspan="2">万元</td><td>总用地面积</td><td colspan="2">万平方米</td></tr>
<tr><td colspan="6">其中:铁路用地情况</td></tr>
<tr><td>铁路用地面积</td><td colspan="2">万平方米</td><td>土地使用证号</td><td colspan="2"></td></tr>
<tr><td>原使用单位</td><td colspan="2"></td><td>原使用性质</td><td colspan="2"></td></tr>
<tr><td rowspan="3">拆迁房屋面积
（平方米）</td><td rowspan="3"></td><td colspan="4">其　　中</td></tr>
<tr><td>生产房屋</td><td></td><td>公共建筑</td><td></td></tr>
<tr><td>生活房屋</td><td></td><td>其他房屋</td><td></td></tr>
<tr><td>土地处置方式</td><td colspan="5"></td></tr>
<tr><td rowspan="5">土
地
估
价
情
况</td><td>委托估价
单位名称</td><td colspan="2"></td><td>法人代表</td><td colspan="2"></td></tr>
<tr><td>受托估价
单位名称</td><td colspan="2"></td><td>法人代表</td><td colspan="2"></td></tr>
<tr><td>估价单位
资质等级</td><td colspan="2"></td><td>估价土地面积</td><td colspan="2">万平方米</td></tr>
<tr><td>估价土地
用途及年期</td><td colspan="2"></td><td>估价期日</td><td colspan="2">年　　月　　日</td></tr>
<tr><td>土地资产评估
总价值(万元)</td><td colspan="2"></td><td>单位地价</td><td colspan="2">元/平方米</td></tr>
</table>

附　　图
（注：本栏附图满栏可另附页）

处置理由和依据

<table>
<tr><td colspan="2">铁 路 局 各 部 门 意 见</td></tr>
<tr><td>规划管理部门意见

年 月 日</td><td>国有资产管理部门意见

年 月 日</td></tr>
<tr><td>原用地单位业务主管部门意见

年 月 日</td><td>用地管理部门意见

年 月 日</td></tr>
<tr><td colspan="2">铁路局意见

年 月 日</td></tr>
</table>

<table>
<tr><td colspan="2">铁 道 部 各 部 门 意 见</td></tr>
<tr><td>规划管理部门意见

年　月　日</td><td>国有资产管理部门意见

年　月　日</td></tr>
<tr><td>原用地单位业务主管部门意见

年　月　日</td><td>用地管理部门意见

年　月　日</td></tr>
<tr><td colspan="2">铁道部审核批准意见

年　月　日</td></tr>
</table>

铁道部关于开展铁路用地使用状况调查工作的通知

（铁运函〔2003〕385 号　2003 年 9 月 22 日）

各铁路局，各设计院，物资总公司，铁科院：

为适应铁路改革和跨越式发展的要求，根据铁道部关于开展铁路企业资产清查工作的有关规定，决定对全路铁路用地使用状况进行一次全面调查，现将有关问题通知如下：

一、本次铁路用地使用状况调查的范围是全路的土地资产，包括：

1. 铁路各单位、各部门（含多元经营企业）利用各种铁路款源依法取得使用权的土地；

2. 虽未取得使用权属证书，但地籍资料证明为铁路单位拥有使用权的土地；

3. 无地籍资料但历史上为铁路单位长期使用（十年以上）的土地。

二、本次铁路用地使用状况调查用表为：

1. 铁路用地使用状况调查统计表（铁地临表—1）；

2. 铁路部分单位用地状况调查表（铁地临表—2）；

3. 铁路专业运输业务用地情况调查表（铁地临表—3）；

4. 铁路建设项目建设用地待验交状况调查表（铁地临表—4）；

5. 铁路用地管理人员综合情况统计表（铁地临表—5）。

三、本次铁路用地使用状况调查统计时点为：2003 年 9 月 30 日 24 时。

四、铁路用地使用状况调查工作要求：

1. 为确保本次铁路用地使用状况调查顺利开展，铁道部组成以运输局和多经中心，财务、劳卫司人员参加的铁路用地状况调查领导小组，全面负责本次铁路用地使用状况调查工作。铁路用地状况调查领导小组办公室设在运输局土地管理部。办公室负责检查和指导各单位铁路用地使用状况调查工作，并解答和协调工作中出现的问题。

各单位要相应成立铁路用地使用状况调查领导小组，专门负责此项工作。调查领导小组要拟定工作计划，确定工作原则，明确责任分工和相关要求，确保调查工作不留死角、不走过场，调查统计数据真实、准确、完整和明了。

2. 各单位要认真做好动员部署，做到思想认识到位、组织机构到位、调查经费到位、参调人员到位和工作方法到位。要切实搞好参调人员的培训工作，确保本次调查范围、内容、标准和操作方式以及统计口径的一致。

3. 各级铁路土地管理机构要清楚铁路用地使用状况调查工作的内容、方法及程序，认真担负工作进度和质量监督责任，及时协调处理出现的问题。

4. 为保证铁路用地使用状况调查工作顺利进行，保证铁路用地使用状况调查工作质量和进度，各单位可根据实际情况聘请专业队伍或临时人员参与铁路用地使用状况调查工作。

5. 各级财务部门应积极配合，帮助有关部门搞好铁路用地使用状况调查工作。本次铁路用地使用状况调查发生的费用，在各单位运营成本中列支。

6. 各单位应于2004年1月15日前将铁路用地使用状况调查结果以及铁路用地使用状况调查统计小结,报部运输局土地管理部。

铁路用地使用状况调查统计小结主要内容为:对铁路用地使用状况调查工作基本情况小结,对铁路用地使用状况调查过程中出现的问题以及处理问题的情况进行说明,其他应该说明的事项。

7. 本次调查形成的统计数据,仅作为用地现状情况了解和内部参考使用,不得作为划分各单位间土地使用权的依据。未经铁路土地管理机构同意,任何单位和个人不得引用本次统计数据。

各单位铁路用地使用状况调查领导小组名单请于9月30日前传真报部运输局土地管理部。联系人:闫剑宇、吴桂丽。传真号码:021－92895(路)010－51892895(市)。

附件1:

铁路用地使用状况调查表
(铁地临表—1)及填报说明

铁路用地使用状况调查统计表

表　　号:铁地临表—1
制表单位:铁道部运输局
批准机关:铁道部
批准文号:铁运函〔2003〕385号
统一编号:0515

填报单位:　　　　　　　　调查统计时点:2003年9月30日24时

地类	地目	代码	宗地数	总面积(公顷)	土地取得方式				领取国有土地使用证情况					运输生产单位用地(公顷)	辅助生产单位用地(公顷)
					划拨		非划拨		累计领证		待领证面积(公顷)	待确权面积(公顷)	权属纠纷面积(公顷)		
					宗地数	面积(公顷)	宗地数	面积(公顷)	面积(公顷)	领证率(%)					
甲	乙	丙	01	02	03	04	05	06	07	08	09	10	11	12	13
Σ	总计	01													
运输生产用地	小计	02													
	线路	03													
	车站、站场	04													
	运输生产及维修养护设施	05													
	供水、供电、信号、通信设施	06													
	防护设施	07													
	防疫、环保设施	08													
	轮渡、码头设施	09													
	专用器材生产设施	10													
	仓储库(场)	11													
	守备、战备设施	12													
辅助生产用地	小计	13													
	机关	14													
	科研(院)所	15													
	铁通公司	16													
	局属工程施工企业	17													
	部、局直属设计院(所)	18													
	公、检、法	19													
	职工教育培训	20													
	后勤保障	21													
	房建部门	22													
	医疗、卫生	23													
	林业部门	24													
	采石	25													
生活设施用地	小计	26													
	文体娱乐	27													
	托幼	28													
	学校	29													
	住宅	30													
其他用地	小计	31													
	特殊	32													
	其他	33													

单位负责人:　　　　统计负责人:　　　　填表人:　　　　电话:　　　　报出时间:　　年　　月　　日

续表 1

地类	地目	代码	多元经营和集体经济企业用地（公顷）						可调剂利用（公顷）	市政公益设施占用（公顷）	农民耕种	
			小计	自营	联营	出租	入股	抵押			签订协议（公顷）	未签协议（公顷）
甲	乙	丙	14	15	16	17	18	19	20	21	22	23
Σ	总计	01										
运输生产用地	小计	02										
	线路	03										
	车站、站场	04										
	运输生产及维修养护设施	05										
	供水、供电、信号、通信设施	06										
	防护设施	07										
	防疫、环保设施	08										
	轮渡、码头设施	09										
	专用器材生产设施	10										
	仓储库（场）	11										
	守备、战备设施	12										
辅助生产用地	小计	13										
	机关	14										
	科研（院）所	15										
	铁通公司	16										
	局属工程施工企业	17										
	部、局直属设计院（所）	18										
	公、检、法	19										
	职工教育培训	20										
	后勤保障	21										
	房建部门	22										
	医疗、卫生	23										
	林业部门	24										
	采石	25										
生活设施用地	小计	26										
	文体娱乐	27										
	托幼	28										
	学校	29										
	住宅	30										
其他用地	小计	31										
	特殊	32										
	其他	33										

单位负责人：　　统计负责人：　　填表人：　　电话：　　报出时间：　　年　　月　　日

续表 2

<table>
<tr><th rowspan="2">地类</th><th rowspan="2">地目</th><th rowspan="2">代码</th><th rowspan="2">违章占地（公顷）</th><th rowspan="2">占外地（公顷）</th><th colspan="6">资产处置面积（公顷）</th><th rowspan="2">备注</th></tr>
<tr><th>小计</th><th>出让</th><th>租赁</th><th>保留划拨</th><th>作价入股</th><th>授权经营</th></tr>
<tr><td>甲</td><td>乙</td><td>丙</td><td>24</td><td>25</td><td>26</td><td>27</td><td>28</td><td>29</td><td>30</td><td>31</td><td>32</td></tr>
<tr><td>Σ</td><td>总计</td><td>01</td><td></td><td></td><td></td><td></td><td></td><td></td><td></td><td></td><td></td></tr>
<tr><td rowspan="11">运输生产用地</td><td>小计</td><td>02</td><td></td><td></td><td></td><td></td><td></td><td></td><td></td><td></td><td></td></tr>
<tr><td>线路</td><td>03</td><td></td><td></td><td></td><td></td><td></td><td></td><td></td><td></td><td></td></tr>
<tr><td>车站、站场</td><td>04</td><td></td><td></td><td></td><td></td><td></td><td></td><td></td><td></td><td></td></tr>
<tr><td>运输生产及维修养护设施</td><td>05</td><td></td><td></td><td></td><td></td><td></td><td></td><td></td><td></td><td></td></tr>
<tr><td>供水、供电、信号、通信设施</td><td>06</td><td></td><td></td><td></td><td></td><td></td><td></td><td></td><td></td><td></td></tr>
<tr><td>防护设施</td><td>07</td><td></td><td></td><td></td><td></td><td></td><td></td><td></td><td></td><td></td></tr>
<tr><td>防疫、环保设施</td><td>08</td><td></td><td></td><td></td><td></td><td></td><td></td><td></td><td></td><td></td></tr>
<tr><td>轮渡、码头设施</td><td>09</td><td></td><td></td><td></td><td></td><td></td><td></td><td></td><td></td><td></td></tr>
<tr><td>专用器材生产设施</td><td>10</td><td></td><td></td><td></td><td></td><td></td><td></td><td></td><td></td><td></td></tr>
<tr><td>仓储库（场）</td><td>11</td><td></td><td></td><td></td><td></td><td></td><td></td><td></td><td></td><td></td></tr>
<tr><td>守备、战备设施</td><td>12</td><td></td><td></td><td></td><td></td><td></td><td></td><td></td><td></td><td></td></tr>
<tr><td rowspan="13">辅助生产用地</td><td>小计</td><td>13</td><td></td><td></td><td></td><td></td><td></td><td></td><td></td><td></td><td></td></tr>
<tr><td>机关</td><td>14</td><td></td><td></td><td></td><td></td><td></td><td></td><td></td><td></td><td></td></tr>
<tr><td>科研（院）所</td><td>15</td><td></td><td></td><td></td><td></td><td></td><td></td><td></td><td></td><td></td></tr>
<tr><td>铁通公司</td><td>16</td><td></td><td></td><td></td><td></td><td></td><td></td><td></td><td></td><td></td></tr>
<tr><td>局属工程施工企业</td><td>17</td><td></td><td></td><td></td><td></td><td></td><td></td><td></td><td></td><td></td></tr>
<tr><td>部、局直属设计院（所）</td><td>18</td><td></td><td></td><td></td><td></td><td></td><td></td><td></td><td></td><td></td></tr>
<tr><td>公、检、法</td><td>19</td><td></td><td></td><td></td><td></td><td></td><td></td><td></td><td></td><td></td></tr>
<tr><td>职工教育培训</td><td>20</td><td></td><td></td><td></td><td></td><td></td><td></td><td></td><td></td><td></td></tr>
<tr><td>后勤保障</td><td>21</td><td></td><td></td><td></td><td></td><td></td><td></td><td></td><td></td><td></td></tr>
<tr><td>房建部门</td><td>22</td><td></td><td></td><td></td><td></td><td></td><td></td><td></td><td></td><td></td></tr>
<tr><td>医疗、卫生</td><td>23</td><td></td><td></td><td></td><td></td><td></td><td></td><td></td><td></td><td></td></tr>
<tr><td>林业部门</td><td>24</td><td></td><td></td><td></td><td></td><td></td><td></td><td></td><td></td><td></td></tr>
<tr><td>采石</td><td>25</td><td></td><td></td><td></td><td></td><td></td><td></td><td></td><td></td><td></td></tr>
<tr><td rowspan="5">生活设施用地</td><td>小计</td><td>26</td><td></td><td></td><td></td><td></td><td></td><td></td><td></td><td></td><td></td></tr>
<tr><td>文体娱乐</td><td>27</td><td></td><td></td><td></td><td></td><td></td><td></td><td></td><td></td><td></td></tr>
<tr><td>托幼</td><td>28</td><td></td><td></td><td></td><td></td><td></td><td></td><td></td><td></td><td></td></tr>
<tr><td>学校</td><td>29</td><td></td><td></td><td></td><td></td><td></td><td></td><td></td><td></td><td></td></tr>
<tr><td>住宅</td><td>30</td><td></td><td></td><td></td><td></td><td></td><td></td><td></td><td></td><td></td></tr>
<tr><td rowspan="3">其他用地</td><td>小计</td><td>31</td><td></td><td></td><td></td><td></td><td></td><td></td><td></td><td></td><td></td></tr>
<tr><td>特殊</td><td>32</td><td></td><td></td><td></td><td></td><td></td><td></td><td></td><td></td><td></td></tr>
<tr><td>其他</td><td>33</td><td></td><td></td><td></td><td></td><td></td><td></td><td></td><td></td><td></td></tr>
</table>

注：面积数量保留 2 位小数

单位负责人：　　统计负责人：　　填表人：　　电话：　　报出时间：　　年　　月　　日

铁路用地使用状况调查统计表(铁地临表—1)填表说明

一、本表以2003年9月30日24时的土地状况为调查时点。以铁路局、部属设计院、物资总公司和铁科院为填报单位。

二、"地类":分为运输生产用地、辅助生产用地、生产设施用地和其他用地四类。

三、"地目"分为:

1. 线路——铁路车站进站信号机外方区间铁路用地(不含铁路安全守备、战备设施用地和铁通用地);

2. 车站、站场——铁路车站进站信号机内方的铁路用地(含站房、站台、车站广场、货场等客货运设施用地;站线、到发线、装卸线、走行线等线路设施用地;站内房屋、道路、排水等建筑设施用地以及其他运输生产设施用地等,不含铁通用地);

3. 运输生产及维修养护设施——铁路运输组织管理和行车指挥设施用地(站段生产、办公、调度、统计、值守设施等);运输设备维修养护机构及设施(如工区、领工区、车间、检测站、修配所、检修所、实验室等)用地(不含已统计在线路、车站、站场设施和房建部门中的用地);

4. 供水、供电、信号、通信设施——铁路水电、电务、信息管理单位及相关运营的生产办公用地,以及铁路各部门的给排水、供电、供暖、制冷、节能、专用信号、通信、信息系统设施用地(不含已统计在线路、车站、站场设施中的用地和铁通公司用地);

5. 防护设施——铁路线路设施用地范围以外的铁路防洪、防冻、防雪、防风沙设施用地;

6. 防疫、环保设施——铁路运输生产防疫、环保、水保设施用地(不含已统计在线路、车站、站场设施和医疗、卫生设施中的用地);

7. 轮渡、码头设施——铁路轮渡、码头及相应的防风、防浪堤,护岸,栈桥,渡船整备设施用地;

8. 专用器材生产设施——铁路专用设备、器材、材料生产设施用地(不含采石场用地和已统计在线路、车站、站场设施中的用地);

9. 仓储库(场)——铁路专用物资仓储库(场)用地;

10. 守备、战备设施——铁路安全守备、消防、战备设施用地(不含已统计在车站、站场设施中的用地);

11. 机关——铁路局、铁路分局、地区办事处、物资办事处、出版社、报社等用地;

12. 科研——铁路科研院(所)以及实验场等用地;

13. 铁通用地——铁通公司使用的铁路用地,包括通信领工区,工区,通信楼(室),电话所,电报所等用地。(按照铁通公司实际使用土地状况并参照铁通公司成立之初资产评估数据填报用地面积和范围);

14. 局属工程施工企业——铁路局所属工程集团公司或股份公司(全路21个)所使用的铁路用地,包括企业改制时进行处置的土地(不含隶属站段管理或隶属多元经营的建筑、工程施工企业);

15. 部、局直属设计院——设计院(所)使用的铁路用地;

16. 公、检、法——铁路公安(分)局、公安(分)处、公安支队、公安段、派出所用地和警察、公安学校(不含设在车站、站场内的值勤点和铁路安全守备、战备设施以及铁路公安管理的训练基地、警犬基地、看守所、拘留所、劳教所、戒毒所等用地);铁路检察(分)院用地;铁路(中级）法院以及法庭等使用的铁路用地；

17. 职工教育培训——职工培训基地、培训中心、党校、干校等用地（不含已统计在学校中的用地）；

18. 后勤保障——包括行车公寓、职工招待所，地区性食堂、浴池、单身宿舍和生活供应基地以及疗养院、福利院等用地（不含已统计在车站、站场设施和房建部门中的用地）；

19. 房建部门——房产建筑段等及其所属单位用地；

20. 医疗、卫生——职工医院、卫生站（所）等使用的铁路用地（不含设在铁路单位的保健、卫生（点）室等）；

21. 林业——铁路林场、苗圃以及林业领工区、工区等用地（不含铁路沿线的林带、绿化带和各单位以及职工住宅区的绿化用地）；

22. 采石——铁路采石场用地；

23. 文体娱乐——为职工服务的各种文体娱乐场所用地；

24. 托幼——铁路托儿所、幼儿园等使用的铁路用地；

25. 学校——种类职工学校、中专以及中小学校等使用的铁路用地；

26. 住宅——职工住宅及其绿化、道路、公共设施等用地（含在房改中地方政府已向购买公房职工颁发房屋产权和土地使用权证的，但未办理铁路用地权属变更手续的用地）；

27. 特殊用地——特殊用途的用地。如训练基地、警犬基地、看守所、拘留所、劳教所、戒毒所等用地；

28. 其他——专门用途和有特殊情况且以上各地目中未包括的用地。

四、本表地目中所确定的机关，科研（院）所，铁通公司，局属工程施工企业，部、局直属设计院（所），公、检、法，房建部门，医疗、卫生，林业部门，采石，托幼，学校以外的其他部门、单位用地必须按地目分劈调查、统计和填报。

五、01 栏“宗地数”：铁路用地宗地数量的总和。

1. 宗地的定义：界址线所封闭的地块为宗地；

2. 本次调查对铁路宗地的确定和划分：

（1）已领取《国有土地使用证》的按土地证确定；

（2）未领取《国有土地使用证》的按申报数确定；

（3）尚未申报的按宗地的定义确定。

六、02 栏“总面积”：指填报单位所使用铁路用地面积的总和。计算公式和栏间对应关系：02 栏 =（04 + 06）栏 =（12 + 13 + 14）栏。

七、“土地取得方式”：指依照法律规定以划拨和出让方式取得土地使用权的宗地数量和用地面积数量。

1. 03 栏“宗地数”为划拨方式取得土地使用权的宗地数量，宗地确定与划分同 01 栏；

2. 04 栏“面积”为划拨方式取得土地使用权的面积总和；

3. 05 栏“宗地数”为非划拨的有偿使用方式取得土地使用权的宗地数量，宗地确定与划分同 01 栏；

4. 06 栏“面积”为非划拨的有偿使用方式取得土地使用权的面积总和。

八、“领取国有土地使用证情况”：指依法进行土地登记，取得《国有土地使用证》的面积数量以及领证率。

1. 07 栏“面积”为累计领取《国有土地使用证》的用地面积数量；

2. 08 栏“领证率”为累计领取《国有土地使用证》的面积占用地总面积的百分比，计算公式为：08 栏 = 07/02 栏；

3. 09 栏“待领证面积”为已经完成地籍调查和权属调查，政府土地行政主管部门确认已达到：权源合法、四至清楚、面积准确的要求并已完成土地登记的所有手续，县级以上人民政府拟颁发《国有土地使用证》的用地数量；

4. 10 栏“待确权面积”是指由铁路部门使用并持有合法的用地资料，但尚未办理土地登记手续的用地数量（不含“待领证面积”）；

5. 11 栏“权属纠纷面积”，指铁路部门拥有合法的用地手续和资料，但路外单位或个人对此持有异议，为此尚未办理完成土地登记手续并未取得《国有土地使用证》的用地数量（不含“待领证面积”）。

九、12 栏“运输生产单位用地”：指铁路车务、机务（水电）、工务、电务、车辆等部门用地面积数量。栏间对应关系：12 栏 = 02 栏 - 13 栏 - 14 栏。

十、13 栏“辅助生产单位用地”：指“运输生产单位用地”、“多元经营和集体经济企业用地”以外的其他单位用地数量。栏间对应关系：13 栏 = 02 栏 - 12 栏 - 14 栏。

十一、“多元经营和集体经济企业用地”：指铁路多元经营企业和集体经济企业所使用的铁路用地数量。

1. 14 栏“小计”为铁路多元经营企业和集体经济企业所使用的铁路用地面积数量。计算公式为：14 栏 = (15 + 16 + 17 + 18 + 19) 栏；

2. 15 栏“自营”为铁路多元经营和集体经济企业自身使用的铁路用地数量；

3. 16 栏“联营”为铁路多元经营和集体经济企业与其他单位或个人联合经营使用的铁路用地数量；

4. 17 栏“出租”为铁路多元经营和集体经济企业通过承包等方式出租给其他单位或个人使用的铁路用地数量；

5. 18 栏“入股”为经评估作价，作为股本投入股份制公司用以经营使用的铁路用地数量；

6. 19 栏“抵押”为将土地使用权进行抵押的铁路用地数量。

十二、20 栏“可调剂利用”：指在不影响铁路运输安全和发展规划，保证铁路运输生产秩序的前提下，可直接提供或通过调整后可提供给铁路辅业单位使用的铁路用地数量。

十三、21 栏“市政公益设施占用”：指地方政府为实施城市规划和建设公益设施（包括绿地、水渠、环保、道路新建扩建、环境保护、文物保护等）而占用的铁路用地，但目前尚未办理铁路土地作用权变更手续的铁路用地数量。

十四、“农民耕种”：指当地农民在不影响铁路运输安全和生产秩序、不损坏铁路设施的前提下，利用铁路沿线的铁路用地进行耕种、耕作的面积数量。

1. 22 栏“签订协议”为铁路用地管理机构按照《铁路用地管理办法》与当地农民签订承种协议的铁路用地数量；

2. 23 栏“未签协议”为当地农民未与铁路用地管理机构签订耕种协议而进行耕种、耕作的铁路用地数量。

十五、24 栏“违章占地”：指路内、外单位（个人）未经铁路用地管理机构批准，擅自占用铁路用地的面积数量。

十六、25 栏“占外地”：指铁路部门未经政府依法批准，而使用铁路用地范围以外的土地数量。

十七、“资产处置”：是指铁路企业在改制过程中，按照国家规定并经有批准权限的政府批准，对铁路企业所使用的铁路用地，采用出让、租赁、保留划拨方式、作价入股和授权经营五种方式之一进行资产处置的铁路用地数量。

1. 26栏“小计”为土地资产处置的面积总和。计算公式为：26栏 =（27 + 28 + 29 + 30 + 31）栏；

2. 27栏“出让”为经有批准权限的人民政府批准，将改制企业的划拨土地使用权按出让方式进行处置，铁路改制企业支付土地出让金的土地面积数量；

3. 28栏“租赁”为经有批准权限的人民政府批准，将改制企业的划拨土地使用权，在一定年限内租赁给铁路改制企业，铁路改制企业支付租金的土地面积数量；

4. 29栏“保留划拨”为铁路改制企业的划拨土地使用权经有批准权限的人民政府批准，继续以划拨方式使用土地的面积数目；

5. 30栏“作价入股”为铁路改制企业的划拨土地使用权，经省级以上人民政府土地管理部门批准，采取国家以土地使用权作价出资（入股）方式处置的铁路用地数量；

6. 31栏“授权经营”为国家在一定年期内，将铁路改制企业国有土地使用权作价后，授权给铁路改制企业经营管理的土地面积数量。

十八、32栏“备注”：填写需说明的情况。

附件 2:

铁路部分单位用地状况调查表（铁地临表—2）及填报说明

铁路部分单位用地状况调查表

表　　号:铁地临表—2
制表单位:铁道部运输局
批准机关:铁道部
批准文号:铁运函〔2003〕385 号
统一编号:0516

填报单位:　　　　调查统计时点:2003 年 9 月 30 日 24 时　地块数单位:块　面积单位:万平方米

			代码	铁通公司		铁路公安		铁路医院		局属施工企业		卫生监督		疾病控制中心		中、小学		中专中技		培训中心和职工学校	
				地块数	面积	地块数	面积	地块数	面积	地块数	面积	地块数	面积	地块数	面积	地块数	面积	地块数	面积	地块数	面积
甲			乙	01	02	03	04	05	06	07	08	09	10	11	12	13	14	15	16	17	18
总计			01																		
其中	取得方式	出让	01																		
		划拨	02																		
	领证情况	面积	04																		
		领证率%	05																		
	多元经营		06																		
运输生产用地	小计		06																		
	线路		08																		
	站场		09																		
	其他		10																		
辅助生产用地	小计		11																		
	机关办公		12																		
	职工教育		13																		
	其他		14																		
生活用地	小计		15																		
	住宅		16																		
	其他		17																		
其他用地	小计		18																		
	特殊用地		19																		
	其他		20																		

注:面积数量保留 2 位小数

单位负责人:　　统计负责人:　　填表人:　　电话:　　报出时间:　　年　　月　　日

铁路部分单位用地状况调查统计表(铁地临表—2)填表说明

一、本表以2003年9月30日24时的土地状况为调查时点,以铁路局、部属设计院和物资总公司为填报单位。

二、本表统计口径与《铁路用地使用状况调查统计表》(铁地临表—1)相一致。小数点后保留2位小数。

三、本表仅对铁通公司、铁路公安、铁路医院、局属施工企业、卫生监督、疾病控制中心、中小学、中专中技和培训中心职工学校等部分单位(以下统称上述单位)用地进行调查统计。

四、本表调查统计的内容是:上述单位用地的地块数和面积数;不同取得方式用地的数量和领取《国有土地使用证》情况;上述单位多元经济(多种经营和集体企业)用地数量以及这些用地的分布情况。

五、上述单位用地的分布情况,按"运输生产用地""辅助生产用地""生活用地"和"其他用地"统计:

1. 运输生产用地

(1)线路——铁路车站进站信号机外方区间范围内的上述单位用地数量;

(2)站场——铁路车站进站信号机内方范围内的上述单位用地数量;

(3)其他——上述单位用地中除线路、站场范围以外的其他运输生产用地数量。

2. 辅助生产用地

(1)机关办公——上述单位机关办公场所用地数量;

(2)职工教育——上述单位中职工教育所独立使用的土地数量;

(3)其他——除机关办公、职工教育以外的其他辅助生产用地数量。

3. 生活设施用地

(1)住宅——上述单位自己管理的职工住宅用地数量;

(2)其他——除住宅用地以外的其他生活用地。

4. 其他用地

(1)特殊用地——特殊用途的用地。如训练基地、警犬基地、看守所、拘留所、劳教所、戒毒所等用地;

(2)专门用途和有特殊情况且以上各地目中未包括的用地。

六、上述单位用地范围确定:

1. 铁通公司用地按照铁通公司实际使用土地状况并参照铁通公司成立之初资产评估数据,统计分布范围和面积数量。

2. 公安用地按本表所列地目确定各类用地的面积数量(不含设立在铁路沿线和车站的值勤点)。

3. 医院用地包括铁路中心医院、职工医院、卫生站(所)等使用的铁路用地(不含设在铁路单位的保健、卫生(点)室以及疗养院、福利院等)。

4. 局属施工企业用地是指铁路局所属工程集团公司或股份公司所使用的铁路用地,包括企业改制时进行处置的土地(不含隶属站段管理或隶属多元经营的建筑、工程施工企业)。

5. 卫生监督为铁路部门承担的政府卫生监督行政管理职能的机构,其用地范围可按实际使用房屋面积分摊用地面积的方法进行统计。

6. 疾病控制中心的用地范围可按实际使用房屋面积分摊用地面积的方法进行统计。

7. 中、小学用地按本表所列地目确定各类用地的面积数量。铁路中、小学已移交地方，但未办理土地权属变更手续的应予以统计。

8. 中专中技用地是指下列51所学校用地：

北京局7所：北京铁路电气化学校、北京铁路运输学校、首都铁路卫生学校、天津铁路工程学校、石家庄铁路运输学校、太原市铁路机械学校、北京铁路机械学校；

哈尔滨局6所：齐齐哈尔铁路卫生学校、哈尔滨铁路卫生学校、齐齐哈尔铁路运输职工大学、哈尔滨铁路成人中专学校、绥化铁路司机学校、齐齐哈尔铁路司机学校；

沈阳局4所：吉林铁路经济学校、沈阳铁路机械学校、大连铁路卫生学校、锦州铁路机械学校；

呼和局3所：包头铁路工程学校、呼和浩特铁路成人中专学校、呼和浩特铁路司机学校；

郑州局9所：郑州铁路机械学校、郑州铁路卫生学校、武汉铁路运输学校、西安铁路运输学校、西安铁路人民公安学校、郑州铁路师范学校、西安铁路运输职工大学、宝鸡铁路司机学校、宝鸡铁路运输技工学校；

济南局3所：济南铁路机械学校、济南铁路司机学校、淄博铁路运输技工学校；

上海局3所：南京铁路运输学校、苏州铁路机械学校、金华铁路司机学校；

南昌局2所：南昌铁路机械学校、南昌铁路卫生学校；

广铁(集团)公司3所：广州铁路机械学校、株洲铁路机械学校、衡阳铁路工程学校；

柳州局3所：柳州铁路运输学校、柳州铁路成人中专学校、柳州铁路车辆厂技工学校；

昆明局2所：昆明铁路机械学校、内江铁路机械学校；

成都局1所：成都铁路运输学校；

兰州局3所：兰州铁路运输学校、兰州铁路运输技工学校、西宁铁路司机学校；

乌鲁木齐局2所：乌鲁木齐铁路运输学校、哈密铁路运输技工学校；

9. 培训中心和职工学校是指以下56所培训中心和职工学校用地：

哈尔滨局5所：哈尔滨铁路分局职工培训中心、齐齐哈尔铁路分局职工培训中心、牡丹江铁路分局职工培训中心、佳木斯铁路分局职工培训中心、海拉尔铁路分局职工培训中心；

沈阳局11所：沈阳分局沈阳职工学校、沈阳分局丹东职工学校、大连公司职工培训中心、大连公司职工学校、锦州分局职工学校、长春分局长春职工学校、长春分局白城职工学校、吉林分局吉林职工学校、吉林分局图们职工学校、通化分局职工学校、通辽分局职工学校；

北京局6所：北京分局职工学校、天津分局职工培训中心、石家庄分局职工培训中心、太原分局职工培训中心、大同分局培训中心、大同分局职工学校；

呼和局1所：呼和浩特铁路局职工培训中心；

郑州局6所：郑州分局职工教育培训中心、沈阳分局职工教育培训中心、武汉分局职工教育培训中心、襄樊分局职工教育培训中心、西安分局西安职工学校、安康分局职工培训中心；

济南局4所：济南分局培训中心、青岛分局培训中心、徐州分局培训中心、物资工业总公司培训中心；

上海局6所：上海分局教育培训中心、上海分局无锡培训基地、杭州分局职工学校、蚌埠分局职工培训中心、南京分局职工培训中心、福州分局职工培训中心；

南昌局1所：新余职工学校；

广铁(集团)公司8所：广深铁路总公司职工学校、羊城铁路总公司职工学校、广梅汕铁路总公司职工学校、广州车辆厂职工培训中心、长沙铁路总公司衡阳职工学校、长沙铁路总公司株洲职工学校、怀化职业技术培训学校、衡阳铁路工程职工学校；

柳州局 2 所：柳州铁路南宁培训中心、桂林铁路运输培训中心；

成都局 4 所：重庆铁路职工培训中心、西昌铁路党技职校、成都局客运公司职工培训中心、贵阳分局职工学校；

兰州局 2 所：武威铁路职工学校、银川铁路职工教育培训中心。

附件 3:

铁路专业运输业务用地情况调查表（铁地临表—3）及填报说明

铁路专业运输业务用地情况调查表

表　　号:铁地临表—3
制表单位:铁道部运输局
批准机关:铁道部
批准文号:铁运函〔2003〕385 号
统一编号:0517

填报单位:　　　　　　　　　　调查统计时点:2003 年 9 月 30 日 24 时

用地类别	代码	面积数量（万平方米）	划拨	出让	领证面积（万平方米）	被占面积（万平方米）	占外地（万平方米）	备注
甲	乙	01	02	03	04	05	06	07
总计	01							
集装箱运输业务用地小计	02							
集装箱专用货场	03							
集装箱专用仓库、货位、站台、货棚	04							
集装箱专用货物线	05							
集装箱专用机械、检斤、量载和维修	06							
集装箱专用生产办公房屋	07							
其他	08							
特种货物运输用地小计	09							
机保段	10							
特种货物运输专用场地	11							
特种货物运输专用设施	12							
特种货物运输专用机械设备维修	13							
特种货物运输专用生产办公房屋	14							
其他	15							
行包快递运输业务用地小计	16							
行包房	17							
行包专用生产办公房屋	18							
其他	19							

单位负责人:　　　　统计负责人:　　　　填表人:　　　　电话:　　　　报出时间:　　年　　月　　日

铁路专业运输业务用地情况调查表(铁地临表—3)填表说明

一、本表以 2003 年 9 月 30 日 24 时的土地状况为调查时点,以铁路局为单位进行。

二、本表统计口径与《铁路用地使用状况调查统计表》(铁地临表—1)相一致。小数点后保留 2 位小数。

三、本表仅对集装箱运输业务、特种货物运输业务和行包快递运输业务专业用地情况进行调查统计。

四、集装箱运输业务用地、特种货物运输业务用地和行包快递运输业务用地的“用地类别”可按以下办法调查统计:

1. 按专业运输设施实际使用土地范围进行调查统计;
2. 按经批准的《车站管理细则》确定专业运输设施用地范围进行调查统计;
3. 按专业运输设施与其他设施各自占用的建筑物面积分摊土地使用权面积后调查统计;
4. 按约定俗成的办法或习惯分割线分劈土地使用面积后进行统计。

附件4:

铁路建设项目建设用地待验交状况调查表（铁地临表—4）及填报说明

铁路建设项目建设用地待验交状况调查表

表　　号:铁地临表—4
制表单位:铁道部运输局
批准机关:铁道部
批准文号:铁运函〔2003〕385号
统一编号:0518

填报单位:　　　　　　　　调查统计时点:2003年9月30日24时

序号	建设项目名称	起讫里程	建设单位	主要施工单位	验收日期	运营日期	用地情况（万平方米）				建设用地存在的主要问题
							总面积	验收面积	移交面积	领证面积	
甲	01	02	03	04	05	06	07	08	09	10	11

注:面积数量保留2位小数

单位负责人:　　统计负责人:　　填表人:　　电话:　　报出时间:　　年　　月　　日

铁路建设项目建设用地待验交状况调查表(铁地临表—4)填表说明

一、本表以2003年9月30日24时铁路建设项目建设用地待验交状况为调查时点,各铁路局为填单位。

二、本表调查统计的范围是:

1. 正在开展验收交接的铁路建设项目建设用地状况;

2. 已经开通运营的但未办理固定资产交接的铁路建设项目的建设用地状况;

3. 已经开通运营,其他专业已办理固定资产交接,但建设用地未办理交接的铁路建设项目的建设用地状况;

4. 已经开通运营并已全部完成固定资产交接,但仍遗留大量问题的铁路建设项目的建设用地状况。

三、"建设项目名称"是指铁路建设项目名称。例如京九铁路建设工程、京广铁路电气化改造工程等。

四、"起讫里程"为填报单位管辖范围内,该铁路建设工程的起点和终点的竣工里程。

五、"建设单位"为负责该铁路建设工程的建设管理单位。如建设单位已撤销应注明。

六、"主要施工单位"为该铁路建设工程施工部门和具体单位。

七、"验收日期"是指铁路领导机关或建设单位确定的验收时间。

八、"运营日期"是指铁路接管单位正式接管并正式开通营运时间。

九、"用地情况"统计单位为万平方米(小数点后保留2位小数):

1. "总面积"为有批准权限的人民政府批准该铁路建设工程征用(划拨或出让方式)各类土地的面积数量总和;

2. "验收面积"为铁路建设、施工单位在验收过程中提供给接管单位验收的建设用地面积。少征多用,代征地以及移交地方公路和水利管理部门的公路用地、水利设施用地等是造成验收面积与总面积不同主要原因;

3. "移交面积"为铁路建设、施工单位正式移交给铁路接管单位的建设用地面积数量;

4. "领证面积"为铁路建设、施工单位到地方县级以上人民政府土地行政主管部门对铁路建设项目建设用地进行土地登记,并将县级以上人民政府颁发的《国有土地使用证》,随建设用地竣工资料一并移交给铁路接管单位的建设用地的面积数量。

十、填报单位将铁路建设项目建设用地未能顺利验交的情况,填入"建设用地存在的主要问题"栏内,可另附纸张。

附件 5:

铁路用地管理人员综合情况统计表（铁地临表—5）及填报说明

铁路用地管理人员综合情况统计表

表　　号:铁地临表—5
制表单位:铁道部运输局
批准机关:铁道部
批准文号:铁运函〔2003〕385 号
统一编号:0519

填报单位:　　　　　　　　　　调查统计时点:2003 年 9 月 30 日 24 时

		代码	定员	在岗人员	学历					年龄				技术职称			技术人员职称系列								土地监察人员	女性人数	兼职人员
					研究生	大学本科	大学专科	中等专科	高中以下	35周岁以下	36至45周岁	46至55周岁	56至60周岁	高级	中级	初级	工程系列	经济系列	法律系列	估价系列	档案系列	财会系列	政工系列	其他系列			
甲	乙	丙	01	02	03	04	05	06	07	08	09	10	11	12	13	14	15	16	17	18	19	20	21	22	23	24	25
Σ	合　计	01																									
行管人员	行管人员小计	02																									
	正处级	03																									
	副处级	04																									
	正科级	05																									
	副科级	06																									
	股　　级	07																									
	一般干部	08																									
	其　　他	09																									
技术干部	技术干部小计	10																									
	高　级	11													—	—											
	中　级	12												—		—											
	初　级	13												—	—												
兼职人员		14	—																								
外聘人员		15	—																								—

单位负责人:　　　统计负责人:　　　填表人:　　　电话:　　　　报出时间:　　年　　月　　日

铁路用地管理人员综合情况统计表(铁地临表—5)填表说明

一、本表以2003年9月30日24时的铁路用地管理人员状况为调查时点,各铁路局、部属设计院、物资总公司和铁科院为填报单位。

二、合计:为行管人员小计、技术干部小计和兼职人员、外聘人员之和。

1. 行管人员:是指铁路人事、干部、组织部门下达任职命令中确定的行政级别和相当于该级别的行政职务的人员。

2. 技术干部:是指铁路人事、干部、组织部门下达任职命令中,无行政职务和行政级别,仅确定技术职称的人员(有行政职务的技术干部统计在行管人员行中)。

三、兼职人员:是指铁路人事、干部、组织部门下达任职命令中主要从事其他工作,但兼任铁路土地管理工作职务的人员。

四、"外聘人员"是指铁路土地管理机构经批准,通过职业介绍组织或其他渠道,招聘工程技术或其他专业人员临时协助铁路土地管理机构工作的人员。

五、定员:是指铁路劳动工资或人事部门确定的铁路土地管理机构工作人员的数量。(不含兼职人员、外聘人员)。

六、在岗人员:是指铁路人事、干部、组织部门下达的任职命令为铁路土地管理工作岗位,且目前仍在土地管理工作岗位上,从事铁路用地管理工作的专职人员数量以及兼职人员和外聘人员。

七、学历:是指铁路用地机构中从事土地管理工作的人员的学历情况。

八、年龄分布:是指铁路用地机构中从事土地管理工作的人员的年龄状况。

九、技术职称:是指铁路人事、干部、组织部门下达任职命令中确定技术职称的人员。

十、"技术人员职称系列"是指通过正常渠道,取得专门行业资格等级证书的人员数量。取得专门行业资格等级证书的人员数量应按表中所列的专业系列,对应填写,如一人取得多项专业资格的应分别填入相应的专业系列中。

十一、"土地监察人员"是指经省级以上国土资源行政管理机关考试合格并颁发国土资源行政监察证而且目前仍在铁路土地管理工作岗位上的人员。

十二、女性人员:是指在铁路土地管理工作岗位上的女性人员。

十三、兼职人员:是指铁路人事、干部、组织部门下达任职命令中主要从事其他工作,但兼任铁路土地管理工作职务的人员(不含外聘人员)。

铁道部关于三个专业运输公司组建中土地资产(土地使用权)划分的通知

(铁运函〔2003〕500 号,2003 年 11 月 14 日)

各铁路局,集装箱、特货、行包公司筹备组:

根据部《关于印发〈组建中铁集装箱运输有限责任公司实施方案〉的通知》(铁政法〔2003〕80 号)、《关于印发〈组建中铁特货运输有限责任公司实施方案〉的通知》(铁政法〔2003〕81 号)、《关于印发〈组建中铁行包快递有限责任公司实施方案〉的通知》(铁政法〔2003〕82 号)有关要求,为做好公司组建中的资产划分工作,现对中铁集装箱运输有限责任公司、中铁特货运输有限责任公司和中铁行包快递有限责任公司(以下简称专业运输公司)组建中土地资产(土地使用权,下同)划分意见明确如下:

一、土地资产划分工作的基本要求

(一)坚持依法办事,顾全大局,维护稳定。

(二)确保铁路运输安全,维护铁路发展规划,保证铁路运输生产秩序。

(三)明晰各产权主体的土地资产关系,为铁路改革和发展创造条件。

(四)保持用地的相对完整和适量规模,便于各方用地的管理使用。

二、土地资产划分的基本原则

(一)专业运输公司独立使用地块的土地使用权,划给该地块的实际使用单位。

(二)专业运输公司与其他单位共同使用同一建筑物能够简单划分,且对今后资产管理不会造成困难的,可按各自占用的建筑物面积分摊土地使用权面积。

(三)铁路安全保护范围用地、铁路规划发展用地以及铁路干线、旅客站台、客运站房、车站广场、重点目标、运输调度指挥和专业运输公司专用运输设施以外的运输设施用地,土地使用权由铁路局和铁路分局持有。

三、专业运输公司土地资产划分范围

专业运输公司土地资产的划分范围,按照铁道部铁政法〔2003〕80 号、81 号、82 号和铁道部《关于组建三个专业运输公司资产划转及评估有关事项的通知》(铁财函〔2003〕326 号)等有关规定划转的不动产用地范围确定。

四、混合使用难以划分的土地资产处理意见

专业运输公司用地与铁路局、铁路分局用地混合使用(不含现存租借用地)的(插花地),土地资产划分时按以下方法处理:

(一)采用调整方式。在坚持土地资产划分基本原则的前提下和协商一致的基础上,可根据实际情况，对各方使用的土地进行调整。

（二）采用租用方式。为提高土地使用效率，土地使用权人（分局级以上单位）可将可供调剂的房地产租给需要使用该房地产的单位。房地产的租赁应依照有关法律法规办理手续。

（三）采用补偿或其他方式：按照市场运作模式，通过协议或评估等方式确定土地价格，用支付土地补偿费的方式获得土地使用权。采取补偿或其他方式必须符合法律法规的规定。

（四）采用借用方式：对所使用的土地进行简单划分，有可能对使用该地块的各方造成较大影响的，按照"保证重点、照顾一般"的原则，可按实际资产（主要为房建资产）占有量，将土地使用权随资产产权划分至占用份额较大单位，其他单位按借用方式办理。在地上建筑物折旧期内不改变使用用途，产权单位不向借用单位收取租金；建筑物维护费、管理费、物业费等费用和政府收取的税费等由产权单位和使用单位合理分摊。

五、土地资产划分的操作要求

（一）铁路土地资产划分的操作程序由铁路局、铁路分局与有关专业运输公司协商确定。

（二）需进行地籍测量的，由铁路土地管理机构委托有资质的测量队伍负责，并绘制宗地图。

（三）铁路土地资产划分中所发生的费用，由各方合理分摊。

（四）改变铁路土地用途所发生的费用，由改变土地用途的单位承担。

（五）对在土地资产划分过程中出现的纠纷，相关单位应本着顾全大局、实事求是、互谅互让的精神协商解决。协商不成的，报纠纷双方共同的上级土地管理部门裁决。

（六）土地资产划分和移交后的财务处理，按部或部财务部门有关规定办理。

（七）土地资产划分结果及移交应有相关各方签认的文字记录并归入档案。

（八）铁路土地管理机构应根据土地资产划分的数据，及时更新铁路用地管理资料，对有关图件进行修、补测，使铁路用地管理资料保持现势性。

（九）铁路财务部门根据铁路土地管理机构提供的材料，汇总后向接管单位移交土地资产；铁路土地管理机构向接管单位移交土地资料并共同到地方人民政府土地行政主管部门办理土地使用权变更手续。

六、注意事项

（一）本次铁路土地资产划分的土地，包括各铁路局、铁路分局和集装箱公司、特货公司、行包公司使用各种铁路款源，采用划拨、出让等方式取得使用权的土地，以及虽未取得使用权属证书但地籍资料证明拥有使用权的土地。资产划分时，均视为铁路持有土地使用权，统一按本意见办理。

（二）本次铁路土地资产划分，按照铁道部规定期日的实际用地状况进行，划分前任何单位不得以任何借口、任何形式突击改变用地范围、用地性质和用地单位。

（三）铁路土地管理部门要根据铁道部有关文件精神和确定的资产移交范围及本意见，准确把握和具体界定铁路专业运输公司的土地资产划分范围，牵头做好土地资产划分工作，杜绝政出多门、多头管理和随意插手土地管理业务的现象。

七、其他事项

（一）专业运输公司要加强铁路用地管理，充分认识铁路用地在铁路运输生产、安全和经营活动中的重要作用,在部土地管理机构的统一领导下,建立铁路用地管理工作制度,制定铁路用地管理规章,确保铁路土地资产的保值增值,防止国有铁路土地资产流失。

(二)在专业运输公司土地资产划分过程中出现的问题,各单位要及时向部运输局土地管理部报告。

铁道部关于确定、划分和移交铁路医疗、教育机构土地资产若干问题的意见

(铁运函〔2003〕521号　2003年12月3日)

各铁路局,各设计院:

为贯彻落实“三个代表”重要思想和党的十六大会议精神,保证铁路改革顺利进行和实现铁路跨越式发展,按照“政企分开”、“社企分开”的要求和铁道部关于铁路企业承担的社会职能回归社会管理的具体安排,现就确定、划分和移交铁路医疗和教育机构土地资产提出以下意见,请结合实际贯彻执行。执行中出现的问题,请及时向部土地管理部门反映。

一、确定、划分土地资产的指导思想

(一)铁路各部门、各单位(含铁路文教卫生系统单位),使用本企业、本单位名义,利用各种铁路款源,采用划拨、出让等方式取得土地使用权的土地,以及虽未取得使用权属证书但地籍资料证明为铁路用地的,均按本意见办理。

(二)依照政策和法律法规办事,顾全大局,维护稳定。

(三)确保铁路运输安全,维护铁路发展规划,保证铁路运输生产秩序。

(四)保证铁路医疗和教育机构工作的连续性和正常工作秩序。

(五)保持用地的相对完整和适量规模,产权明晰,便于各方土地资产的管理使用。

(六)维护国有土地资产的安全运行,防止国有资产流失。

二、确定、划分和移交土地资产基本原则

(一)房地产划分时,房屋、建筑物所有权和该房屋、建筑物占用范围内的土地使用权同时划转。

(二)铁路安全保护范围用地、铁路规划发展用地以及铁路线路、车站、货场、重点目标、运输生产和组织指挥机关等运输生产设施用地的土地使用权由铁路运输企业持有。

(三)铁路安全保护范围用地、铁路规划发展用地和运输生产设施用地范围以外,铁路医疗和教育机构独立使用地块的土地使用权(不含原租借资产),划给该地块的实际使用单位。

(四)铁路安全保护范围用地、铁路规划发展用地和运输生产设施用地范围以外,铁路医疗和教育机构与其他单位共同使用同一建筑物(不含原租借资产),能够清晰划分且对今后资产管理不会造成困难的,可按各自占用的建筑物面积分摊土地使用权面积。

(五)铁路医疗机构派往铁路沿线和派驻其他单位及铁路住宅区的卫生所、保健站、医疗点和医务室等使用的土地不属于划分和移交范围,可根据签定的协议继续无偿使用。

(六)目前已采用租赁方式使用的房地产,原则上仍维持现租赁方式。

三、混合使用难以划分的土地资产处理

为避免在完整地块中频繁开"天窗"给今后土地利用和管理造成困难,对目前铁路医疗和教育机构与其他铁路单位混合使用的土地,在资产划分时可采取以下方法处理:

(一)采用调整方式:在坚持土地资产确定和划分基本原则和协商一致的基础上,可根据实际情况,对现在各方使用的土地进行适当调整。

(二)采用租用方式:为提高土地使用效率,有关单位和机构可将暂时不用并可供调剂的房地产,租给需要使用该房地产的单位。房地产的租赁应依照有关法律法规办理手续。

(三)采用补偿或其他方式:按照市场运作模式,通过协议或评估等方式确定土地价格,用支付土地补偿费的方式获得土地使用权。采取补偿或其他方式须符合法律法规的规定,并到有关部门办理相关手续。

(四)采用借用方式:对所使用的土地进行简单划分,有可能对使用该地块的各方造成较大影响的,根据"保证重点、照顾一般"的原则,可按实际资产(主要为房建资产)占有量,将土地使用权随资产确定给占用份额较大单位,其他单位按借用方式办理;在地上建筑物折旧期内,不改变土地用途,产权单位不向借用单位收取租借费用;建筑物维护费、管理费、物业费等费用和国家规定的相关税费合理分摊。

四、确定、划分和移交土地资产的具体操作意见

(一)铁路医疗和教育机构土地资产的确定、划分和移交,以铁路局、铁路分局为单位组织进行。铁路局、铁路分局应组成专门工作班子开展工作。

(二)铁路土地资产确定、划分和移交应按照以下基本程序进行:

1. 地籍测量。需进行地籍测量的地块,由铁路土地管理机构委托有资质的测量队伍进行地籍测量并绘制宗地图。

2. 现场指界。根据铁路局、铁路分局规定的时间,由铁路土地管理机构牵头,铁路医疗和教育机构与其相邻单位各自委派人员到现场指界。

3. 铁路土地管理机构依据现场指界情况,提出土地资产划分意见。

4. 铁路局、铁路分局审核批准。

5. 铁路土地管理机构根据铁路局、铁路分局审核批准意见,及时更新铁路用地管理数据,对确定和划分土地所形成的资料按土地变更登记的要求进行整理和分类。

6. 铁路局与接管单位签订交接协议;铁路财务部门根据铁路土地管理机构提供的土地资产资料,与其他资产资料汇总后,向接管单位移交资产;铁路土地管理机构向接管单位移交土地材料并共同到地方人民政府土地行政主管部门办理土地使用权变更手续。

(三)确定、划分和移交土地资产中所发生的费用由铁路局、铁路分局在运输成本中列支。土地登记费用由土地使用者承担。

(四)改变铁路土地用途所发生的费用,由改变土地用途的单位承担。

五、确定、划分和移交土地资产的注意事项

(一)铁路用地资产划分要严格按照规定期日的实际用地状况进行。划分前任何单位不得以任何借口、任何形式突击改变用地范围、用地性质和用地单位。

(二)铁路土地管理机构要根据铁道部确定的铁路医疗和教育机构名单及具体界定的资

产范围和本意见，按铁路局、铁路分局的统一部署，负责牵头办理铁路土地资产确定、划分和移交工作，其他部门无权处理铁路土地资产确定、划分和移交业务。

（三）对在确定、划分和移交土地资产过程中出现的纠纷，相关单位应本着顾全大局、实事求是、互谅互让的精神协商解决。协商不成的，报纠纷双方共同的上级铁路土地管理机构裁决。

（四）土地资产划分和移交后的财务处理，按部财务部门的有关规定办理。

铁路局可参照本意见，根据本局实际情况，制定土地资产确定、划分和移交具体操作程序和办法。

铁道部铁路主辅分离辅业改制土地资产划分使用意见

(铁运〔2003〕118号 2003年12月3日)

部属各单位:

为贯彻落实"三个代表"重要思想和党的十六大会议精神,保证铁路改革顺利进行和实现铁路跨越式发展,现就铁路实施主辅分离辅业改制分流安置富余人员中土地资产的划分使用,提出以下意见,请结合实际贯彻执行。执行中出现的问题,请及时向部土地管理部门反映。

一、土地资产划分的指导思想

(一)铁路运输主业和辅业各部门、各单位,使用本企业、本单位名义,利用各种铁路款源,采用划拨、出让等方式取得土地使用权的土地,以及虽未取得使用权属证书但地籍资料证明拥有使用权的土地,均视为铁路用地,按本意见办理。

(二)依照政策和法律法规办事,顾全大局,维护稳定。

(三)确保铁路运输安全,维护铁路发展规划,保证铁路运输生产秩序。

(四)明晰主业和辅业土地资产关系,理顺各方经济和经营关系,扶持辅业发展,为铁路实施主辅分离辅业改制分流安置富余人员创造基础性条件。

(五)保持用地的相对完整和适量规模,便于管理和使用。

二、土地资产划分的基本原则

(一)房地产划分时,房屋、建筑物所有权和该房屋、建筑物占用范围内的土地使用权同时划转。

(二)铁路安全保护范围用地、铁路规划发展用地以及铁路线路、车站、货场、重点目标、运输生产和组织指挥机关等运输生产设施用地的土地使用权应确定给铁路主业。

(三)辅业单位在铁路安全保护范围用地、铁路规划发展用地以及运输生产设施用地范围内已经使用的房地产(不含原租借资产),在不影响铁路运输安全和秩序的前提下,可与主业单位签定协议,在不改变用途的情况下,按零租金方式继续使用。在使用中发生的建筑物维护费、管理费、物业费和国家规定的相关税费合理分摊。

(四)辅业单位在铁路安全保护范围用地、铁路规划发展用地以及运输生产设施用地范围以外,独立使用的地块的土地使用权(不含原租借资产),划给该地块的实际使用单位。

(五)在铁路安全保护范围用地、铁路规划发展用地以及运输生产设施用地范围以外,铁路主业和辅业共同使用同一建筑物(不含原租借资产),能够清晰划分且对今后资产管理不会造成困难的,可按各自占用的建筑物面积分摊土地使用权面积。

三、混合使用难以划分的土地资产处理

为避免在完整地块中频繁开“天窗”给今后土地利用和管理造成困难，对铁路主业和辅业混合使用的建筑物、构筑物，在土地资产划分时可采用以下方法处理：

（一）采用调整方式：在坚持土地资产划分原则和协商一致的基础上，可根据实际情况，对现在各方使用的土地进行调整。

（二）采用租用方式：为提高土地使用效率，土地使用权人（分局级以上单位）可将暂时不用并可供调剂的房地产，租给需要使用该房地产的单位。房地产的租赁应依照有关法律法规办理手续。

（三）采用补偿或其他方式：按照市场运作模式，通过协议或评估等方式确定土地价格，用支付土地补偿费的方式获得土地使用权。采取补偿或其他方式须符合法律法规的规定，并到有关部门办理相关手续。

（四）采用借用方式：对所使用的土地进行简单划分，有可能对使用该地块的各方造成较大影响的，按照“保证重点、照顾一般”的原则，可按实际资产（主要为房建资产）占有量，将土地使用权随资产产权划分至占用份额较大单位，其他单位按借用方式办理；在地上建筑物折旧期内，不改变土地用途，产权单位不向借用单位收取租借费用；建筑物维护费、管理费、物业费等费用和国家规定的相关税费合理分摊。

四、利用铁路土地资产扶持辅业发展

（一）为扶持辅业发展，对有利于增强辅业单位生存发展能力和市场竞争能力的土地，在不影响铁路运输安全和发展规划、保证铁路运输生产秩序的前提下，可以划分给辅业单位。生产力布局调整后，空置的房地产可优先划分给辅业单位。对行政划拨土地资产采用转让等方式取得的收益，可由铁路局安排用于企业改制成本的补充和安置分流富余职工的辅业发展。

（二）对铁路辅业的用地应简化办理程序、减少审批环节、降低用地成本，在政策上给予倾斜。有关部门特别是铁路土地管理机构应积极主动提供相关的基础性资料，为铁路辅业发展决策提供依据。

（三）在铁路实施主辅分离辅业改制分流安置富余人员工作中，铁路土地管理机构要把支持铁路辅业发展与优化铁路土地资源配置、显化铁路土地资产价值有机结合起来，发挥部门优势，利用各种有效资源，帮助和指导铁路辅业单位依法用地、合理用地，为铁路辅业发展提供土地保障和服务。

五、土地资产划分的操作

（一）铁路主辅分离土地资产划分，以铁路局、铁路分局为单位组织进行。铁路局、铁路分局应组成专门工作班子开展工作。

（二）铁路土地资产划分应按照以下基本程序进行：

1. 地籍测量。需进行地籍测量的地块由铁路土地管理机构委托有资质的测量队伍进行地籍测量并绘制宗地图。

2. 现场指界。根据铁路局、铁路分局规定的时间，由铁路土地管理机构牵头，辅业单位与其相邻单位各自委派人员到现场指界。

3. 铁路土地管理机构依据现场指界数据，提出土地资产划分意见。

4. 铁路局、铁路分局审核批准。

5. 铁路土地管理机构根据铁路局、铁路分局审核批准意见，及时更新铁路土地管理数据，对有关图件进行修、补测，并将土地资产划分资料归入地籍档案。

六、土地资产划分的注意事项

（一）铁路土地资产划分要严格按照铁道部规定期日的实际用地状况进行，划分前任何单位不得以任何借口、任何形式突击改变用地范围、用地性质和用地单位。

（二）铁路土地资产划分要根据铁道部确定的铁路主业与辅业划分标准、辅业单位名单和具体界定的资产范围以及本意见，由铁路土地管理机构按照铁路局、铁路分局的统一部署，负责牵头办理相关工作，其他部门无权处理土地资产划分业务。

（三）主辅分离土地资产划分中所发生的费用由铁路局、铁路分局在运输成本中列支。土地登记费用由土地使用者承担。

（四）改变铁路土地用途所发生的费用，由改变土地用途的单位承担。

（五）对在土地资产划分过程中出现的纠纷，相关单位应本着顾全大局、实事求是、互谅互让的精神协商解决。协商不成的，报纠纷双方共同的上级铁路土地管理机构裁决。

（六）土地资产划分后的财务处理，按部财务部门的有关规定办理。

（七）划分后的土地资产处置办法，按铁道部根据铁路总体改革的实际情况与国务院国有资产监督管理委员会协商后的意见办理。

铁路局可参照本意见，根据本局实际情况，制定土地资产划分具体操作程序和办法。

铁道部关于印发《铁道通信信息有限责任公司土地资产划分和交接工作方案》的通知

（铁运函〔2004〕219号　2004年4月22日）

各铁路局，铁道通信信息有限责任公司：

现将《铁道通信信息有限责任公司土地资产划分和交接工作方案》发给你们，请认真组织实施。

铁道通信信息有限责任公司土地资产划分和交接工作方案

根据铁道部和国务院国有资产监督管理委员会《关于将中国铁路物资总公司和铁道通信信息有限责任公司移交国资委管理有关问题的通知》（铁政法〔2004〕6号）要求，为做好铁道通信信息有限责任公司（以下简称铁通公司）资产划转工作，顺利完成铁通公司土地资产（土地使用权，下同）划分、交接工作，特制定本方案。

一、基本原则和目标

认真贯彻"三个代表"重要思想，全面落实党的十六大和十六届三中全会精神，保证铁路改革顺利进行；维护企业和社会稳定，确保生产经营活动正常进行。

通过土地资产划分、交接，明晰铁通公司与铁路局、铁路分局的土地资产关系；理顺铁通公司与铁路局、铁路分局的土地经济关系；顺利完成铁通公司移交国资委管理工作；为深化企业内部改革，加快建立现代企业制度，进一步开拓市场，增强市场竞争能力创造基础性条件。

二、基本要求

（一）铁通公司土地资产划分、交接，以铁路局、铁路分局为单位进行，由铁通省公司与铁路局、铁路分局共同组织完成。工作中，各单位要依法办事、规范操作、顾全大局、通力协作、务实高效。

（二）各相关单位要严格按照铁政法〔2004〕6号文件规定的土地资产划分标准和范围，准确把握和具体界定铁通公司土地资产范围和面积数量；保证划分、交接后的土地资产权属合法、四至清楚、面积准确、资料完整、账实相符、不重不漏。

对能够清楚划分的土地资产，应按照铁政法〔2004〕6号文件规定进行划分；确属无法划分的，由有关方协商签订协议，明确各方的权利和义务。

（三）土地资产划分前和划分中，任何单位不得以任何借口、任何形式突击改变用地范围、用地性质和用地单位。

(四)土地资产划分、移交的具体工作由铁路局、铁路分局土地管理机构和铁通省公司指定部门牵头负责,坚决杜绝政出多门、多头管理和随意插手土地管理业务的现象发生。

三、工作安排

铁路局、铁路分局与铁通省公司土地资产划分、交接工作从2004年4月开始,2004年11月底结束。具体分以下几个阶段进行:

(一)准备阶段(2004年5月15日前完成)。

1. 成立领导小组;

2. 组成办事机构;

3. 确定工作方案及划分的原则、标准和程序。

(二)调查划分阶段(2004年5月16日至9月30日)。

1. 查清铁通公司使用的土地资产底数,甄别其不同的使用性质和方式,确定移交土地资产数量;

2. 组织人员对移交铁通公司的土地资产进行地籍调查并绘制宗地图;

3. 对混合使用的土地资产,由双方签定使用协议;

4. 对本阶段采集的各类数据进行全面汇总,并对本阶段形成的有关用地资料进行收集、整理后组卷;

5. 草拟交接协议并报铁道部土地管理局(部运输指挥中心土地管理部)和铁通公司审批。

(三)交接阶段(2004年11月30日前完成)。

1. 根据铁道部土地管理局和铁通公司联合批复文件,铁路局、铁路分局和铁通省公司分别作为移交方和接受方签定土地资产交接正式协议。

2. 铁路局、铁路分局作为移交方将土地资产和有关资料正式交接受方铁通省公司。

四、组织领导

(一)铁道部土地管理局受铁道部指定,负责土地资产移交的组织领导工作;铁通公司负责土地资产接收的组织领导工作;双方建立联席工作制度和不定期工作联系制度,及时协商解决土地资产划分、交接中出现的问题。

(二)铁路局、铁路分局与铁通省公司应根据自身的实际情况,联合成立铁通公司土地资产划分、交接领导小组,并组成临时办事机构负责日常工作。

(三)领导小组负责土地资产划分、交接工作部署,制定工作方案并负责督促、指导和核查。临时办事机构具体负责土地资产划分、交接的组织实施工作。

五、具体事项

(一)铁路用地管理机构在工作中应及时提供有关资料,保证工作顺利进行;在移交工作完成后,应根据铁通公司土地资产划分、交接的数据,及时更新铁路用地管理资料,对有关图件进行修、补测,使铁路用地管理资料保持现势性,为铁路总体改革提供准确的土地数据。

(二)土地使用权变更手续,由交、接双方持铁道部土地管理局和铁通公司联合批复文件及有关资料到当地政府土地行政管理部门办理。地方政府收取的土地登记费用由土地使用者承担。

(三)混合使用的土地资产,今后如改变原土地用途、性质,所发生的费用由改变土地用途、性质的单位承担。

（四）混合使用的土地资产，在使用过程中发生的政府规定的有关税费等，由使用该土地资产的各方合理分摊。

（五）对在土地资产划分过程中出现的纠纷，相关单位应本着顾全大局、实事求是、互谅互让的精神协商解决。协商不成的，报铁道部土地管理局和铁通总公司共同裁决。

铁道部关于开展全路铁路用地管理执法监察的通知

（铁监函〔2004〕274号　2004年5月27日）

部属各单位：

铁路用地是铁路运输生产的重要基础，规范铁路用地管理对保证铁路运输安全，推动铁路改革与发展有十分重要的意义。按照国务院进一步治理整顿土地市场秩序的通知精神和全国铁路工作会议的部署，部决定今年在全路开展一次铁路用地管理执法监察。现将具体安排通知如下：

一、指导思想

以“三个代表”重要思想和党的十六大、十六届三中全会精神为指导，认真贯彻土地管理有关法律、法规和国务院治理整顿土地市场秩序的精神，着力解决铁路土地管理工作中的突出问题，建立铁路用地为运输生产服务和为铁路发展提供保障的长效机制，进一步推进党风廉政建设。

二、工作目标

通过铁路用地管理执法监察，提高全路广大干部职工对铁路用地在铁路运输生产和铁路改革发展中重要意义的认识，树立用科学发展观指导铁路用地管理工作的意识，增强依法用地、合理用地和科学用地观念；全面了解、掌握铁路用地的情况；查纠铁路用地中的违法违纪问题，理顺铁路用地管理体制；规范铁路用地管理，发挥铁路用地资产效益，确保铁路用地资产安全。

三、内容和重点

执法监察的主要内容：2000—2003年底的土地管理和土地资产处置等情况。

执法监察工作重点：

（一）核查铁路用地处置情况。1. 按照国家法律法规和铁道部规定，对2000—2003年底铁路用地处置情况（含政府无偿收回、无偿转让、房屋拆迁等）进行核查，对铁路用地转让、置换、联营、联建、作价入股、抵押等活动逐一复查。2. 以先期完成的铁路用地使用状况调查统计报表为基础，以确权和处理用地纠纷为重点，对本单位用地情况组织复核。3. 对未取得使用权属证书的用地，有条件的，抓紧办理土地登记手续，确权领证，积极解决权属纠纷。4. 对铁路用地资产处置收入管理情况进行检查，查究用地资产处置收入资金不列财务账和违规使用问题。

（二）查处纠正违法违纪违规问题。1. 对违规处置铁路用地资产的问题要依据国家和铁道部的有关规定予以严肃处理和及时纠正。2. 对接收的铁路建设项目的建设用地遗留问题进行全面清理。3. 重点对铁路沿线、车站、货场和重点目标用地范围内的违章建筑进行清理整顿。对侵占铁路用地危及运输生产安全和损害铁路运输设施的行为，采取有力措施，进行纠正和处理。4. 调查并严肃处理由于失职渎职造成的铁路用地资产严重流失、侵占土地收益等违法违纪行为。

(三)严格铁路用地管理。1. 在总结经验教训的基础上,建立健全铁路用地管理制度。2. 按照集中、精干、高效的要求,理顺铁路用地管理机构。3. 按照铁路用地集中管理的要求,把铁路用地处置权上收到分局以上。4. 按《铁路用地资产处置规定》建立健全地籍资料、用地档案、台账;规范管理程序和用地手续。

四、方法和步骤

铁路用地管理执法监察工作分为4个阶段进行:

1. 宣传动员阶段

组织有关人员学习《中华人民共和国土地管理法》、《合同法》、《中华人民共和国铁路法》、《铁路用地资产处置规定》等有关土地管理的法律法规,统一思想,明确执法监察的目标、意义、方法步骤和要求,提高执法能力。利用各种方式,大力宣传开展铁路用地管理执法监察的必要性,使各级领导和广大职工群众从思想上深刻认识开展铁路用地管理执法监察的重要意义;

根据实际情况,制订本单位铁路用地管理执法监察工作方案。

2. 自查清理阶段

按照执法监察的内容和重点进行查帐清理登记,调查摸底。登记要数据准确,不漏报、不虚报、不瞒报。要以去年完成的铁路用地使用状况调查统计报表为基础,进行综合评估分析,查找存在的问题,针对查出的问题,研究解决办法,制定整改方案。铁路局要对各单位反映的典型案件进行重点督办。

3. 规范整改阶段

对自查清理中发现的问题,按整改方案实施整改。该清理的要坚决清理,该理顺的要主动理顺,该纠正的要尽快纠正,该立案查处的要坚决查处。构成犯罪的要移交司法机关处理,典型案件要公开曝光,以教育广大职工。要探索和建立铁路用地管理监督约束机制。

4. 总结抽查阶段

各单位要按照铁路用地管理执法监察的指导思想和实现目标,对本单位和下属单位的铁路用地执法监察工作进行全面检查验收。部将组织重点抽查。

五、具体要求

1. 加强领导。开展铁路用地执法监察是全国铁路工作会议部署的一项重要任务,各单位要把这项工作列入重要议事日程。为切实加强对这项工作的组织领导,部成立全路铁路用地管理执法监察领导小组,并设办公室,胡亚东副部长任组长,纪委安立敏书记任副组长,运输局土地部主任董雅新任办公室主任,纪委监察局执法监察室主任鲁巍和运输局土地部副主任于得河任副主任。部运输局、部纪委监察局、财务司、公安局、审计中心、两经中心为领导小组成员单位,有关人员参加办公室工作。部属各单位也要根据实际情况建立相应的领导小组和办事机构。

各单位主要领导要关心和参与执法监察工作,亲自出面处理并做好协调工作,积极解决历史遗留问题。

2. 掌握政策。铁路用地管理执法监察工作涉及面广,政策性强,情况复杂,工作难度大。

参加执法监察工作的同志要加强学习,明确执法依据。各单位要认真组织有关人员学习国家有关土地管理的法律法规,掌握政策,熟悉业务,依法办事;要通过加强学习、宣传,普及土地管理法律法规,提高广大职工的依法用地、科学用地意识。

3. 密切配合。各有关部门要明确分工,协调配合,充分发挥各自职能作用,共同完成执法监察任务。各单位的办事机构要及时掌握情况,加强对铁路用地管理执法监察工作的指导,认真研究和解决工作中出现的问题,不断将工作推向深入。

4. 认真自查。各单位要以此次铁路用地管理执法监察工作为契机,加大执法力度,查清违规违章处置铁路用地的问题。对工作中发现的问题和群众举报的案件线索,要追根溯源,正确运用法律法规,依法查处,以维护国有土地资产权益。

5. 建立制度。要针对铁路用地管理执法监察中发现和暴露出来的铁路用地在使用、经营、处置及管理制度等方面存在的漏洞和问题,认真分析原因,提出解决问题的对策,进一步建立健全铁路用地管理的各项制度。要在执法监察中积极解决铁路用地管理领导不力、体制不顺、机构不健全、人员配备不足的问题。

6. 各单位要建立举报箱,公布举报电话,认真受理群众举报。部举报电话:

路电:(021)44839　92945

市电:(010)51844839　51892945

7. 部属各单位于8月31日之前上报登记表(表一、表二);11月30日前,报铁路用地管理执法监察工作总结和表三。上述两项分别报部监察局执法监察室和运输局土地管理部。

附表1

2000年—2003年铁路用地资产处置情况登记表

______单位

序号	年度	用地名称	面积(公顷)	处置原因	批准单位	批准领导	是否			受让单位	处置收入情况			备注
							评估	评估单位	评估金额(万元)		数量(万元/公顷)	进账账户	使用方向	
1	2	3	4	5	6	7	8	9	10	11	12	13	14	15
	总计													

主管领导:　　　　　　　　填表人:　　　　　　　　填表日期:　　年　　月　　日

注:1. 凡涉及政府无偿收回、房屋拆迁引起的土地权属变更和铁路用地转让、置换以及利用铁路用地进行联营、联建、入股、抵押等活动均填本表并在处置原因栏中反映;2. 批准单位是指同意处置的单位;3. 评估单位是指具体实施评估的中介组织;4. 受让单位是指铁路用地处置后的使用人;5. 12栏数量是指处置后的收益数量置换仅填面积;7. 进账账户是指处置后的收益进入财务账户的名称;8. 使用方向是指土地收益进入财务账户后的使用情况 。

附表 2

2000 年—2003 年土地领证和土地监察情况登记表

________单位(章)

年　度	用地总面积(公顷)	领证面积(公顷)	领证率(%)	土地监察情况				解决纠纷		备　注
				被占面积		查处面积				
				件	公顷	件	公顷	件	公顷	
1	2	3	4	5	6	7	8	9	10	11
2000 年										
2001 年										
2002 年										
2003 年										
总　计										

注:表中 2、3、4 项填各年累计情况,不用总计,5、6、7、8、9、10 填各年情况,需总计。

主管领导:　　　　填表人:　　　　填表日期:　　年　　月　　日

附表 3

查处或纠正违法违纪违规问题登记表

填表单位(盖章)

	2000~2003 年			在本次执法监察中		
	件数(间)	涉及土地面积(公顷)	挽回或避免经济损失(万元)	件　数	涉及土地面积(公顷)	挽回或避免经济损失(万元)
1. 处理或纠正违规处置铁路用土问题						
2. 清理接受的铁路建设项目用地遗留问题						
3. 整顿侵占铁路用地违章建筑						
4. 查处违法违纪案件						
	党纪处分	政纪处分	移送司法机关	党纪处分	政纪处分	移送司法机关
5. 因违法违纪违规被处理人员(人)						

主管领导:　　　　填表人:　　　　年　　月　　日

注:1. 主要填写各单位查处或纠正违法、违纪、违规问题的情况,如果在查处问题中没有挽回或避免经济损失,可不填,或填写该问题涉及金额数;

2. 整顿违章建筑单位可用多少间,涉及面积可用平方米;

3. 本表随总结报。

铁道部关于加强铁路用地管理工作的意见

(铁运〔2004〕100 号 2004 年 9 月 21 日)

部属各单位:

铁路用地是铁路运输生产的重要基础,是维护铁路运输安全的重要条件,是铁路经营的重要资产,是铁路改革与发展的重要资本。铁路用地管理工作是推进铁路跨越式发展的重要组成部分,加强铁路用地管理工作意义重大。

随着社会主义市场经济的发展,土地的资产属性得以显现,价值迅速攀升,需求不断扩大,供需矛盾日益突出。为保持社会经济的全面、协调、可持续发展,国家强调实行最严格的土地管理制度,强力推行以节约用地、保护耕地为目标,以用途管制为原则,以有偿使用和市场化配置为主要方式的土地管理制度改革。铁路用地管理面临着全新的形势和更高的要求。

近年来,有关单位和部门在加强铁路用地管理上做了大量工作,取得了明显成效。但是随着形势的发展,铁路用地管理在思想认识、体制机制、制度建设等方面存在的问题日益突出,制约了对铁路用地的有效管理,致使铁路用地资产价值没有充分体现,铁路用地资产流失情况时有发生。为适应新的形势和要求,实现铁路用地的保值增值,现就加强铁路用地管理及有关问题提出如下意见,请结合实际贯彻落实。

一、认真学习,提高认识,全面加强对铁路用地管理工作的领导

近年来,国家制定了一系列加强土地管理的法律法规,铁道部也相应制定了有关铁路用地的管理办法,这些法律法规和管理办法,是铁路用地管理的法律依据和操作规则,必须认真学习掌握。学习土地管理法律法规,要以领导干部和用地管理人员为重点,着力于提高土地资产意识和依法用地观念。通过学习,要充分认识铁路用地在运输和安全生产中的基础作用,在改革和经营中的资产价值作用,在铁路跨越式发展中的保障和服务作用。准确掌握铁路用地的性质、特点和使用规定,牢固树立铁路用地管理的责任意识,强化依法用地观念。高度重视铁路用地资产管理,全面加强对铁路用地管理工作的领导,积极推进铁路用地从资源管理向资源和资产并重管理转化,从简单的使用管理向市场型经营管理转化,从被动的跟踪式管理向主动的综合式管理转化,从静态粗放型管理向动态集约型管理转化。

二、明确职责,理顺体制,实现铁路用地集中统一管理

铁路运输的长距离不可间断性,铁路运输高标准一致和集中统一指挥的特性,决定了铁路用地必须实行集中统一管理。铁路用地集中统一管理,表现为适度集中管理职权,实现管理体制的统一,规章和技术标准的统一,工作程序的统一,管理方式的基本一致。

1. 明确铁路用地管理的性质和职责。

铁路用地管理,是依据国家法律、法规,按照铁路特点和改革发展需要,对铁路所辖用地的利用活动实施的内部管理。铁路用地管理是国土资源和国有资产保护、管理的有机组成部分。根据原国家土地管理局《铁路用地管理办法》(〔1992〕国土〔建〕字第 144 号)和部《关于组建

土地管理机构的通知》(铁劳卫函〔2003〕134 号),铁路用地管理机构要以为铁路改革发展提供保障和服务为中心,以确保运输生产需要、维护铁路用地秩序、实现铁路用地保值增值为目的,按照国家规定和权限划分,认真履行铁路用地地籍管理、利用规划管理、开发利用管理、资产处置管理、土地监察管理等职责,切实保护好、规划好、利用好、开发好铁路用地。

2. 适度集中管理职权,明确设置管理机构。

铁路用地的管理职权,必须集中在具有企业法人资格的铁路分局级(含铁路局大口单位,下同)以上单位,并依铁道部的有关规定严格划分权限范围。按照依法、公正履行职责和"管用"分开的要求,铁路局(含青藏铁路公司、铁路专业运输公司,下同)、铁路分局应根据工作需要,在机关机构编制限额内设立用地管理机构,并理顺与铁路规划、计划、建设等部门有关用地方面的工作关系。目前机关机构编制限额有困难的,已在机关机构编制外设立的用地管理机构可维持现状作为过渡。

3. 规范有关收支管理,改变自收自支运行方式。

铁路用地管理机构的日常管理经费(含人员工资性支出)应纳入铁路运输成本费用,不得采取自收自支方式自行筹措。按相关制度规定应由企业获得的与土地使用、处置和管理有关的收入,应纳入同级财务部门统一核算管理。土地使用和处置的收入根据具体情况分别列入其他业务收入和固定资产清理核算。由地方政府批准的行政事业性收费,按地方政府行政事业费管理办法办理。地方政府土地管理部门拨入或返还的管理费用,按地方政府有关规定办理;没有规定的应冲减运输成本支出。

4. 协调地方关系,争取授权和业务指导。

为处理好铁路用地集中统一管理和地方土地分级属地管理的关系,铁路局、铁路分局用地管理机构可以纳入地方省级政府土地管理序列,争取授权和业务指导,以实现充分利用和有效保护铁路用地的目的。

5. 合理配备人员,提高队伍素质,加强铁路用地管理力量。

根据铁路用地管理性质、职责及所担负的任务,要准确核定工作量,合理确定用地管理机构编制,保证人员数量,人员素质要与所承担的工作相适应。要重视铁路用地管理队伍建设,把政治上强,熟悉业务,有组织领导能力的干部选配到土地办主任岗位上来。要注意充实事业心强、年纪轻、熟悉法律和土地管理专业的人员到铁路用地管理部门工作;要加强对铁路用地管理人员的培训,逐步实行培训、考试考核持证上岗制度。

铁路用地管理队伍要相对稳定并始终保持较高的素质。

三、健全制度,履行职责,全面提高管理水平

各级领导和用地管理部门要按照国家法律、法规规定,结合铁路用地管理实际,建立健全各项规章制度,认真履行铁路用地管理的各项职能,全面提高管理水平。

1. 建立健全铁路用地管理规章体系。

铁路用地管理规章,是规范铁路用地利用和管理行为的基本准则。整章建制,明确技术标准和办事程序,是铁路用地管理重要的基础性工作。各级铁路用地管理机构要充分重视并认真做好这项工作。要依据国家有关规定和铁路运输生产特性要求,以铁路用地地籍管理、规划管理、开发利用管理、资产处置管理、土地监察管理为主要内容,以实现铁路用地保值增值为目标,以明晰权责和办事程序为重点,分层次尽快建立健全铁路用地管理规章体系,保证铁路用地管理有法可依,有章可循。

2. 提升铁路用地地籍管理水平。

铁路用地地籍，是编制铁路规划，合理配置资源、有效维护权益的基础条件，必须尽快提升管理水平。各级铁路用地管理机构要根据部统一要求，组织好铁路用地信息系统建设；依靠先进的科技手段，全面开展用地调查，准确掌握铁路用地状况；以新线竣工土地验收和城市用地权属登记为重点，抓紧做好确权登记领证工作；完善铁路用地统计制度和台账管理标准，改善地籍档案保管条件，做好铁路用地档案资料的收集、整理、保管和提供利用工作。

3. 重视铁路既有用地规划工作。

铁路既有用地利用规划，是铁路部门科学、合理和依法使用土地的依据，是协调地方政府土地利用和城市总体规划的基础。当前铁路改革发展迫切需要科学的土地利用规划来调控旺盛的土地需求，各级领导必须高度重视既有用地利用规划工作。各级铁路用地管理机构要与有关部门配合，按照供需关系平衡、利用结构优化、资源配置合理、功能布局科学的要求，根据铁路改革发展需要，结合区域内自然生态、社会经济环境等条件，编制铁路既有用地利用规划，并依据法律法规将其纳入政府土地利用总体规划，使之具备法律地位。

4. 搞好铁路用地开发利用管理，规范铁路用地资产处置行为。

合理开发和有效利用铁路用地，是发挥铁路用地资产效益，实现铁路用地保值增值的重要途径。要根据铁路跨越式发展的战略目标和铁路运输生产安全的基本要求，按照土地资源的数量、质量、分布情况对土地利用发展趋势做出准确预测；依据土地资产价值规律和土地经济发展规律对土地利用效果进行科学评估；依据国家法律、法规，积极促进铁路用地的合理开发和有效利用。在铁路用地开发利用中，要认真执行部《铁路用地资产处置规定》（铁运〔2003〕71 号）和有关铁路用地开发利用及收入管理办法，正确处理全局与局部、当前与长远、主业与辅业、铁路与地方、公共利益与经济利益之间的关系，合理体现各方权益，严格用地收入管理，规范铁路用地资产的处置行为。

5. 做好铁路改革中的土地保障和服务工作。

铁路改革广泛涉及铁路用地资产处置工作，政策性强，涉及面广，复杂因素多，操作难度大。铁路用地管理机构要按照职责分工做好土地保障和服务工作，认真研究相关政策，准确把握法规尺度，切实维护国家利益和各方合法权益，促进改革顺利推进。铁路用地资产划分处置时，铁路用地管理机构要及时提供有关资料和数据，科学编制操作方案，积极提供业务咨询和工作建议，协调办理有关手续，帮助和指导有关单位依法利用铁路用地，充分发挥土地效益，为铁路改革注入活力。

6. 强化铁路用地执法监察工作。

铁路用地执法监察是保证铁路运输生产安全、防止铁路用地资产流失、维护铁路部门权益的重要手段。要高度重视铁路用地监察工作，在国家法律、法规确定的行政管理职能基础上，积极争取地方政府授权或委托，建立双重领导、权责明确的铁路用地执法监察队伍。要增强维护铁路用地权益的紧迫感和责任感，提高铁路用地执法监察人员依法管地的能力和素质。要坚持以确保铁路运输生产安全为重点，以维护铁路用地权益为目标，及时发现并严肃查处侵害铁路用地的案件。查处铁路用地违法案件，要根据实际情况采取经济的、行政的和法律的措施，努力探索保护铁路用地的新路子、新办法；要协调好与铁路公、检、法、纪检监察机关和地方政府土地行政管理部门的工作关系，运用综合治理手段，强化铁路用地执法监察工作。

铁道部关于印发《铁路企业改制土地资产处置操作暂行办法》的通知

（铁运〔2004〕101 号　2004 年 9 月 21 日）

部属各单位：

为了推进铁路改革工作的顺利开展，铁道部制定了《 铁路企业改制土地资产处置操作暂行办法 》。现印发给你们，请结合实际贯彻执行。

铁路企业改制土地资产处置操作暂行办法

第一章　总　　则

第一条　为搞好铁路企业改制工作，推进铁路改革深入发展，根据国家有关法律、法规制定本办法。

第二条　铁路各单位（ 含多、集经单位 ）所使用的铁路土地资产（ 包括利用铁路各种款源，采用划拨、出让等方式取得使用权的土地），在企业改制进行处置时，均按本办法执行。

第三条　铁路企业改制要切实维护国有土地资产安全运行，必须将土地资产处置纳入工作内容，界定土地权属，明确土地资产关系，防止国有资产流失。

第四条　铁路企业改制土地资产处置要正确处理改革、发展、稳定的关系，坚持原则性与灵活性相结合，优先选用改制成本低、有利于提高企业生存发展能力和市场竞争能力的处置方式，实现土地资产价值，为企业发展奠定基础。

第五条　铁路企业改制土地资产处置，要认真执行国家法律法规，严格按政策、按程序办事，坚持依法、规范操作，确保改制工作顺利推进。

第二章　土地资产处置的基本方式

第六条　铁路企业改制时，根据具体情况，对以行政划拨方式取得使用权的土地，可选择采用以下方式进行资产处置：

（一）国有土地使用权出让；

（二）国有土地租赁；

（三）国家以土地使用权作价（出资）入股；

（四）国有土地使用权授权经营；

（五）保留划拨用地。

第七条　采用国家作价（出资）入股和授权经营方式处置土地使用权的，需经国务院或省级人民政府批准。

第八条 改制企业使用的铁路行政划拨土地,只要不改变土地用途,可继续以行政划拨方式使用;需要改变用途的,应按照《划拨用地目录》(国土资源部令〔2001〕第9号)核定,改变后的用途符合《划拨用地目录》的可继续以行政划拨方式使用;不符合《划拨用地目录》的,应依法办理有偿使用手续。

第九条 国有和集体企业兼并国有企业涉及的土地,不属于行政划拨用地范围的,经县级以上人民政府土地行政主管部门批准,也可在一定年限内维持行政划拨方式使用。

第十条 铁路主辅分离辅业改制涉及铁路安全保护用地、铁路规划发展用地以及铁路线路、车站、货场、重点目标、运输生产和组织指挥机关等运输生产设施用地,在不影响运输安全和秩序的前提下,可采用租借方式解决改制企业的用地问题。

铁路改制企业因支付土地有偿使用费有困难及股权比例设置需要,暂时无法将土地资产计入企业总资产的改制企业,或为降低土地资产配置成本,可在一段时间内,采用租借方式解决用地问题。

第三章 土地资产配置的基本方法

第十一条 铁路局(青藏铁路公司、铁路专业运输公司,下同)、铁路分局在与改制企业明晰土地资产产权,界定资产价值和明确所有者权益的基础上,对铁路土地资产可根据实际情况按以下方法处理:

(一)可将土地资产随企业其他资产一并处置,净资产可用于支付改制成本,有剩余的可向改制企业员工或外部投资者出售,也可采取转为债权等方式处理。

(二)将土地资产划转给改制企业,作为对改制企业的投资。建立规范的投资与被投资关系;明确投资回报方式。

(三)维持原土地资产权属与占用关系不变,租借给改制企业使用。采用租借方式使用铁路土地资产的,应按照国家规定和市场经济规律,签订合同或协议,建立规范的租借关系。租借费用参照国家收取土地收益标准、土地权益及管理成本综合确定。待改制企业经济状况好转或条件成熟后,再行办理土地资产处置手续。

第十二条 实行国有土地使用权授权经营的,国家授权的投资机构可以将土地资产向其直属企业、控股企业、参股企业以作价出资(入股)或租赁等方式进行配置。

第十三条 采取保留划拨用地的,依据划拨土地的平均取得和开发成本,评定划拨土地使用权价格,作为铁路局、铁路分局的权益,计入铁路总资产。

第十四条 以非行政划拨方式取得使用权的土地,经核定资产量并计入铁路总资产后,可与经过处置的行政划拨土地资产一同进行配置。

第十五条 采用有偿方式处置土地资产的,应积极与当地人民政府联系,争取将土地出让收益返回用于支付改制成本和安置职工。

第四章 土地资产处置的基本程序

第十六条 铁路企业改制应按照"明确权益、理顺关系、显化资产、合理处置、规范操作、加强监管"的要求,按土地资产清查、制定具体企业改制方案、方案呈报审批、土地资产评估、制定土地资产处置具体方案和实施结果核准备案等程序进行土地资产处置。

铁路主辅分离辅业改制还应拟定铁路局改制分流总体方案。

第十七条 铁路局、铁路分局应按照国家有关规定，在改制企业进行资产清查时，对改制企业所使用的土地进行资产权属界定，做好土地资产的清查工作。

（一）按照铁道部企业改制的有关规定和《铁路主辅分离辅业改制土地资产划分使用意见》（铁运〔2003〕118 号），对改制企业使用的铁路用地范围、数量进行调查和划分。

（二）在确认改制企业使用铁路用地范围、数量的基础上，明确铁路局、铁路分局的土地资产权属，铁路主辅分离辅业改制的还应理顺与改制企业之间的土地资产关系。

（三）按照当地基准地价或标定地价计算土地资产预评估价值。

（四）改制企业涉及的土地使用权必须合法、明晰。尚未进行初始土地登记的，可在权属调查完成后先行改制，再根据土地资产处置方案批复到有批准权的地方人民政府土地行政主管部门直接办理登记手续。存在权属纠纷的，由铁路局、铁路分局按照国家规定处理。对纠纷一时难以解决的，可将无争议土地剥离出来，先行确权。

第十八条 铁路局在制定改制分流总体方案时，应将土地处置的主要方式和理由、土地资产的基本配置方法等土地资产处置内容纳入其中。

第十九条 铁路具体企业改制方案应有土地资产处置内容，主要包括：土地权属状况、土地面积数量和土地类别；土地资产预评估价值；拟采用土地处置方式；土地资产配置方法等。

第二十条 制定铁路具体企业改制方案时，可选择适应改制企业实际情况的一种或几种方式进行土地资产处置。鼓励以货币、资本、股本等多种形态综合实现土地资产价值。

第二十一条 铁路局、铁路分局在制定铁路具体企业改制方案时，应与当地有批准权的人民政府土地行政主管部门联系、沟通，请求帮助优化土地资产处置方案，处理好与地方政策衔接问题。

第二十二条 铁路主辅分离辅业改制的铁路局改制分流总体方案和具体企业改制方案，经铁道部审查后，报国资委、财政部、劳动保障部批准。其他的具体企业改制方案按有关规定履行报批程序。

第二十三条 铁路局、铁路分局根据批准的铁路具体企业改制方案，按照现行法律、法规的规定，委托具有相应资质的中介机构对改制企业涉及的土地资产进行评估。

第二十四条 在土地资产评估后，相应土地资产处置前，铁路局需将评估情况向铁道部土地管理机构备案。

第二十五条 土地估价报告在铁道部土地管理机构完成备案手续后，铁路局、铁路分局应按有关规定，向相应的县级以上人民政府土地行政主管部门备案。

第二十六条 铁路局、铁路分局根据批准的铁路具体企业改制方案，依据土地状况和估价结果，制定改制企业土地资产处置具体方案。改制企业土地资产处置具体方案也可委托中介机构制定。

第二十七条 改制企业土地资产处置具体方案主要内容包括：企业改制的形式和内容，企业现使用土地的权属情况和使用状况，处置理由、处置方式、处置价格和土地资产的配置方法等。

第二十八条 采用租借方式使用土地的改制企业，不制定土地资产处置具体方案，但应在铁路具体企业改制方案中予以说明。

第二十九条 铁路局、铁路分局持铁路具体企业改制方案、土地估价报告（含土地估价技术报告）、土地资产处置具体方案到有批准权的人民政府土地行政主管部门办理土地资产处置审批。改制企业所使用的土地,已经实行有偿使用或拟采用国有土地使用权出让或租赁方式处置的,不再进行处置审批,直接到县级以上人民政府土地行政主管部门办理变更登记或有偿用地手续。

第三十条 铁路局将改制企业土地资产处置实施情况纳入企业改制结果,向有关部门核准备案。

第三十一条 铁路改制企业持土地资产处置批准文件和其他有关资料,到县级以上人民政府土地行政主管部门办理土地登记等相关手续。

第三十二条 实行国家作价(出资)入股和授权经营方式的,具体操作程序按国土资源部《关于改革土地估价结果确认和土地资产处置审批办法的通知》(国土资发〔2001〕44 号)和铁道部有关规定执行。

第五章 附 则

第三十三条 铁路各相关单位、部门要按照铁道部的统一部署,各司其职、各负其责、密切配合、通力协作,认真搞好企业改制土地资产处置工作。

第三十四条 铁路土地管理机构要积极参与铁路企业改制工作,认真做好土地资产划分、处置、权属变更、档案移交等相关工作,为铁路改革和发展提供服务。

第三十五条 严禁借企业改制之机损害国家利益,对于无偿或低价处置土地资产,藏匿和擅自核销国有资本等侵占国有资产的行为,要依法查处。

第三十六条 铁路局可根据本办法制定相应的实施办法。

第三十七条 本办法由铁道部运输局负责解释。

第三十八条 本办法自发布之日起施行。

铁道部转发《国务院关于深化改革严格土地管理的决定》的通知

（铁办〔2004〕142 号　2004 年 12 月 10 日）

部属各单位，各合资铁路公司：

现将《国务院关于深化改革严格土地管理的决定》（国发〔2004〕28 号，以下简称《决定》）转发给你们，并结合铁路实际提出以下要求，请一并贯彻执行。

一、认真学习《决定》，充分认识加强土地管理的重要性和紧迫性。铁路用地是铁路运输生产的重要基础、铁路建设的重要条件，要按照《决定》精神，全面加强对铁路用地管理工作的领导，切实管理好、保护好、利用好铁路用地。

二、要把贯彻落实《决定》精神，作为实施和加快铁路建设发展的动力，为铁路建设健康、有序、快速发展奠定基础。铁路建设应认真贯彻“十分珍惜、合理利用土地和切实保护耕地”的基本国策，依法用地、科学用地、合理用地和节约用地。严格按照国家有关法律的规定，及时将国家《中长期铁路网规划》纳入地方土地利用总体规划和城市总体规划。各相关单位要认真做好与地方人民政府以及国土资源和建设、规划行政主管部门的协调工作，为国家《中长期铁路网规划》的顺利实施做好基础性工作。各有关单位要加强铁路部门的土地利用计划管理，按规定时间准确地提报铁路建设用地的年度计划，及时地将铁路建设用地计划纳入国家批准的重点建设项目用地计划内，确保铁路建设项目建设用地的及时供应。

各建设管理单位要高度重视铁路建设项目用地的预审工作，认真落实《决定》中加强建设项目用地预审管理的有关要求，按照《建设项目用地预审管理办法》（国土资源部令 2004 年第 27 号令）规定的程序，做好铁路建设项目用地预审工作，保证铁路建设的顺利进行。

各单位要认真落实铁路建设相关单位在建设项目建设用地的设计、征收（用）、管理、交接等各个环节中的责任，建立健全铁路建设项目建设用地管理的规章制度，更新建设理念，将依法用地观念贯穿铁路建设的全过程，为全面提升和提高我国铁路建设水平创造条件。

三、各铁路局、铁路分局要把学习贯彻《决定》与落实铁道部《关于加强铁路用地管理工作的意见》（铁运〔2004〕100 号）文件精神紧密地结合起来，进一步理顺管理体制，健全机构、明确职责、完善制度、强化基础、配齐配强管理人员，实现铁路用地的统一、全面、科学和有效管理，确保铁路运输生产经营的可持续发展。

四、在铁路主辅分离、辅业改制、生产力布局调整和投融资体制改革中，要严格按照铁道部《铁路用地资产处置规定》（铁运〔2003〕71 号）和《铁路企业改制土地资产处置操作暂行办法》（铁运〔2004〕101 号）的规定，搞好铁路用地资产的处置，要按照文件规定的要求和程序，做好铁路用地的报批和备案工作，实现铁路用地资源的合理配置和铁路用地资产的保值增值。

五、根据《决定》中关于“严格依法查处违反土地管理法律法规的行为”要求,做好铁路用地执法监察工作。进一步加强铁路用地监察队伍建设,运用综合手段,及时查处侵占铁路用地和侵害铁路用地资产的案件,为深化铁路改革提供保障和服务。

铁道部关于发布铁路线路安全保护区标桩设计图的通知

（铁运函〔2005〕116 号　2005 年 3 月 4 日）

各铁路局，青藏铁路公司，各专业运输公司，高速铁路公司、各客运专线公司筹备组，铁科院：

为贯彻执行《铁路运输安全保护条例》（国务院令第 430 号），做好铁路线路安全保护区划定工作，现将《铁路线路安全保护区标桩设计图》予以发布，并就有关事项通知如下：

一、各单位要按照《铁路运输安全保护条例》规定，积极协调地方县级以上人民政府，抓紧做好铁路线路安全保护区的划定工作。

二、铁路线路安全保护区标桩系铁路安全设施，各单位要按照《铁路线路安全保护区标桩设计图》认真做好设置、制作和埋设工作，并将标桩的维护作为铁路线路安全保护区经常性巡查的重要内容，发现丢失和损毁应及时补齐和修复。

三、既有铁路的铁路线路安全保护区标桩的制作、埋设以及日后养护维修由铁路运输企业负责，在保证质量的前提下尽可能降低造价，相关费用在各单位运营成本中列支。各单位财务部门要做好铁路线路安全保护区标桩制作和埋设的资金保证工作。

四、铁路新建工程的铁路线路安全保护区范围，由建设单位委托铁路运输企业有关部门提出方案，报当地县级以上人民政府划定；铁路用地满足铁路线路安全保护区规定范围的，由建设单位报铁路管理机构划定。

铁路线路安全保护区标桩制作、埋设的相关费用纳入建设项目概算。

五、各单位在工作过程中发现的问题，应及时向铁道部运输局土地管理部反映。

铁路线路安全保护区标桩设计图

铁路线路安全保护区标桩

图号 专线设(05)8043

设计负责人	胡金培
院总工程师	许有全
专业工程师	王玉堂
公司总工程师	盛黎明

目录

设计说明

1. 本图根据国务院《铁路运输安全保护条例》设计。

2. 本图适用于铁路线路两侧安全保护区边界的标识。

3. 铁路线路安全保护区的范围按《铁路运输安全保护条例》的规定执行。

4. 标桩分为两种类型。A型标桩采用钢筋混凝土板制作，直接埋入土层中。B型标桩采用钢筋混凝土立柱及标牌制作，埋设于混凝土基础中。

5. A型标桩为基本型，沿铁路线路安全保护区边界第200 m左右设置一个，特殊地段可增加或减少设置数量，人烟稀少地区可不设置。

6. 标桩在铁路线路两侧规定距离设置时，应与线路另一侧标桩相错埋设。

7. B型标桩为辅助型，适用于人员活动频繁地段的道口、桥隧两端、公铁立交桥附近醒目地点、民居附近和人身伤害事故多发地段的铁路线路安全保护区边界设置。

8. 标桩的制造按GB50204《混凝土结构工程施工质量验收规范》的规定执行。

9. 本图尺寸均以mm计。

10. 本图由中的工程设计咨询集团有限公司设计。

设计	胡金培	铁路线路安全保护区标桩	图号	专线设(05)8043-1
复核	裴爱华	目录及设计说明	比例	——
			日期	2005.2

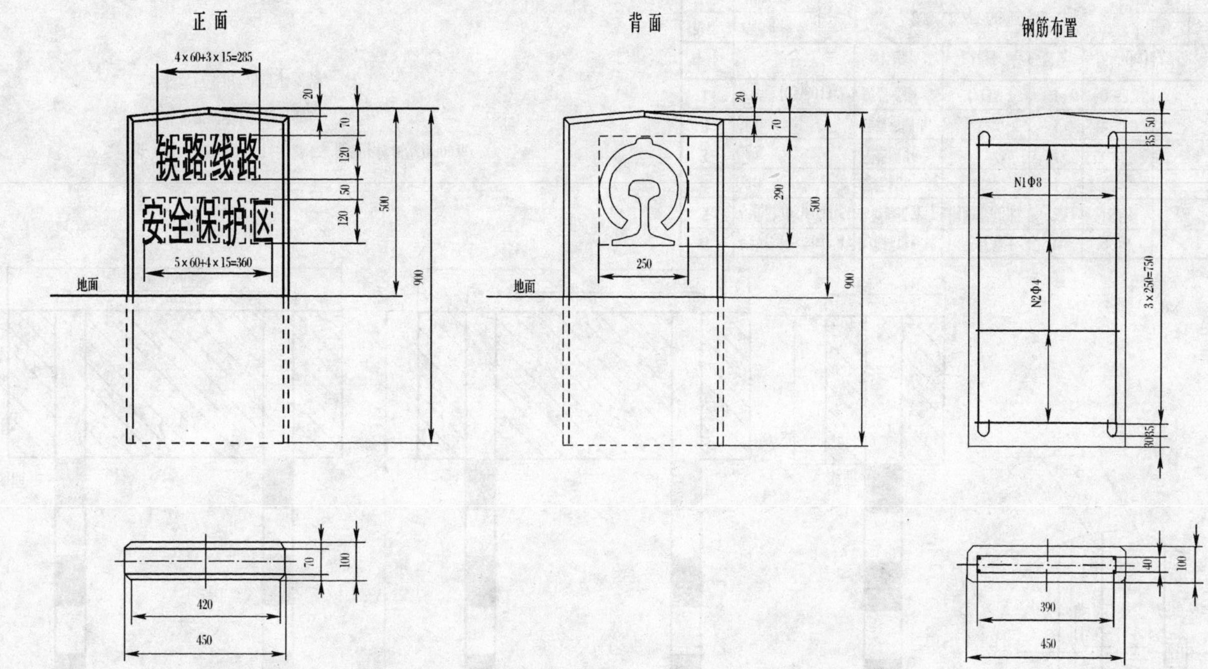

材料数量表

序号	材料名称	规格	形式	长度(m)	数量	质量/体积	总质量(kg)
1	钢筋	N1Φ8 Q235-A光面钢筋	820	0.92	4	1.452kg	100.3
2		N2Φ4 Q235-A光面钢筋	410	0.964	4	0.381kg	
3	混凝土	C25	—	—	—	$0.041m^3$	

注：1.钢筋采用绑扎。

2.标桩地上部分表面均喷涂黄色，并按图示尺寸喷涂黑字(黑体)及图案。

3.标桩正面面向线路外侧。

设计	胡金培	铁路线路安全保护区标桩	图号	专线设(05)8043-2
复核	裴爱华	A型标桩	比例	1:10
			日期	2005.2

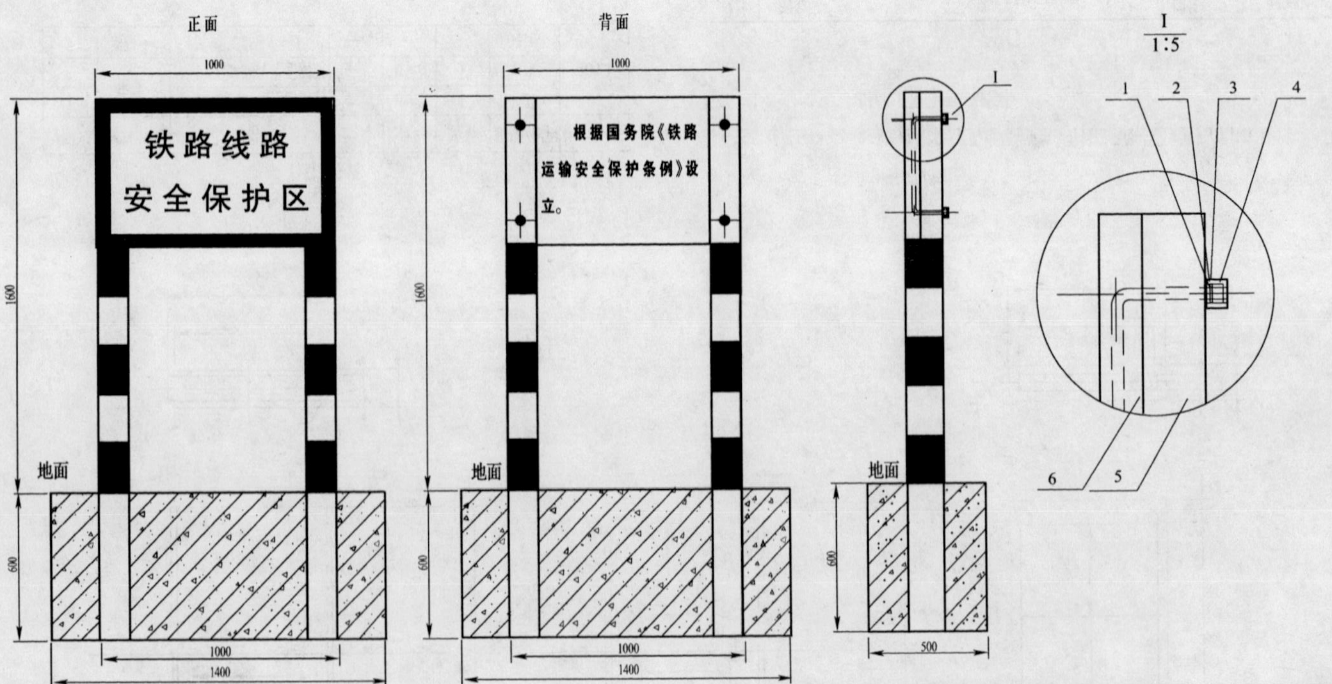

注：1.立柱基础采用C15混凝土，混凝土体积为0.399 m^3。

2.标桩正面面向线路外侧。

3.标牌应采用专用工具安装。

序号	图号	名称	材料	数量	质量(kg)	备注
6	专线设(05)8043-4	B型标桩标牌	钢筋混凝土	1	92.6	
5	专线设(05)8043-5	B型标桩立柱	钢筋混凝土	2	181.6	
4	GB41	螺母M16	—	4	—	
3	GB95	平垫圈16	—	4	—	
2	GB93	弹簧垫圈16	—	4	—	
1	专线设(05)8043-7	防盗垫圈	Q235	4	0.632	

设计	孙井林	铁路线路安全保护区标桩 B型标桩组装图	图号	专线设(05)8043-3
复核	裴爱华		比例	1:15
			日期	2005.2

正面

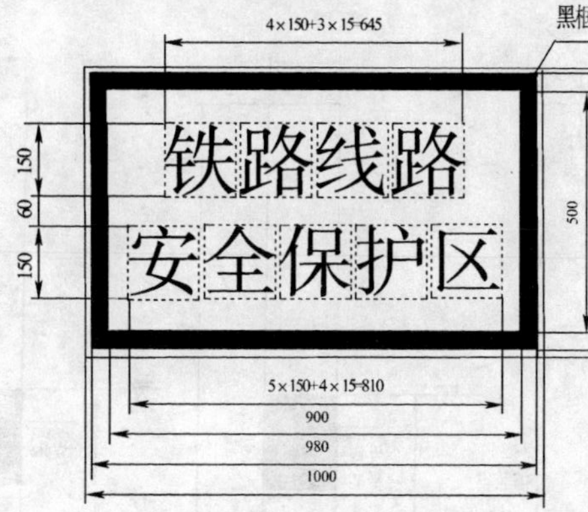

背面

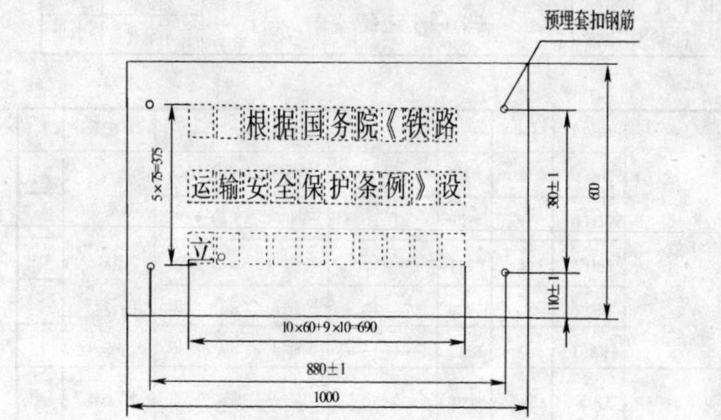

钢筋布置

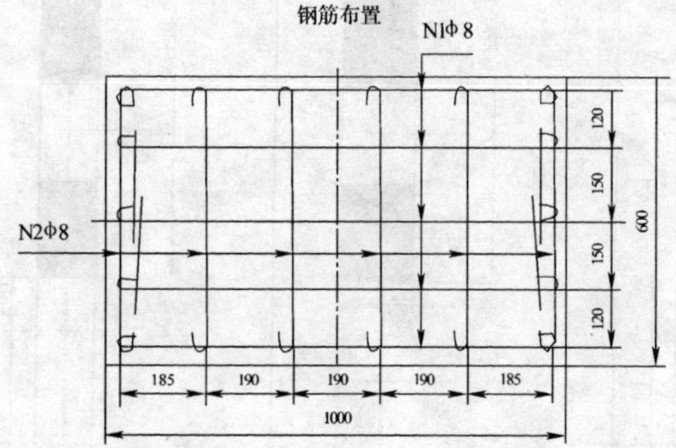

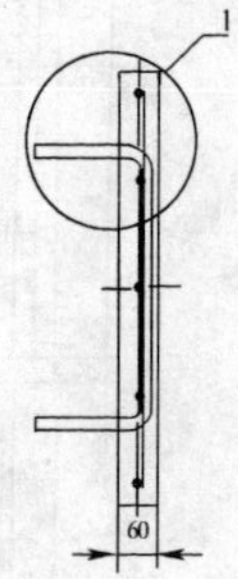

$\frac{1}{1:4}$

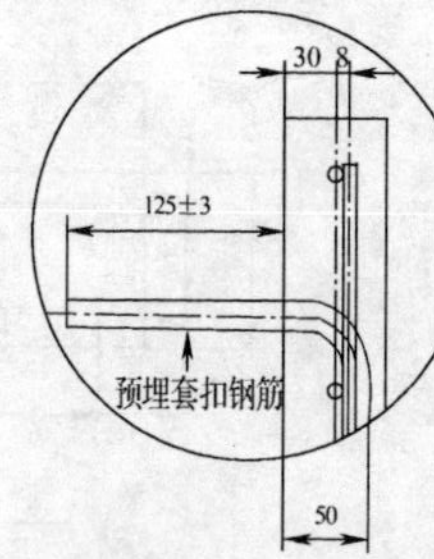

材料数量表

序号	材料名称	规格	形式	长度(m)	数量	质量/体积	总质量(kg)
1	钢筋	N2Φ8 Q235-A 光面钢筋	960	1.06	5	2.091kg	92.6
2	钢筋	N2Φ8 Q235-A 光面钢筋	560	0.66	6	1.562kg	
3	预埋套扣钢筋	Φ16 Q235-A 光面钢筋	—	—	4	2.508kg	
3	混凝土	C25	—	—	—	$0.036m^3$	

注：1.钢筋及预埋套扣钢筋采用绑扎。

2.标牌表面均喷涂黄色，并按图示尺寸喷涂黑字（黑体）及边框。

3.预埋套扣钢筋见专线设(05)8043-6。

设计	胡金培	铁路线路安全保护区标桩	图号	专线设(05)8043-4
复核	裴爱华	B型标桩标牌	比例	1:10
			日期	2005. 2

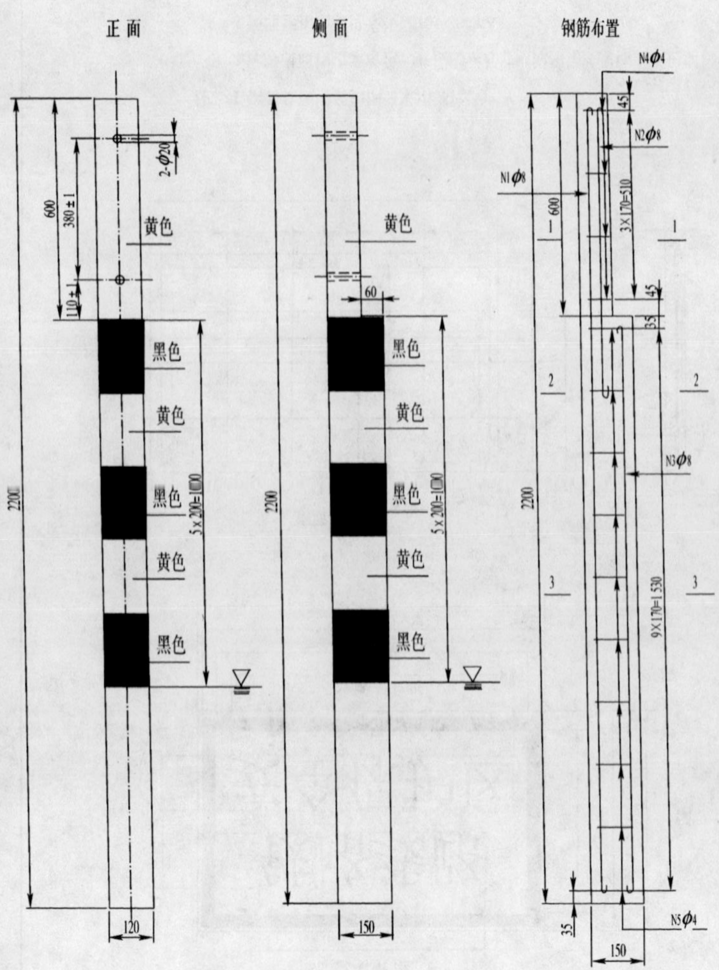

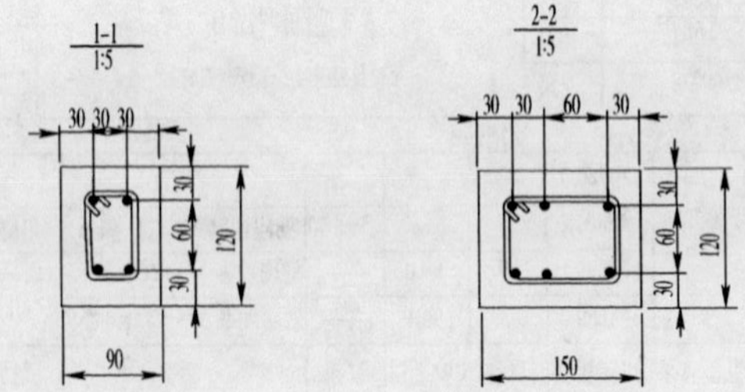

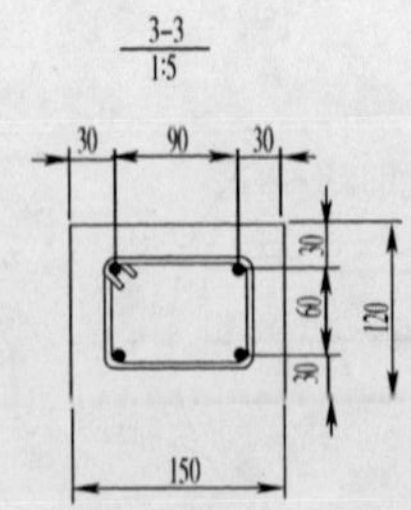

注：

1. 钢筋采用绑扎；

2. 立柱顶端600mm长度范围内表面均喷涂黄色，其他范围表面按图示尺寸分别喷涂黄、黑色。

材料数量表

序号	材料名称	规格	形式	长度(m)	数量	质量/体积	总质量(kg)
1	钢筋	N1φ8 Q235-A 光面钢筋	2160	2.260	2	1.783kg	90.8
2		N2φ8 Q235-A 光面钢筋	850	0.95	2	0.75kg	
3		N3φ8 Q235-A 光面钢筋	1560	1.66	2	1.310kg	
4		N4φ4 Q235-A 光面钢筋		0.284	4	0.112kg	
5		N5φ4 Q235-A 光面钢筋	110	0.404	10	0.399kg	
6	混凝土	C25	—	—	—	$0.036m^3$	

设计	孙井林	铁路线路安全保护区标桩	图号	专线设(05)8043-5
复核	裴爱华	B型标桩立柱	比例	1:10
			日期	2005.2

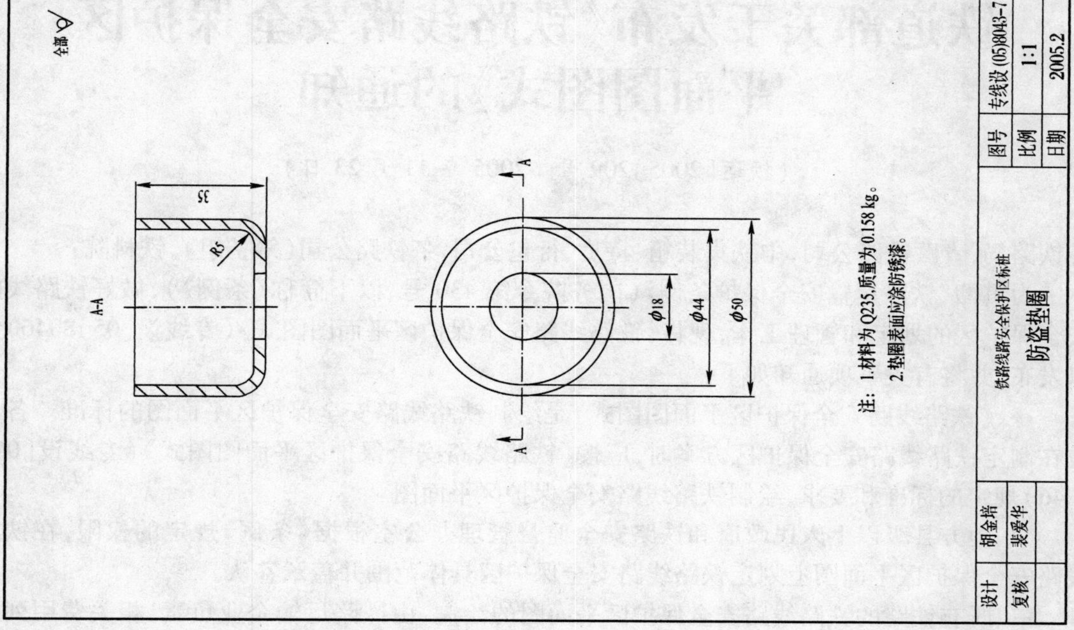

全部
A-A
35
R5
A
φ18
φ44
φ50
注：1.材料为Q235,质量为0.158 kg。
2.垫圈表面应涂防锈漆。
铁路线路安全保护区标桩
防盗垫圈
设计 胡金锫
复核 裴爱华
图号 专线设(05)8043-7
比例 1:1
日期 2005.2

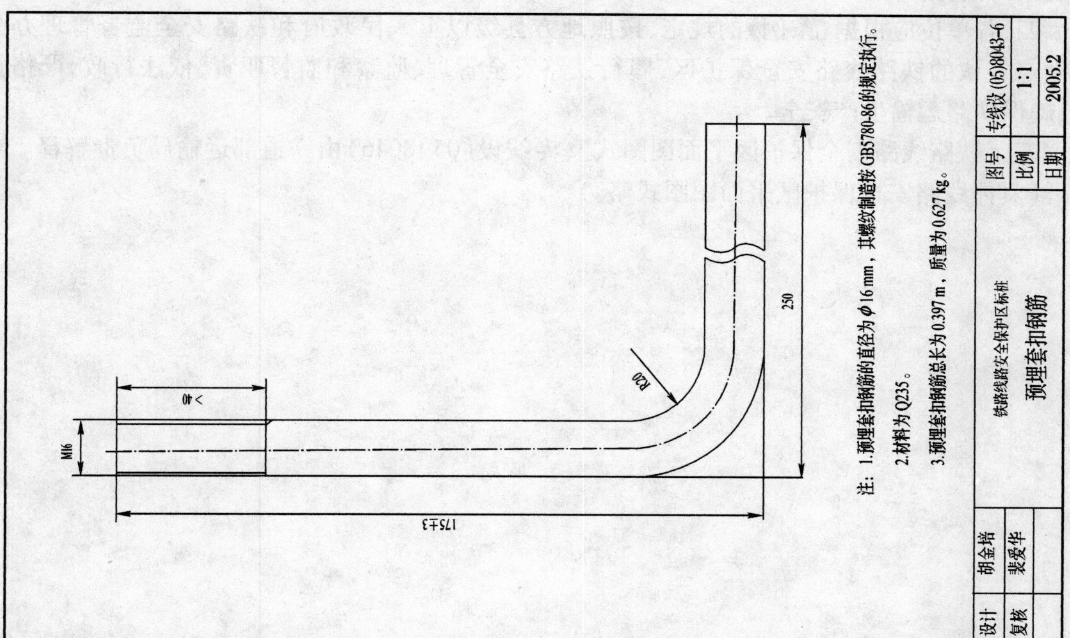

M16
>40
175±3
R30
250
注：1.预埋套扣钢筋的直径为φ16 mm，其螺纹制造按GB5780-86的规定执行。
2.材料为Q235。
3.预埋套扣钢筋总长为0.397 m，质量为0.627 kg。
铁路线路安全保护区标桩
预埋套扣钢筋
设计 胡金锫
复核 裴爱华
图号 专线设(05)8043-6
比例 1:1
日期 2005.2

铁道部关于发布《铁路线路安全保护区平面图图式》的通知

（铁运〔2005〕209号　2005年11月23日）

各铁路局，青藏铁路公司，中铁集装箱、特货、行包公司，各铁路公司（筹备组），铁科院：

为贯彻《铁路运输安全保护条例》（国务院令第430号，以下简称《条例》），做好铁路线路安全保护区的划定和管理工作，现将《铁路线路安全保护区平面图图式》（专线设〔05〕8046）予以发布，并将有关事项通知如下：

一、《铁路线路安全保护区平面图图式》是绘制铁路线路安全保护区平面图的标准。各单位在制定铁路线路安全保护区方案时，应按《铁路线路安全保护区平面图图式》（专线设〔05〕8046）规定的标准和要求，绘制铁路线路安全保护区平面图。

二、地方县级以上人民政府和铁路安全监督管理办公室根据《条例》规定的权限，在铁路线路安全保护区平面图上划定铁路线路安全保护区具体范围并盖章签认。

三、既有铁路的铁路线路安全保护区平面图的绘制，由铁路运输企业负责，相关费用列入运营成本；新建工程的铁路线路安全保护区平面图绘制工作，由建设单位负责，相关费用纳入建设项目概算。

四、各单位应根据《条例》的规定，按照地方县级以上人民政府和铁路安全监督管理办公室划定签认的铁路线路安全保护区，履行铁路安全管理、监察和监督职责，依法行政，严格执法，确保铁路运输生产安全。

五、《铁路线路安全保护区平面图图式》（专线设〔05〕8046）由铁道部运输局负责解释。

（具体线路安全保护区平面图图式略。）

铁路线路安全保护区平面图图式

图号 专线设(05)8046

中铁工程设计咨询集团有限公司

2005年 北京

1

铁路线路安全保护区平面图图式

图号 专线设(05)8046

设计负责人	冉蕾
所技术负责人	王玉
院总工程师	许有全
公司总工程师	陈红

目 录

设计说明

1.本图式根据国务院令第430号《铁路运输安全保护条例》的规定设计。

2.本图式是绘制“铁路线路安全保护区平面图”的标准模式；适用于制定铁路线路安全保护区方案以及县级以上人民政府、铁路安全监督管理办公室对铁路线路安全保护区的划定和签认。

3.“铁路线路安全保护区平面图”由铁路运输企业负责按本图式标准绘制。

4.县级以上人民政府和铁路安全监督管理办公室划定铁路线路安全保护区后，在铁路运输企业绘制的“铁路线路安全保护区平面图”图标处签章确认。

绘制者	冉蕾	铁路线路安全保护区平面图图式 目录及设计说明	图号	专线设(05)8046-1
复核者	王羽杰		比例	——
			日期	2005.11

中华人民共和国铁道部令

(第27号)

《违反〈铁路运输安全保护条例〉行政处罚实施办法》已经2005年12月29日铁道部部长办公会议通过,现予公布,自2006年2月1日起实施。

部长　刘志军

2006年1月4日

违反《铁路运输安全保护条例》行政处罚实施办法

第一章　总　　则

第一条　为了规范铁路运输安全行政处罚行为,保障铁路执法人员正确履行职责,保护行政处罚相对人的合法权益,根据《中华人民共和国行政处罚法》、《铁路运输安全保护条例》(以下简称《条例》)等法律、行政法规,制定本办法。

第二条　铁道部及其设立的铁路管理机构(即××铁路安全监督管理办公室,以下称铁路管理机构)依据本办法对违反《铁路运输安全保护条例》的行为实施行政处罚。

公安机关及其他行政机关依法履行与保护铁路运输安全有关的行政处罚职责时,依据相关法律法规和规章办理。

第三条　铁道部和铁路管理机构实施行政处罚,遵循合法、公正、公开的原则。

实施行政处罚应当以事实为依据,与违法行为的性质、情节以及社会危害程度相当。

没有法定依据或不遵守法定程序的,行政处罚无效。

第四条　铁路运输安全行政执法人员应具备铁道部规定的执法人员资格条件,经培训合格,取得铁道部统一颁发的"中华人民共和国铁路运输安全执法证",实行持证上岗。在实施行政处罚时,执法人员应当出示执法证件。

第五条　公民、法人或其他组织对铁道部或铁路管理机构给予的行政处罚,享有陈述权、申辩权。

第六条　公民、法人或其他组织因违法受到行政处罚,其违法行为对他人造成损害的,应当依法承担民事责任。

违法行为构成犯罪的,应当依法追究刑事责任,不得以行政处罚代替刑事处罚。

第二章　行政处罚的管辖、种类与适用

第七条　铁路运输安全行政处罚由铁路管理机构实施的，一般由违法行为发生地的铁路管理机构管辖。违法行为发现地管辖更为合适的，也可由发现地铁路管理机构管辖，但应与发生地铁路管理机构协商一致。铁路管理机构之间对管辖权有争议的，应当报请铁道部指定管辖。

直接向铁道部举报、控告的案件，由铁道部依法决定管辖机关。

第八条　本办法适用的行政处罚种类包括：警告、罚款、责令改正、责令限期拆除。

第九条　对单位或个人的同一个违法行为，不得给予两次以上罚款的行政处罚。

第十条　不满十四周岁的人有违法行为的，不予处罚，但是应当责令其监护人严加管教；已满十四周岁不满十八周岁的人有违法行为的，从轻或者减轻行政处罚。

精神病人在不能辨认或者不能控制自己行为时有违法行为的，不予处罚，但应当责令其监护人严加看管和治疗。间歇性精神病人在精神正常时有违法行为的，应当给予行政处罚。尚未完全丧失辨认或者控制自己行为能力的精神病人有违法行为的，应当予以处罚，但可以从轻或者减轻处罚。

第十一条　当事人有下列情形之一的，应当依法从轻或者减轻处罚：

（一）主动消除或者减轻违法行为的危害后果的；

（二）受他人胁迫有铁路运输安全违法行为的；

（三）配合铁道部或铁路管理机构查处危害铁路运输安全行为立功表现的；

（四）其他依法应予从轻或者减轻处罚的。

违法行为轻微并及时纠正，没有造成危害后果的，不予处罚。

第十二条　当事人有下列情形之一的，应当依法从重处罚：

违法行为情节恶劣的；

违法行为危害后果严重的；

当事人因违反《铁路运输安全保护条例》曾被行政处罚的；

隐匿、销毁或伪造证据的；

对举报人、控告人、证人打击报复的；

拒绝或阻碍执法人员依法履行职责的；

在共同违法行为中起主导作用的；

其他依法应当从重处罚的。

第十三条　违法行为在 2 年内未被发现的，不再给予行政处罚。法律另有规定的除外。

前款规定的期限，从违法行为发生之日起计算，违法行为有连续或者继续状态的，从行为终了之日起计算。

第三章　对违法行为的行政处罚

第十四条　违反《条例》第十一条规定，由铁路管理机构依照《条例》第七十条规定，责令改正，给予警告，有下列情节、危害后果的，可以并处相应罚款：

（一）违法行为情节严重并危及铁路运输安全的，对单位并处 5 000 元以上 2 万元以下罚款，对个人并处 200 元以上 1 000 元以下罚款；

(二)违法行为情节特别严重并造成危害铁路运输安全后果的,对单位并处2万元以上5万元以下罚款,对个人并处1 000元以上2 000元以下的罚款。

第十五条 违反《条例》第十四条规定,由铁道部或铁路管理机构依照《条例》第七十一条规定,责令改正,并视情节、危害后果给予相应罚款,对国家铁路运输企业的处罚由铁道部实施,对其他单位和个人的处罚由铁道部或者铁路管理机构实施:

(一)违法行为情节较轻且未造成危及铁路运输安全后果的,处以5 000元以上1万元以下的罚款;

(二)违法行为情节严重且直接危及铁路运输安全,尚未造成后果的,处以1万元以上3万元以下罚款;

(三)违法行为情节特别严重且造成危害铁路运输安全后果的,处3万元以上5万元以下的罚款。

第十六条 违反《条例》第十七条规定,由铁路管理机构依照《条例》第七十四条规定,责令限期拆除,逾期不拆除的,依法申请人民法院强制拆除,并视情节、危害后果给予相应罚款:

(一)违法行为情节较轻且未造成危及铁路运输安全后果的,对单位处以2万元以上5万元以下的罚款,对个人处以1万元以上3万元以下罚款;

(二)违法行为情节严重且直接危及铁路运输安全,尚未造成后果的,对单位处以5万元以上10万元以下的罚款,对个人处以3万元以上5万元以下罚款。

(三)违法行为情节特别严重且造成危害铁路运输安全后果的,对单位处以10万元以上20万元以下的罚款,对个人处以5万元以上10万元以下罚款。

第十七条 违反《条例》第十八条规定从事采石及爆破作业的,由铁路管理机构依照《条例》第七十五条规定责令改正,并视情节、危害后果给予相应罚款:

(一)违法行为情节较轻且未造成危及铁路运输安全后果的,处以2万元以上3万元以下的罚款;

(二)违法行为情节严重且直接危及铁路运输安全,尚未造成后果的,处以3万元以上5万元以下的罚款。

(三)违法行为情节特别严重且造成危害铁路运输安全后果的,处以5万元以上10万元以下的罚款。

第十八条 违反《条例》第十九条规定,道路、铁路两用桥所在地铁路运输企业未履行对桥梁的定期检查、维护义务,致使桥梁处于不安全的技术状态的,由铁路管理机构依照《条例》第七十六条规定责令改正。

第十九条 违反《条例》第二十三条规定,建设单位违反国家有关规定,或者应当与铁路运输企业协商而未协商的,由铁路管理机构依照《条例》第七十八条责令改正,可视情节、危害后果给予相应罚款:

(一)违法行为情节较轻且未造成危及铁路运输安全后果的,处以2万元以上3万元以下罚款;

(二)违法行为情节严重且直接危及铁路运输安全,尚未造成后果的,处以3万元以上5万元以下罚款;

(三)违法行为情节特别严重且造成危害铁路运输安全后果的,处以5万元以上10万元以下罚款。

第二十条 违反《条例》第二十三条规定,工程施工单位未遵守铁路施工安全规范,工程项目设计、施工作业方案未通报铁路运输企业以及铁路运输企业应当派员而未派员对施工现场实行安全监督的，由铁道部依照《条例》第七十八条责令改正，可视情节、危害后果给予相应罚款：

（一）违法行为情节较轻且未造成危及铁路运输安全后果的，处以2万元以上3万元以下罚款；

（二）违法行为情节严重且直接危及铁路运输安全，尚未造成后果的，处以3万元以上5万元以下罚款；

（三）违法行为情节特别严重且造成危害铁路运输安全后果的，处以5万元以上10万元以下罚款。

第二十一条　违反《条例》第二十三条规定，铁路线路安全保护区内已铺设的油气管线，及邻近电气化铁路铺设的通信线路，存在安全隐患而未采取必要的安全措施的，由铁道部或者铁路管理机构依照《条例》第七十八条责令改正，可视情节、危害后果给予相应罚款：

（一）违法行为情节较轻且未造成危及铁路运输安全后果的，处以2万元以上3万元以下罚款；

（二）违法行为情节严重且直接危及铁路运输安全，尚未造成后果的，处以3万元以上5万元以下罚款；

（三）违法行为情节特别严重且造成危害铁路运输安全后果的，处以5万元以上10万元以下罚款。

第二十二条　违反《条例》第二十四条第二款规定，铁路运输企业未设置、维护桥区航标中的桥梁标、桥柱标、桥梁水尺标以及未设置水面航标的，由铁道部依照《条例》第七十九条规定，责令改正。

第二十三条　违反《条例》第二十五条第三款的规定，由铁路管理机构依照《条例》第八十条第二款规定，责令改正，处1 000元以上5 000元以下的罚款。

第二十四条　违反《条例》第二十六条规定，道路经营企业未设置安全防护设施的，由铁路管理机构依照《条例》第八十一条第一款规定，责令改正，视情节、危害后果给予相应罚款：

（一）违法行为情节较轻且未造成危及铁路运输安全后果的，处以1万元以上3万元以下罚款；

（二）违法行为情节严重且直接危及铁路运输安全，尚未造成后果的，处以3万元以上5万元以下罚款；

（三）违法行为情节特别严重且造成危害铁路运输安全后果的，处以5万元以上10万元以下罚款。

第二十五条　违反《条例》第三十一条规定，铁路运输企业未设置、维护道口警示灯、安全防护设施的，由铁路管理机构依照《条例》第八十三条规定，责令改正，对直接负责的主管人员和其他直接责任人员处500元以上5 000元以下的罚款。

第二十六条　违反《条例》第三十二、三十三条规定，由铁路管理机构依照《条例》第八十四条规定，处500元以上5 000元以下的罚款。

第二十七条　违反《条例》第三十四条规定，由铁道部依照《条例》第八十五条规定责令铁路运输企业改正，处1 000元以上1万元以下的罚款。

第二十八条　违反《条例》第三十六条规定，由铁道部依照《条例》第八十六条规定责令改正，并视情节、危害后果给予相应罚款：

（一）违法行为情节较轻且未造成危及铁路运输安全后果的，处以2万元以上5万元以下

的罚款;

(二)违法行为情节严重且直接危及铁路运输安全,尚未造成后果的,处以5万元以上10万元以下的罚款;

(三)违法行为情节特别严重且造成危害铁路运输安全后果的,处以10万元以上20万元以下的罚款。

第二十九条 违反《条例》第三十八条规定,由铁道部依照《条例》第八十七条规定,责令改正,并视情节、危害后果给予相应罚款:

(一)违法行为情节较轻且未造成危及铁路运输安全后果的,处以2万以上5万以下的罚款;

(二)违法行为情节严重且直接危及铁路运输安全,尚未造成后果的,处以5万以上10万以下的罚款;

(三)违法行为情节特别严重且造成危害铁路运输安全后果的,处以10万以上20万以下的罚款。

第三十条 违反《条例》第四十条规定,由铁道部或者铁路管理机构依照《条例》第八十九条规定,责令改正,并视情节和后果给予相应的罚款,对国家铁路运输企业的行政处罚由铁道部实施,对其他责任单位或个人的行政处罚由铁路管理机构实施:

(一)不符合国家有关技术标准和规范,情节较轻且未造成危及铁路运输安全后果的,处以1万元以上5万元以下罚款;

(二)严重不符合国家有关技术标准和规范,情况较重且造成危害铁路运输安全后果的,处以5万元以上10万元以下罚款。

第三十一条 违反《条例》第四十八条规定,铁路运输托运人托运货物、行李、包裹时匿报、谎报货物品名、性质,匿报、谎报货物重量或者装车、装箱超过规定重量,或者有其他危及铁路运输安全的行为的,由铁路管理机构依照《条例》第九十一条规定,视情节、危害后果给予相应罚款:

(一)违法行为情节严重且危及铁路运输安全的,尚未造成后果的,处以1 000元以上5 000元以下罚款;

(二)违法行为特别严重且造成危害铁路运输安全后果的,处以5 000元以上1万元以下罚款。

第三十二条 违反《条例》第四十八条规定,在普通货物中夹带危险货物,或者在危险货物中夹带禁止配装的货物的,由铁路管理机构依照《条例》第九十一条规定,视情节、危害后果给予相应罚款:

(一)违法行为情节较轻且未造成危及铁路运输安全后果的,处以5 000元以上1万以下的罚款;

(二)违法行为情节严重且直接危及铁路运输安全,尚未造成后果的,处以1万以上3万以下的罚款;

(三)违法行为情节特别严重且造成危害铁路运输安全后果的,处以3万以上5万以下的罚款。

第三十三条 违反《条例》第四十九条规定,由铁道部依照《条例》第九十二条规定,视情节、危害后果给予相应罚款:

(一)违法行为情节较轻且未造成危及铁路运输安全后果的,处以2万元以上3万元以下罚款;

(二)违法行为情节严重且直接危及铁路运输安全,尚未造成后果的,处以 3 万元以上 5 万元以下罚款;

(三)违法行为情节特别严重且造成危害铁路运输安全后果的,处以 5 万元以上 10 万元以下罚款。

第三十四条 违反《条例》第五十二条规定,由铁道部或铁路管理机构依照《条例》第九十三条规定,视情节、危害后果给予相应罚款,对国家铁路运输企业的处罚由铁道部实施,对其他危险货物托运人、承运人的处罚由铁路管理机构实施:

(一)违法行为情节较轻且未造成危及铁路运输安全后果的,处以 2 万元以上 3 万元以下罚款;

(二)违法行为情节严重且直接危及铁路运输安全,尚未造成后果的,处以 3 万元以上 5 万元以下罚款;

(三)违法行为情节特别严重且造成危害铁路运输安全后果的,处以 5 万元以上 10 万元以下罚款。

第三十五条 违反《条例》第五十四条规定,由铁道部或铁路管理机构依照《条例》第九十四条规定,视情节、危害后果给予相应罚款。对国家铁路运输企业的处罚由铁道部实施,对其他承运人的处罚由铁路管理机构实施:

(一)违法行为情节较轻且未造成危及铁路运输安全后果的,处以 2 万元以上 3 万元以下的罚款;

(二)违法行为情节严重且直接危及铁路运输安全,尚未造成后果的,处以 3 万元以上 5 万元以下的罚款;

(三)违法行为情节特别严重且造成危害铁路运输安全后果的,处以 5 万元以上 10 万元以下的罚款。

第三十六条 违反《条例》第五十七条、第五十八条规定,由铁道部或铁路管理机构依照《条例》第九十六条规定,视情节、危害后果给予相应罚款,对国家铁路运输企业的行政处罚由铁道部实施,对其他承运人、托运人的行政处罚由铁路管理机构实施:

(一)违法行为情节较轻且未造成危及铁路运输安全后果的,处以 2 万元以上 3 万元以下罚款;

(二)违法行为情节严重且直接危及铁路运输安全,尚未造成后果的,处以 3 万元以上 5 万元以下罚款;

(三)违法行为情节特别严重且造成危害铁路运输安全后果的,处以 5 万元以上 10 万元以下的罚款。

第三十七条 公民、法人或者其他组织违反《铁路运输安全保护条例》中有关行政许可规定的,由该项行政许可实施主体依法给予行政处罚。具体处罚的行为、种类和幅度按本办法和铁道部有关行政许可的规定办理。

第三十八条 上述违法行为涉嫌犯罪的,办理单位应将案件移送司法机关,依法追究刑事责任。

第四章 行政处罚程序

第三十九条 铁道部或者铁路管理机构发现违反《铁路运输安全保护条例》的事实和行

为人,认为需要受案的,应当按照本办法规定的管辖范围予以受案。

第四十条 铁道部或者铁路管理机构监督检查部门对已受案的涉嫌违法行为,必须全面、客观、公正地调查,收集有关证据。

第四十一条 铁路运输安全执法人员在调查、收集证据时,应当遵守下列规定:

(一)不得少于两人;

(二)询问证人和当事人,应当分别进行,并告知其做伪证的法律责任;《询问笔录》须经被询问人阅核后,由询问人和被询问人签名,被询问人拒绝签名的,由询问人在询问笔录上注明情况;

(三)对与案件有关的物品或者现场进行勘验检查时,应当通知当事人到场,制作《勘验检查笔录》,当事人拒不到场的,可请在场的其他人员见证;

(四)对需要采取抽样调查的,应当制作《抽样取证凭证》,需要妥善保管的应当妥善保管,需要退回的应当退回;

(五)对涉及专门性问题的,应当指派或者聘请有专业知识和技术能力的部门和人员进行鉴定;

(六)在证据可能灭失或者以后难以取得的情况下,可以先行登记保存,制作《证据登记保存清单》,并应当在七日内对先行登记保存的证据作出处理决定。

第四十二条 当事人认为执法人员与本案有利害关系或者有其他关系可能影响公正执法的,有权申请执法人员回避。

执法人员认为自己与本案有利害关系或者有其他关系的,应当申请回避。

执法人员的回避由所在部门负责人决定,部门负责人的回避由所在机关负责人决定。

第四十三条 案件调查终结后,执法人员认为案件事实清楚,主要证据齐全,应当制作《案件调查报告》,对案件提出处理意见,报所属部门负责人审查。涉及多部门业务管理事项的,应当分送有关部门联审。涉及行政许可事项的,应当送行政许可审查部门审查。对重大、疑难案件调查情况,应向铁道部有关部门报告。

因案情性质发生变化或者客观原因导致调查工作不需要或无法继续开展的,可以作出《终止调查决定书》,并送达相关当事人和举报人、控告人。

第四十四条 《案件调查报告》经有关部门负责人审查后,认为应当给予行政处罚的,执法人员应制作《行政处罚告知笔录》,送达被告知人,告知拟做出行政处罚的事实、理由及依据。并告知其享有陈述、申辩及依法要求举行听证的权利。逾期未提出的,视为放弃。

第四十五条 有权执法部门应当充分听取当事人的陈述和申辩,对当事人提出的事实、理由和证据,应当进行复核;当事人提出的事实、理由和证据成立的,应当予以采纳。

有权执法部门不得因当事人陈述或者申辩而加重处罚。

第四十六条 有权执法部门在作出较大数额罚款、责令限期拆除等行政处罚决定之前,应当告知当事人有要求举行听证的权利;当事人要求听证的,案件办理人员应向铁道部或铁路管理机构主管负责人报告,由法制工作部门组织听证。听证程序按有关法律、行政法规的规定执行。

第四十七条 铁道部、铁路管理机构根据案件的不同情况,分别作出如下处理决定:

(一)确有违法行为,应当给予行政处罚的,根据情节和危害后果的轻重,作出行政处罚决定;

(二)违法行为轻微,依法可以不予行政处罚的,不予行政处罚;

(三)违法事实不成立的,不得给予行政处罚;

（四）违法行为涉嫌犯罪的，移送司法机关。

第四十八条 有权执法部门依据本办法制作《行政处罚决定书》。《行政处罚决定书》应当载明下列事项：

（一）当事人的姓名或名称、住址或地址；

（二）违法行为的事实和证据；

（三）行政处罚的种类和依据；

（四）行政处罚的履行方式和期限；

（五）不服行政处罚决定，申请行政复议或者行政诉讼的途径和期限；

（六）作出行政处罚决定的机关名称和作出决定的日期。

行政处罚决定书应当加盖作出行政处罚决定机关的行政处罚专用印章。

第四十九条 有权执法部门负责送达行政处罚决定书。行政处罚决定书应当在宣布后当场交付当事人，当事人拒绝签收的，送达人员应当在送达回执上注明；当事人不在场的，铁道部或铁路管理机构应当在七日内依照民事诉讼法有关送达的规定，将行政处罚决定书送达当事人。当事人在收到行政处罚决定书后，应在行政处罚决定书送达回执上注明收到日期、签名或盖章。

第五十条 铁路行政执法人员收缴罚款时，应当出具由财政部统一制作的罚款收据。处罚和罚款收缴应当分离，罚款所得的款项，必须按照有关规定上缴，任何单位和个人不得截留、私分或者变相私分。具体收缴办法由铁道部另行规定。

第五十一条 铁路行政处罚案件自受案之日起，一般应当在三十日内办理完毕；由于客观原因不能完成的，经有权执法部门负责人同意，可以延长，但不得超过六十日；特殊情况需进一步延长的，应当经铁道部或铁路管理机构负责人批准，可延长至九十日。

第五十二条 行政处罚决定作出后，当事人应当在行政处罚决定的期限内履行。

当事人对行政处罚决定不服，申请行政复议或者提起行政诉讼的，行政处罚不停止执行，法律、行政法规另有规定的除外。

第五十三条 当事人逾期不履行行政处罚决定的，铁道部或铁路管理机构可以采取下列措施：

（一）到期不缴纳罚款的，每日按罚款数额的百分之三加处罚款；

（二）申请人民法院强制执行。

第五十四条 当事人确有经济困难，需要延期或者分期缴纳罚款的，由当事人提出申请并经铁道部或铁路管理机构批准，可以暂缓或者分期缴纳。

第五十五条 铁路管理机构对单位和个人作出较大数额罚款、责令限期拆除等行政处罚决定的，应当自作出行政处罚决定书之日起七日内报铁道部备案。

第五十六条 行政处罚决定执行完毕后，有权执法部门应当将下列案件材料立卷归档：

（一）受案登记表；

（二）证据材料；

（三）裁决文书；

（四）在办理案件中形成的其他重要文件。

第五十七条 依照本办法给予单处警告或责令改正行政处罚的，可以适用《中华人民共和国行政处罚法》规定的简易程序，并以书面形式向当事人宣布并送达。

第五章 执法监督

第五十八条 铁道部、铁路管理机构应当建立行政处罚责任追究制度,对违法实施行政处罚的责任人实行责任追究。

第五十九条 监察机关负责检查执法部门和执法人员实施行政处罚情况,受理对有权执法部门和执法人员的控告、检举并依法进行调查处理有关的违反行政纪律的行为。法制工作部门负责对执法部门和执法人员执行法律法规情况进行监督检查。安全监察部门、人事部门负责执法人员日常管理和培训,有权要求不符合执法资格的人员停止执法工作。

第六十条 公民、法人或者其他组织认为铁道部、铁路管理机构的行政处罚侵害其合法权益,有权依照《中华人民共和国行政复议法》向铁道部法制工作部门申请复议。铁道部法制工作部门对铁路管理机构违法或者不适当的行政处罚有权予以纠正。

第六十一条 公民、法人或者其他组织认为铁道部、铁路管理机构的行政处罚侵害其合法权益,有权依照《中华人民共和国行政诉讼法》,向人民法院提起行政诉讼,铁道部、铁路管理机构的法制工作部门负责组织有关职能部门参与应诉。

第六十二条 铁道部或铁路管理机构实施行政处罚,有下列情形之一的,可以对案件承办人以及相关负责人依法给予行政处分:

(一)超越法定权限的;

(二)违反法定程序和期限的;

(三)适用法律、法规、规章错误的;

(四)擅自改变法律、法规、规章规定的处罚种类、幅度的;

(五)处理结果显失公正或没有法定依据的;

(六)所办案件认定事实不清,主要依据不足的;

(七)违法实行强制措施、检查措施或执行措施,给当事人造成损失的;

(八)滥用职权,违法执法,侵害当事人合法权益的;

(九)玩忽职守,不履行法定职责,执法不严,违法不究的;

(十)行政执法中索取、收受他人财物,谋取其他利益或者截留、私分罚没财物,使用、损毁扣押、查封、登记保存财物的;

(十一)其他行政执法中的违法行为。

上述行为构成犯罪的,依法移送司法机关追究刑事责任。

第六十三条 铁道部或铁路管理机构违法实施行政处罚,给公民人身或财产造成损害、给单位造成财产损失的,应当依法予以赔偿。

第六章 附 则

第六十四条 本办法所称"较大数额罚款",是指对个人处以5000元以上罚款,对单位处以5万元以上的罚款。

第六十五条 本办法所规定的法律文书格式,由铁道部统一制定。

第六十六条 本办法由铁道部负责解释。

第六十七条 本办法自2006年2月1日起施行。

铁道部关于启用新修订的铁路用地管理台账的通知

（铁运函〔2006〕199号　2006年3月16日）

各铁路局，各专业运输公司，铁科院：

现将新修订的铁路用地管理台账印发给你们，并就相关事项通知如下：

一、新修订的铁路用地管理台账于发布之日启用。铁道部《关于建立铁路用地管理台账的通知》（铁运函〔2005〕9号）同时废止。

二、新修订的铁路用地管理台账由基础台账、专业台账和台账总表组成。

基础台账分《铁路用地管理台账（区间线路）》（台账基—1）、《铁路用地管理台账（车站）》（台账基—2）、《铁路用地管理台账（地区及独立地块）》（台账基—3）；

专业台账分《〈国有土地使用证〉台账》（台账专—1）、《未登记领证铁路用地台账》（台账专—2）、《铁路用地管理人员台账》（台账专—3）、《铁路用地档案资料台账》（台账专—4）、《铁路用地档案资料借阅登记台账》（台账专—5）、《铁路用地被占用情况台账》（台账专—6）、《临时租借铁路用地登记台账》（台账专—7）、《铁路用地资产处置情况登记表》（台账专—8）、《铁路改制企业土地情况登记表》（台账专—9）；

台账总表分《铁路用地管理台账总表（一）》（台账表—1）、《铁路用地管理台账总表（二）》（台账表—2）、《铁路用地管理台账总表（三）》（台账表—3）。

三、按照领导负责、部门负责、专业负责、逐级负责的要求，抓紧建立和完善铁路用地管理台账规范化、制度化的长效机制。各铁路局、专业运输公司可在部定台账的基础上，制定适合本局特点的铁路用地管理台账，但不得减少或变更部定台账。

四、铁路用地管理机构必须把建立和完善铁路用地管理台账，作为加强铁路用地管理基础工作的一项重要和紧迫任务抓紧抓好。目前要根据新修订的铁路用地管理台账的变化和要求，在组织有关人员认真学习和弄懂弄通的基础上，做好铁路用地管理台账登记和新老台账衔接及数据转录工作，保证铁路用地管理台账的准确性、完整性和现势性。

五、《铁路用地管理统计软件》已将铁路用地管理台账纳入其中。为保证新修订的铁路用地管理台账规范应用，对《铁路用地管理统计软件》进行了升级。各单位应根据统一部署，在铁路用地管理台账登记和管理中，做好新版《铁路用地管理统计软件》的运用工作。

六、确保在今年10月底前完成新台账的建立工作。铁道部拟于11月组织检查，检查结果在全路通报。

七、启用铁路用地管理台账过程中遇到的问题，请及时向部运输局反映。

附件1:

铁路用地管理台账填写说明

一、铁路用地管理台账分类

铁路用地管理台账分为基础台账、专业台账和台账总表。

(一)基础台账——按铁路用地管理单元分为《铁路用地管理台账》(区间线路)(台账基—1)、《铁路用地管理台账(车站)》(台账基—2)、《铁路用地管理台账(地区及独立地块)》(台账基—3)。

(二)专业台账——按铁路用地管理业务内容分《〈国有土地使用证〉台账》(台账专—1)、《未登记领证铁路用地台账》(台账专—2)、《铁路用地管理人员台账》(台账专—3)、《铁路用地档案资料台账》(台账专—4)、《铁路用地档案资料借阅登记台账》(台账专—5)、《铁路用地被占用情况台账》(台账专—6)、《临时租借铁路用地登记台账》(台账专—7)、《铁路用地资产处置情况登记表》(台账专—8)、《铁路企业改制土地情况登记表》(台账专—9)。

(三)台账总表—由《铁路用地管理台账总表(一)》(台账表—1)、《铁路用地管理台账总表(二)》(台账表—2)、《铁路用地管理台账总表(三)》(台账表—3)组成。

二、基础台账

(一)《铁路用地管理台账(区间线路)》(台账基—1)

本台账记载铁路区间范围内线路用地情况。区间内涉及两个以上县级行政区按县级行政区分台账记载。

1. 线路名称:为本台账所记载区间的铁路线路名;

2. 区间名称:为区间相邻两站间名称,一般填××(站)—××(站),特殊情况可按习惯称谓填写;

3. 起讫里程:为本台账记载区间线路起始和终到里程,一般为相邻两站间进站信号机的正线里程(信号机正线里程以工务设备台账确定的里程为准),特殊情况可为分界点与车站进站信号机间里程(分界点由填报单位根据实际情况确定);

4. 行政区划:为区间线路用地坐落的县级以上行政区名称;

5. 领证率:为已登记领证面积与用地总面积之比;

6. 宗地总数量:为区间线路用地已登记领证和未确权领证的宗地数量之和;

7. 领证宗地数量:为土地宗地总数中已登记领证的宗地数量;

8. 未领证宗地数量:为土地宗地总数中未登记领证的宗地数量;

9. 划拨宗地数量:为土地宗地总数中采用划拨方式取得土地使用权的宗地数量;

10. 非划拨宗地数量:为土地宗地总数中采用出让、作价(出资)入股、国家授权经营等方式取得土地使用权的宗地数量(不包括租赁);

11. 总面积:为区间线路用地的面积总数量;

12. 领证面积:为面积总数中已登记领证的土地面积数量;

13. 未领证面积:为面积总数中未登记领证的宗地面积数量;

14. 划拨用地面积:为面积总数中采用划拨方式取得土地使用权的面积数量;

15. 非划拨用地面积:为面积总数中采用出让、作价(出资)入股、国家授权经营等方式取得土地使用权的面积数量；

16. 线路里程：为地块相对应的线路起讫里程；

17. 行别：为多条线路并行时所具体指向的线路（如上行、下行等）；

18. 用地单位或地块名称：为现使用本地块的单位名称；预留用地或暂未确定使用单位的填地块名称；

19. 面积：为地块的面积数量；

20. 单位类别：为用地单位的类型如：车务、公安、多元企业等；

21. 地目：为铁路用地四个地类中的十六个地目；

22. 国有土地使用证号：为地块所在宗地的《国有土地使用证》的编号；如尚未领到《国有土地使用证》的填铁路未登记领证用地的编号；

23. 使用权类型：为取得土地使用权的方式，如划拨、出让等；

24. 被占：为被路外单位或个人非法占用地块数量及面积数量；

25. 纠纷：为存在土地使用权属争议的地块数量及面积数量；

26. 可调剂利用：为通过用途调整后可获得更大效益的地块数量及面积数量；

27. 备注：为附注或注解说明。

（二）《铁路用地管理台账（车站）》（台账基—2）

本台账记载车站范围内铁路用地情况。

1. 车站名称：为本台账记载的车站站名；

2. 线路名称：为车站所归属的铁路线路名；

3. 起讫里程：为车站两端进站信号机正线里程（信号机正线里程以工务设备台账确定的里程为准）；

4. 中心里程：为车站《站细》确定的中心里程；

5. 行政区划：为车站用地坐落的县级以上行政区名称，如车站用地涉及两个以上县级行政区的应并列填写；

6. 用地单位或地块名称：为车站站区范围内使用本地块的单位名称，预留用地或暂无法确定使用单位的填地块名称；

7. 其他项的填写与“台账基—1”相同。

（三）《铁路用地管理台账（地区及独立地块）》（台账基—3）

本台账记载区间线路用地、车站用地以外的铁路用地情况。

1. 宗地名称：为本台账记载的铁路用地名称；

2. 坐落：为本台账记载的铁路用地所在位置；

（1）线路名称——为所归属的铁路线路名称；

（2）线路里程——为对应的铁路线路正线里程（对应困难可不填）；

（3）行政区划——为所坐落的县级以上行政区名称；

3. 国有土地使用证号、使用权类型、终止日期、登记机关和填发时间，为《国有土地使用证》上的相关内容，未登记领证的不填；

4. 用地单位或地块名称：使用本地块的单位名称；预留用地或暂未确定使用单位的填地块名称；

5. 其他项填写与“台账基—1”相同。

三、专业台账

(一)《〈国有土地使用证〉台账》(台账专—1)

本台账记载已领取《国有土地使用证》的铁路用地情况。

1. 自“国有土地使用证号”至“填发时间”各项,按照《国有土地使用证》上的相关内容填写;

2. 初始登记时间:为第一次登记领取《国有土地使用证》的日期;

3. 宗地名称:为铁路用地的称谓;

4. 线路名称:为所归属的铁路线路名称;

5. 档案编码:为《国有土地使用证》归档的卷宗编号。

(二)《未登记领证铁路用地台账》(台账专—2)

本台账记载尚未登记领证的铁路用地情况。

1. 线路名称:为所归属的铁路线路名称;

2. 行政区划:为坐落的县级以上行政区名称;

3. 宗地名称:为铁路用地的称谓;

4. 土地编号:为未领证铁路用地的编号,编码方法为“未”字+“单位编码”+“顺序号”(单位编码暂按《铁路用地管理统计软件》的单位编码规则执行);

5. 坐落:为该宗地所在的具体位置;

6. 面积:为该宗地的面积数量;

7. 未登记领证原因:为未取得《国有土地使用证》的原由;

8. 档案编码:为本宗土地权属资料归档的卷宗编号。

(三)《铁路用地管理人员台账》(台账专—3)

本台账记载填制单位从事铁路用地管理人员的综合情况。

1. 职务:为人事干部部门下达的任职通知书上的职务名称;

2. 行政级别:为人事干部部门下达的任职通知书上的行政级别,一般填正处级、副处级、正科级、副科级、正股级、副股级、一般干部和其他;

3. 学历:为研究生、大学本科、大学专科、中等专科及高中以下;

4. 技术职称:为人事干部部门下达的任职通知书上的技术职称级次,为高级、中级或初级;

5. 职称系列:为人事干部部门下达的任职通知书上的技术职称类别,如工程、经济、档案、财会、政工及其他等;

6. 职责范围:为具体工作内容或范围,如监察、地籍、财务等;

7. 执法证号:为铁道部统一制发的铁路执法证件号码;

8. 律师/估价师:为通过专门考试取得的律师、估价师执业资格的人员数量,分律师、估价师和律师+估价师三种;

9. 专兼职及外聘:为专门从事或兼任铁路用地管理工作的人员数量;外聘为通过招聘临时协助从事铁路用地管理工作的人员数量。

(四)《铁路用地档案资料台账》(台账专—4)

本台账记载铁路用地管理机构自行保管的铁路用地档案资料的情况。

1. 档案编码:为铁路用地档案资料卷宗编号;

2. 档案名称:为铁路用地档案卷宗名称;

3. 数量:为卷宗内文件、图纸、照片等数量总和;

4. 密级:分为普通、秘密、机密或绝密;

5. 形成时间:为卷宗组卷归档时间;

6. 保管期限:铁路用地档案保存期限均为永久;

7. 保存地点:为用地档案存放地点及柜、箱、层号。

(五)《铁路用地档案资料借阅登记台账》(台账专—5)

本台账记载铁路用地档案资料借阅和利用情况。

1. 借阅日期:为借阅档案资料的年、月、日;

2. 借阅单位:为借阅档案资料的单位名称;

3. 借阅人:为借阅档案资料的人员姓名;

4. 借阅用途:为借阅档案资料的目的或理由;

5. 借阅案卷名称:为被借阅档案资料卷宗的名称;

6. 档案编码:为被借阅档案资料的卷宗编号;

7. 复印份数:为借阅时对档案卷宗原件进行复印的份数;

8. 批准人:为有批准权限并同意借阅的单位主要领导姓名;

9. 利用效益:为铁路用地档案资料提供利用后,预期可产生的经济效益数量;

10. 归还日期:为归还被借阅档案资料的具体年、月、日;

11. 档案员签认:为归还时档案管理员审核无误后的签名。

(六)《铁路用地被占用情况管理台账》(台账专—6)

本台账记载铁路用地被非法占用的详细情况。

1. 被占用地基本情况:

(1)区间名称、车站名称、宗地名称为被占铁路用地所坐落的区间、车站、宗地的称谓;

(2)用地单位或地块名称为被占铁路用地所在的铁路用地单位名称或地块名称(应与基础台账上的用地单位或地块名称相同);

(3)国有土地使用证号:为被占铁路用地所在宗地的《国有土地使用证》号码;如尚未领到《国有土地使用证》的填铁路未登记领证用地的编号;

2. 占用情况:

(1)占用者名称:为非法占用铁路用地的路外单位名称或个人姓名;

(2)占用面积:为被非法占用的铁路用地面积;

(3)占用时间:为非法侵占铁路用地的初始时间;

(4)占用理由:为非法侵占铁路用地的借口;

(5)占用用途:为非法侵占铁路用地的目的;

3. 处理方式:为诉讼、行政处理、补办手续或其他四种;

4. 收回面积:为通过不同的处理方式收回被非法侵占的铁路用地面积数量;

5. 待处理面积:为拟采用有效手段收回被非法侵占的铁路用地面积数量,既占用面积减收回面积之差。

(七)《临时租借铁路用地登记台账》(台账专—7)

本台账记载临时出租和出借铁路用地情况。

1. 租借用地单位名称:为临时租借铁路用地的单位名称或个人姓名;

2. 坐落:为临时租借铁路用地所在的区间、车站或地区及独立地块名称;

3. 地块名称:为临时租借铁路用地的地块名称;

4. 地目:为铁路用地四个地类中的十六个地目;

5. 租借用途:为临时租借铁路用地的目的;

6. 面积:为临时租借铁路用地的数量;

7. 协议书号码:为与借用方或承租方所签订租借协议书编号;

8. 期限:为租借铁路用地的起止时间;

9. 协议金额

(1)单价:为临时租借铁路用地协议书上确定的每月每平方米的价格;

(2)应收金额:为临时租借铁路用地协议书上确定的总金额;

10. 收款情况

(1)往年已收金额:为跨年度临时租借铁路用地且租借协议书约定分期付款的,上年度已收取的金额数量;

(2)本年收款金额:为当年履行租借协议书所收取的金额数量;

(3)未收金额:为依据租借协议书尚未收取的金额数量;

11. 收费性质:一般分为租金、管理费、行政事业性收费、它项权利补偿和其他;

(1)租金:为出租铁路用地所取得的收入;

(2)管理费:为根据政府有关规定收取的土地管理费用;

(3)行政事业性收费:为依据政府批准的行政事业性收费许可所收取的相关费用;

(4)他项权利补偿:为经批准路外单位与个人在铁路用地上设定土地他项权利后给予的补偿费用;

(5)其他:除以上四种情况以外的出租出借铁路用地的收入。

(八)《铁路用地资产处置情况登记表》(台账专—8)

本表记载因铁路用地权属变更而进行土地资产处置的情况(不包括铁路企业改制引起的土地资产处置)。

1. 用地名称:为被处置的铁路用地资产名称;

2. 坐落:为铁路用地所在的位置;

3. 地目:为铁路用地四个地类中的十六个地目;

4. 使用权类型:为资产处置前的土地使用权类型,如划拨、出让等;

5. 处置原因:为变更铁路用地权属、处置铁路用地资产的目的;

6. 处置时间:为处置铁路用地资产的年月;

7. 处置面积:为被处置铁路用地资产的面积数量;

8. 批准单位:根据规定权限,批准铁路用地资产处置的上级机关名称;

9. 评估情况:

(1)评估单位:为受委托对铁路用地资产进行评估的中介机构名称;

(2)单价:为评估报告中土地的单位价格;

(3)金额:为中介机构出具的评估报告中铁路用地资产的总价值;

10. 处置方式:为处分铁路用地使用权的方式,如政府收回补偿、转让、置换等;

11. 处置结果:

(1)转让或补偿金额:为转让收益或者所获得的补偿金数量;

(2)置换后面积:为通过置换而获得的土地面积数量;

(九)《铁路改制企业土地情况登记表》(台账专—9)

本表记载因铁路企业改制引起铁路用地资产处置情况

1. 改制单位名称:为进行改制的铁路单位名称;

2. 坐落:为改制企业需进行处置的铁路用地资产位置;

3. 地目:为铁路用地四个地类中的十六个地目;

4. 使用权类型:为企业改制前土地使用权类型,如划拨、出让等;

5. 用地面积:为改制企业进行资产处置的铁路用地面积数量;

6. 评估情况:

(1)评估单位:为对铁路用地资产进行评估的中介机构名称;

(2)单价:为中介机构出具的评估报告中土地单位价格;

(3)金额:为中介机构出具的评估报告中铁路用地资产总价值;

7. 处置方式:为土地使用权出让、租赁、作价(出资)入股、授权经营和保留划拨方式;

8. 处置价值:为参与铁路企业改制的铁路用地资产价值量;

9. 土地资产配置方案:为改制企业按照规定对显化的铁路用地资产的利用和使用计划。

四、台账总表

(一)《铁路用地管理台账总表(一)》(台账表—1)

台账总表(一)为铁路用地管理工作台账数据汇总及历年数据比较。

1. 主栏:项目

(1)地籍管理

A. 铁路用地面积总计:为运输生产用地、辅助生产用地、生活设施用地和其他用地面积数量总和;

a. 运输生产用地面积:为铁路运输生产及设施用地面积数量,包括区间线路用地、车站、站场、货场、维修养护设施及仓储库和其他运输生产设施用地;

b. 辅助生产用地面积:为铁路运输生产辅助设施用地面积数量,包括机关、职工教育培训设施、生产及修配设施、后勤保障设施、林地、采石和其他辅助生产用地;

c. 生活设施用地面积:为铁路生活设施用地面积数量,包括文体娱乐设施、职工住宅及公建设施和其他生活设施用地;

d. 其他用地面积:为运输生产用地、辅助生产用地和生活设施用地以外的铁路用地面积数量,包括特殊用地等;

B. 领证宗地数:为已进行土地登记并取得《国有土地使用证》的铁路用地宗地数量,既已领取《国有土地使用证》的册数;

C. 领证面积:为已进行土地登记并已取得《国有土地使用证》的铁路用地面积数量;

D. 未领证面积:为尚未取得《国有土地使用证》的铁路用地面积数量;

E. 领证率:为已领取《国有土地使用证》的铁路用地面积数量与铁路用地面积总和的比率;

F. 用地档案资料数量:为已归档保管的铁路用地档案资料数量;

G. 用地档案资料利用效益:为铁路用地档案资料提供利用后预期可产生的经济效益数量。

(2)监察管理

A. 被占土地面积:为被他人非法占用的铁路用地件数和面积数量;

B. 权属纠纷用地面积:为存在土地权属争议需由政府土地行政管理部门调处解决的铁路用地件数和面积数量;

C. 处理收回面积:为采用诉讼、行政处理、签订协议等措施收回被他人非法占用的铁路用地面积数量;

D. 待处理面积:为拟采取各种措施收回被他人非法占用铁路用地的面积数量。

(3)人员管理

A. 土地管理人员总数:为从事铁路用地管理工作的专职人员、兼职人员和外聘人员的总人数;

a. 专职人员:为有任免权的部门任命的从事铁路用地工作人员数量;

b. 兼职人员:为兼任铁路土地管理工作的人员数量;

c. 外聘人员:为经批准,通过招聘临时协助从事铁路用地管理工作的人员数量;

d. 监察人员:为通过铁道部统一考试合格并取得铁路执法公务证件的人员数量;

B. 人均管理土地面积:为专职土地管理人员每人平均管理铁路用地面积数量;

(4)利用管理

A. 调剂利用:为通过用途调整后可获得更大效益的地块数量及面积数量;

B. 土地资产处置:为因权属变更而进行土地资产处置的铁路用地面积数量和收回的铁路用地资产金额数量;

C. 租借收入总计:为临时租借铁路用地所取得的土地租金、管理费、行政事业性收费、他项权利补偿和其他各种费用的收入总和(不含上缴政府部分);

a. 租金——为出租铁路用地所取得收入;

b. 管理费——为根据政府有关规定收取的土地管理费用;

c. 行政收费——为依据政府批准的行政事业性收费许可所收取的相关费用;

d. 他项权利补偿——为经批准路外单位与个人在铁路用地上设定土地他项权利后给予的补偿费用;

e. 其他——除以上四种情况以外的出租出借铁路用地的收入。

(5)规划管理

A. 编制铁路用地利用规划面积:为已编制铁路用地利用规划的面积数量;

B. 已纳入政府土地利用总体规划面积:为铁路用地已纳入当地政府土地利用总体规划或与其规定用途相一致的面积数量;

C. 编制中期土地计划:为按规定向地方政府土地行政管理部门和铁路上级主管部门报送五年内铁路建设项目所需新增建设用地的预计面积数量;

D. 编制年度土地计划:为按规定向地方政府土地行政管理部门和铁路上级主管部门报送下一年度铁路建设项目所需新增建设用地的预计面积数量;

2. 宾栏为年度主栏有关数据及各年度主栏有关数据比较;

(二)《铁路用地管理台账总表(二)》(台账表—2)

台账总表(二)为铁路用地在地方行政区划内铁路用地及区间线路、车站和独立地块的用地面积总量、宗地数、已领证面积和未领证面积等有关数据的汇总比较。

(三)《铁路用地管理台账总表(三)》(台账表—3)

台账总表(三)地方行政区划内各条铁路线用地总面积和领证面积的汇总数据;

1. 线路名称:为填报单位管辖范围内各条铁路线路名称,线路名称应与基础台账一致;
2. 起讫里程:为铁路线路的初始里程和终到里程;
3. 用地总面积:为铁路线路的铁路用地总面积;
4. 延长公里:为铁路线路的总长度;
5. 平均每公里用地面积:为用地总面积除以延长公里之商;
6. 行政区划:指省(直辖市、自治区)、市(地区、州、盟)、县(区、市、旗)级行政区名称;
7. 用地面积:为县级行政区划内该铁路线的铁路用地面积数量;
8. 领证面积:为县级行政区划内该铁路线的铁路用地总面积中已登记领证的面积数量。

附件 2:

铁路用地管理台账(区间线路)

单位: 台账基—1

线路名称		区间名称		起讫里程	自k + 至k +				
行政区划	省(自治区、直辖市)		市(地区、州、盟)		县(市、区、旗)		领证率	%	
宗地总数量		领证宗地数量		未领证宗地数量		划拨宗地数量		非划拨宗地数量	
总面积	公顷	领证面积	公顷	未领证面积	公顷	划拨用地面积	公顷	非划拨用地面积	公顷

序号	线路里程	行别	用地单位或地块名称	面积(平方米)	单位类别	地目	国有土地使用证号	使用权类型	被占		纠纷		可调剂利用		备注
									件	平方米	件	平方米	块	平方米	
	k + 至k +														
	k + 至k +														
	k + 至k +														
	k + 至k +														
	k + 至k +														
	k + 至k +														
	k + 至k +														
	k + 至k +														
	k + 至k +														
	k + 至k +														
	k + 至k +														
	k + 至k +														
	k + 至k +														
	k + 至k +														
合计															

填表人: 填制日期: 年 月 日

附件 3：

铁路用地管理台账（车站）

单位：　　　　　　　　　　　　　　　　　　　　　　　　　　　　台账基—2

车站名称		线路名称		起讫里程	自 k + 至 k +			中心里程	k +
行政区划	省（自治区、直辖市）			市（地区、州、盟）		县（市、区、旗）		领证率	%
宗地总数量		领证宗地数量		未领证宗地数量		划拨宗地数量		非划拨宗地数量	
总面积	公顷	领证面积	公顷	未领证面积	公顷	划拨用地面积	公顷	非划拨用地面积	公顷

序号	用地单位或地块名称	面积（平方米）	单位类别	地目	国有土地使用证号	使用权类型	被占		纠纷		可调剂利用		备注
							件	平方米	件	平方米	块	平方米	
合计													

填表人：　　　　　　　　　　　　　　　　　　　　　　　　　　填制日期：　年　月　日

附件 4:

铁路用地管理台账(地区及独立地块)

单位: 台账基—3

宗地名称 　　宗地面积 　　平方米 　　座落 　　线路名称 　　线路里程 自 k + 至 k +

行政区划 省(自治区、直辖市) 市(地区、州、盟) 县(市、区、旗)

土地使用证号 　　使用权类型 　　终止日期 　　登记机关 　　填发时间

序号	用地单位或地块名称	面积(平方米)	单位类别	地目	被占		纠纷		可调剂利用		备注
					件数	平方米	件数	平方米	块	平方米	
合计											

填表人: 　　填制日期: 年 月 日

附件5：

《国有土地使用证》台账

单位：　　　　　　　　　　　　　　　　　　　　　　　　　　　　　　　　台账专—1

序号	国有土地使用证号	土地使用权人	座落	地号	图号	地类（用途）	使用权类型	取得价格	终止时间	使用权面积（平方米）	其中		登记机关	填发时间	初始登记时间	宗地名称	线路名称	档案编码	备注
											独用	分摊							
	__国用(　)字第　号																		
	__国用(　)字第　号																		
	__国用(　)字第　号																		
	__国用(　)字第　号																		
	__国用(　)字第　号																		
	__国用(　)字第　号																		
	__国用(　)字第　号																		
	__国用(　)字第　号																		
	__国用(　)字第　号																		
	__国用(　)字第　号																		
	__国用(　)字第　号																		
	__国用(　)字第　号																		
	__国用(　)字第　号																		
	__国用(　)字第　号																		
	__国用(　)字第　号																		
	__国用(　)字第　号																		
	__国用(　)字第　号																		
本页合计																			

填表人：　　　　　　　　　　　　　　　　　　　　　　　　　　　　填制日期：　　年　　月　　日

附件 6：

未登记领证铁路用地台账

单位： 台账专—2

序号	线路名称	行政区划			宗地名称	土地编号	使用权类型	座落	面积（平方米）	未登记领证原因	档案编码	备注
		省	市	县								
本页合计												

填表人： 填制日期： 年 月 日

附件7：

铁路用地管理人员台账

单位：　　　　　　　　　　　　　　　　　　　　　　　　　　台账专—3

序号	姓　名	性别	出生年月	政治面貌	职　务	行政级别	学　历	技术职称	职称系列	职责范围	执法证号	律师估价师	手机号码	办公电话	专兼职及外聘	备　注

填表人：　　　　　　　　　　　　　　　　　　　　　　　　　填制日期：　　年　　月　　日

附件 8:

铁路用地档案资料台账

单位: 台账专—4

序号	档案编码	名称	数量	其中				密级	形成时间	保管期限	保存地点	备注
				文件(份)	图纸(份)	照片(张)	其他(张)					
本页合计												

填表人: 填制日期: 年 月 日

附件9：

铁路用地档案资料借阅登记台账

单位：

台账专—5

序号	借阅日期	借阅单位	借阅人	借阅用途	借阅案卷名称	档案编码	数量（卷）	其中				复印份数	批准人	利用效益（万元）	归还		备注
								文件（份）	图纸（份）	照片（张）	其他（张）				日期	档案员签认	

填表人： 填制日期： 年 月 日

附件 10:

铁路用地被占用情况台账

单位: 台账专—6

序号	被占用地基本情况					占用情况					处理方式	收回面积（平方米）	待处理面积（平方米）	备注
	区间名称	车站名称	宗地名称	用地单位或地块名称	国有土地使用证号	占用者名称	占用面积	占用时间	占用理由	占用用途				
本页合计														

填表人: 填制日期: 年 月 日

附件 11：

临时租借铁路用地登记台账

________年度

单位：　　　　　　　　　　　　　　　　　　　　　　　　　　台账专—7

序号	租借单位用地名称	座落	地块名称	地目	租借用途	面积（平方米）	协议书号码	期限		协议金额（元）		收款情况			收费性质	备注
								自年月日	至年月日	单价月/平方米	应收金额	往年已收金额	本年收款金额	未收金额		
本页合计																

填表人：　　　　　　　　　　　　　　　　　　　　　　　填制日期：　　年　　月　　日

附件 12:

铁路用地资产处置情况登记表

____________年度

单位: 台账专—8

序号	用地名称	座落	地目	使用权类型	处置原因	处置时间	处置面积	批准单位	评估情况			处置形式	处置结果万元/平方米		备注
									评估单位	单价元/平方米	金额(万元)		转让或补偿金额	置换后面积	
本页合计															

填表人: 填制日期: 年 月 日

附件13：

铁路改制企业土地情况登记表

__________年度

单位：　　　　　　　　　　　　　　　　　　　　　　　　　　　　台账专—9

序号	改制单位名称	座　落	地　目	使用权类型	用地面积（平方米）	评估情况			处置方式	处置价值（万元）	土地资产配置方案
						评估单位	单价（元/平方米）	总价值（万元）			
本页合计											

填表人：　　　　　　　　　　　　　　　　　　　　　　　　　　　　填制日期：　　年　　月　　日

附件 14：

铁路用地管理台账总表（一）

单位：　　　　　　　　　　　　　　　　　　　　　　　　　　台账表—1

项目			单位	年		年		年		年		年	
				本年度数量	比上年增减（+ −）	本年度数量	比上年增减（+ −）	本年度数量	比上年增减（+ −）	本年度数量	比上年增减（+ −）	本年度数量	比上年增减（+ −）
地籍管理		铁路用地面积总计	公顷										
	其中	运输生产用地面积	公顷										
		辅助生产用地面积	公顷										
		生活设施用地面积	公顷										
		其他用地面积	公顷										
		领证宗地数	宗										
		领证面积	公顷										
		未领证面积	公顷										
		领证率	%										
		用地档案资料数量	卷										
		用地档案资料利用效益	万元										
监察管理		被占用地面积	件										
			公顷										
		权属纠纷用地面积	件										
			公顷										
		处理收回面积	公顷										
		待处理面积	公顷										
人员管理		土地管理人员数量总计	人										
	其中	专职人员	人										
		兼职人员	人										
		外聘人员	人										
		监察人员	人										
		专职人员人均管理用地面积	公顷										
利用管理		调剂利用	块										
			公顷										
		铁路用地资产处置	公顷										
			万元										
		租借收入总计	万元										
	其中	租金	万元										
		管理费	万元										
		行政事业性收费	万元										
		它项权利补偿	万元										
		其他	万元										
规划管理		编制铁路用地利用规划面积	公顷										
		已纳入政府土地利用总体规划面积	公顷										
		编制中期土地利用计划	公顷										
		编制年度土地利用计划	公顷										

填表人：　　　　　　　　　　　　　　　　　　　　　　　　填制日期：　　年　　月　　日

附件 15：

铁路用地管理台账总表（二）

单位：　　　　　　　　　　　　　　　　　　　　　　　　　　台账表—2

序号	行政区划			用地数量（公顷）				登记领证宗地数量（宗）	已领证用地数量（公顷）				未领证用地数量（公顷）			
	省 自治区 直辖市	市 地区 州、盟	区 县 旗	总面积	区间线路用地面积	车站用地面积	地区及独立地块面积		总面积	区间线路用地面积	车站用地面积	地区及独立地块面积	总面积	区间线路用地面积	车站用地面积	地区及独立地块面积

填表人：　　　　　　　　　　　　　　　　　　　　　　　　填制日期：　　年　　月　　日

附件 16:

铁路用地管理台账总表(三)

单位:

台账表—3

线路名称					铁路	铁路	铁路	铁路	铁路	铁路	铁路	铁路	铁路	本页合计
起讫里程					k + 至k +	k + 至k +	k + 至k +	k + 至k +	k + 至k +	k + 至k +	k + 至k +	k + 至k +	k + 至k +	
用地总面积					公顷	公顷	公顷	公顷	公顷	公顷	公顷	公顷	公顷	公顷
延长公里					千米	千米	千米	千米	千米	千米	千米	千米	千米	千米
平均每公里用地面积					公顷	公顷	公顷	公顷	公顷	公顷	公顷	公顷	公顷	公顷
沿线县级行政区划铁路用地分布情况	省	市	县	用地面积										
				领证面积										
	省	市	县	用地面积										
				领证面积										
	省	市	县	用地面积										
				领证面积										
	省	市	县	用地面积										
				领证面积										
	省	市	县	用地面积										
				领证面积										
	省	市	县	用地面积										
				领证面积										
	省	市	县	用地面积										
				领证面积										
	省	市	县	用地面积										
				领证面积										
	省	市	县	用地面积										
				领证面积										
	省	市	县	用地面积										
				领证面积										
	省	市	县	用地面积										
				领证面积										
	省	市	县	用地面积										
				领证面积										
	本页合计			用地面积										
				领证面积										

填表人:　　　　填制日期:　　年　　月　　日

铁道部关于印发《铁路用地资产处置规定》的通知

（铁运〔2006〕49 号　2006 年 4 月 22 日）

部属各单位：

为进一步加强铁路用地资产管理，铁道部修订了《铁路用地资产处置规定》，现予印发，请按照执行。铁道部原发《关于印发〈铁路用地资产处置规定〉（暂行）的通知》（铁运〔2003〕71 号）同时废止。

铁路用地资产处置规定

第一章　总　　则

第一条　为了加强铁路用地资产管理，规范铁路用地处置行为，维护铁路用地使用秩序及合法权益，防止铁路用地资产流失，根据《中华人民共和国土地管理法》、《铁路运输安全保护条例》和《铁路用地管理办法》等有关法律、法规，制定本规定。

第二条　本规定所称铁路用地是指铁路部门依法取得使用权的土地。铁路用地包括运输生产用地、辅助生产用地、生活设施用地和其他用地。

第三条　本规定所称铁路用地资产处置是指铁路部门依法变更铁路用地资产权属、改变铁路用地用途等行为。

第四条　铁路用地属于国家所有，由铁路部门利用和管理，受国家法律保护，未经批准，任何单位和个人不得随意占用。

第五条　按照国家所有、分级管理、授权经营、分工监督的国有资产管理原则，铁路用地作为中央企业的国有资产，实行集中统一管理，未经铁路主管部门核准，任何单位和个人不得随意处置。

第六条　铁路用地资产处置实行统一管理、分工负责制度。其处置权责分别属于铁道部、铁路局两级机构，其中铁路局主要负责人（法人代表）是管辖范围铁路用地资产处置的第一责任人。铁道部、铁路局两级机构按划定的权限对铁路用地资产处置负全面责任；其运输、计划（规划、总工室）部门负责对拟处置土地涉及运输生产、安全和规划利用相关问题的审核，财务部门负责对拟处置土地涉及资产、财务处理相关问题的审核，土地管理部门负责对拟处置土地提出方案建议、组织审核和处置报批及备案工作。

部直属单位铁路用地资产处置依照铁路局的权责进行管理。

其他任何机构、部门均无权处置铁路用地。

第二章 铁路用地资产处置原则

第七条 为保证铁路运输安全畅通,避免铁路用地资产流失,凡铁路用地资产处置,在依法定程序报送县级以上人民政府土地行政主管部门审批前,须经具备相应权限的铁路管理机构核准。

第八条 铁路用地资产权属变更应坚持等价有偿的原则,国家另有规定的从其规定。

第九条 铁路用地资产处置原则上应进行评估,具体评估办法按铁道部办公厅《转发财政部关于改革国有资产评估行政管理方式有关文件的通知》(办资金发〔2002〕14 号)办理。

第十条 铁路主辅分离辅业改制、运输企业股份制改革等引起的铁路用地资产处置,按照铁道部《铁路企业改制土地资产处置操作暂行办法》(铁运〔2004〕101 号)执行。

按照国家住房制度改革的有关规定出售的铁路公有住房,涉及铁路用地资产处置时,按国家和铁道部有关规定办理;没有明确规定的,可按地方性法规或地方省级人民政府规定执行。

经铁道部核准报废的铁路,其用地处置,按照国家有关法律、法规规定执行。

第三章 铁路用地资产处置核准权限

第十一条 铁路用地资产处置凡有下列情况之一的,由铁路局签署意见,报铁道部核准:

(一)变更铁路用地权属涉及铁路路网规划和建设发展的;

(二)变更铁路用地权属涉及铁路运输生产设施、铁路线路安全保护区及其他影响运输安全的;

(三)无偿变更铁路用地权属至路外的;

(四)根据国家和铁道部资产管理的有关规定,必须报铁道部或中央财政主管机关核准的。

第十二条 因企业经营结构和生产布局调整或多元经济发展需要,引起铁路用地资产处置,土地评估价值(不含地上建筑物、构筑物,下同)在 3 000 万元(含 3 000 万元)以上,或虽未达 3 000 万元,但处置面积达 5 万平方米(含 5 万平方米)以上的,由铁路局签署意见,报铁道部核准;土地评估价值在 3 000 万元以下,并且处置面积在 5 万平方米以下的,由铁路局核准,报铁道部备案。

第十三条 由于城市发展规划和社会公益设施建设引起政府收回或置换铁路用地,以及利用铁路用地进行经济适用住房建设(含集资建房)等涉及铁路用地资产处置的行为,属第十一条规定范围以外的,依照第十二条核准权限办理。

第四章 铁路用地资产处置核准程序

第十四条 铁路用地资产处置需报铁道部核准的,按下列程序办理:

(一)由铁路局委托有资格的评估机构进行土地评估;

(二)拟定铁路用地资产处置总体方案,主要内容包括现用土地的状况、拟处置方式和处置价格及理由等;

(三)铁路局计划(规划)、财务(资产)、土地管理及原用地单位业务主管部门审核提出意见,通过集体研究决策并经铁路局主要负责人(法人代表)签字后报铁道部核准。

第十五条 报铁道部办理核准手续,需提交下列文件:

(一)铁路用地的权属来源情况、面积数量、地理位置、使用状况及地上建筑物、构筑物等附着物情况(附宗地图);

(二)土地评估报告(含土地评估技术报告);

(三)铁路用地资产处置方案(含地上建筑物、构筑物等附着物处置方案);

(四)铁路用地资产处置的依据、理由(有关文件、资料);

(五)铁路局及其计划(规划)、财务(资产)、土地管理、原用地单位业务主管部门的意见和资产处置的预计财务结果。

除铁路用地资产处置申报表一式五份外,其余材料均一式三份。与铁路用地资产处置相关的协议(合同)、纪要、计划(规划)批准文件、工程批准文件等资料应作为正式行文的附件一并附上。

第十六条 经核准的铁路用地资产处置方案,由铁路土地管理机构按照国家法律、法规及铁道部有关规定向县级以上人民政府土地行政主管部门办理相关手续。

第十七条 经核准的铁路用地资产处置财务处理,由铁路财务部门依据国家和铁道部的有关规定办理。

第五章 铁路用地资产处置备案程序

第十八条 报铁道部办理备案手续,应提交以下文件:

(一)铁路用地的权属来源情况、面积数量、地理位置、使用状况及地上建筑物、构筑物等附着物情况(附宗地图);

(二)土地评估报告;

(三)铁路用地资产处置方案(含地上建筑物、构筑物等附着物处置方案);

(四)铁路用地资产处置的依据、理由;

(五)铁路局的正式核准文件。

铁路用地资产处置备案材料为一式一份。

第十九条 铁路用地资产处置备案手续,由铁路局在核准之日起三十日内,向铁道部运输局土地管理部(铁道部土地管理局)办理。

第二十条 经铁路局核准的铁路用地资产处置财务处理,由铁路财务部门依据国家和铁道部的有关规定办理。

第六章 附 则

第二十一条 任何单位和个人违反本规定,擅自处置铁路用地资产,造成铁路用地资产流失,将依法追究有关责任人的责任。

第二十二条 铁路局可根据本规定制定实施细则,报铁道部备案。

第二十三条 合资铁路公司的土地资产处置可参照本规定执行。

第二十四条 本规定由铁道部运输局负责解释。

第二十五条 本规定自发布之日起施行,铁道部原发《关于印发〈铁路用地资产处置规定〉(暂行)的通知》(铁运〔2003〕71 号)同时废止。

附表：

字(　　　)第　　号

铁路用地资产处置申报表

申报单位
签　　章________________________

负 责 人
签字盖章________________________

通信地址________________________

电　　话________________________

年　月　日

<table>
<tr><td colspan="2">申请用地
单　　位</td><td></td><td>单位性质</td><td></td><td>单位法人
代　　表</td><td></td></tr>
<tr><td colspan="2">单位地址</td><td colspan="2"></td><td>申请用地单
位主管部门</td><td colspan="2"></td></tr>
<tr><td rowspan="9">用
地
情
况</td><td>用地项目
名　　称</td><td colspan="2"></td><td>批准文号</td><td colspan="2"></td></tr>
<tr><td>总 投 资</td><td colspan="2">万元</td><td>总用地面积</td><td colspan="2">万平方米</td></tr>
<tr><td colspan="6">其中:铁路用地情况</td></tr>
<tr><td>铁路用地面积</td><td colspan="2">万平方米</td><td>土地使用证号</td><td colspan="2"></td></tr>
<tr><td>原使用单位</td><td colspan="2"></td><td>原使用性质</td><td colspan="2"></td></tr>
<tr><td rowspan="3">拆迁房屋面积
（平方米）</td><td rowspan="3"></td><td colspan="4">其　　中</td></tr>
<tr><td>生产房屋</td><td></td><td>公共建筑</td><td></td></tr>
<tr><td>生活房屋</td><td></td><td>其他房屋</td><td></td></tr>
<tr><td>土地处置方式</td><td colspan="5"></td></tr>
<tr><td rowspan="5">土
地
评
估
情
况</td><td>委托评估
单位名称</td><td colspan="2"></td><td>法人代表</td><td colspan="2"></td></tr>
<tr><td>受托评估
单位名称</td><td colspan="2"></td><td>法人代表</td><td colspan="2"></td></tr>
<tr><td>评估单位
资质等级</td><td colspan="2"></td><td>评估土地面积</td><td colspan="2">万平方米</td></tr>
<tr><td>评估土地
用途及年期</td><td colspan="2"></td><td>估价期日</td><td colspan="2">年　　月　　日</td></tr>
<tr><td>土地资产评估
总价值(万元)</td><td colspan="2"></td><td>单位地价</td><td colspan="2">元/平方米</td></tr>
</table>

附　　图
(注:本栏附图满栏可另附页)

处 置 理 由 和 依 据

<table>
<tr><td colspan="2">铁 路 局 各 部 门 意 见</td></tr>
<tr><td>计划(规划)部门意见

年 月 日</td><td>财务(资产)部门意见

年 月 日</td></tr>
<tr><td>原用地单位业务主管部门意见

年 月 日</td><td>土地管理部门意见

年 月 日</td></tr>
<tr><td colspan="2">铁路局意见

年 月 日</td></tr>
</table>

<table>
<tr><td colspan="2" align="center">铁 道 部 各 部 门 意 见</td></tr>
<tr><td>计划(规划)部门意见

年 月 日</td><td>财务(资产)部门意见

年 月 日</td></tr>
<tr><td>原用地单位业务主管部门意见

年 月 日</td><td>土地管理部门意见

年 月 日</td></tr>
<tr><td colspan="2">铁道部核准意见

年 月 日</td></tr>
</table>

铁道部关于进一步加强铁路用地管理工作的决定

(铁运〔2006〕58号 2006年4月23日)

部属各单位:

铁路用地是铁路运输生产的重要基础,是维护铁路运输安全的重要条件,是铁路经营的重要资产,是铁路改革与发展的重要资本。铁路用地管理工作是铁路跨越式发展的重要组成部分。当前我国土地资源紧缺,建设用地增量十分困难。为保持经济社会的全面协调可持续发展,构建社会主义和谐社会,国家强调实行最严格的土地管理制度,强力推行以节约用地、保护耕地为目的,以用途管制为原则和以市场化配置为主要方式的土地管理制度改革。铁路用地管理面临着全新的形势和更高的要求。铁路用地资产量庞大,对铁路改革发展具有举足轻重的作用。为切实管理好、利用好、保护好铁路用地,实行最严格的土地管理制度,有效发挥土地管理为铁路跨越式发展提供保障和服务的作用,特作如下决定:

一、提高认识,进一步加强领导

各级领导和相关部门要认真学习国家和铁道部关于土地管理的法律法规和决定要求,准确掌握铁路用地的性质、作用和使用规定,牢固树立铁路用地管理的责任意识、法制意识、土地资产价值意识和科学管理意识,紧密围绕为铁路运输安全生产、铁路建设、铁路改革提供保障服务和土地价值实现等铁路用地管理的基本任务,积极推进铁路用地从资源管理向资源和资产并重管理转化,从简单的使用管理向市场型经营管理转化,从被动的跟踪式管理向主动的综合式管理转化,从静态粗放型管理向动态集约型管理转化。各单位主要领导和有关部门要高度重视铁路用地管理,全面加强领导,切实负起责任,及时研究和解决铁路用地管理中存在的问题,强化依法、科学和集约用地,实现铁路用地管理的制度化、规范化。

二、明确目标,坚持正确的指导方针

铁路用地管理是依据国家法律法规,按照铁路运输生产特点和改革发展需要,对铁路所辖用地的利用活动实施的内部管理。其工作目标是:全面贯彻落实科学发展观,理顺管理体制,健全管理制度,加强基础工作,提高队伍素质,优化资源配置,规范处置行为,强化权益保护,实现保值增值,满足运输安全生产需要、铁路建设需要、铁路改革和发展需要,为铁路跨越式发展提供有力的保障和服务。

严格铁路用地管理,必须坚持集中统一、分层负责,严格制度、规范程序的指导方针。

铁路用地必须由铁路部门集中统一管理。铁路用地资产的处置和收益权责必须按规定的权限统一由铁道部和铁路局负责。铁路用地管理要适应铁路局直管站段体制的要求,实行分层负责。铁道部根据国家有关法律法规要求,负责制定规章制度和技术标准,实施对全路用地管理工作的监督、检查和指导;铁路局负责管辖范围内铁路用地的全面管理工作;基层站段按照规定的用途和方式使用土地，并负责铁路用地利用状况的巡查和守护工作。

铁道部和铁路局要依据运输生产和改革发展的需要，针对铁路用地管理实际，制定有关铁路用地管理的规范性文件和办法，建立完整的地籍权属管理、开发利用管理、土地处置管理、土地监察管理等制度，并实施科学严密的操作规程和监督考核机制，使铁路一切用地行为在相关政策、法规和规则的规范下有序进行。

三、严格管理，充分发挥服务保障作用

（一）严格铁路用地权属管理

铁路用地权属是铁路用地管理的基础。各级铁路用地管理部门要以新线竣工土地验收和城市用地登记为重点，坚持不懈地做好确权领证工作；要做好地籍档案资料的收集、整理、更新、保管工作，保证地籍资料的真实性和现势性；要切实组织好铁路用地管理信息系统建设，充分利用现代科技手段，建立和完善统一的铁路用地分类、调查、登记和统计制度，为铁路用地管理提供可靠依据。

（二）严格铁路用地规划管理

铁路用地规划，是铁路部门科学、合理和依法使用土地的依据，是协调地方政府土地利用和城市总体规划的基础。各级铁路用地管理部门要与有关部门配合，掌握暂未利用、用途变更和地方政府拟规划回收土地等既有铁路用地利用状况，及时了解各级政府土地利用规划修编和城乡总体规划编制调整情况，根据铁路经营现状和长远发展目标，合理确定铁路用地规模，科学划分铁路用地功能，协调好生产、生活和公共设施用地关系，提高土地综合效益。要切实提高规划编制水平，做到数据准确、编制合理、符合实际、有法可依。同时，要做好铁路用地规划与政府土地利用规划、城乡总体规划的衔接工作，维护铁路用地规划的法律地位和权威性。

（三）严格建设用地管理

铁路用地管理部门要发挥政策指导作用。积极配合建设部门做好铁路建设用地工作，积极配合计划部门编制铁路建设用地规划，配合建设部门制定涉及铁路建设用地管理的规章、标准和办法；积极参与铁路建设项目设计审查、用地预审、征地及在建工程建设用地管理；积极采取置换、调整和优化配置方式，提供存量土地，降低建造成本和筹集资金；切实做好建设项目工程竣工土地验收交接工作。

（四）严格铁路用地资产处置管理

铁路用地的开发利用和盘活，是国有资产价值实现的重要形式。为确保资产运行安全，铁路用地权属和用途的改变，必须严格按铁道部《铁路用地资产处置规定》（铁运〔2006〕49 号）办理。铁路用地资产处置审批权限必须掌握在铁道部、铁路局两级机构；铁路用地开发利用和资产处置，属企业经营管理的重大事项，必须经相关部门审核并集体讨论决定，不得个人说了算，不得“暗箱”操作，严禁变通处理。为保证铁路用地合法权益，要规范土地资产处置收入的财务管理，铁路用地资产的各项收入必须按规定纳入铁路局财务部门统一管理，坚持收支两条线，严格按规定开支并规范核算，要将土地处置相关收支纳入铁路审计和监察部门的监管范围，严防截留、私分。

铁路各项改革涉及铁路用地划分处置，要按照铁道部《铁路企业改制土地资产处置操作暂行办法》（铁运〔2004〕101 号）等规定，在确定土地权属的基础上，明晰土地资产关系，理顺各方经济和经营关系，扶持改制企业发展，为铁路运输企业改革和实施主辅分离辅业改制创造条件。各级铁路用地管理部门要与相关部门密切配合，搞好有关改革中铁路用地资产处置方案制定、资产评估认定和改制方案报批等工作。

(五)严格铁路用地监察管理

铁路用地监察是保证铁路运输生产安全、防止铁路用地流失、维护铁路部门权益的重要手段。铁路用地管理部门要加强铁路用地监察队伍和监察制度建设,把铁路用地保护作为第一要务抓紧抓好。要把铁路线路、车站、货场、重点目标、运输生产和组织指挥机关用地列为防护重点,建立责任明确和执行严格的铁路用地巡视制度,对危及行车安全的用地行为必须及时发现、及时制止;要积极配合有关部门做好铁路线路安全保护区的划定和标桩、警示标牌埋设工作,会同有关部门做好铁路线路安全保护区内违章建筑的清理工作;要认真组织巡视检查,积极开展执法监察,及时发现并严肃查处侵害铁路用地的案件,切实发挥保证铁路运输生产安全和维护铁路用地权益的作用。

四、落实责任,完善考核评价体系

(一)建立铁路用地管理的责任制度

铁道部作为全路用地管理的最高责任层,负责铁路用地管理的监督检查指导。铁路局作为铁路用地管理的主体,对管理好、利用好、保护好铁路用地负全面责任,铁路局局长是第一责任人,铁路局主管副局长是分管负责人;铁路局土地房产管理处作为铁路用地管理的职能部门,具体负责铁路用地业务管理工作,土地房产管理处处长是铁路用地管理业务第一负责人。各级铁路用地管理部门的主要职责是履行铁路用地权属管理、既有用地规划管理、开发利用管理、资产处置管理、土地监察管理等,通过管理实现为运输安全生产服务、为铁路建设服务和为铁路改革发展服务。各铁路局要根据国家和铁道部的要求,结合实际建立健全相应的管理制度,采取有效措施,切实把保护和利用铁路用地的责任目标落到实处。

(二)建立铁路用地管理责任考核评价制度

铁道部将铁路用地管理工作纳入铁路局资产经营业绩考核制度,同时对铁路用地管理部门制定具体的考核办法,采取定性与定量、日常和定期相结合的考核方法,对铁路局用地管理部门工作状况进行考核。铁路局每年要向铁道部报告铁路用地管理责任目标履行情况,实行铁路用地管理工作动态考核。对认真履行责任目标,成效突出的,要给予表彰;对没有达到责任目标要求的,要在全路通报,并责令限期改正;对连续两年考核最后一名的单位负责人,要进行组织处理。

(三)严格土地管理责任追究制度

全路要切实加强对铁路用地管理的监督检查,对铁路用地管理失职引发危及行车安全现象或出现安全事故的;对不认真执行《铁路用地资产处置规定》(铁运〔2006〕49 号)擅自处置铁路用地的;对滥用职权擅自改变铁路用地权属和用途违法用地的;对违反财务管理规定擅自截留铁路用地资产收入的,必须及时查纠、严肃处理,同时要按照管理权限追究铁路局第一责任人、分管负责人和业务部门责任人的责任。

铁道部关于印发《铁路用地管理工作综合考核办法(试行)》的通知

(铁运〔2006〕98号 2006年6月6日)

各铁路局,各专业运输公司,铁科院:

为进一步加强铁路用地管理,铁道部制定了《铁路用地管理工作综合考核办法(试行)》,现予印发,请遵照执行。

铁路用地管理工作综合考核办法(试行)

第一条 为加强铁路用地管理,实现铁路用地管理工作的制度化和规范化,提高铁路用地为铁路运输生产和改革发展提供服务与保障的能力,制定本办法。

第二条 各单位要建立铁路用地管理考核评价体系,认真开展铁路用地管理考核工作。通过对铁路用地管理各项工作的考评,正确衡量和评价各单位的工作质量和管理水平,保证铁路用地使用安全,促进铁路用地合理配置和集约利用,提高铁路用地的社会效益和经济效益。

第三条 铁路用地管理工作综合考核要坚持定性考核与定量考核相结合、日常检查与定期考核相结合、考核与奖惩相结合的原则,保证考核过程与结果的客观、透明、公正。

第四条 铁路用地管理工作综合考核主要依据《铁路局铁路用地管理主要职责》和《铁路局铁路用地管理工作标准》进行。

第五条 铁路用地管理工作综合考核的主要内容是,宣传贯彻国家土地管理法律法规和体制与机制建设以及属权管理、建设用地管理、土地利用管理、土地资产管理、土地执法监察等工作情况,具体项目见《铁路用地管理工作综合考核评分表》(附件)。

第六条 铁路局是铁路用地管理的责任主体,对管辖范围内铁路用地的利用、保护和铁路用地资产的保值增值负完全责任,铁路局局长(公司总经理)为第一责任人。

第七条 铁路局土地房产管理处是铁路用地管理的主要职能机构,是铁路用地管理工作综合考核的重点部门;铁路局有关处室承担相关铁路用地管理工作职责,是铁路用地管理工作综合考核的主要部门。

第八条 铁路用地管理工作综合考核按照统一领导,分级负责的方式进行。铁路用地管理工作综合考核一般可结合年终工作总结进行,每年组织一次。

第九条 铁路局铁路用地管理工作综合考核由铁道部组织。铁路局以下单位的铁路用地管理工作综合考核,由铁路局依据本办法并结合本局实际,制定补充规定或实施细则并组织实施。

第十条 铁路用地管理工作综合考核的方法和程序是:

1. 铁路局按照本办法,每年年终进行自查,撰写铁路用地管理自查报告,经第一责任人审签后,上报铁道部。

2. 铁道部对铁路局的自查结果进行审查,并组成考核小组组织重点考核。考核中可以组织铁路局进行互查,其结果可作为考核评定等次的依据。

3. 铁路用地管理工作综合考核,按照《铁路用地管理工作综合考核评分表》进行评分,80分以上(含80分)为合格,80分以下(不含80分)为不合格。

4. 铁道部考核小组将考核结果向被考核单位反馈,肯定成绩,指出不足,提出改进的意见和建议。

5. 铁道部对铁路局铁路用地管理工作综合考核结果进行通报。对考核合格的单位给予表扬;对考核不合格的单位予以批评并责令整改。

第十一条 在铁路用地管理工作综合考核中,凡发现弄虚作假行为,应酌情扣分,情节严重的确定为不合格单位。

第十二条 铁路用地管理工作综合考核结果,列为铁路用地管理第一责任人工作业绩考核的重要内容。对连续三年考核确定为不合格的单位,建议按程序对有关责任人进行组织调整,并追究单位领导的责任。

第十三条 铁路专业运输公司和铁道科学研究院比照本办法执行。

第十四条 本办法由铁道部运输局负责解释。

第十五条 本办法自发布之日起试行。

铁路用地管理工作综合考核评分表

序号	考核项目(项目分值)	考核内容	考核标准	最高扣分值
1	宣传、贯彻国家土地管理法律、法规、政策和铁道部铁路用地管理规定(12分)	贯彻、执行情况	1. 管理不力造成运输生产安全重大事故 2. 违规处置铁路用地造成土地资产流失	一票否决
		宣传工作	1. 未制定宣传计划 2. 未组织开展宣传活动	2
		健全完善铁路用地管理的规章制度	1. 铁路用地管理规章制度不完善 2. 制定的规章制度不符合国家和铁道部规定	4
		合资铁路、股份制铁路和地方铁路的铁路用地行业管理	没有尽到指导、协调、监督和帮助合资铁路、股份制铁路做好铁路用地管理工作的职责,造成严重后果	2
		建立健全管理体制和完善工作机制	1. 管理体制不顺,机构设置不符合铁道部的规定 2. 职责不清、力量不足 3. 缺乏协调协作机制,信息渠道不畅	4
2	权属管理(17分)	申报登记和权属调查、地籍测绘工作	1. 未制定计划或未按计划进行 2. 不符合管理标准、技术标准和工作标准 3. 领证率未达到规定要求 4. 造成不良后果	5
		铁路用地管理基础台账	1. 未建立或不健全、不规范 2. 准确性或现势性差 3. 未开展年度对账工作	4
		铁路用地统计	1. 未按铁道部的统一规定和统一软件进行 2. 报表不规范、数据不准确	4

续上表

序号	考核项目(项目分值)	考核内容	考核标准	最高扣分值
2	权属管理(17 分)	铁路用地统计	3. 拒报、虚报、瞒报、漏报、迟报 4. 伪造篡改统计数据	4
		铁路用地档案资料管理	1. 因收集整理归档不及时造成损失 2. 不提供利用导致出现问题或产生不良影响 3. 保管设施设备不达标 4. 档案保管不符合标准 5. 未设专人管理 6. 丢失档案资料 7. 擅自外借档案造成不良影响	4
3	铁路用地利用管理(10 分)	既有用地规划编制	1. 未按规定要求编制 2. 编制的规划不符合规定要求造成严重后果	1
		年度土地利用计划提报	1. 未按规定时间提报造成不良后果 2. 不符合规定要求造成严重后果	1
		既有铁路用地范围内建设项目用地的审批	1. 审批不及时不规范 2. 审批不当 3. 发生违规操作	4
		开发利用管理	1. 组织指导有关单位开发利用铁路用地出现失误 2. 未按规定实施检查和监督	4
4	建设用地管理(7 分)	参与铁路建设项目设计审查和鉴定	未按要求参加或未对存在问题提出修正、建议意见	1
		预审、征收、征用的配合工作	未积极配合造成严重后果	1
		竣工验收和接管工作	1. 未按专业分工组成建设用地验收接管组织 2. 执行铁路建设项目建设用地竣工验收标准不严格导致出现问题 3. 未按程序及时完成资料归档	5
5	铁路用地资产管理(16 分)	铁路用地资产处置	1. 越权审批 2. 审批不符合规定程序 3. 上报、备案手续不规范 4. 违规操作或变通处理	8
		铁路用地资产收益收缴管理	1. 违章违规收费 2. 管理不到位造成收益损失 3. 管理制度混乱,发生违反财会制度行为	4
		铁路用地调剂利用	1. 管理不到位造成铁路用地资产利用不合理并造成严重后果 2. 未及时提出铁路用地调剂利用建议并造成严重后果 3. 提出的铁路用地调剂利用建议不切合实际并造成严重后果	4
6	主辅分离、企业改制铁路用地资产处置(8 分)	铁路用地资产处置方案的拟定和报批	1. 未制定铁路用地资产处置方案影响企业改制 2. 制定的铁路用地资产处置方案不符合规定影响企业改制	5

续上表

<table>
<tr><th>序号</th><th>考核项目(项目分值)</th><th>考核内容</th><th>考核标准</th><th>最高扣分值</th></tr>
<tr><td rowspan="2">6</td><td rowspan="2">主辅分离、企业改制铁路用地资产处置(8分)</td><td>铁路用地资产处置方案的拟定和报批</td><td>3. 未按铁道部规定履行报批程序擅自处置用地资产
4. 报批程序或手续不符合有关规定</td><td>5</td></tr>
<tr><td>铁路用地资产处置程序</td><td>1. 未按规定程序办理相关手续
2. 铁路用地资产划分不符合规定造成纠纷
3. 铁路用地资产评估不符合规定</td><td>3</td></tr>
<tr><td rowspan="3">7</td><td rowspan="3">土地监察(14分)</td><td>铁路用地纠纷处理</td><td>1. 处理不及时
2 处理程序不符合规定导致出现问题
3. 处理结果不符合要求</td><td>4</td></tr>
<tr><td>依法处理铁路用地违法案件</td><td>1. 处理不及时
2. 处理程序不符合规定导致出现问题
3. 处理结果不符合要求</td><td>5</td></tr>
<tr><td>铁路线路安全保护区</td><td>1. 未按规定做好铁路线路安全保护区的相关工作
2. 未按规定及时参加违章建筑违法用地清理工作
3. 未采取措施及时有效消除危及运输生产安全的用地隐患</td><td>5</td></tr>
<tr><td>8</td><td>信息系统(5分)</td><td>铁路用地管理信息系统建设和管理</td><td>1. 未按铁道部统一要求进行建设
2. 未按铁道部的规定按时完成
3. 运用、维护和管理不符合要求</td><td>5</td></tr>
<tr><td rowspan="4">9</td><td rowspan="4">其他工作(11分)</td><td>信访工作</td><td>1. 责任未明确落实
2. 违反法定程序和规定时限,造成严重后果
3. 越权、滥用职权,侵害信访人合法权益</td><td>3</td></tr>
<tr><td>业务培训</td><td>1. 未制定培训计划或培训计划不符合工作要求
2. 未按计划实施业务培训</td><td>3</td></tr>
<tr><td>铁路用地管理业务指导和工作考核</td><td>1. 指导不到位
2. 未实施考核
3. 每半年未对铁路用地执法监察工作实施抽查</td><td>3</td></tr>
<tr><td>临时任务</td><td>上级交办的临时任务未按时完成</td><td>2</td></tr>
</table>

铁道部关于印发《铁路局铁路用地管理工作职责（试行）》和《铁路局铁路用地管理工作标准（暂行）》的通知

（铁运〔2006〕99号 2006年6月6日）

各铁路局，各专业运输公司，铁科院：

现将新制定的《铁路局铁路用地管理工作职责（试行）》和《铁路局铁路用地管理工作标准（暂行）》发给你们，请遵照执行。

铁路局铁路用地管理工作职责（试行）

铁路局是铁路用地管理的责任主体，铁路局局长是铁路用地资产管理的第一责任人；铁路局土地房产管理处是铁路用地管理的主要职能机构；铁路局机关各有关处室按照工分工，承担相应的铁路用地管理工作。铁路局铁路用地管理的主要职责是：

一、宣传、贯彻国家有关土地管理法律、法规和政策，根据国家和铁道部的有关规定，结合工作实际，制定铁路局的铁路用地管理规章制度和办法。

二、按照铁道部的规定，根据铁路用地管理的性质、作用、特点和任务，建立铁路用地管理体制和工作体系。

三、按照国家有关规定和铁道部的要求，负责铁路用地权属管理工作，根据铁路用地实际，依法、适时地向有权限的地方政府申请土地登记，领取《国有土地使用证》；定期开展铁路用地使用状况调查、地籍测绘和用地统计工作；建立台账管理制度。

四、负责铁路用地档案资料的收集、整理、保管和提供利用工作。

五、根据国家土地利用总体规划和中长期铁路网规划，参照地方政府土地利用总体规划，组织编制既有铁路用地利用规划，提报年度土地利用计划。

六、参与铁路建设项目设计审查、鉴定工作，对建设用地专业设计提出审查意见；指导和配合做好本局管理的建设项目建设用地的预审和征收、征用工作；组织对移交本局运营管理的铁路建设项目建设用地进行竣工验收和接管。

七、按照依法用地、集约用地、科学用地的原则，根据铁路建设、运输生产和生产力布局调整的需要，组织铁路用地资源、资产的优化配置和调剂利用工作。承担铁路用地范围内建设项目用地和开发经营项目用地的审批工作。负责铁路用地资产收益管理工作。

八、负责铁路用地资产管理工作。根据铁道部规定的权限，承担评估价值在3 000万元以下并且面积在5万平方米以下的铁路用地资产处置审批并报铁道部备案；对评估价值在3 000万元（含3 000万元）以上或面积5万平方米（含5万平方米）以上的铁路用地资产处置提出初审意见，报铁道部审核批准。

九、根据铁道部和省级以上人民政府的有关规定，负责铁路企业改制铁路用地资产处置方案的拟定和报批工作。承担铁路主辅分离铁路用地资产划分工作。

十、根据《铁路运输安全保护条例》的规定,在铁路安全监督管理办公室领导下,参与铁路线路安全保护区管理办法制定和铁路线路安全保护区设立和划定工作;参加铁路线路安全保护区内违章建筑物、构筑物的清理工作。

十一、开展铁路用地执法监察工作,对影响铁路运输安全的用地行为进行处理。配合县级以上人民政府国土资源主管部门调处土地权属纠纷;会同有关部门查处涉及铁路用地的违法案件。

十二、接待和处理涉及铁路用地的来信来访,受理铁路用地违法行为的检举、控告和申诉。

十三、根据铁道部的统一要求,组织铁路用地管理信息系统建设;负责铁路用地管理信息系统的运用和管理工作。

十四、组织开展铁路用地管理业务培训工作。

十五、履行行业管理职能,指导和监督合资铁路、股份制铁路做好铁路运输生产用地、辅助生产用地和铁路线路安全保护区的管理工作。

十六、对站段的铁路用地管理工作进行监督和考核。

铁路局铁路用地管理工作标准(暂行)

一、宣传贯彻国家有关土地管理法律、法规和政策,开展土地管理基本国情、基本知识以及依法用地、集约用地和科学用地宣传教育活动有计划安排,有检查总结,做到结合实际、因地制宜,注重针对性和实际效果。

二、制定的铁路局铁路用地管理规章制度和办法符合国家有关法律、行政法规和部门规章以及相关行业的技术标准的规定,并做到切实可行、形成体系。

三、铁路用地管理体制适应铁路运输管理体制特性要求,铁路用地管理机构设置符合铁道部的规定,专业人员结构和数量配备满足业务工作需要。

四、建立的工作机制符合科学、规范、高效的原则,上下级和部门之间职责明确、信息畅通、工作协调。

五、铁路用地申报登记和权属调查、地籍测绘工作有计划、有检查,工作成果符合国家地籍管理的规定和铁道部铁路用地管理的要求。

六、铁路用地管理台账健全,数据翔实可靠,管理科学规范;按年度组织开展铁路用地管理台账对账工作,保持台账数据的准确性和现势性。

七、铁路用地统计按照铁道部的统一规定和统一软件进行,做到全面、规范、准确、及时,无拒报、虚报、瞒报、漏报和迟报现象。

八、铁路用地档案资料管理制度健全完善,符合集中统一管理的原则。在收集整理、归档保管,保证用地资料完整、准确、系统的基础上,积极提供利用,充分发挥铁路用地档案的效益,实现铁路用地档案资料管理工作的科学化、标准化、规范化。

九、铁路既有用地利用规划的编制,要根据铁路用地供需关系平衡、利用结构优化、资源配置合理、功能布局科学的要求进行。编制的铁路既有用地利用规划,符合国家土地利用总体规划和铁路中长期发展规划,逐步实现与地方政府土地利用总体规划的协调一致。

十、编制铁路局年度土地利用计划科学、合理、准确,符合铁路建设项目计划和控制指标要求,并能按照铁道部和政府国土资源主管部门的统一要求及时提报。

十一、在参与铁路建设项目设计审查和鉴定中，积极提出建设用地在设计、管理以及征收、征用方面的建议和意见，并符合依法、科学、合理、符合实际的原则；配合做好本局铁路建设项目建设用地预审备件和征收、征用工作中，积极、认真、负责；铁路建设项目建设用地的竣工验收和接管，能按照铁道部的规定做到组织工作有序，执行标准严格，操作程序规范，质量合规达标。

十二、既有铁路用地范围内建设项目用地的审批，在查阅建设项目计划、设计文件、建设款源、建设单位、施工单位等相关情况的基础上，审查建设项目的建设用地位置、界址、权属、面积、用途和期限准确全面，审批工作程序规范、质量良好和及时有效。

十三、指导所属单位依法、合规、有序地开发利用铁路用地效果明显；对开发利用情况实施检查和监督做到有制度、有记录、有成效；铁路用地资产处置的审批和上报、备案程序符合国家和铁道部的有关规定，杜绝违规操作和变通处理现象出现。

十四、防止铁路用地资产收益流失措施有力，铁路用地资产收益收缴手续严格，管理制度严密，财经纪律严明，杜绝违规收费和违反财会制度行为的发生。

十五、拟定的铁路企业改制铁路用地资产处置方案符合国家规定和改制企业的实际并有利于改制企业的生存和发展。铁路企业改制铁路用地资产处置方案的报批手续符合国家和铁道部的有关规定。

十六、铁路主辅分离铁路用地资产划分严格按照铁道部有关规定执行，并做到铁路用地使用权属明晰、四至清楚、面积准确，便于各方管理使用，尽可能保持用地的相对完整和适量规模。

十七、铁路用地资源、资产的优化配置和调剂利用工作符合依法用地、集约用地、科学用地的原则，符合铁路建设、运输生产和生产力布局调整的需要，社会效益、经济效益明显。

十八、参与设立和划定的铁路线路安全保护区符合《铁路运输安全保护条例》和铁道部的有关规定，满足铁路运输安全需要；参加铁路线路安全保护区内违章建筑物、构筑物清理的有关工作认真负责，按时完成规定的任务。

十九、根据不同时期工作重点，有针对性地开展铁路用地执法监察工作，消除危及运输安全的用地隐患及时有效。每半年对各土地管理办公室铁路用地执法监察工作和站段铁路用地巡查工作进行抽查。调解处理铁路用地纠纷和查处铁路用地违法案件及时有效，记录完备准确，备案及时规范。

二十、涉及铁路用地的来信来访接待和研究解决机制建立健全，信访工作责任明确落实，信访问题解决程序规范，符合规定时效，信访工作记录准确齐全。

二十一、铁路用地管理信息系统的建设按铁道部要求完成，铁路用地管理信息系统的运用、维护和管理符合现代化管理的要求，为领导全面掌握用地情况和科学决策提供可靠依据。

二十二、铁路用地管理业务培训有计划、有检查，能按时完成；培训内容充实新颖并符合工作需要，队伍素质不断提高。

二十三、对站段的业务指导和工作考核，能遵循实事求是、客观公正、注重实效的原则，坚持激励与约束相结合、定量与定性相结合、指导性与操作性相结合，实现业务指导和工作考核的制度化、规范化、科学化。

二十四、按照《铁路运输安全保护条例》的有关规定，协调有关各方，指导和帮助合资铁路、股份制铁路建立铁路运输生产用地、辅助生产用地和铁路线路安全保护区的管理制度，适时对合资铁路、股份制铁路的铁路运输生产用地、辅助生产用地和铁路线路安全保护区管理情况进行检查指导，对出现危及运输安全的用地问题，提出改进意见并对改进和处理情况进行监督。

铁道部关于印发《铁路用地开发利用管理办法》的通知

(铁运〔2006〕198 号　2006 年 11 月 7 日)

部属各单位:

为规范铁路用地开发利用行为,铁道部制定了《铁路用地开发利用管理办法》,现予印发,请按照执行。

铁路用地开发利用管理办法

第一条　为了加强铁路用地资产管理,规范铁路用地开发利用行为,根据《中华人民共和国土地管理法》、《铁路运输安全保护条例》、原国家土地管理局和铁道部《铁路用地管理办法》(〔1992〕国土(建)字第 144 号)等法律法规及有关规定,制定本办法。

第二条　铁路局以及经铁路局授权管理铁路用地的铁路单位和路内外开发利用铁路用地的单位或者个人,应当遵守本办法。

第三条　铁路用地开发利用实行铁道部、铁路局二级管理,具体工作由铁路土地管理部门负责。

部属其他企业、事业单位参照铁路局的管理权限管理本单位的铁路用地开发利用工作。

第四条　本办法所称铁路用地是指铁路部门依法取得使用权的土地。铁路用地包括运输生产用地、辅助生产用地、生活设施用地和其他用地。

第五条　铁路用地开发利用,主要包括下列方式:

(一)铁路用地出租、出借;

(二)铁路用地转让;

(三)铁路用地作价出资入股;

(四)铁路用地抵押;

(五)以跨越、穿越、敷设管线等方式在铁路用地上设定他项权利;

(六)其他方式。

第六条　铁路用地开发利用,须坚持以下原则:

(一)保证铁路运输生产安全;

(二)符合铁路中、长期发展规划和所在地的土地利用规划;

(三)统筹安排、合理利用;

(四)经济效益和社会效益相结合,确保铁路用地保值、增值。

第七条　铁路局应当做好铁路用地开发利用的统筹规划工作,每年年底前将下一年度铁路用地开发利用计划报铁道部备案。

第八条　铁路用地开发利用项目,可能引起铁路用地权属变更或者法律法规有明确规定的,应当聘请具有相应资质的评估机构对拟开发利用的铁路用地进行有关评估。

第九条 开发利用铁路用地,应当向铁路局提出书面申请,经铁路局或者铁道部批准后,方可进行。

第十条 铁路用地开发利用符合以下条件之一的,铁路局审查后,报铁道部核准:

(一)涉及铁路路网规划和建设发展的;

(二)涉及铁路运输生产设施、铁路线路安全保护区及其他影响运输安全的;

(三)无偿或者以明显低于市场价格转让铁路用地至路外的;

(四)土地面积在50 000平方米以上的;

(五)土地评估价值在3 000万元以上的;

(六)根据国家和铁道部的有关规定,必须报铁道部核准的。

其他铁路用地开发利用,由铁路局审核批准,报铁道部备案。

第十一条 报铁道部核准的,须提交下列材料:

(一)申请书(包括所涉及铁路用地的权属来源、面积、位置、地上建筑物、使用状况等简要说明)。

(二)铁路用地、地上建筑物(构筑物)的基本资料(复印件),包括土地使用证、平面图、产权让设计图等;

(三)开发利用方案;

(四)可行性研究报告;

(五)有关的评估报告;

(六)开发利用的依据、理由(有关文件、资料);

(七)有关业务主管部门的意见;

(八)其他必需的材料。

第十二条 铁路用地开发利用方案经铁路局批复同意后,需经地方政府有关部门审批的,应当在获得审批结果之日起10个工作日内将该审批结果报铁路局。

经铁道部核准的铁路用地开发利用项目,铁路局应当在收到地方政府有关部门的审批结果之日起10个工作日内将该审批结果报铁道部。

第十三条 铁路用地开发利用,应当严格按照批准的方案操作,并依法签订书面合同。

第十四条 铁路土地管理部门应当加强对铁路用地开发利用的监督、检查,对违反本办法开发利用铁路用地的行为采取必要的处理措施,切实保护好铁路用地。

第十五条 铁路土地管理部门履行监督检查职责时,有权采取下列措施:

(一)要求被检查的单位或者个人提供有关铁路用地开发利用的文件和资料,进行查阅或者予以复制;

(二)要求被检查的单位或者个人就有关铁路用地开发利用的情况作出说明:

(三)进入开发利用铁路用地项目的现场进行勘测、调查;

(四)责令停止违反本办法开发利用铁路用地的行为。

第十六条 铁路土地管理部门履行监督检查职责时,有关单位和个人应予配合,并提供工作方便,不得拒绝与阻碍。

第十七条 未经批准、未按批准方案操作或以其他形式违反本办法开发利用铁路用地,情节严重的,对单位主管负责人和直接责任人给予纪律处分;构成犯罪的,依法追究其刑事责任。

第十八条 铁路土地管理人员在铁路用地开发利用管理活动中,玩忽职守,徇私舞弊,滥用职权,造成土地浪费和重大经济损失的,依法给予纪律处分;构成犯罪的,依法追究其刑事责任。

第十九条 对铁路用地开发利用取得的收入,由铁路局财务部门依据国家有关规定进行管理;由地方政府批准的收费项目,按地方政府的规定执行,地方政府拨入或返还的费用,纳入单位财务部门统一管理,按地方政府有关规定办理。

第二十条 利用铁路用地进行房地产开发的(不含铁路多元经营企业以市场购置方式取得土地进行房地产开发),适用本办法。

第二十一条 建筑物(构筑物)出租、转让、作价出资入股、抵押等涉及铁路用地权属变更、用途改变或者取得土地权益的,参照本办法执行。

第二十二条 涉及铁路企业改制土地资产处置以及铁路用地权属变更、用途改变等土地处置的,分别依照铁道部《铁路企业改制土地资产处置操作暂行办法》(铁运〔2004〕101 号)和《铁路用地资产处置规定》(铁运〔2006〕49 号)执行。

第二十三条 铁路局可结合具体情况,根据本办法制定实施细则,并报铁道部运输局备案。

第二十四条 本办法由铁道部运输局负责解释。

第二十五条 本办法自发布之日起实行。

铁道部关于印发《铁路专项运输资产处置前置审批管理暂行办法》的通知

（铁运〔2006〕207号 2006年11月10日）

各铁路局，各专业运输公司，各铁路公司（筹备组）：

为加强铁路专项运输资产处置监督管理，维护正常运输秩序，铁道部组织制定了《铁路专项运输资产处置前置审批管理暂行办法》，现发给你们，请遵照执行。

铁路专项运输资产处置前置审批管理暂行办法

第一章 总 则

第1条 为加强铁路专项运输资产处置监督管理，维护正常运输秩序，根据《铁路局经营业绩考核办法》、《铁路专业运输公司经营业绩考核办法》和铁道部有关规定制定本办法。

第2条 铁路专项运输资产处置，应统筹考虑铁路路网建设总体规划，符合铁路运输生产力布局规划，保证路网完整性和调度集中统一指挥。

第二章 范 围

第3条 铁路专项运输资产包括：

1. 线路（包括货物线）、桥梁、隧道、接触网、电力贯通线（自闭线）及其占用的铁路用地；
2. 机车、客车、货车、动车组和大型养路机械。

第4条 资产处置是指资产产权或使用权的转移（土地使用权变更和用途改变），包括出租、抵押、担保、置换、转让、出售及用于对外投资、合资、合作等。

铁路专项运输资产报废按现行规定办理，不适用本办法。

第5条 铁路局和铁路专业运输公司（以下简称部属运输企业）处置铁路专项运输资产，除铁路成建制或整体改革以及铁道部统一安排的铁路建设和生产力布局调整、设备调配外，均适用本办法。

第三章 职 责

第6条 铁道部运输局根据铁路运输生产力布局规划和运输生产情况，进行铁路专项运输资产处置前置审批。各部门分工如下：

1. 线路由运力资源策划部会同调度部、基础部、营运部办理。

2. 桥梁、隧道由基础部会同运力资源策划部、调度部、营运部办理。

3. 机车、客车、货车、动车组、接触网、电力贯通线(自闭线)由装备部办理,其中铁道部直属专业运输公司所属车辆还需会同营运部办理。

4. 大型养路机械由基础部办理。

5. 铁路用地由土地管理部办理。

第7条 铁路专项运输资产处置前置审批的重大事项由铁道部运输局提交部长办公会议研究确定。

第四章 程 序

第8条 部属运输企业处置铁路专项运输资产,须以文件向铁道部提出处置申请,铁路局由局长或主管副局长、铁路专业运输公司由总经理或主管副总经理签发。

第9条 资产处置申请要注明铁路专项运输资产的性质、现状、规模、经营情况、处置用途和处置原因,同时还应说明该资产在路网和运输生产中的地位和作用、与国家铁路相关资产的关系以及处置后可能对运输生产造成的影响等。

第10条 铁道部运输局对铁路专项运输资产处置前置审批后,以铁道部文件批复并抄送铁道部相关部门。业务涉及铁道部相关部门的,须会签后再批复。

第11条 铁道部未批准处置的铁路专项运输资产,部属运输企业不得处置。

第12条 铁路专项运输资产前置审批后,审批单位应对执行情况进行检查和监督。

第13条 部属运输企业处置铁路专项运输资产后,要将处置结果以文件上报铁道部。

第五章 附 则

第14条 国铁控股合资铁路的铁路专项运输资产处置比照本办法执行,由国铁出资人代表报铁道部进行前置审批。

第15条 铁路专项运输资产的处置按《铁路运输企业固定资产管理办法》和铁道部相关规定办理。

第16条 前发文电与本办法不符的,以本办法为准。

第17条 本办法由铁道部运输局负责解释。

第18条 本办法自发布之日起施行。

铁道部关于合资铁路利用既有铁路用地资产的处理意见

（铁运〔2006〕219 号　2006 年 12 月 7 日）

各铁路局，各专业运输公司，各客运专线公司（筹备组），太中银铁路公司筹备组：

为深化铁路投融资体制改革，促进合资铁路（含客运专线，下同）建设，规范铁路用地行为，维护国有土地资产运行安全，根据现行的法律法规和规章，现对合资铁路建设中涉及使用既有铁路用地提出以下处理意见，请按照执行。

一、合资铁路建设工程使用既有铁路用地时可采取以下方法进行资产处置：

（一）铁路用地资产折价作为铁路股份与其他铁路资产一并计入合资公司的股份，土地使用权由合资铁路公司持有。

（二）由其他投资者按铁路用地资产折股价格给予相应补偿后，作为其他投资者的出资与其他土地资产一并计入合资公司股份，土地使用权由合资铁路公司持有。

（三）由合资铁路公司租赁使用。

（四）符合法律法规规定的其他方式。

二、合资铁路公司建设中使用既有铁路用地，无论采取何种处置方式，均应对铁路用地进行资产评估，核定铁路用地资产价值。

三、各铁路局铁路土地管理机构应根据部、省协议或设计文件，与合资铁路公司相关部门共同协商，提出铁路用地资产划分意见，按程序确定合资铁路使用既有铁路用地面积数量。

四、合资铁路公司股东应根据铁路用地资产划分意见和确定的铁路用地面积数量，按照合资铁路公司的实际情况，确定使用铁路用地资产的处置方式并依法操作。

五、合资铁路公司使用的既有铁路用地，相关铁路局应严格按照铁道部《铁路用地资产处置规定》（铁运〔2006〕49 号）办理报批手续。未按国家和铁道部规定办理相关手续的不得处置铁路用地。

六、采用租赁方式使用铁路用地的，租金由铁路用地使用权人按有关规定收取。

七、合资铁路公司之间以及国铁利用合资铁路公司既有土地资产的，可参照本办法执行。

八、在提出铁路用地资产划分意见和确定铁路用地资产处置方案过程中出现的新问题和新情况应及时向铁道部（运输局土地管理部）反馈。

铁道部关于加强生产力布局调整和铁路改造工程关闭车站用地及改线用地管理的通知

(铁运函〔2006〕1109 号 2006 年 12 月 29 日)

各铁路局:

随着铁路跨越式发展的深入推进,铁路改造工程大规模进行,生产力布局调整逐步开展,致使关闭车站用地(含撤销的站、段、场用地)和线路改线后暂时空置的用地(以下简称改线用地)不断增多。为使关闭车站用地和改线用地的处理符合国家土地管理法律法规,符合国家铁路发展规划,防止土地资产流失,实现铁路用地的保值增值,现就加强关闭车站用地和改线用地管理工作通知如下:

一、提高认识,增强责任感和紧迫感

铁路用地是铁路运输生产的重要基础,是维护铁路运输安全的重要条件,是铁路经营的重要资产,是铁路改革与发展的重要资本。加强关闭车站用地和改线用地的保护、开发、利用和处置管理,对铁路部门遵守国家有关法律法规,促进和谐铁路建设,实施《中长期铁路网规划》,降低铁路建设成本,实现铁路用地资产保值增值,具有十分重要的意义。各铁路局要认清当前大规模铁路建设对土地的需求与我国土地资源极为紧缺的严峻形势,进一步增强依法用地、节约用地和集约用地的责任感和紧迫感,实行最严格的土地管理制度,加强关闭车站用地和改线用地的保护、开发、利用和处置管理。要坚决遏制粗放利用和浪费土地资源的错误做法,采取有效保护、合理开发、科学利用和规范处置等有力措施,提高关闭车站用地和改线用地的利用效率,充分发挥铁路用地在实施铁路跨越式发展战略中的保障和服务作用。

二、坚持原则,严格操作程序

要依照国家有关法律法规的要求,正确处理有效保护、合理开发、科学利用和规范处置之间的关系,坚持基本原则,采取灵活措施,严格操作程序,切实实现对关闭车站用地和改线用地的有效保护和高效利用。

(一)关闭车站用地和改线用地的保护、开发、利用和处置的基本原则

1. 运筹前置,科学规划。在研究生产力布局调整和铁路改造工程的初始阶段,要对可能出现关闭车站用地和改线用地的保护利用提前谋划,相关部门要认真研究,同步提出保护利用方案。对目前已经存在的关闭车站用地和改线用地要抓紧调查研究,尽快提出保护利用方案。在方案制定中,要结合铁路发展规划,根据依法用地、节约用地和集约用地的要求,科学规划用地方案,合理调整用地结构,有效配置用地资源,努力盘活用地资产,杜绝铁路用地资产的流失,防止铁路用地资源的浪费,全面提高关闭车站用地和改线用地的利用效益。

2. 满足运输需要，保证运输安全。在研究和实施关闭车站用地和改线用地保护利用方案时，必须始终把满足运输生产需要，保证运输生产安全放在第一位，处理好保护利用与运输安全的关系。对于铁路安全保护范围用地、铁路规划发展用地以及运输生产设施用地，未经铁道部批准不得进行开发和处置。

3. 显化资产价值，实现资产权益。关闭车站用地和改线用地的保护利用，必须明确铁路用地的资产性质和权益归属。凡采用转让、置换、作价出资入股、租借等方式或改变用途等行为，均需明确用地资产权属，评定用地资产价格，依法依规建立资产关系，维护铁路用地资产权益，实现土地资产价值。

（二）在符合国家法律法规及有关政策要求的前提下，关闭车站用地和改线用地的保护、开发、利用和处置可采取以下方式：

1. 铁路安全保护范围用地、铁路规划发展用地、战备用地以及运输生产设施用地，可采用修筑围墙、栅栏等方式予以保护，并加强巡查看守。

2. 宜林地段的用地，可作为铁路防护绿化林带或育林苗圃使用。

3. 有利于增强辅业单位生存发展能力和市场竞争能力的用地，在满足运输生产发展需要的前提下，经多元经营管理部门申请，按照有关规定程序批准，可优先交由铁路多元经营企业使用。

4. 铁路职工集中地区的用地，符合规定条件的可用于经济适用房建设。

5. 地方政府或地方企事业单位需要的用地，经协商一致，可采取转让、租借、置换、作价出资入股或其他法律法规规定的方式进行处置。

6. 对关闭车站用地，在未落实利用方案前，应先以修筑围墙、栅栏或派人看守等方式予以保护。

7. 确属核准报废的铁路可按照《中华人民共和国土地管理法》第五十八条规定办理。

除以上方式外，各单位可积极探索保护、开发、利用和处置关闭车站用地和改线用地的新思路、新办法。

（三）关闭车站用地和改线用地保护、开发、利用和处置的基本操作程序

1. 仍用于运输生产、铁路建设、国防战备或实施铁路路网规划的，不论面积大小或价值高低，均由铁路局根据有关规定自行审批并组织实施。

2. 交铁路多元经营企业使用的土地，要按照界定土地权属，显化土地资产价值，理顺土地资产关系，明确土地资产权益后，按照铁道部《铁路用地开发利用管理办法》（铁运〔2006〕198号）规定的程序操作。

3. 对与地方政府或地方企事业单位协商一致，采取转让、租借、置换、作价出资入股或其他法律法规规定的方式进行用地资产处置的，按铁道部《铁路用地资产处置规定》（铁运〔2006〕49 号）的程序办理。

4. 为解决职工住宅困难的经济适用房建设用地，按铁道部《铁路用地资产处置规定》（铁运〔2006〕49 号）办理。

5. 对地方政府要求按《中华人民共和国土地管理法》第五十八条规定办理的，应经铁路局充分论证，确认不再使用的，由铁路局申报，经铁道部核准报废后按规定办理。

三、明确责任，建立有效工作机制

铁路局要按照严格管理、科学利用、依法处置、规范操作的要求，确定主管领导，明确部门

职责，制定有效措施，建立有效机制，对关闭车站用地和改线用地进行严格管理。各部门要加强协作，密切配合，各负其责，切实做好关闭车站用地和改线用地的保护、开发、利用和处置工作。

总工程师室和相关部门应根据铁路发展规划，全面分析铁路改革和运输生产发展趋势，按照项目决策意图和投资效果，及时研究土地利用结构问题，适时制定铁路建设用地规划和调整利用方案建议，做好关闭车站用地和改线用地保护利用的相关工作。

运输部门在制定生产力布局调整方案时，要充分考虑用地结构和用地布局的合理性问题，结合铁路运输生产和改革发展实际，提出利用铁路用地的建议意见。

建设部门在建设期间要努力提高关闭车站用地和改线用地资源的利用效率，优化建设用地方案，降低工程建设造价，坚持加快铁路建设与强化铁路用地管理相结合，实行建管并重，提高投资效益和建设效率。

土地管理部门要适时介入生产力布局调整和建设工程前期及实施期的工作，结合铁路用地分布和结构等特点，对关闭车站用地和改线用地的保护措施进行指导、监督、检查；对开发、利用方案以及土地权属和使用状况提出审查意见；指导和帮助相关单位依法开展关闭车站用地和改线用地的开发利用工作并组织监督检查；同时要加大对铁路用地的管理力度，按照职责要求，依法做好铁路用地资产处置相关手续的办理工作。

财务部门要按照国有资产管理的相关规定，与铁路土地管理部门密切协作，切实做好关闭车站用地和改线用地资产的监管工作，维护铁路用地资产权益。

铁路多元经营管理部门应主动了解生产力布局调整方案和既有铁路改造工程建设情况，积极开展关闭车站用地和改线用地的市场调研、投资分析和科学评估；对有利于增强辅业单位生存发展能力和市场竞争能力的土地，要及时研究提出开发利用计划报有关部门和上级机关；对经批准的开发利用项目组织实施并配合做好土地管理工作。

四、严格纪律，落实责任追究制度

关闭车站用地和改线用地的保护、开发、利用和处置政策性强、涉及面广、操作难度大，各单位和有关部门各级领导要严格按照法律法规和政策规定办事，保证操作规范、程序合法。对因盲目开发、无效利用、擅自处置造成资产贬值和重大经济损失的；对因管理不善，保护不力导致铁路用地资产流失，产生不良后果的；对在铁路用地处置上弄虚作假、玩忽职守、滥用职权、徇私舞弊的，由上级机关或其所在部门追究主管领导和直接责任人的责任。构成犯罪的，依法追究刑事责任。

铁道部土地管理办公室关于印发《铁路建设项目竣工建设用地验收交接实施办法》的通知

（土办〔2002〕1号 2002年11月14日）

各铁路局，各合资铁路公司，各监理公司，各设计院，部建设开发中心、设计鉴定中心、工程管理中心、档案史志中心：

为做好铁路建设项目竣工建设用地验收工作，保证建设项目用地交接完整、准确、规范地进行，现印发《铁路建设项目竣工建设用地验收交接实施办法》（暂行），请按照执行。

铁路建设项目竣工建设用地验收交接实施办法（暂行）

第一章 总 则

第一条 为规范铁路建设项目建设用地验收交接工作，根据有关法律、法规和《铁路建设项目竣工验收交接办法》（铁建设〔2001〕117号，制定本实施办法。

第二条 凡新增固定资产的铁路建设项目，固定资产移交铁路运输企业以及铁路更新改造等其他建设项目涉及新征（拨）用地的验收交接均按本实施办法执行。采取其他方式取得使用权的建设用地验收交接按国家有关法律、法规的规定并参照本实施办法执行。

第三条 铁路建设项目建设用地验收交接，一般应与铁路建设工程的验收交接同步进行。如需单独进行，建设、施工单位应与接管单位的土地管理部门协商一致，并报上级主管部门批准。

第四条 铁路建设项目建设用地验收交接的依据是：经审查批准的设计文件（包括变更设计）和经有批准权限人民政府批准的用地文件。

验收交接时，原则上不上新增项目，如确属设计漏项或为确保运输生产及行车安全需增加的项目，经设计单位确认，建设单位审定后报主管部门批准可予增列。新增项目不应视作未完工程，不影响验收工作正常进行。

第五条 铁路建设项目建设用地验收交接的标准是：权属合法、界址清楚、面积准确、资料齐全、手续完备。

第六条 铁路建设项目建设用地验收交接，技术性、专业性、政策性较强，涉及面广，接管单位土地管理机构应提前介入，配合建设、施工单位搞好铁路建设项目建设用地工作。

第二章 验收交接的程序和做法

第七条 铁路建设项目建设用地验收交接的程序：

一、申请验交。铁路建设项目基本完成时,施工单位应按承包合同的要求和铁路建设项目的设计要求以及本实施办法规定的验收交接的标准,进行自查自验,确认铁路建设项目的建设用地已具备铁道部《铁路建设项目竣工验收交接办法》规定的验收条件后,即可纳入整个建设项目的竣工范围,按铁道部《铁路建设项目竣工验收交接办法》的规定向项目建设单位报送《竣工申报表》(铁验表—1)及竣工决算有关材料。

二、发送文件。施工单位在向建设单位报送《竣工申报表》(铁验表—1)的同时或在现场初验7个工作日前,各接管单位的土地管理部门以及有关单位送发建设用地竣工文件和有关资料。

三、申验核查。建设单位接到施工单位《竣工申报表》后,需组织设计、施工、监理等有关部门对铁路建设项目的建设用地进行核查。核查内容:工程是否按建设项目的设计文件征用土地;是否依法用地;是否符合验收标准;竣工文件是否按本实施办法规定编制。对已具备验收条件的,由建设单位将建设用地纳入整个建设项目的验收范围,向负责组织初验工作的单位报送《初验申报表》(铁验表—2)。对尚未达到验收条件的项目,要求施工单位限期完成。

四、成立组织。负责组织初验工作的单位收到《初验申报表》,经审核确认铁路建设项目建设用地达到验收标准后,报请建设项目主管部门(铁道部或铁路局、项目业主)组建初验委员会,同时组织由建设、设计、施工、接管单位及县级以上人民政府土地管理部门共同参加的铁路建设项目建设用地专业验收小组,并确定验收交接工作计划和方法。建设用地专业验收小组由负责组织初验工作的单位或建设单位派员任组长。

五、现场初验。铁路建设项目建设用地专业验收小组在初验委员会领导下,对铁路建设项目建设用地进行初验,并填写《初验专业小组记录表》(铁验表—3)交初验委员会。

初验委员会组织审查铁路建设项目建设用地专业验收小组提报的《初验专业小组记录表》,对有争议的问题进行协调处理,对存在的问题明确提出处理意见、整改期限、复验时间和方法,届时再组织复检,不得将问题遗留到正式验收阶段;同时将该项目建设用地验收情况,纳入初验报告。

六、工程接管。初验合格的建设项目,按照初验委员会确定的时间,建设、施工单位与接管单位的铁路土地管理机构就铁路建设项目的建设用地和建设用地的竣工文件进行交接,填写《铁路建设项目建设用地竣工文件交接清单》(附件一)。接管单位的铁路土地管理机构自交接之日起负责该项目建设用地的临时管理工作。对临管期间出现或发现的用地问题,由建设单位、施工单位会同接管单位共同处理。

七、正式验收。正式验收委员会对铁路建设项目进行正式验收后,属大中型建设项目的填写《验收证书》,属小型建设项目或单项工程的填写《竣工验收交接记录表》(铁验表—5)。建设、施工单位应与接管单位铁路土地管理机构办理《铁路建设项目建设用地竣工交接单》(附件二)。

八、固资交接。接管单位应在正式验收后6个月内,根据竣工决算和铁路土地管理机构出具的认可文件《铁路建设项目建设用地竣工交接单》,完成固定资产的组成工作。铁路土地管理机构未出具《铁路建设项目建设用地竣工交接单》的,不予办理固定资产入账手续。

第八条 铁路基本建设工程建设用地验收交接的做法:

一、内业检查。接管单位土地管理机构根据初验前对铁路建设项目竣工文件和有关资料审阅情况,在听取项目建设、施工单位介绍工程概况后,对铁路建设项目建设用地竣工文件和有关资料,按本实施办法规定的验收交接标准,进行全面检查核对。

1. 检查铁路建设项目的建设用地是否符合法律、法规的规定。

2. 检查征用土地的批准文件及竣工文件是否符合国家有关法律、法规的规定。

3. 检查铁路建设项目建设用地竣工文件和有关资料是否齐全、完整、规范，是否符合本实施办法规定的文整要求。

4. 检查铁路用地总平面图是否符合本实施办法规定的绘制要求。

5. 检查铁路建设项目建设用地是否存在重复征用或漏征。

6. 核对数据：

(1)核对铁路建设项目征用土地的申请及批准文件，铁路建设项目征用、划拨、回收和以其他方式依法取使用权的土地补偿、青苗补偿、拆迁建筑物、构筑物和其他相关的协议书，《铁路建设用地、青苗及拆迁建筑物补偿费清册》(建交—6)，《铁路用地界桩表》(建交—7)，铁路用地总平面图等的用地数据是否一致。

(2)核对铁路建设项目征用土地时，是否按国家规定交纳了各种税(费)。

(3)核对《铁路建设用地、青苗及拆迁建筑物补偿费清册》与收(付)款凭证的金额是否相同。

(4)核对《铁路用地界桩表》的计算数据是否准确。

(5)检查核对《铁路用地界桩表》与铁路用地总平面图标绘的界桩点位和数据是否一致。

(6)检查《铁路建设补充耕地及交纳开垦费清册》(建交—28)所填写的数据、内容是否符合国家法律、法规或规章的规定。

二、外业检查。外业检查是在内业检查的基础上，以铁路用地总平面图和《铁路用地界桩表》为依据，实地进行全面或随机检查核实。

1. 检查核实铁路用地总平面图与建设用地的实际是否一致(包括线路、建筑物、构筑物、里程、各行政界线及各种标志等)。

2. 检查核实现场界桩与《铁路用地界桩表》和铁路用地总平面图的位置、数量是否一致；界桩埋设方法和制作质量是否符合要求(附件三、四)。

3. 检查核实铁路建设项目的建筑物、构筑物是否超出用地范围。

4. 检查核实铁路用地范围内有无路外或设计文件以外的非交接的建筑物、构筑物、种植物。

5. 检查铁路建设项目临时用地及建设、施工单位所签定的有关协议是否已按协议履行。

三、交换意见。对在内、外业检查中发现的问题，建设、设计、施工单位与接管单位土地管理机构共同协商解决办法。对无法解决或解决有困难的问题，提交初验委员会处理。

四、填写《初验专业小组记录表》。根据验收情况，建设用地专业验收小组应及时填写《初验专业小组记录表》报验收委员会。在验收中发现的问题应如实反映在“质量情况”和“存在问题”栏内；解决问题的办法、有关单位下一步的工作内容、整改时限和具体要求以及复验的时间填写在小组意见栏内。对未能统一认识的问题应另附纸张写明，随《初验专业小组记录表》交初验委员会。

五、办理交接。依据验收委员会确定的正式交接时间，建设、施工单位与接管单位的土地管理机构在《铁路建设项目建设用地竣工交接单》上签字盖章。铁路建设项目的建设用地，从双方在《铁路建设项目建设用地竣工交接单》上签字盖章之日起，正式交由接管单位管理。交接单位财务部门据此正式办理固定资产转账手续。

第三章　竣工文件的组成与内容

第九条　铁路建设项目建设用地竣工文件是铁路用地管理的重要依据，其内容和标准应符合国家建设用地管理法规的规定。

第十条　铁路建设项目建设用地竣工文件的组成：

一、铁路建设项目建设用地小结和竣工文件的编制说明。

二、铁路建设项目的批准文件。

三、铁路建设项目建设用地的批准文件。

四、铁路建设项目征用、划拨、回收和以其他方式依法取得使用权的土地补偿、青苗补偿、拆迁建筑物、构筑物和其他相关的协议书。

五、铁路建设用地、青苗及拆迁建筑物补偿费清册（建交—6）。

六、铁路建设补充耕地及交纳开垦费清册（建交—28）。

七、收（付）款凭证。

八、铁路用地界桩表（建交—7）。

九、铁路用地总平面图。

十、铁路用地总平面图底图。

十一、铁路建设项目建设用地的耕地占用税完税证明或免税通知单。

十二、铁路建设项目用地、拆迁及各项补偿全部完结结案表（建交—27）。

十三、国有土地使用证。

十四、国有土地使用证清册（附件五）。

第十一条　铁路建设项目建设用地竣工文件的内容：

一、铁路建设项目建设用地小结和竣工文件的编制说明。铁路建设项目竣工应对铁路建设项目建设用地情况进行总结，对编制铁路建设项目建设用地竣工文件做出说明。

1. 铁路建设项目的基本情况。包括工程名称、设计单位名称、施工单位名称、开竣工日期等。

2. 铁路建设项目建设用地和拆迁工作基本情况。包括建设用地总数量，（其中需说明征用农村集体土地、划拨国有土地、回改铁路既有用地数量）；各种地类（如耕地、菜园、鱼塘、果林等数量）及各类用地在各行政区域分布情况；拆迁建筑物、构筑物和管线改移数量。

3. 工程建设过程中出现的问题（包括林业、水利、文物、环保、水土保持等）以及问题处理的情况。

4. 需要说明的其他事项。

二、铁路建设项目批准文件

1. 国务院、国家计委、铁道部、铁路局或县级以上人民政府有关部门下达的建设项目任务书及批准文件。

2. 其他有关建设项目立项、设计、审查以及变更的文件、资料。

三、铁路建设项目建设用地批准文件。

1. 县级以上人民政府批准的《国家基本建设工程征（拨）用土地呈报表》。

2. 县级以上人民政府规划、土地行政管理部门签章的建设项目征地图（应与《国家基本建设工程征［拨］用土地呈报表》相配套）。

3. 国务院、国家计委、县级以上人民政府签发或县级以上人民政府与铁路建设主管部门联合签发的有关建设用地和工程拆迁的文件(包括纪要、通知、协议、抄告单等)。

4. 有批准权限的人民政府的农用地转为建设用地的审批文件及资料。

5. 县级以上人民政府颁发的《建设用地许可证》和《规划用地许可证》。

6. 有资质评估机构出具的并经省级以上土地行政管理部门批准的是否压覆重要矿床证明材料或矿产评估报告和地质灾害评估报告。

7. 政府林业、水利、文物、环保等行政主管部门的审批文件。

四、铁路建设项目征用、划拨、回收和以其他方式依法取得使用权的土地补偿、青苗补偿、拆迁建筑物、构筑物和其他相关的协议书。

1. 协议书应符合《中华人民共和国合同法》的规定。协议双方应签章,法定代表人或委托代理人应签字盖章。

2. 协议书必须写明铁路建设项目建设用地的种类,被拆迁建筑物、构筑物或其他附着物的名称、数量、质量、价款、履约期限、地点、方式以及违约责任等。

3. 其他相关的协议书包括建设、施工单位就涉及占用林地、文物保护、水利设施、水土保持和环保措施等情况,以及就补偿方式、补偿内容,处理情况等与相关单位所签定的协议。

五、铁路建设用地、青苗及拆迁建筑物补偿费清册。

1. 清册必须按规定格式填写,收款单位(领款人)及经办人应签字盖章。

2. 清册包含涉及占用林地、文物保护、水利设施和环保措施等事项的补偿情况。

六、铁路建设项目补充耕地及交纳开垦费清册。铁路建设项目依照《中华人民共和国土地管理法》的规定,根据建设项目所占井地数量和质量标准,按照省、自治区、直辖市的计划所开垦耕地的情况以及没有条件开垦耕地或开垦耕地不符合要求而交纳开垦费的情况表。铁路建设项目补充耕地及交纳开垦费清册应由当地县级以上人民政府土地管理部门签章。

七、收(付)款凭证

1. 收款凭证:是收款单位收到建设、施工单位付出各种款项后依据国家规定所开具的收款发票。

2. 付款凭证:是银行出具的由建设、施工单位用转账、信汇等方式付出各种款项凭证的留存联。

3. 收(付)款凭证原件在铁路建设项目完工后,随同建设用地竣工文件一并移交接管单位土地管理机构。

八、铁路用地界桩表。当地县级以上人民政府土地管理部门及原土地权属单位应加盖印章。

九、铁路用地总平面图。

1. 铁路用地总平面图是反映工程建设成果的重要图件,在主题上应全面反映工程竣工后的用地权属界限,各级行政境界线,土地利用现状、面积数量,必要的地物地貌。设计部门应根据铁道部《铁路用地地籍测绘办法》(土办[1992]7号)的要求,提供铁路建设项目征地图。建设、施工单位在铁路建设项目竣工验交时应依据铁路建设项目征地图,结合铁路建设项目建设用地情况,重新绘制建设用地竣工平面图;

2. 铁路用地总平面图的一般要求:

(1)比例尺一般选用1:1 000、1:2 000、特殊地区并单独成图的,可考虑选用1:500或1:5 000。

(2)标绘坐标方格,图幅四角附近的坐标方格网,应标注国家坐标系统坐标值。

(3)标绘省、县、乡、村各级行政境界线,标注省、县、乡、村名。

(4)标绘铁路用地界线。增建二线应标绘原有铁路用地界线和本次施工用地界线(本次施工用地界线在原有铁路用地界线以外的,为本次工程征用土地范围)。

(5)标绘界桩点,标注铁路线路中心(复线以下行线为准)至铁路用地界线的垂直距离和竣工里程(采用分数表示,分母表示线路竣工里程,分子表示界桩点至线路中心垂直距离);增建二线如原既有铁路为上行线或原既有铁路在施工中被拨动或拆除时,应准确地将铁路用地界线的垂直距离换算到下行线路中心,并在图面适当位置标注原既有铁路与新增下行线路的间距。

特殊用地(如独立生活区、生产区及大中型站场等)应标绘设计基线至铁路用地界线的垂直距离和基线里程(标注方式同前),并在图面适当位置标注设计基线与相邻线路间距数据。

(6)标绘竣工里程百米标和路堤、路堑、曲线起终里程以及曲线要素,桥、隧、涵、车站、平立交道、进站信号机等应标注中心里程并加注施工里程。竣工里程标注在下行线右侧,施工里程标注在下行线左侧。

(7)铁路车站单独出图,标注车站中心里程并加注施工里程(车站范围以车站两端进站信号机为界)。

(8)图幅宽度一般为40~42 cm,长度不限,图幅拼接线应标注竣工里程;绘图宽度至少绘出铁路地界外不少于2 cm,并标注地形植被符号和毗邻单位名称,标绘铁路建筑物和构筑物。

(9)为保证图件主题明确,铁路用地界内一般不标绘等高线和与线路平行的管线。

(10)图中应有图名、图标、图廓等,在图件右上角应列出全幅图内征用、划拨、回收和农用地转为建设用地的土地数量以及各种地类,并列出在各行政区内面积数量汇总表,汇总表下方,图标上方应标出图例和说明。

(11)在图幅起讫处以及图标或汇总表上加盖当地县级以上人民政府印章,粘贴处加盖骑缝章;图幅长度超过一米,应在图中适当位置加盖印章。

十、铁路用地总平面图底图。底图须加盖当地县级以上人民政府印章。

十一、铁路建设项目建设用地的耕地占用税完税证明或免税通知单。通知单须由当地人民政府税务机关出具手续完备、具有效力的原始件。

十二、铁路建设项目用地、拆迁及各项补偿全部完结结案表。结案表由建设、施工单位及原权属所有者当地县(市)人民政府和土地管理部门签署意见后加盖印章。

十三、《国有土地使用证》是铁路建设项目建设用地的法律凭证,由建设单位负责,施工、接管单位配合并以接管单位名义领取。《国有土地使用证》随建设用地的竣工文件,同时移交接管单位土地管理机构。

十四、国有土地使用证清册。清册应按起讫里程顺序依次填写。

第四章　竣工文件的文整要求

第十二条　铁路建设项目建设用地竣工文件应做到分类清楚、编目明确、标题准确、书写工整、编号有序、周边整齐、装订美观。

第十三条　铁路建设项目建设用地竣工文件不得使用圆珠笔、铅笔、易于退色的墨水、单面或双面复写线。图件不得使用复印件。

第十四条 竣工文件装订顺序：

1. 封面。
2. 卷内目录。
3. 铁路建设项目建设用地小结和竣工文件的编制说明。
4. 铁路基本建设工程批准文件。
5. 铁路建设项目建设用地批准文件及办理农用地转用的审批手续。
6. 铁路建设项目征用、划拨、回收和以其他方式依法取得使用权的土地补偿、青苗补偿、拆迁建筑物、构筑物和其他相关的协议书。
7. 铁路建设补充耕地及交纳开垦费清册；
8. 铁路建设用地、青苗及拆迁建筑补偿清册。
9. 收(付)款凭证。
10. 铁路建设项目建设用地界桩表。
11. 铁路建设项目建设用地耕地占用税完税证明或免税通知单。
12. 铁路建设项目用地、拆迁及各项补偿全部完结结案表。
13. 铁路建设项目建设用地竣工交接单。
14. 备考表。

第十五条 铁路用地总平面图、铁路用地平面图底图、县级以上人民政府批准的征地图和国有土地使用证不与其他竣工文件一起装订。

第十六条 铁路建设项目建设用地平面图应按 GB 10609. 3—89《技术制图复制图的折叠方法》规定折叠，折叠尺寸为 297 mm×210 mm，图纸折叠时应按 210 mm 折成手风琴式，然后再折成 297 mm，图纸折好后图标应外露。

第十七条 铁路用地总平面图底图，用牛皮纸包好，写明图名、内容和张数。

第十八条 竣工文件装订时，应剔除易锈物(大头针、回行针、订书钉等)，纸张破裂应用胶水或透明胶带修补，但不得用浆糊等易霉物粘贴。

第十九条 竣工文件一般采用 A4 尺寸纸张，小于 A4 尺寸的应粘贴在 A4 纸张上。竣工文件应用蜡线绳或尼龙细线在左侧装订，装订处不压字、不脱页，装订线空虚处用硬纸条垫平，防止形成斧头形，装订厚度控制在 15～20 cm 之内。

第二十条 竣工文件应按竣工里程的前后顺序排列，难以按里程顺序排列的，可按站序或时间先后排列。

第二十一条 竣工文件整理一式四套，其中正本(原件)一套，副本三套，向接管单位土地管理机构移交。

第五章 附 则

第二十二条 各铁路局可依据本实施办法制定实施细则。

第二十三条 本实施办法自发布之日起施行。

第二十四条 本实施办法由铁道部土地管理办公室负责解释。

附件一:

铁路建设项目建设用地竣工文件交接清单

__________线__________段　　　　　　　　　　　　　　　　　　　　年　　月　　日

序　号	项　　目	交 接 情 况	备　　注

移交单位:　　　　　经办人:　　　　　接收单位:　　　　　经办人:

附件二:

铁路建设项目建设用地竣工交接单

由__________________设计,__________________作为建设单位,______________承建的______________铁路______________段K　　+　　至K　　+　　(含________________站),项目建设用地经验收合格,建设用地竣工文件已交接完毕。从即日起该项目建设用地正式由____________________接收管理。

移交单位:　　　　　　　　　　　　　　接管单位:

负 责 人:　　　　　　　　　　　　　　负 责 人:

经 办 人:　　　　　　　　　　　　　　经 办 人:

交接时间:　　　年　　月　　日

附件三:

铁路地界标制作及埋设方法

1. 铁路地界标(桩)尺寸为140(长)×100(宽)×800(高)mm。

2. 铁路地界标(桩)采用C25混凝土;钢筋配置详见《铁路地界标(桩)实样图》;混凝土保护层为20 mm。

3. 铁路地界标(桩)正面为阴文路徽,背面为阴文"界"字。正面朝线路中心。

4. 铁路地界标(桩)为白色,阴文及路徽为黑色。

5. 铁路地界标(桩)埋设在铁路地界线上和地界拐点处。埋设间距直线为50 m,100 m和150 m,曲线为40 m、60 m和80 m。

6. 铁路地界标(桩)埋深为500 mm。埋设铁路地界标(桩)时用C15混凝土维护加固。

附件四：

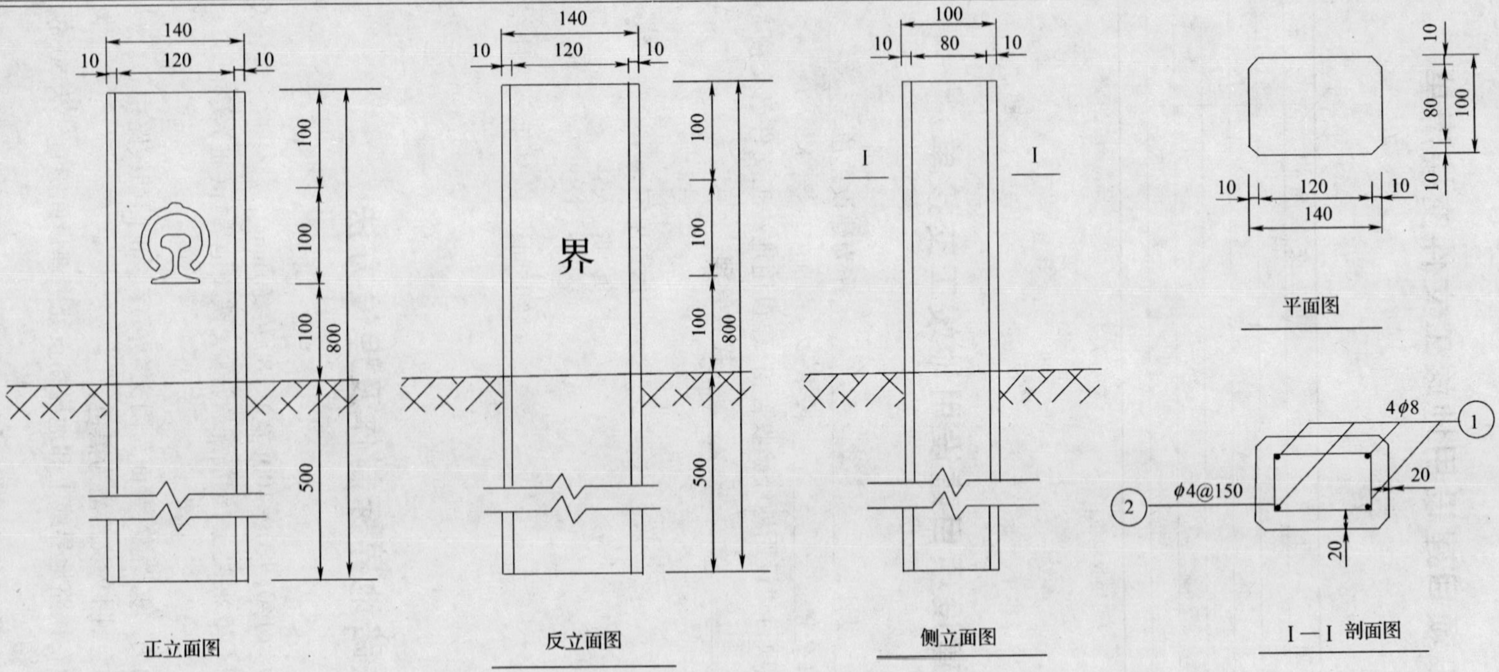

钢筋表

	根数	直径 (mm)	长度 (mm)	总长 (mm)	重量 (kg)
1	4	8	760	3040	1.201
2	5	4	550	2200	0.219

注：界桩采用C25混凝土，每根界桩混凝土数量0.011立方米，钢筋1.42公斤。

铁路地界标(桩)实样图

附件五：

国有土地使用证清册

＿＿＿＿线＿＿＿＿段 自＿＿＿＿至＿＿＿＿ 年 月 日

序号	起迄里程		行政区划（省、市、县）	用地面积（平方米）	土地证号	发证机关	备注
	统一里程	施工里程					

移交单位： 经办人： 接管单位： 经办人：

铁道部运输局关于进一步做好铁路用地资产处置报批和备案工作的通知

（运地管理〔2004〕250号 2004年7月14日）

部属各单位：

《铁路用地资产处置规定》（暂行）（铁运〔2003〕71号）印发后，部属各单位按照文件规定要求，认真做好铁路用地资产处置工作，对保护好、利用好、管理好铁路用地起到了积极作用。但有些单位在进行铁路用地资产处置申报时，尚存在一些问题：一是申报材料不完备、不规范，缺少相关内容和必要的附件，有的申报表手写填报、字迹潦草，装订散乱不合规格。二是有的请示文件以铁路局名义申报，但申报表却以铁路分局名义报送，有的请示文件内容与申报表和其他相关附件不符。三是由铁路局审核批准的铁路用地资产处置材料没有按规定报部备案。

为认真执行《铁路用地资产处置规定》，规范铁路用地资产处置行为，严肃铁路用地资产处置管理，现对进一步做好铁路用地资产处置报批和备案工作通知如下。

一、铁路用地资产处置项目报部审批，须符合以下要求：

1. 呈报请示文件（报铁道部一份，抄送部运输局土地管理部两份）。请示文件主要内容包括铁路用地资产权属情况、使用状况、处置理由、拟处置方式、处置价格、效益分析等；文后列出附件（申报表及相关材料）名称。

2. 呈报申报表及相关材料一式五份（申报表格式从部局域网下载）。

3. 请示文件和申报表采用A4纸打印，均以铁路局（含铁路专业运输公司、铁科院，下同）名义呈报。

4. 申报表中所列栏目除“铁路局各部门意见”外，一律打字填写，栏目空白时应注明理由；“附图”栏应填报拟处置土地的宗地图复印件和规划图复印件（“附图”栏难以容纳时，另附完整图件），复印件中须用红线准确标注拟处置地块并加盖铁路分局或铁路局土地管理部门印章；拟处置地块土地使用证复印件和土地评估报告作为申报表附件一并呈报；“铁路局各部门意见”栏应签署明确意见并加盖单位印章，空缺时应注明原因。

5. 与铁路用地资产处置相关的协议（合同）、纪要、规划（计划）批准文件、工程批准文件等材料应作为请示文件的附件一并呈报。

对于不符合《铁路用地资产处置规定》和以上要求的申报，部将予以退回。

二、铁路用地资产处置项目报部备案，须符合以下要求：

1. 凡铁路局依《铁路用地资产处置规定》划定的权限审核批准的铁路用地资产处置项目，均应报部（运输局土地管理部）备案。

2. 报部备案材料包括：铁路局批准文件、下属单位请示、申报表及相关材料各一份。

3. 铁路局批准的铁路用地资产处置项目，应于批准之日起十五日内报部备案。

铁道部运输局、财务司关于慎重确定铁路“闲置土地”的紧急通知

(运地管理电〔2004〕94号 2004年11月18日)

各铁路局:

为防止铁路用地资产流失,现就涉及确定铁路“闲置土地”的有关事项紧急通知如下:

1.“闲置土地”是指:土地使用者依法取得土地使用权后,未经原批准用地的人民政府同意,超过规定期限未动工开发建设的建设用地。根据法律规定,“闲置土地”闲置达一年以上的应交纳闲置费,二年以上的由县级以上人民政府无偿收回用地单位的土地使用权。因此铁路局、铁路分局在认定“三类资产”中“闲置土地资产”时,必须由财务部门与土地管理机构按照《中华人民共和国土地管理法》第三十七条和《中华人民共和国城市房地产管理法》第二十五条规定共同确定。

2. 对地方政府国土资源管理部门认定的铁路“闲置土地”,铁路局、铁路分局财务部门和土地管理机构应按照《中华人民共和国土地管理法》、《中华人民共和国城市房地产管理法》和国有资产管理的有关规定进行核查。确属“闲置土地”的,应严格按照法律的规定办理;对不属于“闲置土地”的,应主动向地方政府国土资源管理部门说明情况、讲清道理,采取有效措施,维护铁路权益。

3. 各单位要树立依法、科学、规范用地的观念,对造成铁路用地闲置和铁路用地资产流失的,应追究有关领导和责任人的行政责任。

4. 铁路局、铁路分局要依据“铁路用地使用状况调查”的结果,全面掌握铁路用地的实际状况,对可利用的铁路用地要全面规划、统筹安排、制定开发利用方案,采取有效措施,发挥铁路用地的社会经济效益,确保铁路用地资产的保值增值。

5. 各单位要认真执行上述通知要求,在执行中遇到的问题应及时向部运输局土地管理部报告。

铁道部运输局关于认真贯彻刘部长严格土地管理重要批示的通知

（运地管理〔2005〕149 号 2005 年 5 月 5 日）

各铁路局，青藏铁路公司，中铁集装箱、特货、行包公司，铁科院：

近日，刘志军部长在运输局情况汇报上批示："请你们组织有关部门认真研究，实行最严格的土地管理办法，确保铁路用地不流失"。刘部长的重要批示，强调了铁路土地管理的根本性任务是"确保铁路用地不流失"，提出了实现任务的途径是"实行最严格的土地管理办法"。这一批示体现了部领导对铁路用地管理工作的高度重视，是指导铁路用地管理工作的根本指南。为学习和贯彻落实刘部长重要批示精神，现就有关问题通知如下：

一、认真学习贯彻刘部长的重要批示。各单位要认真学习刘部长的重要批示，充分认识在铁路改革进入关键时期对铁路用地实行最严格管理办法的极端重要性和紧迫性；通过学习，全面提高铁路用地的资产意识和加强铁路用地管理的责任意识，增强依法用地、集约用地和科学用地观念。各单位要切实加强对铁路用地管理工作的领导，紧密结合铁路局直管站段体制改革的实际，认真查找铁路用地管理工作中的薄弱环节和体制性、制度性问题，深入研究新体制下理顺铁路用地管理体制，实行最有效、最严格的土地管理制度的办法和措施，建立严格铁路用地管理的长效机制，全面提高服务运输生产的水平和保障铁路各项改革的能力。

二、开展铁路用地执法监察"回头看"活动。按照刘部长批示精神，各单位要在去年铁路用地管理执法监察的基础上，用两个月左右时间，组织开展铁路用地管理执法监察"回头看"活动。活动的重点，一是铁路用地管理体制不顺、性质不明、职责不清、管用不分、力量不足问题的解决情况；三是 2004 年以来铁路用地处置情况（含地方政府无偿收回和铁路用地转让、置换、联营、联建、作价入股、抵押等）；三是铁路线路安全保护区内违章建筑的清理情况。各单位要采取措施，防止铁路用地执法监察中查出的问题出现反弹，对出现的问题不纠不改的，要严肃批评责令从速改正；对"回头看"中查出的问题，要结合铁路局直管站段体制改革的实际抓紧处理。要按照国务院《信访条例》的规定做好土地信访工作，对举报、投诉线索，要认真组织调查，对查实的违规违纪行为必须依照有关规定处理，决不能姑息迁就放任不管。

三、强化铁路用地管理部门职能。要认真贯彻落实铁道部《关于调整有关铁路局行政机关限额内机构编制的通知》（铁劳卫〔2005〕48 号）和《关于加强铁路用地管理工作的意见》（铁运〔2004〕100 号）文件精神，按照铁路局直管站段体制改革的要求，以保证运输生产需要为重点，以实现土地资产保值增值为目标，构建有效的管理体制，建立科学的工作机制，制定严密的规章制度，执行严格的考核办法，积极推进铁路用地从资源管理向资源和资产并重管理转化，从简单的使用管理向市场型经营管理转化，从被动的跟踪式管理向主动的综合式管理转化，从静态粗放型管理向动态集约型管理转化。实现铁路用地管理体制的统一，规章和技术标准的统一，工作程序的统一，管理方式的基本一致。对因机构设置不合理、人员配备不齐整、岗位责任不明确、规章制度不健全，使得铁路用地管理工作不到位，造成铁路用地流失的要严肃追究领导的责任。

四、严格铁路用地资产处置。要从铁路改革的大局出发,正确处理全局与局部、主业与辅业、运输生产与多元经营的辩证关系,严格按照国家有关法律法规规划好、保护好、利用好铁路用地。铁路用地资产处置属运输企业经营管理的重大事项,必须经过科学决策和集体讨论决定,不得领导个人说了算,杜绝"暗箱"操作,严禁变通处理。要根据国有资产管理的有关规定,建立过错纠正和责任追究制度以及上级部门对下级部门的监督检查机制;对越权审批、违法用地、违章处置、违规操作等行为必须及时查纠、严肃处理;从体制上、机制上、制度上规范铁路用地的管理、使用、开发、建设和经营行为。为加强铁路用地资产的管理,现重申:

1. 凡涉及土地权属变更、土地经营开发和土地资产处置,必须严格按遵照铁道部《铁路用地资产处置规定(暂行)》(铁运〔2003〕71 号)和《铁路企业改制土地资产处置操作暂行办法》(铁运〔2004〕101 号)等规范性文件明确的批准权限和操作程序进行,各单位要采取措施,严防有法不依、有章不循和"化整为零"、"先斩后奏"等行为的发生。

2. 铁路安全保护用地、铁路规划发展用地以及铁路线路、车站、货场、重点目标、运输生产和组织指挥机关等运输设施用地的权属变更,必须报铁道部审批;无偿转让铁路土地使用权到路外单位和个人的(包括地方政府无偿收回),也必须在事前报铁道部批准。未经铁道部批准,任何单位和个人无权擅自处理。

3. 临时出租、出借铁路用地,必须严格按照国家有关法律、法规和铁道部有关规定办理,期限最长不得超过五年,并由铁路用地管理机构逐年签订临时租、借协议书。临时承租、承借铁路用地的,不得在铁路用地上建造永久性建筑物。临时租、借期满后,可根据实际情况办理续租续借手续。在临时租、借铁路用地资产期间,因铁路建设需要,临时承租、承借者应无条件将所租、借的铁路用地腾还,铁路用地管理机构负责退还临时承租、承借者所缴纳剩余租、借期的租金和相关费用。一次租、借铁路用地期限超过五年的,必须按照《铁路用地资产处置规定(暂行)》(铁运〔2003〕71 号)规定的权限报批。

4. 为防止政出多门和多头管理,铁路多元经营企业和辅业企业所使用的铁路用地,须纳入铁路用地管理机构的统一管理。铁路用地管理机构应在全面、统一、依法和科学管理的基础上,根据铁路运输生产用地和铁路多元经营企业、辅业企业用地的不同特性,采用分类管理的方法,充分发挥铁路用地资产的社会效益、经济效益。未界定土地权属,未明确土地资产关系,未办理正常的报批手续,不得将铁路用地作为铁路多元经营企业和辅业企业资产划转。

各单位要在铁路局直管站段体制改革取得阶段性成果的基础上,结合本单位的实际,把刘部长的批示精神落实到提高认识统一思想上,落实到形成和完善工作思路上,落实到加强铁路用地管理的举措上,使铁路用地的资源和资产效益在铁路跨越式发展中得到充分发挥,为铁路各项改革奠定坚实基础。

铁道部办公厅转发国土资源部《关于铁路管理体制改革中办理变更登记有关问题的复函》的通知

（办运发〔2005〕51 号　2005 年 8 月 13 日）

各铁路局、青藏铁路公司：

现将国土资源部《关于铁路管理体制改革中办理变更土地登记有关问题的复函》（国土资函〔2005〕627 号）转发给你们。为依法、及时、顺利做好铁路管理体制改革中铁路土地变更登记工作，特提出以下要求：

一、各单位应根据铁路管理体制改革中撤销铁路分局、实行铁路局直接管理站段和生产力布局调整的实际，按照《土地登记规则》的规定，持有关成立、撤销、调整以及合并的文件资料，到原土地登记机关申请土地使用者名称的变更登记。

二、铁路管理体制改革中涉及的土地使用者名称变更登记，不进行权属调查和地籍测量。各铁路局应按国家土地管理局、国家测绘局、国家物价局和财政部发布的《土地登记收费及其管理办法》（〔1990〕国土〔籍〕字第 93 号）的有关规定执行，但免交权属调查和地籍测量相关费用。

三、在办理铁路土地使用者名称变更登记手续过程中出现的问题，相关单位要及时向铁道部报告；对涉及政策、技术、业务等方面的问题，也可请地方人民政府土地行政管理部门向国土资源部请示和咨询。

附件 1：

国土资源部关于铁路管理体制改革中办理变更土地登记有关问题的复函

（国土资函〔2005〕627 号　2005 年 8 月 2 日）

铁道部：

《关于请求对铁路管理体制改革中办理土地变更登记给予支持的函》（铁运函〔2005〕498 号）收悉。经研究，现函复如下：

在全国铁路系统管理体制改革中，因撤销铁路分局实行铁路局直接管理站段后，用地单位名称变更，且用地单位及土地权属和用途未发生变更的，改用地单位应按《土地登记规则》的规定，到原土地登记机关办理名称变更登记手续。

附件 2:

铁道部关于请求对铁路管理体制改革中办理土地变更登记给予支持的函

(铁运函〔2005〕498 号 2005 年 7 月 5 日)

国土资源部:

经国务院同意,全国铁路系统于今年 3 月 1 8 日起撤销铁路分局,实行铁路局直接管理站段的管理体制。此次改革是贯彻党中央、国务院关于铁路管理体制改革的指示,落实科学发展观和构建社会主义和谐社会,更好地为经济社会发展服务的战略举措。通过这次改革,将铁路沿用的铁道部—铁路局—铁路分局—铁路站段四级管理体制改为铁道部—铁路局—铁路站段三级管理体制,确立铁路局一级企业法人的体制,解决了铁路局、铁路分局两级法人以同一方式经营同一资产的问题,为释放和发展运输生产力创造了条件。

为全面实现改革目标,我部要求铁路各有关单位及时到县级以上人民政府土地管理部门办理土地使用单位名称变更登记,将土地使用者为铁路分局的铁路用地,变更登记为铁路局。但实际操作中一些地方要求铁路部门按照权属变更办理变更登记手续。我们认为此次土地变更登记仅为单位名称的变更,不涉及用地性质、用地方式和用途以及实际用地单位的改变,不应按权属变更对待。而且全国 50 多万公顷铁路用地,分布在各省、自治区、直辖市涉及面广、工作量大、情况复杂,如按权属变更登记,需进行权属调查和地籍测量,增加的成本将超过铁路的承受能力,不利于改革的深入发展。为顺利完成变更登记工作,特提出以下意见,希望你部在政策上和具体操作上给予必要的支持与帮助。

一、为及时办理土地变更登记手续,对原土地使用者为铁路分局的铁路用地,按铁道部关于撤销铁路分局或成立铁路局的决定,直接办理单位名称的变更登记手续。

二、本次变更登记,不进行权属调查和地籍调查,直接换发《国有土地使用证》。

三、为减轻国家铁路系统改革成本,本次办理变更登记手续时,按《土地登记收费及其管理办法》(〔1990〕国土〔籍〕字第 93 号)执行,但免收土地权属调查、地籍测绘费。

以上意见恳请予以研究,如无不妥,望行文各地执行。

铁道部运输局关于职工购买公有住房办理土地使用权证有关问题的复函

（运地管理〔2005〕314号 2005年8月19日）

乌鲁木齐铁路局：

你局《关于职工购置福利房需要完善房屋和土地产权手续有关问题的请示》（乌铁房函〔2005〕246号）收悉，经研究函复如下：

一、铁路职工按照国家住房制度改革的有关规定购买的公有住房，在办理国有土地使用证时，应按照国家有关法律、法规办理；国家有关法律、法规没有明确规定的，可按照地方性法规或地方省级人民政府规定执行。

二、铁路单位利用铁路用地进行商品房开发的，按以下规定办理：

（一）属2003年8月31日前开发完工的项目，现需办理铁路用地权属变更手续的，均应按铁道部《铁路用地资产处置规定（暂行）》（铁运〔2003〕71号）确定的权限，补办铁路用地处置手续。

（二）属2003年8月31日前开发未完工的项目和2003年9月1日后的开发项目，均应根据开发项目占用铁路用地的数量和土地评估价值，区分住宅用地和其他用地（含运输生产、辅助生产、文体娱乐设施等用地）的不同情况，认真合理地计算土地使用者权益金额返还路局，按会计制度规定进行财务处理，并按铁道部《铁路用地资产处置规定（暂行）》确定的权限报铁道部审核批准或备案。未按此办理的部将按有关规定予以查处。

铁道部运输局铁路信息化领导小组办公室关于印发《铁路用地管理信息化规划》的通知

（运地管理〔2006〕206号 2006年6月27日）

部属各单位:

依据《铁路信息化总体规划》(铁信息〔2005〕4号),部运输局土地管理部和信息办组织编制了《铁路用地管理信息化规划》,并于2006年2月28日通过铁道部组织的专家审查,现印发给你们,请认真贯彻执行。系统网络与具体软硬件配置等,在工程可研及初步设计时,按照铁路信息化技术架构,遵从资源共享原则,统筹考虑。

附件:

铁路用地管理信息化规划

（铁道部运输局、铁道部信息办 2006年6月）

1 前 言

土地是人类赖以生存的物质基础,是创造社会物质财富的基本保障。世界发达国家已采用高新技术对国土资源实施管理,迅速掌握有关土地的各种信息,针对国情及时做出正确决策,对土地开发利用实行有效控制。

为全面及时掌握铁路用地动态,迅速准确提供各类用地面积数量和权属变更情况,按期完成新建、扩建线路、站场的征地,加快铁路用地领证进度,节约集约利用铁路土地,规范铁路用地处置,及时处理土地纠纷,实时提供土地管理方面的法律、法规咨询,安全可靠保存各时期各种用地资料、图纸档案及国家和铁路土地管理部门的文件,真正实现铁路用地管理的现代化。

我国1978年开展全国土地资源调查,1986年开始筹建国土资源信息管理系统。目前已经开发了一些成型的软件,但都不适应铁路用地管理的一体化工作需要。

据统计,全路18个路局共管辖铁路用地约50万公顷,这不仅是铁路运输生产前提和基本要素,也是一笔巨大的资产。因此,保护好、开发好、利用好铁路用地,意义极为重大,对此,部领导也高度重视。目前,铁路用地管理处于粗放型人工管理状态,手段落后,无法满足部党组提出的“明确职责、制定办法、理顺关系、严格管理、保值增值,为铁路跨越式发展服务”的要求。因此,利用现代科技手段,建立计算机信息网络,以实现全面、准确、快速、科学的土地管理已迫在眉睫。

鉴于此,各路局根据发展和自身需要,自主开发了一些关于铁路用地管理的软件。但是由于缺乏统一规划、统一需求和统一组织,现有的铁路用地管理信息系统仍处于低层次的应用水平,铁路用地信息化建设也存在一些问题:一是没有进行系统的总体规划;二是各应用系统分散独立,信息资源难以共享,综合应用难以展开,整体效益难以发挥;三是各应用系统技术不规范、标准不统一,地域水平差异大。

随着铁路信息化和网络技术的发展,需要开发满足全路土地管理部门使用的智能信息化系统,实现技术标准、工作流程、管理手段的统一。

《铁路信息化总体规划》(铁信息〔2005〕4 号,以下简称《总体规划》)明确了铁路信息化的指导思想、建设原则、总体目标、体系结构和实施策略。为适应铁路跨越式发展对用地管理的需要,提高铁路用地使用效率,提升铁路用地管理水平,保证铁路运输安全生产,在《总体规划》指导下,铁道部运输局和信息办牵头组织铁道部信息技术中心、各铁路局编制了《铁路用地管理信息化规划》,该规划是按照《总体规划》部署和规定的体系结构进行土地信息管理的专项规划。

本规划适用于国家铁路以及与国家铁路联网运营的合资铁路、地方铁路土地系统的信息化建设。

2 发展战略

2.1 规划期限

近期规划:2006—2007 年

远期规划:2008—2020 年

2.2 规划依据

(1)《中华人民共和国土地管理法》(中华人民共和国主席第八号,中华人民共和国第九届全国人民代表大会常务委员会第四次会议于 1998 年 8 月 29 日修订通过)

(2)《中华人民共和国铁路法》(中华人民共和国主席令第三十二号,1990 年 9 月 7 日第七届全国人民代表大会常务委员会第十五次会议通过)

(3)《中华人民共和国测绘法》(中华人民共和国主席第 75 号,中华人民共和国第九届全国人民代表大会常务委员会第二十九次会议于 2002 年 8 月 29 日修订通过)

(4)《中华人民共和国土地管理法实施条例》(中华人民共和国国务院第 256 号令,1998 年 12 月 24 日国务院第 12 次常务会议通过)

(5)《中华人民共和国铁路运输安全保护条例》(中华人民共和国国务院令第 430 号,2004 年 12 月 22 日国务院第 74 次常务会议通过)

(6)《铁路用地管理办法》(国土〔建〕字〔1992〕第 144 号)

(7)《土地登记规则》1995 年 12 月 18 日国家土地管理局发布

(8)《城镇地籍调查规程》TD1001—93

(9)《地籍测绘规范》CH5002—94

(10)《铁路用地管理手册》

(11)《铁路信息化总体规划》(铁信息〔2005〕4 号)

(12)《铁路信息化十五发展计划》(铁计〔2001〕134 号)

(13)《中长期铁路网规划》(发改交运〔2004〕159 号)

(14)《铁路技术管理规程》(中华人民共和国铁道部令第 2 号)

(15)关于发布《铁路用地地籍测绘办法》的通知(土办〔1990〕7 号)

(16)关于印发《铁路建设项目竣工建设用地验收交接实施办法》的通知(土办〔2002〕1号)

(17)关于印发《铁路用地资产处置规定》的通知(铁运〔2006〕49号)

(18)《铁路主辅分离、辅业改制土地资产划分使用意见》(铁运〔2003〕118号)

2.3 指导思想

铁路用地信息化建设以科学发展观为指导,按照铁路跨越式发展战略的总体要求和《总体规划》确定的目标、原则、体系结构,围绕运输生产现代化主题,紧密结合土地管理工作的实际需要,通过加快信息化进程,实现铁路用地管理工作四大目标:确保铁路运输生产安全,服务铁路建设,服务铁路改革和发展,确保铁路用地保值增值。

在全路建成技术先进、结构合理、功能完善、管理科学、经济适用、安全可靠、具有国际先进水平的铁路用地智能信息化系统,实现《总体规划》确定的土地专业的相关信息化目标。

2.4 建设原则

(1)严格遵从《总体规划》确定的建设原则;

(2)采用先进、成熟、经济、可靠、适用的技术;

(3)注重融合和体现现代管理理念,适应生产关系的维护和改革发展;

(4)注重对已有系统成果的利用、优化和完善;

(5)充分利用已有资源,注重信息资源管理,形成信息资源共享平台,消除信息资源孤岛,发挥信息化整体效益。

2.5 总体目标

以铁路用地规划管理、地籍管理、建设用地管理、利用管理、资产处置管理、监察管理、综合管理、报表分析等为铁路用地信息化建设的重点,加强基础建设,整合既有资源。至2007年底,完成铁路用地管理信息系统管理层面系统开发和试运行,至2010年底完善管理层面系统功能,完成决策支持层面的开发和试运行,至2020年完善整个系统功能。在全路建成技术先进、结构合理、功能完善、管理科学、经济适用、安全可靠、具有国际先进水平的铁路用地智能信息化系统,实现《总体规划》确定的铁路用地管理信息化目标。

3 应用体系架构

铁路用地信息化体系结构图如图3-1所示。

3.1 体系结构

铁路用地信息化体系结构完全符合《总体规划》体系结构的要求。

管理层面,主要服务于各级土地管理部门的管理人员,以提高铁路用地基础信息收集效率和保障基础数据正确、全面、准确为目标,以科学、高效的计算机管理方法实现依法用地、科学用地、合理用地、节约用地为目标。

决策层面,主要服务于铁路用地管理层和领导层,以保障运输生产安全盘活土地资产存

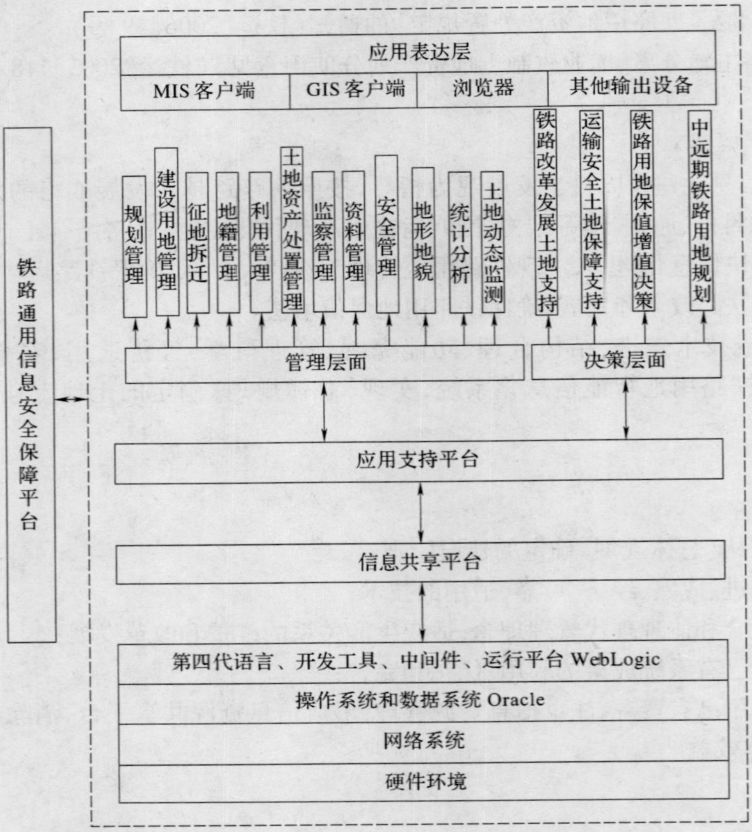

图3－1 铁路用地信息化体系结构示意图

量、节约利用土地、提高土地利用效率、创造土地最大效益为目标。

铁路用地管理业务应用层，是铁路用地信息化主要涉及的应用领域实现层。每个应用领域包含若干主要方面，每个主要方面由多个相关的信息系统支撑，信息系统下面包含各业务应用模块。信息系统、应用模块可以根据发展的需要进行重组和扩充。

铁路用地信息化的公共基础平台，为业务应用层的各系统提供公用的基础环境。公共基础平台包括：

（1）硬件平台

主机采用两台小型机，关系为双机热备份关系，其中1台主机运行ORACLE数据库的RDBMS，包括属性数据库和空间拓扑数据库；另1台主机运行应用服务器WebLogic Server和打包部署的Web应用。任何一台主机出现故障，另外一台主机能够自动接管其工作。

数据存储使用磁盘阵列，磁盘阵列采用Raid 5技术，磁盘有效空间为2TB以上。配置磁带库，做为历史数据备份使用。

具体见下图：

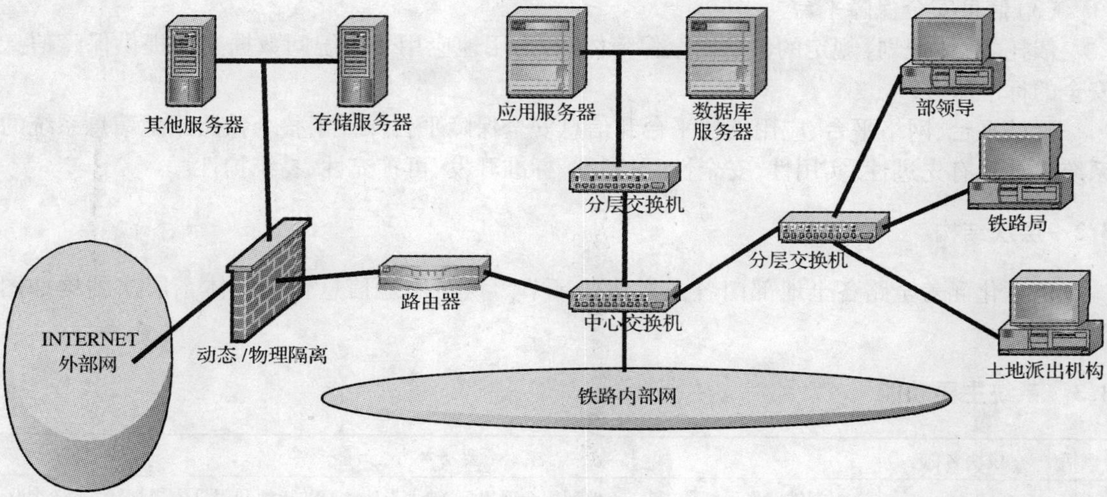

(2)网络平台

网络平台以铁路已经建成的专网为主要依托,采用两种流行的通讯方式(C/S 和 B/S)进行优势互补进行数据传输,分布式的采集和访问客户端以及集中的数据管理,辅以完整、健壮、健全的安全控制机制,形成了整个铁路用地信息系统。

(3)操作系统和数据库

操作系统:Windows 操作系统系列,版本不早于 Windows 2000。

数据库:数据库采用主流数据库 Oracle,版本不早于 Oracle 8.1.4。

(4)第四代开发语言、开发工具、中间件、运行平台

本系统采用 B/S 和 C/S 两种架构共存的应用模式,主要是利用两种架构在各自领域的优势进行业务操作,然后通过一定的机制使两种架构共享一个数据域,达到共存。其中 B/S 结构选用主流企业级多层分布式应用开发平台 J2EE 作为开发平台,其中主要应用到的技术包括 JSP 和 Servlet 技术,其实现选择当前市场份额最大的 WebLogic Server 作为服务器和各种应用容器,选择 Java 语言作为开发语言;C/S 结构选用成熟开发语言 VB 进行客户端开发;其中系统涉及的地理信息系统选用 MapInfo 公司的系列产品,包括使用 MapInfo Professional 作为地理信息输入处理工具,制作符合格式的矢量地图数据,使用 MapXtreme for Java 作为服务器端地图服务引擎中间件,响应应用服务器发送的地图操作请求。

具体如下:

开发语言:VB、Java、JSP、Servlets

工具:WebLogic Workshop(IDE)、MapInfo Professional

中间件:MapXtreme for Java 、MQ 、ODBC、JDBC、ADO、DAO、CORBA

运行平台:WebLogic Server 8.1.4

(1)信息共享平台

作为铁路公用基础信息平台重要组成部分,实现铁路用地专业基础信息(包含铁路用地专业基础数据字典,空间信息等)的统一维护,它是以计算机网络为载体,收集、存储和维护铁路用地专业所涉及的公用相关属性数据。

(2)应用支持平台

包括报表生成器、地图管理引擎、搜索引擎、任务调度管理。

(3)信息安全保障平台

依托《总体规划》规定的信息安全保障体系,为用地应用子系统间数据交换提供保障信息安全的标准服务。

硬件平台、网络平台、应用支持平台和信息安全保障平台保证了整个铁路用地信息系统的系统设计具有先进性、实用性、安全性、可靠性、标准开发、可扩充性、易维护性。

3.2 层次结构

信息化涵盖全路各土地部门各主要业务环节。铁路用地信息化应用体系层次结构如图3-2所示。

3.3 系统主要功能

概括	模块名称	主 要 功 能
管理层面	规划管理	根据铁路发展规划,制定土地利用专项规划,纳入当地政府的土地利用总体规划,为铁路建设提供土地保障。对既有铁路用地的使用进行规划编制,为铁路运输生产、企业改制等提供规划依据。提供相应的图形文件加载界面,并且提供图形修改工具可以对规划图进行编辑修改,然后选择方式输出。
	建设用地管理	对新增固定资产的铁路建设项目,固定资产移交铁路运输企业以及铁路更新改造等其他建设项目涉及新征(拨)用地的管理、存档。
	征地拆迁	建立国家最新颁布的有关征地拆迁政策法规信息库,使用户可以随时查询,并对铁路建设项目前期征地拆迁工作进行管理。
	地籍管理	实现宗地、子宗地等单位土地管理单元的初始登记和变更的信息录入、编辑、查询。完成概况图、地籍图的绘制及查询。管理的形式主要有:通过B/S方式浏览、编辑和提交数据信息;通过C/S方式浏览、编辑和提交图形数据和相关的属性数据。
	利用管理	对经营管理等和土地利用相关的内容的管理。包括对铁路用地资产开发利用过程中的开发经营和收益活动中产生的合同、协议、文件等进行管理。
	土地资产处置管理	对需要进行土地资产的处置的过程的管理,包括申报、审批、上报、下达等过程管理。
	监察管理	实现土地监察人员对土地监察活动的频度、广度以及监察中出现的问题和处理结果进行管理。
	资料管理	对地籍档案资料和日程管理过程中形成的各类资料进行录入、计算机存档及信息查询。
	安全管理	根据安全和保护条例,对安全保护区的划定进行动态监控。
	地形地貌子系统	对铁路地形地貌的信息采集、加工、分解、传输及信息查询。
	统计分析	完成对台账的信息录入,生成统计分析报表,并对报表数据逐级进行上报、汇总,实现土地各类指标的统计分析。
	土地动态监测	运用遥感技术和土地调查等手段和计算机、监测仪等科学设备,以土地详查的数据和图件作为本底资料,对土地利用的时空动态变化进行全面系统地分析及决策。
决策层面	铁路改革和发展土地支持	通过对土地价值的显现,为铁路企业注入大量资本,促进铁路改革和发展
	运输安全土地保障支持	通过铁路用地监察,充分发挥铁路线路安全保护区功能,确保铁路运输安全畅通。
	铁路用地保值增值土地决策	通过盘活铁路用地,进行开发、利用,达到保值增值的目的。
	中远期铁路用地规划	根据铁路发展规划考虑既有线路土地存量,结合土地利用规划和城市建设规划,分析制定充分利用既有留用土地资产,考虑通过置换方式减少新征建设用地计划。为铁路建设节约资金。

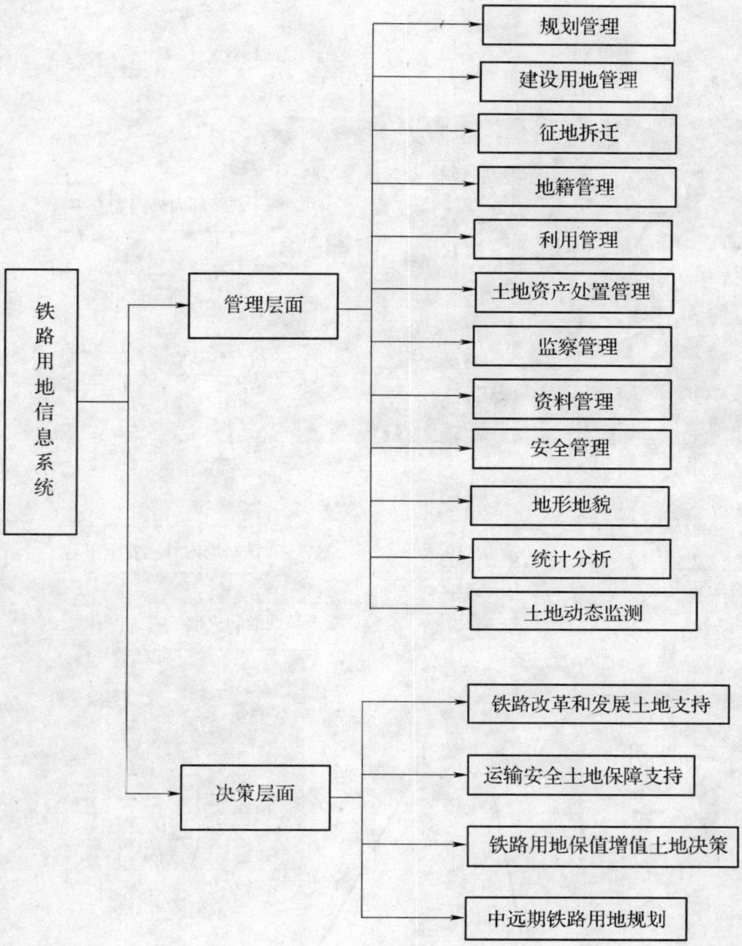

图3－2 铁路用地信息化应用体系层次结构图

4 计算机网络平台

4.1 广域网需求

由于系统在全路范围内实施,并且要求铁道部、铁路局(土地管理办公室)、站段(土地所)等三级单位互相传输数据以及互相访问和查询一些相关信息,所以,广域网的建设需要遵循一定的原则:

(1)统一网络资源——充分利用现有的铁路计算机网络;按照铁路计算机网络总体规划进一步建设、完善基层网。

(2)高可靠性和高安全性——适应各应用系统的网络资源整合。铁路用地系统的各项业务均在统一的计算机网络上运行,要选用高可靠性网络产品,设计高可靠性网络架构。运用网络安全技术对各个业务子系统进行逻辑隔离,确保应用数据的安全传输和交换。

(3)服务质量保证——为不同的业务数据提供相应的网络带宽。在带宽拥挤的情况下,

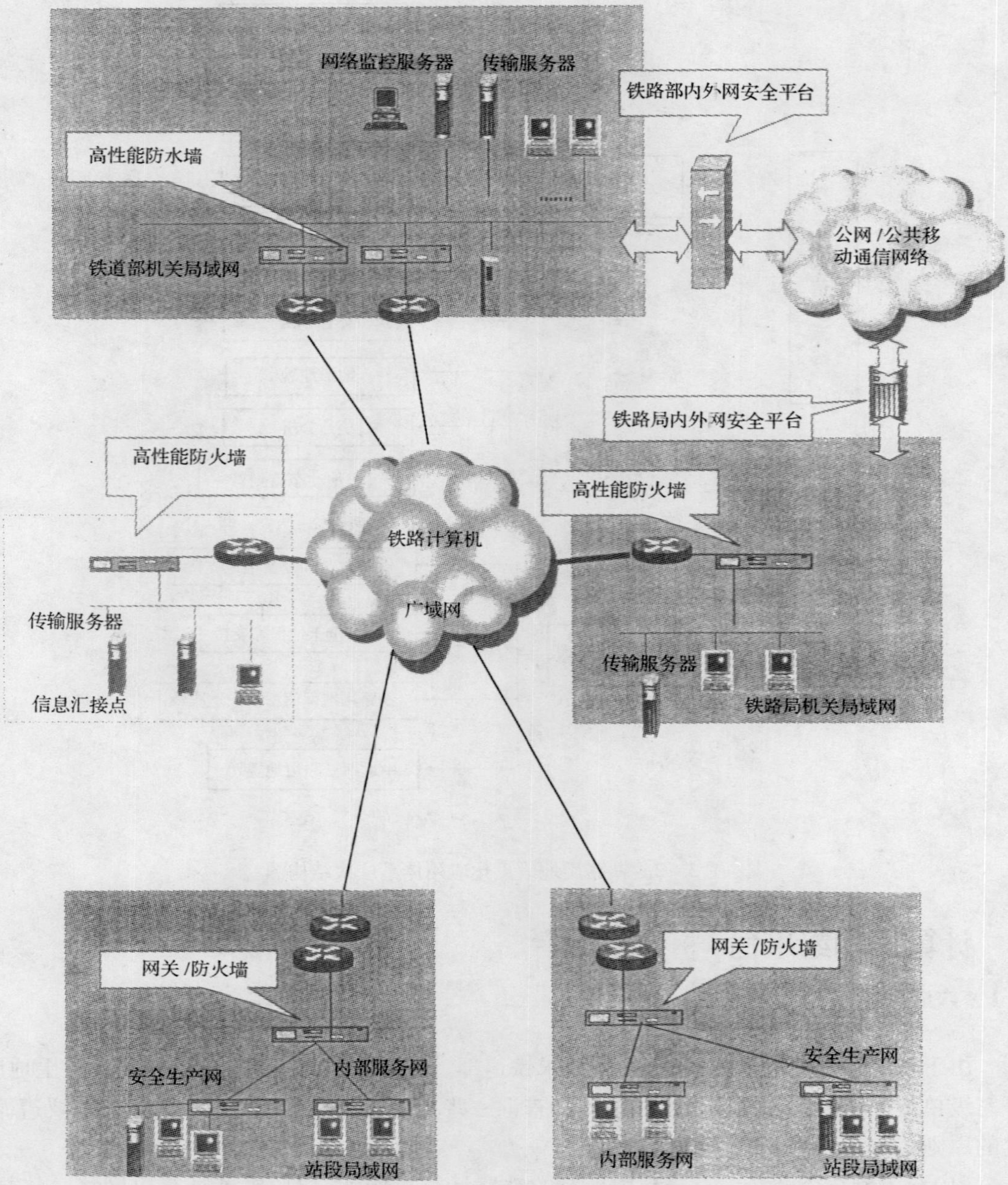

广域网络系统总体结构图

既要保证实时性业务及时传送，又要保证对实时性要求不高的业务信息不丢失，并能够完整地传送到目的地。

(4)可管理性——采用先进的网络管理平台和网络设备,对网络实行集中监测、集中管理,统一分配带宽资源。

以统一的铁路计算机网络为依托,铁路用地广域网络由铁道部、铁路局(土地管理办公室)、站段(土地所)等三级网络组成。其网络总体结构如下图所示。

(1)站段(土地所)通过高速通道经信息汇接点接入铁路计算机网络;站段(土地所)上联信息汇接点的物理通道连接方案根据各铁路局基层网规划可采用直接连入信息汇接点、星型汇接、数字环等方式。站段(土地所)的异地下属机构采用局域网拓展或广域网的方式连入站段(土地所),也可通过信息汇接点转接方式连入站段(土地所)。

(2)站段(土地所)配备高性能网络设备,构建完善站段(土地所)局域网;段内局域网部署网络安全设备,用于实现段内各子网逻辑上的安全隔离。网络安全设备的技术标准要符合铁道部的统一规定。

(3)信息汇接点的网络汇接能力要能够满足各个业务基层单位的网络接入需求,并具备高度网络冗余度。

(4)数据在铁道部、铁路局(土地管理办公室)、站段(土地所)三级建库,采用铁路用地信息系统统一传输平台进行铁路计算机网内的数据传输。站段(土地所)配备专用的通信服务器。

(5)铁路用地信息系统 IP 地址依照《铁路计算机网络 IP 地址分配办法》进行分配。

(6)铁路局、站段(土地所)部署网络管理系统。

本网是承载上述任务的主要载体,所以,对于广域网的需求主要是:

(1)通过 http、https 协议访问网内发布的站点,以及后台数据库;

(2)通过广域网上传和下载(ftp、P2P 协议等)海量地图图形数据;

(3)在安全性方面要达到网络平台级安全要求;

(4)保持全面、全时通畅,在发生网络故障时有备用线路和服务器,并且故障线路有限时恢复的能力。

4.2 局域网需求

局域网主要承载单位内部信息站点的发布和访问以及对内部数据的管理操作,对其的质量要求要较广域网更高,对局域网需求主要是:

(1)高度的稳定性;

(2)24 小时不间断的提供网络服务;

(3)高度的安全性;

(4)支持大量的并发访问;

(5)较好的容错性。

4.3 网络与信息安全需求

由于公用基础信息平台中的信息主要目的是用于信息共享,所以信息的安全和同步存取显得尤为重要,根据铁路用地系统的特点和土地部门的组织关系,特将安全/授权以及维护更新的同步机制描述如下:

(1)安全方面:系统利用四级安全系统保障应用系统和数据信息的安全。

(2)网络级安全:根据铁道部计算机网络安全总体方案,铁路用地系统网络安全纳入铁路计算网络纵深防御体系,利用先进的硬件防火墙技术以及铁道部专网和外网隔离的机制,从网络级别进行安全防护,避免公共信息平台被入侵。

(3)系统级安全:利用操作系统的安全验证机制,严格控制非法身份用户访问本平台。软件防火墙更加严格了这种机制,更大限度的防止非法登录和操作。

(4)服务器级安全:系统采用的 WebLogic Server 是完整的,健壮的 J2EE 平台服务器,自带一套成熟的安全认证机制,利用这套机制,可以控制合法用户才能访问相应的信息资源,根据用户身份的不同,可以访问到的资源会按照安全策略进行排列组合。

(5)应用软件级安全:在系统软件进行搭建的时候,根据用户的身份和角色,制定了相应的用户身份管理子系统,应用本子系统可以管理用户的身份和角色,并且根据实际需要接受或者拒绝特定的用户访问特定的信息资源和功能资源,达到安全控制的目的。

授权方面:授权方面考虑到用户身份的多样性,采用了两种身份组织原则,一种根据单位不同分别设置三个等级单位(铁道部、铁路局、站段)身份;另一种是根据单位内部业务类别和操作等级不同分别设置各个业务的数据录入人员,数据维护人员,数据查询人员等身份。两种原则相互排列组合,形成多样的用户角色,每个角色都拥有不同的权限组合,可以访问不同的应用和信息资源,可以执行不同的业务数据或者特殊数据的操作功能。另外,根据软件系统应用的需要,增设一些特殊用户角色,比如:超级系统用户,特殊授权访问者(针对一些特殊数据)等等。整个授权体制完备合理,满足各层面访问者和维护者的信息访问和维护需求的同时,很好的将一般用户和特殊用户区分开来,将一般属性数据、图形数据以及一些敏感数据的访问权限区分开来。

数据维护同步原则:当多个用户访问相同的数据时,可能会出现 3 种情况——脏读、不可重复的读、虚读。这些都是妨碍数据同步的问题,系统采用带有不同隔离锁的事务提交管理模式来保证数据的同步更新。考虑到事务如果要越高程度的保护数据同步,将要付出更高的性能代价,系统对数据进行划分等级。对于一般数据,适当的允许一些低级脏读或者不可重复读;对于敏感数据和重要数据,才实施高级别的隔离机制。

5　信息共享机制

5.1　总体数据结构

根据《总体规划》和对专项规划的要求,结合铁路土地部门现行状况,总体数据结构采用两级数据保存和流转形式,分别为部级数据库和局级数据库。每级数据库保有自己的相关信息,并且备份其他级别数据库的相关信息,作为信息更新和容灾容错的依据。具体结构见下图:

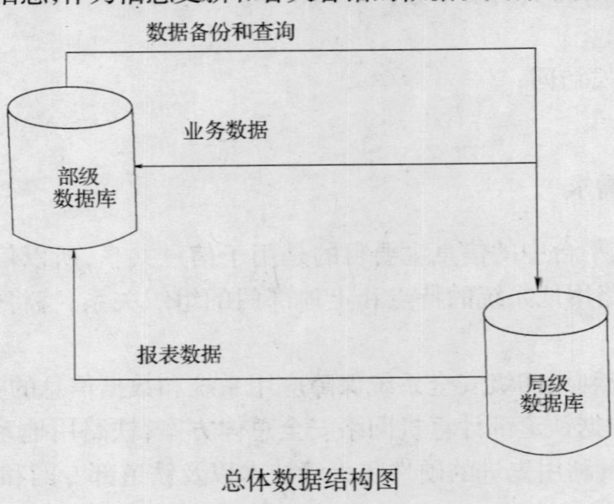

总体数据结构图

下级数据库负责保存自己的数据外,向上级数据库上传业务数据,同时上报报表数据;通过系统向上级数据库提供数据备份和查询服务。

根据《总体规划》,铁路用地信息系统还需要和信息共享平台提供用地信息,并且从平台获取相应的外部信息,示意图如下:

总体数据结构图

5.2 数据流分析

铁路用地信息系统是一个复杂的大型系统,它的数据流是多种多样的,而且互相之间有着千丝万缕的联系。数据流根据系统架构和总体规划的多系统性,分为几个不同的层次,从小到大,由内及外,如下面个小节的标题所示:

✓ 系统内部各子系统内部数据流;
✓ 系统内部各子系统之间数据流;
✓ 系统内各级单位(部、局、站段)之间数据流;
✓ 系统与外部系统(主要是信息共享平台)之间数据流。

5.2.1 数据采集

数据采集分为两个大的类型,一是土地管理相关属性数据的采集,二是土地管理空间数据的采集。

属性数据的采集是一个相对简单的过程,借助于 C/S 桌面系统软件的推广,各基层站段(土地所)一起将属性数据按照系统能够辨识的格式统一进行输入,然后汇总到路局,最终汇总到铁道部。其间各路局保有各路局的数据原始版本,提交给铁道部数据副本,铁道部的更新依赖于路局数据的更新和提交。这个过程中工作的难点在于站段(土地所)计算机应用水平参差不齐,软件的推广和使用需要大量的人力和时间。解决的办法是加大培训力度,在安排好主导工作的前提下合理、灵活的调配培训和技术支持的力度。

空间数据的采集是一个耗时长、工作量大、动用人力物力财力都很多的艰巨工程。根据过去的经验,结合现在的实际情况,铁路用地规划中空间数据采集的采用以下原则和方法进行:

(1)由于耗费时间长,应该充分利用现有资源进行转换,既缩短了整个工期,又利用了以前的投资,避免重复投资;

(2)由于耗资过大,不应全面铺开,应该选择基础好的路局进行重点突破,将部分数据进行全面处理成为系统可用数据,配合系统的进度;

(3)空间数据的采集方式:一种是利用现有的资源,对已经测绘所得的各种格式的数据进行转换,转换为系统可用格式的空间数据;一种是通过协调利用路内其他部门(如工务部门)的现有成果进行转换,转换为系统可用格式的空间数据;一种是集中投资聘请具有专业测绘资格的测绘部门进行集中测绘，转换为系统可用格式的空间数据。

5.2.2 各子系统数据流分析

✓ 报表台账统计分析子系统

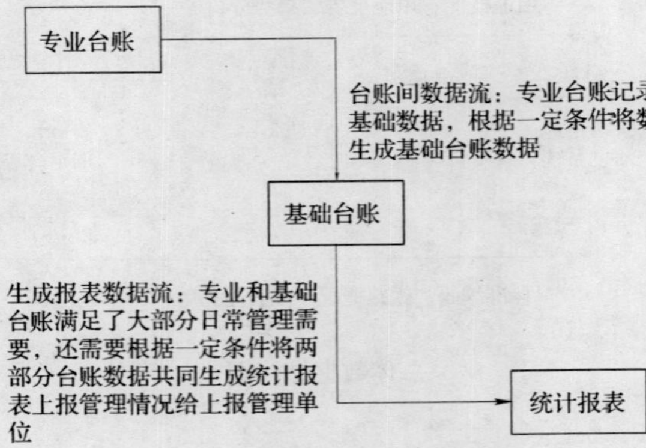

✓ 概况图管理子系统

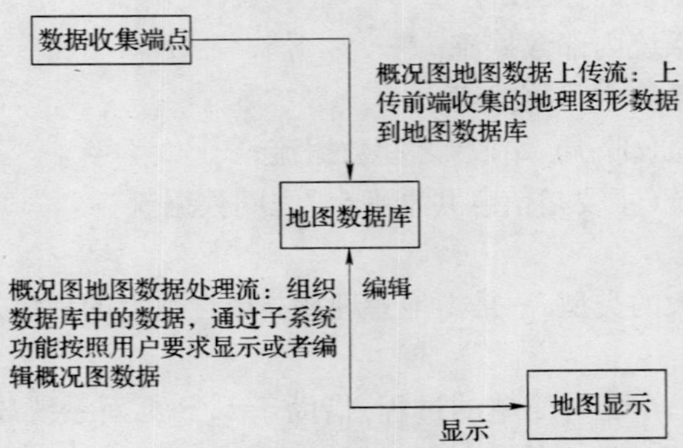

✓ 地籍管理子系统

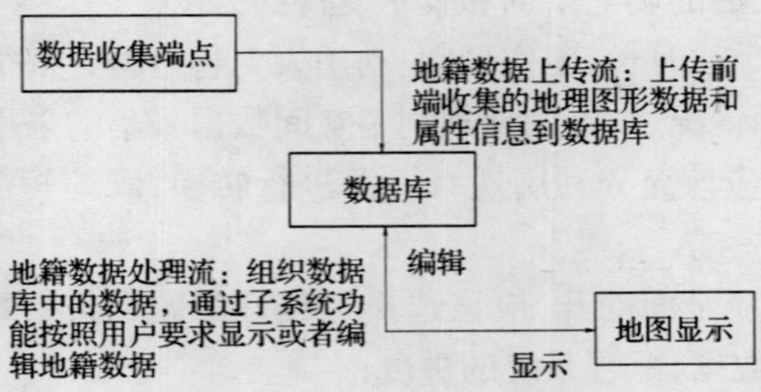

✓ 建设用地管理子系统

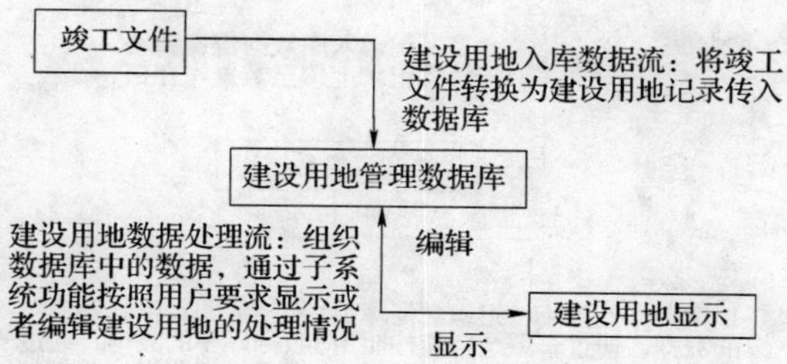

利用管理子系统

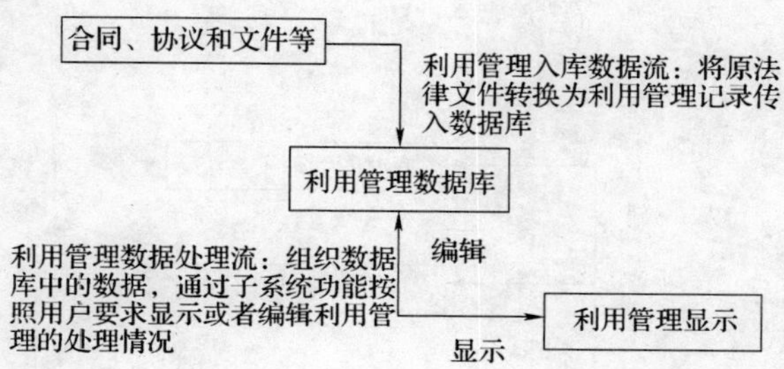

✓ 土地资产处置子系统

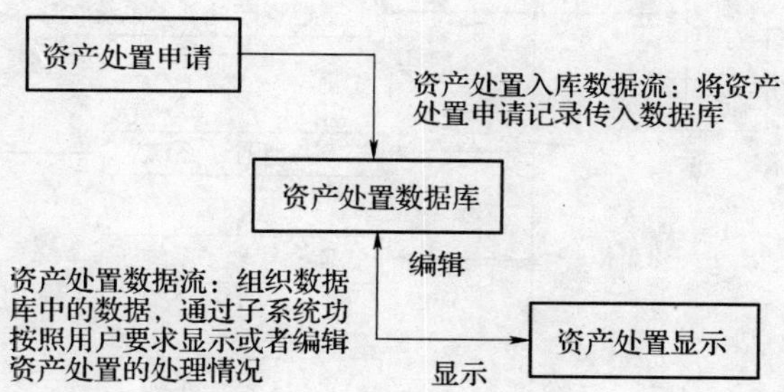

✓ 监察管理子系统

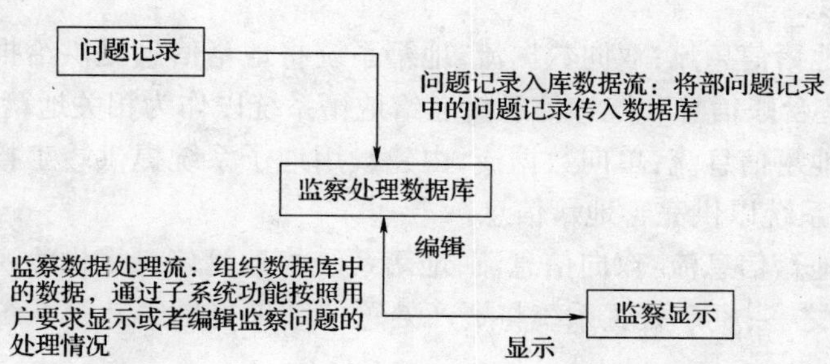

资料管理子系统

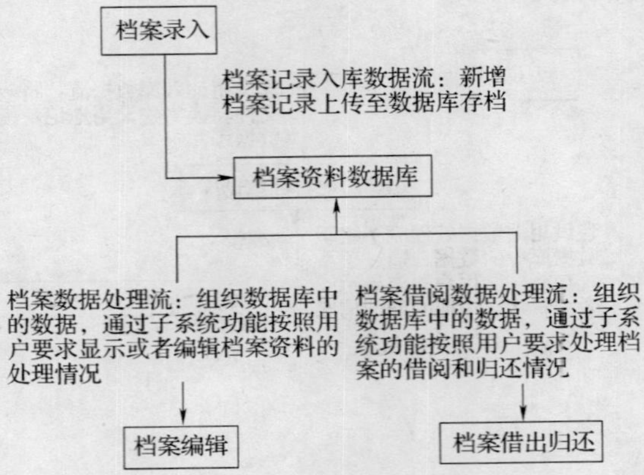

5.2.3 子系统间数据流分析

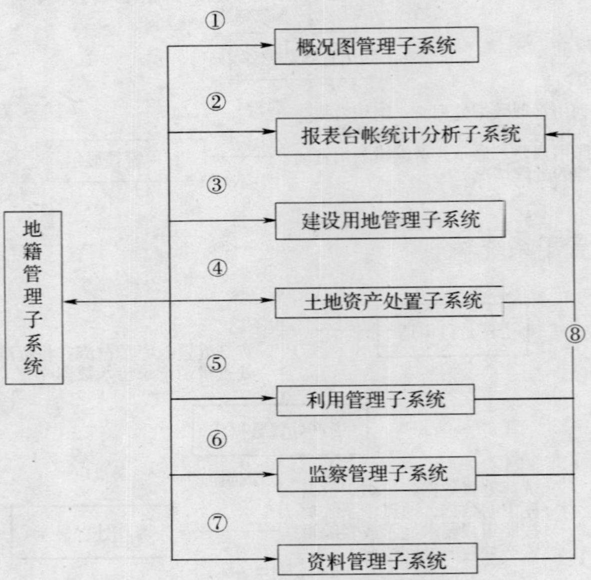

数据流说明：

(1)概况图地籍信息流：单向数据流，由地籍管理子系统提供地籍管理概况给概况图子系统以供显示相关信息。

(2)报表系统地籍信息流：双向数据流，地籍系统将地籍信息提供给报表系统以供生成报表；报表系统将一些台账信息和统计信息传递给地籍系统以作为相关地籍信息进行处理。

(3)建设用地地籍信息流：单向数据流，由建设用地子系统提供竣工接收文件等地籍相关记录给地籍管理子系统以供完善地籍信息。

(4)资产处置地籍信息流：双向信息流，地籍系统将地籍信息提供给资产处置系统以作为资产申请时的依据之一；资产处置系统将资产处置的结果提供给地籍系统以供地籍系统更新相关权属信息。

(5)利用管理地籍信息流：双向信息流，地籍系统将地籍信息提供给利用管理系统以作为签订土地使用合同、协议等法律文件的依据之一；利用管理系统将资产处置的结果提供给地籍系统以供地籍系统更新相关权属信息。

(6)监察管理地籍信息流：单向信息流，地籍系统将地籍信息提供给监察管理系统以作为监察问题处置时的依据之一。

(7)资料管理地籍信息流：双向数据流，地籍系统将地籍信息提供给资料管理系统来完善资料管理信息管理信息的完整性；资料管理系统提供资料管理信息给地籍系统以作为地籍信息的一部分进行保存。

(8)报表生成信息流：多个单向数据流，分别由资产处置、利用管理、检查管理和资料管理四个系统分别提供报表信息给报表台账统计分析子系统以供生成台账报表。

5.2.4 部、局、站段间数据流分析

部、局、站段间的数据流参见下面示意图所示。

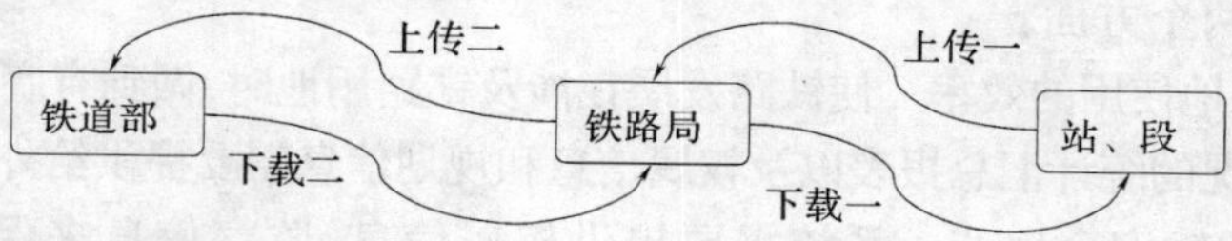

总共有四个数据流，分别示意为：

上传一、上传二、下载一、下载二

数据流有两个流向，一个是自下而上的响应流和上传数据流，一个是自上而下的查询流和下载数据流，下面分别予以解释。

上传一 ——站段到铁路局之间的上传数据流：包含两种性质子数据流，其一为站段级收集的大量基础数据，其中包括业务属性数据，更加包括用地部门从各种途径获取的海量土地地理图形信息。这部分信息需要在站段级留有一定时间的备份，在上传到局级数据库后，再进行进一步处理；其二为响应上级单位通过系统查询本级单位数据的响应数据流。

上传二 ——铁路局到铁道部之间的上传数据流：包含两种性质子数据流，其一为在路局进行数据加工以后，不再上传大量基础数据到铁道部，而是上传部分部里需要掌握的中间数据信息。多数信息通过报表的形式进行上传；其二为响应上级单位通过系统查询本级单位数据的响应数据流。

下载一 ——铁路局到站段之间的下载数据流：包含两种性质子数据流，其一为路局在对数据进行处理时，需要与站段进行数据核对，部分信息需要下载到站段以供系统调用；其二为通过系统向下级单位发出的相关查询的数据流。

下载二 ——铁道部到铁路局之间的下载数据流：包含两种性质子数据流，其一为铁路局在访问铁道部信息时，需要将一些信息下载到铁路局本地；其二为通过系统向铁路局发出的相关查询的数据流。

5.2.5 与外部系统间数据流分析

铁路用地信息化系统是铁路信息系统的重要组成部分，用地信息化系统将和其他专业应用系统密切联系，发生数据共享及交换。根据总体规划的精神，规划中计划打造统一的公共信息共享平台，使所有的专业系统都跟此平台交互信息，这样既能保证信息交换的安全，又能统一交互方式。所以，本系统与外部系统间数据交换主要为与公共信息共享平台的交互，示意图如下：

来自于外部网络的数据主要是通过外部测量单位使用各种方式测量获得的地理信息数据，对于这部分传送过来的数据通过统一的接口平台工具进行校验转换，统一由铁道部或铁路局内外网安全平台做为入口进入铁路计算机网络。

5.2.6 与外部系统间的信息共享分析

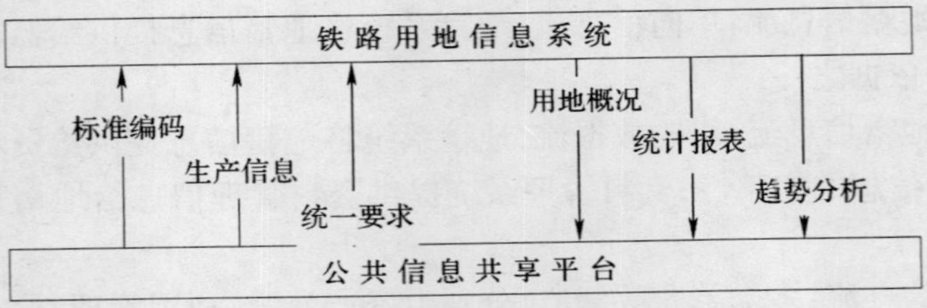

铁路用地信息系统与外部公共信息共享平台交互图

铁路用地系统建设的目的首先是要适应铁路跨越式发展对用地管理的需要，提高铁路用地使用效率，提升铁路用地管理水平，保证铁路运输安全生产。所以系统与外部系统的信息共享主要表现在以下两个方面：

(1)保证铁路用地使用的效率。使铁路发展在涉及铁路用地时，做到有底可查，权属分明，规划有序。所以，用地状况的统计汇总报表以及权属信息和规划信息需要提供给外部系统；

(2)保证铁路运输安全生产。系统需要提供权属信息、监察信息来保障铁路用地不被非法占用，及时拆除违章建筑；新征地时提供建设用地信息保证按质、按量、按时进行建筑工程。

5.3 数据库组织

数据库组织依据现在铁路的设置和计算机使用状况，专家组和课题组一致商定，进行两级建库，即仅在铁道部和铁路局建立数据库节点，所支持的系统是一个覆盖三级应用的应用系统，即铁道部、铁路局(土地管理办公室)和站段(土地所)。这样设置符合现状，数据同步和数据维护也有保证。

5.3.1 部级数据库组织

部级数据库组织分为五大部分，分别如下：

报表和台账数据库部分：这部分存储下属单位上报的各种报表，以及部级台账；

文本属性数据库部分：这部分存储部直属管理范围内土地和相关对象的属性数据；

图形数据库部分：这部分存储部直属管理范围内土地和相关对象的图形信息和拓扑关系数据；

多媒体数据库部分：这部分存储管理范围内所有影音影像资料；

原始数据数据库部分：这部分存储各路局按照规定上传的相关基础信息和中间表信息，以备核查、调用。

5.3.2 局级数据库组织

局级数据库组织分为六大部分，分别如下：

报表和台账数据库部分：这部分存储下属单位上报的各种报表，以及本级台账和本级需要制作的报表；

文本属性数据库部分：这部分存储直属管理范围内土地和相关对象的属性数据；

图形数据库部分：这部分存储直属管理范围内土地和相关对象的图形信息和拓扑关系数据。

多媒体数据库部分：这部分存储管理范围内所有影音影像资料；

原始数据数据库部分：这部分存储下属单位按照规定上传的相关基础信息和中间表信息，以备核查、调用。

中间表数据库部分：这部分存储在下属单位上传的基础数据上加工得到的中间表数据。一方面可以为生成报表和本级台账做数据准备，另一方面可以为本级或者上下级系统直接调用生成各种汇总数据。

5.4 基础编码

5.4.1 公用基础字典表

随着铁路用地信息化建设的深入，字典库将不断增加、完善，首先重点编制

公用基础字典

字典表名称	标 准	来 源
路 局	铁道部	TMIS
单位代码	铁道部	铁路用地管理信息系统
省	国家标准	网上
市	国家标准	网上
行政区划	国家标准	网上
线 路	铁道部	PWMIS(工务管理信息系统)
单位管界	铁道部	PWMIS(工务管理信息系统)
行 别	铁道部	PWMIS(工务管理信息系统)
线 别	铁道部	PWMIS(工务管理信息系统)
车 站	铁道部	TMIS、PWMIS（工务管理信息系统）
区 间	铁道部	TMIS、PWMIS（工务管理信息系统）
车站等级	铁道部	PWMIS(工务管理信息系统)
土地等级	铁道部	铁路用地管理信息系统

路局字典表(YDZD. LJ)

每一个铁路局构成一条记录。增加、修改、删除路局需要铁道部批准、备案。根据 TMIS 定义的路局将数据转入。

字段名称	类型	长度	小数	填 报 说 明
路局代码★	字符型	2		按 TMIS 的路局代码编制，保证在铁道部内部唯一性。比如 01、02、……
路局拼音码(unique)	字符型	1		大写字母。按照路内惯例，可以避免重复问题
路局全名	字符型	30		如：哈尔滨铁路局，北京铁路局
路局简称	字符型	4		如：哈局，京局

单位代码字典表(YDZD. DWDM)

每一个单位(路局、土地所)构成一条记录。增加、修改、删除单位，需要铁道部、路局批准、备案。

字段名称	类型	长度	小数	填 报 说 明
路局代码	字符型	2		在下拉框内选择路局名称，系统自动带入路局代码
单位代码★	字符型	8		前两位为路局代码、后两位为土地所编码。保证在本路局下唯一性
单 位 名	字符型	8		输入单位名称，不加“路局”、“土地所”字样
拼 音 码	字符型	10		若单位类别为路局，拼音码为对应路局的拼音码，若单位类别为土地所，自编土地所拼音码

单位性质字典表(YDZD. DWXZ)

字段名称	类型	长度	小数	填报说明
序号	数值型	2		
单位性质★	字符型	10		国营、集体、个体、合资,独资,外资

省字典表(YDZD. SHENG)

每一个省构成一条记录。根据国家统一的行政划分来维护数据。

字段名称	类型	长度	小数	填报说明
省编号★	字符型	2		
省名	字符型	40		包括省、自治区、直辖市

市字典表(YDZD. SHI)

每一个市构成一条记录。根据国家统一的行政划分来维护数据。

字段名称	类型	长度	小数	填报说明
省编号★	字符型	2		
市编号★	字符型	2		
市名	字符型	40		包括直辖市的市辖区或县,省的市,自治区下的市、地区、自治州、省直辖行政单位

行政区划字典表(YDZD. XIAN)

每一个县构成一条记录。根据国家统一的行政划分来维护数据。

字段名称	类型	长度	小数	填报说明
省编号★	字符型	2		
市编号★	字符型	2		
县编号★	字符型	2		
县名	字符型	40		

线路字典表(YDZD. XIANLU)

每条线的每一种行别构成一条记录。增加、修改、删除线路,需要铁道部、路局批准、备案。从PWMIS线路库中直接将数据转入。

字段名称	类型	长度	小数	填报说明
线编号★	字符型	4		线编号规则全路统一,每一条线有唯一的编号
线名	字符型	16		
线别★	字符型	10		可选值为:正线、到发线、其他站线、驼峰线、段管线、岔线、安全线、避难线。
拼音字头	字符型	1		线名汉语拼音字头
行别★	字符型	2		字典表:下、上、甲、乙、单、三、四、五、六、七、八、九

单位管界字典表(YDZD. DWGJ)

每条线的每一种行别按铁路局为单位构成一条记录。从 PWMIS 线路库中直接将数据转入。将线路按单位代码为管界显示。

字段名称	类型	长度	小数	填 报 说 明
线编号★	字符型	4		线编号规则全路统一,每一条线有唯一的编号
行别★	字符型	2		字典表:下、上、甲、乙、单、三、四、五、六、七、八、九
路局代码★	字符型	2		在下拉框内选择路局名称,系统自动带入路局代码
起点里程	数值型	10	5	
终点里程	数值型	10	5	
营业长度	数值型	6	1	公里

行别字典表(YDZD. XINGB)

每一种行别构成一条记录。从 PWMIS 行别库中直接转入数据。

字段名称	类型	长度	小数	填 报 说 明
序　　号	数值型	2		
行别★	字符型	2		下、上、甲、乙、单、三、四、五、六、七、八、九

线别字典表(YDZD. XIANB)

每一种线别构成一条记录。从 PWMIS 线别库中直接转入数据。

字段名称	类型	长度	小数	填 报 说 明
序　　号	数值型	2		
线别★	字符型	10		正线、到发线、其他站线、驼峰线、段管线、岔线、安全线、避难线

坐落别字典表(YDZD. ZLB)

每一种坐落别构成一条记录。

字段名称	类型	长度	小数	填 报 说 明
序　　号	数值型	1		
坐落别★	字符型	8		车站、区间、另置地

车站表字典表(YDZD. CHZH)

一个车站构成一条记录。每条记录中,车站都是联合 TMIS 和 PWMIS,将数据转入。

字段名称	类型	长度	小数	填 报 说 明
车站名(uniqe)	字符型	14		车站名称
车站 TMIS 码★	字符型	5		车站在 TMIS 系统中的编码
电报码	字符型	4		
路局代码	字符型	2		字典表
拼音码	字符型	8		
运营状态	字符型	4		
线编号(uniqe)	字符型	4		字典表
主线标志	字符型	2		
行别(uniqe)	字符型	2		字典表
技术作业别	字符型	6		
业务性质别	字符型	6		
车站等级	字符型	4		字典表
中心里程	数值型	10	5	
下行进站机	数值型	10	5	里程
下行有效长	数值型	7	2	
上行进站机	数值型	10	5	里程
上行有效长	数值型	7	2	

区间字典表(YDZD. QJ)

一个区间构成一条记录。一条线上相邻两个车站之间称为一个区间。根据车站库自动生成区间数据。

字段名称	类型	长度	小数	填 报 说 明
区间编号★	字符型	13		相邻两个车站的编号组合。起车站编号－终车站编号。用户输入起终车站后，自动生成区间编号
路局代码	字符型	2		字典表
线编号	字符型	4		在下拉框内选择本单位下的线路名称，系统自动带入线编号
行　　别	字符型	2		
起点车站	字符型	14		在下拉框内选择车站名称，系统自动带入车站名称、车站
起点车站 TMIS 码	字符型	6		
终点车站	字符型	14		在下拉框内选择车站名称，系统自动带入车站名称、车站
终点车站 TMIS 码	字符型	6		

车站等级字典表(YDZD. CZDJ)

字段名称	类型	长度	小数	填报说明
序号	数值型	2		
车站等级★	字符型	4		一等、二等、三等、四等、五等、特等、线所

土地等级字典表(YDZD. TDDJ)

一个土地等级构成一条记录。依照国家对土地的等级划分。

字段名称	类型	长度	小数	填报说明
序号	数值型	2		
土地等级★	字符型	4		一、……、十二

5.4.2 专用基础字典表

字典表名称	标准	来源
地类	铁道部	铁路用地管理信息系统
地目	铁道部	铁路用地管理信息系统
档案类型	铁道部	铁路用地管理信息系统
档案密级	铁道部	铁路用地管理信息系统
土地取得方式	铁道部	铁路用地管理信息系统
资产处置方式	铁道部	铁路用地管理信息系统
收费类别	铁道部	铁路用地管理信息系统
使用者类别	铁道部	铁路用地管理信息系统
监察处理方式	铁道部	铁路用地管理信息系统
职务	国家标准	人力资源管理系统
技术职称	国家标准	人力资源管理系统
技术职称系列	国家标准	人力资源管理系统
学历	国家标准	人力资源管理系统
行政级别	国家标准	人力资源管理系统
政治面貌	国家标准	人力资源管理系统
人员性质	铁道部	铁路用地管理信息系统
角色	铁道部	铁路用地管理信息系统
权限	铁道部	铁路用地管理信息系统

地类字典表(YDZD. DL)

字段名称	类型	长度	小数	填报说明
序号	数值型	2		
地类编码★	字符型	3		
地类	字符型	20		运输生产、辅助生产、生活设施、其他

地目字典表（YDZD. DM）

字段名称	类型	长度	小数	填报说明
序号	数值型	2		
地目编码★	字符型	5		编码中第一位为地类编码，地目为地类的细分
地目	字符型	30		

档案类型字典表（YDZD. DALX）

字段名称	类型	长度	小数	填报说明
序号	数值型	2		
档案类型★	字符型	10		文书、图纸、照片、其他

档案密级字典表（YDZD. DAMJ）

字段名称	类型	长度	小数	填报说明
序号	数值型	2		
档案密级★	字符型	10		绝密、机密、秘密、普通

土地取得方式字典表（使用权类型）（YDZD. TDQDFS）

字段名称	类型	长度	小数	填报说明
序号	数值型	2		
土地取得方式★	字符型	8		划拨、出让、租赁

资产处置字典表（YDZD. ZCCZ）

字段名称	类型	长度	小数	填报说明
序号	数值型	2		
资产处置方式★	字符型	10		出让、租赁、作价入股、授权经营、保留划拨

收费类别字典表（YDZD. CZFS）

字段名称	类型	长度	小数	填报说明
序号	数值型	2		
收费类别★	字符型	30		租金、管理费、行政事业性收费、它项权利补偿、其他

使用者类别字典表(YDZD. SYZLB)

字段名称	类型	长度	小数	填报说明
序　号	数值型	3		
使用者类别★	字符型	20		机务、车务、工务、电务、车辆、客运脱钩单位、铁通、公安、集装箱、特货、行邮、多元经营、改制企业

监察处理方式字典表(YDZD. JCCLFS)

字段名称	类型	长度	小数	填报说明
序　号	数值型	2		
监察处理方式★	字符型	20		行政处理、诉讼方式、补办手续、其他方式

职务字典表(YDZD. ZW)

字段名称	类型	长度	小数	填报说明
序　号	数值型	2		
职务★	字符型	8		局长、副局长、主任、副主任、科长、副科长、监察、司机、会计员、主任科员、副主任科员

技术职称字典表(YDZD. JSZC)

字段名称	类型	长度	小数	填报说明
序　号	数值型	2		
技术职称★	字符型	8		高级、中级、初级、技术员、其他

技术职称系列字典表(YDZD. JSZCXL)

字段名称	类型	长度	小数	填报说明
序　号	数值型	2		
职称系列★	字符型	10		工程、经济、法律、估价、档案、财会、政工、其他

学历字典表(YDZD. XUELI)

字段名称	类型	长度	小数	填报说明
序　号	数值型	2		
学历★	字符型	8		博士、硕士、大学本科、大学专科、中等专科、中等技术学校、高中、初中、小学、其他

行政级别字典表(YDZD. XZJB)

字段名称	类型	长度	小数	填报说明
序号	数值型	2		
行政级别★	字符型	10		正部级、副部级、正处级、副处级、正科级、副科级、正股级、副股级、一般干部、其他

政治面貌字典表(YDZD. ZZMM)

字段名称	类型	长度	小数	填报说明
序号	数值型	2		
政治面貌★	字符型	8		中共党员、预备党员、共青团员、民革、民盟、民建、民进、农工党、致公党、九三学社、台盟、无党派、群众、其他

人员性质字典表(YDZD. RYXZ)

字段名称	类型	长度	小数	填报说明
序号	数值型	2		
人员性质★	字符型	4		专职、兼职、外聘

角色字典表(XTGL. JS)

每种角色构成一条记录。

字段名称	类型	长度	小数	填报说明
序号	数值型	6		自增长,主键
角色名称★	字符型	6		

权限字典表(XTGL. QX)

每种权限构成一条记录。

字段名称	类型	长度	小数	填报说明
序号	数值型	6		自增长,主键
权限名称★	字符型	6		跟业务挂钩,分读写权限

角色权限对应表(XTGL. JSQX)

一个角色对应多种权限。

字段名称	类型	长度	小数	填报说明
角色名称★	数值型	6		字典表
权限名称★	数值型	6		字典表

5.4.3 公用电子地图图层

铁路用地信息化规划图层规划

图名	类别	范围	图层名	内容
概况图	铁道部	基础图层	区划	国界、省界、省会城市、路局所在地、
			水系	江河、海洋、湖泊、水库
			公路	国道、省道、规划中道路
		专业图层	线路	干线、规划中铁路
			车站	特等、一等、其他
		其他图层	标注	各种名称
			图例	自动生成
			坐标系	
	铁路局	基础图层	区划	国界、省界、省会城市、路局所在地、市界、县界、土地所管辖界
			水系	江河、海洋、湖泊、水库
			公路	国道、省道、规划中道路
		专业图层	线路	干线、支线、联络线、专用线、规划中铁路
			车站	特等、一等、二等、三等、其他
			区间	区间标示
			独立地块	轮渡码头、山林、疗养院及其他特殊用地
		其他图层	标注	各种名称
			图例	自动生成
			铁路局分界	
			指北针	
			图框	图框、图标（名称、比例、绘图日期等）
			坐标系	
地籍图		基础层	水系	河流、干渠、水塔、水准点
			公路	国道、省道、规划中道路、县级公路、乡村公路
			区划	省界、市界、县界、乡界、村界
			路堤	土堆、坑、路
			绿化	树林、果园、草地、苗圃、菜地、旱地、水田
		专业层	无线设备	
			站场设备	线路、通向标、三角点、转盘、驼峰、信号机、龙门吊、灯塔、土挡、变压器、站台、里程标、百米标
			建筑物	房屋、雨棚、仓库
			桥	天桥、道口、涵、隧道、地道
			围墙	围墙、栅栏、刺线
			电力设备	高压线、低压线、电杆、变压器
			管线	通信线、地下管线
			信号机	进站、出站、调车
			界址线	
			界址点	
		其他图层	标注	各种名称
			图例	自动生成
			指北针	
			图框	图框、图标（名称、比例、绘图日期等）
			坐标系	
规划图			规划标注	线型、颜色
			规划线	线型、颜色
			规划区域	线型、颜色
				其他同地籍图

（坐标系限定几个常用坐标系，如大地坐标系，铁路里程坐标系等）

5.5 对铁路空间信息和铁路用户的需求

✓ 铁路用地信息系统对铁路用户提供的信息包括：

数据信息转换工具；符合国家国土资源标准格式、要求的数据；

✓ 铁路用地信息系统需要铁路用户提供的信息包括：

符合兼容格式，在系统范围内可以转换的信息；

✓ 铁路用地信息系统对门户提供的信息包括：

铁路用地概况信息、铁路用地统计分析报告等；

✓ 铁路用地信息系统需要门户提供的信息包括：

标准的信息共享格式、标准的公用编码规则等。

5.6 软硬件配置

软硬件配置的原则是：

软件方面按照配置进行配置；

硬件方面，最大限度利用现有机房的条件和现有设备的条件，尽量不添或者少添新的硬件。

路局配置

软件配置：

Windows 2000 或以上兼容 Server 操作系统

WebLogic Server 8.1 版本或以上软件服务器

MapInfo MaxTreme for Java 4.7 版本或以上地图服务器

Oracle 8i 版本或以上数据库服务器(软)

硬件配置：

工作站或以上应用服务器

工作站或以上地图服务器

工作站或以上数据库服务器(硬)

双机备份

50G 以上存储能力

100M 以上线路交换能力

铁道部配置

软件配置：

Windows NT 或以上兼容 Server 操作系统，建议 Windows 2003

WebLogic Server 8.1.5 版本或以上软件服务器

MapInfo MaxTreme for Java 4.7 版本或以上地图服务器

Oracle 9i 版本或以上数据库服务器(软)

硬件配置：

小型机以上应用服务器

小型机以上地图服务器

小型机以上数据库服务器(硬)

双机热备份

100G以上存储能力

100M以上线路交换能力

6 近期实施策略

6.1 子系统实施顺序表

近期(2006—2007年)子系统实施按照先后顺序排列:

✓ 统计分析子系统

✓ 概况图管理子系统

✓ 地籍管理子系统

✓ 建设用地管理子系统

✓ 利用管理子系统

✓ 土地资产处置子系统

✓ 监察管理子系统

✓ 资料管理子系统

6.2 既有系统整合方案

因为本系统属于全新实施系统,暂时不存在既有系统。

6.3 近期实施组织

总体组

总体组负责项目的总体控制,包括协调用户方和开发方在需求等方面的协调工作,项目进度的制定及调整,项目测试和实施的经费及设备的管理,项目总体完成质量的控制,及其他重要问题的解决。

总体组成员包括铁道部运输局土地管理部主任(副主任)、项目负责人,科技司项目负责人、信息技术中心主管软件开发的副主任、产品经理、项目经理,以及全路的用户代表。

项目管理组

项目管理组负责项目的管理工作,包括项目的具体实施方案、项目的总体设计、掌握项目总体任务和任务分工、项目的进度和质量的监督,项目各种问题的协调解决和安排。

项目管理组成员包括铁道部运输局土地管理部项目负责人,信息技术中心产品经理、项目经理,路局专家及用户代表。

项目实施组

项目实施组完成项目的具体工作,包括项目的需求调研和分析,项目的总体设计和详细设计,程序的开发和调试,项目的网络方案和实施,项目投入运行和维护等。

项目实施组可再细分为几个小组,数据小组、开发小组、网络小组、测试小组、实施小组等。

数据小组负责数据库设计、数据库维护、更新、数据产品和地图产品规划、空间数据质量控制和数据流程控制。

开发小组负责相关模块的调研和需求分析和程序编制工作，并对程序进行调试、书写文档及用户培训工作。

网络小组负责项目的联网方案的制定、网络软硬设备的选型及配置，以及相关通讯程序的编制。

测试小组负责搭建测试环境，对初步完成的软件进行测试，并配合相关人员进行软件调整。

实施小组负责对用户方软、硬件设备的购置，用户环境的配置，标准软件的分发及安装，用户培训等工作。

以上各小组人员可根据实际情况有交叉。

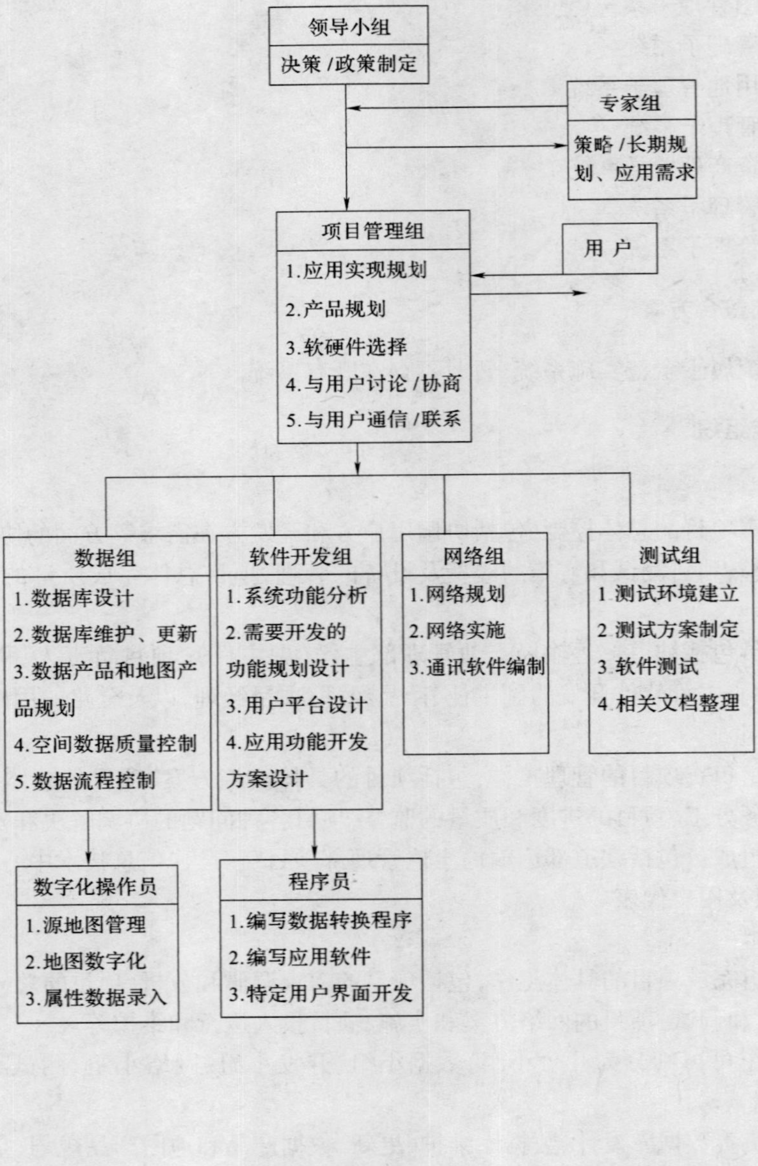

6.4 近期实施计划

计划实施时间	计划实施内容
2006年6月—2006年10月	完成系统的开发和试点，上报可行性研究报告
2006年11月—2007年6月	系统的全面建设
2007年7月	试运行和验收

7 管理保障措施

7.1 生产运行措施

系统服务不间断和稳定性方面：

系统一般情况下采取双主机热备份方式保证生产运行的稳定和提供24×365式的服务。在主生产系统出现问题的时候，系统将无缝切换到备用生产系统，所有的当前状态和历史状态都会全部保留，并且精确的从断点开始继续运行。

安全方面：

系统利用四级安全系统保障应用系统和数据信息的安全。

(1)网络级安全

(2)系统级安全

(3)服务器级安全

(4)应用软件级安全

7.2 维修、维护措施

部信息中心组织维护培训，由实施单位组织相关人员进行维修维护，部信息中心提供技术支持。

7.3 人员培训措施

在系统实施同时，部信息中心进行人员对系统的操作培训；在系统进入生产运行的同时，部信息中心进行人员对系统的维护培训。